中国会议展览业年鉴

（2021版）

中国会展经济研究会　主编

从中国
A CHINESE PERSPECTIVE
看世界
A WORLD VIEW
CHINA NATIONAL CONVENTION CENTER
国家会议中心
CHINA NATIONAL CONVENTION CENTER
国家会议中心大酒店
CHINA NATIONAL CONVENTION CENTER GRAND HOTEL
地址:北京市朝阳区奥林匹克公园天辰东路 7 号 邮编:100105
电话:400 698 2008 /(86 10)8437 3300 传真:(86 10)8437 0387
邮箱:cncc@cncchina.com
7 Tianchen East Road,Chaoyang District,Beijing 100105,P.R.China
Tel:400 698 2008 /(86 10)8437 3300 Fax:(86 10)8437 0387
E-mail:cncc@cncchina.com
www.cncchina.com

开启全新文化创意之旅，
无限精彩，敬请期待……
国家会议中心
CHINA NATIONAL CONVENTION CENTER
喜欢
国家会议中心
CHINA NATIONAL CONVENTION CENTER
国家会议中心微信
国家会议中心微博
国家会议中心大酒店微博

幸会长沙

打造中部会展高地，建设国家会展名城

西安国际会展中心

西安国际会展中心以"世界眼光、国际一流、西安特色、高点定位"为目标，建设集会议、展览、贸易、赛事、演艺、文化交流等多功能于一体的会展综合体。规划总占地1149.4亩，总建筑面积约145.1万平方米，规划展览面积33.7万平方米，其中室内净展览面积约30.9万平方米，室外展览面积约2.8万平方米。项目于2017年9月开工建设，经过两年多的建设，项目一期已启动运营。

西安国际会议中心

西安国际会议中心定位于国宾接待，可举办重大国际峰会首脑会议，包括圆桌会议楼和1～5号会议楼，可提供57间16～2100平方米的多功能厅和322间客房。其中圆桌会议楼能满足50席国际首脑圆桌会议和圆桌宴会使用，共计可提供27间会见厅、会议厅、宴会厅。

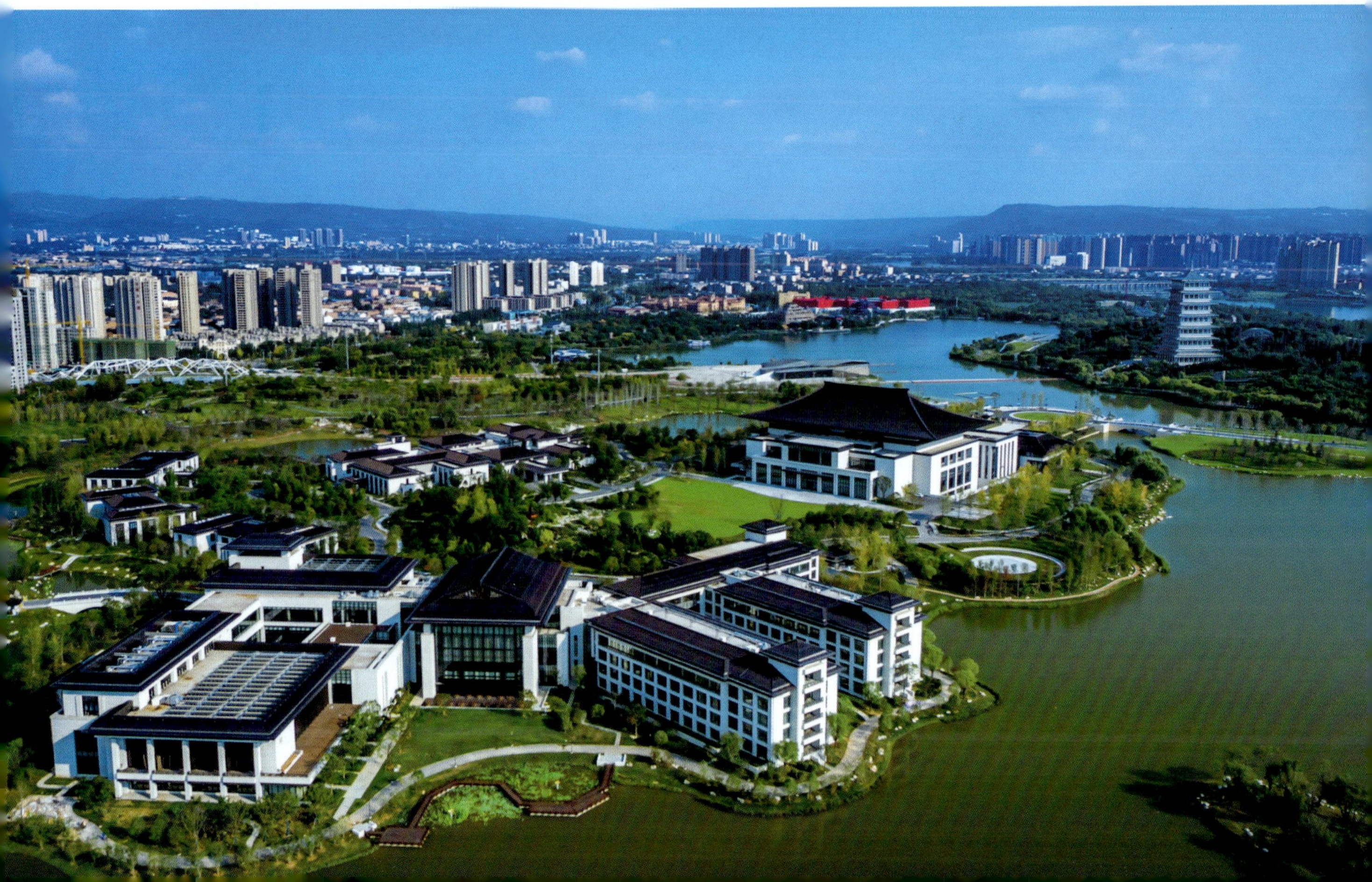

柴埠溪
CHAIBUXI CANYOUN

山水人文

•全国生态特色旅游县 •世

会展主办/会

会务活动

湖北·五峰

湖北·五峰

图书在版编目（CIP）数据

中国会议展览业年鉴 : 2021 版 / 中国会展经济研究会主编 . —北京 : 中国商务出版社 , 2021.12
ISBN 978-7-5103-3804-5

Ⅰ . ①中… Ⅱ . ①中… Ⅲ . ①展览会－中国－ 2021 －年鉴 Ⅳ . ① G245-54

中国版本图书馆 CIP 数据核字 (2021) 第 234613 号

中国会议展览业年鉴（2021）
ZHONGGUO HUIYIZHANLANYE NIANJIAN（2021）

中国会展经济研究会 主编

责任编辑：张高平
助理编辑：何 昕
出版发行：中国商务出版社
地 址：北京市东城区安定门外大街东后巷 28 号 邮编：100710
网 址：http://www.cctpress.com
电 话：010—64212247（总编室） 010—64269744（事业部）
010—64208388（发行部） 010—64266119（零售）
邮 箱：bjys@cctpress.com
印 刷：廊坊市蓝海德彩印有限公司
开 本：889 毫米 ×1194 毫米 1/16
印 张：42.5
彩 插：48 页
字 数：1672 千字
版 次：2022 年 2 月 第 1 版
印 次：2022 年 2 月 第 1 次印刷
书 号：ISBN 978-7-5103-3804-5
定 价：580.00 元

编辑委员会

委　员

鸣谢单位

长沙市会展工作管理办公室

北京北辰实业股份有限公司国家会议中心

杭州国际博览中心

重庆悦来两江国际酒店会议管理有限公司

广东潭州国际会展有限责任公司

浙江米奥兰特商务会展股份有限公司

首都会展（集团）有限公司

北京北辰会展研究院有限公司

常州霍克展示系统有限公司

即享影像

振威国际会展集团

灵通展览系统股份有限公司

成都世纪城会展集团

广州大学管理学院

执行编辑部

主　编

王青道　中国会展经济研究会副会长、中国会议产业大会秘书长、《会议》杂志总编

副主编

季鸿雁　中国会展经济研究会副秘书长

张　峰　中国会议产业大会副秘书长、《会议》杂志副总编

编　辑

万园园　李晓冰　朱晓萌　郝伟　闫伟　武鹏　姚娟　王强　顾晓梅　王澈　刘志军

前 言

改革开放数十年来，中国社会经济飞速发展，对外交往日趋增多。中国会议展览业在国民经济发展中的地位正在不断提高，为国家社会、经济、科技、文化、教育等的发展作出了重要贡献。与其他产业相比较，中国会议展览业并未发展健全，产业链仍然存在短缺或不规范之处，但未来其市场潜力和学术研究潜力巨大。

2020 年是我国全面建成小康社会的决胜之年。作为服务于国民经济的会议展览业也将进入全新的发展阶段，而会议展览企业、人物、政策等要素都将迎来升级、革新。中国会议展览行业需要铭记各个阶段、时期的重要事件、知名企业以及人物等，为之后中国会议展览业成熟、健全、稳定发展提供更多历史线索和参考文献。因此，全行业亟需一本全面反映中国会议展览业发展现状的工具书，回顾发展历史轨迹和重要事件，传递行业发展经验，展示企业风采，为行业从业者、研究者提供实实在在的资料与文献。

由中国会展经济研究会担任主编单位，联合国际、国内的会议、展览业界有关单位及专家、学者共同组成编委会的《中国会议展览业年鉴》(2021 版) 涉及到行业研究论文、会议展览业数据、会议展览目的地政策、专家文章以及奖励政策等优质内容，可谓博采众长，具备资料权威、观点权威、参考价值大等特点。本书作为行业第一本权威年鉴，具有极大的收藏价值。

纵览中国会议展览业发展历程，其发展进步与国家的发展进步时刻紧密跟随。在第十四个五年规划实施的起步年，在双循环新发展格局的高要求下，中国会议展览业的功能性和整合优势更需要完美的发挥与实现，这对会展企业以及广大从业者提出了更高的要求，并赋于他们更强的使命感。真诚希望《中国会议展览业年鉴》(2021 版) 能为众多会议、展览从业者带来新的思考，助力中国会议展业健康、蓬勃发展。

《中国会议展览业年鉴》编辑部

2021 年 10 月 10 日

版权声明

编制说明

一、中国会展经济研究会《中国会议展览业年鉴》(2021 版) 编制工作始于 2021 年 4 月，至 2021 年 10 月中旬结束，历时半年，是会议和展览行业首次编制的权威年鉴。

二、《中国会议展览业年鉴》(2021 版) 由中国会展经济研究会会议采购工作委员会、北京会链接网络科技有限公司共同负责编制。

三、《中国会议展览业年鉴》(2021 版) 内容以收纳 2020 年度和“十三五”期间中国会议展览业的发展状况、大事件，以及会议展览业发达区域的发展情况为主，还包括会议展览业相关的统计数据和研究报告。

四、2020 年度《中国展览数据统计报告》在保持 2011 年以来编制内容连续性、可比性的基础上，增加了中国境内外线上展览情况统计章节，进一步丰富了全面诠释中国展览业发展的数据统计维度。

五、《中国会议展览业年鉴》(2021 版) 得到全国主要会议、展览目的地政府主管部门、行业协会、商会、学会、研究机构、企业及从业者、学者的大力帮助和多方指导，在此深表感谢。

六、会议业和展览业的资料收集与整理属于系统性、专业性、科学性工作，鉴于会议业和展览业的统计标准、行业规范、文献体系等方面存在诸多实际问题，从事编制工作的人员多属兼职，再加信息浩繁，时间有限，《中国会议展览业年鉴》(2021 版) 的错漏或不足，在所难免，恳请会议业和展览业的同仁给予批评和指正，为其日后愈加完善建言献策。

《中国会议展览业年鉴》编辑部

2021 年 10 月 10 日

目　录

行业篇

统计数据篇

政策法规篇

附录

* 注：具体内容以最终收集整理的资料为准，将会有部分改动与调整。

行业篇 ▶

回顾会展历史 坚持改革开放 建设会展强国

文 / 陈先进

习总书记说过：“没有改革开放就没有中国的今天，离开改革开放也没有中国的明天。改革开放是当代中国发展进步的活力之源，是我们党和人民大踏步赶上时代前进步伐的重要法宝，是坚持和发展中国特色社会主义的必由之路。”

1978 年 12 月，党的十一届三中全会召开，这是一个划时代的会议，吹响了社会主义现代化建设的号角，开启了全面深化改革的历史时期。从农村到城市，从沿海到内地，从传统的计划经济到社会主义的市场经济，从打开国门到全方位的开放，各行各业的改革开放成为最显著最壮丽的景象。我国的会展业，特别是展览业也发生了极为深刻的变化。在中国特色社会主义道路上迅速发展的展览业市场，从无到有、从小到大，已经成为亚洲和世界展览业中举足轻重的力量。

一、改革开放后我国会展业市场化的进程

（一） 起步阶段，从十一届三中全会到 20 世纪 80 年代末，特点是从无到有

这个阶段，中国会展业产生了专业的展览主承办企业、展览服务企业和行业协会。1984 年成立了至今都仍具影响力的展览公司，如北京的中国贸促会成立了中展集团，上海贸促会成立了国际展览公司，江苏省成立了江苏省展览公司等。1984 年还成立了中国展览馆协会。

1982 年，针对出展重复、混乱和浪费现象，国务院印发了《关于出国举办经济贸易展览会相关规定》，外经贸部出台了《来华经济技术展审批规定》等一系列的文件。以香港为代表的展览公司，到内地举办展会，打开了外资展览公司到内地办展的大门，使我们看到了会展业市场化商业化的运作模式。

与国际组织的交流互动逐渐开展起来。1982 年，中国以非国际博览局成员的身份首次参加了在美国田纳西州举办的诺克斯维尔博览会。1988 年，国际展览业协会（UFI）在上海举办了第一次培训班。

（二） 成长阶段，从 20 世纪 90 年代初到 2000 年我国加入 WTO，特点是由点到面

这个阶段，展览市场主体，从国企一统天下，到多种经济成分并存。国外的展览公司纷纷进入国内市场，民营的展览公司也像雨后春笋般成立。

展览场馆也从非专业性的场馆转变为专业性的场馆。在改革开放之前，无论是上海展览中心或是北京展览馆，都是由苏联协助设计的，并非为机械装备、汽车等大型设备展示而设计的，都是属于非专业性的场馆。90 年代后，我国专业性的场馆开始陆续建立，北京、上海、广州、青岛、厦门等等城市纷纷出现了专业性场馆。

展览项目集中爆发，如较知名的有上海工博会、深圳的高交会、珠海的航空展、义乌的小商品博览会、陕西的农交会、新疆乌鲁木齐的洽谈会、昆明的交易会、青岛的渔业展、山东寿光蔬菜展等专业展会。还有一些有特色的非常具有专业性的小型展览会，比如宁波的服装展、唐山的陶瓷展、浙江永康的五金展，也在这个阶段培育起来。

同时，国外的展会，如法兰克福的面料展、德国汉诺威展览公司的装备展开始进入中国办展。因此我国的展会数量逐渐增多，不断发展。

中国会展史上的第一次行业内交流，中国国际展览会和会议展示会（展中展）也于 2000 年 1 月 6 日在上海开幕。

（三） 成熟阶段，中国加入世贸组织到上海世博会举办，特点是由缺到全，从慢到快

这个阶段，中国加入世贸组织。中国加入世贸组织递交文件中明确了中国会展展览服务业属于完全对外开放的领域。

整个行业地位提升，产业链形成了完整闭环。行业地位在这 10 年间得到了显著提升，2001 年“十一五”规划提出了要合理规划展馆布局发展会展业的目标，这是全国人大通过的 5

年规划里第一次讲到会展。“十二五”规划继续提到要促进会展业健康的发展。我国会展产业链如行业协会、研究机构、人才的培养、院校的建设都有了长足的进步，形成了闭环；政府管理有序全面；2003年，国务院发布了取消境内举办对外经济技术展览会主办单位资格的审批；市场竞争也越来越激烈，市场主体随着开放度进一步放开而更多元，市场成熟度亦不断提升，尤其是具有全球影响力的标志性项目——上海世博会的成功举办，使整个中国展览业达到了新高度。

（四）壮大阶段，2010年上海世博会的举办到2020年，特点是由轻到重，由小到大

这个阶段会展业的产业定位进一步提升。会展业不仅是市场经济体系和开放型经济体系的重要平台，还是我国主场外交的重要平台。会展行业的社会地位和影响力在改革开放几十年里发生了翻天覆地的变化。习总书记说过：“中国国际进口博览会在短时间内从无到有，迅速吸引了世界各国和企业广泛参与，成为全球贸易发展史上的一大创举，成为我们新时代国际合作的又一重要平台。”

产业环境更加完善，会展环境通过立法得到保障。产业国际化发展迅速，中国已成为国际展览业协会（UFI）会员最多的国家。特别是2020年新冠疫情给全球会展业带来重创，中国展览业最先复展，可谓是一枝独秀，使中国会展人感到非常自豪。

（五）进入新时期阶段，从2021年至2029年，特点是从大到强，从高速度向高质量转变

目前，中国会展业进入了新的历史发展时期，我国展会数量已经成为全球第一，但是在质量上仍有一定的差距，尤其缺乏世界级的品牌、企业，我们的展会项目不能总是被国外企业收购。中国的会展企业都应该有所担当，不仅要把我国会展业在全球继续做大，还要努力做强。未来会展模式的开拓者和创新者的历史使命，中国的会展企业应该责无旁贷地承担起来。

二、坚持道路自信，建设会展强国

（一）必须正确认识改革开放前后两个历史时期的关系。

习近平总书记说：“这是两个相互联系又有重大区别的时期，但本质上都是我们党领导人民进行社会主义建设的实践探索。”如果没有我们党果断决定实行改革开放，并坚定不移推进改革开放，中国的展览业不可能取得今天的进步和在全球的地位。同时也应看到，改革开放前的中国展览业的各种探索为改革开放后的实践积累了重要的思想、物质和制度条件。

（二）必须坚定走中国特色的社会主义道路

道路问题是关系党和国家兴衰成败第一位的问题，道路就是生命。中国特色社会主义道路为我们展览业的发展指明了方向。

未来中国展览业的发展也要坚持解放思想，实事求是，与时俱进，像习近平总书记指出的：“我们走自己的路，具有无比广阔的舞台，具有无比深厚的历史底蕴，具有无比强大的前进定力。”

（三）必须顺应世界大势

“世界潮流，浩浩荡荡，顺之则昌，逆之则亡。”正确处理中国和世界的关系，是事关党的事业成败的重大问题。作为对外开放的重要平台的会展业，在当今世界复杂变化，中国和世界的联系空前紧密的情况下，更要在党的领导下，把握世界大势，统筹好双循环，为中华民族的复兴作出新的贡献。

2021年是中国共产党成立100周年，百年恰是风华正茂，百年仍需风雨兼程。在这“十四五”开局之年，中国会展人一定要审时度势，不负韶华，既谋划长远，又干在当下，在开辟会展大国走向会展强国的新局中赢得未来。（作者系国际展览业协会（UFI）名誉主席）

回顾新中国展览业发展历程 推动新时期展览业高质量发展

文 / 储祥银

会展产业是指由会展活动策划、营运而导致的会展场地、旅游餐饮、工程搭建、商务服务、公共服务等服务领域相互联系、相互作用、相互影响的产业链环节各类企业的总和。会展业属于服务业的范畴，《国民经济行业分类》将其归类为“商务服务业”，指以会议、展览为主，也可附带其他相关的活动形式的服务，包括会展活动的项目策划组织、场馆租赁、安全保障等相关服务。2002年版《国民经济行业分类》第一次设立“会议展览服务业”类别（代码L7491），界定会展是为商品流通、促销、展示、经贸洽谈、民间交流、企业沟通、国际往来而举办的展览和会议等活动。会展活动加速了商品、技术、资金、信息等要素跨企业、跨行业、跨地区、跨国界流动与组合配置，促进了跨界交流与合作，推动了流通与贸易的发展，是链接生产、分配、交换与消费社会再生产的重要环节，连通国际国内两个市场，利用国际国内两种资源的桥梁，既是服务贸易的有机构成，还是促进贸易的有效手段，因此成为“构建现代市场体系和对外开放体系的重要平台”。本文着重讨论中国展览业的发展。

一、新中国建立之前的中国会展

有学者研究认为，当代中国展览的起源可以追溯到清末经济新政时期的商品赛会。上海地方志研究披露，1898年张之洞任湖广总督期间，下令开设“汉口商务公所”，陈列各种土特产品和工业制品。1905年清廷商部颁布《出洋赛会通行简章》，至1910年，全国已建类似机构20多家。据《中国档案报》署名文章披露，1910年南京“南洋劝业会”参展物品达100万件，历时6个月，吸引了30万海内外观众，总成交额数千万银元。上海地方志办公室2018年《苏州河畔近百年前的博览盛会》文章详细介绍了1921年11月1日上海总商会商品陈列所大楼落成和首届展览会举办盛况，“500多位中外嘉宾出席开幕式，会期一个月，到会参观者超过60000人次。”此后，上海总商会还于1922年举办了“蚕茧丝绸博览会”，1923年举办了“化学工业博览会”，1928年举办了“夏秋用品博览会”等专题展览活动。1929年，西湖博览会开启了中国大型博览活动的新纪元。

中国共产党成立以后，还在战争年代就十分重视会展活动的作用。在土地革命战争时期的中央苏区、抗日战争期间的陕甘宁边区和根据地、解放战争时期的解放区，中国共产党就曾举办多种类型的展览活动，利用展览武器宣传发动群众，组织物资交流，促进经济发展，支援前线胜利。

据岭南师范学院夏松涛研究，土地革命战争期间，1931年和1932年，在中央苏区福建汀州举办过两次“金塔银塔展览会”等；抗日战争时期，在陕甘宁边区延安举办了“工人制造品竞赛展览会”“农产竞赛展览会”“工业展览会”“农工业展览会”“全国报刊杂志展览会”“边区生产展览会”“卫生展览会”“边区建设展览会”等；解放战争时期，在解放区举办了“脱字棉展览会”（邢台）、“农具展览”（哈尔滨）、“工业品大展览”（临清）、“农业品展览会”（邢台）、“北平工业品展览会”“公、私营工业及手工业产品展览会”（张家口）、“大连工业展览会”等。

二、新中国建立至改革开放期间的中国会展

新中国建立至1978年改革开放，是中国社会主义政治、经济制度确立、经济体系建设取得巨大成就的重要时期。新中国的展览伴随着不同时期社会主义革命和建设的深入不断成长发育起来，为新中国经济发展、物资流通和对外交往作出了自己的贡献。

早在新中国建国初期，中央政府就于1950年5月在北京中南海举办了农业机械展。该展历时40天，展品为国内生产的新式农具和苏联制造的农业机械。这是新中国第一个专业展览，也是中国近代史以来的第一个专业展览。参观者是新中国党政高层官员和民主党派领导人，共有1000余人。

从建国初期开始，为促进流通，扩大生产，人民政府在各地举办了各类物资交易大会。物资交流、交易大会成为计划经济时代物资划拨、供应和流通的重要渠道和载体，一些大会一直延续下来，发展成为现在重要的展览会。

新中国从一开始就十分重视展览的国际交往功能，积极创造条件组织和参与各类国际展览活动。国际展览在宣传新中国建设成就，突破帝国主义封锁禁运，扩大对外经济技术合作方面发挥了十分重要的作用。早在20世纪五、六十年代，中国先后组团赴西德、捷克斯洛伐克、印度、巴基斯坦、蒙古、保加利亚、叙利亚、波兰、法国、英国、马来西亚、瑞士、奥地利、南斯拉夫、匈牙利等国参展，并在蒙古、苏联、日本、埃及、越南、柬埔寨等国举办中国商品展。与此同时，苏联、波兰、捷克斯洛伐克、日本、印度、罗马尼亚、匈牙利、民主德国等国也相继来华办展。在外国来华举办的展览中，包括了以探矿、电讯、原子能技术、仪表、电工器材、纺织机械、玻璃纤维为主题的专业展。其中，1955年10月在日本东京举办的中国商品展览会和1956年10月在北京举办的日本商品展览会，是新中国首次与西方国家相互举办的大型经贸展览。

为了发展新中国的展览事业，同时也为了加强同当时苏联为首的社会主义阵营合作，中共中央在1952年2月决定，在北京、上海建设“苏联展览馆”。北京“苏联展览馆”于1954年9月竣工。1958年，经国务院总理周恩来提议，更名为“北京展览馆”。广州、上海、武汉展览馆相继于1955年、1956年建成投入使用。北京、上海、广州、武汉“苏式”展览馆的建设首开新中国专业展览馆建设之先河，在改革开放前相当一段时期内成为新中国展览活动举办的主要专业展览场所。

改革开放前，新中国展览界最为重大的事件是创办“中国出口商品交易会”。1955年8月，当时的外贸部向国务院请示举办“中国出口商品展览会”，并就展会名称、主办单位、展览内容、客商邀请、贸易方式、组织领导以及经费安排提出具体意见。1956年11月，“中国出口商品展览会”在广州试办成功。1957年4月25日至5月25日，首届“中国出口商品交易会”在广州中苏友好大厦举办。经周恩来总理提议，简称“广交会”。首届“广交会”展览面积9600平方米，外贸部直属外贸公司组成的13个交易团以及吉林、辽宁、贵州、湖南、浙江、江苏、广西、广东等省区的27家企业参展，分设工业品、纺织品、食品、手工艺品、土特产品五个展馆，展出商品1.09万种。来自19个国家或地区的境外客商共1223人到会洽谈贸易；其中，港澳客商1021人，占83.48%。出口成交1754万美元，多为现货贸易。在交易额中，农副产品与手工艺品占63.91%，出口港澳占64.33%。创办“广交会”的初衷在于打破西方阵营的经济封锁（制裁），借助毗邻港澳的地理条件，通过“转口贸易”扩大中国商品出口，尤其是恢复传统商品（如茶叶、瓷器、丝绸及手工制品）的出口市场，为国内经济建设换取外汇并稳定就业。“广交会”一年两届，自创办以来一直延续至今，从未间断。

这一期间，新中国还逐步建立起外贸部、贸促会协同协调的国际展览运作、管理体制和机制。为改革开放后展览产业化发展孕育了人才，积累了经验。

三、改革开放四十年中国展览业的发展

展览业作为一个产业，具有较为完整的产业链服务和业态政策体系，笔者认为，中国会展业还是形成和发展于1978年改革开放以后。

（一）中国展览业发展历程

1978年以来，中国展览业与改革开放相伴而行，并随着改革的深化和开放的扩大不断发展壮大，大体经历了四个发展阶段。

1．起步阶段（1978—1989年）

随着改革开放序幕的拉开，专门从事展览业务主办、承办的企业或机构产生，一些香港、新加坡等亚洲会展服务企业进入中国大陆，展览市场化运作开始显现。

2．成长阶段（1990—2000年）

1989年夏秋之交风波过后，西方国家对中国实行制裁，国际展览活动、展会交往一度受到限制，一些已经进入的展览企业退出中国大陆展览市场。1992年邓小平南巡讲话以后，中国展览迅速恢复，并进入稳步成长阶段。这一阶段，多种经济成分的展览市场主体逐步形成，一些城市开始建设专业化展览场馆设施，展览行业由点到面逐步推开，由沿海到内地逐步延展。

3．全面发展阶段（2001—2010年）

以2001年中国成功加入世界贸易组织为标志，中国展览业进入全面发展阶段。2008年北京奥运会和2010年上海世博会的成功举办，对中国展览业的发展起到了重要的推动作用。这一期间，展览策划运营、场馆设施租赁、会展专业服务产业链服务体系基本形成，会展业发展得到社会各界的普遍关注，不少地方政府将会展业发展纳入当地经济社会发展体系，加以全面规划与促进，会展市场开放度进一步扩大。

4．转型升级阶段（2011年以后）

经过30多年的发展，中国展览业逐步壮大，展览数量、场馆设施建设进入世界先进行列。2012年中共18大八项规定出台以后，中央办公厅、国务院办公厅多次对会展活动进行清理规范，加强会展行业管理规范，加快市场化进程。2015年，国务院发布了“关于进一步促进展览业改革发展的若干意见”，指明了中国展览业市场化、专业化、国际化、品牌化发展方向，

明确了中国展览业发展的指导思想、管理原则和发展路径，中国展览业进入转型升级、提质增效发展新阶段。

（二）中国展览业经济规模与增长速度

1．境内展览数量与面积

根据中国会展经济研究会的统计，2019 年，中国会展经济研究会统计到的会展举办城市从 2011 年的 83 个增加到 187 个，展览总数由 7330 场增加到 11033 场，展览总面积从 8173 万平方米增至 14877.38 万平方米；2011—2019 年，中国展览的数量和展览面积年均增长率为 5.61% 和 9.11%。按最初统计到的 83 个城市可比口径计算，2019 年 83 个城市展览数量由 7330 场增至 11033 场，展览面积由 8173 万平方米增至 14877.38 万平方米，年均增长率分别为 3.39% 和 7.32%。2019 年，这 83 个城市展览数量和展览面积分别占到全国的 85.98% 和 91.14%，仍然是中国展览城市的主体。

表 1 2011—2019 年全国展览城市、展览数量与展览面积统计

年份	统计城市（个）	展览数量（场）	同比+ -（%）	展览面积（万平方米）	同比+ -（%）	平均面积（万平方米）
2011	83	7330		8173		1.12
2012	101	6901	-5.85	8250	0.94	1.20
2013	124	6904	0.04	8956	8.56	1.30
2014	140	7495	8.56	9736	8.71	1.30
2015	161	8157	8.83	10846	11.4	1.33
2016	159	9892	21.27	13075	20.55	1.32
2017	175	10358	4.71	14285	9.25	1.38
2018	181	10889	5.13	14456	1.20	1.33
2019	187	11033	1.32	14877	2.91	1.35

2．出境展览规模

据中国国际贸易促进委员会披露，2019 年全国 91 家组展单位共赴 73 个国家参办展 1766 项，较 2018 年增加 94 项，同比增长 5.6%；展出面积 92.13 万平方米，较 2018 年增加 9.11 万平方米，同比增长 11.0%；参展企业 6.1 万家，较 2018 年增加 0.2 万家，同比增长 2.9%。

3．会展经济规模

中国展览直接收入在国民经济中的比重大体保持在 0.7% 左右，据商务部服务贸易与商贸服务业司和中国会展经济研究会联合发布的《中国展览行业发展报告》，2015 年全国展会经济直接产值为 4803 亿元人民币，展览业在全国 GDP 中的占比为 0.71%，在服务业中的占比为 1.4%。据亚太会展研究院郭牧估算，2018 年中国会展直接产值 6451 亿人民币，比 2017 年增加 8.5%；占全国国内生产总值 0.72%，占第三产业总值的 1.38%；综合贡献为 5.6 万亿人民币，比 2017 年增加 9.8%。

四、开放性会展体系与会展行业格局

经过 40 多年的培育积攒，中国已经形成较为完善的开放性会展体系和渐趋合理的行业格局。

（一）开放性会展体系

经过多年努力和打造，中国基本构建形成了开放性经济贸易展览体系、周边地区经济贸易合作机制性展览会体系、多边机制性国际会议展览体系、区域经济贸易合作会展体系、新兴产业会展体系、市场化、专业性会展体系和世界博览会、世界园艺博览会、世界专业组织会议、展览申办、举办体系等一整套全方位、立体化会展体系。

1．开放性对外经济贸易展览会体系

开放性会展体系包括：中国进出口商品交易会（广交会）、中国服务贸易交易会（服贸会）、中国投资贸易洽谈会（厦洽会）、中国（上海）国际技术进出口交易会（上交会）、中国义乌国际小商品博览会（义博会）、中国加工贸易产品博览会（加博会）、中国国际进口博览会（进博会）、中国非洲经贸博览会、中国国际消费品博览会（消博会）等经济贸易类展览会。

2．周边地区经济贸易合作机制性展览会体系

周边机制性展会体系包括：中国—东盟博览会（广西·南宁）、中国—亚欧博览会（新疆·乌鲁木齐）、中国—阿拉伯国家博览会（宁夏·银川）、中国—东北亚博览会（吉林·长春）、中国—俄罗斯博览会（黑龙江·哈尔滨）、中国—南亚博览会（云南·昆明）、中国—蒙古国博览会（内蒙古·呼和浩特）等。

3．多边机制性国际会议、展览体系

多边机制性会展体系包括：博鳌亚洲论坛、夏季达沃斯论坛、“一带一路”国际合作高峰论坛、亚太经合组织峰会、上合组织峰会、金砖国家峰会、G20 峰会等。

4．区域经济贸易合作和新兴产业会展体系

区域经济贸易合作会展活动有中国西部博览会、中国中部投资贸易博览会等；新兴产业会展体系有中国贵州大数据博览会、中国重庆国际智能产业博览会、中国石家庄国际数字经济博览会等。

5．市场化、专业性会展体系

市场化、专业性展会是中国会展经济的主体，也是中国会展经济发展的方向，随着市场化改革进程的深化，政府主导型会展逐步淡出，市场化、专业性会展比重不断增加。

（二）会展格局

1．省市区分布

全国 31 个省市区都办有会展活动，但发展进程不一，行业分布不太均匀，集中化趋向较为明显，主要会展省市区占比加大。根据中国会展经济研究会的统计，2019 年，全国按展览面积排名的前十个省（直辖市）的展览数量占全国展览总数 71.52%，展览面积占全国展览总面积 72.69%（见表 2）。

表 2 2019 年全国各省区市展览数量和展览面积统计

序号	省份	展览数量（场）	展览数量全国占比（%）	展览面积（万平方米）	展览面积全国占比（%）	展览平均面积（万平方米）
1	上海	1043	9.45	1941.67	13.05	1.86
2	广东	1029	9.33	1721.83	11.57	1.67
3	山东	1004	9.10	1505.28	10.12	1.50
4	江苏	1186	10.75	1080.75	7.26	0.91
5	四川	953	8.64	1020.84	6.86	1.07
6	重庆	513	4.65	992.00	6.67	1.93
7	浙江	697	6.32	831.96	5.59	1.19
8	辽宁	729	6.61	689.70	4.64	0.95
9	北京	324	2.94	589.80	3.96	1.82
10	河南	412	3.73	442.23	2.97	1.07
11	福建	343	3.11	420.44	2.83	1.23
12	河北	337	3.05	416.78	2.80	1.24
13	云南	132	1.20	374.00	2.51	2.83
14	吉林	180	1.63	325.63	2.19	1.81
15	湖南	274	2.48	324.50	2.18	1.18
16	湖北	274	2.48	290.80	1.95	1.06
17	安徽	295	2.67	265.08	1.78	0.90
18	陕西	226	2.05	244.10	1.64	1.08
19	天津	123	1.11	226.76	1.52	1.84
20	黑龙江	45	0.41	198.90	1.34	4.42
21	广西	156	1.41	197.23	1.33	1.26
22	贵州	156	1.41	164.81	1.11	1.06
23	内蒙古	128	1.16	121.33	0.82	0.95
24	山西	164	1.49	119.76	0.80	0.73
25	江西	101	0.92	113.93	0.77	1.13
26	新疆	39	0.35	78.55	0.53	2.01
27	海南	29	0.26	53.04	0.36	1.83
28	甘肃	78	0.71	49.35	0.33	0.63
29	青海	27	0.24	37.53	0.25	1.39
30	宁夏	34	0.31	36.30	0.24	1.07
31	西藏	2	0.02	2.50	0.02	1.25
总计		11033		14877.38		1.35

2．东中西格局

据 2019 年中国会展经济研究会统计，东部沿海地区 12 省区市（辽宁、北京、天津、河北、山东、江苏、上海、浙江、福建、广东、广西、海南）举办展览 6100 场，展出面积 9463.97 万平方米，展览数量占全国 55.29%，展览面积占全国 62.55%。中西部地区 19 省、自治区、直辖市（山西、内蒙古、吉林、黑龙江、安徽、江西、河南、湖北、湖南、陕西、甘肃、青海、宁夏、新疆、四川、重庆、云南、贵州、西藏）举办展览 4933 场，展览面积 5571 万平方米，分别占全国 44.71% 和 37.45%。2015 年，我国东部地区 12 省、自治区、直辖市办展 5699 场，占全国总数的 61.39%，展出面积 7834.55 万平方米，占全国总展出面积的 66.41%；中西部地区 19 省、自治区、直辖市办展 3584 场，占全国总数的 38.61%，展出面积 4062.45 万平方米，占全国总展出面积的 34.43%。与 2015 年相比，中西部地区办展数量增加了 6.1 个百分点，展览面积增加了 3.02 个百分点。按东部沿海和中西部地区划分，东部地区占据主导地位，中西部地区增速加快，份额提升。

3．主要会展城市

2019 年全国展览数据统计，调研了 638 个城市，汇集了 187 个城市的展览数据。全国会展聚集性特征较为明显，按展览面积排名的前十个城市举办展览 4397 场，占全国展览总数的 39.86%，展出面积 7096 万平方米，占全国展览总面积的 47.69%（见表 3）。

表 3 2019 年全国排名前十会展城市

序号	城市	展览数量（场）	展览数量全国占比（%）	展览面积（万平方米）	展览面积全国占比（%）
1	上海市	1043	9.45	1941.67	13.05
2	广州市	690	6.25	1024.02	6.88
3	重庆市	513	4.65	992.00	6.67
4	北京市	324	2.94	589.80	3.96
5	南京市	543	4.92	512.30	3.44
6	青岛市	286	2.59	426.00	2.86
7	成都市	335	3.04	425.20	2.86
8	沈阳市	410	3.72	416.00	2.80
9	深圳市	121	1.10	395.00	2.66
10	昆明市	132	1.20	374.00	2.51

2019 年，上海、广州、北京三大会展城市共举办展览 2057 场，展览面积 3555 万平方米，分别占全国总数的 18.64% 和 23.90%。近年来，三大会展城市中，上海、广州发展势头较好，2019 年，上海、广州展览总面积均超过 1 千万平方米。其中上海办展 1043 场，展出面积 1941 万平方米，广州 690 场，展出面积 1024 万平方米；上海一骑绝尘，展览项目过千、面积将近 2000 万平方米；北京发展迟缓，相对地位下降（见图 1、图 2）。

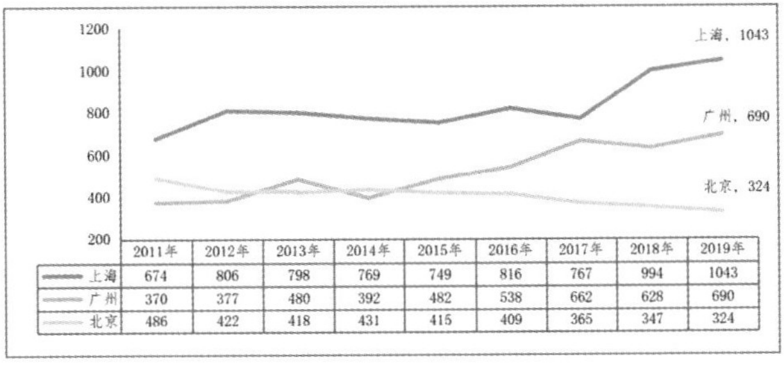

图 1 2011—2019 年三大会展城市展会数量变化趋势

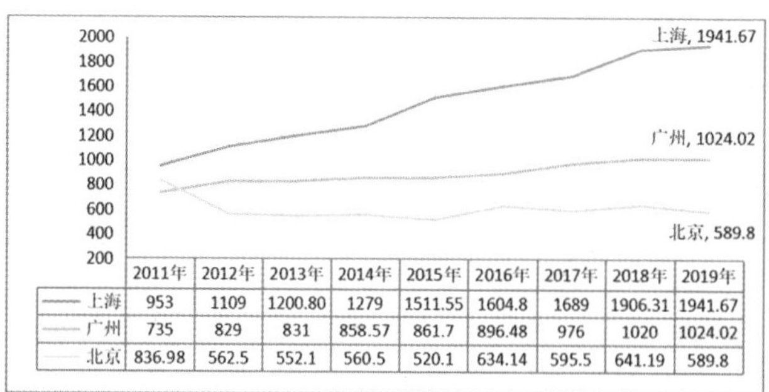

	2011年	2012年	2013年	2014年	2015年	2016年	2017年	2018年	2019年
上海	953	1109	1200.80	1279	1511.55	1604.8	1689	1906.31	1941.67
广州	735	829	831	858.57	861.7	896.48	976	1020	1024.02
北京	836.98	562.5	552.1	560.5	520.1	634.14	595.5	641.19	589.8

图 2 2011—2019 年中国一线城市境内办展面积变化趋势

4．会展城市群、带

依据区位特色、国家发展战略布局，我国逐步发展形成了长三角、珠三角和环渤海三大会展城市群，中部、西部、东北三个会展城市带，海南和海西两个会展城市特区。2018 年，长三角地区共举办展会 2898 场，占全国总数的 26.61%；展览面积 3776.45 万平方米，占全国 26.12%；展览数量和面积占比均处于领先地位。珠三角办展数量占比 12.38%，面积占比 15.96%；京津冀及环渤海为展数量和面积分别占全国 15.89% 和 17.94%；中部、西部、东北举办展会数量分别占全国 14.67%、21.53% 和 8.92%，展览面积分别占 10.82%、20.96% 和 8.74%（见图 3、图 4）。

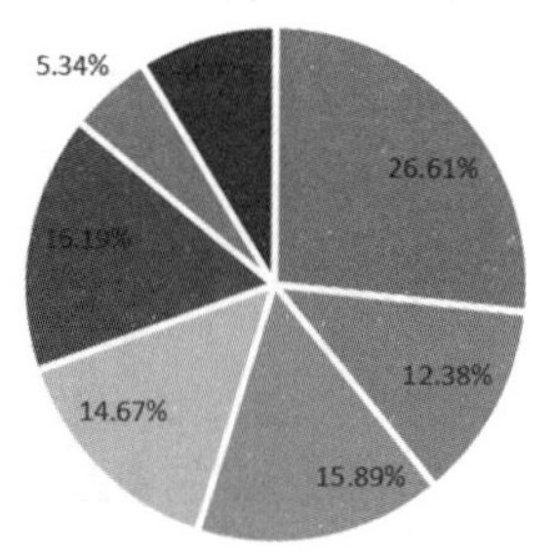

图 3 2018 年各地区展览数量占比

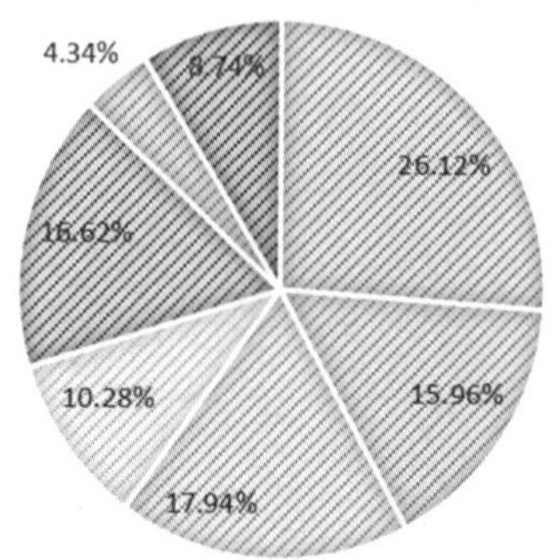

图 4 2018 年各地区展览面积占比

5．行业分布

据中国会展经济研究会统计工作委员会互联网检索 + 抽样调查样本分析，2019 年采集到的 5781 场展览样本中，综合性展览 507 场，展出面积 940.2 万平方米，占样本总数的 8.77% 和 8.19%；行业性展览 5274 场，展出面积 10546.36 万平方米，占样本总数的 91.23% 和 91.81%。按展览主题分为，行业展会涉及 27 个行业大类，131 个细分行业小类，其中汽车题材类展览数量最多，达 818 场，占行业类展览总数的 15.51%，展览总面积 1671 万平方米，占行业类展览总面积的 15.84%；其次为建筑建材、文教类展会。

表 4 2019 年展览面积位居前 20 名的行业

行业	展会数量(场)	展会面积(万平方米)
汽车	818	1671
休闲娱乐	633	989.23
文教	591	1098.83
综合	507	940.2
建筑建材	434	1113.15
家居	428	864.43
食品饮料	411	839.06
装备制造	301	902.07
农林牧渔	299	569.42
纺织服装与穿戴用品	249	424.09
生活消费	210	344.39
医药	183	336.36
零售	118	212.27
信息电子	93	290.31
环保	84	191.57
投资贸易	72	127.73
公共安全	64	112.4
交通物流	55	142.12
化工	39	134.43
能源	29	102.26

6．展会规模

2019 年的 5781 场展览样本中，按展览面积规模划为四个档次。其中，1 万平方米以下的展览 2608 场，占展览项目总数的 45.11%，展览总面积 1266 万平方米，占展览项目总面积的 11.70%；10 万平方米及以上的展览 171 场，占展览项目总数的 2.96%，展览总面积 2969 万平方米，占展览项目总面积的 25.85%。

五、综合会展国力比较与国际地位

上海大学会展研究院开发出一个会展指数指标来综合评价国家、城市的会展实力，会展指数包括：展馆发展指数、展会发展指数、组展商发展指数。

表 5 2019 年项目展览样本面积规模构成比例

展览规模	数量（场）	占比（%）	展览总面积（万平方米）	占比(%)
10 万平方米及以上	171	2.96	2969	25.85
5 万平方米及以上至 10 万平方米	313	5.41	1985.1	17.28
3 万平方米及以上至 5 万平方米	558	9.65	1994.3	17.36
1 万平方米及以上至 3 万平方米	2131	36.86	3272	28.49
1 万平方米以下	2608	45.11	1266	11.70
总计	5781	100	11486.56	100

（一）综合会展国力分析

在全球 18 个主要会展国家（拥有全球百强展会，或拥有 10 万平方米以上展馆，或拥有营业额在 1 亿欧元以上的组展商）三大指数比较中，德国第一，中国排名第二，其他依次为英国、美国、意大利、法国、西班牙、瑞士、荷兰、俄罗斯、比利时、瑞典、波兰、捷克、韩国、土耳其、新加坡、泰国。

1．展馆指数排名

依据国际展览业协会（UFI）2017 年 12 月 13 日发布的《2017 年全球展览馆地图》数据，全球净展览面积超过 5000 平方米展览场馆 1212 家，存量总面积达到 3460 万平方米，与 2011 年相比增加 1.4%。

中国国家会展中心（上海）和广州琶洲中国进出口商品交易会展馆进入全球前五；其中，国家会展中心（上海）以 40 万平方米室内展览面积位列世界第二，仅次于德国汉诺威展览中心（46 万平方米）（见表 6）。

表 6 2017 年主要会展国家展馆数量及面积 [14]

排名	国家	场馆数量	室内展览面积（平方米）
1	美国	326	6 850 426
2	中国	110	5 753 724
3	德国	60	3 228 020
4	意大利	43	2 304 748
5	法国	93	2 192 508
6	西班牙	44	1 526 319
7	加拿大	34	840 376
8	巴西	31	788 011
9	俄罗斯	28	768 276
10	荷兰	42	709 701

2．展会指数变化

展会指数的主要数据依据是《进出口经理人》每年发布的“世界展商 100 大排行榜”，《进出口经理人》从 2008 年开始推出“世界展商 100 大排行榜”，2019 年 7 月，《进出口经理人》杂志第 12 次推出“2019 年世界商展 100 大排行榜”。12 年来，中国入榜的展会越来越多，排名不断靠前，平均面积也越来越大。2008 年中国进入 100 强的榜单的展会只有 4 个，2019 年增加到 22 个，跻身前 10 的有 4 个，前 50 的有 10 个（见表 7）。

表 7 2008—2019 年世界商展 100 强入围国家分布统计

年份	德国	俄罗斯	法国	美国	瑞士	西班牙	意大利	英国	阿联酋	中国
2008	62	1	7	8	1	4	11	2	0	4
2009	59	1	8	9	1	4	10	2	0	6
2010	58	1	7	7	1	3	8	1	0	14
2011	56	1	7	7	1	2	11	1	0	14
2012	56	2	6	3	1	2	12	1	0	17
2013	55	2	7	4	2	1	12	0	0	17
2014	53	2	7	5	2	1	11	0	0	19
2015	50	2	9	5	2	1	10	1	0	20
2016	52	1	8	4	2	1	11	1	0	20
2017	51	0	9	5	2	0	11	1	0	21
2018	51	1	8	5	2	0	11	0	0	22
2019	50	1	7	5	1	0	13	0	1	22

3．展商指数分析

德国经济展览和博览会委员会（AUMA）于 2017 年 8 月 18 日发布了一份全球收入最高的展览公司研究报告，报告中 AUMA 以 2017 年展览公司的综合收入为依据，出具了一份全球年综合收入（包括主办收入、展馆运营收入和展会服务收入）超过 1 亿欧元的展览公司榜单。根据该榜单，2017 年世界有 34 家顶级展商综合收入超过 1 亿欧元，总计 99.31 亿，平均 2.92 亿；其中英国 9 家、德国 8 家，法国、意大利各 3 家，荷兰、西班牙各 2 家，瑞士、比利时、瑞典各 1 家，中国 2 家，日本 1 家，美国 1 家。

表 8 2017 年 34 个年收入超 1 亿欧元的企业

Revenue of Exhibition Companies*

worldwide(more than Euro 100 m)	2017	2016	2015
Reed Exhibitions(GB)	1,264.0	1,277.4	1,183.0
UBM plc(GB)	979.0	830.6	855.5
Messe Frankfurt(D)	669.1	647.0	647.8
Informa(GB)	631.1	358.3	356.1
GL events(F)	481.9	452.6	456.0
MCH Group(CH)	421.8	410.0	384.5
Messe Düsseldorf(D)	367.0	442.8	302.0
Koelnmesse(D)	357.9	274.0	321.2
Deutsche Messe(D)	356.4	302.3	329.3
Messe München(D)	332.6	428.1	277.4
Emerald Expositions(USA)	285.2	305.9	281.0
Messe Berlin(D)	284.0	309.4	242.0
Fiera Milano(I)	271.3	221.0	337.3
HKTDC(HK)**	254.1	237.6	223.1
Ascential plc/i2i Events Group(GB)	221.7	210.1	204.0
NürnbergMesse(D)	205.5	288.0	203.7
Fira Barcelona(E)	187.6	165.0	148.0
NEC Group.Birmingham(GB)	182.9	170.2	174.2
ITE Group(GB)	173.2	155.8	183.1
PSPA TOPCO Limited[Clarion Events](GB)	171.1	182.8	n/a
Artexis Group Easyfairs Group SA/NV(B)	160.1	114.9	107.0
Tokyo Big Sight(JP)	157.1	178.0	160.1
VIPARIS(F)***	146.0	165.0	n/a
Tarsus Group(GB)	132.5	79.8	117.9
dmg::events(GB)	131.8	122.6	128.1
Landesmesse Stuttgart(D)	131.0	158.5	120.6
IEG Italian Exhibition Group(I)	130.7	124.8	n/a
SNIEC Shanghai New Int.Expo Centre(CN)	127.5	121.1	115.7
Svenska Mässan Göteborg(S)	126.6	131.0	128.9
BolognaFiere(I)	126.0	132.4	119.0
Amsterdam RAI(NL)	123.3	120.2	126.2
IFEMA Madrid(E)	118.1	105.6	97.6
Jaarbeurs Utrecht(NL)	115.7	111.1	133.3
Comexposium(F)	108.1	126.6	108.5

（二） 城市会展实力比较

依据综合会展实力指数指标，上海会展研究院每年选取世界 55 个主要会展城市进行实力综合评价。2015 年入选的城市包括：德国 10 个、中国 9 个、美国 7 个、意大利 7 个、西班牙 4 个、英国 3 个、法国 2 个、荷兰 2 个、瑞士 2 个、俄罗斯 1 个、新加坡 1 个、韩国 1 个、泰国 1 个、土耳其 1 个、波兰 1 个、捷克 1 个、比利时 1 个、瑞典 1 个。中国入选的 9 个城市是上海、广州、北京、重庆、武汉、成都、深圳、香港、厦门。2015 年，上海一举超过巴黎和法兰克福，荣登榜首，名列第一；其他城市排名依次为：广州第 10、北京第 18、重庆第 23、武汉第 28、成都第 42、深圳第 47、香港第 48、厦门第 52（见表 9）。

表 9 世界会展城市实力排名

城市	2015 年排名	2014 年排名	城市	2015 年排名	2014 年排名
上海	1	3	曼谷	29	30
汉诺威	2	4	布鲁塞尔	30	39
巴黎	3	1	亚特兰大	31	32
法兰克福	4	2	斯图加特	31	29
科隆	5	7	乌德勒支	33	31
杜塞尔多夫	6	6	布鲁诺	34	34
米兰	7	8	休斯顿	35	35
慕尼黑	8	9	路易斯维尔	36	—
伦敦	9	5	伊斯坦布尔	36	—
广州	10	10	巴里	36	36
柏林	11	13	罗马	39	38
博洛尼亚	12	16	里昂	40	12
拉斯维加斯	13	15	莱比锡	41	25
莫斯科	14	11	埃森	42	40
纽伦堡	15	18	成都	42	—
巴塞罗那	16	14	毕尔巴鄂	44	43
巴塞尔	17	17	日内瓦	44	44
北京	18	26	波兹南	46	45
芝加哥	19	19	深圳	47	48
洛杉矶	20	—	香港	48	51
维罗纳	21	27	新奥尔良	49	48
瓦伦西亚	22	20	新加坡	50	41
重庆	23	21	帕尔玛	51	49
伯明翰	24	22	厦门	52	54
马德里	25	23	范堡罗	53	53
里米尼	26	33	哥森堡	54	—
首尔	27	42	阿姆斯特丹	55	52
武汉	28	28			

六、抗疫复展的 2020 年

2020 年，突如其来的新冠疫情爆发，对经济社会、人们生活带来了巨大的影响和冲击，会展行业遭受到沉重打击，世界会展全面陷于停滞。据国际展览业协会（UFI）评估数据，

2020年全球展览行业损失惨重，与2019年相比，世界会展行业收入减少68%，会展相关行业总产出至少损失2000亿欧元。中国会展人不忘初心，坚守信念，积极探索，经历了一个非同寻常的2020年。据中国会展经济研究会统计，2020年，全国举办线下展览5408场，展出面积7726.61万平方米，与2019年相比，分别减少50.98%和48.05%。

（一） 团结抗疫

1月23日，武汉封城。1月24日，广东省商务厅发出通知，要求即日起暂停一切大型经贸活动。此后，出于疫情防控要求，全国各地纷纷要求暂停会展活动，中国会展活动全面按下了暂停键。

中国会展人响应国家号召，认真执行活动停办禁令，暂停举办一切会展活动；积极投身抗疫战役，利用会展平台和国际渠道优势，积极组织抗疫物资采购、捐资捐物，组织志愿者战斗在抗疫第一线；利用场馆优势，改建“方舱医院”，收治新冠肺炎患者；利用会展材料生产技术和设备，转产防疫物资，支援抗疫战线；发挥会展平台功能，创新会展服务模式，努力探索线上会展路径，为稳外贸、稳外资作出贡献。

会展行业各行为主体同舟共济，团结一致，共克时艰。政府主管部门主动作为，精准施策，帮助企业纾危解困；行业中介组织加强调查研究，反映企业诉求，为政府决策提供依据，帮助行业提振信心；产业链各环节主办、场馆、服务企业精诚合作，共度难关；企业内各部门恪尽职守，加强协作，补台担当；企业与员工同心协力，企业尽量不裁员、少裁员，员工体谅企业困难，主动提出降薪，甚至停薪。

（二） 复展复业

5月8日，国务院联防联控机制（国发明电〔2020〕14号）宣布，在落实防控措施的前提下，可举办各类必要的会议、会展活动。7月6日，商务部、公安部、卫生健康委联合颁发《关于展览活动新冠肺炎疫情常态化防控工作的指导意见》，对展览活动疫情防控提出了明确要求，释放出恢复举办展览活动的重要信号，吹响了展览业全面复展复业的进军号。

随着疫情防控形势的变化，全国各地积极推动展览业复展、复业，4月30日，长沙“湖南汽车展”线下举办，打响了新冠疫情防控以后专业展览场馆现场展览第一枪，在中国，乃至世界会展业界引起了巨大的反响。6月10日，广州国际防疫物资展览会开幕，从7月初到8月11日，广州琶洲地区各展馆共举办展览活动36场，展览面积88万平方米，参展参观人数70多万人次。9月初，中国国际服务贸易交易会拉开了北京展览业复展复兴序幕，随之科博会、汽车展、家博会等展会纷至沓来，精彩不断。9月15日—19日，中国国际工业博览会（中国工博会）在上海隆重举办，展览规模24.5万平方米，展商逾2000家，展现了物联、数联、智联三位一体的制造业产业链全貌。

调查发现，时至9月，全国主要会展城市基本全面恢复办展，南方城市发展更快一些。调查经验判断，主要城市展会举办数量基本达到往年正常水平，但由于境外疫情影响，国际参与程度较低，距展会国际化水平和规模层级的恢复还有不小距离；展览面积的恢复慢于展会数量的恢复，出国展览更是步履维艰。据上海市商务局发布的数据，6—12月，上海举办展会面积1067万平方米，恢复到2019年同期的近90%，25个10万平方米以上展会均在下半年举办，大展数量与去年同期持平。

（三） 创新发展

中共中央政治局常务委员会3月18日会议强调，要兼顾疫情防控和对外经贸合作，在落实防疫措施前提下为商务人员往来提供便利，保持国际供应链畅通，创新招商引资、展会服务模式，保障各类经贸活动正常开展。

新冠疫情爆发对会展创新发展形成了倒逼机制，中国会展人积极创新求变，充分运用5G、VR/AR、大数据等现代信息技术手段，举办“云展览”，开展“云展示”“云对接”“云洽谈”“云签约”，努力探索线上线下会展融合发展解决方案，探索先进数字技术服务会展产业、会展服务实体经济的路径和方法。

3月21日，首届中国国际渔业线上博览会在大连凯阳世界海鲜股份有限公司一楼展厅开幕；中国—拉美（墨西哥）国际贸易数字展览会4月14日在北京开幕；6月24日，为期10天的第127届中国进出口商品交易会（广交会）在“云端”圆满落幕，近2.6万家境内外企业参展，来自217个国家和地区的境外采购商注册观展，为超大型展会服务功能上线，线上举办进行了大胆尝试，探索得到了经验；中国服务贸易交易会、第三届中国国际进口博览会积极探索线上线下融合发展，取得了较好的成效；第102届、103届全国糖酒会分别在线上、线下举办，都达到了预期的效果。众多展会推进线上线下融合，加强线上服务功能建设，提供更多线上服务，推动会展服务创新、管理创新和业态模式创新。

七、新时期展览业高质量发展

（一） 新时期高质量发展要求

党的十九大报告做出了“我国经济已由高速增长阶段转向高质量发展阶段”的重大判断，明确提出，“必须坚持质量第一、效益优先，以供给侧结构性改革为主线，推动经济发展质量变革、效率变革、动力变革，提高全要素生产率。”2018年中央经济工作会议特别强调，新时代的基本特征就是“我国经济已由高速增长阶段转向高质量发展阶段”，而“推动高质量发展是当前和今后一个时期确定发展思路、制定经济政策、实施宏观调控的根本要求”。习近平总书记在党的十八届五中全会第二次全体会议上的讲话（节选）中，对什么是高质量、有效益的发展进行了深入而具体的阐述：一是投资要有效益，二是产品要有市场，三是企业要有利润，四是员工要有收入，五是政府要有税收。十九大后的第一次中央经济工作会议强调：“推动高质量发展，是保持经济持续健康发展的必然要求，是适应我国社会主要矛盾变化和全面建成小康社会、全面建设社会主义现代化国家的必然要求，是遵循经济规律发展的必然要求。”会议要求：必须加快形成推动高质量发展的指标体系、政策体系、标准体系、统计体系、绩效评价、政绩考核，创建和完善制度环境，推动我国经济在实现高质量发展上不断取得新进展。

2017 年 12 月 25 日，人民日报评论员文章《贯彻落实中央经济工作会议精神》指出：高质量发展，就是能够很好满足人民日益增长的美好生活需要的发展，是体现新发展理念的发展，是创新成为第一动力、协调成为内生特点、绿色成为普遍形态、开放成为必由之路、共享成为根本目的的发展。对应国民经济高质量发展要求，展览业高质量发展就是全面贯彻“创新、协调、绿色、开放、共享”的新发展理念，实现更具活力、更有效率、更协调均衡、更可持续的发展。

（二）展览业高质量发展

展览业高质量发展就是全面贯彻“创新、协调、绿色、开放、共享”的新发展理念，实现更具活力、更有效率、更协调均衡、更可持续的发展。

展览业更具活力是指以创新为基础，以创新为新生动力；更有效率指以更少的投入获取更大的收益，或较少的投入获得最大的收益；更协调均衡指展览业与其他产业发展的协调，城市、区域发展的均衡；更可持续包括人与自然的和谐，政府、市场的协同，速度与质量的协调，短期增长与长期发展的平衡等。微观上，企业充满活力，效益效率提升，国际竞争力增强；中观上，业态结构、市场结构、区域结构合理有序；宏观上，市场竞争有序，营商环境良好，服务功能效率提升。

展览业高质量发展至少应当包括以下几个方面的内容和特征：第一，创新成为推动发展的第一动力，科技进步发挥更大作用，创新会展发展理念、模式和服务，会展投入产出效益提升，全要素生产率不断提高；第二，城市之间、区域之间保持协调发展，大中小城市、东中西部不同区域依据各自市场、产业、区位特色，发挥比较优势，打造特色展览经济；第三，展览业发展站位提高，服务全局、服务国家战略、服务产业发展、服务城市经济理念明确，与主体产业、国家战略、城市经济发展协调一致；第四，政策、市场调节协调，市场资源配置功能更加充分，政府调节手段更为有效，中央、地方政策方向一致，产业、财政、税收政策协同，地区、城市政策和谐，不冲突、不攀比，不扭曲市场对资源的配置；第五，市场体系完善，发展环境良好，游戏规则严明，市场公开、公平、公正，政府调控、行业自律、企业运营协调有致，竞争合理有序，管理到位，服务到位；第六，企业自主经营，合规、诚信、守法，创新、竞争意识强，投入产出效益好，服务水平高，治理结构优，市场活力充沛，国际竞争能力提升；第七，展览项目结构优良，创新题材，创新服务，符合所在行业、城市发展需要，行业平台服务作用突出，品牌引领效果显著，展会规模效益优化；第八，会展人才培养、使用、管理体系完善，产教融合，产学结合，会展教育体系完善，结构优良，学科设置合理，归属科学，人才培养能够满足产业发展需要，切合产业发展实际需求，人才使用制度完善，人尽其才、人尽其用；第九，可持续发展、绿色发展，展览业发展和生态、环境、资源和谐，节能减排，资源节约，环境亲和；第十，开放发展，引进来，走出去，展览业国际化水平更高，国际合作层次更深，国际话语权更大。

（三）展览业高质量发展的政策建议

1．理顺体制，健全全国管理、协调、促进体系

全面贯彻国务院《关于进一步促进展览业改革发展的若干意见》文件精神，加速推进全国管理、协调、促进体系的建设和完善。更好发挥国家层面部际联席会议制度作用，进一步强化相关部门展览业发展的职责功能，切实解决制约展览业发展的公共服务瓶颈问题；地方要尽快理顺展览业管理体系，协调好部门间的功能职责，建立起切合当地实际、有利于促进展览业创新发展的管理体制和工作机制。加强行业中介组织的组织建设和功能建设，推动建立国家会展行业协会，健全行业发展规范，提高行业自律水平。完善展览业统计体系，加大统计资料推广应用力度，更好发挥统计监测作用。推动形成全国融会贯通，内展外展兼顾，政令统一，协调一致，联席会议协调促进、主管部门管理监督、中介组织行业自律三位一体的展览业管理、监督、促进体系；健全事前登记注册、事中事后监督管理、全程服务机制，提供完整、准确、到位、高质量的公共服务，加强展览行业监督管理和宏观指导。

2．加强宏观引导，编制产业发展规划

组织全国会展市场调查研究，进一步摸清展览市场资源和发展趋势。在认真总结“十三五”期间会展发展的基础上，根据国务院文件要求、国家经济发展战略和产业升级部署，根据行业发展规律和产业发展要求，研究制订全国“十四五展览业发展规划”，全面规划全国展览产业发展目标、规模、进程和布局，将展览产业发展纳入国家经济发展体系。主要会展城市也要根据当地展览市场发展的实际需要与可能，研究制订“十四五展览发展产业规划”，将展览业发展纳入地方总体经济社会发展规划。

3．加强法制建设，完善法治环境

加快展览业法律制度建设，逐步建立健全展览业法治体系，为展览业改革发展、管理促进、经营运作提供必要的法律依据和法制保障。推动研制“展览法”，出台“展览业管理促进条例”，明确各相关行为主体的功能定位和工作职责，明确管理促进的工作程序和工作规范，明确违反条例的治理办法和惩治力度；修订“展览业知识产权保护办法”，充实对展会本身知识产权保护的内容，加强展览业品牌、标识的知识产权保护，加大展览业知识产权侵权行为打击力度；加快展览业诚信体系建设，建立展览业诚信认定、披露、表彰制度，奖惩分明，及时披露，严厉打击违约、失信行为；建立、健全展览业登记注册管理制度改革、事中事后监督管理、行业协调自律、企业自主经营的相关法律法规体系；加大法制宣传、推广力度，推动贯彻执行，加快法制化进程，完善法治环境。

4．加强政策协调，优化营商环境

加强政府对展览业发展战略、规划、政策、标准等的研究制订和组织实施，完善有利于展览业发展的产业、财政和税收优惠政策体系；改善金融保险服务，建立融资性担保体系，加大担保机构对展览业企业的融资担保支持力度；优化公共服务体系，提高通关便利化水平，进一步优化展品出入境监管方式，简化展品出入境检验检疫手续，提高展品出入境通关效率；建立国家会展产业发展专项资金，扶持中国会展产业做大做强；积极探讨解决营改增税制改革会展企业实际影响问题，落实国家财税〔2011〕110号税改文件精神，认定会展行业为大量代收转付或代垫资金行业，同意其代收代垫金额予以合理扣除后计征增值税，或仿效物流业做法，降低会展行业应征所得税税率；探讨会展高科技企业适用科技企业、文创企业优惠政策的路径和方法；出台全国性鼓励扶持政策及奖励资金，改革商务部重点支持展会评选办法，完善政府专项会展扶持资金政策及实施细则。加强对地方、城市优惠鼓励政策的引导和协调，增强各地政策的协调性，鼓励地方依据市场规律出台政策措施，减轻政策对市场机制发挥作用的影响程度。

5．推动供给侧结构改革，优化展览业结构布局

提高展览业发展站位，推动展览业供给侧结构改革，提高会展活动效能效益。加强展览场馆建设的宏观指导，采取有效手段，盘活存量，调控增量，适当调控会展场馆建设的过度产能扩张；创新会展设施建设理念，突破单一功能场馆建设，鼓励集展览展示、论坛会议、餐饮住宿服务功能于一体的会展设施综合体建设，鼓励围绕会展产业链服务提供、城市服务功能融合的会展产业园区、会展产业集聚区、会展功能集聚区、会展生态区建设；加强博鳌亚洲论坛、东盟博览会等机制性和广交会、进博会、服贸会、投洽会等功能性会展活动的创新发展，发挥更好、更大贸易、投资、合作促进功能；加强党政机关办展的管理协调，进一步清理规范既有政府会展活动，控制新增政府展会的举办，探讨政府退出机制，逐步减少政府投入，提高政府展会市场化、专业化运作水平；配合国家经济社会发展战略，合理规划产业区位布局，推动形成会展产业带、会展产业城市集群，提高集群发展效应；鼓励差异化、特色化发展，扶植、培育地方、产业特色鲜明，经济、产业促进作用突出的市场化展会项目；加大宏观引导和政策扶持力度，推出、建设一批全国重点会展城市、重点会展场馆和展会项目；配合国家人类命运共同体、一带一路构想，协同推进出境展览，更好发挥出展文化联通、经济互通和市场开拓功能，提升出展效能效果，提高出展综合经济、贸易、社会、外交效应。

6．打造服务品牌，提升服务水平

增强服务意识，创新服务理念，提高服务水平。全面提升展览行业专业化水平，用工匠精神打造专业会展服务，精心培育会展服务品牌，建设、培育一批特色会展服务城市和品牌会展服务企业；研究制定会展行业各类服务标准和规范，加大宣传、推广力度，切实推动贯彻实施；推动中国展览业评估、认证体系建设，规范展览业评比、表彰市场，建立国家级、权威性展览业评价、表彰制度，提高中国会展业国际话语权；推广应用现代科学技术成果，创新服务手段和服务技巧，提高会展业信息化、智能化、智慧化水平；加强会展产业链建设，优化会展产业链环节服务，全面提升会展业服务质量和服务水平，提高专业化、市场化、国际化、品牌化、信息化水平，增强会展业的整体核心竞争能力。

7．加强市场主体培育，增强行业竞争实力

加强会展市场主体培育，推进大型龙头企业建设。加大本土展览企业扶持力度，鼓励强强联合，跨界融合，横向融合、纵向融合；拓宽企业融资渠道，鼓励社会资本介入，鼓励按PPP原则设置会展发展基金，鼓励企业上市，鼓励资本运作，购并重组；鼓励跨区域、跨行业、跨企业项目合作；鼓励业态创新，鼓励同类项目合并，股权合作，做大做强展览项目；鼓励集团化、集约化发展，打造中国会展企业航母。下大力气培育本土会展品牌，重点扶植行业品牌展会；创新发展，鼓励业态创新，展览、会议、节庆、赛事、演艺融合，鼓励模式创新，题材创新，推进展览业与优势产业和市场的高度结合，服务产业，服务市场，促进会展与旅游、康养、文化的融合；鼓励采用先进技术，鼓励线上线下融合发展；支持品牌展会走出国门，参与国际竞争，推动中国品牌展会的国际化移植，加大海外宣传力度，扩大中国展会品牌的国际影响力。

8．创新服务手段，提高智慧化水平

推广应用现代科技成果，创新服务理念，更新服务手段，

增加服务价值。运用互联网+思维，采用互联网技术，推动信息共享，促进供需匹配，提升互动体验，实现展会管理、服务智慧化，信息利用智慧化；拓展会展服务领域，延伸会展服务手段，提高会展服务效率，实现管理互动升级，让会展更具粘性，提高会展服务整体质量和水平；利用互联网技术对目标受众进行深度分析，了解客户需要，量身打造，提供精准定制服务，增强交易合作匹配度，提高展会实际交易成效；利用大数据技术，建设展会跟踪服务体系，实现客户关系管理智能化、智慧化；利用网络系统，推进展会流程程式化、智能化、规范化和管理自动化；应用最新二维码签到、移动互联网LBS、人脸识别技术，完善、提升现场服务；应用3D技术、直播互动、VR、AR、MR等再造展会现场（ZR），让用户全景感受展会氛围和认知展会品牌和企业；建设经济有效、自由方便、快速准确，具有极强互动性的网络平台，加强展前、展中、展后服务全过程管理，实现主办方、参展商、服务商和观众的互动体验和信息共享，实现多方共赢；利用互联网技术为客户提供增值服务，推广使用O2O2O，提供线上线下展示、交易，线上线下金融、物流服务，节约交易成本，提高交易效率。

9．加强协同合作，推进人才培养

发挥部际联席会议机制职能，联合商务、教育、人社等会展人才相关部门，加快健全、完善全国会展人才培养、使用、管理制度体系；提升会展教育地位，理顺会展学科归属，建立单独的会展学科教育指导委员会，加强重点院校、课程、重点实训基地建设；制订会展人才培养标准和技术岗位标准，将会展人才管理纳入国家专门技术人才管理体系；鼓励社会重视、支持、参与会展人才培养，加快推进产教融合、产学融合，鼓励有条件的企业设立会展教育奖学金、奖教金，设立实训基地；加强国际合作，引进先进会展人才培养理念、方法、机制，共同开发会展人才培养项目和教程；提高会展研究学术地位，将会展研究纳入国家社科、教育、商务研究系列，将会展技能策划比赛纳入国家技能大赛和教育部竞赛系列，将会展研究、人才培训、技能竞赛纳入会展发展资金扶持范围。

10．践行绿色会展理念，促进展览业可持续发展

增强“双碳”意识，践行“绿色会展”理念，推进展览业“绿色、低碳、可持续”发展。加大“绿色会展”宣传推广力度，政府、行业、企业达成共识，形成共同的行动。政府部门研究推出绿色会展政策和要求，制订绿色会展奖惩条例，将节能减排、绿色会展与其他会展扶持政策挂钩，形成政策合力，支持绿色会展发展；推进会展材料、器具研发、生产、加工基地建设，营造环保氛围，推行环保集中综合治理解决方案，建立设施共享机制，节约成本，减轻企业环境治理压力；行业中介和龙头企业组织或牵头研制绿色会展行业标准、团体标准、企业标准，逐步完善绿色会展标准体系，加强宣传推广和推动实施；政府展会、龙头企业率先垂范，带头执行和实行绿色会展标准；展览主办单位在展览会现场应用现代信息技术，减少一次性材料使用；展览工程服务企业加快可回收、可循环、节能环保绿色展览器材的研发设计和加工生产，开发更多规格、品种新材料、新工艺产品，探索展具租赁、股权合作、资源共享等模式，降低使用成本，提高利用率，增加市场占有率。（作者系中国会展经济研究会常务副会长）

中国会展业“十三五”发展述评

文 / 陈泽炎

会展业系指会议展览服务业态，自 2002 年进入《国民经济行业分类》国家标准，成为代码为 L7291 的一个小行业。在“十三五”期间的 2017 年，会展业从《国民经济行业分类》国家标准中的小行业升格为中行业，代码为 L728；其释义是，为商品流通、促销、展示、经贸洽谈、民间交流、企业沟通、国际往来而举办的展览和会议等活动及其提供的服务；以会议为主，也可附带展览和其他活动形式，包括项目组织策划、场馆租赁保障、相关服务；分为 5 个小行业，即科技会展服务（代码 L7281）、旅游会展服务（代码 7282）、体育会展服务（代码 L7283）、文化会展服务（代码 L7282）、其他会议展览及相关服务（代码 L7289）；也包括博物馆、烈士陵园和纪念馆等管理活动与服务。

另外，2015 年 6 月国家标准委发布的《大型活动可持续性管理要求及使用指南》国家标准（GB/T20598—2015）规定，“大型活动 event”为：经策划的、为在一定时间和场所创造某种体验和（或）传递某种讯息的大型聚集行动；并注明：本标准中的大型活动是指如大型演出、赛事或会展等各类大型活动。

“十三五”时期，我国会展业发展迅速。尽管 2020 年受到新冠疫情的严重影响，但在世界上仍属会展业恢复和发展情况最好的国家。本文即是对我国会展业“十三五”时期发展的综合分析。

一、“十三五”时期习近平主席关于会展的指示精神

党的十八大以来，习近平主席对会展活动有过一系列指示，主要体现在相关的演讲、讲话、批示、贺信中。这对我国会展业的发展和一批重大会展项目的举办具有重要的指导意义。“十三五”时期习近平主席关于会展的指示精神现摘要如下。

2016 年 9 月 20 日，习近平主席对二十国集团领导人杭州峰会总结表彰工作作出重要指示，指出：杭州峰会落实了“西湖风光、江南韵味、中国气派、世界大同”的理念，向世界展示了中国精神、中国力量，在二十国集团进程中留下了深刻的中国印记。

2016 年 10 月 15 日，习近平主席向第 120 届广交会致贺信指出，新形势下，广交会要贯彻创新、协调、绿色、开放、共享的发展理念，创新体制机制、商务模式，更好发挥全方位对外开放平台作用。

2016 年 11 月 10 日，习近平主席向在深圳举办的国际博物馆高级别论坛致贺信指出，博物馆是保护和传承人类文明的重要殿堂，是连接过去、现在、未来的桥梁，在促进世界文明交流互鉴方面具有特殊作用。

2017 年 1 月 17 日，习近平主席在瑞士达沃斯论坛发表主旨演讲说，达沃斯虽然只是阿尔卑斯山上的一个小镇，却是一个观察世界经济的重要窗口。大家从四面八方会聚这里，各种思想碰撞出智慧的火花，以较少的投入获得了很高的产出。我看这个现象可以称作“施瓦布经济学”。

2018 年 4 月 13 日，习近平主席在庆祝海南建省办经济特区 30 周年大会发表重要讲话指出，现代服务业是产业发展的趋势。海南要瞄准国际标准提高水平，重点发展旅游、互联网、医疗健康、金融、会展等现代服务业。

2018 年 7 月 3 日，习近平主席对上合组织青岛峰会成功举办作出重要指示：举办上合峰会，为青岛、为山东的发展带来了新的机遇，希望认真总结“办好一次会，搞活一座城”的有益经验，推广好的做法，弘扬好的作风，放大办会效应，开拓创新、苦干实干，推动各项工作再上新台阶。

2018 年 9 月 8 日，习近平主席向在厦门举办的第 20 届中国国际投资贸易洽谈会致贺信指出，20 多年来，中国国际投资贸易洽谈会致力于打造双向投资促进、权威信息发布和投资趋势研讨三大平台，已发展成全球最具影响力的国际投资盛会之一。

2018 年 11 月 5 日，习近平主席在首届中国国际进口博览会（上海）开幕式上发表主旨演讲指出，中国国际进口博览会，

是迄今为止世界上第一个以进口为主题的国家级展会，是国际贸易发展史上一大创举。

2018年11月13日，习近平主席在北京参观伟大的变革——庆祝改革开放40周年大型展览时指出，要通过展览，教育引导广大干部群众更加深刻地认识到中国共产党、中国人民和中国特色社会主义的伟大力量，更加深刻地认识到我们党的理论是正确的、党中央确定的改革开放路线方针是正确的、改革开放的一系列战略部署是正确的，更加深刻地认识到改革开放和社会主义现代化建设的光明前景，统一思想、凝聚共识、鼓舞斗志、团结奋斗，坚定跟党走中国特色社会主义道路、改革开放道路的信心和决心。

2019 年 9 月 23 日，习近平主席在北京参观庆祝中华人民共和国成立 70 周年大型成就展时指出，要展示好、宣传好新中国波澜壮阔的发展历程、感天动地的辉煌成就、弥足珍贵的经验启示，激励全党全国各族人民更加紧密地团结在党中央周围，高举中国特色社会主义伟大旗帜，团结一致、锐意进取，为决胜全面建成小康社会、夺取新时代中国特色社会主义伟大胜利、实现中华民族伟大复兴的中国梦、实现人民对美好生活的向往而不懈奋进。

2020 年 11 月 4 日，习近平主席在第三届中国国际进口博览会开幕式（上海）发表视频主旨演讲指出，经过 3 年发展，进博会让展品变商品、让展商变投资商，交流创意和理念，联通中国和世界，成为国际采购、投资促进、人文交流、开放合作的四大平台，成为全球共享的国际公共产品。

二、“十三五”时期中国会展业发展成果与差距不足

概括而言，我国会展业在“十三五”时期取得的主要成绩有以下八个方面。

（一） 全国展览业形成大体量

根据中国会展经济研究会的统计数据，2011 年至 2020 年全国举办展会的数量（场）和展会的面积数量（万平方米），如图 1 所示。

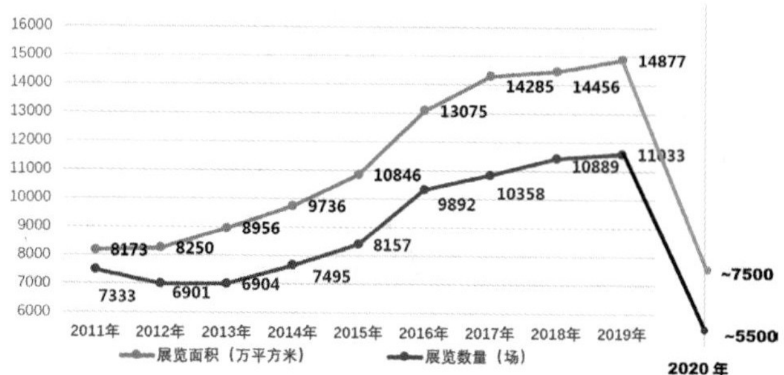

数据来源：相关年度中国会展经济研究会《中国展览数据统计报告》。

图 1 2011—2020 年全国展会数量和展会面积

从图中可见，“十三五”时期，我国展览数量和展览面积都达到新的高度。尽管受新冠疫情的影响，2020 年展会数量和面积双双下降，但其后恢复与反弹的势头还是很强的。这从 2021 年前 4 个月的情况已经可以看出。

此外，进入《2019 年世界百强商展排行榜》的中国展会项目（不含港澳台）已经达到 20 个，仅次于德国位居世界第二。其项目名称、展览面积、排位名次如下表。

表 1 进入《2019 年世界百强商展排行榜》的中国展会项目表（不含港澳台）

序号	展会名称	展会面积（万平方米）	名次
1	中国（广州）国际建筑装饰博览会	41.6	2
2	上海国家汽车工业展览会	36	6
3	中国国际塑料橡胶工业展览会（广州）	34	8
4	中国国际工程机械、建材机械、工程车辆及设备博览会（上海）	33	9
5	中国国际工业博览会（上海）	28.8	17
6	中国国际进口博览会（上海）	27	21
7	中国国际美容博览会（上海）	26	27
8	广州国际汽车展览会	24	35
9	上海国际酒店用品博览会	22	42
10	北京国际汽车展览会	22	43
11	SNEC 国际太阳能产业及光伏工程（上海）博览会暨论坛	20	53
12	中国国际纺织面料及辅料博览会（上海）	18.7	56
13	厦门国际石材展览会	18	63
14	中国国际家用纺织品面料及辅料博览会（上海）	17	67
15	中国国际纺织机械展览会暨 ITMA 亚洲展览会（上海）	17	70
16	中国国际食品及饮料展览会（上海）	16.2	74
17	北京国际印刷技术展览会	16	78
18	中国国际地面材料及铺装技术展览会（上海）	16	79
19	广州国际木工机械、家具配件展览会	15	83
20	中国（北京）国际工程机械建材机械及矿山机械展览及技术交流会	15	84

数据来源：《进出口经理人》杂志。

作为会展业基础设施的会展场馆，全国现已建有展览场馆292座，可供室内展览面积1197万平方米，其中“十三五”时期建设的场馆大多数是10万平方米以上的大馆。而且当前还有24座在建的会展场馆，规划室内展览面积为262万平方米。

到2019年底，全国（不含港澳台）已建成可供室内展览面积达10万平方米以上的展馆数量为25座，其简要数据如表2所示。

会展教育作为会展业人力资源的重要输送力量，到2019年底，我国已拥有会展本专科院校共计285所；其中，本科院校119所，专科院校166所。还有161所院校开设了与会展相关的婚庆服务、展示技术、数字展示等专业。有26所高校设有会展硕士点；4所院校开设会展博士点。

以上数据都表明，我国展览业的实力已在世界居于领先地位。

表2 2019年全国（不含港澳台）已建成可供室内展览面积达10万平方米以上的展馆

序号	展馆名称	省份	城市	展览面积（万平方米）
1	深圳国际会展中心	广东省	深圳市	50.00
2	上海国家会展中心	上海市	上海市	40.00
3	中国进出口商品交易会展馆	广东省	广州市	33.80
4	昆明滇池国际会展中心	云南省	昆明市	30.00
5	重庆国际博览中心	重庆市	重庆市	23.00
6	上海新国际博览中心	上海市	上海市	20.00
7	中国西部国际博览城国际展览中心	四川省	成都市	20.00
8	温州国际会议展览中心	浙江省	温州市	19.40
9	上海世贸商城展览馆	上海市	上海市	19.00
10	武汉国际博览中心	湖北省	武汉市	15.00
11	南昌绿地国际博览中心	江西省	南昌市	14.00
12	义乌国际博览中心	浙江省	义乌市	12.64
13	淄博国际会展中心	山东省	淄博市	12.30
14	广东(潭洲)国际会展中心	广东省	佛山市	12.00
15	青岛新南国际博览中心	山东省	青岛市	12.00
16	青岛世界博览城	山东省	青岛市	12.00
17	南京国际博览中心	江苏省	南京市	11.00
18	成都世纪城新国际会展中心	四川省	成都市	11.00
19	沈阳国际展览中心	辽宁省	沈阳市	10.56
20	深圳会展中心	广东省	深圳市	10.50
21	中国国际展览中心新馆	北京市	北京市	10.00
22	厦门国际会议展览中心	福建省	厦门市	10.00
23	中国厨都国际会展中心	山东省	滨州市	10.00
24	博兴澳博会展中心	山东省	滨州市	10.00
25	新疆国际会展中心	新疆维吾尔族自治区	乌鲁木齐市	10.00

数据来源：中国会展经济研究会《2019年度中国展览数据统计报告》。

（二） 会展业地位进一步提升

2015 年，国务院发布了《关于进一步促进展览业改革发展的若干意见》（国发〔2015〕15 号，以下简称 15 号文件）。这是全国首次以国务院名义发布的关于会展业发展的全局性文件，具有重要的指导意义。

此外，除上述 2017 年国家将会展业从《国民经济行业分类》国家标准中的“小行业”类别提升“中行业”以外，2018 年 4 月国家统计局也将会展业列入“新产业新业态新商业模式”范围；2019 年 4 月国家发改委又将会展业列入《产业结构调整指导目录》“鼓励类”。这些都再次表明会展业的地位正在不断提升。

值得注意的还有，2020 年 3 月，教育部批准在上海大学设立全国首个跨学科的“会展”专业。这意味着国家把“会展”学科地位摆在更为重要的位置，这对会展教育和会展研究具有很大的推动与促进的意义。

（三） 构建一系列会展大平台

通过“十三五”时期的持续努力，全国形成一系列承担主场外交使命、完成国家重大任务的会展大平台。

2017 年，党的十九大报告指出，举办首届“一带一路”国际合作高峰论坛、亚太经合组织领导人非正式会议、二十国集团领导人杭州峰会、金砖国家领导人厦门会晤、亚信峰会。我国国际影响力、感召力、塑造力进一步提高，为世界和平与发展作出新的重大贡献。

2018 年，外交部首次提出“中国主场外交”的概念，并指出，2018 年我国有四场主场外交活动，即：博鳌亚洲论坛年会、上海组织青岛峰会、中非论坛北京元首峰会、首届中国国际进口博览会。到 2019 年，我国的主场外交活动是：第二届“一带一路”国际会展高峰论坛，北京国际园艺博览会开幕式活动、亚洲文明对话大会、第二届中国国际进口博览会。

“十三五”时期，我国还先后举办了“砥砺奋进的五年”大型成就展（2017 年）、“伟大的变革——庆祝改革开放 40 周年大型展览”（2018 年）、“伟大历程辉煌成就——庆祝中国人民共和国成立 70 周年大型成就展”（2019 年），以及“铭记光辉历史开创强军伟业——庆祝中国人民解放军建军 90 周年主题展览”（2017 年）、“铭记伟大胜利捍卫和平正义——纪念中国人民志愿军抗美援朝出国作战 70 周年主题展览”（2020 年）。这些展览都属于文化宣传展览的范畴，都需要策展、布展等会展专业的技术支持和技术服务。

2020 年中国和世界各地出现新冠疫情以后，各种面对面的外交活动基本停止下来。但是通过视频会议，各国元首和政府首脑还是保持了联系。这一年，习近平主席在北京出席了一系列重要的国际视频会议，并发表了重要的演讲，发出了中国的声音，提出了中国的方案。

2020 年商务部明确中国国际服务贸易交易会（北京）、中国国际进口博览会（上海）、中国进出口商品交易会（广州）是我国对外开放国际贸易的三大展会平台。

此外，中国还有其他一大批重要的会展项目也形成了对外交往的平台，并成为实现“双循环”的重要节点。

（四） 会展供给侧服务新提升

“十三五”时期，全国以供给侧结构性改革为主线的经济发展不断取得新成果。作为现代服务业的会展业要在供给侧结构性改革中提供更加优质的会展服务。具体来说，就包括：做好为企业的生产性会展服务，为民众的生活性会展服务，为政府与社会的公共性会展服务。

（五） 大会展领域多业态融合

“十三五”时期，一个越来越明显的趋势是会展活动日益从商务领域向科技、文化、旅游、体育等领域扩展，形成“会、展、节、赛、演”等多种活动形式相融合的“大会展”模式。

譬如，据中国会展经济研究会文化特展专业委员会《2020 中国文创特展行业数据分析报告》，2020 年全国（不含港澳台地区）共举办了约 18637 个特展，其中博物馆和美术馆共举办 8947 个特展，文创园区 + 空间共举办 5239 个特展，Mall+ 时尚街区共举办 3367 个特展，景区 + 文旅小镇共举办 280 个特展，其他空间共举办 804 个特展。

此外，通过建设会展场馆而发展起来的“会展地产”模式，也日益受到城市政府的重视，成为“十三五”时期我国会展业发展的重要场景之一。

（六） 会展国际化合作新成果

深化与国际会展组织的交流与合作是我国会展业国际化的重要方面。

2019 年，我国获得国际展览业协会（UFI）认证的展览项目达 140 个（中国境内 121 个，中国境外 19 个），UFI 成员有 159 个，都居其中首位。

2017 年，受国际展览局委托由中国负责筹办的“世界博览会博物馆”在上海建成。

2020 年 11 月，在 UFI 召开的全球大会上，中国展览业就“抗疫与复展”经验在会上做了交流。

“十三五”期间，中国会议业界与“国际大会与会议协会（ICCA）”继续保持了良好合作关系。2019 年 ICCA 在成都大学创立了全球首个研究中心，2020 年该中心发表了新冠疫情对国际会议业影响的评估报告。

（七） 形成会展业多种所有制

随着 2019 年 10 月米奥兰特展览公司在深圳创业板上市，

2020 年 7 月，兰生股份重组后在上海主板上市，我国会展业多种所有制共存的形态正式形成，包括国有、外资、合资、股份、民营等多种类别。

另外，从“2019 年全国百强展览项目”分布情况看，国有单位主办的占 52%，外资公司主办的占 28%，民营公司主办的占 16%，中外会展公司主办的占 4%。

（八） 会展集聚区和会展生态圈

“会展集聚区”和“会展生态圈”是“十三五”时期兴起的概念，并取得相应进展。

目前全国已有多个城市创办了会展业的“集聚区”“功能区”“孵化区”“经济区”“产业园”“博览城”等项目，还有“会展小镇”“会议小镇”“示范基地”等新的称谓。

当然，我国会展业在“十三五”时期的发展仍然存在一些不足与短板。

其主要表现是：会展业市场化改革进程仍需加快，会展业国际化发展路径仍属短板，会展品牌化、资本化运作仍待补强，会展生态化虽有进展但仍很薄弱。

三、关于“十三五”时期中国会展业发展的特色分析

纵观整个“十三五”时期，中国会展业在发展过程中体现出若干重要的特色，值得予以总结。

（一） 15 号文件具有重要指导意义

15 号文件作为首个对全国会展业发展全面规划部署的国务院文件，标志着会展业的发展进入了国家整体考虑的范畴。15 号文件发布的时候正是在“十三五”规划起始年之前，且 15 号文件规划的发展目标又定在 2020 年，即“十三五”规划的收官之年。所以，15 号文件就相当于全国会展业的“十三五”规划。尽管 15 号文件只是关于展览业的内容，但是对会议业和其他相关活动也具有指导意义。

2015 年，先后有 13 个省市区政府发布了本地区落实 15 号文件的《意见》。分别为（括号内为发布日期）：甘肃（7.16）、福建（8.11）、湖北（9.15）、重庆（9.28）、黑龙江（10.20）、安徽（10.22）、河北（10.26）、宁夏（11.3）、青海（11.17）、陕西（11.22）、吉林（11.27）、浙江（12.28）、山东（12.30）。

2016 年，又有 9 个省市区政府发布了本地区落实 15 号文件的《意见》。分别为四川（1.11）、山西（1.21）、江苏（2.2）、云南（2.5）、广东（4.1）、上海（5.5）、江西（5.21）、内蒙（5.25）、湖南（9.13）。

2017 年，先后有 4 个省市区政府发布了本地区落实 15 号文件的《意见》。分别为辽宁（2.22）、天津（7.26）、河南（11.7）、北京（12.30）。

党的十九大以后，全国陆续再有一批省市区和城市制定了促进会展业发展的三年行动计划或专项方案。譬如：《加快南京会展业发展 2018—2020 年行动计划》（2018.1）；《杭州市加快推进会展业发展三年行动计划（2018—2020 年）》（2018.7）；《合肥市促进会展业规范发展办法》（2018.7）；《上海市建设国际会展之都专项行动计划（2018—2020 年）》（2018.9）；《济南市会展业发展三年行动计划（2018—2020）》（2018.12）；《重庆市会展业创新提升行动计划（2018—2020 年）》（2019.4）；《长沙市会展业发展三年行动计划（2018—2020 年）》（2019.4）；《北京市商业会展业高质量发展的若干措施（暂行）》（2019.6）；《广州市建设国际会展之都三年行动计划（2019—2021 年）》（2019.12）；《广西会展业发展三年行动计划（2019—2021 年）》（2019.12）；《成都市关于促进会展产业新经济形态发展的实施意见》（2019.12）；《厦门市关于进一步促进会议展览业发展的扶持意见》（2019.12）；《深圳市加快会展业发展三年行动计划（2020—2022 年）》（2020.3）；《南宁市关于进一步促进会展业高质量发展的实施意见》（2020.5）；《贵州省会展服务创新发展工程专项行动方案》（2020.6）；《江西省加快会展业发展三年行动计划（2021—2023 年）》（2020.11.9）。

经过“十三五”时期各方面的努力，可以认为落实 15 号文件的工作取得很大进展，15 号文件规定的到 2020 年的目标基本完成。

（二） 抗击疫情会展业作出的贡献

作为“十三五”收官之年的 2020 年是新中国历史上极不平凡的一年。这一年新冠疫情袭击中国肆虐世界，以习近平同志为核心的党中央领导全国人民开展阻击战、总体战，取得举世瞩目的胜利。

以中国会展业的视角进行观察，2020 年中央部署有以下一些重要节点。

2020 年 1 月 23 日，针对严重疫情，党中央决定武汉封城，全国会展活动即刻停止。

2 月 5 日，民政部发出《关于全国性行业协会商会进一步做好新型冠状病毒肺炎防控工作的指导意见》，要求一般不得举办年会、展会、研讨会、论坛、讲座、培训等各类聚集性活动。

2 月 11 日，商务部办公厅发布《关于进一步优化涉外经济技术展行政服务事项的通知》，提出可以在线报备的形式取消办展或调整办展时间；要求各地商务主管部门结合地方疫情防控研究出台相关政策，给予展览企业特殊时期政策支持和服务。

3 月 18 日，党中央常委会提出，要兼顾疫情防控和对外经贸合作，创新招商引资、展会服务模式。这是党中央在疫情期间关于会展活动的重要指示。

3 月 24 日，国务院常务会议决定推迟第 127 届春季广交会，其后又决定采用线上形式举行。

4 月 13 日，商务部办公厅印发《关于创新展会服务模式培育展览业发展新动能有关工作的通知》。要求统筹做好疫情防控和展览业复工复产工作；加快推进展览业转型升级和创新发展。

5 月 22 日，第十三届全国人民代表大会第三次会议开幕。李克强总理在政府工作报告中说，筹办好第三届进博会，积极扩大进口，发展更高水平面向世界的大市场。

7 月 6 日，商务部、公安部、卫健委联合发布《关于展览活动新冠肺炎疫情常态化防控工作的指导意见》，这是指导恢复线下会展活动的重要文件。

8 月 12 日，国务院办公厅发布《关于进一步做好稳外贸稳外资工作的意见》。其中就包括：借助中国加工贸易产品博览会等平台，完善产业转移对接机制；推进“线上一国一展”，支持和鼓励有能力、有意愿的地方政府、重点行业协会举办线上展会。

9 月 4 日，中国国际服务贸易交易会（服贸会）开幕。习近平总书记在服贸会全球服务贸易峰会上致辞。

10 月 24 日，第 128 届广交会在云端圆满落幕。商务部表示，采购商来源地数量再创新高。

11 月 4 日，第三届进博会开幕。习近平主席发表视频主旨演讲。

11 月 27 日，习近平主席在第十七届中国－东盟博览会和中国－东盟商务与投资峰会开幕式上发表视频致辞。

12 月 31 日，商务部发布《展览活动新冠肺炎疫情常态化防控技术指南》。

再看 2020 年我国会展业界抗疫斗争和复工复展过程，似可分为以下六个时段。

第一时段：从 1 月 23 日武汉封城到 3 月 18 日中央常委会提出创新展会服务模式。这一时段历时约两个月，业界的主要行动是开展问卷调查、组织网上交流、呼吁政策扶持。

此阶段开展的全国性问卷调查主要有：1 月下旬，国际展览业协会中国会员俱乐部（UCC）对 60 家会员进行的疫情影响调查；2 月中旬，中国展览馆协会对 195 家会员单位进行的疫情影响及复工情况调查；3 月上旬，中国会展经济研究会对全国 35 个城市 298 个会展单位关于疫情下扶持政策落实情况的调查。

组织调查的会展城市分别有（按时间顺序）：昆明、天津、济南、西安、杭州、南京等地。

以上调查都发表了调查报告，提出了政策建议。

第二时段：从 3 月 18 日中央常委会到 4 月 29 日“两会”确定开会日期。这一时段大约历时一个半月，会展业界主要围绕“展会服务模式如何创新”“如何组织线上展会”“线上广交会将如何举办”等问题展开讨论。同时，各地陆续组织了一些线上展会，线下的实体展会也开始试探性恢复，但更多大型展会仍在延期。

在这一时段，网上展会的实践探索主要有：3 月 21 日，首届中国国际渔业线上博览会在大连开幕；4 月 18 日，米奥兰特公司组织中国—拉美（墨西哥）数字贸易展览会；4 月 19 日，由汽车贸促会主办、汽车之家承办的首届中国春季云车展上线。

线下展会也在小心翼翼试探举行：3 月 28 日，南京国际博览中心在室外场地举办了汽车展销会；4 月 3 日和 4 月 15 日，浙江海宁会展中心先后举办了“2020 海宁出口商品展示展销会”“2020 海宁家访采购节”；4 月 16 日，在重庆三峡广场举办了“沙坪坝区春季房交会暨都市消费节”。

第三时段：从 4 月 29 日“两会”确定开会日期到 6 月 15 日网上广交会开幕。这一时段历时约一个月，业界主要关注的是如何从一些试探性的线下展会发展到全国大规模办展。

其中，在宣布“两会”开幕日期后的第二天，“2020 湖南汽车展览会暨长沙市首届汽车消费节”如期举行，长沙市委市政府将此展作为拉动内需消费的重要举措。

第四时段：从 6 月 15 日网上广交会开幕到 7 月 6 日商务部、公安部、卫生健康委发布《关于展览活动新冠肺炎疫情常态化防控工作的指导意见》。这一时段大约历时三周，业界的心情从忐忑不安到如释重负。6 月 20 日，深圳国际会展中心、深圳会展中心同城双馆迎来第 28 届深圳礼品家居展和大湾区国际车展。两个展会现场防疫防控严格。7 月 1 日，国家会展中心（上海）迎来当年首场展会——CME 中国机床展。

第五时段：从 7 月 6 日三部委发布文件到 9 月 4 日中国国际服务贸易交易会（服贸会）开幕，这一时段历时两个月。随着疫情防控形势逐步向好，业界最为关切的就是会展活动如何顺利举办，并承担起落实国家双循环等重大战略任务的责任。

7 月 8 日，第 22 届中国建筑博览会（广州）在广州琶洲广交会展馆盛大开幕，面积达 20 万平方米；同日，第 37 届上海国际婚纱摄影器材展、第 22 届上海国际摄影器材和数码影像展、2020 上海国际儿童摄影展，三展联动亮相于国家会展中心（上海），总面积 12 万平方米；7 月 11 日贵阳汽车展、7 月 13 日长春汽车展、7 月 24 日成都汽车展也都纷纷举行；7 月 23 日，第二十一届中国·青海绿色发展投资贸易洽谈会在西宁开幕。

第六时段：从 9 月 8 日服贸会闭幕，经 11 月 23 日进博会闭幕，再到年底，这一时段历经近四个月，逐渐形成复展的密集状态。尽管时至年底疫情有所反复，但业界已积累了经验，充满了信心。

此时，展会和会议普遍采用线下为主，兼有线上的形式召开。诸如：9 月 9 日的贵州国际酒业博览会，9 月 26 日的北京国际汽车展览会，10 月 19 日南昌的 2020 世界 VR 产业大会，11 月 4 日的十二届中国（无锡）国际新能源大会暨展览会，11 月 13 日在杭州举办的第十二届中国（杭州）城市会展发展大会和首届中国会展活动新技术新设备新服务展览会等。

武汉会展活动的大规模恢复具有标志性意义。虽然 8 月初武汉已恢复了会展活动，但 11 月 12 日和 11 月 20 日这两个大型会展活动，即“第二届世界大健康博览会”和“2020 中国 5G+ 工业互联网大会”影响更大。特别是习近平主席向 2020 中国 5G+ 工业互联网大会发来了贺信，给武汉会展业以极大的鼓舞。

（三）“云端会展”乘势发展

由于疫情的原因，2020 年线下会展活动受到很大限制，但却促使线上（云端）会展乘势发展起来，成为“十三五”时期会展业的特色之一。根据中国会展经济研究会的统计，在 2020 年全国举办了近 700 场线上展览，这为今后“双线会展”的进一步发展打下了基础。

疫情期间，首先是线上会议发展起来。由此，一批网络技术公司及时推出自己的线上会议软件系统，免费供大家使用，其中腾讯会议软件是使用较为普遍的软件。

2020 年 2 月，《环球时报》报道了华为公司的“网上巴展”，即华为参加巴塞罗那世界移动通信大会展览会的产品展示。因为原定的展览会因疫情取消，故华为公司及时推出自己的线上展。

到了 3 月，大连举办的线上国际渔业展览会是疫情期间最早举办的网上展会，以后陆续出现了较多的线上展会项目。

广交会表示，第 127 届广交会在 10 天的线上展会中，有近 2.6 万家境内外企业参展；共举办了 24 场采购商“云推介”活动，集中举办 5 场贸易合同“云签约”；吸引了来自 217 个国家和地区的境外采购商注册观展，采购商来源地分布创历史纪录；第 127 届广交会线上举办，成效符合预期。

第 128 届广交会的官网吸引了 226 个国家和地区的采购商注册观展，累计访问量达 5117 万次，采购商来源地数量再创新高；境内外近 2.6 万家企业云上参展；参展企业累计上传展品超 247 万件，参展企业云展厅累计访问 789.26 万次，其中出口展参展企业云展厅累计访问 782.64 万次，进口展参展企业云展厅累计访问 6.62 万次。

与第 128 届广交会全部线上不同的是，北京的服贸会采用了“线下展览论坛 + 线上嘉宾与会”的方式；进博会采用了“线下展览论坛 + 线上嘉宾与会 + 常年进口展销”的方式。

到 2020 年底，我国各大网络科技公司——阿里巴巴、腾讯、京东、百度、华为都推出了网上会展的软件系统。长期在会展业界耕耘的一些网络技术公司——31 会议、西安远华，以及较早发展线上展会项目的米奥兰特展览公司、华博展览公司，都在线上会展业务方面取得积极成果。

2020 年 12 月，31 会议研究院和市场部联合发布《线上线下融合会展白皮书——会展融合：历史机遇与应有之义》，系统介绍和论述了线上线下会展融合发展的态势、机遇、战略、路径和解决方案与实践案例。

（四）会展法治建设较快发展

截至 2020 年底，全国已有六个城市颁布了地方会展法规，其中四个是在“十三五”时期完成。

《杭州市会展业促进条例》于 2017 年 8 月 24 日由杭州市第十三届人民代表大会常务委员会第五次会议通过，2017 年 9 月 30 日经浙江省第十二届人民代表大会常务委员会第四十四次会议批准，自 2017 年 12 月 1 日起施行。

《上海市会展业条例》于 2020 年 3 月 19 日经上海市第十五届人民代表大会常务委员会第十八次会议通过，自 2020 年 5 月 1 日起施行。

《成都市会展业促进条例》（草案）于 2020 年 6 月 18 日起公开征求社会意见。

《厦门经济特区会展业促进条例》于 2020 年 12 月 11 日经厦门市第十五届人民代表大会常务委员会第三十九次会议通过，自 2021 年 3 月 1 日起施行。

以上这些条例都属于城市的地方性会展法规，对促进该城市会展业发展，乃至对全国会展业立法都产生一定影响。

（五）县域会展经济呈现新态势

县域会展与县域经济紧密相关，“十三五”时期我国县域会展活动发展呈现新态势。

县域在我国经济社会发展中的重要性决定了县域会展的重要性。据统计，截至 2018 年 2 月，全国县级行政单位共有 2876 个。从我国城市化的进展看，其重要方面就是完成“城镇化”。为此，必须积极发展县域经济，而搞好县域会展又是一个很好的切入点。

2011 年《中国展览数据统计分析报告》统计，有 4 个县级市举办了 107 个展会，面积为 115.1 万平方米；而到 2019 年，扩大到 24 个县级市的 315 个展会，面积 475.5 万平方米。这其中的大部分县级市进入了全国百强县名单。

实践表明，县域会展在脱贫攻坚中可充分发挥作用。县域会展可成为乡村振兴战略的好抓手，县域会展还可以成为县域融媒体建设中的重要组成部分。

现汇总我国县域会展经济的主要类型有：助力专业市场，形成市场延伸（譬如：中国义乌国际小商品博览会）；借助本地资源，推动优势产业（譬如：中国（寿光）国际蔬菜科技博览会）；打造品牌展会，提升地方形象（譬如：中国·古镇国际灯饰博览会）；依托文脉资源，传承历史文化（譬如：雪窦山弥勒文化节）；创立会议项目，发展会奖旅游（譬如：库布其国际沙漠论坛）；促制造业发展，做生产性服务（譬如：中国温岭泵与电机展览会）。

总结我国县域会展经济发展的基本经验是：县域的区划和范围必须清晰，以形成相对独立的发展空间；发展县域会展经济主要目标必须明确，以期形成有效动力；应该结合本县域历史文化和发展需求，形成会展经济特色；必须根据县域会展活动的实际，建设规模适宜的会展设施；发展县域会展经济的关键还在于县委书记的认识与推动；学习外县域会展经济发展经验很有必要，但重在学以致用。

（六） 会展新经济实现新拓展

2019 年 12 月，成都市人民政府办公厅发出《关于促进会展产业新经济形态发展的实施意见》。文件提出 6 种会展新经济形态。

到 2020 年 10 月，中国会展经济研究会在成都召开研讨会，进一步阐述了 10 种会展新经济形态，即：会展数字经济、会展智能经济、会展智慧经济、会展绿色经济、会展创意经济、会展流量经济、会展时尚经济、会展共享经济、会展体验经济、会展平台经济。由此，会展新经济成为了值得关注的新亮点。

四、“十三五”时期全国各省区市的重大会展项目

“十三五”时期全国各省区市的重大会展项目系指由中央文件所确立的会展项目、被列为我国主场外交的会展项目、习近平主席曾致贺信的会展项目、进入《2019 世界百强商展》的会展项目、《中国 TOP100》名单的会展项目（以中国会展经济研究会编印的《2019 年度中国展览数据统计报告》为准）、国家部委与省市区政府合办的会展项目。这些都是在“十三五”时期举办过，并将持续举办下去的项目。本文收集整理出的这些重大会展项目已构成我国会展业的骨干与支撑力量，也是各级政府部门关注和支持会展业发展的重要切入点。

北京：“一带一路”国际合作高峰论坛、中国国际服务贸易交易会、中关村论坛、金融街论坛、北京世界机器人大会、中国高层发展论坛、北京香山论坛、北京国际汽车展览会、北京国际印刷技术展览会、中国（北京）国际工程机械建材机械矿山机械展览及技术交流会、中国（北京）国际墙纸布艺展览会、中国（北京）国际建筑装饰及材料博览会、中国国际机床工具展览会、中国国际门业展览会。

天津：世界智能大会、碧海（天津梅江）钓具展销订货会和秋季钓具展销订货会、中国（天津）国际实木家具展览会。

河北：中国国际数字经济博览会（石家庄）。

山西：中国（太原）国际能源产业博览会。

内蒙：中国—蒙古国博览会（呼和浩特）、库布其国际沙漠论坛（鄂尔多斯）。

辽宁：工业互联网全球峰会（沈阳）、中国国际装备制造业博览会（沈阳）、沈阳国际家具建筑装饰原辅材料木工机械博览会、大连国际汽车展览会。

吉林 中国东北亚博览会（长春）、中国长春国际汽车博览会。

黑龙江：中国—俄罗斯博览会（哈尔滨）。

上海：中国国际进口博览会、世界人工智能大会、中国国际工业博览会、上海国际汽车工业展览会、中国国际工程机械建材机械工程车辆及设备博览会、中国国际医疗器械博览会、上海国际汽车零配件维修检测诊断设备用品展览会、中国国际美容博览会、上海国际酒店用品博览会、SNEC 国际太阳能产业及光伏工程（上海）博览会暨论坛、中国国际纺织面料及辅料博览会、中国国际家用纺织品面料及辅料博览会、中国国际纺织机械展览会暨 ITMA 亚洲展览会、中国国际地面材料及铺装技术展览会、中国国际食品及饮料展览会、中国国际服装服饰博览会、中国国际家具展览会、上海国际膜与水处理技术及装备、上海国际时尚育儿产业博览会、上海高端食品与饮料展览会、中国国际厨房卫浴设施展览会、亚洲国际动力传动与控制技术展览会、中国国际焙烤展览会、世界制药原料中国展览会、上海国际广告技术设备展览会、上海国际加工包装展览会、亚洲宠物展览会、上海国际乐器展览会、中国环保博览会、中国日用百货商品交易会、中国国际自行车展览会、中国国际缝制设备展览会、中国国际食品添加剂和配料展览会、中国国际数码互动娱乐展览会、中国华东进出口商品交易会、中国国际五金博览会、中国·上海国际婚纱摄影器材展览会。

江苏：世界智能制造大会（南京）。

浙江：中国杭州国际汽车工业展览会（春季和秋季）、中国国际日用消费品博览会（宁波）、中国—中东欧国际博览会（宁波）、世界互联网大会·互联网发展论坛（乌镇）。

安徽：世界制造业大会（合肥）。

福建：数字中国建设峰会（福州）、21 世纪海上丝绸之路博览会暨海峡两岸经贸交易会、中国国际投资贸易洽谈会、中国厦门国际石材展览会、中国厦门国际佛事用品展览会（春季和秋季）。

江西：世界 VR 产业大会（南昌）。

山东：博鳌亚洲论坛全球健康论坛大会（青岛）、跨国公司领导人青岛峰会、中国国际家具及木工机械（济南）博览会、中国（青岛）国际时装周、中国·厨都（滨州）国际酒店用品博览会、中国（周村）家居采购节暨原辅材料展览会、临沂国际商贸物流博览会。

河南：郑州全国商品交易会。

湖北：世界大健康博览会（武汉）、中国 5G+ 工业互联网大会（武汉）。

湖南：中国—非经贸博览会、长沙国际工程机械展览会、一乡一品国际商品博览会（长沙）。

广东：中国进出口商品交易会（春季和秋季，广州）、中国国际航空航天博览会（珠海）、中国（广州）国际建筑装饰博览会、中国国际塑料橡胶工业展览会（广州）、广州国际汽车展览会、广州国际木工机械家具配件展览会、中国广州国际

家具博览会（民用家具，广州）、广东国际美容美发化妆用品进出口博览会（广州）、广州国际酒店用品展览会、广州国际照明展览会、广州国际汽车用品零配件及售后服务展览会、亚洲乐园及景点博览会（广州）、广州国际专业音响灯光展览会、世界新能源汽车大会（深圳）、中国海洋经济博览会（深圳）、中国大湾区工业博览会（深圳）、深圳国际家纺布艺暨家居装饰博览会、深圳—香港—澳门国际汽车博览会、中国国际加工贸易博览会（东莞）、国际名家具（东莞）展览会。

广西：中国—东盟博览会。

海南：博鳌亚洲论坛、中国国际消费品博览会。

重庆：中国国际智能产业博览会、重庆国际汽车展览会、中国西部国际投资贸易洽谈会。

四川：中国西部博览会、成都国际家具工业展览会、全国糖酒商品交易会（成都）、成都国际汽车展览会、成都国际家具生产设备定制五金辅材展览会、成都建筑及装饰材料博览会。

贵州：生态文明贵阳国际论坛、中国国际大数据产业博览会、中国（贵州）国际酒业博览会。

云南：中国南亚博览会（昆明）、昆明二手车博览会。

西藏：中国西藏发展论坛。

陕西：中国欧亚论坛、中国国际丝路博览会。

甘肃：丝绸之路（敦煌）国际文化博览会。

青海：国家公园论坛（西宁）。

宁夏：中国—阿拉伯国家博览会。

新疆：中国—亚欧博览会。

五、会展业“十三五”向“十四五”的过渡与衔接

中国会展业将在“十三五”发展的基础上向“十四五”过渡、衔接与发展。“十四五”时期是我国全面建成小康社会、实现第一个百年奋斗目标之后，乘势而上开启全面建设社会主义现代化国家新征程、向第二个百年奋斗目标进军的第一个五年，会展业必须服务于国家“十四五”的发展大局。

“十四五”时期会展业发展的主旋律和总基调应该是高质量发展。所谓会展业的高质量发展，就是要随着我国进入高质量的发展阶段，会展业必须不断提升水平，通过更加深入的供给侧结构性改革，输出更高质量的服务供给。为此，在“十四五”时期新发展格局、新发展阶段、新发展形势之下，在“十三五”发布的15号文件基础上，结合新形势、新情况予以进一步补充、完善、提升、改进，这将是实现“十四五”时期会展业高质量发展的可行路径。

“十四五”时期，会展业要进一步推进展会服务模式创新、管理模式创新、业态模式创新，加快培育行业发展新动能。为此，在“服务模式创新”方面要努力利用新技术，实现O2O；在“管理模式创新”方面要进一步放管服改革，强化市场化取向；在“业态模式创新”方面实现会展新经济，多业态融合等。

“十四五”时期，会展业还要进一步加强安全化管理。其主要工作是，做好疫情防控常态化下的会展活动组织管理；做好会展场馆人流、物流的管控和应急事件的预防应对；做好对展览搭建工程的标准审核与展会期间的日常巡检等。

“十四五”时期，我国会展业还必须进一步发挥好会展的文化功效与作用。15号文件已经提到“明确展览业经济、社会、文化、生态功能定位”。党中央“十四五”规划建议又提出，坚定文化自信，围绕举旗帜、聚民心、育新人、兴文化、展形象的使命任务，促进满足人民文化需求和增强人民精神力量相统一，推进社会主义文化强国建设。

2021年，围绕中国共产党100周年华诞，将有一系列的会议、展览、庆典、演艺等活动。2022年在北京将举办冬奥会和冬残奥会，还将召开中国二十大。如此等等重大会展活动都会把“十四五”时期的中国会展业再推向更高的发展水平和发展阶段。

党中央已经确立了我国到2035年基本实现社会主义现代化的远景目标。对于中国会展业而言，与“十四五”规划相衔接，我们设想的中国会展业2035年远景目标就是：“到2035年将我国建设成为世界领先的会展强国”。

最后，谨以习近平主席在2021年元旦贺词中所说金句作为本文的结尾：站在“两个一百年”的历史交汇点，全面建设社会主义现代化国家新征程即将开启。征途漫漫，惟有奋斗。我们通过奋斗，披荆斩棘，走过了万水千山。我们还要继续奋斗，勇往直前，创造更加灿烂的辉煌。（作者系中国会展经济研究会学术委员会副主任）

我国会议产业及其“十三五”发展情况综述

文 / 王青道

一、关于会议产业

（一）会议与会议产业

一般认为，会议是“人们面对面交流的工具”。英语中 meeting 的基本意思是“见面”，至于延伸到现代社会学、统计学意义上的“会议”，都是后来附加的。相对而言，汉语中的“会议”更接近于会议的本质，它不仅要“见面”，还要“商议”“讨论”。也可能是由于 meeting 这个词的局限性方面的原因，英语中后来又进化出了多个“会议”相关的词汇，而这些词汇中关于“会议”的专业性、正式性等含义，就是汉语“会议”所不能及的了。比如：conference（专业会议、正式会议）、convention、congress（大会、年会）、seminar（研讨会）等。现代意义上的“会议”及其相关的会议市场、会议产业起源于西方国家并在西方国家发扬光大这件事情，仅从“会议”相关词汇的进化就能够看出一些端倪。

不过，人们“见面并商议”的行为绝不是西方人的发明，任何一个社会群体，都会做“见面并商议”之类的事情，因为这既是人类社会的一种基本活动方式，也是人类作为一种社会性动物生存和发展所必备的基本能力。所以，只要有了定居了的人群，有了村落、集镇，“见面并商议”类似的事情就开始发生了。

然而只是有了“见面并商议”的行为就成了现代意义上的“会议”了吗？这就涉及到了“会议”的定义问题。人们在田间地头、餐桌上，甚至在一起走路的时候，都可以“见面并商议”事情，但这与现在所说的“会议”还有一定的距离。综合来看，一个现代意义上的“会议”至少应该具备以下几个方面的特点：

（1）它是人群的聚集；

（2）它是一种有目的的社会活动，因此它需要有目标；

（3）它是一种有组织的人类活动，所以需要有组织者（或是召集人）；

（4）它是一种需要多方（两方或以上）参与互动才可以实现目标的社会活动，因此除了组织者，还需要有参会者，甚至还有主持人、发言人、服务者等；

（5）它是一种有规则的正式活动，为了更加高效地达成目标，它需要相应的规则来约束参与者各方；

（6）它需要相应的场地、场景来支持。

因此，“会议”的定义应该是：一种有组织、有目的的人类群体面对面交流活动，这种活动需要借助适宜的场景和仪式化环节来更好地达成目标。

除了对于“会议”的社会学解释之外，我们还可以从专业、市场视角来看“会议”的定义和价值。在这方面，联合国世界旅游组织（UMWTO）在其发布的《会议产业经济重要性评价报告》给我们提供了很有价值的参考：

关于市场性“会议”的定义——它需要具备三个主要特征：半天（四小时）以上，不低于十人，在一个签约的场所举行。UNWTO 的这个定义更适合用于会议市场的统计。

会议产业是会议发展到一定程度由量变到质变的结果。相对于“会议”悠久的历史，会议产业却是一个不折不扣的新兴产业形态。

随着社会经济的发展，会议的数量越来越多，规模越来越大，结构也变得越来越复杂。在这种情况下，会议组织者以往依靠自己的力量能够轻松应对的问题，如今变得更加困难——人手不够用了、场地容纳不下了，等等。有需要就会产生供给，专业会议公司、会议酒店及会议会展中心、会议设备及相关服务就应运而生了。会议产业就这样一步一步发展起来了。

鉴于“会议”的特点及其与展览、旅游之间的交叉关系，联合国世界旅游组织（UNTWTO）对会议产业的范围做了一个界定：

会议产业包括会议、会议附带的展览、奖励旅游三种活动形态。

（二）会议组织机构与会议产业

会议的组织者通常包括三大类，即协会、企业和政府。所以，在其他条件一定的情况下，一个国家会议产业的特性，都与其协会、企业、政府等的运作管理模式、特点等有直接关系。

协会类机构，包括行业协会、学术团体、社会群体、联谊性组织等，在一个有效运行社会中起着政府与企业之间的桥梁、纽带方面的作用，它们举办的会议具有促进行业及专业学科发展、加强相互间交流与合作的重要作用。一个国家协会类机构的管理运作模式决定了该国家协会类会议市场的规模及其特点。

国家级协会类机构是该国家协会会议市场的主力军。由于各种原因，我国对于国家级协会类（社团组织）的注册有着比较严格的规定，故而总体数量有限。据了解，到目前为止，我国审批通过的国家级协会类组织共有两千多个，这与西方国家动辄数万、数十万个的数量，有着巨大的差异。

协会会议的主要类型有年会、研讨会、培训会等。协会会议大约占我国会议市场两成左右的份额。

企业是市场经济条件下经济活动的主体，而会议又是企业开展运营管理及服务活动必不可少的手段。因此，无论是西方国家还是中国，企业会议都是会议市场中最为重要的组成部分。由于企业会议经常与活动结合在一起，表现方式比较多样，企业会议通常又被称为企业会议及活动。一个企业举办会议及活动数量多少、规模多大、开支多高等，主要与企业的行业特点、规模、市场范围、企业性质等因素有关。在其他条件一定的情况下，企业规模越大，其举办会议的规模就越大、数量就越多、花费也越高。根据《会议》杂志 2020 年所做的调查，我国会议中心收入结构中企业会议及活动通常会占到八成以上，有些甚至超过了九五成。企业会议及活动的类型很多，包括年会、渠道会议、品牌会议、发布会、客户答谢会、奖励旅游活动、培训等。

政府会议也是会议市场的一个组成部分，虽然只占我国会议市场约一成左右的份额。由于消费方面的限制，除了少数商务性会议需要在会议中心、高端酒店举办之外，大部分政府会议都会选择四星级水平的酒店。

会议市场是会议产业的基础。改革开放尤其是加入 WTO 以来，我国社会经济进入了一个高速发展的时期，会议市场规模不断增大，会议产业也开始从无到有逐步发展起来。

（三） GDP 与会议产业

经济是基础，GDP 是影响一个国家会议产业发展水平的重要指标。据估算，从 2000 年中国加入 WTO 到 2020 年的 20 年时间里，中国会议市场的总量随着 GDP 的增加翻了好几倍。《会议》杂志根据美国 EIC（活动产业理事会）发布的数据推算，美国会议市场花费总额占 GDP 之比大约为 1.8%。由于经济发展水平的差异，中国目前会议市场花费总额与 GDP 之比，大约只是美国的一半多一点。

（四） 人口与会议产业

会议是需要人来参加的，所以一个国家会议产业的规模与其人口基数是密切相关的。除了个别人口基数较小、国际会议与奖励旅游又比较发达的国家，比如新加坡、瑞士等，其会议产业发展主要依赖国际客源之外，绝大多数国家的会议产业都是依靠国内参会者来支撑的。美国是一个国际化程度很高的国家，其会议产业的国际化程度同样比较高，即便如此，国际参会者也只占其参会者总量的一成左右。我国社会经济仍处于发展之中，会议、展览、奖励旅游的国际化率很低。

虽然人口基数是会议产业规模的一个重要条件，但并不是说一个国家会议产业的规模与其人口基数是一种完全对等的关系。参加会议是需要一定消费能力的，不管会议的花费是来自参会者所在机构还是参会者个人。所以说，支撑会议产业发展的实际上是人口基数中那些具有一定消费能力的社会经济活跃人群。比如说，2000 年的时候，我国人口规模大约是 13 亿，20 年后的 2020 年人口增长到了 14 亿，这一阶段我国人均消费能力大幅提高，社会经济活跃人群从 20 年前的数千万增加到了数亿，会议市场的规模也因此翻了好几番。随着我国社会经济的持续发展和消费能力的不断提高，我国会议市场潜在参会者的总量与产业规模都有很大的增长空间。

（五） 城市与会议产业

从国际会议产业发展的情况分析，城市是会议产业运行的基本单位。也就是说，一个典型的会议城市需要具备一个比较完整的会议接待服务链条，主要环节包括各种类型的会议展览场地、住宿设施、餐饮设施以及搭建、技术与设备租赁、会议服务、旅游服务、政府服务等。

会议组织方与会议城市是一种相互依存的合作关系。

首先是城市对于会议的需要：第一，提升城市美誉度。会议既是一个交流和合作的平台，也是一个信息传播的平台。很多会议，尤其是高端的国际国内会议，本身就自带光环，如果再加上参加国际会议的知名人士、知名机构以及会议上发生的重要事件等，这些会议就像一个上足了发条的传播机器，将相关信息快速传播至世界各地。举办城市跟这些重要会议捆绑在一起，可以有效提升知名度和美誉度。在国际会议发展史中，人们可以看到许多城市因国际会议而一夜成名的案例。这类故事在当今中国更为津津乐道，主要是因为大多数中国城市目前还处于成长阶段，这时候国际国内会议对于城市形象的塑造作用就显得更为明显。

第二，拉动消费。会议与会议产业对于城市消费的拉动作用是不可低估的。从旅游角度看，会议属于高端旅游消费。统计显示，会议团队除了在会场、酒店等进行会议相关的消费之外，参会者在目的地交通、购物、娱乐、旅游等方面的消费，要比普通旅游者高出很多倍。

第三，推动优势产业发展。虽然并不是所有会议都能够在产业发展方面为举办地带来很大价值，但重要国际国内会议与目的地发展相结合的思路是受到推崇的。会议与举办地的产业及学科发展相结合，不仅对举办地有益，对会议也是一件好事，包括给组织者带来更多收入，给参与者带来更加丰富的内容和更多的实践机会等。

其次是会议对于城市的需求：一是硬件设施。举办会议需要良好的交通、场地、住宿、餐饮等条件，而这些条件都是需要城市来提供的。如果没有城市愿意在这方面投入，会议就无法顺利完成。

二是会议专业服务。一般而言，大多数会议服务都是要在举办地解决的。这些服务有 PCO（专业会议公司）、DMC（目的地管理公司）、技术与设备（注册系统、现场设备租赁、搭建等）、交通及旅游服务等。

三是政府服务。一些重要的、规模较大的国际国内会议都需要政府提供相关的服务，包括资金支持、申办支持、落地协调等。

四是产业及学科支持。无论是行业性的还是基础学科方面的会议，会议组织者都希望与举办地有更加深入的互动，这对参与各方都有好处。

五是文化与旅游体验。会议之所以要在全球、全国各个城市巡回举办，一个很重要的原因，就是要为参会者带来特别的文化和旅游体验。

从以上分析可以看出，会议与举办城市之间的积极互动关系，一方面使得会议更具影响力，另一方面也使城市的会议产业链变得更加成熟。

（六） 会议产业与展览业、旅游业

会议产业与展览业、旅游业虽然各自拥有自身的特点，但相互之间又有一定的交叉。会议产业主要包含会议、会议附带的展览、奖励旅游三个主要组成部分；展览主要包括展览以及展览附带的会议。可以看出，会议、展览两者之间是存在交叉的。旅游产业主要是指与人们的出行与体验相关的“吃住行游购娱”六个主要环节。虽然从特性上说旅游产业与会议产业、展览产业有明显差异，但对于提供接待与服务的城市而言，这三个产业至少存在以下两个共同点：一是接待服务，游客的“吃住行游购娱”与会议展览参与者所需的“吃住行游购娱”没有本质上的差别；二是从“访客”经济贡献方面看，旅游客人与会议客人、展览客人也没有本质差异。所以，对于城市而言，无论是哪一类客人，只要对城市有经济贡献就好。而且，相比之下，会议展览参与者是更为高质量的“访客”。所以西方发达国家通常将会议、展览、旅游绑在一起，成立一个“会议旅游局”（CVB），统一协调、管理和服务。

由于各种原因，我国旅游业与展览业是分开管理的，旅游属于文化和旅游局，展览属于商务局、会展局、贸促会等，会议则处于展览和旅游的交叉地带，谁都可以管，也可以不管。至于管还是不管，主要看城市领导对会议产业的重视程度。目前看来，我国各主要城市中，很多都愿意投入人力和财力来发展会议产业。

二、我国会议产业的结构与主要组成部分

会议产业链的上游是会议组织者，即会议经济活动的发起方，没有它们举办会议，就没有会议市场，也不会有会议产业。会议产业链的组织者主要有三类，即政府、企业、协会。不同国家，以及不同国家的不同发展阶段，这三类会议在市场上所占的份额是不同的。比如在现阶段的美国，企业会议与协会会议几乎平分了会议市场，政府会议差不多只是会议市场中的一个零头。目前在我国，企业会议占了会议市场的绝大部分，其次是协会会议和政府会议。

不同类型会议的消费能力及消费特点是不一样的，所以具体到不同会议设施当中，这三种会议所占的比例会有很大差异。例如政府会议花的是财政资金，所以限制会很多，比如不能在五星级酒店开会等。政府会议的平均规模不大，会议形式也比较简单，所以政府会议在那些适合举办中大型会议的会展中心设施中举办的情况并不多。不同的是，国际性协会、全国性协会，由于其会议的平均规模比较大，分项活动又比较多，故而在会议中心、会展中心举办的可能性更大。由于消费能力方面的缘故，中国高端五星级酒店的会议客户，主要集中在经济实力比较强的国际国内品牌企业这一领域。此外，美国协会类机构具有较强的消费能力，除了会展中心之外，在高端酒店举办会议，已经是常规选项。

居于会议产业链中游的是那些以全球或者全国作为服务范围的专业会议公司。这一类公司包括会议公司、会展中心、会奖旅游公司、公关活动公司等，它们是会议产业发展的中坚力量，积极、活跃、创新力十足。一个国家会议产业发展到了哪种程度，从它们专业会议公司的实力可以看出。

在会议市场上，聘请专业会议公司是需要支付一定比例服务费用的。换句话说，只有那些具有一定经济实力的机构才有可能聘请专业会议公司为它们服务。在中国，专业会议公司的客户有九成以上来源于品牌企业，国际性协会、全国性协会、政府等，只贡献了其中很少的一部分。

处于产业链下游的是以目的地为基础的会议服务系统。之所以把“目的地会议服务相关机构的集合体”称为“系统”，是因为会议组织者需要目的地相关服务方是一个有机体，能够协调一致，高效地为自己提供服务。目的地系统通常包括以下几个方面：

一是场所。会议场所包括会议中心、会展中心、酒店及各类特色性的会议、活动场地。场所是目的地的基础设施，一个目的地所拥有的会议、活动场所的规模、数量及其体现出来的接待能力，是该目的地会议产业竞争力的一种重要体现。

二是会议服务。会议组织者很难携带所有服务机构来到会议举办地。也就是说，目的地必须具备为会议提供相关服务的基本能力。目的地会议相关服务包括：会议、展览、搭建、设备与技术、交通、翻译、鲜花礼仪、旅游、演出、团建等。

三是政府服务。很多会议，尤其是规模较大、层次较高以及与当地产业相关的会议，大多都需要地方政府提供某种协助。协助的范围包括：提供申办支持、资金支持、产业协助、参会者或参展商协助、旅游协助，等等。虽然会议产业的市场性特征很明显，可目的地政府的参与也很有必要，包括目的地的规划、推广、协调服务等。这也是西方国家城市普遍设立"会议旅游局"（CVB）之类机构的主要原因。

既然会议目的地是一个系统，系统内的机构需要协调一致，那么这个系统就应该有一个主导者。在西方国家，扮演这个角色的通常是"会议旅游局"。"会议旅游局"既可以是政府性的，也可以是政府与私人企业合作的。而在我们国家，目前还没有类似的机构。

三、我国会议产业发展历程简述

虽然会议的产生几乎与人类社会出现的历史一样久远，可由会议发展到会议产业则完全是现代社会经济发展到了一定程度之后的产物。从市场的角度看，会议产业是会议市场交易活动积累到一定程度的必然结果。在西方国家，"二战"之前就有了一定的会议市场积累，会议产业产生与发展的重要特征也开始出现，比如城市会议旅游局、会议展览中心、会议型酒店等，可现代意义上的会议产业则是在二战之后才真正开始形成的。

一般认为，一个国家会议产业产生的一些重要标志有：城市会议展览相关部门成立、行业组织出现、会议展览中心进入市场、专业会议活动公司开始发挥重要作用等。

新中国成立以来，我国会议市场发展大约经历了三个阶段。

第一阶段是从 1949 年到 1978 年，这一阶段社会经济发展水平不高，会议市场总量很小，会议运营管理及其对于服务的要求均很低，故而不需要会议产业链专业力量的支持；

第二阶段是从 1978 年到 2000 年，这一阶段是会议产业发展的酝酿与积累期。这期间，我国 GDP 从 4062 亿元增长到了 8.9 万亿元，增长了 20 多倍。与此同时，我国会议市场的规模不断增大，国际国内会议的规模、数量、结构等都在发生变化。尤其是进入 90 年代之后，会议市场的发展变化更为明显：中国第一个国际会议中心——北京国际会议中心投入运营，上海国际会议中心也在筹备当中，一些会议型酒店开始出现，等等。值得一提的是，随着改革开放的逐步发展，我国国际科技交往活动也开始增多。在这种背景下，到了 80 年代中后期，中国科协内部的专业承接国际会议的机构随之诞生。

第三阶段是 2000 年到 2020 年，这一阶段我国的 GDP 从 8.9 万亿元增长到了 100 万亿元。这一阶段的起点是中国加入 WTO。这 20 年里，中国会议市场经历了从量变到质变的重要过程——会议市场总量从 300 亿—500 亿元迅速增加到了 8000—10000 亿元（《会议》杂志估算数字），增加了 20 倍左右。会议市场的发展变化主要体现在以下几个方面：一是会议数量急剧增加，从每年数十万个增加到了数百万个；二是会议规模不断增大，数百人、数千人规模的会议成为了会议市场的主流；三是会议与展览、活动融合发展的趋势在不断加速，会议相关技术、设备也取得了很大的发展。

很显然，会议市场迅速壮大，会议的结构变得更为复杂，会议对于场地及服务的要求也越来越高，会议产业发展就成了一件顺理成章的事情了。这期间，中国会议产业链主要成员的快速发展，主要体现在以下三个方面：

一是会议组织机构。处于会议产业链上游的是会议组织机构，它们包括协会、企业和政府。

国家级社团组织是中国协会会议市场的主力军。虽然从数量上看，国家级社团组织这 20 年的变化并不明显，但它们组织的各类会议的数量、规模、结构等都发生了根本性的变化。以中国规模最大的社团组织——中华医学会为例，20 年前，中国医学会议的数量、规模和影响力都很小。而到了 2019 年，中华医学会举办的 500 人以上的会议就有了数百个之多，万人以上的会议也超过了十个，最大规模会议已达三四万人。

国际会议也属于社团会议的范畴，只不过它们的主办方通常是国际社团组织。近 20 年来，来华举办的国际会议，从 2001 年的 84 个，增加到了 2019 年的 539 个，实现了质的突破。

企业会议及活动成为了会议市场的主力军。随着对外开放程度的不断加深，国际知名企业纷纷进入中国，并迅速发展壮大，成为了中国经济发展中的一支不容忽视的力量。在 20 年来的绝大部分时间里，国际品牌企业举办的会议及活动占据了会议市场很大的份额，它们培养出了一大批为其服务的专业会奖活动公司，为中国会奖、会议产业发展作出重要贡献。值得一提的是，近十年来，我国本土的品牌企业发展很快，国际化程度也越来越高，由它们发起举办的会议及活动大有后来居上的势头。

二是专业会奖活动公司。专业会奖活动公司是会议产业发展中最有代表性的新生力量之一，它们的发展壮大为中国会议、奖励旅游、活动的专业化、品牌化、产业化进程作出了重要贡献。我国知名的活动公司、会奖公司，包括信诺传播、中青旅会展等等都是在这一阶段的前期成长起来的。到了 2008 年奥运会之后，我国各类会议公司、会展公司、奖励旅游公司、公关公司等，如雨后春笋般地发展起来，它们从不同角度介入到会议市场中来，积极推动中国会议产业快速向前发展。

三是会议展览中心。会议展览中心是会议市场规模化、产业化发展的必然结果。，随着中国会议规模的进一步增大，酒店类会议场所已不能满足市场发展的实际需要，再加上会议规模增大之后会议与展览、演出、赛事、节庆等不断融合，专业会议展览中心就逐步产生并快速发展起来。2009 年国家会议中心投入运营是一个分水岭，标志着我国会议展览综合性设施进入高速增长时期。根据《会议》杂志所作的统计，从本世纪初上海国际会议中心投入使用到 2020 年，我国各城市建成并运营的具有一定规模的专业会议中心、会议展览中心等已超过两百家。

四是城市会议目的地服务体系。会议产业发展是以城市为基本单位的，而城市会议产业发展又是以会议目的地服务体系为基本表现形式的。大型会议、综合性活动等通常需要会议产业链各方通力协作才可以有效完成，这就需要会议目的地相互间形成一个高效的协作系统。居于这个系统中心的一般是相关政府机构、行业组织等，成员包括各类会议展览场所、会议展览服务公司、搭建公司、技术与设备公司、旅游公司等。

从本世纪初期开始，我国一些会议展览城市与会奖旅游城市就开始尝试设立会议、会展、会奖相关的政府部门，促进会议产业发展。最早设立类似机构的城市主要有北京、上海、杭州、成都、厦门、大连、青岛、广州等。2008 年奥运会之后，各城市相关的政府机构、行业协会陆续成立起来，为城市会展业、会议产业发展做出了自己的努力。

在这一阶段，会议产业链也变得日趋丰满起来——全国性会展行业组织、会议会奖行业媒体、交流与业务合作平台、教育与培训机构等，快速发展。到了“十三五”末期的 2020 年，中国会议产业已经走出了初期发展阶段，进入高速成长期。

四、“十三五”期间我国会议产业发展情况

“十三五”期间我国经济总量持续增长。2020 年，我国国内生产总值第一次突破百万亿级大关，对世界经济增长的贡献率超过三分之一，人均国内生产总值突破 1 万美元，标志着中国向高收入国家水平又迈出了坚实的一步。中国经济的高速增长有力地推动了我国会议产业的发展。

“十三五”期间，我国对外开放程度不断提高，政治、经济、文化、科技、教育等对外交往日趋频繁，各个领域的国际化水平也有了一定的提升。与此相适应，我国境内举办的各类国际会议、活动，无论在规模、层次、影响力等方面都有了显著的提高。

综合来看，“十三五”期间我国会议产业发展取得了以下几个方面的成绩：

第一，国家对于高端国际会展活动高度重视

继 2014 年我国成功举办 APEC 峰会之后，我国又于“十三五”期间连续举办了一系列高端国际会展活动，包括 G20 峰会、金砖国家领导人会晤、“一带一路”高峰论坛、进博会等，将我国高端政务性会展活动推向了一个新的高度。

“十三五”期间，全国各城市举办的社会、经济、科技、文化、教育等方面的高端国际国内会展活动持续增多，国家领导人或者亲自参加、或者致函，对于这些活动表示支持。

在这种背景下，来华举办的国际学术会议、行业会议等也达到了历史最高点。根据国际大会与会议协会（ICCA）发布的数据，来华举办的国际会议从 2015 年的 332 个，发展到了 2019 年的 539 个，成为近 20 年来增长最快的一个时期。

第二，会议会展设施增长迅速

会议会展设施是会议产业发展的基础设施，城市会议会展设施发展不仅有利于会议会展活动的顺利举办，还可以在很大程度上推动城市会议会展产业快速向前发展。从《会议》杂志了解的情况看，我国各城市新建成的重要会议展览设施，大部分都是近几年完成的。“十三五”期间建成的会议会展设施具有规模大、综合性强、配套规划完善等特点。

第三，城市会议产业与相关激励政策引人注目

随着二三线城市、旅游城市的会议会展设施逐步完善，我国会议产业发展开始从一线城市、热点二线城市向二三线、甚至四五线城市延申。越来越多城市具备了更为完善的会议、会奖、会展产业链、服务链，包括各种类型的场馆设施、会议会展服务企业、搭建与设备租赁、活动策划企业等。与此相适应，很多城市出台了会议、会奖、会展方面的激励政策，鼓励产业链发展，吸引更多国际国内会议活动来到本地。

第四，会议市场正在发生重要变化

经过本世纪前十五年的发展积累，中国会议市场已经到了一个重要的变革时期。这些变化主要有：

会议数量持续增多，规模不断增大。虽然会议数量的统计是一个比较困难的事情，但业界普遍认为，到“十三五”末，我国境内举办的各类会议的数量很可能已经达到了 500 万个之多。“十二五”期间，我国境内举办的万人以上的会议屈指可数，可到了“十三五”末，根据《会议》杂志的不完全调查，我国每年举办的万人以上的企业会议及活动、协会会议已超过五十个，而且这个趋势仍在发展之中。

会议、展览、演出、赛事、节庆等进一步融合。虽然会议与其它活动形态仍会继续保持自己的特性往前发展，可不同活动形态之间的融合却在不断加深。据了解，我国会议市场上举办的超过千人以上的会议，绝大多数都附设了不同规模的展览。人们越来越发现，行业协会、学术团体以及企业举办的会议，

越来越具有综合性的“活动”（event）特征。与此相适应的会议展览活动公司也变得日趋综合化。

会议会展技术发展迅速。随着互联网技术、计算机技术、5G 技术、AI、大数据以及终端设备等在各行各业应用的不断加深，这些技术与会议会展业的结合，实现智慧化、数字化升级发展，正成为业界的普遍选择，尤其是 2020 年初新冠疫情爆发以来，这种趋势变得更为明显。（作者系中国会展经济研究会副会长、中国会议产业大会秘书长、《会议》杂志总编）

2016—2020 年中国国际会议市场发展与分析

文 / 武少源

我国“十三五”计划是在 2016 年至 2020 年完成的。在这期间我国的社会面貌、经济建设、科学技术都得到快速发展。我国提出的“一带一路”及倡导人类命运共同体的观念，使我国在国际舞台上有了更大的影响力。这些成绩的取得促进了我国国际会议的发展，反过来国际会议也进一步促进了我国各方面的工作，取得了更大的成绩。

一、“十三五”期间我国国际会议整体发展状况

总结“十三五”期间我国国际会议的发展状况要分为两个阶段，第一个阶段是总结 2016 年至 2019 年这四年的状况。由于 2020 年 1 月突如其来的新冠肺炎疫情，使得 2020 年我国基本没有举办线下的国际会议，但仍有许多特殊的状况可以总结。

首先，总结前四年期间我国国际会议的整体发展状况。

1. 2012 年党的十八大以来，在习近平总书记的领导下，我国的国际会议进入了一个崭新的阶段。“十三五”期间党中央和我国政府更加重视举办高级别的国际会议，申办了一系列国际组织的会议，如 2016 年在杭州举办的 G20 峰会、2017 年在厦门举办的金砖五国峰会，以及 2018 年在青岛举办的上合组织峰会，利用这些国际会议创建了新的主场外交平台，对于共同促进世界经济增长、完善全球经济治理，我国作出了很大贡献、发挥了很大作用。在 2017 年举办的中国共产党第十九次全国代表大会开幕会上习近平总书记做的工作报告中，将举办国际会议的内容在外交层面上写入了工作报告，这在我党的历史上还属首次。报告指出“全方位外交布局深入展开。全面推进中国特色大国外交，形成全方位、多层次、立体化的外交布局，为我国发展营造了良好外部条件。实施共建“一带一路”倡议，发起创办亚洲基础设施投资银行，设立丝路基金，举办首届“一带一路”国际合作高峰论坛、亚太经合组织领导人非正式会议、二十国集团领导人杭州峰会、金砖国家领导人厦门会晤、亚信峰会。倡导构建人类命运共同体，促进全球治理体系变革”。习总书记对这一阶段国际会议给予了高度的评价，目前在我国举办国际会议已经成为我国的主场外交平台，极大的提高了我国国际影响力、感召力、塑造力，为世界和平与发展作出新的重大贡献。习总书记还对国际会议的作用，给出了极高的认可和评价，“做好一个会，搞活一座城”，已经成为我国城市举办国际会议的最高标准。

2. “十三五”期间，随着中国国际地位的不断提高，全球的影响力的不断增加，我国更加重视打造自主品牌的国际会议。2017 年成功举办了第一届“‘一带一路’国际合作高峰论坛”，这是由我国打造的国际会议平台，首次在世界上建立一个新的会议机制。2019 年又举办了第二届“‘一带一路’国际合作高峰论坛”。除此之外我国还举办了一系列在全球具有巨大影响力的国际会议，如 2018 年“中非合作论坛”，2019 年“亚洲文明对话大会”等。“十三五”期间我国完成了以申办国际会议到主办国际会议的转变过程，这从习近平主席给国际会展活动的贺信中可以体现。比如 2019 年习主席曾给 31 个国际会展活动发出了贺信，其中 29 封贺信发给了由我国自主打造的会展活动，占到全部贺信的 94%；而 2017 年习主席给国际会展活动发出的 20 封贺信中仅有 10 封是给我国自主品牌会展活动，仅占 50%。

3. 党的“十八大”以来，特别是在“十三五”期间内，在习近平主席的指引下，我国在互联网、大数据和人工智能等新兴产业中创建了一批在国际上具有巨大影响力的国际会议。2014 年开始每年举办一届的乌镇世界互联网大会，这个会议也是唯一一个从 2017 年到 2019 年，习主席连续三年给出贺信的国际会议。2015 年开始举办的每年一届的贵阳世界大数据高峰论坛和 2018 年开始在重庆举办的每年一届的世界智能大会，这两个会议也是为数不多在 2018 年到 2019 年，习主席连续两年给出贺信的国际会议。这些在世界科技前沿的国际会议，吸引了大批世界各国科学技术人员前来参会，相互交流，共同切磋，对我国乃至世界新兴产业的发展起到了巨大推动作用，这在以

前是不曾出现过的。

4．“十三五”期间，我国许多城市都新建了大型国际会议中心，具备申办国际会议的硬件条件，但是与以往泛泛的为了追求国际会议的数量从而积极申办国际会议不同的是，现在我国国际会议目的地城市，更看重的是通过国际会议这个平台发展城市的建设，促进经济和科技的发展，所以有些重要的国际会议会在短时间内反复在我国举办。例如，为了发展城市的国际空中交通，2016 年第 22 届世界航线大会在成都举办会上成都成功建立了 20 多条国际航线，使得成都的国际航线数量成为在我国仅次于北京和上海，排名第三的城市。而仅仅两年之后的 2018 年，广州成功举办了第 24 届世界航线大会，会上也建立了 30 多条国际航线，继而又成为我国国际航线数量排名第三的城市。2019 年武汉成功申办了 2022 年的第 28 届世界航线大会，通过举办世界航线大会，有可能弥补武汉这个九省通衢的交通枢纽城市国际航空线路不足的短板。广州为了尽快建成区域性国际航运中心，也成功申办了 2019 年第 30 届世界港口大会。

5．“十三五”期间，我国的会议与展览进一步加强双轮驱动，融合发展的态势，充分展现出以会带展，展中有会的特点。特别是会议在我国许多有影响力的展览活动中都成为容易吸引人眼球的重要活动，如广交会、进博会、服贸会以及 2021 年刚刚创建的消博会等。甚至曾有些会展专家形象的比喻：展览是一个参天大树，会议就如同亮丽的鲜花，只有会展结合才能做到相得益彰，获得更加完美的效果。以往我国展览中的会议活动多数都是免费开放的，而近年来许多展览中举办的会议越来越专业，参加会议也需要缴纳会议费。

6．“十三五”期间，前四年中我国的国际会议数量也在不断增加。从国际大会与会议协会（简称 ICCA）的统计数据中了解到，2016 年我国大陆各个城市举办的国际会议数量为 352 个，而到了 2019 年我国大陆举办的国际会议数量增加到 440 个，四年增加了 25%。由于 ICCA 仅仅统计由社团机构主办的国际会议，而根据中国会议统计分析报告十年的统计结果，在按主办机构分类统计中由社团机构主办的国际会议占了我国所有国际会议的 52.2%，以此推算的结果，2019 年我国举办的全部国际会议数量应该在 850 个左右。

其次，总结在“十三五”期间最后一年新冠肺炎疫情对我国国际会议的影响。2020 年 1 月突如其来的新冠肺炎疫情，对我国的国际会议也带来了巨大的冲击，表现在如下几个方面：

1．对于我国已经申办到的国际会议的影响分为以下两种情况。首先是取消已经确定在我国举办的国际会议。如在 2017 年经过激烈的申办活动，世界牙科联盟已经确定 2020 年的年会在我国上海举办。但是新冠肺炎疫情之后，2020 年 4 月 8 日，中华口腔医学会就收到了世界牙科联盟的正式通知，取消了这届大会。其次是推迟已经确定在我国举办的国际会议。如经过 24 年的长期申办过程才取得了第 34 届国际生理大会，原定于 2021 年 5 月在北京举办，新冠肺炎疫情之后国际生理学会决定推迟该会到 2022 年 5 月举办。

2．我国主办的国际会议也分为以下两种情况。一是取消当年的会议，如贵州大数据峰会 2020 年会议取消。二是多数仍然坚持举办的国际会议，全部采用境外代表线上、境内代表线下参加会议的方式举办，如中关村论坛等。

3．由于新冠肺炎疫情使得全球都实行了断航、封国和封城，国际组织的国际会议也鲜有举办，因此 2020 年我国没有派出任何一支团队去申办未来的国际会议。什么时候才能恢复国际会议的申办活动？没有人能够说的清楚具体时间，因为完全要看人类战胜疫情的情况而定。

4．今后我国相当长的一段时间内所举办的国际会议，都会采取境内代表线下、境外代表线上的方式举办。

虽然有新冠疫情的影响，但是回顾“十三五”期间我国举办国际会议的历程，仍能充分证明我国的国际会议与其他行业一样，在党和国家的政策不断指引下平稳健康的发展。在我国政治、外交需要时会成为国事活动起到积极的促进作用。随着我国科学技术水平的不断发展，我国举办的国际科技会议的影响力也越来越大。

二、我国发展国际会议的特点

世界上许多国家举办国际会议的历史都长达百年，而我国仅有短短的 40 年，但是我国举办国际会议的数量和质量都已经排在世界前列。在举办国际会议的实践中，我们不断总结经验，形成了一些我国独有的特点。

第一，在我国举办国际会议绝不是谁想办就都能办的无政府状态的会议市场，而是在党和国家一系列政策指导下的国际会议市场。在我国举办任何国际会议都属于外事活动，而外交大权在中央，外事工作授权有限。我国多年外事管理工作的根本原则，就是统一领导、归口管理、分级负责、协调配合的行之有效的体制。

第二，多年来我国一直严格坚持对国际会议的审批制度。审批权限仅仅分为两级，即国务院和正部级单位，正部级以下单位无权审批国际会议。在华举办任何国际会议都要在规定时间前，按会议规模进行报批。“在没有得到批准前，任何个人和机构都不能在我国筹备和举办国际会议，也不能承诺国外机构在我国举办国际会议。”目前有些会议工作者经常发文呼吁将我国对国际会议的审批制度改为登记制度，是对中国外事工作的不了解，同时在短时期内也是根本不可能实现的。现阶段主办单位在异地举办国际会议，必须首先得到当地省外办的批准后才能开始办理国际会议的报批手续。有些会展人士因为不了解这些政策，致使筹备多日的国际会议被临时叫停。

第三，除了党中央有关国际会议的政策之外，我国国务院所属的政府部门还出台了各种政策指导在我国举办的国际会议。近 40 年内我国的财政部印发了 4 次有关在我国举办国际会议的指导性文件。最近一次是 2015 年财政部印发的财行〔2015〕371 号文，即《在华举办国际会议经费管理办法》的通知。在此通知中对国际会议的支出有严格的要求，如餐饮标准、场地租金，以及工作人员的补助都有详细的标准。我国的外交部、外汇管理局、海关总署以及税务总局等部门对国际会议的签证邀请、外汇使用以及国际会议的物品通关也都有相关文件进行指导。目前我国一些机构热衷于花重金邀请国外会议人士来我国培训国际会议，试图达到“外来和尚好念经”的效果。其实近 40 年来我们在国际会议策划、运营和管理方面的水平就像我国举办奥运会和世博会一样，并不比西方国家落后多少，甚至许多方面都值得西方国家向我们学习，而在我国政策方面，这些“洋老师”的知识几乎为零。一些国际会议的从业人员参加了这些培训班，虽然也通过了“考试”，但在实际工作中遇到有关国际会议政策时仍是一头雾水，不会操作。

第四，在选择举办国际会议类型时，我国坚持有所为有所不为，党和国家的政策依然是支持举办经济和科技类的国际会议。最近几年我国举办的一系列“峰会”，也都属于经济领域中的国际会议，如“APEC”即亚太经济合作组织 (Asia—Pacific Economic Cooperation)，是亚太地区最具影响力的经济合作官方论坛；二十国集团，又称 G20，也是一个国际经济合作论坛；我国首次发起的全球性的“一带一路”高峰论坛，其目的也是为了推动世界经济互联互通，重塑世界经济地理，推动全球基础设施现代化，促进全球经济增长，实现全球一体化。而科技类的国际会议就更多了，根据《中国会议统计分析报告》提供的数据，2019 年在我国举办的国际会议中，57% 属于科学技术领域中的国际会议。

第五，我国许多城市的政府积极支持举办国际会议也是一个显著特点。在党的十九大报告中提出未来几年是“转变发展方式，优化经济结构，转换增长动力”的攻关期。国际会议作为经济增长的新引擎，对产业升级换代有助推、引领和创新的作用，使得我国许多城市沿着“从产业中来，到产业中去”的路径，积极举办能够促进本城市重点产业发展的国际会议。特别是“十三五”计划期间，国际会议在配合我国重大发展战略方面起到了越来越大的作用，如加快构建以国内大循环为主体、国内国际双循环相互促进的新发展格局，在新时代推进西部大开发形成新格局，以及在新基建、新机遇、新动能中涉及到的七大领域：5G、大数据中心、人工智能、工业互联网四大技术领域推动消费升级和业务物联智能创新，以及三大行业场景新能源汽车充电桩、特高压、城际高速路和城际轨道交通中，国际会议都起到了积极的促进作用。

第六，“十三五”期间，我国重要的国家战略是消除贫困、改善民生、坚决打赢脱贫攻坚战，确保到“十三五”时期的最后一年，2020 年所有贫困地区和贫困人口一道迈入全面小康社会。在这场战斗中，一些贫困地区主动举办有关国际会议，利用国际会议的影响力帮助本地区农民脱贫致富。2017 年 7 月 11 日，第十二届世界芒果大会在广西百色市田东县开幕，大会主题“芒果可持续发展与减贫”。全市参与种植芒果的占全市贫困村总数的 35%，265 个贫困村，约 9.5 万户的 45.25 万果农，2016 年果农人均纯收入达 3315 元，依靠种植芒果脱贫致富，成果显著。2018 年 10 月 17 日，在“世界减贫日”的当天，我国云南临沧地区举办第九届世界澳洲坚果大会。20 年来云南临沧鼓励农民种植澳洲坚果多达 190 万亩，占全球种植总面积的 45%。坚果种植覆盖临沧全市 8 个县 71 个乡镇 564 个村 17 万种植户，带动建档立卡贫困户 5 万户、15 万人，种植农户人均澳洲坚果纯收入 3500 元。

改革开放 40 年来我国发展国际会议的历程中，形成了许多我国举办国际会议的特点，使得国际会议在我国外交、经济和科技各个领域中起到重大作用。

三、我国国际会议未来发展趋势

“十三五”期间，我国第三产业首次超过第二产业，服务业成为我国国民经济的重要组成部分。国际会议作为现代服务业的重要内容，特别是我国的国家体制，为我国国际会议的发展创造了更大的空间。回顾“十三五”期间我国国际会议的发展历程，结合我国举办国际会议的特点，可以总结出我国未来国际会议的十大发展趋势。

未来我国国际会议第一个发展趋势是，国际会议作为我国的主场外交活动仍会长期发挥重要的作用。正如 2018 年 3 月 8 日，在十三届全国人大一次会议新闻中心举行的记者会上，外交部王毅部长表示，2018 年中国外交亮点将主要体现在四大主场外交活动上，包括 4 月在海南举行的博鳌亚洲论坛年会、6 月在青岛举行的上海合作组织峰会、9 月在北京举行的中非合作论坛峰会和 12 月在上海首次举行的中国国际进口博览会。这四大主场外交活动中有三项是纯粹的国际会议，进博会中也有近百场的各种论坛，充分体现了在今后一段历史时期中国国际会议在我国外交活动中继续发挥重大作用。新时代的中国外交将为中国自身发展营造更好的外部环境，也为人类进步事业提供更多的正能量。

未来我国国际会议第二个发展趋势是，我国发展国际会议仍然会围绕着促进产业发展为主要目标，继续坚持“从产业中来，到产业中去”的必由之路。我国国际会议对产业的促进作用有一个明显的特征，可以称为“上天入地”。“上天”的概念是国际会议对成熟的传统产业，如冶金、采矿、造船等产业的促进作用并不十分明显，而对以“云计算，云储存”为基础的互联网、大数据和人工智能等新兴产业促进作用更为明显。贵阳2014年大数据产业的产值仅为50亿元人民币，经过几届世界互联网大会的引领，到了2017年贵阳大数据产业的产值就高达800亿元人民币，2018年将突破1000亿元人民币，而在“十三五”的最后一年，2020年贵阳大数据产业的产值将高达3000亿元人民币，连续几年的增长率都在20%以上。“入地”的概念是国际会议对我国农业的促进作用也十分明显。北京用一系列的有关农业方面的国际会议打造了一个“会展农业”，仅一个国际草莓会议在短短的7年间，就将北京昌平的草莓产值提高了25倍。陕西举办的世界苹果大会、广西举办的国际芒果大会等国际会议对“以会兴业、以会富民”都起到了积极的作用。

未来我国国际会议第三个发展趋势是，在我国举办的国际组织的国际会议会越来越多。国际组织的国际会议人数多、水平高、影响力大，就像奥运会和世博会一样是各国竞相举办的会议。申办国际组织的国际会议需要许多基本条件，其中最重要的是申办国在该领域中的学科水平、综合国力、会场酒店和服务机构等硬软件基础条件，当前申办国的社会安全也是国际组织考虑的重要因素。当前在全球各国中能像我国举办国际会议综合条件一样完善的国家并不太多，因此有些国际组织的系列性国际会议在短短的十几年中就先后在我国举办过几届，像财富论坛从1999年开始到2017年，18年间就在我国各个城市举办了5届。20世纪末已经在我国举办过的许多国际会议也希望尽快再在我国举办一届。

未来我国国际会议第四个发展趋势是，我国发起并主办的国际会议影响力会越来越大。改革开放初期由我国发起的国际会议，多数都是国际科技会议。由于那时我国的科学技术水平落后西方发达国家几十年，实在不能满足国外代表参加国际会议从而得到科技信息的目的。参加这些国际会议的许多国外代表都是由于我国闭关锁国多年，“铁幕”刚刚被拉开，为了满足好奇心而借着参加国际会议的机会来我国观光和旅游。40年后的今天，特别是“十三五”期间，我国的科学技术，尤其是在许多新兴科技领域中都处于世界前列。在这些领域中，我国发起的国际会议，如乌镇互联网大会、贵阳大数据高峰论坛，以及我国机构举办的一些国际医学大会，都能吸引世界各国代表自费前来参加会议，相互切磋、认真探讨，研究人类共同的课题，这些会议都成为世界上有影响力的大会，未来这个趋势会更加明显。

未来我国国际会议第五个发展趋势是，我国举办国际会议的大环境会越来越好。首先是我国举办国际会议的场馆更加先进和完善。2008年北京举办第29届奥运会之后，新闻中心改建为国家会议中心，从此我国有了世界水平的会议中心，APEC和“一带一路”峰会都曾在这里举办。随着我国国力不断增强、城市建设不断发展，“峰会城市”的概念深入人心，我国主要城市都具有达到世界先进水平的会议场馆，如杭州国际博览中心、西安国际会议中心、重庆悦来国际会议中心以及长沙国际会议中心等，这些场馆能够满足任何档次的国际会议的需求。同时短短的40年我国从没有旅游的国家快速发展成为世界旅游大国，未来我国酒店等旅游配套设施会更加完善；我国的国际航线遍布全球，我国的高铁四通八达；未来随着5G网络开通，我国的通信会更加畅通。会议场馆、旅游设施、交通和通信的不断发展，促使我国国际会议更快地发展。

未来我国国际会议第六个发展趋势是，服务国际会议的各种新技术将会越来越多，不断发展，广泛使用。举办国际会议最重要的工作之一是国际间的通信联系。“十三五”期间，我国互联网技术飞速发展，特别是云计算和移动终端的广泛使用，我国出现了一批服务国际会议的互联网技术公司，如美迪康和百格活动等。这些公司能够结合我国举办国际会议的特点，打造出符合我国国情的专门服务国际会议的互联网平台，技术和应用处于世界同等水平。

未来我国国际会议第七个发展趋势是，将会有更多国际会议举办附设展览会，起到以会促展、以展代会、会展结合、融合发展的效果。由于我国主办的国际会议一直高度重视对产业的促进作用，策划国际会议的同时也开始策划附设展览，如贵阳举办全球大数据时代峰会的同时，还举办有4万平方米的贵阳国际大数据产业博览会，通过展览、峰会、创新大赛三大板块，搭建全球大数据领域最高端、最前沿、最全面的技术、产品和解决方案的协同创新和展示洽谈平台。在我国举办的国际组织的系列性会议，在有可能的情况下也尽量举办附设展览。

未来我国国际会议第八个发展趋势是，我国机构主办的国际会议越来越多的迈出国门，走向世界。以往只有西方发达国家，特别是美国国内机构主办的国际会议会在世界各国轮流举办。充分显示出美国科研水平能够达到世界最高水平，该领域的人士相信参加这些国际会议能有所收获，才会使得会议轮流在各国举办，当然最受益的还是承办国家的代表，因为他们不出国也能分享最新科研成果。美国地球物理学会每两年举办一届西太平洋地球物理会议，轮流在美国和西太平洋中的国家举办。该系列会议2006年曾申办到北京举办，近2000名来自世界各地的地球物理工作者齐聚北京，共同分享有关大气科学、海洋学以及空间科学等领域中的最新发展成果。我国最早走出国门的会议是世界中医药大会，从2004年开始至今，已经连续16届在世界各国轮流举办。申办世界中医药大会的难度如同申办亚运会和奥运会，每届都有几个国家积极参加盛大活动。我国著名的国际会议公司“百奥泰”主办了多个有关医药和生化方面的国际会议，“十三五”期间已在十几个国家几十个城市轮流举办。相信未来会有更多由我国主办的国际会议在世界各地轮流举办。

未来我国国际会议第九个发展趋势是，我国举办的许多国内科技会议有国际化的发展趋势。通常一个国家在某个学科领域中的年会就代表了这个国家的最高科技水平。以往西方国家特别是美国的一些学科的学会年会，由于他们有上百年的科技研究基础，而科学技术的研究又是不分国界的，因此会议内容也会涉及到全球任何地区。世界各国的同行为了获得更多前瞻信息，都会踊跃参加这些国家的国内年会，年会自然也就成为了国际会议，如美国地球物理协会的年会，是地球科学界学科最全、水平最高、参会人数最多的学术会议，每年都有来自全球数万人参加。我国一些学科特别是临床医学，由于我国医生每天的门诊量是欧美国家医生一周甚至一个月的门诊量。我国巨大患者人群带来的数据足以成为转化医学研究重要的“数据库”，因此这些学科的年会总是能吸引全球各地的医学工作者前来参加，共同分享属于全人类的医学成果。每年 11 月举办的中华医学会骨科分会的年会，每届会议都会吸引几十个国家的数百名国外代表自费前来参加，把一个国内会议办成世界关注的国际会议。

未来我国国际会议第十个发展趋势是，服务国际会议的机构越来越多，势必形成一个完整的产业链。由于在我国举办国际会议属于外事活动，政策性非常强，需要学习很多基本知识，同时国际会议的筹备周期远比国内会议要长的多，对员工素质的要求也高的多。随着在我国举办的国际会议越来越多，市场需求也越来越大，而我国外语和互联网人才也越来越多，这些基础条件的改善，使得目前我国各个城市出现了一批服务国际会议的专门机构，如以“国、中、青”为代表的我国最大的旅行社都成立了国际会议服务公司。服务国际会议的机构更加专业、规模不断增加，产业服务链条逐渐形成并日趋完善。目前中国可以对世界上所有领域中最高档次的国际会议，如 G20、世界刑警大会以及世界牙科联盟大会提供最优质的服务。

“十三五”期间，虽然我国国际会议取得了长足的发展，但是与西方一些国家相比，我国的国际会议数量仍有继续增加的空间；我国发起的国际会议仍有继续扩大影响力的需求；我国举办的国际会议在成为经济增长的新引擎、产业升级的助推器方面，仍有极大的发展空间。我们相信在习总书记的领导下，我国国际会议工作者也会凭着一股逢山开路、遇水架桥的闯劲，凭着一股滴水穿石的韧劲，在新时代、新起点、新使命、新征程中，不懈奋斗、与时俱进，用勤劳、勇敢、智慧在我们这一代成功打造出一条具有中国特色的国际会议发展之路。（作者系会 E 人联合创始人）

突破与变革：会展场馆的新思考

文 / 唐雪

会展业作为一个具有巨大发展潜力的现代服务业，对推动经济快速持续健康发展发挥着重要作用。而会展场馆作为产业链价值聚合点，在推动会展产业与产业会展发展的过程中有着不可取代的重要作用。从以成果展示为主的第一代场馆到业态功能丰富的第五代场馆，会展场馆经历了从政府行为到市场行为、从德国模式再到中国特色、从成果展示到商业运作、从功能单一到业态复合等多重转变。本文将从会展场馆现状、趋势、创新思考等方面对新时代会展场馆发展进行综合阐述。

根据《2020 年度中国展览数据统计报告》显示，2020 年全国展览场馆有 298 座，较 2019 年增长 2.1%。对比近 3 年的场馆数据，整体建设趋于理性化步伐放缓。市场争夺的白热化、创新事物的强冲击以及疫情之下的巨大动荡等都令会展场馆固有的经营思路弱点频频浮现，场馆竞争赛道已从规格数量转向高质量管理。

一、会展场馆的现状及趋势

“高大上”是场馆的先天优势，但单纯比规模的时代已经成为过去，当下会展场馆的建设探讨与实践正在围绕更加多元化的主题展开。从规划定位、功能设计、角色定位以及经营管理等方面入手，会展场馆正在逐步掌握发展的“主动权”。

（一） 全局发展

会展的竞争已经从行业 PK 上升到城市之间的“较量”。越来越多的城市将会展作为经济发展的重要引擎，如“新经济会议目的地”“国际会展之都”“国际会展名城”等都是从政府层面提出的发展口号。而场馆作为会展经济的实体，是政府投入的重要着手点。一方面，对场馆建设更有全局规划，从项目定位、功能设计到综合配套考虑再到后期运营管理环环深入，站在城市发展的高度对会展场馆进行定位规划，旨在充分发挥会展经济对区域经济的推动作用。另一方面，政府职能逐步由“主导”转向“服务”，除了通过奖励扶持资金促进招展引会之外，政策完善、服务升级等成为重要手段，也有越来越多的政府为会展代言，积极组织参与目的地营销推广活动。

（二） 协同发展

根据数据统计，有近 60 个城市拥有 2 座及以上数量的场馆。早期建设的场馆位置多处于城市内部，有部分更是临近市中心地段。对会展场馆而言，繁华地段通常意味着双刃剑。一方面，丰富的配套是场馆的服务优势；而另一方面，寸土寸金也常常限制了场馆的建设面积，尤其在争取大型展览活动时缺少竞争力，同时，与机场距离远也在一定程度上影响国际活动的接待。基于此，许多城市选择将大型场馆项目落于机场周边以实现协同发展，如深圳国际会展中心临近深圳宝安国际机场，南京空港会展小镇位于南京禄口国际机场周边，杭州会展城新的选址也临近萧山国际机场。

（三） 多元发展

场馆名称从展览中心到会展中心再到博览中心，变化的过程是功能持续升级的写照。从会展场馆到会展综合体，场馆的自身价值与外部衍生正在被深入挖掘。当我们在谈论场馆生意时，场租早已不是唯一话题，围绕“会展 +”更多的是在探索场馆还有哪些可能。从最初功能单一的展览展示馆，到会议展览功能融合的会展中心，再到融入酒店、商业、剧院等越来越多综合业态的会展综合体，会展场馆逐渐趋于围绕“产业 + 生活”的多元平台发展。

（四） 竞争发展

会展所拉动的经济价值正吸引着越来越多的“行外人”入局。从场馆建设来说，地产公司正在成为行业大新闻的当事人。并且不同于过去单纯的投资建设，许多地产公司将关注点逐步转向管理，联合国际知名会展企业携手运作。以绿地集团为例，在 2018 年底与巴塞罗那国际展览中心合资共同成立绿地巴塞罗那会展公司，2019 年又与汉诺威国际会展公司合资成立绿地汉诺威会展有限责任公司。截至目前，在上海、南昌、西安、济南、哈尔滨、兰州等全国多个城市拥有投资建成、在建或规划建设的会展场馆项目。

二、会展场馆的创新及思考

无论是行业交流活动还是会展企业的动态中，我们都能强烈感受到行业对“创新”的积极性。作为产业链中枢，会展场馆在掌握发展“主动权”的同时，要充分发挥出场馆的平台化优势与资源网优势，积极拓展更广阔的会展视野。

（一）理念创新

从场馆命名和发展目标中都不难看出，会展场馆正在经历“意识觉醒”。场馆的关键词不再局限于面积、规模，更多从自身价值挖掘的角度，发起一场会展场馆的多元化革命。“第六代会展场馆”提出之际，在业内引起诸多讨论，或赞同或质疑，对其理解都处于模糊不见其里的状态。随着行业内外部的发展，推行场馆理念革新的价值愈发清晰，无论是新建设的场馆还是已投入使用的场馆都开始从理念层面发生改变，深刻体会到不仅要“建得好”更要“管得好”，关于会展场馆发展探讨的话题热度也在行业中不断攀升。

成为会展产业平台。作为产业链中枢，会展场馆首先要成为会展产业的价值聚合平台。围绕服务、内容、流量、理念、智慧等要素展开，以会展为核心持续挖掘延伸价值。以产业园区等产业集聚形式发挥集聚效应，聚合全产业链协同发展。同时，场馆已经逐步成为线下流量洼地，庞大的人流、高端的信息流、物流等资源高频汇集，对场馆延伸价值的深入挖掘也将为产业发展提供更多思路。

成为区域产业平台。以场馆为引擎，构建会展小生态。一方面是以场馆为核心整合周边资源，在为客户提供完善服务的同时建立互惠互利的共生网络，另一方面，在产业链中共享品牌效应、用户资源以及产业资源，建立共生共荣的生态环境。以会展为抓手，服务产业大生态，从会展产业到产业会展是会展价值发挥到最优的效果。营造出科学的会展生态体系才能让会展与产业相得益彰最终作用于城市的经济发展。

成为生活服务平台。从服务城市的角度出发，以客群需求为依据，以会展服务为核心不断拓展服务蓝图。会展场馆不仅仅是产业发展的参与者，更将成为城市生活的创造者。以知识集合、文化感触、场景生活等维度为触点，通过丰富的文化展示和场景服务，打造城市生活新方式，让会展场馆价值更加多元化。

（二）产品创新

会展场馆的收入结构相对单一，即便是综合型场馆，场租直接收入占比也高达 60% 以上，其余收入大部分也因场租而产生。会展场馆到底在“卖什么”？可以为客户提供哪些产品？新机遇孕育新物种，天马行空的创新概念在以酒店、商业以及写字楼等为代表的实体中落土而生。以酒店为例，凭借 IP 主题酒店的火爆而不断进入人们视野的亚朵酒店，IP 所赋予的内容与体验吸引是其成功的重要因素，而“可见即可买”的产品观念也在提升着客户的体验感。除卖“住宿空间”外，亚朵整合品质生活运营商，持续扩充商品库存，并配套线上购物平台为顾客提供家居、智能家电、旅行以及品质生活相关产品服务。那么会展场馆的产品观又是如何？

《小米生态链战地笔记》一书提到：“做产品，摸准时代的脉搏。”同样，笔者认为会展场馆的产品需要摸准需求的脉搏。一是基于“我们有什么”，扩充产品清单。过去，场馆生意仅依赖场地租用，但毫无疑问在竞争激烈的市场博弈中如此理念早晚会被淘汰。场馆功能建设的完善与服务配套的提升都在不断丰富场馆的产品清单。杭州国际博览中心沿着空间、设备、服务、人员等几个维度延展，粗略统计已超过 300 项。在设施设备方面，场馆空间复合功能的挖掘，自有 AV 设备、标识、广告位、商务租车等皆可成为供客户选择的产品选项。除了实体产品外，软性服务也是创收的重要来源，而这恰恰也是现代场馆的优势之一，场馆的高端服务、一站式服务等可实现个性化、定制化的服务体验。作为场馆线下流量转化重要突破口，场馆开发的文创品也将成为重要的产品组成，除散客的消费外，还可为会展活动嘉宾提供个性化伴手礼套装等。未来在场馆智能化建设成熟阶段，由数据转化而成的产品同样也可成为需求热点。摸清自己的“身家”很重要，但更重要的是要学会转为“身价”。

二是基于“客户需要什么”，灵活组合产品。要比客户更了解客户的需求。很多情况下，客户直接表达的需求只是冰山一角，用专业解决方案去引导客户是占据主动权的根本。显然，在向客户介绍产品和服务种类时，让客户逐一知晓上百个产品信息是不现实的，这就需要销售人员挖掘客户需求，根据专业经验、场馆实际以及活动案例，迅速为客户提供定制化产品组合。确切地说，我们卖的不是场地，而是满足客户复合需求的场地解决方案。有人建议企业应专注于自身优势业务，做精做专；也有人建议，应该跨界融合，尝试新的业务扩张。

会展场馆投入产出一直不被看好，但笔者坚定认为，会展场馆具有独特的平台属性和资源潜力，同样可以深入挖潜，或许可以尝试从提供单一的场馆空间价值到诱发消费（收入）的场景价值。以参会参展的客人为例，参会参展是出行的主要目的，但不是单一需求，比如传统的会展空间注入了城市书房的概念，可以满足客人休憩放松的需求；利用平台优势、当地资源和种种行业会展活动的资源，通过社群运营可以满足客人产业交流的需求；引入咖啡厅、特色餐饮可以满足客人社交的需求等。

（三）模式创新

一是对组织模式的创新思考。笔者常以 2050 作为组织模式创新的案例，其颠覆性的去中心化运行模式确实为会展活动的组织带来诸多思考。在疫情的催化下，“线上会展”大热了一把，从现阶段的发展来看，线上会展的转变仍然主要集中在组织形式，将一些流程从线下搬到线上，放大了线上线下相辅相成的作用。

二是对商业模式的创新思考。会展场馆的商业模式相对简单且传统，而能够在商业模式上有所突破或许才是真正从本质上进行创新。仍以线上会展为例，线上会展不仅是把线下会展的内容搬到网上进行简单的“化妆美颜”，更是对传统会展的内容进行延伸、拓展，甚至“再创作”，需要明确的是线上会展的商业模式必然区别于传统会展。无论是从新产业的成长周期出发还是从市场满足程度来看，线上会展更可能成为一种新模式而非完全取代传统会展模式。笔者认为产业的未来发展方向或可借鉴 OMO 模式，即打造线上—移动—线下三位一体的会展体系，向完整的产业闭环迈进。

三是对营销模式的创新思考。除了拉动效益之外，会展的营销价值也是被各家所看重的。品牌发布会、用户大会、行业论坛峰会、展览会等活动的核心都是在搭建展示交流的平台，让企业能够触达到目标客群，强化品牌印象。但营销的难度在上升，竞争在加剧，如何最大化发挥会展的营销价值，提升活动吸引力也成为关注点。为什么 teamLab 这类的展览能够保持流量热度不减？为什么“小巧”的特展即使主题高度重合还是有人持续观展？从笔者角度来看，最吸引人的是“体验”的力量，包括“文物 + 旅游”“文物 + 科技”的模式也开始在博物馆、文化特展中普及开，都是想借助技术的力量为观众创造“身临其境”的全面体验。

（四）组织创新

“管理有两条价值链。一条是水平的经营价值链，一条是垂直的管理价值链。”而管理价值链是经营价值链运转的关键基础。反脆弱能力不仅体现在行业的特殊性，更与组织建设息息相关。尤其是在疫情期间，传统科层制组织架构在这场危机中暴露出种种弊端。“火车跑得快，全凭车头带。”在企业保持惯性运转时或许适用，但危机时期我们需要自驱动的企业氛围，企业需要员工的创造力和组织的活力。

一方面，从优化组织架构入手，考虑结合开放化、扁平化、网状化、去中心化等趋势，改变传统组织定式。另一方面，从变革组织制度入手，进一步优化组织管理，尤其需要重新审视组织的绩效管理，绩效体系是激发组织潜能的重要工具。一个充分共享、快速反应、赋能个体的组织生态，能从根本上为企业拓宽发展的多元思路。具有强烈创新意识与强劲创新能力的组织，在任何维度的探索都拥有源源不断的创造力。

向未来看，会展业从对“量”的追逐转向对“质”的深耕，可以说中国会展正在从相对粗放的发展阶段进入高质量发展阶段，创新与突破将继续成为未来发展的主旋律。而会展场馆作为会展产业与产业会展的核心载体，更需要纵深掘进激发创新发展活力，成为平台中的平台。（作者系杭州国际博览中心总经理）

“十三五”期间我国政府展的发展模式变迁与新格局

文 / 姜淮

2021 年 7 月 14 日，国家商务部《“十四五”商务发展规划》（以下简称《规划》）正式印发。《规划》提出，提升贸易平台，发挥好中国国际进口博览会等重要展会平台作用，完善会展业发展协调机制，提升区域性展会平台，打造高水平、专业性、市场化品牌展会。发展线上线下融合的展会模式，加强展览业行业体系标准化建设。

《规划》以立足新发展阶段、贯彻新发展理念、服务构建新发展格局、推动商务高质量发展为主线贯穿全篇，强调了商务工作“三个重要”新定位，明确了“十四五”时期商务发展的指导思想、主要目标和工作重点，共分 12 章，其中第四章提出了创新发展对外贸易的重点举措，第一项就是要办好中国国际进口博览会、中国进出口商品交易会、中国国际服务贸易交易会、中国国际消费品博览会、中国国际投资贸易洽谈会等重要展会，做大做强若干国家级综合性展会。面向东盟、东北亚、南亚、中东欧、西亚、非洲等区域，打造一批双边、区域性展会平台。支持各地培育一批地区性特色展会。除此之外，还对国家外贸转型升级基地、国家进口贸易促进创新示范区、跨境电子商务综合试验区、海外仓、对外贸易畅通行动、加工贸易梯度转移行动、国际营销体系建设行动七个方面提出了创新发展举措，包括鼓励地方、行业搭建可覆盖全国的线上展会平台，鼓励赴重点市场开展贸易促进活动，拓展加工贸易产品博览会等功能，加强产业对接合作等内容。

“十三五”期间，会展业充分发挥了大国外交的平台作用，对促进产业发展，助力城市经济，推动双边关系和文化交流作出了重要贡献。伴随阶段性和长期性国家及地方社会经济战略规划指向，政府主导型展会（以下简称政府展）承载着至关重要的角色担当，也是中国特色会展经济飞速发展的显著特征和重要组成部分。从 1957 年春创办中国出口商品交易会（广交会）开始，我国政府展发展历史悠久，影响深远，作用巨大，总结和梳理“十三五”期间我国政府展的发展模式变迁，将会为新时期政府展的创新发展提供有力支撑。

一、“十三五”期间我国政府展的发展特点与环境变迁

（一）政府展内涵及其发展特点

政府展（政府主导型展会）是指政府作为主办单位或承办单位，由政府投资和组织举办的展览会，旨在贯彻国家政策、引领市场经济活动和交流传播文化文明。政府展是市场经济体制下我国各级政府积极利用会展活动，以展会项目为载体实施公共服务的一种重要方式，也是中国会展业一个独特的现象和重要组成部分。与市场化运作的展会（商展类）相比较，政府主导型的会展活动并不完全是一个经济活动的平台，而是综合展现成果、延伸政府服务功能、扩大城市形象等多方面的载体。

政府展经历多年的变迁发展，逐步形成以下几个特点：

一是层次高，分布广。从国家部委到地方各级各地政府均有作为主办单位的展会，如广交会、投洽会、进博会、服贸会、消博会、亚欧博览会、西部博览会、东北亚博览会等。以广东省为例：有国家七部委加广东省主办的中博会，广州市主办的广博会、汽车展等，深圳高交会、文博会、金博会，东莞电博会，佛山珠治会、阳江刀博会，中山灯饰展等。二是展会类别宽泛，题材广泛，以成果展示和扶持支柱或特色产业为导向，特别是地方政府主办的展会，如东莞长安模具展、虎门服装展、增城牛仔服装展、中山小榄锁具展、佛山南庄陶博会。三是各级政府财政投入力度大，例如中博会起步阶段，中央财政每届投入高达 7000 万元；四是形式多元化，评价体系多样化。所办展会综合运用展、会、论坛、演艺、节事、赛事等多元化形式叠加，如设计周、服装展等。同时对展会效果的评价更多倾向于综合

社会效益指标，即对区域经济发展所产生的经济、社会、文化、环境等影响力、知名度和美誉度等方面的价值综合评判，一般体现为“成交额”“签约数”“嘉宾或主承办、行政领导级别”“国别数”“企业总数”等。五是政策性导向显著。如深圳高交会，以推动高新技术成果交易为主，中博会以推动中小企业发展为主，升格为国家级展会的中国加博会以帮扶外商投资企业应对全球金融危机，拓展内销市场为主，等等。

（二） 政府展存在的问题

一是专业化、市场化程度水平低。一方面，由于政府展本身的特征，决定其服务对象和功能价值更多体现为公共需求，如成果展示，提升城市形象，扩大影响力等，与企业对市场需求存在较大偏差，往往是听从行政命令参展参会。在展会定位、展商组织和推广策略选择方面，较难满足行业和企业的实际需求。另一方面，政府展投入以财政资金为主，评价标准以社会效益为主，管理机制设计中缺乏成本绩效考虑的约束，对展会专业化运作的评价体系、资金投入分配重心缺乏合理性和科学性，针对专业买家和精准市场的投入不足，经费主要投向公共宣传、行政接待、政务活动、文化演艺等。同时，在组织方式上，以政府部门直接操盘模式居多，明显存在政府服务职能错位的现象，不少地方政府将主办展会列入年度工作计划，却只在开展前二三个月启动展会工作，发动多个部门参与，分配任务，导致政府工作重心偏位，影响党政机关的正常运行。二是政府投入资金利用率低，对财政资金的依赖性过强。无论是政府部门直接操盘的展会还是以委托代理的形式进行服务外包的展会，受成本约束和盈利冲动因素影响，往往更加重视短期效益。实际承接机构缺少应有的活力和创新机制，缺乏走向市场化和专业化的动能支撑。现实当中不少政府展一旦失去或减少财政资金的支持，往往疲于奔命或直接“夭折”。三是对政府展认识定位不够清晰，将政府展市场化等同于“商业化”。政府展的市场化，现阶段仍然只是一种目标指向，不能把市场化理解为商业化展会。尚不能有效遵循经济发展规律、以市场规律尺度进行衡量，进而达到市场化的目的。商业化是一种手段，而市场化可理解为目标指向和行为方式。四是对政府展的考核评价缺失。由于我国政府和展览业的绩效评估尚处于起步探索阶段，政府展的绩效评估既是政府绩效评估的重要组成部分，也是展览业绩效评估的先行部分，使得跨越了两个领域的政府展的评价面临双重困惑和较多盲区，在实际操作中各环节和内容标准都存在程度不同的偏误，如评价维度、指标、监控、技术、资质、方法、程序、结果等。五是委托代理制不具有可持续性，并非所有的政府展都适用于引入。目前风行于各级各类展会市场化转轨的主要运作手段大多采取服务外包形式，形成相应的委托代理机制。以总包为例，由于目前一般受托经营（招投标）的时限为 1—5 年，受托企业往往担心托管期后能否会继续获得受托资格，因此，获取的展商和观众数据资料会成为其核心机密，而行政命令所约束的参展企业一时也较难成为展会的忠实客户，长此以往，委托双方就会形成一种尴尬的局面：企业担心政府收回授权，不肯对展会用心投入，致使展会难以做大做强；政府看不到展会发展前景，犹豫徘徊，担心夭折，陷入两难处境。最终导致频繁更换供应商（受托方），展会的可持续发展受到严重影响。

（三） 政府展的政策环境变迁

自 2011 年以来，党中央、国务院在重视和肯定“一些地方和单位举办了多种形式的庆典、研讨会、论坛活动，为促进经济社会发展发挥了积极作用”的同时，明确指出政府展“也存在活动立项随意、活动数量过多、资金耗费巨大、监督管理不力、滋生不正之风等问题，增加了基层、企业和群众负担，损害了党和政府形象。为大力弘扬艰苦奋斗、厉行节约的优良作风，切实解决庆典、研讨会、论坛活动过多过滥问题”（2011 年 4 月 5 日，中共中央办公厅、国务院办公厅印发《关于开展清理和规范庆典、研讨会、论坛活动工作的实施意见》，以下简称《意见》），对全国各级政府展开展了清理和规范工作。

《意见》明确要求，“按照‘全面清理、分级负责、严格审核、统一规范’的原则，坚持清理与规范并举、治标与治本结合，以党政机关为重点，进一步健全控制和规范庆典、研讨会、论坛活动的长效机制，努力实现活动数量大幅减少、举办行为逐步规范、基层负担明显减轻的目标。”从范围和内容、方法和步骤方面进行了系统的界定和规范。

2012 年底，中央公布“八项规定”，到 2013 年 9 月 13 日下发了《中央和国家机关会议费用管理办法》，对各类会议的数量、会期、规模、接待标准、费用等做了详细规定和严格控制。从国家机关到各级政府和相关部门，均严格清查，按照中央精神，主动进行了清理整顿。据统计，经过近一年多的清理整顿，全国各类政府展由 600 多个减少到 200 个左右。同时，截至 2011 年 12 月，在各地区各部门共同努力下，全国共清理和规范庆典研讨会论坛项目 6763 个，其中保留项目 4214 个，撤销项目 2549 个，总撤销率为 37.7%，节约经费开支 12.2 亿元，清理和规范工作实现了预期目标。

二、“十三五”期间典型政府展运作模式和特点分析

为系统梳理和分析“十三五”期间我国政府展的模式变迁特点，本文选取了具有代表性的国内不同层级和行业属性的典型政府展作为比照样本，包括具有划时代意义的中国国际进口博览会（简称“进博会”）、国际区域合作重点展会——中国东盟博览会（简称“东博会”）、中国亚欧国际商品博览会（简称“亚欧博览会”）、国内区域合作典型展会——中国西部国

际博览会（以下简称“西博会”）、福建21世纪海上丝绸之路博览会、专题综合性品牌展会——中国（深圳）高新技术成果交易会、行业典型综合题材展会——中国加工贸易博览会（简称“加博会”）等，主要从管理体制、运作机制、推广模式等关联展会运作模式重心的多个维度加以梳理，研究分析其共性特征和不同特点。

（一）国内典型政府展管理机制梳理分析

主要针对主承办机构性质、层级、权责界定、资金投入来源等与展会主体性质相关联的要素内容进行调查梳理。

从分析选取的典型性政府展来看，目前一般表现为部省（市）共办，即国家部委（或多部委）与地方省（市）人民政府共同主办，具体执行运作为：或成立秘书处或与展会落户地方政府共同承办，或成立相应的展览事务协调机构（如展览事务局）与地方政府或企业实体共同承办的组织管理方式。

1. 中国进博会。管理机制围绕“政府主办、企事业单位承办”为核心，由商务部和上海市人民政府共同举办，中国国际进口博览局（商务部部属事业单位）和国家会展中心（上海）（商务部和上海市合作项目）承办。

2. 东博会。管理机制体现为：多国政府主承办，当地国经贸主管部门进行组团式组织参展参会，中国商务部和东盟10国政府经贸主管部门及东盟秘书处共同主办、中国广西壮族自治区人民政府承办。

3. 西博会。国家发展和改革委员会、商务部、工业和信息化部、科学技术部、农业部、国家工商行政管理总局、国家质量监督检验检疫总局、中国国际贸易促进委员会、中国人民对外友好协会、中华全国工商业联合会、中华全国供销合作总社和重庆市、四川省、贵州省、云南省、西藏自治区、陕西省、甘肃省、青海省、宁夏回族自治区、新疆维吾尔自治区、内蒙古自治区、广西壮族自治区人民政府及新疆生产建设兵团共同主办，国务院国有资产监督管理委员会协办，外交部支持，四川省人民政府承办的国家级综合博览会。

4. 中国国际高新技术成果交易会。政府主办、国有企业承办进行市场化运作的管理机制。中国商务部、科技部、工信部、国家发展改革委、农业农村部、国家知识产权局、中国科学院、中国工程院等部委和深圳市人民政府共同举办，深圳市中国国际高新技术成果交易中心（深圳会展中心管理有限责任公司）主要承办，中国机电产品进出口商会、科技部机关服务中心、工业和信息化部国际经济技术合作中心、全国农业科技成果转移服务中心、国家知识产权运营公共服务平台、中科院广州分院、国家信息中心、国际数据（亚洲）集团联合承办，易会有限公司（以下简称“文博会公司”）具体承办。

5. 加博会。政府主承办、服务外包市场化运作的管理机制。由国家商务部、知识产权局、广东省人民政府主办，广东省商务厅、东莞市人民政府承办，支持单位包括中国外商投资企业协会、中国商业联合会、中国百货商业协会、中国连锁经营协会、中国玩具和婴童用品协会、香港商务及经济发展局、香港贸易发展局、澳门贸易投资促进局等。

6. 中国（福建）海丝博览会。政府主承办的管理机制。由福建省人民政府、国务院台湾事务办公室、中国国际贸易促进委员会主办，福州市人民政府、福建省人民政府台湾事务办公室、中国国际贸易促进委员会福建省委员会、福建省商务厅承办。

（二）典型政府展的若干运作模式分析

1. 成立相应展览事务局，依托大型国有控股会展展览公司共同承办。以进博会、东博会、西博会为例。

（1）进博会办展机制：一是将组委会办公室设在商务部，由商务部、上海市人民政府、外交部等组成，负责研究提出中国国际进口博览会总体方案及实施方案，落实组委会相关决定，协调筹展办展过程中的具体事务，定期向组委会报告工作进展情况，承办组委会交办的其他事项。二是成立中国国际进口博览局，与国家会展中心（上海）有限责任公司作为具体承办单位，负责拟定办展方案，承担进博会的招展、招商、布展、现场组织、管理服务等具体工作。

（2）东博会办展机制：一是成立广西国际博览事务局。该局负责东博会的总体策划、顶层设计和重大活动的组织实施，服务国家周边外交战略和中国—东盟合作，促进以广西为重点的国家重大战略、重大政策、重大项目落地；负责东博会框架下高层论坛的统筹协调，协调组织中国—东盟商务与投资峰会；负责统筹、组织和管理东博会境内外招商招展、展区规划、现场服务等工作；负责建设会展信息化服务平台，开展以中国—东盟为重点的投资贸易促进工作；负责中国—东盟博览会专有品牌资源的管理；负责统筹中国—东盟博览会整体形象设计和宣传推介工作;负责联络中国—东盟博览会各主办方、支持单位，协调落实相关工作，协助重要贵宾的邀请和接待工作；负责中国—东盟博览会的经费预算及相关业务的收支核算；主办或承办其他各种博览会、展览会、高层论坛和国际性会议；负责履行广西博览集团出资人职责，对国有资产进行监督管理。负责对博览集团承接的中国—东盟博览会工作任务进行指导和监督。二是成立广西国际博览集团有限公司。该集团是经自治区人民政府批准设立，实行自主经营、自负盈亏、自我发展、自我约束并进行独立核算，以“推动东博会升级发展，夯实提升中国—东盟开放平台”“带动广西会展业和现代服务业发展”“实现国有资产保值增值”为主要目标的自治区人民政府直属企业。主要职责包括：承担广西博览局委托的东博会展览、会议、服务、赞助开发等市场业务；开展以中国—东盟合作为重点的战略研究，组织和推动全区会展业发展，促进各地会展业的培训、交流与合作；围绕东盟题材，举办各类展会、高层论坛、国际性会议以及大型活动等，建立会展信息平台，提升展贸数据应用水平，引领行业发展；探索会展商圈运营模式，开发会展商业，包括会展公益场馆、商业配套、酒店、写字楼等物业“一体化”商业策划和管理；负责东博会品牌运营推广，广告资源开发营销；策划和实施会展类投资项目，开展展馆运营承接、展馆并购重组、会展经贸平台等项目；提供展贸服务整体解决方案，包括投资促进、经贸推介、展览工程、酒店管理、仓储物流、旅游服务、餐饮服务、通关结算、证件办理等“会展+”配套服务；负责领办行业协会，发挥行业龙头作用，带动和引领行业发展；负责展会人力资源开发，培育会展人才队伍；承担自治区人民政府和广西博览局交办的其他事项。

（3）西博会办展机制：成立四川博览事务局，负责西博会各主办方、协办方、支持方和顾问单位的联络、服务和协调工作以及西博会参会政要、重要嘉宾的邀请工作；承担省直部门、各主办单位客商邀请的联络协调统计工作；负责西博会形象设计、宣传推广和品牌建设及维权工作，建设、管理和维护西博会网站；负责西博会招展组展、展区规划、展场租赁、展位经营、现场管理与服务以及广告经营等工作；负责西博会的经费预（决）算及日常收支核算等财务管理工作；受省委、省政府和西博会组委会委托，负责省直有关部门和相关市（州）西博会期间承办或承担的中国（四川）采购商大会、中国西部投资说明会、川商大会等专题活动和项目的统筹安排、协调服务和督促落实工作；负责以省委、省政府名义主办或参加的泛珠三角论坛、川渝合作等其他各种专业性博览会、展览会、高层论坛、重大商务会议等会展活动的统筹、组织和协调工作;按照专业化、市场化发展方向，举办其他专业会展活动；负责收集和分析展会和客商资源信息，组织西博会发展和四川会展产业发展战略研究，培育会展人才队伍。

博览局为二类事业单位，由参公和专业技术人员组成，商务部、四川省政府、外交部、发改委、贸促会等部省委派人员担任正副局长。博览局经费形式采取政府定额（定项）补助与市场筹集相结合的方式：编制（人员控制数）内的人员经费实行"核定收支、定额补助"的预算管理办法；省政府委托博览局承担的大型会展项目所需经费，可采取政府购买服务方式解决；博览局可利用会展优势，开展多种形式的市场化服务并经物价部门批准收取服务费，用于编制（人员控制数）外招聘人员所需经费及弥补工作经费的不足。四川博览事务局可根据大型会展需要和市场运作的要求成立公司。

2019年完成政企分离，博览局部分政务职能划至省经济合作局，同时成立四川省博览集团、四川省国际会展有限公司（此前代持博览局49%股权，后为新成立的省博览集团子公司），主要负责西博会市场化运作事务。

此外，中国国际亚欧商品博览会（乌鲁木齐）、中国东北亚博览会（吉林）、中国中小企业博览会（广州）、中国云南博览会（昆明）均采取成立博览事务局的方式负责具体组织运作。而亚欧博览局五年前与民营展览公司（振威展览集团有限公司、北京点意空间展览公司合资）成立亚欧博览集团。

2．成立国有专业展览公司，具体承接政府展的组织运作和展务工作。以深圳高交会、亚欧博览会为例。

（1）高交会：由中国商务部、科技部、工信部、国家发展改革委、农业农村部、国家知识产权局、中国科学院、中国工程院等部委和深圳市人民政府共同举办，每年在深圳举行，是目前中国规模最大、最具影响力的科技类展会。高交会集成果交易、产品展示、高层论坛、项目招商、合作交流于一体，重点展示节能环保、新一代信息技术、生物、高端装备制造、新能源、新材料、新能源汽车等领域的先进技术和产品。经过多年发展，高交会已成为中国高新技术领域对外开放的重要窗口，在推动高新技术成果商品化、产业化、国际化以及促进国家、地区间的经济技术交流与合作中发挥着越来越重要的作用。

深圳会展中心管理有限责任公司是高交会承办机构，该公司于2004年12月由原深圳会议展览中心、深圳市中国国际高新技术成果交易中心及深圳中国国际高新技术成果交易会展览中心整合组建而成，2006年在深圳事业单位改革中划转为企业，归深圳市投资控股有限公司（国有独资）管理，2008年1月更名为深圳会展中心管理有限责任公司，主要负责：组织承办包括中国国际高新技术成果交易会在内的各类商业性和非商业性重要会展和品牌会展；负责深圳会展中心展馆经营管理；展览和会议的组织与经营；为展览和会议提供工程设计及施工、广告、餐饮、商务等配套服务。

（2）亚欧博览会：新疆亚欧国际博览有限公司（以下简称“亚欧国际”）是新疆维吾尔自治区人民政府于2015年1月17日批准成立，由新疆国际博览事务、天津振威展览有限公司、北京点意空间展览展示有限公司共同出资组建的混合所有制会展公司，持股比例分别为4:3:3。亚欧国际作为中国首家集资源、组织和策划管理于一体的会展业混合所有制公司，主要服务于中国—亚欧博览会及亚欧商品贸易博览会，同时组织运营大型展览、会议、节庆、搭建及广告运营等业务。

3．省级有关部门和展会承接地方政府职能部门直接管理，通过服务外包模式招标专业展览公司运营。以中国加博会为例。国家商务部、知识产权局和广东省政府主办的中国加工贸易博览会由东莞市人民政府作为具体承办机构，根据总体方案安排，成立加博会东莞筹办工作领导小组，接受加博会组委会的领导，负责贯彻执行加博会组委会的重大决策和工作部署。由市政府主要领导和分管市领导分别任领导小组组长和副组长，成员单位包括市委办公室、市府办公室、市委宣传部、市接待办、市商务局、市工信局、市科技局、市公安局、市财政局、市卫生健康局、市市场监督管理局、市文化广电旅游体育局、市轨道交通局、市外事局、市城市管理综合执法局、厚街镇政府、广东现代会展管理有限公司等。小组下设办公室和大型活动组、接待组、招商招展组、宣传组、安全保障组、卫生防疫组六个工作小组。

加博会具体运营工作主要由加博会组委会秘书处负责，设在东莞市商务局，下设综合宣传、招商招展及展务、大型活动等专项小组，落实具体筹备工作，由东莞市商务局局长担任办公室主任、分管领导担任秘书处办公室副主任，无独立实体运营。从其前身“广东外商投资企业产品博览会”，到升格为商务部、国家知识产权总局和广东省人民政府主办的展会以来，一直采取服务外包的方式，通过公开招投标，以一届或三届为基数，委托专业展览公司——广东现代会展管理有限公司具体承接。

（三）展商与观众组织方式分析

1．行政发动。纵观由国家部委和地方政府主导的展会，通行的路径依赖为：一是有关部委和地方政府发文，承接地政府组织筹备协调会，进行任务分解，区域划分（国际、国内、省内、省外、行业），组织落实；二是区域性展会升格为国家级的项目，则通过国家有关部委通知兄弟省份组团，省内则由省府统一分配各地市（州）完成相应招展招商任务；三是国际招商招展，大多指派国家和地方政府外事部门、贸促会等协调驻华使领馆、驻华机构、港澳贸易促进部门、涉外对口结对省市负责组织发动。

2．行业发动。相应于综合类商品展，大多由商务部和贸促会发文指派部属国字头商协会负责组团参展和采购。如中国商业联合会、中国连锁经营协会、中国机电进出口商会、中国超市联合采购交易联合会、中国国际商会、海外华人商协会、工商联合会等。

3．市场发动。采取商业手段，邀请各大国际连锁商超（如麦德龙、沃尔玛、家乐福、乐购、吉之岛等）、国内大型商超（如华润、华联、鄂武商、美廉美、易初莲花、大润发、正佳等）和专业市场（如义乌、白沟、汉正街、江南果蔬市场等）、国内知名电商平台（如阿里、苏宁、国美等）。

4．本文所选取几大典型案例的具体组织方式如下：（1）进博会招展招商以组团为主：展商主要采取市场化运作，由承办单位设专门招展处负责招展工作，境外团组由境外商会机构代理组团，同时也采取境内企业代理招展模式，签约合作伙伴在境内外招展并获取一定代理费用。观众组织基本以各地商务系统组团为主，采取各交易分团组织采购团到场，同时地方各级政府配套相应的采购专项资金。（2）东博会则按计划分配展馆或展位，免费邀请东盟国家参展，设立相应的国家馆，同时由熟悉东博会的中资企业在所属国家进行招展，收取展位费，组团参展。（3）文博会由文博公司负责主体馆的招展任务，配套各专业展则由各省市自行组团参展观展。（4）西博会由博览集团负责统筹西部 12 个省区和新疆建设兵团的组团落地安排（各省区自主完成招展招商任务，组织当地龙头骨干企业参展），四川省各市（州）同样负责本区的招商招展和展商观众的接待工作。

（四）组展或招商补贴方式梳理

1．组团方式。主要是跟各级各类、境内境外商协会合作，一般需要根据对方资源能力大小支付不同标准的组织费，其中国字头商协会的收费价格 10 万—150 万不等；同时还负担组团机构负责人（会长）及随行 1—2 人的交通费、住宿费及餐饮费；另外还需根据有效组团人数再提取相应的“人头费”。

2．制定相应的补贴标准，统一补贴。以中国加博会为例，通过与国字号协会如中国超市联合采购联盟、中国百货商业协会、中国商业联合会，省外协会如湖南省连锁协会、河南省商业行业协会、义乌市饰品配件行业协会、金华市连锁经营协会，广东省内协会如广东省商业联合会、广东省连锁商业协会、广东省商品交易市场行业协会等合作，组团参会采购。组委会按省外 1000—2000 元 / 人，省内按 200 元 / 人向组团单位提供组织经费。同时为省外采购商提供两晚酒店住宿、机场至展馆、展馆至接待酒店的穿梭车服务。为省内采购商提供大巴专车接送。

（五）资金来源及分配情况

政府展的运作资金大多来自于财政，随着展会市场化水平的提升，投入数额相应减少。以文博会、西博会、加博会为例。

深圳文博会早期财政投入资金为 5000 万元，目前维持在 2000 万元 / 届。各部委组织的国家级活动包括如商务部、文化部组织的主题会，省市、部委参会领导接待（如 30 个省市参会常委宣传部长级随行工作人员，由接待办负责，列支总费用中），公共宣传，公安等展会保障，涉及当年增加的专题活动，如改革开放四十周年主题活动，则从定向补贴中列支。

西博会专项财政资金早期为 6000 万元，目前减少到 2000 万元，主要用于对接组团商协会，如中国中小企业协会，需支付 100 万品牌使用费；由部委邀请的客商纳入专门处室接待，包括住宿、餐饮和交通等；中青旅组织的观众，则需要支付组织费，还包括一定数量的商务餐和纪念品；对所邀请的主宾国，则需要承担其首长和随行工作人员机票、住宿等，约 100 万—200 万元；对个别非洲贫困国家，则以农机捐赠的方式，大约 100 万。由于四川博览事务局为二类事业单位，80% 可市场化收费，20% 承担政府任务，以品牌使用费的名义收取组展企业的利润，无需上缴财政。

加博会运作资金额度每届在 3000 万左右，具体额度根据当届的展会规模、配套活动等进行编制费用预算，其中每届省级安排 2000 万元支持展会筹办，不足部分由东莞市财政解决。加博会所需资金，从广东省商务厅经管的促进经济高质量发展专项资金外经贸发展用途中国加工贸易产品博览会筹办项目中统筹解决。

（六）政府展绩效考核机制

由于政府展大多使用财政资金，因而遵照国家有关规定需接受财政绩效考核和审计。具体措施和流程如下：

1. 前期工作情况。主要包括立项的合理性、立项文件；展会的资金管理方案；展会的总体方案、各分项方案，绩效目标设定，包括展会盈利性、社会目标；展位机构人员配置、分工、保障措施。

2. 项目组织情况。主要包括专项财政资金财务核算合规性以及资金管理合规性，展会组织、商务接待情况，中标单位接受政府、社会监督情况以及自检情况。

3. 项目绩效情况。主要包括展会的经济性（资金到位率、资金节约性），效率性（项目验收、组织层次、项目配套措施、服务水平、宣传报道等），效果性（展会盈利情况、签约项目增长率、实际成交额增长率、参展人数增长率、参展商增长率、单位展位成交额增长率、单位展位接待客商人数增长率、大型参展商增长率、大型采购商增长率、转型、创新产品参展率等），展会的社会反响（展会参与人的满意度和忠诚度）。

（七）政府展的宣传推广模式梳理

作为展会运作的重要板块内容和组展招商的技术手段，各类政府展针对不同区域、行业、国际国内采取各种不同的方式，特别是政府展的公共导向和品牌影响力需求，决定其宣传手段和模式的多样性。本次调研将对所调研对象反馈的信息进行推广方式、合作模式、平台选择、总体推广规划和策略方面的调查分析。具体来看，进博会和东博会主要集中使用国际国内路演推介的方式进行组团；西博会采取公共宣传（如央视广告和行政发动）和东盟国家路演的方式推广；加博会更多采取公共宣传与行业专题推广、国内外重点国家地区路演的方式。目前各类政府展均建立了自身的官方网站，叠加新媒体进行综合推广。东博会建立了小程序，模式新颖，融入当下前卫平台要素，致力于打造中国会展业的“美团”。

三、我国政府展创新发展的模式选择与思考

（一）政府展的创新发展需求

政府展是我国会展业的重要组成部分，是发挥国家和区域政策导向，提升产业经济价值，建立城市会展经济的主要途径。推动政府展高质量发展是做大做强会展业的重要标杆之一。一是在建立开放性经济和对外开放体系中有效发挥政府展的引领作用。政府展具有非竞争性和排他性特点，属于公共性产品，决定其不具市场化的盈利性属性，因而对政府展运作机制、管理体制的突破创新是未来发展的重要课题。二是新技术、新模式的迭代，倒逼政府展与其融合发展，提升政府展的管理服务模式创新。三是面临国际经济和贸易的不确定性，通过政府展的政策和产业导向作用，发挥其在国际竞争中的平台作用。四是配合国家“一带一路”倡议和“双循环”经济发展格局，充分发挥展会在经济结构调整中的助推作用。五是服务于产业升级使命，引领行业进行技术更新、产品对接，发挥信息共享领域的风向标作用。

本文研究的目的是依据对典型政府展规律特点的梳理，依据各要素间的比较分析，对未来政府展的体制、机制和运作模式创新，按照“国际化、品牌化、专业化、市场化”原则提出选择建议，为决策做参考。

（二）强化政府引导机制，提升市场化和专业化运作水平

借鉴目前国内典型政府展探索的做法，包括委托方式、组团模式、评价机制、定价策略、资源投放与权责界定等，为展会的市场化转型提供有益的探讨。可借鉴的模式大致有以下几种：

1. 现阶段，仍然需要采取委托代理制的方式，即围绕政府主导为核心，通过招投标的方式，引入市场化运作要素。政府展市场化转轨的前提是办展的专业化，专业化的内涵包括主题的专业化、内容的专业化和运作技术的专业化。主题专业化体现于展会的顶层设计和管理机制。现有实际状况下，展会主题和内容所需服务的领域和产业导向等公共方面的需求，需要展会组委会和承接载体（秘书处或职能部门）围绕办展的总体目标要求，确定展会的定位和发展方向，通过切合国家和区域经济社会文化等方面的需求趋势把握，做好展会主题和展区、展品等规划内容的设定和整合；运作技术的专业化则是借鉴专业化手段，引入相应展会分主题的办展机构（行业协会和展览公司等），利用其行业资源和专业化办展技术，做好分类专题展的运作。同时需要强调的工作重心在于，如何做好对专题展运作机构的统筹协调和管理工作，使其符合展会总体目标的要求，不仅仅是内容方面，需更加侧重于约束激励机制的设计。

解决这一问题需有效解决三个节点问题：一是行政资源的有效释放能否为专业办展机构所认可和纳入；二是探索变行政补贴为动态奖励资助；三是对分展品牌的产权权限如何界定、释放及有效转化。上述三个主要节点问题需要进行进一步研究分析并制定相应措施。

2. 突破现有体制机制约束，选择寻求有积极意愿的专业公司合作，作为展会的全面战略合作机构。选择的对象有三类：一类是会展国有企业，包括央企和国企；二类是会展民企；三类是外资或合资企业，承担展会具体执行运作机构的职能。三类企业各有利弊。

（1）会展国企由于其本身占有较有利的资源优势，对单一项目承接意愿不高，使得它们犹豫不决，而一旦选择央企合作，本地政府则会削弱对展会目标的话语权。（2）就民营办展机构来说，可选择具有综合性、多元化展会题材运营的公司，但民营公司的最大局限在于更加注重短期利益，对政府展的品牌所带来的自身行业影响力的提升不重视，在初始阶段较为积极，一旦二三届展会之后找不到盈利模式，则会选择退出，政府需要重新选择供应商，展会发展不具可持续性。而对于单一项目题材的办展机构，资源条件和行业认识受到局限，一时难以承接综合性政府展的运作。（3）就外资或合资企业来说，其内部具有严格的利润指标考核体系，如有的外资公司，要求做经营项目必须达到营收 100 万，毛利率 20% 以上，甚至要求成本利润达到 30%。这些公司的最大优势在于具有国际资源，办展专业化水平较好，但劣势同样在于局限于某些产业领域，如机械、食品、旅游、电子等，超出这些熟悉领域，则难以发挥其特长。

3．从长远来看，选择成立国有或混合所有制的办展实体是目前部分典型政府展采取的理想模式，但资源权限背景各有不同。如前所述，目前公司化运作大致有两种模式，一种是成立博览集团，如东博会和西博会，作为具体的执行机构，全方位引入市场化手段。另一种是成立专业展览公司，如文博会和亚欧博览会，具体负责单个项目的运营及其附加业务。但两类实体的业务范围和资源条件较为综合，在单个项目的基础上，衍生了较为多元化的业务领域，如展馆经营、品牌输出、商业地产、代理招商等，将展览公司打造成为一个多元化集团公司，成立伊始，政府即赋予其多种职能和权限，享受不局限于单个展会的政策条件。无论怎样，在全国政府展大都走向“近亲繁殖”、无法破局的状态下，不失为一种对传统体制和运作模式的突破。

（三）建立展会核心数据库

政府展的最大优势在于通过行政权力较能快速集中发动行业龙头、骨干或特色企业、产品参展观展，但缺乏专业化的数据管理和系统服务。这是由政府的职能价值所定，一方面政府的职能是管理和服务社会经济文化，这些展会资源对象本身就不具有服务普适性的价值功能，而应是办展机构的核心资源，通俗来说，政府为全社会服务，相较于某个产业领域，可以通过间接的政策设计发挥其管理服务功能。因而通过服务购买的方式将其释放给专业办展机构，可以有效发挥政府宏观管理、协调促进的作用。

与此同时，政府展的培育需要一个过程，在服务于国家或区域重大战略中打造的展会，会客观形成相对稳定和精准的客商（展商和买家），即使组团参展观展，也会形成相当规模的客商资源，如果能在培育的过程中加以整合分类，形成专业数据库，打包委托给专业承接机构，则实现了数据价值化的功能，无论展会谁来承接，则具备一定的“谈判筹码”。产业数字化，数字产业化和数据价值化或可引入政府展的资源整合过程中。

就展商和观众组织发动来说，无论行政发动、行业组团还是企业代理，均在政府展的培育过程中形成丰富的客商数据资源，不仅仅是数量，还包括企业产品需求、技术需求和采购需求等。政府展的主办方还需要做的就是在培育过程中对客商的维护和跟踪服务，待成熟之后交由市场接盘。加博会曾在初期提出成立三大联盟的思路，即展商联盟、买家联盟和媒体联盟，通过整合行业头部企业和组展机构（商协会），借助相应的活动，如“外博杯”全国高尔夫分区和总决赛、零供对话等，增强了客商对展会的粘度。

（四）精准优化路演和组团推广

宣传推广是联动招商和招展的重要手段，经过十多年的探索，特别是进博会的成功做法，为各类政府展明确了展会推广手段的要义。招商招展的过程即是宣传推广的具体实施，其实现路径当下基本锁定在路演和组团的方式选择上。无论跨国、跨省市还是本区域内，进行政策宣讲、投资环境推介、技术和行业交流，均可通过路演方式加以实现并取得实效。海丝博览会自创立伊始，即注重对沿线国家的宣传发动，进行产品技术和贸易的对接，将路演纳入推广一带一路经贸活动的重要内容，不仅仅是展会的推介，更多发挥了国家战略指向功能。

与此同时，建议加大买家的组织和发动，目前来看，这块工作尚未得到充分重视和实施，这同样是政府展的“通病”。充分利用既有的数字化平台，包括官网、微信、微博、观众服务系统进行整合，与当下新媒体，如抖音、快手、直播等进行有效融合，形成快速便捷、时效性强、普及面广、影响力大的新型展会数字化平台。

（五）建立展会评价标准体系，规范展会绩效评估

在“专业化、市场化、品牌化”原则框架下，参照全球会展业协会（UFI）、国家商务部和农业部有关品牌展会的评价标准，如展商数量及质量、采购商数量及质量、国际展商及观众数量、国别数、规模以上参展企业数量、保障服务质量等，建立政府展绩效评价体系，用以统筹指导和规范展会运作，便于对参与各方主体进行约束和提升。

四、结束语

从国家商务部发布的《“十四五”商务发展规划》内容可看出，“十四五”期间，我国政府展将全面确立三级展会框架的新发展格局。其中，一级为国家国际性。以上海中国进博会、广州广交会、北京服贸会、海南消博会、厦门投洽会为代表；二级为双边区域性。以南宁东盟博览会、长春东北亚博览会、昆明南博会、新疆亚欧博览会、兰州中阿博览会、长沙中非博

览会等为代表；三级为地方特色性。以西部博览会（四川等 13 省 + 建设兵团）、中部博览会（湖北，湖南，江西，安徽，山西等六省）、重庆渝洽会以及促进产业经济发展，引导产业发展模式转型升级的展会，如中国加博会等为代表。（作者系中国会展经济研究会产业会展促进中心主任、广州市华商会展研究院院长）

民营会展企业在发展品牌展会中的探索和思考

文 / 张学山

会展经济是城市的望远镜、显微镜和放大镜，能有效地将城市视野提升到全球高度，与放眼全球谋发展的开放发展思路不谋而合；能将产业发展潜力展现到世人眼前，引来更多合作发展机遇；能迅速吸引上下游配套产业，连成产业链条，形成产业集群。

一、党政高层充分重视展会作用

随着经济转型的国家战略，国家对于中国的会展业重视空前。2015 年 4 月，国务院公布了国发〔2015〕《关于进一步促进展览业改革发展的若干意见》15 号文提出，会展业已经成为构建现代市场体系和开放型经济体系的重要平台。这是国务院首次全面系统地提出展览业发展的战略目标和主要任务，吹响了中国会展业向会展强国迈进的号角。

特别是习近平总书记等国家领导人高度重视会展经济，频繁参加或倡议举办国际会展活动。据中国政府网发布信息统计，对于国内外召开的重要会议、论坛、会展活动等，2019 年习总书记共发出了 36 封贺信，最多的一天连发 3 封，足见重视程度之高。2020 年虽因新冠疫情影响，全国举办的会展数量减少，但习近平总书记仍多次通过网络发表致辞，如 2020 年中国国际服务贸易交易会（服贸会）等。

国家已将发展会展业作为促进经济发展的重要平台，上升到了国家战略高度。国家非常注重会展业的平台效应，要求展览业更好地服务于国民经济和社会发展的全局。希望通过会展活动搭建一个国家开放的平台、招商引资的平台、产业对接的平台，促进经贸交流和相互融合，通过会展平台发出更响亮的大国声音。

二、市场化办展，民营会展企业已成关键力量

2015 年 4 月，国务院公布了国发〔2015〕《关于进一步促进展览业改革发展的若干意见》15 号文明确：规范和减少政府办展，鼓励各种所有制企业根据市场需求举办展会，市场化、专业化展会数量显著增长。“政府搭台、企业唱戏”的会展运营模式和思路正成为各地政府共识。

民营会展企业，一直是我国会展经济中重要的活跃力量，是未来中国会展业真正走向市场化运作的关键。根据粗略统计，民营会展企业占全国会展企业总数的 90% 以上，而且正在发挥着越来越重要的作用。据中国会展经济研究会权威发布的《2020 年度中国展览数据统计报告》统计，2020 年全国展览规模前 100 项目中，民营企业举办的展览数量最多，总面积最大，展览数量为 30 场，展览总面积为 428.6 万平方米。在 24 家展览企业上市公司中，民营企业 20 家，占上市展览公司总数的 83.3%。

民营经济是市场经济最富活力、最具潜力、最有创造力、推动我国经济发展的重要力量。在“十四五”规划和双循环发展格局下，中国民营会展企业也必将发挥激发市场主体活力作用，在展会题材开发、数字会展等创新层面引领发展，积极服务政府合作办展，提高会展行业从业者水平，整合提升会展产业链、价值链，保持战略定力、融入时代洪流，为中国会展业高质量发展贡献主力军力量。

三、发展品牌展会，民营会展企业的探索和思考

（一）市场调研是前提

基于自身属性及国家发展需求，会展业已成为国家“调结构、促经济、助增长”的新引擎，重要性已上升到国家层面。巨大发展空间下，如何准确把握发展方向，成为民营会展企业的新思考。而只有通过市场调查得来的具体答案才能为企业组织经营、战略规划提供决策依据。否则，就会形成盲目的和脱离实际的决策，而盲目则往往意味着失败和损失。近两年因疫情影响，民营会展企业遭受重大打击，更要做好市场调研工作，发挥市

场调研企业前行指明灯作用。

会展市场调研，可预设调研目标如某城市、某产业等，针对重点城市发展、国家战略、城市政策、优势产业、发展前景、风险规避等方面进行系统的策划、搜集、整理和分析。形成调研方案后，组织专题研讨会议，为民营会展企业组织经营、战略规划提供决策依据。

如振威会展专门成立了市场调研小组，由品牌中心总经理主抓。经市场调研后，经振威高层决议，在振威品牌展会2021中国国际石油石化技术装备展览会（简称CIPPE）中增设子展氢能展、非开挖展。2021年CIPPE开展，观众远超预期，增设的氢能展、非开挖展，较多观众现场反馈希望明年可以参展或参观。预计2022年北京石油展将因增设子展面积的增加，展会面积将由90000平方米增加到100000平方米，由此可凸显发展品牌展会中市场调研的重要性。

（二）提质增效是关键

在信息快速迭代的时代，品牌曝光可以让客户认识你，服务优质才能让客户爱上你。会展服务于主办方、展商、参会者、观众等；从相关产业来看，会展作为平台服务各个产业发展并且辐射周边资源带动相关产业的发展。进一步扩大影响，会展还服务于城市形象的塑造。民营会展企业更需要将服务打磨放在首位，酿“一壶好酒”，提质增效，才能将展会打造成品牌盛会，树立口碑，增强企业竞争力，形成正向良性循环。

从展会本身来说，提质是指增加参展商质量、专业观众质量以及普通展会质量等，从展会运营的角度来说，提升质量还包括增加服务供应商质量，如搭建商、运输、印刷服务和其他展览服务等。这样展会得到发展后，可以帮助展会建立品牌，品牌展会帮助民营企业树立威信和行业口碑，帮助民营企业延续品牌影响力，举办更多展会。

增效主要指增加现场对接洽谈效果，增加展会传播效果，增加口碑传播效果，增加品牌影响力的效果。增效主要通过以下方式实现：做深做精垂直领域，在展览会的基础上打造顶级产业论坛；收集更多更全面商业信息，实现精准对接；组织现场的“商务买家配对”活动，让买卖双方“面对面”洽谈对接，提高合作效率；展后协助买家的跟进工作，让展会的作用延伸，真正发挥合作桥梁作用；更采用优质的服务商保证展会服务效果，邀请更多行业媒体和重要媒体报道展会，不断地为展会品牌增加曝光度延长影响力，提升展商与观众的忠诚度，树立展会品牌的同时，还可以树立企业的品牌，增加市场竞争力。

（三）信息数据为王牌

在现阶段，会展行业不但面临本行业的竞争，如展览公司之间、展会品牌之间的博弈，同时还面临着行业外的挑战，如疫情影响、大国博弈、互联网、环境保护等外部因素的影响。商务部办公厅在2020年相继出台了《关于创新展会服务模式培育展览业发展新动能有关工作的通知》，提出“推进展会服务创新、管理创新、业态模式创新，加快培育行业发展新动能”。

进入数字经济时代，在移动互联网、大数据、云计算等科技不断发展的背景下，为了保持展会品牌的持续竞争力，应进行诸多有效的尝试和创新。展会本身是信息数据流的集中，在展会前期，可利用数据库定向邀请展商及专业观众，可举行精准营销直播活动，增加客户实效；在展会中期，可实现彻底无纸化的接待模式，可举行直播活动引爆新热度，采集分析观众参展行为，为展期整体情况提供科学数据评估与决策依据；在展会后期，提供展后报告，便于复盘和跟踪。

以振威CIPPE为例，2021 CIPPE前期，CIPPE线上精准营销推介会已经连续举办5场，吸引宝石机械、中石油江汉所、中石化第四机械厂、杰瑞集团、宏华集团、中油科昊等知名企业参与，线上观看总人数突破20万。2021CIPPE开展期间，线上线下同步展示15场直播活动引爆新热度，其中中石油直播点击及回放观看量达到52.2万次，杰瑞直播和回放观看量达到8.4万次。共直播3场次，探馆采访企业20家，包括斯伦贝谢、ABB、三一、宏华、海隆石油等一些重点企业。

（四）品牌宣传成矩阵

品牌有助于强化展览会的差异化程度，有助于发展展会与参展商的牢固关系，有助于展会享有高回报的经济和社会效益，有助于提高展会的国际竞争力。发展品牌展会可以增加更多商业合作机会，增加服务的可溢价性，帮助行业梳理资源和企业，建立品牌展会所属行业的数据库和权威性，对会展企业有长久性的发展和促进作用，帮助中国会展行业走向专业化和品牌化。

品牌展会离不开优秀的宣传与推广。俗语有云“酒香不怕巷子深”，但这仅停留于巷子，若要村村知晓、乡乡闻名，还是需要口耳相传、宣传推广。CIPPE之所以能成为世界级石油大展，离不开从央视新闻联播到国内各大媒体、国际媒体、数百家行业媒体的广泛宣传报道。这些宣传报道，同时也是展商进行品牌宣传的重要途径。

关于展会的宣传，应有步骤、有计划、多角度、深层次的策划系列报道，在全国范围内进行密集新闻宣传，通过权威领袖媒体、国内外网络媒体、国内外行业媒体、地方媒体、自媒体、户外媒体，六大媒体集群进行爆炸式集中宣传，大幅增加曝光率与关注度，达到一届展会、长效立体宣传的效果。在展会期间，组织媒体报道团，对地方政府相关领导、负责人进行采访，通过展会，彰显独特区位优势及所取得的成就，提升展会的品牌形象，形成行业认知和品牌效应。

（五）承接服务为引擎

《国务院关于进一步促进展览业改革发展的若干意见》（以

下简称《意见》）明确提出：要将对外经济技术展览会审批权下放并适时调整为备案制，还提出政府办展退出机制。政府将加快简政放权力度，按照属地化原则，履行法定程序后，逐步将能够下放的对外经济技术展览会行政审批权限下放至举办地省级商务主管部门，并适时将审批制调整为备案制。同时，严格规范各级政府办展行为，减少财政出资和行政参与，逐步加大政府向社会购买服务的力度，建立政府办展退出机制。

为响应国家会展业政策，应建立政府办展退出机制，通过卖出、转让、赠予等有关方式，引进相关市场主体进行市场化运作，通过主承办机构的专业运作和长期固定持续的人力、物力、财力等多方面投入，打造品牌大展、国际大展、专业大展，逐步减少政府办展，不仅节约财政出资，更有利于政府型展会品牌化、专业化、国际化转型升级发展。

国家的大环境是还给市场活力，政府机构承担监督和指导作用，这是为民营企业提供的发展机遇，同时对于任何展会项目而言，交给专业的市场主体进行操作将为最终的展会效果提供更好的保障，同时专业的事情交给专业的机构做，这是市场发展的规律，也是未来中国会展行业的发展趋势，民营企业在这方面具有独到的优势，可以跟政府主办或者政府行为形成互补。

值得一提的是，振威会展承接和服务的中国国际智能产业博览会（重庆）、世界智能大会（天津）、中国国际服务贸易交易会（北京）、中国国际消费品博览会（海口）、中关村论坛（北京）、中国海洋经济博览会（深圳）、中国—阿拉伯国家博览会（银川）七个国家级展会更是得到了中央领导的高度重视，习主席专门发来贺信，做出重要指示。

（六）战略合作拓未来

会展行业涉及方方面面，政府机构、展馆、会展企业、供应商等不同单位的作用都不可替代。其中，政府机构代表政府承担组委会和执委会办公室相关职责，统筹展览展示和论坛会议活动筹备；会展企业采取企业化运营模式，负责市场开发、招商招展、线上运营等；展馆提供展会举办场地；供应商提供搭建、运输、印刷服务和其他展览服务等。

单单民营会展企业自己单打独斗肯定是不行的。战略合作将整合双方行业优势、技术优势、地缘优势和品牌优势，极大促进双方在今后合作中实现优势互补、全方位价值共享，共同开拓市场，通过良性互动最终达到共赢发展，打开一个全新的会展业发展格局，为会展业发展添上浓墨重彩的一笔。

以振威为例，2018年7月10日下午，沈阳国际展览中心与北京振威展览有限公司举行战略合作签约仪式。2021年5月6日，振威国际会展集团与眉山市东坡区、青神县人民政府签订协议，在现代会展领域深度建立战略合作关系。2019年5月11日，振威与浐灞生态区管委会签署战略合作协议，达成战略合作关系。2021年5月20日，振威展览股份有限公司与会展品牌企业海名会展集团举办“郑州工博会”振威＆海名战略合作签约发布会。

四、结语

面对会展市场化趋势，民营会展企业必将成为未来的中坚力量。振威会展作为民营会展企业的代表，在发展品牌展会中探索到了一些成功经验，如市场调研、信息数据、品牌宣传、承接服务、战略合作等。同时更认识到，没有国家和政府的支持，民营会展企业举步维艰，期望政府能进一步放开民营企业的参与度和行业范围，进一步增加对民营企业的扶持，进一步探索对民营会展企业的金融服务。

在当下关键时间节点上，中国正在谋划一个立足国内大循环、促进双循环的新发展格局。产业链和供应链是构建双循环的核心，而会展既是产业链、供应链的重要环节，还是链接国内循环和国际循环的重要节点，更是促进国际、国内循环融会贯通的润滑剂。

锐始者必图其终，成功者先计于始。在新的起点上，民营会展企业要从我国进入新发展阶段大局出发，深入落实新发展理念，紧扣推动高质量发展，以一往无前的奋斗姿态、风雨无阻的精神状态，向第二个百年奋斗目标奋勇前进！（作者系振威国际会展集团董事长）

主办消费类展会面临的市场环境和机遇分析

文 / 左霖

谈到消费类展会，首先要明确什么是消费类展会。消费类展会这一说法由来已久，但笔者在查阅各类工具书后发现目前行业内外对消费类展会均没有一个完整定义。那么消费类展会到底指什么呢？到底什么样子的展会才属于消费类展会呢？笔者通过对业内资料分析发现，通常行业人士约定俗成的线下消费类展会包含以下几种分类：

（1）消费品类 B2C 展销会。主要以经销商参展直接面对消费观众，现场销售展品的展览会。如四川年货节、成都家博会、成都婚博会、成都汽车消费节等，基本没有新技术新产品发布、以经销商参展消费大众现场购买展品的展会，属于 B2C 消费品展销会。

（2）消费品类 B2B 展览会。生产厂家直接参展面对渠道经销商或商务采购商等展示新技术、新产品、洽谈订货的专业展览会，如全国糖酒商品交易会、中国国际服装服饰博览会等。

（3）消费品类 B2B2C 类展览会。厂家参展直接面对专业媒体、渠道经销商、消费观众等发布新技术新产品，观众看样洽谈订货、企业品牌推广营销为重要参展目标的展会。如北京、上海、广州、成都等地的 A 级国际车展，虽然其中的汽车零部件展示区属于彻底的 B2B 专业展区，但整车展区展出时间除前两天是各大汽车厂商面向全球汽车媒体和渠道经销商发布新产品、新技术的媒体日外，后面 8 天既是汽车行业专业观众观摩学习洽谈时间，也是众多普通消费观众见识和订购新产品的时间，这就是一种典型的 B2B2C 类展会；另有如成都家具工业展、成都美容美发博览会、四川茶叶博览会等都属于此类展会。

基于此，笔者认为线下展览会中凡是其展出展品属于终端产品，既可面向专业观众推广、又可直接面向消费者销售的展会均可称为消费类展会；此类展会中既有 B2B 类展会，也有 B2C 类展会，更有 B2B2C 类展会；因此我们所谈论的消费类展会涵盖了以上三种类型。下面笔者将从市场需求特性变化、产品推广销售方式变化两方面论述市场环境变化对主办消费类展会的影响及带来的机遇。

一、市场需求特性发生变化

随着社会生产力和生产水平提升，互联网、物联网、人工智能等新技术高速发展，普通大众的消费需求、消费地点和消费方式等愈发多样化；同时近一年多的疫情也对社会诸多方面造成深度影响，消费市场需求特性由此发生巨大转变。

（一）消费者消费兴趣与消费类别出现分类变化

物质生活的全面提升，使得消费者消费心态从刚需性消费为主转变为以情感性消费、兴趣性消费、精神享受消费为主。一份消费品所能提供的情绪价值成为消费者判断是否购买的主要因素之一。因此线下各类大额、大宗、高端、兴趣爱好、精神享受等方面的消费活动成为大家离家出行和线下参与的重要消费方向，消费者乐意为此外出、体验、买单，如购买盲盒、因为品牌故事购买商品等。

而技术变革则使得消费者消费习惯出现转变。电商平台发展后，部分日用小额小宗消费品的消费方式转为线上消费；发展至今甚至开始出现在电商平台消费部分大额大宗消费品。近几年出现的直播，更是为消费者提供了全新的消费方式和消费体验。

（二）消费者的消费方式出现分类变化

社会生产力发展、新技术变革、疫情加速了消费方式的垂直分类速度，出现了更多消费方式变化：

（1）以居家网购和社区就近补充性线下消费方式替代以往外出商场闲逛并采购基本生活消费品方式。

（2）以外出赴目标心仪消费品线下直营店考察观摩体验，而后结合线上直营店优惠购买获得消费品的消费方式替代以往线下选购心仪消费品现场直接下单购买的方式。

（3）以外出参加圈层沙龙聚会、观展参会、自驾旅游等满足社群交往需求、聚焦兴趣爱好、享受精神大餐、把握最新潮流、放松自我本心的方式替代以往与亲戚同事聚餐聚会、跟随旅行团赴景区打卡的休闲社交方式。

（三）消费者借助的消费渠道快速变化进阶

社会发展导致消费渠道不断迭代升级，从最初的单一线下门店到邮购再到电商平台、电商直播、社群团购，市场上不断涌现出新消费场景和新消费渠道。这些新消费渠道为消费者提供了更多消费场景。

（1）线下大商场购买 + 线下大超市购买；

（2）线下大商场购买 + 线下大超市购买 + 线下社区小超市补充购买；

（3）线上 PC 端网购 + 线下社区小超市补充购买 + 线下专卖直营店购买；

（4）线上移动端网购 + 线下社区小超市补充购买 + 线下专卖直营店购买；

（5）线下专卖直营店体验 + 线上移动端网购 + 线下社区小超市补充购买；

（6）线上社群网络链接目标 + 线下专卖直营店体验 + 线上移动端网购 + 线下社区小超市补充购买。

二、产品推广销售方式变得多样化

为满足日益多样化的垂直细分消费市场，生产消费类产品的企业其推广方式也逐渐从单一的传统媒体宣传和线下门店销售向多渠道多平台及多元化方向转变，如展览会、新品发布会、互联网综合电商平台、移动端新媒体平台、快闪店等，不同消费品在市场推广中会依据其不同价值采取更具针对性的推广方式。

（一）对于生产高价值消费类产品企业

这类企业因其产品特性和受众群体往往习惯以参加展览会、企业专卖店直销、自主新品发布体验会、高端圈层营销等方式推广营销产品。

（1）参加展会活动。消费者对于此类产品通常有体验、感知、操控等多方需求，因此企业愿意以参展等方式集中爆发式发布新品轰动业界，让人们快速近距离亲身感受产品魅力，如车展、珠宝展、服装展等。

（2）线下专卖店直销。为满足观众日常常态化消费需求，高价值消费类产品企业会在城市商业聚集区开设大量连锁专卖店或体验店，如谢瑞麟珠宝店、LV 专卖店、汽车 4S 店、MaxMara 服装店等。

（3）线上直营店带货。因电商行业发展，消费者购买方式从线下转变为线上，对线下实体经济造成一定冲击；为抢占消费市场，大部分高价值消费品通过在各大电商平台开设品牌旗舰店或搭建自身品牌售卖官网及小程序等方式直接满足消费者线上消费需求，如品牌箱包旗舰店、美妆护肤产品旗舰店、小程序直营微店等。

（4）高端圈层营销。高价值消费品一般拥有稳定消费群体，因此以圈层社群建设和沙龙会等社交营销方式推广高价值消费品能快速占领消费者内心，增加消费者与产品黏性，培育提升消费者对产品的忠诚度，如红酒品鉴会、美妆护肤品牌微信群等。

（5）快闪店。快闪店作为“舶来品”，是创意营销模式结合零售店面的新业态，近几年一些潮流时尚产品经常采用这一方式推广。快闪店讲究娱乐精神和突然惊喜，极大程度满足 Z 时代和潮流人士的消费需求，如泡泡玛特快闪店、美妆品牌快闪店等。

（二）对于生产中低价值消费品的企业

中低价值消费品相对来说成本较低，销售渠道和平台多样，消费群体基数庞大，依然以渠道分销、电商平台销售为主要推广销售方式。

（1）渠道分销。中低价值消费品需满足消费者购买便捷的需求，大量中老年消费群体的消费习惯依然是以传统方式购买。通过渠道将中低价值消费品分销到各类不同平台，如终端商场、直营店、超市等仍然是主要产品推广方式。但在网络冲击和消费方式转变下，渠道分销这一方式也在逐步转变创新，实现过渡和转型，如日用品、家具家电、副食等中低档消费品。

（2）电商平台销售。中低价值消费品也需要满足年轻一代互联网原住民和会运用移动互联网的中老年人日常生活消费，且中低价值消费品大多属于小宗商品，具备成本低、物流快捷方便等特点，在电商平台开设旗舰店或直营店既能满足消费者线上消费的需求，也能降低渠道分销带来的各项成本，如米面油酱醋茶、牙膏牙刷小百货、零食小吃、小家电等。

通过对消费品市场和推广方式的分析，可以看出整体市场环境具备多变化、多样化、垂直细分化等特性。在社会不断向前发展的进程下，生产力提高、技术变革、生活水平提升和 2020 年疫情爆发都对消费市场和消费品推广方式造成极大影响。而我们应当从这些影响中去看消费类展会未来的机遇，那么机遇到底在哪里，又如何抓住呢?

三、机遇在哪里?

（一）疫情内卷带来机遇

2020 年初爆发的疫情直到现在依然严重，国内前期虽得到有效控制，但 2021 年国内瑞丽、广州、深圳、沈阳、南京、成都、河南、武汉、北京等地相继陆续爆发新一轮疫情，加上国际疫情持续严重，国际消费市场仍停滞不前，国内市场也敏感脆弱，尽管如此，但疫情也为国内市场带来新机遇。

因为疫情，消费者无法出国采购或国外消费品生产跟不上国内市场需求，因此消费者对国内产品如旅游市场、汽车等高端产品市场的需求量增大，中国造大宗消费产品的市场需求种类和需求数量出现明显增量，如 2020 年红旗轿车销量暴增、国内旅游市场空前繁荣。这不仅对于国内生产企业来说是机遇，对于会展业这类平台企业来说也是不错的机遇，俗话说产业快速发展好办展，市场需求快速加大也好办展。

（二） 国际产品资源快速向中国市场输入带来的机遇

疫情虽然造成国际市场持续疲软，但伴随着进博会、消博会等国家级博览会的召开，大量全球消费品资源快速涌入中国消费市场，对于消费者来说是好事，丰富的物产资源是满足人们美好生活愿望的体现。那么搭建展会平台可以更好的促进供方贸易渠道快速下沉到市场，当然也可以为会展业带来欣欣向荣的新局面。

（三） 市场消费需求特性变化带来的机遇

市场消费需求特性变化出现的各类细分需求，其中不乏可以从一些较为特殊和专业的需求分类寻找新机遇：如食材冷链物流配送因疫情防控要求带来对物流运输专业设备的采购需求；文创动漫音乐书画等精神层面需求带来年轻代对体验类活动创办需求；自驾游市场繁荣带来对配套服务资源配置开发建设需求等。而这些需求都是展览、会议、活动举办的前提和基础，也是发展的新机遇。

四、如何抓住机遇？

抓住全球大环境特色、抓住新时期市场特色、抓住新生代喜好特质，满足多方需求就可能抓住机遇。

（一） 考虑联系全球主办资源联合办展

与全球优秀消费品类展会主办方合作将国际上知名消费品类展会引进或部分移植或联合在国内培育姊妹展。例如，原定 2021 年国际上举办或即将举办的部分消费品类展会：

① 日本东京杂货展览会秋季 GIFTEX TOKYO（2021.06.30—07.02，日本东京有明国际会展中心，展会规模 :92000 ㎡）

② 德国汉堡日用消费品展览会 Nordstil（2021.07.24—07.26，德国汉堡国际会展中心，展会规模 :36000 ㎡）

③ 美国拉斯维加斯消费品礼品展览会秋季 ASD MARKET WEEK（2021.08.22—08.25，展会规模 :75000 ㎡）

④ 意大利米兰家居消费品展览会秋季 HOMI（欧洲—意大利·意大利新米兰会展中心，展会规模 :130000 ㎡）

⑤ 德国法兰克福消费品礼品展览会 Tendence（欧洲—德国·德国法兰克福国际会展中心，展会规模 :70000 ㎡）

⑥ 中东迪拜礼品及消费品展览会 Gifts Lifestyle Middle East（中东地区—阿联酋，阿联酋迪拜世界贸易中心，展会规模 :14000 ㎡）

⑦ 俄罗斯莫斯科消费品展览会 China Commodity（2021.11.01—11.03，俄罗斯莫斯科国际会展中心，展会规模 :13000 ㎡）

若考虑与相同相近类别的展览会主办方联合联动、大类合作、快速组建同类别国内展会航母舰群，能极大程度上抵御未来可能存在的各种艰难险阻，同时也将快速提升共同的竞争力，抵御内耗风险。

（二） 整合产品资源联合办展

围绕国内外丰富的消费品市场需求拓宽消费品类展会的展品产业门类，拓宽展会相关展品边界，实现展品产业联动，满足新时期消费市场的多样性需求，是未来消费类展会主办方可以尝试的新思路。

（三） 创新消费类展会办展方式

从前文的分析不难看出，现今消费类展会能否提供独特的、人们关注的、目标需求的产品是展会成功的关键因素。具备强生命力的消费类展会一定是满足消费者消费需求、符合消费习惯、引起消费兴趣，在消费群体中具备知名度和影响力的展会。例如能够帮助人们了解相关新技术、新产品、新趋势、特色新物种的国际汽车展、家具工业展、建博会、美博会、礼品展等，能够为消费者提供多品类、性价比、一站式服务的家博会、年货展，能够帮助人们省事省时反复感受操作体验比较的汽车消费展等，都是以新奇特惠方式策划的消费类展会。

① 以最亮产品、最大优惠、最酷活动来打动人心、满足吸引力需求。以全球最大南瓜、跨界典范茅台冰激凌、比门店售价低 20%~40% 的展销优惠价等充满创意或真正实在的优惠点吸引当下消费主力军——Z 时代人群需求。

② 以接地气互动体验活动满足观众情感感知需求。制定参与性、趣味性、体验类互动活动吸引人流量和关注度，从而体现展会亲民性，如世界咖啡大赛、调酒师大赛、智能家居体验、新食品试吃、汽车模特大赛、汽车试乘试驾等。

③ 以精准匹配的宣传推广方式，满足互联网时代信息完美贴合消费者喜好的特性。展会开始前，对展会目标群体年龄、喜好、习惯等进行深入分析，绘制消费者画像，以展会目标受众的特性决定宣传推广方式，实现精准定位、适配营销。

④ 以展后数据统计分析满足精准营销效果评估需求。展会结束后，从专业角度统计关注展会成交活跃产品品类、数量、占比，展商满意度，到场观众数量、来源、观众满意度，KPI 投入产出比考核等，利于展会主办方明确下届展会提升改进方向，更好的体现和实现展会最高性价比并作为展会未来发展方向评判依据。

⑤ 以创新增值服务点亮客户心中的明灯，满足展会可持续发展的动力。展会项目周期内给予参展商和目标观众超价值、超预期的回馈，如给予参展商参展指导意见，指导展商参展展

品规划，指导展商如何引导更多潜在观众参与其中，给予展后行业分析报告等。针对目标观众应时刻关注其消费需求和兴趣点，为观众带来符合预期的展品和活动。

总之越是消费品类展会，其目标市场的形势变化对于展会的影响力就越大，我们必须学会及时捕捉变化，及时跟进调整办展思路和方式，才能更好的发展消费品类展会，保持其可持续发展势头。（作者系成都世纪城会展集团展览中心总经理）

中国展览工程及展览器材行业的绿色创新发展之路

文 / 黄彪

一、绿色环保成为中国展览业关注的焦点

改革开放四十年以来，中国经济快速发展，国内生产总值不断提升，人民生活水平逐步改善，基础产业实现了跨越式发展。同时，随着全球化趋势的迅速扩张，国际政治、经济、文化的交流日益加强，我国的贸易规模逐年扩大。在这种发展大背景下，以展览和会议为主要内容的中国会展业得到了快速蓬勃的发展，并已成为中国融入全球发展的新高地。中国展会活动数量激增，各参展单位的参展需求日益频繁。

然而，这种快速发展却伴随着高能耗和高污染。中国展览业特别是对展览工程服务而言，仍存在粗放型管理与无序竞争的现象，目前中国展览工程行业 85% 以上采用了不可回收的、价格低廉、污染严重的一次性木材料，这样造成施工现场存在很多问题：其中装修污染最为突出，同时现场制作加工会产生大量废弃物。此外，在安全方面也存在很大隐患，如高空坠落、物体打击、电气失火、展台倒塌、意外伤害等。有人形象地说，一个展览会的结束就是一个垃圾场的诞生。据统计，通常一场展览会所产生垃圾的平铺面积占总展出面积的 50%，巨量垃圾不但导致了巨大的资源浪费，并且如何去处理垃圾清运也成为一大难题。因此，随着展览产业链中各环节环保意识的不断增强，全行业对绿色环保、低碳的关注都向中国展览业的发展提出了新的命题。

此外，伴随着中国经济的快速发展，经济结构、增长速度、增长方式和增长动力等都在发生着深刻变化，对于环境治理也提出了新的要求。特别是“碳达峰，碳中和”双碳目标这一国家战略的提出，使得越来越多的会展业有识之士开始关注中国会展业发展带来的高能耗、高污染弊端，并对会展业发展提出绿色循环可持续的要求。

2015 年国发〔2015〕15 号文件《国务院关于进一步促进展览业改革发展的若干意见》中明确提出：“倡导低碳、环保、绿色理念”；同年 11 月，党的十八届五中全会又确立了五大发展新理念：“创新、协调、绿色、开放、共享”，这些因素都加速了绿色会展的推进。国家倡导和推行的绿色会展发展战略，为中国展览器材行业开启了绿色环保、实现低碳节能的发展新方向。

随着“绿色会展”理念逐渐深入人心，作为展览器材行业，如何能尽快的顺应时代要求，积极参与实施绿色展览成为转型升级的重中之重，各地展览器材生产企业也开始行动，积极投入到绿色展览的生产实践中。

二、中国展览工程及展览器材发展之路

中国展览工程行业从无到有发展到今天，经历了从萌生、成长到高速发展的整个进程，一路充满着艰辛、困惑、机遇和挑战。可以说，绿色展览就是中国展览工程发展史上的一场“革命”，而这场“革命”的发展历程由一幅幅难以忘却的场景组成。

（一） 改革开放的土壤孕育出绿色展览的稚嫩萌芽

中国共产党十一届三中全会的召开，标志着中国进入社会主义现代化建设的新时期，标志着中国改革开放的开始，中国会展行业也开始了新的征程。一方面，专门从事展览业务主办、承办的企业或机构陆续涌现，一些香港、新加坡会展服务企业进入中国大陆，展览市场化运作开始显现；另一方面，国内企业观念发生了很大的改变，认识到在市场经济体制下，产品要向商品转化、实现利润就必须重视品牌营销，因此不少国内企业开始关注展览，企图通过展览的途径实现企业的品牌宣传，从而获取产品的更大销量。因此，国内的展览会逐渐增多，第一批会展场馆也应运而建，随之而来的就是国内最早一批展装企业的萌生与发展，至此国内的展览产业开始形成并呈现迅猛

发展的趋势。但是，由于处于展览发展初期，国内大众对展会的认知非常局限，参展企业对于展台的设计要求不高，同时也缺乏专业的展览设计人才，因此大多数企业参展会选择以设计简约、用材简单、安装便捷的标准展位或少量“标摊变异”展位，这也是绿色展览在中国萌芽诞生的最初形式。

（二）中国绿色展览在改革开放的浪潮中快速成长

跨入 21 世纪，中国展览业在中国经济发展的浪潮中快速成长。2001 年中国成功加入世界贸易组织，中国会展业也作为一种业态正式被纳入国民经济统计体系。2008 年北京奥运会和 2010 年上海世博会的成功举办，对中国展览业的发展起到了重要的推动作用。这一期间，展览策划运营、场馆设施租赁、会展专业服务产业链体系已基本形成。国内各地区掀起了场馆新建的高潮，绿色标准展览器材在各场馆也都得到了全面的应用。但与此同时，随着市场需求水平的不断提高，展览的形式逐步从低级向高级发展，参展企业不再仅仅满足于通过标摊来展示企业形象，而是更多地开始使用特装展位，展台风格也逐渐从简单、朴素向独特、豪华转变。这就使价格便宜、便于现场加工的木料成为展台建造的主要原料之一，也催生了资源浪费、展览垃圾、展馆二次加工等无数弊端问题的产生。在这一阶段，展览器材生产企业灵通公司结合市场需求创新性地提出了“标准展位特装化、特装展位标准化”的产品理念，通过对绿色展材的功能延伸与展位方案的设计创新来满足展商以及展装工程企业对于展台外观、材质及成本控制的多方面需求，提倡在特装搭建上不过分追求高、大、亮，用可重复循环使用的环保材料替代一次性木材，减少装饰材料用量、减少污染源，推动会展活动实现低碳、环保、可持续发展。

（三）绿色展览形成共识并得以快速发展

2021 年 2 月 22 日，《国务院关于加快建立健全绿色低碳循环发展经济体系的指导意见》（国发〔2021〕4 号）明确提出，“推进会展业绿色发展、指导制定行业相关绿色标准、推动办展设施循环使用”。

国发 4 号文件进一步细化了发展绿色低碳循环经济的各项方针与规范要求，并聚焦我国资源环境生态问题，进一步明确了我国绿色经济的发展方向，同时对会展业的绿色发展提出了明确的要求，这对于践行“生态会展”理念，推进展览业“绿色、低碳、可持续”发展是一个良好的契机。为此，从各级政府到全产业链都在行动：

1．各级政府出台相关政策和法规推动绿色展览的发展。2021 年 5 月 21 日，浙江省碳达峰碳中和工作推进会召开，省委书记袁家军出席会议并讲话，可见浙江省对双碳目标的重视程度。

2021 年 5 月 22 日，上海环境能源交易所董事长赖晓明在 2021 碳中和与绿色发展论坛上表示：“按照国家安排，现在基本确定，在 6 月底之前全国碳排放权交易要上线启动”。

2021 年 5 月 26 日，标志成都市会展业发展进入法治化新阶段，彰显成都建设国际会展之都的行动和决心的《成都市会展业促进条例》提请四川省十三届人大常委会第二十七次会议审查批准。《成都市会展业促进条例》即将正式发布，《条例（草案）》中专门有一条是关于绿色会展的内容。

2021 年 3 月 16 日，为促进西安会展业高质量发展，西安市出台了《西安市会议会展产业扶持政策》。“在我市举办的展会活动采用绿色型材搭建面积 1 万平方米（含）以上的，给予 10 万元扶持补贴；对取得商务部等国家部委授予‘绿色会展示范单位（项目）’的我市会展企业，给予一次性 10 万元奖励”“鼓励我市会展机构研究制定关于绿色会展、智慧会展、会议会展服务等相关行业标准，对于主持制定国家、行业和地方会展业标准的单位给予最高 20 万元一次性奖励”。

2．会展场馆推行绿色展览的举措。“中国第一展”的广交会，从 2014 年春交会开始实施绿色展览推广计划，制定了三年时间内实现绿色展览的发展目标。全面构建系统化的广交会绿色发展体系，持续提升广交会绿色发展成效，成为引领全国会展业向绿色环保、低碳节能发展方向的成功实践典范。

2018 年开始举办的中国国际进口博览会，确定“要按照新发展理念，把进口博览会办成一个高层次的、低碳的、绿色的，体现循环发展的高水平创新、协调、绿色、开放、共享的博览会”。进博会更是从绿色设计、绿色选材、绿色安全施工三个方面提出实现绿色展览的相关要求。

3．会展企业的积极参与和绿色展览的践行。灵通作为展览器材制造企业的代表，自 1986 年成立至今，亲历了中国会展业从萌生、成长到高速发展的整个进程。伴随着行业发展的历史进程，灵通始终坚定不移地坚持自身的定位与使命——即推动绿色展览的持续发展。作为材料供应商，灵通多年来坚持产品技术的发展创新，自主研发与推广以模块化展览展示系统为主体的新型绿色环保展材，并努力从理念推广、人才培养、服务创新、产业链合作等多方面推动绿色展览的进程。

由中国经济新常态所带来对于会展定位、功能的重新认定，以及与“互联网 +”、大数据、互动多媒体、新媒体等领域迅猛发展的叠加效应，技术推动力、标准提升、国际化接轨，成为构建展览工程企业核心竞争力的推动力。2020 年突如其来的新冠疫情对中国乃至全球展览业造成重创，国内外会展业几乎全部停摆。尽管疫情造成了不可挽回的损失，但疫情之后，中国的会展业也呈现出了五个新的发展特点——双、快、好、省、绿。即以国内大循环为主体，形成国内国际双循环相互促进、展会线上线下相结合的发展新格局，在这一基础上，要求线下展览会做到进一步节约布展时间，实现方便快捷搭建，在满足参展环境安全、防疫要求严格、展示效果良好的基础上实现材料的重复使用，最大化节约资源，最终实现减少展会垃圾产量、营造绿色展览新生态的发展目标。可以说，后疫情时代绿色展览的发展进程得到了进一步提速。在国内外疫情环境“倒逼”下的展览工程企业也将经历一次格局重构的大洗牌，这一轮核心竞争力的重构，将不会停留在价格竞争、规模调整的低层次，也不仅仅局限于技术创新，而将越来越转向供应链、渠道、品牌传播等综合的资源整合能力和成本管理能力。

三、世界展览工程及展览器材发展的现状

中国在展览规模上快速赶超欧美，但是在环保理念、绿色展览的推行上，跟欧美国家，包括与我们的亚洲近邻日本相比，差距仍是巨大的。

展览器材在全球不同区域的发展都会有当地的特色，目前国际上流行的绿色展览工程模式主要有三种，分别是以德国为代表的欧洲模式、美国模式以及日本模式。

以德国为代表的欧洲展览器材，致力于将现代展览朝着构件化、精密化、模块化、标准化、重环保等方面发展。德国自1969 年推广可重复使用的构件式铝合金展览器材，其特点是搭建快速便捷、可重复使用、摊位材料和部件多功能使用，节省垃圾处理费（展览现场施工几乎没有垃圾产生、没有粉尘、没有油漆味道，德国对垃圾处理的管控十分严格，对于展场垃圾的处理，收费也比较贵），施工噪音很小，展会结束后放在仓库内占用空间少，保养维护成本低，因为展览器材重复多次使用，单次使用成本也较低，综合以上优点，这种展览器材在欧洲得到广泛推广并产生了一系列相关的展览器材系统。受到德国文化的影响，以德国为代表的大部分欧洲展台的特点是棱角分明。随着布面热转印印刷技术的发展，大幅面的布面印刷因其效果好，运输时可折叠、体积小，能达到展馆要求的防火等级，环保无异味等特点，近些年，做特装展位的木板等装饰面的搭建材料逐渐被布面系统所替代。

美国则是在德国展览器材发展的基础上，又加入了更多的小型轻便桁架，如折叠展架、轻便展架、圆管造型、布饰结构等。在中国，标准展位比较容易使用铝合金模块化环保材料，特装展位很少使用这些材料，但在美国正好相反，有 90%~95% 的特装展位使用循环型环保材料。美国在秉承模块化展览器材的发展基础上，增加了同样以模块原理构成的更为轻盈，淡化构架轮廓，以模块化构件的整体加画面处理形成一种风格系统，实现地面、顶面、墙面分离，受美国文化影响，展台的特点是圆润的边角，展览器材的材质选用上具多样性，铁、铝、塑料、布、纸板等都可以用来做造型。美国对于展场垃圾的管理比德国更严格，美国的搭建现场是由工会管理的，工会对任何现场的施工都有话语权，包括现场的物料管理、人员管理、安全管理、粉尘管理、噪音管理等，对于展品包括展览摊位搭建材料的进场，全部采用称重收费，美国展览行业对这个收费叫做物料搬运费（英文 Drayage，包含物料进入工会指定仓库的仓储费 + 从工会指定仓库进入展场堆场的运费 + 展场堆场到摊位上的叉车费 + 从展会摊位上把空箱子运回工会指定仓库暂存的仓储费 + 展会结束后把空箱运回摊位的运费 + 将货物运回工会指定仓库 + 将物品装入参展商的运输公司的运输工具。美国所有的物料都要送到展览会指定工会所规定的仓库，这是一项不可避免的费用，也是常使参展商感到意外的增加费用。与世界其他地区相比，在美国和加拿大部分地区，垄断的 Drayage 更为常见。因为垄断，这个收费很高，不同的展览馆和展览会收费都不同，计重每磅大概从 1 美元到 3 美元不等）。同时工会的搭建工人收费较高，加班超时费用也非常高，因此，对展览器材快速安装，轻便环保还能做大造型的需求产生，在市场上产生了诸多轻便的做大造型的系统，诸如铝合金圆管系统、SEG 卡布系统、纸箱展示系统等，这些系统显然比严格的几何关系要容易得多，而且不同模块具备一定的独立性，可以分别使用，应该说让我们看到了不同于德国系统的一些展览器材新概念。

日本作为世界经济强国之一，由于资源所限，是模块化展览器材使用最为普及的国家之一。日本在模块化展览器材的使用技巧和普及方面并不逊色于欧美地区，日本除了广泛使用构件展览器材之外，又将铝合金桁架的使用推到一个顶点，常常利用桁架来实现整体展台。日本对木材的使用控制、垃圾分类管理比美国和德国更为严格，并对展场垃圾清运按容器计量收费，同时大部分公司的仓库面积都控制到极限，管理井井有条。日本搭建人工成本也较高，因此日本对展台搭建速度、展台材料的品质和安全及环保，材料的可重复使用的要求很高。所以，小体积并且物料重复利用度高的展览器材特别受欢迎。

国际展览与活动服务联合会（International Federation of Exhibition and Event Services，IFES）提出了展览工程的三大业务趋势，分别为安全健康 (Health and Safety)、有保障（Security）、可持续（Sustainability）。展览工程应与“低碳、环保、绿色”的潮流相匹配，应将会展业发展成为环境友好型的绿色产业。

四、绿色会展对展览工程及展览器材发展的基本要求

绿色会展既符合科学发展观和可持续发展观的特点，也符合低碳环保的理念。它将不断引领人们探寻生活的新理念和世界发展的新潮流。绿色展览对展览材料提出了更多更高的要求，未来的展示材料，必须符合四个要求：环保、简洁、速度、创新，这四点是未来展示材料发展的必然方向。

（一）现代会展产业链须严格遵循“减量化 (Reduce）、再使用 (Reuse)、再循环利用 (Recycle)” 的 3R 原则

3R 原则是展览器材生产企业践行绿色展览最主要的基本原则。实践证明：中国展览市场要求展览器材材料的使用首先必须能减少对展览现场的环境污染，最大程度地减少现场的废弃物。其次展览器材行业要满足便于搭建、利于储运以及实现展商个性化展示的需求。

为早日实现绿色展览的宏伟目标，首先在展材设计方面要遵循“3R 原则”。展览器材行业必须从展览材料的设计与开发端入手，在展览器材材料的选择上采用绿色、环保、安全可再生利用的新型材料，最大化减少对展览现场的环境污染及对资源的浪费，减少现场的废弃物排放并且明确展览材料必须能够循环利用，最后能重新回收进行再生。

（二）坚持“标准化、模块化、定制化”的展览器材研发方向

1. 所谓“标准化”，即通过对展览材料进行标准尺寸的设计开发从而实现材料的可多次重复使用，在标准化的基础之上，创造性地衍生出“标准展位特装化、特装展位标准化”的理念。一方面“标准展位特装化”，就是将标准展位进行一些特装改造处理，使标准展位实现变异，满足参展企业的个性化需要；另一方面“特装展位标准化”，就是将特装展台利用可重复使用的标准构件式展具来得以实现，在展位设计时又可以完全适用国际标准尺寸的展览材料，将用来搭建的特装的原有材料进行标准化，这些标准材料可以重复利用，增加材料使用的经济价值。

2. 所谓“模块化”，即一个展台的基本单元不是点、线、面等要素，而是根据个性化展台设计将展台分成较大的单元模块；从结构属性上分为地面模块、墙体模块、天花模块、家具模块、电器模块；从功能上分为会议室模块、仓储间模块、形象墙模块、展示岛模块、接待模块、服务模块。通过模块化的拼装组合，实现展位的快速搭建与个性化设计。

3. 所谓“定制化”，即从解决客户的高端个性化需求出发，围绕营销策划、空间设计、制作研发、仓储物流等环节做系统化的定制与开发，打造更具设计感的定制化解决方案，满足不同顾客的多样化展示需求。

（三）新型环保的绿色展览器材需方便拆装、仓储和运输

现代展览工程服务业对展览器材材料在运输、仓储、异地搭建方面的要求越来越高。随着中国人口红利的逐渐消失，人力成本的增加对经济快速发展造成不小的压力，在展览行业，则要求在展位施工过程中尽可能地减少人工。经过多年的摸索和创新，不断推出快速、简捷、环保的展览器材，特别是模块化铝合金展览器材等新型展览展示系统更能满足展会快速、方便的需求。

（四）绿色环保的模块化展览器材要能满足快速搭建的需求

中国的展览活动档期排的很紧，时间对展台搭建来说变得非常重要。一方面，由于展馆展期的限制及场租费用的控制，主办方把参展商的搭建时间压缩的越来越短；另一方面，参展商出于对自身参展成本的考虑，更需要可实现快速拆装的新型展材用来降低参展费用。在这样一种客观形势下，采用新型、环保、快速、高效的模块化展览展示系统就成为能最大程度实现展览活动有序开展的可靠保障。

（五）创新展览器材的升级换代满足了参展商个性化的展示需求

参展商越来越注重个性化体验与个性化的宣传效果，在满足个性化展示的同时，参展商还追求外观的时尚，要使展材与最新的边缘新材料及新技术有机结合起来，即在保证展台安全的同时，还要实现展台的多种效果组合。这就要求展览器材企业提供更多品种、更加多样化的展览器材产品，采用全新的定制化生产方式，利用新技术、新型材料来满足参展商的要求。

五、推行绿色展览工程和展览器材应用与推广的困难与机遇

（一）绿色展览工程和展览器材应用与推广的困难

1. 在设计和制作的随意性上不如木结构。在展位的设计制作过程中，木结构相对比较容易修改，并且设计师的各种创意非常容易得到实现。而铝合金环保展览器材在创意形象的设计和制作方面存在一定难度，因此要考虑对铝合金模块化展览器材采用菜单式服务，建立起多种结构件模块，通过模块与模块的随意组合来实现展位的更多个性化需求。

解决方案：铝合金模块化展览器材采用菜单式服务，可以建立多种结构件模块。

2. 绿色展览推广渠道不畅。会展行业的设计从业人员大多是学美工出身的，设计创意是强项，但对机械结构件的了解甚少。而在行业内也没有对新技术、新材料的推广建立起一条快速有效的交流通道，这在很大程度上制约着展览行业对绿色环保展览器材的接受度。所以我们要加强对设计师的培养和培训，加强国际化人才创意交流。

3. 经济认知存在误区。展览行业对环保展位的经济成本普遍存在认识上的误区——仅仅只是认识到一次性投入成本比较

高，一般来说铝合金展览器材的价格可能是木结构的 1.3 至 1.4 倍。但是，一次参展过后，木结构留下的是一堆废料，毫无再次利用的价值，而铝合金材料却可以再次利用。当然，铝合金材料在下次投入使用时也需要一些维护保养、仓储、运输费用，大约占到总成本的 10%。现在我们可以计算，以两次使用的成本来看，每一次使用铝合金展览器材的成本是木结构材料的 0.7 至 0.75 倍，价格差额是相当可观的，而且铝合金的利用率是远远不止两次的，这样单次经济成本只会更低，所以这才是铝合金展览器材真正经济实用的价值点所在。

4. 主观认识存在误区。很多参展商对于展位外观，过分追求新、奇、特，普遍认为铝合金模块化展览器材搭建的展位档次不够高，木结构展位视觉上更气派。参展商过分追求展台的造型亮丽以吸引观众，却忽视了作为展示产品功能和方便企业与客户有效交流的展位真正的功能和内涵。现在及未来，判断一个展台好坏的标准并不是看它外观是否华丽、是否奢侈，而是看展台所表达的概念、展台的功能性、展台的沟通能力、展品本身，以及在设计的同时要考虑好如何能够更环保、更有序、更安全地撤展。

5. 相关人才稀缺。中国会展业迅猛发展，但会展经济的繁荣与会展人力资源不足以及培训滞后的矛盾也日益突出，成为摆在会展业界面前一个亟待解决的课题。会展业人才的短缺，不是数量问题，而是质量问题；不是整体性短缺的问题，而是结构性短缺的问题。尤其绿色展览作为近几年发展的新兴课题，本身在推广与普及上存在短缺与不足，而新材料新技术的应用对设计人员、技术人员、搭建人员的要求又高，所以相关人才的稀缺也是导致绿色展览发展缓慢的一个重要原因。

6. 缺乏相关标准及规范。就我国整个会展行业及组织单位而言，尚未全面制定和落实相关的绿色展览体系标准，不符合绿色会展的发展要求。所以需要依据国家宏观政策、行业绿色导向，制定更具体化的行业规范标准体系，进行更具针对性的市场调研，更科学有效地衡量会展市场、会展企业。在会展评估体系中增加绿色环保低碳指标指数的评价因素，为绿色展览的实施提供科学合理的考核标准，规范展位材料的使用以及布展、拆展、项目管理等行为。从行为规范上大力推动绿色展览的发展。

（二）绿色展览工程和展览器材应用与推广的机遇

1. 绿色环保成为主流趋势。随着全球对绿色环保的日益关注，中国政府以及社会各界也越来越重视绿色展览。在国发〔2015〕15 号文、国发〔2019〕4 号文及五大发展新理念：“创新、协调、绿色、开放、共享”，特别是“碳中和，碳达峰”双碳目标的引领下，各级政府把“生态文明”和“绿色发展”作为非常重要的发展方向。各地政府也相继出台了绿色展览相关政策文件，这些因素都使得推进绿色展览的进程在不断加快。

2. 国际交流合作不断加强。一位展台设计师如果不了解国际展览材料的应用趋势，那他一定不能成为国际级的设计师。在展览业发达国家，绿色展览的理念已经深入人心，而随着大批国外企业进入中国，其对展览展示设计的需求也会给国内会展行业带来深刻的影响。此外，大批国内企业、对外贸易集团，拥有丰富的境外参展经验，其在国际上接受的绿色展览理念也会潜移默化地对国内的展览展示设计产生影响。

3. 环保展览器材生产企业增加。展览器材生产企业的增加为绿色展览的发展提供了物质基础。面对参展商的个性化展示需求以及现代展位搭建快速高效的要求，模块化展览器材的多样化开发必将为展览工程服务业带来革命性的变化。铝合金展览器材的研究创新帮助更有效地实现展位的重复利用、模块化灯箱系统的开发为展示效果提供强有力的视觉冲击、模块化布饰系统的开发为热衷于变异的设计者提供途径。这些由生产企业提供的产品创新和技术支持无疑是推动绿色展览快速发展最有效的催化剂。

4. 展览产业链的各环节环保意识增强。在设计展台的时候，要像重视展台的功能性和灵活性一样，重视生态环境。随着展览企业社会责任和展览从业人员绿色环保意识的增强，践行绿色环保上升成为企业道德层面的行为准则，能否提供绿色低碳服务，是检验企业是否成功的标准。当社会对绿色环保低碳已有明确的共识和追求时，成功的会展企业一定是顺应潮流的俊杰。而随着绿色展览的不断发展，会展产业链的各环节各单位，包括政府、行业协会、会展中心、组展商、服务商、参展商等也在不断寻求系统的合作，通过分工配合，联动推进绿色展览，努力实现会展生态可持续的发展目标。

5. 后疫情参展商理性化消费。参展商越来越理性，注重实际展出的效果，越来越注重成本的控制。

6. 大量展馆的新建和改建，为中国各种展览会的召开提供了良好的硬件设施。很多新建场馆，都增加吊顶功能，也使实现地、顶、墙分离模块化绿色展览器材，有了更好的展示空间。

（三）实现绿色展览工程和展览器材发展的构想

展览工程是复杂的系统工程，包括营销策划、空间设计、制作研发、仓储物流四大环节，要求细致的前期策划、准确的目标诉求、创造性的展示设计、高质量的物料制作、周密的运输安排、必要的试搭建、严密的现场施工组织、周到的展期服务、有条不紊的撤展组织等，并具有时效性、短期性、周期性、重复性四大特性。这就需要打通绿色展览发展的三链条，即“会展全产业链”“绿色会展供应链”和“绿色会展监督链”。

1.“会展全产业链”，即要求包括政府、行业协会、场馆方、组展商、展览工程、参展商产业链及各环节实现“六位一体”，协同推动绿色展览。绿色环保越来越成为大家关注的焦点，要推进绿色展览必须依靠全产业链的共同力量来解决，这需要从上而下的引导和结合自下而上的自主探索两方面同时进行，这样才能形成真正的六位一体联合推进绿色展览。首先，从政府的角度出发，制定相关的产业政策、给予绿色会展项目的资金扶持，这些举措无疑是推动绿色展览最直接有效的办法，通过政府的公信力和引导力将绿色展览落实到会展工作者的日常工作中去。其次，作为展会活动的重要参与者，场馆运营方和服务商则应该承担起主要社会责任，站在推动行业发展的角度来推进绿色会展，要主动加强绿色环保意识，将自身涉及的会展业生产和服务内容不断向“低碳、节能、环保”方向进行转型升级，推动会展行业的绿色可持续发展。最后，加强对绿色会展的宣传和引导工作，例如从观念上引导客户使用绿色展览器材，加大对绿色会展的相关人才培养工作，尤其是行业产业链的各环节中的龙头企业和重点企业，更应该率先垂范地推进绿色会展。

2. “绿色会展供应链”，即从绿色会展的材料、绿色会展的实现方式、绿色会展的技术、专用设备、绿色会展设计师、绿色会展施工工人等方面构建完善供应链，确保能够基本满足城市大中型会展项目的绿色搭建需求。具体实施如下：

（1）特装展位搭建采用可以反复使用的材料。提倡在特装搭建上不过分追求高、大、亮，如铝合金展架、布饰结构、整体墙板等，减少装饰材料用量，减少污染源；提倡展览材料循环利用，减少建筑垃圾的大量产生。

（2）判断一个展台的标准不是看它搭建是不是华丽、奢侈，而是看展台所表达的概念、展台的功能性、展台的沟通能力、展品本身，在设计的同时就应该考虑好如何在撤展时保持环保，并有序安全地进行。

（3）提倡绿色施工。施工时，要严格执行绿色环保标准，选用无毒、无污染的绿色材料及施工工艺，并且加强施工现场的管理，降低粉尘、噪音、废气、废水对室内与周围环境的污染和破坏。

（4）选用节能灯具。室内灯光应以满足人体生理和心理要求为前提。提倡简约、自然的风格，减少视觉污染。

（5）加强展览企业社会责任和从业人员绿色环保意识。绿色环保是企业上升到一个道德层面的准则。能否提供绿色环保服务，是检验企业是否成功的标准。当社会对绿色环保低碳已有明确的共识和追求时，成功的会展企业一定是顺应潮流的俊杰，满足绿色环保低碳要求的先行者。

3. “绿色会展监督链”，即从相关政策及监管体系、绿色展台和绿色项目的认定标准、第三方检测和认定、政府部门和场馆认可等方面构建监督链，确保绿色会展执行落实到位。

（1）政策的引导是关键。满腔的热忱需要在刚性的制度规范下才可以发挥到极致，加大对绿色环保展台的政策扶持：对采用循环利用材料的绿色展台，从收费标准、参展位置等方面给予支持，鼓励参展商采用此类展台；政府主导型的大型展会进行绿色展台的评奖及宣传，引导产业链各环节向绿色环保方向发展。

（2）行业标准的制定有助于规范绿色展览。会展业国家标准的归口部门和参与标准制定单位，应依据国家宏观政策、行业绿色导向，制定更具体化的行业规范标准体系，进行更具针对性的市场调研，更科学有效地衡量制约会展市场、会展企业。会展评估体系应增加绿色环保低碳指标指数的评价因素，完善对会展业及专业公司的综合考核评价。

站在新的历史时期，实现中国经济的高质量发展目标以及更高水平的对外开放等都对中国展览业提出了更高的要求。践行绿色展览虽然任重道远，但是大势所趋。绿色展览在中国的发展并不能一蹴而就，也不单单靠一方力量的努力就能完成，而是需要会展产业链上下各环节，政府、行业协会、组展商、会展中心、服务商及参展商这六大会展单位组成力量来联动推进！

相信在会展产业链各方的共同努力下，我国的绿色展览意识将逐步提升，并形成提倡绿色搭建、使用绿色材料、组织绿色展会的良好氛围与各项工作要求，实现会展业绿色可持续、建设国内国际双循环发展新格局、推动经济社会绿色全面发展的目标，体现中国展览工程企业的责任与担当！（作者系灵通展览系统股份有限公司总裁）

“十三五”广东省组展商发展分析报告

文 / 刘松萍

“十三五”时期，面对复杂多变的国内外经济形势、中国经济进入新常态等一系列变化，广东省展览业积极顺应时代发展趋势，依旧保持了较快的发展速度，取得了较好的发展成就。在各级政府的大力支持下，“十三五”[1]广东省展览业的展览数量与展览面积同时取得稳步增长，呈现良好的发展态势，2016—2019 年广东省展览会展览数量由 621 个增至 681 个，平均增长率为 3.12%；展览面积由 1909 万平方米增至 2189 万平方米，平均增长率为 4.67%。2020 年，受新冠肺炎疫情的影响，广东省展会数量同比下降 33.63%，展会面积同比下降 41.85%。

图 1 “十三五”广东省展览数量及同比增长率分布图

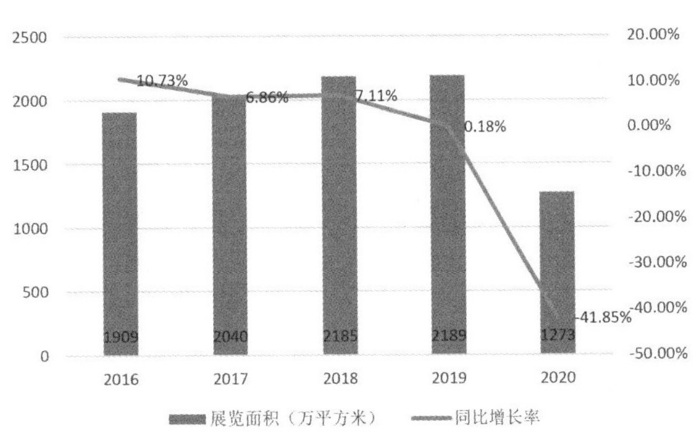

图 2 “十三五”广东省展览面积及同比增长率分布图

在会展产业链中，组展商处于核心地位。组展商连接着参展商与参展观众、会展中心、展会服务商、媒体等多个利益主体，扮演着“发动机”的角色。因此，研究组展商，是展览业最重要的课题之一。

一、“十三五”广东省组展商发展概况

（一）省外组展商来粤办展持续向好

“十三五”期间，广东省组展商[2]数量保持总体稳定，2016 年为 394 家，2017 年为 406 家，2018 年为 440 家，2019 年为 427 家。其中，注册地在省外的组展商比例逐年递增，2016 年为 14.72%，2017 年为 15.27%，2018 年为 17.73%，2019 年为 22.25%。数据显示，越来越多的省外组展商来粤开拓市场。

图 3 “十三五”广东省组展商数量及省外组展商占比分布图

（二）省内外组展商城市集中度较高

“十三五”期间，2016 年注册地在省内的组展商数量为 336 家，2017 年为 344 家，2018 年为 362 家，2019 年为 332 家，以广州、深圳为主，每年均占比 60% 左右。2016 年注册地在省外的组展商数量为 58 家，2017 年为 62 家，2018 年为 78 家，2019 年为 95 家，以北京、上海为主，每年占比均超过 80%。组展商城市集中度的提高一定程度上代表当地会展业发展水平的不断提升。

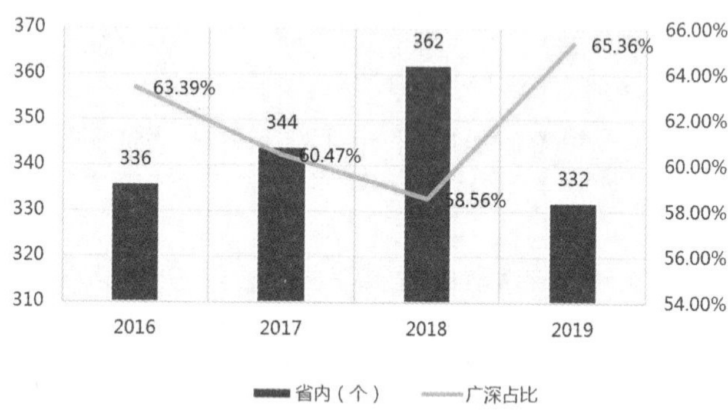

图 4 “十三五”省内组展商数量及广州、深圳占比分布图

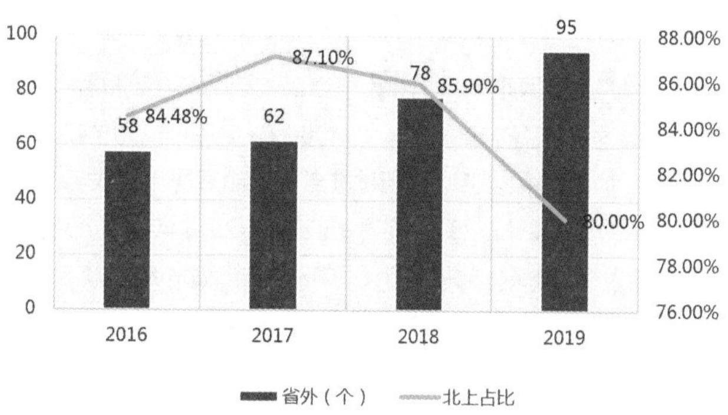

图 5 “十三五”省外组展商数量及北京、上海占比分布图

（三）民营企业占主体实力逐步增强

“十三五”期间，广东省多种所有制组展商百花齐放，其中民营企业占据广东省组展商的半壁江山，市场活跃度远远高于其余性质的组展商。2016 年民营企业数量为 182 家，占比 46.19%，2017 年数量为 214 家，占比 52.71%，2018 年数量为 253 家，占比 57.50%，2019 年数量为 227 家，占比 53.16%。另外，从入选广东省组展企业 50 强排行榜的企业来看，民营企业的办展面积在 50 强中的比例保持稳定增长，办展实力逐年增强，2016 年为 13.88%，2017 年为 15.74%，2018 年为 15.85%，2019 年为 17.60%。

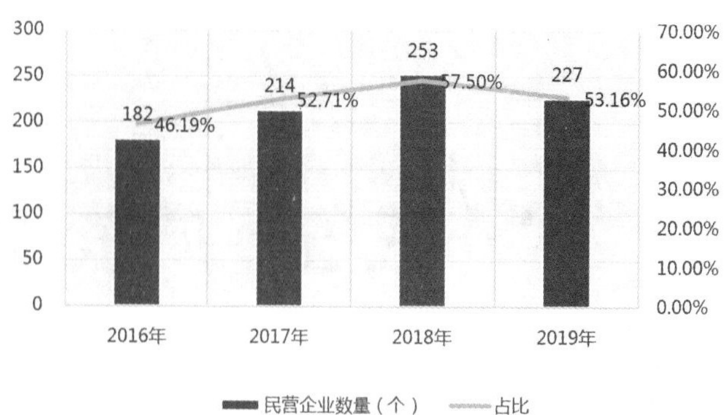

图 6 “十三五”广东省民营组展商数量及占比分布图

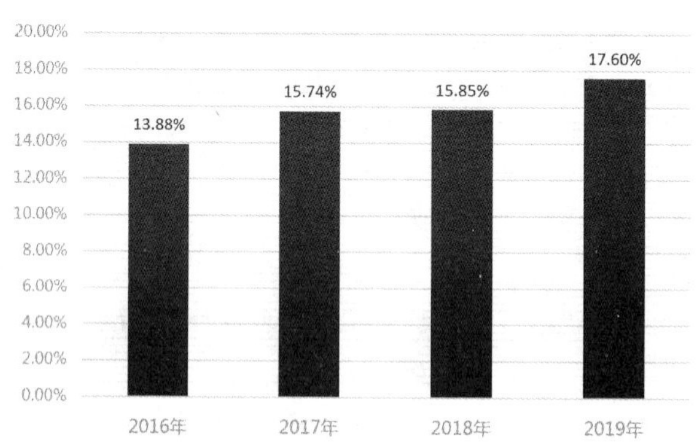

图 7 “十三五”广东省组展单位 50 强中民营企业办展面积占比分布图

（四）政府主办展改革取得显著成效

2015 年，国务院发布《国务院关于进一步促进展览业改革发展的若干意见》，文件明确指出“厘清政府和市场的关系，规范和减少政府办展”。广东省相关政府部门逐步加大政府向社会购买服务的力度，建立政府办展退出机制，取得良好的成

图 8 “十三五”广东省政府及事业单位主办展会数量及占比分布图

效。据统计，“十三五”期间，党政机关及事业单位主办展会数量及占比均保持降低的发展趋势，2016 年为 66 家，占比 16.75%，2019 年为 49 家，占比 11.48%，数量减少 25.76%，占比减少 5 个百分点。

（五）企业的国际化品牌化程度提升

“十三五”期间，广东省 UFI 认证企业及 UFI 认证展会保持持续增长趋势，在全国排名前列。2016 年 UFI 认证企业数量为 25 家，展会为 23 个；2017 年企业数量为 27 家，展会为 20 个；2018 年企业数量为 27 家，展会为 20 个；2019 年企业数量为 33 家，展会为 26 个。即使 2020 年遭受疫情的重大影响，认证企业数量及展会数量仍取得一定程度的增长，分别为 39 家，31 个。此外，根据《商务部办公厅关于第一批展览业重点联系企业（单位）的通知》及《商务部办公厅关于公布第二批展览业重点联系企业的通知》统计，全国共有 609 个展览企业被商务部评定为展览业重点联系企业（第一批 337 个，第二批 272 个），广东省占据 113 个名额（第一批 50 个，第二批 63 个），占比 18.56%，排名全国第一。

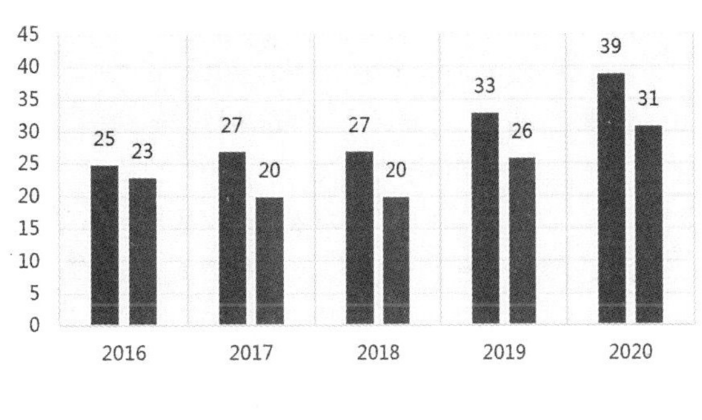

图 9 “十三五”广东省 UFI 认证企业数量及展会数量分布图

二、“十三五”广东省组展商发展特点

（一）服务模式转型升级

2020 年，中央政治局常委会召开会议强调“创新展会服务模式”要求，商务部出台了促进创新展会服务模式的具体文件。一批广东组展商围绕展会服务模式创新，加速构建线上线下一体化展览新模式，推进展览业的转型升级和服务创新。如中贸展联合巨量引擎打造“DOU 看建博会”“DOU 看家博会”云展，帮助企业采用短视频、直播、VR 等新模式服务于客户，同时举办各种线上直播、线上沙龙、线上论坛，推广展会小程序、展会微信公众号、展会抖音号、展会微博等，扩大数字化观众邀约和预先登记。鸿威会展集团发布数字化产业解决方案，贯穿会展生态链上企业产品的技术研发、生产管理、品牌形象推广、精准营销获客等“一站式”解决方案，既有硬件产品和网上平台服务，又有内容创意生产和解决方案集成，服务产品之间共生互补。广州科通展览自 6 月份开始在线下成功举办 48 个城市巡展，深入到终端市场链接客户，并成功上线“在线 INTERWINE 云酒展”。

（二）资本运作稳步推进

并购与上市是广东展览业资本化运作最常见的两种方式。展览企业通过同题材展览会并购活动可减少竞争对手；通过对不同题材展览的并购，可扩展企业经营范围，开发新市场；通过上下游展览题材并购，可提高市场占有率，增加对市场的控制能力和垄断能力。如：港中旅集团和国旅集团重组后的中旅国际会议展览有限公司深圳分公司开业；岭南控股以总价 34.3 亿元购买广之旅 90.45% 股权；亚洲博闻集团 (UBM) 与深圳市创意时代会展有限公司合资成立博闻创意会展 (深圳) 有限公司。上市则对企业品牌传播效应有巨大的帮助，在增加企业融资渠道的同时，可使公司治理结构更加完善，管理更加规范。展览企业上市成为近两年的一个趋势，广东省走在全国前列，如广州西码展览股份有限公司（证券简称：西码股份，证券代码：838185）在全国中小企业股份转让系统（新三板）挂牌成功。

（三）会展集团初见端倪

民营展览公司占据了广东省大部分的展览市场，并不断发展壮大。“十三五”期间，一批综合实力较强的民营展览公司进一步向集团化方向发展。振威展览集团、广州光亚会展集团、广东鸿威国际会展集团、广东亚联展览股份有限公司、珠海再生时代集团等一批具有实力的企业快速成长，从单一的经营业务向媒体、电子商务、信息咨询、文化传播、展览搭建、会展研究、展馆运营、产业园开发等领域不断延伸，整合上下游资源，形成了颇具影响力的集团化公司。这批本土成长起来的民营展览集团拥有本地化优势，有望与跨国展览集团相抗衡。

（四）外资企业大力布局

目前，国际知名展览公司进入广东展览市场主要集中在广州、深圳，两地分别吸引 13 家、9 家国际知名展览公司投资（包括设立独资公司、合资公司、分公司等），包括新英富曼会展集团、励展博览集团、智奥会展集团、法兰克福展览有限公司、杜塞尔多夫展览有限公司、汉诺威展览公司、慕尼黑博览集团等全球顶尖会展集团。“十三五”期间，外资展览公司主要通过移植成熟展会品牌进入广东市场，或者通过并购、合作等形式进入，2020 年主要的外资展览公司在广东省举办的展览会共计 33 个（包括港澳台商投资企业、外商投资企业参与举办的展览会）。

（五）服务意识逐渐增强

“十三五”期间，广东展会市场更加注重展会现场服务和公共服务的品质。《广州展会志愿服务指南——以广交会志愿服务为例》发布，涵盖展会志愿者的招募培训、组织上岗、服务营运、团队建设、应急处理等多项内容，为展会专业化的服务提供指南。广东现代国际展览中心与东莞海关签订合作协议，场馆展品实现快速通关，极大降低了企业的参展成本，促进展览业的国际化发展。

（六）推行绿色环保理念

绿色展览是世界展览业重要发展趋势之一，广东省组展商在绿色展览方面走在全国乃至世界前列。2019 年，广交会、中国建博会、中国家博会等龙头展会带头践行“绿色展览”理念。广交会继续全面系统实施绿色发展 2.0 计划，进一步巩固广交会绿色发展成效，提升绿色发展质量，为中国会展业的绿色发展贡献广交会智慧。广交会《绿色展台评价指南》已获得国家标准化管理委员会正式立项，编制工作有序推进。广州建博会一直致力于“为建筑装饰行业提供完整解决方案”，进一步推进展览的绿色、循环、低碳发展，提高资源的利用率，大力倡导“绿色展会”理念，该理念涵盖绿色布展、绿色参展和绿色撤展等多方面。此外，中国对外贸易广州展览总公司及广州交易会广告有限公司共同主办的 2019 会展品牌服务商及环保材料展览会，率先聚焦绿色展会发展，推广最新绿色搭建技术、绿色材料、绿色产品，以解决行业痛点。

三、“十四五”广东省组展商发展趋势

（一）组展商洗牌速度加快

客观来看，新冠肺炎疫情改变了展览业的生态环境，并且这种改变将是深远的、长期的，广东省展览业面临的机遇和挑战也将发生变化。由于宏观环境的改变，部分行业展会可能将出现萎缩甚至消亡，而另一些领域的项目则可能迎风生长，快速壮大。不同行业、不同类别、不同规模的展会项目将经历截然不同的命运。这次疫情导致广东省很多中小会展企业、会展项目受到重大冲击，很有可能从此淘汰出局。但是，行业的龙头展会、品牌展会在疫情防控常态化下迅速恢复，并迎来快速发展，在同类展会中遥遥领先，影响力与号召力还在进一步增强，展商与观众都会向头部展会集中，展览业的“马太效应”会凸显出来。

（二）组展商跨界融合发展

一是展览策划、组织、搭建、咨询等业务渐渐融合在一起，从而产生了一批具有影响力的会展集团，如中国对外贸易广州展览总公司、广州西码展览股份有限公司。二是组展商向举办展会所在产业领域延伸融合，如广州光亚会展集团与南网集团成立广东光亚南网能源照明研究院。三是技术赋能的跨界融合，主要是指互联网和场馆的融合、互联网和组展商的融合及互联网和主场搭建的融合，这些融合一方面提升了工作效率，另一方面催生了很多新的商业模式，加速会展业创新升级，如腾讯成为网上广交会的技术服务商。四是互补性业务的跨界融合，组展商与传媒业、信息服务业具有非常紧密的关联关系，组展商媒体化、媒体办展互相交融，如各城市传媒集团介入办展。

（三）高质量发展进程加快

高质量发展已经成为我国经济当前及今后很长一段时间的主旋律，也是我国展览业未来发展的主旋律。此外，以国内大循环为主体、国内国际双循环相互促进的新发展格局，也将为展览行业带来多重利好。当前，广东省越来越重视展览业，更多涉及会展标准化、会展绿色化、会展品牌建设、会展法律法规的政策将出台，推动行业健康发展。2020 年 11 月，广东省发布《推进广东商务信用建设行动计划（2020—2022）》，文件提出在重大展会等贸易服务活动中，对会展组展企业、会展服务企业开展信用审查、可信交易对手推荐和失信警示等信用支撑服务。2020 年，广东省进行了“广东省会展企业百强”评选，最终评定了 86 家入选企业，此次评选有利于发挥行业示范效应，引领全省展览业的品牌化发展。未来，广东省还将对会展企业进行分类评级，同时建立“黑名单”制度，推优汰劣，规范化引导企业发展。此外，广东省正在筹备组建广东省会展业标准化技术委员会，加强与国家标准化组织联系，制定、宣贯、实施更多促进广东省会展业规范化发展的行业标准，使广东省会展业的标准化建设“更上一层楼”。

（四）绿色生态会展加速发展

“十四五”是“碳达峰”“碳中和”的关键期，在国家“十四五”规划的 20 项指标中，绿色生态指标有 5 项，由此可见，“绿色生态”已成为国民经济和社会发展的重中之重。2021 年 2 月，国务院发布《关于加快建立健全绿色低碳循环发展经济体系的指导意见》，包含对展览业的要求，提出“推进绿色发展，指导制定行业相关绿色标准，推动办展设施循环使用”，这是国务院文件首次提出“会展业绿色发展”概念。2021 年 4 月，商务部审核并公布行业标准《环保展台设计制作指南》，该标准的实施将对促进环保展台推广应用、推动会展业绿色发展发挥积极作用。

广交会是最早强制推行“绿色会展”的展会，目前除了广交会、进博会等少数强势主办方坚决贯彻执行外，“绿色会展”践行效果尚不明显，提升空间极大。在国家政策的引导下，再加上广东省已经具备“绿色会展”“生态会展”的实践经验，广东省的绿色会展、生态会展将进入加速发展阶段。

（五）新技术促进线上线下融合

会展与新技术深度融合，“互联网+”、新技术的广泛应用，将在会展形式、内容设定、观展方式、观展体验、信息获取、营销场景、营销方式、服务模式、社交场景等方面产生深刻变革。在新技术的冲击下，会展营销和服务都发生了前所未有的变化。尤其在会展活动现场体验方面，客户的需求越来越高，服务的范围越来越广泛，甚至被认为超出了会展服务的范畴。线上与线下的融合是必然的，但是如何协调两者的关系，还需要整个行业不断摸索，各个公司、各个会展项目呈现形式可能也会不一样。（作者系广东组展商企业协会会长）

【1】2020 年受新冠肺炎疫情影响，展览业各项指标均大幅下降，故相关数据分析均不纳入 2020 年数据，特此说明。

【2】特指在广东省内举办展览会的组织单位，无论其注册地是否在广东省境内，只要其举办的展览会位于广东省，则该公司纳入广东省组展单位统计范围，如上海某展览公司在广东举办展览会，即视为广东省组展单位。年组展面积则是以其在广东省境内举办展览会的展览面积，如广州某组展单位在上海举办展览会，该展会的面积不计入本报告统计。

新经济时代创意型会展企业的变革和创新

文 / 吕玉贵

随着新经济时代的兴起，以移动互联、云计算、大数据、物联网等为标志的新一代信息技术不断发展，“互联网 +”成为新常态下驱动中国经济转型升级的内在引擎。互联网与服务行业的渗透融合以其强大的技术创新、商业模式创新等优势，不仅为服务效率的提升带来了新的途径，也促进了服务企业创新升级。

会展业作为重要的新兴产业，是现代服务业的重要组成部分，对经济增长和社会发展具有显著的乘数效应。在互联网技术快速应用的今天，传统的会展服务模式与社会发展需求已远远不相适应，不能更好地满足人们对于信息化的需求。因此，“互联网 +”形式也必然给会展业带来新的需求和变革，成为推动会展业发展的重要动力，刺激会展商业模式主动调整，提高服务效率和服务质量，创意服务模式也成为了会展企业高质量发展的内在要求和必然选择。

一、“十三五”会展业发展情况

2015 年，国务院《关于进一步促进展览业改革发展的若干意见》（国发〔2015〕15 号文）正式发布。国家首次全面系统地提出会展业发展的战略目标和主要任务，对进一步促进会展业改革发展作出全面部署，为中国会展业的市场化、国际化、专业化发展，以及提升中国会展业的国际形象和影响力创造了新的机遇，中国会展业进入转型升级、提质增效的发展新阶段。

“十三五”期间，中国会展稳步发展，规模、质量不断提升，展览数量和展览面积跃居全球首位。开放性会展体系日臻完善，行业、区域结构渐趋合理，展会单体规模扩大，规模经济效益显现，中国会展转型升级初见成效。

二、创意设计服务对会展业产生的影响

“十三五”期间，信息化技术不断革新与发展，催生了一批新型的科技产业和技术，引领了人工智能与大数据的蓬勃发展。会展行业为了能够高效运用这些资源，节约时间与成本，提高会展行业的灵活性与时效性，依托信息技术这一优质发展资源，创新服务模式，促进会展业快速发展。

（一）创意设计服务促进会展服务效率提升

过去传统的会展模式主要是以人与人的交流为主，通过资料与信息互相传递，从而对会展的位置、方式、规模等各种要素进行协调。随着信息技术的发展，大数据成为会展业创意服务的支撑点，大数据汇聚、分析与应用成为创意服务企业的核心需求，会展企业以一个全新的模式和方便的数据采集优势为会展各参与方提供多方位的大数据服务，进一步提升会展的工作效率。

（二）创意设计服务促进会展服务内容深化

会展服务指的是给展览、会议提供全方位的服务活动。处于信息化高速发展背景下，企业通过创意设计，促进会展服务更加人性化与便捷化。现代会展通过云计算与大数据技术深度整合会展资源，以人的需求为导向，智能提供精准化定制服务，针对性更强，用户参与性显著提升，促进会展业长远发展。同时，现代会展以信息技术为支撑，具备信息技术在传递效率、交互性、便捷性、共享性等方面的优势，为用户提供展会数据在线查询、展位预订、在线支付、停车导航等服务，使其服务更为全面、便捷。

（三）创意设计服务促进会展商业模式创新

在信息化高速发展的影响下，传统展会的运营模式、传播方式和会展效果已经无法满足主办方、参展企业以及观众的需求。新冠肺炎疫情的发生，也让会展业面临着更加严峻的挑战和压力，会展企业开始积极探索新的创新服务模式。

在互联网思维下，线上线下的融合，为参展商以及观众提供精准服务的商业模式，这无疑将成为会展业发展的一大热点。线上线下创意服务模式，不仅提升了整体展会的直接宣传和效果，而且也增加了会展主办方的另一种线上展会收入，从而实

现了会展各方的满意和共赢，这对会展行业的整体发展和服务创新具有重要意义。

（四）创意设计服务促进会展方式多元化

传统会展以商品为中心，现代会展以人为中心，而人的需求千差万别，传统单一的会展方式已无法满足人们需求，探索更多的会展方式是形势所趋，创意设计为探索多元化的会展方式提供了可能。

多媒体技术的出现与快速发展，催生了以 VR 技术、AR 技术、全息投影技术为代表的虚拟展示系统，VR 技术利用计算机系统还原三维动态的真实情境，对用户提供视觉、听觉、触觉等多感官刺激，让体验者完全沉浸在虚拟的场景中，体会到真实的、强烈的存在感。移动互联网技术的快速发展与高度普及，为传统会展提供了“可移动”功能。会展企业不仅可以通过运营微信公众号等方式传播会展信息，并结合大数据分析技术，为受众提供精准化信息推送服务，而且通过 App，集成会展信息发布、商品展览、实时交流等功能，打造全新的移动展会运营平台。

三、新经济环境下会展业变革与创新

放眼整个会展业的发展，我们会清楚地意识到在社会不断发展变化下，带给会展业发展的挑战与机遇。“十三五”已经成为过去，如今正处于“十四五”开局时期。在新经济环境下，会展业创意设计服务应在多个方面实现突破提升，促进会展业创新发展。

（一）把握数字经济时代，推动数字创意模式

会展业的发展与数字经济的发展有着密切的联系。会展业对相关产业具有极高的带动效应，会展业发展越蓬勃，相关的经济发展越活跃。疫情加速了会展业数字化转型的步伐，一系列数字会展场景的涌现推动了会展业数字经济的快速发展。在经历了疫情后，对会展产业活动提出了更高的要求，会展业发展从“面对面”逐步探索到“屏对屏”，线上线下共同发展，成为会展业发展的方向，同样也成为创意会展企业正在探索的新路径、新模式，未来更有望成为会展业发展的新趋势。在疫情常态化的特殊时期，大型展会通过线上这样一个方式与载体，纷纷“云”上集合，同样也赋予会展业发展新路径。

在数字经济飞速发展的今天，各行业之间的技术发展和业务交集已不再是单一独立的，已呈现系统化、强关联的综合性形态。因此，抓住信息化向数字化转型的关键战略机遇，已成为创意型会展企业发展的重要趋势。创意会展企业需把握“数字经济时代”，推动会展运营数字化，建立会展大数据中心，加快运用人工智能、5G、物联网、虚拟现实、可穿戴设备等现代信息技术。提升会展经济增加值，运用人工智能、大数据、云计算等现代信息技术赋能会展经济，推进会展流量与经济发展深度融合，培育“会展 +”新经济业态。

（二）倡导低碳办展，推进会展生态化

2020 年 9 月，习近平总书记在第七十五届联合国大会讲话中提出，“中国将提高国家自主贡献力度，采取更加有力的政策和措施，二氧化碳排放力争于 2030 年前达到峰值，努力争取 2060 年前实现碳中和”。在“碳达峰”和“碳中和”目标催化下，2 月 22 日国务院印发《关于加快建立健全绿色低碳循环发展经济体系的指导意见》（国发〔2021〕4 号），文件明确指出“推进会展业绿色发展，指导制定行业相关绿色标准，推动办展设施循环使用。”虽然之前业内也在倡导绿色发展，但推进缓慢、收效甚微。

如今，会展业现身绿色低碳循环发展经济体系的顶层设计和总体部署文件中，预示着“十四五”期间，会展业将进入“绿码通行”实质阶段。因此，加快会展碳排放管理、建立会展碳中和体系，推进会展生态化建设已经刻不容缓。创意型会展企业需倡导节能环保、低碳办展，支持场馆设施、项目运营、展示设计、展台搭建、仓储物流、垃圾处理等环节应用节能环保技术、可循环利用材料，提升绿色展会比重。同时，需利用 VR/AR3D 打印多点互动触摸、全息投影、裸眼 3D 人工智能等新工艺新技术，逐步实现设计简约化、构件模块化、材料低碳化。

（三）引领会展标准化，提升企业专业化水平

我国会展标准制定工作起步较晚，目前我国会展业发布的国家标准、行业标准、地方标准、团体标准已超过 80 余项，是会展标准化的数量大国，但并不是标准质量强国。

“十四五”规划中，中央对标准化工作做出许多重要指示，会展标准化建设也进入加速发展时期。在《中华人民共和国国民经济和社会发展第十四个五年规划和 2035 年远景目标纲要》“促进服务业繁荣发展”里提到，要健全服务质量标准体系，强化标准贯彻执行和推广。作为现代服务业的重要组成部分，会展业要领会贯彻文件精神，创意型会展企业也要努力执行甚至引领标准，让自身走在趋势的前列。

中国会展业正走在高质量发展的道路上，中国正在向标准质量强国迈进。此时，中国会展业应建立更多的国家标准，积极推出属于自己的行业国际标准，提升行业整体的专业化水平，逐步提高我国在国际会展业的话语权与影响力。作为创意会展企业需要不断学习贯彻行业标准，提升自身的专业化水平，提高自身的企业竞争力，让“标准”为企业、为行业的发展赋能。同时，要提出更高、更完善的行业标准，为客户提供更好的服务、赚取更多的附加值。

四、中国创意服务企业未来发展的方向及趋势

随着新经济的快速发展，“新场景、新业态、新模式”成为会展业创新转型的方向和路径。尽管如此，会展业在创新转型中仍有一段路要走。需要有“尝鲜”的勇者，为行业发展探索出一个可借鉴的模式。近年来，点意空间国际展览集团在会展业创新上做出不少努力，并引发了业界的关注。

作为全国展览行业十佳品牌展览设计工程企业之一，点意空间国际展览集团已荣获“中国（综合实力）最佳会展搭建商”及“中国会展业最具竞争力企业”等近百项荣誉称号，是国家级政府大型博览会、展览会、大型会议项目资深服务供应商；同时也是“企业信用评价 AAA 级信用企业”“中国 2010 年上海世博会展示工程类优秀服务商”和“中国 2010 年上海世博会参展援助项目优秀服务供应商”。2012 年韩国丽水世博会，由点意空间 Space Idea 打造的中国国家馆从 106 个参展国家馆中脱颖而出，中国馆荣膺最高奖项——展馆展示创意设计“金奖”。2015 年成功打造的意大利米兰世博会中国企业联合馆工程总包项目，土库曼斯坦国家馆设计与建设总包项目，获得“2015 年米兰世博会优秀服务供应商”，2016 年杭州 G20 峰会会场服务专项供应商，荣获“2019 年北京世界园艺博览会推荐服务供应商”资格，中标 2020 年迪拜世博会中国国家馆方案设计，同时也是首届进口博览会的大会氛围服务商及第二届进口博览会国家展区氛围服务商。

点意空间国际展览集团坚持走专业化、国际化、品牌化、信息化发展之路，致力于跨界发展和个性化、高品质、高水准的服务意识。在 20 年的发展道路上，点意空间一直在不断突破创新，引领未来。

（一）零碳化设计，驱动会展生态文明

作为生态会展概念的引领企业，点意空间在方案设计过程中坚持贯彻低碳、环保的理念。在项目过程中采用零碳化设计的理念进行全面思考，用新型环保可循环利用的材料，避免资源的浪费，为社会资源可持续发展作出了贡献。

2013年，点意空间提出“绿色·创新展览新动向”的服务理念，坚持走环保、节能、低碳化、可持续发展道路；2014 年，提出“设计零碳化、建造模块化、服务个性化”的全案服务新模式；2015 年，提出“零碳会展，无忧定制”的中国会展业高品质服务新概念，通过技术性创新运用与艺术化主题升华完美结合，用“低碳、绿色、环保”的发展思维引领行业改革；2016 年，提出“创新服务模式”“行业发展标准化”具有前瞻性的商业思维，围绕着“突破创意，引领未来”的主旨推动产业化经营模式，进行“点意空间”品牌塑造。至今，点意空间始终践行“零碳会展，无忧订制”发展理念，实现“环保行动”与“品牌建设”的完美结合，通过环境保护促进品牌建设。

（二）创意主题凝练，推动会展 IP 诞生

点意空间在会展服务中提出“创意主题化”的服务理念，用主题定义策划、设计方案。从方案策划、创意设计，到实施建造、运营服务，紧密围绕特定的主题进行创意服务与管理运营，有效提高服务水平，在一定程度上协同会展主办方共同提升会展品牌有效价值，推动会展 IP 诞生。

（三）会展与城市运营前置服务创新

“办好一次会，搞活一座城”。发展会展经济之所以会得到各个城市的高度重视和大力推动，是因为其为城市带来的拉动效应。除直接带动餐饮、住宿、交通、广告业外，更重要的是聚合产业要素、促进产业积聚、强化城市产业话语权，特别是打造城市名片，提升城市软实力。因此，对于会展业来说，只有更加强化线下才会有更好的线上融合，展会运营中尤其要注重彰显城市个性、城市文化，一个成为城市名片的展会，其生命力是毋庸置疑的。作为会展行业领军企业，点意空间国际展览集团坚持“会展改变城市”的理念，推动会展与城市运营前置服务创新。

（四）品牌创新思维促进新会展产业发展

当传统的模式不再引人瞩目，那么这个行业就会逐渐走向低谷，会展业的新模式，需要更宽阔的视界与更优秀的标杆。点意空间国际展览集团积极探索创新，从品牌管理到品牌输出，服务企业孵化。以企业战略为指引，围绕企业创建、维护和发展，通过计划、组织、实施、控制，整合要素与组织内外部资源，发挥品牌运营效果，以达到增加企业资产、打造企业品牌、实现品牌输出的战略目标，让企业从无到有、从小到大、从弱到强。在未来，点意空间将继续推动会展产业与数字经济、智能经济、绿色经济、创意经济、流量经济和共享经济等形态深度融合，促进新会展产业发展。

（五）数字应用赋能会展创意新未来

数字会展从静态到动态，并基于今天的互动展示，形成了丰富而庞大的产业体系。可以说，数字会展产业体系与产业链条正时刻进行着技术革新并影响着社会生产与生活。目前会展数字化的产业链已经形成，数字会展将从补充完善的地位发展成为未来行业支柱，会展数字化具有巨大潜力。创意型服务企业想要发展数字会展，必须要有数字服务和数字产品支撑，思维模式也必须要转变。点意空间国际展览集团在 20 年的发展道路上，一直未停止过不断追求探索和积极创新的脚步，坚持以专业技术、创新精神，为客户开启数字化体验新模式。

五、结语

可以说，在互联网化和数字产业化的今天，更多的传统行业被寄予了转型升级的厚望。会展已不仅仅是指线下的会展活动，数字化会展服务已将传统会展与媒体行业、会展行业和广告行业以及会展相关行业进行了深度融合，大大扩展了会展行业的内涵和外延以及其未来的发展空间。

数字化时代，会展业在创新服务模式上需要通过技术来实现会展上下游产业链之间的合作模式。随着线上或线上线下融合的会展模式涌现，衍生出了新经济时代的会展新生态。作为创意型会展企业，一定要抓住时代发展的机遇，立足于会展行业的特点和现状，结合当前技术的开拓创新，准确把握新发展阶段，深入贯彻新发展理念，促进会展行业的进步，共同助力中国会展业的发展。（作者系点意空间国际展览集团总裁）

点意空间国际展览集团

2021 年 7 月

变革与创新：影像科技发展推动会展业供给侧改革

文 / 张继

随着科学技术的发展，利用信息和互联网平台，使得互联网与传统行业进行融合，利用互联网的优势和特点，创造新的发展机会，这就是“互联网 +”概念的最初意义。伴随着移动互联网以及硬件设备的发展与应用升级，“互联网 +”的概念不断外延、扩充，是一种新思维的实践成果，同时也转化成一种创新理念，尤其是在 2015 年至 2020 年期间获得越来越多的发展机遇，2020 年 5 月 22 日，国务院总理李克强在发布的 2020 年国务院工作报告中提出，全面推进“互联网 +”，打造数字经济新优势。

创新 2.0（信息时代、知识社会的创新形态）推动下，这种演进催生的经济社会发展新形态逐渐在更多行业中开花结果，形成更具创新价值的产品与服务。恰逢“十三五”期间，我国会展业取得长足发展，自 2015 年 3 月发布的《国务院关于进一步促进展览业改革发展的若干意见》开始，会展业在供给侧结构性改革中提供更加优质的会展服务，促进会展新经济形态快速增长。

作为会展业服务供给侧中的一环，影像类服务商是分类最细的一类，也是充分遵循传统方式运营与发展的代表之一。移动互联网的快速发展，以及影像硬件技术的进步与创新，带动了影像行业科技的发展。而依托“移动互联网 + 传统影像拍摄制作”的新模式成为传统影像行业的一次新风口，这次新机遇的创新也成为会展业供给侧改革的新突破点，通过全新的影像传播方式帮助会展活动实现更多市场和社会价值，进一步推动中国会展业的创新发展。

一、社交需求场景化趋势明显

社交需求是人类的五大需求之一。按照马斯洛的需求层次理论，人类在吃饱饭并且感觉安全之后，就开始社交。在一个混乱无序且信息过多的社交媒体世界中，人们迫切希望见到相关的联系人，寻找新的同伴和合作伙伴，这也是商业会议会展活动的价值所在。活动策划专业人士需要在正式活动日程内增加参会者的交流机会，仅仅在会场中划出一块社交区域明显是不够的，能够增加与会者联系的、集思广益类的活动将成为活动的主流。活动技术供应商也在升级各自的服务，随着数据的可用性和人工智能的进步，活动应用程序的战场将是网络化。

作为记录和传递活动信息的载体，影像是最具有传播性的形式之一，特别是在社交媒体网络化的大趋势下，社交媒体是人们获得信息的重要来源，也是大众交流主要场景。传递有意义的图片和视频，成为社交活动中必不可少的选择。会展活动中，摄影摄像服务是其必不可少的一类服务内容，大多是要承担起对组织方、媒体以及参会者了解、传播以及记录活动内容的重要责任，规模和级别越高，其在影像服务方面的投入越高。而此时网络直播还并未得到社会的认可，会展活动的影像对外传播方面主要依赖传统的媒体渠道来完成，并且会展活动之后的展示更趋向于二维展示，即照片连载或照片集锦，甚至其更新的频率和时间，以及更新内容都大大低于参会者迫切了解活动的意愿。

2015 年及以前的会展活动中，参加活动的个人已经开始不满足文字等手段带来的信息价值，而更多开始选择利用自媒体设备或社交媒体来记录和传播活动的重要信息。但是一方面，用户个人的手机拍照效果不理想，而且无法充分体现活动现场的盛况，另一方面，现场的观众又无法第一时间获得官方摄影师使用专业设备拍摄的影像数据——这种“尴尬”的局面开始影响活动在社交媒体上的传播效率和传播价值，过去大众获取现场影像都是从官方媒体获得，而现在 70% 的影像内容是从社交媒体获得，强烈的社交媒体影像分享诉求与传统的摄影产生巨大的鸿沟，急需一种全新的方式改变这种窘境。

在影像需求场景化和高效化的趋势下，原有的会展活动影像服务商还面临一些新的瓶颈，即拍摄团队素质不一，拍摄效率不高，影像标准不统一，服务大型活动的能力较弱等。随着我国会展业高速、高质量发展，其服务体系也必须通过改革和创新来适应发展趋势。

二、新趋势下影像服务解决方案具备的要素

过去的供应商以拍摄后交付成片为最终服务目的，但现在的供应商应该向服务解决方案提供商的角色转变，这其中包括了公司的业务模式发生改变，摄影和摄像师服务方式的改变，互联网技术的应用，会展活动主办方需求的改变，更需要快速拿到高质量、高颜值的图像和视频，同时可以快速简单的通过社交媒体分享，供应商为会展活动主办方提供系列增值服务，如建立云端影像数据库，帮助主办方提供影像数据和分析数据，提供更长久的影像服务等，这些都是成为新的影像服务解决方案的概念，在面临会展活动高质量发展的趋势时，影像服务解决方案要具有以下特点：

1. 充分结合互联网和移动互联网要素，产品、解决方案和服务都要有互联网思维；
2. 充分了解会展市场的发展特点和趋势；
3. 服务具有专业化、标准化的特点；
4. 具有不断迭代创新的特点；
5. 适应线上线下多种场景的需求。

这种解决方案也催生出一批具有“互联网 + 传统影像”的新服务商，而为了服务会展活动，更需要既懂得影像专业知识，又要懂得会展活动组织、执行和传播特点，这也造就了一批具有时代特色的影像服务解决方案提供商。他们的特点是：

1. 影像产品快速产出；
2. 高质量的服务和产品；
3. 全方位影像管理，影像顾问、影像数据库、一对一客服等；
4. 服务团队专业化、标准化。

三、互联网 + 会展影像推动会展行业的改变

在这飞速发展的五年里，由于服务模式的改变，社交环境的变化，会展业内越来越多的主办方、会展公司在关注来宾体验的同时，也更加注重对外宣传，希望更多二次传播。现场影像内容不再是官方媒体宣传素材，不再是主办方留存资料，更是实时的传播内容。现场照片到云端只是第一步，让这些照片如何产生更多的互动、分享、数据，是会展行业影像赋能的下一步。

1. 好会展不仅内容好，“颜值”也要高

展会行业发展至今，展会的主题与展会的内容形式都在不断优化，以提升参展商与观众的体验。而如何将展会的整体观感、参展商的风采以最有品质的方式向外传播，因为现场影像即“颜值”，所以现场影像成为传播广度、深度的影响因素之一。

2. 关注并提升现场来宾互动

展会早已不再是展商来“秀”，观众来“逛”的模式，观众来到展会不仅有的逛，还有的玩。无论是主办方还是展商，都在绞尽脑汁提升来宾体验和现场互动的影像交互环节。AR 和 VR 技术在现场的运用，多样影像互动的装置，抽奖甚至游戏，这些以前只会在品牌发布会上出现的互动体验，现在也能够在展会上看到了。让观众玩起来，动起来，在互动的过程中，体验展会的内容，更有趣也更深刻。

3. 社交媒体助力会展宣传

“出圈”成为了新的会展行业需求。不论是基于会展的网络传播越来越重要，还是基于会展需要“出圈”，为了能够摆脱酒香不怕巷子深的传统思维，现在越来越多的会展活动在传播营销内容方面，也开始尝试新的突破。在这个人人都是自媒体的时代，每一位行业来宾的朋友圈分享，都是一次触达几百人次的高价值宣传发布。如此来说，朋友圈分享的内容，就是品牌宣传的内容。以前主办方或者展商，只要把控宣传渠道和宣传内容，现在还要考虑如何提供给个人的宣传素材。优质的影像素材，能够让观众触手可得，方便下载分享，正是当下展会主办方和展商需要的服务之一。

4. 不再受物理空间，甚至时间的局限

影像激发分享，互联网让边界变得无限。通过来宾对影像及直播页的二次传播，影响未到场的观众，从此会展活动不再受现场来宾的人数限制和空间限制，一次展会，覆盖全网。直播回放让展会的精彩内容能够长时间留存于网络，摆脱时间的限制，让更多无法实时观看直播的观众，在其他时间一样获得一手消息。主办方开始重视直播及直播页的宣传，改变过去聚焦现场的纯线下模式。

5. 会展从信息单向传输，向社交互动升级

曾经的展会很长一段时间都处于一种信息单向传递的状态，即展会或展商，将产品或者服务信息单向传输给参展的观众，观众则鲜有渠道向展会、展商反向回馈自己的感受。现在，拥有了直播间的展会，不仅可以向观众展示展会内容，还可以通过各种渠道收集到观众的反馈。浏览照片或视频直播时，通过发布弹幕、评论、提问等方式，增加来宾的交流反馈；通过投票、抽奖、发红包和表情包来增加来宾的互动。这正是现代展会所必须的信息平台。

6. 会展数据化的开始

在没有互联网 + 加持的展会时期，对于影像服务，都是现场拍摄、结束后几天交付。不仅无时效性，更没有对展会的影

像资产留存管理。当互联网 + 赋予了展会服务商更多云存储、云计算的能力，对庞大的展会影像资料，有了影像数字化管理的能力。每一次展会的影像资料，可以存储云端，随存随看随下载；更重要的是，对于主办方及展商来说，他们可以通过影像数据来查看观众的浏览习惯，绘制自己的受众画像，为以后的规划提供数据依据。

7. 会展影像多元化

不仅是照片和视频直播，短视频也越来越广泛运用在展会场景下。从 2019 年开始，随着抖音、快手，乃至后续跟上的微信视频号，短视频更是现场传播的重要渠道。视频快剪服务也成为越来越多的客户采购的服务。各个影像直播服务商都在积极开发更多形式的短视频服务，如即享影像新推出的 360 即刻秀产品，更是迎合现在短视频传播的需求，来宾在现场可获得一条 360 度环绕短视频，让现场短视频更具有吸引力。另外包括虚拟背景合成等在内的视频拍摄服务，都出现在会展场景之中。

四、疫情让会展影像科技发展加速

截至疫情初（2020 年 1 月），照片直播行业发展 4 年有余，虽然发展很快，但对于整个行业，除了应用影像直播互动服务的主办方和主要聚焦在规模较大、理念前沿、重视来宾体验和网络宣传的部分主办方之外，依然还有大部分会展主办方采用传统的影像服务模式。

2020 年，随着新冠疫情的来袭，会展业从数量与规模上都受到了不小的影响。在 2020 年下半年，越来越多的会展活动采取线上或线上线下结合的方式举行。即享影像的视频直播、多地连线、云导播等服务订单大幅增长。从即享影像的业务数据来看，视频直播业务翻了五倍，且主要集中在疫情期间。大量的会展行业主办方在疫情期间前来咨询了解视频直播业务。

疫情让线下停摆，行业的线下惯性受到了巨大冲击，倒逼行业所有人重新思考、尝试。疫情从侧面推动了会展行业互联网影像科技的发展。

我们认为，疫情让行业在互联网影像科技方面的发展加速了 10 年。疫情催生视频直播的广泛应用，加速云会展、云会议的到来，即享视频直播作为云会展、云会议的内容制作及传输端，也感受到了环境的加速变化，推出多地连线、VR 全景等服务，满足更多线上会议、展会的需求。2021 年 6 月 23 日下午，数字会展研讨会暨中国会展经济研究会数字会展工作委员会成立大会于 2021 中国会展经济研究会年会期间在天津国家会展中心举办，会展行业向数字化转型成为必然。

在国外的会展行业，已经开始浮现出如系统集成数据库、买卖匹配系统、CRM 系统、数据挖掘系统等数字化管理工具。未来无论是主办方还是展商，数字化管理都是必然之路。影像的数字化管理，对于品牌资产的沉淀、影像数据分析、会展资源分配等方面，都具有极大的价值。即享影像作为中国会展经济研究会数字会展工作委员会副主任单位，希望可以为会展行业的影像管理数字化贡献自己的力量。

五、影像服务加速会展业数字化、专业化、标准化发展

随着会展业的互联网数字化发展，影像作为数字化形式之一，逐渐成为主办方的核心资产。结束后的展会会议，影像作为记录载体，成为唯一充分体现当时盛况的内容。现代影像直播服务，将影像资产存储云端，将展会影像资源集中于一个地方，方便读取查找，无论人员如何交替，影像资产却会永久留存，这对于展会主办方来说，是十分必要且迫切的需求。

我们今天已经可以看到，越来越多的主办方，他们对于即享影像这种客户影像管理后台，对于将全年度的影像直播进行整合的需求，以及后台数据的整理分析，都是十分关注的。这些主办方已经在重视影像资产的数字化管理，同时也对即享影像的产品后台实施品控系统以及数据化系统，表示很高的认可。

随着数字化管理的应用逐步完善，影像数字化在为主办方提供更多信息之外，也在反哺影像服务商的服务趋向标准化及专业化。

互联网 + 环境下诞生的会展影像服务商，将零散的影像服务个体聚集为有标准、更专业的服务企业，为满足不同类型、不同规模、不同需求层次的主办方，创建“好品质且更适用”的服务标准体系，影像服务商可以通过基本信息、专业能力、口碑评价、从业经验、服务特长等不同维度对服务人员进行管理，为之后的会展现场提供更符合需求的影像服务。

在此，会展产业中的影像服务建立起产品、服务、客户、用户四大云端模块，以直播间产品为前端入口，以服务创造内容来引导用户上云，架设客户与用户之间的云端桥梁，将用户聚集在产品内，再通过一系列互动方式，让用户在云端产生更多数据信息，成为客户宝贵的数据资产，形成以影像为入口，带动会展上云的前提。

2021 年，我国推出“十四五”规划，提出了更高的更明确的导向性要求，其中包含大数据、云计算、智能 AI 等方向。国家发布了这个规划后，整个国家的产业经济，都在科技发展上投入了更多的关注和投入，相信接下来在会展行业的各个领域，这种产业互联网会更加的蓬勃发展，获得更卓越的成果。

新技术支撑新服务、新服务推动新会展、新会展带动新经济。在会展行业的产业互联网升级大潮之中，影像逐渐扩展出会展影像、互动、营销传播、云计算、云存储、用户数据画像、品牌数据管理等服务。这一系列服务正在由新兴的会展影像直播服务商们着手研发。在“十四五”的宏观环境下，这些服务

商承担着细分行业创新者的角色。技术的发展，环境的变化，都在影响着会展影像科技的发展方向。

未来，会展行业在经济发展新常态和供给侧结构性改革的背景下，将会获得更多机会。相信经过一段时间，前驱者和创新者都会找到适合会展行业发展的道路。（作者系即享影像创始人）

试论中外展览绿色布展创新之路及发展趋势

文 / 孙晓球

随着全球化趋势的迅速发展和“双碳”的国家战略目标的实施，展览展示工程、设计、制作对展具的需求越来越大，各种促销、推广、宣传、展览等对绿色布展的要求也越来越高。中国绿色布展的发展是和展览展示工程市场的扩展及壮大分不开的，绿色布展的设计、制造、搭建企业在市场的推动下，通过不断地创新得以成长壮大。

一、中外展具行业的发展历程

随着全球化趋势的迅速扩张，国际政治、经济、文化的交流日益加强，我国的贸易规模逐年扩大。在这种发展大背景下，以展览和会议为主要内容的中国会展业得到了快速蓬勃的发展。

20 世纪 90 年代，我国会展业开始进入快速发展时期，在此期间，会展数量不断增加、展览面积迅速增大、会展组织能力大大增强、场馆经营能力得到提升、会展公司数量在增加、实力在加强、具有竞争力的会展品牌和成功申办会展的城市越来越多。会展业在推动经济发展、促进城市建设、提升公众生活质量、改善公民居住环境、增加就业机会等方面作出了巨大的贡献。

世界展览业经过了 150 多年的发展，运作模式已非常成熟。德国、法国、美国、新加坡和中国香港等发达国家和地区一直是会展业发展的领先者，它们在长期发展过程中逐步形成了政府推动型、市场主导型、协会推动型、政府市场结合型四种成熟的运作模式，它们凭借其在科技、交通、通信、服务业水平等方面的领先优势，在世界展览业发展过程中占有着绝对的优势。

纵观世界会展发展现状，欧洲是目前会展业当之无愧的龙头，其会展活动素来以数量众多、规模庞大、贸易性高和管理专业化而著称。欧美国家借助雄厚的经济实力以及丰富的会展经验、高质量的服务、便捷的交通基础设施，使世界会展市场多数集中于此。但是伴随着世界经济的发展，经济多极化趋势明显，亚洲部分国家经济逐渐崛起，会展经济的重心也逐渐东移，亚太以及拉丁美洲部分地区的各大会展城市迎来了发展的机遇期。北美的会展业比较发达，其总体发展水平仅次于欧洲。亚太地区的会展业发展迅速，市场前景广阔，是国际会展业的新生力量。

据国际展览联盟（UFI）组展商趋势来看，亚太地区已经成为当前国际会展业格局中最为活跃的市场，在国际会展业中发挥着越来越重要的作用。基于此，未来国际会展将逐渐形成欧洲、北美洲和亚太三大地区共同支撑的局面。已经处于领先地位的欧洲和北美洲地区将逐渐进入会展后发展阶段，展会数量、展览场馆将趋于稳定；而以亚太为代表的新兴市场，会展基础设施投入将明显提升，会展数量和规模也将保持较高水平。

虽然当今世界已迈入后工业化时代，以互联网为标志的信息技术与虚拟技术使沟通更加快捷，但作为“展示、竞争和鼓励”重要平台的会展行业，在全球一体化的世界新格局中越来越显示出其重要性。作为服务于会展经济的展览展示布展行业，以艺术与科技的完美结合，不断拓展其适应的新领域与发展空间，成为技术多元、人才密集、创新力强、适应面广的新型创意产业集群。

展览会布展最基本的展览展示器材最早出现在德国。以德国为代表的欧洲展览器材，为现代展览朝构件化、精密化、模块化、标准化、重环保等方面发展做出了楷模。1928 年德国 Meroform 公司推出以第一代铝合金材料的 R8 八通、R8Plus 方柱、M6/M12/M12plus 球杆球节、卡布型材、灯箱为代表的展览专用的槽口系列展览展示器材。1968 年，德国的奥克坦姆公司开发出一套集效率、灵活性和个性于一体的槽口系统，其中包括：铝型材为主体的槽口系统、布饰、板面、地台系统、双层系统、洁净室系统、配件、工具、包装、便携式展具、户外展具、旗帜横幅等，将展览、展示、室内设计、洁净室系统定制化。

在近 50 年的展览器材发展的历史中，世界的展览器材产品先后出现了槽口系统、布框系统、桁架系统、地台系统、墙板系统、灯箱系统+布饰系统、二层楼系统等，适应了世界展览、展示、室内设计的市场变化和新的要求。美国则是在德国展览器材发展的基础上，又加入了更多的小型桁架、折叠展架、布饰结构等，在秉承构件式展览器材的发展基础上，增加了同样以模块原理构成的更为轻盈、淡化构架轮廓，以构架的整体加画面处理形成一种风格的系统。这些系统显然比严格的几何关系要容易得多，而且不同模块具备一定的独立性，可以分别使用。而日本则是构件式展览器材使用最为普及的国家之一。日本除了广泛使用构件展览器材之外，又将铝合金桁架的使用推到一个顶点，常常利用桁架来实现整体展台。

表 1 国际会展行业绿色展具区域的占比

国家或地区	绿色展具所占比重	主要特点
欧洲（德国）	65%~70%	展具设计生产的起源地；铝合金槽口系列
欧洲（俄罗斯）	20%~30%	铝合金槽口系列、木材装修
北美（美国）	65%~70%	圆管、轻便、个性化造型
中东（迪拜）	5%~10%	传统欧洲文化；木材+钢材装修
亚洲（日本）	80%	环保意识、地少人贵、垃圾分类
亚洲（中国）	10%~15%	铝合金槽口系列、木材装修
亚洲（中国香港）	60%~70%	铝合金槽口系列、圆管
亚洲（新加坡）	50%~60%	铝合金槽口系列、圆管
亚洲（韩国）	50%	铝合金槽口系统、桁架、圆管

在中国会展业的发展历程中，作为中国会展产业链中不可或缺的重要环节，展览展示器材行业得到了快速地发展。随着中国会展经济的蓬勃发展，展览展示工程、设计、制作对展具的需求越来越大，各种促销、推广、宣传、展览等对绿色展具的要求也越来越高。

中国会展发展之初，德国、意大利、美国等欧美国家的展览业已经发展到鼎盛时期。因此，“拿来主义”也就成为快速发展的中国展览业唯一的法宝。但是在展具的发展过程中，没有消化利用其精神，而是简单抄袭，直接表现为仿冒、复制。价格低廉、工艺粗糙是共同点，科技含量低、缺乏创新是致命的弱点。中国的展具企业也意识到展具市场存在的诸多问题正在阻碍展览布展市场的正常发展，同时也不利于企业自身的发展壮大，为此，展具生产企业自身也在加大自主研发的投入，增强展具创新性。展具的节能、环保也日益受到关注。常州霍克展示系统公司自成立以来，先后拥有 28 项中国专利，两项德国专利及一项美国专利，产品远销欧美、非洲、大洋洲以及中东和东南亚等地区，由于公司超值的设计开发服务，产品深受海内外客户信赖，市场份额逐年增加，产品销量大幅增长。

二、绿色布展的创新演变之路

中国展具行业的发展是和展览展示工程市场的扩展及壮大分不开的，绿色布展的设计、制造、搭建企业也在市场的推动下，通过不断地创新得以成长壮大。

中国展览展示绿色布展行业发展经历过三次重大演变：第一次是 20 世纪 80 年代末和 90 年代初期，现代展览技术、展具装备进入中国展览市场，推动了现代展览工程企业的发展，也形成了目前仍然可见的企业衍生、发展版图和行业布局。第二次是在 2008 年北京奥运会和 2010 年上海世博会这一周期，既从展览工程企业中“分化”出一批展出企业，也由于会展活动的国际性视野、国际化标准、先进的展览展示技术和创新的展具使用，极大地促进了绿色布展进化发展。第三次则是由中国会展经济新常态所带来的对于会展功能定位的重新认定，以及与“互联网+”、大数据、互动多媒体、新媒体等领域迅猛发展产生的叠加效应，使得绿色布展犹如插上了腾飞的翅膀。每一次的演变和提升，都大大促使绿色布展企业更加积极地开展设计创新、技术创新和经营创新。绿色布展的展览展示器材、绿色展具在材料的环保性、功能的多样性、结构的合理性、使用的便捷性等诸多方面有了全面地提升。

目前，用于绿色布展的绿色展具有以下几方面的产品分类：

1. 以材料分类有：铝合金型材、钢架结构的桁架、木材、玻璃、各种质地的防火布饰材料；

2. 以功能分类有：槽口系统、框子系统、桁架系统、地台系统、墙板系统、灯箱系统、布使系统、二层楼系统等；

3. 以展具功能分类有：接待台、展示台、背景墙、拉网展示屏风等。

对中国的绿色布展市场来说，方便、组合型、可重复利用的展具是最新发展趋势。目前国内布展市场特装展台还在大量使用不可重复使用、不能回收的木结构，大量的木材被白白消耗，其他不能重复使用的材料也被丢弃，造成了比较严重的环境污染。除了资源浪费之外，木材的大量使用还造成很大的安全隐患。展场是人群高度集中的地方，消防是展览会必须重视的问题，大量木材、胶水的使用不利于防火。而金属及复合材料制作、大型、轻巧，可组合反复使用的展具是未来展具发展的趋势。此外，展具的环保、节能问题也日益受到关注。要想改变目前国内展具市场的现状，消除环境污染和消防安全的隐患，减少

表 2 中国展览展示器材和展具创新发展经历的不同发展阶段

时间轴	展具产品	特征
1.0 时代	钢木结构、铝合金型材	标准模块化、重复使用、单一系统化、材料浪费
2.0 时代	铝合金型材、布艺、多媒体	智能参数化设计、以租代售异地化呈现、多系统融合、物流降本
3.0 时代	铝合金型材、布艺、多媒体、互联网、5G 运用	智能化设计软件开发、线下共享仓储线上共享设计、个性与共性的平衡、人才集聚的成本

能源消耗，需要从根本上改变展具设计人员的设计思维，灌输环保和节约能源的设计理念，尽量少使用或不使用木质材料。同时也需要参展商在考虑展台的美观、实用以及成本的同时，尽可能地从节约能源和环保的角度加以考虑。

发展绿色展览对展览材料提出了更多更高的要求。能够支撑会展行业未来健康可持续发展的展示材料，必须符合三个条件：具有环保概念、具有简洁概念以及具有速度概念。这三点是展览展示材料未来发展的必然方向，而目前，只有模块化构件式环保材料具有上述三个特点，而铝合金展具型材就是重要代表之一。铝合金展具型材的使用可以有效节约展位搭建时间，同时增大展示空间，将时间与空间进行完美结合。可以说，铝合金材料是最具竞争力的材料，是未来展具发展的方向，是未来展览展示材料的发展趋势。目前，铝合金型材在展示器材中，被广泛应用，从展览厅的构架柱到作为展示前台的台面，以各式各样的形态出现在各种展具中。

以实用、方便、可重复使用为目标，一些中国绿色布展企业已开发了新型展具投入市场，如 2003 年常州霍克诞生了中国第一款快装便携灯箱 + 圆管轻便展示系统——易拉宝展具。新的易拉宝抓住了中国展览不断发展的大好机遇，不断创新研发出圆管展示系统、拉网展示系统、折叠桁架展示系统、灯箱型材展示系统及金刚展示系统等，注重共性与个性的平衡，弥补了环保展具缺乏个性的不足，客户不同的个性化展示设计需要得到尽兴呈现。常州霍克展示产品设计开发能力和产品质量在国内同行业中名列前茅，创新产品达到十七种系列，品种多达 250 余种。所有产品安装快捷、易拆除、可重复利用、运输及存储方便、利于环境保护。常州霍克拥有雄厚的展示产品研发设计实力，注重“艺术与技术”的结合。

三、国内绿色布展发展中存在的问题

1．绿色布展观念重视不够

绿色布展的概念涵盖广泛，涉及采用大众运输、减少纸张印刷、减用纸杯、展览摊位的设施材质可否回收等，这些都是当前备受关注的环保焦点。始终要把环保、低碳的意识，贯穿到整个绿色布展的策划、组织、执行工作中去。从具体实施方面来讲，就是要在各个方面遵循 3R 标准，做到减量、可利用、可再生。

2．绿色布展供应链不健全

绿色布展的产业链发展还不完善。传统会展产业链缺乏对绿色展览各个环节的服务支持，因此绿色布展在实际执行过程中遭遇了“搭建难、重复使用难、仓储物流难、标准体系不完善”等问题。绿色布展设计、制造、搭建企业要进一步加大绿色展览器材的研发力度，以满足市场日益增长的需求，要把绿色布展的理念逐步渗透到场馆、主办方、参展商、搭建商等绿色布展产业链各环节中。

3．缺乏系统推广绿色布展的方法

绿色展览应该由政府部门来主导，各个方面共同参与，制定出一套行之有效的标准，然后明确奖罚措施、监督执行，这样才能形成良性循环向前推进的趋势。如何推进绿色布展，笔者以为可以从以下四个方面开展：一是要引起政府部门的重视和支持，行业协会要把声音传递到政府；二是要制定标准，从设计到施工，到材料的选用，整个产业链统一标准；三是要认真学习国外先进的理念和做法，在国内进行推广；四是要发挥行业自律的作用。

4．对绿色展具经济效益的误解

展览行业对环保展位的经济成本普遍存在认识上的误区——认为一次性投入成本比较高。一般来说铝合金展具的价格可能是木结构的 1.3~1.4 倍，但是，一次参展过后，木结构留下的是一堆废料，毫无再次利用的价值，而铝合金材料却可以再次利用。当然，铝合金材料在下次投入使用时也需要一些维护保养、仓储、运输费用，大约占到总成本的 10%。以两次使用的成本来看，每一次使用铝合金展具的成本是木结构材料的 0.7~0.75 倍，这里面的价格差额是可观的，而且铝合金的利用率是远远不止两次的，这样单次经济成本只会更低，所以这才是铝合金展具真正经济实用的价值点所在。

5．设计师缺乏绿色布展技术的培训

会展行业的设计从业人员大多是学美工出身的，设计创意是强项，但对机械结构件的了解甚少。而在行业内也没有对新技术、新材料的推广建立起一条快速有效的交流通道，这在很大程度上制约着展览行业对绿色展具的接受度。会展业人才的

短缺，不是数量问题，而是质量问题；不是整体性短缺的问题，而是结构性短缺的问题。尤其绿色布展作为近几年发展的新兴课题，本身在推广与普及上存在短缺与不足，而新材料新技术的应用对设计人员、技术人员、搭建人员的要求又高，所以我们要加强对设计师的培养和培训，加强国际化人才创意交流。

6．参展商审美习惯对绿色布展的制约

客户对特装展台的审美标准和价值观，始终制约着绿色布展的发展。对于很多有着传统观念的人来说，他们更愿意使用木材等一次性材料，因为这会让展台看起来更炫目，更能够体现品牌形象，过分追求新、奇、特，普遍认为铝合金构件式展具搭建的展位档次不够高，木结构展位视觉上更气派。很多参展商过分追求展台的造型亮丽以吸引观众，却忽视了作为展示产品功能和方便企业与客户有效交流的展位真正的功能和内涵，这就是绿色布展在推广过程中出现的难点。现在及未来，判断一个展台好坏的标准并不是看它外观是否华丽、是否奢侈，而是看展台所表达的概念、展台的功能性、展台的沟通能力、展品本身，以及在设计的同时要考虑好如何能在撤展时保持环保、有序、安全。

四、践行绿色布展发展中的市场机遇

随着中国经济的快速发展，经济结构、增长速度、增长方式和增长动力等要素都在发生着深刻变化，对于环境治理也提出了新的要求。特别是“碳达峰，碳中和”双碳目标这一国家战略的提出，越来越多的会展业有识之士开始关注中国会展业发展带来的高能耗、高污染弊端，并对会展业发展提出绿色循环可持续的要求，展览产业链中各个环节的环保意识正在逐步增强。

2021 年 2 月 22 日，《国务院关于加快建立健全绿色低碳循环发展经济体系的指导意见》（国发〔2021〕4 号）明确提出，“推进会展业绿色发展、指导制定行业相关绿色标准、推动办展设施循环使用”。同时，面对世界气候问题的日趋严峻，全人类对于生存环境的保护意识逐步增强，在全社会对于发展绿色环保低碳经济的强烈呼吁下，推动绿色布展、实现会展业健康可持续发展成为会展行业必经的转型之路，同时也是绿色布展设计、制造、搭建企业转型的必由之路。

中国展览展示器材业发展很快，中国展具业的前途非常乐观，但由于市场混乱，缺乏行业标准，展具质量不一，价格参差不齐，制约了中国展览器材行业的发展。对中国展览市场来说，方便、组合型、可重复利用的展具是展览市场最新发展趋势，在国际上很有竞争力。

中国的绿色布展市场最主要需求来自以下几个方面：

首先是用户的需求。随着大型场馆的不断建设，展览市场越来越趋于成熟，展会规模越办越大，参展商对展台、宣传、体验的绿色布展需求也越来越大，要求也越来越高。

其次是国家对推动会展领域资源节约、发展低碳循环经济提出了实现双碳的国家战略。各级政府对实现绿色会展都提出了明确的要求，2021 年 5 月 26 日，成都市出台了《成都市会展业促进条例》，提出成都市构建资源节约型、环境友好型会展生态体系。“以绿色科技为动力，支持绿色场馆建设，发展会展业绿色制造、绿色采购、绿色搭建与绿色服务。鼓励企业使用低碳、环保、节能及可循环材料、产品、设备和技术。同时将推动绿色会展相关标准的制定。”

各级政府出台的相关政策都为展览展示器材制造企业打开了一个新的通道，也促使展具生产企业加快环保产品的升级换代。

最后是会展场馆和展会搭建商的需求。随着展会布展时间短、减少会展垃圾和采取垃圾分类等各项绿色布展的措施的实施，对采用新型环保、可重复利用的展具的要求也越来越高。

与社会的进步相契合的是分工越来越细，垂直品类的深度进化和分化将是大势所趋，绿色布展行业未来也将形成产业生态圈——租赁平台化。虽然绿色布展这条路很艰难，但是中国的展览展示器材生产企业将全力以赴打造“绿色会展”，减少展会垃圾是每个会展从业者的责任和义务。

五、绿色布展的设计应用及创新

以环保为主题的绿色布展，是从艺术领域演化而来的。一个方向是向生态主题靠近，并衍生出“生态艺术”，其核心是呼吁人们关注人类对地球施加的影响，并倡导绿色环保的生活方式。另一个方向是专注于艺术品的节能与可再生资源的利用，这是随着科技发展而来的另一艺术形式，兼具美学与功能性。对于展览来说，利用“环境艺术”产生的艺术品作为商业空间的绿色布展，是国外很多商业体塑造品牌形象的举动之一。大型展览会能耗巨大，且是消费主义的代表，在西方国家被认为是“环保”的反面。因此，做好绿色布展、节能减排、环保主题营销活动，成为了会展行业常用的“环保宣言”。

那么如何去开展绿色布展的创新与创意呢？创新就是要解决布展单一问题，最主要是解决参展商布展中的共性、模块化、高效率等技术问题。希望通过产品的研发，在保证绿色布展的同时，又保证客户个性化的需求，将两者有机结合。

绿色布展创新可以从以下四个方面着手：

1．硬件创新。主要是从展具的材质、结构、功能、组合方式以及表现形式等方面展开。

2．软件创新。研发出新的展示设计智能软件，其主要功能运用于标准模块、拉伸组件、个性展位设计，以实现自动报价、物料清单、库存管理、画面尺寸、重量体积、安装时间等功能应用。展示设计智能软件还能解决展示设计师素材少的问题，提供设计灵感与模版。

3．商业模式创新。其主要有三个方面：① 基本原则是多方共赢。② 发展方向是使用超级接口，连接供需两端。③ 经营策略是以点带面引爆指数增长。

4．绿色布展设计创意。在绿色布展设计方面主要注重三个方面的创意：造型创意、文化创意和场景创意。开展绿色布展的创意设计，主要解决展台的个性化、定制化、沉浸式体验等问题，使得展台不仅能达到绿色环保要求，同时更能凸显参展企业的整体形象和品牌效应。

霍克展示系统公司在中国展具行业辛勤耕耘了 26 年，霍克展示系统公司旗下易展宝环保展具租赁平台，定位于易设计的环保展具租赁平台，以让全球布展更省心为使命，为国内外展览设计公司提供在线智能化环保展具设计软件及遍布全球的环保展具租赁运营中心。

未来易展宝将继续致力于环保展具技术创新和商业模式创新，基于标准化部件、模块化组合、智能化设计、个性化定制、多元化系统、异地化呈现的平台特点，为展览设计公司提供更能打动参展商的产品；同时，产品创新上不断超越自我，注重用户体验以及艺术与科技的完美结合，践行绿色布展始终不变的初心，即改变展览展示行业从业人员的工作模式，让大家更健康、更安全、更轻松。用绿色布展改变产业资源浪费的经营模式。（作者系常州霍克展示系统有限公司董事长）

城市公共空间视角下会展场馆社会功能初探

文/朱芷君 李晓莉

城市公共空间是城市的重要组成部分，与城市的正常运转和居民的社会生活密切相关。本文在阐述城市公共空间发展状况、功能定位及特征的基础上，以2020年疫情期间武汉各大会展场馆作为“方舱医院”的使用为例，指出会展场馆在发挥社会功能时的角色转换、表现特征、具有的优势以及面临的挑战，为提高会展场馆社会功能的使用效果提出相应借鉴。

一、研究背景

会展场馆是城市里常见的一种公共空间，据不完全统计，2017年我国可供使用的会展场馆数量为348座，室内可供展览总面积达到1187.99万平方米。然而不少会展场馆依然存在着与城市配套服务功能不相吻合、会展场馆的外化表现与内在功能不相适应等问题。从场馆的利用率来看，如表1所示：2017年利用率排名全国前十的会展场馆中，利用率从广州保利世贸博览馆的37.34%到成都世纪城·新国际中心的63.13%不等[3]。可见我国会展场馆在功能开发与利用方面具有较大的发展空间。

表1 2017年国内利用率排名前十的会展场馆

序号	场馆名称	使用面积（万平方米）	利用率
1	成都世纪城·新国际会展中心	485.73	63.13%
2	上海新国际博览中心	892.72	57.14%
3	上海世博展览中心	268.23	56.81%
4	北京中国国际展览中心（朝阳馆）	160.88	54.33%
5	北京中国国际展览中心（顺义馆）	327.28	45.68%
6	郑州国际会展中心	203.34	44.19%
7	青岛国际会展中心	190.67	41.25%
8	海南国际会议展览中心	123.03	40.14%
9	南京国际博览中心	237.55	37.55%
10	广州保利世贸博览馆	192.37	37.34%

本文结合城市发展的多元化需求，聚焦于会展场馆等公共建筑与城市动态需求之间的关系，总结出了规划设计、运营管理及公共服务等影响会展场馆发挥社会功能的因素，探讨如何在公共突发事件中提高会展场馆的使用效果，从而为会展场馆的前期规划和后续功能开发提供依据。

二、文献述评

（一）城市公共空间

城市公共空间的狭义概念是指为全体城市公民所公有，并为全体市民公共使用的城市外部公共空间。广义概念则可以扩大到公共设施用地的空间或容纳多种公共活动的场所，除建筑的外部空间外，还包括部分公共建筑和公共建筑中对城市开放的公共区域，例如城市中心区、城市绿地、商业区等。

具有如下特征：第一，与外部具有关联性和系统性，受城市发展需求的影响和制约。城市公共空间与居住、产业、交通、自然生态系统等外部物质空间系统共同构成了一个庞大的城市空间系统。在发展过程中，城市公共空间一方面需要不断地满足城市的发展要求，另一方面又反过来不断实现着其对于城市的意义和价值。第二，内部结构具有层次性，具备分层次改造的基础。城市公共空间内部具有层次性和结构性的特征。宏观层面，指点、线、面构成的空间整体结构；中观层面，包括轮廓线、尺度、比例、连续性等形态特征；微观层面，则包含内部设施、地面铺装等细节特征。在实际利用中，城市公共空间具备分层次分阶段改造的条件，能够较快实现功能的转换。第三，整体空间具有公共性，是满足社会需求的物质载体。公共空间的设立被视为一种积极参与和介入社会问题的良好途径。城市公共空间是实现人们社会活动和满足人们社会需求的物质依托，在客观上具有满足公共需求、解决社会问题、承担社会责任的功能。

关于城市公共空间的研究，国内现有文献主要基于城市管理者、空间设计者、空间使用者三种视角进行探讨：首先，从城市管理者的角度来看，目前一些研究关注城市的整体规划与治理，如周旭蕊指出政府需要借助规划管理的职能对城市公共空间资源进行重新分配，以适应市场经济的发展状况。其次，从场所设计者的角度来看，研究侧重于探讨公共建筑内外部设计建构的方式方法，如林颖从选址、外部空间设计、内部功能布局、交通流线组织四个方面总结出综合式会展建筑的设计策略。最后，从使用者需求的角度来看，现有研究多是分析具有娱乐、休闲、教育、商业、文化等功能的公共空间，如姜敏华研究了剧院等类别场所如何满足空间本身的功能需求、如何平衡空间与人的关系等问题。

国外文献主要落脚于市民日常生活过程中涉及的公共空间。Anna Höglhammer 等人认为个人对公共空间的不安全感影响着青少年在闲暇时间对城市公共空间的使用；Shruti Lahoti 等人评估了印度背景下的休闲公共设施可用性、邻近性和服务区域差距。

公共空间社会功能的发挥还会受到各国历史、政治与经济发展情况的影响，我国在实际情况中具有自身鲜明特色。

（二） 会展场馆的社会功能

传统会展场馆普遍呈现功能单一的情况，主要是作为承接展览、会议等业务的物质载体，即地租载体功能，场馆管理者的角色实际上更偏向于附有物业管理功能的出租方。

近年来会展场馆逐渐向多元化商业综合体转变，将展览、会议、酒店、餐饮、旅游、文化、商业、写字楼等经济产业融合于一体，实现了跨产业的业态融合，场馆运营提升至空间运营和关系维护的层次。

值得一提的是，会展场馆中发生的活动不仅包含经营性行为，也包含着公益性服务。在日常经济行为中，会展场馆是举办会展等经济活动的场所；而在会展活动项目间隔期间，则可以作为市民进行休闲、文化、娱乐、体育等活动的空间；在突发性社会公共事件发生的特殊时期，又可以改作城市应急管理的安置场所。

孙杨、陈文荟认为会展场馆的功能定位包括企业、行业、政府三个层面。王丽研究了会展场馆的后续利用问题，并讨论了在城市规划中对于大型会展建筑的计划和调控。王娜、王冬梅分析了大连世界博览广场的运营管理现状并归纳了其运营管理模式中存在的不足。詹雅婷等将武汉典型场馆作为研究对象，分析其多功能开发与多元化运营的思路并提出相应建议。刘芳认为会展建筑的建设存在模式单一、布局不合理、只重视主要功能空间的使用而忽视整体等问题。刘博认为设计时应将众多的城市功能集合在一起，提高资源综合利用水平。苏志勇聚焦会展经济发展缓慢区域的中小型会展建筑，阐释了针对多功能适应性变化需求的设计方法。区俊杰认为会展建筑综合体的设计难点在于子项功能与主体功能之间以及各子项功能相互之间的对接协调，探讨了多项功能的并置关系。

综上所述，以往文献主要基于会展场馆的日常经营和运用情景进行研究，而对于会展场馆在某些特定的社会性公共事件中发挥的社会功能所做的探讨并不深入。

三、研究过程与方法

2020 年新型冠状病毒肺炎疫情这一突发公共卫生事件在全球范围内产生了广泛而深远的影响。期间，武汉共建成 16 座方舱庇护医院，实际投入使用 15 家，总床位超 1.34 万张，收治新冠肺炎轻症患者 1.2 万人。本文主要研究武汉地区改建为方舱医院的各大会展场馆，并将其中的武汉国际会展中心和武汉客厅·中国文化博览中心作为典型研究对象。

本文通过网络收集相关资料，主要有：官方媒体网站如人民网、新华网等发布的新闻资讯；官方账号在微博、微信等网络社交平台中发布的相关内容；会展界及医学界等行业专业杂志期刊中发表的学术著作和文献。然后运用内容分析的方法对会展场馆的具体运用进行定性分析，探讨在方舱医院建设过程中会展场馆发挥的作用和所面临的问题。

四、研究结果

（一） 疫情之下武汉会展场馆的社会功能转换

武汉方舱医院的改造经历了以下几个阶段：构想阶段，由于新冠肺炎确诊人数快速增长，武汉市出现医疗资源挤兑的情况，专家在充分调研后提出尽快建成方舱庇护医院的构想。选址阶段，对于人口较密集的大中型城市武汉市而言，会展场馆成为了最适合利用改造为方舱医院的公共空间之一。武汉客厅中国文化博览中心、武汉国际会展中心和洪山体育馆被征用为首批方舱庇护医院的搭建地。设计阶段，在设计过程中，由各专业人员详细查阅图纸和现场踏勘，快速制定可行性方案和测算各项技术指标，并经多方会审、讨论确认最终方案。建设阶段，方舱医院的改造建设包括室外市政设施、污水处理设施、建筑内部分隔、建筑内部设施设备、对外交通通道、人员物资出入运输通道、相邻环境防护、安全卫生防疫等方面的内容。完善阶段，由于建设任务紧迫，在投入使用后还需根据使用情况及时进行调整和完善。医院建设的初始功能是治疗疾病，但给予患者足够的休闲娱乐场地和人文关怀也同样重要，因此后期院内增设了一定面积的休闲活动场所，包括阅读和运动区域等，达到舒缓患者和医护人员紧张情绪的作用。休舱阶段，3 月 10 日武汉市内方舱医院全面“休舱”。休舱过程中，其消毒措施严格遵照科学要求，采取压力蒸汽消毒、湿消毒等不同的消毒方法进行分级消毒。消毒后静置一段时间，场馆方能正式恢复原来的职能。

（二）方舱医院功能和价值分析

会展场馆在改造为方舱医院后，与传统的会展场馆相比，呈现出了以下几点功能：公益救助功能，让患者得到基本的医疗照护，实现提高治愈率、降低病死率的目标。社会生活功能，方舱医院除了提供满足住宿、食品、卫生等基本生活需求的服务外，还为患者提供情感支持和休闲娱乐的功能。示范功能，

表 2 会展场馆社会功能转变的可行性

会展场馆社会功能转变的可行性
空间结构——便于改造、容纳力强
配套设施——设施设备较为完善
建设运营——转变成本较低、恢复性强
所处区位——避开人群密集区域
交通条件——可达性强进入方便
场馆人员——人员专业、配合度高
管理模式——政府参与、易于调配

方舱医院在我国疫情防控工作中发挥了巨大作用，也为世界在未来应对类似社会重大突发事件提供了借鉴思路。

五、研究结论

纵观全球城市建筑历史发展进程，每一次重大传染性疾病疫情的发生，都为建筑学和城市规划设计带来全新的思考。结合上述分析，本文基于城市公共空间视角，对会展场馆的建设与发展提出如下思考。

（一）多元发展与城市共生

会展场馆建设需要融入整个城市社会的建设发展当中，在项目规划和设计之初应考虑到被应急征用的可能，适当提升建筑防灾设计标准。设计上争取满足应急功能条件下的卫生安全防护距离条件、建筑平面与层高条件、结构设计条件、机电设施条件、消防设施条件等，并考虑增设液氧站、吸引站、污水污物处理等应急医疗设施的空间和场地的相关要求。

（二）提高抵御风险的能力

会展行业具有不稳定性和脆弱性的特征。与其他小型会展行业企业相比，政府对城市会展场馆的扶持力度相对较大，使其不至于崩溃或破产，但也侧面反映出会展场馆对于政府的依赖性。为了使场馆效益得到基本保障，除了在招商招展、运营管理等方面进行创新，还要重视展会的安全模式创新，增强技术投入、重视人员提升，从而保障各类经贸活动正常开展。除此之外，场馆可加强保险意识，为企业上保，提高风险承受能力。

（三）提升应急管理的水平

本文研究的几所武汉会展场馆已建成多年，但基于良好的制度化管理，在此次突发性公共卫生安全事件中实现了积极快速地应对。会展场馆是政府和社区用作避难所和活动区的首选，为了做好应对突发公共安全事件的准备，现有场馆应重视学习型组织建设，完善场馆应急管理机制，制定应急预警预案，做好随时应对的准备，而新建场馆则应当将应急功能转化的可行性纳入方案设计的考虑范围。

（四）加强与社会公众沟通

在改建为方舱医院的过程中，各大会展场馆主动积极地参与社会新闻报道，及时向社会公众公布建设进度和救治成果，有效保障了建设计划的科学性和民主性。可见在会展场馆建设运营过程中应倾听社会声音，适度引入公众参与。可利用信息化发布平台和工作机制，提高社会公众的知情度和认同度。对于公众的反馈，应构建扁平化的执行架构，提高反馈效率，避免信息传递的失真和形式主义的发生。

（五）依靠科技和文化发展

方舱建设过程中运用数字化技术手段，建立起了发热门诊上报系统和疫情物资管理系统等工具，迅速打通了各个部门之间的信息链，提升了运行效率。今后，各城市的公共空间可建立起统一的公共卫生安全信息数据库，实现信息更新常态化。此外，会展场馆要推动建筑信息化和智能化系统建设，实现公共建筑人流量统计、体温检测和预警等功能，促进无纸化办公、远程办公等新型办公模式的普及。还可将会展活动与新兴技术进行融合创新，探索线上、线下相结合的展会形式，实现智能会展的普及。

（六） 政府加强规划与引导

政府在城市公共空间的整体规划及治理中应充分融入对公共安全价值的考虑，并建立相应的规划设计评价和支撑体系。首先，针对会展场馆建设，应加快收集和梳理会展建筑改造过程中从规划设计到建造运行的资料，牵头开展关于城市应对突发事件的公共空间建设导则、标准图集和设计方案等研究。其次，整合现有会展场馆资源，优化会展场馆公共空间及设施，实现对公共空间的日常开放共享功能与特殊时期的分区防控功能的兼顾。此外，还需注意确保相关建筑规模和数量能够结合实际，避免盲目扩张。（作者系广州大学管理学院）

统计数据篇 ▶

中国会议统计分析报告

武少源　赵爽秋

一、2019 年中国会议统计分析报告

在新冠肺炎疫情肆虐的 2020 年上半年，会议酒店联盟秘书处经过 6 个月极其艰苦的努力，从我国大陆的 24 个省、直辖市和自治区的 50 个城市的会议场所，采集到 2019 年符合统计标准的有效样本会议 15076 个，保证了编写会议统计分析报告最基本的数量要求。

与前几年的做法相同，将这些统计数据经过分类整理，形成八个统计分组，即（一）基本统计、（二）地点统计、（三）时间统计、（四）消费统计、（五）国际会议统计、（六）流动会议统计、（七）会议附展统计、（八）参会人数统计，最终形成了 45 项统计结果。

（一）基本统计

2019 年的基本统计为五项，即 1. 按会议主办机构分类的统计、2. 按会议规模分类的统计、3. 按会议学科分类的统计、4. 按会议承办机构分类的统计、5. 按会议性质分类的统计。

1. 按会议主办机构分类的统计

2015 年 2 月 19 日，国家质检总局和国家标准委颁布了 2014 年第 2 号公告，批准了我国的第一个关于会议的国家标准，即“会议分类和术语”的国家标准（GB/T30520-2014）。该标准中 2.2 条为“按主办单位的不同，可以划分为企业会议、社团会议、政府会议、事业单位会议四类”。本报告继续沿用国家标准进行统计。

在 2019 年的 15076 个会议样本中，企业会议、事业单位会议、政府会议和社团会议的数量及市场份额，参见表 1 和图 1 所示。2019 年，我国会议的市场份额延续了多年形成的态势，企业会议一花独大，市场份额高达 60.2%。事业单位的会议市场份额为 16.4%，排名第二。而社团会议以 13.9% 的份额排名第三。政府会议的市场份额为 9.5%，排行第四。

表 1 2019 年按主办单位分类的会议数量及市场份额

序号	主办机构	数量（个）	比例
1	企　业	9 077	60.2%
2	事业单位	2 477	16.4%
3	政府机构	1 432	9.5%
4	社团组织	2 090	13.9%
	合计	15 076	100%

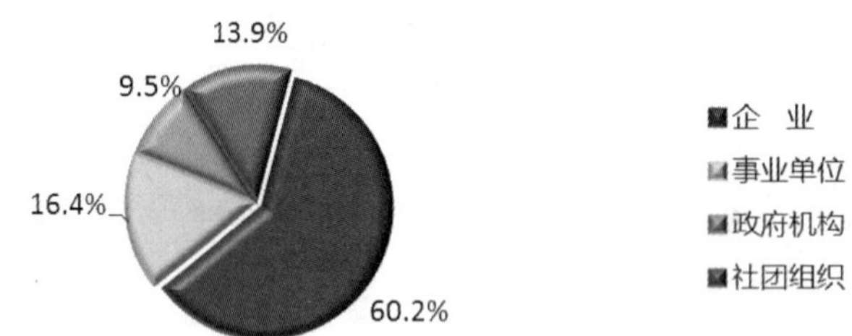

图 1 2019 年按主办单位分类市场份额

表 2 和图 2 给出了 2010 年至 2019 年我国四大会议市场 10 年的市场份额的数据和趋势图。2010 年企业会议只占 49.9% 的市场份额，到了 2015 年企业会议的市场份额增加到 72.1%，但后来的 4 年又连续呈下降态势，2019 年为 61.2%，我国的企业会议在 10 年中走出一个马鞍形的趋势。我国的其他三类会议 10 年间的变化趋势，与企业会议截然相反走出一个山谷形态，都是先降后升，转折点也是在 2015 年，这三类会议大幅度反弹。2019 年企业、事业单位和社团会议与 2018 年占比基本相同，仅仅是政府会议下降了 1.8 个百分点，其原因应是 2019 年 3 月，中共中央办公厅发出《关于解决形式主义突出问题为基层减负的通知》，明确 2019 年为“基层减负年”，减少 30%~50% 的政府会议所致。

表 2 按主办单位分类市场份额 10 年的统计

序号	主办机构	2010 年	2011 年	2012 年	2013 年	2014 年	2015 年	2016 年	2017 年	2018 年	2019 年
1	企　业	49.90%	54.10%	59.70%	68.70%	69.60%	72.10%	71.70%	68.20%	61.10%	60.20%
2	事业单位	19.20%	22.80%	16.60%	12.30%	12.00%	10.40%	10.80%	12.10%	15.00%	16.40%
3	社团组织	13.80%	9.30%	8.10%	9.20%	7.70%	7.50%	10.00%	8.60%	12.60%	13.90%
4	政府机构	17.10%	13.80%	15.60%	9.80%	10.70%	10.00%	7.60%	11.10%	11.30%	9.50%

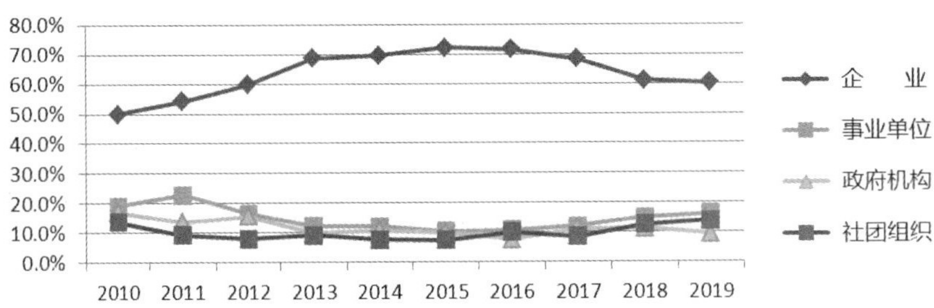

图 2 按主办单位分类 10 年的市场份额

2．按会议规模分类的统计

2019 年按会议规模分类的统计结果见表 3 和图 3。与前 9 年相同，呈现出明显的会议人数与会议规模呈反比例的特征。30~100 人这档的会议独占鳌头，占了 47.7% 份额，而 101~300 人这档占了 32.6% 的份额。我国 300 人以下这两档会议占据了整个会议市场的 80.3%，可以看出我国主要的会议市场是以小型会议为主。

表 3 2019 年按会议规模分类的统计

序号	人数	数量（个）	比例
1	30~100 人	7 189	47.7%
2	101~300 人	4 917	32.6%
3	301~500 人	1 309	8.7%
4	501~1000 人	1 121	7.4%
5	1001~2500 人	408	2.7%
6	2500 人以上	132	0.9%
	合计	15 076	100%

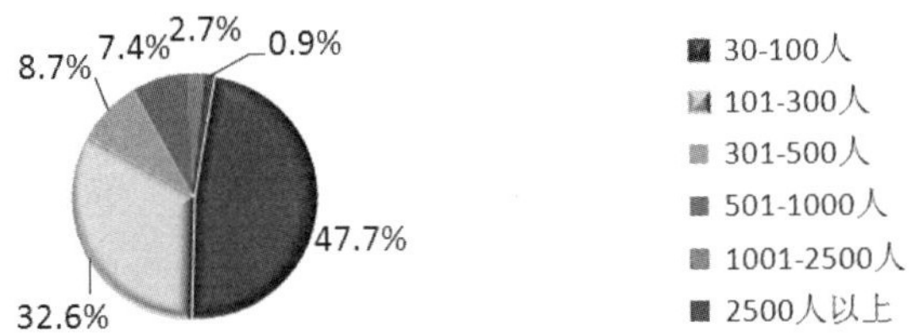

图 3 2019 年按会议规模分类的比例

表 4 和图 4 给出了从 2010 年至 2019 年的统计数据。10 年间按会议规模分类的统计，一直呈现出会议规模与数量呈反比例的规律。从 2015 年至 2018 年的 4 年，我国 100 人以下规模的会议基本占到我国会议市场的半壁江山。10 年中 300 人以下的两档会议占到所有会议份额的 80% 以上，形成了我国会议最基本的规律之一，也符合“2:8”现象。301~500 人这档会议的市场份额始终在 9% 左右。而 501 人以上三档会议市场份额都没有超过 10%。2015 年至 2019 年的 5 年中各类会议的市场占比的变化都在 1% 左右。

3．按会议学科分类的统计

2019 年按会议学科分类的统计，如表 5 和图 5 所示。我国学科分类的国家标准中，人文与社会科学涵盖的领域极为广泛，因此该学科领域中的会议数量也特别多，市场份额占到样本会议的 53.9%。最近几年由于我国产业转型的需要，工程与技术

表 4 按会议规模分类 10 年的市场份额统计

序号	人数（人）	2010 年	2011 年	2012 年	2013 年	2014 年	2015 年	2016 年	2017 年	2018 年	2019 年
1	30~100	47.1%	55.7%	61.4%	55.3%	54.3%	49.2%	50.1%	51.9%	49.5%	47.7%
2	101~300	31.8%	31.5%	28.4%	31.7%	30.0%	33.2%	33.9%	32.9%	33.3%	32.6%
3	301~500	10.9%	7.9%	6.3%	7.7%	8.3%	9.4%	8.8%	7.9%	8.9%	8.7%
4	501~1000	6.9%	3.8%	3.0%	4.1%	5.2%	5.8%	5.7%	5.3%	6.0%	7.4%
5	1001~2500	2.5%	0.9%	0.6%	0.9%	1.5%	1.8%	1.3%	1.6%	1.7%	2.7%
6	2500 以上	0.7%	0.2%	0.2%	0.4%	0.8%	0.6%	0.2%	0.4%	0.6%	0.9%

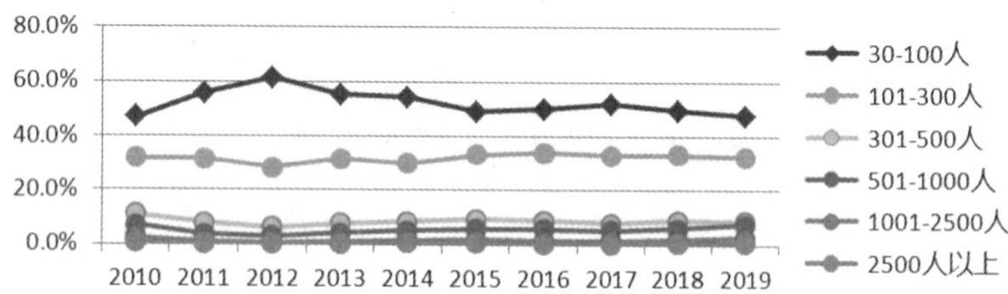

图 4 按会议规模分类 10 年的市场份额的变化趋势

科学会议异军突起，增长很快，2019 年以 28.5% 的市场份额排名第二。医药科学一直是我国重要的会议市场；11.8% 的市场份额排名第三也是理所当然。自然科学和农业科学这两类会议市场份额相对较少，两个市场的总和才仅有 5.8%。

表 5 2019 年按会议学科分类的会议数量及比例

序号	学科	数量（个）	比例
1	人文与社会科学	8 128	53.9%
2	工程与技术科学	4 292	28.5%
3	医药科学	1 783	11.8%
5	农业科学	623	4.1%
4	自然科学	250	1.7%
	合计	15 076	100%

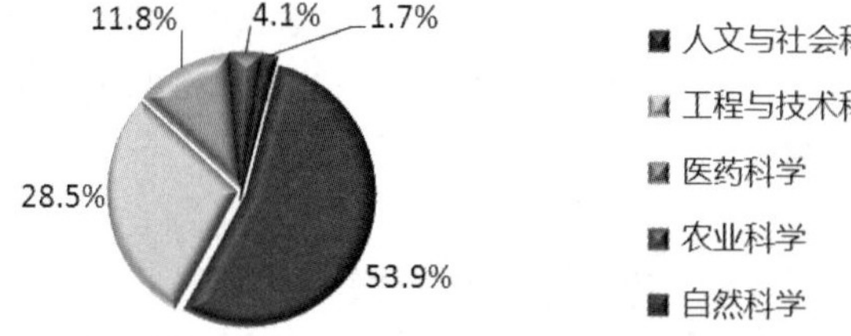

图 5 2019 年按会议学科分类的比例

10 年间我国人文与社会科学的会议市场变化很大，2014 年该类会议的市场份额为 80.2%, 而 2019 年下降了 26.3 个百分点，仅为 53.9%，虽然下降幅度很大，但仍是我国举办会议最多的学科。而我国工程与技术科学会议的市场占有率却从 2015 年的 10.4%，上升到 2019 年的 28.5%，5 年来增加了 18.1 个百分点，充分说明在产业升级和经济转型中，工程与技术科学类会议能够起到重要作用而得到了各个机构的青睐，成为会议增加的主要原因。2016 年，该类会议的市场份额超过了医药会议，也成为我国按学科分类中举办会议第二最多的一类会议。

表 6 按会议学科分类 10 年的统计

序号	学科	2010 年	2011 年	2012 年	2013 年	2014 年	2015 年	2016 年	2017 年	2018 年	2019 年
1	人文与社会科学	65.4%	81.0%	80.5%	78.5%	80.2%	78.1%	74.8%	62.0%	57.3%	53.9%
2	工程与技术科学	18.3%	9.8%	10.3%	12.7%	11.5%	10.4%	11.8%	22.2%	25.3%	28.5%
3	医药科学	12.2%	5.6%	6.1%	6.9%	6.7%	9.1%	10.1%	9.9%	11.6%	11.8%
4	自然科学	1.3%	2.0%	1.8%	1.0%	0.5%	1.8%	1.3%	1.6%	3.4%	4.1%
5	农业科学	2.8%	1.6%	1.3%	0.9%	1.0%	0.5%	2.0%	4.3%	2.4%	1.7%

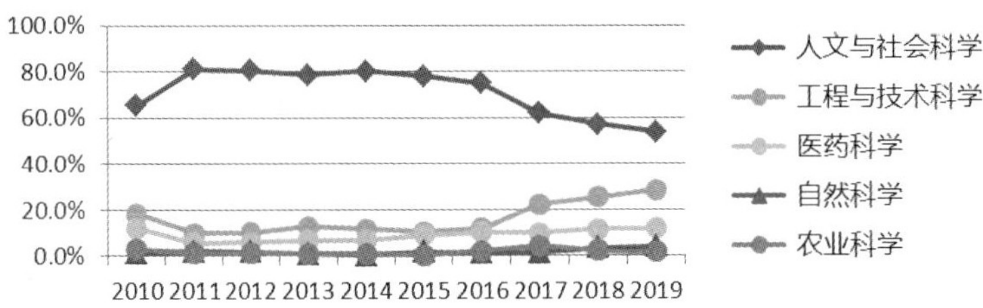

图 6 按会议学科分类 10 年的市场份额的变化趋势

10 年间我国的医药科学会议平均市场占有率为 8.7%，排名第三。而农业科学和自然科学的会议的市场占有率仅为 1.85% 和 1.88%，分列第四和第五名，参见表 6 和图 6。

4．按会议承办机构分类的统计

服务贸易已经深入人心，“花钱买服务”的理念不断被我国的会议主办者所认同。在这几年的统计中发现，已经有越来越多的会议，甚至一些高规格的政府举办的国际会议，包括 APEC、G02 等会议，以及社团机构举办的上万人的年会也已委托会议服务机构承办。但是由于各种原因，最近几年主办机构自己承办的会议逐渐开始增加，2019 年按承办单位分类的统计数据，参见表 7 和图 7。

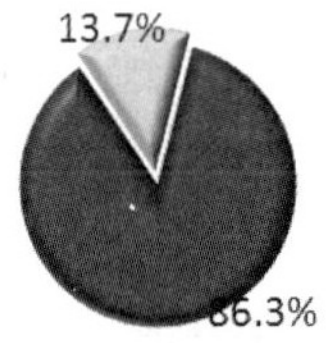

图 7 2019 年按承办单位分类的比例

表 7 2019 年按承办单位分类的会议数量及比例

序号	承办单位	数量（个）	比例
1	主办机构自己运作	13 013	86.3%
2	会议服务机构承办	2 063	13.7%
	合计	15 076	100%

表 8 和图 8 给出了 2010 年至 2019 年 10 年间按会议承办机构分类的统计结果。从中不难发现，2010 年到 2016 年，主办单位交给会议服务机构承办的会议比例逐年上升，7 年间共增加了 12.2%。但是 2017 年出现拐点，交给会议服务机构承办的会议有所减少，2019 年延续了这个趋势，与 2016 年相比交给服务机构承办的会议，2019 年居然减少了 7.6 个百分点。

出现这种现象的原因有三：首先，由于互联网技术全面进

表 8 按承办单位分类 10 年的统计

序号	承办单位	2010 年	2011 年	2012 年	2013 年	2014 年	2015 年	2016 年	2017 年	2018 年	2019 年
1	主办机构自己承办	90.9%	88.1%	87.7%	82.8%	82.5%	79.2%	78.7%	82.7%	85.6%	86.3%
2	会议服务机构承办	9.1%	11.9%	12.3%	17.2%	17.5%	20.8%	21.3%	17.3%	14.4%	13.7%

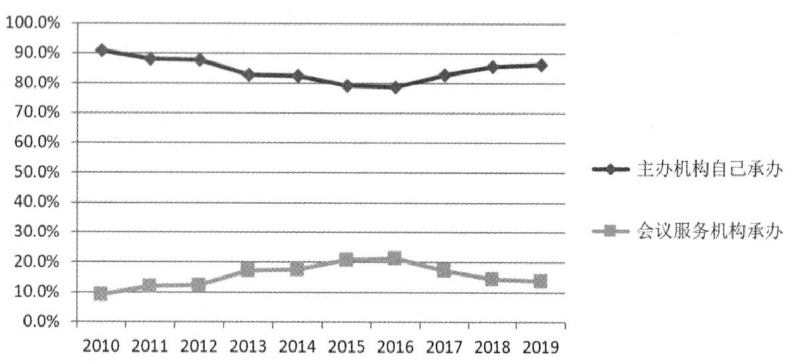

图 8 按承办单位分类 10 年的份额的变化趋势

入会议市场，打造出更多的在线运营管理平台。许多主办单位通过互联网平台直接管理自己的会议更加容易，因而也就不需要把会议再委托给服务公司承办。其次，葛兰素史克事件发生后，许多企业特别是医药企业的会议都自己采购酒店，不再经过会议服务公司，因此在酒店的记录上主办和承办单位都是一家。最后，目前政策规定参加事业单位和社团组织会议的代表必须拿到酒店的发票才能报销，所以会议用房多由主办单位自己与酒店预定。因为我们的会议样本全部来自会议酒店，所以从酒店预订显示，这些会议都是主办单位自己运作的。

2019 年主办单位交给会议服务机构承办的会议的比例减少到接近 2012 年的比例。多年来我国目的地会议服务公司（DMC）的主要收入来源于房差，俗称“床板费”，目前互联网技术和会议政策使得情况有了很大的改变，失去这块主要收入后，DMC 只能为会议提供会场搭建和安排交通等服务，日子就非常难过了。

5．按会议性质分类的统计

按会议内容的不同将我国的会议分为六大类不同性质的会议，即工作研讨会议、学术交流会议、签约发布会议、培训学习会议、总结报告会议和营销订货会议。表 9 和图 9 给出了 2019 年这六类会议的数量和所占比例，其中培训学习会议所占比例最高，达到 29.0%，排名第一。工作研讨会议紧随其后，

表 9 2019 年按会议性质分类的会议数量及比例

序号	会议性质	数量（个）	比例
1	培训学习会议	4 384	29.0%
2	工作研讨会议	4 023	26.7%
3	学术交流会议	2 441	16.2%
4	总结报告会议	2 440	16.2%
5	营销订货会议	1 100	7.3%
6	签约发布会议	688	4.6%
	合计	15 076	100%

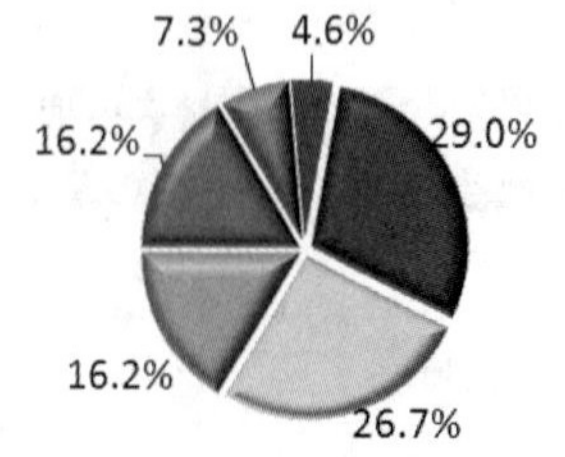

图 9 2019 年按会议性质分类的比例

占据了 26.7% 的市场份额，排名第二。学术交流会议和总结报告会议的市场份额都为 16.2%，分居三、四两名。营销订货会议和签约发布会议所占比例最少，都在 10% 以下，排名倒数两位。

表 10 和图 10 给出了 10 年间按会议性质分类的会议数据和对应的变化趋势。前 8 年工作研讨会议在六类会议中始终排名第一，但是在中央一直坚决反对形式主义、大力减少文山会海的有关政策的推动下，这类会议市场份额逐年递减，从 2010 年的 60% 下降到 2018 年的 22.3%，10 年间我国的工作研讨会议下降了 37.7 个百分点，虽然 2019 年上升到 26.7%，但市场份额才屈居第二。我国的培训学习会议连年递增，从 2010 年的 5.6% 上升到 2018 年的 34.1%，10 年中增长将近 6 倍，终于成为我国会议市场占有率最多的一类会议，充分说明了在经济转型和变革时期，各种机构对培训和学习的高度重视，2019 年该类会议仍居首位。而其他四类会议 10 年间市场份额有升有降，但市场占有率的变化并不是很大。

表 10 按会议性质分类 10 年的统计比例

序号	会议性质	2010 年	2011 年	2012 年	2013 年	2014 年	2015 年	2016 年	2017 年	2018 年	2019 年
1	培训学习会议	5.6%	8.7%	13.4%	14.9%	15.9%	17.9%	23.1%	25.4%	34.1%	29.0%
2	工作研讨会议	60.0%	44.7%	38.5%	30.1%	26.7%	25.3%	27.2%	26.1%	22.3%	26.7%
3	学术交流会议	12.6%	13.1%	11.8%	16.9%	19.3%	21.3%	19.0%	18.6%	14.2%	16.2%
4	总结报告会议	5.3%	16.5%	18.1%	11.6%	11.6%	8.7%	10.3%	13.7%	13.8%	16.2%
5	营销订货会议	4.3%	13.2%	13.3%	21.2%	19.0%	19.4%	13.9%	9.4%	9.9%	7.3%
6	签约发布会议	12.1%	3.8%	4.9%	5.4%	7.5%	7.4%	6.6%	6.7%	5.7%	4.6%

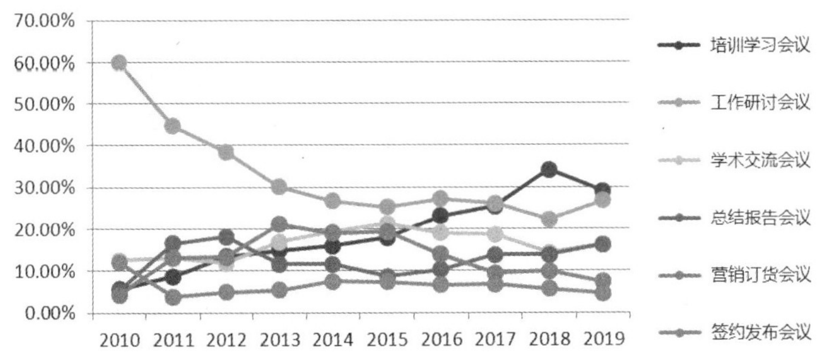

图 10 按会议性质分类 10 年的市场份额的变化趋势

（二） 地点统计

2019 年有 4 项统计涉及到会议举办地点，即 1. 按地理区域会议数量的统计；2. 按省、直辖市和自治区（简称“省市自治区”）会议数量的统计；3. 按城市会议数量的统计；4. 按会议场地分类会议数量的统计。

1.5 万个会议样本与每年中国举办的几千万个会议的总量相比，仅是沧海一粟，因此用这么少的会议样本对省份和城市举办会议数量进行排名，没有任何实际意义。

1. 按地理区域会议数量的统计

2019 年我国七大地理区域举办会议数量排在前两位的是华东和华南地区，都是我国科技活跃和产业发达的地区，从而也是举办会议数量最多的地区，参见表 11 和图 11。排在第一位

表 11 2019 年按地理区域分类的会议数量及比例

序号	地理区域	数量（个）	比例
1	华东地区	5 461	36.2%
2	华南地区	2 932	19.5%
3	华北地区	2 153	14.3%
4	华中地区	1 497	9.9%
5	西南地区	1 481	9.8%
6	东北地区	1 071	7.1%
7	西北地区	481	3.2%
	合计	15 076	100%

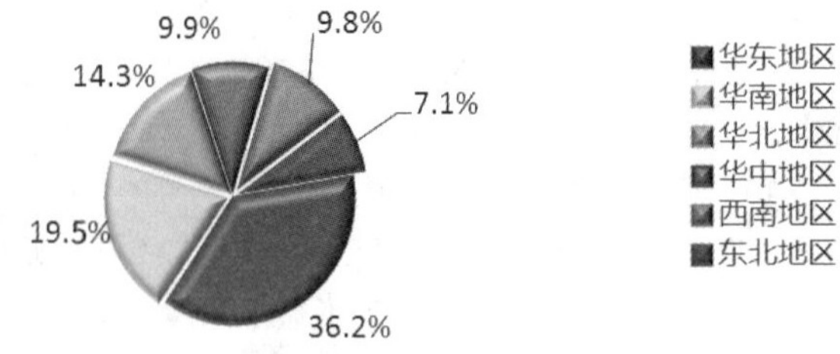

图 11 2019 年按地理区域分类会议数量的比例

的华东地区，占了我国大陆 36.2% 的市场份额。长江三角洲地区一直是我国会议的集聚区，会议数量最多是理所当然的。华南地区排名第二，珠江三角洲地区也是我国公认的会展集聚区，市场份额占到 28.8%。最近两年我国华北的北京、天津以及河北的石家庄、唐山等城市，开始重视会议产业，会议数量增长得很快，华北地区也重新回到了排名第三。华中地区地处我国的中部，高铁开通后，由于交通便利，沿线的长沙、郑州和武汉都成为会议首选目的地城市，会议举办数量名列第四也在情理之中。西南地区仅落后华中地区一个百分点，排名第五。东北和西北地区，仍然是我国举办会议最少的区域，排在我国会议市场的最后两名。

表 12 和图 12 给出了 10 年间按地理区域举办会议的市场份额。10 年间华东地区的会议数量虽然一直呈现递减的趋势，但是华东地区会议市场占率一直排名第一。华南地区的会议份额在 2012 年成功超过华北地区之后，始终排名第二。2019 年华北地区的会议数量增加较多，所以又重新夺回了排名第三的位置，而实际上在 2015 年之前的前 5 年统计中，华北地区的会议份额始终占据我国的前三位。2015 年之后我国的西南地区和华中地区你的数量始终相差无几，趋势线也交着在一起，会议的市场占有率也都在 10% 左右。2015 年之后我国的东北和西北地区成为我国举办会议最少的地区，但是相比 2017 年东北地区呈现出会议略增的趋势。

2．按省、直辖市和自治区会议数量的统计

2019 年统计到我国大陆 24 个省、市和自治区的会议，参见表 13。在统计中按所举办会议的数量排序，排在前十名的省份依次是江苏、北京、浙江、福建、湖北、海南、安徽、辽宁、湖南和云南。

表 14 给出了我国大陆 10 年来举办会议最多的前十名的省份。江苏、浙江和安徽三省连续 10 年进入我国举办会议最多

表 12 按地理区域分类会议数量比例 10 年的统计

序号	地理区域	2010 年	2011 年	2012 年	2013 年	2014 年	2015 年	2016 年	2017 年	2018 年	2019 年
1	华东地区	47.1%	44.9%	43.4%	37.0%	35.5%	36.5%	35.5%	40.1%	34.1%	36.2%
2	华南地区	6.7%	14.1%	15.4%	17.7%	17.9%	25.0%	26.3%	28.7%	28.8%	19.5%
3	华北地区	22.2%	15.8%	12.6%	17.1%	13.7%	7.5%	5.4%	5.3%	6.9%	14.3%
4	西南地区	12.2%	5.3%	8.2%	7.2%	8.8%	11.2%	11.6%	10.5%	10.6%	9.8%
5	华中地区	4.3%	10.3%	10.2%	15.4%	7.9%	10.4%	13.4%	8.8%	10.0%	9.9%
6	东北地区	5.9%	1.9%	3.1%	2.0%	5.8%	3.7%	3.7%	3.1%	5.7%	7.1%
7	西北地区	1.7%	7.8%	7.1%	3.5%	2.4%	5.6%	4.1%	3.4%	3.9%	3.2%

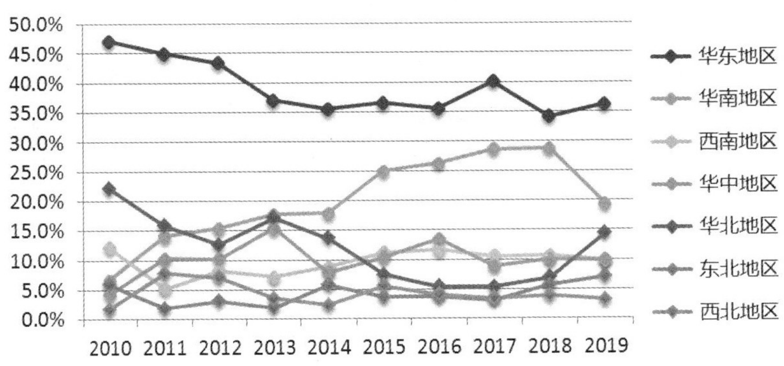

图 12 按地理区域分类会议数量比例 10 年的变化趋势

表 13 2019 年按照省市自治区会议数量的统计

序号	省份	数量（个）	序号	省份	数量（个）	序号	省份	数量（个）
1	江苏	2 577	11	陕西	480	21	四川	127
2	北京	1 659	12	山东	434	22	河南	121
3	浙江	1 296	13	贵州	428	23	黑龙江	110
4	福建	1 244	14	广东	334	24	江西	100
5	湖北	903	15	广西	308			
6	海南	875	16	重庆	305			
7	安徽	859	17	上海	287			
8	辽宁	710	18	吉林	250			
9	湖南	644	19	河北	228	合计		15 076
10	云南	617	20	天津	180			

的十个省份。表 14 还能看出前 8 年排名前十个省份举办会议的总量占到全部会议的 80% 左右，而最近两年降低了 5 个百分点，仅为 75%，说明我国会议举办地点更加分散了。

3．按城市会议数量的统计

表 15 列出 2017 年我国大陆 50 个城市的会议场馆提供的会议数量。此表按照举办会议数量的多少对城市进行排名。排在前十位的城市依次是南京、北京、杭州、厦门、武汉、海口、合肥、昆明、沈阳和苏州。

表 16 给出了 10 年间我国举办会议最多的前十位的城市，其中北京是我国连续 10 年进入三甲的城市，南京是我国连续 10 年进入前四名的城市。在极为随机的数据采样下，能得到这种结果实属不易，但也印证了这些城市的确是我国最重要的会议城市。

4．按会议举办场地分类的统计

2019 年按会议举办场地分类的统计参见表 17 和图 13。2019 年我国 85.1% 的会议选择在会议酒店举办，而在会议中心举办的会议为 11.2%。在度假酒店和培训中心举办的会议分别为 2.9% 和 0.7%。与 2018 年相比，在度假酒店和培训中心举办的会议下降得比较多，应该是统计上的原因，因为 2020 年上半年新冠肺炎疫情期间，许多度假酒店和培训中心均在歇业状态，所以统计不到他们上年所办会议的数据。

表 18 和图 14 给出了 2010 年至 2019 年我国 10 年间按会议举办场地分类的统计数据。从中可以看出，从 2011 年开始，我国在会议酒店举办的会议份额始终在 70% 以上，呈现一花独

表 14 按省、直辖市和自治区会议数量前十位城市 10 年的统计

序号	2010 年		2011 年		2012 年		2013 年		2014 年	
	省份	数量（个）	省份	数量（个）	省份	数量（个）	省份	数量（个）	省份	数量（个）
1	江苏	1 690	浙江	2 131	浙江	3 649	江苏	2 028	浙江	2 085
2	北京	1 679	广东	2 038	北京	3 059	浙江	1 929	北京	1 651
3	浙江	859	北京	1 738	广东	2 951	北京	1 691	江苏	1 644
4	安徽	524	山东	1 710	江苏	2 814	广东	1 681	山东	1 590
5	广东	504	江苏	1 628	上海	1 770	湖北	782	广东	1 508
6	山东	494	安徽	1 074	新疆维吾尔自治区	1 632	河南	647	福建	939
7	四川	429	陕西	806	安徽	1 530	安徽	633	安徽	864
8	云南	358	湖北	652	山东	1 283	福建	601	辽宁	854
9	上海	329	上海	631	河南	958	湖南	587	云南	603
10	辽宁	315	河南	629	重庆	824	云南	493	湖北	601
前十合计	7 181		13 037		20 470		11 072		12 339	
会议总数	8 270		15 980		25 598		14 350		15 048	
比例	86.8%		81.6%		80.0%		77.2%		82.0%	

序号	2015 年		2016 年		2017 年		2018 年		2019 年	
	省份	数量（个）	省份	数量（个）	省份	数量（个）	省份	数量（个）	省份	数量（个）
1	江苏	2 825	江苏	2 866	江苏	3 586	江苏	3 326	江苏	2 577
2	广东	2 468	广东	2 251	山东	3 042	海南	2 035	北京	1 659
3	浙江	1 714	浙江	2 047	广东	2 934	广东	1 915	浙江	1 296
4	福建	1 481	福建	1 652	海南	2 039	浙江	1 771	福建	1 244
5	山东	1 188	安徽	1 505	安徽	1 654	福建	1 618	湖北	903
6	安徽	925	北京	1 473	云南	1 504	安徽	1 325	海南	875
7	北京	922	湖北	1 460	福建	1 355	湖北	1 210	安徽	859
8	湖南	917	湖南	1 343	湖北	1 135	北京	1 170	辽宁	710
9	云南	847	海南	1 333	浙江	1 086	湖南	912	湖南	644
10	广西壮族自治区	767	云南	1 302	湖南	815	云南	895	云南	617
前十合计	14 054		17 232		19 150		16 177		11 384	
会议总数	19 063		21 994		23 943		21 521		15 076	
比例	73.7%		78.3%		80.0%		75.2%		75.5%	

表 15 2019 年按城市举办会议数量的排名统计

序号	城市	数量（个）	序号	城市	数量（个）	序号	城市	数量（个）
1	南京	1 749	18	南宁	240	35	黄山	109
2	北京	1 659	19	大连	225	36	义乌	109
3	杭州	1 053	20	清远	214	37	青岛	108
4	厦门	850	21	天津	180	38	芜湖	107
5	武汉	810	22	济南	171	39	安顺	105
6	海口	631	23	延安	169	40	昆山	102
7	合肥	601	24	岳阳	165	41	赣州	100
8	昆明	513	25	连云港	146	42	扬州	100
9	沈阳	485	26	琼海	129	43	随州	93
10	苏州	480	27	眉山	127	44	腾冲	93
11	长沙	479	28	郑州	121	45	长兴	75
12	福州	394	29	广州	120	46	北海	68
13	贵阳	323	30	承德	115	47	舟山	59
14	西安	311	31	三亚	115	48	烟台	45
15	重庆	305	32	唐山	113	49	马鞍山	42
16	上海	287	33	哈尔滨	110	50	玉溪	11
17	长春	250	34	威海	110	合计	15,076	

表 16 会议数量前十位城市 10 年的统计

序号	2010 年		2011 年		2012 年		2013 年		2014 年	
	城市	数量（个）	城市	数量（个）	城市	数量（个）	城市	数量（个）	城市	数量（个）
1	北京	1 679	北京	1 738	北京	3 059	北京	1 691	北京	1 652
2	南京	594	济南	1 172	杭州	2 040	杭州	1 030	杭州	836
3	杭州	578	杭州	1 124	上海	1 770	南京	768	厦门	672
4	济南	494	西安	806	南京	1 135	广州	498	南京	667
5	成都	429	上海	631	济南	1 031	长沙	449	重庆	498
6	昆明	358	南京	520	广州	870	重庆	444	济南	467
7	广州	355	合肥	419	重庆	815	天津	440	昆明	430
8	上海	329	郑州	391	乌鲁木齐	710	昆明	422	合肥	390
9	黄山	274	佛山	366	苏州	654	苏州	421	上海	375

续表

序号	2010 年		2011 年		2012 年		2013 年		2014 年	
	城市	数量（个）	城市	数量（个）	城市	数量（个）	城市	数量（个）	城市	数量（个）
10	长沙	254	昆明	349	长沙	574	上海	368	宁波	348
前十合计	5 344		7 516		12 658		6 531		6 335	
会议总量	8 270		15 980		25 598		14 350		15 048	
比例	64.6%		47.0%		49.4%		45.5%		42.1%	

序号	2015 年		2016 年		2017 年		2018 年		2019 年	
	城市	数量（个）	城市	数量（个）	城市	数量（个）	城市	数量（个）	城市	数量（个）
1	杭州	1 229	杭州	1 486	南京	1 971	南京	2 197	南京	1 749
2	南京	1 197	北京	1 473	海口	1 148	武汉	1 210	北京	1 659
3	北京	922	南京	1 421	昆明	1 119	北京	1 168	杭州	1 053
4	厦门	831	武汉	1 117	武汉	905	海口	1 145	厦门	850
5	长沙	817	长沙	1 015	杭州	875	杭州	1 133	武汉	810
6	济南	734	海口	842	北京	785	厦门	1 124	海口	631
7	重庆	701	福州	802	长沙	714	成都	884	合肥	601
8	昆明	545	厦门	745	济南	693	苏州	738	昆明	513
9	广州	518	昆明	735	广州	669	昆明	694	沈阳	485
10	合肥	445	重庆	730	福州	630	长春	667	苏州	480
前 10 合计	7 939		10 366		9 509		10 960		8 831	
会议总量	19 063		21 994		23 943		21 521		15 076	
比例	41.6%		47.1%		39.7%		50.9%		58.6%	

表 17 2019 年按会议场地分类会议数量及比例的统计

序号	会议场所	数量（个）	比例
1	会议酒店	12 837	85.10%
2	会议中心	1 696	11.20%
3	度假酒店	443	2.90%
4	培训中心	100	0.70%
	合计	15 076	100.00%

11.2% 2.9% 0.7%
85.1%
会议酒店
会议中心
度假酒店
培训中心

图 13 2019 年按会议场所分类会议数量的比例

表 18 按会议场地分类 10 年会议的市场份额

序号	会议场所	2010 年	2011 年	2012 年	2013 年	2014 年	2015 年	2016 年	2017 年	2018 年	2019 年
1	会议酒店	61%	81%	80%	83%	83%	79%	71%	77%	79%	85%
2	会议中心	20%	3%	5%	7%	7%	9%	6%	5%	10%	11%
3	度假酒店	16%	16%	15%	9%	9%	12%	16%	12%	7%	3%
4	培训中心	3%	0%	0%	1%	1%	0%	7%	6%	3%	1%

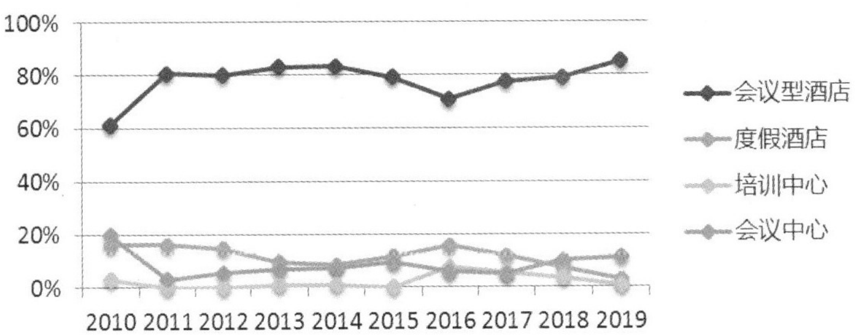

图 14 按会议场地分类 10 年会议市场份额的变化趋势

大的局面。在会议中心举办的会议，2019 年延续了 2018 年的趋势，占有 11% 市场份额，是由于我国大型会议的数量有明显的增加所致，特别是一些长期在高校举办的社团组织超大型会议，也开始迁移到会议中心举办，例如中国化学会的年会，2016 年是利用暑假，在大连的一所高校举办的；2018 年移到杭州国际博览中心举办，会议规模多达 13000 人。

（三）时间统计

2019 年统计分析报告中有三项统计涉及会议的时间，即 1. 按会议举办月份的统计；2. 按会议持续天数的统计；3. 按会议性质分类的天数统计。

1．按会议举办月份的统计

2019 年我国按会议举办月份的统计参见表 19 和图 15。从统计结果可以看出，2019 年 1 月的会议最多，占到全年 13% 的份额；2 月份额仅有 4.6%，是全年最少的。而其他月份会议的份额相差并不十分悬殊。

表 20 和图 16 是 2010 年至 2019 年我国 10 年间按月份举办会议的比例和变化趋势。图中的红线是 10 年的平均线。从均线中可以很明显地看出，每年形成 1 个峰值和 2 个低谷。每

表 19 2019 年按月份统计的会议数量及比例

月份	1 月	2 月	3 月	4 月	5 月	6 月
数量（个）	1 958	699	1 183	1 205	1 167	1 246
比例	13.00%	4.60%	7.80%	8.00%	7.70%	8.30%
月份	**7 月**	**8 月**	**9 月**	**10 月**	**11 月**	**12 月**
数量（个）	1 249	1 151	1 166	1 118	1 452	1 482
比例	8.30%	7.60%	7.70%	7.40%	9.60%	9.80%

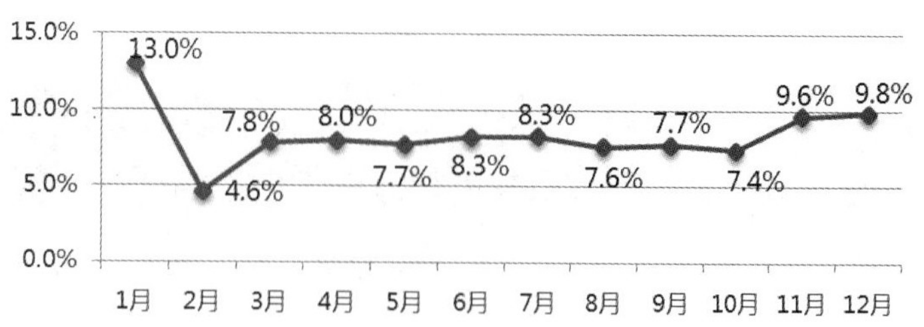

图 15 2019 年按月份统计会议数量的比例

表 20 按月份统计 10 年会议份额的比较

月份	2010 年	2011 年	2012 年	2013 年	2014 年	2015 年	2016 年	2017 年	2018 年	2019 年	平均值
1 月	10.50%	9.50%	8.70%	11.00%	11.30%	8.20%	10.60%	8.00%	8.70%	13.00%	9.90%
2 月	5.90%	4.90%	7.20%	4.40%	6.30%	5.40%	4.80%	5.60%	5.40%	4.60%	5.50%
3 月	8.90%	9.50%	9.50%	8.60%	9.40%	8.40%	8.80%	8.10%	8.50%	7.80%	8.70%
4 月	9.70%	9.00%	8.70%	8.60%	10.30%	8.40%	8.30%	8.50%	8.20%	8.00%	8.80%
5 月	8.20%	8.40%	8.60%	8.80%	9.50%	8.60%	8.30%	8.20%	8.90%	7.70%	8.50%
6 月	8.50%	7.90%	7.80%	8.00%	7.60%	8.50%	8.00%	8.70%	8.90%	8.30%	8.20%
7 月	8.60%	9.70%	9.30%	9.10%	8.10%	9.40%	8.40%	9.30%	9.20%	8.30%	8.90%
8 月	7.80%	8.40%	8.60%	8.20%	7.20%	8.80%	7.70%	8.10%	8.50%	7.60%	8.10%
9 月	7.50%	7.90%	7.70%	8.00%	7.40%	8.20%	7.70%	9.00%	8.00%	7.70%	7.90%
10 月	7.30%	7.30%	6.70%	7.20%	7.10%	7.80%	8.00%	7.50%	7.80%	7.40%	7.40%
11 月	9.10%	8.60%	8.00%	8.70%	7.50%	9.10%	9.40%	9.60%	9.00%	9.60%	8.90%
12 月	8.10%	8.90%	9.00%	9.30%	8.40%	9.30%	9.90%	9.60%	9.10%	9.80%	9.10%

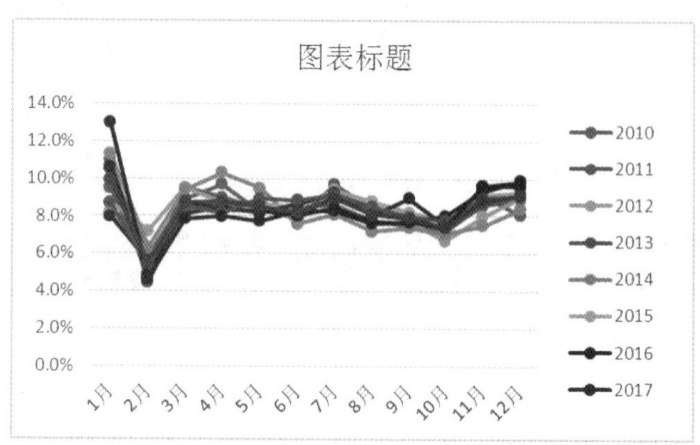

图 16 按月份统计 10 年会议数量的变化趋势

年 1 月的峰值最高，总结会表彰会多放在这一月份举办。会议的 2 个低谷分别产生在每年的 2 月和 10 月。2 月是最深的低谷，大多数春节都在这个月份。第二个低谷产生在每年的 10 月。两个“黄金周”使得当月的会议数量最少，不能不说“黄金周”对我国会议市场的影响是巨大的。

2. 按会议持续天数的统计

表 21 和图 17 给出了 2019 年会议持续天数的统计结果。持续 1 天的会议数量最多，所占比例为 49.6%。2~6 天的会议所占比例从 24.9% 逐天减少到 1.6%。6 天以上的会议又回升到 2.1%。

表 21 2019 年按会议天数统计的会议数量及比例

天数	1 天	2 天	3 天	4 天	5 天	6 天	>6 天	合计
数量（个）	7 479	3 749	1 971	796	515	243	323	15 076
比例	49.60%	24.90%	13.10%	5.30%	3.40%	1.60%	2.10%	100.00%

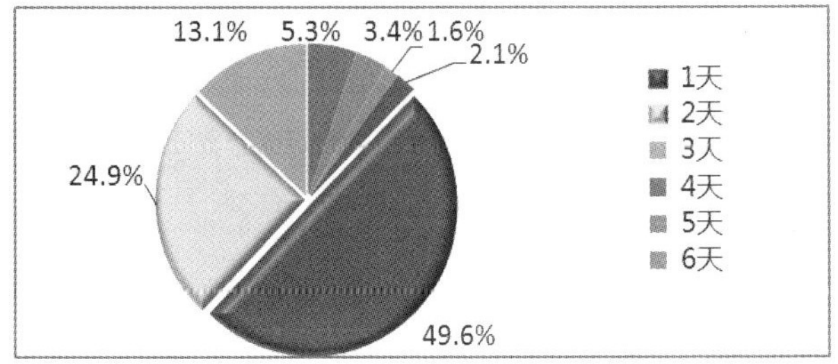

图 17 2019 年按会议天数统计的比例

表 22 给出 2010 年至 2019 年我国 10 年间按会议持续天数统计的结果。从中不难发现，按会议持续天数与会议数量的总趋势没有重大变化，一直呈反比例规律，即会议持续天数越短，会议数量越多，所占比例也无明显的变化。

表 23 和图 18 给出 10 年间的平均数据，不难发现持续 1 天的会议基本占到半壁江山。持续 2~3 天会议的占比都能达到两位数的市场份额；而持续 4~6 天会议都是个位数的市场份额，且天数越多会议数量越少。持续 6 天以上会议所占的市场份额反而比 6 天有所增加，因为多数都是培训会议。

3. 按会议性质分类的天数统计

2019 年按会议性质分类的天数统计，参见表 24。因为我国政府主管部门对公款举办的会议规模和天数都有严格的限制，所以持续 1~2 天的会议中，工作研讨会议的数量比较多。持续 2~3 天的会议中培训学习会议和学术交流会议相对也比较多，这是由于千人以下规模的学术交流会议通常不会超过 3 天。4 天以上的会议中，培训学习会议数量最多。

（四）消费统计

本统计中的“会议消费”是指某个会议在某个会议场所中最主要的三项消费，即住宿费、餐饮费和会场费。通常一个会议的三项消费能够占到会议总消费的 70% 左右，甚至更高。

本项统计的一个重要目的就是试图找到会议这三项最主要消费中的相互关系，因此要求统计到的样本会议必须满足两个条件。第 1 个条件是会议在某个会议场所举办时，必须同时包含这三项消费，仅有一至二项消费的会议不在本统计之列。第 2 个条件是仅统计这个会议在某一个会议场所产生的三项消费，该会议在其他场所的消费不在统计之列。

展览统计中经常使用“拉动系数”的概念，即每 1 元展览场地租金能够带来多少元其他消费。为了便于对三项消费的比较和分析，也为了有别于展览的“拉动系数”，在《报告》中我们引入“带动系数”的概念，是表示会议能够给会议该场所带来的住宿和餐饮的收入。“带动系数”定义为“每 1 元会场费可以给该会议场所带来多少元餐饮和住宿收入”。例如，某会议每 1 元的会场消费，能带来 2.0 元的餐饮消费和 2.5 元的住宿消费，后两项相加可计算出这个会议对本会议场所的餐饮和住宿的“带动系数”为 1:4.5。

本项统计中包含了七项有关会议消费的统计结果。

1. 会议的平均消费统计

2019 年统计到的 15076 个样本会议中有 9131 个会议的消费符合统计标准，这些会议在酒店的总消费额为 15.9 亿元，会均消费为 17.4 万元，参见表 25。其中，住宿费是三项消费中最高的，会均消费为 7.0 万元，占总消费额的 40.2%。会议的餐饮消费位列第二，会均消费为 5.9 万元，占到总消费的 33.6%。会场消费最低，会均消费为 4.6 万元，占比为 26.2%。带动系数为 2.81。

表 26 和图 20 给出了 2011 年至 2019 年我国 9 年间三项消费的统计数据。从中可以看出，9 年间餐饮费的变化不大，始

表 22 10 年按会议天数统计的数据比较

天数	1 天	2 天	3 天	4 天	5 天	6 天	>6 天
2010 年	53.30%	17.60%	12.40%	7.30%	4.00%	1.90%	3.40%
2011 年	44.80%	25.30%	15.60%	6.80%	3.40%	1.60%	2.40%
2012 年	56.80%	21.10%	10.90%	5.30%	2.80%	1.10%	2.00%
2013 年	53.20%	23.30%	11.90%	5.30%	2.90%	1.10%	2.30%
2014 年	55.10%	22.10%	12.30%	5.10%	2.40%	1.20%	1.90%
2015 年	48.30%	25.40%	14.80%	5.70%	2.90%	1.30%	1.70%
2016 年	50.30%	25.30%	14.20%	4.80%	2.20%	1.30%	2.00%
2017 年	49.10%	25.30%	14.00%	5.50%	3.00%	1.40%	1.90%
2018 年	45.00%	26.70%	15.20%	5.80%	3.30%	1.80%	2.20%
2019 年	49.60%	24.90%	13.10%	5.30%	3.40%	1.60%	2.10%

表 23 按会议天数统计 10 年的平均数据比较

天数	1 天	2 天	3 天	4 天	5 天	6 天	>6 天
平均比例	50.70%	23.60%	13.50%	5.70%	3.00%	1.40%	2.20%

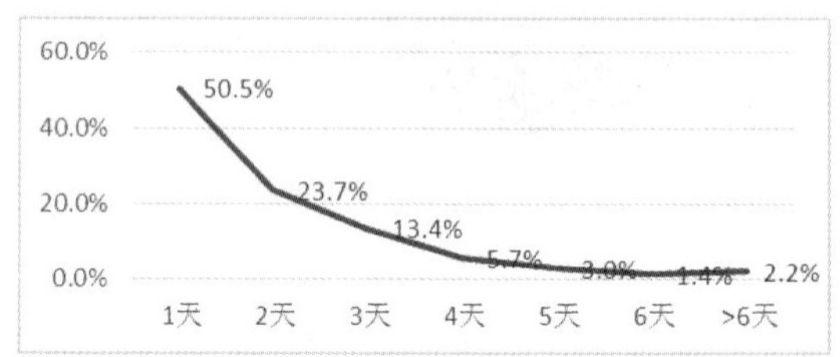

图 18 按会议天数统计 10 年的市场份额的比较

表 24 2019 年按会议性质和天数统计的会议数量 (单位：个)

序号	会议性质	1 天	2 天	3 天	4 天	5 天	6 天	>6 天
1	培训学习会议	1 679	1 208	650	301	269	130	70
2	工作研讨会议	2 254	983	463	138	75	40	25
3	学术交流会议	1 057	717	413	141	55	33	8
4	总结报告会议	1 420	489	274	122	73	21	147
5	营销订货会议	621	219	119	64	33	12	41
6	签约发布会议	448	133	52	30	10	7	32
	合计	7 479	3 749	1 971	796	515	243	323

表 25 2019 年的三项会均消费、比例及带动系数

序号	消费类型	金额（万元）	会数（个）	会均（万元）	比例 (%)	带动系数
1	住宿费	63 952	9 131	7	40.20%	1.53
2	餐饮费	53 520	9 131	5.9	33.60%	1.28
3	会场费	41 683	9 131	4.6	26.20%	1
合计		159 155	9 131	17.4	100.00%	

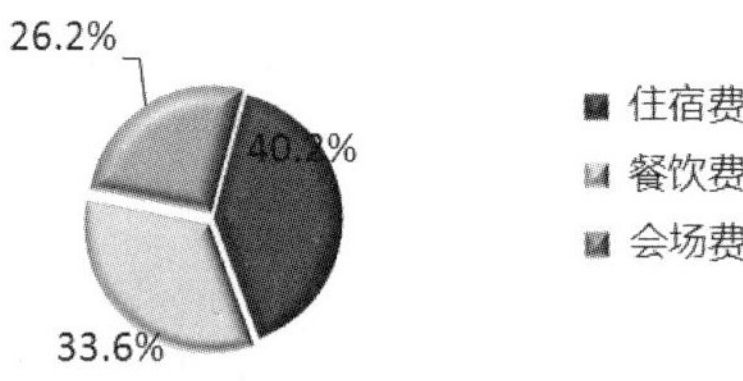

图 19 2019 年的三项会均消费的比例

表 26 三项会均消费 9 年的比例数据

序号	消费类型	2011 年	2012 年	2013 年	2014 年	2015 年	2016 年	2017 年	2018 年	2019 年
1	住宿费	45.30%	38.50%	36.60%	44.60%	43.90%	43.50%	43.60%	41.90%	40.20%
2	餐饮费	37.50%	35.00%	34.20%	35.40%	36.40%	34.60%	34.30%	33.80%	33.60%
3	会场费	17.10%	26.50%	29.20%	20.00%	19.70%	21.90%	22.10%	24.30%	26.20%
	合计	100.00%	100.00%	100.00%	100.00%	100.00%	100.00%	100.00%	100.00%	100.00%

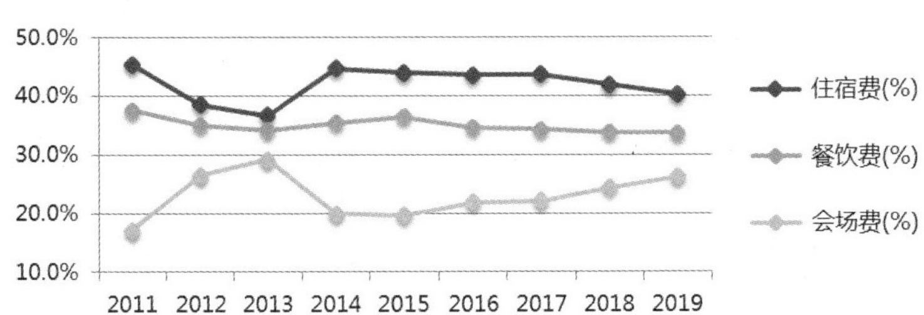

图 20 三项会均消费 9 年比例的变化趋势

终保持在 35% 左右。而住宿费所占比例始终最高，会场费所占比例始终最低，但是前、后两者呈现的变化趋势正好相反，是对称性的增减。

表 27 和图 21 给出了 9 年间会均消费的数据和趋势。9 年中我国会均消费变化并不十分明显，始终在 12.5 万至 14.5 万之间，9 年的平均会均消费为 13.9 万。

表 27 总消费金额与年会均消费 9 年的统计（单位：万）

项目	2011 年	2012 年	2013 年	2014 年	2015 年	2016 年	2017 年	2018 年	2019 年	合计
会议数（个）	7 242	10 773	6 489	6 232	9 735	13 302	15 408	12 272	9 131	90 584
总消费金额	100 356	144 717	93 146	79 404	120 707	186 469	193 686	178 707	159 155	1 256 347
年会均消费	13.86	13.43	14.35	12.74	12.4	14.02	12.57	14.56	17.4	13.9

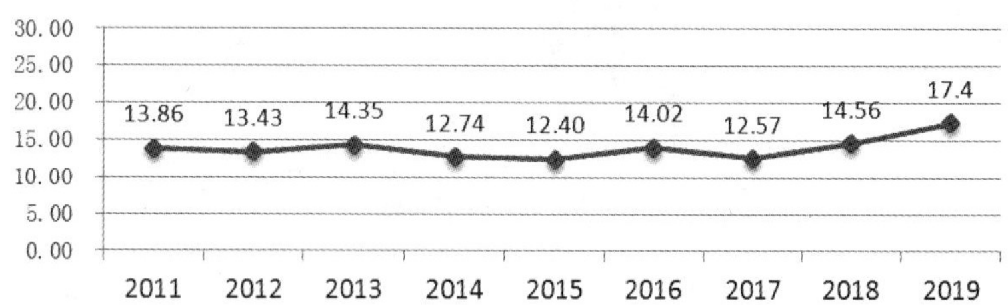

图 21 会均消费 9 年的统计

2．按会议主办机构分类的消费统计

2019 年按会议主办机构分类的会议消费统计参见表 28。

（1）社团会议的消费：2019 年符合消费统计标准的社团会议共有 1375 个，总消费金额约为 3.88 亿元，会均消费为 28.2 万元。会议的带动系数为 1：2.20。

（2）政府会议的消费：2019 年符合消费统计标准的政府会议共有 960 个，总消费约为 1.75 亿元，会均消费为 18.3 万元。会议的带动系数为 1：3.37。

（3）企业会议的消费：2019 年符合消费统计标准的企业会议共有 5009 个，总消费金额约为 7.78 亿元，会均消费为 15.5 万元。会议的带动系数为 1 : 3.08。

（4）事业单位会议的消费统计：2019 年符合消费统计标准的事业单位会议共有 1787 个，总消费约为 2.50 亿元，会均消费为 14 万元。会议的带动系数为 1：2.87。

从以上数据比较可以看出，2019 年会均消费最高的是社团会议，为 28.2 万元。政府和企业会议的消费为 18.3 万元和 15.5 万元，分列第二和第三；事业单位会议会均消费最少，会均消费位 14 万元。

表 29 和图 22 给出了 2011 年至 2019 年会均消费的对比数据。9 年间社团组织会议的会均消费始终都排在第一位，平均消费为 24.1 万元，是其他三类会议会均消费的近一倍。而其他三类会议的会均消费的排序为政府机构、企业和事业单位会议，会均消费分别为 13.8 万元、12.5 万元和 10.6 万元，相差并不很大。

3．按会议学科分类的消费统计

2019 年按学科分类的会议消费统计数据参见表 30。

（1）医药科学类会议消费统计：2019 年符合消费统计标准的医药科学类会议的共有 1213 个，总消费约为 2.93 亿元，会均消费为 24.2 万元。会议带动系数为 1：2.3。

（2）自然科学类会议消费统计： 2019 年符合消费统计标准的自然科学类会议的共有 195 个，总消费约为 0.33 亿元，会均消费为 16.9 万元。会议带动系数为 1：2.2。

（3）人文与社会科学类会议消费统计：2019 年符合消费统计标准的人文与社会科学类会议有 4736 个，总消费约为 8.47 亿元，会均消费为 17.9 万元。会议带动系数为 1：3.1。

（4）工程与技术科学类会议消费统计：2019 年符合消费统计标准的工程与技术科学类会议有 2508 个，总消费约为 3.62 亿元，会均消费为 14.4 万元。会议带动系数为 1：2.5。

（5）农业科学类会议消费统计：2019 年符合消费统计标准的农业科学类会议有 479 个，总消费约为 0.56 亿元，会均消

表 28 2019 年按主办单位分类会均消费、比例及带动系数（单位：万元）

序号	会议性质	数量（个）	消费项目	金额	会均消费	比例	带动系数
1	社团组织	1 375	住宿费	14 310.50	10.4	36.90%	1.18
			餐饮费	12 368.60	9	31.90%	1.02
			会场费	12 135.50	8.8	31.30%	1
			合计	38 814.60	28.2	100.00%	
2	政府机构	960	住宿费	7 753.10	8.1	44.20%	1.93
			餐饮费	5 761.70	6	32.90%	1.44
			会场费	4 014.00	4.2	22.90%	1
			合计	17 528.80	18.3	100.00%	
3	企　业	5 009	住宿费	31 622.50	6.3	40.60%	1.66
			餐饮费	27 133.20	5.4	34.90%	1.42
			会场费	19 063.00	3.8	24.50%	1
			合计	77 818.70	15.5	100.00%	
4	事业单位	1 787	住宿费	10 266.10	5.7	41.10%	1.59
			餐饮费	8 256.30	4.6	33.00%	1.28
			会场费	6 470.30	3.6	25.90%	1
			合计	24 992.70	14	100.00%	
	会均消费	9 131		159 154.70	17.4		

表 29 按主办单位分类会均消费 9 年的统计（单位：万元）

序号	主办机构	2011 年	2012 年	2013 年	2014 年	2015 年	2016 年	2017 年	2018 年	2019 年	均值
1	社团组织	19	27	32.9	22	21	22.1	19.7	25.1	28.2	24.1
2	政府机构	14.4	14.4	14.1	13	13.5	9.1	13.4	14.1	18.3	13.8
3	企　业	14.4	11.6	12.1	11.9	11.4	11.4	11.2	12.9	15.5	12.5
4	事业单位	10.8	11.3	10.9	9.5	10	7.4	8.9	12.5	14	10.6

费为 11.8 万元。会议带动系数为 1：3.9。

通过以上分析可以看出，2019 年按学科分类的会均消费水平排名第一的是医药会议，会均消费为 24.2 万元。人文与社会科学类会议会均消费为 17.9 万元，排名第二。排名第三是自然科学会议，会均消费 16.9 万元。工程与技术科学类会议和农业科学类会议会均消费分别为 14.4 万元和 11.8 万元，后 4 类会议的会均消费相差并不很大。

表 31 和图 23 给出了 2011 年至 2019 按学科分类的会均消费的数据，从中可以看出，9 年间始终是医药会议排在最前，自然科学会议类会议排在第二，其他三类会议不同年份有升有

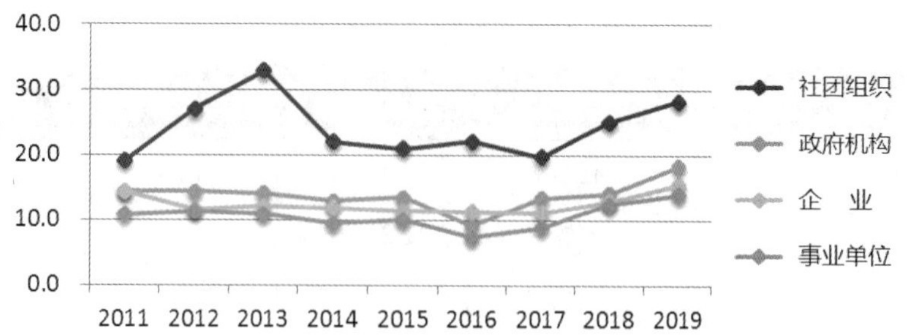

图 22 按主办单位分类会均消费 9 年的统计

表 30 2019 年按会议学科分类的会均消费、比例及带动系数（单位：万元）

序号	会议性质	会议数量	消费项目	会均消费	会均消费	比例	带动系数
1	医药科学	1 213	住宿费	11 385.60	9.4	38.80%	1.3
			餐饮费	9 180.10	7.6	31.30%	1
			会场费	8 777.60	7.2	29.90%	1
			合计	29 343.40	24.2	100.00%	
2	自然科学	195	住宿费	1 235.80	6.3	37.60%	1.2
			餐饮费	1 001.90	5.1	30.50%	1
			会场费	1 051.50	5.4	32.00%	1
			合计	3 289.20	16.9	100.00%	
3	人文与社会科学	4 736	住宿费	35 168.40	7.4	41.50%	1.7
			餐饮费	29 179.10	6.2	34.50%	1.4
			会场费	20 336.60	4.3	24.00%	1
			合计	84 684.10	17.9	100.00%	
4	工程与技术科学	2 508	住宿费	13 622.20	5.4	37.60%	1.3
			餐饮费	12 203.00	4.9	33.70%	1.2
			会场费	10 363.70	4.1	28.60%	1
			合计	36 188.90	14.4	100.00%	
5	农业科学	479	住宿费	2 540.30	5.3	45.00%	2.2
			餐饮费	1 955.50	4.1	34.60%	1.7
			会场费	1 153.30	2.4	20.40%	1
			合计	5 649.00	11.8	100.00%	

表 31 按会议学科分类 9 年会均消费的统计（单位：万元）

序号	学科	2011 年	2012 年	2013 年	2014 年	2015 年	2016 年	2017 年	2018 年	2019 年	均值
1	医药科学	19	21	25.1	16.5	15.3	16.7	15.6	20.1	24.2	19.3
2	自然科学	11.9	17.6	20.2	13.1	13.7	12.3	10	15	16.9	14.5
3	人文与社会科学	13.6	12.8	12.6	12.7	12.2	14.3	12.4	14	17.9	13.6
4	工程与技术科学	14.1	12.6	17.6	10.8	11.1	10.6	9.9	13.6	14.4	12.7
5	农业科学	12.2	12.3	20.3	9.7	10.3	12	10.8	11.4	11.8	12.3

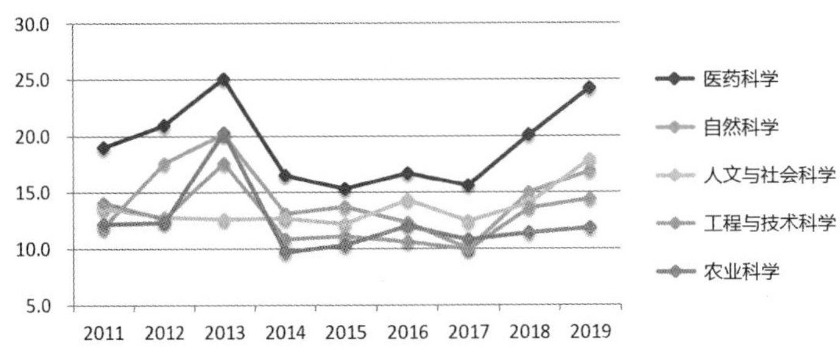

图 23 按会议学科分类 9 年会均消费的趋势（单位：万元）

降，排名交织在一起，但是会均消费的变化幅度并不是很大。与前几年相比较，2019 年的所有 5 类会议的会均消费都有不同程度的增加，应该与会议政策有关，因为许多会议既可以在五星级酒店举办，也提高了会议代表的报销幅度。

4．按会议性质分类的消费统计

2019 年按会议性质分类的消费统计的各项数据参见表 32。

（1）学术交流类会议的消费统计：2019 年符合消费统计标准的学术类会议共有 1557 个，总消费约为 3.86 亿元，会均消费为 24.8 万元。会议带动系数为 1：2.13。

（2）营销订货类会议的消费统计：2019 年符合消费统计标准的营销类会议共有 635 个，总消费约为 1.75 亿元，会均消费为 27.6 万元。会议带动系数为 1:3.38。

（3）总结报告类会议的消费统计：2019 年符合消费统计标准的总结类会议共有 1312 个，总消费约为 3.82 亿元，会均消费为 29.1 万元。会议带动系数为 1:2.80。

（4）签约发布类会议的消费统计：2019 年符合消费统计标准的签约类会议共有 350 个，总消费约为 0.57 亿元，会均消费为 16.2 万元。会议带动系数为 1:2.45。

（5）培训学习类会议的消费统计：2019 年符合消费统计标准的培训类会议共有 2793 个，总消费约为 3.69 亿元，会均消费为 13.2 万元。会议带动系数为 1:3.27。

（6）工作研讨类会议的消费统计：2019 年符合消费统计标准的工作类会议共有 2484 个，总消费约为 2.23 亿元，会均消费为 9.0 万元。会议带动系数为 1:3.45。

2019 年总结报告类会议的会均消费 29.1 万元，排名第一，此类会议多是企业的年会，为了达到对外宣传和对内鼓舞士气的目的，企业最舍得用大量的资金投入举办这类会议。营销订货会议会均消费 27.6 万元，排在第二。学术交流会议的会均消费 24.8 万元，排名第三。签约发布会议的会均消费为 16.2 万元，排列第四。培训学习类会议会均消费 13.2 万元，排在第五，工作研讨类会议会均消费仅有 9.0 万元排在最后，这类会议中的政府会议居多。

表 33 和图 24 给出了 2011 年至 2019 年按会议性质分类的会议平均消费的统计数据。从趋势图中可以看出，9 年间各类会议每年变化的幅度并不是很大，会议中营销订货会议的会均消费最高，达到 21.6 万元。工作研讨会议的会均消费最低，只有 7.1 万元。其他四类会议的会均消费都在十几万元左右。

5．按会议规模分类的消费统计

2019 年按会议规模分类的消费统计数据，参见表 34。

（1）30~100 人的会议消费统计：2019 年符合消费统计标准的规模在 30~100 人的会议有 4538 个，总消费约为 3.12

表 32 2019 年按会议性质会均消费、比例及带动系数（单位：万元）

序号	会议性质	数量	消费项目	金额	会均消费	比例	带动系数
1	学术交流会议	1 557	住宿费	13 568.00	8.7	35.10%	1.1
			餐饮费	12 706.50	8.2	32.90%	1.03
			会场费	12 341.10	7.9	32.00%	1
			合计	38 615.70	24.8	100.00%	
2	营销订货会议	635	住宿费	7 625.70	12	43.60%	1.91
			餐饮费	5 884.60	9.3	33.60%	1.47
			会场费	3 993.30	6.3	22.80%	1
			合计	17 503.60	27.6	100.00%	
3	总结报告会议	1 312	住宿费	14 611.40	11.1	38.30%	1.46
			餐饮费	13 505.10	10.3	35.40%	1.34
			会场费	10 041.20	7.7	26.30%	1
			合计	38 157.70	29.1	100.00%	
4	签约发布会议	350	住宿费	1 911.20	5.5	33.70%	1.16
			餐饮费	2 122.20	6.1	37.40%	1.29
			会场费	1 645.20	4.7	29.00%	1
			合计	5 678.60	16.2	100.00%	
5	培训学习会议	2 793	住宿费	16 491.40	5.9	44.70%	1.91
			餐饮费	11 730.80	4.2	31.80%	1.36
			会场费	8 631.90	3.1	23.40%	1
			合计	36 854.10	13.2	100.00%	
6	工作研讨会议	2 484	住宿费	9 744.60	3.9	43.60%	1.94
			餐饮费	7 570.40	3	33.90%	1.51
			会场费	5 030.00	2	22.50%	1
			合计	22 344.90	9	100.00%	

亿元，会均消费为 6.9 万元。会议带动系数为 1：3.84。

（2）101~300 人的会议消费统计：2019 年符合消费统计标准的规模在 101~300 人的会议有 3135 个，总消费约为 4.81 亿元，会均消费为 15.3 万元。会议带动系数为为 1:3.98。

（3）301~500 人的会议消费统计：2019 年符合消费统计标准的规模在 301~500 人的会议有 695 个，总消费约为 2.19 亿元，会均消费为 31.5 万元。会议带动系数为 1:3.55。

（4）501~1000 人的会议消费统计：2019 年符合消费统计标准的规模在 501~1000 人的会议有 569 个，总消费约为 3.77 亿元，会均消费为 66.2 万元。会议带动系数为 1:3.06。

（5）1001~2500 人的会议平均消费统计：2019 年符合消费统计标准的规模在 1001~2500 人的会议有 175 个，总消费约

表 33 按会议性质分类会均消费 9 年的统计（单位：万元）

序号	会议性质	2011 年	2012 年	2013 年	2014 年	2015 年	2016 年	2017 年	2018 年	2019 年	均值
1	营销订货会议	26.7	21.7	19.9	18.6	17.7	25.8	16.4	19.7	27.6	21.6
2	总结报告会议	18.7	17.4	15.4	17.9	18	19	19	27.7	29.1	20.2
3	学术交流会议	17.3	24.2	22.8	15.6	15.2	17.8	13	19	24.8	18.9
4	签约发布会议	16.2	14	19.9	12.9	11.2	12.7	13.2	13.6	16.2	14.4
5	培训学习会议	11.4	10.1	11.2	11.8	11.3	11.4	10.7	11.4	13.2	11.4
6	工作研讨会议	8.5	7	6.1	4.9	5.5	6.7	8.4	8	9	7.1

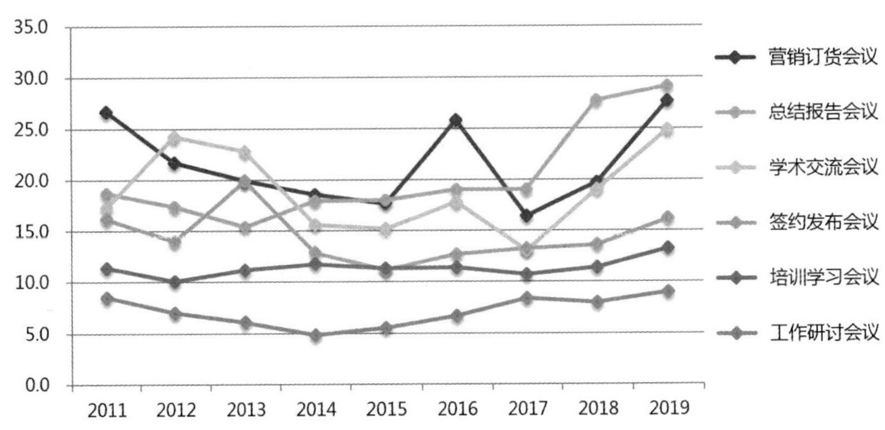

图 24 按会议性质分类会均消费 9 年的统计（单位：万元）

为 1.82 亿元，会均消费为 104.1 万元。会议带动系数为 1:2.41。

（6）2500 人以上的会议平均消费统计：2019 年符合消费统计标准的规模在 2500 人以上的会议有 19 个，总消费约为 2.04 亿元，会均消费为 107.4 万元。会议带动系数为 1:2.67。

以上各档会议的会均消费水平呈现出明显的正比例特点，即会议规模越大，会均消费水平越高，参见表 35，充分体现出大型会议的规模优势，可以给会议场所带来更多的收益。

表 35 给出了 2011 年至 2019 年我国 9 年间会议平均消费的数据。从中可以看出，6 档会议之间基本遵循人数增加一档，会均消费增加一倍的算数增长率的规律，参见图 25。

6．国际会议的消费统计

2019 年符合消费统计条件的 9131 个会议中，包含了 83 个国际会议。总消费金额约为 0.91 亿元，会均消费 109.6 万元，远高于全部会议的 14.6 万元的会均消费。

表 36 和图 26 给出了国际会议三项主要消费的统计数据。从表和图中可以看出，国际会议的三项消费中会场费高于餐饮费，餐饮费又高于住宿费，这是由于在我国举办的国际会议中的 60% 以上都是社团组织的会议，这些会议多数采用市场化运作，当会议酒店（Congress Hotel）住宿价格偏高时，会议代表选择住在会议酒店的并不多，而是选择住在更便宜的酒店。许多国际会议，特别是大型国际会议也不负责会议代表的餐饮，使得国际会议对会议主酒店的带动系数仅有 1.66，远小于全部会议 3.45 的带动系数。

表 37 和图 27 给出了 2011 年至 2019 年，我国 9 年国际会议的消费统计数据。由于国际会议统计样本太少，虽经历 9 年，但是仍无明显规律可寻。但有一个事实还是明显存在的，就是单一酒店中会场费高于餐饮费，餐饮费高于住宿费，其原因在前以表述。

7．流动性会议的消费统计

2019 年符合消费统计条件的 9131 个会议中，有 1337 个

表 34 2019 年按会议规模分类的会均消费、比例及带动系数（单位：万元）

序号	会议规模	数量	消费项目	金额	会均消费	比例	带动系数
1	30~100 人	4 538	住宿费	13 634.40	3	46.40%	2.25
			餐饮费	9 773.70	2.2	32.90%	1.59
			会场费	7 795.70	1.7	20.60%	1
			合计	31 203.70	6.9	100.00%	
2	101~300 人	3 135	住宿费	20 751.40	6.6	45.40%	2.26
			餐饮费	17 025.10	5.4	34.50%	1.72
			会场费	10 325.90	3.3	20.10%	1
			合计	48 102.40	15.3	100.00%	
3	301~500 人	695	住宿费	8 712.70	12.5	42.20%	1.92
			餐饮费	7 622.00	11	35.80%	1.63
			会场费	5 574.60	8	22.00%	1
			合计	21 909.30	31.5	100.00%	
4	501~1000 人	569	住宿费	13 263.20	23.3	42.10%	1.71
			餐饮费	12 292.80	21.6	33.30%	1.35
			会场费	12 117.20	21.3	24.60%	1
			合计	37 673.10	66.2	100.00%	
5	1001~2500 人	175	住宿费	7 097.10	40.6	33.80%	1.15
			餐饮费	6 156.50	35.2	36.90%	1.26
			会场费	4 972.00	28.4	29.30%	1
			合计	18 225.50	104.1	100.00%	
6	2500 人以上	19	住宿费	493.5	26	38.70%	1.42
			餐饮费	649.7	34.2	34.10%	1.25
			会场费	897.3	47.2	27.20%	1
			合计	2 040.60	107.4	100.00%	

属于流动性会议。这些流动会议的三项消费总和约为 2.84 亿元，会均消费为 21.3 万元，相比全部会议 14.6 万元的会均消费，增加了 30.8%。流动会议住宿费最多，其次为餐饮费，会场费排在最后。带动系数为 3.11。有关流动性会议三项消费的其他数据参见表 38 和图 28。

表 39 和图 29 给出了 2011 年至 2019 年我国流动性会议消费的比较数据。9 年来流动性会议始终是会场费最多，会均消费都达到 38.3%；餐饮费排名第二，为 31.1%；住宿费仅比住

表 35 按会议规模分类会均消费 9 年的统计（单位：万元）

序号	会议规模	2011 年	2012 年	2013 年	2014 年	2015 年	2016 年	2017 年	2018 年	2019 年	均值
1	30~100 人	6.3	6.2	6	5.4	5.1	5.1	5.6	6.2	6.9	5.9
2	101~300 人	17.3	15.7	13.4	13	12.9	13.6	12.9	13.9	15.3	14.2
3	301~500 人	33.8	31.1	26.5	27.2	26.9	29.9	23.7	29.2	31.5	28.9
4	501~1000 人	59	66	52.7	55.8	44.4	51.2	41.6	53.7	66.2	54.5
5	1001~2500 人	214.1	139.8	161.8	140.6	86.9	124.6	60.2	93.9	104.1	125.1
6	>2500		857.1	315	69	141.1	253.1	131.3	158.3	107.4	254

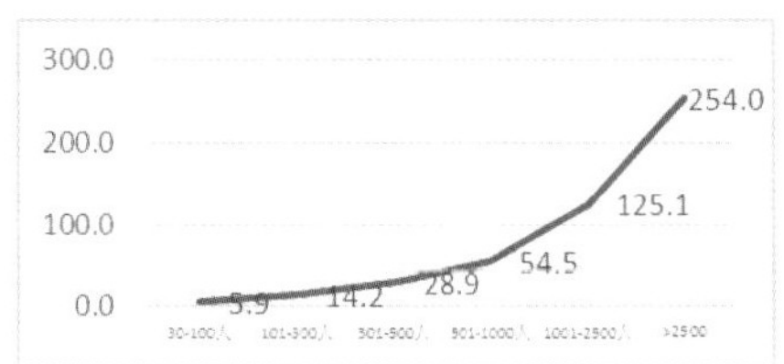

图 25 按会议规模分类会均消费 8 年的统计

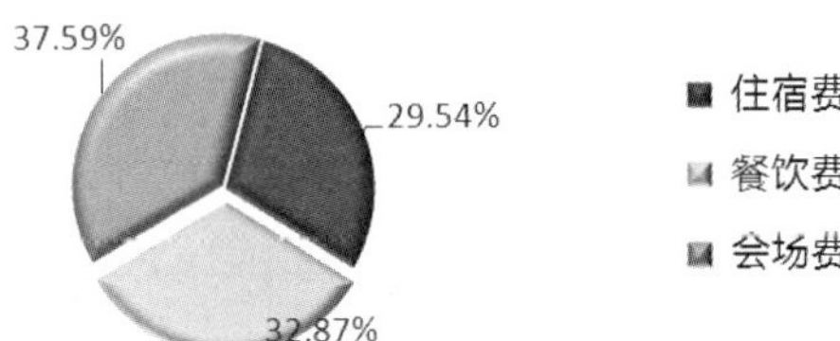

图 26 2019 年国际会议三项消费的比例

表 36 2019 年国际会议会均消费、比例及带动系数（单位：万元）

序号	项目	金额	数量（个）	会均消费	比例	带动系数
1	住宿费	2 688.00	83	32.4	29.54%	0.79
2	餐饮费	2 991.40	83	36	32.87%	0.87
3	会场费	3 421.00	83	41.2	37.59%	1
	合计	9 100.40	83	109.6	100.00%	

宿费少 0.5%，排在最后。出现这种排序的原因与国际会议相同。

（五）国际会议统计

国际会议是我国许多城市最感兴趣的一类会议，因为目前这些城市都在努力打造所谓“国际会议之都”或“国际会议目的地城市”所致，因此对国际会议的排名也就更加关注。2019 年统计报告中有关国际会议的统计结果为 5 项，即 1. 按会议主办机构分类的国际会议市场份额的统计、2. 按学科分类的国际会议统计、3. 按国际会议规模分类的统计、4. 按国际会议持续天数的统计、5. 按我国内地城市举办国际会议数量的统计。

表 37 国际会议三项会均消费 9 年的统计

序号	消费项目	2011 年	2012 年	2013 年	2014 年	2015 年	2016 年	2017 年	2018 年	2019 年	均值
1	住宿费	37.70%	21.80%	23.80%	36.30%	31.30%	32.70%	36.30%	25.70%	29.54%	30.60%
2	餐饮费	30.10%	32.40%	35.10%	28.70%	33.50%	28.90%	28.70%	29.80%	32.87%	31.10%
3	会场费	32.20%	45.80%	41.10%	35.00%	35.20%	38.40%	35.00%	44.50%	37.59%	38.30%

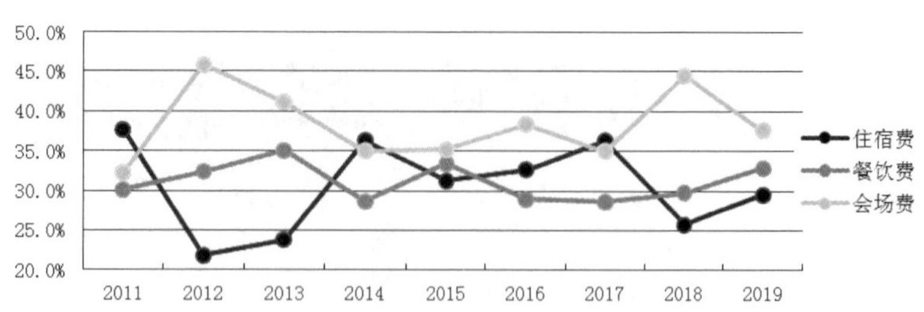

图 27 9 年国际会议三项会均消费的变化趋势

表 38 2019 年流动性会议会均消费、比例及带动系数（单位：万元）

序号	项目	金额	数量（个）	会均消费	比例	带动系数
1	住宿费	12 184	1 337	9.1	43.40%	1.76
2	餐饮费	9 322	1 337	7	32.50%	1.35
3	会场费	6 926	1 337	5.2	24.10%	1
	合计	28 432	1 337	21.3	100.00%	

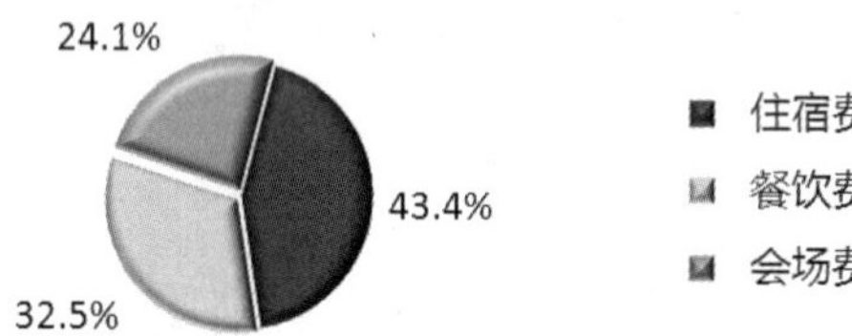

图 28 2019 年流动性会议会均消费比例

1．按主办机构分类的国际会议市场份额的统计

2019 年统计到 158 个国际会议中，按国际会议主办机构分类的国际会议市场份额，参见表 40 和图 30，从中可以看出社团组织举办的国际会议为 90 个，市场份额高达 57.0%。政府机构举办了 34 个国际会议，市场份额为 21.5%。企业举办了

表 39 流动性会议会均消费 9 年的比例

序号	项目	2011 年	2012 年	2013 年	2014 年	2015 年	2016 年	2017 年	2018 年	2019 年	会均
1	住宿费	46.70%	39.90%	35.40%	45.10%	44.40%	41.30%	45.90%	43.40%	43.40%	42.80%
2	餐饮费	34.80%	34.20%	33.90%	33.70%	34.70%	33.40%	31.60%	32.50%	32.50%	33.50%
3	会场费	18.50%	25.90%	30.70%	21.20%	20.90%	25.30%	22.40%	24.10%	24.10%	23.70%

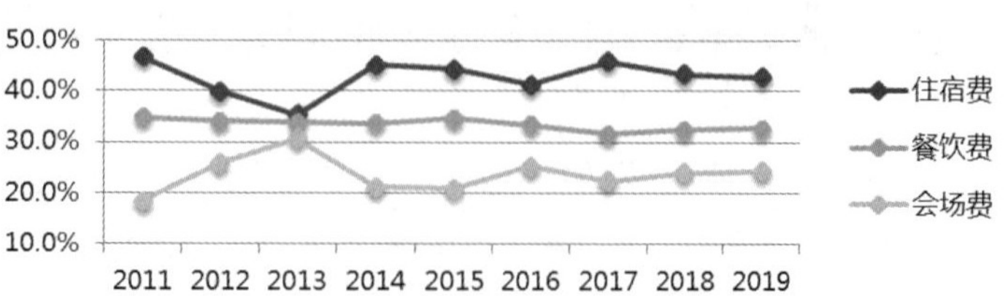

图 29 流动性会议会均消费比例 9 年的趋势

22 个国际会议，市场份额为 13.9%，事业单位所举办的国际会议最少仅为 12 个市场，占比仅为 7.6%。

表 41 和图 31 给出了我国 2010 年至 2019 年，我国按会议主办单位分类的国际会议所占市场份额的统计数据。10 年间我国社团组织举办的国际会议所占的市场份额始终最多，十年的平均值为 52.1%。2014 年曾达到 67%，但从 2015 年开始已经连续 4 年以每年约 5% 的速率下降，显现出一个马鞍型的走势，这是由于 APEC 和 G20 的示范效应，我国许多城市政府和事业单位也开始高度重视国际会议，它们主办的国际会议所占比例逐渐上升，压缩了社团机构主办的国际会议的增长空间。

企业举办的国际会议不温不火，10 年市场份额平均值为 25.6%，成为我国举办国际会议第二多的机构。我国事业单位和政府机构所举办的国际会议市场走势在 2014 年至 2016 年筑成双底之后，2017 年和 2018 年这两类国际会议都出现反弹，且上升幅度都比较大，特别是 2018 年与 2017 年相比增长幅度都在 5% 以上。但是 2019 年却出现水火两重天的现象，政府举办的国际会议比 2018 年增加了 8.6 个百分点，成为举办国际会议第 2 多的机构。政府举办的国际会议大幅度上升，得益于习近平主席 2018 年 7 月提出“办好一次会，搞活一座城”，从而激发了政府举办国际会议的动力，而事业单位的国际会议比 2018 年减少了 7.5 个百分点，成为了 2019 年举办国际会议的最少的机构，有可能是最近几年事业单位不断的改革所致。

2．按会议学科分类的国际会议统计

2019 年不同学科的国际会议数量和所占比例参见表 42 和图 32。人文与社会科学举办了 53 个国际会议，比例为

表 40 2019 年按主办单位分类国际会议的数量及比例

序号	主办机构	数量（个）	比例（%）
1	社团组织	90	57.00%
2	政府机构	34	21.50%
3	企　业	22	13.90%
4	事业单位	12	7.60%
	合计	158	100.00%

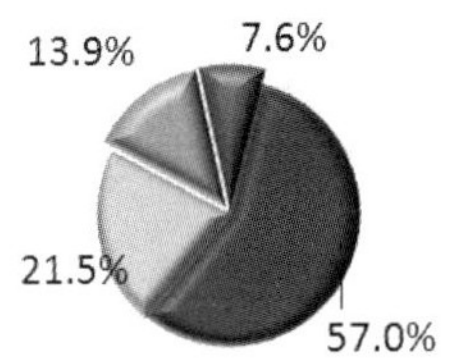

图 30 2019 年按主办单位分类国际会议的比例

33.5%，成为 2019 年我国举办国际会议最多的一类会议。工程与技术科学的国际会议为 52 个，占比 32.9%，排名第二。医药科学的国际会议为 41 个，所占比例为 25.9%，列为第三位。自然科学和农业科学中的国际会议数量最少，两类学科的国际会议合计举办了 12 个，占比仅为 7.6%。

表 43 和图 53 给出了 2011 年至 2019 年我国 9 年间按学科分类的国际会议统计数据和变化趋势。我国人文与社会科学、工程与技术科学和医学科学中的国际会议每年数量或多或少，

表 41 按主办单位分类 10 年国际会议比例的统计

序号	主办机构	2010 年	2011 年	2012 年	2013 年	2014 年	2015 年	2016 年	2017 年	2018 年	2019 年	均值
1	社团组织	44.00%	31.00%	48.30%	63.40%	67.00%	65.50%	60.60%	55.20%	48.90%	57.00%	52.10%
2	企业	16.50%	44.30%	25.80%	21.70%	21.70%	21.00%	31.20%	26.70%	23.10%	13.90%	25.60%
3	事业单位	22.00%	14.60%	16.40%	9.10%	7.00%	7.00%	3.90%	11.00%	15.10%	7.60%	12.40%
4	政府机构	17.40%	10.10%	9.40%	5.70%	4.30%	6.50%	4.30%	7.10%	12.90%	21.50%	9.90%
	合计	100.00%	100.00%	100.00%	100.00%	100.00%	100.00%	100.00%	100.00%	100.00%	100.00%	100.00%

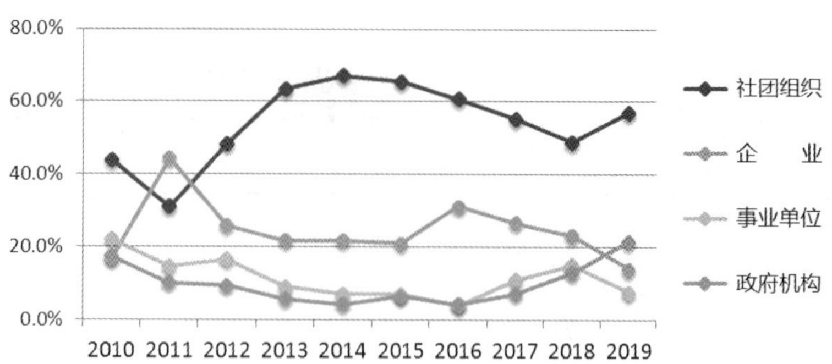

图 31 按主办单位分类 10 年国际会议市场份额的变化趋势

但是始终排在我国举办国际会议最多的前三位。9 年间我国自然和农业科学方面的国际会议，市场份额从未超过 5%。因为采集到的国际会议的样本太少，每年仅有几百个，所以得到的统计结果的偶然性很大，表现出来的就是趋势线波动很大，而无法给予中肯的分析。

3．按国际会议规模分类的统计

2019 年按国际会议规模分类的统计，详见表 44 和图 34。我国 501~1000 人这档的国际会议排列第一，比例为 36.1%。1001~2500 人这档国际会议排序第二，占有 19.6% 市场份额；301~500 这档的国际会议，为 18.4%；其他两类会议的市场份额相差不多，都在 13% 左右。

表 45 给出了 9 年间国际会议按规模分类的统计数据，图 35 给出了变化趋势。我国举办 500~1000 人规模的国际会议，始终排在我国国际会议前列，特别是最近两年都占到了我国举办国际会议的首位。1001~2500 人这档的国际会议最近两年发展也很快，排名我国第二，说明在我国举办的国际会议影响力越来越大，所以规模也越来越大。300 人以下的国际会议数量下降得很快，成为目前我国举办国际会议最少的一类会议。

全部会议与流动性会议表现出的“会议规模与市场份额成反比”的规律，在国际会议上并没有得到延续。

4．按国际会议持续天数的统计

2019 年按国际会议持续天数的统计，详见表 46 和图 36。持续天数为 3 天的国际会议占比 35.4%，排名第一。持续天数为 2 天的国际会议占了 20.3%，排名第二。持续天数为 1 天和 4 天的两类国际会议的市场份额都是 15.2%，排名第三。持续 5 天的国际会议市场份额为 8.2%，排名第五。6 天和 6 天以上的会议都比较少，原因是显而易见的。

5．按我国内地城市举办国际会议数量的统计

本次共采集到 2019 年在我国大陆举办的 186 个国际会议，与我国每年举办的国际会议数量相比，我们能够采集到的国际

表 42 2019 年按学科分类会议数量及比例

序号	学科	数量（个）	比例
1	人文与社会科学	53	33.50%
2	工程与技术科学	52	32.90%
3	医药科学	41	25.90%
4	农业科学	8	5.10%
5	自然科学	4	2.50%
	合计	158	100.00%

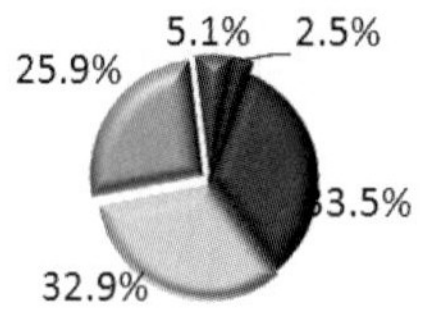

图 32 2019 年按学科分类国际会议的比例

会议样本实在太少；所以按举办国际会议的数量对城市排名没有任何象征意义和实际意义。

本次统计共有 23 个城市的会议场所提供了他们 2019 年举办的国际会议的数据，基本涵盖了我国主要国际会议的举办城市。从表 47 可以看出，北京以举办 31 个国际会议排名第一；上海举办了 24 个国际会议排名第二；杭州和广州举办了 19 个排名第三，重庆举办了 13 个排名第五。南京、长沙和厦门都举办了 8 个国际会议，并列第六。任何统计都会由于统计渠道单一和统计样本的不足，造成统计结果的偏差。本次统计中所呈现出的我国国际会议举办城市，由以往的过度集中到目前比较分散，说明我国许多城市都已具备举办国际会议的场馆和服务能力。

表 43 按学科分类国际会议比例 10 年的统计数据

序号	学科	2011 年	2012 年	2013 年	2014 年	2015 年	2016 年	2017 年	2018 年	2019 年	均值
1	人文与社会科学	63.40%	57.80%	31.40%	55.70%	35.00%	47.60%	41.00%	26.90%	33.50%	43.60%
2	医药科学	17.00%	18.20%	30.90%	26.10%	36.50%	29.90%	22.00%	44.10%	26.00%	27.70%
3	工程与技术科学	15.10%	17.30%	30.90%	15.70%	24.50%	18.60%	28.00%	23.70%	32.90%	23.00%
4	农业科学	1.60%	1.80%	4.60%	0.90%	1.00%	1.30%	8.00%	2.70%	5.10%	3.00%
5	自然科学	2.90%	4.90%	2.30%	1.70%	3.00%	2.60%	2.00%	2.70%	2.50%	2.70%
	合计	100.00%	100.00%	100.10%	100.10%	100.00%	100.00%	100.00%	100.00%	100.00%	100.00%

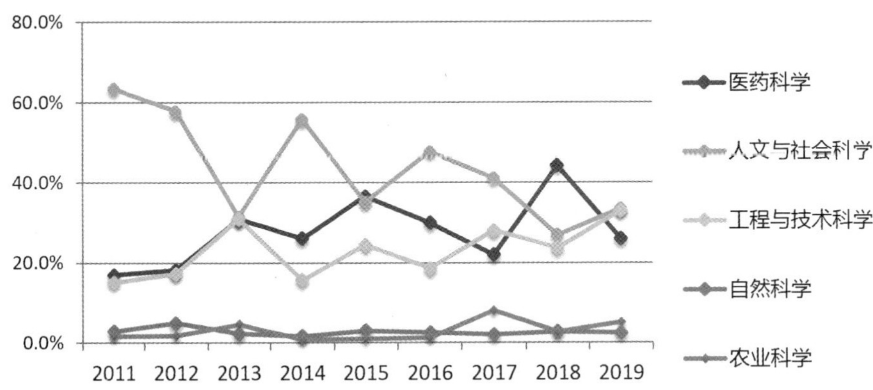

图 33 按会议学科分类国际会议比例 10 年的统计趋势

表 44 2019 年按会议规模分类国际会议数量及比例

序号	规模	会议数量（个）	比例
1	101~300 人	18	11.40%
2	301~500 人	29	18.40%
3	501~1000 人	57	36.10%
4	1001~2500 人	31	19.60%
5	>2500 人	23	14.60%
		158	100.00%

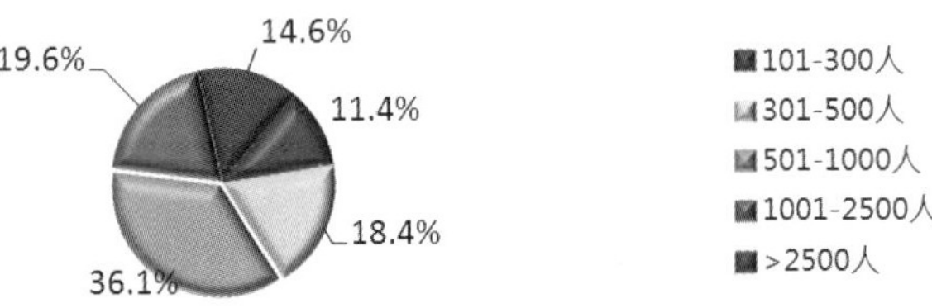

图 34 2019 年按会议规模分类国际会议的比例

表 48 给出了从 2010 年至 2019 年连续 10 年我国举办国际会议数量最多的十个城市。北京和上海举办国际会议的数量已经连续 10 年在统计中排名第一和第二。南京是连续 10 年进入我国举办国际会议最多的前十名城市的行列。杭州和广州是连续 9 年进入前十名行列的城市。这些城市能够成为在我国举办国际会议最多的原因，是由于会议设施良好、旅游资源丰富、交通方便以及政府的支持，同时更重要的是，这些城市都具有雄厚的产业基础、丰富的科技、文化与教育资源，因而得到了国际会议组织者的青睐。

表 49 列出了 2019 年中国会议酒店联盟 (ACCH)、国际大会及会议协会 (ICCA) 和国际协会联盟（UIA）三家统计机构，

表 45 按会议规模分类 9 年国际会议的比例

序号	规模	2011 年	2012 年	2013 年	2014 年	2015 年	2016 年	2017 年	2018 年	2019 年	均值
1	101~300 人	28.20%	28.90%	35.80%	24.30%	23.50%	32.00%	46%	28.50%	11.40%	29.70%
2	301~500 人	21.30%	19.80%	17.90%	19.10%	13.00%	22.10%	15%	13.40%	18.40%	18.80%
3	501~1000 人	32.70%	27.10%	23.80%	29.70%	37.50%	26.40%	22%	33.30%	36.10%	30.80%
4	1001~2500 人	9.20%	7.30%	6.70%	7.80%	13.00%	16.00%	15%	12.90%	19.60%	12.90%
5	>2500 人	3.40%	3.60%	3.00%	19.10%	13.00%	3.50%	2%	11.80%	14.60%	8.20%
		100.00%	100.00%	100.00%	100.00%	100.00%	100.00%	100.00%	100.00%	100.00%	100.00%

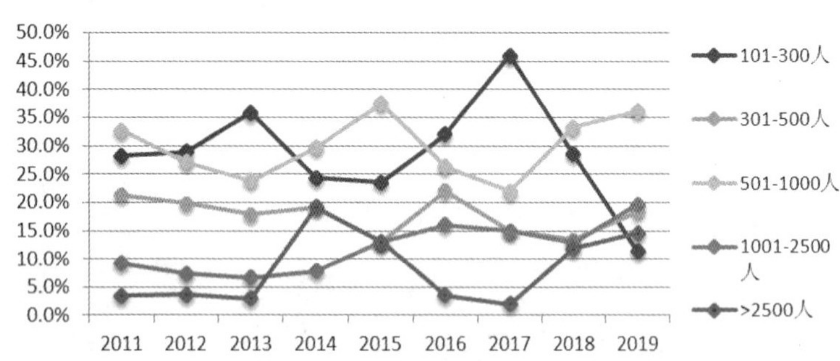

图 35 按会议规模分类 9 年国际会议的变化趋势

表 46 2019 年按会议天数分类国际会议的数量及比例

天数	1 天	2 天	3 天	4 天	5 天	6 天	>6 天	合计
数量（个）	24	32	56	24	13	3	6	158
比例	15.20%	20.30%	35.40%	15.20%	8.20%	1.90%	3.80%	100.00%

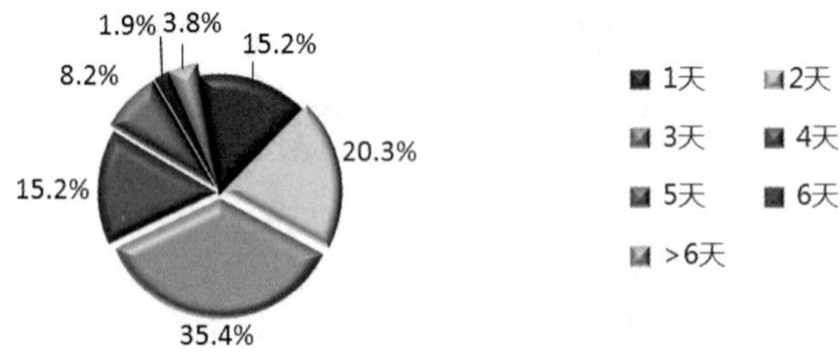

图 36 2019 年按会议天数分类国际会议的比例

对我国大陆举办国际会议最多的前十名城市的排序。对比排名前十位的城市，在三个统计结果中相同的城市为 7 个。排名前两位的都是北京和上海，而杭州、广州、南京、西安和厦门也都在三个统计中榜上有名。

（六）流动性会议统计

2019 年 15067 个样本会议中，流动性会议为 2509 个，占比为 17.0%。流动性会议每届都在不同城市举办，特别是一些超大规模的会议，能有效促进举办城市会议产业的发展，因此许多城市的政府会议管理机构和会议场地都特别关注，努力将这些会议吸引到本城市举办。为了对流动性会议有更深入的了解，统计报告对流动性会议做了详尽的分析，共有 12 项统计结果。

1．按主办机构分类对流动性会议的统计

2019 年举办的 2509 个流动性会议中，企业会议中的流动

表 47 2019 年按城市国际会议数量的统计

序号	城市	数量（个）	序号	城市	数量（个）	序号	城市	数量（个）
1	北京	31	9	苏州	5	17	哈尔滨	1
2	上海	24	10	西安	4	18	合肥	1
3	广州	19	11	青岛	3	19	马鞍山	1
3	杭州	19	12	武汉	3	20	眉山	1
5	重庆	13	13	贵阳	2	21	南宁	1
6	南京	8	14	舟山	2	22	义乌	1
6	厦门	8	15	北海	1	23	玉溪	1
6	长沙	8	16	大连	1			

性会议最多，数量为 1699 个，占了流动性会议总量的 67.7%，排在第一位。 社团组织举办的流动性会议位列第二，占了市场份额的 14.7%。事业单位紧随社团组织其后，举办了 11.6% 的流动性会议；政府机构举办的流动性会议排名最后，仅占全部流动性会议的 6.0%，参见表 50 和图 37。

2．按主办机构分类的流动性会议数量比例的统计

表 51 给出了 2019 年主办机构所举办的流动性会议数量，占到其全部会议数量的比例统计。2019 年企业会议中的流动性会议的绝对数量最多，所占比例也最高，达到 18.7% 。社团组织的流动性会议占了其所有会议的 17.7%，排名第二。事业单位的流动性会议占其所有会议的 11.7%，排名第三。受到我国采购政策的限制，政府机构举办的流动性会议的所占比例最低，为 10.5 %。

表 52 和图 38 给出了我国 9 年间，按主办单位分类中流动会议在其全部会议中所占比例的统计数据和变化趋势。从中不难看出，前 7 年我国社团组织会议中的流动性比例始终排在最前列，但是从 2016 年开始下降，直到 2018 年终于被企业会议超过，原因是我国许多地区的社团组织开始活跃，举办了大量的会议。但这些会议都很少能到其他地区举办，最终表现为社团组织会议总量增加、流动性会议所占比例反而下降的现象。9 年间我国的企业会议中的流动性会议始终在 14% 至 20% 之间震荡，终于在 2018 年，超过了社团组织，成为我国举办流动性会议最多的一类会议。我国事业单位举办的会议流动性与其会议总数量相比，基本都在 10% 以上。我国政府机构举办的流动性会议与其全部数量的会议相比，最近 5 年很少超过 10%。从表 53 可以看出，9 年间我国流动性会议的数量占全部会议的 17% 左右。

3．按规模分类对流动性会议的统计

2019 年按会议规模分类的流动性会议的统计，呈现出会议数量与会议规模的反比例特点。30~100 人和 101~300 人的两档流动性会议占了 75.7%。301~500 人和 501~1000 人的两档流动性会议占了 16.9% 的份额。千人以上两档流动性会议所占比例仅为 7.5%，参见表 53 和图 39。

4．按学科分类对流动性会议的统计

2019 年按学科分类对流动性会议统计的数据和趋势，参见表 54 和图 40。我国学科分类中的人文与社会科学覆盖面极广，因此该学科领域中的流动性会议的所占比例也最高，达到 45.8%。工程与技术科学会议中的流动性会议为 35.5%，排名第二。医药科学中的流动性会议占为 14.5%，排在第三。自然科学和农业科学的流动性会议一直最少，市场份额也最低，两类会相加的市场份额也仅为 4.3%。

5．按承办机构分类对流动性会议的统计

2019 年按会议承办机构分类的流动性会议统计中，由主办单位自己承办的会议占比为 72.5%，由会议服务机构承办的会议为 27.5%，详见表 55 和图 41。

表 56 和图 42 给出了 2019 年流动性会议和全部会议，交给会议服务机构承办的比例数据。2019 年流动性会议交由会议服务机构承办的比例为 27.5%，远高于全部会议中交给会议服务机构承办的 13.7% 的比例。原因是由于流动性会议异地操作，委托当地的会议承办机构做会场和酒店预定等会务服务工作，还是比自己运作相对容易一些。

表 57 和图 43 给出了 2011 年至 2019 年按承办机构分类的数据和变化趋势。前 7 年我国流动性会议交给会议服务机构承

表 48 国际会议数量 10 年统计在前 10 位的城市

序号	2010 年		2011 年		2012 年		2013 年		2014 年	
	城市	数量（个）	城市	数量（个）	城市	数量（个）	城市	数量（个）	城市	数量（个）
1	北京	39	北京	107	北京	113	北京	68	北京	36
2	上海	25	上海	83	上海	50	上海	33	上海	26
3	成都	11	大连	47	杭州	33	南京	32	西安	11
4	南京	10	西安	19	南京	31	广州	9	杭州	10
5	杭州	8	南京	18	广州	16	西安	8	南京	7
6	大连	7	成都	12	西安	12	杭州	7	青岛	5
7	广州	3	昆明	12	济南	11	苏州	3	昆明	4
8	南通	3	杭州	9	大连	7	南宁	3	重庆	4
9	镇江	1	武汉	7	苏州	7	重庆	2	广州	3
10	哈尔滨	1	长沙	7	长沙	6	昆明	2	贵阳	1

序号	2015 年		2016 年		2017 年		2018 年		2019 年	
	城市	数量（个）	城市	数量（个）	城市	数量（个）	城市	数量（个）	城市	数量（个）
1	北京	43	北京	49	北京	45	北京	42	北京	31
2	上海	33	上海	40	上海	28	上海	29	上海	24
3	杭州	22	南京	19	广州	19	杭州	25	广州	19
4	南京	19	杭州	15	南京	19	苏州	20	杭州	19
5	昆明	15	广州	12	重庆	10	广州	12	重庆	13
6	广州	13	昆明	9	西安	9	武汉	11	南京	8
7	西安	12	济南	9	大连	8	南京	8	厦门	8
8	重庆	8	义乌	9	连云港	8	西安	8	长沙	8
9	苏州	6	海口	8	长沙	7	厦门	5	苏州	5
10	义乌	4	厦门	8	昆明	6	贵阳	3	西安	4

办的会议是逐年上升的。因为异地举办会议，主办机构自己运作，真的不如找一家当地的会议公司做服务，容易达到事半功倍的效果，这也是最近几年我国各个城市的目的地会议管理公司迅速成长的一个重要原因。但是像全体会议一样，2018 年主办单位交给会议服务公司承办的会议锐减，与 2017 年相比，居然减少了 10.7 个百分点，连续 7 年的增长态势终于出现了下降的拐点，2019 年交给会议服务机构承办的会议继续呈现减少的态势。

6．按会议性质分类对流动性会议的统计

2019 年按会议性质分类对流动性会议的统计中，工作研讨会议中的流动性会议占到 26.0%，成为流动性会议中举办会议最多的一类会议。培训学习会议的占比为 25.8%，排名第二。学术交流会议、总结报告会议的占比都在百分之十几，分列 3

表 49 2019 年两家机构国际会议前十位城市的比较

序号	ACCH		ICCA		UIA	
	城市	数量（个）	城市	数量（个）	城市	数量（个）
1	北京	31	北京	91	北京	43
2	上海	24	上海	87	上海	40
3	广州	19	杭州	38	杭州	17
4	杭州	19	成都	33	南京	10
5	重庆	13	西安	30	广州	8
6	南京	8	南京	28	厦门	6
7	厦门	8	深圳	25	南宁	6
8	长沙	8	厦门	17	深圳	5
8	苏州	5	广州	17	西安	4
10	西安	4	武汉	13	桂林	4

注：
① ACCH 是中国会议酒店联盟 The Alliance of China Conference Hotels 的缩写。
② 国际大会及会议协会（ICCA）每年出版一本《国际协会会议统计报告》，该机构统计到 2018 年全球举办了 12937 个社团类国际会议，由此对全世界 400 多个城市按所举办的国际会议数量进行的排序，我国有 59 个城市榜上有名。
③ UIA 是国际协会联合会的 Union of International Associations 的缩写。该机构每年也对国际会议进行统计，也按城市举办会议的数量进行排名。在 18 年我国共有 14 个城市入围（UIA 的数据是由杭州国际博览中心提供，特表感谢）。

表 50 2019 年按主办单位分类流动性会议的数量及比例

序号	主办机构	数量（个）	比例
1	企　业	1 699	67.70%
2	社团组织	370	14.70%
3	事业单位	290	11.60%
4	政府机构	150	6.00%
	合计	2 509	100%

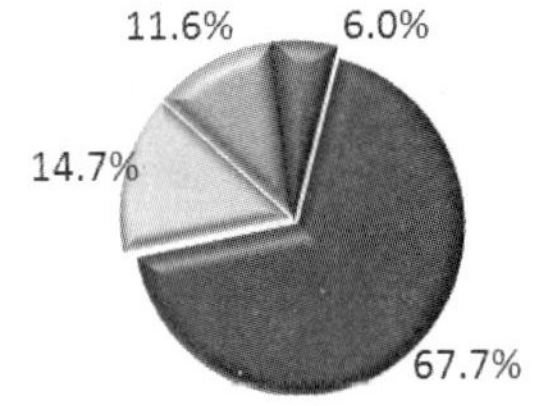

图 37 2019 年按主办单位分类流动性会议的比例

表 51 2019 年按主办单位分类流动性会议的数量及比例

序号	主办机构	会议总数量（个）	流动会议数量（个）	比例
1	社团组织	2 090	370	17.70%
2	企　业	9 077	1 699	18.70%
3	事业单位	2 477	290	11.70%
4	政府机构	1 432	150	10.50%
	合计	15 076	2 509	58.60%

表 52 按主办单位分类流动性会议的 9 年比例的统计

序号	主办机构	2011 年	2012 年	2013 年	2014 年	2015 年	2016 年	2017 年	2018 年	2019 年
1	企　业	14.20%	20.00%	15.80%	16.60%	19.00%	19.20%	17.40%	19.20%	18.70%
2	社团组织	24.80%	33.60%	35.30%	27.00%	30.80%	30.40%	21.30%	16.70%	17.70%
3	事业单位	7.80%	12.80%	15.10%	14.80%	13.60%	13.80%	10.70%	11.50%	11.70%
4	政府机构	9.00%	13.00%	14.10%	11.20%	8.40%	8.30%	6.80%	7.20%	10.50%
	合计	13.10%	18.90%	17.30%	17.10%	18.80%	18.90%	15.50%	16.40%	16.60%

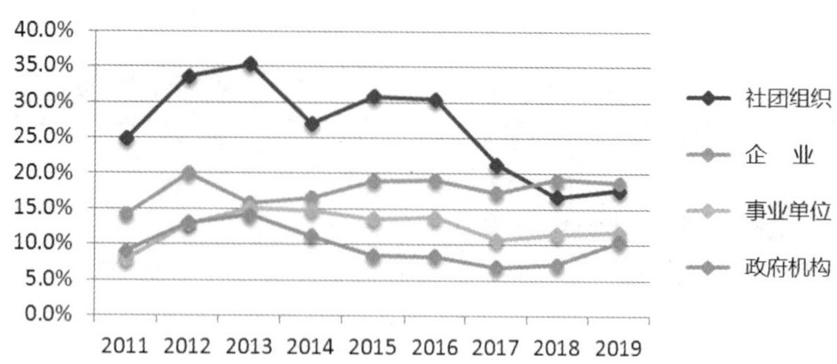

图 38 按主办单位分类流动性会议 9 年比例的变化趋势

表 53 2019 年按会议规模分类流动性会议的数量及比例

序号	人数	数量（个）	比例
1	30~100 人	1,225	48.80%
2	101~300 人	675	26.90%
3	301~500 人	195	7.80%
4	501~1000 人	228	9.10%
5	1001~2500 人	122	4.90%
6	>2500 人	64	2.50%
	合计	2,509	100%

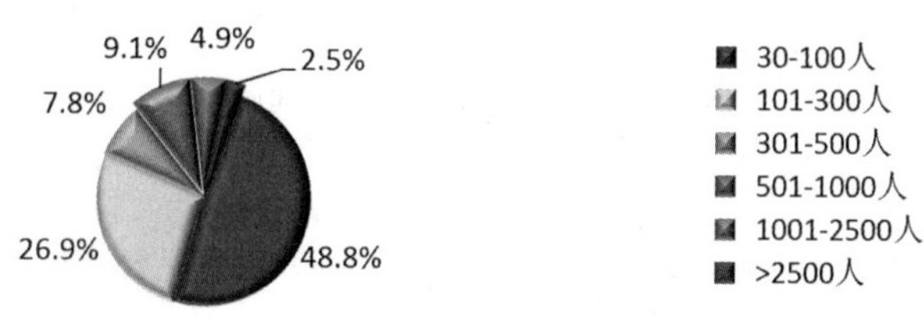

图 39 2019 年按会议规模分类流动性会议的比例

表 54 2019 年按会议学科分类流动性会议的比例

序号	学科	数量（个）	比例
1	人文与社会科学	1 149	45.80%
3	工程与技术科学	890	35.50%
2	医药科学	363	14.50%
4	农业科学	85	3.40%
5	自然科学	22	0.90%
	合计	2 509	100%

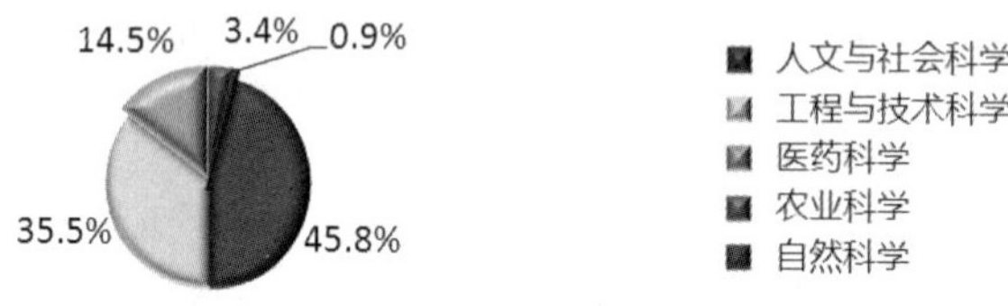

图 40 2019 年按会议学科分类流动性会议的比例

表 55 2019 年按承办单位分类流动性会议的数量及比例

序号	承办单位	流动性会议数（个）	比例
1	主办机构自己组织	1 820	72.50%
2	会议服务机构承办	689	27.50%
	合计	2 509	100

图 41 2019 年按承办单位分类 2018 年流动性会议的比例

表 56 2019 年按承办单位分类流动性会议与全部会议的比较

承办单位	全部会议	流动性会议
主办机构自己组织	86.30%	72.50%
会议服务机构承办	13.70%	27.50%

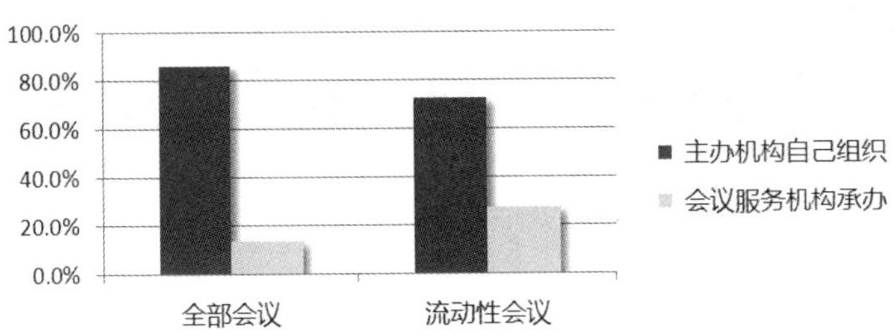

图 42 2019 年按承办单位分类流动性会议与全部会议的比较

表 57 按承办单位分类 9 年的流动性会议比例

序号	承办机构	2011 年	2012 年	2013 年	2014 年	2015 年	2016 年	2017 年	2018 年	2019 年
1	主办机构自己承办	76.30%	75.20%	68.00%	67.50%	60.90%	61.50%	58.90%	69.60%	72.50%
2	会议服务机构承办	23.70%	24.80%	32.00%	32.50%	39.10%	38.50%	41.10%	30.40%	27.50%

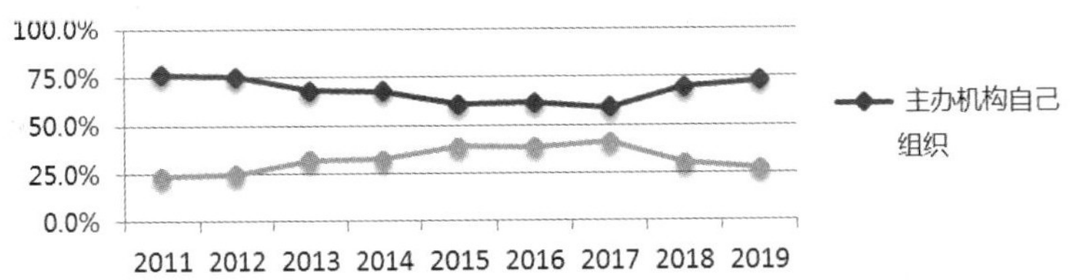

图 43 按承办单位分类 9 年的流动性会议比例

表 58 2019 年按会议性质分类流动性会议的数量及比例

序号	会议性质	数量（个）	比例
1	工作研讨会议	653	26.00%
2	培训学习会议	648	25.80%
3	学术交流会议	485	19.30%
5	总结报告会议	410	16.40%
4	营销订货会议	210	8.40%
6	签约发布会议	103	4.10%
	合计	2 509	100

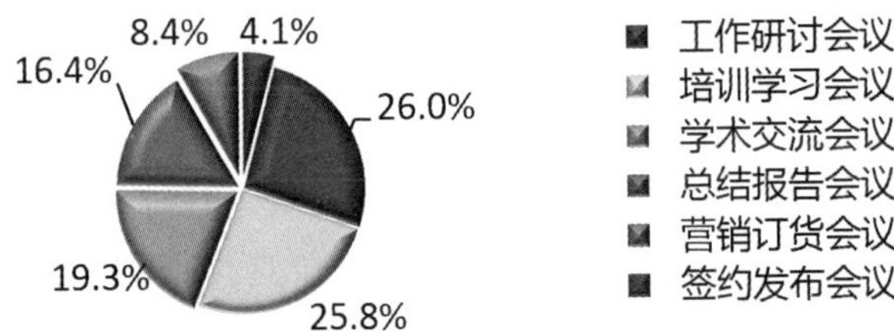

图 44 2019 年按会议性质分类流动性会议的比例

表 59 2019 年按地理区域分类流动性会议的数量及比例

排名	1	2	3	4	5	6	7	
地理区域	华东	华南	西南	华北	华中	东北	西北	合计
数量（个）	728	688	338	302	275	138	40	2 509
比例	29.00%	27.40%	13.50%	12.00%	11.00%	5.50%	1.60%	100%

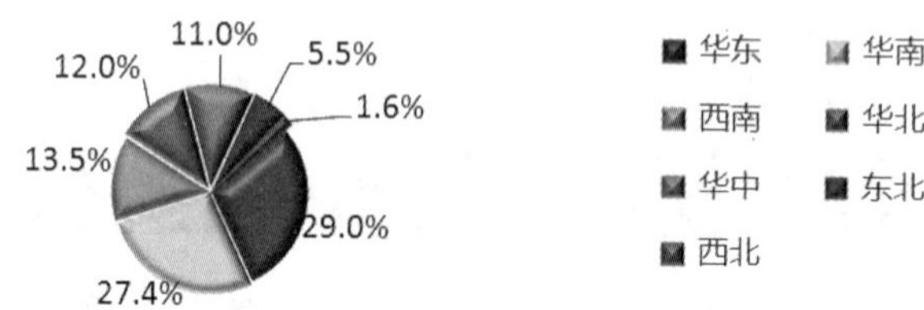

图 45 2019 年按地理区域分类流动性会议的比例

至 4 名。营销订货会议和签约发布会议数量最少，排名最后两位，参见表 58 和图 44。

7．按地理区域举办流动性会议数量的统计

2019 年按地理区域统计的流动性会议中，华东地区的流动性会议占比为 29.0%，成为我国举办流动性会议最多的地区。华南地区举办的流动性会议占了 27.4%，排名第二。西南地区排名第三，主要是西南地区的会议城市重庆、成都和贵阳等政府的会议奖励政策比较落实，吸引了大量流动型会议。2019 年，华北地区举办了 12% 的流动性会议，排名第四。华中地区延续 2018 年流动性会议增加的势头，排名第五。与 2018 年相同，2019 年我国东北和西北地区举办的流动性会议仍然最少分列倒数两名，参见表 59 和图 45。

8．按省、直辖市和自治区举办流动性会议数量的统计

2019 年我国大陆 24 省、直辖市和自治区的会议场所提供了它们举办的流动性会议的数据，排在前五位的依次是江苏、海南、福建、北京和湖南，见表 60。

我国举办流动性会议最多的省份，也是举办会议最多的省份。2019 年的两项统计中排在前十位的省份九位是相同的，仅是排序不同，参见表 61。排在前十位的省份所举办的流动性占到全部会议的 81%，比全部会议的 72% 高出近 9 个百分点，说明流动性会议相对更集中一点。

9．按城市举办流动性会议数量的统计

在 2019 年统计数据中，共有 48 个城市的会议场所提供了他们举办的流动性会议数据，参见表 62。举办流动性会议最多的前十位城市都具备有交通便利、会议设施良好和旅游资源丰

表 60 2019 年按省份统计 2018 年的流动性会议数量

序号	省份	流动	序号	省份	流动
1	江苏	391	13	山东	59
2	海南	373	14	天津	56
3	福建	221	15	安徽	40
4	北京	192	16	陕西	39
5	湖南	169	17	河北	38
6	云南	159	18	贵州	35
7	浙江	151	19	吉林	17
8	重庆	135	20	广东	13
9	湖北	126	21	江西	12
10	辽宁	118	22	四川	5
11	上海	79	23	河南	4
12	广西壮族自治区	75	24	黑龙江	2

富等良好的办会条件。

2019 年我国举办流动性会议最多的城市也是举办会议最多的城市，排名前十位的重合城市有 8 个，参见表 63。

排名举办流动性会议前十名的城市举办的流动性会议，占到全部流动性会议的 66.4%，比全部会议的 58.6% 要高出 7.8 个百分点，但城市举办流动性会议的集中度远比省市自治区的集中度要小得多，因为前十名省份举办的流动性会议高达 81.0%。

10．按流动性会议举办场地的统计

2019 年我国举办流动性会议最多的场所依然是会议型酒店，比例高达 75.9%。会议中心排名第二，市场份额为 18.5%，这是由于我国最近几年会议规模迅速增加，许多会议只能在会议中心举办。我国度假酒店也在努力创造办会条件接

表 61 流动性会议与全部会议比较前十位的省份

序号	流动性会议		全部会数	
	省份	会议数量（个）	省份	会议数量（个）
1	江苏	391	江苏	2 577
2	海南	373	北京	1 659
3	福建	221	浙江	1 296
4	北京	192	福建	1 244
5	湖南	169	湖北	903
6	云南	159	海南	875
7	浙江	151	安徽	859
8	重庆	135	辽宁	710
9	湖北	126	湖南	644
10	辽宁	118	云南	617
分析	前十合计	2 035	前十合计	11 384
	全部流动性会议	2 509	全部会议	15 706
	两项比例	81.11%	两项比例	72.48%

待各类会议，2019 年市场占有率也达 4.9%，比例已大幅度超过占比仅为 0.7% 的培训中心，详见表 64 和图 46。

11．按流动性会议举办月份的统计

2019 年对流动性会议按举办月份的统计中会议最少的是 2 月份，这个月既是春节，又天数最少，占比仅为 4.1%。2019 年我国举办流动性会议最多是 1 月，比例高达 13.3%，而其他 10 个月举办的流动性会议比例都相差不大，最高 11 月与最低 8 月也就是相差 2 个百分点，参见表 65 和图 47。

表 66 和图 48 给出了我国 2011 年至 2019 年，9 年间按流动性会议举办月份统计数据和趋势图，其中红色这条线是以 9 年的平均值为依据画出的。可以看出，我国流动性会议最少的月份是 2 月，原因自然是不管是会议组织者，还是会议参加者，都不愿意在一票难求的春运高峰期间出外参加会议。而我国其他 11 个月份举办会议的比例相差不多，最高与最低的月份仅差 1.9%。

表 62 2019 年按城市统计的流动性会议数量

序号	城市	会数（个）	序号	城市	会数（个）
1	南京	300	25	长春	17
2	海口	216	26	昆山	13
3	北京	192	27	赣州	12
4	长沙	169	28	连云港	12
5	厦门	153	29	威海	11
6	昆明	143	30	广州	10
7	杭州	137	31	延安	10
8	重庆	135	32	腾冲	9
9	武汉	124	33	烟台	9
10	沈阳	97	34	舟山	9
11	琼海	86	35	安顺	7
12	上海	79	36	济南	7
13	三亚	71	37	唐山	7
14	福州	68	38	玉溪	7
15	苏州	64	39	眉山	5
16	天津	56	40	长兴	4
17	南宁	51	41	郑州	4
18	合肥	35	42	黄山	3
19	青岛	32	43	清远	3
20	承德	31	44	哈尔滨	2
21	西安	29	45	马鞍山	2
22	贵阳	28	46	随州	2
23	北海	24	47	扬州	2
24	大连	21	48	义乌	1

12．按流动性会议持续天数的统计

2019 年在采集到的流动性会议中，1 天的流动性会议最多，占了流动性会议总量的 45.6%。2~6 天的流动性会议所占比例从 23.2% 逐天减少至 3.4%，参见表 67 和图 49。流动性会议的数量与持续天数呈现出的反比规律，这与全部会议的规律完全相同。

表 63 2019 年流动性会议与全部会议比较前十位的城市

序号	城市	流动性会议（个）	城市	全部会议
1	南京	300	南京	1 749
2	海口	216	北京	1 659
3	北京	192	杭州	1 053
4	长沙	169	厦门	850
5	厦门	153	武汉	810
6	昆明	143	海口	631
7	杭州	137	合肥	601
8	重庆	135	昆明	513
9	武汉	124	沈阳	485
10	沈阳	97	苏州	480
分析	前十名	1 666	前十名	8 831
	全部流动会议	2 509	全部会议	15 076
	以上两项之比	66.40%	以上两项之比	58.58%

表 64 2019 年按会议场所分类的数量及比例

序号	会议场所	数量（个）	所占比例
1	会议型酒店	1 905	75.90%
2	会议中心	463	18.50%
3	度假酒店	123	4.90%
4	培训中心	18	0.70%
5	合计	2 509	100%

（七）会议附设展览统计

会中带展、展中有会，我国会议和展览融合发展取得很好的产业效果，因此研究会议举办的附设展览（以下简称“附展”）成为会展业界非常感兴趣的课题。2019 年的全部样本会议中有 882 个会议举办了附设展览，举办附展的会议是全部会议的

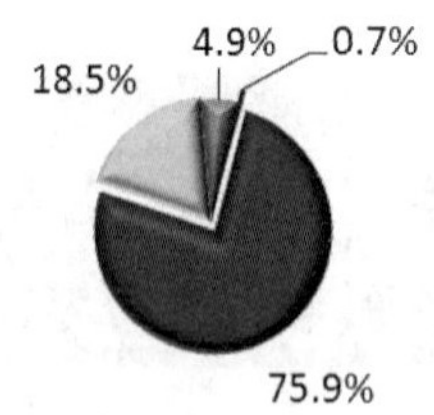

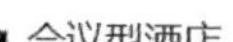

图 46 2019 年流动性会议按会议场所分类的比例

表 65 2019 年按月份统计流动性会议的数量及比例

月份	数量	比例	月份	数量	比例
1 月	333	13.30%	7 月	220	8.80%
2 月	102	4.10%	8 月	182	7.30%
3 月	197	7.90%	9 月	183	7.30%
4 月	225	9.00%	10 月	207	8.30%
5 月	210	8.40%	11 月	259	10.30%
6 月	206	8.20%	12 月	185	7.40%

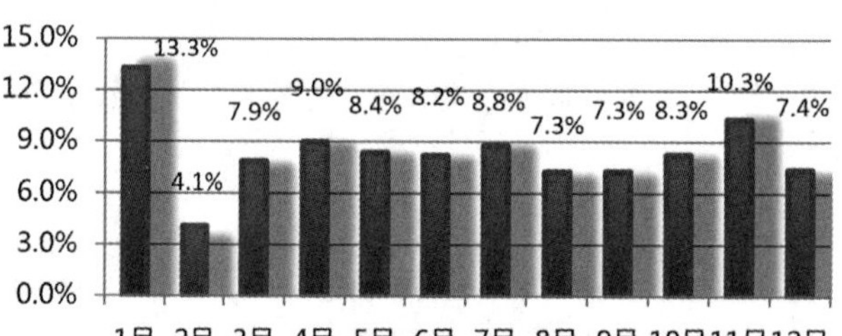

图 47 2019 年按月份统计流动性会议的比例

5.5%。本统计报告是从两个层面进行统计后，得到相关的统计结果。

第一个层面是按对会议不同的分类中，各类会议举办附设展览比例的统计，这包括以下三种分类，即 1. 按主办机构分类的附设展览比例的统计、2. 按学科分类的附设展览比例的统计、3. 按会议性质分类的附设展览比例的统计。

1. 按主办机构分类的附设展览比例的统计

2019 年按主办机构分类的会议举办展览的比例，参见表 68。其中企业举办的附展的比例最高，为 17.8%，即每 6 个企业会议就会有一个举办附展。除了企业会议，其他三类会议举办的附设展览都比较少，占比都在 4% 以下。

表 66 按月份统计流动性会议数量 9 年的比较

月份	2011 年	2012 年	2013 年	2014 年	2015 年	2016 年	2017 年	2018 年	2019 年	平均值
1 月	7.50%	5.00%	6.20%	10.30%	6.30%	8.60%	6.40%	9.00%	13.30%	9.10%
2 月	4.00%	5.70%	3.10%	4.70%	3.10%	3.60%	4.90%	3.10%	4.10%	4.50%
3 月	8.50%	8.60%	9.00%	8.90%	8.60%	8.80%	8.80%	8.10%	7.90%	9.70%
4 月	9.90%	10.00%	8.90%	10.00%	9.80%	9.10%	9.40%	9.10%	9.00%	10.60%
5 月	8.30%	9.90%	10.00%	9.60%	9.20%	9.00%	8.10%	9.30%	8.40%	10.20%
6 月	9.00%	8.60%	8.30%	7.50%	9.30%	8.50%	9.90%	8.30%	8.20%	9.70%
7 月	9.50%	10.30%	9.60%	9.40%	9.60%	8.50%	8.30%	8.20%	8.80%	10.30%
8 月	7.80%	9.10%	9.00%	7.50%	9.80%	6.80%	7.70%	7.90%	7.30%	9.10%
9 月	7.20%	8.90%	9.00%	8.10%	8.80%	8.40%	9.50%	7.70%	7.30%	9.40%
10 月	9.50%	7.00%	8.90%	8.40%	8.30%	8.60%	8.60%	8.80%	8.30%	9.50%
11 月	10.20%	9.00%	9.60%	8.50%	9.50%	11.00%	9.20%	10.40%	10.30%	11.00%
12 月	8.60%	7.90%	8.40%	7.10%	7.70%	9.10%	9.30%	10.20%	7.40%	9.50%

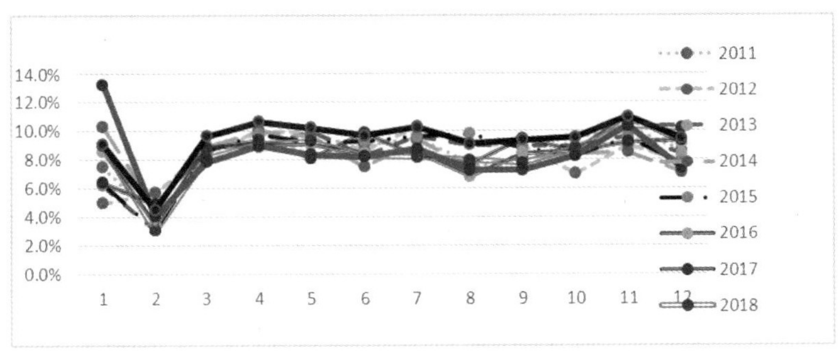

图 48 按月份统计流动性会议数量 8 年的比较

表 67 2019 年按天数统计流动性会议的数量及比例

天数	1 天	2 天	3 天	4 天	5 天	6 天	>6 天
会议数量（个）	1144	581	368	161	104	85	66
比例	45.60%	23.20%	14.70%	6.40%	4.10%	3.40%	2.60%

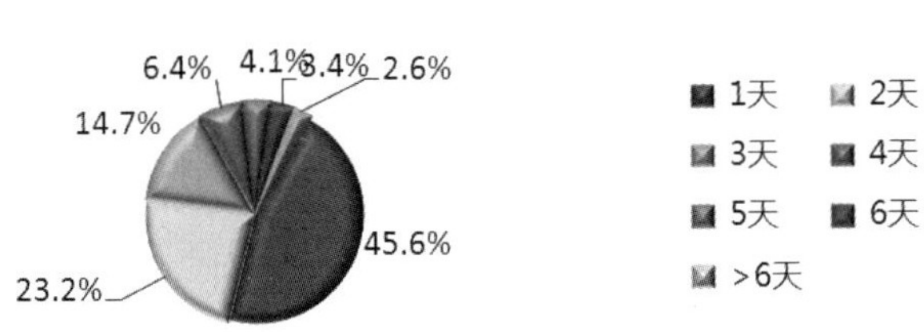

图 49 2019 年按天数统计流动性会议的比例

表 69 和图 50 给出了 2010 年至 2019 年 10 年间我国四大会议市场举办附设展览的相对比例。10 年间附设展览比例的排序一直未变，始终依次为社团会议、企业会议、事业单位会议和政府会议。但是 2019 年发生了很大的变化，企业会议异军突起，占比达到 17.8%，排名第一。而社团会议从 2018 年的 12.9% 降到 2019 年的 3.2%，虽仍排名第二，但降幅巨大，分析其原因可能是只有几百个样本会议，由于样本数量太少，可能没有反映出市场的真实情况。

2. 按会议学科分类的附设展览比例的统计

表 70 给出 2019 年按学科分类的会议举办展览的比例。1783 个医药会议举办了 202 个附展，比例为 11.3 %，排名第一，即每 10 个医药会议就有一个举办附展。其他 4 类学科会议中举办的附展有多有少，但是相对比例都没有超过 10%。其中人文与社会科学举办的附展绝对数量最多，但是因为会议总量更多，所以办展的比例仅为 3.8%。

表 68 2019 年按主办单位分类统计附展的数量及比例

序号	主办机构	会议数量（个）	附展数量（个）	比例
1	企 业	9 077	441	17.80%
2	社团组织	2 090	290	3.20%
3	政府机构	1 432	43	3.00%
4	事业单位	2 477	48	1.90%
	合计	12 599	774	6.10%

表 71 和图 51 给出了 2011 年至 2019 年我国 9 年间按学科分类会议举办附设展览的相对比例。从中可以看出 9 年间我国的医药科学举办附设展览比例始终排在第一名。自然科学、农业科学、工程与技术科学和人文和社会科学 4 类学科会议举办的附展，每年的排名顺序都有不同，但是因为统计数据的不足，所以也不能解释清楚其增加或下降的原因。图中的红线表示每年我国会议举办附设展览的平均值。可以看出，2013 年至 2016 年，4 年间我国会议举办附设展览的趋势一直是增加的。而到了 2016 年之后举办的附设展览大幅下滑，这也是我国经济下滑的一个反映。

表 69 10 年按主办单位分类的附展比例

序号	主办机构	2010 年	2011 年	2012 年	2013 年	2014 年	2015 年	2016 年	2017 年	2018 年	2019 年
1	社团组织	7.40%	11.70%	11.60%	9.90%	21.80%	21.90%	20.10%	9.50%	12.90%	3.20%
2	企 业	3.60%	6.90%	5.70%	4.40%	7.80%	8.90%	8.70%	8.50%	6.70%	17.80%
3	事业单位	2.40%	2.00%	1.80%	1.40%	3.30%	3.30%	3.00%	3.30%	3.90%	1.90%
4	政府机构	5.40%	2.20%	1.10%	7.00%	2.10%	2.00%	1.40%	2.50%	2.20%	3.00%
	全部会议	4.20%	5.60%	4.80%	4.20%	8.30%	9.10%	8.70%	7.10%	6.50%	5.50%

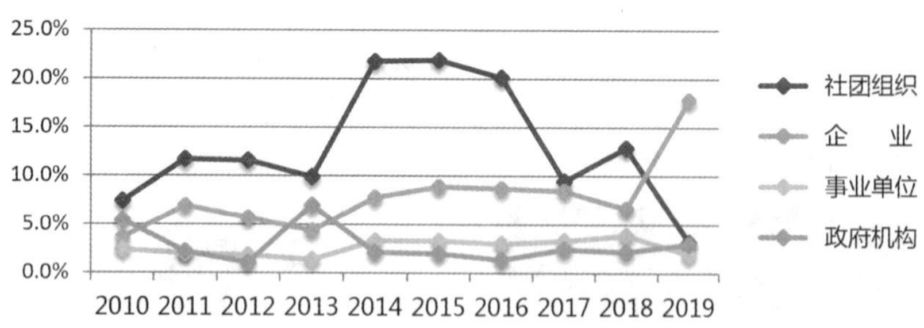

图 50 10 年按主办单位分类的附展比例变化趋势

3. 按会议性质分类的附设展览比例的统计

2019 年按会议性质分类的附展统计中，营销订货会议是举办附展最多的一类会议，举办附展的会议占了总会议数量的

表 70 2019 年按会议学科分类的附展数量及比例

序号	学科	会议数量（个）	附展数量（个）	比例
1	医药科学	1 783	202	11.30%
2	工程与技术科学	4 292	270	6.30%
3	自然科学	250	12	4.80%
4	农业科学	623	30	4.80%
5	人文与社会科学	8 128	308	3.80%
	合计	15 076	822	5.50%

18.5%，足以证明举办展览可以对产品起到很好的促销作用。学术交流会议举办的附展比例为 10.9%，排名第二。总结报告会议的附展比例也高达 9.7%，仅比学术交流会议少了 1.1 个百分点，排名第三。签约发布会议举办了 41 个展览，占比为 6.0%，其他 2 类会议举办展览的比例相对较小，都为 0.9%，参见表 72。

表 73 和图 52 给出了 2011 年至 2019 年我国 9 年间按性质分类的会议举办附设展览的相对比例。9 年举办附设展览比例的排序一直未变，依次为营销订货会议、学术交流会议、签约发布会议、总结报告会议、培训学习会议和工作研讨会议。除了营销订货会议举办的附展能达到 20% 以上，其他五类会议的附展都在 10% 以内，特别是培训学习和工作研讨会议举办的附展 9 年中堵在 4% 以下。

第二个层面是在按不同会议分类中附展所占的市场份额的统计，包括以下三类，即 4. 按主办机构分类的附设展览市场份额的统计、5. 按学科分类的附设展览市场份额的统计、6. 按性

表 71 按会议学科分类 9 年的附展比例

序号	学科	2011 年	2012 年	2013 年	2014 年	2015 年	2016 年	2017 年	2018 年	2019 年
1	医药科学	13.80%	8.30%	6.80%	16.60%	17.70%	19.80%	10.80%	10.30%	11.30%
2	工程与技术科学	8.30%	4.40%	4.20%	5.80%	9.40%	6.60%	8.80%	8.70%	6.30%
3	自然科学	3.20%	3.30%	3.60%	8.80%	13.90%	8.30%	2.60%	4.80%	4.80%
4	农业科学	5.10%	7.90%	7.50%	5.90%	10.00%	12.80%	7.00%	7.30%	4.80%
5	人文与社会科学	4.70%	4.60%	3.90%	8.00%	8.00%	7.40%	6.00%	4.80%	3.80%
	算术平均值	5.60%	4.80%	4.20%	8.30%	9.10%	11.00%	7.10%	6.50%	5.50%

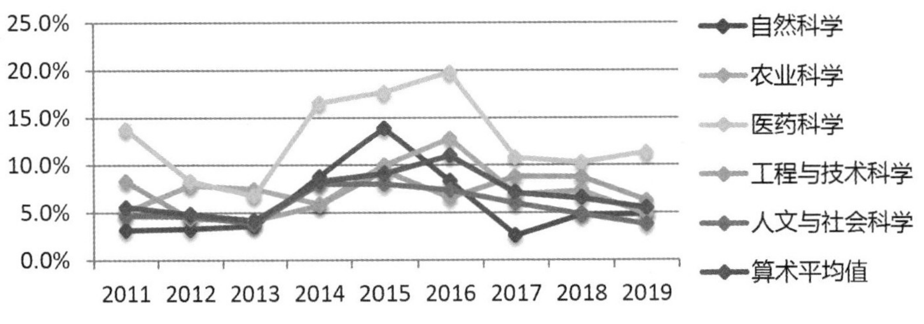

图 51 按会议学科分类 9 年的附展比例变化趋势

表 72 2019 年按会议性质分类附展数量的比例

序号	会议性质	会议数量	附展数量	比例
1	营销订货会议	1 100	204	18.50%
2	学术交流会议	2 441	265	10.90%
3	总结报告会议	2 440	236	9.70%
4	签约发布会议	688	41	6.00%
5	培训学习会议	4 384	41	0.90%
6	工作研讨会议	4 023	35	0.90%
	合计	15 076	822	5.50%

质分类的附设展览市场份额的统计。

4．按主办机构分类的附设展览市场份额的统计

2019 年所举办的 822 个附展中，企业会议举办了 441 个，占整个附展市场的 53.6%，排名第一。社团会议举办了 290 个附展，占了 35.3% 的市场份额，排名第二。事业单位会议举办的附设展览 48 个，占了 5.8% 的市场份额，排名第三。政府会议举办附展的数量最少，市场份额仅为 5.2%，排名最后，参见表 74 和图 55。

表 75 给出了 2010 年至 2019 年 10 年的按会议主办机构分类的附设展览市场份额的统计数据。从中可以清楚地看出，企业会议的附设展览一花独大，始终是附展最多的一类会议。社团会议举办的附设展览比例不同年份有升有降，但 10 年间始终排名第二。我国事业单位会议和政府机构会议举办的附展比例都比较低，两类会议举办的附展览的比例很少超过 10%。

表 73 按会议性质分类 9 年附展比例的统计

序号	会议性质	2011 年	2012 年	2013 年	2014 年	2015 年	2016 年	2017 年	2018 年	2019 年
1	营销订货会议	18.10%	18.90%	11.90%	24.10%	23.80%	32.00%	23.70%	22.10%	18.50%
2	学术交流会议	10.30%	7.50%	5.10%	11.60%	13.10%	13.00%	7.80%	10.60%	10.90%
3	总结报告会议	4.10%	2.70%	2.20%	3.90%	6.30%	5.10%	8.90%	9.80%	9.70%
4	签约发布会议	10.50%	7.30%	3.40%	5.40%	6.80%	7.20%	9.70%	7.40%	6.00%
5	工作研讨会议	1.10%	1.10%	0.60%	0.90%	0.30%	1.00%	2.10%	1.90%	0.90%
6	培训学习会议	3.10%	1.10%	1.30%	2.50%	3.00%	1.70%	3.80%	1.90%	0.90%

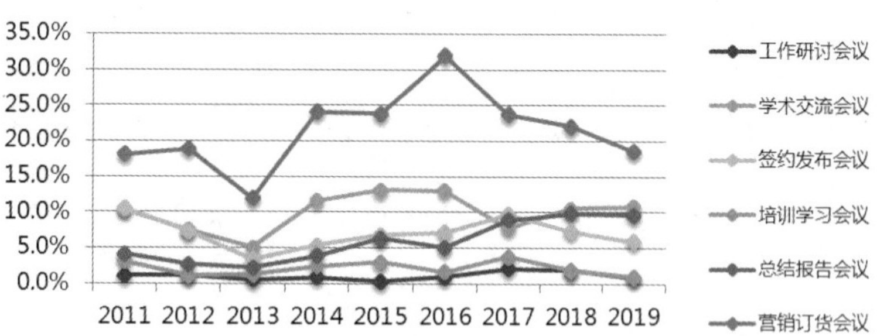

图 52 按会议性质分类 9 年附展比例变化趋势

5．按会议学科分类的附设展览市场份额的统计

2019 年按会议学科分类的展览市场份额统计中，人文和社会科学类会议举办的附展为 308 个，占了附展市场 37.5%，排名第一。原因是由于许多会议附设展览都是商业贸易性的展览，内容设计到体育健康、文化艺术、互联网及动漫产业、行政管理及旅游推广、文化出版、传媒影视类等，这些在我国的学科分类中都归为人文和社会科学。工程与技术科学和医药科学的会议附设展览的市场份额为 32.8% 和 24.6%，位列二和三名，是由于这两类学科实用性最强，与产业结合最密切，企业愿意

表 74 2019 年按主办单位分类市场份额的比例

序号	主办机构	附展数量（个）	比例
1	企　业	441	53.60%
2	社团组织	290	35.30%
3	事业单位	48	5.80%
4	政府机构	43	5.20%
	合计	822	100.00%

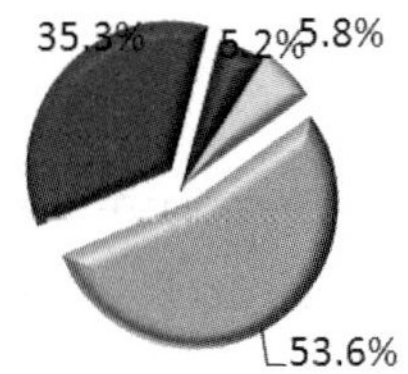

图 53 2019 年按主办单位分类市场份额的比例

出钱参展，办展相对比较容易。农业科学和自然科学的附设展览的绝对数量最少，仅有几十个，市场份额就会更少，参见表 76 和图 55。

表 77 给出了 2011 年至 2019 年按学科分类的会议附展市场份额的统计数据。从中可以清楚地看出，人文与社会科学类会议的附设展览一花独大，虽然从 2014 年开始每年都有不同程度的下降。在中国制造 2025 大政策的推动下，工程与技术科学会议举办的附展越来越多，特别是最近 3 年的附展异军突起，市场份额数大幅度增加，排名第二。我国医药会议始终是非常重视举办附设展览的，排名第三也是名至所归。农业科学会议和自然科学会议举办的附展 9 年间始终都在 5% 以下，参见图 56。

6．按会议性质分类的附设展览市场份额的统计

在 2019 年按性质分类的会议举办附展的市场份额统计中，学术交流会议举办了 265 个附设展览，市场份额为 32.2%，排名第一。总结报告会议举办了 236 个附展，其市场份额为 28.7%，排名第二。营销订货会议举办了 204 个附设展览，比例为 24.8%，排名第三。培训学习会议、签约发布会议和工作研讨会议举办的附展相对较少，市场份额都在 5% 以下，参见表 78 和图 57。

表 79 和图 58 给出了 2011 年至 2019 年 9 年中我国按会议性质分类的附设展览的市场份额。从中看出，8 年间营销订货会议举办的附设展览始终占据了最大份额，仅仅是在 2019 年下跌得比较多。9 年中学术交流会议举办的附设展览有多有少，但始终保持在第二的位置上，而 2019 年反超营销订货会成为我

表 75 按主办单位分类 10 年附展市场份额的统计

序号	主办机构	2010 年	2011 年	2012 年	2013 年	2014 年	2015 年	2016 年	2017 年	2018 年	2019 年
1	企　业	42.70%	66.70%	70.70%	72.40%	65.50%	70.50%	72.00%	80.30%	62.50%	53.60%
2	社团组织	24.50%	19.60%	19.50%	21.80%	27.90%	24.10%	23.10%	9.00%	24.80%	35.30%
3	事业单位	21.90%	8.30%	6.10%	4.20%	4.70%	3.80%	3.70%	6.80%	8.90%	5.80%
4	政府机构	11.00%	5.40%	3.70%	1.70%	1.90%	1.70%	1.30%	3.90%	3.80%	5.20%

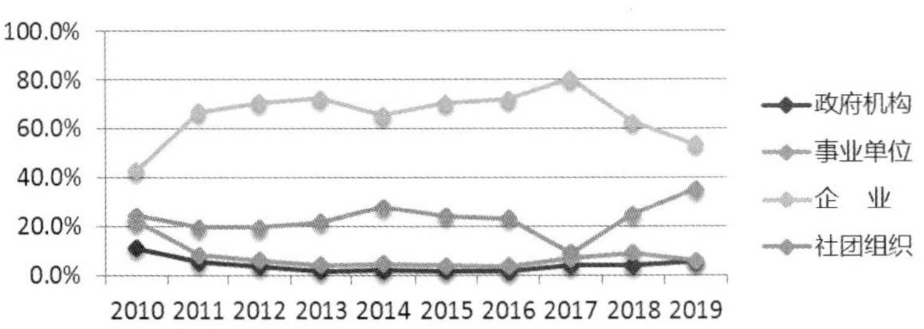

图 54 按主办单位分类 10 年附展市场份额的统计

表 76 2019 年按会议学科分类附展的市场份额比例

序号	学科	附展数量	比例
1	人文与社会科学	308	37.50%
2	工程与技术科学	270	32.80%
3	医药科学	202	24.60%
4	农业科学	30	3.60%
5	自然科学	12	1.50%
	合计	810	100.00%

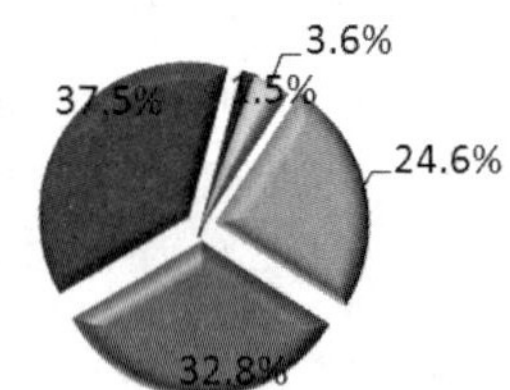

图 55 2019 年按会议学科分类附展的市场份额比例

国举办附设展览最多的一类会议。总结报告会的附展持续增加，也在 2019 年反超营销订货会成为我国举办附展第二名的会议；签约发布会、培训学习和工作研讨会议的附展相对较少，占比始终保持在个位数，排名始终在最后三位。

（八） 参会人数统计

2019 年参会人数的统计包括三项，即 1. 按会议主办机构分类的参会人数统计、2. 按会议学科分类的参会人数统计和 3. 按会议性质分类的参会人数统计。

1. 按会议主办机构分类的参会人数统计

2019 年按照会议主办机构分类的参会人数统计中，社团组织会议的会均参会人数最多，达 445 人，排名第一。企业会议平均参会人数 277 人，排名第二。政府机构会议平均参会人数 243 人，排列第三；事业单位排名第四，平均参会人数 157 人，参见表 80。

表 81 给出了 2010 年至 2019 年我国 10 年间四大主要会议市场的平均参会人数的基本数据。10 年间社团组织会议的平均参会人数为 410 人，排名第一。企业会议平均参会人数为 214 人，

表 77 按会议学科分类 9 年附展市场份额的比例

序号	学科	2011 年	2012 年	2013 年	2014 年	2015 年	2016 年	2017 年	2018 年	2019 年
1	人文与社会科学	68.90%	76.60%	73.50%	77.40%	68.80%	63.90%	52.60%	42.40%	37.50%
2	工程与技术科学	14.60%	9.40%	12.80%	8.00%	10.80%	8.90%	27.50%	33.80%	32.80%
3	医药科学	13.90%	10.70%	11.10%	13.40%	17.80%	23.00%	15.10%	18.20%	24.60%
4	农业科学	1.50%	2.10%	1.70%	0.70%	2.00%	2.90%	4.20%	3.80%	3.60%
5	自然科学	1.10%	1.20%	0.80%	0.60%	0.80%	1.30%	0.60%	1.80%	1.50%

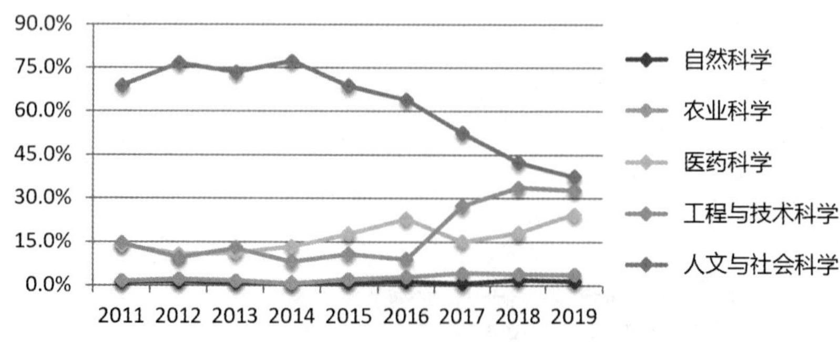

图 56 按会议学科分类 9 年附展市场份额的比例

表 78 2019 年按会议性质分类附展市场份额比例

序号	会议性质	附展数量（个）	比例
1	学术交流会议	265	32.20%
2	总结报告会议	236	28.70%
3	营销订货会议	204	24.80%
4	工作研讨会议	35	4.30%
5	签约发布会议	41	5.00%
6	培训学习会议	41	5.00%
	合计	822	86%

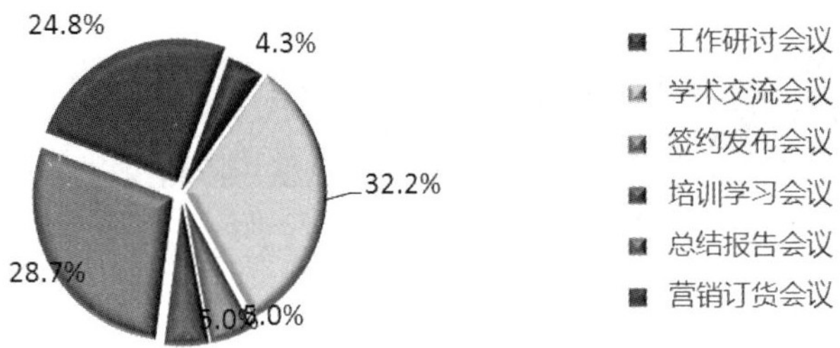

图 57 2019 年按会议性质分类附展市场份额比例

表 79 按会议学科分类 9 年附展市场份额的比例

序号	会议性质	2011 年	2012 年	2013 年	2014 年	2015 年	2016 年	2017 年	2018 年	2019 年
1	学术交流会	24.10%	18.30%	20.50%	26.90%	30.80%	29.60%	20.50%	23.00%	32.20%
2	总结报告会	12.20%	10.30%	6.00%	5.50%	6.00%	6.10%	17.30%	20.80%	28.70%
3	营销订货会	42.90%	52.20%	60.10%	55.00%	50.80%	51.10%	31.50%	33.50%	24.80%
4	签约发布会	7.20%	7.40%	4.30%	4.90%	5.50%	5.50%	13.60%	6.40%	5.00%
5	培训学习会	4.80%	3.10%	4.50%	4.90%	5.90%	4.40%	9.20%	9.80%	5.00%
6	工作研讨会	8.80%	8.70%	4.70%	2.90%	0.90%	3.20%	7.80%	6.50%	4.30%

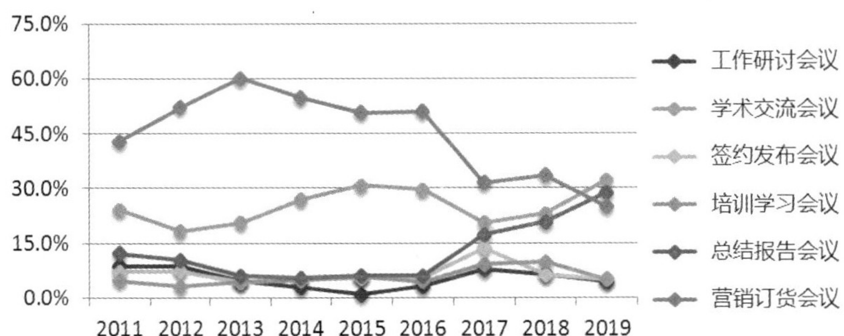

图 58 按会议性质分类 9 年附展市场份额的比例的变化趋势

排名第二。政府机构会议和事业单位会议的平均参会人数分别为 166 人和 148 人，分列第三和第四名。

在图 59 给出了按主办单位分类 10 年参会平均参会人数的变化趋势，可以看出，10 年中社团会议的平均参会人数大起大落，2014 年曾高达到 648 人；而 2016 又降到了 272 人，这与多数社团会议的市场化运作有关。而其他三类会议的会均参会人数 10 年来基本变化不大。

表 82 和图 60 给出 10 年间共随机统计到的约 18.1 万个会议；参会人数约为 3950 万人次，会均人数为 218 人。

2．按会议学科分类的参会人数统计

2019 年按会议学科分类的平均参会人数的统计中，医药科

表 80 2019 年按主办单位分类平均参会人数的统计

序号	主办机构	会议数量	参会总人数（个）	平均参会人数（个）
1	社团组织	2 090	930 456	445
2	企 业	9 077	2 512 213	277
3	政府机构	1 432	347 961	243
4	事业单位	2 477	389 308	157
	合计	15 076	4 179 938	277

学会议以会均人数 358 人排名第一，人文与社会科学会议、自然科学和工程与技术科学的平均参会人数为 291、237 和 234 人，分列第二至四名。农业科学会议的平均参会人数最少，仅为 179 人，排名最后，参见表 83。

表 84 和图 61 给出 2011 年至 2019 年按学科分类的平均参会人数的数据和变化趋势图。9 年间医药科学和人文与社会科学会议会均人数每年都保持在 200 人以上。而其他三类学科的平均参会人数有升有降，但参会的平均人数也都保持在 180 人左右。

表 81 按主办单位分类 10 年参会平均人数的统计（单位：人）

序号	主办机构	2010 年	2011 年	2012 年	2013 年	2014 年	2015 年	2016 年	2017 年	2018 年	2019 年	平均值
1	政府机构	196	146	134	140	145	133	161	168	196	243	166
2	事业单位	180	125	124	135	145	150	147	156	160	157	148
3	企 业	254	194	154	186	203	214	212	214	230	277	214
4	社团组织	430	292	281	525	648	498	272	319	386	445	410
	合计	254	180	156	207	240	230	207	208	235	277	219

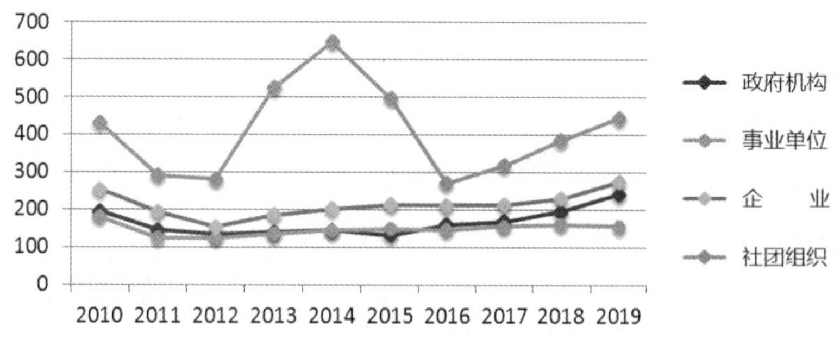

图 59 按主办单位分类 10 年参会平均人数的变化趋势

3．按会议性质分类的参会人数统计

2019 年按会议性质分类的参会人数统计中，总结报告会议以平均参会人数 528 人排在第一位。营销订货会议以会均人数 522 人排在第二位。学术交流会和签约发布会等会均人数分别为 313 人和 301 人，分列三和四名。培训学习会议和工作研讨会议平均人数最少，都在 200 人下，排名第五和第六名，参见表 85 和图 62。

表 86 给出了 2011 年至 2019 年 9 年间按会议性质分类的平均参会人数的统计数据。9 年间营销订货会议始终高居榜首，独占鳌头，平均人数都高达 385 人。9 年的总结报告会议、签约发布会议和学术交流会议的平均参会人数保持在 300 人以下、200 人以上，没有出现大起大落的现象。9 年培训学习会议平均参会人数在 172 人；而工作研讨会议的平均参会人数最少，仅为 91 人，趋势的变化如图 62 所示。

表 82 10 年总的参会平均人数的统计

年份	会议总数（个）	参会总人数（人）	平均人数（人）
2010	8 270	2 103 575	254
2011	15 980	3 682 857	230
2012	25 598	3 996 347	156
2013	14 350	2 968 137	207
2014	15 048	3 604 441	240
2015	19 063	4 375 083	230
2016	21 994	4 556 834	207
2017	23 943	4 969 193	208
2018	21 521	5 065 321	235
2019	15 076	4 179 938	277
合计	180 843	39 501 726	218

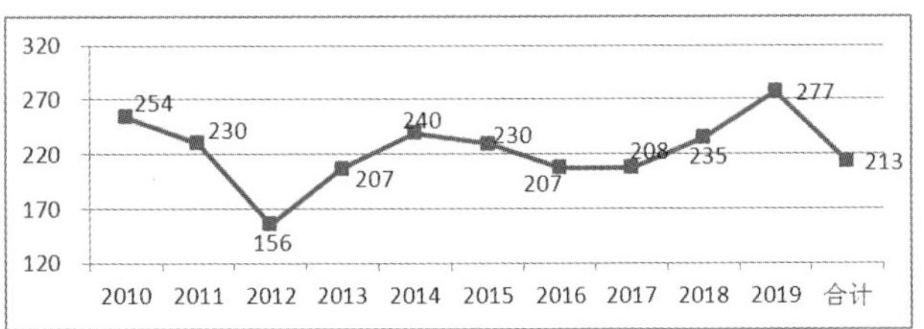

图 60 参会平均人数 10 年的变化趋势

表 83 2019 年按会议学科分类参会平均人数的统计

序号	学科	参会总人数（人）	会议数量（个）	平均参会人数（人）
1	医药科学	638 958	1 783	358
2	人文与社会科学	2 366 112	8 128	291
3	自然科学	59 202	250	237
4	工程与技术科学	1 004 331	4 292	234
5	农业科学	111 335	623	179
	合计	4 179 938	15 076	277

表 84 按学科分类 9 年参会平均人数的统计（单位：人）

序号	学科分类	2011 年	2012 年	2013 年	2014 年	2015 年	2016 年	2017 年	2018 年	2019 年	均值
1	医药科学	277	212	259	301	280	231	257	315	358	276
2	人文与社会科学	178	155	195	249	228	218	210	223	291	216
3	工程与技术科学	157	130	253	148	212	127	186	232	234	185
4	农业科学	141	160	267	172	172	161	195	189	179	181
5	自然科学	155	180	157	148	156	179	152	251	237	179
	合计	180	156	207	240	230	207	208	235	277	216

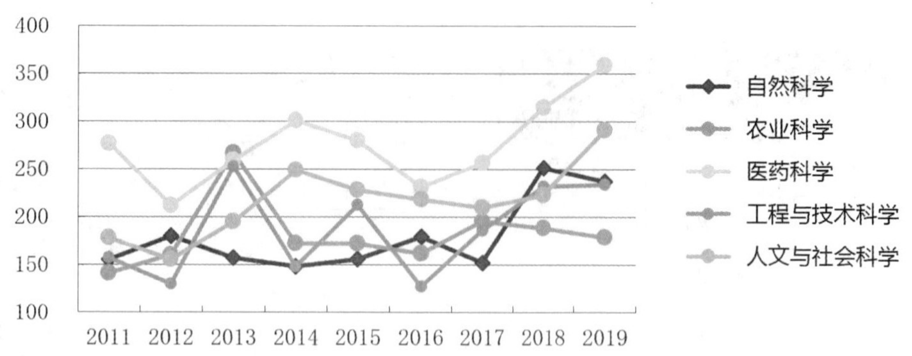

图 61 按学科分类 9 年参会平均人数的变化趋势

表 85 2019 年按会议性质分类平均参会人数的统计

序号	会议性质	参会总人数（人）	会议数量（个）	会均人数（人）
1	总结报告会	1 289 156	2 440	528
2	营销订货会	573 667	1 100	522
3	学术交流会	764 738	2 441	313
4	签约发布会	207 167	688	301
5	培训学习会	868 064	4 384	198
6	工作研讨会	477 146	4 023	119
	合计	4 179 938	15 076	277

表 86 按会议性质分类 9 年平均参会人数的统计（单位：人）

序号	会议性质	2011 年	2012 年	2013 年	2014 年	2015 年	2016 年	2017 年	2018 年	2019 年	均值
1	营销订货会议	320	280	386	507	392	378	341	340	522	385
2	总结报告会议	287	232	248	292	285	242	339	246	528	299
3	签约发布会议	203	208	220	297	244	273	235	446	301	270
4	学术交流会议	238	198	218	222	262	229	193	298	313	241
5	培训学习会议	146	125	170	183	200	173	178	172	198	172
6	工作研讨会议	88	69	74	56	75	100	122	113	119	91
	全部会议	180	156	207	240	230	207	208	235	277	216

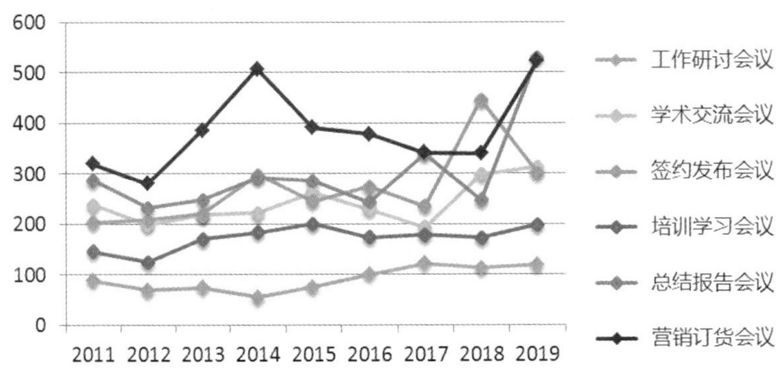

图 62 按会议性质分类 9 年平均参会人数的变化趋势

二、《中国会议统计分析报告》的统计指标

统计指标应包括三项基本要素：第一，指标的名称和含义；第二，指标的计量单位和计算方法；第三，指标的时间和空间的数值。编制《中国会议统计分析报告》（以下简称《报告》）尝试设计一套既符合中国国情又比较科学的统计指标。按中国会议产业的实际情况和会议的本质属性，经过五年的不断修改，终于确定了《报告》的十五项统计指标。

（一） 会议的主办机构

会议的主办机构很多，不同国家和地区的主办机构也不同。例如，欧美国家有些会议教科书上仅介绍社团组织和企业这两类主要的会议主办机构。也有的国外组织在统计时加上政府、NGO 和 NPO 等会议主办机构。我国还存有另一类会议主办机构，即事业单位。我国共有 130 万个事业单位，数量是我国 33 万个社团组织的近 4 倍。2014 年 2 月 19 日，国家质检总局和国家标准委颁布了 2014 年第 2 号公告，批准了中国会展标准化委员会编写的“会议分类和术语”的国家标准。其中 2.2 条为“按主办单位的不同，可以划分为企业会议、社团会议、政府会议、事业单位会议四类”。本《报告》也按政府机构、社团组织、企业和事业单位这四大主要的会议主办机构分类对会议进行统计。

（二） 会议的承办机构

改革开放给中国会议产业带来最大的变化就是越来越多的会议主办机构将会议外包给专业会议服务机构承办。从这项统计指标中可以得出会议承办机构服务会议的数量和比例，为服务会议的硬件和软件开发市场提供具有一定价值的参考依据。会议的承办机构仅分为两类：第一类承办机构就是主办机构自己本身，因为中国国情所致，更习惯承办自己主办的会议。第二类承办机构是会议服务公司，包括旅行社、公关公司、活动公司、媒体传播公司和会展服务公司都包含在这一类中。

（三） 会议规模

对会议规模的统计，不同的研究机构选用不同的分类标准。国际大会及会议协会（ICCA）的《2010 年会议统计报告》将会议规模分为九档进行统计，参见表 87。

表 87 会议规模分九档统计

分档	人数（人）	分档	人数（人）
第一档	50~149	第六档	2000~2999
第二档	150~249	第七档	3000~4999
第三档	250~499	第八档	5000~9999
第四档	500~999	第九档	10000 及以上
第五档	1000~1999		

而目前我国的国情是超过 1000 人以上规模的会议数量并不是很多，2500 人以上规模的会议更是凤毛麟角，为此本报告将会议规模仅分为六档进行统计，参见表 88。

表 88 会议规模分六档统计

分档	人数（人）	分档	人数（人）
第一档	30~100	第四档	501~1000
第二档	101~300	第五档	1001~2500
第三档	301~500	第六档	2500 人以上

（四） 会议的学科分类

ICCA《2010 年会议统计报告》是按 25 个学科进行分类统计的。该统计报告按会议数量多少进行排序，居前四位的学科分别是医药科学（Medical Sciences），占 18.1%；技术(Technology)，占 14.5%；科学 (Science)，占 13.4%；工业(Industry)，占 6.9%。以上四个学科的会议数量占了会议总量的 52.9%。但是由于技术、科学和工业之间的学科分类界限并不十分明确，这给统计工作带来不便。

我国国家技术监督局 1992 年 11 月 1 日正式发布《中华人民共和国学科分类与代码国家标准》，简称《学科分类与代码》(标准文号“GB/T 13745-92”），并于 1993 年 7 月 1 日正式实施。随着科学技术的发展，新学科和交叉学科的不断涌现，2006 年国家又对现行国家标准进行了修订。该标准规定了我国最新学科的分类与代码，共设 5 个门类、58 个一级学科、573 个二级学科和近 6000 个三级学科，表 89 展示出我国的 5 个学科门类和 58 个一级学科目录。

表 89 我国 5 个学科门类和 58 个一级学科目录

1. 自然科学	2. 农业科学	3. 医药科学
110 数学	210 农学	310 基础医学
120 信息科学与系统科学	220 林学	320 临床医学
130 力学	230 畜牧、兽医科学	330 预防医学与卫生学
140 物理学	240 水产学	340 军事医学与特种医学
150 化学		350 药学
160 天文学		360 中医学与中药学
170 地球科学		
180 生物学		
4. 工程与技术科学		
410 工程与技术科学基础学科	480 能源科学技术	560 土木建筑工程
420 测绘科学技术	490 核科学技术	570 水利工程
430 材料科学	510 电子、通信与自动控制技术	580 交通运输工程
440 矿山工程技术	520 计算机科学技术	590 航空航天科学技术
450 冶金工程技术	530 化学工程	610 环境科学技术
460 机械工程	540 纺织科学技术	620 安全科学技术
470 动力与电气工程	550 食品科学技术	630 管理学
5. 人文与社会科学		
710 马克思主义	770 历史学	840 社会学
720 哲学	780 考古学	850 民族学
730 宗教学	790 经济学	860 新闻学与传播学
740 语言学	810 政治学	870 图书馆情报与文献学、
750 文学	820 法学	880 教育学
760 艺术学	830 军事学	890 体育学

本次统计分析报告选用五个门类进行学科统计，即自然科学、农业科学、医药科学、工程与技术科学和人文与社会科学。这五个学科门类就是人们通常所说的理、工、农、医和社科，更具有中国特色和明确的统计界限。人文与社会学科中包含有经济学，因此这是一个非常宽泛的学科，包括金融、会计、物流、贸易、管理、房地产等多个细分学科，而这些领域的交流又非常活跃，因此举办的会议数量甚多。

（五） 会议性质

为了不同目的举办的会议决定了会议的性质。本次统计报告归纳了六种最常见的会议性质进行统计：

（1）工作研讨会议包括：工作会、例会、理事会、研讨会、谈判会、碰头会、评估会、汇报会、布置会、务虚会、验收会、评估 / 评价会、分析会、核验会等。

（2）学术交流会议包括：学术会、学会 / 协会年会、专题研讨会、专题交流会、高峰论坛、学术峰会、学术座谈会、学术论坛等。

（3）签约发布会议包括：签约仪式、发布会、启动会、开幕 / 开盘仪式 / 庆典、颁奖仪式 / 典礼、奠基仪式、成立大会、首映仪式 / 典礼等。

（4）培训学习会议包括：专务培训班、专题 / 项目 / 培训班、时政 / 理论学习班 / 会、读书班 / 会、演讲会、大讲堂、讲座、研修班、训练营、拓展会、阐述会、考核、公开课等。

（5）总结报告会议包括：（单位或系统的）年终总结会、公司年会、述职大会、报告会、表彰 / 奖励会、群英会、职代会、员工代表大会、动员 / 誓师大会、党代会、人大 / 政协会议、贯宣会、宣讲会、年度务虚会、团拜会、茶话会、新年论坛等。

（6）营销订货会议包括：营销 / 销售 / 订货会、产品推介 / 推广会、经销商 / 供应商大会、砍价 / 团购 / 采购会、展销 / 展示会、带销售性质的年会 / 招待会、招商会、直供会、品鉴会、试驾会、义卖会、答谢会、分享会、商务大会等。

（六） 国际会议

国际会议是我国会议工作者十分关注的一类会议，大多数统计数据都来自 ICCA 的年度统计报告。但是 ICCA 的统计报告中的国际会议仅包含了在三国以上轮流举办的社团类国际会议，而在世界上最有影响的诸如冬季达沃斯会议和博鳌亚洲论坛年会，由于会议地点的固定都不在其统计之列。在《报告》中的“国际会议”则按照我国国际会议的审批标准进行定义，即“国际会议是指与会者来自三个或三个以上的国家和地区（不含港、澳、台地区）的以交流为主要目的的研讨会、报告会、交流会、论坛以及国际组织的行政会议”。对会议是否在各地轮流举办、境外代表人数多少和持续时间长短都不再给出更多的规定。统计中除了包括社团类国际会议，也包括政府机构、企业和事业单位主办的国际会议。

（七） 会议附设展览

附设展览丰富了会议的活动内容，增加了与会者、参加者交流学习的机会，更能引起人们的关注，从而吸引更多的人参加会议。但是并不是所有的会议都能够举办附设展览。会议能否成功举办展览，主要取决于会议与产业关联的紧密度。不同性质的会议、不同学科的会议、不同区域的会议能否举办展览都有一定的差异。本项统计仅设立会议是否“有”或者“无”附设展览两项统计指标，不对展览的面积、时间、规模以及收入进行更详细的统计。

（八） 举办会议的地理区域

我国早已撤销了行政大区，因此《报告》是以地理区域进行统计的。人们目前习惯将我国分为八个地理区域，即华北、东北、西北、华中、华东、华南、西南以及港澳台地区，对每个区域包含省份也基本认同。为了使每个地理区域包含的省份相对平均，本次统计分析报告将江西省划分到华中地区，福建省划分到华南地区。本报告仅对我国内地的七个地理区域的会议进行统计，不对港澳台地区的会议统计，参见表 90。

表 90 国内七个地理区域会议统计

序号	地理区域	所属省份	会数（个）
1	华北地区	北京、天津、河北、山西、内蒙古自治区	5
2	华东地区	上海、江苏、浙江、安徽、山东	5
3	华中地区	河南、湖北、湖南、江西	4
4	华南地区	广东、海南、广西壮族自治区、福建	4
5	西北地区	陕西、甘肃、青海、宁夏回族自治区、新疆维吾尔自治区	5
6	西南地区	重庆、四川、贵州、云南、西藏自治区	5
7	东北地区	辽宁、吉林、黑龙江	3
	合计		31

（九） 举办会议的省、直辖市和自治区

本报告仅对我国内地的22个省、4个直辖市和5个自治区举办的会议进行统计。香港、澳门和台湾等城市的会议暂不在统计之列。

（十） 会议举办城市

在本次统计中，直辖市、副省级城市、省会城市、地级城市和县级城市放在一起统计并排序，直辖市的排序自然就会靠前一些，缺乏合理性，但这种现象在国际上也是通行的做法。如2011年在ICCA的统计报告中，新加坡举办了142个会议，按国家排序列为24位，按城市排序则上升到第五位。待将来会议统计样本足够多时，再考虑是否将城市分类后再进行统计。

（十一） 会议举办场地

我国目前绝大多数的会议集中在会议型酒店、会议中心、培训中心和度假村举办，因此本报告也仅对在以上四大会议场所举办的会议进行统计。我国在游轮等特殊场所举办的会议数量相对较少，而像西方发达国家那样，利用假期在大学的礼堂、教室乃至学生宿舍举办的会议不是很多。

（十二） 会议举办月份

为了获得会议举办的月份分布情况，报告设有此项统计。该项数据可以反映出我国举办会议的淡、旺季。会议举办的月份分布情况，可为需要商业化运作的会议主办机构提供参考，在情况允许时尽量避开旺季，将会议安排在淡季举办。酒店和会议中心的经营者也可据此掌握举办会议的时间分布，制定出相应的营销策略。

（十三） 会议持续时间

本报告对会议持续时间的统计，以“整天”为最小统计单位，最少为1天，最多为6天，超过6天的会议设置一项“6天以上”。尽管现实中存有半天或一天半的会议，但本次调查不设置“半天”的单位。另外，在统计中对注册日是否计入会期也不做硬性的规定。

（十四） 会议主要消费

一个会议在会议场所中会有各种消费，但最主要的是住宿费、餐饮费和会场费。《报告》仅选取了这三项消费对会议的消费进行统计。在统计中的另外一条规定是在同一个会议场所必须同时要有三项消费的会议，才能计入会议统计样本，仅有一项或两项消费的会议不进行统计。

（十五） 流动性会议

有些会议的举办地点相对固定，轻易不会变化，例如博鳌亚洲论坛年会。这类会议即使再有影响、再有价值，其他城市也都无缘为其服务。但有些会议，尤其是社团会议和企业会议是不断流动的，每届都在不同地点举办。各个城市的政府管理机构、会议服务机构和会议场地都非常关注这类会议是否能“申办”到本地召开。因此本次增加了对“流动性会议”的统计，但仅给出“是”和“否”两项统计，区分标准只有一个，就是主办单位是否是会议举办城市的机构。

三、《中国会议统计分析报告》编纂介绍

（一） 编制《中国会议统计分析报告》的目的和作用

统计报告具有提供信息、咨询和指导等重要作用。我国许多产业都有专门的机构对本产业的信息进行统计，在此基础上形成产业统计分析报告，用于指导产业未来的发展。我国会议产业是伴随着改革开放逐渐发展起来的。根据我们六年的统计数据可知，我国每年举办各种会议最保守的估计也多达近千万个，会议产值近万亿元，参加会议的人数有十几亿人之多，我国逐渐形成了一个具大的会议产业，但是多年来我国都没有一部专门的对会议研究的统计分析报告。

2011年首部《2010年中国会议统计分析报告》（以下简称《报告》）填补了这项空白。随后连续四年又相继出版了2011年、2012年、2013和2014年《中国会议统计分析报告》。这五本《报告》都受到业界的高度重视。新华社进行了五次专门报道，中华人民共和国中央人民政府的网站也给予了四次转载，无疑是对报告最大的肯定。一些城市的会展主管机构也在年终总结报告中引用了会议分析报告中的数据，一些城市的会展规划发展报告、一些会议场所的可行性报告也都开始使用统计分析报告中的各种数据和图表；甚至有的会议场馆在向银行贷款时也用到了会议统计分析报告的一些数据。我们有理由相信，经过我们不懈的努力，《报告》将会起到越来越大的作用。

第一，《报告》将成为我国各级政府在发展本地区会议产业决策时的重要依据。

目前我国许多城市更加重视会议产业的发展，北京甚至提出“以会兴业、以会富民、以会兴城”的战略方针。会议产业制定政策、编制规划、配套资金和建设场馆时，都需要依靠各种定量的数据，才能增加科学性，避免盲目性。《报告》能够给我国各级政府决策时提供一个重要依据，避免以往仅使用国

际大会及会议协会（ICCA）一家统计报告的现象。一些城市盲目修建豪华大型会议中心，甚至建造多个，主会场极大，分会场极多，而使用率又极低。这种现象的出现很重要的一个原因是，决策时缺乏对中国会议产业实际情况的了解。如 2012 年的中国会议统计分析报告中显示，我国会议规模在 1000 人以上的大型会议仅占整个会议市场份额的 0.8%，与 ICCA 的 13.6% 的统计结果相差甚远。

第二，《报告》将成为我国各类会议主办机构举办会议的参考数据。

随着我国经济下行压力的不断增大，企业会议的主办者也越来越注重会议的成本控制，以减少企业的压力。不断出台的各项严厉的限制开会的政策，也使得政府会议和事业单位会议更加严格控制会议的各项消费。原本就需要商业化运作的社团会议也需要各种统计数据作为参考。因为能否选择合适的会议城市、会议场地以及合适的会议时间，都将成为社团会议能否成功运作的重要因素，这将有助于社团会议的财务管理。统计分析报告中专门设置了有关会议地点和会议时间的各项统计，特别是从 2011 年开始的统计分析报告中增加了几十项会议消费的统计，可以作为各类会议组织者在举办会议时的参考依据。

第三，《报告》将对我国会议服务机构开发会议市场起到借鉴作用。

中国会议行业是否能逐渐提升为会议产业，其关键是会议服务业能否快速发展。处于会议产业链的上游机构是会议主办机构，处于会议产业链下游的是会议硬件场所，主要包括会议中心、酒店和度假村。处于会议产业链中游的就是会务服务机构，主要是旅行社和会议服务公司。会务服务机构处于产业链的中间，起到承上启下的关键作用，能否做大做强，关系到我国会议产业化进程能否加速实现。目前看统计结果还是比较乐观的，六年来交给会议服务机构承办的会议在逐年增加，已经达到 20% 左右的数量，而我国流动性会议统计中已有 40% 的委托给会议服务机构承办。这些统计数据必将对我国会务服务机构开发会议市场起到一定的借鉴作用。

第四，《报告》将对我国会议场所的经营管理起到指导作用。

《报告》的全部统计数据仅从会议型酒店一个渠道获得，设置的各种统计数据也与会议型酒店有密切关系。不同类型的会议在会议型酒店中的各种消费也不尽相同。为了经营的需要，在硬件条件允许的情况下，会议型酒店希望接待的会议规模越大越好，持续时间越长越好。因为国际会议会均消费是国内会议会均消费的三倍，所以更希望接待国际会议。对此，会议统计分析报告中设有专门的分类统计指标，特别是各种消费以及月份分布的会议数量也都给出了定量的数据分析，例如其中许多数据呈现出有规律可循的正相关或负相关，如政府会议的会议时间短，但餐饮消费高；而社团会议的会议时间长，餐饮消费低等。希望这些统计数据能给会议型酒店的经营者们，在进行经营管理时起到一定的指导作用。

（二） 编制《中国会议统计分析报告》的机构

《报告》在会议产业的作用是毋容置疑的。但是长期以来中国一直没有编制出一部会议统计分析报告。究其原因，编制机构成为主要掣肘。

《报告》是依据统计学的基本原理和方法，在长期实践中建立了一套较为完整和科学的会议统计指标。按这些统计指标定向地搜集会议统计样本，然后对统计样本进行筛选、分类和计算，在此基础上列出表单，做到图文并茂。根据统计的数据和计算的结果，结合我国会议产业的实际情况与国外会议业进行比较，分析出我国会议市场与其他国家会议市场相同和不同的状况、形成的原因、表现出的特点以及未来的发展趋势、不足之处及改进的可能性，等等。统计分析报告以定性分析与定量分析相结合，以定量分析为主；以数字表示与文字描述相结合，数字文字并重进行编纂的。因此，编制《报告》的机构必须满足如下几个基本条件才有可能开展编制工作。

第一，编制机构要有足够的权威性，一定是全国性机构；

第二，编制机构要有做公益事业的精神；

第三，编制机构要有全国性的工作网络或渠道；

第四，编制机构要有一定的财力；

第五，编制机构要有自己的互联网系统和大型在线数据库；

第六，编制机构要有优秀的工作团队。这个团队要能集合各方面的人才，他们要有统计学、逻辑学和经济学的基本知识；要熟练使用计算机，特别是使用大型数据库；要熟悉会议产业和一定写作能力的人才。

中国旅游饭店业协会、中国旅行社协会和中国会议酒店联盟符合上述六项基本条件。中国旅游饭店业协会和中国旅行社协会是我国旅游行业中最具权威的机构。五年来会议数据的搜集，都是以两个协会的名义发文才得到了广泛的响应，顺利地完成了会议统计样本的采集工作。中国会议酒店联盟也是一家全国性机构，在我国大部分省份中都有其会员，渠道相对比较畅通。联盟也具有一定的经济实力，为此项公益事业投入了大量的财力、物力和人力。为编制会议统计分析报告，建立了大型数据库，安排专门人员负责搜集会议数据，并有熟练使用数据库的专家对采集数据进行加工和统计，有了这样的编制机构中国会议统计分析报告才得以编制成功。

（三） 编制《中国会议统计分析报告》的步骤

《报告》的编制是按附图所示的六个步骤进行的。

第一，确定统计指标。

编制《报告》首先要确定一套相对比较科学的统计指标体系，才能达到定量研究的目的。因为我们能参考到的只有 ICCA 的会议统计报告，而 ICCA 会议统计报告中有的统计对象很宽，如对全世界各大洲、各个国家的统计；但有的统计对象又很窄，如所统计的国际会议必须是社团的和必须是在三个国家以上轮流举办的才进行统计。所以许多指标我们难以借用，我们只能结合中国国情确定各种统计指标。经过反复思考，不断实践，经过六年的实践，确定了《报告》使用的十五项统计指标。

第二，建立统计系统。

建立统计系统就是按选用的会议统计指标设计会议统计表单，再按统计表单的要求建立数据库。会议酒店联盟使用了 SQL Server 数据库，该数据库可以很方便地实现在线填写会议数据和进行后台数据管理。SQL Server 数据库与微软的 office 办公软件中的 Access 和 Excel 相互兼容，为数据下载后在本地计算机上加工操作提供了极大的方便。

第三，采集会议数据。

为了保证统计数据相对客观，不人为加权，《报告》坚持仅从一个渠道，即会议型酒店采集会议样本信息，同时仅使用发调查表的方式进行采集。采集会议统计样本的通知是以中国旅游饭店业协会、中国旅行社协会和中国会议酒店联盟的名义，以红头文件的形式，向全国近 2000 家会议型酒店发出的。五年来提供统计样本的酒店已经涵盖了我国内地 31 个省、直辖市和自治区的近 200 个城市中的几百家会议型酒店。这些会议酒店既包括我国内陆各大城市主要的大型会议中心，如国家会议中心和上海国际会议中心等，也有大批中小型会议酒店积极参与了这项活动。所有酒店按照相同的统计标准提交会议信息，保证了数据的一致性，为数据整理、加工和分析打下了良好的基础，从 2011 年开始每年的有效会议统计样本基本稳定在 15000 个左右。

第四，分析统计数据。

在对搜集到的会议信息进行分析前，必须对这些数据做必要的加工。 首先，要对数据进行判别和筛选。在大量的原始数据中，不可避免地存在一些无效或错误数据，如有的酒店将婚庆、节庆和演出活动也一并提交；还有同一个城市的多个酒店提供同一个会议的信息，等等。通过认真地判别和筛选，保证统计数据的真实性和可靠性。其次，要对数据进行分类和排序。统计来的数据是一种初始的、零乱的和孤立的数据，要把这些数据按各种统计要求进行分类和排序。本次报告最终确定了八个门类，45 项统计内容。 最后，还要对分类排序后的数据进行计算和研究，最终生成与统计指标一一对应的各种统计数据组，为下一步生成数据图表打下基础。

第五，生成数据图表。

将各种统计数据组按统计指标的要求，使用微软 office 办公软件中的电子表格 Excel，做出各种表单，求出数据的绝对值和数据之间的相对比例，在表单的基础上做出各种统计图型。本统计分析报告中对于本年数据的比较主要使用饼形图。饼形图能比较清楚地表示出同一类别中各个分项部分在总体中所占份额，特别适用于各个分项部分相对比例差别并不十分悬殊的情况。最近两年的《报告》中大量使用折线图。折线图以时间为横轴，表示统计目标随时间变化的发展趋势。特别是 2015 年的《报告》中已给出了大量的能够反映出我国六年来中国会议产业的发展变化趋势，这也正是《报告》不断增加信息量、提升编纂品质的追求所在。

第六，编写分析报告。

各种采集数据和计算出的各项数据的相对比例关系，是编写分析报告的重要基础。而在如此大量的数据中发现特点、趋势和问题并针对性地做出分析，实际上是一个极富挑战和创造力的工作，而分析方法的选择是做好这一工作的又一个基础。《报告》采用了横向比较法、相对比较法和纵向比较法完成了报告的分析撰写。横向比较法用于将本机构的统计数据与其他机构统计数据进行比较，找到相同或者不同的原因，进行合理的分析解释。相对比较法用于同项统计中的各个子项占到的相对比例，分析其产生的原因和变化的趋势。纵向比较法则对六年的数据变化进行分析和发现趋势。我国经济形势的发展、国家有关会议政策以及其他产业政策对会议统计结果的影响也开始写入分析报告中。

四、编制机构介绍

中国旅游饭店业协会 CTHA

简介：

中国旅游饭店业协会（www.ctha.com.cn) 成立于 1986 年 2 月，经中华人民共和国民政部登记注册，具有独立法人资格，是中国境内的饭店和地方饭店协会、饭店管理公司、旅游院校、饭店用品供应厂商等相关单位，按照平等自愿的原则结成的全国性的行业协会。其主管单位为中华人民共和国文化和旅游部。中国旅游饭店业协会于 1994 年正式加入国际饭店与餐馆协会（英文缩写为 IH&RA），现为董事会常务董事。

宗旨：

遵守国家法律法规，遵守社会道德风尚，代表中国旅游饭店业的共同利益，维护会员的合法权益，倡导诚信经营，引导行业自律，规范市场秩序。在主管单位的指导下，为会员服务，为行业服务，在政府与企业之间发挥桥梁和纽带作用，为促进中国旅游饭店业的健康发展做出积极贡献。

会员：

中国旅游饭店业协会会员中聚集了全国饭店业中知名度高、影响力大、服务规范、信誉良好的星级饭店，国际著名饭店集团在内地管理的饭店基本上都已成为协会会员。目前，中国旅游饭店业协会共有会员 2669 家、理事单位 333 家，其中常务理事单位 123 家。

服务：

◆ 通过对行业数据进行科学统计和分析，形成专业分析报告。

◆ 对行业发展现状和趋势做出判断和预测，引导和规范市场。

◆ 组织饭店专业研讨、培训及考察；开展与海外相关协会的交流与合作。

◆ 利用中国旅游饭店网和协会会刊《中国旅游饭店》向会员提供快捷资讯，为饭店提供专业咨询服务。

◆ 饭店星评复核工作。

中国旅行社协会 CATS

简介：

中国旅行社协会 (www.cats.org.cn) 成立于 1997 年 10 月，是由中国境内的旅行社、各地区性旅行社协会等单位，按照平等自愿的原则结成的全国旅行社行业的专业性协会，经国家民政部门登记注册的全国性社团组织。具有独立的社团法人资格。

宗旨：

中国旅行社协会代表和维护旅行社行业的共同利益和会员的合法权益，努力为会员服务，为行业服务，在政府和会员之间发挥桥梁和纽带作用，为中国旅行社行业的健康发展做出积极贡献。

会员：

协会实行团体会员制，所有在中国境内依法设立、守法经营、无不良信誉的旅行社与旅行社经营业务密切相关的单位和各地区性旅行社协会或其他同类协会、承认和拥护本会的章程、遵守协会章程、履行应尽义务均可申请加入协会。协会对会员实行年度注册公告制度。每年年初会员单位必须进行注册登记。协会对符合会员条件的会员名单向社会公告。

协会的最高权利机构是会员代表大会，每四年举行一次。协会设立理事会和常务理事会，理事会对会员代表大会负责，是会员代表大会的执行机构，在会员代表大会闭会期间领导协会开展日常工作；常务理事会对理事会负责，在理事会闭会期间，行使其职权。

截至 2015 年会员单位有 981 家，其中会员单位 711 家，理事单位 144 家，常务理事单位 105 家，会长、副会长单位 23 家。

服务：

协会成立 18 年间（1997—2015 年），在国家旅游管理机构的领导、民政部门的监督和中国旅游协会的业务指导下，在全体会员的大力支持下，组织会员单位开展了调研、培训、学习、研讨、交流、考察等一系列活动。宣传贯彻国家旅游业的发展方针和旅行社行业的政策法规，总结交流旅行社的工作经验。协会的工作得到了业界和会员单位的充分肯定。

中国会议酒店联盟 ACCH

简介：

中国会议酒店联盟（www.confhotel.cn）是在中国旅游协会的支持和中国旅游饭店业协会的指导下，由管理规范、影响力人、会议接待水平高的国内大中型会议中心、会议酒店等单位，按照平等自愿的原则结成的全国性合作组织。联盟于 2008 年成立，截至 2015 年，会员酒店近 200 家，其中轮值会长单位 4 家，副会长单位 18 家。下设秘书处和专家顾问委员会，为会员酒店服务并提供智力支持。

宗旨：

联盟致力于帮助成员单位，为会议组织者提供能够满足其举办各种类型会议所需要的会议设施、设备及高效率、规范化的会议管理与服务；同时致力于增进会议酒店之间国内外的交流与合作，创建会议酒店业务拓展及信息交流平台，鼓励会议酒店创新经营，提升会议管理与运作的专业化水平，全面增强“联盟”及其成员的社会知名度与美誉度。

服务：

◆ 举办“中国会议经济与会议酒店发展大会”、年度采购年会为会议产业各方搭建交流对接、合作共赢的平台。

◆ 通过《会议酒店高级会议经理认证》，提升会员酒店会议及宴会管理服务水平，促进会议酒店品质的提升。

◆《中国会议统计分析报告》《中国会议市场调查报告》、《中国会议酒店建设与运营规范》及其他研究报告为会议产业各界提供市场分析预测、发展战略制定的有力依据。

◆ “中国会议酒店网”为会议组织者实现对联盟会员酒店及优秀会议酒店的快速在线搜索、查询、预定功能。

◆ 以《中国会议酒店》、中国会议酒店网、联盟电子周刊为核心媒体，借助行业及社会媒体资源对会员酒店进行有效宣传，拓宽营销渠道。

◆ 以联盟专家委员会委员及会议产业界专家的强大团队，

为会议中心、酒店提供专业指导，并为会议、会展设施的建设提供建设规划、管理运营等专业服务。

五、新华社历年对《中国会议统计分析报告》的相关报道

2011 年

时间：2011 年 11 月 14 日

标题：我国会议经济年产值近万亿

内容：新华社北京 11 月 13 日电　我国首次发布的《中国会议蓝皮书》指出，目前我国每年举办各种会议多达几千万个，涵盖公司会议、政府会议、事业单位会议和社团会议四大类，会议经济产值近万亿元。但由于准入门槛低、产业标准不清晰、产业链上下游信息不对称、资源脱节等原因，亟须搭建一个有效对接的产业平台，以加强互通、互信与合作共赢。

由中国会议酒店联盟组织编写的《中国会议蓝皮书》13 日正式推出。统计表明，我国每年举办会议高达几千万个，参加会议人数上亿之多，年均增长 20%。中国旅游饭店协会秘书长许京生说，会议经济正成为拉动地方经济的新增长点，并日益受到各级政府和会议产业链各相关环节的重视。

《中国会议蓝皮书》显示，国际会议举办城市前 6 位是北京、上海、成都、南京、杭州、大连。“在场馆建设上我国展览业已走过一条弯路，当前会议行业有步其后尘之势。一些城市盲目修建豪华大型会议中心，甚至建造多个，主会场极大，分会场极多，而使用效益极低。这种现象很重要原因是决策缺乏对目前中国会议行业实际情况的了解。许京生表示，希望《中国会议蓝皮书》统计分析，成为今后各级政府决策时的重要依据。”

2012 年

时间：2012 年 11 月 3 日

标题：北京成为我国举办国际会议最多城市

内容：新华网北京 11 月 3 日电（记者钱春弦）最新发布的《2011 中国会议统计剖析报告》显示，北京、上海、大连成为目前我国举行国际会议最多的城市，其中北京平均每三天多即有一个国际会议。

记者从 3 日闭幕的第五届中国会议经济与会议酒店发展大

同天 18 时 44 分，中华人民共和国中央人民政府网站全文转载了新华社的报道

报告显示：北京成为我国举办国际会议最多的城市

中央政府门户网站　www.gov.cn　2012年11月03日 18时44分　来源：新华社

新华社北京１１月３日电（记者钱春弦）最新发布的《２０１１中国会议统计分析报告》显示，北京、上海、大连成为目前我国举办国际会议最多的城市，其中北京平均每三天多即有一个国际会议。

记者从３日闭幕的第五届中国会议经济与会议酒店发展大会上获悉，在参加统计的３４个城市中，北京以举办１０７个国际会议排名第一，上海举办８３个国际会议排名第二，大连举办４７个国际会议排名第三。排名第四至第十位的城市分别是西安、南京、成都、昆明、杭州、长沙和武汉。这些城市举办国际会议多的原因是城市会议设施

会上获悉，在参加统计的34个城市中，北京以举办107个国际会议排名第一，上海举办83个国际会议排名第二，大连举办47个国际会议排名第三。排名第四至第十位的城市分别是西安、南京、成都、昆明、杭州、长沙和武汉。那些城市举办国际会议多的原因是城市会议设施良好、旅游资源丰硕、交通方便以及政府的支持，同时还有雄厚的产业基础。据介绍，国际会议一直是业界最感兴趣的一类会议。此份报告的统计表明，代表我国加入国际组织的机构多数是社团组织，随着我国的国际地位不断提高，他们代表我国申办的国际组织的系列性会议也越来越多。此外由于我国许多学科领域的研究水平越来越高，吸引了许多国外同行来我国参加那些会议。与此同时，公司会议中的国际会议也逐年增加，主要原因是我国旅游条件改善，成为奖励旅游的首选目的地国度。

在不同学科中，人文与社会科学中的国际会议数目最多，占全部国际会议的63.4%，医药科学领域的国际会议数目占全部的17%，工程与技术科学领域中的国际会议占比约15.1%。

2013年

时间：2013年11月12日晚20时46分和21时00分

标题：我国公款举办的政府及事业单位会议加快缩减

述评：把公款买单的政府会议市场压下来

内容：新华社北京11月12日电（记者 钱春弦）中国旅游饭店业协会12日发布中国会议统计分析报告称，中央“八项规定”出台后，全国公款举办的政府会议和事业单位会议比例不断减少，企业会议比例不断增加，我国会议市场变化趋向欧美市场经济国家的会议市场，也就是说政府性会议比例很小，作为市场主体的企业会议主导会议经济。坚决贯彻中央精神，进一步约束公款消费，庞大的政府会议市场完全可以压下来。

三年前，我国首次发布的中国会议蓝皮书指出，目前全国每年举办会议达几千万个，涵盖公司会议、政府会议、事业单位会议和社团会议四大类，经济产值近万亿元。当时中国旅游饭店业协会负责人强调，会议经济正成为拉动地方经济的新增长点，日益受到各级政府和会议产业链各相关环节的重视。但要看到，我国各级政府和各类政府机构的会议形成庞大的政府会议市场，与发达经济体一般特征以及市场经济机制很不协调。大力压缩政府会议以及事业单位会议，是缩减“文山会海”公款开支的当务之急。

中国旅游饭店业协会会长张润钢12日对记者说，《2013年中国会议蓝皮书》暨《2012年中国会议统计分析报告》，反映出我国会议产业的一些主要变化趋势。从2011年中央就开始发出减少用公款开会的通知，特别是去年“八项规定”的出台，进一步约束了公款消费市场。三年来，在我国四大主要会议市场中，使用公款举办的政府会议和事业单位会议比例不断减少，企业会议比例不断增加。企业会议从2010年的49.9%增加到2012年的59.7%，我国会议市场的这种变化趋向欧美国家的会议市场，对此要坚持不懈，该压缩的必须坚决压住，不容反弹。

事实表明，只要下决心、动真格，庞大的政府性会议完全是可以压缩的。今年以来，针对旅游节会过多问题，国家旅游局决定一般不再与省区市政府联合举办旅游节庆活动，取消中国国内旅游交易会和中俄旅游教育论坛，减少21项以国家旅游局名义举办的旅游节庆活动。国家旅游局全年压减会议活动84项，比去年同期减少51%。

据中国旅游饭店协会分析，中央勤俭办会的政策要求，使我国会议平均消费逐年递减。许多会议降低住宿餐饮的标准，使得会议三项主要消费中的住宿餐饮费与会场费的比例从2011年83:17减少到2012年的74:26。会议规模在逐年缩小。规模在100人以下的会议从2010年的47.1%增加到2012年的61.4%，而100人以上的会议所占比有不同程度的减少，特别是千人以上的会议两年中同比下降了75%。会议经济属于服务业的重要组成部分，只有让市场主导、企业为主，才可以创造更多就业和消费。特别是在我国经济转型和产业结构调整大背景下，压缩非生产性的公款性会议，有利于发展生产性的会议服务业。多年来，我国会议的主办机构习惯于自己办会，因此既“劳民伤财”，效果又不是很好。随着服务贸易的逐渐推广，“花钱买服务”理念越来越深入人心。数据表明，最近三年，交由旅行社和会议服务公司承办会议比例，从2010年的9.1%提高到2012年的12.3%，特别是流动性会议中的24.8%都是由会议服务机构承办的，从而进一步促进会议服务业的发展。

2014年

时间：2014年11月12日

标题：国内“会议经济”虚假繁荣正在改变

内容：新华网上海11月12日电（记者钱春弦）中国旅游饭店业协会等12日发布报告指出，随着中央有关规定落实，近年来各地大量以公款支撑的所谓“会议经济”虚假繁荣景象正在彻底改观。

在此间召开的第七届中国会议经济与会议酒店发展大会上，中国旅游饭店业协会、中国旅行社协会、中国会议酒店联盟发布《2014年中国会议蓝皮书》暨《2013年中国会议统计分析报告》称，近年来各地大量使用财政经费，轰轰烈烈发展所谓“会议经济”，召开各种所谓论坛、研讨会、峰会等，出现虚假繁荣景象。随着2012年中央“八项规定”和“六条禁令”出台，这种不正常局面正彻底改变。使用公款举办的政府会议和事业单位会议比例，从2010年36.3%的市场占有率下降到2013年

同天 20 时 46 分和 21 时 00 分，中华人民共和国中央人民政府网站分两次转载了新华社的报道

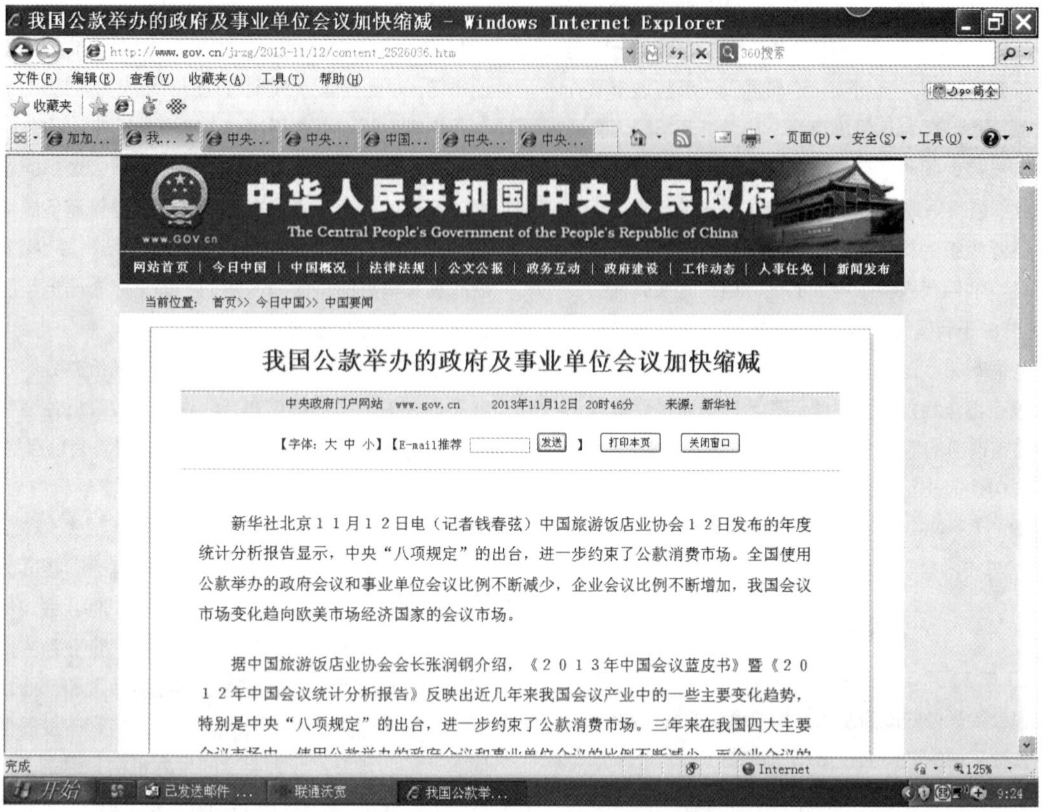

我国公款举办的政府及事业单位会议加快缩减 - Windows Internet Explorer

http://www.gov.cn/jrzg/2013-11/12/content_2526036.htm

中华人民共和国中央人民政府

The Central People's Government of the People's Republic of China

网站首页 | 今日中国 | 中国概况 | 法律法规 | 公文公报 | 政务互动 | 政府建设 | 工作动态 | 人事任免 | 新闻发布

当前位置：首页>> 今日中国>> 中国要闻

我国公款举办的政府及事业单位会议加快缩减

中央政府门户网站 www.gov.cn 2013年11月12日 20时46分 来源：新华社

新华社北京１１月１２日电（记者钱春弦）中国旅游饭店业协会１２日发布的年度统计分析报告显示，中央“八项规定”的出台，进一步约束了公款消费市场。全国使用公款举办的政府会议和事业单位会议比例不断减少，企业会议比例不断增加，我国会议市场变化趋向欧美市场经济国家的会议市场。

据中国旅游饭店业协会会长张润钢介绍，《２０１３年中国会议蓝皮书》暨《２０１２年中国会议统计分析报告》反映出近几年来我国会议产业中的一些主要变化趋势，特别是中央“八项规定”的出台，进一步约束了公款消费市场。三年来在我国四大主要

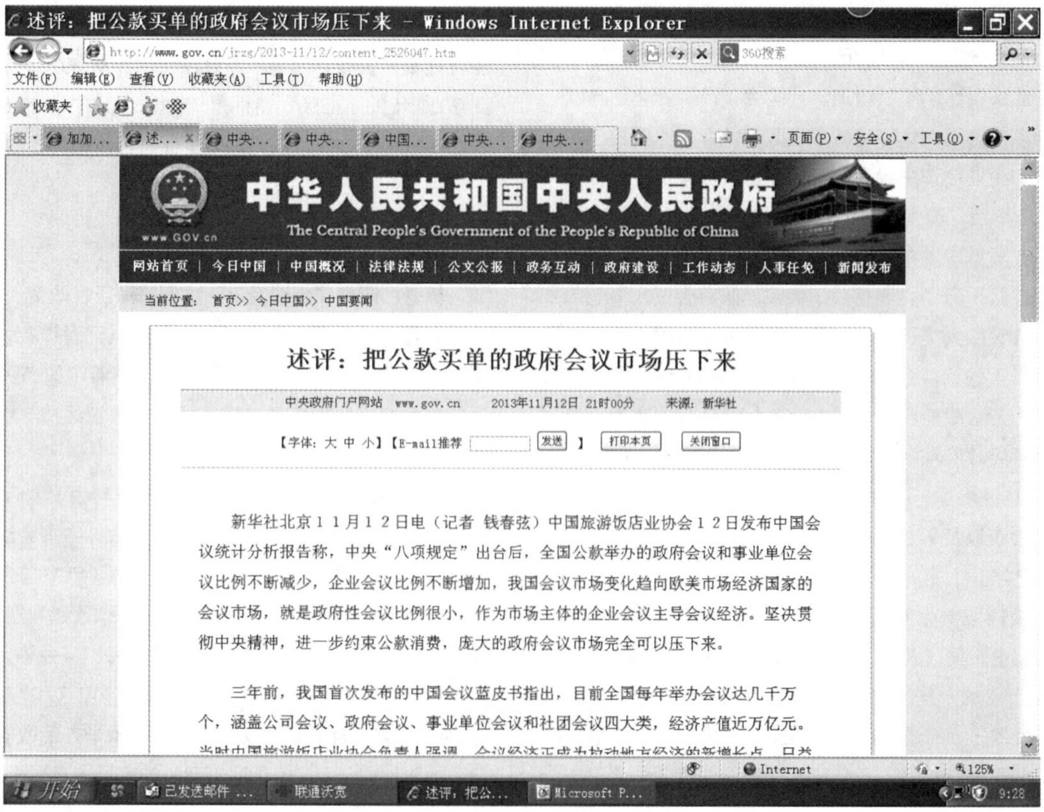

述评：把公款买单的政府会议市场压下来 - Windows Internet Explorer

http://www.gov.cn/jrzg/2013-11/12/content_2526047.htm

中华人民共和国中央人民政府

The Central People's Government of the People's Republic of China

网站首页 | 今日中国 | 中国概况 | 法律法规 | 公文公报 | 政务互动 | 政府建设 | 工作动态 | 人事任免 | 新闻发布

当前位置：首页>> 今日中国>> 中国要闻

述评：把公款买单的政府会议市场压下来

中央政府门户网站 www.gov.cn 2013年11月12日 21时00分 来源：新华社

新华社北京１１月１２日电（记者 钱春弦）中国旅游饭店业协会１２日发布中国会议统计分析报告称，中央“八项规定”出台后，全国公款举办的政府会议和事业单位会议比例不断减少，企业会议比例不断增加，我国会议市场变化趋向欧美市场经济国家的会议市场，就是政府性会议比例很小，作为市场主体的企业会议主导会议经济。坚决贯彻中央精神，进一步约束公款消费，庞大的政府会议市场完全可以压下来。

三年前，我国首次发布的中国会议蓝皮书指出，目前全国每年举办会议达几千万个，涵盖公司会议、政府会议、事业单位会议和社团会议四大类，经济产值近万亿元。

的22.1%，四年下降14.2个百分点。我国企业会议从2010年的49.9%增加到2013年的68.7%，增加了18.8个百分点。

本次统计分析报告数据来源于27个省、自治区和直辖市86个城市中的200多家会议型酒店，统计样本多达14,350个，形成20多万个统计数据。报告指出，我国会议市场已经呈现出良性发展趋势。未来使用公款举办的事业和政府会议市场份额将逐年递减。企业会议市场份额将逐年增长，这与发达国家和地区会议市场格局逐步趋同。

报告指出，我国经济转型和产业结构调整，大力发展生产性服务业的政策，对会议产业的影响已经开始体现。随着服务贸易理念越来越深入人心，“花钱买服务”逐步被国内的会议主办机构所接受，各单位热衷自己办会的习惯正在改变。越来越多的会议交给服务机构承办。最近四年间，交由会议服务机构承办会议的比例，已经从2010年的9.1%提高到2013年的17.2%，增加了8.1个百分点；其中32%的流动性会议都由会议服务机构承办。

2015年

时间：2015年11月26日

标题：我国公款支撑的“文山会海”被显著遏制

内容：新华网北京11月26日电（记者钱春弦）我国旅游酒店业和旅行社业统计数据显示，从简从俭之风对我国会议产业的影响已经全面显现，长期以来由政府机关、事业单位公款支撑的“文山会海”被明显遏制。

作为我国旅游饭店及旅行社业最权威的行业报告，最新发布的《2014年中国会议统计分析报告》明确表示，中央“八条规定”和“六条禁令”对我国会议产业的深远影响已全面显现，特别是使用财政资金举办的各类会议持续减少，年下降幅度达21.4%。而各地方政府长期作为“形象工程”推出的“国际峰会”“世界论坛”等越来越少。

由中国旅游饭店业协会、中国旅行社协会、中国会议酒店联盟编纂的这一报告，因得到国内25个省市区89个城市的支持，采集样本多达15,000多个，形成数据达20多万个。

这一报告显示，使用财政资金举办的会议持续减少。特别是政府会议占国内全部会议比例，2014年比2013年下降21.4%，比2010年下降高达55%。按照会议性质分类，政府性的工作讨论会议下降幅度最大。此类会议由2010年占全部会议的60%急减至2014年26.7%，下降幅度高达55.5%。本届政府简政放权，有效减少“文山会海”，也是政府会议逐年减少的重要原因之一。

从简从俭、清明廉洁的政风，也对我国举办国际会议形成明显影响。地方政府花大量经费操办形象工程，请几个老外就

我国公款支撑的“文山会海”被显著遏制

中央政府门户网站 www.gov.cn 2015-11-26 22:14 来源：新华社

新华社北京11月26日电(记者 钱春弦)我国旅游酒店业和旅行社业统计数据显示,从简从俭之风对我国会议产业的影响已经全面显现,长期以来由政府机关、事业单位公款支撑的"文山会海"被明显遏制.

作为我国旅游饭店及旅行社业最权威的行业报告,最新发布的《2014年中国会议统计分析报告》明确表示,中央"八条规定"和"六条禁令"对我国会议产业的深远影响已全面显现,特别是使用财政资金举办的各类会议持续减少,年下降幅度达21.4%,而各地方政府长期作为"形象工程"推出的"国际峰会""世界论坛"等越来越少.

自称“国际峰会”“世界论坛”的现象越来越少。多由事业单位、政府机构主办的这类会议，最近五年下降幅度分别高达 68.2% 和 58.1%。

2016 年

时间：2016 年 11 月 14 日

标题：开会去哪儿？我国企业会议逐步占市场主导地位

内容：新华网北京 11 月 14 日电（钱春弦）最新公布的 2016 年度《中国会议统计分析报告》显示，我国企业会议已经占会议市场份额逾七成，而政府机构会议持续减少。

中国会议酒店联盟连续第七年发布的《中国会议统计分析报告》显示，按国家质检总局及国家标准委批准的国家会议标准划分的企业会议、社团会议、政府会议、事业单位会议，2016 年度我国会议市场企业会议一枝独大，市场份额高达 71.7%。事业单位的会议市场份额为 10.8%，排名第二；社团会议以 10% 的份额排名第三。政府会议为 7.6%，位居最后。

报告指出，从最近七年来变化趋势来看，2012 年 12 月中央颁布八项规定，是我国会议市场变化的分水岭。2013 年四大会议市场出现巨大变化，企业会议大幅度增加了近 10 个百分点，而政府会议同比减少 5.8 个百分点，这一趋势延续至今。

报告指出，欧美一些国家的企业会议，其市场份额占到 80% 左右，而其他各类会议仅占 20%，遵循“2：8 定律”。从趋势上看，我国会议市场逐步走向三七开，即企业会议占七成的市场份额，其他会议占 30% 的市场份额。随着服务贸易深入人心，“花钱买办会服务”的理念也不断被我国的会议主办者所认同。统计中发现，已经有越来越多的会议，甚至一些高规格的政府类国际会议以及一些社团机构上万人的年会也开始委托给会议服务机构参与承办。尽管这一变化总体上较缓慢，每年仅有百分之几的增长，国内大多数会议还是主办单位自己承办，然而由于我国会议市场庞大，数量却是相当可观。

人们感兴趣的是：这些会议都去哪儿开呢？报告指出，我国七大区域举办会议数量排在前两位的是华东和华南地区，都是我国经济较发达的地区，也是会议产业较活跃的地区。第一位是华东地区，占 35.5% 的市场份额。长江三角洲地区一直是我国会议产业活跃的集聚区，会议数量最多是理所当然的。华南地区排名第二，珠江三角洲地区也是我国公认的会展集聚区，占比为 26.3%。华中地区由于地处我国中部，特别是各大城市高铁开通，尤其是长沙、武汉、郑州等对会议的奖励，成为会议首选地之一，首次超过西南地区而名列第三。西南地区的昆明、贵阳、成都、重庆等城市开始被鼓励会议经济发展的海口、长沙超越。值得注意的是，我国西北、东北地区会议举办仍然较少。

2017 年

时间：2017 年 12 月 16 日

标题：京沪是我国举办国际会议最多的城市

内容：新华社北京 12 月 16 日电（记者王立彬）由于会议设施良好、交通方便、资源丰富，北京、上海一直是我国举办国际会议最多的城市。

记者 16 日从中国旅游饭店业协会获悉，由该协会与中国旅行社协会、中国会议酒店联盟连续第 8 年编制发布的《2017 年中国会议统计分析报告》显示，在国际会议方面，北京以举办 45 个国际会议排名第一；上海举办了 28 个国际会议排名第二；广州和南京各举办了 19 个并列第三。重庆、西安、大连等紧随其后。

报告显示，从 2010 年至 2017 年，北京和上海举办国际会议数量连续 8 年排名第一第二。南京连续 8 年、杭州和广州连续 7 年进入前十名行列。这些城市由于会议设施良好、旅游资源丰富、交通方便等，得到国际会议组织者青睐。与此同时，我国国际会议举办城市正由以往过度集中逐步分散，越来越多城市具备举办国际会议的能力。

依据国家标准委颁布的标准，此次报告从 86 个城市会议场所采集有效样本 23943 个，形成 36 万多个统计数据。按举办场地，2017 年我国 77.4% 的会议在会议酒店举办，会议酒店市场高度繁荣。据此前的第 11 届世界酒店论坛数据，目前世界饭店独立品牌 50 强中，我国占据 5 席，但主要是如家、汉庭、7 天等经济型旅馆，本土饭店品牌亟待抓住机遇，改变“在中国开会，住外国饭店”局面。

中国展览数据统计报告

中国会展经济研究会统计工作委员会

2016 年度

引言

会展行业是我国的新兴行业，其在第三产业的价值和地位日益提高。随着我国会展市场的蓬勃发展，会展经济得到快速增长，在各省市的经济增长所占的比重也日益突出，各省市对会展业的发展也逐渐重视。为了更好地全面掌握我国的会展经济发展情况，2011 年年底中国会展经济研究会成立统计工作委员会，并于 2012 年初组成专职工作团队开始对我国会展行业的发展情况进行统计和调查，截至目前已经成功完成 2011—2015 年共五年的《中国展览数据统计报告》。在前五年的统计分析的基础之上，秉承“不追求经济数字，旨在复原展览行业自身发展真实业态”的宗旨，2017 年初，统计工作委员会开始了对 2016 年度全国展览数据的统计工作。

2016 年的展览统计继续按照直辖市、省会城市、计划单列市、地级市、县级市五级行政级别逐层开展统计，经过五年时间的工作积累，展览统计的城市覆盖面已经从 2011 年的 83 个城市增长至 2016 年的 613 个城市，其中 158 个城市在 2016 年度举办了展览；自 2013 年起受商务部委托，《中国展览数据统计报告》数据将作为商务部发布《中国会展行业发展报告 2016》的基础数据，由此在统计过程中更加严格把关数据统计口径，对数据进行规范性审核，除了通过各地会展管理机构上报统计数据以外，还针对场馆、网络调研等各种调查方式，从不同的角度进行比对和核实，确保中国展览统计数据的真实性和完整性。

在商务部和研究会相关领导的关心指导下，经过 6 个月的努力，统计工作委员会在数据统计的基础上进行了认真的分析，完成《2016 年度中国展览数据统计报告》编撰并准备在 4 月 22 日研究会海口年会上正式发布。报告分境内展览、境外自主办展等八个章节，分别从八个维度翔实并客观地呈现了 2016 年度全国展览的发展状况，是目前国内展览界统计范围最广、项目数量最全、分析维度最多、数据最精准的年度数据统计分析报告。由于时间仓促，难免在报告中还会出现问题和差错，我们希望不断得到公众的关注和指正，以便在下一阶段的统计工作中不断完善和改进。最后对各省市有关会展管理机构和展览场馆提供的数据资料表示衷心的感谢。

2017 年 4 月 17 日

统计样本说明[1]

自 2011 年《中国展览数据统计报告》面世以来，工作委员会就一直在不断地丰富调研的样本，以求用最完整的数据去解释中国展览行业的真实发展情况。2017 年初，中国会展经济研究会统计工作委员会继续扩大调研范围，在 2015 年调研 595 个城市的基础上，结合部分城市新增会展产业的实际，进一步扩大统计范围，新增统计地级市 3 个、县市级 15 个。截至报告发布，统计工作专业委员会共统计 613 个城市，经过和各地商务委、会展办等相关会展机构沟通，并通过网络调查复核，其中有举办展览的为 158 个城市。针对 2016 年的中国展览统计，继续按照直辖市、计划单列市、省会城市、地级市、县级市五个层面的城市进行统计 (不重复计算)。具体城市覆盖率如图 1 所示。

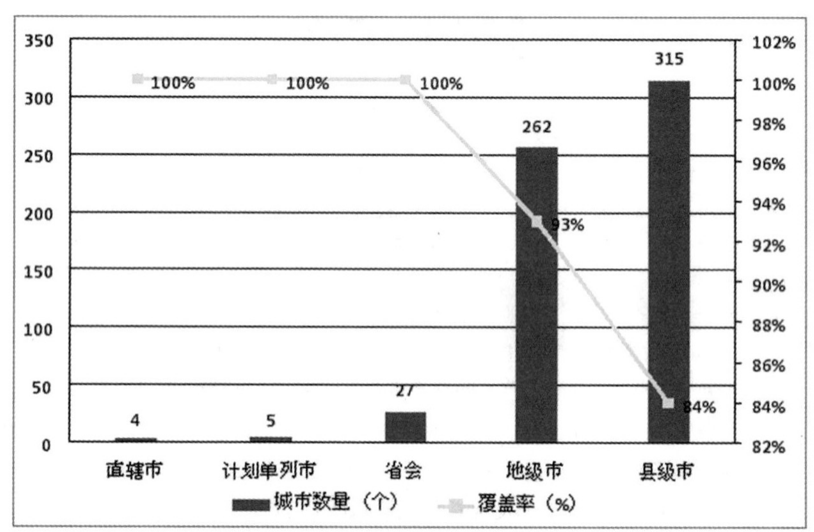

图 1 2016 年中国展览统计图

注：覆盖率 = 调研的城市数量 / 总城市数量

[1] 本报告中的数据均为该调查样本下的数据。

一、2016 年度中国境内展览数据统计报告

纵观 2011—2016 年，全国展览总数从 7330 个到 9892 个，增长 34.95%。展览面积从 8160 万平方米增长至 13075 万平方米，增长率达 60.23%。其中，2016 年相比 2015 年，办展总数增长 6.6%，办展总面积增长 10.8%。详见图 2。

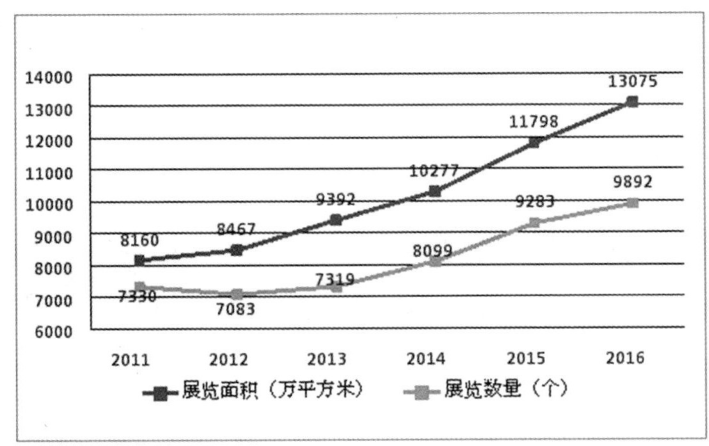

图 2 2011—2016 年展览总数及面积趋势图

（一） 境内展总体发展情况

2016 年被调研城市的办展总数量达 9892 场，办展总面积达 13075 万平方米。基于可比性的思考，其中，2011 年被调研的 83 个城市，2016 年举办展览项目 8690 场，办展面积 11465 万平方米。

以 2011 年被调研的 83 个城市为基准（剔除近三年统计调研城市口径不一致的影响），追踪这 83 个城市近五年的办展情况的变化，则发现从 2011 年至 2013 年，办展的总数量呈下降的趋势，办展总面积则呈不断上升，到 2016 年，展览数量及面积都有明显上升，如图 3 所示。

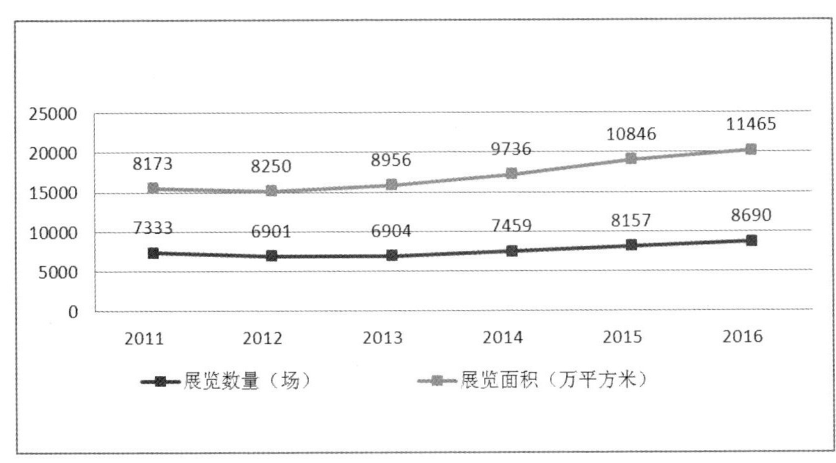

图 3 以 2011 年同济城市为样本的 2011—2016 年展览数量与面积对比图

从图 3 可以看出，2011 年被调研的城市办展总数量已经从 2011 年的 7330 场上升至 2016 年的 8690 场，五年增加 18.51%；办展总面积从 2011 年的 8173 万平方米上升至 2016 年的 11465 万平方米，五年增长 40.28%，展览面积增长速度超过展览数量增长速度。

（二） 各省市办展情况统计

1. 各省份的办展情况统计

2016 年我国举办的展览面积排名前十的省、市为：广东省、上海市、北京市、山东省、四川省、江苏省、浙江省、福建省、河南省、陕西省，这几个省、市的办展数量占我国办展总数量的 69.73%，办展面积占我国办展总面积的 73.88%，如表 1 所示。

表 1 2016 年各省份办展数量和面积统计分析表（按照办展面积排序）

序号	省份	2016 年办展数量（场）	2016 年办展面积（万平方米）	办展数量占比	办展面积占比	平均办展面积（万平方米 / 展）
1	广东省	850	1 773.78	8.59%	13.57%	2.09
2	上海市	816	1 604.8	8.25%	12.27%	1.97
3	山东省	963	1 515.44	9.74%	11.59%	1.57
4	江苏省	902	943.16	9.12%	7.21%	1.05
5	重庆市	597	787.8	6.04%	6.03%	1.32
6	四川省	685	725.73	6.92%	5.55%	1.06
7	浙江省	594	682.93	6.00%	5.22%	1.15
8	辽宁省	709	637	7.17%	4.87%	0.9
9	北京市	409	634.14	4.13%	4.85%	1.55
10	河南省	373	354.56	3.77%	2.71%	0.95
11	福建省	257	327.46	2.60%	2.50%	1.27
12	河北省	281	275.87	2.84%	2.11%	0.98
13	陕西省	185	270	1.87%	2.07%	1.46
14	湖北省	294	267	2.97%	2.04%	0.91
15	安徽省	263	242.33	2.66%	1.85%	0.92
16	湖南省	210	231.53	2.12%	1.77%	1.1
17	江西省	181	230	1.83%	1.76%	1.27
18	吉林省	164	216.76	1.66%	1.66%	1.32
19	天津市	127	191.03	1.28%	1.46%	1.5
20	内蒙古自治区	181	188.14	1.83%	1.44%	1.04
21	黑龙江省	49	170.7	0.50%	1.31%	3.48
22	云南省	99	149.91	1.00%	1.15%	1.51

续表

序号	省份	2016 年办展数量（场）	2016 年办展面积（万平方米）	办展数量占比	办展面积占比	平均办展面积（万平方米 / 展）
23	贵州省	150	146.2	1.52%	1.12%	0.97
24	广西壮族自治区	157	111.36	1.59%	0.85%	0.71
25	山西省	129	95.68	1.30%	0.73%	0.74
26	新疆维吾尔自治区	56	95.13	0.57%	0.73%	1.7
27	海南省	61	65.02	0.62%	0.50%	1.07
28	甘肃省	84	62.19	0.85%	0.48%	0.74
29	宁夏回族自治区	41	42.65	0.41%	0.33%	1.04
30	青海省	23	34.28	0.23%	0.26%	1.49
31	西藏自治区	2	2.15	0.02%	0.02%	1.07

以 2011 年被调研的 83 个城市为基准，追踪这些城市所对应的省份近五年的办展情况的变化，则发现共有 21 个省、市在过去的五年中展览数量有增加；共有 9 个省、市在过去五年中展览数量有所下降。

各省份展览数量的明细情况如图 4 所示。

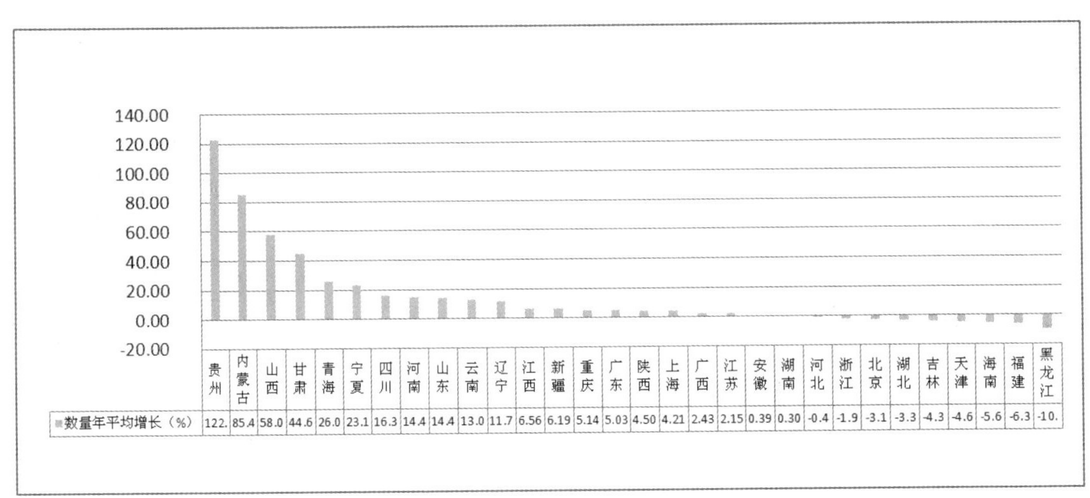

图 4 各省份 2016 年比 2011 年展览数量年平均增长情况示意图

从展览面积来看，2011—2016 年中共有 24 个省、市的总办展面积有增长，其余 6 个省、市展览面积有所下降，详见图 5。

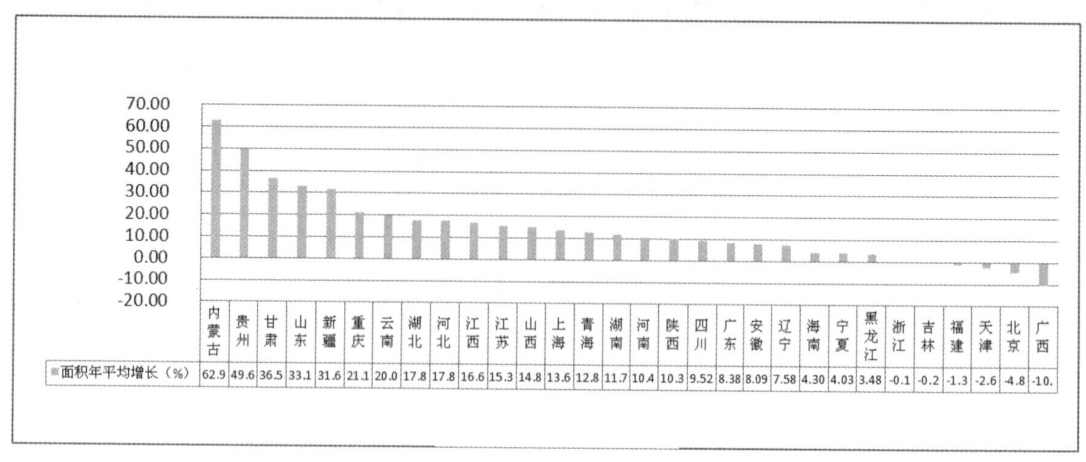

图 5 各省份 2016 年比 2011 年展览面积年平均增长情况示意图

2．各城市的办展情况统计

2016 年，上海市累计办展 816 场，累计办展面积达到了 1604.8 万平方米，分别占中国大陆地区总办展数量和办展面积的 8.25% 以及 12.27%，位居国内各城市首位。2016 年中，我国有 49 个城市的总办展面积在 50 万平方米以上。其中 100 万平方米以上的有 33 个，如图 6 所示。

从办展数量来看，2016 年中，我国办展城市中，在 50~100 场的城市数量最多，共有 71 个。各城市办展数量结构如图 7 所示。

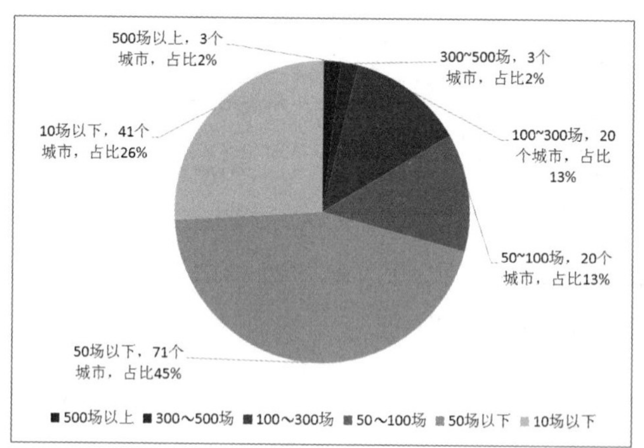

图 6 2016 年各城市办展数量分布图

从办展面积的结构情况看，2016 年，我国办展城市中，在 10 万 ~100 万平方米的城市最多，为 74 个。各城市办展面积结构如图 7 所示。

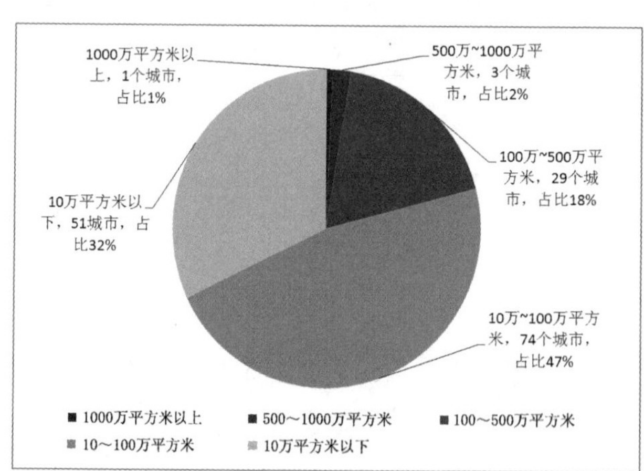

图 7 2016 年各城市办展面积分布图

2016 年，各城市的办展数量、办展面积、办展面积占总面积之比、办展数量占总面积之比和平均办展面积明细情况如表 2 所示（按照办展面积排列）。

表 2 2016 年全国各城市办展数量和办展面积统计分析表

序号	城市	2016 年办展数量（场）	2016 年办展面积（万平方米）	办展数量占比	办展面积占比	平均办展面积（万平方米）
1	上海市	816	1 604.8	8.25%	12.27%	1.97
2	广州市	538	896.48	5.44%	6.86%	1.67
3	重庆市	597	787.8	6.04%	6.03%	1.32
4	北京市	409	634.14	4.13%	4.85%	1.55
5	南京市	394	431	3.98%	3.30%	1.09
6	东莞市	65	348.73	0.66%	2.67%	5.37
7	成都市	196	344.1	1.98%	2.63%	1.76
8	深圳市	91	325.17	0.92%	2.49%	3.57
9	沈阳市	361	315	3.65%	2.41%	0.87
10	淄博市	36	309.84	0.36%	2.37%	8.61
11	青岛市	226	298.3	2.28%	2.28%	1.32
12	济南市	165	295	1.67%	2.26%	1.79
13	西安市	185	270	1.87%	2.07%	1.46
14	武汉市	294	267	2.97%	2.04%	0.91
15	郑州市	238	236	2.41%	1.81%	0.99
16	潍坊市	141	220.1	1.43%	1.68%	1.56
17	南昌市	174	220	1.76%	1.68%	1.26
18	厦门市	230	215	2.33%	1.64%	0.93
19	长沙市	201	203.33	2.03%	1.56%	1.01
20	长春市	141	197.17	1.43%	1.51%	1.4
21	杭州市	204	197	2.06%	1.51%	0.97
22	合肥市	187	193.6	1.89%	1.48%	1.04
23	天津市	127	191.03	1.28%	1.46%	1.5
24	昆明市	99	149.91	1.00%	1.15%	1.51
25	宁波市	99	148.89	1.00%	1.14%	1.5
26	贵阳市	150	146.2	1.52%	1.12%	0.97
27	哈尔滨市	40	143.5	0.40%	1.10%	3.59
28	苏州市	105	135.4	1.06%	1.04%	1.29

续表

序号	城市	2016 年办展数量（场）	2016 年办展面积（万平方米）	办展数量占比	办展面积占比	平均办展面积（万平方米）
29	呼和浩特市	116	133.92	1.17%	1.02%	1.15
30	大连市	106	126.9	1.07%	0.97%	1.2
31	临沂市	109	123.6	1.10%	0.95%	1.13
32	廊坊市	78	105.34	0.79%	0.81%	1.35
33	福州市	24	100.41	0.24%	0.77%	4.18
34	中山市	73	97.53	0.74%	0.75%	1.34
35	乌鲁木齐市	55	91.13	0.56%	0.70%	1.66
36	无锡市	84	90.38	0.85%	0.69%	1.08
37	泸州市	39	84.9	0.39%	0.65%	2.18
38	南宁市	58	78.98	0.59%	0.60%	1.36
39	太原市	117	78.38	1.18%	0.60%	0.67
40	绵阳市	40	77.65	0.40%	0.59%	1.94
41	义乌市	39	75.16	0.39%	0.57%	1.93
42	昆山市	63	71.6	0.64%	0.55%	1.14
43	海口市	61	65.02	0.62%	0.50%	1.07
44	兰州市	84	62.19	0.85%	0.48%	0.74
45	锦州市	61	61	0.62%	0.47%	1
46	温州市	53	60.43	0.54%	0.46%	1.14
47	佛山市	26	57.82	0.26%	0.44%	2.22
48	洛阳市	59	50	0.60%	0.38%	0.85
49	威海市	58	50	0.59%	0.38%	0.86
50	石家庄市	80	48.43	0.81%	0.37%	0.61
51	包头市	56	45.02	0.57%	0.34%	0.8
52	烟台市	30	43	0.30%	0.33%	1.43
53	东营市	69	42.8	0.70%	0.33%	0.62
54	银川市	41	42.65	0.41%	0.33%	1.04
55	徐州市	39	41.4	0.39%	0.32%	1.06
56	永康市	16	39.65	0.16%	0.30%	2.48
57	唐山市	41	37.7	0.41%	0.29%	0.92

续表

序号	城市	2016 年办展数量（场）	2016 年办展面积（万平方米）	办展数量占比	办展面积占比	平均办展面积（万平方米）
58	铁岭市	15	37	0.15%	0.28%	2.47
59	西宁市	23	34.28	0.23%	0.26%	1.49
60	常州市	25	33.75	0.25%	0.26%	1.35
61	遂宁市	23	32.6	0.23%	0.25%	1.42
62	桂林市	99	32.38	1.00%	0.25%	0.33
63	泰安市	34	30	0.34%	0.23%	0.88
64	聊城市	27	30	0.27%	0.23%	1.11
65	嘉兴市	43	29.6	0.43%	0.23%	0.69
66	郴州市	9	28.2	0.09%	0.22%	3.13
67	漯河市	17	28.08	0.17%	0.21%	1.65
68	芜湖市	40	27.85	0.40%	0.21%	0.7
69	余姚市	18	27.03	0.18%	0.21%	1.5
70	台州市	18	26.7	0.18%	0.20%	1.48
71	沧州市	34	25.9	0.34%	0.20%	0.76
72	盐城市	47	25.79	0.48%	0.20%	0.55
73	滨州市	3	25.2	0.03%	0.19%	8.4
74	温岭市	21	25.08	0.21%	0.19%	1.19
75	鞍山市	28	25	0.28%	0.19%	0.89
76	广安市	26	24.7	0.26%	0.19%	0.95
77	南通市	28	22.5	0.28%	0.17%	0.8
78	乐山市	28	22.4	0.28%	0.17%	0.8
79	攀枝花市	20	20.5	0.20%	0.16%	1.03
80	惠州市	22	20.2	0.22%	0.15%	0.92
81	常熟市	42	20	0.42%	0.15%	0.48
82	珠海市	16	19.35	0.16%	0.15%	1.21
83	慈溪市	44	19.35	0.44%	0.15%	0.44
84	连云港市	15	19.31	0.15%	0.15%	1.29
85	泰州市	16	18.86	0.16%	0.14%	1.18
86	扬州市	27	18.37	0.27%	0.14%	0.68

续表

序号	城市	2016 年办展数量（场）	2016 年办展面积（万平方米）	办展数量占比	办展面积占比	平均办展面积（万平方米）
87	阜新市	11	18	0.11%	0.14%	1.64
88	德阳市	10	18	0.10%	0.14%	1.8
89	宜宾市	36	18	0.36%	0.14%	0.5
90	马鞍山市	32	17.88	0.32%	0.14%	0.56
91	邯郸市	18	17.6	0.18%	0.13%	0.98
92	绍兴市	17	17.45	0.17%	0.13%	1.03
93	信阳市	15	16.03	0.15%	0.12%	1.07
94	盘锦市	35	16	0.35%	0.12%	0.46
95	邢台市	6	15	0.06%	0.11%	2.5
96	莱芜市	25	15	0.25%	0.11%	0.6
97	镇江市	15	14	0.15%	0.11%	0.93
98	丹东市	10	14	0.10%	0.11%	1.4
99	衡水市	10	13.6	0.10%	0.10%	1.36
100	巴中市	25	13.5	0.25%	0.10%	0.54
101	安阳市	22	13.24	0.22%	0.10%	0.6
102	达州市	12	13.12	0.12%	0.10%	1.09
103	资阳市	32	12.3	0.32%	0.09%	0.38
104	内江市	25	12.3	0.25%	0.09%	0.49
105	大同市	8	11.3	0.08%	0.09%	1.41
106	三门峡市	22	11.22	0.22%	0.09%	0.51
107	佳木斯市	2	10	0.02%	0.08%	5
108	济宁市	15	9	0.15%	0.07%	0.6
109	延吉	9	8.9	0.09%	0.07%	0.99
110	宁海市	11	8.88	0.11%	0.07%	0.81
111	眉山市	35	8.3	0.35%	0.06%	0.24
112	广元市	21	8.26	0.21%	0.06%	0.39
113	漳州市	1	8	0.01%	0.06%	8
114	海宁市	11	7.71	0.11%	0.06%	0.7
115	自贡市	33	7.3	0.33%	0.06%	0.22

续表

序号	城市	2016 年办展数量（场）	2016 年办展面积（万平方米）	办展数量占比	办展面积占比	平均办展面积（万平方米）
116	鄂尔多斯市	8	7.2	0.08%	0.06%	0.9
117	德州市	6	7	0.06%	0.05%	1.17
118	伊春市	2	6.5	0.02%	0.05%	3.25
119	南充市	68	6.5	0.69%	0.05%	0.1
120	抚顺市	20	6	0.20%	0.05%	0.3
121	枣庄市	10	6	0.10%	0.05%	0.6
122	菏泽市	3	6	0.03%	0.05%	2
123	运城市	4	6	0.04%	0.05%	1.5
124	云浮市	1	5.5	0.01%	0.04%	5.5
125	承德市	5	5.1	0.05%	0.04%	1.02
126	赣州市	6	5	0.06%	0.04%	0.83
127	景德镇市	1	5	0.01%	0.04%	5
128	营口市	14	5	0.14%	0.04%	0.36
129	日照市	6	4.6	0.06%	0.04%	0.77
130	本溪市	13	4.5	0.13%	0.03%	0.35
131	宁德市	2	4.05	0.02%	0.03%	2.03
132	齐齐哈尔市	2	4	0.02%	0.03%	2
133	喀什	1	4	0.01%	0.03%	4
134	绥芬河市	1	3.5	0.01%	0.03%	3.5
135	六安市	4	3	0.04%	0.02%	0.75
136	肇庆市	18	3	0.18%	0.02%	0.17
137	辽阳市	13	3	0.13%	0.02%	0.23
138	朝阳市	15	3	0.15%	0.02%	0.2
139	葫芦岛市	7	2.6	0.07%	0.02%	0.37
140	张家口市	4	2.4	0.04%	0.02%	0.6
141	通化市	5	2.4	0.05%	0.02%	0.48
142	辽源市	1	2.2	0.01%	0.02%	2.2
143	拉萨市	2	2.15	0.02%	0.02%	1.07
144	辛集市	2	2	0.02%	0.02%	1

续表

序号	城市	2016 年办展数量（场）	2016 年办展面积（万平方米）	办展数量占比	办展面积占比	平均办展面积（万平方米）
145	黑河市	1	2	0.01%	0.02%	2
146	梅河口市	1	2	0.01%	0.02%	2
147	满洲里	1	2	0.01%	0.02%	2
148	秦皇岛市	2	1.8	0.02%	0.01%	0.9
149	雅安市	16	1.3	0.16%	0.01%	0.08
150	大庆市	1	1.2	0.01%	0.01%	1.2
151	保定市	1	1	0.01%	0.01%	1
152	吉林市	1	1	0.01%	0.01%	1
153	四平市	1	1	0.01%	0.01%	1
154	珲春市	1	0.85	0.01%	0.01%	0.85
155	农安县	1	0.85	0.01%	0.01%	0.85
156	宿迁市	2	0.8	0.02%	0.01%	0.4
157	公主岭市	1	0.3	0.01%	0.00%	0.3
158	图们市	2	0.09	0.02%	0.00%	0.04

以 2011 年被调研城市为基准，追踪这些城市近 5 年的办展情况的变化，从这些城市的办展数量和办展面积的年均增长幅度来看：

（1）办展数量和办展面积涨幅均呈上升趋势的城市共计 45 个。

（2）办展数量的涨幅呈上升趋势，但办展面积的涨幅呈下降趋势的城市共计 5 个。

（3）办展数量的涨幅呈下降趋势，但办展面积的涨幅呈上升趋势的城市共计 14 个。

（4）办展数量的涨幅呈下降趋势，且办展面积的涨幅呈下降趋势的城市共计 19 个。

各城市的办展数量及办展面积年均增幅如表 3 所示（按照展览面积年均增长率排序）。

表 3 2016 年国内可比城市展览数量和面积年平均增长情况

序号	城市	展览数量年均增长率	展览面积年均增长率
1	潍坊市	92.80%	156.08%
2	昆山市	111.25%	129.17%
3	淄博市	-4.90%	109.94%
4	珠海市	65.33%	83.20%
5	临沂市	68.62%	80.49%

续表

序号	城市	展览数量年均增长率	展览面积年均增长率
6	邢台市	15.29%	68.24%
7	呼和浩特市	51.83%	62.92%
8	贵阳市	51.43%	49.62%
9	东莞市	-8.80%	40.09%
10	泰州市	30.00%	38.94%
11	慈溪市	111.74%	37.93%
12	兰州市	56.36%	36.53%
13	沧州市	53.91%	36.30%
14	乌鲁木齐市	11.20%	31.69%
15	青岛市	18.63%	30.99%
16	德州市	22.86%	30.00%
17	石家庄市	61.47%	29.32%
18	南京市	25.03%	29.26%
19	廊坊市	14.59%	26.71%
20	连云港市	13.33%	22.91%
21	重庆市	11.19%	21.16%
22	昆明市	6.43%	20.02%
23	永康市	-4.00%	19.65%
24	武汉市	22.12%	18.25%
25	烟台市	6.67%	18.22%
26	南昌市	9.00%	16.67%
27	马鞍山市	44.00%	15.76%
28	无锡市	12.38%	14.84%
29	太原市	32.00%	14.83%
30	东营市	35.20%	14.24%
31	厦门市	16.39%	14.02%
32	上海市	-2.88%	13.68%
33	西宁市	2.01%	12.80%
34	中山市	4.41%	12.62%
35	常州市	4.04%	12.45%

续表

序号	城市	展览数量年均增长率	展览面积年均增长率
36	长沙市	11.41%	11.77%
37	漯河市	-1.37%	10.77%
38	郑州市	10.71%	10.45%
39	西安市	0.79%	10.34%
40	济南市	-3.42%	9.65%
41	哈尔滨市	-11.77%	9.53%
42	成都市	-3.19%	9.52%
43	芜湖市	22.11%	9.32%
44	沈阳市	12.82%	8.64%
45	合肥市	6.71%	7.66%
46	徐州市	6.00%	7.60%
47	余姚市	-1.79%	7.35%
48	威海市	10.22%	6.06%
49	海口市	4.25%	5.85%
50	常熟市	34.19%	5.81%
51	佛山市	-8.48%	5.63%
52	深圳市	-12.89%	5.40%
53	大连市	1.09%	5.25%
54	广州市	-5.36%	4.39%
55	苏州市	-1.18%	4.27%
56	银川市	3.10%	4.03%
57	盐城市	22.25%	3.18%
58	义乌市	-8.13%	2.88%
59	温州市	-0.72%	1.99%
60	惠州市	3.85%	1.90%
61	长春市	-5.90%	-0.28%
62	杭州市	0.34%	-0.36%
63	唐山市	0.00%	-1.61%
64	宁波市	-8.35%	-2.48%
65	天津市	-8.45%	-2.63%

续表

序号	城市	展览数量年均增长率	展览面积年均增长率
66	扬州市	2.50%	-4.69%
67	北京市	-10.23%	-4.85%
68	南通市	-1.64%	-5.25%
69	嘉兴市	1.23%	-5.38%
70	台州市	-10.50%	-5.91%
71	绍兴市	-8.11%	-7.80%
72	莱芜市	-1.48%	-8.89%
73	桂林市	11.10%	-9.83%
74	南宁市	-12.88%	-10.31%
75	福州市	-17.73%	-10.49%
76	绥芬河市	-18.00%	-13.00%
77	淮安市	-20.00%	-20.00%
78	淮南市	-20.00%	-20.00%
79	江阴市	-20.00%	-20.00%
80	荆州市	-20.00%	-20.00%
81	牡丹江市	-20.00%	-20.00%
82	三亚市	-20.00%	-20.00%
83	汕头市	-20.00%	-20.00%

3．各计划单列市的办展情况统计

2016 年各计划单列市中，办展面积最高的为青岛市，其次分别为深圳市、厦门市、宁波市、大连市，详见表 4。

表 4 2016 年我国计划单列市办展数量和面积情况表

市名	2016 展览数量（场）	2016 展览面积（万平方米）	平均办展面积（万平方米）
青岛市	226	298.3	1.32
深圳市	91	325.17	3.57
厦门市	230	215	0.93
大连市	106	126.9	1.2
宁波市	99	148.89	1.5

对比各计划单列市 2011—2016 年办展数量，我们能看出有四个计划单列市展览面积呈增长态势，见表 5。

表 5 2011—2016 我国计划单列市展览面积增长情况表（单位：万平方米）

市名	2011 年展览面积	2012 年展览面积	2013 年展览面积	2014 年展览面积	2015 年展览面积	2016 年展览面积
青岛市	117	136.82	180	280	295	298.3
深圳市	256	286.5	260	256.23	277.64	325.17
厦门市	126.4	138	160	173.46	191	215
大连市	100.5	117	129	110	118	126.9
宁波市	170	179	128	106.38	152.13	148.89

2016 年，5 个计划单列市中，4 个城市的展览面积与上一年相比都有一定程度的增长，见图 8。其中青岛市增长幅度最大，深圳、厦门、大连依次居后。宁波呈负增长。

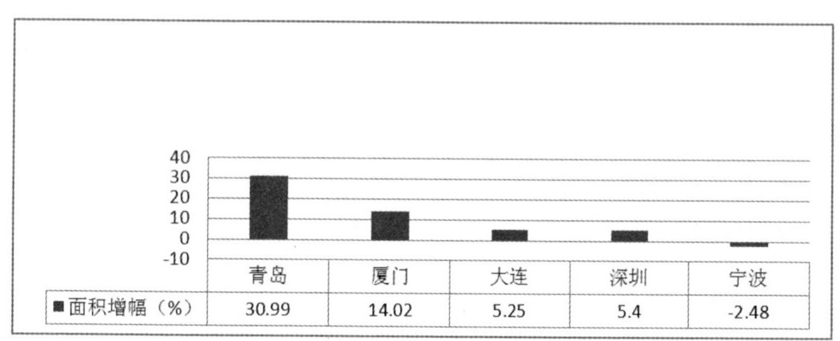

图 8 2016 年计划单列市办展面积增幅比较

与 2011 年相比，5 个计划单列市中，3 个计划单列市办展面积呈正增长，2 个计划单列市呈负增长。其中青岛市年平均增幅最高，达到 18.63%，厦门位居第二，增幅达到 16.39%，大连位居第三，增幅为 1.09%。宁波、深圳呈负增长，分别为—8.35% 和—12.89%，见图 9。

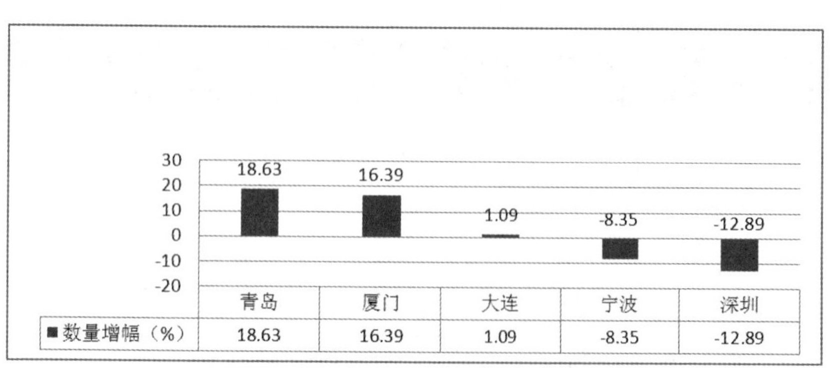

图 9 2016 年计划单列市办展数量增幅情况

二、2016 年度我国境外自主办展统计报告

（一） 境外自主办展总体统计

2016 年中国境外自主办展总数量为 128 场，办展面积达 78.0 万平方米。2016 年办展场数相对于 2015 年增长 65 场，增幅达 96%，办展面积相较于 2015 年增加 45.8 万平方米，增幅达 142%，办展单位数相较于 2015 年增加 14 家，增幅幅达 61%，如图 10 所示。

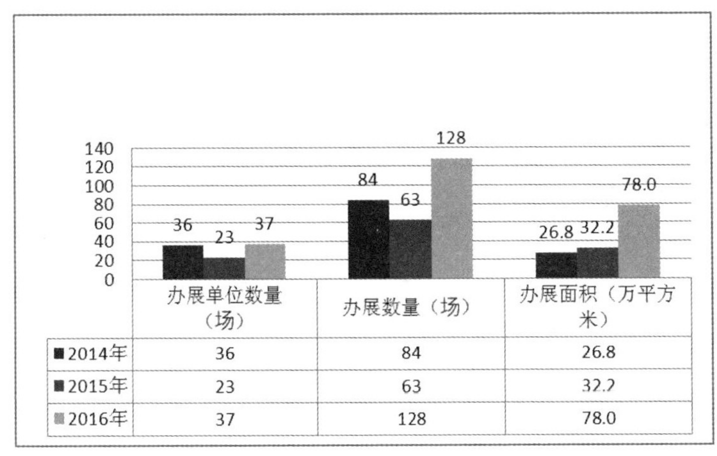

图 10 2014 年、2015 年、2016 年境外办展总体情况

（二） 境外自主办展企业统计

2016 年我国共有 37 家单位在境外办展，总数达 128 场，总面积达到 78.0 万平方米。

从境外办展数量角度看：

（1）办展数量大于等于 10 次的单位有 3 家（商务部外贸发展事务局、米奥兰特国际会展、中国机电产品进出口商会），占办展企业总数的 8.0%。

（2）办展数量大于等于 5 次、小于 10 次的单位有 3 家（中国国际经济技术交流中心、贸促会化工行业分会、通用国际广告展览有限公司），占办展企业总数的 80%。

（3）办展数量大于等于 2 次但小于等于 4 次的企业数有 15 家，占办展企业总数的 39.5%。

（4）办展数量等于 1 次的有 16 家，占办展企业总数的 44.7%。

从境外办展面积角度看：

（1）办展总面积大于 10 万平方米的单位有 2 家（米奥兰特国际会展、商务部外贸发展事务局），占办展企业总数的 5.3%。

（2）办展总面积大于 2 万平方米的单位有 8 家（中国国际经济技术交流中心、中国机电产品进出口商会、中国纺织品进出口商会、通用国际广告展览有限公司、贸促会纺织行业分会、贸促会广东省委员会、西麦克国际展览有限责任公司、浙江远大国际会展有限公司、贸促会内蒙古自治区委员会），占办展企业总数的 21.1%。

（3）办展总面积大于等于 1 万平方米但小于 2 万平方米的单位有 5 家，占办展企业总数的 13.2%。

（4）办展总面积大于等于 0.5 万平方米但小于 1 万平方米的单位有 12 家，占办展企业总数的 31.6%。

（5）办展总面积小于 0.5 万平方米的单位有 11 家，占办展企业总数的 28.9%。

按照展览规模前十大办展单位的境外办展明细情况如表 6 所示（按照办展面积排列）。

表 6 前十大办展单位的境外办展明细

序号	组展单位	办展数量（场）				办展总面积（平方米）
		合计	独立办展	合作办展	展中展	
1	米奥兰特国际会展	16	16			136 500
2	商务部外贸发展事务局	27	8	3	16	127 685.2
3	中国国际经济技术交流中心	5	2	3		65 428
4	中国机电产品进出口商会	11	2	1	8	61 028
5	中国纺织品进出口商会	4	1	2	1	52 840
6	通用国际广告展览有限公司	5			5	38 500
7	贸促会纺织行业分会	3			3	32 300
8	贸促会广东省委员会	3	1	1	1	26 620
9	西麦克国际展览有限责任公司	4	3		1	21 340
10	贸促会内蒙古自治区委员会	4	2	1	1	20 900

2016 年境外自主办展的类型分为三类：独立办展、合作办展和展中展，其中独立办展 56 个、合作办展 27 个、展中展 45 个，占比如图 11 所示。

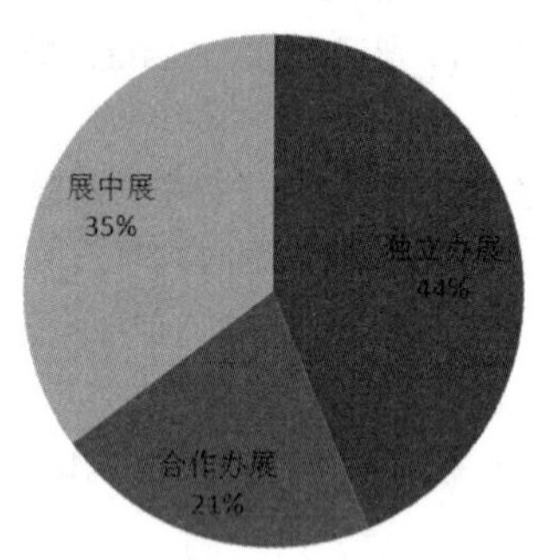

图 11 境外自主办展类型比例分布

（三）境外自主办展国家分布

2016 年境外办展共涉及 50 个国家，相比于 2015 年增加 20 个国家，增幅达 67%。各个办展国的详细情况如表 7 所示。

表 7 2016 年办展国详细情况

序号	国家	办展数量（场）	办展面积（平方米）
1	巴西	8	40 934
2	斯里兰卡	6	23 254
3	印度	6	57 020
4	俄罗斯	6	53 900
5	南非	5	24 700
6	印度尼西亚	5	47 432
7	美国	5	44 898
8	越南	4	18 264.4
9	伊朗	4	8 756
10	土耳其	4	29 160
11	波兰	4	46 000
12	蒙古国	4	19 360

续表

序号	国家	办展数量（场）	办展面积（平方米）
13	德国	4	27 755.2
14	泰国	4	37 272.8
15	埃及	4	10 300
16	哈萨克斯坦	4	15 076.4
17	韩国	4	13 420
18	匈牙利	3	23 188
19	日本	3	18 000
20	阿联酋	3	33 300
21	法国	2	23 500
22	英国	2	12 100
23	菲律宾	2	6 600
24	澳大利亚	2	16 830
25	加拿大	2	15 840
26	约旦	2	20 000
27	阿尔及利亚	2	7 084
28	智利	2	4 400
29	马来西亚	1	2 970
30	肯尼亚	1	990
31	贝宁	1	5 500
32	墨西哥	1	2 640
33	西班牙	1	4 400
34	埃塞俄比亚	1	2 200
35	巴基斯坦	1	990
36	尼泊尔	1	1 100
37	突尼斯	1	1 980
38	白俄罗斯	1	2 200
39	乌兹别克斯坦	1	4 400
40	塞尔维亚	1	198
41	立陶宛	1	3 300

续表

序号	国家	办展数量（场）	办展面积（平方米）
42	塞内加尔	1	5 000
43	格鲁吉亚	1	8 800
44	安哥拉	1	594
45	厄瓜多尔	1	2 970
46	塔吉克斯坦	1	2 200
47	荷兰	1	1 100
48	卡塔尔	1	22 000
49	秘鲁	1	2 200
50	缅甸	1	4 400

相比于 2015 年，2016 年中国在巴西、印度、俄罗斯、美国等 15 国办展数量均有增长，办展面积增幅最高的是南非达 400%，其次是越南和蒙古国，市场发展速度非常快。

境外办展面积增长最高的国家为匈牙利，面积增幅达 1832%；其次是斯里兰卡。

各国的办展数量如表 8 所示。

表 8 2015—2016 年各国的办展数量

国家	2015 年办展数量（场）	2016 年办展数量（场）	增幅
巴西	4	8	100%
印度	4	6	50%
俄罗斯	2	6	200%
美国	3	5	67%
印度尼西亚	3	5	67%
南非	1	5	400%
泰国	4	4	0%
哈萨克斯坦	3	4	33%
土耳其	3	4	33%
埃及	2	4	100%
波兰	2	4	100%
越南	1	4	300%

续表

国家	2015 年办展数量（场）	2016 年办展数量（场）	增幅
蒙古国	1	4	300%
德国	—	4	—
韩国	—	4	—
伊朗	—	4	—
阿联酋	2	3	50%
匈牙利	1	3	200%
日本	—	3	—
澳大利亚	2	2	0%
约旦	2	2	0%
法国	3	2	-33%
智利	2	2	0%
菲律宾	1	2	100%
英国	—	2	—
加拿大	—	2	—
阿尔及利亚	—	2	—
马来西亚	3	1	-67%
安哥拉	1	1	0%
缅甸	1	1	0%
荷兰	1	1	0%
斯里兰卡	1	1	0%
墨西哥	1	1	0%
肯尼亚	1	1	0%
埃塞俄比亚	—	1	—
格鲁吉亚	—	1	—
贝宁	—	1	—
吉尔吉斯斯坦	—	1	—
秘鲁	—	1	—
巴基斯坦	—	1	—
西班牙	—	1	—

续表

国家	2015 年办展数量（场）	2016 年办展数量（场）	增幅
尼泊尔	—	1	—
突尼斯	—	1	—
白俄罗斯	—	1	—
乌兹别克斯坦	—	1	—
塞尔维亚	—	1	—
立陶宛	—	1	—
塞内加尔	—	1	—
厄瓜多尔	—	1	—
卡塔尔	—	1	—
罗马尼亚	1	—	—
哥斯达黎加	1	—	—
阿根廷	1	—	—

2016 年各国家办展面积对 2015 年面积增幅如表 9 所示。

表 9 与 2015 年相比，2016 年各国办展面积增幅情况

国家	2015 年办展面积（平方米）	2016 年办展面积（平方米）	增幅
印度	23 000	57 020	148%
俄罗斯	13 400	53 900	302%
印度尼西亚	18 000	47 432	164%
波兰	11 000	46 000	318%
美国	36 200	44 898	24%
巴西	17 250	40 934	137%
泰国	19 000	37 272.8	96%
阿联酋	33 000	33 300	1%
土耳其	17 900	29 160	63%
德国	—	27 755.2	—
南非	4 200	24 700	488%
法国	10 680	23 500	120%

续表

国家	2015 年办展面积(平方米)	2016 年办展面积(平方米)	增幅
斯里兰卡	2 000	23 254	1063%
匈牙利	1 200	23 188	1832%
卡塔尔	—	22 000	—
约旦	10 400	20 000	92%
蒙古国	6 670	19 360	190%
越南	4 500	18 264.4	306%
日本	—	18 000	—
澳大利亚	8 400	16 830	100%
加拿大	—	15 840	—
哈萨克斯坦	9 370	15 076.4	61%
韩国	—	13 420	—
英国	—	12 100	—
埃及	9 044	10 300	14%
格鲁吉亚	—	8 800	—
伊朗	—	8 756	—
阿尔及利亚	—	7 084	—
菲律宾	4 500	6 600	47%
贝宁	—	5 500	—
塞内加尔	—	5 000	—
缅甸	2 000	4 400	120%
乌兹别克斯坦	—	4 400	—
西班牙	—	4 400	—
智利	5 340	4 400	-18%
立陶宛	—	3 300	—
厄瓜多尔	—	2 970	—
马来西亚	7 650	2 970	-61%
墨西哥	2 000	2 640	32%
埃塞俄比亚	—	2 200	—
白俄罗斯	—	2 200	—

续表

国家	2015 年办展面积(平方米)	2016 年办展面积(平方米)	增幅
秘鲁	—	2 200	—
塔吉克斯坦	—	2 200	—
突尼斯	—	1 980	—
荷兰	6 670	1 100	-84%
尼泊尔	—	1 100	—
巴基斯坦	—	990	—
肯尼亚	1 000	990	-1%
安哥拉	600	594	-1%
塞尔维亚	—	198	—

（四）境外自主办展行业分布

2016 年境外办展共涉及的行业分类为 14 种，比上年增加 2 种，增幅 17%，场次排名前三的分类为：综合展会 46 场，占比为 36%；工业机械 17 场，占比为 13%；纺织服装 15 场，占比为 12%。

面积占比如图 12 所示。

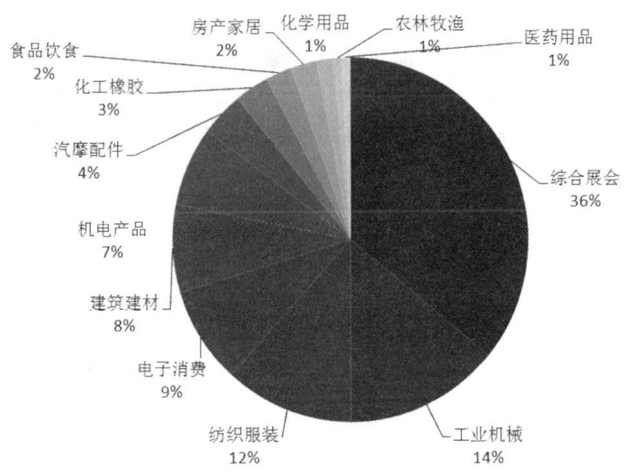

图 12 2016 年各行业办展面积占比图

综合展览的办展面积占总办展面积的 36%，工业机械展会占 13%，纺织服装占 12%，详细情况如表 10 所示。

表 10 2016 年各行业办展面积详情

行业	办展数量（场）	办展面积（平方米）
综合展会	46	313 406
工业机械	18	106 856.4
纺织服装	15	135 295.2
电子消费	11	78 870
建筑建材	10	45 826
机电产品	9	45 104.4
汽摩配件	5	23 856.8
化工橡胶	4	8 030
食品饮食	3	4 664
房产家居	3	11 198
化学用品	2	1 980
农林牧渔	1	990
医药用品	1	4 400

相比于 2015 年，2016 年办展数量增长比例最高的行业为建筑建材，增长率达到 233%；其次是综合类展会，幅度为 207%，如表 11 所示。

表 11 与 2015 年相比，2016 年办展数量增幅情况

行业	2015 办展数量（场）	2016 办展数量（场）	增幅
综合展会	15	46	207%
工业机械	17	18	6%
纺织服装	5	15	200%
电子消费	—	11	—
建筑建材	3	10	233%
机电产品	5	9	80%
汽摩配件	3	5	67%
化工橡胶	3	4	33%
食品饮食	—	3	—

续表

行业	2015 办展数量（场）	2016 办展数量（场）	增幅
房产家居	9	3	-67%
化学用品	—	2	—
农林牧渔	2	1	-50%
医药用品	—	1	—

相比于 2015 年，2016 年办展面积增长比例最高的行业为综合展会，增长率达到 589%；其次是建筑建材，增幅达 209%；纺织服装的增长幅度为 201%，如表 12 所示（按照行业面积排序）。

表 12 与 2015 年相比，2016 年办展面积增幅情况

行业	2015 年办展面积（平方米）	2016 年办展面积（平方米）	增幅
综合展会	45 500	313 406	589%
纺织服装	44 900	135 295.2	201%
工业机械	49 800	106 856.4	115%
电子消费	—	78 870	—
建筑建材	14 350	45 826	219%
机电产品	21 050	45 104.4	114%
汽摩配件	11 670	23 856.8	104%
房产家居	87 330	11 198	-87%
化工橡胶	10 450	8 030	-23%
食品饮食	4 450	4 664	5%
医药用品	—	4 400	—
化学用品	—	1 980	—
农林牧渔	2 000	990	-51%

（五）境外自主办展主体地区分布

2016 年中国境外办展主体共 37 家，其中有 23 家主体在北京市，办展 87 场，占比为 68.0%；办展面积 52.80 万平方米，占比为 67.6%，如表 13 所示（按照办展主体占比排序）。

表 13 2016 年中国境外办展详情

序号	城市	办展主体数量（场）	展览数量（场）	展出面积（平方米）	办展主体占比
1	北京	23	87	527 953.2	62.20%
2	杭州	3	21	153 770	8.10%
3	广州	2	5	33 220	5.40%
4	乌鲁木齐	2	4	11 000	5.40%
5	呼和浩特	1	4	20 900	2.70%
6	上海	3	3	10 023.2	8.10%
7	南宁	1	2	9 310.4	2.70%
8	宁波	1	1	5 500	2.70%
9	南昌	1	1	8 800	2.70%

纵观 2015—2016 年，中国境外办展主体个数变化如表 14 所示。

表 14 2015—2016 年中国境外办展主体个数变化情况

序号	城市	2015 办展主体数量（场）	2016 办展主体数量（场）	增幅
1	北京	13	23	76.90%
2	杭州	2	3	50.00%
3	上海	2	3	50.00%
4	广州	2	2	0.00%
5	乌鲁木齐	1	2	100.00%
6	呼和浩特	—	1	—
7	南宁	1	1	0.00%
8	宁波	—	1	—
9	南昌	—	1	—
10	福州	1	—	—
11	沈阳	1	—	—

相比于 2015 年，2016 年在外自主办展数量增幅最大的城市为广州市，增幅达 150%，其他城市均有不同程度的上升，如表 15 所示（按照 2016 年在外办展数量排序）。

表 15 与 2015 年相比，2016 年办展数量增幅情况

序号	办展城市	2015 年办展数量（场）	2016 年办展数量（场）	增幅
1	北京市	37	87	135%
2	杭州市	17	21	24%
3	广州市	2	5	150%
4	上海市	2	3	50%
5	南宁市	1	2	100%
6	南京市	—	—	—
7	福州市	1	1	0%
8	乌鲁木齐市	2	4	100%
9	呼和浩特	—	4	—
10	宁波市	—	1	—
11	东营市	—	—	—
12	南昌市	—	1	—
13	哈尔滨市	—	—	—
14	武汉市	—	—	—
15	沈阳市	1	1	0%

2016 年在外自主办展面积增幅最大的城市为广州市，增幅达 244%，其次是北京市，增幅达 231%；其他城市均有不同程度的变化，如表 16 所示。

表 16 与 2015 年相比，2016 年办展面积增幅情况

序号	办展城市	2015 办展面积（平方米）	2016 办展面积（平方米）	增幅
1	北京市	159 440	527 953.2	231%
2	杭州市	113 000	153 770	36%
3	广州市	9 670	33 220	244%

续表

序号	办展城市	2015 办展面积（平方米）	2016 办展面积（平方米）	增幅
4	呼和浩特	—	20 900	—
5	乌鲁木齐市	8 900	11 000	24%
6	上海市	15 870	10 023.2	-37%
7	南宁市	6 800	9 310.4	37%
8	南昌市	—	8 800	—
9	宁波市	—	5 500	—
10	沈阳市	5 000	5 000	0%
11	南京市	—	—	—
12	福州市	200	—	—
13	东营市	—	—	—
14	哈尔滨市	—	—	—
15	武汉市	—	—	—

（六）境外自主办展项目情况

2016 年中国境外自主办展主体中，有 2 家中国企业成为 UFI（国际展览业联盟）认证，占总的在外办展企业 37 个的 5.4%，共有 6 个展会项目获得 UFI 认证，占总的 2016 年出境办展数量 128 个的 4.7%。其中认证项目中米奥兰特国际会展有 5 个，占比 83%，浙江远大有 1 个，占比 17%，如表 17 所示。

表 17 2016 年中国 UFI 认证展会项目详情

序号	UFI 认证展会	展览会城市	展览公司
1	中国（约旦）贸易博览会	安曼	米奥兰特国际会展
2	中国（阿联酋）贸易博览会	迪拜	米奥兰特国际会展
3	中国（波兰）贸易博览会	波兹南	米奥兰特国际会展
4	中国（印度）贸易博览会	孟买	米奥兰特国际会展
5	中国（土耳其）贸易博览会	伊斯坦布尔	米奥兰特国际会展
6	浙江商品展（大阪）	大阪	浙江远大国际会展有限公司

根据 2016 年中国境外办展规模统计，TOP10 展会排序如表 18 所示（按照办展面积排序）。

表 18 2016 年中国境外办展 TOP10 展会详情

序号	展（博）览会名称	组展单位	国家	城市	总展览面积（平方米）
1	中国（阿联酋）贸易博览会	米奥兰特国际会展	阿联酋	迪拜	30 000
2	中国机械与电子产品贸易展览会	中国机电产品进出口商会	印度尼西亚		26 400
3	中国（波兰）贸易博览会	米奥兰特国际会展	波兰	华沙	24 000
4	中国 - 俄罗斯博览会	商务部外贸发展事务局	俄罗斯	叶卡捷琳堡	22 000
5	中国（印度）贸易博览会	米奥兰特国际会展	印度	孟买	22 000
6	中国制造卡塔尔展览会	中国国际经济技术交流中心	卡塔尔	多哈	22 000
7	中国国际纺织采购展览会	中国纺织品进出口商会	巴西	圣保罗	17 600
8	中国纺织服装展览会	中国纺织品进出口商会	澳大利亚	墨尔本	15 840
9	秋季中国纺织品服装贸易展览会	中国纺织品进出口商会	美国	纽约	15 000
10	东盟（曼谷）中国进出口商品展览会	中国对外贸易经济合作企业协会	泰国	曼谷	15 000

（七）“一带一路”和金砖国家自主办展情况

根据128个2016年境外办展项目目的国的分布状况，其中参与在“一带一路”国家办展数量76个，占比59.4%，参与办展主体27家，占比73.0%，办展面积49.8万平方米，占比63.8%，具体在“一带一路”市场办展情况如表19所示。

表19 2016年中国在“一带一路”国家办展详情

序号	办展单位名称	数量（个）	面积（平方米）	占总面积比例
1	米奥兰特国际会展	12	122 500	24.62%
2	商务部外贸发展事务局	16	84 345.2	16.95%
3	中国国际经济技术交流中心	4	53 988	10.85%
4	中国机电产品进出口商会	6	48 950	9.84%
5	贸促会广东省委员会	2	22 660	4.55%
6	西麦克国际展览有限责任公司	4	21 340	4.29%
7	贸促会电子信息行业分会	2	19 800	3.98%
8	中国对外贸易经济合作企业协会	2	16 980	3.41%
9	贸促会内蒙古自治区委员会	3	14 300	2.87%
10	贸促会商业行业分会	1	13 860	2.79%
11	浙江远大国际会展有限公司	3	9 900	1.99%
12	广西壮族自治区商务厅	2	9 310.4	1.87%
13	中国对外贸易中心（集团）	1	6 600	1.33%
14	贸促会机械行业分会	1	6 600	1.33%
15	中国染料工业协会	1	6 600	1.33%
16	新疆维吾尔自治区商务厅	3	6 600	1.33%
17	贸促会上海市分会	1	5 984	1.20%
18	中国国际展览中心集团公司	2	5 280	1.06%
19	中国国际经济合作投资公司	1	4 400	0.88%
20	贸促会新疆维吾尔自治区分会	1	4 400	0.88%
21	贸促会化工行业分会	2	3 190	0.64%
22	广东省商务厅	1	2 200	0.44%
23	中国化工信息中心	1	2 200	0.44%
24	通用国际广告展览有限公司	1	2 200	0.44%
25	贸促会汽车行业分会	1	1 760	0.35%
26	中国国际贸易中心股份有限公司	1	1 100	0.22%
27	贸促会轻工行业分会	1	594	0.12%

在“一带一路”国家中，办展面积最大的是米奥兰特国际会展，占比 24.62%，其次是商务部外贸发展事务局，占比 16.95%，排第三的是中国国际经济交流中心，占比 10.85%。

金砖国家自主办展展会情况如表 20 所示。

表 20 金砖国家自主办展展会情况

序号	办展单位名称	数量（个）	面积（平方米）	占总面积比例
1	商务部外贸发展事务局	6	42 900	24.30%
2	米奥兰特国际会展	6	40 000	22.66%
3	贸促会广东省委员会	2	17 820	10.09%
4	中国纺织品进出口商会	1	17 600	9.97%
5	贸促会商业行业分会	1	13 860	7.85%
6	贸促会电子信息行业分会	1	13 200	7.48%
7	贸促会纺织行业分会	1	8 800	4.98%
8	贸促会内蒙古自治区委员会	1	6 600	3.74%
9	中国机电产品进出口商会	1	4 400	2.49%
10	浙江远大国际会展有限公司	1	4 400	2.49%
11	广西壮族自治区商务厅	1	2 200	1.25%
12	新疆维吾尔自治区商务厅	1	2 200	1.25%
13	中国食品土畜进出口商会	1	1 584	0.90%
14	贸促会化工行业分会	1	990	0.56%

在金砖国家中，办展面积最大的是商务部外贸发展事务局，占比 24.30%；其次是米奥兰特国际会展，占比 22.66%；第三位是贸促会广东省委员会，占比 10.09%。

三、2016 年度我国专业展馆统计报告

（一） 展馆总体情况统计

由于统计覆盖面继续增加，加之部分场馆建成投入使用，2016 年统计到的场馆面积有较大的提升。截至 2016 年年底，全国共有已建成并在使用的会展场馆 316 个，比 2015 年增加 5 个，增幅为 10.49%；总面积 1196.2 万平方米，比 2015 年增加 75.79 万平方米，增幅为 6.76%。其中已建成场馆面积为 1000.7 万平方米，建成场馆面积首次超过 1000 万平方米，比 2015 年增加 107.81 万平方米，增幅为 12.07%；在建场馆 19 个，总面积 154 万平方米；已规划待建场馆 5 个，总面积 41.5 万平方米。与 2014 年、2015 年数据对比如图 14 所示。

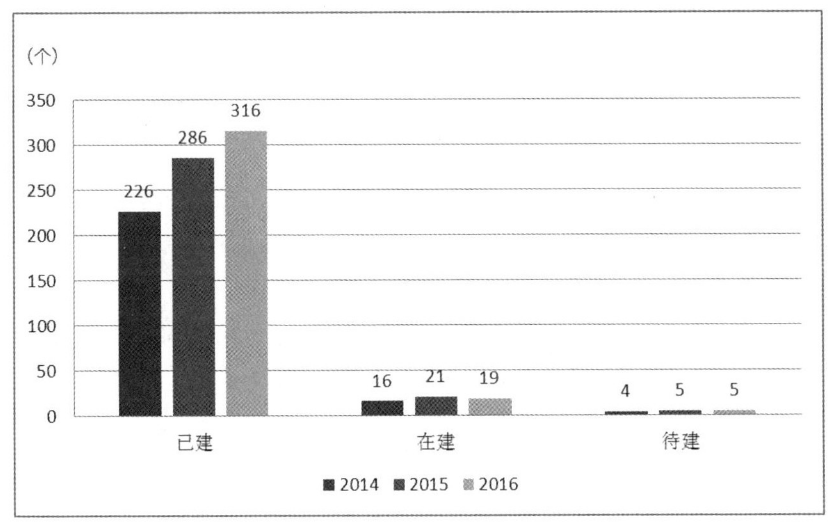

图 13 2014—2016 年专业会展场馆数量比较

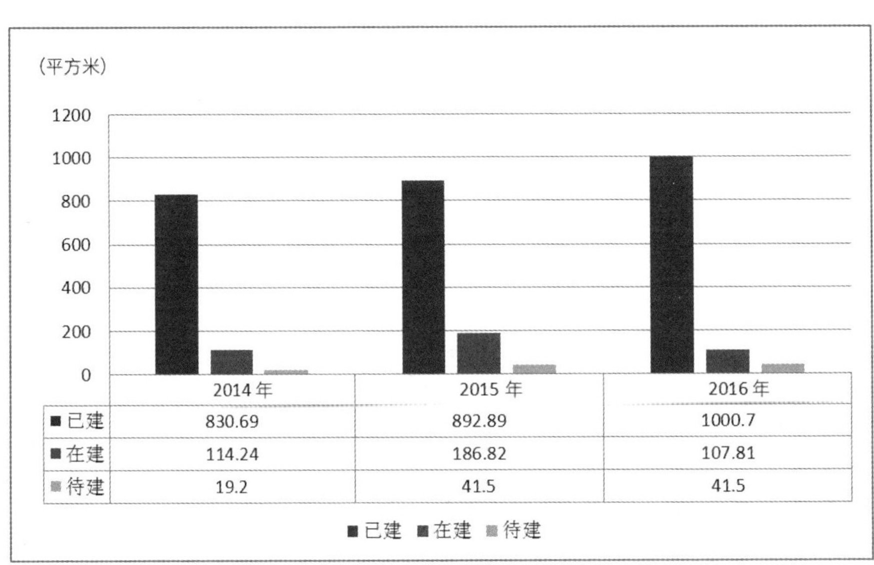

	2014 年	2015 年	2016 年
已建	830.69	892.89	1000.7
在建	114.24	186.82	107.81
待建	19.2	41.5	41.5

图 14 2014—2016 年专业会展场馆面积比较

（二） 各省份的展馆情况统计

1．各省份总体展馆情况

从展馆数量上看，山东省的展馆总数量最多，达到52个，其次是江苏省，为33个，广东和四川分列第三、第四，分别为27个和24个。如图 15、表 21 所示。

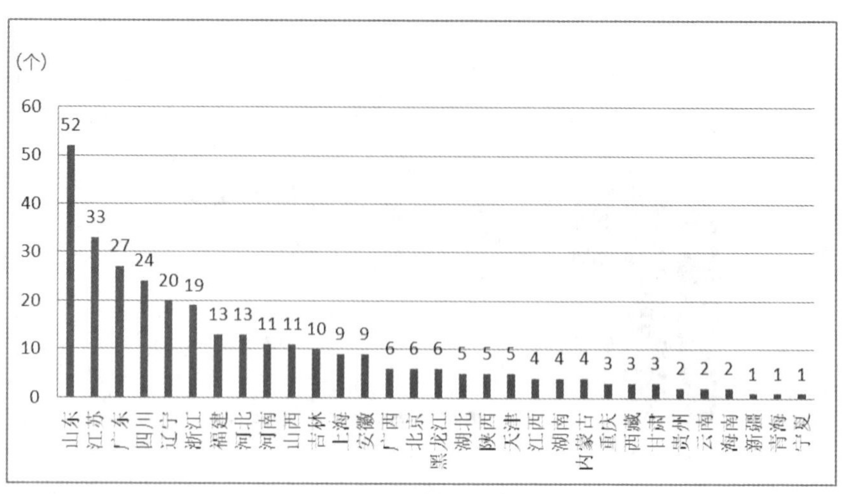

图 15 2016 年各省份专业场馆数量比较

在国内各省份中，已建成专业会展场馆面积最大的省份是山东省，达 162.47 万平方米，其次是广东省，为 117.33 万平方米，第三是江苏省，为 95.39 万平方米。上海市屈居第四位，面积为 79.4 万平方米。此外此外，浙江、四川两省的场馆面积也超过 50 万平方米，如图 16 所示。

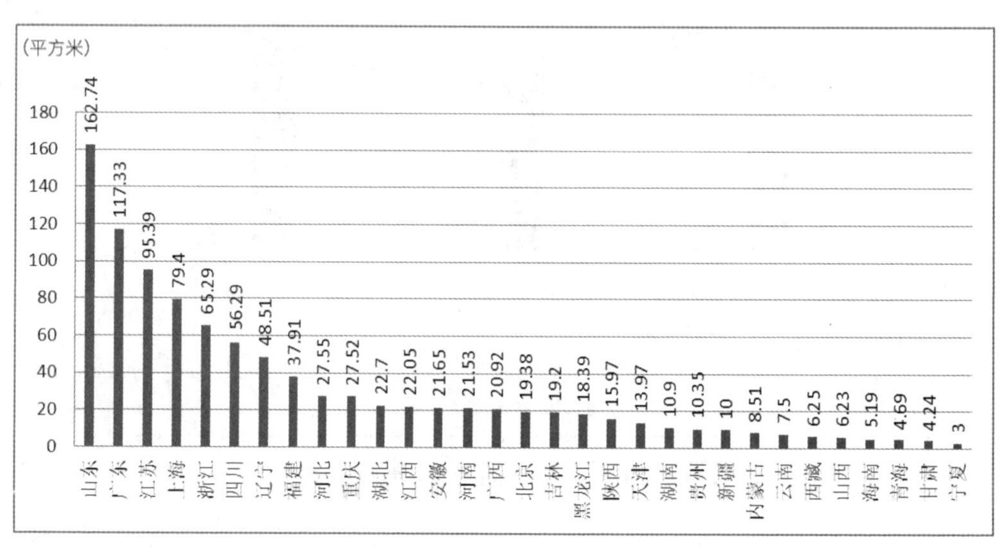

图 16 2016 年各省份专业场馆面积比较

表 21 2016 年各省份专业场馆数量比较及场馆面积详情

省份	场馆数量（个）	场馆面积（万平方米）	单位场馆面积（万平方米 / 个）
山东	52	162.74	3.13
广东	27	117.33	4.35

续表

省份	场馆数量（个）	场馆面积（万平方米）	单位场馆面积（万平方米 / 个）
江苏	33	95.39	2.89
上海	9	79.4	8.82

续表

省份	场馆数量（个）	场馆面积(万平方米)	单位场馆面积（万平方米/个）
浙江	19	65.29	3.44
四川	24	56.29	2.35
辽宁	20	48.51	2.43
福建	13	37.91	2.92
河北	13	27.55	2.12
重庆	3	27.52	9.17
湖北	5	22.7	4.54
江西	4	22.05	5.51
安徽	9	21.65	2.41
河南	11	21.53	1.96
广西壮族自治区	6	20.92	3.49
北京	6	19.38	3.23
吉林	10	19.2	1.92
黑龙江	6	18.39	3.07
陕西	5	15.97	3.19

续表

省份	场馆数量（个）	场馆面积(万平方米)	单位场馆面积（万平方米/个）
天津	5	13.97	2.79
湖南	4	10.9	2.73
贵州	2	10.35	5.18
新疆维吾尔自治区	1	10	10
内蒙古自治区	4	8.51	2.13
云南	2	7.5	3.75
西藏自治区	3	6.25	2.08
山西	11	6.23	0.57
海南	2	5.19	2.6
青海	1	4.69	4.69
甘肃	3	4.24	1.41
宁夏回族自治区	1	3	3

从单位展馆面积上看，新疆自治区的单位场馆面积最高，为10万平方米；其次是重庆，为9.17万平方米；上海市位居第三，为8.82万平方米（见图17）。

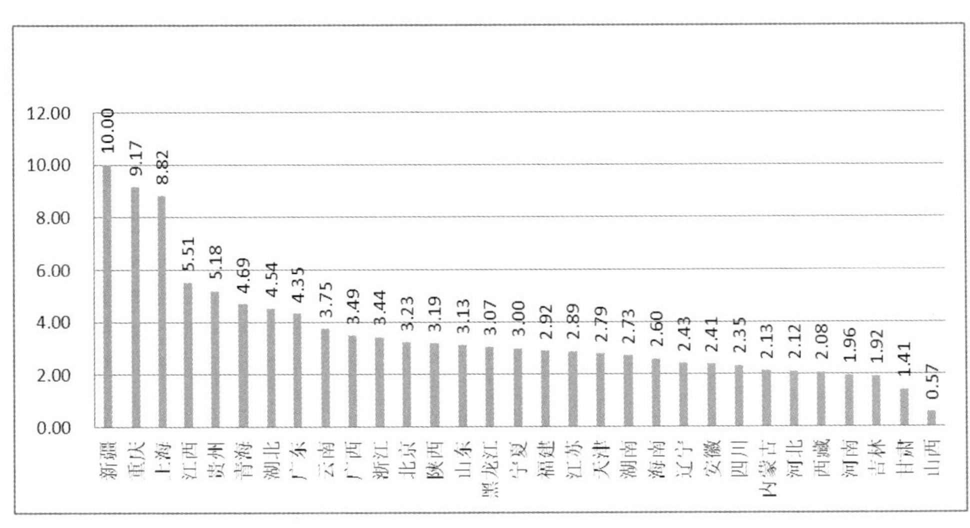

图17 2016年各省份专业场馆单位场馆面积比较

2．各城市会展场馆情况

在全国 140 个拥有专业会展场馆的城市中，有 43 个城市拥有 3 个以上专业会展场馆。其中上海数量最多，为 9 个；苏州和潍坊各有 8 个会展场馆；佛山有 7 个会展场馆；广州、杭州、郑州、厦门、北京各有 6 个会展场馆；天津、淄博、无锡、临沂、石家庄各拥有 5 个会展场馆，具体情况如图 18 所示。

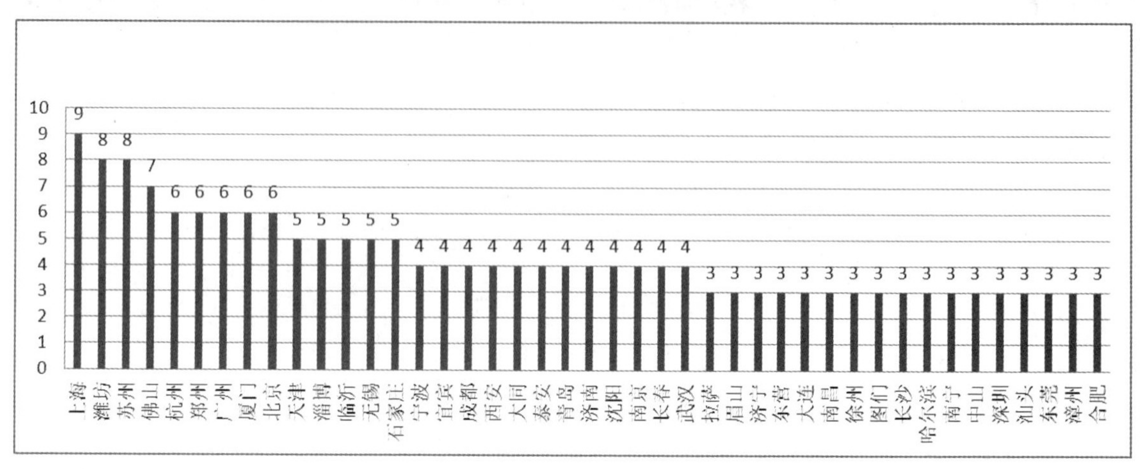

图 18 2016 年拥有 3 个以上专业场馆的城市分布情况示意图

上海市以 79.4 万平方米的面积位居首位，广州市以 52.24 万平方米位居第二，潍坊市以 40.20 万平方米位居第三。位列第四到第十位的分别为苏州、重庆、杭州、武汉、济南、青岛、南昌。北京市位居第十一，跌出前十名。其中 33 个城市会展场馆的总面积在 10 万平方米以上。

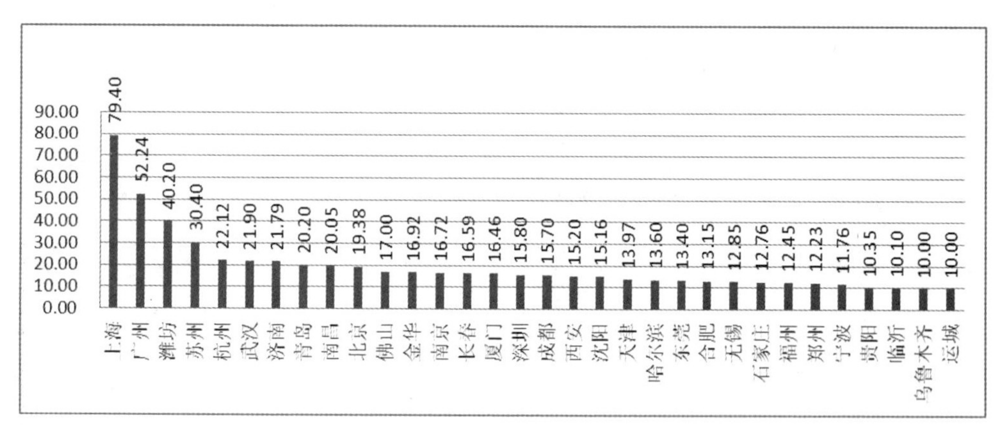

图 19 2016 年场馆面积 10 万平方米以上的城市比较

3．各省份在建展馆总体情况

2016 年，共有 22 个城市有在建场馆，面积达到 188.095 万平方米，未来展馆在现有基础上将增幅 6%，面积将增幅 15.7%。山东 2 个，湖南 1 个，云南 1 个，四川 4 个，山东 6 个，辽宁 3 个，陕西 4 个，上海 1 个，浙江 1 个，广西 1 个，陕西 1 个，附件 1 个，吉林 1 个。从建馆的面积上来看，山东省、广东省、四川省、云南省和湖南省建馆面积相对较大。

表 22 2016 年全国在建待建会展场馆项目分析表

序号	场馆名称	城市	面积(万平方米)	建设状态
1	深圳国际会展中心	深圳	50	在建
2	长沙国际会展中心	长沙	30	在建
3	昆明滇池国际会展中心	昆明	30	在建
4	中国西部国际博览城	成都市	20	在建
5	济南西城国际会展中心	济南	14	在建
6	淄博全球家居会展中心	淄博	12	在建
7	广东(潭洲)国际会展中心	佛山	5	在建
8	鞍山国际会展中心	鞍山	4.8	在建
9	梁山专用汽车会展中心	济宁	3	在建
10	广安国际会展中心	广安市	3	在建
11	沈阳新世界会展中心	沈阳	2.4	在建
12	中国(太原)煤炭交易中心	太原	2.3	在建
13	健坤国际会展中心	遂宁市	2	在建
14	中国厨都国际会展中心	滨州	2	在建
15	杭州云栖小镇国际会展中心	杭州	2	在建
16	辽宁潍麟会议展览中心	抚顺	1.3	在建
17	海岱国际会展中心	济宁	1	在建
18	农业展览馆	上海	0.975	在建
19	长治市会展中心	长治	0.72	在建
20	滕州市规划展览馆	枣庄	0.7	在建
21	“中国物流与采购论坛”会址中心	遂宁市	0.6	在建
22	南宁国际会展中心(三期改扩建)	南宁	0.3	在建

续表

4．各省份待建场馆情况

2016 年，国内共有四个省份的 5 个场馆处于待建状态。其中山西省有 2 个待建场馆，陕西、福建和吉林各有一个待建场馆。从建馆的面积上来看，陕西省的待建馆面积相对较大。未来待建展馆数量占现有展馆数量的 2.0%，待建新增面积占现有的 3.5%。

表 23 2016 年全国待建会展场馆项目分析表

序号	场馆名称	城市	面积(万平方米)	建设状态
23	西安丝绸之路国际会展中心	西安	30	待建
24	大型综合展览馆	大同	4.5	待建
25	大同现代国际会展中心	大同	4	待建
26	灿坤海西国际油画中心	厦门	2	待建
27	长白山会展中心	长白山	1	待建

(三) 各城市的展馆情况统计

各城市总体展馆情况

在 2016 年调研的城市中，46.1% 的城市有一个展馆，22% 的城市有两个展馆，12.6% 的城市有三个展馆，19.3% 的城市有四个及以上的展馆。

从城市展馆的面积上看， 43.75% 的城市展馆面积在 0~5 万平方米，16.88% 的城市展馆面积在 5 万 ~10 万平方米，38.12% 的城市展馆面积在 10 万 ~50 万平米，1.25% 的城市展馆面积在 50 万平方米以上。

上海市以 12 个展馆的数量位居各城市的首位，其次是北京市、广州市、青岛市、杭州市、重庆市，各展馆的明细如表 24 所示。

表 24 2016 年各省份展馆明细

城市	展馆数量（个）	展馆面积(万平方米)	单位展馆面积（万平方米 / 个）
上海	9	79.4	8.82
广州	6	52.24	8.71
成都	4	15.7	3.93
深圳	3	15.8	5.27
西安	4	15.2	3.8
郑州	6	12.23	2.04
重庆	3	27.52	9.17
厦门	6	16.46	2.74
昆明	2	7	3.5
青岛	4	20.2	5.05
东莞	3	13.4	4.47
南京	4	16.72	4.18
北京	6	19.38	3.23
兰州	2	3.18	1.59
苏州	8	30.4	3.8
济南	4	21.79	5.45
杭州	6	22.12	3.69
宁波	4	11.76	2.94
乌鲁木齐	1	10	10
佛山	7	17	2.43
淄博	5	9.44	1.89
海口	2	5.19	2.6
金华	2	16.92	8.46
哈尔滨	3	13.6	4.53
桂林	1	2.89	2.89
无锡	5	12.85	2.57
长春	4	16.59	4.15

续表

城市	展馆数量（个）	展馆面积(万平方米)	单位展馆面积（万平方米 / 个）
沈阳	4	15.16	3.79
大连	3	7.4	2.47
武汉	4	21.9	5.48
临沂	5	10.1	2.02
南宁	3	7.5	2.5
天津	5	13.97	2.79
贵阳	2	10.35	5.18
廊坊	1	3.35	3.35
合肥	3	13.15	4.38
福州	2	12.45	6.23
中山	3	5.43	1.81
南昌	3	20.05	6.68
太原	2	2	1
长沙	3	9.2	3.07
东营	3	8.5	2.83
绵阳	1	3.17	3.17
泸州	2	5.62	2.81
包头	1	2.573	2.57
温州	1	4.1	4.1
台州	2	3.6	1.8
呼和浩特	2	5.07	2.54
西宁	1	4.69	4.69
烟台	2	4.8	2.4
银川	1	3	3
嘉兴	2	3.69	1.85
徐州	3	6.8	2.27
芜湖	1	4.5	4.5

续表

城市	展馆数量（个）	展馆面积（万平方米）	单位展馆面积（万平方米/个）
盐城	2	3.5	1.75
石家庄	5	12.76	2.55
潍坊	8	40.2	5.03
常州	2	5.1	2.55
漯河	1	1.5	1.5
珠海	1	6	6
广安	2	1.1	0.55
扬州	1	1.5	1.5
眉山	3	5.42	1.81
郴州	1	1.7	1.7
马鞍山	1	1.5	1.5
南通	2	4.7	2.35
唐山	1	2.2	2.2
惠州	1	2.4	2.4
泰州	2	6	3
连云港	2	5.23	2.62
德阳	2	5	2.5
泰山	4	7.35	1.84
安阳	1	2	2
绍兴	1	2.67	2.67
攀枝花	1	2.38	2.38
三门峡	1	1.6	1.6
镇江	1	1.1	1.1
内江	1	4.5	4.5
广元	2	2.1	1.05
大同	4	2.17	0.54
聊城	2	4.2	2.1
鄂尔多斯	1	1.59	1.59
伊春	1	1.573	1.57

续表

城市	展馆数量（个）	展馆面积（万平方米）	单位展馆面积（万平方米/个）
威海	2	5.66	2.83
乐山	1	4.8	4.8
菏泽	1	4	4
柳州	1	5.3315	5.33
滨州	1	3	3
德州	2	2.3	1.15
拉萨	3	6.25	2.08
宜宾	4	6.4	1.6
日照	1	1	1
济宁	3	6.6	2.2
运城	1	10	10
宁德	1	2.8	2.8
牡丹江	1	3.08	3.08
鞍山	2	6.3	3.15
齐齐哈尔	1	1.12	1.12
汕头	3	5.06	1.69
池州	1	5	5
漳州	3	4.7	1.57
锦州	1	6.3	6.3
秦皇岛	1	1.84	1.84
沧州	2	2.8	1.4
玉林	1	5.2	5.2
六安	1	1	1
本溪	2	3.1	1.55
邯郸	1	2	2
铁岭	2	2.98	1.49
莱芜	2	2.67	1.34
辽阳	2	1.67	0.84
延吉	2	1.43	0.72

续表

城市	展馆数量（个）	展馆面积（万平方米）	单位展馆面积（万平方米/个）
洛阳	1	2.2	2.2
图们	3	0.19	0.06
赣州	1	2	2
信阳	1	2	2
满洲里	1	1.84	1.84
长治	2	0.84	0.42
阜新	1	1.8	1.8
邢台	1	1.6	1.6
朝阳	1	1.5	1.5
三明	1	1.5	1.5
阜阳	1	1.5	1.5
淮安	1	1.4	1.4
抚顺	1	1.3	1.3
临夏	1	1.06	1.06
蚌埠	1	1	1
盘锦	1	1	1
长白山	1	1	1
张家口	1	1	1
枣庄	1	0.94	0.94
襄樊	1	0.8	0.8
宝鸡	1	0.77	0.77
运城	1	0.7	0.7
佳木斯	1	0.59	0.59
玉溪	1	0.5	0.5
阳泉	1	0.5	0.5
衢州	1	0.36	0.36
晋城	1	0.16	0.16
巴中	1	0.1	0.1

2016 年将各城市已建专业场馆按室内可用面积排序。从排名前 100 的场馆我们可以看出，目前室内展览面积最大的场馆是上海国家会展中心，室内展览面积为 40 万平方米，排第 100 位的场馆是上海的汽车会展中心，室内展览面积为 2.80 万平方米。详见表 25。

表 25 各城市已建专业场馆的展览面积

序号	城市	场馆名称	展馆面积（平方米）
1	上海市	上海国家会展中心	400 000
2	广州市	中国进出口商品交易会展馆	338 000
3	重庆市	重庆国际博览中心	230 000
4	上海市	上海新国际博览中心	200 000
5	武汉市	武汉国际博览中心	150 000
6	南昌市	南昌绿地国际博览中心	137 200
7	青岛市	青岛新南国际博览中心	120 000
8	南京市	南京国际博览中心	110 000
9	成都市	成都世纪城新国际会展中心	110 000
10	北京市	中国国际展览中心新馆	106 800
11	沈阳市	沈阳国际展览中心	105 600
12	深圳市	深圳会展中心	105 000
13	厦门市	厦门国际会展中心	100 000
14	石家庄	石家庄国际会展中心	100 000
15	义乌市	义乌国际博览中心	93 200
16	合肥市	合肥滨湖国际会展中心	93 000
17	长春市	长春国际会展中心	85 000
18	上海市	上海世博展览馆	81 000
19	福州市	福州海峡国际会展中心	80 000
20	贵阳	贵阳国际会议展览中心	80 000
21	广州市	广州市保利世贸博览馆	77 800
22	宁波市	宁波国际会展中心	77 400
23	西安市	西安曲江国际会展中心	76 000

续表

序号	城市	场馆名称	展馆面积（平方米）
24	永康市	永康国际会展中心	76 000
25	东莞市	东莞现代国际展览中心	74 000
26	西安市	曲江国际会议中心	74 000
27	哈尔滨市	哈尔滨国际会展体育中心	70 000
28	苏州市	苏州国际博览中心	70 000
29	郑州市	郑州国际会展中心	68 000
30	无锡市	无锡太湖国际博览中心	65 400
31	杭州市	杭州白马湖国际会展中心	65 000
32	锦州市	锦州国际会展中心	63 000
33	长春市	长春农业博览园	62 400
34	南昌市	南昌市国际展览中心	61 000
35	苏州市	昆山花桥国际展览中心	60 000
36	青岛市	青岛国际会展中心	60 000
37	临沂市	临沂国际会展中心	60 000
38	杭州市	杭州市国际会议展览中心	60 000
39	天津市	天津梅江会展中心	54 000
40	柳州市	柳州国际会展中心	53 315
41	玉林市	玉林国际会展中心	52 000
42	济南市	济南国际会展中心	52 000
43	泸州	泸州国际会展中心	52 000
44	重庆	重庆国际会议展览中心展览馆	50 168
45	池州市	池州国际会展中心	50 000
46	东莞市	广东现代国际展览中心	50 000
47	南宁市	南宁国际会展中心	50 000
48	长沙市	湖南国际会展中心	50 000
49	昆山市	昆山国际会展中心	50 000
50	苏州市	昆山昆开国际会展中心	50 000
51	大连市	大连世博广场展览馆	50 000

续表

序号	城市	场馆名称	展馆面积（平方米）
52	潍坊市	潍坊鲁台会展中心	50 000
53	眉山市	天府青龙会展中心	50 000
54	昆明	昆明国际会展中心	50 000
55	乐山市	四川国际旅游交易博览中心	48 000
56	乐山市	四川国际旅游交易博览中心	48 000
57	西宁市	青海国际会展中心	46 865
58	西安市	陕西国际展览中心	46 000
59	芜湖市	芜湖国际会展中心	45 000
60	南京市	南京国际展览中心	45 000
61	东营市	广饶国际会展中心	45 000
62	东营市	广饶国际博览中心	45 000
63	内江市	内江国际会展中心	45 000
64	佛山市	顺德罗浮宫国际家具博览中心	44 000
65	乌鲁木齐市	新疆国际博览中心	42100
66	杭州市	杭州和平国际会展中心	41 396
67	北京市	北京国家会议中心	40 000
68	泰州市	中国医药城会展交易中心	40 000
69	上海市	上海世贸商城展览馆	40 000
70	天津市	天津经济技术开发区滨海国际会展中心	40 000
71	菏泽市	中国林展馆	38 000
72	德阳市	德阳国际会展中心	38 000
73	海口市	海南国际会展中心	37 860
74	烟台市	烟台国际博览中心	37 200
75	合肥市	安徽国际会展中心	37 000
76	汕头市	火炬国际会展中心	36 000

续表

序号	城市	场馆名称	展馆面积（平方米）
77	哈尔滨市	哈尔滨国际会展中心	36 000
78	长沙市	红星国际会展中心	36 000
79	漳州市	东南花都花博园展馆 1,2,3,4	35 000
80	无锡市	江阴国际会展中心	35 000
81	宜宾市	南溪文体中心	35 000
82	天津市	天津国际展览中心	35 000
83	上海市	上海光大会展中心	34 000
84	廊坊市	廊坊国际会展中心	33 500
85	连云港市	连云港工业展览中心	33 200
86	温州市	温州国际会议展览中心	33 200
87	兰州市	甘肃国际会展中心	31 840
88	绵阳市	绵阳国际会展中心（A、B、C、D 馆）	31 700

续表

序号	城市	场馆名称	展馆面积（平方米）
89	拉萨	西藏展览中心	31 000
90	余姚市	余姚中塑国际会展中心	30 982
91	广州市	白云国际会议中心	30 000
92	广州市	中洲国际商务展示中心	30 000
93	哈尔滨市	中俄木材交易中心展馆	30 000
94	徐州市	徐州新长江物流会展中心	30 000
95	银川市	银川国际会展中心	30 000
96	威海市	文登国际会展中心	30 000
97	上海市	上海展览中心	30 000
98	汕头市	灯都古镇会展中心	29 258
99	桂林市	桂林国际会展中心	28 900
100	宁德市	宁德会展中心	28 000
100	潍坊市	寿光国际会展中心	28 000
100	上海市	上海汽车会展中心	28 000

（四）专业场馆使用率分析

在 2016 年 316 个展馆总共举办项目 5625 个，其中展览 4406 个，活动 1219 个，占比如图 20 所示。

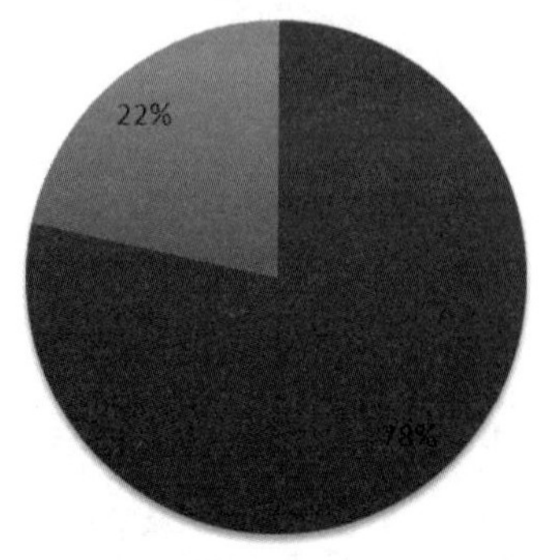

图 20 2016 年展馆内展览和活动对比

2016 年，会展统计专业委员会对全国专业场馆的使用率进行测算。根据项目的实际情况，对专业展览项目按照 3 天办展、2 天布展的场馆使用时间进行计算；综合类展览项目和消费类展览项目按照 4 天办展、2 天布展的场馆使用时间进行计算；活动按照 2 天举办、1 天布展的使用时间进行计算。按照公式（各项目面积 × 项目类型天数相加总和 / 展馆可供展览面积 ×365 天）

分析结果表明，全国展览馆使用率排名前 100 的展馆平均使用率 27.6%，其中展馆使用率超过 60% 的场馆有 2 家。最高的为北京国家会议中心，使用率超过 80%；超过在 30%~50% 的有 17 家；场馆使用率在 10%~30% 的有 64 家；场馆使用率不到 10% 的有 17 家，具体如表 26 所示。

表 26 2016 年全国展览馆使用率排名前 100 的展馆详情

序号	会展场馆名称	办展面积（平方米）	中间计算	展馆面积（平方米）	展馆利用率
1	北京国家会议中心	3 218 200	17 019 000	57 000	81.80%
2	广东现代国际展览中心	3 127 721	16 646 520	74 000	61.63%
3	北京中国国际展览中心老馆	1 739 594	9 585 009	44 700	58.75%
4	深圳会展中心	3 987 192	22 028 462	105 000	57.48%
5	上海新国际博览中心	6 438 330	40 847 660	200 000	55.96%
6	桂林会展中心	1 333 614	5 806 431	28 900	55.05%
7	云南国际会展中心	2 209 916	9 565 536	50 000	52.41%
8	新疆国际会展中心	1 772 358	8 019 978	42 100	52.19%
9	成都世纪城新国际会展中	3 856 400	20 127 900	110 000	50.13%
10	海南国际会议展览中心	1 512 100	6 818 360	37 860	49.34%
11	上海世博展览中心	2 279 005	14 272 280	81 000	48.27%
12	郑州国际会展中心	2 143 000	11 561 500	68 000	46.58%
13	济南舜耕国际会展中心	667 450	3 394 700	20 000	46.50%
14	北京全国农业展览馆	967 420	5 593 520	33 000	46.44%
15	重庆国际会展中心	1 733 064	8 430 558	50 168	46.04%
16	保利世贸博览馆	2 449 200	13 015 400	77 800	45.83%
17	济南国际会展中心	1 601 150	8 380 650	52 000	44.16%
18	中山国际博览中心	872 900	4 696 100	29 258	43.97%
19	北京中国国际展览中心新馆	3 189 599	17 102 024	106 800	43.87%
20	北京展览馆	659 308	3 377 060	22 000	42.06%
21	安徽国际会展中心	1 058 738	5 631 469	37 000	41.70%
22	甘肃国际会展中心	578 170	4 708 509	31 840	40.52%
23	中国进出口商品交易馆	8 608 260	4 9549 010	338 000	40.16%
24	廊坊国际会展中心	1 034 730	4 907 360	33 500	40.13%
25	淄博国际会展中心	1 809 200	7 210 200	50 000	39.51%
26	郑州中原国际博览中心	1 153 000	5 907 500	42 627	37.97%
27	包头国际会展中心	666 144	3 490 644	25 730	37.17%
28	上海东亚展览馆	116 100	580 500	4 515	35.23%
29	南京国际展览中心	1 093 100	5 723 630	45 000	34.85%
30	顺德陈村花卉世界展览中心	113 000	6 165 000	50 000	33.78%

续表

序号	会展场馆名称	办展面积（平方米）	中间计算	展馆面积（平方米）	展馆利用率
31	大连世博广场	1 507 323	6 035 788	50 000	33.07%
32	厦门国际会展中心	3 045 932	16 967 170	143 000	32.51%
33	湖南国际会展中心	1 186 000	5 878 000	50 000	32.21%
34	海宁会展中心	871 000	3 974 000	35 000	31.11%
35	海外海国际会议展览中心	745 000	3 965 000	35 000	31.04%
36	哈尔滨国际会展中心	779 500	3 979 500	36 000	30.29%
37	上海光大会展中心	761 900	3 720 900	34 000	29.98%
38	昆山国际会展中心	913 808	5 428 668	50 000	29.75%
39	义乌国际会展中心	1 840 538	9 822 283	93 200	28.87%
40	青岛国际会展中心	1 296 900	6 145 400	60 000	28.06%
41	哈尔滨国际会展体育中心	1 399 000	7 126 000	70 000	27.89%
42	无锡太湖国际博览中心	1 385 900	6 549 800	65 400	27.44%
43	温岭会展中心	220 850	998 560	10 000	27.36%
44	西安曲江国际会展中心	1 459 492	753 1476	76 000	27.15%
45	长春国际会展中心	1 574 000	8 276 000	85 000	26.68%
46	宁波国际会展中心	1 411 928	7 197 972	77 400	25.48%
47	上海世贸商城	734 250	3 707 600	40 000	25.39%
48	温州国际会展中心	604 308	2 929 836	33 200	24.18%
49	厦门市美术馆	63 130	348 780	4 000	23.89%
50	天津梅江国际会展中心	972 900	4 553 080	54 000	23.10%
51	长沙红星国际会展中心	520 900	2 897 900	36 000	22.05%
52	遂宁市体育中心	100 000	560 000	7 000	21.92%
53	太原煤炭交易中心	471 854	2 393 024	30 000	21.85%
54	临沂国际会展中心	881 500	4 732 800	60 000	21.61%
55	苏州国际博览中心	1 034 800	5 490 800	70 000	21.49%
56	上海展览中心	452 257	2 338 558	30 000	21.36%
57	上海跨国采购会展中心	421 957	1 870 329	24 000	21.35%
58	安阳国际会展中心	132 392	613 431	8 000	21.01%
59	南京国际博览中心	1 567 584	8 390 394	110 000	20.90%
60	镇江体育会展中心	140 000	760 000	10 000	20.82%

续表

序号	会展场馆名称	办展面积（平方米）	中间计算	展馆面积（平方米）	展馆利用率
61	苏州广电会展中心	197 500	1 036 000	14 000	20.27%
62	贵阳国际会展中心	1 115 774	5 857 088	80 000	20.06%
63	国家会展中心（上海）	4 850 186	29 101 116	400 000	19.93%
64	沈阳国际展览中心	1 438 400	7 680 800	105 600	19.93%
65	扬州国际会展中心	209 500	1 088 100	15 000	19.87%
66	烟台国际会展中心	507 000	2 645 000	37 200	19.48%
67	曲江国际会议中心	970 000	5 110 000	74 000	18.92%
68	余姚中塑国际会展中心	270 342	2 126 171	30 982	18.80%
69	福州海峡会展中心	1 004 053	5 395 114	80 000	18.48%
70	银川市会展中心	395 500	2 023 000	30 000	18.47%
71	绵阳国际会展中心	384 480	2 067 280	31 700	17.87%
72	南宁国际会展中心	622 480	3 2403 20	50 000	17.76%
73	山西省展览馆	153 000	739 500	12 000	16.88%
74	慈溪会展中心	156 500	959 500	16 500	15.93%
75	广州南风国际会展中心	307 000	1 707 000	30 000	15.59%
76	徐州国际会展中心	326 000	1 577 000	30 000	14.40%
77	广西南宁国际会展中心	483 536	2 595 526	50 000	14.22%
78	惠州会展中心	202 000	1 033 000	20 000	14.15%
79	南昌国际展览中心	625 200	3 143 900	61 000	14.12%
80	宁海国际会展中心	83 400	411 000	8 000	14.08%
81	杭州和平会展中心	418 000	2 104 000	41 396	13.92%
82	日照会展中心	46 000	242 000	5 000	13.26%
83	江苏国际农业展览中心	64 000	384 000	8 000	13.15%
84	台州市国际会展中心	257 000	1 182 000	25 000	12.95%
85	武汉国际会展中心	1 360 713	6 999 049	150 000	12.78%
86	郴州国际会展中心	317 000	1 689 000	39 220	11.80%
87	泰山国际会展中心	190 000	1 035 000	25 000	11.34%
88	杭州世贸展览中心	78 400	362 250	9 000	11.03%
89	杭州白马湖国际会展中心	476 250	2 413 750	60 000	11.02%
90	浙江世贸展览中心	83 900	503 400	12 800	10.77%

续表

序号	会展场馆名称	办展面积（平方米）	中间计算	展馆面积（平方米）	展馆利用率
91	嘉兴国际会展中心	189 549	976 279	25 000	10.70%
92	重庆国际博览中心	1 599 000	8 634 000	230 000	10.28%
93	东营黄河国际会展中心	249 000	1 324 500	36 000	10.08%
94	盐城国际会展中心	151 400	650 700	17 800	10.02%
95	广东潭洲国际会展中心	200 000	900 000	25 000	9.86%
96	青海国际会展中心	320 900	1 657 700	46 865	9.69%
97	广州保利世贸展览馆	542 784	2 733 552	77 800	9.63%
98	湖南省展览馆	76 000	420 000	12 000	9.59%
99	德州国际会展中心	58 000	342 000	10 000	9.37%
100	西安绿地笔克会展中心	113 500	681 000	20 000	9.33%

2017 年度

一、中国境内展览统计

（一） 全国情况

2017，全国展览总数为 10358 场，展览总面积为 14285 万平方米，较 2016 年分别增长 4.7% 和 9.3%。全年净增展览 466 场、展览总面积 1210 万平方米。

自 2011 年统计中国展览数据以来，七年间，纳入统计的展览城市由 83 个增至 175 个。与此同时，中国境内（下同）展览总数由 7333 场增至 10358 场，展览总面积从 8173 万平方米增至 14285 万平方米，年均增长率分别为 13.24% 和 9.75%。

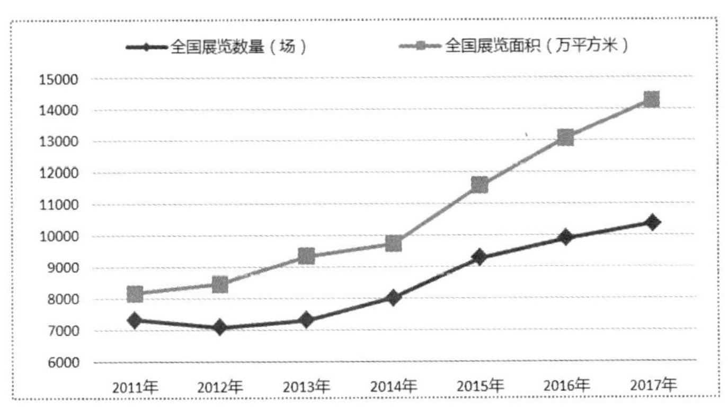

图 1 2011—2017 年全国展览、展览面积增长趋势

表 1 2011—2017 年全国统计城市展览数量与展览面积的变化

年份	统计城市（个）	展览数量（场）	同比 + -（%）	展览面积（万平方米）	同比 + -（%）	平均面积（万平方米）
2011	83	7 330		8 173		1.12
2012	101	6 901	-5.85	8 250	0.94	1.2
2013	124	6 904	0.04	8 956	8.56	1.3
2014	140	7 495	8.56	9 736	8.71	1.3
2015	161	8 157	8.83	10 846	11.4	1.33
2016	159	9 892	21.27	13 075	20.55	1.32
2017	171	10 358	4.71	14 285	9.25	1.38

（二） 83 个城市样本比较

为客观比较统计数据，以 2011 年最初提供统计数据的 83 个城市为样本，2011—2017 年这 83 个城市展览数量由 7333 场增至 8864 场，展览总面积由 8173 万平方米增至 12860 万平方米，年均增长率分别为 3.21% 和 7.85%。

数据显示，这 83 个城市 2016、2017 年分别占统计城市总数的 52.2% 和 48.53%，但展览数量和展览总面积 2016 年占到全国的 87.68% 和 87.85%；2017 年分别占到全国的 85.58% 和

89.65%。换言之，这 83 个城市是中国展览业的主要城市。

数据显示，2011—2013 年，这 83 个城市的展览数量下降而展览总面积上升；2014—2017 年，其展览数量与展览面积同步增长，且展览面积的增幅高于展览数量。2017 年与 2016 年相比，展览数量和展览总面积的增幅分别为 2% 和 11.7%。展览总面积的增长大大高于展览数量的增长。

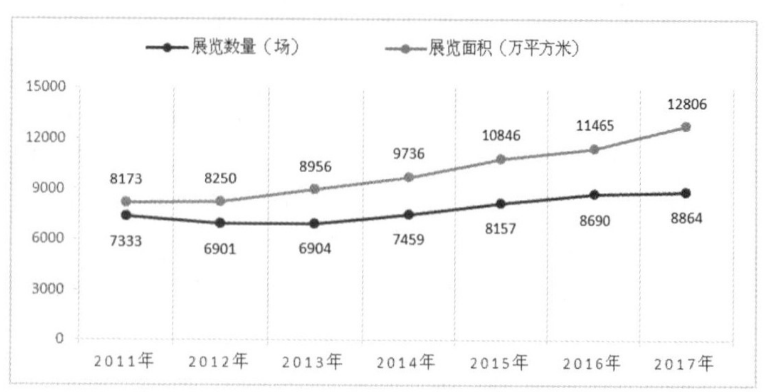

图 2 2011—2017 年 83 个城市展览及展览面积统计数据对比

（三）各地情况

1. 各省份比较

2017 年，全国按展览面积排名前十的省份为广东省、上海市、山东省、江苏省、重庆市、四川省、浙江省、辽宁省、北京市、福建省。以上十个省份的展览数量占全国展览总数的 69.7%，展览总面积占全国展览总面积的 71.8%。

表 2 2017 年全国各省份展览数量和展览面积统计

序号	省份	展览数量（场）	展览数量全国占比（%）	展览面积（万平方米）	展览面积全国占比（%）	展览平均面积（万平方米）
1	广东	1 019	5.56	1 818.82	7.63	1.78
2	上海	767	4.21	1 689	7.09	2.2
3	山东	935	5.13	1 381.26	5.8	1.48
4	江苏	1 179	6.47	1 104.8	4.64	0.94
5	重庆	496	2.72	876.5	3.68	1.77
6	四川	784	4.3	845.23	3.55	1.08
7	浙江	644	3.53	779.34	3.27	1.21
8	辽宁	784	4.3	727.85	3.05	0.93
9	北京	365	2	595.5	2.5	1.63
10	福建	254	13.9	440.2	1.85	1.73
11	河南	396	2.17	390.58	1.64	0.99
12	湖北	319	1.75	329.74	1.38	1.03
13	吉林	163	0.89	311.22	1.31	1.91
14	云南	149	0.82	291.52	1.22	1.96

续表

序号	省份	展览数量（场）	展览数量全国占比（%）	展览面积（万平方米）	展览面积全国占比（%）	展览平均面积（万平方米）
15	河北	286	15.7	287.4	1.21	1
16	陕西	232	1.26	283.09	1.19	1.22
17	湖南	226	1.24	274.65	1.15	1.22
18	安徽	311	1.7	262.59	1.1	0.84
19	江西	105	0.57	255	1.07	2.43
20	天津	139	0.76	231.93	0.97	1.67
21	黑龙江	44	0.82	214.25	0.9	4.87
22	广西壮族自治区	148	0.8	190.05	0.46	1.28
23	贵州	114	0.63	150.6	0.44	1.32
24	内蒙古自治区	129	0.7	133.01	0.56	1.03
25	山西	143	0.79	121.58	0.51	0.85
26	海南	34	0.1	80.22	0.34	2.36
27	甘肃	92	0.51	70.1	0.29	0.76
28	新疆维吾尔自治区	37	0.2	65.69	0.28	1.78
29	宁夏回族自治区	40	0.22	46.6	0.2	1.17
30	青海	22	0.12	34.66	0.15	1.58
31	西藏自治区	2	0.01	2.25	0.01	1.13
总计		10 358		14 285.23		1.38

注：本表按展览面积排序。

2．各城市比较

2017 年，全国按展览面积排名前十的城市为上海、广州、重庆、北京、南京、沈阳、成都、青岛、深圳、东莞。以上十个城市的展览数量占全国展览总数的 36.95%，展览总面积占全国展览总面积的 44.6%。其中，上海以 767 场展览、1689 万平方米展览总面积蝉联全国第一，分别占全国展览总量和展览总面积的 7.4% 和 11.82%，是展览总面积唯一超千万平方米的城市。

2017 年，全国展览面积净增面积排名前十的城市为昆明、沈阳、重庆、上海、广州、长春、桂林、哈尔滨、南京、临沂。

表 3 2017 年全国城市展览数量和展览面积统计

序号	城市	展览数量（场）	展览数量全国占比（%）	展览面积（万平方米）	展览面积全国占比（%）	平均展览面积（万平方米）
1	上海	767	7.4	1 689	11.82	2.2

续表

序号	城市	展览数量（场）	展览数量全国占比（%）	展览面积（万平方米）	展览面积全国占比（%）	平均展览面积（万平方米）
2	广州	662	6.39	976	6.83	1.47
3	重庆	496	4.79	876.5	6.14	1.77
4	北京	365	3.52	595.5	4.17	1.63
5	南京	509	4.91	487.35	3.41	0.96
6	沈阳	405	3.91	410.3	2.87	1.01
7	成都	207	2	366	2.56	1.77
8	青岛	239	2.31	345	2.42	1.44
9	深圳	114	1.1	325.44	2.28	2.85
10	东莞	64	0.62	300	2.1	4.69
11	济南	167	1.61	300	2.1	1.8
12	武汉	313	3.02	299	2.09	0.96
13	昆明	149	1.44	291.52	2.04	1.96
14	西安	199	1.92	280	1.96	1.41
15	长春	148	1.43	271.38	1.93	1.83
16	郑州	237	2.29	258.37	1.81	1.09
17	长沙	217	2.09	249.75	1.75	1.15
18	南昌	98	0.95	245	1.72	2.5
19	杭州	217	2.09	237.9	1.67	1.1
20	天津	139	1.34	231.93	1.62	1.67
21	厦门	205	1.98	219	1.53	1.07
22	哈尔滨	38	0.37	195.9	1.41	5.16
23	合肥	192	1.85	195.7	1.4	1.02
24	潍坊	80	0.77	185.38	1.3	2.32
25	宁波	163	1.57	177.94	1.25	1.09
26	临沂	88	0.85	176.2	1.23	2
27	贵阳	114	1.1	150.6	1.05	1.32
28	苏州	168	1.62	146.93	1.03	0.87
29	大连	139	1.34	121.9	0.85	0.88
30	福州	37	0.36	103.6	0.73	2.8
31	太原	124	1.2	96.54	0.68	0.78

续表

序号	城市	展览数量（场）	展览数量全国占比（%）	展览面积（万平方米）	展览面积全国占比（%）	平均展览面积（万平方米）
32	廊坊	78	0.75	94.5	0.66	1.21
33	无锡	83	0.8	93.16	0.66	1.12
34	桂林	69	0.67	92.6	0.65	1.34
35	南安	1	0.01	91.1	0.64	91.1
36	中山	83	0.8	89.98	0.63	1.08
37	石家庄	93	0.9	84.5	0.59	0.91
38	海口	34	0.33	80.35	0.56	2.36
39	义乌	35	0.34	80.07	0.56	2.29
40	呼和浩特	60	0.58	78.34	0.55	1.31
41	泸州	39	0.38	75	0.55	1.92
42	南宁	57	0.55	74.07	0.52	1.3
43	昆山	63	0.61	74	0.52	1.17
44	绵阳	69	0.67	71.31	0.5	1.03
45	兰州	92	0.89	70.1	0.49	0.76
46	佛山	28	0.27	62.3	0.44	2.23
47	温州	51	0.49	62.3	0.44	1.22
48	乌鲁木齐	36	0.35	61.69	0.43	1.71
49	锦州	61	0.59	61.6	0.43	1.01
50	达州	40	0.39	53.65	0.38	1.34
51	南通	55	0.53	53.3	0.37	0.97
52	淄博	38	0.37	51	0.36	1.34
53	遂宁	22	0.21	47.21	0.33	2.15
54	东营	55	0.53	47.2	0.33	0.86
55	徐州	43	0.42	47	0.33	1.09
56	银川	40	0.39	46.6	0.33	1.17
57	包头	60	0.58	46.47	0.33	0.77
58	威海	28	0.27	45.1	0.32	1.61
59	烟台	32	0.31	45	0.32	1.41
60	唐山	52	0.5	44.2	0.31	0.85
61	洛阳	68	0.66	42.6	0.3	0.63

续表

序号	城市	展览数量（场）	展览数量全国占比（%）	展览面积（万平方米）	展览面积全国占比（%）	平均展览面积（万平方米）
62	常州	33	0.32	40.31	0.28	1.22
63	南充	26	0.25	40	0.28	1.54
64	泰安	22	0.21	38.9	0.27	1.77
65	永康	15	0.14	38.7	0.27	2.58
66	铁岭	15	0.14	37.23	0.26	2.48
67	西宁	22	0.21	34.66	0.24	1.58
68	泰州	38	0.37	34.22	0.24	0.9
69	珠海	23	0.22	31.05	0.22	1.35
70	襄樊	6	0.06	30.74	0.22	5.12
71	盐城	55	0.53	30.45	0.21	0.55
72	马鞍山	73	0.7	30	0.21	0.41
73	漯河	24	0.23	30	0.21	1.25
74	芜湖	42	0.41	28.89	0.2	0.69
75	嘉兴	24	0.23	28.49	0.2	1.19
76	日照	23	0.22	27.6	0.19	1.2
77	乐山	23	0.22	27.33	0.19	1.19
78	余姚	17	0.16	26	0.18	1.53
79	绍兴	20	0.19	25.5	0.18	1.28
80	鞍山	28	0.27	25.3	0.18	0.9
81	惠州	26	0.25	25.05	0.18	0.96
82	滨州	14	0.14	25	0.18	1.79
83	郴州	9	0.09	24.9	0.17	2.77
84	扬州	39	0.38	24.26	0.17	0.62
85	枣庄	51	0.49	23.48	0.16	0.46
86	柳州	22	0.21	23.2	0.16	1.05
87	德阳	41	0.4	22.9	0.16	0.56
88	广安	35	0.34	22.9	0.16	0.65
89	三门峡	22	0.21	22.75	0.16	1.03
90	台州	14	0.14	22.2	0.16	1.59
91	信阳	27	0.26	21.6	0.15	0.8

续表

序号	城市	展览数量（场）	展览数量全国占比（%）	展览面积（万平方米）	展览面积全国占比（%）	平均展览面积（万平方米）
92	温岭	16	0.15	21.42	0.15	1.34
93	连云港	22	0.21	20.48	0.14	0.93
94	常熟	39	0.38	20.25	0.14	0.52
95	宜宾	29	0.28	20.03	0.14	0.69
96	济宁	30	0.29	20	0.14	0.67
97	聊城	31	0.3	20	0.14	0.65
98	资阳	28	0.27	20	0.14	0.71
99	慈溪	19	0.18	19.5	0.14	1.03
100	沧州	20	0.19	18.2	0.13	0.91
101	镇江	12	0.12	18.2	0.13	1.52
102	阜新	11	0.11	18	0.13	1.64
103	盘锦	35	0.34	16	0.11	0.46
104	菏泽	11	0.11	16	0.11	1.45
105	安阳	18	0.17	15.26	0.11	0.85
106	巴中	24	0.23	14.78	0.1	0.62
107	晋江	3	0.03	14	0.1	4.67
108	丹东	10	0.1	14	0.1	1.4
109	延吉	4	0.04	13.5	0.09	3.38
110	晋城	4	0.04	13.34	0.09	3.34
111	衡水	10	0.1	13.1	0.09	1.31
112	邢台	7	0.07	13	0.09	1.86
113	内江	31	0.3	12.79	0.09	0.41
114	攀枝花	22	0.21	12.33	0.09	0.56
115	莱芜	23	0.22	12.2	0.09	0.53
116	石狮市	3	0.03	12.1	0.08	4.03
117	诸暨	6	0.06	12.05	0.08	2.01
118	海宁	18	0.17	11.24	0.08	0.62
119	眉山	35	0.34	9.1	0.06	0.26
120	自贡	36	0.35	8.78	0.06	0.24
121	广元	26	0.25	8.43	0.06	0.32

续表

序号	城市	展览数量（场）	展览数量全国占比（%）	展览面积（万平方米）	展览面积全国占比（%）	平均展览面积（万平方米）
122	四平	4	0.04	8.4	0.06	2.1
123	玉环	4	0.04	8.05	0.06	2.01
124	漳州	1	0.01	8	0.06	8
125	邯郸	11	0.11	7.9	0.06	0.72
126	梅河口	2	0.02	7	0.05	3.5
127	张家口	6	0.06	6.5	0.05	1.08
128	张家港	11	0.11	6.48	0.05	0.59
129	鄂尔多斯	8	0.08	6.2	0.04	0.78
130	宁海	10	0.1	6.06	0.04	0.61
131	云浮	1	0.01	6	0.04	6
132	佳木斯	1	0.01	6	0.04	6
133	抚顺	19	0.18	6	0.04	0.32
134	运城	4	0.04	6	0.04	1.5
135	凉山	10	0.1	6	0.04	0.6
136	宿迁	5	0.05	5.88	0.04	1.18
137	大同	11	0.11	5.7	0.04	0.52
138	东阳	4	0.04	5.15	0.04	1.29
139	赣州	6	0.06	5	0.04	0.83
140	景德镇	1	0.01	5	0.04	5
141	营口	12	0.12	4.7	0.03	0.39
142	本溪	13	0.13	4.45	0.03	0.34
143	喀什	1	0.01	4	0.03	4
144	绥芬河	1	0.01	3.5	0.02	3.5
145	德州	3	0.03	3.2	0.02	1.07
146	宝鸡	31	0.3	3.09	0.02	0.1
147	六安	4	0.04	3	0.02	0.75
148	肇庆	18	0.17	3	0.02	0.17
149	承德	6	0.06	3	0.02	0.5
150	辽阳	13	0.13	3	0.02	0.23
151	朝阳	16	0.15	3	0.02	0.19

续表

序号	城市	展览数量（场）	展览数量全国占比（%）	展览面积（万平方米）	展览面积全国占比（%）	平均展览面积（万平方米）
152	葫芦岛	7	0.07	2.6	0.02	0.37
153	泉州	3	0.03	2.5	0.02	0.83
154	白城	1	0.01	2.5	0.02	2.5
155	松原	1	0.01	2.5	0.02	2.5
156	拉萨	2	0.02	2.25	0.02	1.13
157	辽源	1	0.01	2.2	0.02	2.2
158	宁德	1	0.01	2	0.01	2
159	七台河	1	0.01	2	0.01	2
160	满洲里	1	0.01	2	0.01	2
161	阿坝	16	0.15	1.69	0.01	0.11
162	桐乡	10	0.1	1.42	0.01	0.14
163	太仓	4	0.04	1.4	0.01	0.35
164	保定	1	0.01	1	0.01	1
165	辛集	1	0.01	1	0.01	1
166	雅安	12	0.12	1	0.01	0.08
167	甘孜	13	0.13	1	0.01	0.08
168	农安	1	0.01	0.85	0.01	0.85
169	秦皇岛	1	0.01	0.5	0	0.5
170	齐齐哈尔	1	0.01	0.5	0	0.5
171	衢州	1	0.01	0.5	0	0.5
172	延安	1	0.01	0.5	0	0.5
173	大庆	1	0.01	0.3	0	0.3
174	图们	2	0.02	0.09	0	0.05
175	黑河	1	0.01	0.05	0	0.05
总计		10358		14285.23		1.38

注：本表按展览面积排序。

表 4 2017 年全国城市展览面积净增长排名前二十（单位：万平方米）

序号	城市	2017 年	2016 年	净增面积	序号	城市	2017 年	2016 年	净增面积
1	昆明	291.52	149.91	141.61	11	青岛	345	298.3	46.7
2	沈阳	410.3	315	95.3	12	长沙	249.75	203.33	46.42
3	重庆	876.5	787.8	88.7	13	天津	231.93	191.03	40.9
4	上海	1689	1604.8	84.2	14	杭州	237.9	197	40.9
5	广州	976	896.48	79.52	15	石家庄	84.5	48.43	36.07
6	长春	276.38	197.17	79.21	16	武汉	299	267	32
7	桂林	92.6	32.38	60.22	17	宁波	177.94	148.89	29.05
8	哈尔滨	201.9	143.5	58.4	18	南昌	245	220	25
9	南京	487.35	431	56.35	19	郑州	258.37	236	22.37
10	临沂	176.2	123.6	52.6	20	成都	366	344.1	21.9

3．城市展览规模比较

2017 年，在提供统计数据的 175 个展览城市中，举办展览在 500 场以上的 4 个，在 300~500 场的 4 个，在 100~300 场的 18 个，在 50~100 场的 24 个，在 10~50 场的 74 个，10 场以下的 53 个，分别占统计城市总数的 1.71%、2.29%、10.29%、13.71%、44.57% 和 27.43%。

从发展看，2014—2017 年以来，年办展 50~100 场和 100~300 场的城市稳步增加。

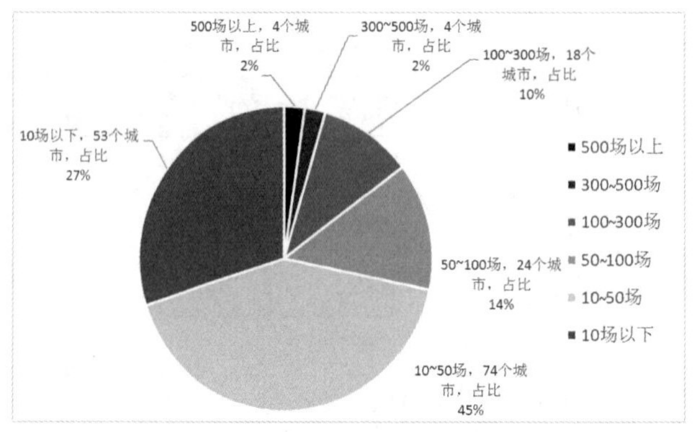

图 3 2017 年各城市办展数量分布

表 5 2011—2017 年中国城市举办展览数量的变化（单位：城市 / 个）

展览数量	2011 年	2012 年	2013 年	2014 年	2015 年	2016 年	2017 年
500 场以上	1	2	2	1	2	3	3
300~500 场	4	2	3	4	4	3	4
100~300 场	20	17	14	12	16	20	18
50~100 场	11	13	14	17	24	21	24
10~50 场	34	34	42	55	68	70	78
10 场以下	12	4	3	50	51	47	48

2017 年，我国办展城市展览总面积在 1000 万平方米以上的 1 个，在 500 万 ~1000 万平方米的 3 个，在 100 万 ~500 万平方米的 26 个，在 10 万 ~100 万平方米的 88 个，在 10 万平方米以下的 57 个。其中，全年只举办 1 场展览的城市有 19 个。

从发展看，2014—2017 年，年展览总面积 10 万平方米以下和 10 万 ~100 万平方米的城市增加较快。

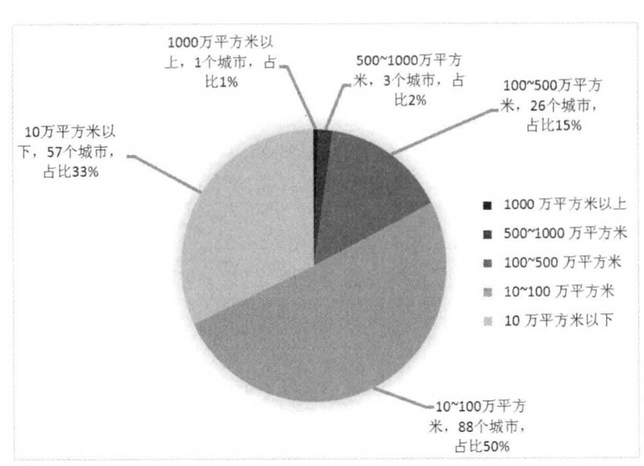

图 4 2017 年中国城市办展面积分布

表 6 2011—2017 年中国城市展览面积分布（单位：城市 / 个）

展览面积（万平方米）	2011 年	2012 年	2013 年	2014 年	2015 年	2016 年	2017 年
10 以下	14	2	3	42	45	51	57
10~100	45	46	50	58	92	74	88
100~500	23	21	19	20	20	29	26
500~1000	2	2	3	3	2	3	3
1000 以上	0	0	0	1	1	1	1

4．上海、广州、北京比较

上海、广州、北京作为中国展览业三大一线城市，2017 年展览数量共计 1794 场，展览总面积 3270 万平方米，分别较 2016 年增长 1.76% 和 4.27%，分别占全国展览总数的 17.03% 和 22.89%。

2011—2017 年，上海因建于虹桥的 40 万平方米的国家会展中心投用，展览总面积大幅增长。而北京因部分展览迁址南下，展览数量和展览总面积有所减少。广州的展览数量增长明显快于展览总面积增长。

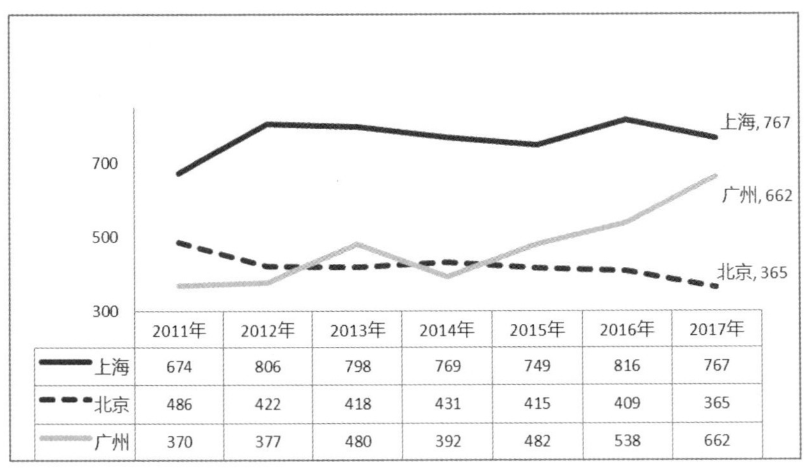

	2011年	2012年	2013年	2014年	2015年	2016年	2017年
上海	674	806	798	769	749	816	767
北京	486	422	418	431	415	409	365
广州	370	377	480	392	482	538	662

图 5 2011—2017 年中国一线城市境内办展总数情况（单位：场）

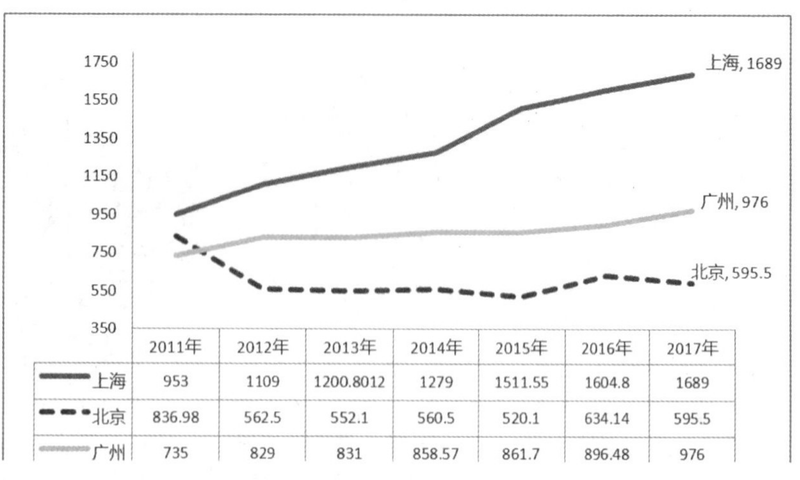

	2011年	2012年	2013年	2014年	2015年	2016年	2017年
上海	953	1109	1200.8012	1279	1511.55	1604.8	1689
北京	836.98	562.5	552.1	560.5	520.1	634.14	595.5
广州	735	829	831	858.57	861.7	896.48	976

图 6 2011—2017 年中国一线城市境内办展总面积情况（单位：万平方米）

5．国家中心城市比较

至 2018 年 3 月，经国务院批准的“国家中心城市”有 9 个，即北京、天津、上海、广州、重庆、成都、武汉、郑州和西安。

2017 年，9 个国家中心城市的展览总数为 3385 场，展览总面积为 5572.3 万平方米，分别占全国展览总数的 32.7% 和展览总面积的 39.0%。

表 7 2017 年国家中心城市展览数量和展览面积比较

城市	展览数量（场）	同比 + -（%）	展览面积（万平方米）	同比 + -（%）	平均展览面积（万平方米）
北京	365	-10.8	595.5	-6.09	1.63
上海	767	-6	1689	5.25	2.2
广州	662	23	976	8.87	1.47
重庆	496	-16.9	876.5	11.26	1.77
天津	139	9.4	231.93	21.41	1.67
成都	207	5.6	366	6.36	1.77
武汉	313	6.5	299	11.99	0.96
郑州	237	-0.4	258.37	9.48	1.09
西安	199	7.6	280	3.7	1.41
总计	3 385		5 572.3		1.65

表 8 2011—2017 年国家中心城市展览数量比较（单位：场）

城市	2011 年	2012 年	2013 年	2014 年	2015 年	2016 年	2017 年
北京	486	422	418	431	415	409	365
上海	674	806	798	769	749	816	767
广州	370	377	480	392	482	538	662
重庆	475	521	581	662	749	597	496
天津	165	203	213	147	260	127	139
成都	108	154	169	214	195	196	207
武汉	352	109	117	249	336	294	313
郑州	141	127	192	174	255	238	237
西安	151	160	170	175	180	185	199

表 9 2011—2017 年国家中心城市展览总面积比较（单位：万平方米）

城市	2011 年	2012 年	2013 年	2014 年	2015 年	2016 年	2017 年
北京	837	562.5	552.1	560.5	520.1	634.1	595.5
上海	953	1109	1200.8	1279	1511.5	1604.8	1689
广州	735	829	831	858.57	861.7	896.5	976
重庆	382.8	441.4	500.4	601.3	702.3	787.8	876.5
天津	220	121.01	170.6	173.1	346	191	231.9
成都	233.1	271	300.9	325	310.4	344.1	366
武汉	139.6	102.811	195.9	280	307	267	299
郑州	155	144	191.4	160.5	230	236	258.4
西安	178	182	201	211	260	270	280

6．计划单列市比较

2017 年，全国 5 个计划单列市展览总数为 860 场，展览总面积为 1189.28 万平方米，分别占全国展览总数的 8.3% 和展览总面积的 8.33%。

近年来，5 个计划单列市的展览数量和展览总面积均保存增长。其中，青岛、深圳跨入年展览总面积 300 万平方米城市的行列。

表 10 2017 年我国计划单列市办展数量和展览面积统计

城市	展览数量（场）	同比 + -（%）	展览面积（万平方米）	同比 + -（%）	平均办展面积（万平方米）
青岛	239	5.75	345	15.66	1.44
深圳	114	25.27	325.44	0.08	2.85
厦门	205	-10.87	219	1.9	1.07
大连	139	31.13	121.9	-3.9	0.88
宁波	163	64.65	177.94	19.51	1.09
总计	860		1 189.28		1.38

表 11 2016—2017 年计划单列市展览项目数量统计（单位：场）

城市	2011 年	2012 年	2013 年	2014 年	2015 年	2016 年	2017 年
青岛	103	105	126	182	201	226	239
深圳	102	116	86	79	89	91	114
厦门	149	160	184	200	193	230	205
大连	100	89	103	95	86	106	139
宁波	148	282	46	56	136	99	163

表 12 2011—2017 中国计划单列市展览面积变化状况（单位：万平方米）

城市	2011 年	2012 年	2013 年	2014 年	2015 年	2016 年	2017 年
青岛	117	136.82	180	280	295	298.3	345
深圳	256	286.5	260	256.23	277.64	325.17	325.44
厦门	126.4	138	160	173.46	191	215	219
大连	100.5	117	129	110	118	126.9	121.9
宁波	170	179	128	106.38	152.13	148.89	177.94

7．全国展览城市分布

2017 年，在提供统计数据的 175 个展览城市中，按省份比较，四川（21 个城市）浙江（18 个城市）、山东（17 个城市）、江苏（16 个城市）、辽宁（14 个城市）位列全国省份展览城市数量前五。

在全国展览城市中，按城市行政级别分类，直辖市、省会城市、计划单列市 36 个，地市级 112 个，县级 27 个；按地域分布，东部地区城市 83 个，东北地区城市 34 个，中西部地区城市 58 个。

表 13 2017 年全国展览城市分类情况

省份	展览城市数量（个）	城市名称	城市类型
上海	1	上海	直辖市
重庆	1	重庆	直辖市
北京	1	北京	直辖市
天津	1	天津	直辖市
四川省	21	成都	省会
		广元	地级市
		巴中	地级市
		绵阳	地级市
		德阳	地级市
		达州	地级市
		南充	地级市
		遂宁	地级市
		广安	地级市
		资阳	地级市
		眉山	地级市
		雅安	地级市
		内江	地级市
		乐山	地级市
		自贡	地级市
		泸州	地级市
		宜宾	地级市
		攀枝花	地级市
		阿坝	地级市
		凉山	地级市
		甘孜	县级市
浙江省	18	杭州	省会
		宁波	计划单列市
		嘉兴	地级市

续表

省份	展览城市数量（个）	城市名称	城市类型
浙江省	18	温州	地级市
		义乌	县级市
		余姚	县级市
		绍兴	地级市
		永康	县级市
		台州	地级市
		慈溪	县级市
		温岭	县级市
		宁海	县级市
		衢州	地级市
		海宁	县级市
		桐乡	县级市
		玉环	县级市
		诸暨	县级市
		东阳	县级市
山东省	17	济南	省会
		青岛	计划单列市
		淄博	地级市
		枣庄	地级市
		东营	地级市
		烟台	地级市
		潍坊	地级市
		济宁	地级市
		泰安	地级市
		威海	地级市
		日照	地级市
		莱芜	地级市
		临沂	地级市

续表

省份	展览城市数量（个）	城市名称	城市类型
山东省	17	德州	地级市
		滨州	地级市
		菏泽	地级市
		聊城	地级市
江苏省	16	南京	省会
		常州	地级市
		常熟	县级市
		苏州	地级市
		无锡	地级市
		扬州	地级市
		盐城	地级市
		连云港	地级市
		泰州	地级市
		徐州	地级市
		镇江	地级市
		南通	地级市
		宿迁	地级市
		昆山	县级市
		张家港	县级市
		太仓	县级市
辽宁省	14	沈阳	省会
		大连	计划单列市
		锦州	地级市
		盘锦	地级市
		营口	地级市
		铁岭	地级市
		鞍山	地级市
		抚顺	地级市
		本溪	地级市

续表

省份	展览城市数量（个）	城市名称	城市类型
辽宁省	14	丹东	地级市
		阜新	地级市
		辽阳	地级市
		朝阳	地级市
		葫芦岛	地级市
河北省	12	石家庄	省会
		唐山	地级市
		沧州	地级市
		邯郸	地级市
		廊坊	地级市
		衡水	地级市
		张家口	地级市
		邢台	地级市
		保定	地级市
		承德	地级市
		秦皇岛	地级市
		辛集	县级市
广东省	9	广州	省会
		深圳	计划单列市
		佛山	地级市
		东莞	地级市
		中山	地级市
		惠州	地级市
		珠海	地级市
		云浮	地级市
		肇庆	地级市
吉林省	9	长春	省会
		白城	地级市
		松原	地级市

续表

省份	展览城市数量（个）	城市名称	城市类型
吉林省	9	四平	地级市
		辽源	地级市
		梅河口	县级市
		延吉	县级市
		图们	县级市
		农安	县级市
福建省	8	福州	省会
		厦门	计划单列市
		宁德	地级市
		漳州	地级市
		泉州	地级市
		石狮	县级市
		晋江	县级市
		南安	县级市
黑龙江省	7	哈尔滨	省会
		佳木斯	地级市
		齐齐哈尔	地级市
		黑河	地级市
		七台河	地级市
		大庆	地级市
		绥芬河	县级市
河南省	6	郑州	省会
		洛阳	地级市
		漯河	地级市
		三门峡	地级市
		安阳	地级市
		信阳	地级市
山西省	4	太原	省会
		大同	地级市

续表

省份	展览城市数量（个）	城市名称	城市类型
山西省	4	晋城	地级市
		运城	地级市
安徽省	4	合肥	省会
		马鞍山	地级市
		芜湖	地级市
		六安	地级市
内蒙古自治区	4	呼和浩特	省会
		包头	地级市
		鄂尔多斯	地级市
		满洲里	县级市
广西省壮族自治区	3	南宁	省会
		桂林	地级市
		柳州	地级市
江西省	3	南昌	省会
		赣州	地级市
		景德镇	地级市
陕西省	3	西安	省会
		宝鸡	地级市
		延安	地级市
湖北省	2	武汉	省会
		襄樊	地级市
湖南省	2	长沙	省会
		郴州	地级市
新疆维吾尔自治区	2	乌鲁木齐	省会
		喀什	县级市
云南省	1	昆明	省会
贵州省	1	贵阳	省会
海南省	1	海口	省会
宁夏回族自治区	1	银川	省会

续表

省份	展览城市数量（个）	城市名称	城市类型
西藏自治区	1	拉萨	省会
甘肃省	1	兰州	省会
青海省	1	西宁	省会

二、中国境外自主办展统计

（一）总体情况

2017 年，中国境外自主办展总数为 123 场，展览总面积为 83.6 万平方米，展览平均面积为 0.7 万平方米，较 2016 年分别下降 3.1%、增长 7.1% 和 16.7%。

表 14 2014—2017 年中国主办方境外办展统计

年份	办展机构（个）	展览数量（场）	展览面积（万平方米）	展览平均面积（万平方米）
2014	36	84	26.8	0.3
2015	23	63	32.2	0.5
2016	37	128	78	0.6
2017	36	123	83.6	0.7

（二）机构情况

2017 年，中国境外办展主办机构共 36 家。其中，行政机构 10 家，商会、协会 14 家，企业 12 家。在企业中，国有企业 11 家，民营企业 1 家。

在 36 家机构中，办展数量前十的机构总共办展 82 场，展览总面积 67.5 万平方米，分别占境外自主办展总数的 66.67% 和展览总面积的 80.74%。

在 36 家机构中，办公地位于北京的 23 家，办展 78 场，占境外自主办展总数为 63.41%；展览总面积 53.72 万平方米，占境外自主办展展览总面积的 64.26%。

在 36 家机构中，2017 年办展数量前五的机构为商务部外贸发展事务局、米奥兰特国际会展、中国机电产品进出口商会、浙江远大国际会展有限公司和中国贸促会纺织行业分会。其中，米奥兰特国际会展、商务部外贸发展事务局展览总面积超过 10 万平方米，分列境外自主办展规模的第一、第二位。

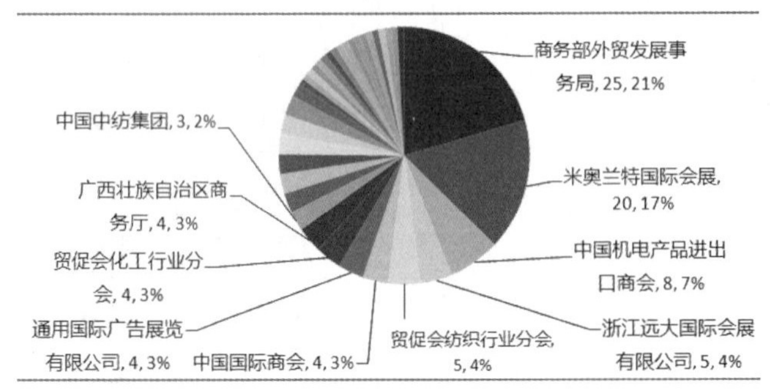

图 16 2017 年中国境外办展机构情况

表 15 2017 年中国境外办展数量排序前十的机构情况

序号	组展机构	办展数量及分类（场）				办展数量占比（%）
		合计	独立办展	合作办展	展中展	
1	商务部外贸发展事务局	25	—	9	16	20
2	米奥兰特国际会展	22	22	—	—	18
3	中国机电产品进出口商会	8	—	4	4	7
4	浙江远大国际会展有限公司	5	—	4	1	4
5	中国贸促会纺织行业分会	5	—	1	4	4

续表

序号	组展机构	办展数量及分类（场）				办展数量占比（%）
		合计	独立办展	合作办展	展中展	
7	通用国际广告展览有限公司	4	—	—	4	3
8	贸促会化工行业分会	4	—	4	—	3
9	广西壮族自治区商务厅	4	—	4	—	3
10	中国中纺集团	3	—	—	1	2
总计		82	22	30	30	

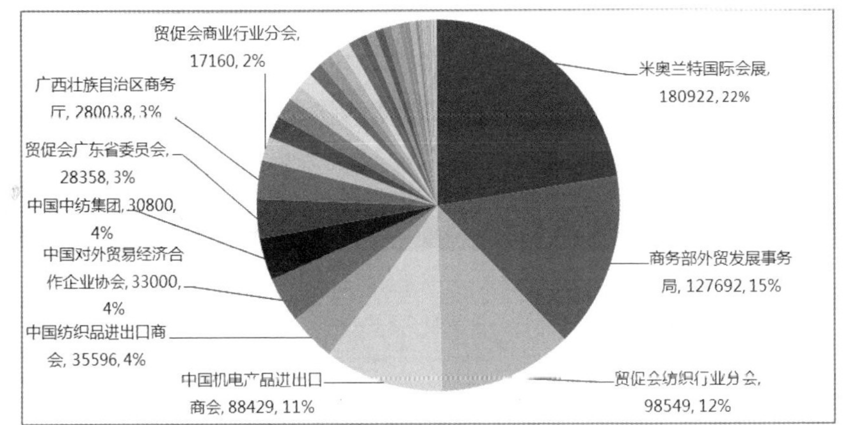

图 17 2017 年中国境外办展组展机构展览面积构成

表 16 2017 年中国出境自主办展展览面积排序前十的组展机构办展面积

序号	组展机构	展览总面积（平方米）	占出境展览总面积比例（%）
1	米奥兰特国际会展	180 922	21.64
2	商务部外贸发展事务局	127 692	15.27
3	贸促会纺织行业分会	98 549	11.79
4	中国机电产品进出口商会	88 429	10.58

序号	组展机构	展览总面积（平方米）	占出境展览总面积比例（%）
5	中国纺织品进出口商会	35 596	4.26
6	中国对外贸易经济合作企业协会	33 000	3.95
7	中国中纺集团	30 800	3.68
8	贸促会广东省委员会	28 358	3.39
9	广西壮族自治区商务厅	28 003	3.35
10	贸促会商业行业分会	17 160	2.05
	总计	668 509	

表 17 2016—2017 年中国出境自主办展组展机构的地域分布

序号	城市	2016 年	2017 年		
		组展机构（个）	组展机构（个）	展览数量（场）	展览面积（平方米）
1	北京	23	23	78	537 160.4
2	杭州	3	3	30	206 848
3	上海	3	2	2	13 574
4	广州	2	2	4	32 758
5	南宁	1	1	4	28 003.8
7	乌鲁木齐	2	1	1	2 200
8	宁波	1	1	1	1 188
9	沈阳	—	1	1	693
10	昆明	—	1	1	7 260

表 18 2015—2017 年中国出境自主办展项目按地域分布情况（单位：场）

序号	城市	2015 年	2016 年	2017 年
1	北京	37	87	78
2	杭州	17	21	30
3	广州	2	5	4
4	南宁	1	2	4
5	上海	2	3	2
6	乌鲁木齐	2	4	1
7	呼和浩特	—	4	1
8	宁波	—	1	1
9	沈阳	1	—	1
10	昆明	—	—	1
11	南昌	—	1	—

表 19 2015—2017 年中国出境自主办展展览总面积按地域分布情况（单位：平方米）

序号	办展城市	2014 年	2016 年	2017 年	同比 +-（%）
1	北京	159 440	527 953.2	537 160.4	2
2	杭州	113 000	153 770	206 848	32
3	广州	9 670	33 220	32 758	-1
4	南宁	6 800	9 310.4	28 003.8	201
5	上海	15 870	10 023.2	13 574	35

续表

序号	办展城市	2014 年	2016 年	2017 年	同比 +-（%）
6	呼和浩特	—	20 900	6 600	-68
7	乌鲁木齐	8 900	11 000	2 200	-80
8	宁波	—	5 500	1 188	-78
9	沈阳	5 000	—	693	—
10	昆明	—	—	7 260	—
11	南昌	—	8 800	—	—

（三）展览类型情况

境外自主办展的类型分为独立办展、合作办展和展中展三类。

2017 年，中国主办方在境外独立办展 22 场，合作办展 52 场，展中展 49 场，分别境外自主办展总数 123 场的 17.89%、42.28% 和 39.83%。

相较于 2016 年，2017 年境外自主办展独立办展类项目数量增加了 3 个，增幅达 15.8%；合作办展类型项目数量减少了 12 个，减少了 19.4%；展中展类项目数量增加了 4 个，增幅为 8.9%。

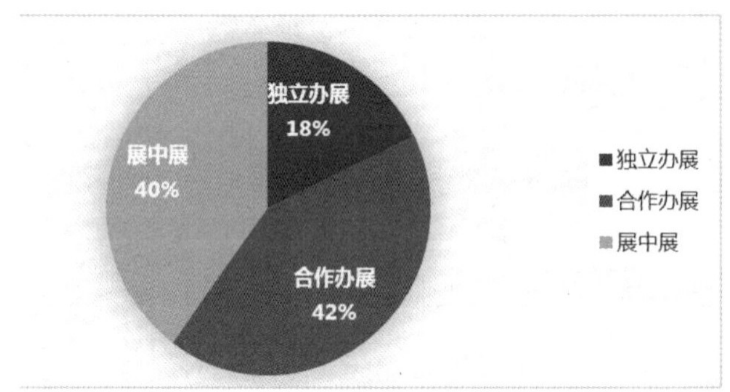

图 8 2017 年中国境外自主办展的类型

表 20 2016—2017 年中国境外自主办展分类的数量比较

年份	独立办展（场）	合作办展（场）	展中展（场）
2017	22	52	49
2016	19	64	45

（四）项目主题情况

中国境外自主办展的项目分为服务贸易展和货物贸易展两大类。

2017 年，服务贸易展 5 场，占比 4.06%；货物贸易展中，综合展 33 场，其他专业展 85 场，分别占办展总数的 26.83% 和 69.11%。

85 场专业展的主题共涉及 12 个行业或领域。其中，工业机械（22 场）、纺织服装（16 场）、房产家居（14 场）位列前三，共占专业展总数的 61.18%。

相比 2016 年，除工业机械展览、房产家居展览分别由 18 场增至 22 场、3 场增至 14 场外，建筑材料展览保持 10 场外，综合展及其他 9 个行业或领域的专业展场次均有减少。

2017 年，中国境外自主办展规模前十的展览，展览总面积达 22.99 万平方米，占中国境外自主办展展览总面积的 27.5%。其中，综合展 6 个，专业展 4 个。

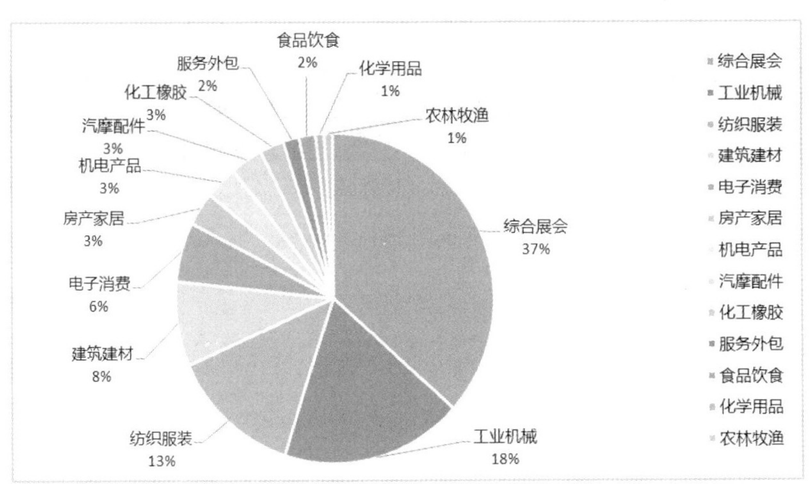

图 9 2017 年中国境外自主办展项目主题构成

表 21 2016 年、2017 年中国境外自主办专业展项目主题比较

项目分类 / 行业	2016 年		2017 年		数量同比 +- (%)	面积同比 +- (%)
	展览数量（场）	展览面积（平方米）	展览数量（场）	展览面积（平方米）		
工业机械	18	135 295.2	22	93 335	22	-13
纺织服装	15	106 856.4	16	138 270	7	2
房产家居	3	11 198	14	136 730	367	1 121
建筑材料	10	45 826	10	68 948	0	50
电子消费	11	78 870	7	84 183	-36	7
机电产品	9	45 104.4	4	23 999.8	-56	-47
汽摩配件	5	23 856.8	4	10 648	-20	-55
化工橡胶	4	8 030	3	5 390	-25	-33
食品饮食	3	4 664	2	3 916	-33	-16
化学用品	2	1 980	1	1 584	-50	-20
农林牧渔	1	990	1	990	0	-
总计	82	467 070.8	85	570 633.8	-3.66	22.17

表 22 2017 年中国境外自主办展规模前十的项目

序号	展览会名称	组展机构	举办国家	举办城市	展览面积（平方米）
1	中国（阿联酋）贸易博览会	米奥兰特国际会展	阿联酋	迪拜	37 176
2	中国纺织品服装贸易展览会	贸促会纺织行业分会	美国	纽约	30 500
3	中国（波兰）贸易博览会	米奥兰特国际会展	波兰	华沙	30 000
4	中国（印度）贸易博览会	米奥兰特国际会展	印度	孟买	28 812
5	中国机械与电子产品贸易展览会	中国机电产品进出口商会	印度尼西亚	雅加达	22 000
6	中国国际纺织采购展览会	中国纺织品进出口商会	巴西	圣保罗	17 600
7	中国（土耳其）贸易博览会	米奥兰特国际会展	土耳其	伊斯坦布尔	16 876
8	中国纺织服装服饰展览会	中国纺织品进出口商会	澳大利亚	悉尼	16 500
9	中国（印度孟买）展览会	中国贸促会广东省分会	印度	孟买	15 400
10	东盟（曼谷）中国进出口商品展览会	中国对外贸易经济合作企业协会	泰国	曼谷	15 000
总计					229 864

（五）举办地情况

2017 年，中国境外自主办展举办地共涉及 45 个国家，较 2016 年减少 5 个国家，降幅为 10%。

相比于 2016 年，2017 年中国在美国、德国、伊朗、墨西哥等 9 国的办展数量均有增长。其中，在巴基斯坦的展览总面积增幅高达 1260%；墨西哥的展览面积增幅高达 495%，其余几个国家均有增幅。

表 23 2016—2017 年中国境外自主办展分举办地的展览数量与展览面积比较

序号	国家	办展数量（场）		同比 +-（%）	办展面积（平方米）		同比 + -（%）
		2016 年	2017 年		2016 年	2017 年	
1	美国	5	9	80	44 898	73 561.4	64
2	巴西	8	8	0	40 934	68 310	67
3	印度	6	5	-17	57 020	64 174	13
4	印度尼西亚	5	3	-40	47 432	57 992	22
5	泰国	4	5	25	37 272.8	52 184	40
6	波兰	4	4	0	46 000	37 950	-18

续表

序号	国家	办展数量（场）		同比 +-（%）	办展面积（平方米）		同比 +-（%）
		2016 年	2017 年		2016 年	2017 年	
8	阿联酋	3	3	0	33 300	38 000	14
9	哈萨克斯坦	4	4	0	15 076.4	29 700	97
10	俄罗斯	6	4	-33	53 900	28 523	-47
11	日本	3	2	-33	18 000	26 400	47
12	南非	5	4	-20	24 700	24 508	-1
13	蒙古	4	4	0	19 360	24 123	25
14	斯里兰卡	6	6	0	23 254	22 880	-2
15	法国	2	2	0	23 500	20 856	-11
16	越南	4	4	0	18 264.4	18 587.8	2
17	土耳其	4	1	-75	29 160	18 216	-38
18	澳大利亚	2	2	0	16 830	18 040	7
19	伊朗	4	6	50	8 756	17 930	105
20	墨西哥	1	4	300	2 640	15 708	495
21	英国	2	3	50	12 100	14 388	19
22	巴基斯坦	1	2	100	990	13 464	1260
23	匈牙利	3	2	-33	23 188	12 848	-45
24	约旦	2	2	0	20 000	10 890	-46
25	埃及	4	2	-50	10 300	10 120	-2
26	菲律宾	2	1	-50	6 600	9 460	43
27	尼泊尔	1	2	100	1 100	8 760	696
28	肯尼亚	1	3	200	990	4 950	400
30	阿尔及利亚	2	1	-50	7 084	3 960	-44
31	马来西亚	1	1	0	2 970	2 970	0
32	厄瓜多尔	1	1	0	2 970	2 376	-20
33	智利	2	1	-50	4 400	2 200	-50
34	乌兹别克斯坦	1	1	0	4 400	2 200	-50

续表

序号	国家	办展数量（场）		同比 +-（%）	办展面积（平方米）		同比 + -（%）
		2016 年	2017 年		2016 年	2017 年	
36	韩国	4	1	-75	13 420	2 200	-84
37	尼日利亚	0	1	—	—	7 920	—
38	新加坡	0	1	—	—	6 600	—
39	文莱	0	1	—	—	6 600	—
40	坦桑尼亚	0	1	—	—	3 960	—
41	加纳	0	1	—	—	2 200	—
42	鞑靼斯坦共和国	0	1	—	—	1 980	—
43	阿曼	0	1	—	—	1 980	—
44	斯洛文尼亚	0	1	—	—	1 760	—
45	沙特阿拉伯	0	1	—	—	1 188	—
46	塔吉克斯坦	1	—	—	2 200	—	—
47	塞内加尔	1	—	—	5 000	—	—
48	塞尔维亚	1	—	—	198	—	—
49	秘鲁	1	—	—	2 200	—	—
50	立陶宛	1	—	—	3 300	—	—
51	加拿大	2	—	—	15 840	—	—
52	荷兰	1	—	—	1 100	—	—
53	格鲁吉亚	1	—	—	8 800	—	—
54	贝宁	1	—	—	5 500	—	—
55	白俄罗斯	1	—	—	2 200	—	—
56	安哥拉	1	—	—	594	—	—
57	埃塞俄比亚	1	—	—	2 200	—	—
59	突尼斯	1	—	—	1 980		
	总计	128	121		780 476.8	835 517.2	

（六）服务“一带一路”倡议情况

2017 年，中国机构在境外自主举办的 123 场展览中，有 71 场在“一带一路”沿线国家举办，占 57.72%；展览总面积 51 万平方米，占中国境外自主办展展览总面积的 61%。

中国在“一带一路”沿线国家举办展览的机构共 29 家，占出境自主办展组展机构总数的 83%。其中，米奥兰特国际会展、中国机电产品进出口商会和商务部外贸发展事务局的办展面积位列前三，分别占 18.44%、9.59% 和 9.07%。

自 2015 年中国政府提出“一带一路”倡议以来，“一带一路”沿线国家逐渐成为中国境外自主办展的热门举办地。2015—2017 年，“一带一路”沿线国家在中国境外自主办展的热门举办地中的占比达 70% 以上。

2017 年，中国境外自主办展十大热门举办国为美国、巴西、德国、斯里兰卡、伊朗、泰国、印度、波兰、俄罗斯、哈萨克斯坦。

与此同时，金砖五国中的俄罗斯、巴西、印度和南非，也成为中国境外自主办展的重要举办地。

表 24 2017 年中国境外自主办展服务“一带一路”倡议项目统计

序号	办展单位名称	展览数量（场）	展览面积（平方米）	占总面积比例（%）
1	米奥兰特国际会展	16	153 060	18.31
2	中国机电产品进出口商会	6	79 629	9.53
3	商务部外贸发展事务局	12	75 244	9
4	中国对外贸易经济合作企业协会	1	33 000	3.95
5	贸促会广东省委员会	3	28 358	3.39
6	广西壮族自治区商务厅	3	20 303.8	2.43
7	贸促会商业行业分会	1	17 160	2.05
8	西麦克国际展览有限责任公司	3	16 148	1.93
9	中国电子国际展览广告有限责任公司	1	11 880	1.42
10	浙江远大国际会展有限公司	4	9 108	1.09
11	中国国际经济技术交流中心	2	7 348	0.88
12	贸促会云南省分会	1	7 260	0.87
13	中国对外贸易中心（集团）	1	6 996	0.84
14	贸促会内蒙古自治区委员会	1	6 600	0.79
15	中国染料工业协会	1	6 600	0.79
16	中国国际经济合作投资公司	1	4 400	0.53

续表

序号	办展单位名称	展览数量（场）	展览面积（平方米）	占总面积比例（%）
17	中国国际展览中心集团公司	1	4 180	0.5
18	贸促会化工行业分会	2	3 784	0.45
19	中国国际贸易中心股份有限公司	2	2 640	0.32
20	东方国际集团广告展览有限公司	1	2 574	0.31
21	贸促会电子信息行业分会	1	2 288	0.27
22	贸促会新疆维吾尔自治区分会	1	2 200	0.26
23	贸促会浙江省委员会	1	2 200	0.26
24	中国国际商会	1	1 760	0.21
25	宁波市商务委员会	1	1 188	0.14
26	贸促会汽车行业分会	1	1 100	0.13
27	贸促会轻工行业分会	1	990	0.12
28	贸促会辽宁省分会	1	693	0.08
29	保利国际展览有限公司	1	594	0.07

表 25 2017 年中国境外自主办展服务金砖五国倡议项目统计

序号	办展单位名称	展览数量（场）	展览面积（平方米）	占总面积比例（%）
1	米奥兰特国际会展	6	50 208	6.01
2	商务部外贸发展事务局	6	34 232	4.09
3	贸促会纺织行业分会	2	26 598	3.18
4	中国纺织品进出口商会	1	17 600	2.11
5	贸促会广东省委员会	1	15 400	1.84
6	中国机电产品进出口商会	2	14 817	1.77
7	贸促会商业行业分会	1	13 860	1.66
8	贸促会电子信息行业分会	1	2 288	0.27
9	贸促会化工行业分会	1	990	0.12

表 26 2012—2017 年中国境外自主办展十大热门举办国

序号	2012 年	2013 年	2014 年	2015 年	2016 年	2017 年
1	越南	越南	巴西	巴西	巴西	美国
2	印度尼西亚	阿联酋	美国	印度	斯里兰卡	巴西
3	阿联酋	印度尼西亚	匈牙利	泰国	印度	德国
4	日本	波兰	越南	哈萨克斯坦	俄罗斯	斯里兰卡
5	缅甸	泰国	哈萨克斯坦	美国	南非	伊朗
6	泰国	印度	阿联酋	印度尼西亚	印度尼西亚	泰国
7	澳大利亚	美国	印度	马来西亚	美国	印度
8	马来西亚	缅甸	泰国	土耳其	越南	波兰
9	法国	哈萨克斯坦	埃及	埃及	伊朗	俄罗斯
10	英国	坦桑尼亚	澳大利亚	阿联酋	土耳其	哈萨克斯坦

（七）项目获得国际认证情况

2017 年，中国境外自主办展组展机构中， 2 家成为国际展览协会（UFI）成员，16 个展览项目获得国际展览协会 UFI 认证。

表 27 2017 年中国境外自主办展获 UFI 认证的项目

序号	UFI 认证展览	举办城市	组展机构
1	中国（约旦）贸易博览会	安曼	米奥兰特国际会展
2	中国（阿联酋）家居贸易博览会	迪拜	米奥兰特国际会展
3	中国（波兰）家居贸易博览会	波兹南	米奥兰特国际会展
4	中国（印度）工业机械贸易博览会	孟买	米奥兰特国际会展
5	中国（印度）家居贸易博览会	孟买	米奥兰特国际会展
6	中国（土耳其）家居贸易博览会	伊斯坦布尔	米奥兰特国际会展
7	中国（南非）工业机械贸易博览会	约翰内斯堡	米奥兰特国际会展
8	中国（南非）家居贸易博览会	约翰内斯堡	米奥兰特国际会展
9	中国（巴西）工业机械贸易博览会	圣保罗	米奥兰特国际会展
10	中国（巴西）家居贸易博览会	圣保罗	米奥兰特国际会展
11	中国（哈萨克斯坦）工业机械贸易博览会	阿斯塔纳	米奥兰特国际会展
12	中国（哈萨克斯坦）家居贸易博览会	阿斯塔纳	米奥兰特国际会展

续表

序号	UFI认证展览	举办城市	组展机构
13	中国（埃及）工业机械贸易博览会	开罗	米奥兰特国际会展
14	中国（埃及）家居贸易博览会	开罗	米奥兰特国际会展
15	浙江商品展（大阪）	大阪	浙江远大国际会展有限公司
16	浙江商品展（越南）	河内	浙江远大国际会展有限公司

三、展览场馆统计

（一） 总体情况

据不完全统计，2017年，全国投入使用的展览场馆达348座，较2016年增加32个，增长10.12%。其室内可供展览总面积为1187.99万平方米，较2016年增加187.29万平方米，增长18.71%。

2017年，全国有15座展览场馆在建，其室内可供展览总面积达195.31万平方米。全国有6座展览场馆已纳入规划待建，其室内可供展览总面积达81万平方米。

表28 2014—2017年全国展馆数量及室内可供展览面积比较（单位：座、万平方米）

状态	2014年		2015年		2016年		2017年	
	展馆数量	可供展览面积	展馆数量	可供展览面积	展馆数量	可供展览面积	展馆数量	可供展览面积
投入使用	226	830.69	286	892.89	316	1 000.7	348	1 241.72
在建	16	114.24	21	186.82	19	107.81	15	195.31
待建	4	19.2	5	41.5	5	41.5	6	81

（二） 各省份情况

2017年，从数量看，山东省展览场馆有64座，为全国各省份最多。四川省41座，江苏省32座，位居全国第二、第三。

在各省份中，按投入使用展览场馆的室内可供展览总面积，山东省148.75万平方米，广东省126.94万平方米，上海市97.70万平方米，浙江省96.74万平方米，江苏省89.01万平方米，分列全国前五位。

表29 2017年全国各省份展览场馆数量、展览面积比较

省份	展馆数量（座）	展览面积（万平方米）	省份	展馆数量（座）	展览面积（万平方米）
山东	64	148.75	河南	10	20.2
广东	27	126.94	黑龙江	7	19.28
上海	9	97.7	吉林	9	19.21
浙江	26	96.74	山西	11	18.77
江苏	32	89.01	广西	5	16.22

续表

省份	展馆数量（座）	展览面积（万平方米）	省份	展馆数量（座）	展览面积（万平方米）
四川	41	88.21	江西	3	15.12
湖南	4	73.2	天津	3	14.1
陕西	4	59.17	贵州	2	10.35
云南	3	55.48	内蒙古	5	10.31
辽宁	19	54.91	新疆	1	10
福建	12	43.15	甘肃	3	6.74
重庆	3	30.52	西藏	3	6.25
北京	9	26.28	青海	2	5.69
安徽	9	25.95	海南	2	5.19
湖北	7	24.54	宁夏	1	3
河北	12	20.74			

（三）各城市情况

在全国提供统计数据的 175 个城市中，拥有 2 个及其以上展览场馆的城市有 83 个。其中，北京、上海各有 9 个展览场馆，并列第一。

全国共有 42 个城市展览场馆室内可供展览总面积超过 10 万平方米。其中，上海市以 97.7 万平方米居首位，青岛市以 80.4 万平方米位居次位，深圳市以 61.8 万平方米位居第三。

表 30 2017 年城市展览场馆数量比较（单位：座）

城市展馆数量	城市名称							
9	北京	上海						
8	成都	漳州						
7	杭州	佛山	潍坊					
6	苏州	临沂	青岛					
5	广州	中山	武汉	宜宾				
4	长春	石家庄	太原	郑州	济南	南京	无锡	泰安
	滨州	淄博	枣庄	大同	东营	遂宁	天津	
3	重庆	沈阳	合肥	大连	珠海	威海	绵阳	德阳
	图们	长沙						
2	哈尔滨	呼和浩特	福州	拉萨	贵阳	南宁	海口	厦门
	常州	本溪	盐城	菏泽	淮安	烟台	聊城	巴中

续表

城市展馆数量	城市名称							
2	连云港	辽阳	徐州	唐山	桐乡	广安	阜新	攀枝花
	泸州	洛阳	吕梁	眉山	延吉	泰州	莱芜	长治
	自贡	东莞	西安	南昌	昆明	深圳		
1	乌鲁木齐	兰州	宁波	沧州	昌邑	常熟	朝阳	郴州
	抚顺	阜阳	赣州	广元	桂林	衡阳	葫芦岛	惠州
	昆山	宝鸡	廊坊	乐山	济宁	柳州	六安	漯河
	蚌埠	宁德	宁海	齐齐哈尔	秦皇岛	衢州	曲阜	日照
	温州	安阳	温岭	芜湖	西宁	襄阳	信阳	邢台
	银川	永康	余姚	玉环	玉林	玉树	玉溪	云浮
	镇江	诸暨	池州	赤峰	慈溪	德州	东阳	鄂尔多斯
	佳木斯	嘉兴	江门	金华	锦州	晋城	张掖	长白山
	马鞍山	满洲里	牡丹江	南充	南通市	内江	张家港	张家口
	三门峡	三明	汕头	绍兴	绥芬河	台州	运城	湛江
	宿迁	延安市	扬州	阳泉	伊春	阿坝	铁岭	盘锦

表 31 2017 年全国展览场馆室内可供展览总面积超过 10 万平方米的城市（单位：万平方米）

城市	展馆面积	城市	展馆面积	城市	展馆面积
上海	97.7	北京	26.28	临沂	14.96
青岛	80.4	昆明	24.98	天津	14.1
深圳	61.8	潍坊	23.26	沈阳	13.96
广州	49.24	佛山	23	郑州	12.9
西安	45.9	苏州	22.3	义乌	12.64
成都	40.06	武汉	21.74	无锡	12.05
长沙	39.2	济南	21.65	厦门	12
南昌	34.35	温州	19.4	中山	11.75
杭州	30.76	漳州	18.4	珠海	11.72
重庆	30.52	太原	17.6	大同	10.67
昆明	30	菏泽	17.15	贵阳	10.35
衡阳	28	长春	16.59	哈尔滨	10
淄博	27.7	南京	16.53	乌鲁木齐	10
宜宾	27.7	滨州	16.3		

（四）展馆规模情况

全国展览场馆室内可供展览面积前五十强中，仅有 4 个在中小城市，即江苏昆山、浙江永康、义乌和福建南安，其余均在大型城市。

表 32 2017 年全国室内可供展览面积排名前 50 座展览场馆（TOP50）（单位：万平方米）

序号	展览场馆名称	省份	城市	室内展览面积
1	国家会展中心（上海）	上海	上海	40
2	中国进出口商品交易会展馆（广州）	广东	广州	33.8
3	昆明滇池国际会展中心	云南	昆明	30
4	上海新国际博览中心	上海	上海	20
5	重庆国际博览中心	重庆	重庆	20
6	中国西部国际博览城	四川	成都	20.5
7	广州国际采购中心	广东	广州	20
8	长沙国际会展中心	湖南	长沙	17.75
9	广东现代国际展览中心（东莞）	广东	东莞	16
10	临沂鲁信国际会展中心	山东	临沂	15
11	武汉国际博览中心	湖北	武汉	15
12	中亚国际博览中心	广东	深圳	14.8
13	厦门国际会展中心	福建	厦门	14
14	南昌绿地国际博览中心	江西	南昌	14
15	青岛国际博览中心	山东	青岛	14
16	福州海峡国际会展中心	福建	福州	12
17	成都世纪城新国际会展中心	四川	成都	11
18	中国国际展览中心（北京顺义馆）	北京	北京	10.68
19	沈阳国际展览中心	辽宁	沈阳	10.56
20	深圳会展中心	广东	深圳	10.5
21	长春国际会展中心	吉林	长春	10
22	昆山花桥国际博览中心	江苏	昆山	10
23	苏州国际博览中心	江苏	苏州	10
24	新疆国际会展中心	新疆	乌鲁木齐	10
25	南京国际博览中心	江苏	南京	9.6
26	义乌国际博览中心	浙江	义乌	9.32
27	南宁国际会议展览中心	广西	南宁	9

续表

序号	展览场馆名称	省份	城市	室内展览面积
28	杭州国际博览中心	浙江	杭州	9
29	合肥滨湖国际会展中心	安徽	合肥	8.3
30	上海世博展览馆	上海	上海	8
31	宁波国际会议展览中心	浙江	宁波	7.74
32	海南国际会议展览中心	海南	海口	7.7
33	永康国际会展中心	浙江	永康	7.56
34	贵阳国际会议展览中心	贵州	贵阳	7.45
35	郑州国际会展中心	河南	郑州	7.4
36	银川国际会展中心	宁夏	银川	7.4
37	中国国际航空航天博览中心	广东	珠海	7
38	保利世贸博览馆	广东	广州	6.78
39	泰州国际博览中心	江苏	泰州	6.75
40	无锡太湖国际博览中心	江苏	无锡	6.54
41	西安曲江国际会展中心	陕西	西安	6.4
42	昆明国际会展中心	云南	昆明	6.34
43	中国国际展览中心（北京朝阳馆）	北京	北京	6.07
44	临沂国际会展中心	山东	临沂	6
45	烟台国际博览中心	山东	烟台	5.94
46	哈尔滨国际会展体育中心	黑龙江	哈尔滨	5.85
47	青岛国际会展中心	山东	青岛	5.59
48	青岛华秀国际会展中心	山东	青岛	5.17
49	重庆国际会议展览中心	重庆	重庆	4.5
50	晋江 SM 国际展览中心 水头国际石材展览中心	福建	晋江 南安	4

表 33 2017 年全国展览场馆利用率前 30 名（TOP30）（单位：万平方米）

序号	场馆名称	使用面积	利用率（%）
1	广东现代国际展览中心（东莞）	312.77	61.63
2	中国国际展览中心（北京朝阳馆）	173.96	58.75
3	深圳会展中心	398.72	57.48

续表

序号	场馆名称	使用面积	利用率（%）
4	上海新国际博览中心	643.83	55.96
5	云南国际会展中心	220.99	52.41
6	新疆国际会展中心	177.24	52.19
7	成都世纪城新国际会展中	385.64	50.13
8	海南国际会议展览中心	151.21	49.34
9	上海世博展览中心	227.9	48.27
10	郑州国际会展中心	214.3	46.58
11	济南舜耕国际会展中心	66.75	46.5
12	重庆国际会展中心	173.31	46.04
13	广州保利世贸博览馆	244.92	45.83
14	济南国际会展中心	160.12	44.16
15	中国国际展览中心（北京顺义馆）	318.96	43.87
16	中国进出口商品交易会展馆（广州）	860.83	40.16
17	淄博国际会展中心	180.92	39.51
18	郑州中原国际博览中心	115.3	37.97
19	南京国际展览中心	109.31	34.85
20	厦门国际会展中心	304.59	32.51
21	义乌国际会展中心	184.05	28.87
22	青岛国际会展中心	129.69	28.06
23	哈尔滨国际会展体育中心	139.9	27.89
24	无锡太湖国际博览中心	138.59	27.44
25	西安曲江国际会展中心	145.95	27.15
26	长春国际会展中心	157.4	26.68
27	宁波国际会展中心	141.19	25.48
28	苏州国际博览中心	103.48	21.49
29	南京国际博览中心	156.76	20.9
30	国家会展中心（上海）	485.02	19.93

（五）在建与待建项目情况

2017 年，全国有 15 座展览场馆工程项目正在建设之中。在建展览场馆室内可供展览总面积预计达 195.31 平方米。

2017 年，全国共有 6 座展览场馆工程项目待建。

表 34 2017 年全国在建展览场馆室内可供展览面积（单位：万平方米）

序号	场馆名称	城市	可供展览面积
1	深圳国际会展中心	深圳	50
2	石家庄国际展览中心	石家庄	36
3	红岛国际会展中心	青岛	35.7
4	中铁青岛世界博览城	青岛	23
5	潍麟会议展览中心	菏泽	13.35
6	济南西部国际会展中心	济南	13.2
7	HM 全球家居会展中心	淄博	12
8	郑州新国际会展中心	郑州	4
9	沈阳新世界博览馆	沈阳	2.4
10	秦皇岛国际展览中心	秦皇岛	1.84
11	珠海国际会展中心二期	珠海	1.1
12	海岱国际会展中心	济宁	1
13	长治市会展中心	长治	0.72
14	滕州市规划展览馆	枣庄	0.7
15	南宁国际会展中心（三期改扩建）	南宁	0.3
总计			195.31

表 35 2017 年全国待建展览场馆室内可供展览面积（单位：万平方米）

序号	项目名称	城市	规划室内可供展览面积
1	西安丝绸之路国际会展中心	西安	30
2	衡阳国际会展中心	衡阳	28
3	太原会展中心	太原	12
4	淮安会展中心	淮安	7
5	大同现代国际会展中心	大同	4
6	丹东国门湾金融国际会展城	丹东	-
总计			81

2018 年度

一、中国境内展览统计

（一） 全国总体办展情况

2018, 全国展览总数为 10889 场，展览总面积为约 14456 万平方米，较 2017 年分别增长 5% 和 1.2%。全年净增展览 531 场、展览总面积约 170 万平方米。

自 2011 年统计中国展览数据以来，八年间，纳入统计的展览城市由 83 个增至 181 个。与此同时，中国境内（下同）展览总数由 7333 场增至 10889 场，展览总面积从 8173 万平方米增至 14456 万平方米，年均增长率分别为 5.81% 和 8.49%。

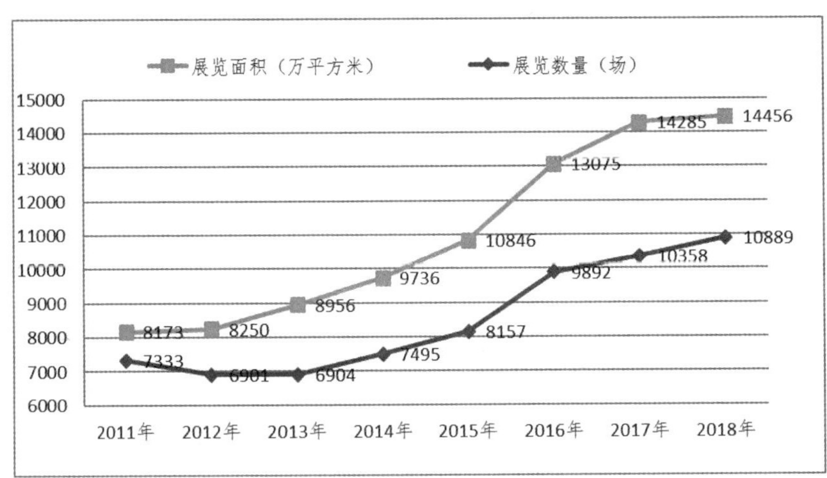

图 1 2011—2018 年全国展览、展览面积增长趋势

表 1 2011—2018 年全国展览统计城市数量、办展城市与办展数量、办展面积的变化

年份	统计城市（个）	展览数量（场）	同比 + -（%）	展览面积（万平方米）	同比 + -（%）	平均面积（万平方米）
2011	83	7 330		8 173		1.12
2012	101	6 901	-5.85	8 250	0.94	1.2
2013	124	6 904	0.04	8 956	8.56	1.3
2014	140	7 495	8.56	9 736	8.71	1.3
2015	161	8 157	8.83	10 846	11.4	1.33
2016	159	9 892	21.27	13 075	20.55	1.32
2017	175	10 358	4.71	14 285	9.25	1.38
2018	181	10 889	5.13	14 456	1.2	1.33

（二）83 个初始统计城市样本办展比较

为客观比较统计数据，以 2011 年最初提供统计数据的 83 个城市为样本，2011—2018 年这 83 个城市展览数量由 7333 场增至 9362 场，展览总面积由 8173 万平方米增至 13273 万平方米，年均增长率分别为 3.55% 和 7.17%。

数据显示，这 83 个城市 2017 年、2018 年分别占统计城市总数的 47.42% 和 45.86%，但展览数量和展览总面积 2017 年占到全国的 85.58% 和 89.65%；2018 年分别占到全国的 85.98% 和 91.82%。换言之，这 83 个城市是中国展览业的主要城市。

数据显示，2011—2013 年，这 83 个城市的展览数量下降而展览总面积上升；2014—2018 年，其展览数量与展览面积同步增长，且览面积的增幅高于展览数量。2018 年与 2017 年相比，展览数量和展览总面积的增幅分别为 5.61% 和 3.65%。展览总面积的增长幅度大大高于展览数量的增长。

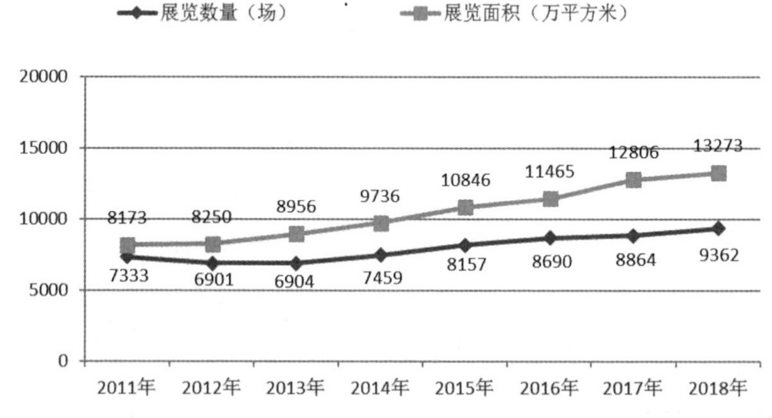

图 2 2011—2018 年 83 个城市展览及展览面积统计数据对比

（三）各地情况

1．各省份办展情况

2018 年，全国按展览面积排名前十的省份为上海市、广东省、山东省、江苏省、四川省、重庆市、浙江省、辽宁省、北京市、河南省。以上 10 个省份的展览数量占全国展览总数的 71.21%，展览总面积占全国展览总面积的 74.02%。

表 2 2018 年全国各省份展览数量和展览面积统计

序号	省份	展览数量（场）	展览数量全国占比（%）	展览面积（万平方米）	展览面积全国占比（%）	展览平均面积（万平方米）
1	上海	994	9.13	1 906.31	13.19	1.92
2	广东	975	8.95	1 855.82	12.84	1.9
3	山东	949	8.72	1 414.57	9.79	1.49
4	江苏	1 211	11.12	1 050.12	7.26	0.87
5	四川	898	8.25	960.5	6.64	1.07
6	重庆	503	4.62	913	6.32	1.82
7	浙江	693	6.36	820.02	5.67	1.18
8	辽宁	747	6.86	692.66	4.79	0.93

续表

序号	省份	展览数量（场）	展览数量全国占比（%）	展览面积（万平方米）	展览面积全国占比（%）	展览平均面积（万平方米）
9	北京	347	3.19	641.19	4.44	1.85
10	河南	437	4.01	446.64	3.09	1.02
11	福建	302	2.77	361	2.5	1.2
12	吉林	174	1.6	342.94	2.37	1.97
13	河北	301	2.76	338.98	2.34	1.13
14	湖北	301	2.76	338.26	2.34	1.12
15	湖南	251	2.31	308.13	2.13	1.23
16	陕西	262	2.41	286.15	1.98	1.09
17	云南	152	1.4	276.95	1.92	1.82
18	安徽	308	2.83	260.43	1.8	0.85
19	黑龙江	51	0.47	227.05	1.57	4.45
20	天津	133	1.22	198.84	1.38	1.5
21	贵州	137	1.26	158.46	1.1	1.16
22	内蒙古	125	1.15	123.2	0.85	0.99
23	江西	92	0.84	103.58	0.72	1.13
24	广西	73	0.67	93.49	0.65	1.28
25	海南	71	0.65	90.97	0.63	1.28
26	新疆	39	0.36	78.17	0.54	2
27	甘肃	93	0.85	59.78	0.41	0.64
28	宁夏	34	0.31	42	0.29	1.24
29	青海	26	0.24	35.89	0.25	1.38
30	山西	208	1.91	28.57	0.2	0.14
31	西藏	2	0.02	2.5	0.02	1.25
总计		10 889		14 456.17		1.33

注：本表按展览面积排序。

2．各城市办展情况

2018 年，全国按展览面积排名前十的城市为上海、广州、重庆、北京、南京、沈阳、成都、青岛、深圳、武汉。以上十个城市的展览数量占全国展览总数的 39.89%，展览总面积占全国展览总面积的 47.77%。其中，上海以 994 场展览、1906 万平方米展览总面积蝉联全国第一，分别占全国展览总量和展览总面积的 9.13% 和 13.19%。

2018 年，全国展览面积净增面积排名前十的城市为上海、长沙、北京、广州、长春、重庆、武汉、临沂、青岛以及义乌。

表 3 2018 年全国城市展览数量和展览面积统计

序号	城市	展览数量（场）	展览数量全国占比（%）	展览面积（万平方米）	展览面积全国占比（%）
1	上海市	994	9.13	1 906.31	13.19
2	广州市	628	5.77	1 020	7.06
3	重庆市	503	4.44	913	6.32
4	北京市	347	3.19	641.19	4.44
5	南京市	516	4.74	490.12	3.39
6	成都市	266	2.44	388	2.68
7	沈阳市	386	3.54	413	2.86
8	青岛市	265	2.43	370.1	2.56
9	深圳市①	111	1.02	348	2.41
10	武汉市①	294	2.7	327	2.26
11	长春市①	163	1.43	315.41	2.18
12	长沙市①	251	2.31	308.13	2.13
13	济南市	196	1.8	286.45	1.97
14	西安市	230	2.11	283	1.96
15	郑州市①	239	2.19	281	1.94
16	昆明市	152	1.4	276.95	1.92
17	东莞市	56	0.51	242	1.67
18	杭州市	222	2.04	243.6	1.69
19	厦门市	229	2.1	237.8	1.64
20	哈尔滨①	47	0.43	222.3	1.54
21	合肥市	200	1.84	206	1.42
22	临沂市	104	0.96	202.6	1.4
23	天津市	133	1.22	198.84	1.38
24	宁波市	165	1.52	186	1.29
25	潍坊市	83	0.76	173.5	1.2
26	苏州市	171	1.57	159.26	1.1
27	贵阳市	137	1.26	158.46	1.1
28	大连市①	131	1.2	139.26	0.96
29	廊坊市	75	0.69	106.76	0.74

续表

序号	城市	展览数量（场）	展览数量全国占比（%）	展览面积（万平方米）	展览面积全国占比（%）
30	福州市	63	0.58	106.3	0.74
31	中山市	68	0.62	106.29	0.74
32	太原市①	148	1.36	105.66	0.72
33	义乌市	64	0.59	104.02	0.72
34	石家庄市	87	0.8	98.95	0.68
35	无锡市	86	0.79	92.94	0.64
36	海口市	71	0.65	90.97	0.63
37	南昌市①	76	0.7	87.54	0.61
38	南宁市	66	0.61	78.99	0.55
39	泸州市	39	0.36	78	0.54
40	乌鲁木齐市	38	0.35	74.17	0.51
41	绵阳市	52	0.57	72.5	0.5
42	呼和浩特市	50	0.51	67	0.46
43	昆山市	55	0.51	65.65	0.45
44	佛山市	29	0.27	64.1	0.44
45	温州市	51	0.47	62.78	0.43
46	兰州市	93	0.85	59.78	0.41
47	唐山市	58	0.53	59.77	0.41
48	桂林市	50	0.51	56.75	0.39
49	达州市	40	0.37	53.65	0.37
50	淄博市	30	0.28	52.6	0.36
51	威海市	33	0.3	51.4	0.36
52	漯河市①	32	0.29	49.63	0.34
53	滨州市	27	0.25	48	0.33
54	包头市	61	0.56	48	0.33
55	烟台市	31	0.28	47.6	0.33
56	遂宁市	24	0.22	47.21	0.33
57	泰安市	38	0.35	43.9	0.3
58	银川市①	34	0.31	42	0.29

续表

序号	城市	展览数量（场）	展览数量全国占比（%）	展览面积（万平方米）	展览面积全国占比（%）
59	盐城市	75	0.69	41.35	0.29
60	南充市	28	0.26	40	0.28
61	珠海市	27	0.25	39.83	0.28
62	洛阳市①	64	0.59	39.7	0.27
63	永康市	15	0.14	39.3	0.27
64	南通市	54	0.5	38.2	0.26
65	泰州市	47	0.43	36.91	0.26
66	西宁市①	25	0.23	35.74	0.25
67	信阳市①	53	0.49	34.5	0.24
68	东营市	41	0.38	34.09	0.24
69	嘉兴市	31	0.28	33.22	0.23
70	铁岭市	14	0.13	33	0.23
71	绍兴市	27	0.25	30.5	0.21
72	马鞍山市	71	0.65	30	0.21
73	沧州市	27	0.25	27.7	0.19
74	惠州市	38	0.35	27.6	0.19
75	乐山市	27	0.25	27.33	0.19
76	徐州市	32	0.29	27.1	0.19
77	余姚市	17	0.16	26	0.18
78	连云港市	27	0.25	24.4	0.17
79	鞍山市	26	0.24	23.7	0.16
80	扬州市	42	0.39	23.11	0.16
81	德阳市	44	0.4	22.9	0.16
82	广安市	40	0.37	22.9	0.16
83	芜湖市	33	0.3	21.43	0.15
84	日照市	24	0.22	21.4	0.15
85	菏泽市	19	0.17	21	0.15
86	邢台市	8	0.07	20.1	0.14
87	宜宾市	32	0.29	20.03	0.14

续表

序号	城市	展览数量（场）	展览数量全国占比（%）	展览面积（万平方米）	展览面积全国占比（%）
88	资阳市	28	0.26	20	0.14
89	常州市	32	0.29	19.7	0.14
90	安阳市①	18	0.17	19.61	0.14
91	慈溪市	19	0.17	19.5	0.13
92	锦州市	27	0.25	19	0.13
93	郴州市	6	0.06	18.7	0.13
94	台州市	8	0.07	18	0.12
95	常熟市	39	0.36	17.5	0.12
96	阜新市	12	0.11	16.7	0.12
97	镇江市	11	0.1	16.7	0.12
98	巴中市	28	0.26	16.67	0.12
99	温岭市	14	0.13	16.49	0.11
100	盘锦市	37	0.34	16.3	0.11
101	三门峡①	29	0.27	15.2	0.11
102	柳州市	7	0.06	14.5	0.1
103	延吉①	3	0.03	14.3	0.1
104	内江市	31	0.28	12.79	0.09
105	莱芜市	14	0.13	12.6	0.09
106	攀枝花市	25	0.23	12.33	0.09
107	诸暨市	6	0.06	12.05	0.08
108	晋江市	3	0.03	12	0.08
109	聊城市①	10	0.09	11.4	0.08
110	海宁市	16	0.15	11.39	0.08
111	赣州市①	15	0.14	11.04	0.08
112	邯郸市	11	0.1	10.5	0.07
113	广元市	32	0.29	9.62	0.07
114	枣庄市	13	0.12	9.21	0.06
115	眉山市	35	0.32	9.1	0.06
116	自贡市	39	0.36	8.78	0.06

续表

序号	城市	展览数量（场）	展览数量全国占比（%）	展览面积（万平方米）	展览面积全国占比（%）
117	济宁市	17	0.16	8.7	0.06
118	宿迁市	14	0.13	8.38	0.06
119	玉环市	4	0.04	8.05	0.06
120	丹东市	10	0.09	7.8	0.05
121	民权县	2	0.02	7	0.05
122	晋城市	2	0.02	6.7	0.05
123	抚顺市	21	0.19	6.5	0.04
124	大同市①	54	0.5	6.3	0.04
125	鄂尔多斯市	8	0.07	6.2	0.04
126	佳木斯市	4	0.04	6	0.04
127	凉山	10	0.09	6	0.04
128	宁海市	10	0.09	6	0.04
129	云浮市	3	0.03	6	0.04
130	松原市①	6	0.06	5.14	0.04
131	景德镇市	1	0.01	5	0.03
132	运城市	4	0.04	5	0.03
133	营口市	13	0.12	4.8	0.03
134	辽源市①	1	0.01	4.5	0.03
135	襄阳市	5	0.05	4.4	0.03
136	本溪市	13	0.12	4.2	0.03
137	张家港市	16	0.15	4.1	0.03
138	南平	1	0.01	4	0.03
139	潜江市	1	0.01	3.86	0.03
140	秦皇岛市	5	0.05	3.8	0.03
141	承德市	9	0.08	3.7	0.03
142	绥芬河市	1	0.01	3.5	0.02
143	赤峰市	2	0.02	4	0.03
144	张掖市	1	0.01	4	0.03
145	宝鸡市	31	0.28	3.05	0.02

续表

序号	城市	展览数量（场）	展览数量全国占比（%）	展览面积（万平方米）	展览面积全国占比（%）
146	六安市	4	0.04	3	0.02
147	肇庆市	18	0.17	3	0.02
148	衡水市	2	0.02	3	0.02
149	十堰市	1	0.01	3	0.02
150	辽阳市	14	0.13	3	0.02
151	朝阳市	16	0.15	3	0.02
152	泉州市	3	0.03	2.5	0.02
153	拉萨市	2	0.02	2.5	0.02
154	葫芦岛市	7	0.06	2.4	0.02
155	宁德市	1	0.01	2	0.01
156	满洲里	1	0.01	2	0.01
157	辽阳市	1	0.01	2	0.01
158	德州市	4	0.04	1.87	0.01
159	阿坝	18	0.17	1.69	0.01
160	张家口市	5	0.05	1.5	0.01
161	乐陵市	1	0.01	1.5	0.01
162	沙河市	1	0.01	1.5	0.01
163	桐乡市	10	0.09	1.42	0.01
164	梅河口①	2	0.02	1.4	0.01
165	太仓市	5	0.05	1.4	0.01
166	南安市	1	0.01	1.3	0.01
167	东阳市	3	0.03	1.2	0.01
168	保定市	3	0.03	1.1	0.01
169	公主岭①	2	0.02	1.1	0.01
170	雅安市	13	0.12	1	0.01
171	甘孜	13	0.12	1	0.01
172	晋中市	1	0.01	1	0.01
173	驻马店	1	0.01	1	0.01
174	四平市①	3	0.03	0.89	0.01

续表

序号	城市	展览数量（场）	展览数量全国占比（%）	展览面积（万平方米）	展览面积全国占比（%）
175	齐齐哈尔市	1	0.01	0.5	0.003
176	五常市	1	0.01	0.5	0.003
177	惠安市	1	0.01	0.5	0.003
178	黑河市	1	0.01	0.3	0.002
179	吉林市①	1	0.01	0.2	0.001
180	黄南自治州①	1	0.01	0.15	0.001
181	延安市	1	0.01	0.1	0.001
总计		10889		14456.17	

注：本表按展览面积排序。①表示各地申报办展数据和统计委社调展览项目数据一致的城市。

表 4 2018 年全国展览面积净增长排名前十的城市（单位：万平方米）

序号	城市	2018 年	2017 年	净增长面积	序号	城市	2018 年	2017 年	净增长面积
1	上海市	1 689	1 906.31	217.31	6	重庆市	876.5	913	36.5
2	长沙市	249.75	308.13	58.38	7	武汉市	299	327	28
3	北京市	595.5	641.19	45.69	8	临沂市	176.2	202.6	26.4
4	广州市	976	1020	44	9	青岛市	345	370.1	25.1
5	长春市	276.38	315.41	39.03	10	义乌市	80.07	104.02	23.95

3．各城市展览规模比较

2018 年，在提供统计数据的 181 个展览城市中，举办展览在 500 场以上的 4 个，在 300~500 场的 2 个，在 100~300 场的 20 个，在 50~100 场的 24 个，在 10~50 场的 75 个，10 场以下的 56 个，分别占统计城市总数的 2.21%、1.1%、11.05%、13.26%、41.44% 和 30.94%。

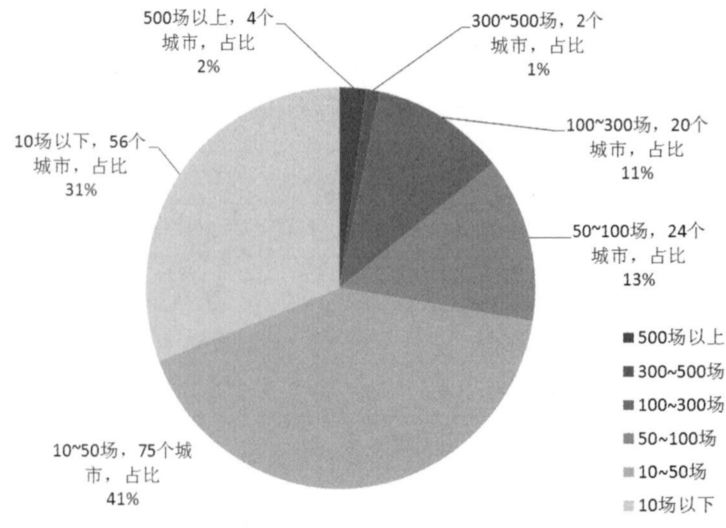

图 3 2018 年各城市办展数量分布图

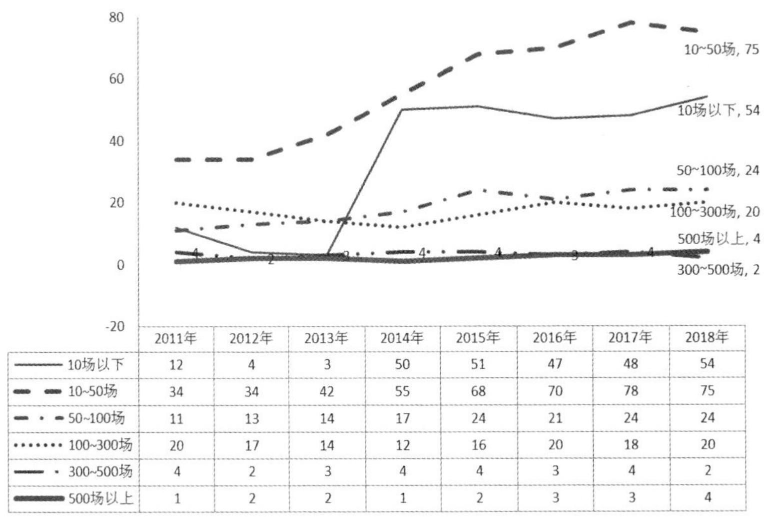

	2011年	2012年	2013年	2014年	2015年	2016年	2017年	2018年
10场以下	12	4	3	50	51	47	48	54
10~50场	34	34	42	55	68	70	78	75
50~100场	11	13	14	17	24	21	24	24
100~300场	20	17	14	12	16	20	18	20
300~500场	4	2	3	4	4	3	4	2
500场以上	1	2	2	1	2	3	3	4

图 4 2011—2018 年中国城市举办展览数量的变化（单位：城市 / 个）

2018 年，我国办展城市展览总面积在 1000 万平方米以上 2 个，在 500 万 ~1000 万平方米的 2 个，在 100 万 ~500 万平方米的 29 个，在 10 万 ~100 万平方米的 76 个，在 10 万平方米以下的 72 个。其中，全年只举办 1 场展览的城市有 15 个。

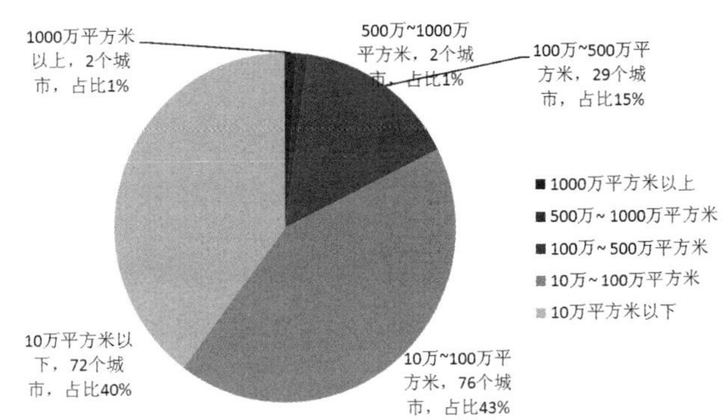

图 5 2018 年中国城市办展面积分布

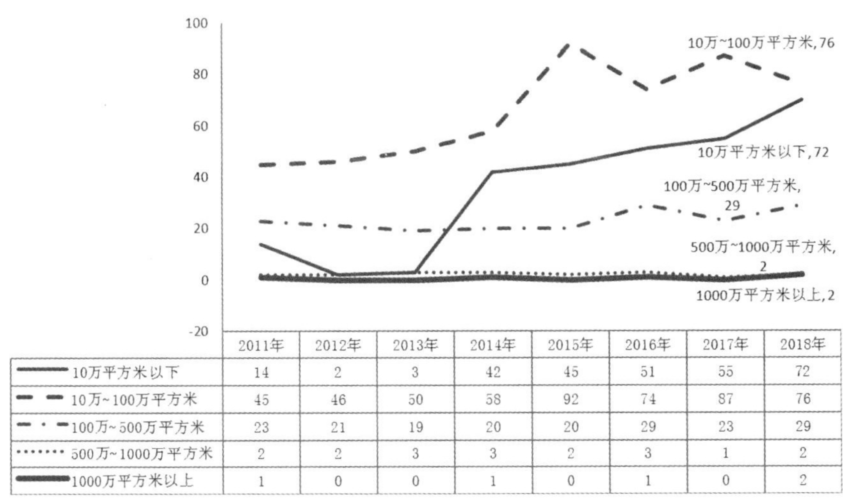

	2011年	2012年	2013年	2014年	2015年	2016年	2017年	2018年
10万平方米以下	14	2	3	42	45	51	55	72
10万~100万平方米	45	46	50	58	92	74	87	76
100万~500万平方米	23	21	19	20	20	29	23	29
500万~1000万平方米	2	2	3	3	2	3	1	2
1000万平方米以上	1	0	0	1	0	1	0	2

图 6 2011—2018 年中国城市展览面积分布（单位：城市 / 个）

4. 一线城市上海、广州、北京办展比较

上海、广州、北京作为中国展览业三大一线城市，2018 年展览数量共计 1969 场，展览总面积 3567 万平方米，分别较 2017 年增长 9.75% 和 9.42%，分别占全国展览总数的 18.08% 和 24.67%。

2011—2018 年，上海因为 40 万平方米的国家会展中心投用，展览总面积大幅增长。而北京因展览迁址南下，展览数量和展览总面积有所减少。广州地区的展览面积呈稳定增长趋势。

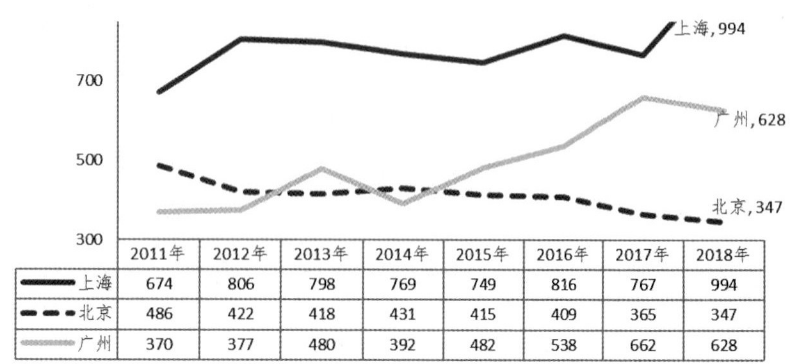

	2011年	2012年	2013年	2014年	2015年	2016年	2017年	2018年
上海	674	806	798	769	749	816	767	994
北京	486	422	418	431	415	409	365	347
广州	370	377	480	392	482	538	662	628

图 7 2011—2018 年中国一线城市境内办展总数情况（单位：场）

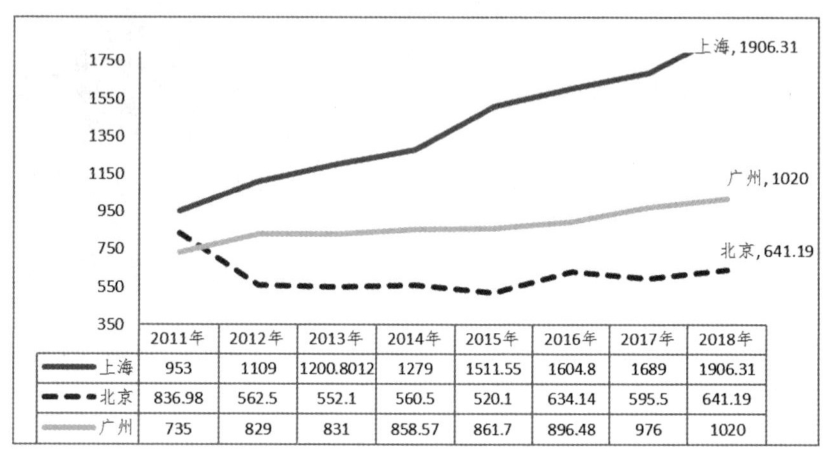

	2011年	2012年	2013年	2014年	2015年	2016年	2017年	2018年
上海	953	1109	1200.8012	1279	1511.55	1604.8	1689	1906.31
北京	836.98	562.5	552.1	560.5	520.1	634.14	595.5	641.19
广州	735	829	831	858.57	861.7	896.48	976	1020

图 8 2011—2018 年中国一线城市境内办展总面积情况（单位：万平方米）

5. 各计划单列市办展情况

2018 年，全国 5 个计划单列市展览总数为 911 场，展览总面积为 1281.16 万平方米，分别占全国展览总数的 8.37% 和展览总面积的 8.86%。

近年来，5 个计划单列市的展览数量和展览总面积均保存增长。其中，青岛、深圳跨入年展览总面积 300 万平方米城市的行列。

表 5 2018 年我国计划单列市办展数量和展览面积统计

城市	展览数量（场）	同比 + -（%）	展览面积（万平方米）	同比 + -（%）	平均办展面积（万平方米）
青岛	265	10.88	370.1	7.28	1.4
深圳	111	-2.63	348	6.93	3.14
厦门	229	11.71	237.8	8.58	1.04
大连	131	-5.76	139.26	14.24	1.06
宁波	175	7.36	186	4.53	1.06
总计	911		1 281.16		1.41

表 6 2011—2018 年计划单列市展览数量（单位：场）

城市	2011 年	2012 年	2013 年	2014 年	2015 年	2016 年	2017 年	2018 年
青岛	103	105	126	182	201	226	239	265
深圳	102	116	86	79	89	91	114	111
厦门	149	160	184	200	193	230	205	229
大连	100	89	103	95	86	106	139	131
宁波	148	282	46	56	136	99	163	175

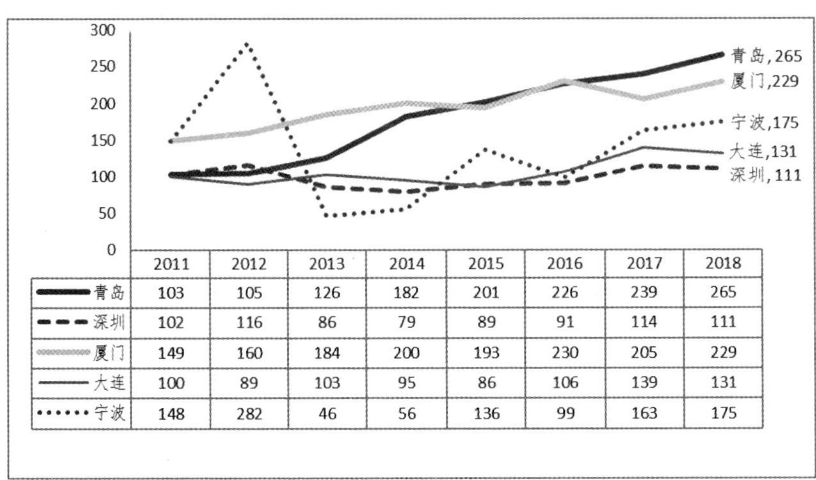

	2011	2012	2013	2014	2015	2016	2017	2018
青岛	103	105	126	182	201	226	239	265
深圳	102	116	86	79	89	91	114	111
厦门	149	160	184	200	193	230	205	229
大连	100	89	103	95	86	106	139	131
宁波	148	282	46	56	136	99	163	175

图 9 2011—2018 年中国计划单列市境内办展总数情况（单位：场）

表 7 2011—2018 中国计划单列市展览面积（单位：万平方米）

城市	2011 年	2012 年	2013 年	2014 年	2015 年	2016 年	2017 年	2018 年
青岛	117	136.82	180	280	295	298.3	345	370.1
深圳	256	286.5	260	256.23	277.64	325.17	325.44	348
厦门	126.4	138	160	173.46	191	215	219	237.8
大连	100.5	117	129	110	118	126.9	121.9	139.26
宁波	170	179	128	106.38	152.13	148.89	177.94	186

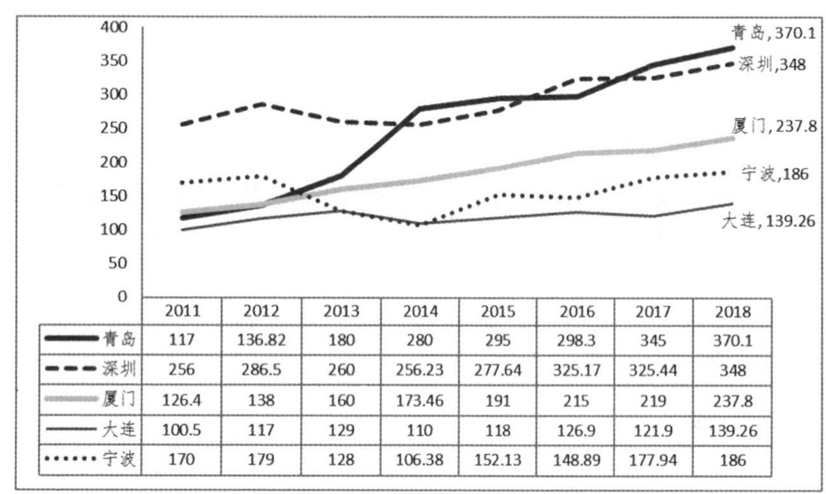

	2011	2012	2013	2014	2015	2016	2017	2018
青岛	117	136.82	180	280	295	298.3	345	370.1
深圳	256	286.5	260	256.23	277.64	325.17	325.44	348
厦门	126.4	138	160	173.46	191	215	219	237.8
大连	100.5	117	129	110	118	126.9	121.9	139.26
宁波	170	179	128	106.38	152.13	148.89	177.94	186

图 10 2011—2018 年中国计划单列市境内办展总面积情况（单位：万平方米）

二、中国境外自主办展

（一）境外自主办展情况

2018 年，中国境外自主办展总数为 124 场，同比增长 1 场，涨幅为 0.8%，展览总面积为 66.2 万平方米，同比减少 17.4 万平方米，降幅为 20.8%，展览平均面积为 0.5 万平方米 / 场，同比减少 0.1 万平方米 / 场，降幅为 16.7%。其中根据《出国举办经济贸易展览会审批管理方法》（贸促展管〔2001〕3 号）文件审批的境外自主办展展会有 114 场，占总展会数量的 91.9%，除此之外还有以市场化走出去海外自主办展的展会达 10 场，占总展会数量的 8.1%。

表 8 2014—2018 年中国主办方境外办展统计

年份	办展机构（个）	展览数量（场）	展览面积（万平方米）	展览平均面积（万平方米）
2014	36	84	26.8	0.3
2015	23	63	32.2	0.5
2016	37	128	78	0.6
2017	36	123	83.6	0.7
2018	34	124	66.2	0.5

（二）境外自主办展机构情况

2018 年，中国境外办展主办机构共 34 家。其中，行政机构 9 家，同比上年减少 1 个，降幅 10%。商会、协会 11 家，同比上年较少 3 个，降幅 21.48%。企业 14 家，同比上年增加 2 家，增幅 16.67%。在企业中，国有企业数量为 11 家，同比 2017 年增加 1 家，增幅为 9.09%，民营企业 3 家，同比增加 2 家，增幅 200%。

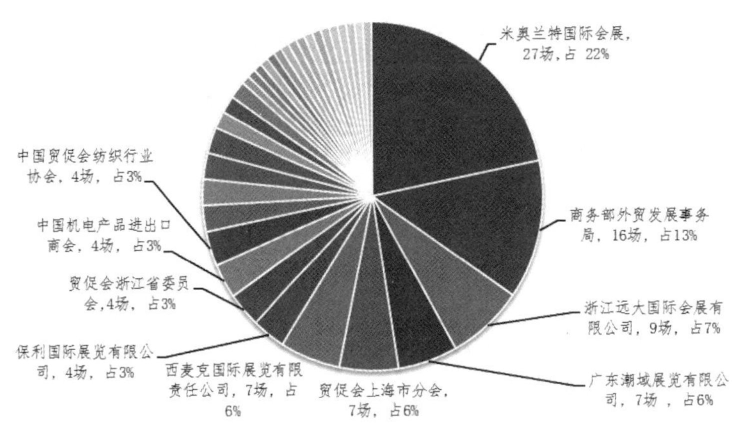

图 11 2018 年中国境外办展机构情况

表 9 2018 年中国境外办展数量排序前十家机构情况

序号	组展机构	办展数量及分类（场）				办展数量占比（%）	单位性质
		合计	独立办展	合作办展	展中展		
1	米奥兰特国际会展	27	27	—	—	21.77	民营
2	商务部外贸发展事务局	16	—	8	8	12.9	行政机构
3	浙江远大国际会展有限公司	9	3	—	6	7.26	国有
4	广东潮域展览有限公司	7	—	1	6	5.65	民营
5	贸促会上海市分会	7	—	—	7	5.65	行政机构
6	西麦克国际展览有限责任公司	7	—	—	7	5.65	国有
7	保利国际展览有限公司	4	—	—	4	3.23	国有
8	贸促会浙江省委员会	4	—	—	4	3.23	行政机构
9	中国机电产品进出口商会	4	—	—	4	3.23	商协会
10	贸促会纺织行业分会司	4	—	3	1	3.23	国有
	总计	89	30	12	47	71.8	

在 34 家机构中，办展数量排名前十的机构总共办展 89 场，展览总面积 39.6 万平方米，分别占境外自主办展总数的 71.77% 和展览总面积的 59.82%。

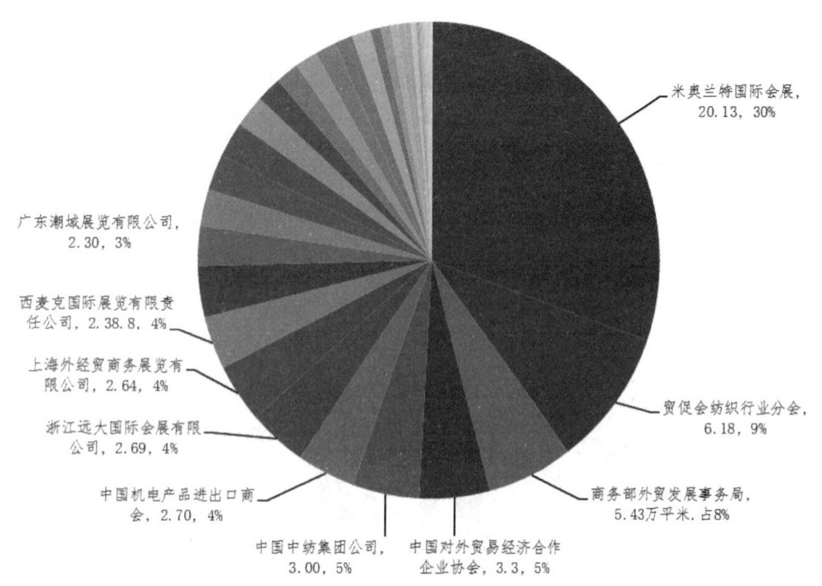

图 12 2018 年中国境外办展组展机构展览面积构成

在 34 家机构中，2018 年办展数量排名前五的机构为商务部外贸发展事务局、米奥兰特国际会展、浙江远大国际会展有限公司、广东潮域展览有限公司和中国贸促会上海分会。

表 10 2018 年中国出境自主办展展览面积排名前十的组展机构办展面积

序号	组展机构	办展总面积（万平方米）	办展总面占比（%）
1	米奥兰特国际会展	20.13	30.41
2	贸促会纺织行业分会	6.18	9.34
3	商务部外贸发展事务局	5.43	8.2
4	中国对外贸易经济合作企业协会	3.3	4.98
5	中国机电产品进出口商会	2.7	4.08
6	浙江远大国际会展有限公司	2.69	4.06
7	上海外经贸商务展览有限公司	2.64	3.99
8	西麦克国际展览有限责任公司	2.38	3.6
9	广东潮域展览有限公司	2.3	3.47
10	贸促会轻工行业分会	1.78	2.69
	总计	49.53	74.82

在 34 家机构中，办公地位于北京的 19 家，办展 57 场，占境外自主办展总数为 47.9%；展览总面积 32.06 万平方米，占境外自主办展展览总面积的 48.4%。

表 11 2018 年中国出境自主办展组展机构的地域分布

序号	城市	2017 年组展机构（个）	2018 年				组展机构同比 +-（%）
			组展机构（个）	展览数量（场）	展览面积（万平方米）	组展机构占比（%）	
1	北京	19	19	57	32.06	55.88	0
2	上海	2	4	12	3.88	11.76	100
3	广州	2	3	9	4.9	8.82	50
4	杭州	3	3	40	23.31	8.82	0
5	福州	—	1	2	0.06	2.94	—
6	南宁	1	1	1	1.08	2.94	0
7	宁波	1	1	1	0.44	2.94	0
8	西安	—	1	1	0.33	2.94	—
9	长沙	—	1	1	0.13	2.94	—

表 12 2016—2018 年中国各城市境外办展主体境外办展数量情况
（单位：场）

序号	城市	2016 年	2017 年	2018 年
1	北京	87	78	57
2	上海	3	2	12
3	广州	5	4	9
4	杭州	21	28	40
5	福州	—	—	2
6	南宁	2	4	1
7	宁波	1	1	1
8	西安	—	—	1
9	长沙	—	—	1

表 13 2016—2018 年中国各城市境外办展主体境外办展面积情况
（单位：万平方米）

序号	办展城市	2016 年	2017 年	2018 年	同比 +-（%）
1	北京	52.8	53.72	32.06	-40
2	杭州	15.38	20.36	23.31	14
3	广州	3.32	3.28	4.9	49
4	上海	1	1.36	3.88	186
5	南宁	0.93	2.8	1.08	-62
6	宁波	0.55	0.12	0.44	270
7	西安	—	—	0.33	—
8	长沙	—	—	0.13	-
9	福州	—	—	0.06	—

（三） 境外自主办展类型

境外自主办展的类型分为独立办展、合作办展和展中展三类。

2018 年，中国主办方在境外独立办展 32 场，合作办展 23 场，展中展 69 场，分别境外自主办展总数 124 场的 25.8%、18.6% 和 55.6%。

相比于 2017 年，2018 年境外自主办展独立办展类项目数量增加了 8 个，增幅达 33%；合作办展类型项目数量减少了 27 个，下降了 54%；展中展类项目数量增加了 20 个，增幅为 41%。数据表明有少数企业逐步获得境外自主独立办展能力，境外独立办展数量得以增加，部分在外合作办展的主体合作办展类型展览项目减少，而展中展，这种严格意义上属于境外展代理模型的境外自主办展数量大幅增长，占比超过中国境外自主办展总数 55.6%，为统计以来历年之最。

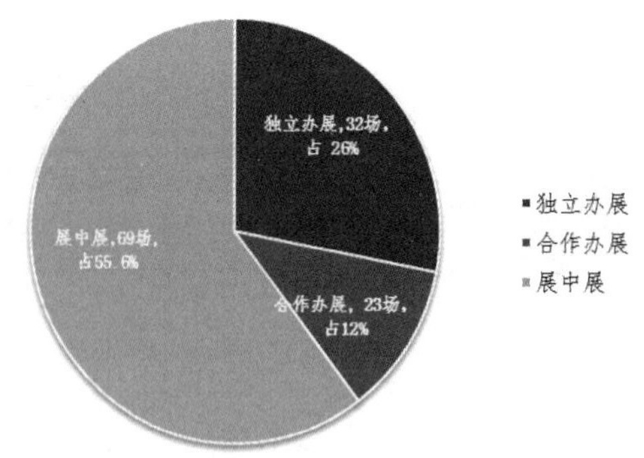

图 13 2018 年中国境外自主办展的类型

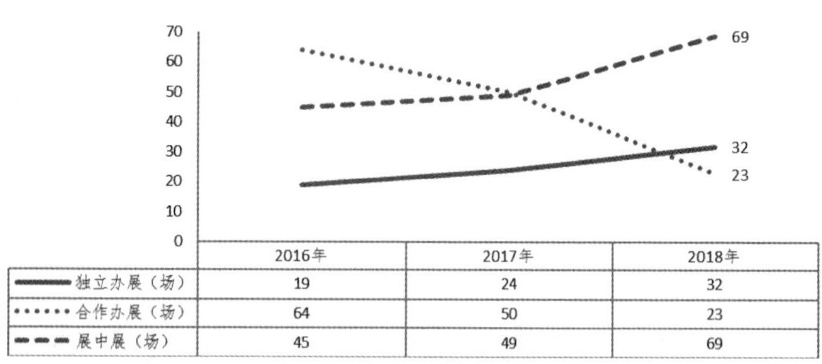

	2016年	2017年	2018年
独立办展（场）	19	24	32
合作办展（场）	64	50	23
展中展（场）	45	49	69

图 14 2016—2018 年中国境外自主办展分类的数量走势

（四） 境外自主办展项目主题情况

中国境外自主办展的项目分为服务贸易展和货物贸易展两大类。

2018 年，服务贸易展 5 场，占比 4.03%；货物贸易展中，综合展 49 场，专业展 70 场，分别占办展总数的 39.52% 和 56.45%。

70 场专业展的主题共涉及 13 个行业或领域。其中，房产家居（16 场）、建筑建材（13 场）、纺织服装（12 场）位列前三，共占专业展总数的 58.57%。

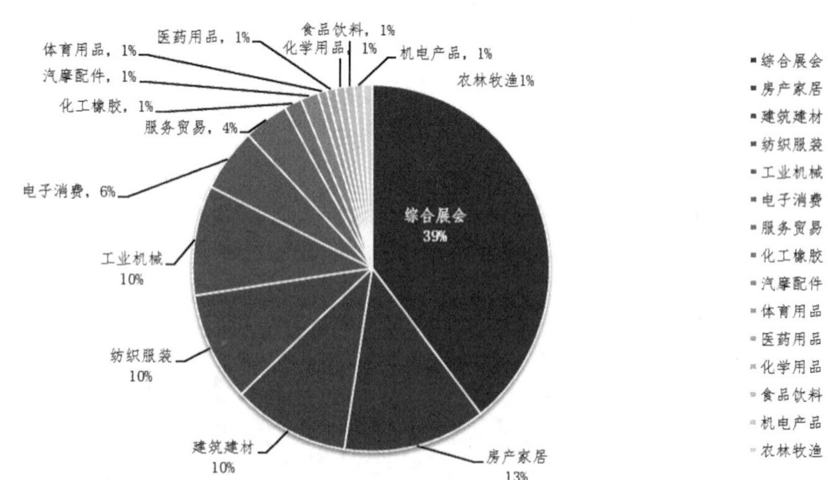

图 15 2018 年中国境外自主办展项目主题构成

相较于 2017 年，综合展会由 33 场增加至 49 场，房产家居展览由 14 场增至 16 场，建筑材料展览由 10 场增至 13 场，电子消费、化工橡塑、农林牧渔以及医药用品展览与上年持平外，其余 6 个行业或领域的专业展场次均有减少，并新增体育用品类别展览。

表 14 2017 年、2018 年中国境外自主办展项目主题比较

项目分类 / 行业	2017 年		2018 年		数量同比 +- (%)	面积同比 +- (%)
	展览数量（场）	展览面积（万平方米）	展览数量（场）	展览面积（万平方米）		
综合展会	33	26.23	49	20.57	48	-11
纺织服装	16	13.83	12	11.2	-25	7
房产家居	14	13.67	16	12.84	14	-6
建筑建材	10	6.89	13	8.21	30	19
工业机械	22	9.33	12	4.62	-45	-50
电子消费	7	8.42	7	4.38	0	-48
化工橡胶	3	0.54	2	1.15	-33	114
汽摩配件	4	1.06	2	0.64	-50	-40
体育用品	—	—	1	0.53	—	—
服务贸易	5	0.43	5	1.05	—	146
医药用品	1	0.26	1	0.44	—	68
化学用品	1	0.16	1	0.3	—	90
食品饮料	2	0.39	1	0.16	-50	-60
机电产品	4	2.4	1	0.04	-75	-98
农林牧渔	1	0.1	1	0.02	—	-80
总计	123	83.6	124	66.2	1	-21

2018 年，中国境外自主办展规模排名前十的展览，展览总面积达 24.84 万平方米，占中国境外自主办展展览总面积的 37.5%。其中，综合展 5 个，专业展 5 个。

表 15 2018 年中国境外自主办展规模排名前十的项目

序号	展览会名称	组展机构	举办国家	举办城市	展览面积（万平方米）
1	中国（阿联酋）贸易博览会	米奥兰特国际会展	阿联酋	迪拜	4.28
2	中国（波兰）贸易博览会	米奥兰特国际会展	波兰	华沙	3.8
3	中国纺织品、服装贸易展览会	贸促会纺织行业分会	美国	纽约	3.03

续表

序号	展览会名称	组展机构	举办国家	举办城市	展览面积（万平方米）
4	中国（印度）贸易博览会	米奥兰特国际会展	印度	孟买	3
5	中国（墨西哥）贸易博览会	米奥兰特国际会展	墨西哥	墨西哥城	2.55
6	中国国际纺织采购展览会	贸促会纺织行业分会	巴西	圣保罗	1.76
7	中国（土耳其）贸易博览会	米奥兰特国际会展	土耳其	伊斯坦布尔	1.69
8	中国纺织服装展览会	中国纺织品进出口商会	澳大利亚	墨尔本	1.64
9	中国商品（印度孟买）展览会	贸促会商业行业分会	印度	孟买	1.59
10	东盟（曼谷）中国进出口商品展览会	中国对外贸易经济合作企业协会	泰国	曼谷	1.5
总计					24.84

2018 年中国境外自主办展的 124 场展览中，有 6 场展览来自中国境内展览的移植，占比为 6.45%。

表 16 2018 年中国境外自主办展海外移植情况

序号	展览会名称	组展机构	举办国家	举办城市	展览面积（万平方米）
1	上海广告印刷（泰国）展览会	上海现代国际展览有限公司	泰国	曼谷	1
2	中国—东盟博览会（柬埔寨展）	商务部外贸发展事务局	柬埔寨	金边	0.8
3	亚洲国际陶瓷工业展览会	广东新之联展览服务有限公司	印度	甘地纳格尔	0.75
4	中国—俄罗斯博览会	商务部外贸发展事务局	俄罗斯	叶卡捷琳堡	0.55
5	中国 - 东盟（缅甸仰光）产品展览会	商务部外贸发展事务局	缅甸	仰光	0.48
6	中国医疗健康（印尼）品牌展	中国医药保健品进出口商会	印尼	雅加达	0.3
总计					3.88

（五） 境外自主办展举办地情况

2018 年，中国境外自主办展举办地共涉及 46 个国家，较 2017 年增加 1 个国家，增幅为 2.2%。

相较于 2017 年，2018 年中国在印度、墨西哥、马来西亚、尼日利亚等 18 国的办展数量均有增长。其中，在墨西哥的展览总面积增幅高达 300%；在肯尼亚、巴基斯坦、尼泊尔的展览总面积增幅皆为 100%。

表 17 2017—2018 年中国境外自主办展分举办地的展览数量与展览面积比较

国家	办展数量（场）		同比 +-（%）	办展面积（万平方米）		同比 + -（%）
	2017 年	2018 年		2017 年	2018 年	
印度	6	8	33.33	6.45	8.29	28.52
墨西哥	4	7	75	1.57	3.71	136.08
印度尼西亚	3	7	133.33	5.8	3.6	-37.92
泰国	5	6	20	5.22	3.47	-33.56
巴西	8	5	-37.5	6.83	3.48	-49
俄罗斯	4	5	25	2.85	1.87	-34.55
南非	4	5	25	2.45	2.62	6.81
阿联酋	4	4	0	3.85	4.52	17.47
波兰	4	4	0	3.8	3.9	2.77
肯尼亚	3	4	33.33	0.5	0.58	17.84
马来西亚	1	4	300	0.3	1.74	486.07
尼日利亚	1	4	300	0.79	1.03	30.05
日本	2	4	100	2.64	3.01	14.2
英国	3	4	33.33	1.44	1.38	-3.81
越南	4	4	0	1.86	1.25	-32.65
澳大利亚	2	3	50	1.8	1.82	0.96
哈萨克斯坦	4	3	-25	2.97	0.85	-71.55
美国	9	3	-66.67	7.36	3.21	-56.38
斯里兰卡	6	3	-50	2.29	0.94	-58.94
埃及	2	2	0	1.01	0.93	-7.91
巴基斯坦	2	2	0	1.35	0.33	-75.2
巴拿马	0	2	—	—	0.31	—
丹麦	0	2	—	—	0.5	—
缅甸	1	2	100	0.44	0.48	8.23
沙特阿拉伯	1	2	100	0.12	0.44	266.67
土耳其	1	2	100	1.82	1.69	-7.36
乌兹别克斯坦	1	2	100	0.22	0.31	43.1
伊朗	6	2	-66.67	1.79	0.3	-83.32

续表

国家	办展数量（场）		同比 +-（%）	办展面积（万平方米）		同比 + -（%）
	2017 年	2018 年		2017 年	2018 年	
阿尔及利亚	1	1	0	0.4	0.11	-72.22
埃塞俄比亚	—	1	—	—	0.02	—
鞑靼斯坦共和国	1	1	0	0.2	0.2	0
德国	7	1	-85.71	3.63	0.22	-93.94
法国	2	1	-50	2.09	1.39	-33.54
菲律宾	1	1	0	0.95	0.68	-28.14
加拿大	—	1	—	—	0.34	—
拉脱维亚	0	1	—	—	0.13	—
立陶宛	—	1	—	—	1.08	—
蒙古	4	1	-75	2.41	0.57	-76.29
尼泊尔	2	1	-50	0.88	0.38	-56.83
塞尔维亚	—	1	—	—	0.16	—
新加坡	1	1	0	0.66	0.67	1.82
匈牙利	2	1	-50	1.28	0.67	-48.16
柬埔寨	0	1	—	—	1.08	—
土库曼斯坦	0	1	—	—	0.44	—
乌克兰	0	1	—	—	0.88	—
总计 46 个国家	123	124	0.8	83.6	66.2	-20.8

（六）境外办展服务“一带一路”倡议情况

2018 年，在中国境外自主办展的 124 场展览中，有 90 场在“一带一路”沿线国家举办，占 72.58%，同比上年增加 19 场，增幅达 26.7%；展览总面积 45.57 万平方米，占中国境外自主办展展览总面积的 68.83%，同比上年减少 5.43 万平方米，降幅为 10.6%。

中国在“一带一路”沿线国家举办展览的机构共 27 家，占出境自主办展组展机构总数的 82.4%，同比上年减少 1 家，降幅为 3.44%。

自中国政府 2015 年提出“一带一路”倡议以来，“一带一路”沿线国家逐渐成为中国境外自主办展的热门举办地。2015—2018 年，“一带一路”沿线国家在中国境外自主办展的热门举办地中的占比达 70% 以上。

表 18 2018 年中国境外服务“一带一路”倡议项目办展主体前 10 统计

序号	办展单位名称	展览数量（场）	展览面积（万平方米）	占总面积比例（%）
1	米奥兰特国际会展	22	16.71	25.25
2	商务部外贸发展事务局	12	3.33	5.03
3	中国机电产品进出口商会	4	2.7	4.08
4	上海外经贸商务展览有限公司	3	2.64	3.99
5	浙江远大国际会展有限公司	8	2.17	3.28
6	西麦克国际展览有限责任公司	4	1.98	2.99
7	广东潮域展览有限公司	5	1.8	2.72
8	贸促会轻工行业分会	3	1.78	2.69
9	广东新之联展览服务有限公司	1	1.63	2.46
10	贸促会商业行业分会	1	1.59	2.4

与此同时，金砖五国中的俄罗斯、巴西、印度和南非，也成为中国境外自主办展的重要举办地。

2018 年，在中国境外自主办展的 124 场展览中，有 22 场在金砖五国举办，占比为 17.74%，与 2017 年金砖五国境外办展数量持平；展览总面积 14.53 万平方米，占中国境外自主办展展览总面积的 21.92%，同比上年减少 2.97 万平方米，降幅为 20.48%。

中国在金砖五国举办展览的机构共 13 家，占出境自主办展组展机构总数的 38.24%，同比上年增加 4 家，增幅为 44.44%。

表 19 2018 年中国境外服务金砖五国倡议项目办展主体前十统计

序号	办展单位名称	展览数量（场）	展览面积（万平方米）	占总面积比例（%）
1	米奥兰特国际会展	7	5.17	7.8
2	贸促会纺织行业分会	1	1.76	2.66
3	商务部外贸发展事务局	3	1.65	2.49
4	广东新之联展览服务有限公司	1	1.63	2.46
5	贸促会商业行业分会	1	1.59	2.4
6	中国机电产品进出口商会	2	1.45	2.19
7	广东潮域展览有限公司	1	0.4	0.6
8	西麦克国际展览有限责任公司	1	0.2	0.3
9	浙江远大国际会展有限公司	1	0.17	0.25
10	中国食品土畜进出口商会	1	0.16	0.24

2018 年，中国境外自主办展十大热门举办国为：印度、墨西哥、印度尼西亚、泰国、巴西、俄罗斯、南非、阿联酋、波兰和肯尼亚。

表 20 2012—2018 年中国境外自主办展十大热门举办国

序号	2012 年	2013 年	2014 年	2015 年	2017 年	2018 年
1	越南	越南	巴西	巴西	巴西	印度
2	印度尼西亚	阿联酋	美国	印度	斯里兰卡	墨西哥
3	阿联酋	印度尼西亚	匈牙利	泰国	印度	印度尼西亚
4	日本	波兰	越南	哈萨克斯坦	俄罗斯	泰国
5	缅甸	泰国	哈萨克斯坦	美国	南非	巴西
6	泰国	印度	阿联酋	印度尼西亚	印度尼西亚	俄罗斯
7	澳大利亚	美国	印度	马来西亚	美国	南非
8	马来西亚	缅甸	泰国	土耳其	越南	阿联酋
9	法国	哈萨克斯坦	埃及	埃及	伊朗	波兰
10	英国	坦桑尼亚	澳大利亚	阿联酋	土耳其	肯尼亚

（七）境外自主办展项目获得国际认证情况

2018 年，中国境外自主办展组展机构中，3 家成为国际展览协会（UFI）成员，同比 2017 年增加 1 家，增幅为 50%，18 个展览项目获得国际展览协会 UFI 认证，同比 2017 年增加 2 场，增幅为 12.5%。

表 21 2018 年中国境外自主办展获 UFI 认证的项目

序号	UFI 认证展会	展览会城市	展览公司
1	中国（约旦）贸易博览会	安曼	米奥兰特国际会展
2	中国（阿联酋）家居贸易博览会	迪拜	米奥兰特国际会展
3	中国（波兰）家居贸易博览会	波兹南	米奥兰特国际会展
4	中国（印度）工业机械贸易博览会	孟买	米奥兰特国际会展
5	中国（印度）家居贸易博览会	孟买	米奥兰特国际会展
6	中国（土耳其）家居贸易博览会	伊斯坦布尔	米奥兰特国际会展
7	中国（南非）工业机械贸易博览会	约翰内斯堡	米奥兰特国际会展
8	中国（南非）家居贸易博览会	约翰内斯堡	米奥兰特国际会展
9	中国（巴西）工业机械贸易博览会	圣保罗	米奥兰特国际会展
10	中国（巴西）家居贸易博览会	圣保罗	米奥兰特国际会展
11	中国（哈萨克斯坦）工业机械贸易博览会	阿斯塔纳	米奥兰特国际会展

续表

序号	UFI 认证展会	展览会城市	展览公司
12	中国（哈萨克斯坦）家居贸易博览会	阿斯塔纳	米奥兰特国际会展
13	中国（埃及）工业机械贸易博览会	开罗	米奥兰特国际会展
14	中国（埃及）家居贸易博览会	开罗	米奥兰特国际会展
15	浙江商品展（大阪）	大阪	浙江远大国际会展有限公司
16	浙江商品展（越南）	河内	浙江远大国际会展有限公司
17	浙江商品展（马来西亚）	吉隆坡	浙江远大国际会展有限公司
18	中国 - 俄罗斯贸易博览会	叶卡特琳堡	黑龙江省会展事务局

三、中国展览场馆统计

（一）总体情况

2018 年，中国会展经济研究会统计工作委员会对全国各地收集到的展馆数据进行了核实（未提供展馆名称的不录入本章节统计工作）、筛选及分析工作，最终统计得出：

2018 年全国投入使用的展览馆场馆 286 座，比 2017 年减少 62 座，降幅达 17.8%。其中因展馆主营转型 68 座，当年新增投入使用的展览场馆 6 座，2018 年全国可供使用展览馆自 2011 年开始统计以来首次出现下滑。

2018 年，全国正在建设的展馆有 23 座，同比 2017 年增加 3 座，增长 15%。

2018 年，全国已经立项待建展馆有 14 座，同比 2017 年增加 6 座，增长 75%。

因此，截至 2018 年 12 月 31 日，全国在用、在建和立项待建的展馆总数为 323 座，比 2017 年全国展馆预测总数减少了 53 座，降幅达 14.1%，这是自 2011 年开始统计以来首次预测出现下滑；

表 22 2014—2018 年全国展览场馆建设情况（单位：座）

状态	2014 年	2015 年	2016 年	2017 年	2018 年
在用	226	286	316	348	286
在建	16	21	19	20	23
待建	4	5	5	8	14

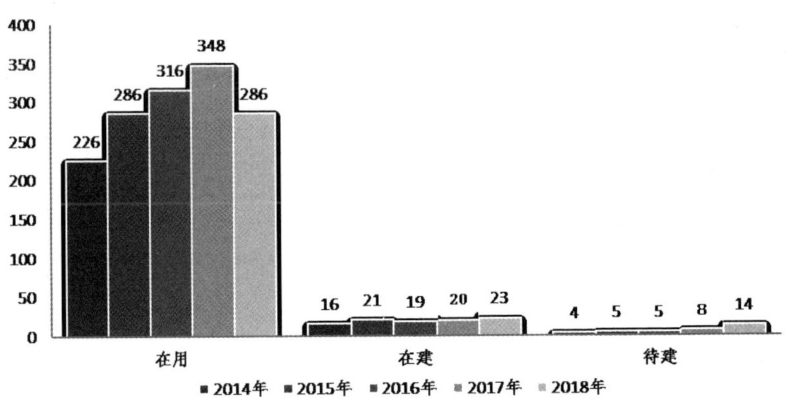

图 16 2014—2018 年全国展览场馆建设情况（单位：座）

2018 年，全国在用的 286 座展馆的室内可供展览总面积为 1129.8 万平方米，同比 2017 年减少 58.19 万平方米，降幅为 4.9%。

2018 年，全国 23 座在建展馆的室内可供展览总面积为 245.7 万平方米，同比 2017 年增加了 43.7 万平方米，增长 21.6%。

2018 年，全国立项待建的 14 座展览馆可供展览总面积为 161.6 万平方米，同比 2017 年增加了 77.6 万平方米，增长 92.4%。

因此，截至 2018 年 12 月 31 日，全国在用、在建和立项待建的展馆可供展览办展面积可以预测未来全国可供使用的办展面积为 1537.1 万平方米，同比 2017 年预测数增长 4.3%。

表 23 2014—2018 年全国展览场馆室内可供展览面积比较
（单位：万平方米）

状态	2014 年	2015 年	2016 年	2017 年	2018 年
在用	830.69	892.89	1 000.7	1 187.99	1 129.8
在建	114.24	186.82	107.81	202	245.7
待建	19.2	41.5	41.5	84	161.6

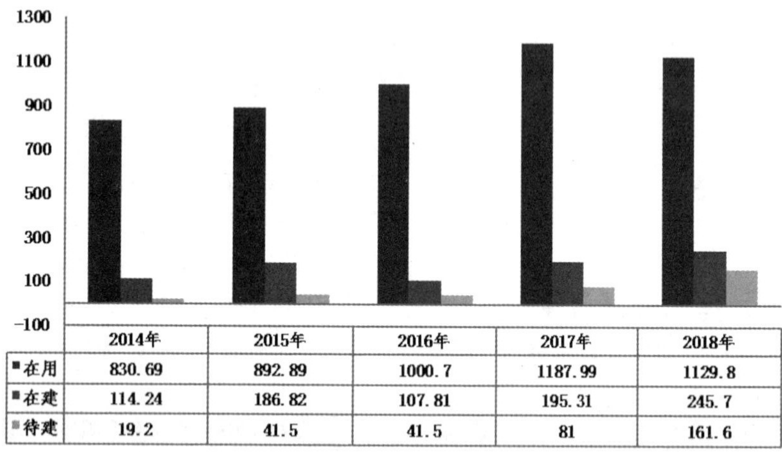

图 17 2014—2018 年全国展览场馆室内可供展览面积比较（单位：万平方米）

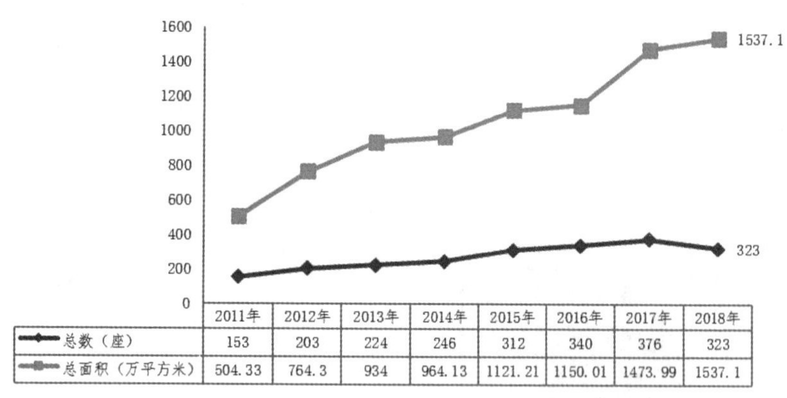

图 18 2011—2018 年全国展览场馆预测总数及室内可供展览面积变化情况

（二）各省份展馆情况

从全国投入使用的展览场馆数量来看，山东省展览场馆达 45 座，为全国各省份最多，占比达 15.7%。江苏省 30 座，广东省 27 座，位居全国第二、第三，占比分别达 10.5% 和 9.4%。

在各省份中，按投入使用展览场馆的室内可供展览总面积，山东省达 155.55 万平方米，广东省达 124.38 万平方米，上海市达 97.7 万平方米，浙江省达 96.89 万平方米，江苏省达 85.3 万平方米，分列全国前五位。

表 24 2018 年全国各省份展览场馆数量、展览面积比较

省份	展馆数量（座）	展览面积（万平方米）	省份	展馆数量（座）	展览面积（万平方米）
山东	45	155.55	陕西	4	17.77
广东	27	124.38	江西	4	16.7
上海	9	97.7	黑龙江	6	16.28
浙江	22	96.89	湖南	5	15.45
江苏	30	85.3	广西壮族自治区	3	13.29
河南	26	55.83	内蒙古自治区	5	10.31
四川	9	53.17	天津	3	10.1
云南	6	36.48	新疆维吾尔自治区	1	10
福建	8	35	山西	5	8.42
辽宁	11	34.54	贵州	2	8.3
河北	15	31.59	甘肃	3	6.74
重庆	3	30.52	西藏自治区	3	6.25
北京	8	28.96	青海	2	5.69
安徽	7	26.3	海南	1	3.79
吉林	7	25.08	宁夏回族自治区	1	3
湖北	5	24.84			

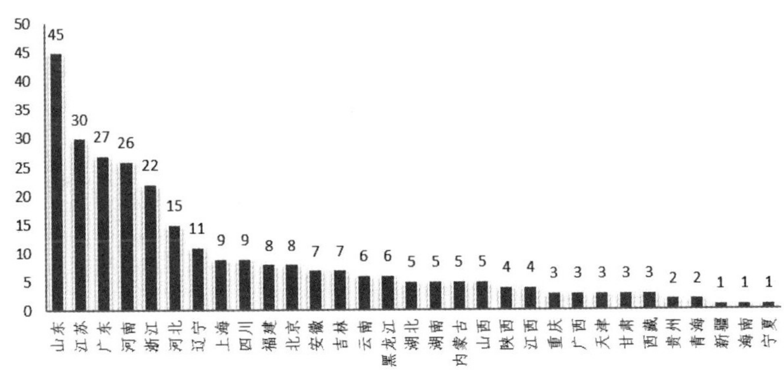

图 19 2018 年全国各省份展览场馆数量情况（单位：座）

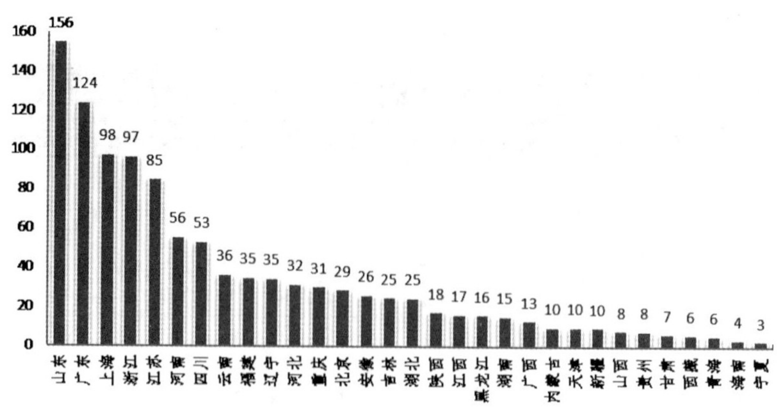

图 20 2018 年全国各省份展览场馆面积情况（单位：万平方米）

（三）各城市展馆情况

在本次全国提供统计中，有 146 个城市有展馆，其中单个城市在用展馆数量排名前三的城市分别为上海、北京 、杭州及临沂（并列第三）。

表 25 2018 年城市展览场馆数量比较（单位：座）

城市展馆数量	城市名称							
9	上海							
8	北京							
7	杭州	临沂						
6	苏州	佛山						
5	广州	昆明	长春	潍坊	中山			
4	武汉	南京	长沙	石家庄				
3	重庆	天津	成都	西安	南昌	郑州	济南	太原
	拉萨	青岛	大连	无锡	廊坊	威海	滨州	漳州
	泰安	东营	信阳	洛阳	许昌			
2	沈阳	贵阳	呼和浩特	泰州	东莞	邢台	烟台	连云港
	商丘	唐山	常州	安阳	济宁	盐城	本溪	莱芜
	濮阳	珠海	延吉	聊城	枣庄			
1	温州	义乌	淄博	深圳	厦门	乌鲁木齐	南宁	合肥
	云浮	福州	泸州	曲阜	永康	哈尔滨	锦州	郴州
	宁波	池州	昆山	莆田	乐山	西宁	芜湖	平顶山
	新乡	绥芬河	海口	合肥	桐乡	兰州	绵阳	余姚
	民权县	汕头	银川	桂林	宁德	襄阳	鹤壁	嘉兴

续表

城市展馆数量	城市名称							
1	台州	宿迁	张掖	牡丹江	常熟	德清	广元	邯郸
	宜宾	驻马店	铁岭	绍兴	江门	满洲里	大同	沧州
	赤峰	阜新	南通	张家口	慈溪	鄂尔多斯	伊春	阜阳
	漯河	马鞍山	平潭	日照	扬州	淮安	三门峡	湛江
	昌邑	徐州	惠州	柳州	海宁	温岭	齐齐哈尔	赣州
	镇江	衡水	临夏	蚌埠	盘锦	玉树	运城	德州
	南阳							

全国有 29 个城市展览场馆室内可供展览总面积超过 10 万平方米。其中，上海市以 97.7 万平方米居首，广州市以 49.24 万平方米位居其次，昆明市以 38.98 万平方米位居第三。

表 26 2018 年全国室内可供展览面积 10 万以上展览场馆情况

城市	展馆面积（万平方米）	城市	展馆面积（万平方米）
上海市	97.7	临沂市	17.66
广州市	49.24	西安市	17
昆明市	38.98	南京市	16.11
成都市	32.5	南昌市	15.6
杭州市	30.76	沈阳市	12.96
重庆市	30.52	义乌市	12.64
青岛市	29.5	淄博市	12.3
北京市	28.96	中山市	11.75
长春市	22.79	无锡市	11.25
苏州市	22.3	珠海市	10.62
武汉市	22.04	深圳市	10.5
滨州市	21.3	天津市	10.1
佛山市	19.6	厦门市	10
温州市	19.4		

（四） 单个展馆规模情况

全国单个展览场馆室内可供展览面积 10 万平方米以上的展馆有 24 个，其中排名前三的展馆分别为上海国家会展中心、中国进出口商品交易会展馆、昆明滇池国际会展中心。

表 27 拥有 10 万平方米以上专业场馆的城市分布情况

序号	展览场馆名称	省份	城市	室内展览面积
1	上海国家会展中心	上海市	上海市	40
2	中国进出口商品交易会展馆	广东省	广州市	33.8
3	昆明滇池国际会展中心	云南省	昆明市	30
4	重庆国际博览中心	重庆市	重庆市	23
5	上海新国际博览中心	上海市	上海市	20
6	中国西部国际博览城国际展览中心	四川	成都市	20
7	温州国际会议展览中心	浙江省	温州市	19.4
8	上海世贸商城展览馆	上海市	上海市	19
9	武汉国际博览中心	湖北省	武汉市	15
10	南昌绿地国际博览中心	江西省	南昌市	14
11	义乌国际博览中心	浙江省	义乌市	12.64
12	淄博国际会展中心	山东省	淄博市	12.3
13	广东（潭洲）国际会展中心	广东省	佛山市	12
14	青岛新南国际博览中心	山东省	青岛市	12
15	青岛世界博览城	山东省	青岛市	12
16	南京国际博览中心	江苏省	南京市	11
17	成都世纪城新国际会展中心	四川	成都市	11
18	沈阳国际展览中心	辽宁省	沈阳市	10.56
19	深圳会展中心	广东省	深圳市	10.5
20	中国国际展览中心新馆	北京市	顺义区	10
21	厦门国际会议展览中心	福建省	厦门市	10
22	中国厨都国际会展中心	山东省	滨州市	10
23	博兴澳博会展中心	山东省	滨州市	10
24	新疆国际会展中心	新疆维吾尔族自治区	乌鲁木齐市	10

根据全国各个展馆实际收集到的展览项目情况，对应所有展馆进行测算，可得 2018 年全国展览场馆利用率前十的展馆情况。

表 28 2018 年全国展览场馆利用率前十的展馆情况（TOP10）

序号	会展场馆名称	办展面积（万平方米）	展馆利用率（%）
1	上海新国际博览中心	682.3	70.33
2	中国国际展览中心新馆（顺义馆）	335.28	65.43
3	深圳会展中心	346.9	65.16
4	上海世博展览馆	239.13	61.63
5	广州市保利世贸博览馆	257.13	59.43
6	郑州国际会展中心	207.33	58.89
7	中国国际展览中心老馆（朝阳馆）	165.97	51.90
8	中国进出口商品交易会展馆	821.56	48.76
9	长春国际会展中心	171.24	45.16
10	成都世纪城新国际会展中心	245.75	44.28

（五） 在建与待建展馆情况

2018 年，全国有 23 座展览场馆工程项目正在建设之中。在建展览场馆室内可供展览总面积预计达 245.7 万平方米。

表 29 2018 年全国在建展览场馆室内可供展览面积（单位：万平方米）

场馆名称	城市	面积	建设状态
深圳国际会展中心	深圳	50	在建
厦门翔安新会展中心	厦门	30	在建
丹东国门湾金融国际会展城	丹东	20	在建
西安丝路国际会展中心	西安	20	在建
郑州新国际会展中心	郑州	18	在建
红岛国际会展中心	青岛	15	在建
商丘国际会展中心	商丘	14	在建
菏泽国际会展中心	菏泽	13.35	在建
济南西部国际会展中心	济南	13.2	在建
HM 全球家居会展中心	淄博	12	在建
宜昌三峡国际会议展览中心	宜昌	8.9	在建
石家庄国际会展中心	石家庄	7.1	在建
驻马店国际会展中心	驻马店	5	在建
北京世园会展馆（中国馆、国际馆）	北京	4.5	在建

河北国际商会广场会展中心	石家庄	3.1	在建
许昌市会展中心	许昌市	2.85	在建
新乡平原会展中心	新乡市	2.1	在建
开封恒大童世界国际会展中心	开封市	1.4	在建
睢县会展中心	商丘市	1.22	在建
秦皇岛国际展览中心	秦皇岛市	1.2	在建
珠海国际会展中心二期	珠海市	1.1	在建
海岱国际会展中心	济宁市	1	在建
长治市会展中心	长治市	0.72	在建

2018 年，全国有 14 座展览场馆展览场馆已立项待建规划之中。待建展览场馆室内可供展览总面积预计达 161.6 万平方米。

表 30 2018 年全国待建展览场馆室内可供展览面积（单位：万平方米）

序号	场馆名称	城市	面积	建设状态
1	天津国家会展中心	天津市	40	待建
2	淮海国际博览中心	徐州	30	待建
3	衡阳国际会展中心	衡阳市	28	待建
4	太原市会展中心（拟）	太原市	12	待建
5	丝绸之路（青海）国际会展中心	西宁市	10	待建
6	开封国际农业会展中心	开封市	8	待建
7	淮安国际会展中心	淮安市	7	待建
8	大同市国际会展中心	大同市	6	待建
9	郑州华南城会展中心	郑州市	6	待建
10	夏邑县商务会展中心	商丘市	5	待建
11	周口市商务中心区会展中心	周口市	4.6	待建
12	栾川旅游商品会展中心	洛阳市	2.5	待建
13	延津县会展中心	延津县	2.17	待建
14	濮东会展中心	濮阳市	0.3	待建

2019 年度

统计样本说明

自 2011 年中国展览数据统计报告面世以来，工作委员会就一直在不断地丰富调研的样本，以求用最完整的数据解释中国展览行业的真实发展情况。2019 年年初，中国会展经济研究会统计工作委员会继续扩大调研范围，在 2018 年调研 629 个城市的基础上，结合部分城市新增会展产业的实际，进一步扩大统计范围，新增统计地级市 2 个、县市级 7 个。截至报告发布，统计工作专业委员会共统计 638 个城市，经过和各地商务系统、会展办等会展相关机构沟通，并通过网络调查复核，其中有举办展览的为 187 个城市。针对 2019 年的中国展览统计，继续按照直辖市、计划单列市、省会城市、地级市、县级市五个层面的城市进行统计（不重复计算），具体城市覆盖率如图 1 所示。

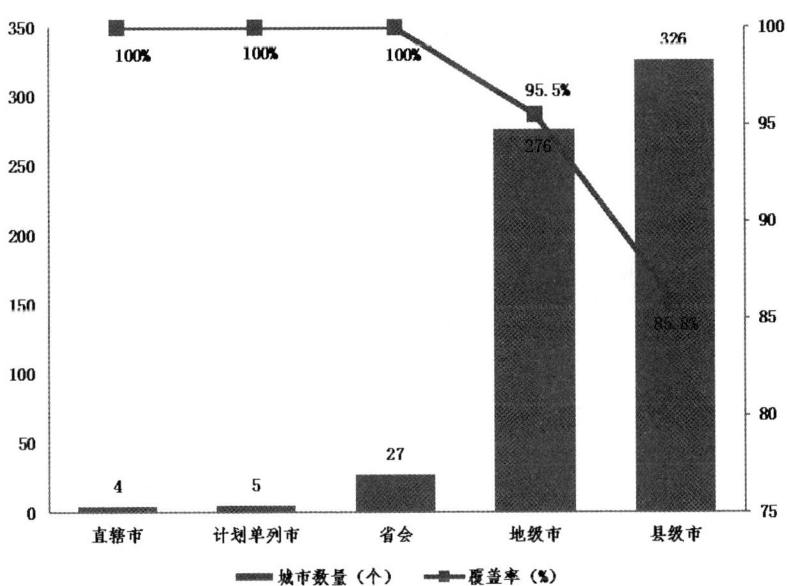

图 1 2019 年中国展览城市覆盖率

注：覆盖率 = 调研的城市数量 / 总城市数量

一、中国境内展览

（一）全国经贸展会的举办情况

2019, 全国展览总数为11033场，展览总面积约为14877万平方米，较2018年分别增长0.6%和2%。全年净增展览65场、展览总面积301.62万平方米。

自2011年中国会展经济研究会开展展览业统计工作据以来，中国境内纳入统计的展览城市由最初的83个增至2019年的187个。在此期间，展览总数由7333场增至2019年的11033场，展览总面积从8173万平方米增至2019年的14877万平方米。2011—2019年，中国经贸展览的数量和展览总面积年均增长率为5.61%和9.11%。

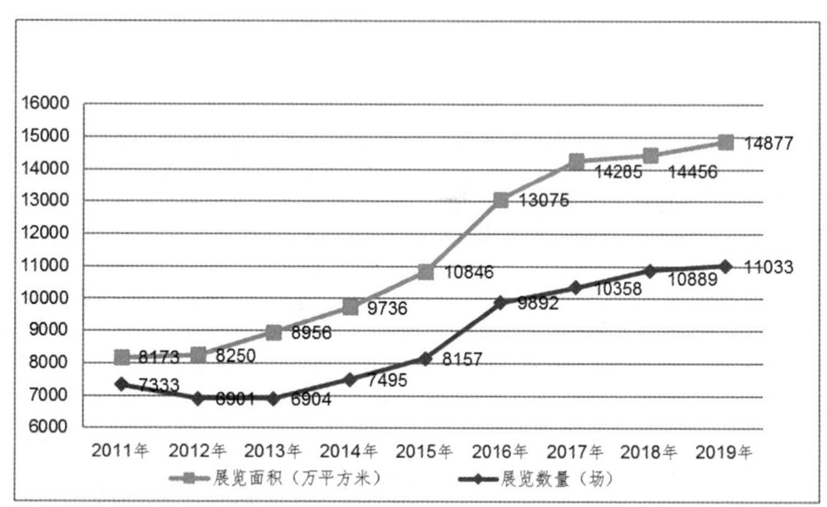

图2 2011—2019年全国展览、展览面积增长趋势

表1 2011—2019年全国展览城市、展览数量与展览面积的变化

年份	统计城市（个）	展览数量（场）	同比 + -（%）	展览面积（万平方米）	同比 + -（%）	平均面积（万平方米）
2011	83	7 333		8 173		1.12
2012	101	6 901	-5.85	8 250	0.94	1.2
2013	124	6 904	0.04	8 956	8.56	1.3
2014	140	7 495	8.56	9 736	8.71	1.3
2015	161	8 157	8.83	10 846	11.4	1.33
2016	159	9 892	21.27	13 075	20.55	1.32
2017	175	10 358	4.71	14 285	9.25	1.38
2018	181	10 889	5.13	14 456	1.2	1.33
2019	187	11 033	1.32	14 877	2.91	1.35

（二）83个初始统计城市办展比较

为客观比较统计数据，以2011年最初提供统计数据的83个城市为样本，至2019年其展览数量由7333场增至9573场，展览总面积由8173万平方米增至13559万平方米，年均增长率分别为3.39%和7.32%。

2017—2019 年，这 83 个城市分别占展览城市统计总数的 47.42%、45.86% 和 44.15%，但同期展览数量和展览总面积分别占到全国的 85.58% 和 89.65%、85.98% 和 91.82%、86.77% 和 91.14%。统计数据说明，2011 年最先提供统计数据的 83 个城市，至今仍然是中国主要的展览城市。

数据显示，2011—2013 年，这 83 个城市的展览数量下降而展览总面积上升；2014—2019 年，其展览数量与展览面积同步增长，且览面积的增幅高于展览数量。2019 年与 2018 年相比，展览数量和展览总面积的增幅分别为 2.25% 和 2.15%。展览总面积的增长幅度基本持平。

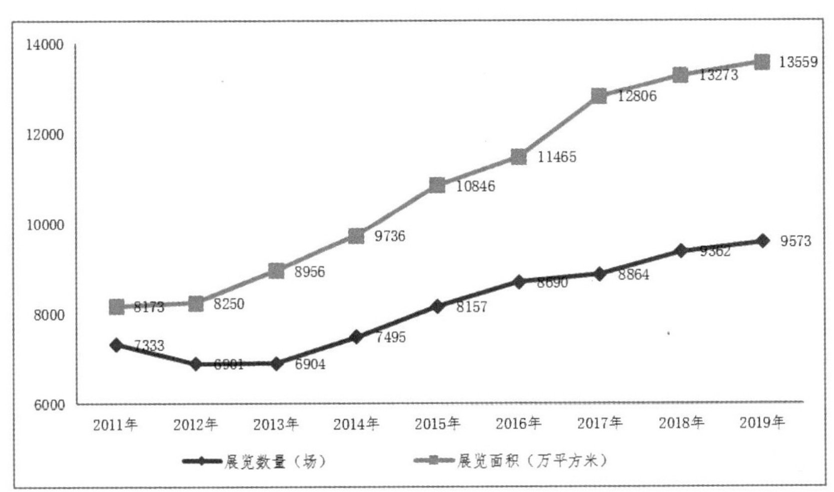

图 3 2011—2019 年 83 个城市展览及展览面积统计数据对比

（三） 各省份情况

2019 年，全国按展览面积排名前十的省份为上海市、广东省、山东省、江苏省、四川省、重庆市、浙江省、辽宁省、北京市、河南省。以上 10 个省份的展览数量占全国展览总数的 71.52%，展览总面积占全国展览总面积的 72.69%。

表 2 2019 年全国各省份展览数量和展览面积排序

序号	省份	展览数量（场）	展览数量全国占比（%）	展览面积（万平方米）	展览面积全国占比（%）	展览平均面积（万平方米）
1	上海市	1 043	9.45	1 941.67	13.05	1.86
2	广东省	1 029	9.33	1 721.83	11.57	1.67
3	山东省	1 004	9.1	1 505.28	10.12	1.5
4	江苏省	1 186	10.75	1 080.75	7.26	0.91
5	四川省	953	8.64	1 020.84	6.86	1.07
6	重庆市	513	4.65	992	6.67	1.93
7	浙江省	697	6.32	831.96	5.59	1.19
8	辽宁省	729	6.61	689.7	4.64	0.95
9	北京市	324	2.94	589.8	3.96	1.82

续表

序号	省份	展览数量（场）	展览数量全国占比（%）	展览面积（万平方米）	展览面积全国占比（%）	展览平均面积（万平方米）
10	河南省	412	3.73	442.23	2.97	1.07
11	福建省	343	3.11	420.44	2.83	1.23
12	河北省	337	3.05	416.78	2.8	1.24
13	云南省	132	1.2	374	2.51	2.83
14	吉林省	180	1.63	325.63	2.19	1.81
15	湖南省	274	2.48	324.5	2.18	1.18
16	湖北省	274	2.48	290.8	1.95	1.06
17	安徽省	295	2.67	265.08	1.78	0.9
18	陕西省	226	2.05	244.1	1.64	1.08
19	天津市	123	1.11	226.76	1.52	1.84
20	黑龙江省	45	0.41	198.9	1.34	4.42
21	广西壮族自治区	156	1.41	197.23	1.33	1.26
22	贵州省	156	1.41	164.81	1.11	1.06
23	内蒙古自治区	128	1.16	121.33	0.82	0.95
24	山西省	164	1.49	119.76	0.8	0.73
25	江西省	101	0.92	113.93	0.77	1.13
26	新疆维吾尔自治区	39	0.35	78.55	0.53	2.01
27	海南省	29	0.26	53.04	0.36	1.83
28	甘肃省	78	0.71	49.35	0.33	0.63
29	青海省	27	0.24	37.53	0.25	1.39
30	宁夏回族自治区	34	0.31	36.3	0.24	1.07
31	西藏自治区	2	0.02	2.5	0.02	1.25
总计		11 033		14 877.38		1.35

（四）各城市情况

2019 年，全国按展览面积排名前十的城市为上海、广州、重庆、北京、南京、青岛、成都、沈阳、深圳、昆明。以上 10 个城市的展览数量占全国展览总数的 39.86%，展览总面积占全国展览总面积的 47.69%。其中，上海以 1043 场展览、1941.67 万平方米展览总面积蝉联全国第一，分别占全国展览总量和展览总面积的 9.45% 和 13.05%。

2019 年，全国展览面积净增面积排名前十的城市为昆明、重庆、青岛、深圳、桂林、成都、上海、石家庄、天津以及宁波。

表 3 2019 年全国城市展览情况（按数量和展览面积排序）

序号	城市	展览数量（场）	展览数量全国占比（%）	展览面积（万平方米）	展览面积全国占比（%）
1	上海市	1 043	9.45	1 941.67	13.05
2	广州市	690	6.25	1 024.02	6.88
3	重庆市	513	4.65	992	6.67
4	北京市	324	2.94	589.8	3.96
5	南京市	543	4.92	512.3	3.44
6	青岛市	286	2.59	426	2.86
7	成都市	335	3.04	425.2	2.86
8	沈阳市	410	3.72	416	2.8
9	深圳市	121	1.1	395	2.66
10	昆明市	132	1.2	374	2.51
11	长沙市	273	2.47	321	2.16
12	长春市	163	1.48	306.53	2.06
13	济南市	202	1.83	306.3	2.06
14	郑州市	240	2.18	301.13	2.02
15	武汉市	267	2.42	282	1.9
16	杭州市	226	2.05	251.5	1.69
17	西安市	196	1.78	241	1.62
18	厦门市	236	2.14	240.03	1.61
19	天津市	123	1.11	226.76	1.52
20	临沂市	115	1.04	221.9	1.49
21	合肥市	204	1.85	220.1	1.48
22	宁波市	198	1.79	213	1.43
23	哈尔滨市	39	0.35	187.6	1.26
24	潍坊市	85	0.77	176.9	1.19
25	贵阳市	156	1.41	164.81	1.11
26	大连市	144	1.31	155.9	1.05
27	苏州市	174	1.58	152.83	1.03
28	福州市	92	0.83	132.51	0.89

续表

序号	城市	展览数量（场）	展览数量全国占比（%）	展览面积（万平方米）	展览面积全国占比（%）
29	石家庄市	118	1.07	129.31	0.87
30	金华市	71	0.64	108.3	0.73
31	无锡市	105	0.95	107.97	0.73
32	廊坊市	80	0.73	104.42	0.7
33	太原市	126	1.14	99.2	0.67
34	南昌市	84	0.76	96.8	0.65
35	桂林市	85	0.77	95.4	0.64
36	东莞市	46	0.42	94.04	0.63
37	泸州市	39	0.35	89	0.6
38	南宁市	62	0.56	85.93	0.58
39	中山市	57	0.52	78.67	0.53
40	乌鲁木齐市	38	0.34	74.55	0.5
41	绵阳市	72	0.65	72.5	0.49
42	呼和浩特市	59	0.53	64.8	0.44
43	佛山市	31	0.28	63.6	0.43
44	温州市	46	0.42	62.96	0.42
45	唐山市	61	0.55	62.27	0.42
46	遂宁市	24	0.22	54.21	0.36
47	达州市	40	0.36	53.65	0.36
48	淄博市	32	0.29	53.3	0.36
49	海口市	29	0.26	53.04	0.36
50	南充市	28	0.25	53	0.36
51	威海市	33	0.3	52.1	0.35
52	滨州市	29	0.26	51	0.34
53	沧州市	34	0.31	50.8	0.34
54	泰州市	16	0.15	49.41	0.33
55	兰州市	78	0.71	49.35	0.33
56	烟台市	31	0.28	47.8	0.32
57	昆山市	54	0.49	46.6	0.31

续表

序号	城市	展览数量（场）	展览数量全国占比（%）	展览面积（万平方米）	展览面积全国占比（%）
58	包头市	57	0.52	45.33	0.3
59	泰安市	41	0.37	45.3	0.3
60	漯河市	30	0.27	44.6	0.3
61	台州市	17	0.37	41	0.28
62	洛阳市	63	0.57	38.5	0.26
63	南通市	40	0.36	37.85	0.25
64	三亚市	40	0.36	37.8	0.25
65	西宁市	26	0.24	37.38	0.25
66	银川市	34	0.31	36.3	0.24
67	东营市	43	0.39	35.13	0.24
68	徐州市	36	0.33	35	0.24
69	乐山市	27	0.24	34.67	0.23
70	永康市	13	0.12	34.3	0.23
71	绍兴市	29	0.26	32.1	0.22
72	资阳市	28	0.25	32	0.22
73	盐城市	50	0.45	31.91	0.21
74	常州市	25	0.23	30.9	0.21
75	德阳市	44	0.4	29.8	0.2
76	嘉兴市	25	0.23	29.66	0.2
77	珠海市	23	0.21	28.8	0.19
78	惠州市	42	0.38	28.7	0.19
79	宜宾市	32	0.29	27.9	0.19
80	铁岭市	10	0.09	27	0.18
81	信阳市	33	0.3	25.6	0.17
82	马鞍山市	61	0.55	24	0.16
83	邢台市	8	0.07	23.5	0.16
84	海宁市	11	0.1	20.19	0.14
85	余姚市	13	0.12	21.6	0.15
86	日照市	24	0.22	21.4	0.14

续表

序号	城市	展览数量（场）	展览数量全国占比（%）	展览面积（万平方米）	展览面积全国占比（%）
87	菏泽市	20	0.18	21.3	0.14
88	扬州市	40	0.36	21.23	0.14
89	鞍山市	22	0.2	20.3	0.14
90	攀枝花市	25	0.23	19.33	0.13
91	芜湖市	28	0.25	18.98	0.13
92	常熟市	43	0.39	18.61	0.13
93	自贡市	39	0.35	18.58	0.12
94	安阳市	18	0.16	17.2	0.12
95	温岭市	14	0.13	17.2	0.12
96	连云港市	21	0.19	16.49	0.11
97	锦州市	23	0.21	16	0.11
98	柳州市	9	0.08	15.9	0.11
99	巴中市	28	0.25	15.78	0.11
100	盘锦市	32	0.29	15.1	0.1
101	眉山市	35	0.32	14.5	0.1
102	三门峡市	27	0.24	14.4	0.1
103	阜新市	9	0.08	13.4	0.09
104	保定市	8	0.07	13.2	0.09
105	延吉市	2	0.02	13	0.09
106	邯郸市	11	0.1	12.98	0.09
107	莱芜市	15	0.14	12.8	0.09
108	聊城市	12	0.11	12.2	0.08
109	赣州市	16	0.15	12.13	0.08
110	晋江市	1	0.01	12	0.08
111	宿迁市	15	0.14	12	0.08
112	石狮市	3	0.03	11.8	0.08
113	海宁市	15	0.14	10.88	0.07
114	广元市	32	0.29	10.5	0.07
115	枣庄市	15	0.14	10.34	0.07

续表

序号	城市	展览数量（场）	展览数量全国占比（%）	展览面积（万平方米）	展览面积全国占比（%）
116	衡水市	3	0.03	9.9	0.07
117	济宁市	17	0.15	9.3	0.06
118	大同市	33	0.3	9.26	0.06
119	慈溪市	8	0.07	8.6	0.06
120	诸暨市	6	0.05	8.5	0.06
121	晋城市	2	0.02	7.3	0.05
122	玉环市	4	0.04	6.24	0.04
123	鄂尔多斯市	8	0.07	6.2	0.04
124	镇江市	7	0.06	6.15	0.04
125	惠安市	3	0.02	6	0.04
126	德化市	1	0.01	6	0.04
127	云浮市	1	0.01	6	0.04
128	佳木斯市	1	0.01	6	0.04
129	凉山	10	0.09	6	0.04
130	宁海市	7	0.06	5.8	0.04
131	抚顺市	17	0.15	5.5	0.04
132	襄樊市	5	0.05	5.2	0.03
133	景德镇市	1	0.01	5	0.03
134	丹东市	6	0.05	4.4	0.03
135	营口市	11	0.1	4.2	0.03
136	本溪市	13	0.12	4.2	0.03
137	运城市	3	0.03	4	0.03
138	喀什	1	0.01	4	0.03
139	辛集市	2	0.02	3.5	0.02
140	郴州市	1	0.01	3.5	0.02
141	肇庆市	18	0.16	3	0.02
142	赤峰市	3	0.03	3	0.02
143	宝鸡市	29	0.26	3	0.02
144	朝阳市	14	0.13	2.8	0.02

续表

序号	城市	展览数量（场）	展览数量全国占比（%）	展览面积（万平方米）	展览面积全国占比（%）
145	承德市	4	0.04	2.7	0.02
146	辽阳市	12	0.11	2.7	0.02
147	龙岩市	1	0.01	2.5	0.02
148	泉州市	3	0.03	2.5	0.02
149	南安市	1	0.01	2.5	0.02
150	拉萨市	2	0.02	2.5	0.02
151	德州市	4	0.04	2.21	0.01
152	秦皇岛市	4	0.04	2.2	0.01
153	葫芦岛市	6	0.05	2.2	0.01
154	潜江市	1	0.01	2.1	0.01
155	六安市	2	0.02	2	0.01
156	宁德市	1	0.01	2	0.01
157	七台河市	1	0.01	2	0.01
158	绥芬河市	1	0.01	2	0.01
159	满洲里	1	0.01	2	0.01
160	四平市	6	0.05	1.9	0.01
161	阿坝	18	0.16	1.69	0.01
162	漳州市	1	0.01	1.5	0.01
163	十堰市	1	0.01	1.5	0.01
164	桐乡市	10	0.09	1.42	0.01
165	梅河口市	2	0.02	1.4	0.01
166	张家港市	13	0.12	1.4	0.01
167	东阳市	3	0.03	1.4	0.01
168	雅安市	13	0.12	1.3	0.01
169	定州市	1	0.01	1.1	0.01
170	公主岭市	2	0.02	1.1	0.01
171	三明市	1	0.01	1	0.01
172	甘孜	13	0.12	1	0.01
173	张家口市	3	0.03	0.9	0.01

续表

序号	城市	展览数量（场）	展览数量全国占比（%）	展览面积（万平方米）	展览面积全国占比（%）
174	民权县	1	0.01	0.8	0.01
175	通化市	1	0.01	0.6	0
176	齐齐哈尔市	1	0.01	0.5	0
177	五常市	1	0.01	0.5	0
178	松原市	1	0.01	0.5	0
179	衢州市	1	0.01	0.5	0
180	大庆市	1	0.01	0.3	0
181	农安县	1	0.01	0.3	0
182	吉林市	1	0.01	0.2	0
183	黄南藏族自治州	1	0.01	0.15	0
184	安溪市	1	0.01	0.1	0
185	图们市	1	0.01	0.1	0
186	太仓市	4	0.04	0.1	0
187	延安市	1	0.01	0.1	0
总计		11033		14877.38	

表 4 2019 年全国展览面积净增长排名前十的城市（单位：万平方米）

序号	城市	2019 年	2018 年	净增长面积	序号	城市	2019 年	2018 年	净增长面积
1	昆明市	276.95	374	97.05	6	成都市	388	425.2	37.2
2	重庆市	913	992	79	7	上海市	1 906.31	1 941.67	35.36
3	青岛市	370.1	426	55.9	8	石家庄市	98.95	129.31	30.36
4	深圳市	348	395	47	9	天津市	198.84	226.76	27.92
5	桂林市	56.75	95.4	38.65	10	宁波市	186	213	27

（五） 城市办展规模比较

2019 年，在提供统计数据的 187 个展览城市中，举办展览在 500 场以上的 4 个，在 300~500 场的 3 个，在 100~300 场的 21 个，在 50~100 场的 16 个，在 10~50 场的 75 个，10 场以下的 68 个，分别占统计城市总数的 2.14%、1.60%、11.23%、8.56%、40.11% 和 36.36%。

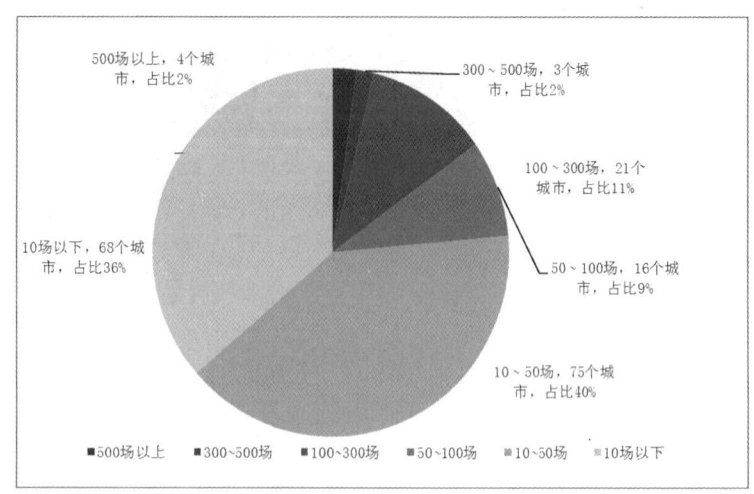

图 4 2019 年各城市展会数量分布

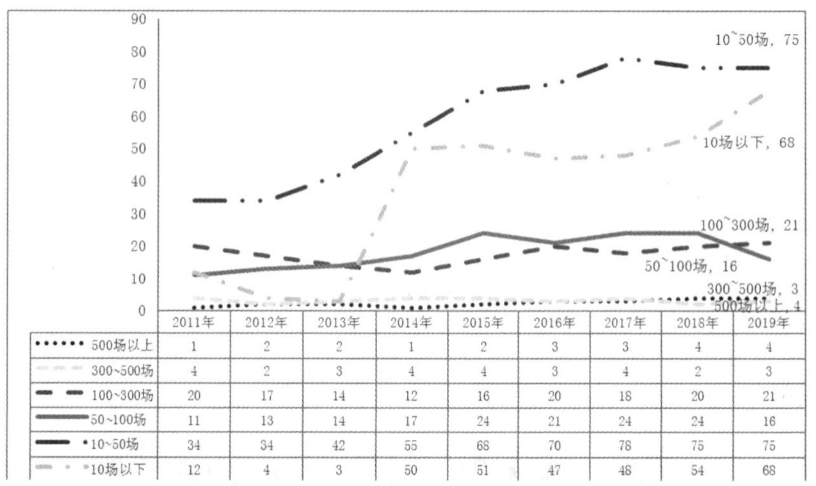

	2011年	2012年	2013年	2014年	2015年	2016年	2017年	2018年	2019年
500场以上	1	2	2	1	2	3	3	4	4
300~500场	4	2	3	4	4	3	4	2	3
100~300场	20	17	14	12	16	20	18	20	21
50~100场	11	13	14	17	24	21	24	24	16
10~50场	34	34	42	55	68	70	78	75	75
10场以下	12	4	3	50	51	47	48	54	68

图 5 2011-2019 年中国城市举办展览数量的变化（单位：城市 / 个）

2019 年，我国办展城市展览总面积在 1000 万平方米以上的 2 个，在 500 万 ~1000 万平方米的 3 个，在 100 万 ~500 万平方米的 27 个，在 10 万 ~100 万平方米的 80 个，在 10 万平方米以下的 75 个。

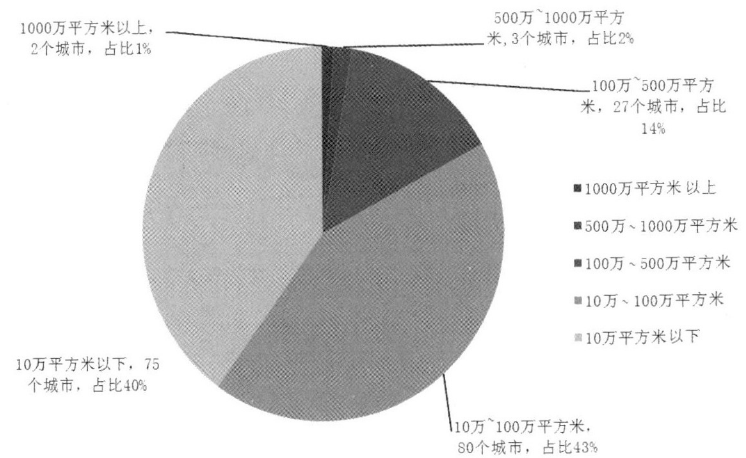

图 6 2019 年中国城市办展面积分布

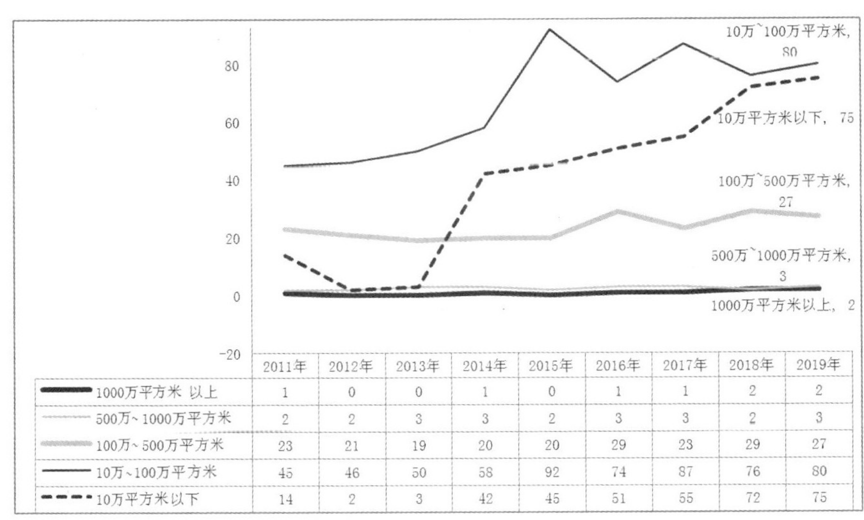

	2011年	2012年	2013年	2014年	2015年	2016年	2017年	2018年	2019年
1000万平方米 以上	1	0	0	1	0	1	1	2	2
500万~1000万平方米	2	2	3	3	2	3	3	2	3
100万~500万平方米	23	21	19	20	20	29	23	29	27
10万~100万平方米	45	46	50	58	92	74	87	76	80
10万平方米以下	14	2	3	42	45	51	55	72	75

图 7 2011—2019 年中国城市展览面积分布（单位：城市 / 个）

（六）一线城市上海、广州、北京比较

上海、广州、北京作为中国展览业三大一线城市，2019 年展览数量共计 2057 场，展览总面积 3555 万平方米，分别较 2018 年增长 4.47%、减少 0.34%，分别占全国展览总数的 18.64% 和 23.90%。

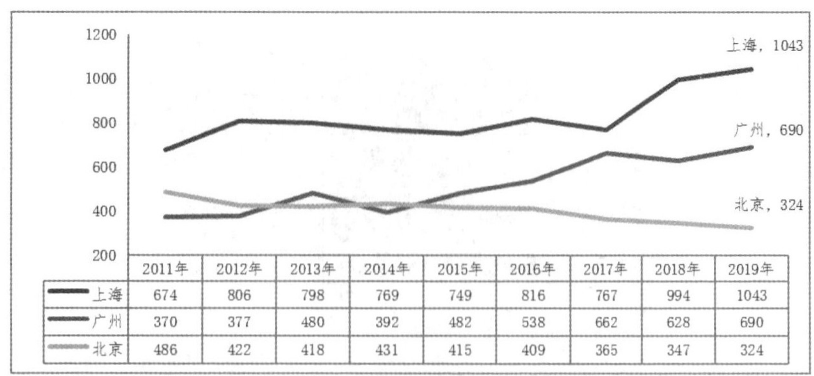

图 8 2011—2019 年中国一线城市展会数量变化（单位：场）

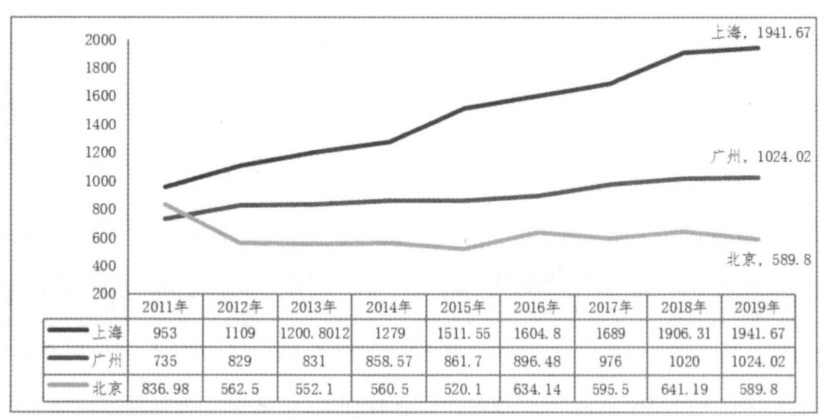

图 9 2011—2019 年中国一线城市境内办展总面积情况（单位：万平方米）

（七）计划单列市情况

2019 年，全国 5 个计划单列市展览总数为 985 场，展览总面积为 1429.93 万平方米，分别占全国展览总数的 8.92% 和展览总面积的 9.61%。

近年来，5 个计划单列市的展览数量和展览总面积均保持增长。

表 5 2019 年中国计划单列市办展数量和展览面积比较

城市	展览数量（场）	同比 + - (%)	展览面积 （万平方米）	同比 + - (%)	平均办展面积（万平方米）
青岛	236	3.06	240.03	0.94	1.4
深圳	121	9.01	395	13.51	3.14
厦门	144	9.92	155.9	11.95	1.04
大连	286	7.92	426	15.1	1.06
宁波	198	13.14	213	14.52	1.06
总计	985		1 429.93		1.41

表 6 2011—2019 年中国计划单列市展览数量（单位：场）

城市	2011 年	2012 年	2013 年	2014 年	2015 年	2016 年	2017 年	2018 年	2019 年
青岛	103	105	126	182	201	226	239	265	286
深圳	102	116	86	79	89	91	114	111	121
厦门	149	160	184	200	193	230	205	229	236
大连	100	89	103	95	86	106	139	131	144
宁波	148	282	46	56	136	99	163	175	198

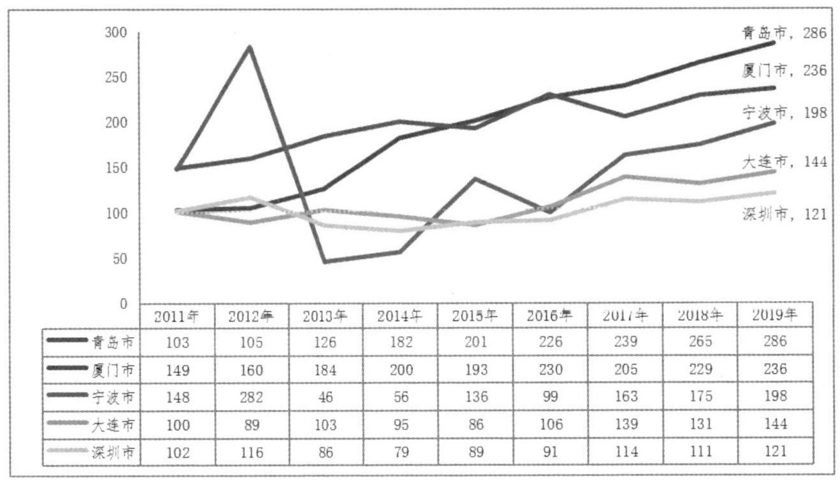

	2011年	2012年	2013年	2014年	2015年	2016年	2017年	2018年	2019年
青岛市	103	105	126	182	201	226	239	265	286
厦门市	149	160	184	200	193	230	205	229	236
宁波市	148	282	46	56	136	99	163	175	198
大连市	100	89	103	95	86	106	139	131	144
深圳市	102	116	86	79	89	91	114	111	121

图 10 2011—2019 年中国计划单列市境内办展总数比较（单位：场）

表 7 2011—2019 年中国计划单列市展览面积（单位：万平方米）

城市	2011 年	2012 年	2013 年	2014 年	2015 年	2016 年	2017 年	2018 年	2019 年
青岛	117	136.82	180	280	295	298.3	345	370.1	426
深圳	256	286.5	260	256.23	277.64	325.17	325.44	348	395
厦门	126.4	138	160	173.46	191	215	219	237.8	240.03
大连	100.5	117	129	110	118	126.9	121.9	139.26	155.9
宁波	170	179	128	106.38	152.13	148.89	177.94	186	213

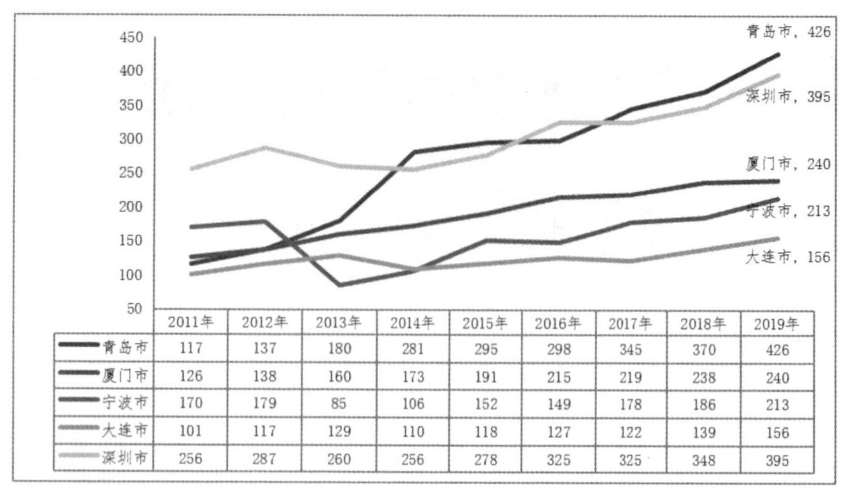

	2011年	2012年	2013年	2014年	2015年	2016年	2017年	2018年	2019年
青岛市	117	137	180	281	295	298	345	370	426
厦门市	126	138	160	173	191	215	219	238	240
宁波市	170	179	85	106	152	149	178	186	213
大连市	101	117	129	110	118	127	122	139	156
深圳市	256	287	260	256	278	325	325	348	395

图 11 2011—2019 年中国计划单列市境内办展总面积情况（单位：万平方米）

二、中国主办方出境办展

2019 年境外自主办展列入统计的类型分为独立办展、合作办展二类，前些年包含在内的展中展形式因其本质上是境外展的招展代理，因此 2019 年不再将其列入境外自主办展的统计范围。

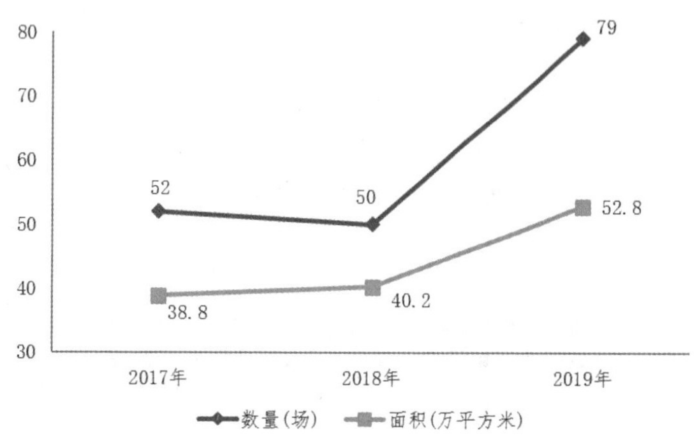

图 12 2019 年中国境外办展情况

（一） 境外办展情况

2019 年，中国主办方在境外举办展览总数为 79 场，同比增长 20 场，涨幅达 33.9%，展览总面积为 52.80 万平方米，同比增长 12.6 万平方米，涨幅达 31.34%，展会平均展览面积为 0.67 万平方米。

（二） 境外办展机构情况

2019 年，中国境外办展主办机构共 24 家，同比减少 3 家，降幅为 11.1%。其中，行政机构 7 家，商协会 7 家，企业 10 家。与 2018 年相比，行政机构数量与去年持平，商协会减少 2 家。在 10 家企业中，国有企业 6 家，较去年减少 1 家；民营企业 4 家，与去年持平。

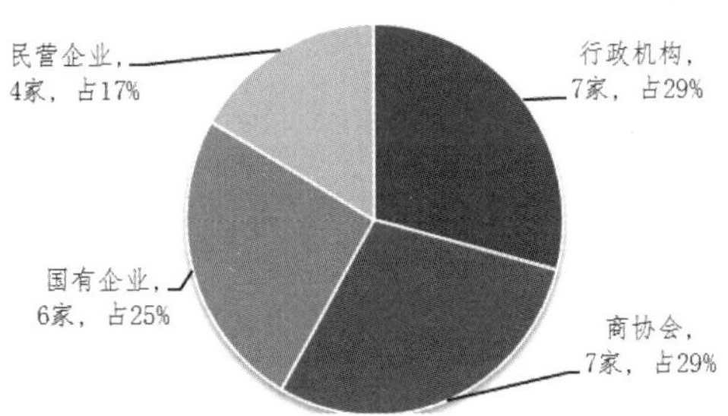

图 13 2019 年中国境外办展情况

表 8 2019 年中国境外办展机构情况

序号	组展机构	办展数量及分类（场）			办展数量占比（%）	单位性质
		合计	独立办展	合作办展		
1	米奥兰特国际会展	23	23	—	29.11	民营企业
2	商务部外贸发展事务局	13	3	10	16.46	行政机构
3	中国机电产品进出口商会	5	—	5	6.33	商协会
4	中国中纺集团有限公司	4	4	—	5.06	国资企业
5	贸促会纺织行业分会	4	—	4	5.06	商协会
6	中国国际商会	4	—	4	5.06	商协会
7	浙江远大国际会展有限公司	3	1	2	3.8	国资企业
8	贸促会化工行业分会	3	—	3	3.8	商协会
9	广东潮域展览有限公司	3	2	1	3.8	民营企业
10	贸促会新疆维吾尔自治区分会	2	1	1	2.53	商协会
11	上海外经贸商务展览有限公司	2	—	2	2.53	国资企业

续表

序号	组展机构	办展数量及分类（场）			办展数量占比（%）	单位性质
		合计	独立办展	合作办展		
13	中国国际贸易促进委员会上海市分会	1	—	1	1.27	行政机构
14	广东省商务厅	1	—	1	1.27	行政机构
15	广东新之联展览服务有限公司	1	—	1	1.27	民营企业
16	贸促会广东省委员会	1	—	1	1.27	行政机构
17	贸促会内蒙古自治区委员会	1	—	1	1.27	行政机构
18	上海现代国际展览有限公司	1	—	1	1.27	民营企业
19	中国纺织品进出口商会	1	—	1	1.27	商协会
20	中国国际贸易促进委员会陕西省分会	1	1	—	1.27	行政机构
21	中国机械国际合作股份有限公司	1	—	1	1.27	国资企业
22	中国五矿化工进出口商会	1	—	1	1.27	商协会
23	新疆维吾尔自治区	1	1	—	1.27	行政机构
24	中国对外贸易中心	1	—	1	1.27	国资企业
	总计	79	36	43	100	

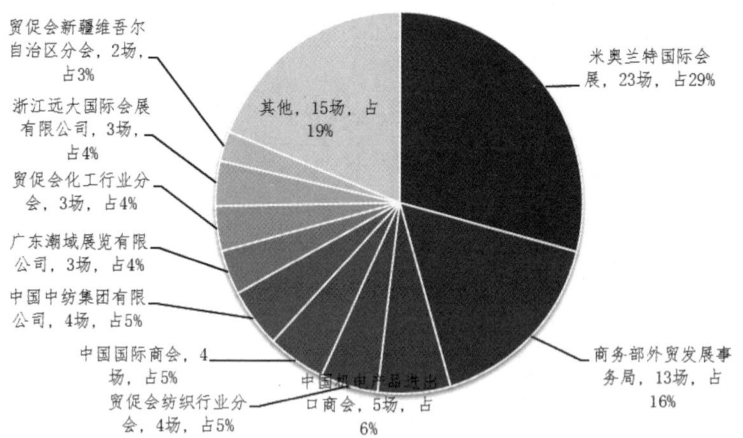

图 14 2019 年中国境外办展机构办展数量情况

在 24 家机构中，办展数量排名前十的机构总共办展 64 场，展览总面积 45.78 万平方米，分别占境外自主办展总数的 81.01% 和展览总面积的 83.60%。

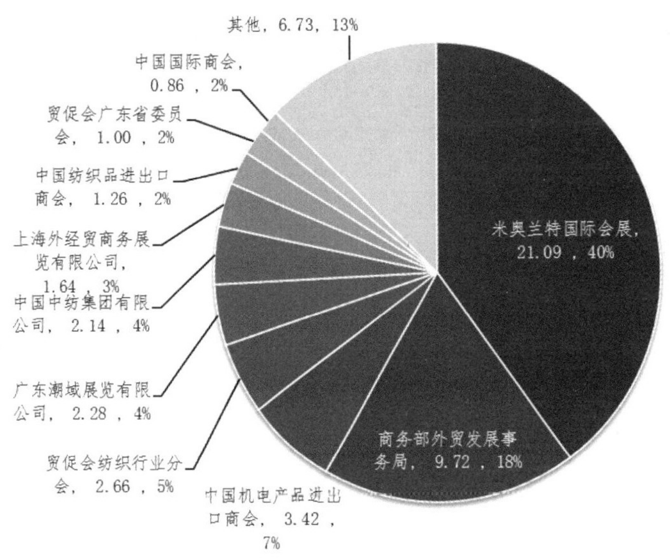

图 15 2019 年中国境外办展组展机构展览面积构成（单位：万平方米）

在 24 家机构中，2019 年办展数量排名前五的机构为米奥兰特国际会展、商务部外贸发展事务局、中国机电产品进口商会、中国中纺集团有限公司和贸促会化工行业分会。其中，米奥兰特国际会展、商务部外贸发展事务局展览总面积分列境外自主办展规模的第一、第二位。

表 9 2019 年中国出境自主办展展览面积排序前十的组展机构办展面积

序号	组展机构	办展总面积（万平方米）	办展总面占比（%）
1	米奥兰特国际会展	21.09	39.94
2	商务部外贸发展事务局	9.72	18.41
3	中国机电产品进出口商会	3.42	6.49
4	贸促会纺织行业分会	2.66	5.05
5	广东潮域展览有限公司	2.28	4.31
6	中国中纺集团有限公司	2.14	4.05
7	上海外经贸商务展览有限公司	1.64	3.1
8	中国纺织品进出口商会	1.26	2.39
9	贸促会广东省委员会	1	1.89
10	中国国际商会	0.86	1.64
总计		45.78	83.6

在 24 家机构中，办公地位于北京的 12 家，办展 39 场，占境外自主办展总数为 49.37%；展览总面积 22.93 万平方米，占境外自主办展展览总面积的 43.43%。

表 10 2019 年中国出境自主办展组展机构的地域分布

序号	城市	2019 年			
		组展机构（个）	展览数量（场）	展览面积（万平方米）	组展机构占比（%）
1	北京市	12	39	22.93	49.37
2	上海市	3	4	1.81	5.06
3	广州市	4	6	4.19	7.59
4	杭州市	2	26	21.89	32.91
5	西安市	1	1	0.66	1.27
6	乌鲁木齐市	1	1	0.66	1.27
7	呼和浩特市	1	2	0.66	2.53

（三） 境外办展类型

境外自主办展的类型分为独立办展和合作办展两类。

2019 年，中国主办方在境外独立办展 36 场，合作办展 43 场，分别占境外自主办展总数 79 场的 45.57% 和 54.43%。

相比 2018 年，2019 年境外自主办展独立办展类项目数量增加了 6 个，增幅达 20%；合作办展类型项目数量增加了 21 个，增幅达 95.45%。

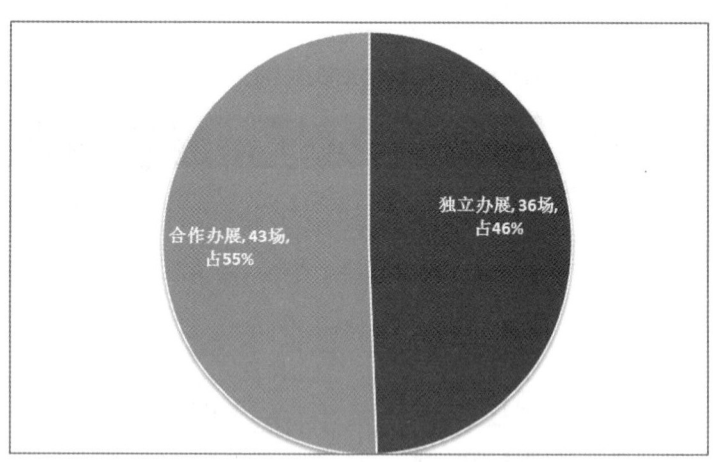

图 16 2019 年中国境外自主办展的类型

（四） 项目主题情况

中国境外自主办展的项目分为服务贸易展和货物贸易展两大类。

2019 年，服务贸易展 3 场，占比 3.8%；货物贸易展中，综合展 31 场，专业展 45 场，分别占办展总数的 39.3% 和 56.9%。

45 场专业展的主题共涉及 7 个行业或领域。其中，房产家居（17 场）、纺织服装（11 场）、工业机械（8 场）位列前三，共占专业展总数的 80%。

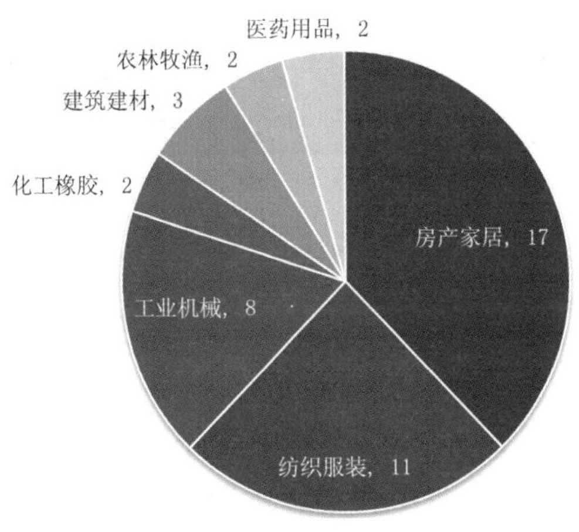

图 17 2019 年中国境外自主办展项目主题构成

表 11 中国境外自主办展详情

项目分类 / 行业	2019 年	
	展览数量（场）	展览面积（万平方米）
房产家居	17	21.09
纺织服装	11	6.77
工业机械	8	3.15
化工橡胶	2	0.34
建筑建材	3	1.36
农林牧渔	2	0.21
医药用品	2	1.48
总计	45	34.4

2019 年，中国境外自主办展规模排名前十的展览，展览总面积达 23.13 万平方米，占中国境外自主办展展览总面积的 43.81%。米奥兰特国际会展公司拥有其中约 7 个项目。

表 12 2019 年中国境外自主办展规模排名前十的项目

序号	展览会名称	组展机构	举办国家	举办城市	展览面积（万平方米）
1	中国（阿联酋）贸易博览会	米奥兰特国际会展	阿联酋	迪拜	4.19
2	中国（印度）贸易博览会	米奥兰特国际会展	印度	孟买	3.83
3	中国（波兰）贸易博览会	米奥兰特国际会展	波兰	华沙	3.45
4	中国（墨西哥）贸易博览会	米奥兰特国际会展	墨西哥	墨西哥城	2.59

续表

序号	展览会名称	组展机构	举办国家	举办城市	展览面积（万平方米）
5	中国（巴西）贸易博览会	米奥兰特国际会展	巴西	圣保罗	1.98
6	中国（南非）贸易博览会	米奥兰特国际会展	南非	约翰内斯堡	1.63
7	中国机械与智能制造（马来西亚）品牌展	商务部外贸发展事务局	马来西亚	吉隆坡	1.44
8	中国（土耳其）贸易博览会	米奥兰特国际会展	土耳其	伊斯坦布尔	1.4
9	中国品牌商品与服务 (波兰) 展	商务部外贸发展事务局	波兰	华沙	1.36
10	中国纺织服装展览会	中国纺织品进出口商会	澳大利亚	墨尔本	1.26
总计					23.13

2019 年，中国境外自主办展的 79 场展览中，有 6 场展览来自中国境内展览的移植，占比为 7.59%。

表 13 2019 年中国境外自主办展海外移植情况

序号	展览会名称	组展机构	举办国家	举办城市	展览面积（万平方米）
1	中国医疗健康（印尼）品牌展	商务部外贸发展事务局	印度尼西亚	雅加达	1.2
2	2019 中国新疆商品展览会	贸促会新疆维吾尔自治区分会	俄罗斯	喀山	0.22
3	中国—东盟博览会印尼展览会	中国国际展览中心集团公司	印度尼西亚	雅加达	0.25
4	中国—东盟（泰国）商品贸易展览会	中国对外贸易中心	泰国	曼谷	0.68
5	上海广告印刷（泰国）展览会	上海现代国际展览有限公司	泰国	曼谷	0.1
6	亚洲国际 (印度) 陶瓷工业展览会	广东新之联展览服务有限公司	印度	甘地纳格尔	0.75
总计					3.2

（五） 境外办展服务“一带一路”情况

2019年，在中国境外自主办展的79场展览中，有61场在“一带一路”沿线国家举办，占 77.21%，展览总面积 40.67 万平方米，占中国境外自主办展展览总面积的 77.03%。

中国在“一带一路”沿线国家举办展览的机构共 20 家，占出境自主办展组展机构总数的 83.33%。其中，米奥兰特国际会展、商务部外贸发展事务局和中国机电产品进出口商会的办展面积位列前三，分别占 36.18%、14.12% 和 6.49%。

自中国政府2015年提出“一带一路”倡议以来，“一带一路”沿线国家逐渐成为中国境外自主办展的热门举办地。2015—2019 年，“一带一路”沿线国家在中国境外自主办展的热门举办地中的占比达 70% 以上。

表 14 2019 年中国境外自办展服务“一带一路”项目

序号	办展单位名称	展览数量（场）	展览面积（万平方米）	占总面积比例（%）
1	米奥兰特国际会展	21	19.11	36.18
2	商务部外贸发展事务局	9	7.45	14.12
3	中国机电产品进出口商会	5	3.42	6.49
4	中国国际商会	4	0.86	1.64
5	广东潮域展览有限公司	3	2.28	4.31
6	贸促会化工行业分会	3	0.5	0.95
7	贸促会新疆维吾尔自治区分会	2	0.66	1.25
8	浙江远大国际会展有限公司	2	0.3	0.56
9	广东新之联展览服务有限公司	1	0.75	1.42
10	贸促会纺织行业分会	1	0.31	0.6
11	贸促会广东省委员会	1	1	1.89
12	贸促会内蒙古自治区委员会	1	0.66	1.25
13	上海外经贸商务展览有限公司	1	0.92	1.74
14	上海现代国际展览有限公司	1	0.07	0.12
15	新疆维吾尔自治区	1	0.7	1.33
16	中国对外贸易中心	1	0.63	1.19
17	中国国际贸易促进委员会陕西省分会	1	0.66	1.25
18	中国国际贸易促进委员会上海市分会	1	0.11	0.21
19	中国国际展览中心集团公司	1	0.06	0.11
20	中国五矿化工进出口商会	1	0.22	0.42

与此同时，金砖五国中的俄罗斯、巴西、印度和南非，也成为中国境外自主办展的重要举办地。

表 15 2019 年中国境外自办展服务金砖五国项目

序号	办展单位名称	展览数量（个）	展览面积（万平方米）	占总面积比例（%）
1	米奥兰特国际会展	6	7.44	14.09
2	中国机电产品进出口商会	2	1.53	2.89
3	贸促会广东省委员会	1	1	1.89
4	广东潮域展览有限公司	1	0.8	1.52
5	广东新之联展览服务有限公司	1	0.75	1.42

续表

序号	办展单位名称	展览数量（个）	展览面积（万平方米）	占总面积比例（%）
6	商务部外贸发展事务局	1	0.66	1.25
7	贸促会纺织行业分会	1	0.31	0.6
8	贸促会新疆维吾尔自治区分会	1	0.22	0.42
9	中国国际商会	1	0.2	0.38
10	中国国际展览中心集团公司	1	0.06	0.11

（六）境外办展项目获得国际认证情况

2019 年，中国境外自主办展组展机构中，2 家成为国际展览协会（UFI）成员，占机构总数的 8.3%，19 个展览项目获得国际展览协会 UFI 认证，占境外自主办展总数的 11.39%。

表 16 2019 年中国境外自主办展获 UFI 认证的项目

序号	UFI 认证展会	展览会城市	展览公司
1	中国（约旦）贸易博览会	安曼	米奥兰特国际会展
2	中国（阿联酋）家居贸易博览会	迪拜	米奥兰特国际会展
3	中国（波兰）家居贸易博览会	波兹南	米奥兰特国际会展
4	中国（印度）工业机械贸易博览会	孟买	米奥兰特国际会展
5	中国（印度）家居贸易博览会	孟买	米奥兰特国际会展
6	中国（土耳其）家居贸易博览会	伊斯坦布尔	米奥兰特国际会展
7	中国（南非）工业机械贸易博览会	约翰内斯堡	米奥兰特国际会展
8	中国（南非）家居贸易博览会	约翰内斯堡	米奥兰特国际会展
9	中国（巴西）工业机械贸易博览会	圣保罗	米奥兰特国际会展
10	中国（巴西）家居贸易博览会	圣保罗	米奥兰特国际会展
11	中国（哈萨克斯坦）工业机械贸易博览会	阿斯塔纳	米奥兰特国际会展
12	中国（哈萨克斯坦）家居贸易博览会	阿斯塔纳	米奥兰特国际会展
13	中国（埃及）工业机械贸易博览会	开罗	米奥兰特国际会展
14	中国（埃及）家居贸易博览会	开罗	米奥兰特国际会展
15	中国（墨西哥）家居贸易博览会	墨西哥城	米奥兰特国际会展
16	中国（墨西哥）家居贸易博览会	墨西哥城	米奥兰特国际会展
17	浙江商品展（大阪）	大阪	浙江远大国际会展有限公司
18	浙江商品展（越南）	河内	浙江远大国际会展有限公司
19	浙江商品展（马来西亚）	吉隆坡	浙江远大国际会展有限公司

三、展览场馆

（一） 总体情况

2019 年，全国投入运营、在建和待建的展馆总数 332 座。其中，投入运营的展览场馆 292 座，较 2018 年增加 6 座，增幅为 2.1%（其中，维修后重开的 3 座，调整经营范围新增的 1 座）。全国正在建设的展馆 24 座，较 2018 年增加 1 座。全国已立项待建的展馆 16 座，较 2018 年增加 2 座。

全国投入运营、在建和待建的展馆总数可以预测，未来全国的展馆数量为 332 座，较 2018 年的全国展馆预测总数增加了 9 座，增幅达 2.8%，这是自 2018 年首次下降之后回归增长。

表 17 2014—2019 年全国展览场馆建设情况（单位：座）

状态	2014 年	2015 年	2016 年	2017 年	2018 年	2019 年
在用	226	286	316	348	286	292
在建	16	21	19	20	23	24
待建	4	5	5	8	14	16

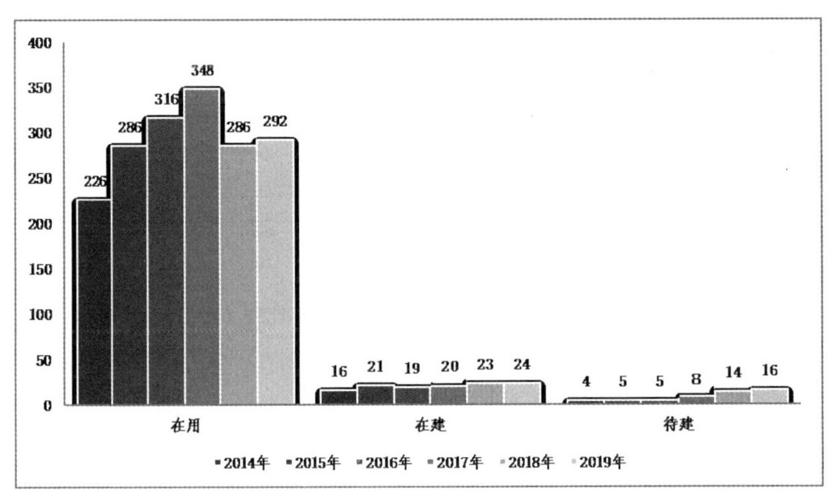

2019 年，全国投入运营的 292 座展馆室内可供展览总面积为 1196.6 万平方米，较 2018 年新增 66.8 万平方米，涨幅为 5.9%。

2019 年，全国 24 座在建展馆的室内可供展览总面积为 261.74 万平方米，较 2018 年增加了 16 万平方米，增幅为 6.5%。

2019 年，全国立项待建的 16 座展览馆可供展览总面积为 170.6 万平方米，较 2018 年增加 9 万平方米，增幅达 5.57%。

因此，截至 2019 年 12 月 31 日，全国在用、在建和立项待建的展馆可供展览办展面积可以预测未来全国可供使用的办展面积为 1628.9 万平方米，较 2018 年预测数增长 6%。

表 18 2014—2019 年全国展览场馆室内可供展览面积比较（单位：万平方米）

状态	2014 年	2015 年	2016 年	2017 年	2018 年	2019 年
在用	830.69	892.89	1 000.7	1 187.99	1 129.8	1 196.6
在建	114.24	186.82	107.81	202	245.7	261.74
待建	19.2	41.5	41.5	84	161.6	170.6

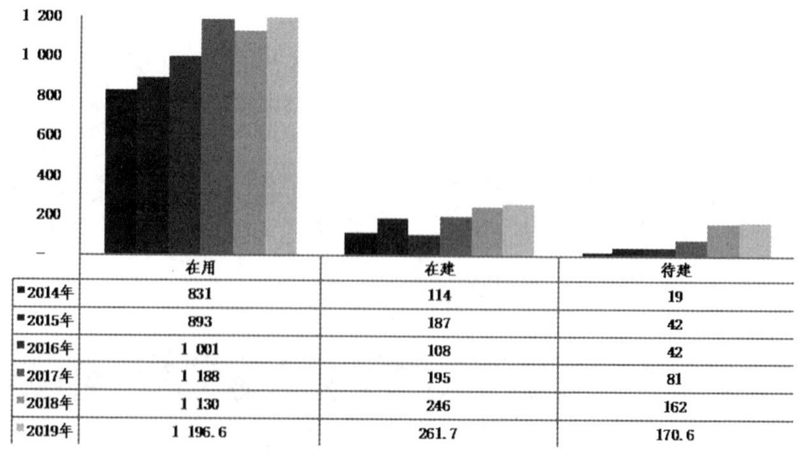

图 19 2014—2019 年全国展览场馆室内可供展览面积比较（单位：万平方米）

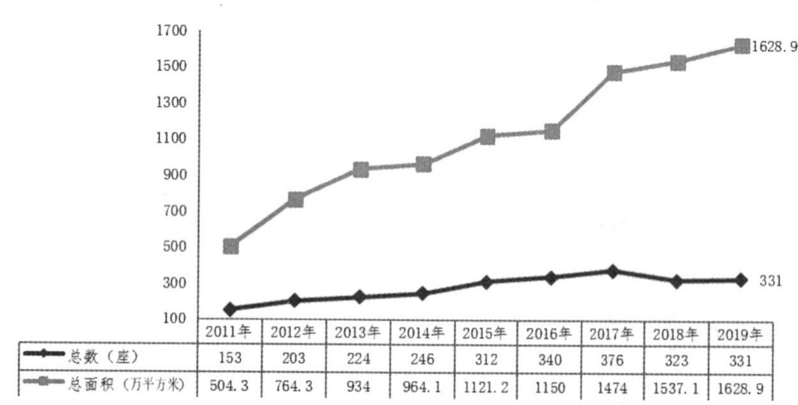

图 20 2014—2019 年全国展览场馆室内可供展览面积比较（单位：万平方米）

（二） 各省份情况

从全国投入使用的展览场馆数量来看，山东省展览场馆达 45 座，为全国各省份最多，占比达 15.4%。江苏省 30 座，广东省 28 座，位居全国第二、第三，占比分别达 10.3% 和 9.6%。

在各省份中，按投入使用展览场馆的室内可供展览总面积，广东省达 174.4 万平方米，山东省达 155.6 万平方米，上海市达 97.7 万平方米，浙江省达 96.9 万平方米，江苏省达 85.3 万平方米，分列全国前五位。

表 19 2019 年全国各省份展览场馆数量、展览面积比较

省份	展馆数量（座）	展览面积（万平方米）	省份	展馆数量（座）	展览面积（万平方米）
广东省	28	174.4	陕西省	4	17.8
山东省	45	155.6	江西省	4	17
上海市	9	97.7	黑龙江省	6	16.3
浙江省	22	96.9	湖南省	5	15.4

续表

省份	展馆数量（座）	展览面积（万平方米）	省份	展馆数量（座）	展览面积（万平方米）
江苏省	30	85.3	天津市	4	14.1
云南省	6	72.1	广西壮族自治区	3	13.3
河南省	26	55.8	内蒙古自治区	5	10.3
四川省	9	53.2	新疆维吾尔自治区	1	10
河北省	18	41	山西省	5	8
福建省	9	38	贵州省	2	8.3
辽宁省	10	32.7	甘肃省	3	6.7
重庆市	3	30.5	西藏自治区	3	6.3
北京市	8	29	青海省	2	5.7
安徽省	7	26.3	海南省	1	3.8
吉林省	7	25.1	宁夏回族自治区	1	3
湖北省	5	24.8	辽宁省	1	1.8

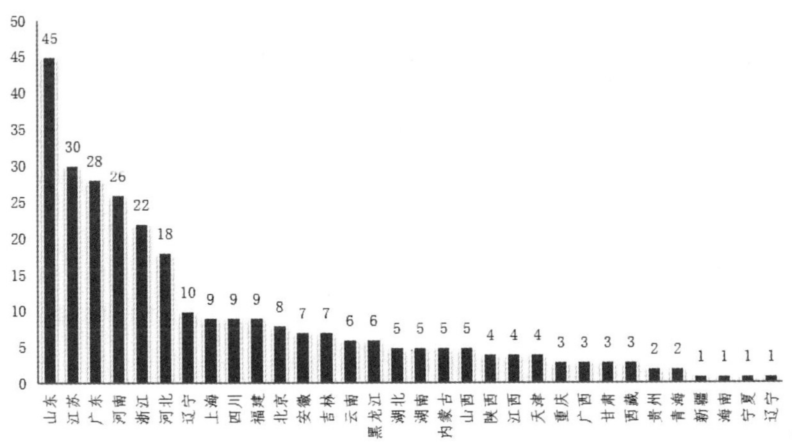

图 21 2019 年全国各省份展览场馆数量情况（单位：座）

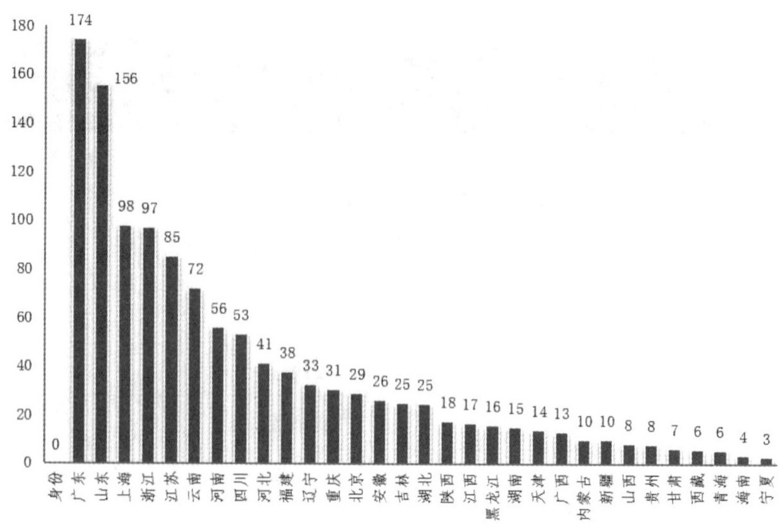

图 22 2019 年全国各省份展览场馆面积情况（单位：万平方米）

（三）各城市情况

2019 年，全国 148 个城市建有展馆（纳入统计的 187 个城市，有 39 个城市未报资料）。其中，在用展馆数量排名前三的城市分别为上海、北京、杭州及临沂（并列第三）。

表 20 2019 年城市展览场馆数量比较（单位：座）

城市展馆数量	城市名称							
9	上海							
8	北京							
7	杭州	临沂						
6	苏州	佛山						
5	广州	昆明	长春	潍坊	中山	石家庄		
4	武汉	南京	长沙	天津				
3	重庆	成都	青岛	西安	南昌	郑州	济南	太原
	拉萨	东营	大连	无锡	廊坊	威海	滨州	漳州
	泰安	信阳	洛阳	许昌				
2	沈阳	贵阳	呼和浩特	泰州	东莞	邢台	烟台	连云港
	商丘	唐山	常州	安阳	济宁	盐城	本溪	莱芜
	濮阳	珠海	延吉	聊城	枣庄	深圳		
1	温州	义乌	淄博	石狮	厦门	乌鲁木齐	南宁	合肥
	云浮	福州	泸州	曲阜	永康	哈尔滨	锦州	郴州

续表

城市展馆数量	城市名称							
1	宁波	池州	昆山	莆田	乐山	西宁	芜湖	平顶山
	新乡	绥芬河	海口	合肥	桐乡	兰州	绵阳	余姚
	民权县	汕头	银川	桂林	宁德	襄阳	鹤壁	嘉兴
	台州	宿迁	张掖	牡丹江	常熟	德清	广元	邯郸
	宜宾	驻马店	铁岭	绍兴	江门	满洲里	大同	沧州
	赤峰	阜新	南通	张家口	慈溪	鄂尔多斯	伊春	阜阳
	漯河	马鞍山	平潭	日照	扬州	淮安	三门峡	湛江
	昌邑	徐州	惠州	柳州	海宁	温岭	齐齐哈尔	赣州
	镇江	衡水	临夏	蚌埠	盘锦	玉树	运城	德州
	南阳	秦皇岛						

全国有 27 个城市展览场馆室内可供展览总面积超过 10 万平方米。其中，上海市以 97.7 万平方米居首位，深圳市以 60.5 万平方米居次位，广州市以 49.24 万平方米位居第三。

表 21 室内可供展览面积达 10 万平方米以上专业场馆的城市分布（单位：万平方米）

城市	展馆面积（万平方米）	城市	展馆面积（万平方米）	城市	展馆面积（万平方米）	城市	展馆面积（万平方米）
上海市	97.7	青岛市	29.5	温州市	19.4	淄博市	12.3
深圳市	60.5	北京市	28.96	临沂市	17.66	中山市	11.75
广州市	49.24	长春市	22.79	西安市	17	无锡市	11.25
昆明市	38.98	苏州市	22.3	南京市	16.11	珠海市	10.62
成都市	32.5	武汉市	22.04	南昌市	15.6	天津市	10.1
杭州市	30.76	滨州市	21.3	沈阳市	12.96	厦门市	10
重庆市	30.52	佛山市	19.6	义乌市	12.64		

（四）展馆规模情况

全国室内可供展览面积达 1 万平方米以上的专业展馆共 253 座。其中，排名前三的分别为深圳国际会展中心、上海国家会展中心、中国进出口商品交易会展馆（广州）。

表 22 中国室内可供展览面积达 1 万平方米以上的展馆（单位：万平方米）

序号	展馆名称	省份	城市	展览面积
1	深圳国际会展中心	广东省	深圳市	50

续表

序号	展馆名称	省份	城市	展览面积
2	上海国家会展中心	上海市	上海市	40
3	中国进出口商品交易会展馆	广东省	广州市	33.8
4	昆明滇池国际会展中心	云南省	昆明市	30
5	重庆国际博览中心	重庆市	重庆市	23
6	上海新国际博览中心	上海市	上海市	20
7	中国西部国际博览城国际展览中心	四川省	成都市	20
8	温州国际会议展览中心	浙江省	温州市	19.4
9	上海世贸商城展览馆	上海市	上海市	19
10	武汉国际博览中心	湖北省	武汉市	15
11	南昌绿地国际博览中心	江西省	南昌市	14
12	义乌国际博览中心	浙江省	义乌市	12.64
13	淄博国际会展中心	山东省	淄博市	12.3
14	广东（潭洲）国际会展中心	广东省	佛山市	12
15	青岛新南国际博览中心	山东省	青岛市	12
16	青岛世界博览城	山东省	青岛市	12
17	南京国际博览中心	江苏省	南京市	11
18	成都世纪城新国际会展中心	四川省	成都市	11
19	沈阳国际展览中心	辽宁省	沈阳市	10.56
20	深圳会展中心	广东省	深圳市	10.5
21	中国国际展览中心新馆	北京市	北京市	10
22	厦门国际会议展览中心	福建省	厦门市	10
23	中国厨都国际会展中心	山东省	滨州市	10
24	博兴澳博会展中心	山东省	滨州市	10
25	新疆国际会展中心	新疆维吾尔自治区	乌鲁木齐市	10
26	南宁国际会展中心	广西壮族自治区	南宁市	9.2
27	合肥滨湖国际会展中心	安徽省	合肥	9.1
28	杭州国际博览中心	浙江省	杭州市	8.84
29	昆明凯旋利车博汇	云南省	昆明市	8.6
30	云浮国际石材博览中心	广东省	云浮市	8.5
31	福州海峡国际会展中心	福建省	福州市	8

续表

序号	展馆名称	省份	城市	展览面积
32	贵阳国际会议展览中心	贵州省	贵阳市	8
33	东北亚艺术中心	吉林省	长春市	8
34	曲阜孔子文化会展中心	山东省	曲阜市	8
35	上海世博展览馆	上海市	上海市	8
36	泸州国际会展中心	四川省	泸州市	8
37	车行天下国际汽车城	云南省	昆明市	8
38	广州国际采购中心展馆	广东省	广州市	7.86
39	广州市保利世贸博览馆	广东省	广州市	7.78
40	珠海国际航展中心	广东省	珠海市	7.72
41	西安曲江国际会展中心	陕西省	西安市	7.6
42	永康国际会展中心	浙江省	永康市	7.6
43	曲江国际会议中心	陕西省	西安市	7.4
44	哈尔滨国际会展中心	黑龙江省	哈尔滨市	7
45	石家庄国际会展中心	河北省	石家庄	7.1
46	长春国际会展中心	吉林省	长春市	7
47	苏州国际博览中心	江苏省	苏州市	7
48	寿光国际会展中心	山东省	潍坊市	7
49	无锡太湖国际博览中心	江苏省	无锡市	6.54
50	杭州白马湖国际会展中心	浙江省	杭州市	6.5
51	郑州国际会展中心	河南省	郑州市	6.5
52	锦州国际会展中心	辽宁省	锦州市	6.3
53	长春农业博览园	吉林省	长春市	6.24
54	中国国际展览中心老馆	北京市	北京市	6
55	郴州国际会展中心	湖南省	郴州	6
56	昆山花桥国际展览中心	江苏省	苏州市	6
57	临沂国际会展中心	山东省	临沂市	6
58	杭州市国际会议展览中心	浙江省	杭州市	6
59	宁波国际会议展览中心	浙江省	宁波市	6
60	河北汇春国际博览中心	河北省	石家庄市	5.7
61	青岛国际会展中心	山东省	青岛市	5.5

续表

序号	展馆名称	省份	城市	展览面积
62	天津梅江会展中心	天津市	天津市	5.4
63	济南国际会展中心	山东省	济南市	5.2
64	重庆国际会议展览中心展览馆	重庆市	重庆市	5.02
65	池州（九华山）国际会展中心	安徽省	池州市	5
66	莆田市会展中心	福建省	莆田市	5
67	广东现代国际展览中心	广东省	东莞市	5
68	昆山国际会展中心	江苏省	昆山市	5
69	昆山昆开国际会展中心	江苏省	苏州市	5
70	大连世博广场展览馆	辽宁省	大连市	5
71	潍坊鲁台会展中心	山东省	潍坊市	5
72	昆明国际会展中心	云南省	昆明市	5
73	永城国际会展中心	河南省	商丘市	5
74	四川国际旅游交易博览中心	四川省	乐山市	4.8
75	青海国际会展中心	青海省	西宁市	4.69
76	芜湖国际会展中心	安徽省	芜湖市	4.5
77	广饶国际博览中心	山东省	东营市	4.5
78	南京国际展览中心	江苏省	南京市	4.22
79	平乡北方国际会展中心	河北省	邢台市	4.2
80	杭州和平国际会展中心	浙江省	杭州市	4.14
81	天津滨海国际会展中心	天津市	天津市	4
82	北京国家会议中心	北京市	北京市	4
83	晋江 SM 新国际展览中心	福建省	漳州市	4
84	湖南国际会展中心	湖南省	长沙市	4
85	中国医药城会展交易中心	江苏省	泰州市	4
86	长垣国际会展中心	河南省	新乡市	4
87	平顶山农业会展中心	河南省	平顶山市	4
88	信阳百花会展中心	河南省	信阳市	4
89	廊坊国际会展中心	河北省	廊坊市	3.93
90	清丰县家居会展中心	河南省	濮阳市	3.85
91	绥芬河世茂国际商展中心	黑龙江省	绥芬河市	3.8

续表

序号	展馆名称	省份	城市	展览面积
92	海南国际会展中心	海南省	海口市	3.79
93	烟台国际博览中心	山东省	烟台市	3.72
94	安徽国际会展中心	安徽省	合肥市	3.7
95	火炬国际会展中心	广东省	中山市	3.6
96	临沂商城国际会展中心	山东省	临沂市	3.6
97	中国（太原）煤炭交易中心	山西省	太原市	3.6
98	北京亦创国际会展中心	北京市	北京市	3.5
99	江阴国际会展中心	江苏省	无锡市	3.5
100	天津国际展览中心	天津市	天津市	3.5
101	上海光大会展中心	上海市	上海市	3.4
102	连云港工业展览中心	江苏省	连云港市	3.32
103	桐乡科技会展中心	浙江省	桐乡市	3.3
104	长沙红星国际会展中心	湖南省	长沙市	3.21
105	福建成功国际会展中心	福建省	漳州市	3.2
106	甘肃国际会展中心	甘肃省	兰州市	3.18
107	绵阳会展中心	四川省	绵阳市	3.17
108	西藏展览中心	西藏自治区	拉萨市	3.1
109	余姚中塑国际会展中心	浙江省	余姚市	3.1
110	潮州粤东博览中心	广东省	汕头市	3
111	常州西太湖国际博览中心	江苏省	常州市	3
112	银川国际会展中心	宁夏回族自治区	银川市	3
113	石狮服装城艺术展览中心	福建省	石狮市	3
114	临沂国际博览中心	山东省	临沂市	3
115	文登国际会展中心	山东省	威海市	3
116	上海展览中心	上海市	上海市	3
117	商丘国际会展中心	河南省	商丘市	3
118	民权梦蝶会展中心	河南省	民权县	3
119	灯都古镇会展中心	广东省	中山市	2.93
120	珠海国际会展中心一期	广东省	珠海市	2.9
121	桂林国际会展中心	广西省	桂林市	2.89

续表

序号	展馆名称	省份	城市	展览面积
122	宁德会展中心	福建省	宁德市	2.8
123	襄阳汉江流域国际会展中心	湖北省	襄阳市	2.8
124	潍坊富华国际展览中心	山东省	潍坊市	2.71
125	泰山国际会展中心	山东省	泰安市	2.7
126	平邑石材展览中心	山东省	临沂市	2.7
127	拉萨展览馆	西藏自治区	拉萨市	2.7
128	小榄展览中心	广东省	中山市	2.68
129	威海国际展览中心	山东省	威海市	2.66
130	包头国际会展中心	内蒙古自治区	呼和浩特市	2.57
131	张掖国际展览中心	甘肃省	张掖市	2.5
132	佛山国际会议展览中心	广东省	佛山市	2.5
133	南丰国际会展中心	广东省	广州市	2.5
134	中国（武汉）文化博览中心	湖北省	武汉市	2.5
135	盐城国际会议展览中心	江苏省	盐城市	2.5
136	宿迁国际会展中心	江苏省	宿迁市	2.5
137	本溪药都会展中心	辽宁省	本溪市	2.5
138	内蒙古国际会展中心	内蒙古自治区	呼和浩特市	2.5
139	东平县会展中心	山东省	泰安市	2.5
140	嘉兴国际会展中心	浙江省	嘉兴市	2.5
141	台州市国际会展中心	浙江省	台州市	2.5
142	新农都会展中心	浙江省	杭州市	2.5
143	重庆展览中心（陈家坪）	重庆市	重庆市	2.5
144	鹤壁市会展中心	河南省	鹤壁市	2.5
145	华龙展览中心	河南省	濮阳市	2.5
146	武汉国际会展中心	湖北省	武汉市	2.4
147	沈阳新世界博览馆	辽宁省	沈阳市	2.4
148	中原国际博览中心	河南省	郑州市	2.3
149	唐山东方国际会展中心	河北省	唐山市	2.2
150	华日国际展览中心	河北省	廊坊市	2.2
151	牡丹江市国际会展中心	黑龙江省	牡丹江市	2.2

续表

序号	展馆名称	省份	城市	展览面积
152	泰州国际博览中心	江苏省	泰州市	2.2
153	潍坊金宝国际会展中心	山东省	潍坊市	2.2
154	洛阳国际会展中心	河南省	洛阳市	2.2
155	广东东宝国际展览中心	广东省	广州市	2.16
156	中国光谷科技会展中心	湖北省	武汉市	2.14
157	北京全国农业展览馆	北京市	北京市	2.13
158	苏州国际会议展览中心	江苏省	苏州市	2.1
159	东营黄河国际会展中心	山东省	东营市	2.1
160	常熟国际展览中心	江苏省	常熟市	2.06
161	中国国贸国际会展中心	北京市	北京市	2
162	邯郸国际会展中心	河北省	邯郸市	2
163	南湖国际会展中心	河北省	唐山市	2
164	临沂农展馆	山东省	临沂市	2
165	济南舜耕国际会展中心	山东省	济南市	2
166	诸城会展中心	山东省	潍坊市	2
167	西安绿地笔克国际会展中心	陕西省	西安市	2
168	广元国际会展中心	四川省	广元市	2
169	宜宾市临港·会展中心	四川省	宜宾市	2
170	德清国际展览馆	浙江省	德清市	2
171	驻马店会展中心	河南省	驻马店市	2
172	铁岭东北物流会展中心	辽宁省	铁岭市	1.98
173	安阳国际会展中心	河南省	安阳市	1.96
174	安阳国际会展中心	河南省	安阳市	1.96
175	柯桥轻纺城国际会展中心	浙江省	绍兴市	1.92
176	广东珠西国际会展中心	广东省	江门	1.85
177	满洲里国际会展中心	内蒙古自治区	满洲里市	1.84
178	大同展览馆	山西省	大同市	1.82
179	顺联国际机械城博览城	广东省	佛山市	1.8
180	沧州国际会展中心	河北省	沧州市	1.8
181	连云港国际展览中心	江苏省	连云港市	1.8

续表

序号	展馆名称	省份	城市	展览面积
182	辽西会展中心	辽宁省	阜新市	1.8
183	赤峰市国际会展中心	内蒙古自治区	赤峰市	1.8
184	察哈尔国际会展中心	河北省	张家口市	1.7
185	南通会展中心	江苏省	南通市	1.7
186	洛阳中原物流国际会展中心	河南省	洛阳市	1.7
187	慈溪国际会展中心	浙江省	慈溪市	1.65
188	沙河国际会展中心	河北省	邢台市	1.6
189	莱州国际会展中心	山东省	烟台市	1.6
190	梁山国际会展中心	山东省	济宁市	1.6
191	上海跨国采购会展中心	上海市	上海市	1.6
192	鄂尔多斯（康巴什）会展中心	内蒙古自治区	鄂尔多斯市	1.59
193	伊春汇源国际会展中心	黑龙江省	伊春市	1.57
194	中山博览中心	广东省	中山市	1.54
195	南和国际会展中心	河北省	邢台市	1.5
196	阜阳国际会展中心	安徽省	阜阳市	1.5
197	平潭澳前台湾小镇会展中心	福建省	平潭市	1.5
198	扬州国际展览中心	江苏省	扬州市	1.5
199	日照会展中心	山东省	日照市	1.5
200	莱芜国际会展中心	山东省	莱芜市	1.5
201	山西省展览馆	山西省	太原市	1.5
202	上海汽车会展中心	上海市	上海市	1.5
203	成都非遗博览园展馆	四川省	成都市	1.5
204	杭州海外海国际会议展览中心	浙江省	杭州市	1.5
205	漯河国际会展中心	河南省	漯河市	1.5
206	淮安国际展览中心	江苏省	淮安市	1.4
207	大连星海会展中心	辽宁省	大连市	1.4
208	肥城会展中心	山东省	泰安市	1.4
209	三门峡国际文博城会展中心	河南省	三门峡市	1.4
210	湛江国际会展中心	广东省	湛江市	1.35
211	雪野航空展览馆	山东省	莱芜市	1.33

续表

序号	展馆名称	省份	城市	展览面积
212	顺德国际展览中心	广东省	佛山市	1.3
213	徐州国际会展中心	江苏省	徐州市	1.3
214	滨州国际会展中心	山东省	滨州市	1.3
215	绿博园会展中心	山东省	昌邑市	1.3
216	延边宏伟汽贸城	吉林省	延吉市	1.29
217	浙江世贸国际展览中心	浙江省	杭州市	1.28
218	聊城国际会展中心	山东省	聊城市	1.25
219	无锡市会展中心	江苏省	无锡市	1.21
220	广东惠州会展中心	广东省	惠州市	1.2
221	秦皇岛国际展览中心	河北省	秦皇岛市	1.2
222	柳州国际会展中心	广西省	柳州市	1.2
223	中吉物流展览中心	吉林省	长春市	1.2
224	昆山市科技文化博览中心	江苏省	苏州市	1.2
225	荣成市文博中心	山东省	威海市	1.2
226	上海国际展览中心	上海市	上海市	1.2
227	龙顺农业博览馆	天津市	天津市	1.2
228	海宁会展中心	浙江省	海宁市	1.19
229	温岭会展中心	浙江省	温岭市	1.18
230	长沙国际会展中心	湖南省	长沙市	1.14
231	齐齐哈尔国际会展中心	黑龙江省	齐齐哈尔市	1.12
232	湖南省展览馆	湖南省	长沙市	1.1
233	镇江会展中心	江苏省	镇江市	1.1
234	毅德城赣州国际会展中心	江西省	赣州市	1.1
235	安平县会展中心	河北省	衡水市	1.06
236	河洲商务会展中心	甘肃省	宁夏回族自治州	1.06
237	蚌埠国际会展中心	安徽省	蚌埠市	1
238	陈村花卉世界展览中心	广东省	佛山市	1
239	东莞国际会展中心	广东省	东莞市	1
240	中山市黄圃国际会展中心	广东省	中山市	1
241	佛山市顺德区龙江镇前进会展中心	广东省	佛山市	1

续表

序号	展馆名称	省份	城市	展览面积
242	石家庄解放广场会展中心	河北省	石家庄市	1
243	香河第一城国际会议中心	河北省	廊坊市	1
244	延吉延边国际会展艺术中心	吉林省	延吉市	1
245	盛泽国际会展中心	江苏省	苏州市	1
246	常州国际会展中心	江苏省	常州市	1
247	江西省展览中心	江西省	南昌市	1
248	大连国际会议中心	辽宁省	大连市	1
249	盘锦国际会展中心	辽宁省	盘锦市	1
250	玉树州会展中心	青海省	玉树市	1
251	济南园博园会展中心	山东省	济南市	1
252	垦利文化大厦会展中心	山东省	东营市	1
253	运城市农业会展中心	山西省	运城市	1

根据全国各个展馆实际收集到的展览项目情况，对应上表中所有室内可用面积超过 1 万平方米的展馆进行测算，可得 2019 年全国展览场馆利用率前十的展馆情况。

表 23 2011—2019 中国计划单列市展览面积（单位：万平方米）

序号	会展场馆名称	办展面积（万平方米）	展馆利用率（%）
1	上海新国际博览中心	742.8	76.6
2	深圳会展中心	349.7	65.7
3	郑州国际会展中心	221.6	62.9
4	厦门国际会议展览中心	305.4	61.2
5	成都世纪城新国际会展中心	323.5	58.3
6	中国国际展览中心新馆（顺义馆）	269.2	52.5
7	广州市保利世贸博览馆	222.7	51.5
8	上海世博展览馆	185.3	47.8
9	中国进出口商品交易会展馆（琶洲馆）	728.3	44.4
10	南京国际展览中心	126.1	43.3

（五）在建与待建展馆情况

2019 年，全国有 24 座展览场馆工程项目处于基本建设之中。在建展览场馆室内可供展览总面积达 261.7 万平方米。

表 24 2019 年全国在建展览场馆室内可供展览面积（单位：万平方米）

场馆名称	城市	面积	建设状态
天津国家会展中心	天津市	40	在建
厦门翔安新会展中心	厦门市	30	在建
贵阳空港国际会展中心	贵阳市	26	在建
丹东国门湾金融国际会展城	丹东市	20	在建
西安丝路国际会展中心	西安市	20	在建
郑州新国际会展中心	郑州市	18	在建
红岛国际会展中心	青岛市	15	在建
商丘国际会展中心	商丘市	14	在建
菏泽国际会展中心	菏泽市	13.35	在建
济南西部国际会展中心	济南市	13.2	在建
HM 全球家居会展中心	淄博市	12	在建
宜昌三峡国际会议展览中心	宜昌市	8.9	在建
石家庄国际会展中心	石家庄市	7.1	在建
驻马店国际会展中心	驻马店市	5	在建
北京世园会展馆（中国馆、国际馆）	北京市	4.5	在建
河北国际商会广场会展中心	石家庄市	3.1	在建
许昌市会展中心	许昌市	2.85	在建
新乡平原会展中心	新乡市	2.1	在建
开封恒大童世界国际会展中心	开封市	1.4	在建
睢县会展中心	商丘市	1.22	在建
秦皇岛国际展览中心	秦皇岛市	1.2	在建
珠海国际会展中心二期	珠海市	1.1	在建
海岱国际会展中心	济宁市	1	在建
长治市会展中心	长治市	0.72	在建

2019 年，全国有 16 座展览场馆展览场馆项目立项待建。待建展览场馆室内可供展览总面积达 170.6 万平方米。

表25 2019年全国待建展览场馆室内可供展览面积（单位：万平方米）

场馆名称	城市	面积	建设状态
杭州会展新城—大会展中心	杭州市	40	待建
淮海国际博览中心	徐州市	30	待建
衡阳国际会展中心	衡阳市	28	待建
太原市会展中心（拟）	太原市	12	待建
丝绸之路（青海）国际会展中心	西宁市	10	待建
开封国际农业会展中心	开封市	8	待建
淮安国际会展中心	淮安市	7	待建
大同市国际会展中心	大同市	6	待建
郑州华南城会展中心	郑州市	6	待建
翠亨会展中心	中山市	5	待建
夏邑县商务会展中心	商丘市	5	待建
周口市商务中心区会展中心	周口市	4.6	待建
雅安国际会展中心	雅安市	4	待建
栾川旅游商品会展中心	洛阳市	2.5	待建
延津县会展中心	延津县	2.17	待建
濮东会展中心	濮阳市	0.3	待建

2020 年度

统计样本说明

自 2011 年中国展览数据统计报告面世以来，工作委员会就一直在不断地丰富调研的样本，以求用最完整的数据解释中国展览行业的真实发展情况。2020 年年初，中国会展经济研究会统计工作委员会继续扩大调研范围，在 2019 年调研 638 个城市的基础上，结合部分城市新增会展产业的实际，进一步扩大统计范围，新增统计地级市 2 个、县市级 5 个。截至报告发布，统计工作专业委员会共统计 645 个城市，涨幅达 1.10%。经过和各地商务系统、会展办等会展相关机构沟通，并通过网络调查复核，其中有举办展览的为 151 个城市，同比 2019 年减少 36 个城市，降幅达 19.25%。针对 2020 年的中国展览统计，继续按照直辖市、计划单列市、省会城市、地级市、县级市五个层面的城市进行统计（不重复计算），具体城市覆盖率如图 1 所示。

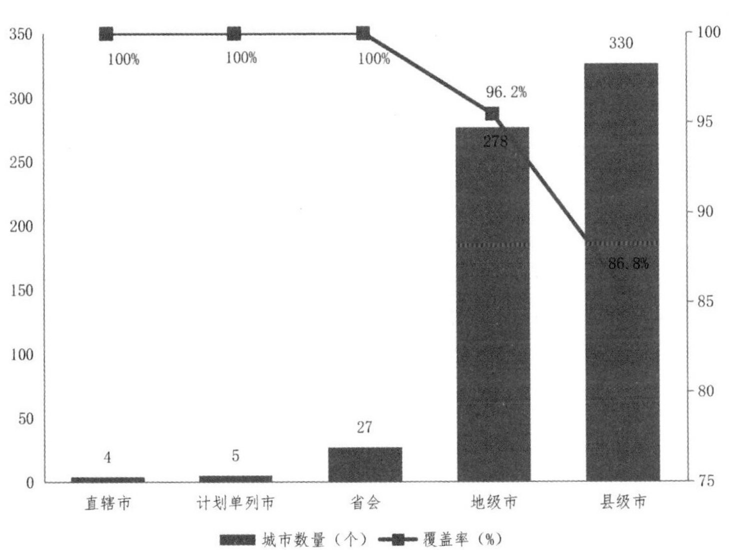

图 1 2020 年中国展览城市覆盖率

注：覆盖率 = 调研的城市数量 / 总城市数量

一、中国境内展览

（一） 全国经贸展会的举办情况

2020, 全国线下展览总数为 5408 场，展览总面积约为 7727 万平方米，较 2019 年分别减少 50.98% 和 48.05%。全年净减展览 5625 场、展览总面积 7147.77 万平方米。

自 2011 年统计中国展览数据以来，十年间，纳入统计的展览城市由 83 个最高增至 187 个城市。2020 年全国受到新冠肺炎疫情影响，展览行业遭受不可抗力的打击，直接导致 2020 年全国范围内举办线下展览的城市仅有 151 个。与此同时，全国境内（下同）线下展览总数减少至 5408 场，展览总面积减少至约 7727 万平方米，两项数据皆处于中国境内展览十年来的低谷。

图 2 2011—2020 年全国展览、展览面积发展趋势

表 1 2011—2020 年全国展览城市、展览数量与展览面积的变化

年份	统计城市（个）	展览数量（场）	同比 +-（%）	展览面积（万平方米）	同比 +-（%）	平均面积（万平方米）
2011	83	7 333		8 173		1.12
2012	101	6 901	-5.85	8 250	0.94	1.2
2013	124	6 904	0.04	8 956	8.56	1.3
2014	140	7 495	8.56	9 736	8.71	1.3
2015	161	8 157	8.83	10 846	11.4	1.33
2016	159	9 892	21.27	13 075	20.55	1.32
2017	175	10 358	4.71	14 285	9.25	1.38
2018	181	10 889	5.13	14 456	1.2	1.33
2019	187	11 033	1.32	14 877	2.91	1.35
2020	151	5 408	-50.98	7 727	-48.05	1.43

（二） 83 个城市办展样本比较

为客观比较统计数据，以 2011 年最初提供统计数据的 83 个城市为样本，2018—2020 年，这 83 个城市分别占展览城市统计总数的 45.86%、44.15% 和 54.97%，但同期展览数量和展览总面积分别占到全国的 85.98% 和 91.82%、86.77% 和 91.14% 以及 90.38% 和 93.18%。统计数据说明，2011 年最先提供统计数据的 83 个城市，至今仍然是中国主要的展览城市。

数据显示，2011—2013 年，这 83 个城市的展览数量下降而展览总面积上升；2014—2019 年，其展览数量与展览面积同步增长，且览面积的增幅高于展览数量。2020 年，这 83 个城市的展览数量和展览总面积均大幅下降，同比 2019 年，展览数量和展览面积的降幅分别为 48.94% 和 46.90%。

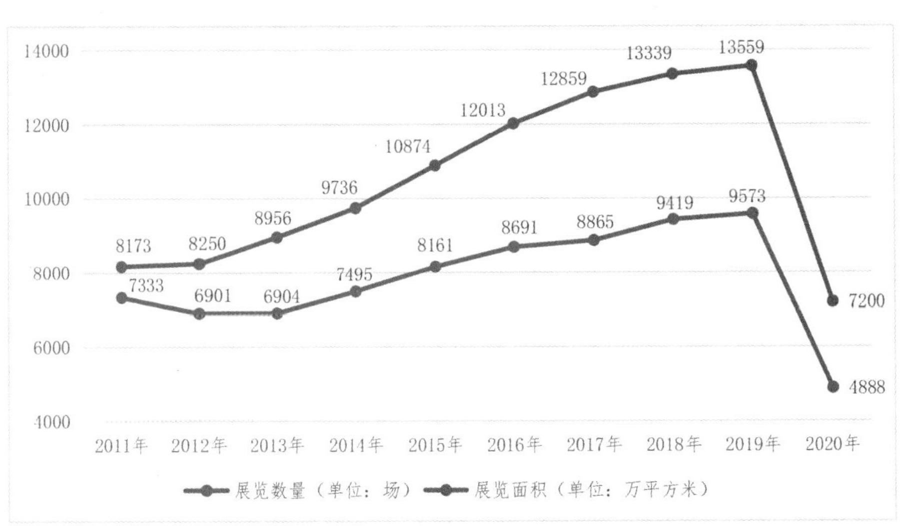

图 3 22011—2020 年 83 个城市展览及展览面积统计数据对比

（三） 全国各省份办展情况

1．各省份情况

2020 年，全国按展览面积排名前十的省份为广东省、江苏省、山东省、上海市、浙江省、广西省、重庆市、福建省、河南省和湖南省。以上十个省份的展览数量占全国展览总数的 76.29%，展览总面积占全国展览总面积的 72.95%。

表 2 2020 年全国各省份展览数量和展览规模情况（按规模排序）

序号	省份	展览数量（场）	展览数量全国占比（%）	展览面积（万平方米）	展览面积全国占比（%）	展览平均面积（万平方米）
1	上海市	550	10.17	1 107.79	14.34	2.01
2	广东省	795	14.7	1 020.03	13.2	1.28
3	山东省	587	10.85	1 013.11	13.11	1.73
4	江苏省	610	11.28	558.41	7.23	0.92
5	四川省	367	7.27	462.62	6.72	1.65
6	重庆市	242	4.47	447	5.79	1.85

续表

序号	省份	展览数量（场）	展览数量全国占比（%）	展览面积（万平方米）	展览面积全国占比（%）	展览平均面积（万平方米）
7	浙江省	438	8.1	443.17	5.74	1.01
8	广西壮族自治区	250	4.62	379.94	4.92	1.52
9	湖南省	202	3.74	246.27	3.19	1.22
10	河南省	213	3.94	223.85	2.9	1.05
11	云南省	78	1.44	221	2.85	2.83
12	福建省	239	4.42	195.5	2.53	0.82
13	吉林省	43	0.8	191.24	2.48	4.45
14	辽宁省	191	3.53	185.49	2.4	0.97
15	北京市	89	1.65	178	2.3	2
16	湖北省	107	1.98	172	2.23	1.61
17	河北省	96	1.78	152.98	1.97	1.59
18	安徽省	139	2.57	123.13	1.59	0.89
19	陕西省	37	0.68	105	1.36	2.84
20	江西省	48	0.88	88.9	1.15	1.85
21	天津市	41	0.76	50.66	0.66	1.24
22	山西省	56	1.04	49.44	0.64	0.88
23	内蒙古自治区	15	0.28	48	0.62	3.2
24	黑龙江省	14	0.26	43.8	0.56	3.13
25	贵州省	32	0.59	39.3	0.51	1.23
26	甘肃省	30	0.55	33.58	0.43	1.12
27	青海省	25	0.46	31.16	0.4	1.25
28	新疆维吾尔自治区	12	0.22	23	0.3	1.92
29	海南省	22	0.41	21.24	0.27	0.97
30	宁夏回族自治区	16	0.3	19	0.25	1.19
31	西藏自治区	2	0.04	2	0.03	1
总计		5 408		7 726.61		1.43

2. 各城市情况

2020 年，全国按展览面积排名前十的城市为上海、广州、重庆、深圳、青岛、成都、桂林、长沙、南京、昆明。以上十个城市的展览数量占全国展览总数的 46.02%，展览总面积占全国展览总面积的 50.42%。其中，上海以 550 场展览、1107.79 万平方米展览总面积蝉联全国第一，分别占全国展览总量和展览总面积的 10.17% 和 14.34%。

表 3 2020 年全国城市展览数量和展览规模情况（按规模排序）

序号	城市	展览数量（场）	展览数量全国占比（%）	展览面积平方米）	展览面积全国占比（%）
1	上海市	550	10.17	1107.79	14.34
2	广州市	575	10.63	471	6.1
3	重庆市	242	4.47	447	5.79
4	深圳市	107	1.98	349.3	4.52
5	青岛市	210	3.88	311	4.03
6	成都市	211	3.87	305.78	3.98
7	桂林市	190	3.51	303	3.92
8	长沙市	202	3.74	246.27	3.19
9	南京市	228	4.22	229.27	2.97
10	昆明市	78	1.44	221	2.86
11	济南市	107	1.98	210	2.72
12	北京市	89	1.65	178	2.3
13	长春市	35	0.65	175.68	2.27
14	临沂市	80	1.48	156.8	2.03
15	武汉市	88	1.63	150	1.94
16	郑州市	113	2.09	149.3	1.93
17	潍坊市	40	0.74	146.83	1.9
18	杭州市	191	3.53	128.8	1.67
19	苏州市	120	2.22	123.48	1.6
20	厦门市	113	2.09	117.89	1.53
21	宁波市	102	1.89	117.19	1.52
22	沈阳市	104	1.92	110.92	1.44
23	合肥市	102	1.89	103.83	1.34
24	东莞市	35	0.65	97.33	1.26
25	西安市	30	0.55	91	1.18
26	南昌市	40	0.74	82	1.06
27	义乌市	50	0.92	77	1
28	福州市	118	2.18	69.81	0.9

续表

序号	城市	展览数量（场）	展览数量全国占比（%）	展览面积平方米）	展览面积全国占比（%）
29	无锡市	60	1.11	68.9	0.89
30	南宁市	35	0.65	63.24	0.82
31	天津市	41	0.76	50.66	0.66
32	大连市	40	0.74	47.37	0.61
33	中山市	32	0.59	43.85	0.57
34	温州市	33	0.61	43.13	0.56
35	哈尔滨市	12	0.22	42.5	0.55
36	太原市	50	0.92	41.74	0.54
37	贵阳市	32	0.59	39.3	0.51
38	石家庄市	25	0.46	38.9	0.5
39	绵阳市	33	0.61	37.99	0.49
40	呼和浩特市	12	0.22	34	0.44
41	兰州市	30	0.55	33.58	0.43
42	佛山市	15	0.28	32	0.41
43	西宁市	25	0.46	31.158	0.4
44	烟台市	19	0.35	30.38	0.39
45	洛阳市	38	0.7	29.9	0.39
46	泰安市	24	0.44	29.8	0.39
47	乐山市	12	0.22	28	0.36
48	日照市	33	0.61	27.6	0.36
49	淄博市	17	0.31	25.47	0.33
50	泸州市	10	0.18	25.15	0.33
51	乌鲁木齐市	12	0.22	23	0.3
52	唐山市	22	0.41	22.35	0.29
53	泰州市	39	0.72	22.31	0.29
54	廊坊市	13	0.24	21.3	0.28
55	海口市	22	0.41	21.24	0.27
56	昆山市	20	0.37	20.22	0.26
57	襄阳市	17	0.31	20	0.26

续表

序号	城市	展览数量（场）	展览数量全国占比（%）	展览面积平方米）	展览面积全国占比（%）
58	银川市	16	0.3	19	0.25
59	菏泽市	18	0.33	18.2	0.24
60	永康市	7	0.13	18	0.23
61	常熟市	45	0.83	16.66	0.22
62	绍兴市	15	0.28	16.5	0.21
63	珠海市	17	0.31	16.35	0.21
64	济宁市	5	0.09	16.1	0.21
65	威海市	11	0.2	16	0.21
66	嘉兴市	12	0.22	16	0.21
67	达州市	11	0.2	15.47	0.2
68	漯河市	10	0.18	15.23	0.2
69	常州市	12	0.22	14.8	0.19
70	邢台市	4	0.07	14	0.18
71	扬州市	25	0.46	13.51	0.17
72	延边州	2	0.04	13	0.17
73	马鞍山市	26	0.48	13	0.17
74	辛集市	3	0.06	12.8	0.17
75	南通市	18	0.33	12.4	0.16
76	信阳市	31	0.57	12.19	0.16
77	衡水市	2	0.04	12	0.16
78	东营市	16	0.3	11.7	0.15
79	沧州市	10	0.18	11.11	0.14
80	宝鸡市	6	0.11	11	0.14
81	盐城市	11	0.2	10.89	0.14
82	聊城市	21	0.39	10.8	0.14
83	惠州市	14	0.26	10.2	0.13
84	邯郸市	8	0.15	10.2	0.13
85	自贡市	24	0.44	9.48	0.12
86	滨州市	2	0.04	8.73	0.11

续表

序号	城市	展览数量（场）	展览数量全国占比（%）	展览面积平方米）	展览面积全国占比（%）
87	南充市	7	0.13	8.65	0.11
88	宿迁市	15	0.28	8.5	0.11
89	内江市	16	0.3	8.47	0.11
90	连云港市	9	0.17	8.36	0.11
91	鞍山市	9	0.17	8	0.1
92	广元市	5	0.09	7.7	0.1
93	大同市	6	0.11	7.7	0.1
94	三门峡市	16	0.3	7.31	0.09
95	包头市	1	0.02	7	0.09
96	温岭市	7	0.13	6.7	0.09
97	芜湖市	11	0.2	6.3	0.08
98	安阳市	3	0.06	5.92	0.08
99	德阳市	8	0.15	5.8	0.08
100	柳州市	5	0.09	5.7	0.07
101	海宁市	6	0.11	5.25	0.07
102	承德市	5	0.09	5.02	0.06
103	台州市	3	0.06	5	0.06
104	锦州市	4	0.07	5	0.06
105	景德镇市	4	0.07	4.5	0.06
106	镇江市	3	0.06	4.2	0.05
107	新乡市	2	0.04	4	0.05
108	盘锦市	8	0.15	4	0.05
109	鄂尔多斯市	1	0.02	4	0.05
110	张家口市	3	0.06	3.8	0.05
111	余姚市	3	0.06	3.6	0.05
112	淮安市	4	0.07	3.59	0.05
113	慈溪市	4	0.07	3.4	0.04
114	广安市	7	0.13	3.3	0.04
115	巴中市	3	0.06	3.14	0.04

续表

序号	城市	展览数量（场）	展览数量全国占比（%）	展览面积平方米）	展览面积全国占比（%）
116	咸阳市	1	0.02	3	0.04
117	赤峰市	1	0.02	3	0.04
118	宜宾市	12	0.22	2.92	0.04
119	拉萨市	2	0.04	2.5	0.03
120	赣州市	4	0.07	2.4	0.03
121	营口市	4	0.07	2.2	0.03
122	宁海市	3	0.06	2.1	0.03
123	攀枝花市	4	0.07	2.05	0.03
124	铁岭市	2	0.04	2	0.03
125	晋江市	1	0.02	2	0.03
126	德州市	4	0.07	1.7	0.02
127	遂宁市	2	0.04	1.65	0.02
128	秦皇岛市	1	0.02	1.5	0.02
129	南安市	1	0.02	1.5	0.02
130	抚顺市	4	0.07	1.5	0.02
131	徐州市	1	0.02	1.32	0.02
132	通化市	3	0.06	1.2	0.02
133	泉州市	2	0.04	1.2	0.02
134	眉山市	1	0.02	1.2	0.02
135	石狮市	1	0.02	1.1	0.01
136	十堰市	1	0.02	1	0.01
137	潜江市	1	0.02	1	0.01
138	辽阳市	2	0.04	1	0.01
139	阜新市	3	0.06	1	0.01
140	德化市	1	0.02	1	0.01
141	朝阳市	4	0.07	1	0.01
142	本溪市	5	0.09	1	0.01
143	五常市	1	0.02	0.8	0.01
144	辽源市	2	0.04	0.7	0.01

续表

序号	城市	展览数量（场）	展览数量 全国占比（%）	展览面积 平方米）	展览面积 全国占比（%）
145	白城市	1	0.02	0.66	0.01
146	安溪市	1	0.02	0.6	0.01
147	桐乡市	2	0.04	0.5	0.01
148	齐齐哈尔市	1	0.02	0.5	0.01
149	丹东市	2	0.04	0.5	0.01
150	惠安市	1	0.02	0.4	0.01
151	雅安市	1	0.02	0.2	0
总计		5408		7726.61	

3．直辖市、计划单列市和省会城市办展情况

2020 年，在提供统计数据的 151 个展览城市中，直辖市、计划单列市和省会城市举办的展览总数为 3811 场，占全国境内举办展览数量的 70.47%，举办展览总面积为 5706.19 万平方米，占全国境内举办展览总面积的 73.85%。其中上海市、广州市和重庆市展览规模位列前三，分别举办展览 550 场、575 场和 242 场，举办展览面积为 1107.79 万平米、471 万平米和 447 万平米，各自占直辖市、计划单列市及省会城市举办展览总数的 14.43%、15.09% 和 6.35%, 以及占其总规模的 19.41%、8.25% 和 7.83%。

表 4 2020 年直辖市、省会城市举办展览数量和规模情况（按规模排序）

序号	城市	展览数量（场）	展览数量 全国占比（%）	展览面积	展览面积 全国占比（%）
1	上海市	550	14.43	1 107.79	19.41
2	广州市	575	15.09	471	8.25
3	重庆市	242	6.35	447	7.83
4	深圳市	107	2.81	349.3	6.12
5	成都市	211	5.54	305.78	5.35
6	青岛市	210	5.51	311	5.45
7	长沙市	202	5.3	246.27	4.32
8	南京市	228	5.98	229.27	4.02
9	昆明市	78	2.05	221	3.87
10	济南市	107	2.81	210	3.68
11	北京市	89	2.34	178	3.12
12	长春市	35	0.92	175.68	3.08
13	武汉市	88	2.31	150	2.63

续表

序号	城市	展览数量（场）	展览数量全国占比（%）	展览面积	展览面积全国占比（%）
14	郑州市	113	2.97	149.3	2.62
15	杭州市	191	5.01	128.8	2.26
16	厦门市	113	2.97	117.89	2.07
17	宁波市	102	2.68	117.19	2.05
18	沈阳市	104	2.73	110.92	1.94
19	合肥市	102	2.68	103.83	1.82
20	西安市	30	0.79	91	1.59
21	南昌市	40	1.05	82	1.44
22	福州市	118	3.1	69.81	1.22
23	南宁市	35	0.92	63.24	1.11
24	天津市	41	1.08	50.66	0.89
25	大连市	40	1.05	47.37	0.83
26	哈尔滨市	12	0.31	42.5	0.74
27	太原市	50	1.31	41.74	0.73
28	贵阳市	32	0.84	39.3	0.69
29	石家庄市	25	0.66	38.9	0.68
30	呼和浩特市	12	0.31	34	0.6
31	兰州市	30	0.79	33.58	0.59
32	西宁市	25	0.66	31.158	0.55
33	乌鲁木齐市	12	0.31	23	0.4
34	海口市	22	0.58	21.24	0.37
35	银川市	16	0.42	19	0.33
36	拉萨市	2	0.05	2.5	0.04
总计		3 811		7 726.61	

4．地级市办展情况

2020 年，在提供统计数据的 151 个展览城市中，地级市举办的展览总数为 1437 场，占全国境内举办展览数量的 26.57%，举办展览总面积为 1832.79 万平方米，占全国境内举办展览总面积的 23.72%。其中上桂林市、临沂市和潍坊市位列前三，分别举办展览 190 场、80 场和 40 场，举办展览面积为 303 万平方米、156.8 万平方米和 146.83 万平方米，各自占地级市举办展览总数的 13.22%、5.57% 和 2.78%，以及占其总规模的 16.53%、8.56% 和 8.01%。

表 5 2020 年地级市举办展览数量和规模情况（按规模排序）

序号	城市	展览数量（场）	展览数量全国占比（%）	展览面积（万平方米）	展览面积全国占比（%）
1	桂林市	190	13.22	303	16.53
2	临沂市	80	5.57	156.8	8.56
3	潍坊市	40	2.78	146.83	8.01
4	苏州市	120	8.35	123.48	6.74
5	东莞市	35	2.44	97.33	5.31
6	无锡市	60	4.18	68.9	3.76
7	中山市	32	2.23	43.85	2.39
8	温州市	33	2.3	43.13	2.35
9	绵阳市	33	2.3	37.99	2.07
10	佛山市	15	1.04	32	1.75
11	烟台市	19	1.32	30.38	1.66
12	洛阳市	38	2.64	29.9	1.63
13	泰安市	24	1.67	29.8	1.63
14	乐山市	12	0.84	28	1.53
15	日照市	33	2.3	27.6	1.51
16	淄博市	17	1.18	25.47	1.39
17	泸州市	10	0.7	25.15	1.37
18	唐山市	22	1.53	22.35	1.22
19	泰州市	39	2.71	22.31	1.22
20	廊坊市	13	0.9	21.3	1.16
21	襄阳市	17	1.18	20	1.09
22	菏泽市	18	1.25	18.2	0.99
23	绍兴市	15	1.04	16.5	0.9
24	珠海市	17	1.18	16.35	0.89
25	济宁市	5	0.35	16.1	0.88
26	威海市	11	0.77	16	0.87
27	嘉兴市	12	0.84	16	0.87
28	达州市	11	0.77	15.47	0.84

续表

序号	城市	展览数量（场）	展览数量全国占比（%）	展览面积（万平方米）	展览面积全国占比（%）
29	漯河市	10	0.7	15.23	0.83
30	常州市	12	0.84	14.8	0.81
31	邢台市	4	0.28	14	0.76
32	扬州市	25	1.74	13.51	0.74
33	马鞍山市	26	1.81	13	0.71
34	南通市	18	1.25	12.4	0.68
35	信阳市	31	2.16	12.19	0.67
36	衡水市	2	0.14	12	0.65
37	东营市	16	1.11	11.7	0.64
38	沧州市	10	0.7	11.11	0.61
39	宝鸡市	6	0.42	11	0.6
40	盐城市	11	0.77	10.89	0.59
41	聊城市	21	1.46	10.8	0.59
42	惠州市	14	0.97	10.2	0.56
43	邯郸市	8	0.56	10.2	0.56
44	自贡市	24	1.67	9.48	0.52
45	滨州市	2	0.14	8.73	0.48
46	南充市	7	0.49	8.65	0.47
47	宿迁市	15	1.04	8.5	0.46
48	内江市	16	1.11	8.47	0.46
49	连云港市	9	0.63	8.36	0.46
50	鞍山市	9	0.63	8	0.44
51	广元市	5	0.35	7.7	0.42
52	大同市	6	0.42	7.7	0.42
53	三门峡市	16	1.11	7.31	0.4
54	包头市	1	0.07	7	0.38
55	芜湖市	11	0.77	6.3	0.34
56	安阳市	3	0.21	5.92	0.32
57	德阳市	8	0.56	5.8	0.32

续表

序号	城市	展览数量（场）	展览数量全国占比（%）	展览面积（万平方米）	展览面积全国占比（%）
58	柳州市	5	0.35	5.7	0.31
59	承德市	5	0.35	5.02	0.27
60	台州市	3	0.21	5	0.27
61	锦州市	4	0.28	5	0.27
62	景德镇市	4	0.28	4.5	0.25
63	镇江市	3	0.21	4.2	0.23
64	新乡市	2	0.14	4	0.22
65	盘锦市	8	0.56	4	0.22
66	鄂尔多斯市	1	0.07	4	0.22
67	张家口市	3	0.21	3.8	0.21
68	淮安市	4	0.28	3.59	0.2
69	广安市	7	0.49	3.3	0.18
70	巴中市	3	0.21	3.14	0.17
71	咸阳市	1	0.07	3	0.16
72	赤峰市	1	0.07	3	0.16
73	宜宾市	12	0.84	2.92	0.16
74	赣州市	4	0.28	2.4	0.13
75	营口市	4	0.28	2.2	0.12
76	攀枝花市	4	0.28	2.05	0.11
77	铁岭市	2	0.14	2	0.11
78	德州市	4	0.28	1.7	0.09
79	遂宁市	2	0.14	1.65	0.09
80	秦皇岛市	1	0.07	1.5	0.08
81	抚顺市	4	0.28	1.5	0.08
82	徐州市	1	0.07	1.32	0.07
83	通化市	3	0.21	1.2	0.07
84	泉州市	2	0.14	1.2	0.07
85	眉山市	1	0.07	1.2	0.07
86	十堰市	1	0.07	1	0.05

续表

序号	城市	展览数量（场）	展览数量全国占比（%）	展览面积（万平方米）	展览面积全国占比（%）
87	辽阳市	2	0.14	1	0.05
88	阜新市	3	0.21	1	0.05
89	朝阳市	4	0.28	1	0.05
90	本溪市	5	0.35	1	0.05
91	辽源市	2	0.14	0.7	0.04
92	白城市	1	0.07	0.66	0.04
93	齐齐哈尔市	1	0.07	0.5	0.03
94	丹东市	2	0.14	0.5	0.03
95	雅安市	1	0.07	0.2	0.01
总计		1437		1832.79	

5. 县级市、县和自治州办展情况

2020 年，全国各县级市、县和自治州举办的展览总数为 160 场，占全国境内举办展览总数的 2.96%，举办展览总面积为 187.63 万平方米，占全国境内举办展览总面积的 2.43%。其中义乌市、昆山市和永康市位列前三，分别举办展览 50 场、20 场和 7 场，举办展览面积为 77 万平米、20.22 万平米和 18 万平米，各自占县级市、县和自治州举办展览总数的 31.25%、12.5% 和 4.38%，以及占其总规模的 41.04%、10.78% 和 9.59%。

表 6 2020 年县级市和县举办展览数量和规模情况（按规模排序）

序号	城市	展览数量（场）	展览数量全国占比（%）	展览面积（万平方米）	展览面积全国占比（%）
1	义乌市	50	31.25	77	41.04
2	昆山市	20	12.5	20.22	10.78
3	永康市	7	4.38	18	9.59
4	常熟市	45	28.13	16.66	8.88
5	延边州	2	1.25	13	6.93
6	辛集市	3	1.88	12.8	6.82
7	温岭市	7	4.38	6.7	3.57
8	海宁市	6	3.75	5.25	2.8
9	余姚市	3	1.88	3.6	1.92
10	慈溪市	4	2.5	3.4	1.81
11	宁海市	3	1.88	2.1	1.12

续表

序号	城市	展览数量（场）	展览数量全国占比（%）	展览面积	展览面积全国占比（%）
12	晋江市	1	0.63	2	1.07
13	南安市	1	0.63	1.5	0.8
14	石狮市	1	0.63	1.1	0.59
15	潜江市	1	0.63	1	0.53
16	德化市	1	0.63	1	0.53
17	五常市	1	0.63	0.8	0.43
18	安溪市	1	0.63	0.6	0.32
19	桐乡市	2	1.25	0.5	0.27
20	惠安市	1	0.63	0.4	0.21
总计		160		187.63	

6．城市办展规模比较

2020 年，在提供统计数据的 151 个展览城市中，举办展览在 500 场以上的 2 个，分别为上海市和广州市。在 100~500 场的 15 个，在 50~100 场的 7 个，在 10~50 场的 58 个，10 场以下的 69 个，分别占统计城市总数的 1.32%、9.93%、4.64%、38.4% 和 45.71%。

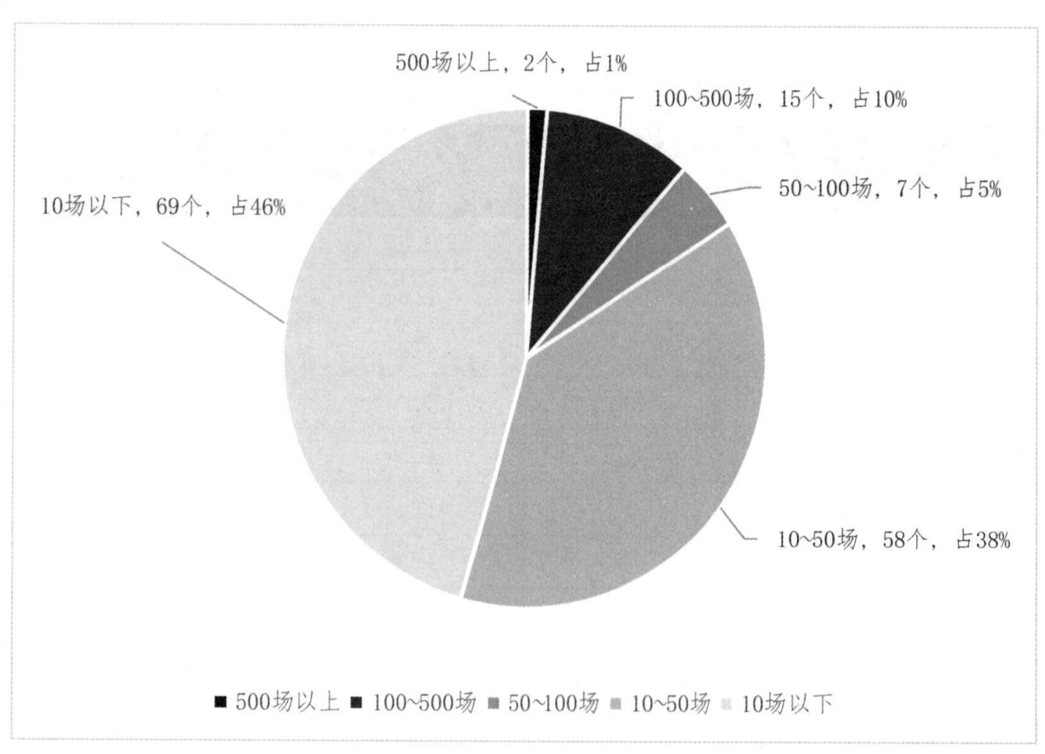

图 4 2020 年各城市展会数量分布

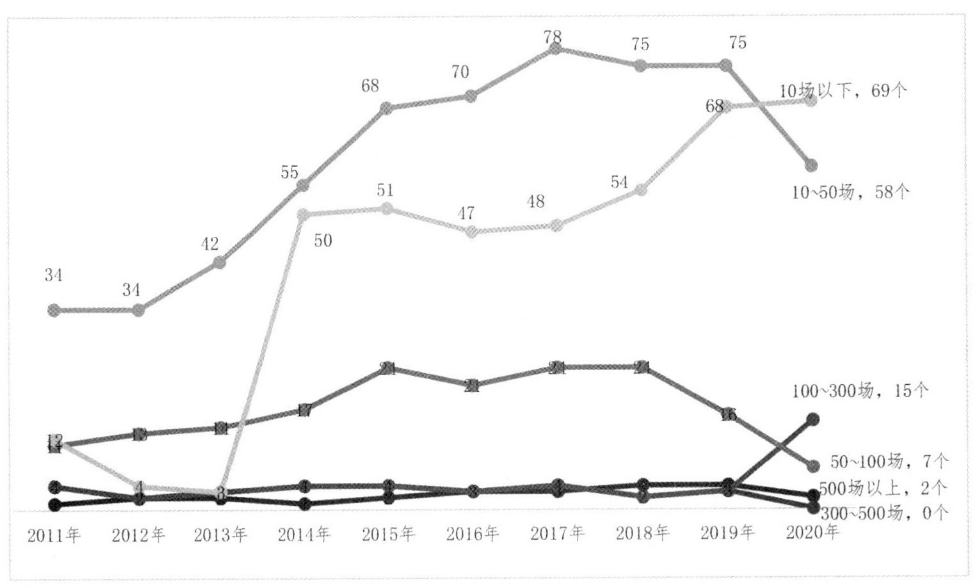

图 5 2011—2020 年中国城市举办展览数量的变化（单位：城市 / 个）

2020 年，我国办展城市展览总面积在 1000 万平方米以上 1 个，在 100 万 ~500 万平方米的 22 个，在 10 万 ~100 万平方米的 61 个，在 10 万平方米以下的 67 个，分别占统计城市总数的 0.66%、14.57%、40.4% 和 44.37%。

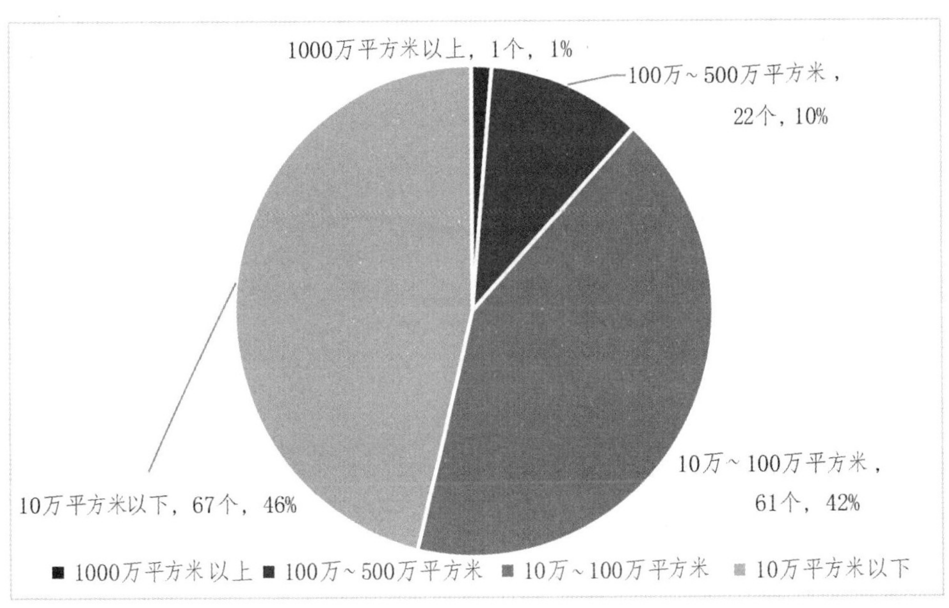

图 6 2020 年中国城市办展面积分布

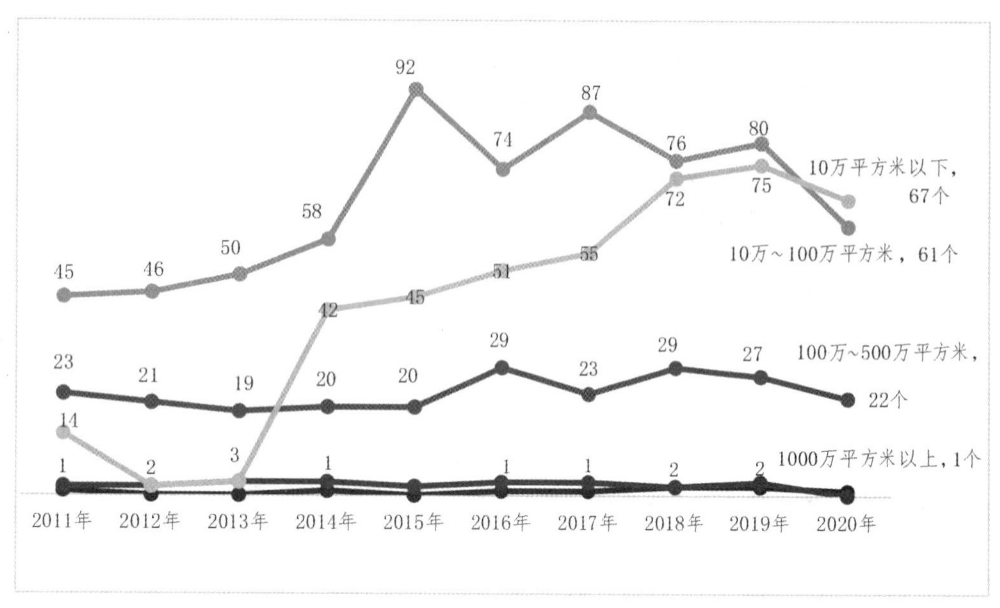

图 7 2011—2020 年中国城市展览面积分布（单位：城市 / 个）

7．一线城市上海、广州、北京情况

上海、广州、北京作为中国展览业三大一线城市，2020 年展览数量共计 1214 场，展览总面积 1756.79 万平方米，分别较 2019 年减少 40.98%、减少 50.58%，分别占全国展览总数的 22.45% 和 22.73%。

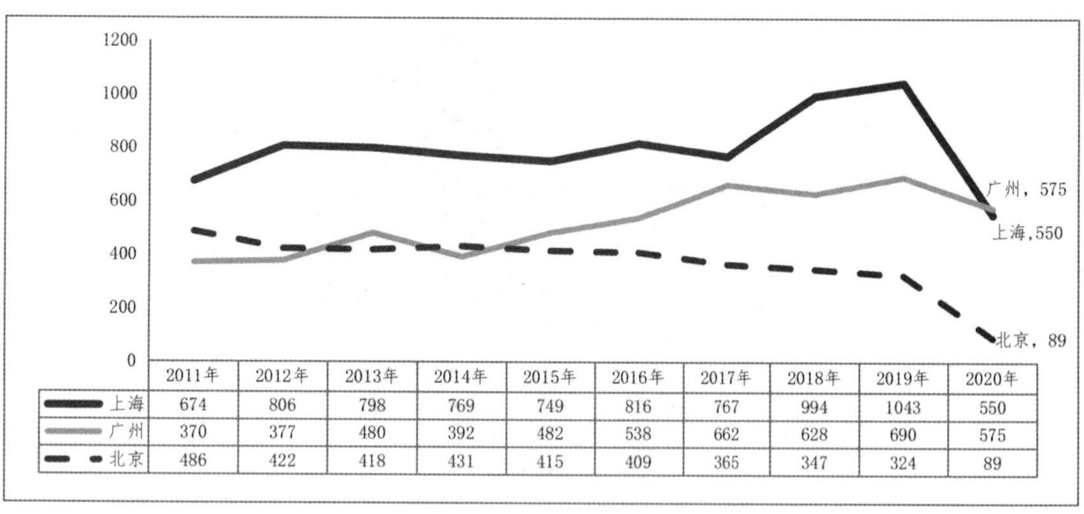

	2011年	2012年	2013年	2014年	2015年	2016年	2017年	2018年	2019年	2020年
上海	674	806	798	769	749	816	767	994	1043	550
广州	370	377	480	392	482	538	662	628	690	575
北京	486	422	418	431	415	409	365	347	324	89

图 8 2011—2020 年中国一线城市展会数量变化（单位：场）

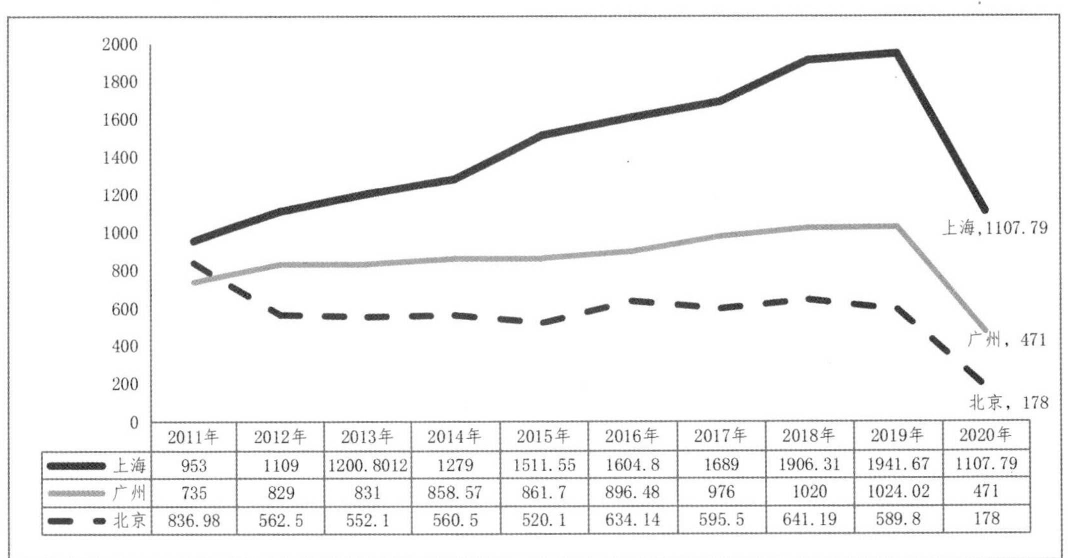

	2011年	2012年	2013年	2014年	2015年	2016年	2017年	2018年	2019年	2020年
上海	953	1109	1200.8012	1279	1511.55	1604.8	1689	1906.31	1941.67	1107.79
广州	735	829	831	858.57	861.7	896.48	976	1020	1024.02	471
北京	836.98	562.5	552.1	560.5	520.1	634.14	595.5	641.19	589.8	178

图 9 2011—2020 年中国一线城市境内办展总面积情况（单位：万平方米）

8．计划单列市情况

2020 年，全国 5 个计划单列市展览总数为 552 场，展览总面积为 935.45 万平方米，分别占全国展览总数的 9.86% 和展览总面积的 11.78%。

近几年来，5 个计划单列市的展览数量和展览总面积均保持增长。

表 7 2020 年中国计划单列市办展数量和展览面积比较

城市	展览数量（个）	同比 +-（%）	展览面积（万平方米）	同比 +-（%）	平均办展面积（万平方米）
青岛	190	-33.57	303	-28.87	1.59
深圳	107	-11.57	349.3	-11.57	3.26
厦门	113	-52.12	117.89	-50.89	1.04
大连	40	-72.22	47.37	-69.62	1.18
宁波	102	-48.48	117.89	-50.89	1.04
总计	552		935.45		1.69

表 8 2011—2020 年中国计划单列市展览数量（单位：场）

城市	2011 年	2012 年	2013 年	2014 年	2015 年	2016 年	2017 年	2018 年	2019 年	2020 年
青岛	103	105	126	182	201	226	239	265	286	190
深圳	102	116	86	79	89	91	114	111	121	107
厦门	149	160	184	200	193	230	205	229	236	113
大连	100	89	103	95	86	106	139	131	144	40
宁波	148	282	46	56	136	99	163	175	198	102

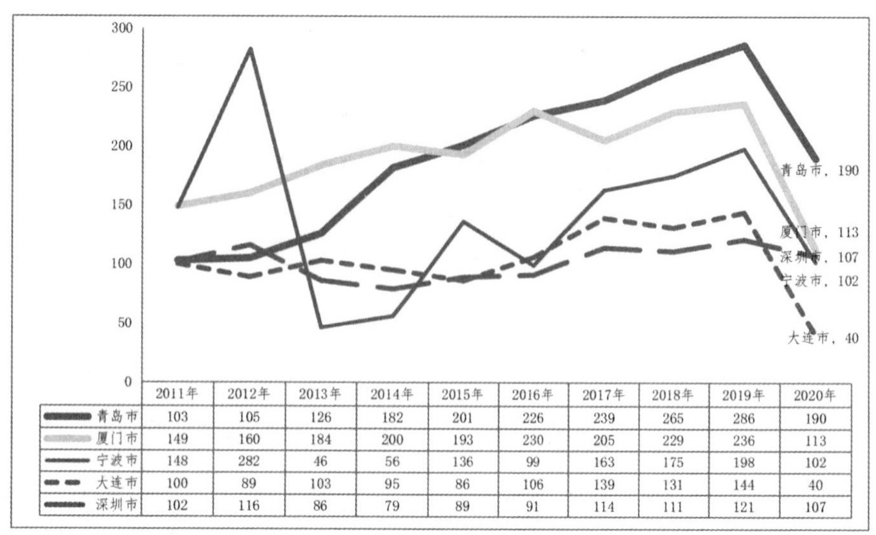

	2011年	2012年	2013年	2014年	2015年	2016年	2017年	2018年	2019年	2020年
青岛市	103	105	126	182	201	226	239	265	286	190
厦门市	149	160	184	200	193	230	205	229	236	113
宁波市	148	282	46	56	136	99	163	175	198	102
大连市	100	89	103	95	86	106	139	131	144	40
深圳市	102	116	86	79	89	91	114	111	121	107

图 10 2011—2020 年中国计划单列市境内办展总数比较（单位：场）

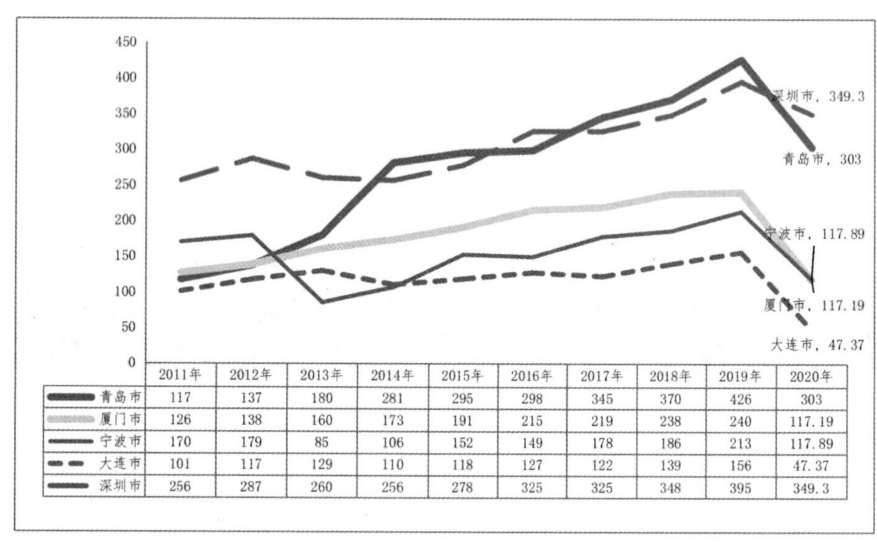

	2011年	2012年	2013年	2014年	2015年	2016年	2017年	2018年	2019年	2020年
青岛市	117	137	180	281	295	298	345	370	426	303
厦门市	126	138	160	173	191	215	219	238	240	117.19
宁波市	170	179	85	106	152	149	178	186	213	117.89
大连市	101	117	129	110	118	127	122	139	156	47.37
深圳市	256	287	260	256	278	325	325	348	395	349.3

图 11 2011—2020 年中国计划单列市境内办展总面积情况（单位：万平方米）

二、中国境外参办展

（一）中国境外参办展总体情况

2020 年，中国境外参办展总数为 209 场，较 2019 年境外参办展总数的 1765 场减少了 1556 场，降幅达 88.16%，参办展总面积为 20.94 万平方米，较 2019 年境外参办展总面积 202.59 万平方米减少了 181.65 万平方米，降幅达 89.67%。其中境外自主办展数量为 2 场，面积为 1.68 万平方米，分别占中国境外参办展总数及总面积的 0.96% 和 8.02%。中国境外参展项目数量为 207 场，面积为 19.26 万平方米，分别占中国境外参办展总数及总面积的 99.04% 和 91.98%。2020 年中国企业参加境外展会的总数为 6316 家，较 2019 年中国企业总数 61000 家，减少 54684 家，降幅达 89.65%。其中参加中国展览企业境外自主举办展览的企业数为 520 家，占中国企业出境参展总数的 8.23%。参加国际展览企业境外举办展览的企业数为 5796 家，占比为 91.77%。受疫情影响，自 2020 年 3 月 4 日起，再无一家中国企业出境参加线下展览项目，即以上中国境外参办展数据发生时间仅为 2020 年 1 月 1 日起至 2020 年 3 月 4 日止。根据借展出海 2021 年初发布的《疫情下出展情况与发展对策分析》截取以上相关数据。

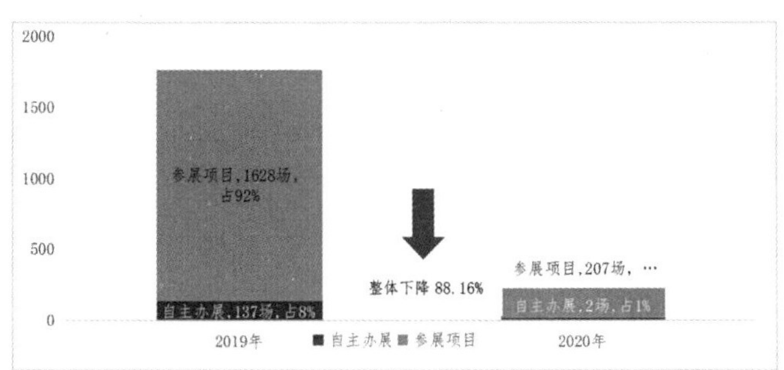

图 12 2019—2020 年中国境外参办展数量情况（单位：场）

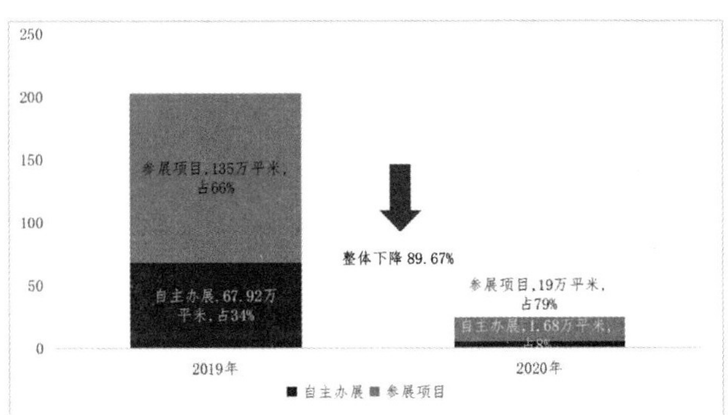

图 13 2019—2020 年中国境外参办展规模情况

（二） 境外自主办展情况

2020 年，中国境外自主办展总数为 2 场，较 2019 年的 137 场减少 135 场，降幅为 98.54%，展览总面积为 1.68 万平方米，较 2019 年的 67.92 万平方米减少 66.24 万平方米，降幅为 97.53%，展览平均面积为 0.84 万平方米 / 场，同比增加 0.34 万平方米 / 场，增福为 68%。其中根据《出国举办经济贸易展览会审批管理方法》（贸促展管〔2001〕3 号）文件审批的境外自主办展展会有 1 场，占总展会数量的 50%，同比 2019 年减少 124 场，降幅达 99.2%。除此之外，还有以市场化走出去海外自主办展的展会达 1 场，占总展会数量的 50%，同比 2019 年减少 11 场，降幅达 91.67%。

表 9 2014—2020 年中国主办方境外办展统计

年份	办展机构（个）	展览数量（场）	展览面积（万平方米）	展览平均面积（万平方米）
2014	36	84	26.8	0.3
2015	23	63	32.2	0.5
2016	37	128	78	0.6
2017	36	123	83.6	0.7
2018	34	124	66.2	0.5
2019	29	137	67.92	0.5
2020	2	2	1.68	0.84

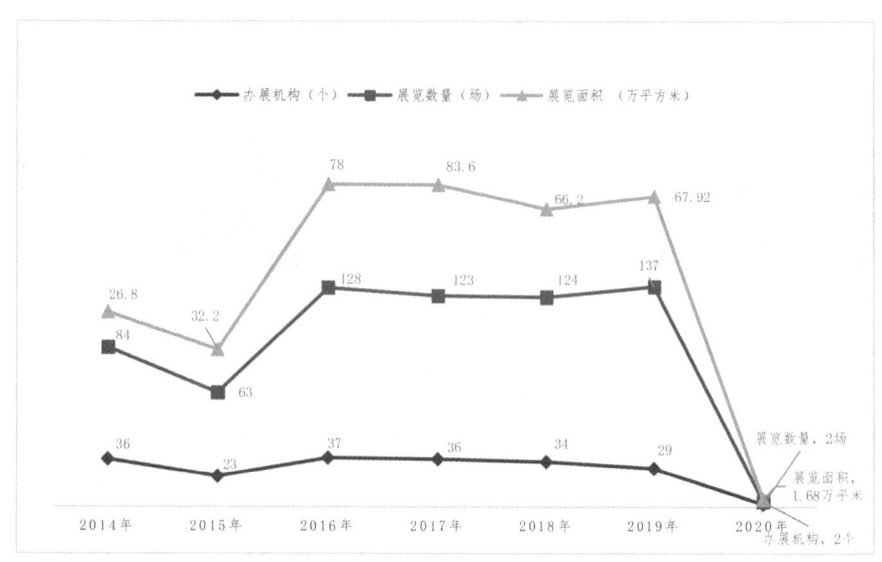

图 14 2014—2020 年中国主办方境外办展情况

（三） 境外自主办展机构情况

2020 年，中国境外办展主办机构共 2 家，同比上年减少 27 家，降幅 93.10%。其中，行政机构 0 家，同比 2019 年减少 9 家，降幅达 100%。商会、协会 1 家，同比 2019 年减少 6 家，降幅达 85.71%。企业 1 家，同比 2019 年减少 12 家，降幅达 92.31%。

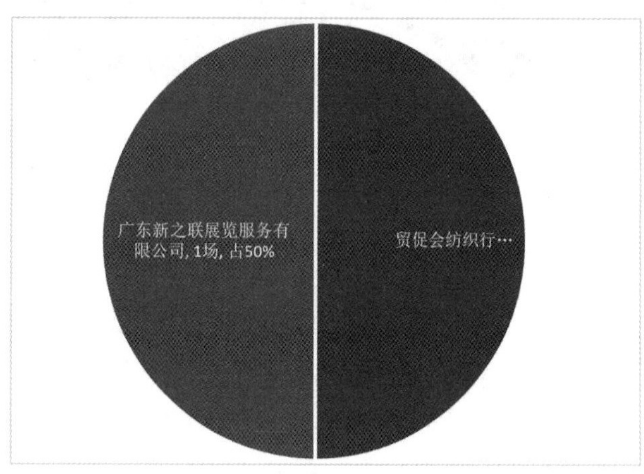

图 15 2020 年中国境外办展机构情况

表 10 2020 年中国境外办展机构情况（按数量排序）

序号	组展机构	办展数量及分类（场）				办展数量占比（%）	单位性质
		合计	独立办展	合作办展	展中展		
1	贸促会纺织行业分会	1	1	—	—	50	商协会
2	广东新之联展览服务有限公司	1	0	1	—	50	民营
	总计	2		1	—	100	

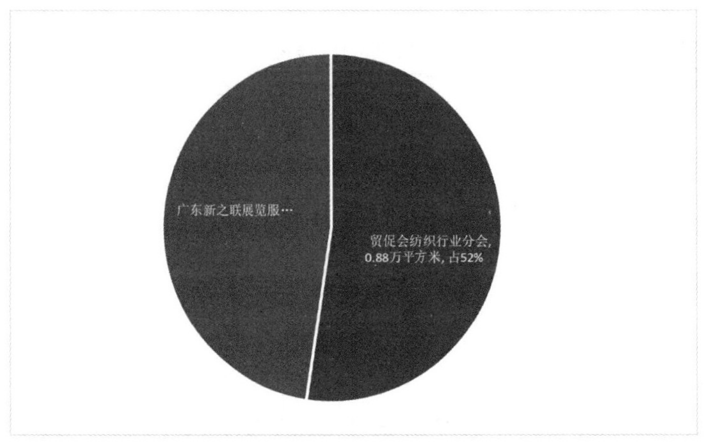

图 16 2020 年中国境外办展组展机构展览面积构成（万平方米）

表 11 2020 年中国出境自主办展展规模情况

序号	组展机构	办展总面积（万平方米）	办展总面占比（%）
1	贸促会纺织行业分会	0.88	52
2	广东新之联展览服务有限公司	0.8	48
	总计	2.63	100

注：2 家机构中，办公地分别位于北京与广州，各自办展 1 场。

表 12 2020 年中国出境自主办展组展机构的地域分布

序号	城市	2019 年组展机构（个）	2020 年				组展机构同比 +-（%）
			组展机构（个）	展览数量（场）	展览面积（万平方米）	组展机构占比（%）	
1	北京	13	1	1	0.88	20	-92.3
2	广州	5	1	1	0.8	20	-80

表 13 2017—2020 年中国出境自主办展项目按地域分布情况（单位：场）

序号	城市	2017 年	2018 年	2019 年	2020 年
1	北京	78	57	71	1
2	广州	4	9	11	1
3	上海	2	12	5	—
4	杭州	28	40	45	—

续表

序号	城市	2017 年	2018 年	2019 年	2020 年
5	济南	—	—	—	—
6	宁波	1	1	1	—
7	西安	—	1	1	—
8	乌鲁木齐	—	—	2	—

表 14 2017—2020 年中国出境自主办展展览总面积按地域分布情况（单位：万平方米）

序号	办展城市	2017 年	2018 年	2019 年	2020 年	同比 +-（%）
1	北京	53.72	32.06	33.3	0.88	-97.36
2	广州	3.28	4.9	6.1	0.8	-86.89
3	杭州	20.36	23.31	24.35	—	—
4	济南	—	—	—	—	—
5	上海	1.36	3.88	1.93	—	—
6	宁波	0.12	0.44	0.25	—	—
7	西安	—	0.33	0.66	—	—
8	乌鲁木齐	—	—	0.66	—	—

（四）境外自主办展类型

境外自主办展的类型分为独立办展、合作办展和展中展三类。

2020 年，中国主办方在境外独立办展 1 场，合作办展 1 场，分别境外自主办展总数 2 场的 50% 和 50%。

同比 2019 年，2020 年境外自主办展独立办展类项目数量较少了 37 场，降幅达 97.37%；合作办展类型项目数量减少了 40 场，增幅达 97.56%；展中展类项目数量减少了 58 场，降幅达 100%。

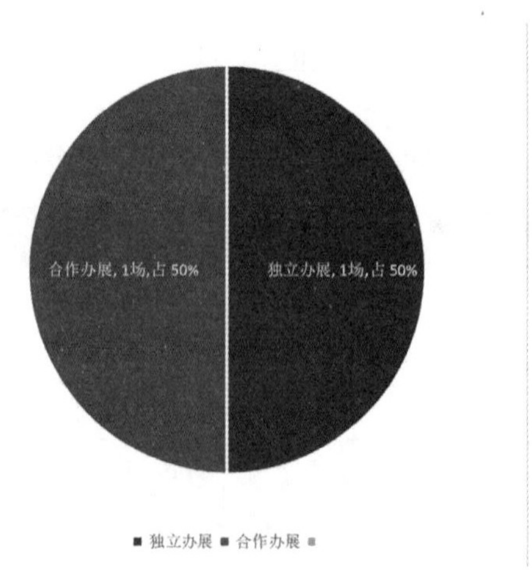

图 17 2020 年中国境外自主办展的类型

表 15 2016—2020 年中国境外自主办展分类的数量比较

年份	独立办展（场）	合作办展（场）	展中展（场）
2020	1	1	0
2019	38	41	58
2018	32	23	69
2017	24	50	49
2016	19	64	45

（五）项目主题情况

中国境外自主办展的项目分为服务贸易展和货物贸易展两大类。

2019 年，服务贸易展 0 场，占比 0%；货物贸易展中，专业展有 2 场，主题共涉及 2 个行业或领域，包括纺织服装（1 场）和建筑建材（1 场）。

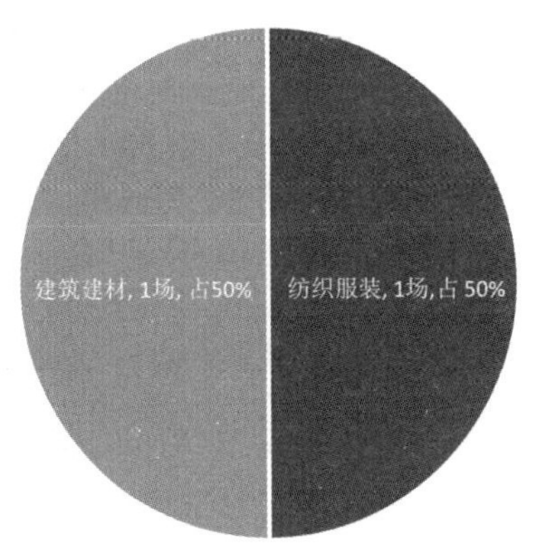

图 18 2020 年中国境外自主办展的类型

相比于 2019 年，纺织服装由 16 场减至 1 场，同比降幅 93.75%，建筑材料展览由 11 场减至 1 场，同比降幅 90.9%。

表 16 2019 年、2020 年中国境外自主办展项目主题比较

项目分类 / 行业	2019 年		2020 年		数量同比 +-（%）	面积同比 +-（%）
	展览数量（场）	展览面积（万平方米）	展览数量（场）	展览面积（万平方米）		
纺织服装	16	7.58	1	0.88	-93.75	-88.39
建筑建材	11	4.54	1	0.8	-90.9	-82.38
综合展会	52	9.67	—	—	-100	-100
工业机械	14	22.14	—	—	-100	-100

续表

项目分类 / 行业	2019 年		2020 年		数量同比 +-（%）	面积同比 +-（%）
	展览数量（场）	展览面积（万平方米）	展览数量（场）	展览面积（万平方米）		
化工橡胶	7	1.4	—	—	-100	-100
服务贸易	7	0.62	—	—	-100	-100
医药用品	5	1.9	—	—	-100	-100
农林牧渔	5	1.25	—	—	-100	-100
食品饮料	4	0.46	—	—	-100	-100
电子消费	3	0.65	—	—	-100	-100
总计	137	67.92	2	1.68	-98.54	-97.53

表 17 2020 年中国境外自主办展情况

序号	展览会名称	组展机构	举办国家	举办城市	展览面积（万平方米）
1	春季中国纺织品服装贸易展览会	贸促会纺织行业分会	法国	巴黎	0.88
2	亚洲国际（印度）陶瓷工业展览会	广东新之联展览服务有限公司	印度	甘地纳格尔	0.8
总计					1.68

注：2020 年中国境外自主办展的 2 场展览中，有 1 场展览来自中国境内展览的移植，占比为 50%。

表 18 2020 年中国境外自主办展海外移植情况

展览会名称	组展机构	举办国家	举办城市	展览面积（万平方米）
亚洲国际（印度）陶瓷工业展览会	广东新之联展览服务有限公司	印度	甘地纳格尔	0.8

（六）境外自主办展举办地情况

2020 年，中国境外自主办展举办地共涉及 2 个国家，较 2019 年的 43 个国家减少了 41 个国家，降幅为 95.35%。中国仅在法国、印度两地城市各自办展 1 场。同比 2019 年情况如表 22 所示。

表 19 2019—2020 年中国境外自主办展分举办地的展览数量与展览面积比较

国家	办展数量（场）		同比 +-（%）	办展面积（万平方米）		同比 +-（%）
	2019 年	2020 年		2019 年	2020 年	
法国	2	1	-50	2.5	0.88	-64.8
印度	11	1	-90.9	8.17	0.8	-90.2
总计 2 个国家	13	2	-84.62	10.67	1.68	-84.25

（七）境外办展服务“一带一路”倡议情况

2020 年，在中国境外自主办展的 2 场展览中，有 1 场在“一带一路”沿线国家举办，占 50%，同比 2019 年的 92 场减少了 91 场，降幅 98.91%；展览总面积 0.8 万平方米，占中国境外自主办展展览总面积的 47.62%，同比 2019 年的 51.9 万平方米减少了 51.1 万平方米，降幅达 98.46%。

中国在“一带一路”沿线国家举办展览的机构共 1 家，占出境自主办展组展机构总数的 50%，同比 2019 年 24 家减少了 23 家，降幅为 95.83%。

表 20 2020 年中国境外自主办展服务“一带一路”倡议项目统计

办展单位名称	展览数量（场）	展览面积（万平方米）
广东新之联展览服务有限公司	1	0.8

与此同时，金砖五国中的俄罗斯、巴西、印度和南非，也成为中国境外自主办展的重要举办地。

表 21 2020 年中国境外自主办展服务金砖五国倡议项目统计

办展单位名称	展览数量（个）	展览面积（万平方米）	占总面积比例（%）
广东新之联展览服务有限公司	1	0.8	100

2020 年，中国境外自主办展两个举办国：法国和印度

表 22 2012—2020 年中国境外自主办展十大热门举办国

序号	2012 年	2013 年	2014 年	2015 年	2017 年	2018 年	2019 年	2020 年
1	越南	越南	巴西	巴西	巴西	印度	印度	印度
2	印度尼西亚	阿联酋	美国	印度	斯里兰卡	墨西哥	印度尼西亚	法国
3	阿联酋	印度尼西亚	匈牙利	泰国	印度	印度尼西亚	巴西	—
4	日本	波兰	越南	哈萨克斯坦	俄罗斯	泰国	日本	—
5	缅甸	泰国	哈萨克斯坦	美国	南非	巴西	墨西哥	—
6	泰国	印度	阿联酋	印度尼西亚	印度尼西亚	俄罗斯	南非	—

续表

序号	2012 年	2013 年	2014 年	2015 年	2017 年	2018 年	2019 年	2020 年
7	澳大利亚	美国	印度	马来西亚	美国	南非	泰国	—
8	马来西亚	缅甸	泰国	土耳其	越南	阿联酋	越南	—
9	法国	哈萨克斯坦	埃及	埃及	伊朗	波兰	阿联酋	—
10	英国	坦桑尼亚	澳大利亚	阿联酋	土耳其	肯尼亚	波兰	—

（八） 疫情下出国参办展行业情况

2020 年，《借展出海》杂志通过社调的形式，分别于 2 月份以及 11 月对中国出展行业做了两次调研，经过对调研回收的相关数据做出分析，得到两份《出展行业受新冠疫情影响调查报告》。

《借展出海》杂志 2020 年 2 月《出展行业受新冠疫情影响调查报告》显示，在新冠肺炎疫情于 2019 年年底暴发之后至 2020 年 2 月底，超过 60% 的展商未能如期出境外参展，给中国出展企业造成了第一波重大损失。调查报告还显示，超过 80% 的中国出展企业经济损失很大，企业经营出现困难。

在分析中国出展企业填报的 10 月“除国参展受新冠疫情影响调查问卷”后，根据《借展出海》杂志 10 月《出展行业受新冠疫情影响调查报告》显示，只有 5% 的出展企业表示 公司受到一定的影响，12% 的企业表示影响较大，有多达 41% 的企业表示影响极大，45% 的企业表示因为新冠肺炎疫情在全球的持续蔓延，企业受到了致命的打击，将难以为续。

2020 年 3 月以来，中国出展业务收入为零，90% 以上企业业务收入断流，截至 2020 年 10 月，所有出展企业当年主营业务收入下降了 80% 以上。调查显示，出展企业 2020 年收入同比下降小于 10% 的企业为 0，下降比例在 10%~30% 的企业为 2%，下降比例在 30%~50% 的企业为 10%，而多达 88% 的出展企业收入下降超过 50%。为了应对这一严峻形势，出展企业采取了一系列自救措施，《借展出海》的调查显示，有 54% 的企业选择转型，有 40% 的企业采取降薪措施，有 44% 的企业裁员，有 13% 的企业缩减办公面积，以缩减租金，另有 15% 的企业已经关闭了办公室。

《借展出海》杂志以上 2 份调查报告所描述的结果已经令人十分震惊，大大超出了调研初期时预想的严重程度，而当时仍有许多已经被迫停业的出展企业并未在本次调研的样本中，故可想而知 2020 年受新冠肺炎疫情影响，出展行业的企业面临的事迹情况应该比调查报告所描述的更加严重！

（九） 境外自主办展企业转型情况

2020 年，中国展览主办机构受疫情影响仅剩 2 家机构在境外举办了线下展会，较 2019 年减少 27 家，降幅明显。同年，27 家受限无法在境外自主办展的中国展览主办机构中，有 16 家机构进行了转型，占比达 59.26%。其中，行政机构有 3 家，占比 11.11%；商会、协会有 4 家，占比 14.82%；国有企业有 5 家，占比 18.51%；民营企业 4 家，占比 14.82%。其余 11 家机构尚未发现有转型动作，占比为 40.75%。

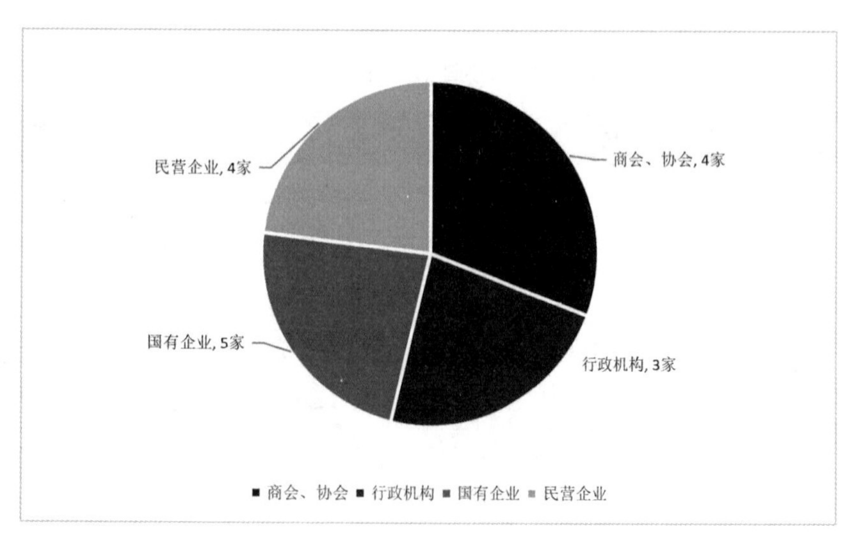

图 19 2020 中国境外展览主办转型机构性质情况

2020 年，中国展览主办机构往 4 个发展方向进行转型，分别为数字展览、线上对接会、境内线下展和境外代参展。其中 6 家展览主办机构转型举办数字展览，占受疫情影响未在境外办展的中国主办机构总数的 22.22%。4 家展览主办机构转型开展线上对接会，占受疫情影响未在境外办展的中国主办机构总数的 14.81%。4 家展览主办机构转型在境内举办线下展，占受疫情影响未在境外办展的中国主办机构总数的 14.81%。3 家展览主办机构转型为境外代参展，占受疫情影响未在境外办展的中国主办机构总数的 11.11%。

表 23 2020 年中国境外展览主办转型机构情况

序号	组展机构	转型方向	转型机构数量（家）	占比（%）	单位性质
1	商务部外贸发展事务局	数字展览	6	22.22	行政机构
2	广东省商务厅	数字展览			行政机构
3	宁波市商务局	数字展览			行政机构
4	中国中纺集团有限公司	数字展览			国有企业
5	中国国际贸易促进委员会上海市分会	数字展览			商会、协会
6	米奥会展	数字展览			民营企业
7	广东潮域展览有限公司	境内线下展	4	14.81	民营企业
8	上海现代国际展览有限公司	境内线下展			国有企业
9	中国国际贸易促进委员会陕西省分会	境内线下展			商会、协会
10	中国机械国际合作股份有限公司	境内线下展	4	14.81	国有企业
11	中国国际商会	线上对接会			商会、协会
12	上海外经贸商务展览有限公司	线上对接会			国有企业
13	中国纺织品进出口商会	线上对接会			商会、协会
14	浙江远大国际会展有限公司	线上对接会			国有企业
15	山东中展贸促国际会展有限公司	境外代参展	3	11.11	国有企业
16	浙江远大国际会展有限公司	境外代参展			国有企业
17	浙江三博会展股份有限公司	境外代参展			民营
18	其他境外展主办机构	无转型动作	11	40.75	
总计			27	100	

三、展览场馆统计

（一）总体情况

2020 年，中国会展经济研究会统计工作委员会对全国各地收集到的展馆数据进行了核实（未提供展馆名称的不录入本章节统计工作）、筛选及分析工作，由于受疫情影响，原计划办展却未办展的展馆，依旧列入本章节统计工作。

2020 年全国展览馆场馆 298 座，同比 2019 年增加 6 座，增幅 2.1%。其中 2020 年投入使用的有 6 座，全国可供使用展览馆连续第二年保持增长。

2020 年，全国正在建设的展馆有 24 座，与 2019 年在建展馆数量一致。

2020 年，全国已经立项待建展馆有 6 座，同比 2019 年减少 10 座，降幅达 37.5%。

因此，截至 2020 年 12 月 31 日，全国在用、在建和立项待建的展馆总数可以预测，未来全国的展馆数量为 328 座，同比 2019 年的全国展馆预测总数减少 4 座，降幅达 1.2%；

表 24 2014—2020 年全国展览场馆建设情况（单位：座）

状态	2014 年	2015 年	2016 年	2017 年	2018 年	2019 年	2020 年
在用	226	286	316	348	286	292	298
在建	16	21	19	20	23	24	24
待建	4	5	5	8	14	16	6

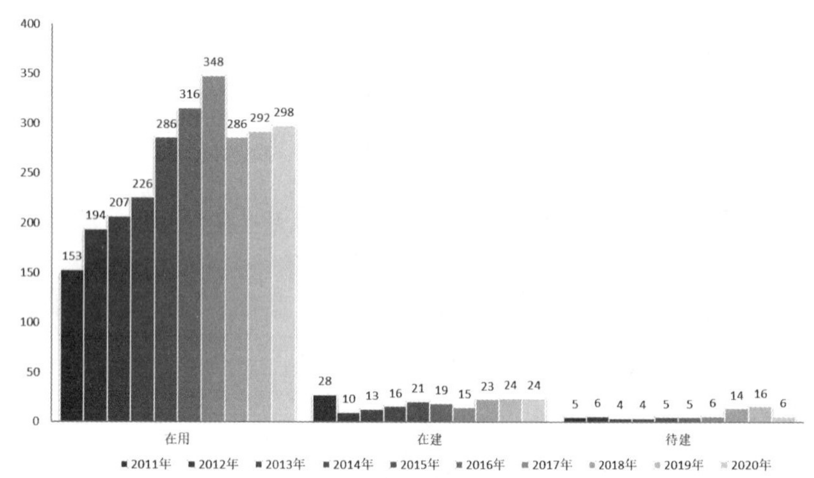

图 20 2014—2020 年全国展览场馆建设情况（单位：座）

2020 年，全国在用的 298 座展馆的室内可供展览总面积为 1229 万平方米，同比 2019 年新增 46.4 万平方米，涨幅为 2.7%。

2020 年，全国 24 座在建展馆的室内可供展览总面积为 359 万平方米，同比 2019 年增加了 131.6 万平方米，增幅为 57.8%。

2020 年，全国立项待建的 6 座展览馆可供展览总面积为 57 万平方米，同比 2019 年减少了 113.6 万平方米，降幅达 66.6%。

因此，截至 2020 年 12 月 31 日，全国在用、在建和立项待建的展馆可供展览办展面积可以预测未来全国可供使用的办展面积为 1645 万平方米，同比 2019 年预测总面积增加 50.4 万平方米，增幅达 3.16%。

表 25 2014—2020 年全国展览场馆室内可供展览面积比较（单位：万平方米）

状态	2014 年	2015 年	2016 年	2017 年	2018 年	2019 年	2020 年
在用	830.69	892.89	1 000.7	1 187.99	1 129.8	1 196.6	1 243
在建	114.24	186.82	107.81	202	245.7	227.4	359
待建	19.2	41.5	41.5	84	161.6	170.6	57

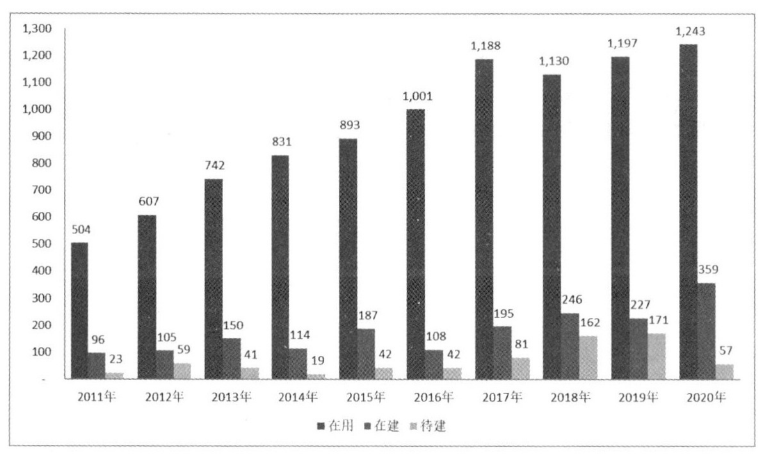

图 21 2014—2020 年全国展览场馆室内可供展览面积比较（单位：万平方米）

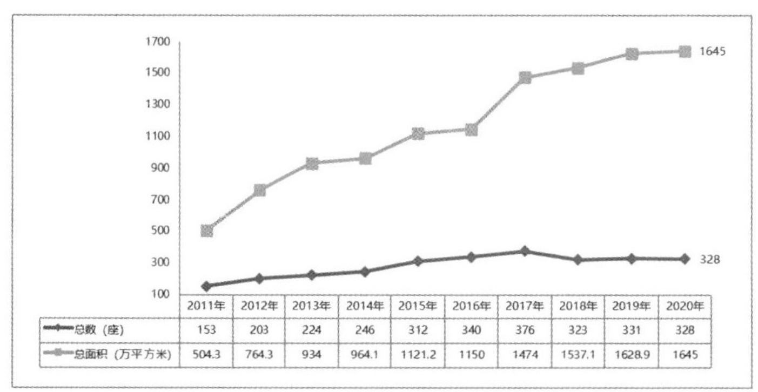

	2011年	2012年	2013年	2014年	2015年	2016年	2017年	2018年	2019年	2020年
总数（座）	153	203	224	246	312	340	376	323	331	328
总面积（万平方米）	504.3	764.3	934	964.1	1121.2	1150	1474	1537.1	1628.9	1645

图 22 2011—2020 年全国展览场馆预测总数及室内可供展览面积变化情况 (单位：万平方米）

（二） 各省份情况

从全国投入使用的展览场馆数量来看，山东省展览场馆达 48 座，为全国各省份最多，占比达 16.1%。江苏省 30 座，广东省 28 座，位居全国第二、第三，占比分别达 10.1% 和 9.4%。

在各省份中，按投入使用展览场馆的室内可供展览总面积，山东省达 183.4 万平方米，广东省达 174.4 万平方米，浙江省达 96.9 万平方米，江苏省达 85.3 万平方米，上海市达 97.7 万平方米，分列全国前五位。

表 26 2020 年全国各省份展览场馆数量、展览面积比较

省份	展馆数量（座）	展览面积（万平方米）	省份	展馆数量（座）	展览面积（万平方米）
山东	48	183.4	陕西	5	24.8
广东	28	174.4	江西	4	17
上海	9	97.7	黑龙江	6	16.3
浙江	22	96.9	湖南	5	15.4
江苏	30	85.3	天津	4	14.1

续表

省份	展馆数量（座）	展览面积（万平方米）	省份	展馆数量（座）	展览面积（万平方米）
云南	6	72.1	广西壮族自治区	3	13.3
河南	26	55.8	内蒙古自治区	5	10.3
四川	9	53.2	新疆维吾尔自治区	1	10
河北	19	48.1	山西	5	8
福建	9	38	贵州	2	8.3
辽宁	10	32.7	甘肃	3	6.7
重庆	3	30.5	西藏自治区	3	6.3
北京	9	33.5	青海	2	5.7
安徽	7	26.3	海南	1	3.8
吉林	7	25.1	宁夏回族自治区	1	3
湖北	5	24.8	辽宁	1	1.8

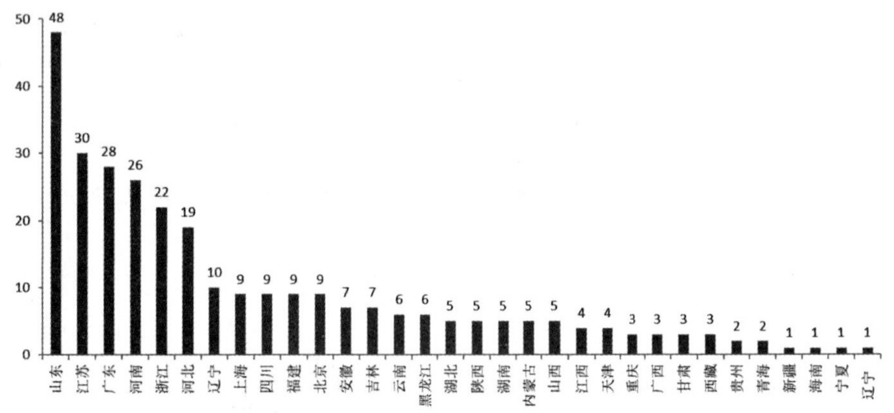

图 23 2020 年全国各省份展览场馆数量情况（单位：座）

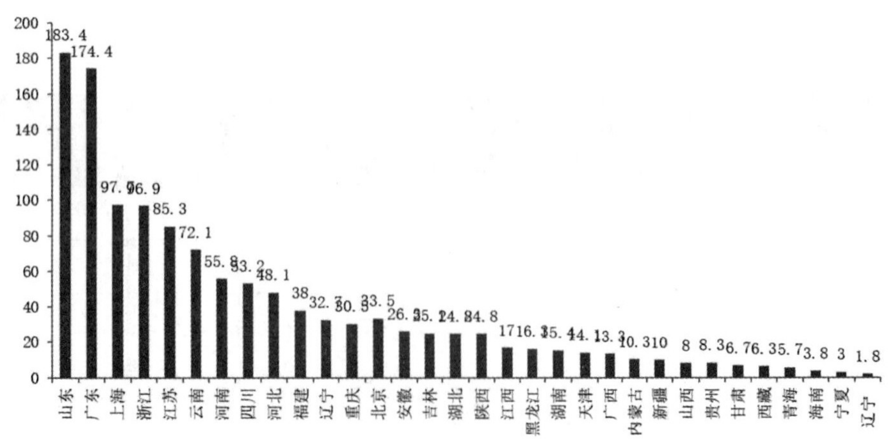

图 24 2020 年全国各省份展览场馆面积情况（单位：万平方米）

（三）各城市情况

在本次全国提供统计中，有 148 个城市有展馆，其中单个城市在用展馆数量排名前三的城市分别为上海、北京、杭州及临沂（并列第三）。

表 27 2020 年城市展览场馆数量比较（单位：座）

城市展馆数量	城市名称							
9	上海	北京						
7	杭州	临沂						
6	苏州	佛山	石家庄					
5	广州	青岛	昆明	长春	潍坊	中山		
4	武汉	南京	长沙	天津	西安	济南		
3	重庆	成都	青岛	无锡	南昌	郑州	洛阳	太原
	拉萨	东营	大连	廊坊	威海	滨州	信阳	许昌
	泰安							
2	沈阳	贵阳	呼和浩特	泰州	东莞	邢台	烟台	连云港
	商丘	唐山	常州	安阳	济宁	盐城	本溪	莱芜
	濮阳	珠海	延吉	聊城	枣庄	深圳	晋江	
1	温州	义乌	淄博	石狮	厦门	乌鲁木齐	南宁	合肥
	云浮	福州	泸州	曲阜	永康	哈尔滨	锦州	郴州
	宁波	池州	昆山	莆田	乐山	西宁	芜湖	平顶山
	新乡	绥芬河	海口	合肥	桐乡	兰州	绵阳	余姚
	民权县	汕头	银川	桂林	宁德	襄阳	鹤壁	嘉兴
	台州	宿迁	张掖	牡丹江	常熟	德清	广元	邯郸
	宜宾	驻马店	铁岭	绍兴	江门	满洲里	大同	沧州
	赤峰	阜新	南通	张家口	慈溪	鄂尔多斯	伊春	阜阳
	漯河	马鞍山	平潭	日照	扬州	淮安	三门峡	湛江
	昌邑	徐州	惠州	柳州	海宁	温岭	齐齐哈尔	赣州
	镇江	衡水	临夏	蚌埠	盘锦	玉树	运城	德州
	南阳	秦皇岛	菏泽	漳州				

全国有 30 个城市展览场馆室内可供展览总面积超过 10 万平方米。其中，上海市以 73.36 万平方米居首位，深圳市以 60.5 万平方米居次位，广州市以 49.24 万平方米位居第三。

表 28 拥有 10 万平方米以上专业场馆的城市分布情况（单位：万平方米）

城市	展馆面积（万平方米）	城市	展馆面积（万平方米）
上海市	75.36	温州市	19.4
深圳市	60.5	济南市	18.45
广州市	49.24	临沂市	17.66
青岛市	44	南京市	16.11
昆明市	38.98	南昌市	15.6
成都市	32.5	沈阳市	12.96
杭州市	30.76	义乌市	12.64
重庆市	30.52	淄博市	12.3
北京市	33.46	石家庄市	12.11
西安市	24	中山市	11.75
长春市	22.79	无锡市	11.25
苏州市	22.3	珠海市	10.62
武汉市	22.04	天津市	10.1
滨州市	21.3	厦门市	10
佛山市	19.6		

（四）单个展馆规模情况

全国单个展览场馆室内可供展览面积 1 万平方米以上的展馆有 258 个，其中排名前三的展馆分别为上海国家会展中心、中国进出口商品交易会展馆、昆明滇池国际会展中心。

表 29 2011—2019 中国计划单列市展览面积（单位：万平方米）

序号	展览场馆名称	省份	城市	室内展览面积（万平米）
1	深圳国际会展中心	广东省	深圳市	50
2	上海国家会展中心	上海市	上海市	40
3	中国进出口商品交易会展馆	广东省	广州市	33.8

续表

序号	展览场馆名称	省份	城市	室内展览面积（万平米）
4	昆明滇池国际会展中心	云南省	昆明市	30
5	重庆国际博览中心	重庆市	重庆市	23
6	上海新国际博览中心	上海市	上海市	20
7	中国西部国际博览城国际展览中心	四川省	成都市	20
8	温州国际会议展览中心	浙江省	温州市	19.4
9	上海世贸商城展览馆	上海市	上海市	19
10	武汉国际博览中心	湖北省	武汉市	15
11	红岛国际会展中心	山东省	青岛市	14.5
12	南昌绿地国际博览中心	江西省	南昌市	14
13	义乌国际博览中心	浙江省	义乌市	12.64
14	淄博国际会展中心	山东省	淄博市	12.3
15	广东（潭洲）国际会展中心	广东省	佛山市	12
16	青岛新南国际博览中心	山东省	青岛市	12
17	青岛世界博览城	山东省	青岛市	12
18	南京国际博览中心	江苏省	南京市	11
19	成都世纪城新国际会展中心	四川省	成都市	11
20	沈阳国际展览中心	辽宁省	沈阳市	10.56
21	深圳会展中心	广东省	深圳市	10.5
22	济南西部国际会展中心	山东省	济南市	10
23	中国国际展览中心新馆	北京市	北京市	10
24	厦门国际会议展览中心	福建省	厦门市	10
25	中国厨都国际会展中心	山东省	滨州市	10
26	博兴澳博会展中心	山东省	滨州市	10
27	新疆国际会展中心	新疆维吾尔自治区	乌鲁木齐市	10
28	南宁国际会展中心	广西省	南宁市	9.2
29	合肥滨湖国际会展中心	安徽省	合肥	9.1
30	杭州国际博览中心	浙江省	杭州市	8.84
31	昆明凯旋利车博汇	云南省	昆明市	8.6
32	云浮国际石材博览中心	广东省	云浮市	8.5

续表

序号	展览场馆名称	省份	城市	室内展览面积（万平米）
33	福州海峡国际会展中心	福建省	福州市	8
34	贵阳国际会议展览中心	贵州省	贵阳	8
35	东北亚艺术中心	吉林省	长春市	8
36	曲阜孔子文化会展中心	山东省	曲阜市	8
37	上海世博展览馆	上海市	上海市	8
38	泸州国际会展中心	四川省	泸州市	8
39	车行天下国际汽车城	云南省	昆明市	8
40	广州国际采购中心展馆	广东省	广州市	7.86
41	广州市保利世贸博览馆	广东省	广州市	7.78
42	珠海国际航展中心	广东省	珠海市	7.72
43	西安曲江国际会展中心	陕西省	西安市	7.6
44	永康国际会展中心	浙江省	永康市	7.6
45	曲江国际会议中心	陕西省	西安市	7.4
46	哈尔滨国际会展中心	黑龙江省	哈尔滨市	7
47	石家庄国际会展中心	河北省	石家庄	7.1
48	长春国际会展中心	吉林省	长春市	7
49	苏州国际博览中心	江苏省	苏州市	7
50	西安丝路国际会展中心（一期）	陕西省	西安	7
51	寿光国际会展中心	山东省	潍坊市	7
52	无锡太湖国际博览中心	江苏省	无锡市	6.54
53	杭州白马湖国际会展中心	浙江省	杭州市	6.5
54	郑州国际会展中心	河南省	郑州市	6.5
55	锦州国际会展中心	辽宁省	锦州市	6.3
56	长春农业博览园	吉林省	长春市	6.24
57	中国国际展览中心老馆	北京市	北京市	6
58	郴州国际会展中心	湖南省	郴州	6
59	昆山花桥国际展览中心	江苏省	苏州市	6
60	临沂国际会展中心	山东省	临沂市	6
61	杭州市国际会议展览中心	浙江省	杭州市	6

续表

序号	展览场馆名称	省份	城市	室内展览面积（万平米）
62	宁波国际会议展览中心	浙江省	宁波	6
63	河北汇春国际博览中心	河北省	石家庄	5.7
64	青岛国际会展中心	山东省	青岛市	5.5
65	天津梅江会展中心	天津市	天津市	5.4
66	济南国际会展中心	山东省	济南市	5.2
67	重庆国际会议展览中心展览馆	重庆市	重庆市	5.02
68	池州（九华山）国际会展中心	安徽省	池州市	5
69	莆田市会展中心	福建省	莆田	5
70	广东现代国际展览中心	广东省	东莞市	5
71	昆山国际会展中心	江苏省	昆山市	5
72	昆山昆开国际会展中心	江苏省	苏州市	5
73	大连世博广场展览馆	辽宁省	大连市	5
74	潍坊鲁台会展中心	山东省	潍坊市	5
75	昆明国际会展中心	云南省	昆明市	5
76	永城国际会展中心	河南省	商丘市	5
77	四川国际旅游交易博览中心	四川省	乐山市	4.8
78	青海国际会展中心	青海省	西宁市	4.69
79	芜湖国际会展中心	安徽省	芜湖市	4.5
80	广饶国际博览中心	山东省	东营市	4.5
81	南京国际展览中心	江苏省	南京市	4.22
82	北京世园会展馆（中国馆、国际馆）	北京市	北京市	4.5
83	平乡北方国际会展中心	河北省	邢台市	4.2
84	杭州和平国际会展中心	浙江省	杭州市	4.14
85	天津滨海国际会展中心	天津市	天津市	4
86	北京国家会议中心	北京市	北京市	4
87	晋江 SM 新国际展览中心	福建省	漳州市	4
88	湖南国际会展中心	湖南省	长沙市	4
89	中国医药城会展交易中心	江苏省	泰州市	4
90	长垣国际会展中心	河南省	新乡市	4

续表

序号	展览场馆名称	省份	城市	室内展览面积（万平米）
91	平顶山农业会展中心	河南省	平顶山市	4
92	信阳百花会展中心	河南省	信阳市	4
93	廊坊国际会展中心	河北省	廊坊市	3.93
94	清丰县家居会展中心	河南省	濮阳市	3.85
95	绥芬河世茂国际商展中心	黑龙江省	绥芬河市	3.8
96	海南国际会展中心	海南省	海口市	3.79
97	烟台国际博览中心	山东省	烟台市	3.72
98	安徽国际会展中心	安徽省	合肥市	3.7
99	火炬国际会展中心	广东省	中山市	3.6
100	临沂商城国际会展中心	山东省	临沂市	3.6
101	中国（太原）煤炭交易中心	山西省	太原市	3.6
102	北京亦创国际会展中心	北京市	北京市	3.5
103	江阴国际会展中心	江苏省	无锡市	3.5
104	天津国际展览中心	天津市	天津市	3.5
105	上海光大会展中心	上海市	上海市	3.4
106	连云港工业展览中心	江苏省	连云港市	3.32
107	桐乡科技会展中心	浙江省	桐乡市	3.3
108	菏泽国际会展中心	山东省	菏泽市	3.3
109	长沙红星国际会展中心	湖南省	长沙市	3.21
110	福建成功国际会展中心	福建省	漳州市	3.2
111	甘肃国际会展中心	甘肃省	兰州市	3.18
112	绵阳会展中心	四川省	绵阳市	3.17
113	西藏展览中心	西藏自治区	拉萨	3.1
114	余姚中塑国际会展中心	浙江省	余姚市	3.1
115	潮州粤东博览中心	广东省	汕头	3
116	常州西太湖国际博览中心	江苏省	常州	3
117	银川国际会展中心	宁夏回族自治区	银川市	3
118	石狮服装城艺术展览中心	福建省	石狮市	3
119	临沂国际博览中心	山东省	临沂市	3

续表

序号	展览场馆名称	省份	城市	室内展览面积（万平米）
120	文登国际会展中心	山东省	威海市	3
121	上海展览中心	上海市	上海市	3
122	商丘国际会展中心	河南省	商丘市	3
123	民权梦蝶会展中心	河南省	民权县	3
124	灯都古镇会展中心	广东省	中山市	2.93
125	珠海国际会展中心一期	广东省	珠海市	2.9
126	桂林国际会展中心	广西省	桂林市	2.89
127	宁德会展中心	福建省	宁德市	2.8
128	襄阳汉江流域国际会展中心	湖北省	襄阳市	2.8
129	潍坊富华国际展览中心	山东省	潍坊市	2.71
130	泰山国际会展中心	山东省	泰安市	2.7
131	平邑石材展览中心	山东省	临沂市	2.7
132	拉萨展览馆	西藏自治区	拉萨	2.7
133	小榄展览中心	广东省	中山市	2.68
134	威海国际展览中心	山东省	威海市	2.66
135	包头国际会展中心	内蒙古自治区	呼和浩特市	2.57
136	张掖国际展览中心	甘肃省	张掖市	2.5
137	佛山国际会议展览中心	广东省	佛山市	2.5
138	南丰国际会展中心	广东省	广州市	2.5
139	中国（武汉）文化博览中心	湖北省	武汉市	2.5
140	盐城国际会议展览中心	江苏省	盐城	2.5
141	宿迁国际会展中心	江苏省	宿迁	2.5
142	本溪药都会展中心	辽宁省	本溪市	2.5
143	内蒙古国际会展中心	内蒙古自治区	呼和浩特市	2.5
144	东平县会展中心	山东省	泰安市	2.5
145	嘉兴国际会展中心	浙江省	嘉兴市	2.5
146	台州市国际会展中心	浙江省	台州市	2.5
147	新农都会展中心	浙江省	杭州市	2.5
148	重庆展览中心（陈家坪）	重庆市	重庆市	2.5

续表

序号	展览场馆名称	省份	城市	室内展览面积（万平米）
149	鹤壁市会展中心	河南省	鹤壁市	2.5
150	华龙展览中心	河南省	濮阳市	2.5
151	武汉国际会展中心	湖北省	武汉市	2.4
152	沈阳新世界博览馆	辽宁省	沈阳市	2.4
153	中原国际博览中心	河南省	郑州市	2.3
154	唐山东方国际会展中心	河北省	唐山市	2.2
155	华日国际展览中心	河北省	廊坊市	2.2
156	牡丹江市国际会展中心	黑龙江省	牡丹江市	2.2
157	泰州国际博览中心	江苏省	泰州市	2.2
158	潍坊金宝国际会展中心	山东省	潍坊市	2.2
159	洛阳国际会展中心	河南省	洛阳市	2.2
160	广东东宝国际展览中心	广东省	广州市	2.16
161	中国光谷科技会展中心	湖北省	武汉市	2.14
162	北京全国农业展览馆	北京市	北京市	2.13
163	苏州国际会议展览中心	江苏省	苏州市	2.1
164	东营黄河国际会展中心	山东省	东营市	2.1
165	常熟国际展览中心	江苏省	常熟市	2.06
166	中国国贸国际会展中心	北京市	北京市	2
167	邯郸国际会展中心	河北省	邯郸市	2
168	南湖国际会展中心	河北省	唐山市	2
169	临沂农展馆	山东省	临沂市	2
170	济南舜耕国际会展中心	山东省	济南市	2
171	诸城会展中心	山东省	潍坊市	2
172	西安绿地笔克国际会展中心	陕西省	西安市	2
173	广元国际会展中心	四川省	广元市	2
174	宜宾市临港·会展中心	四川省	宜宾市	2
175	德清国际展览馆	浙江省	德清	2
176	驻马店会展中心	河南省	驻马店市	2
177	铁岭东北物流会展中心	辽宁省	铁岭市	1.98

续表

序号	展览场馆名称	省份	城市	室内展览面积（万平米）
178	安阳国际会展中心	河南省	安阳市	1.96
179	安阳国际会展中心	河南省	安阳市	1.96
180	柯桥轻纺城国际会展中心	浙江省	绍兴市	1.92
181	广东珠西国际会展中心	广东省	江门	1.85
182	满洲里国际会展中心	内蒙古自治区	满洲里市	1.84
183	大同展览馆	山西	大同市	1.82
184	顺联国际机械城博览城	广东省	佛山市	1.8
185	沧州国际会展中心	河北省	沧州市	1.8
186	连云港国际展览中心	江苏省	连云港市	1.8
187	辽西会展中心	辽宁省	阜新市	1.8
188	赤峰市国际会展中心	内蒙古自治区	赤峰市	1.8
189	察哈尔国际会展中心	河北省	张家口	1.7
190	南通会展中心	江苏省	南通市	1.7
191	洛阳中原物流国际会展中心	河南省	洛阳市	1.7
192	慈溪国际会展中心	浙江省	慈溪市	1.65
193	沙河国际会展中心	河北省	邢台市	1.6
194	莱州国际会展中心	山东省	烟台市	1.6
195	梁山国际会展中心	山东省	济宁市	1.6
196	上海跨国采购会展中心	上海市	上海市	1.6
197	鄂尔多斯（康巴什）会展中心	内蒙古自治区	鄂尔多斯市	1.59
198	伊春汇源国际会展中心	黑龙江省	伊春市	1.57
199	中山博览中心	广东省	中山市	1.54
200	南和国际会展中心	河北省	邢台市	1.5
201	阜阳国际会展中心	安徽省	阜阳市	1.5
202	平潭澳前台湾小镇会展中心	福建省	平潭	1.5
203	扬州国际展览中心	江苏省	扬州市	1.5
204	日照会展中心	山东省	日照市	1.5
205	莱芜国际会展中心	山东省	莱芜市	1.5
206	山西省展览馆	山西省	太原市	1.5

续表

序号	展览场馆名称	省份	城市	室内展览面积（万平米）
207	上海汽车会展中心	上海市	上海市	1.5
208	成都非遗博览园展馆	四川省	成都市	1.5
209	杭州海外海国际会议展览中心	浙江省	杭州市	1.5
210	漯河国际会展中心	河南省	漯河市	1.5
211	淮安国际展览中心	江苏省	淮安市	1.4
212	大连星海会展中心	辽宁省	大连市	1.4
213	肥城会展中心	山东省	泰安市	1.4
214	三门峡国际文博城会展中心	河南省	三门峡市	1.4
215	湛江国际会展中心	广东省	湛江市	1.35
216	雪野航空展览馆	山东省	莱芜市	1.33
217	顺德国际展览中心	广东省	佛山市	1.3
218	徐州国际会展中心	江苏省	徐州市	1.3
219	滨州国际会展中心	山东省	滨州市	1.3
220	绿博园会展中心	山东省	昌邑市	1.3
221	延边宏伟汽贸城	吉林省	延吉市	1.29
222	浙江世贸国际展览中心	浙江省	杭州市	1.28
223	聊城国际会展中心	山东省	聊城市	1.25
224	无锡市会展中心	江苏省	无锡市	1.21
225	广东惠州会展中心	广东省	惠州	1.2
226	秦皇岛国际展览中心	河北省	秦皇岛市	1.2
227	柳州国际会展中心	广西省	柳州市	1.2
228	中吉物流展览中心	吉林省	长春市	1.2
229	昆山市科技文化博览中心	江苏省	苏州市	1.2
230	荣成市文博中心	山东省	威海市	1.2
231	上海国际展览中心	上海市	上海市	1.2
232	龙顺农业博览馆	天津市	天津市	1.2
233	海宁会展中心	浙江省	海宁市	1.19
234	温岭会展中心	浙江省	温岭市	1.18
235	长沙国际会展中心	湖南省	长沙市	1.14

续表

序号	展览场馆名称	省份	城市	室内展览面积（万平米）
236	齐齐哈尔国际会展中心	黑龙江省	齐齐哈尔市	1.12
237	湖南省展览馆	湖南省	长沙市	1.1
238	镇江会展中心	江苏省	镇江市	1.1
239	毅德城赣州国际会展中心	江西省	赣州市	1.1
240	安平县会展中心	河北省	衡水市	1.06
241	河洲商务会展中心	甘肃省	临夏回族自治州	1.06
242	蚌埠国际会展中心	安徽省	蚌埠市	1
243	陈村花卉世界展览中心	广东省	佛山市	1
244	东莞国际会展中心	广东省	东莞市	1
245	中山市黄圃国际会展中心	广东省	中山市	1
246	佛山市顺德区龙江镇前进会展中心	广东省	佛山市	1
247	石家庄解放广场会展中心	河北省	石家庄	1
248	香河第一城国际会议中心	河北省	廊坊市	1
249	延吉延边国际会展艺术中心	吉林省	延吉市	1
250	盛泽国际会展中心	江苏省	苏州市	1
251	常州国际会展中心	江苏省	常州	1
252	江西省展览中心	江西省	南昌市	1
253	大连国际会议中心	辽宁省	大连市	1
254	盘锦国际会展中心	辽宁省	盘锦市	1
255	玉树州会展中心	青海省	玉树市	1
256	济南园博园会展中心	山东省	济南市	1
257	垦利文化大厦会展中心	山东省	东营市	1
258	运城市农业会展中心	山西省	运城市	1

根据全国各个展馆实际收集到的展览项目情况，对应上表中所有室内可用面积超过 1 万平方米的展馆进行测算，可得 2020 年全国展览场馆利用率前十的展馆情况。

表 30 2020 年全国展览场馆利用率前十的展馆情况（TOP10）

序号	会展场馆名称	办展面积（万平方米）	展馆利用率（%）
1	深圳会展中心	221.7	41.64
2	上海新国际博览中心	383.86	39.57
3	南京国际展览中心	70.32	38.65
4	郑州国际会展中心	122.42	34.77
5	临沂国际会展中心	106.3	32.86
6	宁波国际会议展览中心	85.77	29.77
7	上海世博展览馆	107.17	27.62
8	广州市保利世贸博览馆	118.18	27.32
9	中国进出口商品交易会展馆（琶洲馆）	455.04	27.01
10	青岛新南国际博览中心	128.16	22.77

（五） 在建与待建展馆情况

2020 年，全国有 24 座展览场馆工程项目正在建设之中。在建展览场馆室内可供展览总面积预计达 358.6 万平方米。

表 31 2020 年全国在建展览场馆室内可供展览面积（单位：万平方米）

场馆名称	城市	面积	建设状态
绿地国际博览城国际会展中心	济南	51	在建
武汉天河国际会展中心	武汉	45	在建
天津国家会展中心	天津	40	在建
杭州大会展中心（一期）	杭州	30	在建
厦门翔安新会展中心	厦门	30	在建
贵阳空港国际会展中心	贵阳	25	在建
郑州华南城会展中心	郑州	18	在建
珠海国际会展中心二期	珠海	15	在建
丝绸之路（青海）国际会展中心	西宁	14.2	在建
商丘国际会展中心	商丘	14	在建
威海国际经贸交流中心	威海	12	在建
临朐国际会展中心	潍坊	9.7	在建
南充国际会展中心	南充	7.2	在建
淮安国际会展中心	淮安	7	在建

续表

场馆名称	城市	面积	建设状态
烟台八角湾国际会展中心	烟台	6	在建
大同市国际会展中心	大同	6	在建
西安丝路国际会展中心（二期）	西安	5	在建
雅安国际会展中心	雅安	5	在建
周口市商务中心区会展中心	周口	4.6	在建
三峡国际博览中心	宜昌	4.5	在建
日照国际博览中心	日照	4.2	在建
许昌市会展中心	许昌	3	在建
遂宁国际会展中心	遂宁	1.2	在建
博兴县国际会展中心	滨州	1	在建

2020 年，全国有 6 座展览场馆展览场馆已立项待建规划之中。待建展览场馆室内可供展览总面积预计达 57 万平方米。

表 32 2020 年全国待建展览场馆室内可供展览面积（单位：万平方米）

场馆名称	城市	面积	建设状态
临沂鲁南国际博览城	临沂	20	待建
新中国厨都国际会展中心	滨州	10	待建
山西省国际会展中心（拟）	太原	10	待建
长沙国际会展中心二期 4 馆	长沙	6	待建
乐山国际博览城	乐山	6	待建
翠亨会展中心	中山	5	待建

中国展览指数报告（2020）

（选摘）

《中国展览指数报告（2020）》（下简称《报告》）是北辰会展研究院发布的全国会展行业统计报告，自 2019 年起已连续发布 3 年，旨在聚焦行业发展的同时，为业界提供详细的行业数据和信息，为新兴会展业城市找准发展定位和方向提供决策支撑。《报告》由疫情专题篇、中国城市会展发展指数篇、展会篇、场馆篇、会展管理机构及政策篇等部分构成，从不同层面全面反映了 2020 年我国会展行业的基本情况。

为了更好地呈现出报告的特色，本次特选取《报告》疫情专题篇、中国城市会展发展指数篇的重点内容进行展示，共分为疫情初期、行业破冰、城市发展、趋势展望四个部分。在 2020 年新冠肺炎疫情肆虐全球、会展业遭受巨大冲击特殊时刻，本次选登期在有限篇幅内，对 2020 年全年中国展览业发展状况、重点城市的会展基本面做高度概括的数据、案例呈现，并“捕捉”到疫情期间会展业发生的一些变化，对“十四五”开局之年，会展业未来发展趋势进行展望与探讨，欢迎业界指正。

一、疫情初期

（一）国内展览市场震荡，展览举办数量断崖式下降

2020 年 2 月，新冠肺炎疫情突然袭来，给会展行业带来极大冲击。3—4 月原本是会展业上半年的旺季，各个企业节后采购需求旺盛，对参展有较高的需求。但随着疫情蔓延，各大展会项目紧急叫停，原本繁荣的春季展会旺季进入真空期。

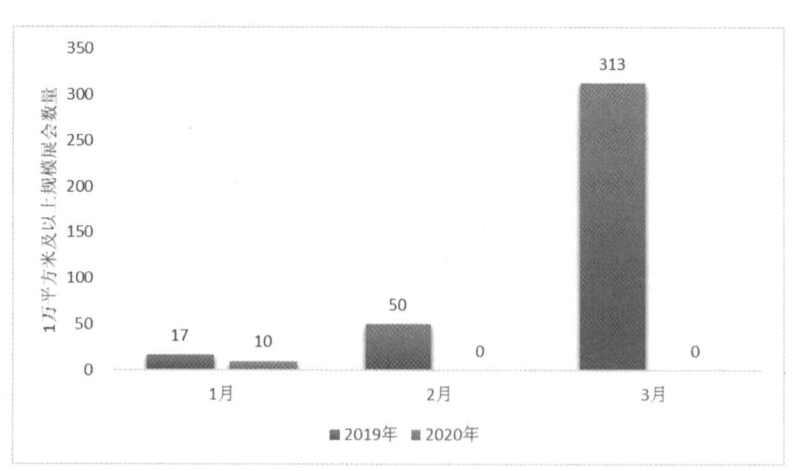

图 1 2019 年、2020 年第一季度会展项目举办数量（单位：场）

据统计，2020 年上半年，我国（含港澳台地区）延期举办的展会达 714 场，宣布取消的展会有 22 场，另有 546 场宣布重新排期（含 1 万平方米以下展览）。

疫情暴发后，我国会展业停摆，产业链上下游企业均受到一定程度的影响，会展活动取消导致企业收入减少，经营压力变大，尤其是中小微企业面临现金流断裂风险，企业生产经营步履维艰。根据统计，疫情期间我国会展企业面临的三大主要困难分别是营业收入减少（占比 91.3%）、订单减少（65.22%）和企业防控成本增加（占比 52.17%）。

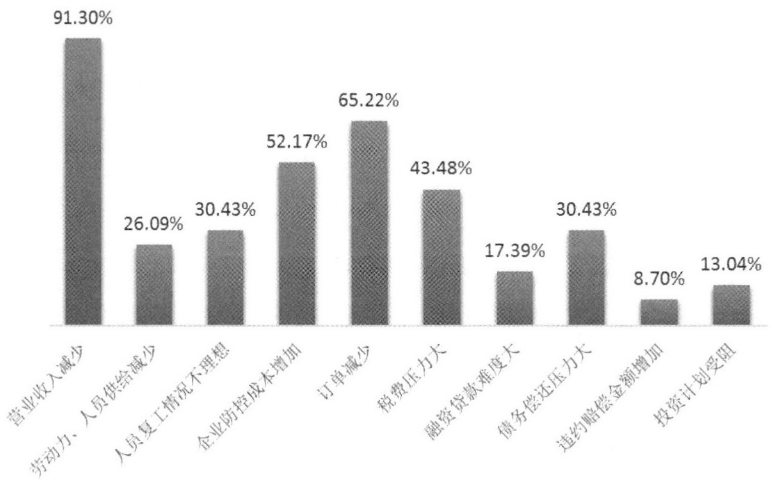

图 2 疫情期间企业遇到的困难情况分布图

从 2020 年全年办展情况来看，《中国展览指数报告（2020）》中选取的 35 个观察城市样本显示，北京在严格的疫情防控政策及二次疫情反扑影响下展会数量较 2019 年下降超过 70%，成为展览业受创最为严重的城市。

表 1 2019 年—2020 年 35 个观察样本城市展会举办情况（单位：个）

序号	城市	2019 年	2020 年	同比增长率
1	北京市	178	52	-71%
2	天津市	37	13	65%
3	哈尔滨市	33	14	-58%
4	乌鲁木齐市	24	10	-58%
5	昆明市	26	12	-54%
6	太原市	26	12	-54%
7	沈阳市	43	20	-53%
8	石家庄市	40	20	-50%
9	广州市	180	96	-47%
10	大连市	26	14	-46%
11	杭州市	55	31	-44%
12	东莞市	23	13	-43%
13	兰州市	14	8	-43%
14	西宁市	7	4	-43%
15	福州市	12	7	-42%

续表

序号	城市	2019 年	2020 年	同比增长率
16	上海市	353	219	-38%
17	长春市	35	22	-37%
18	重庆市	64	41	-36%
19	无锡市	17	11	-35%
20	武汉市	63	41	-35%
21	厦门市	42	28	-33%
22	海口市	10	7	-30%
23	成都市	70	50	-29%
24	呼和浩特市	14	10	-29%
25	南京市	63	46	-27%
26	郑州市	102	75	-26%
27	宁波市	40	30	-25%
28	济南市	64	49	-23%
29	深圳市	91	72	-21%
30	青岛市	65	52	-20%
31	西安市	46	37	-20%
32	银川市	6	5	-17%
33	贵阳市	7	6	-14%
34	南宁市	21	18	-14%
35	长沙市	56	53	-5%

（二）会展管理部门统筹管理，布控与扶持并举

新冠肺炎疫情来袭后，为坚决打赢疫情防控阻击战，各地政府部门积极响应，第一时间出台暂停举办会展活动的措施，继而发布了会展业在疫情防控下的相关政策。各地会展行业协会也发出倡议书，呼吁企业配合疫情防控工作。截至 2020 年 2 月 3 日，仅疫情暴发后的 10 日之内，多地政府就发布了关于疫情期间大型活动管控措施。会展中心、行业协会自发组织多项线上活动，研判疫情形势与企业自救路径。业界拧成一股绳，共同抗击新冠肺炎疫情对行业带来的冲击。

表 2 2020 年 2 月 3 日前我国各地方政府、行业协会已采取的部分措施

类别	时间	各地机构	措施内容
政府部门	2020/1/22	武汉市文化和旅游局	《关于加强新型冠状病毒感染的肺炎防控、严格控制相关旅游活动的通知》
	2020/1/23	韩城市人民政府办公室、韩城市文化和旅游局	《关于取消春节假日各类集会活动的通知》《关于暂停举办大型文化展演展览及聚集性群众文化活动的通知》
		中共玉林市委宣传部	《关于全市暂停举办聚集性文体活动的通知》
	2020/1/24	河南省新型冠状病毒感染的肺炎疫情防控指挥部	《关于暂停举办大型公众聚集性活动的通告》
		广东省商务厅	《关于暂停大型经贸活动的紧急通知》
		中共东莞市委宣传部、东莞市文化广电旅游体育局	《关于暂停东莞市文体娱乐场所活动及加强旅游行业疫情防控工作的通告》
		中共定西市安定区委办公室、定西市安定区人民政府办公室	《关于春节期间暂停举办大型活动和群众性聚集活动的紧急通知》
		武威市公安局	《关于春节期间暂停举办大型活动和群众性聚集活动的紧急通告》
		重庆市商务委	《关于打好疫情防控总体战，暂停大型商业促销和展会活动的通告》
		盐城市新型冠状病毒感染的肺炎疫情防控工作领导小组	《关于暂停举办大型公众聚集性活动的通告》
	2020/1/25	连云港市新型冠状病毒感染的肺炎疫情防控工作领导小组	《关于暂停举办大型公众聚集性活动的通告》
		芒市人民政府	《关于暂停开放旅游景区景点和大型聚会等聚集性活动的通告》
		隆阳区人民政府	《关于取消举办大型活动和群众聚集活动的通告》
		郑州市会展业促进中心	《关于暂停举办大型会展活动的通知》
		重庆市合川区人民政府	《关于暂停全区所有大型人员聚集活动的通告》
		广州市商务局	《关于暂停全市大型展览活动的通知》

续表

类别	时间	各地机构	措施内容
政府部门	2020/1/26	山东省教育厅	《关于进一步做好新型冠状病毒感染的肺炎疫情防控工作的通知》
		温州市文化广电旅游局	《关于全力做好新型冠状病毒感染的肺炎疫情防控工作暂停旅游企业经营活动的紧急通知》
		陇南市新型冠状病毒感染的肺炎疫情防控工作领导小组	《关于暂停举办大型公众聚集件活动的通告》
		天水市新型冠状病毒感染的肺炎疫情防控工作领导小组	《关于暂停举办大型公众聚集件活动的通告》
		浙江省委常委会	传达党中央重要讲话精神，研判形势，加强部署
		浙江商务厅党组	倡议“全省商务系统党员干部带头做好新型冠状病毒防控工作”
		西安市商务局	《关于全市暂停举办会展活动的通知》
	2020/1/27	浙江省人民政府	《关于延迟企业复工和学校开学的通知》
		杭州市人民政府	《关于延迟本市企业复工和学校开学的通知》
		杭州市民政局	《关干向抗击新型冠状病毒疹情工作提供援助的公告》
	2020/1/31	北京市政府	《在新型冠状病毒感染的肺炎疫情防控期间本市企业灵活安排工作的通知》
	2020/2/1	潮州市商务局	《关于要求暂停举办一切大型外经贸活动和聚集促销活动的通知》
	2020/2/2	河北省商务厅	《关于暂停举办各类展览展示活动的函》
协会	2020/1/24	澳门会议展览业协会	开展会议，提议取消或延期举办大型公众活动，避免人流集中，集合会展业界力量共同抗疫
	2020/1/26	湖北省会展业商会	微信群，组织会员捐款献爱
	2020/1/27	上海市会议展览业协会	《致全体会员的倡议书》
		杭州市会议展览业协会	《致全体会员的倡议书》
		苏州市会展行业协会	《给全体会员应对疫情的一封信》
	2020/1/28	浙江省国际会议展览业协会	《致全体会员单位的倡议书》
	2020/1/30	中国会展经济研究会	《中国会展经济研究会倡议书》
	2020/1/28	北京国际会议展览业协会	《倡议书》

（三）特殊时期“曲线救市”，线上会展再现风潮

疫情给我国会展业带来的巨大变化体现在展会形式的创新方面，尽管国内线上展会早在非典时期就已经出现，视频会议、虚拟会议等远程会议方式也基于思科、宝利通等设备供应商的全球化布局一度兴起，但此次疫情防控的严密性和市场需求的迫切性呼唤更为高效、便捷、更为贴近市场需求的线上展会形式出现。

根据中央提出创新展会服务模式的要求，我国会展业因疫情导致线下活动不再接受审批备案的停滞局面被基于新技术理念打造的线上展会形式打破，在广交会确定线上化之前，行业内就开始有所尝试。截至 2020 年 3 月，我国（含港澳台地区）

已有 22 个线上展会或具备线上功能的展会对外确认举办，展会平均举办时间为 10 天，最长的展期达 30 天。

二、行业破冰

（一） 经济逐步回暖，行业按下重启键

1. 蓄力待发

疫情暴发致使国内众多大型活动被取消或者推迟举办，会展业一度因此停摆。2020 年 3 月 18 日，中央政治局常委会会议召开，要求在落实防疫措施的前提下为商务人员往来提供便利，保持国际供应链畅通，创新招商引资、展会服务模式，保障各类经贸活动正常开展。随着中央推动我国经济贸易活动领域全面走向复苏，创新展会服务模式成为会展业重启的重要信号。

截至 3 月，我国各相关部委及地方政府针对会展业及相关产业出台的扶持政策达 39 项，内容涉及税务、社保、用工、能源等方面，通过减税降费、金融支持、审批优化、专项补贴、创新激励等多种手段，帮助企业特别是受疫情影响严重的中小微企业渡过难关，支持会展业科学、稳健发展。其中，成都市博览局出台的《统筹做好疫情防控推动会展经济持续发展行动方案》是我国率先针对因疫情取消的展会项目和新引进的展会项目制定的较为系统和全面的扶持政策，特别针对会展项目和场馆的智慧化以及绿色会展项目，有明确清晰的支持和引导机制。同时，鼓励新策划、新引进举办项目，并欢迎企业以探索创新模式，支持智慧会展项目，包括鼓励疫情期间在成都举办线上博览会项目，给予最高不超过 20 万元的一次性补贴；对在成都举办线上线下一体的大型国际性博览会的企业，按照实际投入的 30%，给予最高 200 万元的补助，其中实际投入的 30% 以上需用于线上展会。对积极推动智慧展馆建设的场馆运营方连续 3 年给予补贴，最高可达 100 万元 / 年。成都市作为我国西部会展业发展的领军城市，在疫情期间率先在国内制定了专门针对智慧会展项目的扶持政策，在线上展会发展初期展现出政府会展管理部门积极推动行业转型发展的及时性和前瞻性。

2. 行业破冰

2020 年 4 月 30 日，湖南汽车展览会暨首届湖南汽车消费节的开幕，犹如春雷惊醒了蛰伏已久的会展业，带来了春天的好消息。二季度伊始，全国展会项目开始陆续恢复，6 月第 127 届“云端”广交会、9 月首届服贸会以及 11 月第二届进博会的接连成功举办，不仅向国际社会表明了中国扩大开放、努力维护国际产业链和供应链安全的坚定决心，也极大振奋了社会各产业复工复产的信心。会展业也迎来了疫情初步稳定后的一轮报复式增长，2020 年下半年有 5 个月的展览数量实现了对2019 的反超，一改上半年的低迷状态。

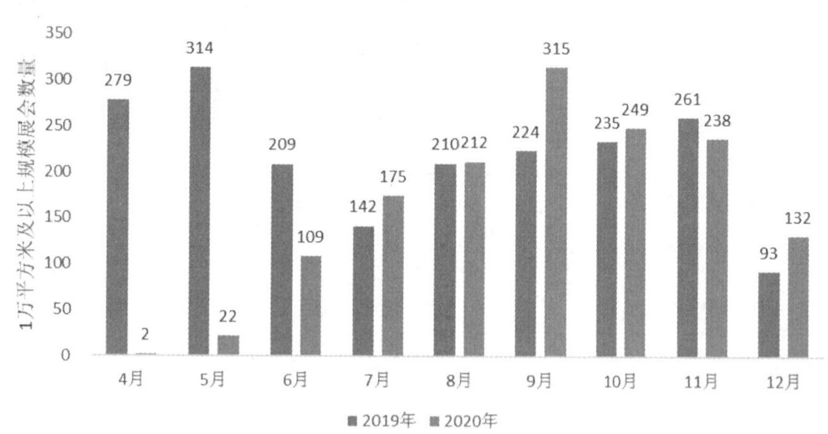

图 3 2019 年、2020 年第二至第四季度会展项目举办数量

3. 政策推动

随着我国疫情防控形势向好，国家经济社会活动逐步活跃，各地会展业趋于复苏。中央及各地方政府会展管理部门根据疫情防控常态发展趋势，通过制定更为系统的政策和规划，充分利用线上展会等形式积极调动市场活跃度，为会展业在疫情后转型升级发展指明了方向。

2020 年 4 月 13 日，商务部印发《商务部办公厅关于创新展会服务模式培育展览业发展新动能有关工作的通知》，要求统筹做好疫情常态化防控和展览业复工复产工作，加快推进展览业转型升级和创新发展，积极利用展会平台开拓国际市场，

多措并举做好政策支持和保障等工作。针对线上展会，《通知》要求推进会展业态创新，积极引导、动员和扶持企业举办线上展会，充分运用 5G、VR/AR、大数据等现代信息技术手段，举办“云展览”，开展“云展示”“云对接”“云洽谈”“云签约”，提升展示、宣传、洽谈等效果。

不仅如此，全国各地政府也相继推出了支持会展业重启的相关政策，积极贯彻《国务院应对新型冠状病毒感染肺炎疫情联防联控机制关于做好新冠肺炎疫情常态化防控工作的指导意见》精神。其中，上海市会展行业协会根据本市实际情况，制定了《新冠肺炎疫情防控指南》，要求展会主办方严格落实防控主体责任，制定防控工作预案，合理控制人流，严格清洁洗消，加强对各类服务商的管理和培训；陕西省鼓励省内会展企业兼并重组成立会展集团，加强风险抵御能力，支持互联网企业与会展策划运营企业和场馆运营企业等融合发展。随着长沙等地会展活动的逐步开放，政府会展管理部门加强政策倾斜力度的举措将成为推动市场复苏的决定性力量。

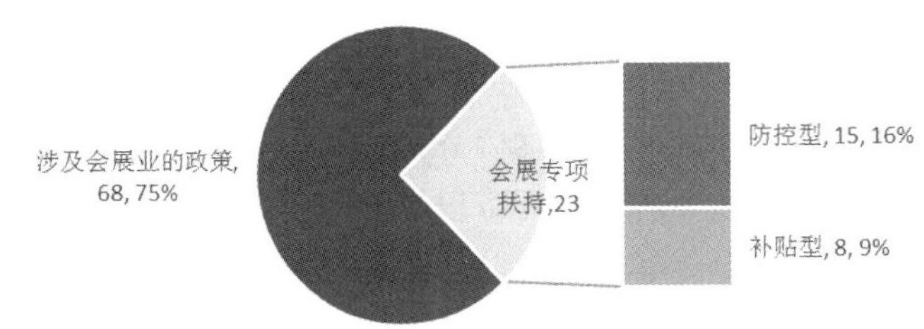

图 4 2020 年各省市疫情防控下会展政策发布情况（单位：篇）

据不完全统计，2020 年各省市发布的相关政策共 91 篇，有 23 篇会展专项扶持政策，占比 25%；另有 68 篇政策涉及会展业，占比 75%。会展业专项政策以防控型和补贴型为主，防控型政策主要涉及场馆举办展会的防控要求以及举办展会活动

表 3 部分疫情期间会展业专项政策（按发布时间排序）

省份	行政区	政策	发文日期
福建	厦门	厦门市政府发布《关于应对新型冠状病毒肺炎疫情支持会展企业发展的实施方案》	2020 年 2 月 20 日
江西	江西	江西省商务厅印发关于应对疫情促进会展业平稳健康发展政策措施的通知	2020 年 2 月 28 日
四川	成都	四川天府新区成都管委会办公室关于印发应对新冠肺炎疫情促进会展博览产业持续健康发展的政策措施的通知	2020 年 2 月 29 日
山东	济南	济南健康会展二十条	2020 年 3 月 1 日
广东	深圳	深圳市商务局关于印发《深圳市会展业新冠肺炎疫情防控及复工复业工作指引》的通知	2020 年 3 月 3 日
广东	深圳	深圳市商务局关于新冠肺炎疫情防控期间会展业惠企措施的通告	2020 年 3 月 6 日
山东	青岛	《关于应对新冠肺炎疫情支持会展业发展的实施意见》	2020 年 3 月 18 日
四川	四川	四川省商务厅关于应对新冠肺炎疫情切实做好当前会展业稳定发展有关工作的通知	2020 年 3 月 25 日
湖北	武汉	武汉市会展行业协会关于印发《会展活动疫情防控管理规范》的通知	2020 年 4 月 8 日
山东	青岛	关于印发青岛西海岸新区关于应对疫情支持会展业发展的实施意见的通知	2020 年 4 月 17 日
陕西	陕西	陕西省商务厅关于应对新冠肺炎疫情促进会展业持续健康发展的意见	2020 年 5 月 8 日

续表

省份	行政区	政策	发文日期
上海	上海	上海市会展行业新冠肺炎疫情防控指南	2020 年 5 月 11 日
河南	郑州	郑州市会展行业新冠肺炎疫情防控指南	2020 年 5 月 18 日
广东	广州	广州市会展行业新冠肺炎疫情防控指南	2020 年 5 月 19 日
广东	珠海	关于印发《关于应对新冠肺炎疫情影响促进珠海会展业健康发展的若干措施》的通知	2020 年 5 月 19 日
山东	临沂	关于印发《临沂市会展业新冠肺炎疫情防控措施指南》的通知	2020 年 5 月 20 日
山东	烟台	关于印发《烟台市会展行业疫情防控工作指南》的通知	2020 年 5 月 26 日
广东	深圳	深圳市新型冠状病毒肺炎疫情防控指挥部办公室疫情防控组关于印发深圳市会展活动疫情防控工作指引的通知	2020 年 5 月 27 日
江苏	无锡	关于举办各类必要的会展活动的通知	2020 年 6 月 4 日
山西	山西	《山西省会展场馆恢复开放疫情防控措施指南》	2020 年 6 月 11 日
福建	福州	福州市人民政府办公厅印发关于疫情期间支持举办会展活动若干措施的通知	2020 年 6 月 16 日

各个环节的防控要求；补贴型政策主要涉及扶持会展业发展、推动会展中小微企业复工复产、举办展会活动给与补助三个方向。

（二）双线会展丰富全行业服务渠道

疫情期间，实体展会取消和延期促使会展企业加快将目光转向线上办展。但目前线上展会的组织还面临较多问题，盈利模式也未成型。尽管理论上，线上模式能够在疫情期间实现跨空间、跨地区、无接触的买家卖家匹配，但国内会展企业并不能完全实现线下到线上的快速转变，更多地是采用结合方式，实现展会部分功能的线上化。据统计，2020 年将展览全部转移至线上的展会有 92 个，其中部分展会保留有线下的论坛或会议活动。有 1464 场展会仍然选择了线下举办，其中 30.2% 的展会选择了双线办展模式，其余仍然选择了全线下展览模式。双线办展的手段包括会议论坛线上直播、搭建云展厅平台、直播带货等。

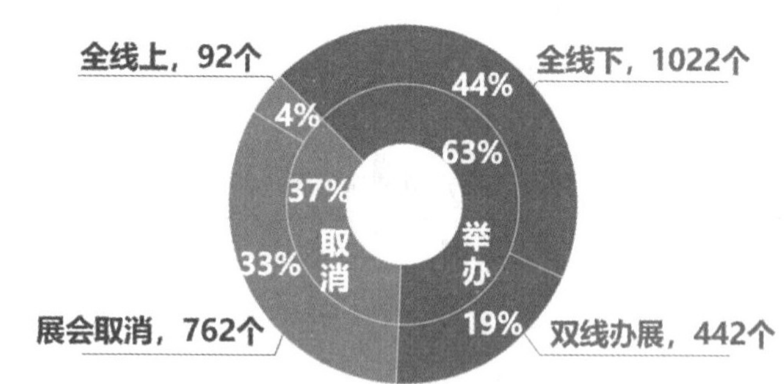

图 5 2020 年全国线下展览举办情况

（三）市场需求压缩，展览市场洗牌

2020 年的展会市场在下半年逐渐回暖，展会项目的集中回归，一定程度上加速了展会市场的竞合与洗牌。虽然大部分展

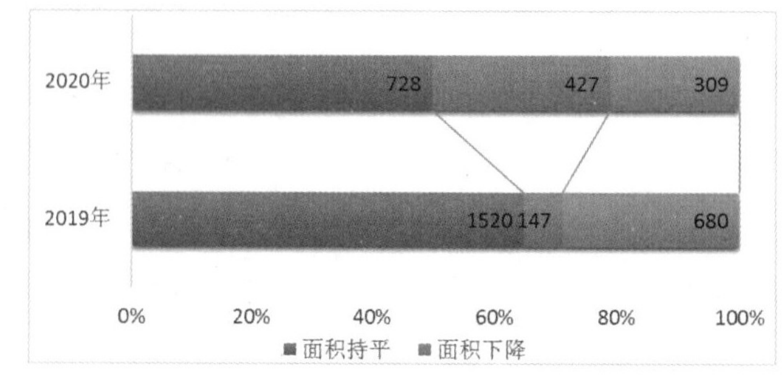

图 6 2019—2020 年全国展会总面积增减变化情况（单位：个）

会在疫情期间都缩小了办展规模，但 2020 年我国展会的平均面积不降反升，从 2019 年的 4.36 万平方米小幅度提升至 4.64 万平方米，侧面反映疫情倒逼了展会市场化的优胜劣汰。

一方面，由于疫情的限制，部分规模小、招展困难、造血不良的展会项目被市场淘汰。另一方面，企业对效益良好的展会需求不减，部分专业度高的展会面积受影响相对较小，甚至

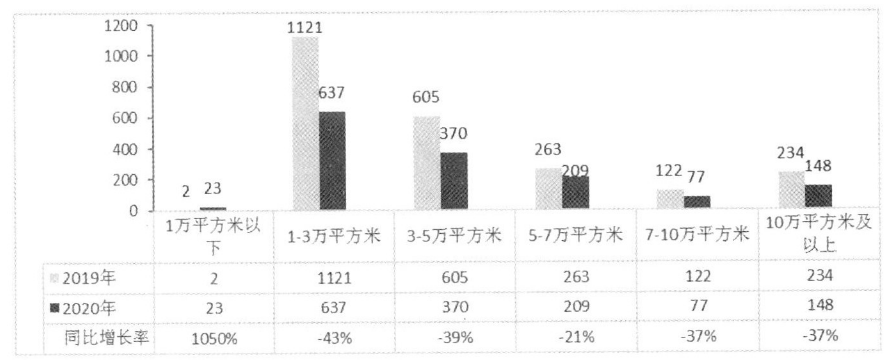

	1万平方米以下	1-3万平方米	3-5万平方米	5-7万平方米	7-10万平方米	10万平方米及以上
2019年	2	1121	605	263	122	234
2020年	23	637	370	209	77	148
同比增长率	1050%	-43%	-39%	-21%	-37%	-37%

图 7 2019—2020 年全国不同规模展会数量（单位：个）

注：受疫情影响，针对面积在 2020 年首次缩减到 1 万平方米以下的展会也进行了追踪。

反而需要扩大展览面积。整体上看，疫情从某种程度上起到了大浪淘沙的效果，为市场保留了优秀的展会项曰，这也是许多地区平均展会面积不降反升的原因。

疫情对不同行业赛道的展会项目影响也不尽相同。2020 年，商业服务、文化艺术、出行工具、食品烟草及休闲娱乐行业的展会受到疫情影响较为严重，减少的展会数量均超过 70 场。

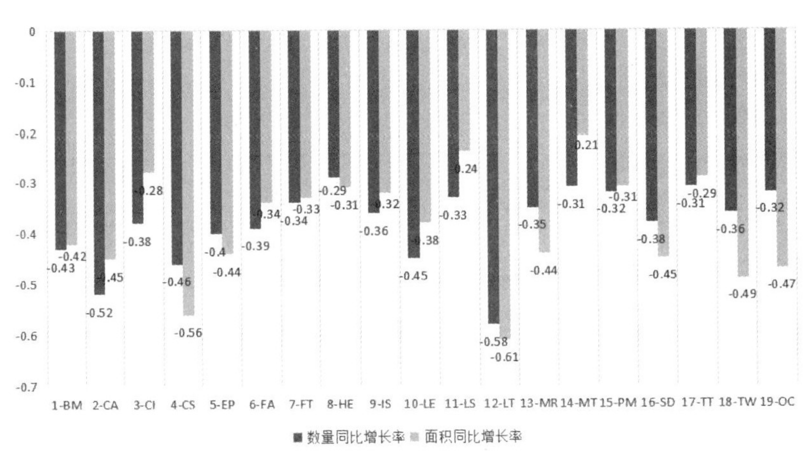

图 8 2019—2020 年全国展会各行业类型数量及面积同比变化情况

展会的数量、面积均有较大幅度减少的行业领域为商业服务类展会、物流运输类展会。物流行业和文化艺术行业展会数量缩水超过 50%。

相较而言，消费类、制造业、生物医疗类展会在 2020 年排名有所提升，这类企业也以事实证明在过去一年中，成为我国国民经济中流砥柱的发展力量。此外，防疫题材的展会应时而生，带动了安全防护主题展会的发展。

三、城市发展

为了使 2020 年度的《报告》内容更具参考价值、给予二、三线新兴会展城市更多关注，报告城市样本容量至 35 个，涵盖我国 4 个直辖市、5 个计划单列市、10 个副省级省会城市、14 个地市级省会城市、2 个地级市城市。

此外，《报告》还对指数的生成维度及其权重进行了进一步的优化，会展城市的指数和排名较之以往也有了一定的变化，拓宽了各城市横向比较范围，更加准确地反映了全国各城市会展经济发展的现状。

（一） 中国城市会展发展指数测算与评价体系

城市会展发展指数排名综合反映了统计范围内各城市会展业发展的综合实力，包括展会专项、企业与组织、智力与人才、宏观经济与会展政策、交通基建、旅游与接待 6 个因素及对应的 20 个具体指标。比较模型构建及变量评价体系如图 9 所示。

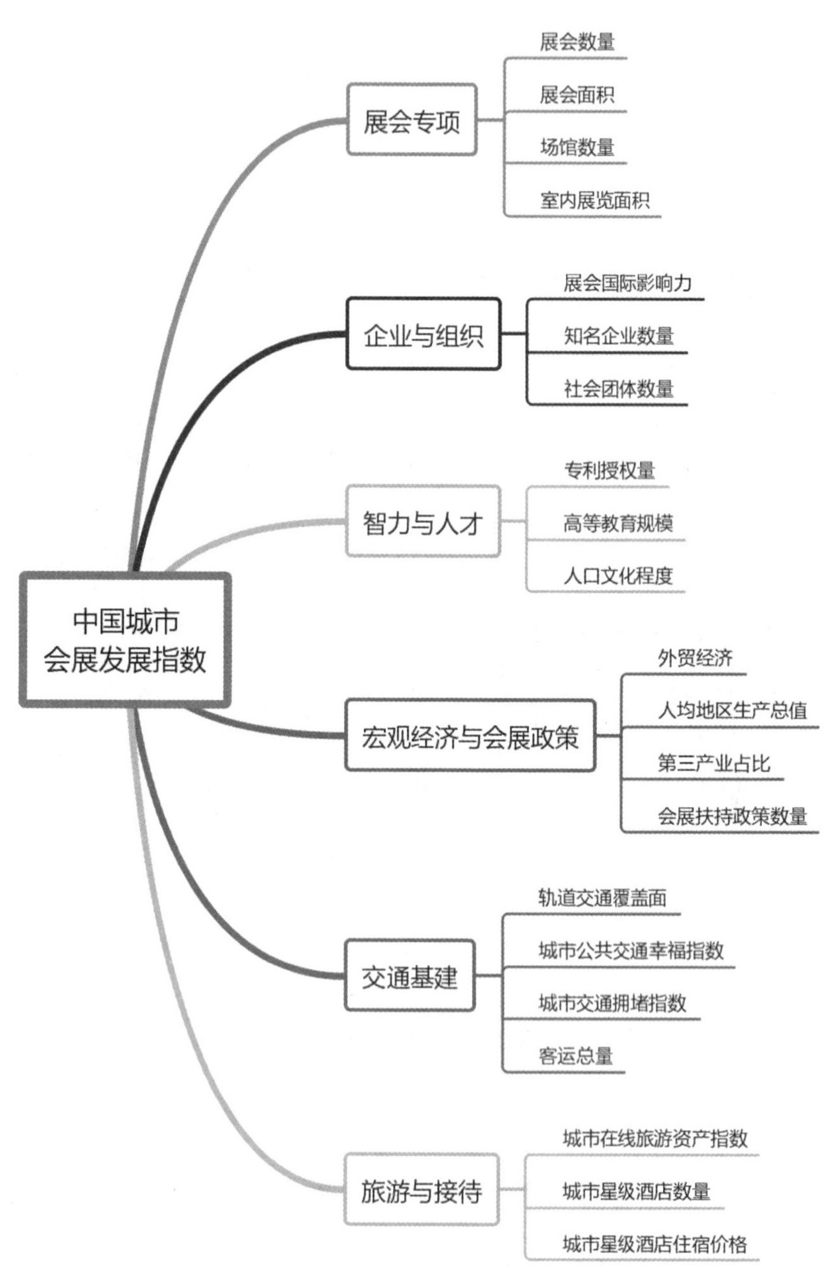

图 9 中国城市会展发展指数比较模型

表 4 中国城市会展发展指数评价体系

因素	具体指标	单位	变量
展会专项	展会数量	个	X1
	展会面积	万平方米	X2
	场馆数量	座	X3
	场馆规模	万平方米	X4
企业与组织	展会国际影响力	个	X5
	知名企业数量	个	X6
	社会团体数量	个	X7
智力与人才	专利授权量	个	X8
	高等教育规模	万人	X9
	人口文化程度	%	X10
宏观经济与会展政策	外贸经济	%	X11
	人均生产总值	万元	X12
	第三产业占比	%	X13
	会展扶持政策数量	条	X14
交通基建	轨道交通覆盖面	%	X15
	城市公共交通幸福指数	%	X16
	客运总量	万人次	X17
旅游与接待	城市在线旅游资产幸福指数	—	X18
	城市星级酒店数量	家	X19
	城市星级酒店价格	元 / 间夜	X20

在中国城市会展发展指数测算中，研究采用客观分析法确定指标权重，利用可以获得的客观数据对各项具体指标进行赋权。客观赋权法通常利用“变异系数法”来确定指标权重，指标变异系数记为：

$$V_j = S_j / \overline{X}_J$$

其中，V_j 表示指标变量的变异系数，j 表示某个具体指标，$\overline{X}_J$ 表示第 j 个指标的均值，S_j 表示第 j 个指标的标准差。因此指标变量的权重记为：

$$\lambda_j = V_j / \sum_{j=1}^{20} V_j$$

其中，λ_j 表示第 j 个指标的权重。因为评价指标的含义不同，各项指标量纲处理差异较大，所以不适用指标的原始数值。为了使数据具有可比性，报告采用最大元素基准法对指标数据进行无量纲处理，将实际指标值转为相对指标值，即：

$$Y_j = \frac{X_j}{max[X_j]} \times 100$$

其中，Y_j 表示第 j 个指标进行过无量纲处理后的相对数值，X_j 表示第 j 个指标的原始数值。

考虑到指标权重对综合指数的不同程度影响，所以利用线性组合的方式结构测评模型。线性方程是评价城市会展发展指数的有效手段，因为评价城市会展发展的全貌不仅仅依赖于单项的展会数据，同时也是各种因素综合影响的结果，因此报告构建如下评价模型。

$$CI_i = \sum_{j=1}^{4} a_j Y_j + \sum_{j=5}^{7} b_j Y_j + \sum_{j=8}^{10} c_j Y_j + \sum_{j=11}^{14} d_j Y_j + \sum_{j=15}^{17} e_j Y_j + \sum_{j=18}^{20} f_j Y_j$$

其中，CI 表示城市会展发展指数综合得分，j 表示具体某个指标，i 表示城市，a、b、c、d、e、f 分别代表展会专项、企业与组织、智力与人才、宏观经济与会展政策、交通基建、旅游与接待指标变量的权重，是线性方程的系数。

根据构建的评价指标体系和评价模型，利用收集到的 2020 年 35 个城市相关的统计数据，对指标数据进行整理和统计，中国城市会展发展指数要素层指标权重分布情况，如表 5 所示。

表 5 中国城市会展发展指数要素层指标权重分布情况

要素	指标权重	指标排名
展会专项	25%	1
企业与组织	24%	2
交通基建	16%	3
智力与人才	15%	4
宏观经济与会展政策	13%	5
旅游与接待	8%	6

（二）测算结果与排名

根据各因素权重及指标的统计数据，计算 35 个城市 2020 年中国会展发展指数得分。计算结果显示：2020 年中国会展发展指数排名前三的城市为上海、北京、深圳。广州、杭州、成都、南京、重庆、青岛、西安均位列前十。

中国城市会展发展指数体现的是在现有城市发展水平下，各城市会展业发展的基础及潜力，除了展会本身的举办情况之外，还综合考量了会展发展所依托的宏观经济、政策扶持、市场主体、交通基建等因素。因此综合排名中会出现城市展会数量虽少，但是排名靠前的情况。此类城市通常有较好的产业基础、商业活力和便利的交通等因素，城市整体发展水平与吸引力要优于现阶段会展业发展水平。对于此类城市而言，会展业市场活力还未得到充分挖掘，行业发展有进一步的提升空间。

同理，部分城市虽然排名靠后，但展会数量较多。这些城市的政府对会展行业的重视与扶持起到较为关键的作用，通过政策发布、基础设施的配套，补足产业发展上的短板，在城市会展业发展过程中，起到较强的拉动作用。

报告将各城市各要素指标排名情况及各要素具体相关项指标无量纲处理结果做了具体呈现，旨在更加直观地表现出每个城市在会展业发展上的优势与不足，为各城市会展业下一步发展找准切入点提供依据。

表 6-1 中国城市会展发展指数综合得分及排名

城市	综合得分	综合排名
上海市	82.62583	1
北京市	73.21537	2
深圳市	52.65719	3
广州市	50.27708	4
杭州市	36.89537	5
成都市	36.7416	6
南京市	35.97389	7
重庆市	33.81113	8
青岛市	32.42713	9
西安市	30.09843	10
武汉市	29.94546	11
长沙市	27.58605	12
宁波市	27.53228	13
厦门市	26.69192	14
郑州市	26.17629	15
济南市	24.98999	16
沈阳市	20.4397	17
天津市	19.97374	18

续表

城市	综合得分	综合排名
昆明市	19.76031	19
大连市	18.34672	20
东莞市	18.2154	21
福州市	17.51882	22
无锡市	16.84861	23
长春市	16.78736	24
石家庄市	15.71923	25
哈尔滨市	15.6733	26
南宁市	15.06634	27
太原市	14.87312	28
贵阳市	14.81642	29
乌鲁木齐市	13.97185	30
兰州市	13.00763	31
呼和浩特市	12.5104	32
海口市	11.62375	33
银川市	8.49481	34
西宁市	7.52095	35

表 6-2 中国城市会展发展指数综合得分及排名

1. 展会专项因素指标排名

城市	具体指标				因素	因素排名
	展会数量	展会面积	场馆数量	场馆室内展览面积	展会专项	
上海市	7. 08038	8. 79111	4. 04299	5. 25654	**25. 17102**	**1**
广州市	3. 10373	3. 88743	2. 52687	3. 30152	**12. 81955**	**2**
深圳市	2. 3278	3. 08916	1. 51612	3. 30089	**10. 23397**	**3**
青岛市	1. 68119	1. 66728	3. 53761	3. 31912	**10. 2052**	**4**
北京市	1. 68119	1. 17287	3. 53761	1. 79157	**8. 18324**	**5**
济南市	1. 5842	1. 46735	2. 52687	1. 72871	**7. 30712**	**6**
长沙市	1. 71352	1. 53808	2. 52687	1. 50241	**7. 28087**	**7**
重庆市	1. 32555	1. 64418	2. 02149	1. 74443	**6. 73565**	**8**
南京市	1. 4872	1. 04151	2. 02149	2. 04302	**6. 59323**	**9**
成都市	1. 61653	1. 66078	1. 01075	2. 04302	**6. 33108**	**10**
西安市	1. 19623	0. 93541	1. 51612	2. 67164	**6. 3194**	**11**
武汉市	1. 32555	0. 88344	2. 02149	1. 51624	**5. 74672**	**12**
杭州市	1. 00225	0. 61639	2. 52687	1. 43326	**5. 57876**	**13**
郑州市	2. 42479	1. 17287	1. 01075	0. 60976	**5. 21817**	**14**
昆明市	0. 38797	0. 3746	1. 01075	2. 20018	**3. 97349**	**15**
石家庄市	0. 64661	0. 49585	2. 02149	0. 7292	**3. 89316**	**16**
长春市	0. 71127	1. 09348	1. 01075	1. 05609	**3. 87158**	**17**
厦门市	0. 90525	0. 78817	1. 01075	1. 13152	**3. 83569**	**18**
宁波市	0. 96992	0. 77157	1. 51612	0. 56953	**3. 82713**	**19**
沈阳市	0. 64661	0. 65609	1. 51612	0. 89013	**3. 70894**	**20**
东莞市	0. 4203	0. 70805	1. 51612	0. 8675	**3. 51197**	**21**
乌鲁木齐市	0. 32331	0. 4511	0. 50537	1. 28868	**2. 56846**	**22**
太原市	0. 38797	0. 20498	1. 51612	0. 42935	**2. 53842**	**23**
天津市	0. 4203	0. 46482	1. 01075	0. 55947	**2. 45533**	**24**
南宁市	0. 58195	0. 49626	0. 50537	0. 57833	**2. 16191**	**25**
大连市	0. 45263	0. 30603	1. 01075	0. 31431	**2. 08371**	**26**
哈尔滨市	0. 45263	0. 36954	0. 50537	0. 44004	**1. 76758**	**27**
海口市	0. 22631	0. 26705	0. 50537	0. 75435	**1. 75309**	**28**
呼和浩特市	0. 32331	0. 22158	1. 01075	0. 16344	**1. 71908**	**29**
福州市	0. 22631	0. 22086	0. 50537	0. 75435	**1. 70689**	**30**
无锡市	0. 35564	0. 22808	0. 50537	0. 41112	**1. 50021**	**31**
贵阳市	0. 19398	0. 19343	0. 50537	0. 5029	**1. 39569**	**32**
兰州市	0. 25864	0. 30531	0. 50537	0. 27659	**1. 34592**	**33**
银川市	0. 16165	0. 12631	0. 50537	0. 2263	**1. 01964**	**34**
西宁市	0. 12932	0. 07218	0. 50537	0. 26025	**0. 96712**	**35**

2. 企业与组织因素指标排名

城市	具体指标			因素	因素排名
	主办单位国际影响力	知名企业数量	社会团体数量	企业与组织	
北京市	11.91151	8.41029	2.11355	**22.43536**	**1**
上海市	11.27197	6.69793	3.41433	**21.38423**	**2**
深圳市	5.59601	6.03117	2.15047	**13.77765**	**3**
广州市	3.99715	2.12152	1.67270	**7.79137**	**4**
杭州市	1.03926	2.87920	2.30063	**6.21909**	**5**
成都市	2.07852	1.45475	2.34228	**5.87555**	**6**
南京市	1.03926	1.62144	3.12078	**5.78148**	**7**
重庆市	1.19915	1.03045	2.52895	**4.75855**	**8**
青岛市	1.59886	0.77284	1.87107	**4.24277**	**9**
宁波市	0.71949	1.51537	1.98964	**4.22450**	**10**
福州市	0.00000	2.40944	1.41423	**3.82366**	**11**
厦门市	1.83869	1.04560	0.75778	**3.64208**	**12**
济南市	1.99858	0.65161	0.94897	**3.59916**	**13**
天津市	1.03926	0.98499	1.11124	**3.13549**	**14**
武汉市	0.71949	1.07591	1.23289	**3.02828**	**15**
长沙市	0.63954	1.09107	1.16232	**2.89293**	**16**
无锡市	0.00000	1.43960	1.41402	**2.85362**	**17**
西安市	0.79943	0.74253	1.24109	**2.78305**	**18**
哈尔滨市	0.39972	0.48492	1.29197	**2.17660**	**19**
郑州市	0.31977	0.53038	1.19863	**2.04878**	**20**
沈阳市	0.23983	0.39400	1.41443	**2.04826**	**21**
昆明市	0.07994	0.50007	1.26509	**1.84511**	**22**
长春市	0.39972	0.43946	0.90200	**1.74117**	**23**
东莞市	0.07994	0.66676	0.97297	**1.71968**	**24**
石家庄市	0.00000	0.31823	1.29853	**1.61676**	**25**
海口市	0.71949	0.43946	0.42054	**1.57948**	**26**
南宁市	0.00000	0.22731	1.28048	**1.50778**	**27**
大连市	0.00000	0.43946	1.04088	**1.48033**	**28**
贵阳市	0.55960	0.33338	0.58157	**1.47455**	**29**
兰州市	0.00000	0.30307	0.86815	**1.17122**	**30**
乌鲁木齐市	0.07994	0.62130	0.43941	**1.14065**	**31**
太原市	0.00000	0.40915	0.48331	**0.89246**	**32**
呼和浩特市	0.00000	0.12123	0.57111	**0.69234**	**33**
银川市	0.00000	0.21215	0.47141	**0.68356**	**34**
西宁市	0.15989	0.13638	0.36453	**0.66080**	**35**

3. 交通基建因素指标排名

城市	具体指标				因素	因素排名
	轨道交通覆盖面	客运总量	城市公共交通公交幸福指数	飞机起降架次	交通基建	
上海市	4.10207	6.27506	0.56294	4.72314	**15.66321**	**1**
北京市	3.44606	5.92426	0.65257	3.67926	**13.70214**	**2**
广州市	2.90913	5.78949	0.59216	3.23569	**12.52647**	**3**
成都市	4.12960	3.35484	0.51808	2.70172	**10.70423**	**4**
深圳市	3.06393	4.14651	0.67143	2.77582	**10.65768**	**5**
重庆市	1.57750	4.33806	0.60791	2.38763	**8.9111**	**6**
杭州市	3.28919	1.88102	0.61019	2.05674	**7.83714**	**7**
西安市	2.37518	2.52969	0.51808	2.21522	**7.63817**	**8**
南京市	3.33970	1.95728	0.51808	1.57465	**7.38971**	**9**
武汉市	3.50663	1.95684	0.51808	0.99818	**6.97973**	**10**
长沙市	2.90919	1.36304	0.51808	1.35452	**6.14483**	**11**
郑州市	2.47483	1.40173	0.51808	1.54828	**5.94292**	**12**
沈阳市	2.61593	1.74249	0.51808	0.92948	**5.80598**	**13**
青岛市	2.25943	1.29181	0.61692	1.10096	**5.26912**	**14**
宁波市	3.03040	0.67295	0.79152	0.65311	**5.14798**	**15**
大连市	2.47619	1.25959	0.51808	0.72158	**4.97543**	**16**
昆明市	2.17584	0.93600	0.61019	0.68713	**4.40915**	**17**
厦门市	1.25848	1.08385	0.66034	1.21160	**4.21426**	**18**
南宁市	2.29363	0.63547	0.51808	0.76425	**4.21143**	**19**
长春市	1.28437	1.10244	0.51808	0.65429	**3.55918**	**20**
兰州市	0.56637	1.28857	0.62366	0.82224	**3.30083**	**21**
福州市	1.35210	0.71226	0.51808	0.71718	**3.29962**	**22**
贵阳市	0.65672	0.89956	0.51808	1.16636	**3.24072**	**23**
天津市	1.39747	0.16493	0.66790	1.00315	**3.23345**	**24**
哈尔滨市	0.47334	1.24007	0.51808	0.93967	**3.17116**	**25**
石家庄市	1.32822	0.45142	0.73328	0.61244	**3.12537**	**26**
呼和浩特市	1.30732	0.33983	0.51808	0.68622	**2.85145**	**27**
无锡市	1.74774	0.08177	0.51808	0.47819	**2.82577**	**28**
乌鲁木齐市	0.38251	0.89246	0.66511	0.86733	**2.80741**	**29**
济南市	0.46383	0.77726	0.59175	0.88708	**2.71992**	**30**
太原市	0.48335	0.52051	0.51808	0.68713	**2.20906**	**31**
海口市	0.00000	0.21990	0.51808	1.12408	**1.86205**	**32**
西宁市	0.00000	0.51881	0.51808	0.47281	**1.50969**	**33**
银川市	0.00000	0.35895	0.51808	0.53402	**1.41104**	**34**
东莞市	0.22039	0.01147	0.51808	0.00000	**0.74994**	**35**

4. 智力与人才因素指标排名

城市	具体指标			因素	因素排名
	高等教育规模	人口文化程度	专利授权量	智力与人才	
北京市	3.28328	1.80375	8.74510	**13.83212**	**1**
广州市	3.95720	1.00325	2.08235	**7.04280**	**2**
武汉市	3.49243	1.38247	2.00278	**6.87767**	**3**
南京市	3.04464	1.54665	2.06818	**6.65947**	**4**
上海市	1.82651	1.30856	3.34827	**6.48334**	**5**
西安市	3.01967	1.14830	1.52794	**5.69590**	**6**
成都市	3.31241	0.88799	1.48393	**5.68432**	**7**
深圳市	0.39263	0.83242	4.25844	**5.48350**	**8**
郑州市	3.74146	0.99271	0.59529	**5.32946**	**9**
杭州市	1.80015	0.99703	2.44369	**5.24087**	**10**
重庆市	3.46398	0.50174	1.04805	**5.01378**	**11**
济南市	2.64299	0.95773	0.79462	**4.39535**	**12**
长沙市	2.30967	1.00960	0.97966	**4.29892**	**13**
哈尔滨市	2.50807	0.91377	0.52226	**3.94409**	**14**
天津市	2.12515	0.91054	0.72595	**3.76164**	**15**
青岛市	1.44220	0.85743	1.18826	**3.48789**	**16**
沈阳市	1.68222	1.24890	0.49310	**3.42422**	**17**
长春市	1.84177	1.04179	0.53670	**3.42026**	**18**
太原市	1.71482	1.39312	0.30929	**3.41724**	**19**
昆明市	2.15948	0.89065	0.27455	**3.32468**	**20**
兰州市	1.68777	1.27722	0.17999	**3.14498**	**21**
贵阳市	1.50082	0.83485	0.18231	**2.51798**	**22**
大连市	1.00933	1.04311	0.43301	**2.48545**	**23**
福州市	1.28750	0.71437	0.47675	**2.47862**	**24**
南宁市	1.47654	0.66665	0.19389	**2.33708**	**25**
乌鲁木齐市	0.73601	1.36111	0.07290	**2.17002**	**26**
呼和浩特市	0.84284	1.19855	0.06268	**2.10407**	**27**
东莞市	0.43148	0.43375	1.19698	**2.06221**	**28**
厦门市	0.60386	0.92130	0.42266	**1.94782**	**29**
宁波市	0.56675	0.57852	0.71860	**1.86386**	**30**
无锡市	0.41622	0.78274	0.59733	**1.79629**	**31**
海口市	0.50848	0.94086	0.07548	**1.52483**	**32**
银川市	0.38570	0.94151	0.05927	**1.38648**	**33**
石家庄市	0.21158	0.78147	0.22999	**1.22304**	**34**
西宁市	0.28442	0.75412	0.03992	**1.07845**	**35**

5．宏观经济与会展政策因素指标排名

城市	具体指标				因素	因素排名
	会展扶持政策数量	第三产业占比	人均地区生产总值	外贸经济	宏观经济与会展政策	
厦门市	3.12359	0.56624	1.64304	4.49791	**9.83078**	**1**
宁波市	1.87415	0.48427	1.60391	5.54792	**9.51025**	**2**
深圳市	1.56179	0.58508	2.27334	4.57706	**8.99728**	**3**
东莞市	0.62472	0.43245	1.25877	5.72373	**8.03967**	**4**
上海市	1.56179	0.68872	1.75977	3.73664	**7.74693**	**5**
杭州市	3.74831	0.64161	1.71649	1.52976	**7.63617**	**6**
北京市	1.87415	0.78953	1.85091	2.67000	**7.1846**	**7**
青岛市	2.18651	0.57849	1.44125	2.14525	**6.3515**	**8**
南京市	2.18651	0.59168	1.92478	1.49635	**6.19933**	**9**
无锡市	0.93708	0.49463	2.07212	2.03924	**5.54307**	**10**
郑州市	1.24944	0.55701	1.28020	1.71105	**4.7977**	**11**
广州市	0.62472	0.68316	1.80478	1.58157	**4.69423**	**12**
成都市	0.93708	0.61919	1.17974	1.67665	**4.41265**	**13**
武汉市	1.56179	0.58263	1.53780	0.71903	**4.40126**	**14**
西安市	1.24944	0.60016	1.08430	1.43941	**4.3733**	**15**
重庆市	1.87415	0.49746	0.88358	1.08164	**4.33683**	**16**
济南市	1.87415	0.58056	1.25683	0.56613	**4.27767**	**17**
大连市	0.31236	0.50340	1.10827	2.27624	**4.20027**	**18**
长沙市	1.24944	0.54155	1.59708	0.80374	**4.19181**	**19**
太原市	1.24944	0.59356	1.02773	1.21112	**4.08186**	**20**
天津市	0.31236	0.60675	0.99563	2.16412	**4.07886**	**21**
石家庄市	1.56179	0.58602	0.63045	0.93820	**3.71647**	**22**
福州市	0.62472	0.52827	1.41836	1.03793	**3.60928**	**23**
昆明市	1.24944	0.60487	1.06976	0.64762	**3.57168**	**24**
贵阳市	1.56179	0.56435	0.95758	0.43040	**3.51413**	**25**
呼和浩特市	1.56179	0.62522	0.98574	0.21793	**3.39068**	**26**
乌鲁木齐市	0.93708	0.68401	0.52533	1.11998	**3.2664**	**27**
南宁市	0.93708	0.61947	0.71049	0.86620	**3.13323**	**28**
沈阳市	0.93708	0.58894	0.87188	0.64957	**3.04747**	**29**
海口市	0.93708	0.75844	0.84974	0.25560	**2.80085**	**30**
长春市	0.31236	0.47494	0.97229	0.64276	**2.40235**	**31**
银川市	0.62472	0.50651	0.94583	0.26041	**2.33746**	**32**
哈尔滨市	0.62472	0.62220	0.53177	0.20497	**1.98366**	**33**
兰州市	0.31236	0.61881	0.84077	0.16411	**1.93605**	**34**
西宁市	0.31236	0.61561	0.63505	0.06895	**1.63196**	**35**

6. 旅游与接待因素指标排名

城市	具体指标			因素	因素排名
	城市在线旅游资产指数	城市星级酒店数量	城市星级酒店住宿价格	旅游与接待	
北京市	1.45605	5.23401	1.18784	**7.87791**	**1**
上海市	1.25189	3.48271	1.44251	**6.17711**	**2**
广州市	1.25638	3.10459	1.04168	**5.40265**	**3**
杭州市	1.28779	2.10953	0.98602	**4.38334**	**4**
重庆市	1.28779	1.99012	0.77732	**4.05522**	**5**
成都市	1.27881	1.49259	0.96236	**3.73376**	**6**
深圳市	1.04773	1.39308	1.06630	**3.50711**	**7**
南京市	1.19580	1.11447	1.04041	**3.35068**	**8**
天津市	0.92434	1.37318	1.01145	**3.30897**	**9**
西安市	1.20029	1.17417	0.91415	**3.28861**	**10**
厦门市	1.18683	0.99506	1.03941	**3.22130**	**11**
大连市	0.81889	1.65180	0.65083	**3.12152**	**12**
宁波市	0.89293	1.11447	0.95116	**2.95855**	**13**
武汉市	0.94228	1.07466	0.89485	**2.91180**	**14**
青岛市	0.93107	1.11447	0.82511	**2.87064**	**15**
郑州市	0.84357	1.21397	0.78173	**2.83927**	**16**
长沙市	1.12177	0.75625	0.89868	**2.77669**	**17**
济南市	0.79197	0.91546	0.98336	**2.69078**	**18**
贵阳市	0.97369	0.81595	0.88371	**2.67335**	**19**
昆明市	1.06343	0.83585	0.73693	**2.63621**	**20**
哈尔滨市	1.18907	0.71644	0.72470	**2.63021**	**21**
福州市	0.89068	0.71644	0.99361	**2.60074**	**22**
沈阳市	0.80767	0.93536	0.66180	**2.40483**	**23**
无锡市	0.89068	0.55723	0.88174	**2.32966**	**24**
石家庄市	0.69325	0.63684	0.81434	**2.14443**	**25**
东莞市	0.67306	0.47763	0.98125	**2.13193**	**26**
兰州市	0.73364	0.63684	0.73816	**2.10863**	**27**
海口市	0.81216	0.61694	0.67436	**2.10345**	**28**
乌鲁木齐市	0.68203	0.71644	0.62044	**2.01892**	**29**
长春市	0.67530	0.43783	0.67969	**1.79282**	**30**
呼和浩特市	0.63268	0.43783	0.68229	**1.75279**	**31**
太原市	0.72242	0.33832	0.67336	**1.73410**	**32**
南宁市	0.76504	0.43783	0.51202	**1.71490**	**33**
西宁市	0.78748	0.27862	0.60682	**1.67292**	**34**
银川市	0.78748	0.37812	0.49103	**1.65663**	**35**

四、趋势展望

2020 年，全球会展业经历了不平凡的一年。会展活动纷纷取消或延期，与 2019 年相比，2020 年展会举办数量和展会总面积均为负增长。数据显示，2020 年我国展会举办总数量为 1464 个，同比下降 38%；展会总面积达 6494.89 万平方米，同比下降 37%。

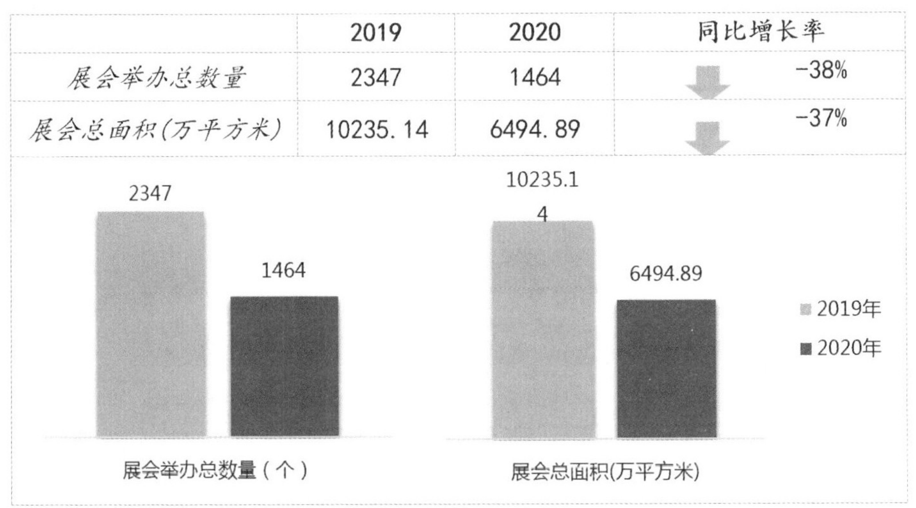

	2019	2020	同比增长率
展会举办总数量	2347	1464	-38%
展会总面积(万平方米)	10235.14	6494.89	-37%

图 10 2020 年全国展举办会受影响情况

会展企业在遭受损失的同时，新模式、新技术之于会展业的尝试和应用呈现加速的态势。会展业对产业的抗风险能力进行了深度思考。在疫情得到控制后，国内会展市场反弹强劲，展现出了顽强的生命力、广阔的市场空间与强大的产业支撑力。

（一） 疫苗的基本覆盖成为会展业完全复苏关键

疫情常态化后中国经济恢复速度全球领先，2020 年中国 GDP 实际增速 2.3%，是唯一实现经济正增长的全球主要经济体；经济规模首次突破 100 万亿元，占全球 17%以上。中国经济的复苏，有赖于对疫情防控措施的坚决落实。

截至 2020 年 12 月 31 日，据国家卫生健康委员会官方网站公布的新型冠状病毒肺炎疫情信息，对比各月最后一天现有确诊病例与展会举办情况，经过针对性地隔离管控治疗，2020 年 5 月全国疫情得到良好控制，全国整体疫情防控进入常态化阶段，经济逐步回暖的同时也成为展会恢复举办的关键时间节点。

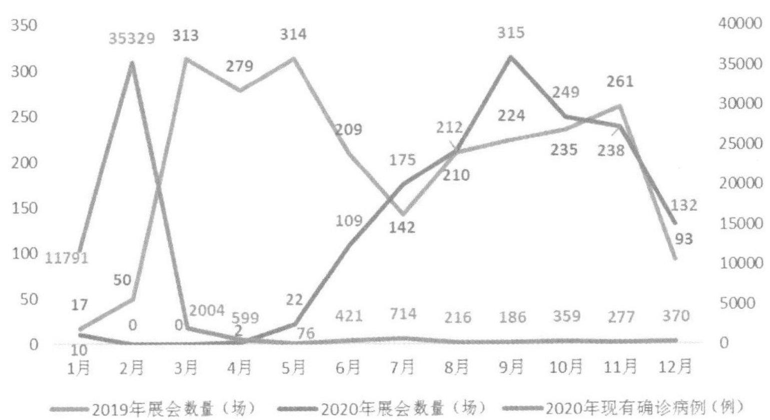

图 11 2020 年展会数量与疫情诊病例情况及与 2019 年展会情况对比

不少经济组织预测，全球的经济复苏取决于病毒和疫苗之间的竞赛，以及世界各地卫生危机的缓解程度。从目前情况看，全球复苏仍面临高度不确定性，尤其是在控制疫情蔓延方面，全球仍有多方面困难亟待克服。但在国内，新冠肺炎疫苗接种自 2020 年年底起，就开始有条不紊地开展。中国疾病预防控制中心预测，我国将在 2020 年年底、2021 年年初实现 70% 到 80% 的疫苗接种率，基本实现群体免疫。根据目前疾控中心每日疫苗接种数量进行测算，这一覆盖率或最早在 2021 年第四季度前实现。相对应于疫苗覆盖率的增长，预计国内会展业市场将在 2021 年下半年初，实现 50% 以上的恢复，在第四季度基本实现恢复，国内商务旅行将在 2021 年年底前基本恢复至疫情前的水平。

而在国际展会方面，随着我国疫情控制的逐渐稳定以及国际上新冠肺炎疫苗的推广，展会国际参展商、国际专业买家的回流是大势所趋。随着 2021 年国家三大平台性展会的召开，面向国际商旅游客的输入性疫情防控政策将更为成熟便利，业界对国际商旅客户成规模回流回暖的信心也将进一步增强。

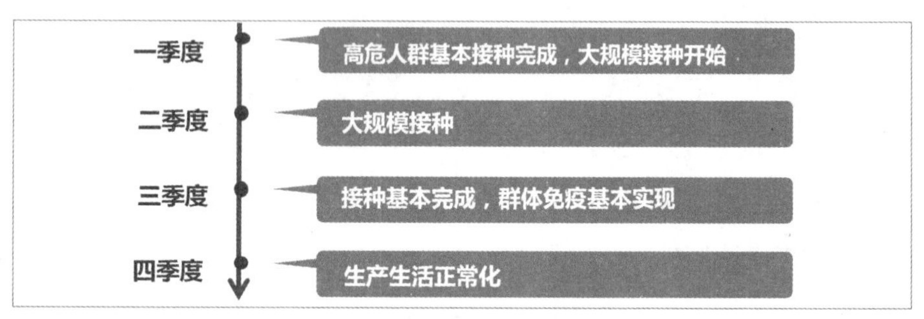

图 12 2021 年疫苗落地情况总体预测

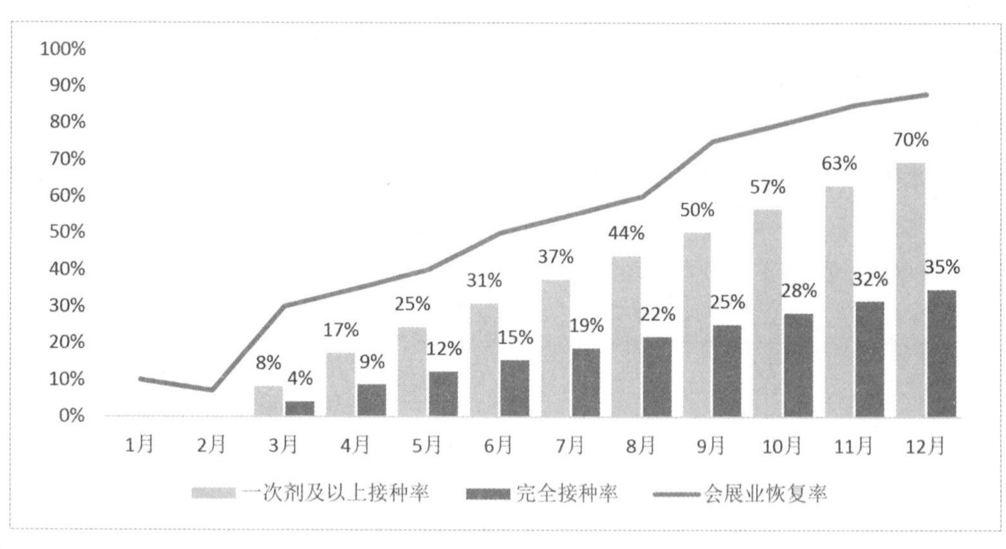

图 13 2021 年国内会展业恢复情况预测（不含国际性展会）

不仅如此，展会的淡旺季也会因新冠病毒的活跃特性而在短期内有所变化，夏季、秋季的展会活动会更加集中。此外，据预测，随着全球疫苗的普及，国际商旅往来最迟在 2023 年也将逐渐恢复，夏季、秋季也将成为试水恢复国际通航的窗口时期。国际性展会在恢复初期，可能会相对集中在这一时间段内举办。会展主办机构、场馆方需要相应调整产品组合来应对淡旺季的变化而带来的更多不确定性。

（二） 更多会展企业从战略层面思考发展韧性

新冠肺炎疫情的暴发暴露了当前许多会展企业结构的脆弱性。无论是 2003 年的非典，还是 2020 年的新冠肺炎，突发公共卫生事件都具有无法预测性强、影响范围扩散快、事件升级迅速、恢复期不确定性大的特点。新冠肺炎疫情让会展企业深切感受到突发公共卫生事件对服务业的影响，深刻意识到提升会展业抵御和防范突发公共卫生事件的能力、提升企业发展韧性的重要性。

疫情期间，有的会展企业因为项目停止和供应链中断遭受重创，有的公司却借此机会重新定位，大胆进行战略结构调整，成功改变自己在市场的竞争地位，在疫情之后变得更加强大。回顾挺过疫情的会展企业，大多在以下几个方面展现出了比其他企业更强大的品质：一是内在力量，包括企业决心、效能、勇气、决心和积极的态度等；二是拥有一个较为健康和稳定的人力、财务保障系统，为企业获取了宝贵的自救缓冲时间；三是善于运用密切的联系，通过团结上下游企业以及有竞争合作关系的伙伴，在危机中紧密联系、团结力量，通过整合生产要素等方式积极自救；四是有快速解决问题能力，在将风险危害降低到最小的同时，能够做到放眼长期发展，在危机中创新和发现新机会。这些保护因素就会和危险因素发生相互作用，从而促使企业可以从逆境中恢复并保持良好的状态。

（三） 会展企业迎来格局重构

疫后会展市场的振兴不是要简单地回到过去，而是要积极地谋划未来。我国会展业上中下游产业在疫情常态化阶段均将呈现一些新动向，在重创中积极求变，提升产业创新动能。品牌化、数字化、多元化融合发展将是会展企业未来发展的重要方向。

经过疫情和市场双重洗礼的会展业，必然迎来产业格局的重构。2020 年展会项目经历一轮洗牌，规模较小、盈利能力较薄弱的展会项目被淘汰，而更为优质的展会项目通过合并办展、优化内容结构、双线办展等模式，提升了展会的品牌效应，获得了更广阔的生存空间。2020 年，重庆国际汽车展览会作为疫情后首个 10 万平方米大展，以双线模式举办，同时创新采用“汽车 + 火锅”的组合营销模式，为消费者提供了千万元的火锅消费券，尝试了一次从传统办展模式向“消费季”延伸的创新，收获了成功。第 28 届深圳礼品家居展作为品牌展会，通过对展会的优化设计，新产品、新技术、新模式吸引到大批参展商与专业买家，充分吸收到了疫后采购需求反弹的红利，展会规模增加 50%，达到 16 万平方米，专业买家比率提升，叫座也叫好。

（四） 数字化转型将不局限于线上展会

新冠肺炎疫情加速了展会主办方的数字化转型。会展企业对“数字化”的理解逐渐深入。疫情之初，“线上会展”风潮来袭，会展人热烈讨论和聚焦的大多是线上展会的发展潜力以及线上线下展会的替代关系。随着疫情得到控制，线下展会重启，会展企业开始意识到，会展业的数字化进程，带来的变格或许不仅局限于展现形式上的创新，而是如何运用好数字化这一新“武器”，从企业战略层面做好构架与布局。会展企业从最初对云展台、线上会议、直播技术这些展会数字化呈现形式的聚焦，逐渐开始转向布局发展智慧物流管理、客商大数据中心、数字营销推广、数字化信息服务等“智能硬件”的升级。阿里巴巴、京东、腾讯等互联网企业的入局也让会展企业意识到把握数字化转型的机遇是当前每个会展企业都要考虑的重大问题。目前，会展市场对信息软件的需求保持稳定的增长态势，这也体现出会展企业对展会数字化的理解与思考是在不断深入的。

疫情在加速会展业数字化和智能化转型的同时，也促使行业安全和应急管理体系升级发展，促使企业的服务更为多元化。比如，大型展览、会议研讨、论坛发布、室内就餐和娱乐等，都需要重新设计以服务更小的群体，开发户外展示活动区域、建立更合理的预约机制、提供非接触商务洽谈体验，并且要有严格的社交距离限制，等等。会展中心、商务型酒店等人群聚集场所需要新的技术和方式更有效地保障参展参会人员的健康安全，增加消毒设施和消毒剂，机器人的使用也变得更广泛。

（五） 大型场馆建设如火如荼，场馆经营精细服务或将全方位提升

2020 年，全国会展业发展基本处于停滞不前的状态，但会展场馆的建设如火如荼，与之形成鲜明的对比。在大量展会活动停办、延期或取消的情况下，仍有 18 座展览场馆于 2020 年启动开工建设。目前，我国正积极构建国内国际双循环相互促进的新发展格局。会展业的复苏，不仅有利于增强行业发展信心，稳定产业链，更有助于提振经济发展信心，疏通投资、贸易、消费通道。正因如此，不少城市选择了在疫情期间韬光养晦，在疫后会展业发展赛道上摩拳擦掌。可以预见，在未来的 5 年内，我国的会展场馆供应量依旧将呈现出较高的增长趋势。

此外，大规模大体量场馆的投用也成为 2020 年的一大特点。2020 年我国新投入使用场馆数量减少，仅 5 座，但规模体量普遍比 2019 年增大，新增室内展览面积总和达到 73 万平方米。其中有两座场馆室内展览面积超 10 万平方米，最大场馆面积达到 40 万平方米，极大程度上提升了我国展览场馆资源储备。

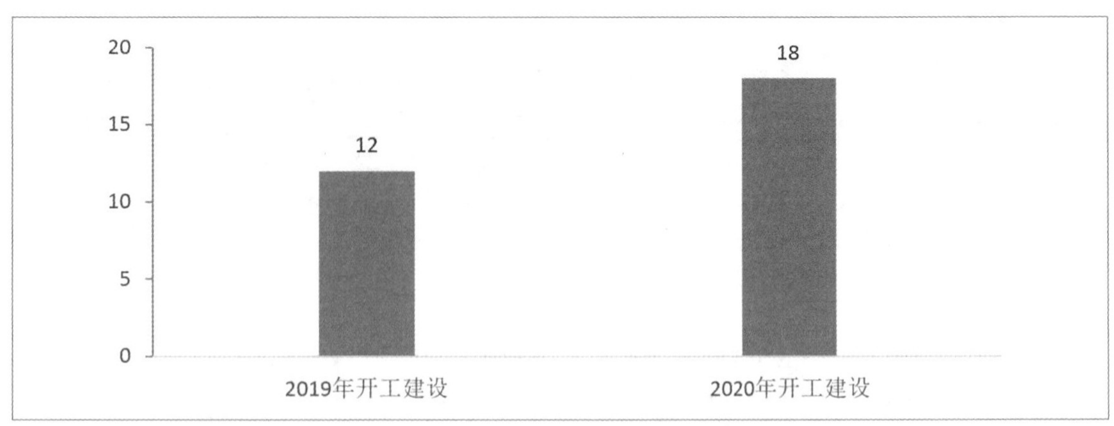

图 14 2019—2020 年全国展览场馆开工建设情况

除了场馆供给量的进一步提升，多元化经营、精细化管理也成为疫情期间场馆生存的重要手段。传统模式下，展览场馆的收入主要来自场租、服务或者自办展，对大型展会的依赖程度很高。疫情常态化下，各大场馆面临线下展览业务突然中断、线上展会项目蚕食市场的双重生存压力。如何将展馆传统意义上的展示功能和利用率进一步扩展，通过不同的业态组合形成新的盈利模式，成为各大场馆思考的问题。以杭州国际博览中心为例，疫情期间，杭州国博通过入驻抖音等互联网平台，推出面向大众的甜品美食“网红打卡地”，丰富会展中心的营收模式；同时创新推出 G20 杭州峰会史料展示厅、中国数字音乐谷等项目，实现营业收入超 30 亿元。不仅如此，疫情期间，杭博通过组织员工培训、微课比赛、成立培训基金项目等方式，为企业持久发力提供储备力量，为疫后企业更高质量发展积蓄力量。

（六）“十四五”规划为会展业发展指明方向

《中华人民共和国国民经济和社会发展第十四个五年规划和 2035 年远景目标纲要（草案）》（下称《纲要》）明确提出以“推动生产性服务业融合化发展”“深化服务领域改革开放”“促进国内国际双循环”“推动进出口协同发展”为主的发展方向，会展业在拉动内需、助力经济结构转型升级、助力畅通国内国际双循环方面，起到愈加重要的作用。

在推动构建新发展格局下，扩内需、促消费成为各地当前和未来五年的重点工作之一，多样化的展会形式将成扩大内需的新增长点。各地都在不断深挖城市资源，以展会活动为抓手，拉动城市内需。展会的形式也扩大了外延，从传统的专业展、专业会、展销会的思路中解放出来，融入了特展、音乐节、节庆等多种形式，以“打造新消费节日”“升级改造新购物打卡地”“探索新消费增长点”为代表的“三新”业态正在不断释放潜能。例如，《北京市“十四五”规划纲要（草案）》提出，要打造国际消费时尚新地标；广州提出重点擦亮“时尚之都”“会展之都”“电商之都”“美食之都”“定制之都”五大城市消费名片；上海通过打造“五五购物节”，打造“上海购物”品牌、加快建设国际消费中心城市等。

会展业绿色发展的重要性也将在“十四五”期间进一步提升。2021 年 2 月 22 日国务院印发的《关于加快建立健全绿色低碳循环发展经济体系的指导意见》（国发〔2021〕4 号）中，对“推进会展业绿色发展，指导制定行业相关绿色标准，推动办展设施循环使用”的强调，绿色生态发展理念或将引领会展界“十四五”新征程，随着政府工作报告中“2030 年前碳排放达峰”这一降碳目标的明确提出，展会绿色发展将会落到更实的层面。

特殊的疫情年，会展业拨云见日，守望着未来。长风破浪会有时，疫情仅为历史长河中的一粒沙，会展人正在书写并见证着这段故事。

2016—2019 年中国城市会展业竞争力指数报告

中国会展经济研究会

2016 年度

一、中国城市会展业竞争力指数概述

（一） 引言

会展业素有“城市建设的加速器”之称，发展会展业对促进城市的社会经济发展、推动产业结构优化、改善城市环境等方面具有积极意义。近年来，会展经济不断升温，作为现代服务业的重要内容，会展业已成为一个新的经济增长点，各大会展城市在政策扶植、立法保障、基础设施建设、会展软环境等方面大力投入，城市之间也将通过竞争逐步形成合理的会展区域布局。2015 年 3 月，国务院下发的《国务院关于进一步促进展览业改革发展的若干意见》（国发〔2015〕15 号文），明确提出要加快展览业改革发展，加快信息化进程，完善展览业标准体系。这也为新常态下会展业发展提供了明确方向。

目前，中国会展业发展不平衡，会展业相关指标较多，衡量各地会展业发展水平的指标不统一，尚未形成一个全面的衡量城市会展业竞争力的指标体系，难以真实反映城市的会展业发展现状和发展潜力。 在此背景下，中国会展经济研究会成都会展研究中心在成都市博览局的支持下，连续第二年编制了《年度中国城市会展业竞争力指数（CCCECI）报告》。本报告构建的中国城市会展业竞争力指数力求基于评价指标体系的全面性、代表性、可行性，反映出我国城市会展业的发展水平和发展潜力，并努力填补这方面的研究空白。

（二） 中国城市会展业竞争力指数的相关比较

中国城市会展业竞争力指数以综合反映城市会展业当前水平和发展潜力为目的，从城市整体环境竞争力、城市会展业专业竞争力、会展教育竞争力以及城市会展政府竞争力的四个方面进行了比较和分析，具备了相对完备的指标体系和相对客观的评价标准。

我国会展界近年来反映会展发展的指数主要包括“中国城市展览业发展综合指数”（随《年度中国展览数据统计报告》发布）、“中国会展指数（CCEI）（中国会展杂志社发布）”“上海会展研究院（SMI）会展指数”（随《中外会展动态评估研究报告》发布）以及本《报告》提出的“中国城市会展业竞争力指数”。

本次发布的年度《报告》主要有以下特点：

一是在保持结构稳定下的不断微调改进。结构稳定即保持了其综合性、全面性的特点，把会展业的发展与“城市经济基础实力、会议展览两大类型、会展人力资源储备、城市政府服务能力”四个方面联系起来考虑。微调改进即在上年首次发布后根据专家意见和业界反映，在大量调研基础上，增加了“会展主管部门服务竞争力”指数、调整了“会展教育指数”，使指总体上更加完整和精细。

二是指数核算方面更加精确。即运用了主客观相结合的方法，将专家咨询打分与模型科学运算相结合。为减少个别主观判断带来的偏差，运用了相关“竞争力数学模型”进行演算校核。

三是充分发挥中国会展经济研究会的组织优势和系统优势，收集业内信息，获得业内支持。2016 年共向研究会会员和业内相关单位发放问卷五百多份，反馈质量普遍较高。

四是重视基础建设工作，着眼持续长远发展。研究会成都会展研究中心的“竞争力指数课题组”集中 10 名教师开展工作，其中博士 4 人、硕士 6 人。课题组工作中主动争取中国会展经济研究会、成都市博览局、成都大学给予指导和支持。业界的 30 多位专家学者也积极参与了相关数据的评估审核。为扩大影响和广泛收集意见，我们还将通过各种媒体渠道进行广泛宣传报道。

二、中国城市会展业竞争力指数体系与计算方法

（一）中国城市会展业竞争力指数体系的构建

基于学术规范性、数据可得性以及指标可对比性，会展城市竞争力指数共下设了 4 个一级指标（F_i）、10 个二级指标（X_i），29 个三级指标（X_{ij}）以及 46 个四级指标（X_{ijm}）（参见表 1）。

指标分别展开为：

——衡量会展城市整体环境竞争力（F_1）的 3 个二级指标：城市综合经济竞争力指标（X_1）、城市宜商竞争力指标（X_2）与文化城市竞争力指标（X_3）。

这三项指标及其展开的三级、四级指标均来源于中国社会科学院城市发展与竞争力研究中心发布的 2016 年权威数据。

——衡量城市会展业专业竞争力（F_2）的 5 个二级指标：城市展览业发展综合指标（X_4）、城市展览业国际合作指标（X_5）、城市展览业价格指标（X_6）、城市会议指数（X_7）、城市国际会议指标（X_8）。

其中，“展览业发展综合指标”及其展开的三级、四级指标数据来源于商务部发布的官方 2016 年数据；“展览业价格指标”及其展开的三级、四级指标数据部分来源于中国国际贸易促进委员会 2016 年官方发布数据、各城市官方统计网站或通过城市物价指数模拟得出；“展览业国际合作指标”及其展开的三级、四级指标由本次城市会展业竞争力指数研究课题组自行统计 2016 年数据得出（如附件 2 所示）；“城市举办大型会议指数”及其展开的三级、四级指标由中国旅游饭店业协会、中国旅行社协会、中国会议酒店联盟共同编纂下的《2015 年中国会议统计分析报告》统计得出，基于城市举办大型会议数量具有年度依存性与相关性，虽然该指标 2016 年数据尚未统计完成，但仍可以由 2015 年数据加以替代；“城市国际会议指数及其展开的三级、四级指标”由本次城市会展业竞争力指数研究课题组自行统计 ICCA 官网网站发布的 2016 年数据得出。

——衡量城市会展教育竞争力（F_3）的 1 个二级指标：会展教育竞争力指标（X_9），此指标及其展开的三级、四级指标由本课题组收集整理 2017 年教育部发布的高考信息、大学招生专业、硕博点等信息而得（如附件 3 所示）；并在上年考察城市设立会展专业的大专院校数量的基础之上，还增加了对城市设置会展相关专业硕士点与博士点大学数量的统计，从而可以进一步减少城市会展业竞争力指数对现实会展人才考察的偏离程度。

——衡量城市会展主管部门服务竞争力（F_4）的 1 个二级指标：城市会展主管部门服务竞争力指标（X_{10}）。

城市会展主管部门服务指标及其展开的三级、四级指标通过课题组在 509 家中国会展经济研究会会员单位中发放问卷以及搜索各城市政府主管部门相关会展激励政策的方式来获得数据。

表 1 中国城市会展业竞争力指数体系表

一级指标（F_i）	二级指标（X_i）	三级指标（X_{ij}）	四级指标（X_{ijm}）
	城市综合经济竞争力指标（X_1）	城市经济综合增量竞争力（X_{11}）	城市经济综合增量竞争力（X_{111}）
		城市经济综合效率竞争力（X_{12}）	城市经济综合效率竞争力（X_{121}）
		企业本体（X_{21}）	大企业指数（X_{211}）
			企业增值指数（X_{212}）
		当地要素（X_{22}）	城镇就业人员平均工资（X_{221}）
			大专以上人口比例（X_{222}）
			专利指数（X_{223}）
			人均存款余额（X_{224}）

续表

一级指标（F_i）	二级指标（X_i）	三级指标（X_{ij}）	四级指标（X_{ijm}）
城市整体环境竞争力（F_1）	城市宜商竞争力指标（X_2）	当地需求（X_{23}）	GDP 规模（X_{231}）
			社会消费品零售总额（X_{232}）
			限额以上批发零售贸易业商品销售总额（X_{233}）
		制度环境（X_{24}）	开办企业便利度（X_{241}）
			企业税收负担（X_{242}）
			银行网点数（X_{243}）
		主体联系（X_{25}）	城市货运总量（X_{251}）
			城市客运总量（X_{252}）
			国际商旅人员数（X_{253}）
		基础设施（X_{25}）	公路交通便利程度（X_{261}）
			铁路交通便利程度（X_{262}）
			航空交通便利程度（X_{263}）
			利用海运便利程度（X_{264}）
	文化城市竞争力指标（X_3）	文化城市竞争力指标（X_{31}）	历史文化（X_{311}）
			现代文化（X_{312}）
			文化多元性（X_{313}）
			文化产业（X_{314}）
			结构转换（X_{315}）
城市会展业专业竞争力（F_2）	城市展览业发展综合指标（X_4）	城市展览数量（X_{41}）	城市展览数量（X_{411}）
		城市展览面积（X_{42}）	城市展览面积（X_{421}）
		城市专业场馆数量（X_{43}）	城市专业场馆数量（X_{431}）
		城市专业场馆室内面积（X_{44}）	城市专业场馆室内面积（X_{441}）
		城市展览管理机构（X_{45}）	城市展览管理机构（X_{451}）
		城市 UFI 会员单位数量（X_{46}）	城市 UFI 会员单位数量（X_{461}）
		城市 UFI 认证项目数量（X_{47}）	城市 UFI 认证项目数量（X_{471}）
		城市展览面积 TOP100 展览项目数量（X_{48}）	城市展览面积 TOP100 展览项目数量（X_{481}）
		城市细分行业 TOP3 展览项目数量（X_{49}）	城市细分行业 TOP3 展览项目数量（X_{491}）
	城市展览业国际合作指标（X_5）	城市展览业国际合作指标（X_{51}）	城市展览业国际合作指数（X_{511}）

续表

一级指标（F_i）	二级指标（X_i）	三级指标（X_{ij}）	四级指标（X_{ijm}）
	城市展览业价格指标（X_6）	城市展览业价格指标（X_{61}）	城市展览业价格指数（X_{611}）
	城市办大型会议指标（X_7）	城市办大型会议指标（X_{71}）	城市办大型会议指数（X_{711}）
	城市国际会议指标（X_8）	城市拥有 ICCA 认证国际会议数量（X_{81}）	城市拥有 ICCA 认证国际会议数量（X_{811}）
城市会展教育竞争力（F_3）	城市拥有会展专业的数量指标（X_9）	城市拥有会展专业的大专院校数量（X_{91}）	城市拥有会展专业的大专院校数量（X_{911}）
		城市拥有会展专业的硕博点院校数量（X_{92}）	城市拥有会展专业的硕博点院校数量（X_{921}）
城市会展政府竞争力（F_4）	会展主管部门服务指标（X_{10}）	环境塑造能力（X_{101}）	环境塑造能力（X_{1011}）
		品牌建设能力（X_{102}）	品牌建设能力（X_{1021}）
		宣传、协调与服务能力（X_{103}）	宣传、协调与服务能力（X_{1031}）
		监督管理规则制定能力（X_{104}）	监督管理规则制定能力（X_{1041}）
		主办方忠诚度感知（X_{105}）	主办方忠诚度感知（X_{1051}）

（二）2016 年中国城市会展业竞争力指数的计算方法

中国城市会展业竞争力指数的计算公式如下：

$$X_{ij}=\Sigma_m X_{ijm} \quad （式 1）$$

其中，X_{ij} 表示各三级指标，X_{ijm} 表示各四级统计指标。

$$X_i=\Sigma_j X_{ij} \quad （式 2）$$

其中，X_i 表示各二级指标，X_{ij} 表示各三级指标。

$$F_i=\Sigma_i X_I \quad （式 3）$$

其中，F_i 表示各一级指标，X_{ij} 表示各二级指标。

$$CCECI=\Sigma_i F_I \quad （式 4）$$

其中，F_i 表示各一级指标 .

根据专家组全体成员的指数权重打分与小组反复商讨，本课题组将运用层次分析法计算出 10 个二级指标的权重比值设定并将其线性加总得到 4 个一级指标的结果，最终得出中国城市会展业竞争力指数结果。

指标权重的计算则可以通过层次分析法来完成。层次分析法通过成对比较判断指标的相对重要性 , 判断矩阵利用标度将指标间的相对重要性定量化 , 通常使用 Thomas L. Saaty 提出的 1~9 标度衡量其关系 ,AHP 的比例标度反映的是人们对定性因素的比较判断 , 一般不具有实际的物理意义 , 判断矩阵标度的含义如表 2 所示。

表 2 判断矩阵标度及其含义

重要性标度	含义
1	表示两个元素相比，具有同等重要性
2	表示两个元素相比，前者比后者稍微重要
5	表示两个元素相比，前者比后者明显重要
7	表示两个元素相比，前者比后者强烈重要
9	表示两个元素相比，前者比后者极端重要
2,4,6,8	表示上述判断的中间情况
倒数	若元素 i 与元素 j 的重要性之经为 b_{ij}，则元素 j 与元素 i 的重要性之比 $b_{ji}=1/b_{ij}$

求解判断矩阵的特征向量 w，本文采用和法求解指标权重：

（1）将判断矩阵每一列归一化：

$$\overline{b}_{ij}=b_{ij}/\sum_{k=1}^{n}b_{kj}(i=1,2,\cdots,\ n) \quad （式 5）$$

（2）将按列归一化后的判断矩阵再按行求和：

$$\overline{w}_i=\sum_{j=1}^{n}\overline{b}_{ij}(1,2,\cdots,n) \quad （式 6）$$

（3）将向量 $\overline{w}=[\overline{w}_1,\overline{w}_2,\ldots,\overline{w}_n]$ 归一化：

$$w_i=\overline{w}_i\Big/\sum_{i=1}^{n}\overline{w}_i(i=1,2,\cdots,n) \quad （式 7）$$

（4）则 $W=[w_1,w_2,\cdots,w_n]^T$ 即为所求的特征向量，及指标权重。

$$\lambda_{max}=\sum_{i=1}^{n}\frac{(bw)_i}{nw_i} \quad （式 8）$$

其中，bw_i 表示向量 bw 的第 i 个分量。

如果判断矩阵 B 具有与完全一致性，$\lambda_{max}=n$。但一般情况下 B 是近似估值，故有 $\lambda_{max}\geqslant n$，因此可以用 λ_{max} 与 n 的误差来判断 B 的准确性。为了检验判断矩阵的一致性，需要计算它的一致性指标 CI:

$$CI=\frac{\lambda_{max}-n}{n-1} \quad （式 9）$$

当判断矩阵具有完全一致性时，CI=0。设判断矩阵平均随机性一致性指标 RI，对于不同阶数的判断矩阵，RI 的值可查表得出。计算一致性比例 CR:

$$CR=\frac{CI}{RI} \quad （式 10）$$

若 CR 计算值小于 0.1，则判断矩阵通过检验，其一致性是可以接受的，否则重新调整判断矩阵。

最终通过以上层次分析法的公式计算，得出中国城市会展会竞争力指数各指标的权重分配。

三、2016 年中国城市会展业竞争力指数

基于数据的可得性，最终将本次中国城市会展业竞争力指数样本设定为全国 93 个城市，其中包括 4 个直辖市、15 个副省级城市、74 个省会城市与地级市。这 93 个样本城市所属行政级别不同、经济发展体量不同、会展业发展的宏观基础与专业竞争力都存在着较大差距，导致城市间数据不具有可比性，并对指导城市未来会展业发展的作用较小。所以，本报告按照城市行政级别划分，将直辖市及副省级城市分为一类城市进行对比排名；将省会城市与地级市划分为另一类城市进行对比排名分析。

（一）直辖市及副省级市 2016 年会展业竞争力指数排名

本报告将 4 个直辖市与 15 个副省级城市作为一类城市进行城市会展业竞争力指数排名分析（结果如表 3 与图 1 所示）。

表 3　直辖市及副省级城市 2016 年城市会展业竞争力指数排名

排名	城市	城市整体环境竞争力指数（F_1）				城市会展专业竞争力指数（F_2）						会展教育竞争力（F_3）	城市会展主管部门服务竞争力（F_4）	城市会展业竞争力指数（Y）
		综合经济竞争力指数（X_1）	宜商竞争力指数（X_2）	文化竞争力指数（X_3）	整体环境竞争力指数（F_1）	展览业发展综合指数（X_4）	展览业国际合作指数（X_5）	展览业价格指数（X_6）	举办大型会议指数（X_7）	国际会议指数（X_8）	会展专业竞争力指数（F_2）			
1	上海	74.700	96.540	97.232	26.429	423.940	100.000	100.000	25.142	75.962	72.537	100.000	75.192	117.675
2	北京	45.900	98.270	100.000	23.826	220.440	80.000	84.346	75.020	100.000	54.953	73.913	48.296	91.342
3	广州	56.900	99.308	96.194	24.750	224.490	46.667	78.718	42.148	8.654	39.226	82.609	77.557	82.115
4	成都	30.600	88.581	93.080	20.606	131.190	43.333	63.166	12.775	14.423	25.241	60.870	72.241	61.836
5	深圳	100.000	100.000	85.467	28.397	89.540	26.667	80.036	30.164	0.000	20.452	60.870	51.309	61.200
6	杭州	22.600	97.924	99.308	21.280	41.530	20.000	59.959	100.000	16.346	22.248	39.130	35.226	51.857
7	南京	33.300	97.578	98.270	22.277	56.580	6.667	55.883	97.396	9.615	21.396	17.391	16.916	47.594
8	厦门	25.000	99.654	80.277	20.017	72.810	13.333	59.735	67.616	7.692	20.757	21.739	31.920	47.548
9	重庆	23.100	68.512	93.772	17.817	69.180	13.333	55.143	57.038	0.000	18.206	43.478	24.156	42.673
10	青岛	26.000	92.042	93.426	20.509	72.260	10.000	52.539	20.291	0.000	14.218	13.044	26.313	40.036
11	武汉	34.200	86.505	99.654	21.356	29.280	3.333	47.650	24.573	8.654	9.872	73.913	21.744	39.176
12	济南	20.200	91.004	96.540	20.070	50.870	0.000	43.392	59.723	0.000	14.458	30.435	11.019	38.160
13	西安	19.300	89.965	98.616	20.054	49.490	13.333	50.863	23.108	12.500	13.492	21.739	17.906	37.884

续表

排名	城市	城市整体环境竞争力指数（F_1）				城市会展专业竞争力指数（F_2）						会展教育竞争力（F_3）	城市会展主管部门服务竞争力（F_4）	城市会展业竞争力指数（Y）
		综合经济竞争力指数（X_1）	宜商竞争力指数（X_2）	文化竞争力指数（X_3）	整体环境竞争力指数（F_1）	展览业发展综合指数（X_4）	展览业国际合作指数（X_5）	展览业价格指数（X_6）	举办大型会议指数（X_7）	国际会议指数（X_8）	会展专业竞争力指数（F_2）			
14	天津	46.600	88.235	89.619	21.944	25.330	3.333	70.963	16.843	7.692	9.958	60.870	13.985	37.766
15	宁波	22.600	95.156	97.924	20.872	39.270	6.667	56.158	14.483	0.000	9.893	8.696	12.098	33.358
16	沈阳	18.400	84.083	95.502	19.077	30.440	6.667	42.899	19.121	0.000	8.602	4.348	11.525	29.927
17	哈尔滨	11.700	65.744	96.886	16.611	36.170	0.000	47.033	5.777	0.000	7.433	30.435	10.488	27.584
18	大连	20.800	85.467	75.433	17.686	27.710	0.000	47.954	16.273	0.000	7.660	4.000	10.633	27.419
19	长春	14.700	70.934	81.315	16.074	30.050	0.000	43.733	8.137	0.000	6.808	8.696	10.592	25.214

在 19 个城市中，2016 年城市会展业竞争力指数排名最高的为上海，北京次之，广州、成都分列第三、四位，深圳紧随其后名列第五。排在第六到十位的分别为杭州、南京、厦门、重庆与青岛。其中，从城市会展业竞争力指数总体得分与柱状图不难看出，上海、北京与广州的得分远高于其他城市，仍然处于领先地位。同类城市中上海与长春之间的会展业竞争力指数差距相对过大，长春的城市会展业竞争力指数仅占上海的约 21%。

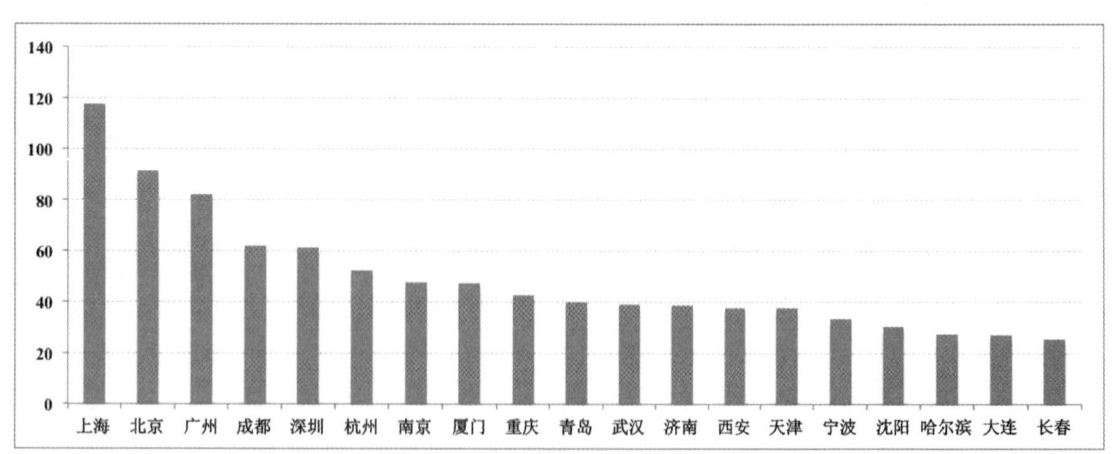

图 1 2016 年直辖市及副省级城市会展业竞争力指数柱状图

为了更好地反映出各城市间 2016 年会展业竞争力指数对比情况，将该指数细分为城市整体环境竞争力、城市会展专业竞争力、会展教育竞争力与城市会展主管部门服务竞争力。在反映城市会展业发展基础与发展潜力的城市整体环境竞争力指数中 2016 年排在前五位的分别为深圳、上海、广州、北京、南京，即由于这 5 个城市存在着地理位置、经济总量、对外开放程度等优势因素，所以具有比其他城市更有利于会展业发展的宏观环境条件。2016 年 19 个城市的会展专业竞争力体现了各城市会展行业的现有发展规模与质量。由表 3 可知，排名前五的城市分别为上海、北京、广州、成都与杭州，这与城市会展业竞争力指数的排名较为一致。

其中，北京与上海在会展专业竞争力中的强势表现也是导致其在城市会展业竞争力指数得分中远高于其他城市的根本原因。无论是在展览业还是会议业指数中，上海与北京的得分表现都位居前两位，上海在衡量展览业的 3 项二级指标中均排名第一；北京在衡量会议业的 2 项二级指标中分别排名第二、获 75 分，排名第一、获得 100 分。同时，无论是在展览业还是在会议业上，上海和北京的国际化合作程度也都远高于其他城市，这为其提高城市会展业竞争力创造有利条件。广州与成都则主要在展览业的 3 项二级指标中表现较为强势。其中，成都作为西部中心城市位列会展专业竞争力的第四名，主要是因为其在展览业与会议业均表现较为突出，尤其在国际化合作方面表现尤为抢眼。

由表 3 可知，在反映城市会展业潜在人才竞争力的城市会展教育竞争力指数中 2016 年上海和广州名列前茅，具有明显优势。上海和广州设有会展专业的大专院校数量明显高于其他城市，重视高等院校对专业人才的培养。而在城市会展主管部门服务指数中，广州、上海和成都都有不俗的表现。对比 19 个城市会展业竞争力指数排名可见城市会展主管部门服务与城市会展业竞争力成正相关，这也体现我国政府组织社会主义经济、文化建设的职能，会展业的发展离不开政府的作用。

（二） 省会城市及地级市 2016 年会展业竞争力指数排名

基于数据可比性，除去 4 个直辖市和 15 个副省级城市，考察城市样本中的省会城市及地级市的 2016 年城市会展业竞争力指数排名情况（如表 4 所示）。总体而言，除了排名前十位的城市以外，其他城市的整体城市会展业竞争力指数都不如直辖市与副省级城市的指数，且 74 个城市之间的指数差距也相对较大。尤其是随着考察城市数量范围的扩大，一些经济总量相对较小且整体经济、社会、文化、交通与信息相对不发达的地级市，其会展业竞争力指数远远小于排名靠前的城市，如 2016 年铁岭的城市会展业竞争力指数仅占长沙城市会展业竞争力指数的约 18%。

表 4 省会城市及地级市 2016 年城市会展业竞争力指数排名

排名	城市	城市整体环境竞争力指数（F_1）				城市会展专业竞争力指数（F_2）						会展教育竞争力（F_3）	城市会展主管部门服务竞争力（F_4）	城市会展业竞争力指数（Y）
		综合经济竞争力指数（X_1）	宜商竞争力指数（X_2）	文化竞争力指数（X_3）	整体环境竞争力指数（F_1）	展览业发展综合指数（X_4）	展览业国际合作指数（X_5）	展览业价格指数（X_6）	举办大型会议指数（X_7）	国际会议指数（X_8）	会展专业竞争力指数（F_2）			
1	长沙	24.400	93.426	92.388	20.391	43.400	10.000	44.248	66.477	4.808	15.859	34.783	25.848	42.704
2	郑州	25.300	78.547	94.118	19.110	66.880	6.667	47.512	15.948	0.000	12.542	39.130	20.778	37.470
3	苏州	42.400	93.772	84.775	21.641	50.690	3.333	48.825	29.292	4.808	12.397	17.391	11.016	36.933
4	无锡	32.500	95.848	90.657	21.337	29.310	0.000	69.315	11.961	0.000	8.688	8.696	31.916	36.062
5	昆明	11.600	80.969	89.965	17.550	48.560	3.333	46.743	44.345	0.000	13.129	13.044	22.552	35.334
6	佛山	33.400	95.502	87.543	21.119	26.210	6.667	61.064	29.536	0.000	10.335	8.696	10.000	33.683
7	东莞	31.100	98.616	64.014	19.104	44.160	6.667	71.877	0.814	0.000	9.958	0.000	22.332	32.943
8	福州	16.500	89.619	95.156	19.416	20.390	0.000	53.730	19.040	0.000	7.500	21.739	10.000	29.880
9	中山	20.000	92.388	92.734	19.853	21.320	3.333	57.219	0.814	0.000	6.237	13.044	10.000	28.563
10	合肥	18.000	81.315	80.969	17.457	9.120	0.000	41.999	36.208	0.000	7.344	21.739	10.000	27.766
11	珠海	14.200	96.194	94.464	19.788	5.840	0.000	58.860	5.533	0.000	4.808	4.348	12.734	27.055
12	常州	23.400	94.810	82.353	19.535	5.360	0.000	65.599	10.171	0.000	5.651	0.000	10.000	26.925
13	嘉兴	16.300	98.962	91.004	19.986	7.510	0.000	69.883	0.814	0.000	5.170	0.000	10.000	26.894
14	海口	8.900	61.938	87.889	15.125	22.790	0.000	49.144	0.814	0.000	5.578	8.696	30.915	26.566
15	绍兴	14.800	91.350	95.848	19.477	3.770	0.000	71.800	0.814	0.000	4.878	4.348	10.000	26.338

续表

排名	城市	城市整体环境竞争力指数（F_1）				城市会展专业竞争力指数（F_2）						会展教育竞争力（F_3）	城市会展主管部门服务竞争力（F_4）	城市会展业竞争力指数（Y）
		综合经济竞争力指数（X_1）	宜商竞争力指数（X_2）	文化竞争力指数（X_3）	整体环境竞争力指数（F_1）	展览业发展综合指数（X_4）	展览业国际合作指数（X_5）	展览业价格指数（X_6）	举办大型会议指数（X_7）	国际会议指数（X_8）	会展专业竞争力指数（F_2）			
16	南昌	15.100	73.010	92.042	17.284	29.800	0.000	40.135	0.814	0.000	5.796	21.739	10.000	26.045
17	桂林	7.000	67.820	91.696	15.869	30.620	0.000	44.186	15.541	0.000	7.672	8.696	10.000	25.769
18	温州	12.900	93.080	78.893	17.946	13.550	3.333	67.621	0.814	0.000	6.020	0.000	10.000	25.704
19	淄博	16.300	85.121	86.159	18.132	22.840	0.000	51.904	0.814	0.000	5.752	0.000	10.000	25.622
20	东营	12.900	90.657	69.204	16.835	15.060	0.000	62.494	0.814	5.614	6.048	0.000	15.025	25.494
21	烟台	17.300	87.197	88.235	18.635	8.750	0.000	50.151	8.788	0.000	4.936	0.000	10.000	25.309
22	南宁	10.300	68.166	71.972	14.496	18.670	0.000	44.705	30.024	0.000	7.909	13.044	10.260	24.923
23	贵阳	12.300	51.557	61.938	12.105	24.950	0.000	42.797	18.389	0.000	7.264	43.478	14.348	24.315
24	扬州	16.000	76.471	84.429	17.057	4.860	0.000	50.603	14.239	0.000	5.107	0.000	10.000	23.902
25	太原	9.900	57.093	91.350	15.040	15.910	0.000	46.272	5.452	0.000	5.134	26.087	10.000	23.384
26	潍坊	14.100	82.353	77.163	16.815	8.120	0.000	47.706	0.814	0.000	3.884	0.000	13.246	23.002
27	南通	21.000	85.813	67.474	17.034	3.440	0.000	55.740	1.221	0.000	3.904	0.000	10.000	22.676
28	泰州	15.500	82.699	58.824	15.366	3.800	0.000	52.363	16.355	0.000	5.319	0.000	10.000	22.423
29	惠州	11.900	91.696	61.592	16.159	3.410	0.000	46.165	8.381	0.000	4.065	0.000	10.000	21.962
30	呼和浩特	9.500	73.702	85.813	16.212	2.210	0.000	57.385	0.814	0.000	3.884	0.000	10.000	21.778
31	威海	12.400	87.889	54.671	15.204	1.910	0.000	55.809	7.730	0.000	4.421	4.348	10.000	21.609
32	银川	6.900	58.478	94.810	15.175	10.610	0.000	43.407	7.649	0.000	4.609	0.000	10.000	21.522
33	兰州	8.700	29.758	83.737	11.426	39.610	0.000	39.656	8.137	0.000	7.607	8.696	10.000	21.261
34	洛阳	10.100	64.706	86.505	15.412	0.520	0.000	44.060	12.205	0.000	4.020	0.000	10.000	21.170
35	包头	10.000	74.048	56.055	13.652	14.420	0.000	58.516	0.814	0.000	5.233	0.000	10.000	20.624
36	乌鲁木齐	9.700	39.792	60.554	10.499	36.910	0.000	48.541	0.814	0.000	7.088	13.044	12.524	20.499
37	唐山	16.500	74.741	63.322	15.053	4.660	0.000	48.032	2.278	0.000	3.678	0.000	10.000	20.469
38	临沂	11.300	88.927	42.215	14.086	24.890	0.000	28.471	0.814	0.000	4.547	0.000	10.000	20.372
39	徐州	17.200	66.090	69.896	14.823	8.240	0.000	40.270	0.814	0.000	3.444	0.000	10.000	20.004
40	鞍山	8.300	71.972	69.550	14.461	0.930	0.000	45.990	8.137	0.000	3.758	0.000	10.000	19.957
41	宝鸡	7.000	79.931	70.934	15.266	0.280	0.000	45.271	0.814	0.000	2.877	0.000	10.000	19.881

续表

排名	城市	城市整体环境竞争力指数（F_1）				城市会展专业竞争力指数（F_2）						会展教育竞争力（F_3）	城市会展主管部门服务竞争力（F_4）	城市会展业竞争力指数（Y）
		综合经济竞争力指数（X_1）	宜商竞争力指数（X_2）	文化竞争力指数（X_3）	整体环境竞争力指数（F_1）	展览业发展综合指数（X_4）	展览业国际合作指数（X_5）	展览业价格指数（X_6）	举办大型会议指数（X_7）	国际会议指数（X_8）	会展专业竞争力指数（F_2）			
42	石家庄	14.500	52.941	74.741	13.618	6.000	0.000	36.530	0.814	0.000	2.970	26.087	10.000	19.798
43	廊坊	9.900	78.893	52.941	13.862	17.540	0.000	31.866	0.814	0.000	3.949	4.348	10.000	19.795
44	济宁	13.100	83.045	51.903	14.533	1.360	0.000	42.832	3.987	0.000	3.178	0.000	10.000	19.450
45	泰安	12.100	69.896	73.010	14.955	0.000	0.000	43.209	0.814	0.000	2.721	0.000	10.000	19.414
46	盐城	12.400	63.322	53.287	12.555	6.210	0.000	43.313	10.252	0.000	4.393	4.348	10.000	18.932
47	聊城	10.100	77.509	59.862	14.357	1.920	0.000	33.130	0.814	0.000	2.316	0.000	10.000	18.411
48	日照	8.700	67.474	58.132	13.024	1.060	0.000	40.267	8.137	0.000	3.423	0.000	10.000	18.185
49	芜湖	11.600	71.280	44.983	12.550	6.270	0.000	45.718	0.814	0.000	3.560	0.000	10.000	17.849
50	盘锦	8.300	83.391	37.024	12.740	0.300	0.000	49.864	0.814	0.000	3.160	0.000	10.000	17.638
51	马鞍山	7.600	86.851	21.799	11.667	4.830	0.000	54.160	0.814	0.000	3.918	4.348	10.000	17.568
52	锦州	6.200	62.976	63.668	12.792	1.230	0.000	41.531	0.814	0.000	2.753	0.000	10.000	17.283
53	滨州	8.900	78.201	39.100	12.454	1.520	0.000	43.602	0.814	0.000	2.911	0.000	10.000	17.104
54	连云港	9.100	57.439	37.716	10.218	4.050	0.000	39.516	20.179	0.000	4.963	0.000	10.000	16.919
55	乐山	6.100	49.827	66.090	11.645	3.500	0.000	40.489	0.814	0.000	2.938	0.000	10.000	16.321
56	德州	10.000	64.014	50.519	12.128	1.510	0.000	32.314	0.814	0.000	2.222	0.000	10.000	16.087
57	绵阳	6.800	56.055	39.792	10.019	12.110	0.000	41.731	0.814	0.000	3.957	0.000	10.000	15.713
58	宜宾	6.500	49.481	51.557	10.358	1.170	0.000	40.252	7.811	0.000	3.400	0.000	10.000	15.496
59	泸州	6.500	50.519	42.561	9.664	10.940	0.000	40.942	0.814	0.000	3.780	0.000	10.000	15.183
60	西宁	6.400	18.339	74.395	9.179	9.780	0.000	38.755	4.557	0.000	3.911	0.000	10.000	14.828
61	攀枝花	5.500	62.284	31.488	9.783	2.150	0.000	46.634	0.814	0.000	3.165	0.000	10.000	14.686
62	莱芜	5.500	79.239	3.114	9.001	0.570	0.000	46.414	0.814	0.000	2.979	0.000	10.000	13.718
63	邯郸	9.400	16.263	70.588	8.942	0.600	0.000	37.830	0.814	0.000	2.458	4.348	10.000	13.384
64	菏泽	9.200	37.716	49.827	9.279	2.100	0.000	31.287	0.814	0.000	2.223	0.000	10.000	13.240
65	沧州	10.500	41.869	36.332	8.641	0.780	0.000	40.472	0.814	0.000	2.911	0.000	10.000	13.018

续表

排名	城市	城市整体环境竞争力指数（F_1）				城市会展专业竞争力指数（F_2）						会展教育竞争力（F_3）	城市会展主管部门服务竞争力（F_4）	城市会展业竞争力指数（Y）
		综合经济竞争力指数（X_1）	宜商竞争力指数（X_2）	文化竞争力指数（X_3）	整体环境竞争力指数（F_1）	展览业发展综合指数（X_4）	展览业国际合作指数（X_5）	展览业价格指数（X_6）	举办大型会议指数（X_7）	国际会议指数（X_8）	会展专业竞争力指数（F_2）			
66	漯河	7.100	32.872	30.450	6.835	4.620	0.000	38.021	0.814	0.000	2.910	4.348	10.000	11.729
67	广元	4.100	11.765	62.976	7.245	1.930	0.000	36.291	0.814	0.000	2.510	0.000	10.000	11.493
68	广安	5.900	40.484	20.761	6.630	4.020	0.000	40.045	0.814	0.000	2.968	0.000	10.000	11.336
69	信阳	7.100	15.917	47.405	6.602	0.400	0.000	34.457	0.814	0.000	2.231	0.000	10.000	10.570
70	眉山	5.900	42.561	4.844	5.426	1.810	0.000	40.541	0.814	0.000	2.756	0.000	10.000	9.921
71	内江	7.200	31.834	5.190	4.491	2.480	0.000	39.607	0.814	0.000	2.773	0.000	10.000	9.002
72	巴中	3.700	12.111	33.218	4.590	0.210	0.000	36.624	0.814	0.000	2.342	0.000	10.000	8.670
73	遂宁	5.700	26.990	4.152	3.743	1.780	0.000	35.004	0.814	0.000	2.415	0.000	10.000	7.896
74	铁岭	4.100	22.145	12.457	3.816	0.600	0.000	29.607	0.814	0.000	1.957	0.000	10.000	7.511

为了更好地帮助这 74 个城市中排名靠后的城市找出并弥补城市间会展业竞争力发展差距，本报告着重针对总体排名前 20 位的城市刻画出其城市会展业竞争力指数柱状图（如图 2 所示）。其中，长沙的城市会展业竞争力指数明显高于其他城市；郑州、苏州、无锡、昆明、佛山、东莞则成为第二梯队，梯队内差距较小；其他城市为第三梯队。

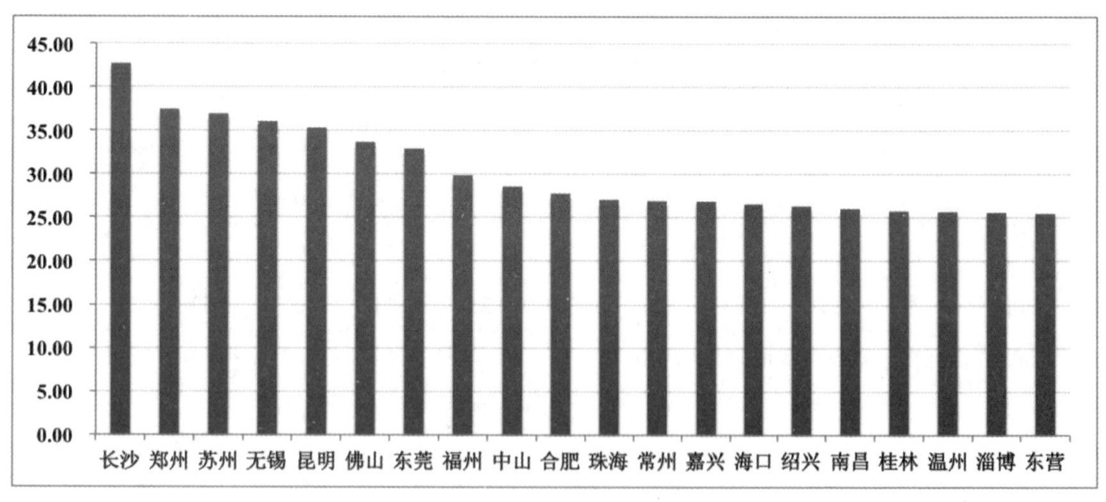

图 2 2016 年总体排名前 20 城市会展竞争力指数柱状图

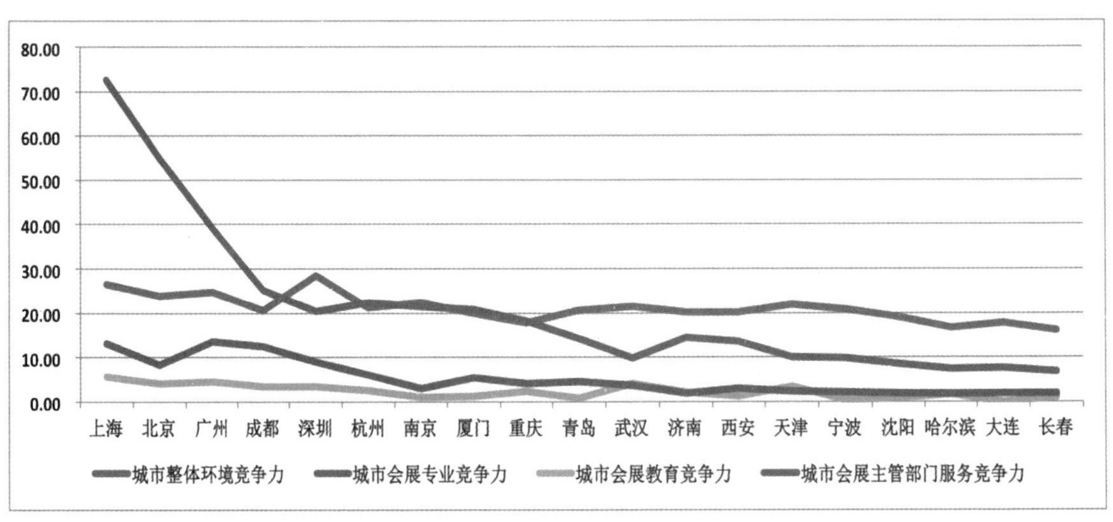

图 3 2016 年直辖市及副省级城市会展业竞争力指数对比图

四、2016 年中国城市会展业竞争力对比分析

从图 3 可知，影响直辖市及副省级城市会展业竞争力指数波动最大的因素便是城市会展专业竞争力。在城市会展专业竞争力中，上海、北京远高于其他城市。深圳、广州等城市在城市整体环境竞争力与城市会展主管部门服务竞争力等方面表现突出，值得其他城市借鉴。而在城市会展教育竞争力和城市会展主管部门服务竞争力等反映未来城市会展业竞争力潜力的指标中，各城市差距较小。这就意味着，虽然目前我国形成了城市会展业发展梯队，各考察直辖市及副省级城市会展产业发展宏观基础与产业基数不同，但其未来会展业发展都存在巨大的潜力，尤其是成都、深圳、杭州与南京等基础环境良好、政策支持力度较大、产业发展较为完善的城市，可持续加大力度，以做好会展产业的持续发力。

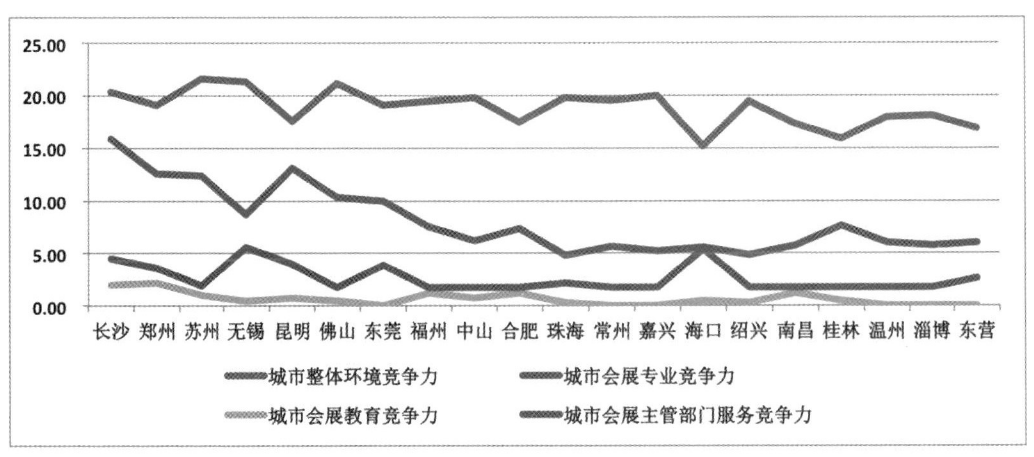

图 4 2016 年排名前 20 省会城市及地级市会展业竞争力指数对比图

从图 4 可知，影响省会城市及地级市会展业竞争力指数变动最大的因素是城市整体环境竞争力，其次是城市会展专业竞争力。无论在城市整体环境竞争力、会展专业竞争力、会展教育竞争力还是城市会展主管部门服务竞争力指标上，这 20 个城市间都存在不同程度的波动，除了长沙、郑州、苏州在各项指标上都存在一定优势以外，其他城市各有优劣。这就表明，要想提高省会城市及地级市城市会展业竞争力指数，既要重视城市整体经济、宜商、文化环境能力的提升，还需要在会展产业内根据城市发展需要提升展览或会议行业的竞争力，从而全方面地提升城市的会展业整体环境、会展业专业、会展教育、会展主管部门服务等竞争力，最终达到均衡发展。而在这些省会城市及地级市中，哪个城市最先找到城市会展业定位，运用政策引导或激励会展业发展，就能越快提升其城市会展业竞争力，从而占领排行榜前列。

五、结论

中国城市会展业竞争力指数报告由中国会展经济研究会、中国会展经济研究会成都研究中心在多年主要会展城市会展指数数据积累的基础上，于 2016 年 10 月首次推出《2015 年中国城市会展业竞争力指数报告》。2016 年报告从影响城市会展业发展的城市整体环境竞争力、城市会展专业竞争力与城市会展教育竞争力、城市会展业主管部门服务竞争力四大方面入手衡量中国城市会展业竞争力发展状况与发展潜力，并将样本城市根据经济发展规模、行政级别划分等因素区分为直辖市与副省级城市一类，省会城市及地级市城市一类并加以分析，从而为各城市持续发展会展经济提供理论支撑与指标依据，并试图弥补会展界关于考察城市会展经济发展竞争力与潜力的这一研究空白。

本次城市会展业竞争力指数结果充分体现出其作为衡量城市会展业综合发展潜力的意义。该指数不仅考察了展览业与会议业的专业竞争力，还将城市整体环境竞争力、城市教育竞争力、城市主管部门服务竞争力引入其中，导致将直辖市、副省级城市、省会城市或是地级城市的城市会展业竞争力指数排名结果与在城市展览业发展综合指数、城市经济竞争力指数以及城市可持续竞争力指数中的各城市排名结果进行对比，发现除了上海、北京与广州三大城市的各项排名差距不大之外，其余城市都存在一定程度的排名差异。

其中，导致上海、北京与广州三大城市的排名变动不大的根本原因便是这三大城市无论在经济发展总量、可持续发展前景或是会展业专业发展能力等方面都是我国各城市中表现最为突出、发展潜力最为强势的城市。而其余城市会展业竞争力指数排名与其他单项指数排名存在一定程度的差距，则是由于一些城市具备了发展会展经济的宏观可持续基础，然而目前会展业专业发展尚显较弱，从而导致城市会展业竞争力略显不足，这类城市如苏州、无锡等；一些城市会展经济发展相对较强、会展业重视程度较高，然而支撑其会展业发展的宏观可持续基础仍有待于进一步提升，最终影响了这些城市会展业竞争力与发展潜力，这类城市如重庆、沈阳等；还有一些城市无论在支撑会展经济发展的宏观基础方面或是在会展业的专业发展方面都表现得相对均匀且较为强势，从而致使这些城市会展业竞争力与发展潜力较强，如成都、杭州、南京等城市。

总之，中国城市会展业竞争力指数是一个城市发展会展业的综合考核指数。要想提升城市会展业竞争力与发展潜力，既要重视城市整体环境竞争力的增强，又要高度重视会展业专业竞争力的拔高，还要长期关注城市会展教育竞争力与城市会展主管部门服务能力的提升。

中国城市会展业竞争力指数创立过程中，吸收了众多会展专业人士的意见和建议，我们欢迎大家继续关注本项工作，希望通过持之以恒的努力，为中国会展事业的发展贡献一份力量。

2017 年度

一、2017 年中国城市会展业竞争力指数

依据计算公式和采集到的数据结果，最终统计到了 142 个样本城市 2017 年会展业竞争力指数结果。这 142 个样本城市所属行政级别不同、经济发展体量不同、会展业发展的宏观基础与专业竞争力都存在着较大差距，导致城市间数据不具有可比性，并对指导城市未来会展业发展的作用较小。所以，本报告沿用上年分类模式，按照城市行政级别划分，将直辖市及副省级城市分为一类城市进行对比排名；将省会城市与地级市划分为另一类城市进行对比排名分析。

（一）直辖市及副省级市 2017 年会展业竞争力指数排名

依据经济发展总体状况、城市行政级别划分等可比性依据，本报告将 4 个直辖市与 15 个副省级城市作为一类城市进行城市会展业竞争力指数排名分析（结果如表 1 与图 1 所示）。

表 1　直辖市及副省级城市 2017 年城市会展业竞争力指数排名

排名	城市	城市整体环境竞争力指数（F_1）				城市会展专业竞争力指数（F_2）						会展教育竞争力（F_3）	城市会展主管部门服务竞争力（F_4）	城市会展业竞争力指数（Y）
		综合经济竞争力指数（X_1）	宜商竞争力指数（X_2）	文化竞争力指数（X_3）	整体环境竞争力指数（F_1）	展览业发展综合指数（X_4）	展览业国际合作指数（X_5）	展览业价格指数（X_6）	举办大型会议指数（X_7）	国际会议指数（X_8）	会展专业竞争力指数（F_2）			
1	上海	72.800	93.772	97.232	25.945	433.070	100.000	100.000	25.142	100.000	75.939	83.333	80.192	120.520
2	北京	44.900	98.962	100.000	23.792	236.630	100.000	84.346	75.020	132.787	61.961	83.730	72.796	103.128
3	广州	55.300	98.616	96.540	24.542	213.420	27.619	78.718	42.148	36.066	38.885	100.000	80.057	82.981
4	成都	22.800	86.641	94.464	20.054	81.110	19.048	69.716	45.566	32.787	27.038	69.444	73.241	62.564
5	深圳	100.000	99.654	84.083	28.238	91.480	42.857	73.486	—	24.590	24.156	10.714	53.809	62.350
6	杭州	22.000	92.996	92.996	20.710	60.880	49.800	59.959	100.000	29.508	28.602	35.635	44.476	59.051
7	南京	33.400	97.232	98.962	22.313	63.150	2.857	55.883	97.396	19.672	22.747	16.270	26.916	50.656
8	重庆	21.500	53.979	86.159	15.477	61.750	82.857	55.143	57.038	8.197	25.025	43.651	34.156	48.900
9	青岛	24.300	78.893	94.118	19.301	74.940	14.421	52.539	29.211	9.836	16.859	10.714	44.801	44.290
10	厦门	23.000	96.540	78.201	19.041	36.600	1.905	59.735	67.616	14.754	16.378	21.825	41.920	44.196
11	西安	17.900	93.426	98.616	20.262	48.290	6.667	50.863	23.108	36.066	15.061	28.968	27.906	41.808
12	天津	42.200	87.889	91.696	21.631	36.710	2.857	70.963	16.843	19.672	12.354	63.492	23.985	41.734
13	武汉	33.300	51.211	92.042	16.956	64.170	0.952	47.650	24.573	24.590	15.051	73.016	21.744	39.904
14	济南	18.900	64.706	96.886	17.261	34.170	5.714	43.392	59.723	—	13.190	40.079	11.019	34.626
15	宁波	20.700	91.349	97.924	20.282	20.200	4.762	56.158	14.483	—	7.618	9.127	22.098	32.255
16	长春	12.900	55.363	90.657	15.116	55.460	0.952	43.733	8.137	8.197	10.503	29.365	15.592	29.985

续表

排名	城市	城市整体环境竞争力指数（F_1）				城市会展专业竞争力指数（F_2）						会展教育竞争力（F_3）	城市会展主管部门服务竞争力（F_4）	城市会展业竞争力指数（Y）
		综合经济竞争力指数（X_1）	宜商竞争力指数（X_2）	文化竞争力指数（X_3）	整体环境竞争力指数（F_1）	展览业发展综合指数（X_4）	展览业国际合作指数（X_5）	展览业价格指数（X_6）	举办大型会议指数（X_7）	国际会议指数（X_8）	会展专业竞争力指数（F_2）			
17	哈尔滨	10.600	73.010	96.194	17.181	37.600	1.905	47.033	5.777	—	7.777	38.095	15.488	29.798
18	沈阳	16.100	78.547	95.502	18.266	32.800	1.905	42.899	19.121	—	8.393	16.270	11.525	29.580
19	大连	17.500	82.007	75.779	17.014	27.140	—	47.954	16.273	16.393	9.235	9.127	13.133	29.046

在 19 个直辖市及副省级城市中，2017 年城市会展业竞争力指数排名最高的为上海，北京次之，广州、成都分列第三、四位，深圳紧随其后名列第五。排在第六到十位的分别为杭州、南京、重庆、青岛与厦门。其中，从城市会展业竞争力指数总体得分与柱状图可知，上海、北京与广州的得分远高于其他城市，仍然处于领先地位。同类城市中上海与大连之间的会展业竞争力指数差距相对过大，大连的城市会展业竞争力指数仅占上海的约 24.10%。

为深圳、上海、广州、北京、南京，即由于这 5 个城市存在着地理位置、经济总量、文化资源以及对外开放程度等优势因素，所以具有比其他城市更有利于会展业发展的宏观环境条件。

2017 年，19 个直辖市及副省级城市的会展专业竞争力体现了各城市会展行业的现有发展规模与质量、国际化与品牌化水平。由表 1 可知，排名前五的城市分别为上海、北京、广州、杭州与成都。其中，北京与上海在会展专业竞争力中的强势表现也是导致其在城市会展业竞争力指数得分中远高于其他城市

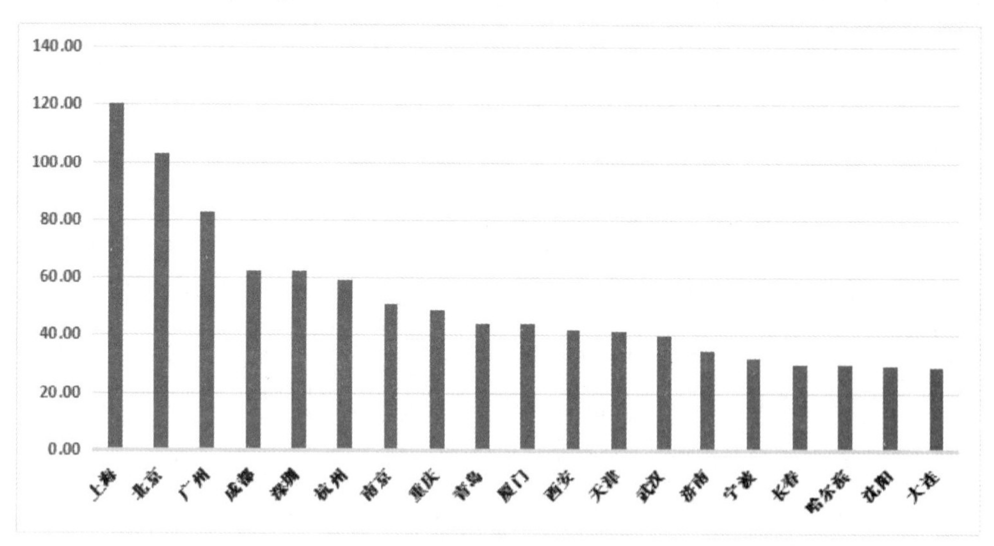

图 1 2017 年直辖市及副省级城市会展业竞争力指数柱状图

为了更好地反映出各直辖市及副省级城市间 2017 年会展业竞争力指数对比情况，将该指数细分为城市整体环境竞争力、城市会展专业竞争力、会展教育竞争力与城市会展主管部门服务竞争力四类来具体分析。在反映城市会展业发展基础与发展潜力的城市整体环境竞争力指数中，2017 年排在前五位的分别

的根本原因。无论是在展览业指数还是会议业指数中，上海与北京的得分表现都居前两位，上海在衡量展览业的 3 项二级指标中均排名第一；北京在衡量会议业的 2 项二级指标中分别排名第二、获 75.02 分，排名第一、获得 132.79 分。同时，无论是在展览业还是在会议业上，上海和北京的国际化合作程度也

都远高于其他城市，这为其提高城市会展业竞争力创造有利条件。广州与成都则主要在展览业与会展业的各项二级指标中表现较为均衡。其中，成都作为西部中心城市位列会展专业竞争力的第五名，主要是因为其在大型会议举办数量指标以及会议国际化合作指标方面表现尤为抢眼。杭州则在会议业指数上表现强势，在举办大型会议指标上位列第一。

由表 1 可知，在反映城市会展业潜在人才竞争力的城市会展教育竞争力指数中，2017 年广州、上海和北京名列前茅，具有明显优势。广州、上海和北京高度重视高等院校对会展专业人才的培养，设有会展专业的大专院校数量明显高于其他城市，同时成都作为西部中心城市也逐渐重视会展人才培养，在该指数上已位列第四，得分 69.44 分。在城市会展主管部门服务指数中，经过专家咨询与政府政策数据采集，上海、广州、北京和成都都有不俗的表现。对比 19 个直辖市及副省级城市会展业竞争力指数排名可见，城市会展主管部门服务与城市会展业竞争力成正相关，这也体现出我国政府组织社会主义经济、文化建设的职能，会展业的发展离不开政府的监督服务作用。

（二）省会城市及地级市 2017 年会展业竞争力指数排名

基于数据可比性，除去 4 个直辖市和 15 个副省级城市，考察城市样本中的省会城市及地级市的 2017 年城市会展业竞争力指数排名情况（如表 2 所示）。总体而言，除了排名前 9 位的城市以外，其他城市的整体城市会展业竞争力指数都不如直辖市与副省级城市的指数（如表 2 所示）。同时，涵盖的 123 个省会城市及地级市之间的指数差距也相对较大，尤其是随着考察城市数量范围的扩大，一些经济总量相对较小且整体经济、社会、文化、交通与信息相对不发达的地级市，其会展业竞争力指数远远小于排名靠前的城市。如在 2017 年省会城市及地级市会展业竞争力指数中排名第 123 位的七台河得分仅为长沙城市的约 13.74%。

表 2 省会城市及地级市 2017 年城市会展业竞争力指数排名

	城市	城市整体环境竞争力指数（F1）				会展专业竞争力指数（F2）						会展教育竞争力（F_3）	城市会展主管部门服务竞争力（F_4）	城市会展业竞争力指数（Y）
		综合经济竞争力指数（X_1）	宜商竞争力指数（X_2）	文化竞争力指数（X_3）	整体环境竞争力指数（F_1）	展览业发展综合指数（X_4）	展览业国际合作指数（X_5）	展览业价格指数（X_6）	举办大型会议指数（X_7）	国际会议指数（X_8）	会展专业竞争力指数（F_2）			
1	长沙	23.500	97.578	92.734	20.754	48.520	1.905	44.248	66.477	—	15.146	36.508	25.848	42.451
2	郑州	28.110	84.963	93.772	20.034	60.390	4.762	47.512	15.948	—	11.644	47.222	20.778	37.953
3	苏州	38.600	97.924	84.429	21.638	47.630	8.571	48.825	29.292	13.115	13.405	14.286	11.015	37.763
4	昆明	11.100	83.391	88.927	17.654	26.100	1.905	46.743	44.345	—	10.530	27.381	22.552	33.648
5	无锡	28.800	94.118	90.311	20.740	17.210	—	66.035	11.961	—	7.163	7.143	27.316	33.053
6	东莞	30.300	95.156	93.772	21.312	30.500	0.952	66.957	—	—	7.818	—	22.332	32.711
7	合肥	17.300	90.311	80.969	18.308	20.690	0.000	41.999	36.208	—	8.611	32.540	22.500	32.665
8	中山	24.250	91.696	91.349	20.105	15.580	0.952	57.219	—	—	5.290	12.667	21.506	29.847
9	海口	18.315	80.433	86.505	17.892	14.420	—	57.010	—	—	4.577	18.254	33.415	29.786
10	南昌	16.700	85.813	97.923	19.292	21.540	0.000	45.054	—	—	5.107	34.127	14.460	28.837
11	佛山	27.041	86.050	86.768	19.410	11.800	0.952	47.954	29.536	—	7.397	3.571	10.000	28.747
12	福州	16.000	87.543	87.296	18.450	16.350	—	53.730	19.040	—	7.058	21.898	10.000	28.481
13	珠海	14.400	96.194	93.080	19.686	9.980	1.905	58.860	5.533	—	5.448	12.698	12.734	28.064
14	金华	10.600	92.388	85.813	18.249	23.110	4.762	67.000	—	—	7.084	12.698	10.000	27.787
15	常州	22.700	98.270	83.391	19.910	7.900	—	65.599	10.171	—	5.929	—	10.000	27.577

续表

	城市	城市整体环境竞争力指数（F1）				会展专业竞争力指数（F2）						会展教育竞争力（F_3）	城市会展主管部门服务竞争力（F_4）	城市会展业竞争力指数（Y）
		综合经济竞争力指数（X_1）	宜商竞争力指数（X_2）	文化竞争力指数（X_3）	整体环境竞争力指数（F_1）	展览业发展综合指数（X_4）	展览业国际合作指数（X_5）	展览业价格指数（X_6）	举办大型会议指数（X_7）	国际会议指数（X_8）	会展专业竞争力指数（F_2）			
16	温州	12.500	94.464	78.893	18.046	9.840	12.381	67.621	—	—	6.416	—	10.000	26.200
17	绍兴	14.000	86.159	95.848	18.859	5.720	—	71.800	—	—	5.006	9.127	10.000	26.118
18	南宁	9.700	69.204	76.471	14.940	9.780	4.762	44.705	30.024	—	7.402	16.270	15.260	25.911
19	贵阳	12.800	63.322	62.630	13.429	25.540	6.667	42.797	18.389	—	7.982	34.524	14.348	25.852
20	东营	18.200	79.550	69.204	16.250	5.580	1.905	62.494	—	—	4.610	—	27.525	25.839
21	呼和浩特	8.900	82.699	84.775	16.982	16.210	1.905	57.385	—	—	5.462	19.841	12.500	25.736
22	嘉兴	15.100	88.581	91.003	18.792	5.600	—	69.883	—	—	4.876	—	10.000	25.407
23	泰州	15.300	86.505	67.128	16.475	18.080	—	52.363	16.355	—	6.883	—	10.000	25.096
24	扬州	15.600	76.125	82.353	16.795	6.880	—	65.823	14.239	—	6.257	3.571	10.000	24.991
25	镇江	17.000	89.965	77.509	17.933	3.230	—	69.723	—	—	4.607	—	10.000	24.278
26	西宁	6.200	100.346	74.394	17.588	16.880	1.905	38.755	4.557	—	4.875	—	10.000	24.202
27	桂林	6.500	69.896	89.965	15.875	2.290	—	44.186	15.541	8.197	5.389	20.238	10.000	24.144
28	泉州	17.900	86.851	83.045	18.201	1.850	—	56.378	—	—	3.642	5.556	10.000	23.894
29	乌鲁木齐	9.220	92.734	59.516	15.799	15.700	5.714	48.541	—	—	5.240	9.127	12.524	23.730
30	太原	9.900	56.401	92.042	15.030	20.260	—	46.272	5.452	—	5.611	23.413	10.000	23.699
31	惠州	10.700	100.000	69.550	17.595	5.330	—	46.165	8.381	—	4.275	—	10.000	23.608
32	南通	18.400	89.619	73.356	17.675	4.170	—	55.740	1.221	—	3.984	—	10.000	23.398
33	台州	10.700	93.080	76.817	17.530	3.790	—	57.328	—	—	3.912	—	10.000	23.180
34	石家庄	14.100	73.356	77.855	15.952	7.410	—	36.530	—	—	3.040	32.540	12.500	22.999
35	潍坊	13.300	81.315	73.010	16.255	11.030	0.952	47.706	0.000	—	4.211	—	13.246	22.768
36	延安	3.700	85.467	89.619	17.151	0.300	—	39.067	13.670	—	3.844	—	10.000	22.733
37	威海	12.100	77.855	56.000	14.259	17.200	—	55.809	7.730	—	6.096	3.571	10.000	22.294
38	兰州	7.900	66.782	83.737	15.148	11.820	0.000	39.656	8.137	—	4.564	9.127	10.000	21.964
39	烟台	15.900	41.522	87.100	13.692	17.260	—	50.151	8.788	—	5.867	3.571	12.500	21.933
40	临沂	10.200	88.927	46.713	14.371	35.200	0.000	28.471	—	—	5.591	—	10.000	21.700
41	银川	6.800	60.900	94.810	15.413	3.500	—	43.407	7.648	—	3.830	3.571	10.000	21.183

续表

	城市	城市整体环境竞争力指数（F1）				会展专业竞争力指数（F2）						会展教育竞争力（F_3）	城市会展主管部门服务竞争力（F_4）	城市会展业竞争力指数（Y）
		综合经济竞争力指数（X_1）	宜商竞争力指数（X_2）	文化竞争力指数（X_3）	整体环境竞争力指数（F_1）	展览业发展综合指数（X_4）	展览业国际合作指数（X_5）	展览业价格指数（X_6）	举办大型会议指数（X_7）	国际会议指数（X_8）	会展专业竞争力指数（F_2）			
42	唐山	12.700	76.471	60.900	14.616	13.020	1.905	48.032	2.278	—	4.780	—	10.000	21.134
43	漳州	9.700	79.585	70.588	15.483	3.540	—	42.024	8.055	—	3.793	—	10.000	21.014
44	济宁	12.000	80.277	64.360	15.242	5.890	—	42.832	3.987	—	3.674	3.571	10.000	20.855
45	景德镇	5.100	74.740	87.543	16.011	0.600	—	48.124	—	—	3.001	—	10.000	20.750
46	宝鸡	6.700	83.737	72.664	15.779	3.590	—	45.271	—	—	3.155	—	10.000	20.672
47	衢州	5.300	79.931	79.239	15.826	0.290	—	39.803	—	—	2.460	—	10.000	20.024
48	秦皇岛	5.400	53.633	85.121	13.657	1.330	—	55.596	—	—	3.537	16.270	10.000	19.849
49	鞍山	6.200	65.398	71.626	13.749	6.260	—	45.990	8.137	—	4.341	—	10.000	19.828
50	绵阳	12.700	65.519	54.637	12.933	5.740	—	50.731	—	—	3.723	9.127	15.260	19.823
51	广元	4.100	92.388	61.938	15.441	3.740	—	36.291	—	—	2.623	—	10.000	19.802
52	肇庆	7.400	70.242	63.322	13.634	2.100	—	43.919	14.239	—	4.397	—	10.000	19.769
53	日照	8.000	80.969	55.709	14.123	5.410	—	40.267	8.137	—	3.899	—	10.000	19.759
54	包头	8.600	75.779	57.785	13.837	2.170	—	58.516	—	—	3.807	3.571	10.000	19.583
55	廊坊	10.400	88.235	44.983	14.167	11.980	—	31.866	—	—	3.256	5.556	10.000	19.474
56	洛阳	9.300	44.983	89.273	13.547	2.020	—	44.060	12.205	—	4.184	—	10.000	19.469
57	盐城	11.900	68.858	50.519	12.825	4.950	—	43.313	10.252	—	4.255	10.714	10.000	19.423
58	滨州	8.200	75.087	50.100	13.040	17.860	—	43.602	—	—	4.615	—	10.000	19.393
59	徐州	15.800	62.976	70.934	14.448	6.230	—	40.270	—	—	3.139	—	10.000	19.324
60	鄂尔多斯	8.100	87.197	46.367	13.942	2.680	—	50.433	—	—	3.370	—	10.000	19.050
61	大庆	7.600	73.702	65.052	14.165	0.330	—	45.668	—	—	2.822	3.571	10.000	18.926
62	聊城	9.600	82.353	56.747	14.525	5.610	—	33.130	—	—	2.635	—	10.000	18.899
63	泰安	11.200	68.512	61.592	13.702	7.290	—	43.209	—	—	3.434	—	10.000	18.874
64	芜湖	11.000	71.280	40.830	12.118	15.480	—	45.718	—	—	4.484	—	10.000	18.339
65	沧州	9.400	75.433	47.059	12.931	5.300	1.905	40.472	—	—	3.236	—	10.000	17.904
66	柳州	7.300	58.131	65.744	12.594	5.350	—	42.509	—	—	3.179	3.571	10.000	17.713
67	安阳	7.600	49.135	88.235	13.703	3.630	—	23.220	—	—	1.814	—	10.000	17.255
68	自贡	7.100	67.128	55.017	12.544	5.030	—	37.552	—	—	2.841	—	10.000	17.123

续表

	城市	城市整体环境竞争力指数（F1）				会展专业竞争力指数（F2）						会展教育竞争力（F_3）	城市会展主管部门服务竞争力（F_4）	城市会展业竞争力指数（Y）
		综合经济竞争力指数（X_1）	宜商竞争力指数（X_2）	文化竞争力指数（X_3）	整体环境竞争力指数（F_1）	展览业发展综合指数（X_4）	展览业国际合作指数（X_5）	展览业价格指数（X_6）	举办大型会议指数（X_7）	国际会议指数（X_8）	会展专业竞争力指数（F_2）			
69	攀枝花	5.400	81.661	29.066	11.549	4.010	—	46.634	—	—	3.284	—	10.000	16.571
70	枣庄	9.300	71.972	24.221	10.532	16.060	—	38.008	—	—	4.077	—	10.000	16.347
71	邯郸	8.200	41.869	74.048	11.756	2.490	—	37.830	—	—	2.580	3.571	10.000	16.276
72	盘锦	6.100	62.630	39.100	10.559	6.160	—	49.864	—	—	3.716	—	10.000	16.014
73	连云港	9.200	53.633	30.450	9.190	5.060	—	39.516	20.179	—	5.073	—	10.000	16.002
74	马鞍山	7.000	80.623	14.187	10.286	0.550	—	54.160	—	—	3.364	3.571	10.000	15.590
75	德州	9.300	66.090	39.792	11.313	0.800	—	32.314	—	—	2.059	—	10.000	15.110
76	保定	7.300	37.716	73.702	11.204	0.200	—	33.297	—	—	2.053	—	10.000	14.995
77	承德	4.800	26.298	88.581	11.092	1.100	—	30.099	—	—	1.956	3.571	10.000	14.988
78	营口	6.900	72.664	20.415	10.012	1.670	—	48.349	—	—	3.132	—	10.000	14.882
79	宁德	6.500	56.055	46.021	10.541	1.680	—	38.487	—	—	2.532	—	10.000	14.811
80	抚顺	4.600	37.024	59.862	9.617	2.730	—	51.197	—	—	3.422	—	10.000	14.777
81	大同	4.700	23.183	86.851	10.607	3.140	—	33.727	—	—	2.401	—	10.000	14.746
82	晋城	4.600	24.913	80.623	10.220	1.950	—	37.362	—	—	2.493	—	10.000	14.451
83	菏泽	8.800	46.367	49.135	10.064	4.720	—	31.287	—	—	2.425	—	10.000	14.228
84	本溪	5.000	35.294	38.062	7.541	2.260	—	73.076	—	—	4.705	—	10.000	13.984
85	赣州	6.300	36.678	58.478	9.637	1.310	—	40.124	—	—	2.591	—	10.000	13.966
86	德阳	7.900	49.135	10.727	6.836	15.300	—	53.586	—	—	4.944	7.143	10.000	13.921
87	葫芦岛	3.700	84.775	6.920	9.720	1.160	—	37.415	—	—	2.409	—	10.000	13.867
88	宜宾	6.300	15.225	53.633	7.001	16.540	—	40.252	7.811	—	5.083	—	10.000	13.821
89	巴中	3.900	63.668	26.990	9.357	4.170	—	36.624	—	—	2.691	—	10.000	13.786
90	运城	4.800	24.221	68.858	9.123	1.200	—	36.284	—	—	2.345	—	10.000	13.206
91	南充	6.500	59.170	21.799	8.706	6.880	—	32.481	—	—	2.735	—	10.000	13.179
92	乐山	5.900	29.758	51.211	8.237	5.610	—	40.489	—	—	3.084	—	10.000	13.059
93	张家口	4.600	42.561	41.522	8.554	1.450	—	33.204	—	—	2.184	—	10.000	12.476
94	郴州	7.100	37.370	25.952	6.898	5.090	—	50.866	—	—	3.660	—	10.000	12.296
95	辽阳	5.300	39.446	19.031	6.306	1.970	—	60.114	—	—	3.883	—	10.000	11.927
96	六安	4.400	13.149	67.820	7.850	1.300	—	29.257	—	—	1.927	7.143	10.000	11.918

续表

	城市	城市整体环境竞争力指数（F1）				会展专业竞争力指数（F2）						会展教育竞争力（F_3）	城市会展主管部门服务竞争力（F_4）	城市会展业竞争力指数（Y）
		综合经济竞争力指数（X_1）	宜商竞争力指数（X_2）	文化竞争力指数（X_3）	整体环境竞争力指数（F_1）	展览业发展综合指数（X_4）	展览业国际合作指数（X_5）	展览业价格指数（X_6）	举办大型会议指数（X_7）	国际会议指数（X_8）	会展专业竞争力指数（F_2）			
97	泸州	6.200	23.875	47.751	7.356	2.060	—	40.942	—	—	2.723	—	10.000	11.817
98	丹东	4.000	15.571	54.671	6.887	2.650	—	47.372	—	—	3.180	—	10.000	11.805
99	资阳	6.500	46.021	9.689	6.276	4.900	—	52.328	—	—	3.729	—	10.000	11.743
100	遂宁	5.900	47.059	5.882	5.981	16.780	—	35.004	—	—	3.973	—	10.000	11.692
101	内江	6.600	57.785	3.114	6.911	5.030	—	39.607	—	—	2.967	—	10.000	11.616
102	邢台	6.200	28.720	42.215	7.361	3.560	—	30.599	—	—	2.256	3.571	10.000	11.557
103	莱芜	5.200	55.017	3.806	6.541	4.000	—	46.414	—	—	3.269	—	10.000	11.548
104	眉山	5.900	54.325	4.844	6.636	4.960	—	40.541	—	—	3.016	—	10.000	11.390
105	四平	5.200	52.941	16.955	7.498	1.240	—	32.882	—	—	2.142	—	10.000	11.377
106	松原	5.100	49.827	19.723	7.414	0.350	—	33.195	—	—	2.063	—	10.000	11.215
107	三门峡	5.300	5.190	51.903	5.710	4.740	—	46.725	—	—	3.369	—	10.000	10.817
108	衡水	5.700	25.606	41.176	6.896	2.310	—	30.521	—	—	2.115	—	10.000	10.749
109	齐齐哈尔	4.400	13.841	52.941	6.597	1.360	—	34.522	—	—	2.255	—	10.000	10.590
110	阜新	3.300	4.844	49.827	5.279	3.580	—	50.866	—	—	3.495	—	10.000	10.512
111	雅安	3.900	42.215	7.266	5.396	1.600	—	40.403	—	—	2.640	5.556	10.000	10.087
112	漯河	7.100	15.917	29.758	5.031	5.850	—	38.021	—	—	2.960	3.571	10.000	9.930
113	宿迁	9.000	36.332	5.190	5.143	1.440	—	44.277	—	—	2.859	—	10.000	9.739
114	白城	3.900	48.443	9.343	6.221	0.350	—	28.077	—	—	1.751	—	10.000	9.710
115	信阳	6.700	4.152	43.253	4.981	6.160	—	34.457	—	—	2.776	—	10.000	9.495
116	黑河	3.400	19.377	34.602	5.429	0.110	—	34.311	—	—	2.105	—	10.000	9.272
117	佳木斯	4.200	9.689	34.948	4.548	1.060	—	34.640	—	—	2.229	3.571	10.000	8.716
118	云浮	4.800	33.218	7.958	4.628	2.650	—	30.303	—	—	2.139	—	10.000	8.504
119	广安	6.000	17.647	12.803	3.584	6.470	—	40.045	—	—	3.151	—	10.000	8.473
120	辽源	5.000	21.453	11.419	3.747	0.320	—	32.834	—	—	2.038	—	10.000	7.523
121	朝阳	3.500	5.536	21.453	2.846	2.150	0.907	40.561	—	—	2.799	—	10.000	7.383
122	铁岭	2.400	13.495	8.997	2.440	6.220	—	29.607	—	—	2.487	—	10.000	6.665
123	七台河	2.300	0.692	15.225	1.668	1.300	—	37.416	—	—	2.425	—	10.000	5.831

为了更好地帮助这 132 个城市中排名靠后的城市找出并弥补城市间会展业竞争力发展差距，本报告着重针对总体排名前 20 位的省会城市及地级市刻画出其城市会展业竞争力指数柱状图（如图 2 所示）。2017 年在省会城市及地级市中，长沙、郑州与苏州成为会展业发展第一梯队，城市会展业竞争力指数远高于其他城市；昆明、无锡、东莞与合肥则成为第二梯队，梯队内差距较小，且得分均在 30 分以上；其他排名前 20 位的城市位列第三梯队。

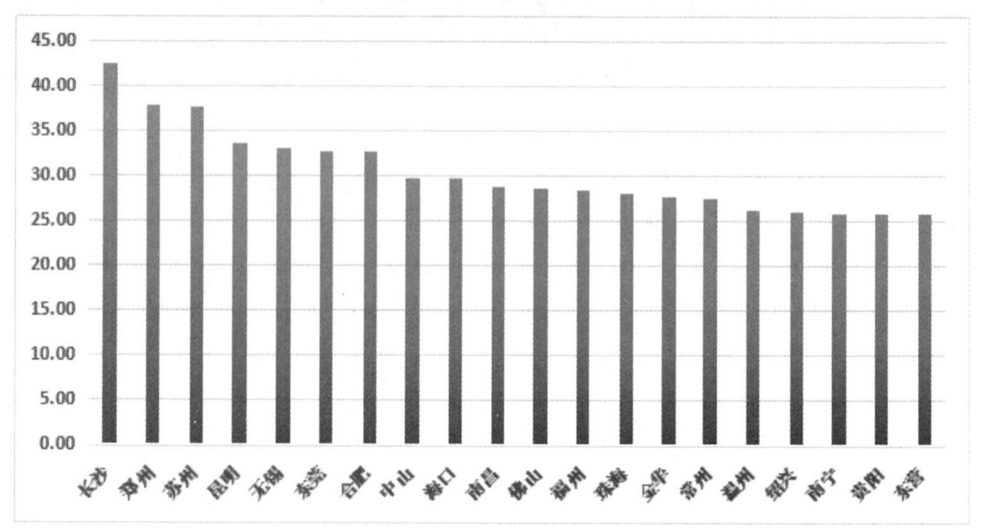

图 2 2017 年总体排名前 20 省会城市及地级市竞争力指数柱状图

二、中国城市会展业竞争力指数对比分析

通过 2015—2017 年的科学测算，对中国城市会展业竞争力指数，以及下设的会展城市整体环境竞争力指数、会展业专业竞争力指数、会展教育竞争力指数与会展主管部门服务竞争力指标进行对比分析。其中，基于可比性、可参照性以及对其他城市具有可借鉴性的原则，将 19 个直辖市、副省级城市与 2015—2017 年连续 3 年进入前 20 位排名的省会城市及地级市作为对比分析样本城市。

（一） 2015—2017 年中国城市会展业竞争力指数对比结果

从图 3 与图 4 可知，无论是直辖市及副省级城市，还是排名前列的省会城市及地级市，大部分城市整体会展竞争力指数都呈现出逐年上升的趋势，且 2017 年的增长幅度略大于 2016 年的增长幅度。其中尤以北京、杭州、重庆与合肥的年度增长幅度最大。

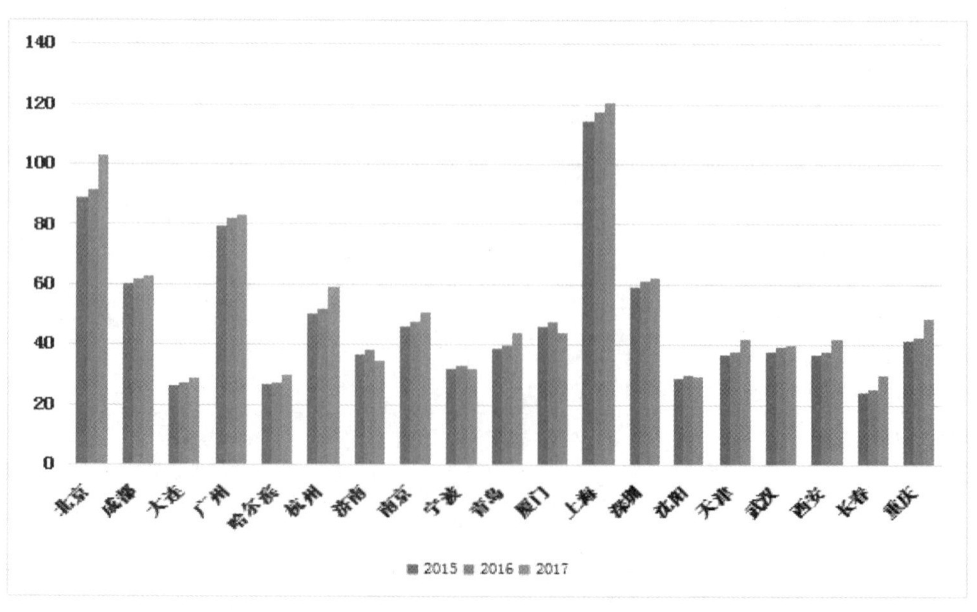

图 3 2015—2017 年直辖市及副省级城市会展业竞争力指数对比

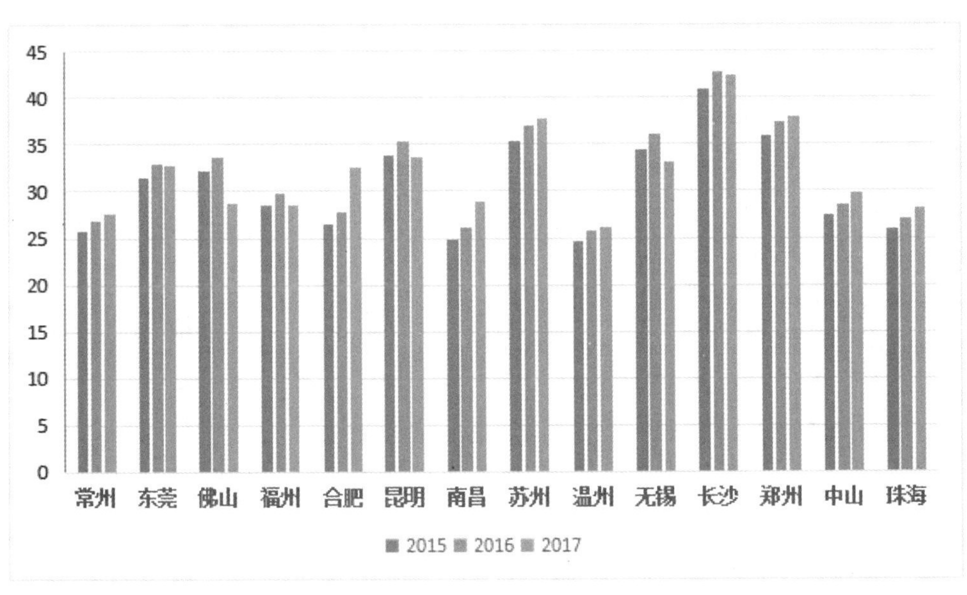

图 4 2015—2017 年排名前列的省会城市及地级市会展业竞争力指数对比

（二） 2015—2017 年会展城市整体环境竞争力指数对比结果

从图 5 与图 6 可知，直辖市及副省级城市中大部分城市整体环境竞争力指数都呈现出趋于稳定的态势，这符合我国城市经济、文化与社会发展总体态势；而排名前列的省会城市及地级市的整体环境竞争力除福州、无锡以外均存在小幅上涨趋势，证明其城市经济、文化与营商环境持续利好，有利于构建良好的城市会展业发展宏观局面。

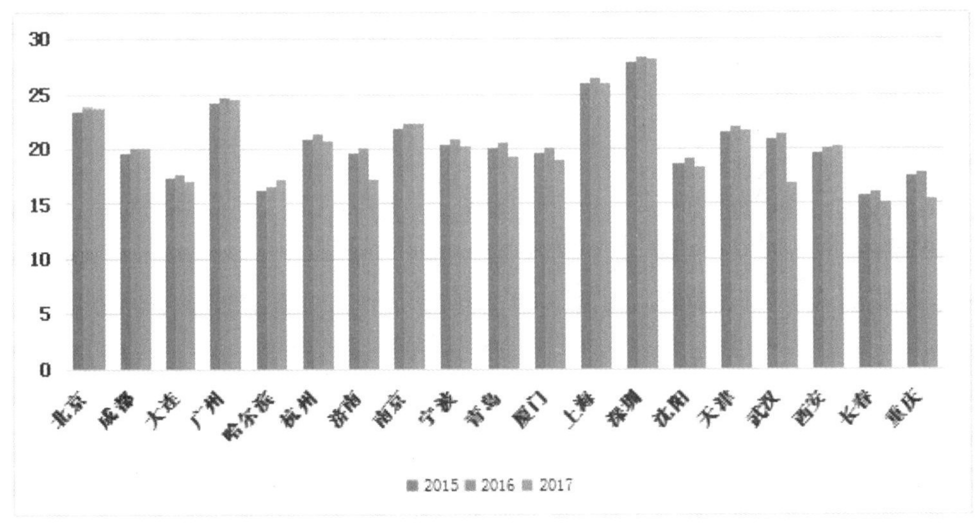

图 5 2015—2017 年直辖市及副省级城市整体环境竞争力指数对比

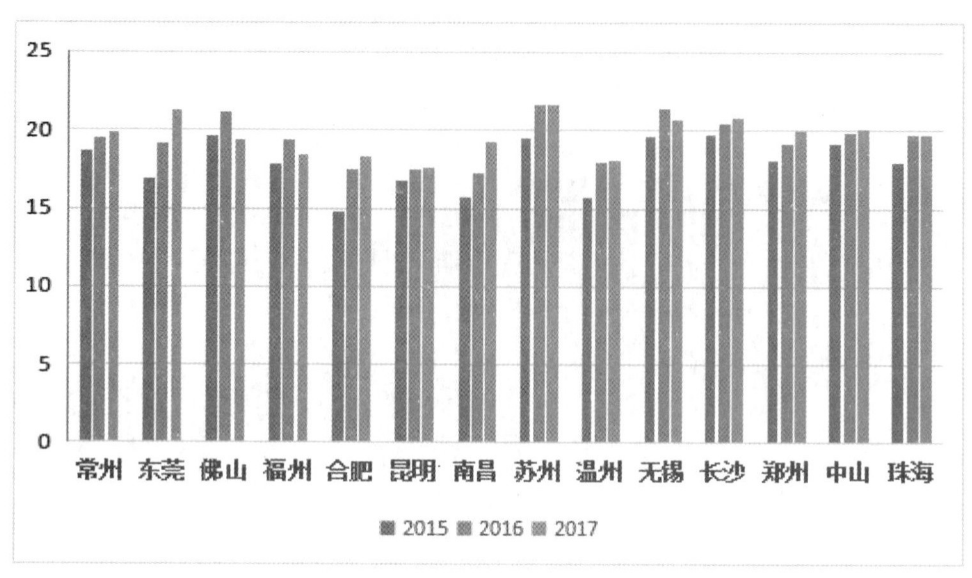

图 6 2015—2017 年排名前列的省会城市及地级市整体环境竞争力指数对比

（三） 2015—2017 年会展业专业竞争力指数对比结果

从图 7 与图 8 可知，2015—2017 年城市会展业专业竞争力指数未出现普遍明显的增长或减少趋势。部分城市存在 3 年连续递增趋势，如北京、成都、杭州、上海、常州、合肥等；部分城市存在 3 年平稳态势，如广州、哈尔滨、沈阳等；还有部分城市存在 3 年先增后减趋势，如东莞、佛山、长沙、郑州等。

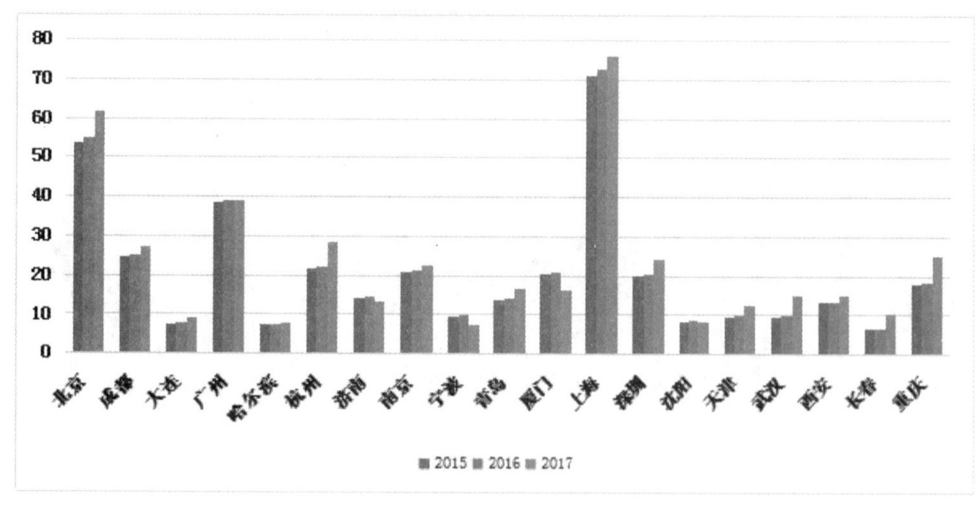

图 7 2015—2017 年直辖市及副省级城市会展业专业竞争力指数对比

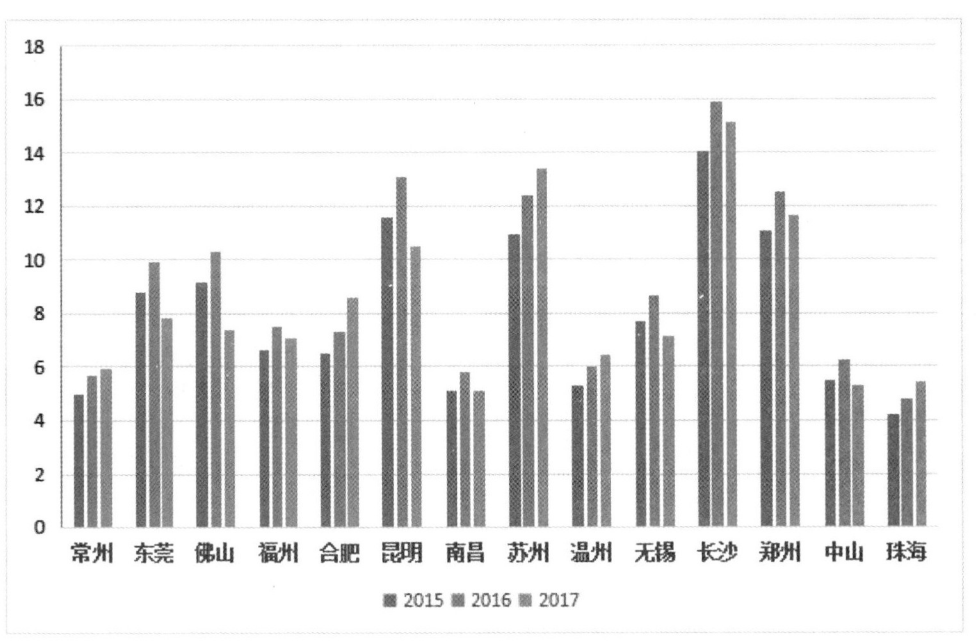

图 8 2015—2017 年排名前列的省会城市及地级市会展业专业竞争力指数对比

（四）2015—2017 年会展教育竞争力指数对比结果

会展教育竞争力指数主要测算城市开设会展相关专业大专院校的数量值、本硕博点位置等。从 2015—2017 年数据可知，大部分城市重视高校对会展人才的培养，呈现出会展教育竞争力指数逐年增长的态势，如北京、广州、成都、合肥、昆明、长沙、郑州等。但在排名前列的省会城市及地级市中仍有少部分城市需更加重视会展人才培养与潜在竞争力塑造。

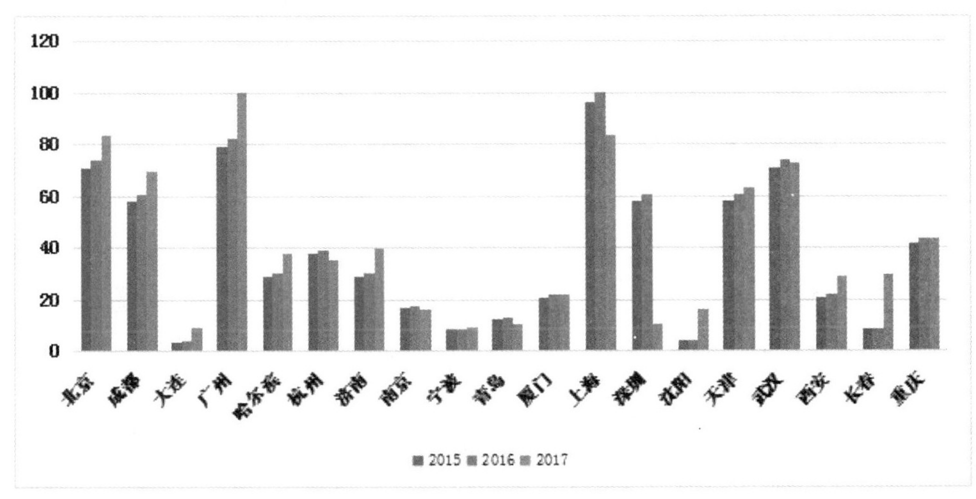

图 9 2015—2017 年直辖市及副省级城市会展教育竞争力指数对比

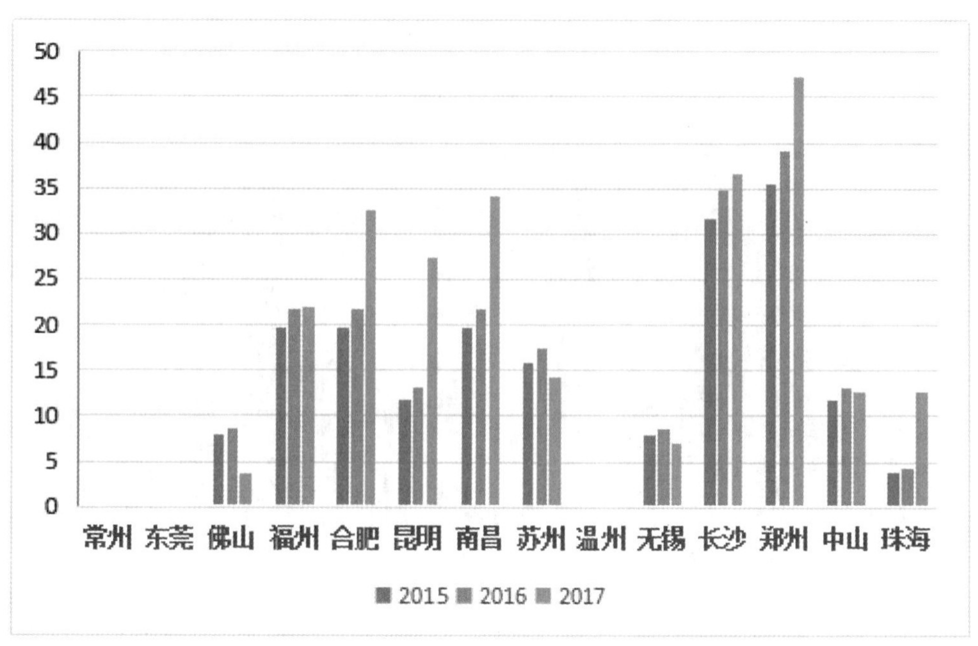

图 10 2015—2017 年排名前列的省会城市及地级市会展教育竞争力指数对比

（五）2015—2017 年会展主管部门服务竞争力指数对比结果

基于连续 3 年专家咨询与问卷调研，评估出 19 个直辖市与副省级城市以及排名前列的省会城市及地级市会展业主管部门服务竞争力。各城市会展业主管部门服务竞争力总体呈现出稳中有升趋势，如广州、成都、上海、深圳、东莞等。仅少部分城市存在大幅度提升态势，如北京、合肥、中山等。

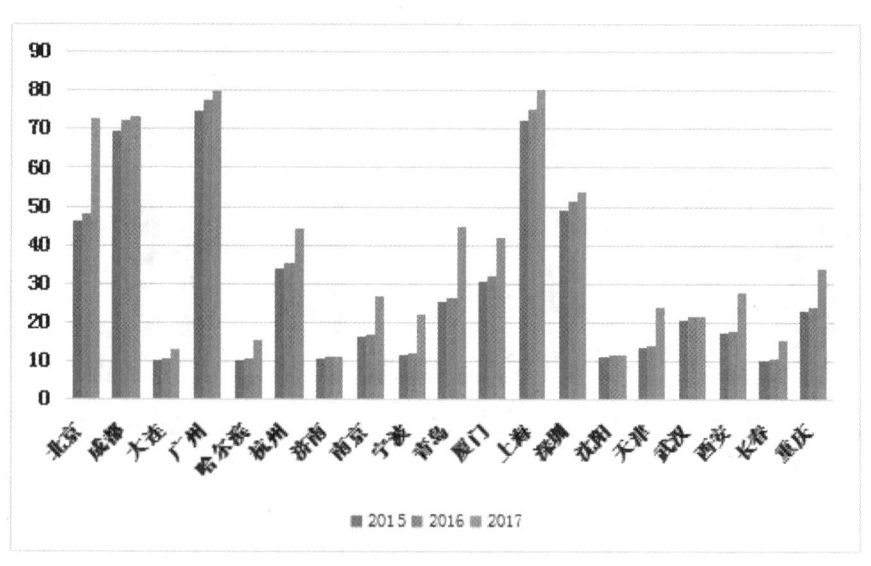

图 11 2015—2017 年直辖市及副省级城市主管部门服务竞争力指数对比

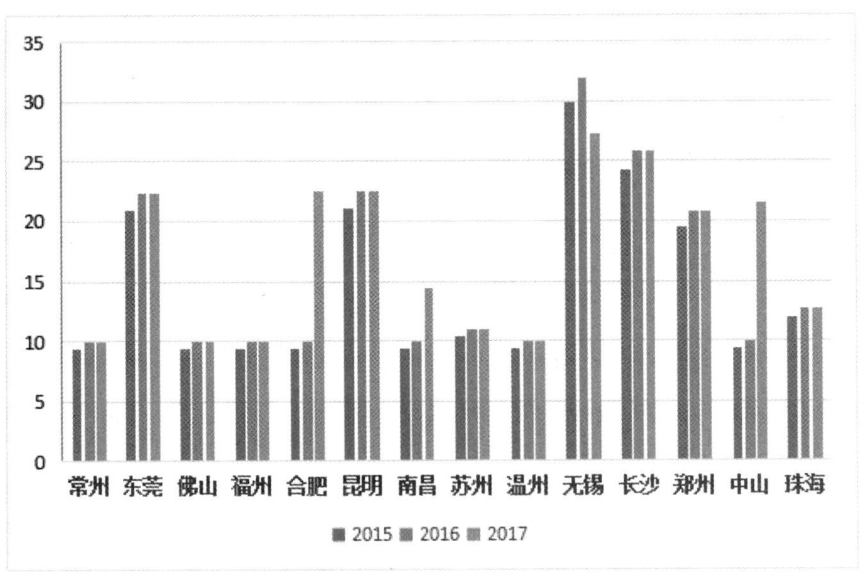

图 12 2015—2017 年排名前列的省会城市及地级市主管部门服务竞争力指数对比

三、结论

中国城市会展业竞争力指数报告由中国会展经济研究会、中国会展经济研究会成都研究中心在多年主要会展城市会展指数数据积累的基础上，于 2016 年 10 月首次推出《2015 年中国城市会展业竞争力指数报告》。2017 年报告从影响城市会展业发展的城市整体环境竞争力、城市会展专业竞争力与城市会展教育竞争力、城市会展业主管部门服务竞争力四大方面入手衡量中国城市会展业竞争力发展状况与发展潜力，并将 142 个样本城市根据经济发展规模、行政级别划分等因素区分为直辖市与副省级城市一类，省会城市及地级市城市一类并加以分析，从而为各城市持续发展会展经济提供理论支撑与指标依据，试图弥补会展界关于考察城市会展经济发展竞争力与潜力的这一研究空白。

本次城市会展业竞争力指数结果充分体现出其作为衡量城市会展业综合发展潜力的意义。该指数不仅考察了展览业与会议业的专业竞争力，还将城市整体环境竞争力、城市教育竞争力、城市主管部门服务竞争力引入其中，导致无论从城市间还是从年度上将直辖市、副省级城市、省会城市或是地级城市的城市会展业竞争力指数排名结果与各分项指标结果都存在差异性。

本报告相较于前两年的《城市会展业竞争力指数报告》反映出以下特点：其一，纳入统计的会展城市逐年增多，从 2015 年的 93 个到 2017 年的 142 个，体现出我国各城市对会展业作用的日趋重视；其二，会展业竞争力指数总体得分存在上升趋势，其中 19 个直辖市与副省级城市以及连续 3 年排名前 20 位的省会城市、地级市 2015—2017 年总体竞争力指数上升趋势明显；其三，会展业竞争力指数下设的城市整体环境竞争力指数、城市会展专业竞争力指数、城市会展教育竞争力指数与城市会展业主管部门服务竞争力指数趋势存在差异性，未发现明显一致的上升趋势。

总之，中国城市会展业竞争力指数是一个城市发展会展业的综合考核指数。要想提升城市会展业竞争力与发展潜力，既要重视城市整体环境竞争力的增强，又要高度重视会展业专业竞争力的拔高，还要长期关注城市会展教育竞争力与城市会展主管部门服务能力的提升。

中国城市会展业竞争力指数创立过程中，吸收了众多会展专业人士的意见和建议，我们欢迎大家继续关注本项工作，希望通过持之以恒的努力，为中国会展事业的发展贡献一份力量。

2018 年度

一、2018 年中国城市会展业竞争力指数

依据计算公式和采集到的数据结果，最终统计到了 130 个样本城市 2018 年会展业竞争力指数结果。这 130 个样本城市所属行政级别不同、经济发展体量不同、会展业发展的宏观基础与专业竞争力都存在着较大差距，导致城市间数据不具有可比性，并对指导城市未来会展业发展的作用较小。所以，本报告沿用去年分类模式，按照城市行政级别划分，将直辖市及副省级城市分为一类城市进行对比排名；将省会城市与地级市划分为另一类城市进行对比排名分析。

（一）直辖市及副省级市 2018 年会展业竞争力指数排名

依据经济发展总体状况、城市行政级别划分等可比性依据，本报告将 4 个直辖市与 15 个副省级城市作为一类城市进行城市会展业竞争力指数排名分析（结果如表 1 与图 1 所示）。

在 19 个直辖市及副省级城市中，2018 年城市会展业竞争力指数排名最高的为上海，北京次之，广州、成都分列第三、四位，深圳紧随其后名列第五。排在第六到十位的分别为杭州、南京、重庆、青岛、武汉与厦门。其中，从城市会展业竞争力指数总体得分与柱状图可知，上海、北京与广州的得分远高于其他城市，仍然处于领先地位。同类城市中上海与哈尔滨之间的会展业竞争力指数差距相对过大，哈尔滨的城市会展业竞争力指数仅占上海的约 22.50%。

表 1 直辖市及副省级城市 2018 年城市会展业竞争力指数排名

排名	城市	城市整体环境竞争力指数（F_1）				城市会展专业竞争力指数（F_2）						会展教育竞争力（F_3）	城市会展主管部门服务竞争力（F_4）	城市会展业竞争力指数（Y）
		综合经济竞争力指数（X_1）	宜居竞争力指数（X_2）	可持续竞争力指数（X_3）	整体环境竞争力指数（F_1）	展览业发展综合指数（X_4）	展览业国际合作指数（X_5）	展览业价格指数（X_6）	举办大型会议指数（X_7）	国际会议指数（X_8）	会展专业竞争力指数（F_2）			
1	上海	62.819	94.872	98.582	25.180	406.180	75.224	100.000	100.000	88.172	77.207	94.444	81.746	122.265
2	北京	38.831	72.605	100.000	20.823	213.200	100.000	84.346	77.772	100.000	56.408	78.175	83.098	96.431
3	广州	45.877	98.785	80.024	21.840	203.000	27.130	78.718	25.518	21.505	34.504	100.000	77.079	75.704
4	成都	24.238	92.958	75.877	18.799	154.720	10.090	69.166	25.773	17.204	26.562	75.000	72.241	62.449
5	深圳	100.000	95.547	83.452	27.592	95.500	36.771	80.036	27.243	12.903	23.079	—	65.705	62.367
6	杭州	21.589	100.000	79.669	19.359	41.370	36.659	59.959	58.036	30.108	20.853	45.635	60.363	53.530
7	南京	29.985	98.785	78.723	20.036	59.200	5.605	55.883	50.775	21.505	17.895	16.270	49.358	47.634
8	重庆	19.490	94.872	67.494	17.430	73.810	5.493	55.143	28.519	8.602	15.824	43.651	51.778	44.933
9	青岛	21.289	92.848	73.050	18.010	86.310	10.762	52.539	15.208	13.978	16.696	10.714	52.606	44.675
10	武汉	29.235	94.602	67.612	18.443	74.590	3.363	47.650	12.577	13.978	14.115	73.016	40.272	43.844
10	厦门	22.189	95.007	70.567	18.042	48.000	3.363	59.735	44.389	7.527	14.620	21.825	55.903	43.844
12	济南	17.241	93.387	66.194	16.928	50.700	13.453	43.392	30.464	37.634	16.460	40.079	37.059	42.245

续表

排名	城市	城市整体环境竞争力指数（F_1）				城市会展专业竞争力指数（F_2）						会展教育竞争力（F_3）	城市会展主管部门服务竞争力（F_4）	城市会展业竞争力指数（Y）
		综合经济竞争力指数（X_1）	宜居竞争力指数（X_2）	可持续竞争力指数（X_3）	整体环境竞争力指数（F_1）	展览业发展综合指数（X_4）	展览业国际合作指数（X_5）	展览业价格指数（X_6）	举办大型会议指数（X_7）	国际会议指数（X_8）	会展专业竞争力指数（F_2）			
13	天津	22.939	81.916	65.130	16.397	39.100	3.363	70.963	8.712	0.000	9.850	63.492	47.192	38.228
14	西安	16.042	75.709	62.057	14.804	43.100	6.502	50.863	13.319	29.032	12.751	34.524	45.653	37.628
15	大连	11.394	93.927	71.040	16.860	35.700	—	47.954	8.137	6.452	8.329	9.127	38.816	32.613
16	宁波	19.640	95.412	64.303	17.166	23.250	5.717	56.158	7.242	0.000	7.289	9.127	40.199	32.125
17	长春	13.043	64.507	61.111	13.394	51.700	—	43.733	4.068	0.000	8.754	29.365	33.546	29.776
18	沈阳	11.994	89.879	61.466	15.578	19.890	1.121	42.899	9.561	0.000	5.904	16.270	34.313	28.507
19	哈尔滨	11.394	75.709	54.019	13.489	23.400	2.242	47.033	7.041	0.000	6.387	38.095	30.794	27.506

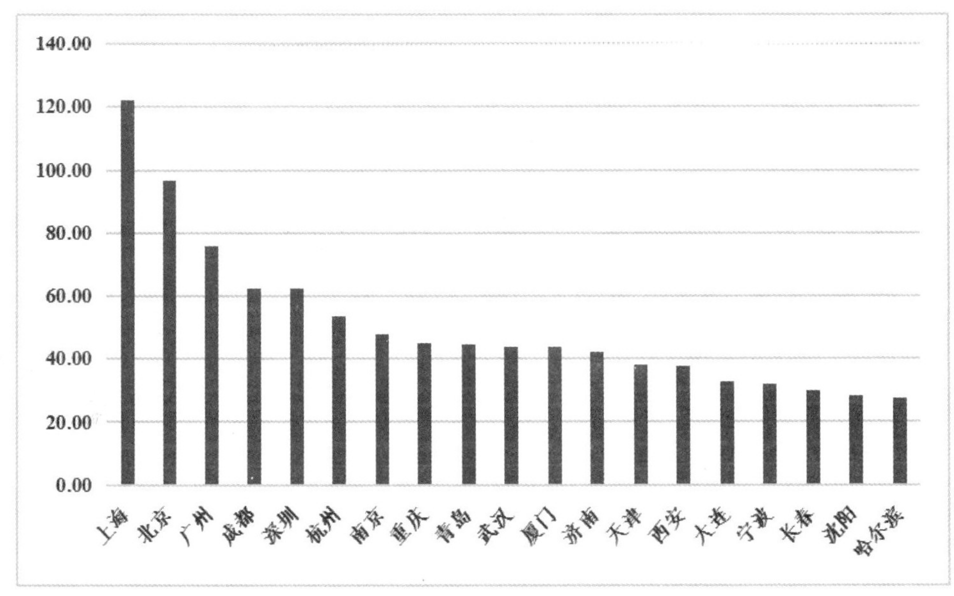

图 1 2018 年直辖市及副省级城市会展业竞争力指数柱状图

为了更好地反映出各直辖市及副省级城市间 2018 年会展业竞争力指数对比情况，将该指数细分为城市整体环境竞争力、城市会展专业竞争力、会展教育竞争力与城市会展主管部门服务竞争力四类指标来具体分析。在反映城市会展业发展基础与发展潜力的城市整体环境竞争力指数中，2018 年排在前五位的分别为深圳、上海、广州、北京、南京，即因为这 5 个城市存在着优越的地理位置、雄厚的经济体量、丰富的文化资源以及对外开放程度高等优势因素，所以具有比其他城市更有利于会展业发展的宏观环境基础。

2018 年，19 个直辖市及副省级城市的会展专业竞争力体现了各城市会展业的现有发展规模与质量、国际化水平与品牌化程度。由表 1 可知，排名前五的城市分别为上海、北京、广州、成都与深圳，而这一结果与城市会展业竞争力指数总体排名结果一致。其中，北京与上海在会展专业竞争力中的强势表现也是导致其在城市会展业竞争力指数得分中远高于其他城市的根本原因。无论是在展览业指数还是会议业指数中，上海与北京的得分表现都位居前两位，上海在衡量展览业的展览业综合发展指数、展览业国际合作指数与展览业价格指数 3 项二级指标以及衡量会议业的举办大型会议指数和国际会议指数 2 项二级指标中共有展览业发展综合指数、展览业价格指数与举办大型会议指数等 3 项指标排名第一，而北京则在剩余的展览业国际合作指数与国际会议指数 2 项指标中排名第一。同时，无论是在展览业还是在会议业上，上海和北京的国际化合作程度也均远高于其他城市，这为其持续扩大城市会展业竞争力优势创造了有利条件。广州、成都与深圳则主要在展览业与会展业的各项二级指标中表现较为均衡。其中，成都作为西部中心城市位列 2018 年会展专业竞争力的第四名，主要是因为其在展览业发展综合指数与大型会议举办数量指标方面表现较为抢眼。广州则在展览业发展综合指数上表现强势。

由表 1 与图 2 可知，在反映城市会展业潜在人才竞争力的城市会展教育竞争力指数中，2018 年广州、上海、北京与成都名列前茅，具有明显竞争优势。这四个城市高度重视高等院校对会展专业人才的培养，设有会展专业的大专院校数量明显高于其他城市，其中作为西部中心城市成都也逐渐重视会展人才培养，在该指数上已位列第 4、得到 75.00 分。在城市会展主管部门服务竞争力指数中，经过 2018 年各城市政府会展相关政策数据采集与综合往届专家咨询结果，发现北京、上海、广州和成都都有不俗的表现。另外，对比 19 个直辖市及副省级城市会展业竞争力指数排名可见，城市会展主管部门服务与城市会展业竞争力成正相关，这也体现我国政府组织社会主义经济、文化建设的职能以及会展业的发展离不开政府的监督服务作用。

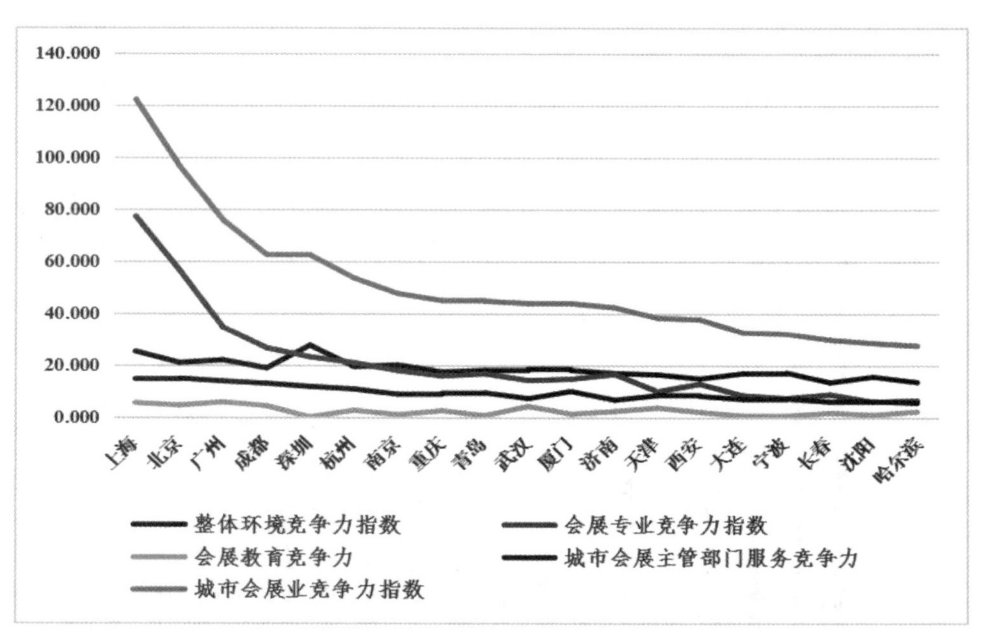

图 2 2018 年直辖市及副省级城市会展业竞争力分项指数对比图

（二） 省会城市及地级市 2018 年会展业竞争力指数排名

基于数据可比性，除去 4 个直辖市和 15 个副省级城市，考察城市样本中的省会城市及地级市的 2018 年城市会展业竞争力指数排名情况（如表 2 所示）。总体而言，除了排名前 9 位的城市以外，其他城市的整体城市会展业竞争力指数都不如直辖市与副省级城市的指数（如表 1 所示）。同时，涵盖的 111 个省会城市及地级市之间的指数差距也相对较大，尤其是随着考察城市数量范围的扩大，一些经济总量相对较小且整体社会、文化、交通与信息相对不发达的地级市，其会展业竞争力指数远远小于排名靠前的城市。如在 2018 年省会城市及地级市会展业竞争力指数中排名第 111 位的铁岭市得分仅为长沙市的约 16.89%。

为了更好地帮助这 111 个城市中排名靠后的城市找出并弥补城市间会展业竞争力发展差距，本报告着重针对总体排名前 20 位的省会城市及地级市刻画出其城市会展业竞争力指数柱状图（如图 3 所示）。2018 年在省会城市及地级市中，长沙、郑州与苏州成为会展业发展第一梯队，城市会展业竞争力指数高于其他城市；昆明、合肥无锡与东莞则成为第二梯队，梯队内差距相对较小，且得分均在 30 分以上；其他排名前 20 位的城市位列第三梯队。

表 2 省会城市及地级市 2018 年城市会展业竞争力指数排名

排名	城市	城市整体环境竞争力指数（F_1）				城市会展专业竞争力指数（F_2）						会展教育竞争力（F_3）	城市会展主管部门服务竞争力（F_4）	城市会展业竞争力指数（Y）
		综合经济竞争力指数（X_1）	宜居竞争力指数（X_2）	可持续竞争力指数（X_3）	整体环境竞争力指数（F_1）	展览业发展综合指数（X_4）	展览业国际合作指数（X_5）	展览业价格指数（X_6）	举办大型会议指数（X_7）	国际会议指数（X_8）	会展专业竞争力指数（F_2）			
1	长沙	21.589	94.737	62.293	17.104	65.700	5.717	44.248	33.238	—	13.927	36.508	39.824	40.179
2	郑州	21.289	78.812	62.648	15.692	73.600	4.484	47.512	7.974	—	12.230	52.778	40.039	38.026
3	苏州	33.283	94.062	73.522	19.428	36.600	4.148	48.825	15.539	—	9.016	14.286	37.958	36.006
4	昆明	11.844	82.996	52.482	14.027	63.600	—	46.743	23.647	11.828	13.468	27.381	35.176	35.300
5	合肥	16.192	82.321	60.284	15.226	55.700	1.121	41.999	19.288	—	10.787	32.540	41.100	35.163
6	无锡	27.436	105.263	63.830	18.814	20.520	2.242	69.315	—	—	6.695	7.143	46.508	34.190
7	东莞	27.586	83.671	61.348	16.653	29.240	1.121	71.877	—	—	7.696	—	38.016	31.116
8	佛山	26.837	83.671	54.492	15.869	14.640	2.354	61.064	14.768	3.226	7.424	3.571	30.900	28.995
9	福州	15.442	86.910	54.728	14.984	21.230	1.345	53.730	—	3.226	6.056	25.397	30.150	27.839
10	太原	10.945	78.273	57.329	14.010	36.470	—	46.272	2.726	—	7.101	23.413	28.200	27.451
11	南昌	14.393	87.449	54.846	14.934	24.450	—	40.135	—	—	5.126	34.127	28.850	27.119
12	贵阳	13.043	76.113	39.953	12.252	36.450	3.363	42.797	9.194	—	7.892	34.524	27.424	26.973
13	海口	10.195	79.082	48.345	13.080	18.200	—	49.144	—	1.075	5.098	18.254	42.157	26.711
14	南通	17.391	99.055	54.019	16.197	7.820	—	55.740	0.610	—	4.320	—	34.650	26.685
15	烟台	14.993	82.456	62.175	15.306	9.960	—	50.151	4.394	1.075	4.716	3.571	35.550	26.552
16	常州	21.889	90.553	54.610	15.974	4.870	—	65.599	5.085	—	5.066	—	30.700	26.505
17	珠海	16.792	77.463	62.175	15.051	5.520	1.121	58.860	3.369	4.301	5.086	12.698	30.067	26.205
18	中山	19.190	75.304	44.444	13.288	27.930	1.121	57.219	—	—	6.659	9.127	31.050	25.988
19	南宁	10.795	72.874	46.690	12.420	22.140	1.233	44.705	15.905	—	6.934	21.825	30.280	25.975
20	呼和浩特	10.195	84.076	50.946	13.791	14.900	—	57.385	—	2.151	5.347	19.841	27.500	25.152
21	扬州	15.742	79.217	54.728	14.331	4.580	—	62.066	7.120	1.075	5.139	3.571	30.750	25.145
22	潍坊	11.994	73.144	44.090	12.303	26.080	2.242	47.706	—	—	5.986	3.571	34.073	24.555
23	温州	12.744	68.016	50.946	12.630	16.940	2.466	67.621	—	—	6.222	—	30.550	24.289
24	威海	13.193	86.235	52.955	14.505	2.530	—	55.809	4.467	—	4.148	3.571	30.200	24.231
25	绍兴	14.093	73.549	49.409	13.106	6.950	—	71.800	—	—	5.141	14.683	26.700	23.828
26	嘉兴	14.993	75.169	49.764	13.381	9.420	—	69.883	—	—	5.294	—	28.800	23.802

续表

排名	城市	城市整体环境竞争力指数（F_1）				城市会展专业竞争力指数（F_2）						会展教育竞争力（F_3）	城市会展主管部门服务竞争力（F_4）	城市会展业竞争力指数（Y）
		综合经济竞争力指数（X_1）	宜居竞争力指数（X_2）	可持续竞争力指数（X_3）	整体环境竞争力指数（F_1）	展览业发展综合指数（X_4）	展览业国际合作指数（X_5）	展览业价格指数（X_6）	举办大型会议指数（X_7）	国际会议指数（X_8）	会展专业竞争力指数（F_2）			
27	泰州	15.292	79.757	41.135	12.934	9.750	—	52.363	8.177	—	5.116	—	25.250	22.545
28	东营	11.844	73.684	46.809	12.615	5.500	1.121	62.494	—	—	4.524	—	30.212	22.517
29	淄博	14.093	63.563	55.083	12.801	7.400	—	51.904	—	—	3.976	—	30.750	22.251
30	乌鲁木齐	9.445	72.740	47.991	12.400	13.220	4.484	48.541	0.602	—	4.911	9.127	24.712	22.224
31	芜湖	11.694	76.788	44.563	12.644	6.430	—	45.718	—	—	3.493	—	32.350	21.895
32	银川	8.996	75.439	53.546	13.164	10.000	—	43.407	—	—	3.743	3.571	25.600	21.665
33	马鞍山	8.996	87.989	32.979	12.167	4.900	—	54.160	—	—	3.840	3.571	27.250	21.059
34	桂林	8.546	64.777	40.189	10.795	9.570	—	44.186	8.373	4.301	5.048	25.794	19.850	20.831
35	石家庄	13.343	47.908	38.652	9.640	9.140	—	36.530	5.980	—	3.854	32.540	30.000	20.669
36	临沂	10.495	55.870	35.106	9.684	37.700	—	28.471	—	—	5.865	—	28.200	20.569
37	包头	9.745	88.799	35.816	12.609	2.640	—	58.516	—	—	3.859	3.571	21.350	20.469
38	惠州	11.544	62.483	49.291	11.841	4.230	—	46.165	4.190	—	3.717	—	26.550	20.284
39	兰州	9.595	62.348	42.553	10.932	19.100	—	39.656	—	1.075	4.618	9.127	23.650	20.274
40	盐城	11.994	66.802	39.125	11.228	10.150	—	43.313	—	—	3.754	14.286	24.750	20.193
41	唐山	11.544	64.372	37.116	10.758	9.720	2.242	48.032	1.139	—	4.333	—	28.650	20.191
42	徐州	14.693	52.767	46.809	11.052	9.650	—	40.270	—	1.075	3.621	—	29.250	19.879
43	鄂尔多斯	9.895	82.186	42.080	12.680	2.100	1.121	50.433	—	—	3.416	—	21.150	19.861
44	绵阳	8.396	70.850	39.007	11.198	8.260	—	41.731	—	—	3.450	9.127	25.150	19.640
45	秦皇岛	7.646	60.189	48.700	11.167	1.970	—	55.596	—	—	3.607	—	27.100	19.598
46	泰安	11.244	68.286	43.026	11.682	1.220	—	43.209	—	1.075	2.877	—	24.800	18.973
47	台州	11.544	59.514	37.943	10.411	4.200	—	57.328	—	—	3.957	—	25.700	18.942
48	洛阳	10.495	51.687	43.735	10.199	6.730	—	44.060	6.103	—	4.062	—	25.850	18.863
49	景德镇	7.646	79.757	41.489	12.167	0.600	—	48.124	—	—	3.001	—	18.800	18.515
50	盘锦	6.447	71.660	34.988	10.652	2.940	—	49.864	—	—	3.364	—	21.900	17.914
51	廊坊	11.394	57.625	38.180	10.251	16.000	—	31.866	—	—	3.696	5.556	20.000	17.820
52	济宁	11.844	57.355	35.343	9.983	1.200	—	42.832	1.993	—	2.952	3.571	26.000	17.765

续表

排名	城市	城市整体环境竞争力指数（F_1）				城市会展专业竞争力指数（F_2）						会展教育竞争力（F_3）	城市会展主管部门服务竞争力（F_4）	城市会展业竞争力指数（Y）
		综合经济竞争力指数（X_1）	宜居竞争力指数（X_2）	可持续竞争力指数（X_3）	整体环境竞争力指数（F_1）	展览业发展综合指数（X_4）	展览业国际合作指数（X_5）	展览业价格指数（X_6）	举办大型会议指数（X_7）	国际会议指数（X_8）	会展专业竞争力指数（F_2）			
53	锦州	5.847	64.238	42.317	10.682	1.220	—	41.531	—	—	2.667	—	24.700	17.745
54	连云港	10.345	51.822	31.442	8.932	5.040	—	39.516	10.090	—	4.017	—	25.000	17.398
55	宝鸡	8.846	57.490	36.170	9.765	0.760	—	45.271	—	—	2.845	—	23.100	16.721
56	西宁	8.396	60.594	33.924	9.763	8.620	2.242	38.755	2.278	—	3.766	—	17.750	16.688
57	日照	9.595	47.099	34.752	8.773	0.640	—	40.267	4.068	—	2.952	—	26.850	16.504
58	丹东	5.547	54.656	38.534	9.409	2.520	—	47.372	—	—	3.166	—	22.000	16.490
59	柳州	9.445	52.362	37.589	9.517	2.350	—	46.414	—	—	3.089	3.571	19.800	16.331
60	赣州	8.696	52.092	38.771	9.536	0.950	—	40.124	—	—	2.552	—	22.800	16.146
61	营口	6.447	51.282	31.915	8.523	0.750	—	48.349	—	—	3.031	—	24.700	15.951
62	攀枝花	8.096	78.543	22.459	10.150	0.600	—	46.634	—	—	2.910	—	16.150	15.935
63	抚顺	5.097	53.846	36.879	9.119	0.300	—	51.197	—	—	3.156	—	19.700	15.782
64	佳木斯	6.897	52.497	43.144	9.832	1.200	—	34.640	—	—	2.244	3.571	16.050	15.135
65	肇庆	8.996	36.167	34.043	7.664	0.150	—	43.919	7.120	—	3.439	—	22.000	15.019
66	聊城	10.195	46.559	36.288	8.946	0.940	—	33.130	—	—	2.124	—	22.150	15.012
67	齐齐哈尔	7.046	60.459	35.225	9.743	0.350	—	34.522	—	—	2.144	—	17.250	14.957
68	德阳	9.295	44.804	30.378	8.087	0.980	—	42.489	—	—	2.699	—	21.850	14.676
69	南充	8.246	47.773	29.905	8.193	0.460	—	45.990	—	—	2.856	—	20.250	14.653
70	郴州	9.145	41.026	29.078	7.602	3.170	—	50.866	—	—	3.450	—	19.850	14.585
71	沧州	10.045	46.424	29.905	8.262	2.150	1.345	40.472	—	—	2.836	—	19.450	14.560
72	延安	5.997	45.614	35.697	8.360	0.100	—	39.067	6.835	—	3.108	—	16.350	14.378
73	雅安	6.897	61.538	26.832	8.960	1.500	—	40.403	—	—	2.629	—	15.400	14.330
74	泸州	8.246	44.399	32.033	8.111	4.200	—	40.942	—	—	2.957	—	17.850	14.246
75	晋城	7.046	43.860	39.362	8.690	0.970	—	37.362	—	—	2.385	—	15.950	13.915
76	辽阳	5.247	39.676	23.522	6.501	0.170	—	60.114	—	—	3.686	—	20.000	13.746
77	阜新	5.847	41.835	30.733	7.497	0.910	—	50.866	—	—	3.202	—	17.050	13.735
78	遂宁	7.946	45.749	26.950	7.677	5.220	—	35.004	—	—	2.707	—	18.300	13.642
79	乐山	8.096	34.143	32.742	7.256	2.650	—	40.489	—	1.075	2.867	—	19.750	13.638

续表

排名	城市	城市整体环境竞争力指数（F_1）				城市会展专业竞争力指数（F_2）						会展教育竞争力（F_3）	城市会展主管部门服务竞争力（F_4）	城市会展业竞争力指数（Y）
		综合经济竞争力指数（X_1）	宜居竞争力指数（X_2）	可持续竞争力指数（X_3）	整体环境竞争力指数（F_1）	展览业发展综合指数（X_4）	展览业国际合作指数（X_5）	展览业价格指数（X_6）	举办大型会议指数（X_7）	国际会议指数（X_8）	会展专业竞争力指数（F_2）			
80	枣庄	10.045	43.185	21.868	7.147	1.380	—	37.682	—	—	2.450	—	21.900	13.495
81	保定	9.445	24.966	35.343	6.848	0.540	—	33.297	—	—	2.090	—	25.550	13.486
82	大同	6.897	33.198	35.343	7.313	9.520	—	33.727	—	—	3.100	—	17.100	13.456
83	四平	7.046	39.271	36.761	8.015	0.490	—	32.882	—	—	2.059	—	18.900	13.438
84	信阳	8.696	31.984	35.461	7.406	5.360	—	34.457	—	—	2.689	—	17.900	13.281
85	广元	7.046	59.244	22.931	8.371	1.390	—	36.291	—	—	2.366	—	13.400	13.122
86	广安	7.946	59.244	13.475	7.493	0.560	—	40.045	—	—	2.504	—	17.200	13.059
87	资阳	6.897	48.853	23.877	7.527	0.600	—	39.612	—	—	2.482	—	17.100	13.053
88	承德	7.346	40.486	34.397	7.911	0.310	—	30.099	—	—	1.870	—	18.300	13.039
89	自贡	8.546	48.043	32.151	8.479	0.900	—	38.722	—	—	2.461	—	11.650	13.013
90	黑河	6.597	48.448	29.314	8.019	0.200	—	34.311	—	—	2.115	—	15.050	12.812
91	张家口	7.346	39.001	30.260	7.354	0.620	—	33.204	—	—	2.093	—	18.500	12.740
92	六安	7.196	33.198	28.960	6.688	0.800	—	29.257	—	—	1.872	7.143	20.750	12.657
93	宿迁	10.345	26.991	22.931	5.847	2.640	—	44.277	—	—	2.990	—	19.650	12.334
94	运城	6.897	28.745	29.551	6.321	0.700	—	36.284	—	—	2.290	—	19.650	12.109
95	漯河	8.546	22.132	25.768	5.517	7.000	—	38.021	—	—	3.086	3.571	14.850	11.447
96	宜宾	8.246	22.942	22.577	5.229	0.600	—	40.252	3.906	—	2.929	—	17.500	11.274
97	内江	8.246	32.389	16.548	5.450	0.800	—	39.607	—	—	2.504	—	17.850	11.131
98	邯郸	8.696	15.655	25.059	4.883	0.600	—	37.830	—	—	2.373	—	18.400	10.532
99	松原	7.346	21.727	28.014	5.586	1.210	—	33.195	—	—	2.157	—	15.300	10.466
100	眉山	8.096	31.444	14.066	5.095	0.570	—	40.541	—	—	2.535	—	15.250	10.345
101	德州	10.195	11.336	28.132	4.972	0.370	—	32.314	—	—	2.012	—	17.900	10.170
102	辽源	7.646	24.291	27.541	5.797	0.400	—	32.834	—	—	2.047	—	13.050	10.166
103	巴中	6.747	25.506	21.395	5.178	0.250	—	36.624	—	—	2.261	—	13.900	9.914
104	衡水	8.096	18.489	22.222	4.781	0.500	—	30.521	—	—	1.917	—	17.950	9.892
105	云浮	7.346	32.928	16.548	5.404	1.500	—	30.303	—	—	2.013	—	13.300	9.784
106	三门峡	7.646	11.066	23.286	4.182	2.810	—	46.725	—	—	3.158	—	13.700	9.779
107	菏泽	9.595	3.644	24.113	3.812	2.300	—	31.287	—	—	2.160	—	19.000	9.354

续表

排名	城市	城市整体环境竞争力指数（F_1）				城市会展专业竞争力指数（F_2）						会展教育竞争力（F_3）	城市会展主管部门服务竞争力（F_4）	城市会展业竞争力指数（Y）
		综合经济竞争力指数（X_1）	宜居竞争力指数（X_2）	可持续竞争力指数（X_3）	整体环境竞争力指数（F_1）	展览业发展综合指数（X_4）	展览业国际合作指数（X_5）	展览业价格指数（X_6）	举办大型会议指数（X_7）	国际会议指数（X_8）	会展专业竞争力指数（F_2）			
108	邢台	8.246	6.748	22.695	3.800	4.420	—	30.599	—	—	2.351	3.571	16.750	9.334
109	朝阳	5.697	7.152	24.113	3.714	0.500	—	40.561	—	—	2.529	—	16.500	9.180
110	葫芦岛	6.147	15.115	13.948	3.425	0.270	—	37.415	—	—	2.312	—	15.950	8.576
111	铁岭	4.648	15.789	0.000	1.894	0.630	—	29.607	—	—	1.875	—	16.950	6.786

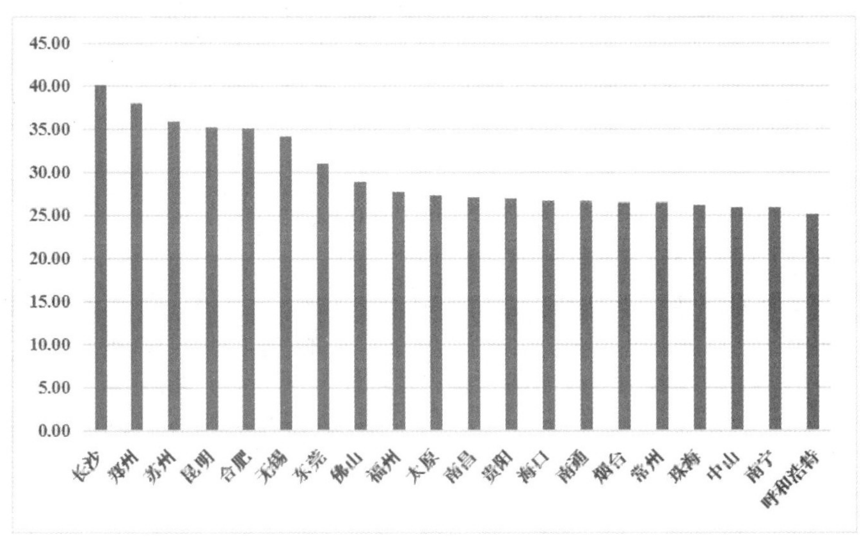

图 3 2018 年总体排名前 20 省会城市及地级市竞争力指数柱状图

为了更好地反映出各省会城市及地级市间 2018 年会展业竞争力指数对比情况，将竞争力指数按照三级指标细分为城市整体环境竞争力、城市会展专业竞争力、会展教育竞争力与城市会展主管部门服务竞争力四类来具体分析。由表 2 与图 4 可知，在反映城市会展业发展基础与发展潜力的城市整体环境竞争力指数中 2018 年排在前五位的分别为苏州、无锡、长沙、东莞与南通，即在省会城市及地级市中这 5 个城市的综合经济竞争力、宜居竞争力与可持续竞争力综合得分最高。2018 年在会展专业竞争力中排名前五的城市分别为长沙、昆明、郑州、合肥与苏州，其中长沙、昆明与合肥在展览业指数与会议业指数中表现较为均衡，郑州出现了展览业强于会议业的态势，而苏州则反之大型会议举办竞争力强于展览业发展竞争力。

在反映城市会展业潜在人才竞争力的城市会展教育竞争力指数中，2018 年郑州、长沙、贵阳、南昌与合肥名列前茅，具有明显优势。这些城市逐渐重视高等院校对会展专业人才的培养，设有会展专业的大专院校数量明显高于其他省会城市与地级市，这一对会展人才的培养与潜在人才蓄力机制值得其他城市学习。在城市会展主管部门服务竞争力指数中，无锡、海口、合肥。郑州与长沙都有不错的表现，证实这些城市政府主管部门正有效通过政策引导、资金支持、监管措施等多种手段积极推动当地会展业健康有序发展。

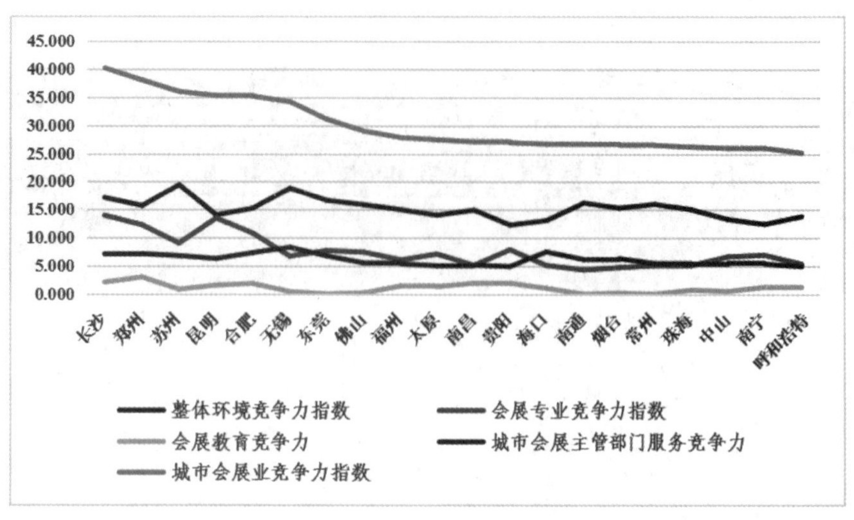

图 4 2018 年省会城市及地级市会展业竞争力分项指数对比图

二、中国城市会展业竞争力指数年度对比分析

通过 2015—2018 年的科学测算，对中国城市会展业竞争力指数，以及下设的会展城市整体环境竞争力指数、会展业专业竞争力指数、会展教育竞争力指数与会展主管部门服务竞争力指标进行对比分析。其中，基于可比性、可参照性以及对其他城市具有可借鉴性的原则，将 19 个直辖市、副省级城市与 2015—2018 年 4 年中进入过前 20 位排名的样本省会城市及地级市均作为对比分析城市。

（一）2015—2018 年城市会展业竞争力指数对比分析

从图 5、图 6 与图 7 可知，无论是直辖市及副省级城市，还是排名前列的省会城市及地级市，城市间均出现了不同的年度趋势。其一，部分城市整体会展竞争力指数呈现出逐年平稳上升的趋势，如上海、大连、郑州、南通、太原、贵阳等城市；其二，部分城市整体会展竞争力指数呈现出先升后降趋势，如杭州、重庆、苏州、福州、中山、温州、桂林等城市；其三，部分城市整体环境竞争力指数呈现出年度波动性即未有明显上升或下降趋势，如昆明、无锡、烟台等城市。

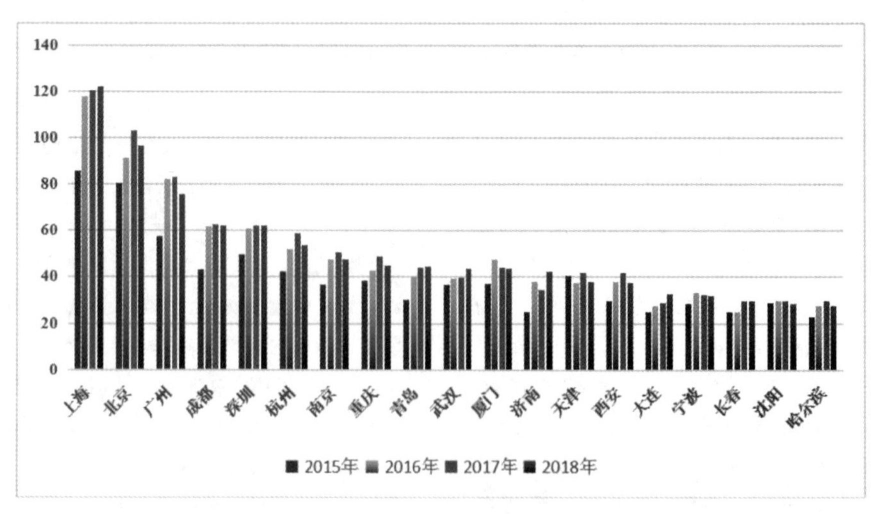

图 5 2015—2018 年直辖市及副省级城市会展业竞争力指数柱状图对比

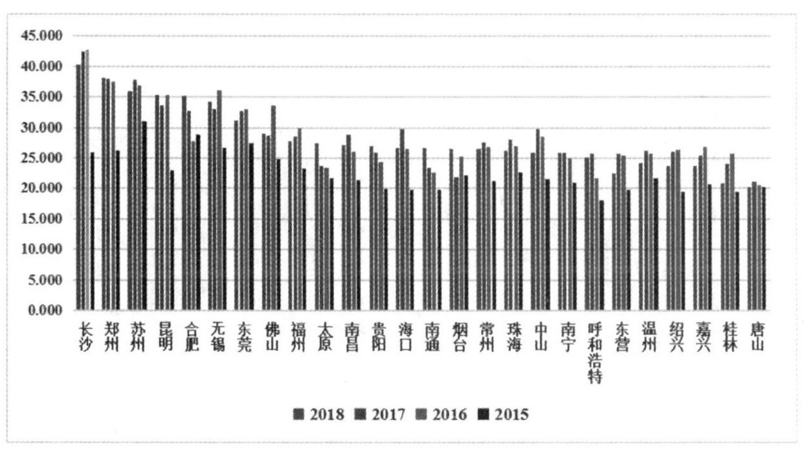

图 6 2015—2018 年省会城市及地级市会展业竞争力指数柱状图对比

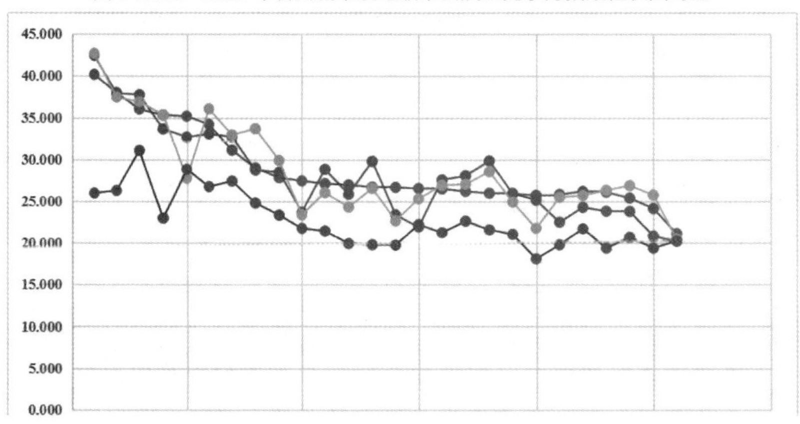

图 7 2015—2018 年省会城市及地级市会展业竞争力指数年度变化折线图

（二）2015—2018 年城市会展业整体环境竞争力指数对比分析

从图 8、图 9 与图 10 可知，直辖市及副省级城市中大部分城市整体环境竞争力指数都呈现出趋于稳定的态势，各城市相对竞争力变化幅度不大，这符合我国城市经济、文化与社会发展总体态势；而排名前列的省会城市及地级市的整体环境竞争力均出现不同程度的波动性，大部分城市出现了先升后降的趋势。这就表明其整体环境竞争力在包含直辖市与副省级城市在内的所有城市中，存在着年度不确定性，且受外部环境变化影响较大。要改善这一波动趋势，就更需要这些城市主动改善其营商环境与居住环境，为会展业发展提供一个长期可持续的宏观环境保障。

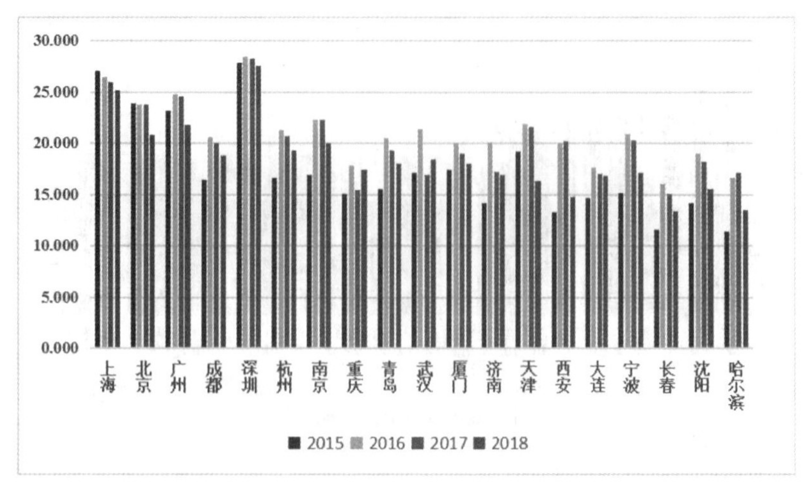

图 8 2015—2018 年直辖市及副省级城市会展业整体环境竞争力指数柱状图对比

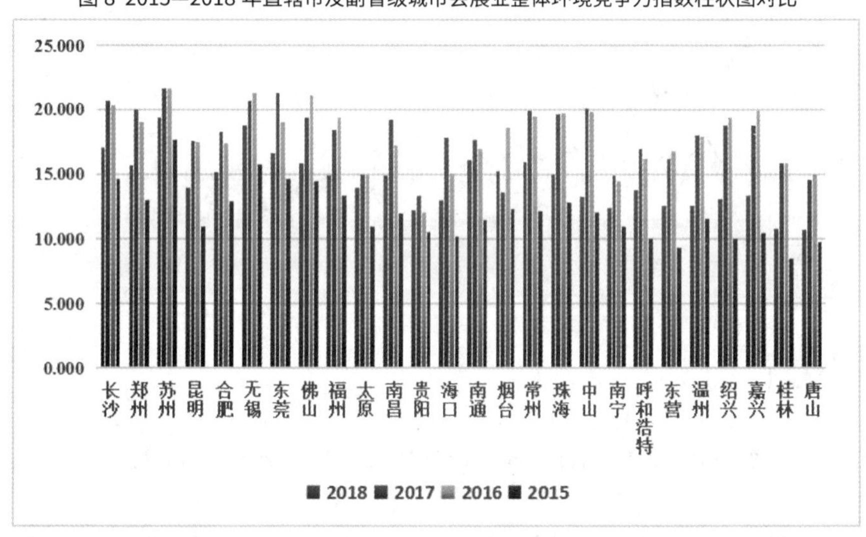

图 9 2015—2018 年省会城市及地级市会展业整体环境竞争力指数柱状图对比

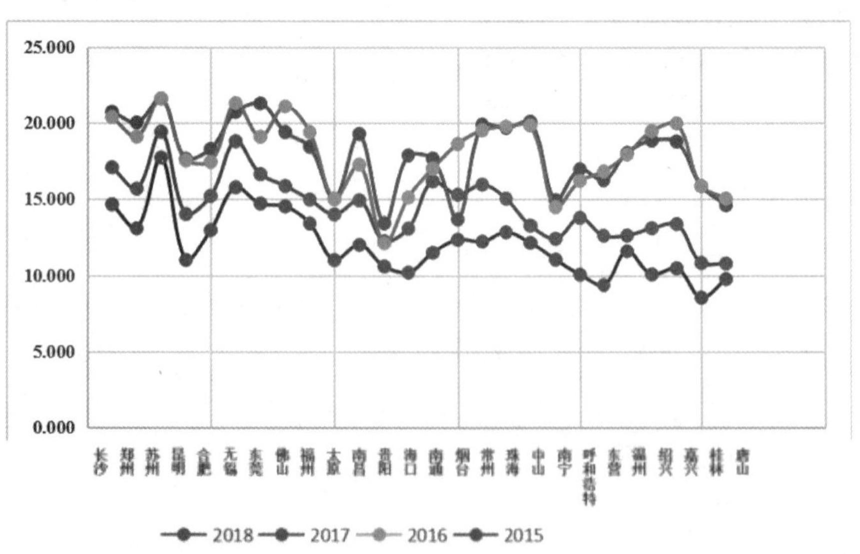

图 10 2015—2018 年省会城市及地级市整体环境竞争力指数年度变化折线图

（三） 2016—2018 年城市会展业专业竞争力指数对比分析

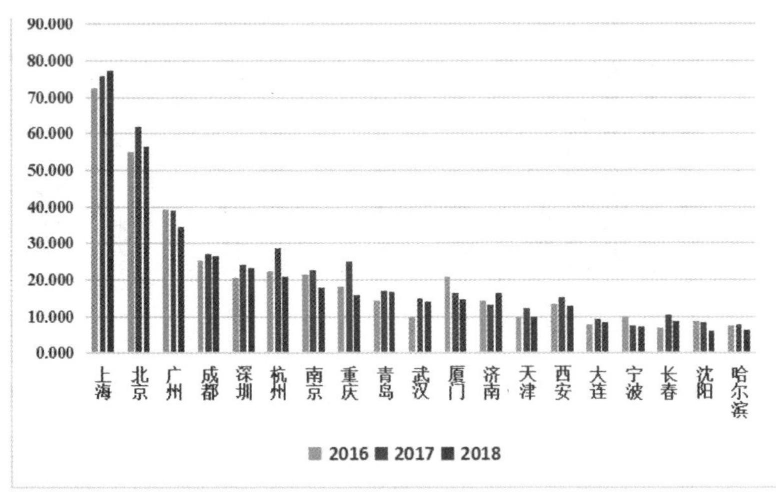

图 11 2016—2018 年直辖市及副省级城市会展专业竞争力指数柱状图对比

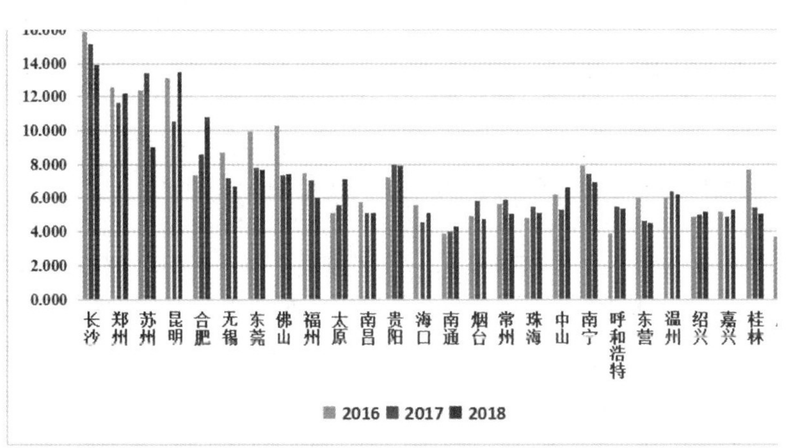

图 12 2016—2018 年省会城市及地级市会展专业竞争力指数柱状图对比

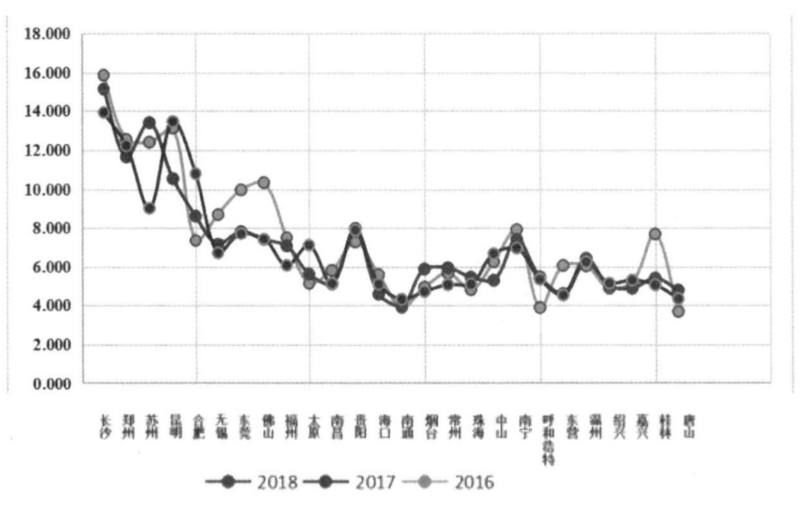

图 13 2016—2018 年省会城市及地级市会展专业竞争力指数年度变化折线图

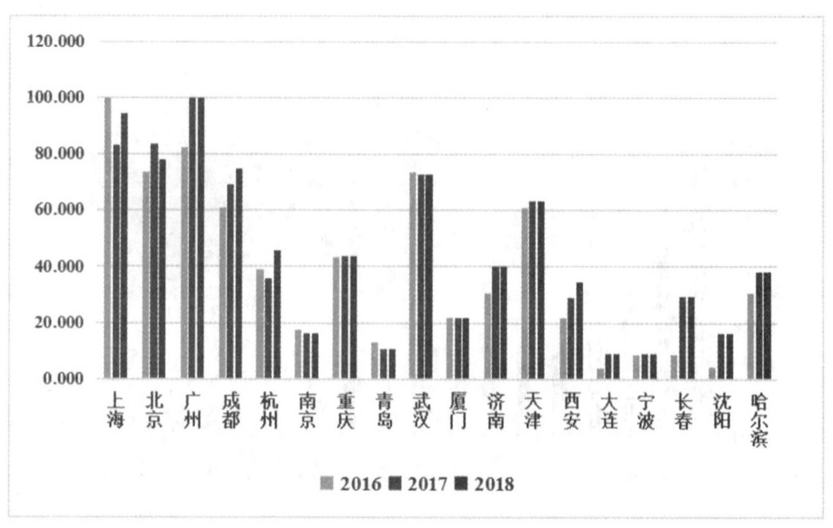

图 14 2016—2018 年直辖市及副省级城市会展教育竞争力指数柱状图对比

因为在城市会展业专业竞争力指数的测算方法中，2015 年略不同于 2016—2018 年，所以为了保证数据的可对比性，2015 年该指数数据结果不纳入对比分析中。从图 11、图 12 与图 13 可知，2016—2018 年，城市会展业专业竞争力指数存在多种发展趋势，并未形成统一规律。部分城市存在 3 年专业竞争力连续递增趋势，如上海、合肥、太原、南通等；部分城市存在 3 年专业竞争力相对平稳态势，如成都、青岛、珠海、绍兴等；还有部分城市存在 3 年专业竞争力明显先增后减趋势，如重庆、苏州、烟台等或明显先减后增趋势，如昆明、郑州、海口、中山等。

（四） 2016—2018 年城市会展业教育竞争力指数对比分析

因为在城市会展业教育竞争力指数的测算方法中，2015 年略不同于 2016—2018 年，所以为了保证数据的可对比性，2015 年该指数数据结果不纳入对比分析中。从图 14、图 14 与图 16 可知，直辖市及副省级城市普遍较为重视会展人才培养，尤其是北京、上海、广州、成都与武汉均有 10~20 余所高等院校开设了会展类相关专业，这为城市会展可持续发展提供了潜在人才资源。

在排名前列的省会城市及地级市中，会展教育重视程度参差不齐。其中，郑州、贵阳、长沙等城市较为重视，近年来在部分高等院校中开设了会展类相关专业，而东莞、南通、常州、东营、温州与嘉兴则对会展高等教育重视程度相对不够，需要进一步加强。

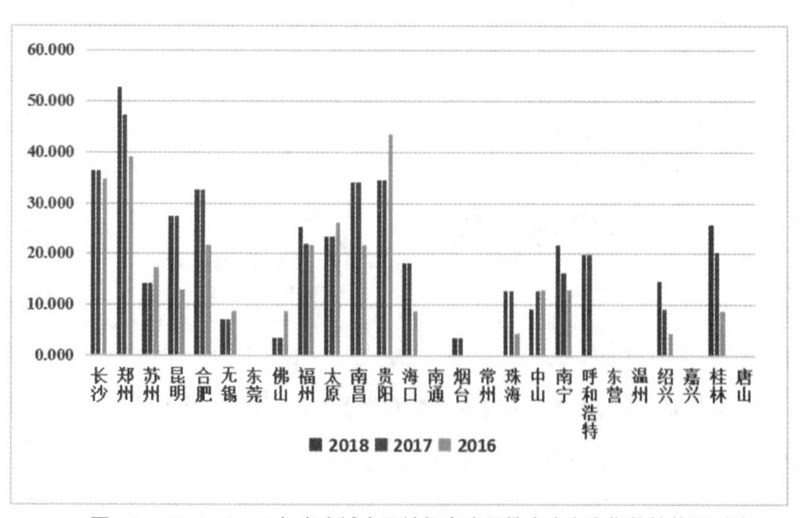

图 15　2016—2018 年省会城市及地级市会展教育竞争力指数柱状图对比

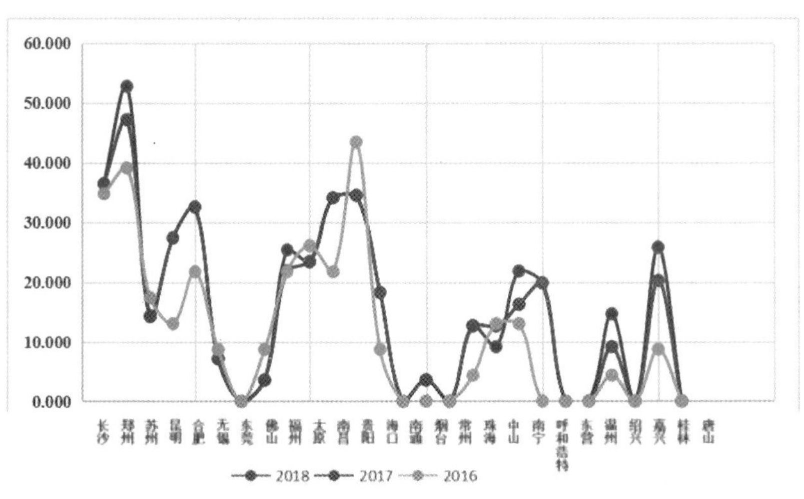

图 16 2016—2018 年省会城市及地级市会展教育竞争力指数年度变化折线图

三、结论

中国城市会展业竞争力指数报告由中国会展经济研究会、中国会展经济研究会成都研究中心在多年主要会展城市会展指数数据积累的基础上，于 2016 年 10 月首次推出《2015 年中国城市会展业竞争力指数报告》。2018 年报告仍从影响城市会展业发展的城市整体环境竞争力、城市会展专业竞争力与城市会展教育竞争力、城市会展业主管部门服务竞争力四大方面入手衡量中国城市会展业竞争力发展状况与发展潜力，并将 130 个样本城市根据经济发展规模、行政级别划分等因素区分为直辖市与副省级城市一类，省会城市及地级市城市一类并加以分析，从而为各城市持续发展会展经济提供理论支撑与指标依据，试图丰富会展界关于考察城市会展经济发展竞争力与潜力的这一研究领域。

本次城市会展业竞争力指数结果充分体现出其作为衡量城市会展业综合发展潜力的意义。该指数不仅考察了展览业与会议业的专业竞争力，还将城市整体环境竞争力、城市教育竞争力、城市主管部门服务竞争力引入其中，导致无论从城市间或是从年度上将直辖市、副省级城市、省会城市或是地级城市的城市会展业竞争力指数排名结果与各分项指标结果都存在差异性。

《2018 年城市会展业竞争力指数报告》反映出以下特点：其一，会展业竞争力指数总体得分存在上升趋势，其中 19 个直辖市与副省级城市以及连续 3 年排名前 20 位的省会城市及地级市 2015—2018 年总体竞争力指数上升趋势明显。其二，会展业竞争力指数下设的城市整体环境竞争力指数、城市会展专业竞争力指数、城市会展教育竞争力指数与城市会展业主管部门服务竞争力指数趋势存在差异性，未发现明显一致的上升趋势。其三，各城市 2015—2018 年会展业竞争力指数排名与得分不存在统一规律，均存在不同程度的波动性。

总之，中国城市会展业竞争力指数是一个城市发展会展业的综合考核指数。要想提升城市会展业竞争力与发展潜力，既要重视城市整体环境竞争力的增强，又要高度重视会展业专业竞争力的拔高，还要长期关注城市会展教育竞争力与城市会展主管部门服务能力的提升。

中国城市会展业竞争力指数创立过程中，吸收了众多会展专业人士的意见和建议，我们欢迎大家继续关注本项工作，希望通过持之以恒的努力，为中国会展事业的发展贡献一份力量。

2019 年度

一、2019 年中国城市会展业竞争力指数排名

依据计算公式和采集到的数据结果，最终统计了 125 个样本城市 2019 年会展业竞争力指数结果（详见附件 1）。这 125 个样本城市所属行政级别不同、经济发展体量不同、会展业发展的宏观基础与专业竞争力都存在着较大差距，导致城市间数据不具有可比性，并对指导城市未来会展业发展的作用较小。所以，本报告在沿用往年分类模式的基础之上，进一步按照城市行政级别细分出四种类型，即直辖市；二是副省级城市；三是省会城市划；四是地级市。

（一）直辖市 2019 年会展业竞争力指数排名

4 个直辖市排名与往年保持一致。其中，上海仍由于其经济区位优势以及会展产业的全面发展，使其指数远高于其他三城市（结果如表 1 与图 1 所示）。上海在会展专业竞争力中的强势表现也是导致其在城市会展业竞争力指数得分中远高于其他城市的根本原因。无论是在展览业指数还是国际会议指数中，上海得分都位居前两位，上海在衡量展览业的展览业综合发展指数、展览业国际合作指数与展览业价格指数 3 项二级指标以及衡量会议业的举办大型会议指数和国际会议指数 2 项二级指标中共有展览业发展综合指数、展览业价格指数 2 项排名第一，展览业国际合作指数、国际会议指数 2 项排名第二。同时，无论是在展览业还是在会议业上，上海的国际化合作程度也均远高于其他城市，这为其持续扩大城市会展业竞争力优势创造了有利条件。

表 1 直辖市 2019 年城市会展业竞争力指数排名

排名	城市	城市整体环境竞争力指数（F_1）				城市会展专业竞争力指数（F_2）						会展教育竞争力（F_3）	城市会展主管部门服务竞争力（F_4）	城市会展业竞争力指数（Y）
		综合经济竞争力指数（X_1）	宜居竞争力指数（X_2）	可持续竞争力指数（X_3）	整体环境竞争力指数（F_1）	展览业发展综合指数（X_4）	展览业国际合作指数（X_5）	展览业价格指数（X_6）	举办大型会议指数（X_7）	国际会议指数（X_8）	会展专业竞争力指数（F_2）			
1	上海	60.919	92.072	94.062	24.266	393.650	94.444	16.409	95.604	100.000	69.726	100.000	82.346	113.944
2	北京	37.801	73.297	100.000	20.776	173.480	100.000	84.346	94.854	100.000	53.843	64.948	83.398	92.777
3	重庆	23.600	92.342	70.134	17.488	80.990	6.481	55.143	17.439	—	14.690	24.742	52.678	43.663
4	天津	19.839	81.356	63.230	15.826	48.330	7.672	70.963	10.292	—	11.448	44.330	47.792	38.081

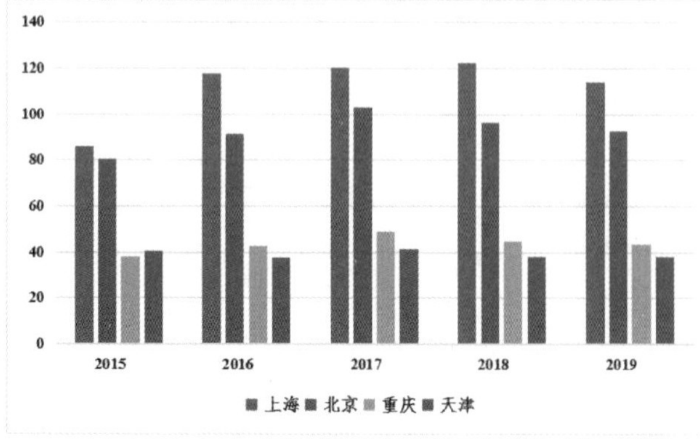

图 1 2015—2019 年直辖市会展业竞争力指数对比柱状图

（二）副省级城市 2019 年会展业竞争力指数排名

依据经济发展总体状况、城市行政级别划分等可比性因素，本报告将 15 个副省级城市作为一类城市进行城市会展业竞争力指数排名分析（结果如表 2 与图 2 所示）。

在 15 个副省级城市中，2019 年城市会展业竞争力指数排名最高的为广州，成都次之，深圳、杭州分别第三、四位，南京紧随其后名列第五。排在第六到十位的分别为厦门、武汉、青岛、济南与长春。其中，从城市会展业竞争力指数总体得分与柱状图可知，广州的得分远高于其他城市，仍然处于领先地位。同类城市中广州与哈尔滨之间的会展业竞争力指数差距相对过

大，哈尔滨的城市会展业竞争力指数仅占广州的约 35.29%。这一情况基本延续往年趋势。

为了更好地反映出各副省级城市间 2019 年会展业竞争力指数对比情况，仍将该指数细分为城市整体环境竞争力、城市会展专业竞争力、会展教育竞争力与城市会展主管部门服务竞争力四类指标来具体分析。在反映城市会展业发展基础与发展潜力的城市整体环境竞争力指数中，2019 年排在前五位的分别为深圳、广州、南京、杭州与成都，即因为这 5 个城市存在着优越的地理位置、雄厚的经济体量、丰富的文化资源以及对外开放程度高等优势因素，所以具有比其他城市更有利于会展业发展的宏观环境基础。另外，杭州、成都作为会展业的后起之秀，随着整体宏观环境实力的不断提升，也在逐渐缩小与上海、北京等直辖市的差距。

2019 年，19 个直辖市及副省级城市的会展专业竞争力体现了各城市会展业的现有发展规模与质量、国际化水平与品牌化程度。由表 1 可知，排名前五的城市分别为广州、南京、成都、杭州与深圳。

成都作为西部中心城市一直稳居总榜第四、副省级城市第二。根源在于，一方面其长期在展览业发展综合指数与大型会议举办数量指标方面表现稳定、均衡发展；另一方面则是其在国际化指标方面发展势头强劲，在展览业国际合作指数与国际会议举办指数两项指标中均出现了明显的上升趋势，同时也逐步缩小了与同期北京、上海会展国际化水平的差距。展览业国际合作指数从 2017 年的 19.048 上涨到 25.810，增长了近 1.4 倍；国际会议举办指数从 2015 年的 14.423 上涨到 36.26，增长了 2.5 倍。

由表 2 与图 3 可知，在反映城市会展业潜在人才竞争力的城市会展教育竞争力指数中，2019 年广州、成都与武汉名列前茅，具有明显竞争优势。这三个城市高度重视高等院校对会展专业人才的培养，设有会展专业的高等院校数量明显高于其他城市，其中作为西部中心城市成都也持续关注会展人才培养，在该指数上已位列第二。在城市会展主管部门服务竞争力指数中，经过 2019 年各城市政府会展相关政策数据采集与综合往届专家咨询结果，发现广州、杭州与成都均有不俗的表现。这就体现出其政府对会展产业的高度重视，并积极采取相关政策手段引导推动会展产业高质量发展。另外，对比 15 个副省级城市会展业竞争力指数排名可知，城市会展主管部门服务竞争力指标与城市会展业竞争力指标成总体正相关，这也体现各城市会展业的发展离不开政府的引导与服务作用。

表 2 副省级城市 2019 年城市会展业竞争力指数排名

排名	城市	城市整体环境竞争力指数（F_1）				城市会展专业竞争力指数（F_2）						会展教育竞争力（F_3）	城市会展主管部门服务竞争力（F_4）	城市会展业竞争力指数（Y）
		综合经济竞争力指数（X_1）	宜居竞争力指数（X_2）	可持续竞争力指数（X_3）	整体环境竞争力指数（F_1）	展览业发展综合指数（X_4）	展览业国际合作指数（X_5）	展览业价格指数（X_6）	举办大型会议指数（X_7）	国际会议指数（X_8）	会展专业竞争力指数（F_2）			
1	广州	44.277	98.085	80.324	21.640	197.300	46.164	78.718	6.861	18.681	33.513	91.753	77.979	73.881
2	成都	24.438	93.918	78.867	19.035	94.620	25.810	63.166	45.895	36.264	25.162	58.763	73.441	60.275
3	深圳	100.000	95.197	80.852	27.294	89.200	40.476	80.036	—	27.473	21.361	—	66.005	60.126
4	杭州	24.989	100.000	78.359	19.161	40.030	39.683	59.959	60.206	41.758	22.393	34.021	75.263	56.974
5	南京	22.885	97.435	79.423	19.242	76.750	11.905	55.883	100.000	30.769	26.504	9.278	49.958	54.951
6	厦门	20.189	91.807	68.487	17.333	60.500	11.243	59.735	48.599	18.681	18.315	12.371	56.503	46.166
7	武汉	23.535	94.602	67.812	17.864	65.780	9.259	47.650	46.312	14.286	17.284	50.515	40.872	45.101
8	青岛	19.589	91.748	73.750	17.806	74.220	12.963	52.539	6.175	—	13.248	10.309	53.806	40.986
9	济南	15.941	85.287	66.394	16.091	54.710	27.778	43.392	9.777	—	12.382	22.680	37.659	36.297
10	长春	13.043	78.667	60.871	14.630	47.970	—	43.733	21.294	—	10.146	16.495	43.846	33.326
11	西安	15.642	75.709	58.157	14.361	29.490	7.672	50.863	12.782	22.967	10.714	20.619	40.253	33.233
12	沈阳	11.694	81.549	61.466	14.806	52.870	3.968	42.899	24.730	—	11.379	17.526	34.613	33.189

续表

排名	城市	城市整体环境竞争力指数（F_1）				城市会展专业竞争力指数（F_2）						会展教育竞争力（F_3）	城市会展主管部门服务竞争力（F_4）	城市会展业竞争力指数（Y）
		综合经济竞争力指数（X_1）	宜居竞争力指数（X_2）	可持续竞争力指数（X_3）	整体环境竞争力指数（F_1）	展览业发展综合指数（X_4）	展览业国际合作指数（X_5）	展览业价格指数（X_6）	举办大型会议指数（X_7）	国际会议指数（X_8）	会展专业竞争力指数（F_2）			
13	宁波	18.110	94.282	64.513	16.926	34.830	6.614	56.158	—	—	7.888	9.278	40.499	32.376
14	大连	9.854	92.807	70.830	16.577	35.960	—	47.954	12.864	—	8.207	5.155	39.116	31.873
15	哈尔滨	10.864	79.839	53.809	13.779	13.910	3.968	47.033	6.289	—	5.438	25.773	31.094	26.075

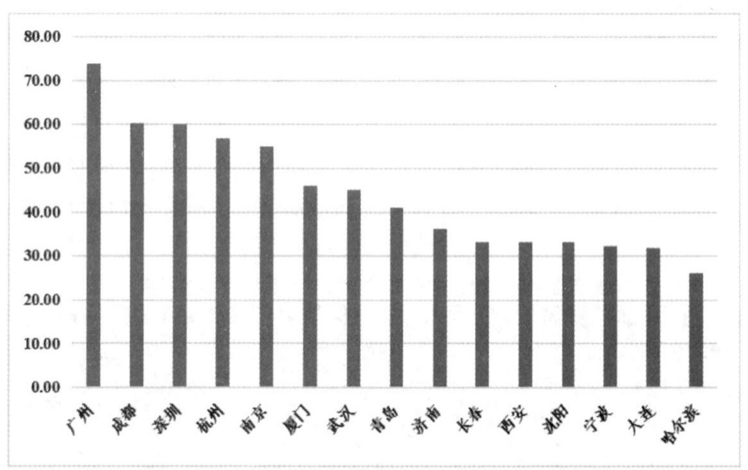

图 2 2019 年副省级城市会展业竞争力指数柱状图

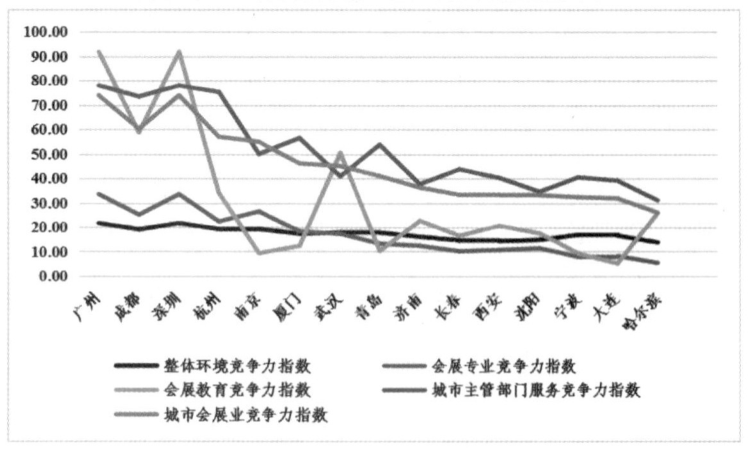

图 3 2019 年副省级城市会展业竞争力分项指数对比图

（三）省会城市 2019 年会展业竞争力指数排名

基于数据可比性，考察城市样本中的 16 个省会城市 2019 年城市会展业竞争力指数排名情况（如表 3 所示）。总体而言，除了排名前 7 的城市以外，其他城市整体会展业竞争力指数均不如直辖市与副省级城市的指数。长沙与郑州表现稳定，分列省会城市会展业竞争力指数排行榜前两位。这与其展览业综合实力相对雄厚休戚相关。

表 3 省会城市 2019 年城市会展业竞争力指数排名

排名	城市	城市整体环境竞争力指数（F_1）				城市会展专业竞争力指数（F_2）						会展教育竞争力（F_3）	城市会展主管部门服务竞争力（F_4）	城市会展业竞争力指数（Y）
		综合经济竞争力指数（X_1）	宜居竞争力指数（X_2）	可持续竞争力指数（X_3）	整体环境竞争力指数（F_1）	展览业发展综合指数（X_4）	展览业国际合作指数（X_5）	展览业价格指数（X_6）	举办大型会议指数（X_7）	国际会议指数（X_8）	会展专业竞争力指数（F_2）			
1	长沙	19.689	93.587	62.593	16.833	76.280	6.614	44.248	27.387	—	14.562	24.742	40.124	39.764
2	郑州	21.489	84.812	62.988	16.282	75.410	5.291	47.512	6.918	—	12.397	35.052	40.639	37.719
3	合肥	14.682	81.191	60.494	14.988	57.810	2.646	41.999	34.362	—	12.742	18.557	42.600	36.181
4	昆明	13.374	81.896	52.702	14.112	65.080	—	46.743	29.331	—	13.043	21.649	35.476	34.542
5	福州	13.932	85.790	54.848	14.738	28.360	—	53.730	22.527	—	8.737	14.433	30.450	29.581
6	海口	8.675	77.972	48.125	12.799	12.600	5.952	49.144	36.078	—	8.731	10.309	42.757	29.542
7	南昌	12.863	86.319	55.056	14.694	24.850	—	40.135	—	—	5.169	27.835	29.450	26.552
8	太原	9.435	77.153	57.119	13.730	32.920	—	46.272	—	—	6.427	13.402	28.500	25.866
9	贵阳	11.513	74.963	39.743	11.967	20.080	5.688	42.797	18.468	—	7.297	19.588	27.724	25.187
10	南宁	9.275	71.764	46.470	12.139	21.460	—	44.705	13.722	—	6.511	20.619	30.580	25.127
11	呼和浩特	8.675	72.946	51.066	12.653	14.780	1.455	57.385	—	—	5.261	11.340	27.800	23.386
12	乌鲁木齐	7.925	71.610	48.111	12.152	12.960	5.423	48.541	—	—	4.912	5.155	25.012	21.701
13	银川	7.496	74.299	53.686	12.919	9.430	—	43.407	—	—	3.680	2.062	25.900	21.217
14	兰州	8.075	61.238	42.333	10.651	17.640	—	39.656	—	1.099	4.460	9.278	23.950	19.797
15	石家庄	11.833	46.788	38.772	9.394	13.180	—	36.530	—	—	3.672	18.557	30.600	19.430
16	西宁	6.856	59.454	34.244	9.532	10.340	1.323	38.755	—	—	3.626	—	18.050	16.295

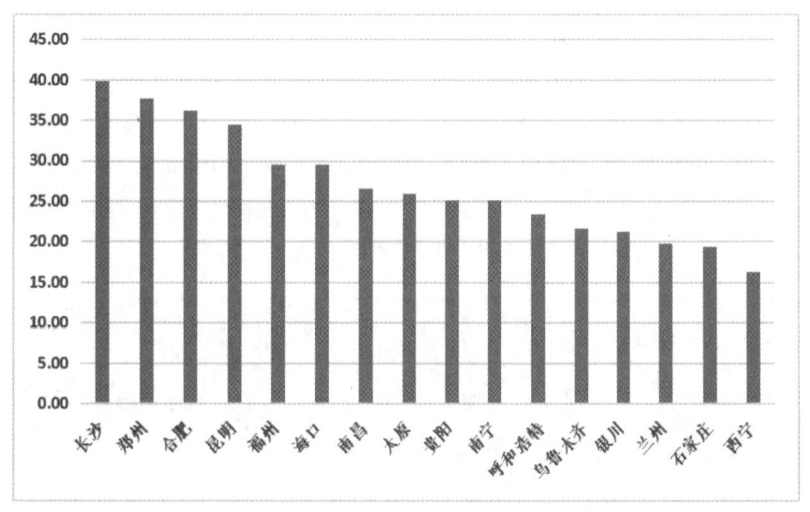

图 4 2019 年省会城市竞争力指数柱状图

为了更好地反映出各省会城市间 2019 年会展业竞争力指数对比情况，将竞争力指数按照三级指标细分为城市整体环境竞争力、城市会展专业竞争力、会展教育竞争力与城市会展主管部门服务竞争力共四类来具体分析。由表 3 与图 5 可知，在反映城市会展业发展基础与发展潜力的城市整体环境竞争力指数中，2019 年排在前五位的分别为长沙、郑州、合肥、福州与南昌，即在省会城市中这 5 个城市的综合经济竞争力、宜居竞争力与可持续竞争力综合得分最高。2019 年在会展专业竞争力中排名前五的城市分别为长沙、昆明、合肥、郑州与福州，其中长沙、合肥与昆明在展览业指数与会议业指数中表现较为均衡，郑州则出现了展览业强于会议业的态势。

在反映城市会展业潜在人才竞争力的城市会展教育竞争力指数中，2019 年郑州、南昌、长沙、昆明与南宁名列前茅，具有明显优势。这些城市逐渐重视高等院校对会展专业人才的培养，设有会展专业的高等院校数量高于其他省会城市，这对会展人才的培养与潜在人才蓄力机制值得其他城市学习。在城市会展主管部门服务竞争力指数中，2019 年海口、合肥、郑州与长沙都有良好的表现，证实这些城市政府主管部门正有效地通过政策引导、资金支持、监管措施等多种手段积极推动当地会展业健康有序发展。

（四） 地级市 2019 年会展业竞争力指数排名

基于数据可比性，将样本城市中的地级市分为一类，考察其 2019 年城市会展业竞争力指数排名情况（如表 4 所示）。总体而言，苏州、无锡与东莞表现亮眼。同时，涵盖的 90 个地级市之间的指数差距也相对较大，尤其是随着考察城市数量范围的扩大，一些经济总量相对较小且整体社会、文化、交通与信息相对不发达的地级市，其会展业竞争力指数远远小于排名靠前的城市。如在 2019 年地级市会展业竞争力指数中排名第 90 位的葫芦岛市得分仅为苏州市的约 22.92%。

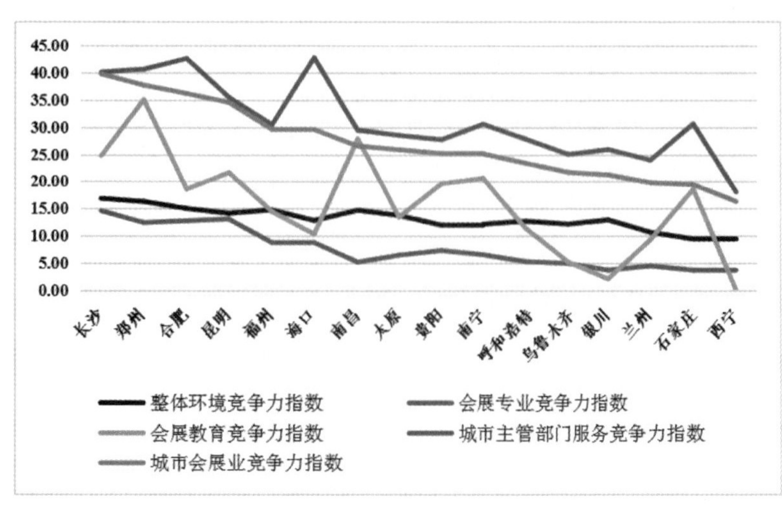

图 5 2019 年省会城市会展业竞争力分项指数对比图

表 4 地级市 2019 年城市会展业竞争力指数排名

排名	城市	城市整体环境竞争力指数（F_1）				城市会展专业竞争力指数（F_2）						会展教育竞争力（F_3）	城市会展主管部门服务竞争力（F_4）	城市会展业竞争力指数（Y）
		综合经济竞争力指数（X_1）	宜居竞争力指数（X_2）	可持续竞争力指数（X_3）	整体环境竞争力指数（F_1）	展览业发展综合指数（X_4）	展览业国际合作指数（X_5）	展览业价格指数（X_6）	举办大型会议指数（X_7）	国际会议指数（X_8）	会展专业竞争力指数（F_2）			
1	苏州	31.753	92.932	73.732	19.188	30.450	6.085	48.825	27.444	—	9.777	8.247	38.258	36.079
2	无锡	23.926	84.143	63.950	16.577	26.070	—	69.315	—	—	7.083	4.124	46.508	31.976
3	东莞	26.056	82.541	61.558	16.413	19.700	1.323	71.877	—	—	6.671	—	38.316	29.743
4	佛山	23.317	82.561	54.272	15.378	9.930	3.042	61.064	—	—	5.110	2.062	31.500	26.079
5	烟台	13.493	81.316	62.495	15.080	10.380	—	50.151	2.573	—	4.465	2.062	36.150	25.944
6	常州	19.389	89.423	54.750	15.625	6.690	—	65.599	—	—	4.734	0.000	31.000	25.747
7	珠海	15.292	76.333	62.315	14.807	8.680	4.762	58.860	—	—	5.008	7.216	30.367	25.499
8	扬州	14.202	78.067	54.508	14.044	7.120	0.000	62.066	5.718	—	5.163	2.062	31.050	24.720
9	中山	17.680	74.184	44.234	13.008	19.070	1.323	57.219	—	—	5.708	5.155	31.050	24.403
10	南通	15.891	72.925	54.159	13.728	8.880	—	55.740	—	—	4.373	—	34.950	24.175
11	温州	11.234	66.896	50.736	12.350	18.200	3.968	67.621	—	—	6.507	—	30.550	24.166
12	威海	11.653	85.095	53.275	14.275	2.530	—	55.809	6.289	—	4.339	2.062	30.800	24.083
13	嘉兴	13.463	74.069	49.934	13.140	8.470	—	69.883	—	—	5.190	—	29.700	23.492
14	绍兴	12.563	72.419	49.189	12.822	7.080	—	71.800	—	—	5.155	8.247	27.300	23.187
15	临沂	8.965	54.740	34.896	9.401	51.690	5.291	28.471	—	—	7.915	—	28.500	22.270
16	东营	10.324	72.574	46.589	12.333	4.390	2.646	62.494	—	—	4.552	—	30.512	22.189
17	潍坊	10.484	72.014	43.880	12.022	10.080	1.323	47.706	—	—	4.143	—	34.373	22.140
18	芜湖	10.154	75.648	44.883	12.414	5.060	—	45.718	6.118	—	3.982	—	32.650	22.071
19	泰州	13.792	78.617	41.275	12.690	9.140	—	52.363	—	—	4.195	—	25.550	21.325
20	唐山	10.024	63.262	36.896	10.477	7.000	2.646	48.032	6.461	—	4.631	—	28.950	20.139
21	秦皇岛	6.116	59.029	48.890	10.922	0.770	—	55.596	—	—	3.476	12.371	27.100	19.806
22	徐州	13.193	51.627	46.949	10.808	10.800	—	40.270	—	—	3.639	—	29.550	19.582
23	盐城	10.494	65.662	39.265	10.983	9.660	—	43.313	—	—	3.700	8.247	25.050	19.502
24	惠州	10.034	61.383	49.461	11.602	3.330	—	46.165	—	—	3.181	—	26.850	19.449
25	鄂尔多斯	8.395	81.086	41.930	12.409	2.100	—	50.433	—	—	3.306	—	21.150	19.392
26	台州	10.014	58.354	38.143	10.167	8.700	—	57.328	—	—	4.450	—	26.000	19.136

续表

排名	城市	城市整体环境竞争力指数（F_1）				城市会展专业竞争力指数（F_2）						会展教育竞争力（F_3）	城市会展主管部门服务竞争力（F_4）	城市会展业竞争力指数（Y）
		综合经济竞争力指数（X_1）	宜居竞争力指数（X_2）	可持续竞争力指数（X_3）	整体环境竞争力指数（F_1）	展览业发展综合指数（X_4）	展览业国际合作指数（X_5）	展览业价格指数（X_6）	举办大型会议指数（X_7）	国际会议指数（X_8）	会展专业竞争力指数（F_2）			
27	桂林	7.026	68.647	40.309	10.992	9.930	—	44.186	—	—	3.783	14.433	20.150	19.091
28	绵阳	6.876	69.740	38.787	10.917	7.720	—	41.731	—	—	3.391	5.155	25.450	19.022
29	泰安	9.704	67.136	43.346	11.451	1.210	—	43.209	—	—	2.768	—	25.100	18.582
30	包头	8.245	67.669	35.956	10.585	3.630	—	58.516	—	—	3.967	2.062	21.650	18.431
31	马鞍山	7.496	56.859	33.119	9.253	4.100	—	54.160	2.401	—	4.004	2.062	27.850	18.213
32	景德镇	6.156	78.627	41.669	11.928	0.600	—	48.124	—	—	3.001	—	18.800	18.197
33	洛阳	8.975	50.557	43.875	9.953	8.520	—	44.060	—	—	3.621	—	26.450	18.171
34	盘锦	4.957	70.510	34.768	10.371	0.860	—	49.864	—	—	3.136	—	21.900	17.313
35	廊坊	9.884	56.505	38.300	10.005	11.880	3.042	31.866	—	—	3.543	3.093	20.300	17.250
36	本溪	3.448	55.715	35.711	8.992	1.200	—	70.076	—	—	4.406	—	21.750	17.178
37	济宁	10.354	56.225	35.123	9.703	1.100	—	42.832	—	—	2.733	2.062	26.600	17.175
38	连云港	8.835	50.722	31.612	8.693	4.950	—	39.516	8.348	—	3.825	—	25.600	16.967
39	宝鸡	7.316	56.360	36.020	9.488	0.720	—	45.271	—	—	2.840	—	23.400	16.395
40	赣州	7.166	50.932	38.961	9.291	0.500	—	40.124	5.718	—	3.100	—	22.800	16.354
41	丹东	4.047	53.556	38.384	9.138	2.520	—	47.372	—	—	3.166	—	22.000	16.127
42	柳州	7.915	51.262	37.759	9.276	2.160	—	46.414	—	—	3.068	2.062	19.800	15.901
43	日照	8.065	45.999	34.922	8.531	0.640	—	40.267	—	—	2.526	—	26.850	15.724
44	攀枝花	6.566	77.383	22.659	9.906	0.400	—	46.634	—	—	2.888	—	16.450	15.654
45	营口	4.947	50.122	32.165	8.287	0.350	—	48.349	—	—	2.988	—	24.700	15.568
46	抚顺	3.597	52.746	36.729	8.848	0.300	—	51.197	—	—	3.156	—	19.700	15.428
47	佳木斯	5.407	51.367	43.334	9.595	0.700	—	34.640	—	—	2.190	2.062	16.050	14.690
48	聊城	8.665	45.459	36.458	8.704	0.690	—	33.130	—	—	2.096	—	22.150	14.651
49	齐齐哈尔	5.516	59.299	35.415	9.498	0.350	—	34.522	—	—	2.144	—	17.250	14.640
50	德阳	7.755	43.664	30.698	7.857	0.760	—	42.489	—	—	2.675	4.124	21.850	14.562
51	沧州	8.555	45.274	29.685	7.980	2.150	1.587	40.472	—	—	2.860	—	20.350	14.377
52	南充	6.706	46.623	30.225	7.961	0.400	—	45.990	—	—	2.849	—	20.250	14.330
53	郴州	7.635	39.926	29.248	7.363	3.150	—	50.866	—	—	3.448	—	19.850	14.260

续表

排名	城市	城市整体环境竞争力指数（F_1）				城市会展专业竞争力指数（F_2）						会展教育竞争力（F_3）	城市会展主管部门服务竞争力（F_4）	城市会展业竞争力指数（Y）
		综合经济竞争力指数（X_1）	宜居竞争力指数（X_2）	可持续竞争力指数（X_3）	整体环境竞争力指数（F_1）	展览业发展综合指数（X_4）	展览业国际合作指数（X_5）	展览业价格指数（X_6）	举办大型会议指数（X_7）	国际会议指数（X_8）	会展专业竞争力指数（F_2）			
54	雅安	5.367	60.378	27.082	8.722	1.200	—	40.403	—	—	2.596	3.093	15.400	14.169
55	泸州	6.726	43.269	31.813	7.828	6.200	—	40.942	—	—	3.176	—	18.150	14.159
56	宁德	7.346	44.619	28.146	7.637	1.700	—	38.487	—	—	2.534	—	22.400	14.063
57	肇庆	7.496	35.037	34.293	7.431	0.150	—	43.919	—	—	2.695	—	22.300	14.003
58	晋城	5.546	42.730	39.612	8.458	1.130	—	37.362	—	—	2.403	—	15.950	13.633
59	承德	5.856	39.356	34.587	7.674	0.200	—	30.099	6.575	—	2.545	2.062	18.300	13.516
60	辽阳	3.747	38.546	23.772	6.268	0.170	—	60.114	—	—	3.686	—	20.000	13.430
61	阜新	4.347	40.705	30.583	7.224	0.750	—	50.866	—	—	3.185	—	17.350	13.424
62	保定	7.955	23.836	35.473	6.604	0.340	—	33.297	—	—	2.068	2.062	25.550	13.229
63	四平	5.516	38.111	36.951	7.770	0.890	—	32.882	—	—	2.103	—	18.900	13.158
64	枣庄	8.505	42.045	22.188	6.917	1.100	—	37.682	—	—	2.419	—	21.900	13.142
65	乐山	6.566	33.043	32.522	6.974	1.120	—	40.489	—	—	2.592	—	20.350	13.104
66	遂宁	6.406	44.609	27.270	7.447	0.560	—	35.004	—	—	2.197	—	18.600	12.876
67	大同	5.397	32.098	35.193	7.042	6.750	—	33.727	—	—	2.796	—	17.400	12.862
68	自贡	7.036	46.913	32.341	8.239	0.520	—	38.722	—	—	2.419	—	12.250	12.787
69	广安	6.456	58.094	13.255	7.212	0.470	—	40.045	—	—	2.494	—	17.500	12.747
70	资阳	5.387	47.693	24.077	7.286	0.600	—	39.612	—	—	2.482	—	17.100	12.740
71	广元	5.516	58.084	22.781	8.091	0.760	—	36.291	—	—	2.297	—	13.400	12.717
72	信阳	7.206	30.854	35.241	7.126	1.540	—	34.457	—	—	2.271	—	17.900	12.508
73	张家口	5.816	37.841	30.510	7.116	0.620	—	33.204	—	—	2.093	—	18.800	12.476
74	六安	5.666	32.038	29.150	6.444	0.620	—	29.257	—	—	1.853	4.124	20.750	12.135
75	宿迁	8.815	25.831	23.121	5.602	3.300	—	44.277	—	—	3.062	—	19.650	12.080
76	运城	5.407	27.615	29.741	6.083	0.600	—	36.284	—	—	2.279	—	19.650	11.778
77	漯河	7.056	21.002	25.548	5.237	8.460	—	38.021	—	—	3.246	2.062	14.850	11.180
78	眉山	6.586	30.294	14.236	4.852	0.570	—	40.541	7.261	—	3.294	—	15.850	10.901
79	内江	6.736	31.259	16.718	5.209	0.700	—	39.607	—	—	2.493	—	17.850	10.804
80	宜宾	6.706	21.802	22.897	4.999	0.600	—	40.252	—	—	2.521	—	17.800	10.614

续表

排名	城市	城市整体环境竞争力指数（F_1）				城市会展专业竞争力指数（F_2）						会展教育竞争力（F_3）	城市会展主管部门服务竞争力（F_4）	城市会展业竞争力指数（Y）
		综合经济竞争力指数（X_1）	宜居竞争力指数（X_2）	可持续竞争力指数（X_3）	整体环境竞争力指数（F_1）	展览业发展综合指数（X_4）	展览业国际合作指数（X_5）	展览业价格指数（X_6）	举办大型会议指数（X_7）	国际会议指数（X_8）	会展专业竞争力指数（F_2）			
81	松原	5.856	20.597	28.194	5.347	0.250	—	33.195	—	—	2.052	—	15.300	10.058
82	德州	8.705	10.206	28.312	4.734	0.370	—	32.314	—	—	2.012	—	17.900	9.856
83	衡水	6.596	17.389	22.472	4.551	1.490	—	30.521	—	—	2.025	—	18.250	9.748
84	三门峡	6.136	9.906	23.486	3.941	4.120	—	46.725	—	—	3.301	—	14.300	9.728
85	巴中	5.217	24.346	21.595	4.935	0.250	—	36.624	—	—	2.261	—	14.200	9.664
86	云浮	5.846	31.828	16.798	5.174	1.350	—	30.303	—	—	1.996	—	13.300	9.482
87	菏泽	8.065	2.484	24.313	3.568	2.400	—	31.287	—	—	2.171	—	19.300	9.094
88	邢台	6.746	5.618	22.545	3.527	3.420	—	30.599	—	—	2.241	2.062	17.350	8.899
89	朝阳	4.197	6.052	24.363	3.484	0.520	—	40.561	—	—	2.531	—	16.500	8.883
90	葫芦岛	4.657	13.985	14.138	3.187	0.270	—	37.415	—	—	2.312	—	15.950	8.271

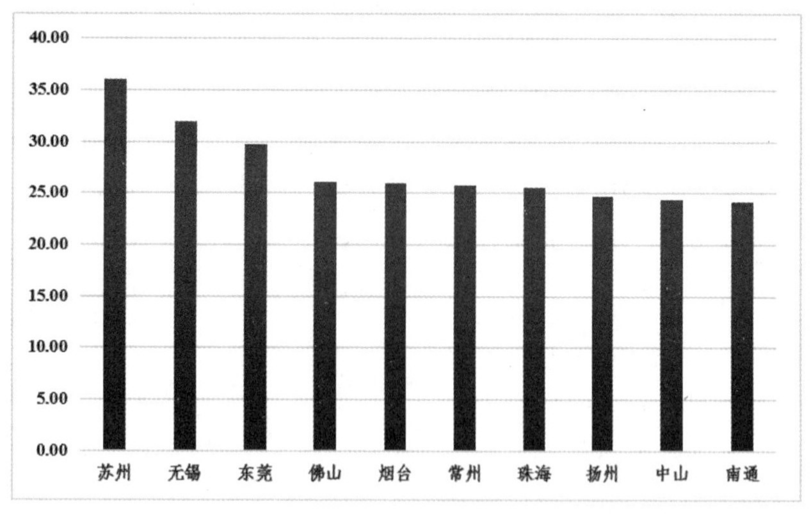

图 6 2019 年总体排名前 10 位地级市竞争力指数柱状图

为了更好地帮助这 90 个城市中排名靠后的城市找出并缩小城市间会展业竞争力发展差距，本报告着重针对总体排名前 10 的地级市刻画出其城市会展业竞争力指数柱状图（如图 6 所示）。2019 年在地级市中，苏州、无锡与东莞成为会展业发展第一梯队，城市会展业竞争力指数高于其他城市，且得分在 30 分左右；佛山、烟台、常州与珠海则成为第二梯队，梯队内差距相对较小，得分在 25 分左右；其他排名前 10 的城市则位列第三梯队。

由表 4 与图 7 可知，在反映城市会展业发展基础与发展潜力的城市整体环境竞争力指数中 2019 年排在前五位的分别为苏州、无锡、东莞、常州与佛山，即在地级市中这 5 个城市的综合经济竞争力、宜居竞争力与可持续竞争力综合得分最高。2019 年在会展专业竞争力中排名前三的城市分别为苏州、无锡与东莞，其中苏州在展览业指数与会议业指数中表现较为均衡，无锡与东莞均出现了展览业强于会议业的态势。

在反映城市会展业潜在人才竞争力的城市会展教育竞争力指数中，2019 年苏州与珠海具有明显优势。这些城市逐渐重视高等院校对会展专业人才的培养，设有会展专业的高等院校数量高于其他地级市。在城市会展主管部门服务竞争力指数中，无锡、苏州、东莞与烟台都有良好的表现，证实这些城市政府主管部门正有效地通过政策引导、资金支持、监管措施等多种手段积极推动当地会展业健康有序发展。

二、中国城市会展业竞争力指数年度对比分析

通过 2015—2019 年的科学测算，对中国城市会展业竞争力指数，以及下设的会展城市整体环境竞争力指数、会展业专业竞争力指数、会展教育竞争力指数与会展主管部门服务竞争力指标进行对比分析。其中，基于可比性、可参照性以及对其他城市具有可借鉴性的原则，将 4 个直辖市、15 个副省级城、16 个省会城市以及 2019 年排名前 10 位的地级市均作为对比分析城市。

（一） 2015—2019 年城市会展业竞争力指数对比分析

从图 8、图 9 与图 10 可知，无论是直辖市还是副省级城市会展业竞争力指数总体变化相对稳定、波动幅度不大，但各城市间出现了不同的年度趋势。其一，部分城市整体会展竞争力指数呈现出逐年平稳上升的趋势，如武汉、长春等城市；其二，部分城市整体会展竞争力指数呈现出先升后降趋势，如青岛、西安、哈尔滨等城市；其三，部分城市呈现出年度波动性即未有明显上升或下降趋势，如厦门、沈阳等城市。

从图 11 与图 12 可知，16 个省会城市间 2016—2019 年各城市间也出现了不同的年度趋势。其一，部分城市整体会展竞争力指数呈现出相对稳定的趋势、年度波动较小，如郑州、南宁、兰州等城市；其二，部分城市整体会展竞争力指数呈现出先升后降趋势，如南昌、呼和浩特、乌鲁木齐等城市；其三，部分城市呈现出持续小幅上涨趋势，如合肥。

从图 13 与图 14 可知，2019 年排名前十的地级市间年度会展业竞争力指数变化较大。苏州、常州、扬州在 2016—2019 年会展业竞争力指数变动相对稳定、波动幅度相对较小；无锡、烟台 2015—2016 年波动相对较大、存在一定的不稳定性；佛山、中山与南通 2015—2019 年存在先升后降的趋势。

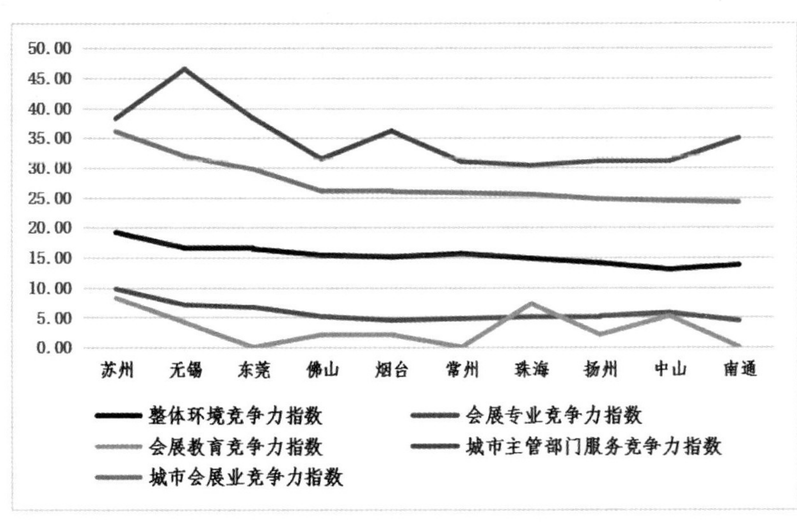

图 7 2019 年排名前 10 地级市会展业竞争力分项指数对比图

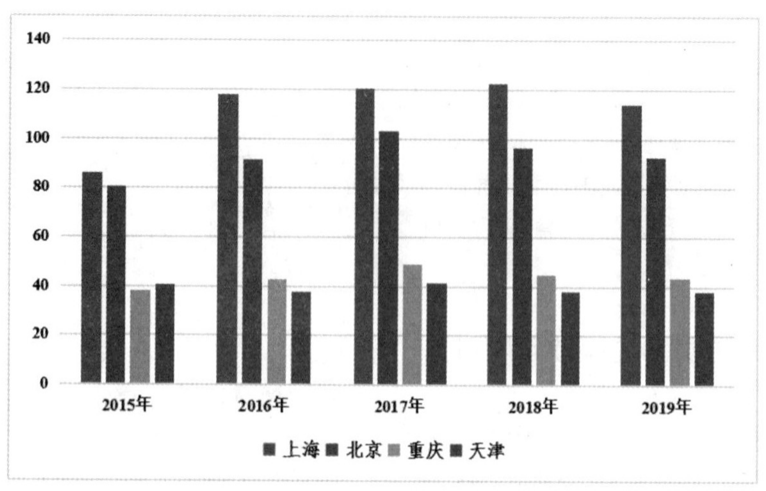

图 8 2015—2019 年直辖市会展业竞争力指数对比柱状图

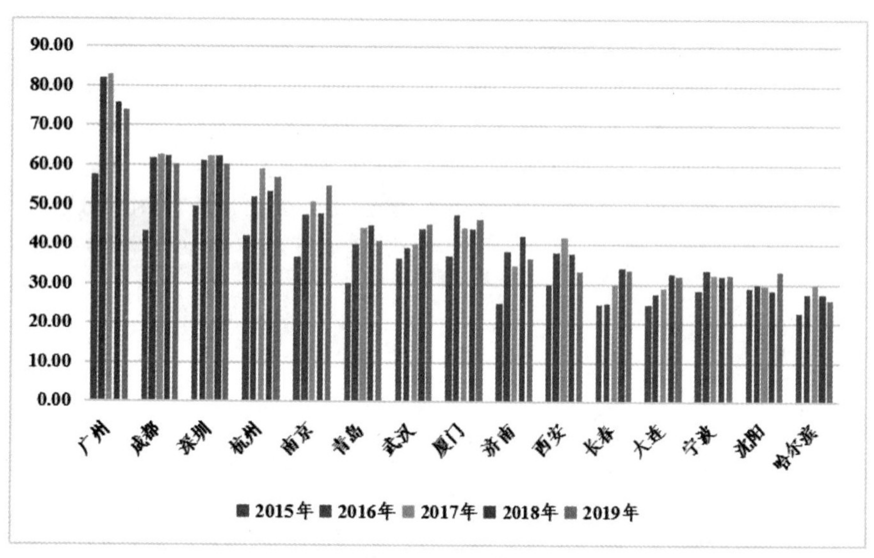

图 9 2015—2019 年副省级城市会展业竞争力指数对比柱状图

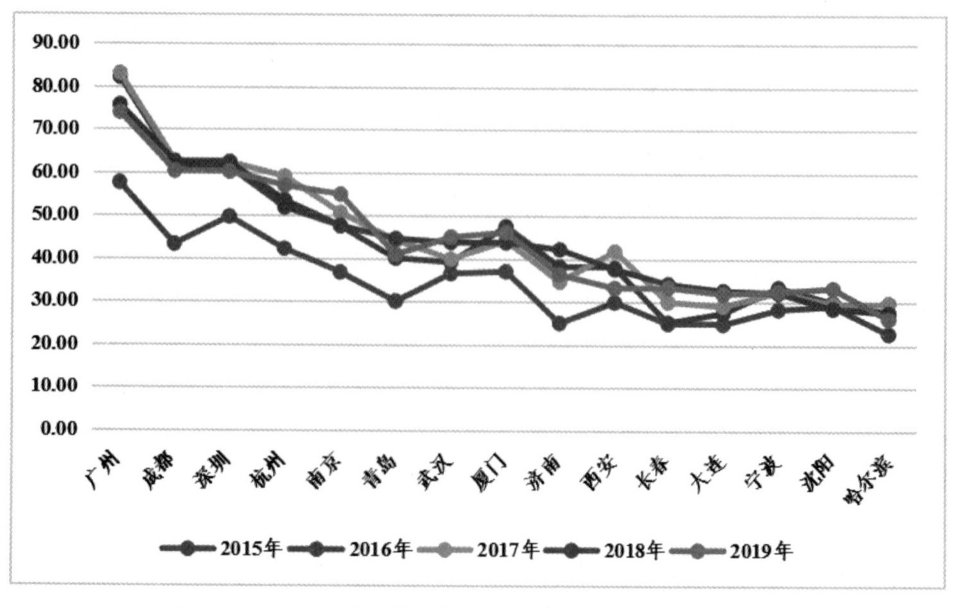

图 10 2015—2019 年副省级城市会展业竞争力指数年度变化折线图

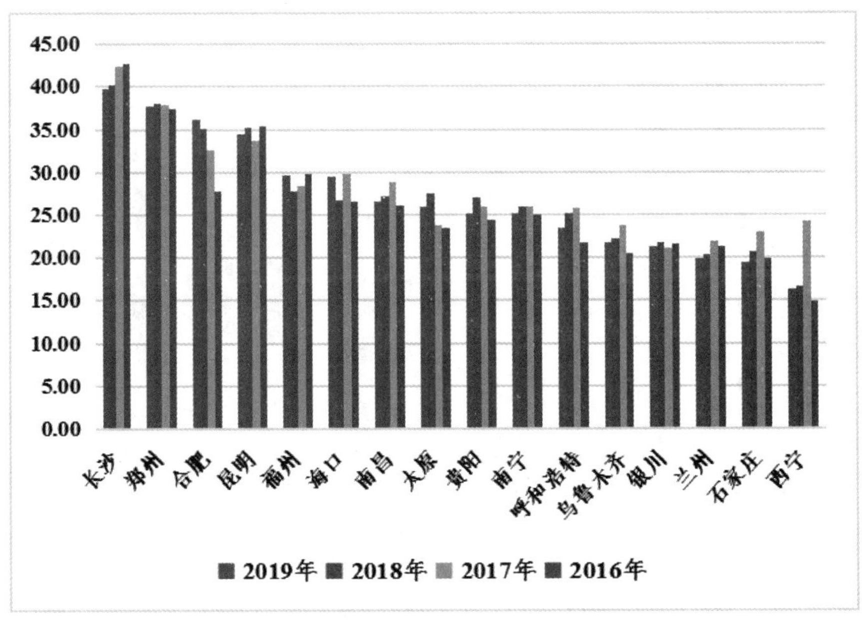

图 11 2015—2019 年省会城市会展业竞争力指数对比柱状图

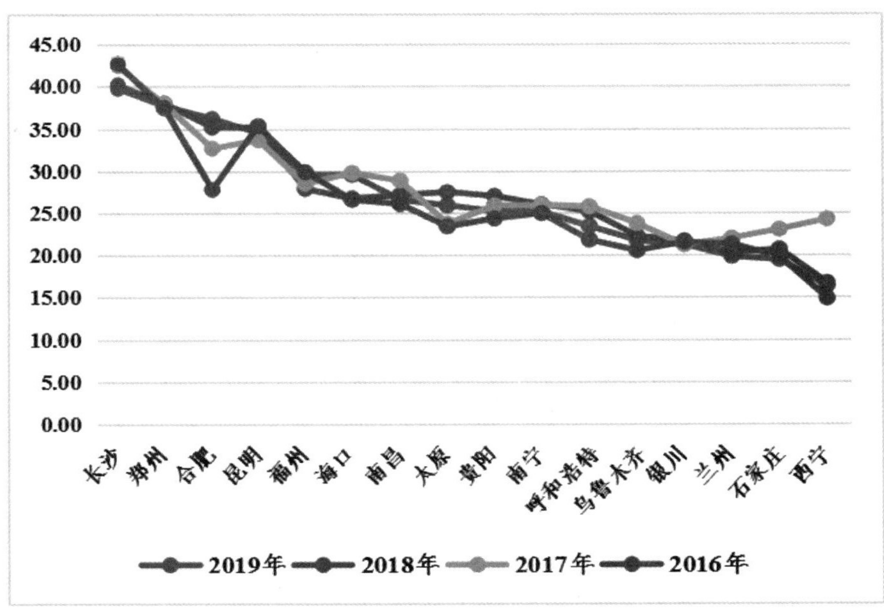

图 12 2016—2019 年省会城市会展业竞争力指数年度变化折线图

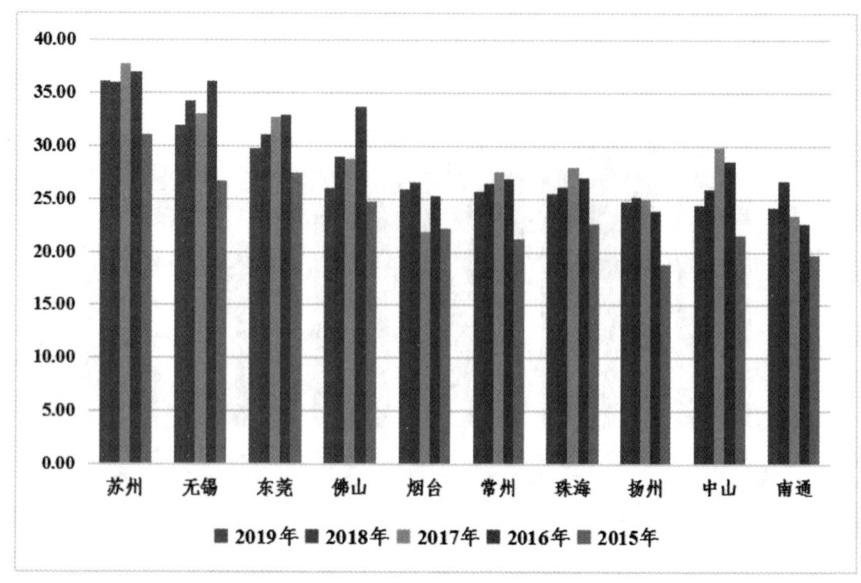

图 13 2019 年排名前 10 位地级市会展业竞争力指数年度对比柱状图

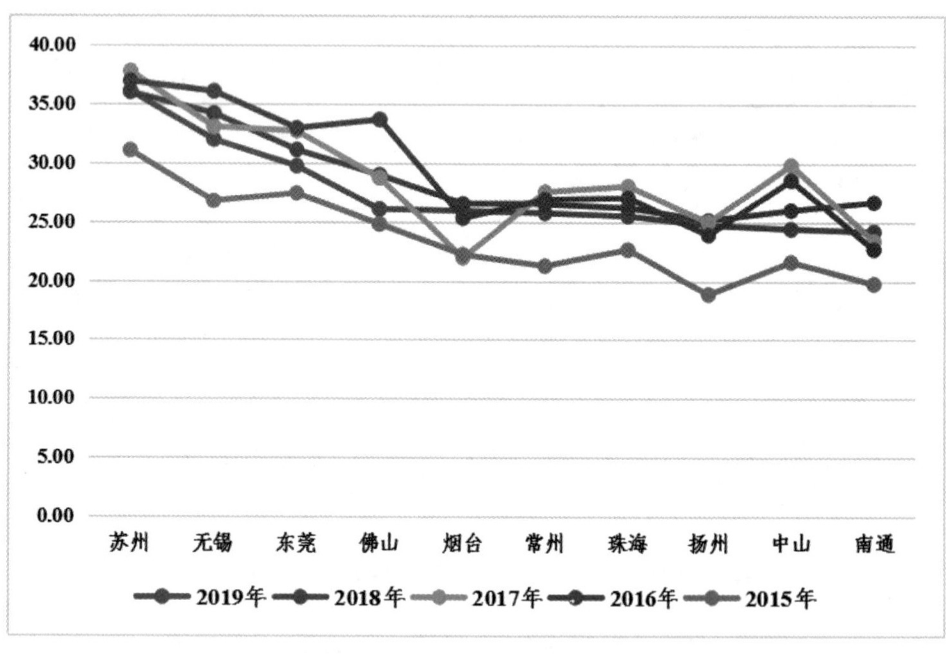

图 14 2019 年排名前 10 地级市会展业竞争力指数年度对比折线图

（二） 2016—2019 年城市会展业专业竞争力指数对比分析

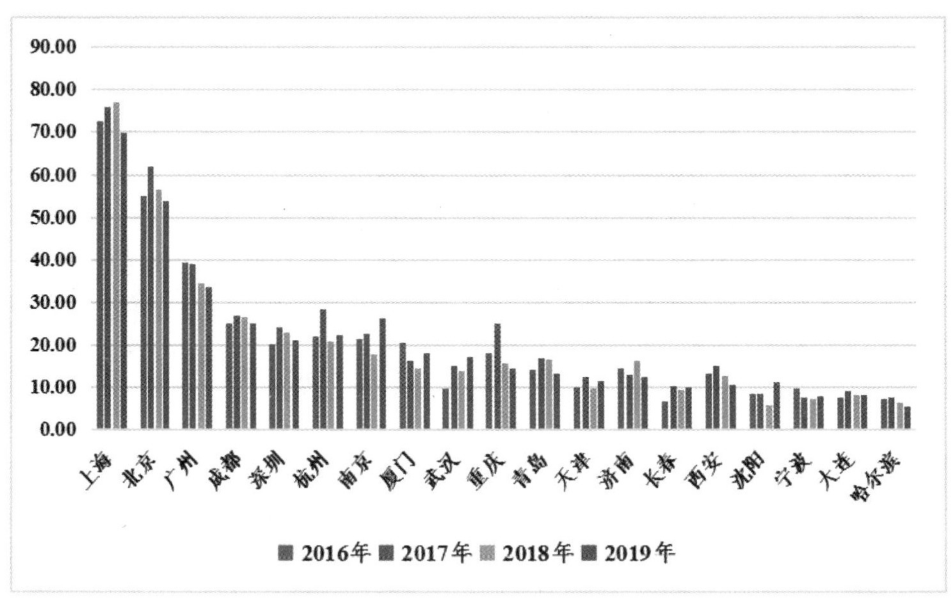

图 15 2016—2019 年直辖市及副省级城市会展专业竞争力指数柱状对比图

因为在城市会展业专业竞争力指数的测算方法中，2015 年略不同于 2016—2019 年，所以为了保证数据的可对比性，2015 年该指数数据结果不纳入对比分析中。从图 15 至图 20 可知，2016—2019 年城市会展业专业竞争力指数存在多种发展趋势，并未形成统一规律。总体而言，直辖市及副省级城市间会展专业竞争力指数年度间存在小幅波动、总体趋于稳定。省会城市与排名前列的地级市会展专业竞争力年度波动较大，除了合肥、南通存在持续上升趋势以外，大部分城市均出现了不同程度的年度变化，即福州、海口、无锡等城市存在先降后升趋势，太原、石家庄、西宁、烟台、常州等城市存在先升后降趋势，南昌、呼和浩特、银川、中山等城市存在年度上下震荡趋势。

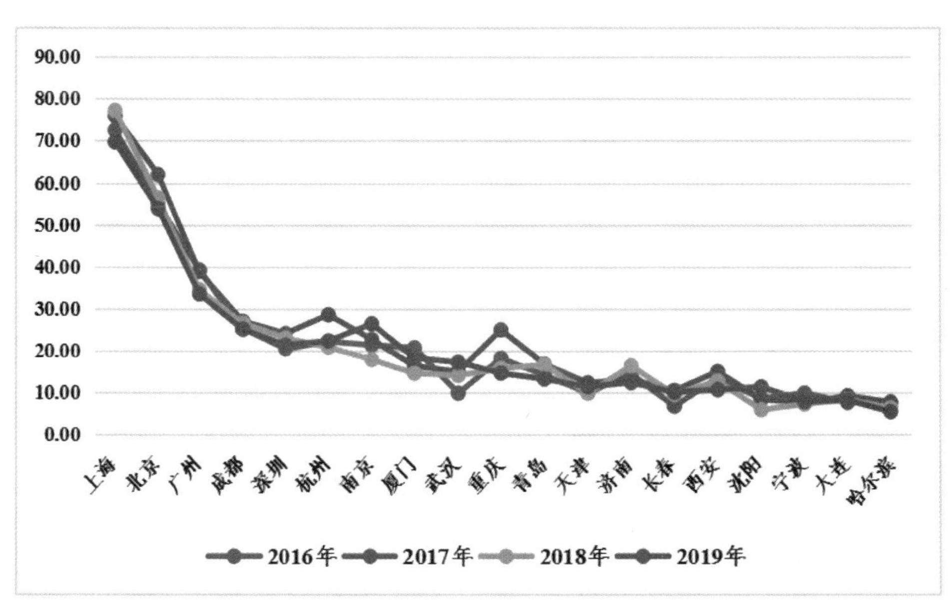

图 16 2016—2019 年直辖市及副省级城市会展专业竞争力指数年度对比折线图

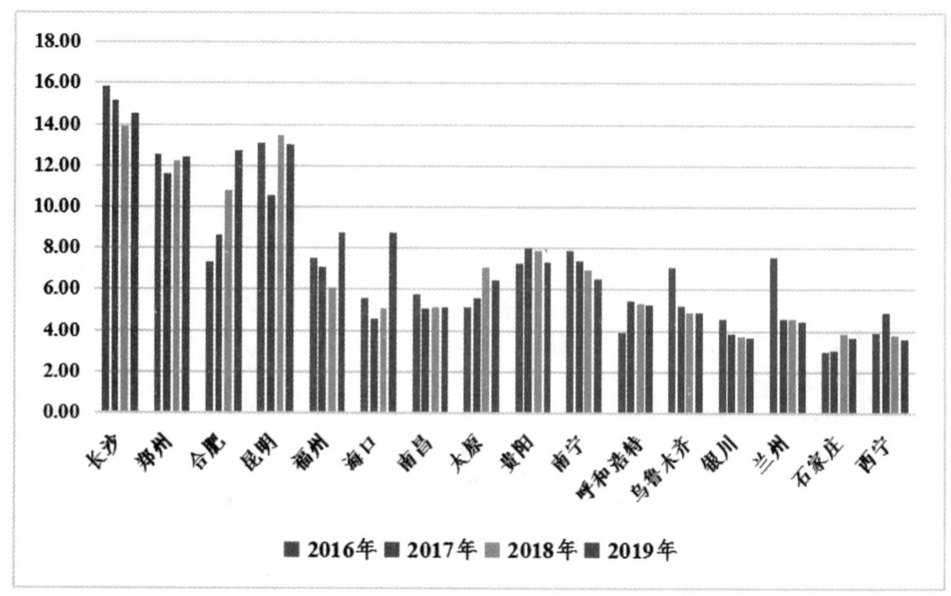

图 17 2016—2019 年省会城市会展专业竞争力指数柱状对比图

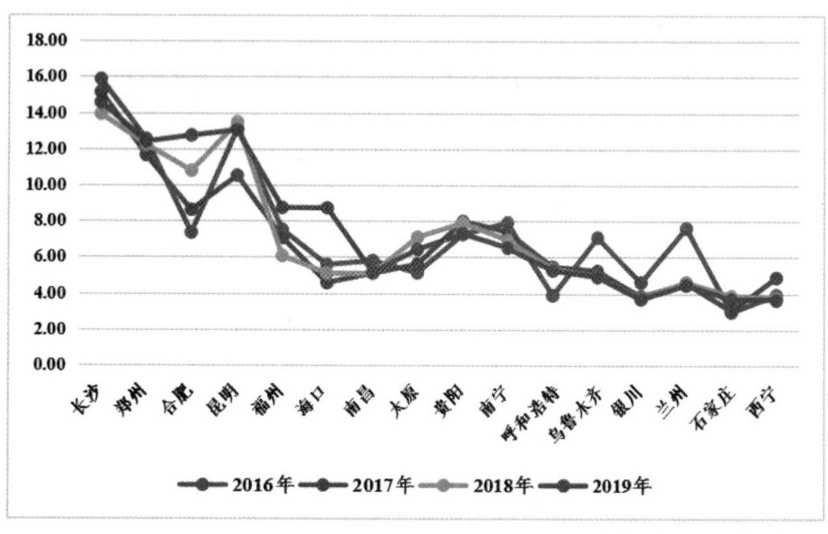

图 18 2016—2019 年省会城市会展专业竞争力指数年度对比折线图

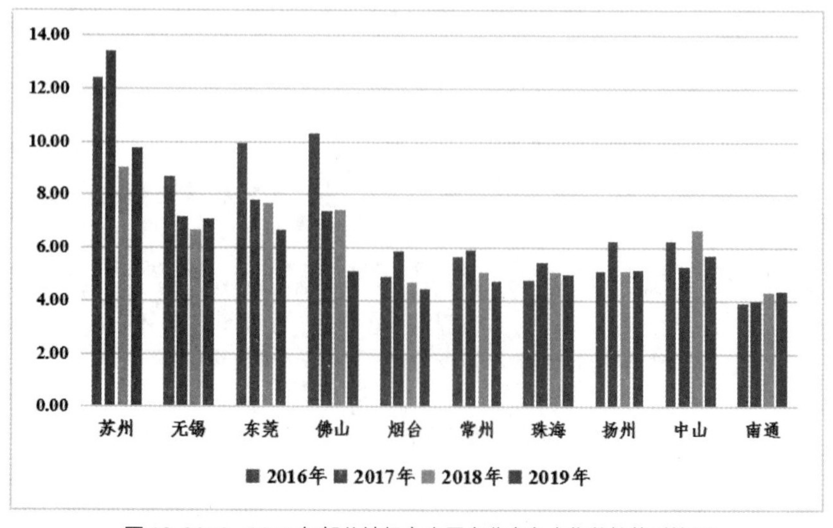

图 19 2016—2019 年部分地级市会展专业竞争力指数柱状对比图

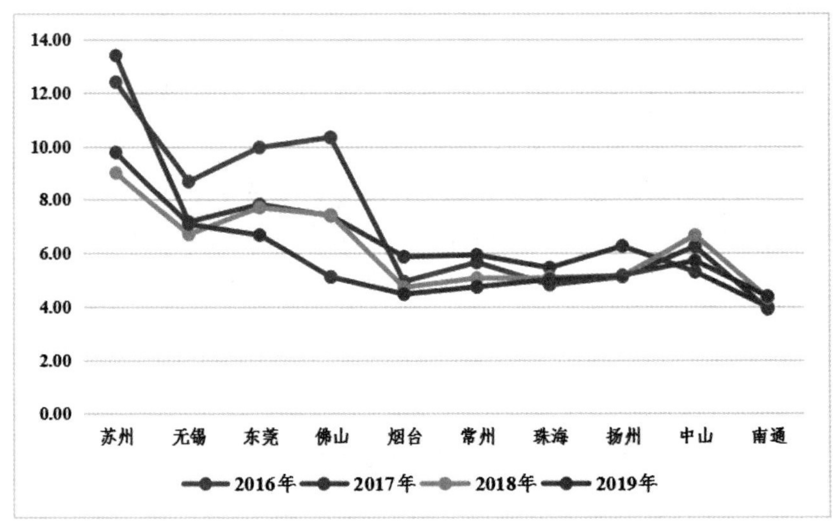

图 20 2016—2019 年部分地级市会展专业竞争力指数年度折线图

三、结论

中国城市会展业竞争力指数报告由中国会展经济研究会、中国会展经济研究会成都研究中心在多年主要会展城市会展指数数据积累的基础上，于 2016 年 10 月首次推出《2015 年中国城市会展业竞争力指数报告》。2019 年报告仍从影响城市会展业发展的城市整体环境竞争力、城市会展专业竞争力与城市会展教育竞争力、城市会展业主管部门服务竞争力等四大方面入手衡量中国城市会展业竞争力发展状况与发展潜力，并将 125 个样本城市根据经济发展规模、行政级别划分等因素区分为四大类，即直辖市一类、副省级城市一类、省会城市一类以及地级市城市一类并加以分析，从而为各城市持续发展会展经济提供理论支撑与指标依据，试图丰富会展界关于考察城市会展经济发展竞争力与潜力的这一研究领域。

本次城市会展业竞争力指数结果充分体现出其作为衡量城市会展业综合发展潜力的意义。该指数不仅考察了展览业与会议业的专业竞争力，还将城市整体环境竞争力、城市教育竞争力、城市主管部门服务竞争力引入其中，导致无论从城市间或是从年度上将直辖市、副省级城市、省会城市或是地级城市的城市会展业竞争力指数排名结果与各分项指标结果都存在差异性。

《2019 年城市会展业竞争力指数报告》反映出以下特点：其一，会展业竞争力指数总体得分存在稳定性，即直辖市、副省级城市、省会城市以及 2019 年排名前 10 的地级市总得分年度变化不大、总体趋于稳定；其二，各城市 2015—2019 年会展业竞争力指数排名不存在统一规律，部分城市排名存在不同程度的波动性；其三，会展业竞争力指数下设的城市整体环境竞争力指数、城市会展专业竞争力指数、城市会展教育竞争力指数与城市会展业主管部门服务竞争力指数趋势存在差异性，未发现明显一致的上升趋势；其四，就城市会展专业竞争力指数而言，直辖市与副省级城市的总体年度波动性明显小于省会城市与地级市。

总之，中国城市会展业竞争力指数是一个城市发展会展业的综合考核指数。要想提升城市会展业竞争力与发展潜力，既要重视城市整体环境竞争力的增强，又要高度重视会展业专业竞争力的拔高，还要长期关注城市会展教育竞争力与城市会展主管部门服务能力的提升。

在中国城市会展业竞争力指数创立过程中，听取了众多会展专业人士的意见和建议，我们欢迎大家继续关注本项工作，希望通过持之以恒的努力，为中国会展事业的发展贡献一份力量。

国际社团会议数量统计

表 1 国际会议与大会协会亚太区国家 / 地区
十年期间国际社团会议数量统计表（2010—2019 年）

国家 / 地区	2010 年	2011 年	2012 年	2013 年	2014 年	2015 年	2016 年	2017 年	2018 年	2019 年	Total
中国	384	401	406	470	467	465	529	472	502	539	4 635
日本	361	280	376	411	410	435	468	454	505	527	4 227
澳大利亚	251	211	259	244	291	270	239	277	279	272	2 593
韩国	221	239	249	299	292	312	304	316	297	248	2 777
中国台北	152	153	155	149	201	170	175	161	182	163	1 661
太过	78	96	160	147	133	164	189	182	204	162	1 515
印度	121	126	168	150	139	164	170	194	170	158	1 560
新加坡	141	149	141	168	140	168	171	162	155	149	1 544
马来西亚	127	123	130	120	154	142	139	128	146	137	1 346
印度尼西亚	78	74	97	122	92	101	121	110	134	95	1 024
中国香港	87	111	106	103	119	139	122	138	141	91	1 157
越南	44	32	45	60	61	55	61	71	60	86	575
菲律宾	47	38	51	53	58	77	75	77	70	71	617
新西兰	44	53	59	59	50	55	76	60	69	62	587
中国澳门	18	13	12	19	21	27	35	40	39	54	278
以色列	41	30	37	47	32	51	40	40	46	51	415
斯里兰卡	13	15	19	20	25	23	29	23	25	22	214
尼泊尔	7	10	6	6	12	14	12	20	17	19	123
孟加拉国	4	9	8	9	12	8	9	5	10	15	89
柬埔寨	5	6	7	8	11	14	14	14	15	12	106
阿塞拜疆	3	3	1	6	13	6	9	11	14	12	78

续表

国家 / 地区	2010年	2011年	2012年	2013年	2014年	2015年	2016年	2017年	2018年	2019年	Total
巴基斯坦	1	—	3	5	3	4	4	7	5	11	43
亚美尼亚	5	5	3	3	5	10	14	5	7	10	67
缅甸	—	—	3	6	16	8	11	17	7	9	77
文莱	6	4	11	1	3	5	1	7	1	8	47
蒙古	6	5	8	8	8	8	7	7	13	7	77
老挝	1	3	3	4	3	1	3	6	6	5	35
斐济	1	—	2	1	3	4	9	10	1	4	35
伊朗	3	7	4	7	5	13	12	21	14	3	89
乌兹别克斯坦	4	2	—	—	1	1	2	3	3	3	19
其他	6	14	16	11	9	19	11	16	17	14	133
共计	2 260	2 212	2 545	2 716	2 789	2 933	3 061	3 054	3 154	3 019	27 743

表 2 国际会议与大会协会亚太区城市十年期间国际社团会议数量统计表（2010—2019 年）

国家 / 地区	2010年	2011年	2012年	2013年	2014年	2015年	2016年	2017年	2018年	2019年	Total
新加坡	141	149	141	168	140	168	171	162	155	148	1 543
东京	86	59	66	99	106	108	117	114	127	131	1 013
曼谷	43	53	101	93	80	112	126	125	142	124	999
首尔	121	113	124	144	148	141	150	159	129	114	1 343
中国台北	107	97	100	98	126	122	102	94	103	101	1 050
悉尼	87	54	87	96	83	91	70	87	93	93	841
中国香港	87	111	106	103	118	138	122	138	141	91	1 155
北京	140	126	137	136	124	120	146	100	108	91	1 228
吉隆坡	78	72	83	72	87	83	75	76	77	91	794
上海	84	83	70	83	100	68	102	85	85	87	847
京都	43	40	66	51	53	54	61	50	60	67	545
墨尔本	53	65	60	55	69	57	63	67	67	54	610
澳门	18	13	12	19	21	27	35	40	39	54	278
马尼拉	27	29	39	35	39	56	52	56	52	51	436

续表

国家 / 地区	2010年	2011年	2012年	2013年	2014年	2015年	2016年	2017年	2018年	2019年	Total
巴厘岛	41	36	55	54	47	43	55	47	41	42	461
布里斯班	28	23	38	23	44	29	37	28	34	41	325
杭州	15	23	24	25	16	36	18	26	32	38	253
新德里	45	43	55	41	43	46	50	62	45	37	467
河内	30	9	18	30	26	27	24	20	25	37	246
神户	15	17	21	19	16	17	21	10	22	35	193
成都	8	11	12	9	23	15	24	16	19	33	170
釜山	18	26	28	30	35	32	32	32	39	31	303
西安	13	20	17	12	26	15	25	24	30	30	212
奥克兰	15	25	24	22	22	30	37	24	41	29	269
福冈	20	17	26	16	18	30	23	18	27	28	223
南京	6	13	16	22	14	23	22	16	25	28	185
札幌	16	10	18	17	22	18	21	28	20	25	195
深圳	8	9	5	12	8	14	15	19	14	25	129
济州	31	41	36	45	47	46	39	48	46	24	403
高雄	15	24	18	12	25	15	22	18	19	23	191
大田	7	14	13	17	13	23	11	17	18	23	156
雅加达	16	15	20	23	17	26	21	17	29	22	206
胡志明市	8	13	24	13	21	16	14	32	15	22	178
横滨	27	18	17	22	24	29	22	19	25	21	224
大阪	19	17	14	22	11	19	31	18	16	21	188
科伦坡	12	13	14	16	22	18	27	18	21	20	181
特拉维夫	20	7	15	15	11	14	19	14	19	20	154
名古屋	8	7	12	15	11	16	21	29	19	19	157
海德拉巴	10	12	12	11	20	12	13	15	12	19	136
广州	14	8	12	18	18	21	21	25	23	17	177
仙台	7	4	7	8	9	11	15	7	23	17	108
厦门	6	10	8	7	9	14	6	9	7	17	93
加德满都	7	7	6	5	10	14	11	20	17	16	113

续表

国家 / 地区	2010年	2011年	2012年	2013年	2014年	2015年	2016年	2017年	2018年	2019年	Total
珀斯	27	20	23	16	11	24	18	16	16	16	187
台中	3	8	3	8	7	4	11	15	20	15	94
达卡	4	9	8	9	11	8	8	5	10	15	87
班加罗尔	12	12	19	18	13	15	15	21	21	14	160
孟买	13	12	21	21	12	19	23	27	18	14	180
奈良	10	7	12	12	18	9	15	7	13	14	117
耶路撒冷	6	6	9	17	10	26	16	14	11	14	129
黄金海岸	12	8	8	8	17	15	11	19	22	13	133
钦奈	9	9	13	10	10	9	13	9	18	13	113
武汉	8	6	8	19	11	15	21	21	15	13	137
阿德莱德	7	10	14	10	17	11	12	20	13	13	127
广岛	4	5	7	7	8	3	10	7	13	13	77
大邱	6	11	9	8	6	18	7	11	11	13	100
古晋	11	3	11	17	24	10	10	6	21	12	125
巴库	3	3	1	6	12	5	9	10	13	12	74
惠灵顿	10	8	17	7	9	4	18	12	9	12	106
大连	7	11	5	9	5	8	7	9	8	12	81
岘港	1	5	—	7	7	7	9	13	7	12	68
苏州	9	7	11	13	6	12	16	11	4	12	101
日惹	7	9	1	13	15	10	14	19	27	11	126
仁川	10	8	7	7	5	4	17	16	12	11	97
重庆	3	5	4	6	3	4	3	8	8	11	55
千叶	10	2	7	14	4	10	6	8	6	11	78
清迈	5	18	20	12	16	15	19	23	26	10	164
青岛	6	7	3	4	7	6	11	7	12	10	73
槟城岛	9	11	7	5	13	17	20	16	15	9	122
芭堤雅	7	10	11	13	7	12	8	7	12	9	96
天津	7	9	14	8	11	6	15	14	8	9	101
堪培拉	7	5	6	10	13	10	6	4	7	9	77

续表

国家 / 地区	2010 年	2011 年	2012 年	2013 年	2014 年	2015 年	2016 年	2017 年	2018 年	2019 年	Total
耶烈万	5	5	3	3	5	10	12	5	7	9	64
宿雾市	10	8	6	12	12	13	13	9	5	9	97
金边	1	4	2	3	3	6	5	6	9	8	47
果阿	3	6	2	5	3	10	6	6	7	8	56
昆明	2	6	5	5	3	7	7	3	11	7	56
筑波	14	5	12	8	10	12	7	11	10	7	96
庆州	5	7	2	10	6	6	12	7	9	7	71
凯恩斯	16	12	14	11	12	15	8	16	8	7	119
新竹	8	3	8	9	7	11	9	9	8	7	79
北九州	4	5	3	7	8	8	9	9	8	7	68
松江	1	2	6	4	3	3	4	6	7	7	43
仰光	—	—	2	5	11	6	8	13	5	7	57
布城	2	2	2	2	2	7	5	3	4	7	36
普吉岛	16	12	14	15	13	6	15	7	3	7	108
乌兰巴托	6	4	8	8	8	8	7	7	13	6	75
光州	2	5	6	10	5	14	4	4	6	6	62
克赖斯特彻奇	5	3	3	5	5	6	5	5	4	6	47
富山	3	3	—	3	—	1	5	4	2	6	27
那霸	—	—	1	—	—	1	4	4	2	6	18
斯里巴加湾市	4	3	9	—	2	1	—	4	1	6	30
拉合尔	1	—	—	—	1	—	—	5	—	6	13
大坂丰中市	—	—	—	—	—	—	—	—	—	6	6
泗水	2	2	2	—	2	3	4	3	9	5	32
台南	5	11	8	8	15	9	10	11	8	5	90
金泽	5	3	6	5	6	5	9	14	7	5	65
艾哈迈达巴德	1	—	1	2	3	2	2	2	3	5	21
霍巴特	2	8	3	3	5	4	5	4	2	5	41
其他	321	304	365	433	415	440	445	483	514	438	4 158
总计	2 279	2 224	2 550	2 726	2 797	2 945	3 077	3 065	3 170	3 033	27 866

政策法规篇 ▶

澳门《会议及展览资助计划》条款及细则

计划名称： 会议及展览资助计划

执行单位： 澳门贸易投资促进局—会展发展及活动推广厅—会展产业拓展处 申请地点： 澳门贸易投资促进局—澳门友谊大马路 918 号世贸中心四楼 申请方法： 亲临递交、邮寄、电邮或传真申请至澳门贸易投资促进局

有效日期： 自 2018 年 4 月 30 日起生效

1．目的

《会议及展览资助计划》旨在藉批给基本协助以及财务支持款项，为在澳门筹办的会议及展览主办单位及策划者提供协助，以提升会展业的竞争力，打造澳门成为举办会议及展览活动的目的地。

2．对象

以主办单位或策划者的名义，筹办在澳门举行的「会议」及 / 或「展览」的个人、法人或团体 (下称：“申请者”)。

3．受惠范围

本计划向合资格申请者就其筹办于澳门举行的下列活动，提供包括基本协助及 / 或财务支持的鼓励 措施：

- 已确定的「会议」或「展览」；
- 拟筹办具潜力的「会议」或「展览」。

4．受惠限制

活动之申请者，可属个人、企业或团体，并受限于以下条件：

- 由同一申请者组织，而类型及题材相同的活动，于同一财政年度最多可获两次支持；
- 所有申请者必须先通过资格预审程序，以确定其活动内容是否符合鼓励筹办措施的活动性质；
- 受支持项目，其使用之服务供应实体，必须为本澳合法经营之场所，或为澳门合法注册之企 业；
- 申请者必须申报本次活动向澳门特别行政区政府其他部门或机构申请及获批资助的相关资料。

5．批给及评审

- 自计划的生效日起，透过本计划批给的支持款项，一直以公帑作为支付。按此，批给在审 批过程中具有自由裁量权的实体，以确保公共资源得以适当运用。
- 批给实体依据尤其包括下列的评审标准，如：活动性质、国际化程度、活动主题、举办时间、 活动规模、活动期限、专业化程度、过往活动成效、是否有助带动小区经济、活动受 UFI 或 ICCA 等国际组织认可等因素作出批给、部份批给或不批给的决定：
  - 申请所涉活动是否符合整体公共利益；
  - 申请所涉活动及其以往的同系列活动对社会 效益方面的贡献；
  - 申请所涉活动是否切合本澳会展业发展需要；
  - 申请支持的项目支出是否符合效率、效益及节省的原则；
  - 申请者及其关联实体筹办活动的往绩数据，以及透过本计划提出申请的执行纪录；
  - 本计划预算的承担能力；
  - 申请是否符合本计划的规定；
  - 申请所涉活动已获得或预算获得其他政府部门或机构批给的资助项目及金额；
- 批给实体在任何情况下保留基于公共利益考虑而决定不批准申请的权力。

6．性质

本计划的基本协助及财务支持属无偿的鼓励措施。财务支持是为申请者因筹办有关活动而作出的实际开支提供支持，所有实际开支均需由主办单位 / 策划者支付，基本协助主要是协助申请者就其 筹办于澳门举行的会议 / 展览提供行政上的协助。

7. 申请期限

- 所有申请连同一切所需证明文件，必须于活动或项目首日前至少 70 天，提交及 / 或补交至澳 门贸易投资促进局。
- 倘需更改申请数据，申请者须于活动举行前不少于 70 天以书面方式提交澳门贸易投资促进局。
- 倘需取消申请，申请者可于活动举行前不少于 45 天以书面方式提交澳门贸易投资促进局。在此限期后提交或逾期补交所需文件之申请，将自动被视为不合资格。

8. 活动类别及支持细则

8.1 已确定的「会议」

8.1.1. 定义

* 如属国际性会议，必须属“国际会议协会”(ICCA) 认可的会议 (规模达 50 人)，或符合以下有关“国际性会议”的定义条件：

	一般会议	国际性会议 *
会议规模	100 名或以上	200 名或以上
与会者来源地	非本地与会者必须占 40% 或以上	与会者必须来自不少于 3 个国家 / 地区 *，而每一国家 / 地区的与会者不得少于 5 人，非本地与会者必须占 40% 或以上
活动日程	与会者全体须连续在澳门进行最少 2 天全天会议，或在澳门进行 1 天会议及 1 天活动，且期间住宿本澳酒店 1 晚 (2 天全天会议的实际举行时数合共不得少于 8 小时；1 天全天会议的实际举行时数合共不得少于 4 小时；活动不得少于 3 小时)	与会者全体须连续在澳门进行最少 3 天全天会议，或连续在澳门进行 2 天全天会议及在澳门进行半天活动，且期间住宿本澳酒店 2 晚 (3 天全天会议的实际举行时数合共不得少于 12 小时；2 天全天会议的实际举行时数合共不得少于 10 小时；活动不得少于 3 小时)
其他条件	不适用	• 属定期举办的会议； • 会议须至少于 3 个不同的国家 / 地区轮流举行，但属首届及第二届举行的会议除外。如属第二届举行，两届会议须于不同的国家 / 地区举行 (“地区”指香港及台湾地区)

8.1.2. 基本协助

	一般会议	国际性会议
基本协助	• 提供旅游数据及欢迎礼物 • 提供澳门宣传影片 • 把活动资料发放于澳门特别行政区政府相关网页内 • 对于澳门贸易投资促进局接待处各咨询处发放活动信息 • 按需要协调与各政府部门的联系 • 协助竞投，提供对活动在澳举办之支持证明以及在竞投过程中有关推广澳门为活动目的地的协助 (上述「基本协助」须视乎个别情况而定)	

8.1.3. 财务支持(会议部份)

<table>
<tr><th></th><th>一般会议</th><th>国际性会议</th></tr>
<tr><td>住宿
• 适用的住宿期限为会议举行首日前两晚起至会议结束日紧随两晚为止，而获支持的酒店住宿期限必须合理包括会议的实际举行期间
• 获支持的酒店住宿期限必须合理包括会议的实际举行期间
• 获支持之酒店房价计价上限为每晚澳门币 1300 元，当中包括服务费及税项</td><td>可获最多 5 晚本澳酒店住宿租金费用的 10% 支持</td><td>可获最多 5 晚本澳酒店住宿租金费用的 30% 支持</td></tr>
<tr><td>餐饮或会议套餐
• 惠顾之餐饮场所必须持有旅游局或民政总署发出之有效营业牌照
• 餐饮活动必须于活动期间、活动前或活动后一天进行
• 餐饮费用是指一次性消费，且所有与会者必须于同一时段内作出该餐饮消费</td><td>每位非本地与会者上限澳门币 300 元的餐饮费用或会议套餐费用</td><td>每位非本地与会者上限为澳门币 300 元的午餐费用支持，或上限澳门币 500 元的晚餐费用或会议套餐费用</td></tr>
<tr><td>主题演讲嘉宾及团长
• 每位主题演讲嘉宾及团长必须在澳门逗留，且入住本澳酒店
• 获支持的同一活动内，获支持的主题演讲嘉宾人数最多 30 名
• 获支持的同一活动内，获支持的团长人数上限 30 名，且每团人数最少 3 人。代表团必须按合理之形式组成(如：以国家、地域、协会成员等划分组成)
• 如申请此项目的支持，该名主题演讲嘉宾及团长的住宿、餐饮及会议套餐资助则不适用</td><td colspan="2">每位主题演讲嘉宾及团长之定额费用支持上限：
• 广东省 / 香港：澳门币 1 200 元
• 中国内地(广东省以外)/ 亚洲地区：澳门币 4 000 元
• 亚洲以外的地区：澳门币 7 000 元</td></tr>
<tr><td>宣传及推广
获支持之宣传及推广包括海内外及互联网的宣传渠道，费用包括会议举行前 9 个月至会议举行后 1 个月内所产生的相关费用</td><td colspan="2">可获宣传及推广费用之 50% 支持，上限澳门币 100 000 元。</td></tr>
<tr><td>同声传译及文件翻译
获支持之同声传译包括会议及全天活动所涉传译费用；而获支持之文件翻译包括宣传及会议文件所涉翻译费用</td><td>可获同声传译及文件翻译 15% 支持，上限澳门币 20 000 元。</td><td>可获同声传译及文件翻译 50% 支持，上限为澳门币 60 000 元。</td></tr>
<tr><td>开幕典礼
可获开幕典礼(包括聘请开幕典礼主持人、基本舞台装设、背景板、剪彩彩球及彩带、相关公关或同性质服务等)费用支持</td><td>不适用</td><td>上限澳门币 20 000</td></tr>
</table>

<table>
<tr><td>展览场地租金
• 展览会必须于会议举行期间，同期、同场及根据相同或相关题材举办
• 展览会每日透过实际支付租借的展览场地面积不少于 500 平方米</td><td>不适用</td><td>可获实际支付展览场地租金的 25% 支持，获支持场地租金金额的计价上限为每日每平方米澳门币 26 元。</td></tr>
<tr><td>本地交通费用补助
• 接送团队与会者往澳门小区之本地交通费用支持（如：接送与会者到小区游览或进行活动，不包括属大会服务 – 往来会场及各出入境口岸之穿梭巴士或接驳巴士），上限澳门币 80 000.00 元。申请者必须透过本澳旅行社或目的地管理公司协助安排并以旅游巴士接载</td><td colspan="2">上限澳门币 80 000.00 元</td></tr>
<tr><td>本地专业会议组织者之活动策划及管理费用
• 申请者必须为本澳的非牟利协会 / 组织
• 申请者必须聘请本地专业会议组织者协助筹办会议
• 必须为已成功竞投并获国际会议协会 (ICCA) 认可之会议
• 资助金额分两期支付，申请者与本地专业会议组织者签订合同后支付首期 50% 费用，会议结束后支付余下 50% 费用
本局根据申请者提交的活动资料及报价等审批具体补助金额</td><td colspan="2">上限澳门币 200 000 元</td></tr>
<tr><td>会展绿色通道
本项目只适用于获国际会议协会 (ICCA) 认可或规模达 2 000 人或以上的会议，“会展绿色通道”出入境通道设于澳门五个口岸，分别为澳门国际机场、关闸口岸、莲花口岸、外港客运码头以及凼仔客运码头</td><td colspan="2">只适用于获国际会议协会 (ICCA) 认可或规模达 2 000 人或以上的会议，本局协助向相关单位申请及提供财务支持，资助上限澳门币 10 000 元</td></tr>
<tr><td>特色迎宾活动
特色迎宾活动（如：于本澳口岸设舞狮表演）用作迎接会议团队，以增添参会者对澳门的会展形象</td><td colspan="2">只适用于规模达 2 000 人或以上的会议，本局协助向相关单位申请及提供财务支持，资助上限澳门币 10 000 元，由本局根据活动规模及性质提供有关安排</td></tr>
</table>

8.2. 已确定的「展览」

8.2.1. 定义

	一般展览	专业展览
展览时数	展览会最少连续在澳门展出 3 日，每天实际开放时间不少于 6 小时	展览会须连续举行至少 2 天，每天实际开放时间不少于 6 小时
展览面积	展览会实际支付租用的展览场地面积每日最少达 1 000 平方米或以上	展览会实际支付租用的展览场地面积每日最少达 3 000 平方米或以上
其他	• 最少有 30 家参展商参展（每个参展商须设有最少一个 9 平方米的标准展位） • 各参展商须确保在整个展会运作期间，由最少一名属参展商的员工驻守展位 • 净展出面积须与展览主题有关，并按合理比例使用	• 最少有 30 家参展商参展（每个参展商须设有最少一个 9 平方米的标准展位） • 属定期举办的展览会 • 各参展商须确保在整个展会运作期间，由最少一名属参展商的员工驻守展位 • 来自澳门以外的参展商数量占总数不少于 40% • 每十八平方米的净展出面积，必须成功邀请最少一名合资格境外买家来澳参会 • 净展出面积须与展览主题有关，并按合理比例使用

8.2.2. 基本协助

	一般展览	专业展览
基本协助	• 提供旅游数据及欢迎礼物 • 提供澳门宣传影片 • 把活动资料发放于澳门特别行政区政府相关网页内 • 可于澳门贸易投资促进局接待处咨询处发放活动信息 • 按需要协调与各政府部门的联系 • 协助竞投，提供对活动在澳举办之支持证明以及在竞投过程中有关推 • 广州、澳门为活动目的地的协助 •（上述「基本协助」须视乎个别情况而定）	
展览场地租金 • 有关搭建和拆展期间的展览场地租金支持，获支持的展览场地不包括展览场地以外的仓存位置或起卸货物所需租用的空间，而获支持的总面积不得超过申报的展览场地总面积 • 租金金额的计价上限为每天每平方米澳门币 26 元	可获实际支付展览场地租金之 25% 支持	可获展览会举行期间实际支付展览场地租金的 40% 支持，以及搭建和拆展期间实际支付展览场地租金的 25% 支持

8.2.3. 财务支持（展览部份）

<table>
<tr><th></th><th>一般展览</th><th>专业展览</th></tr>
<tr><td>基本协助</td><td colspan="2">• 提供旅游数据及欢迎礼物
• 提供澳门宣传影片
• 把活动资料发放于澳门特别行政区政府相关网页内
• 可于澳门贸易投资促进局接待处咨询处发放活动信息
• 按需要协调与各政府部门的联系
• 协助竞投，提供对活动在澳举办之支持证明以及在竞投过程中有关推
• 广州、澳门为活动目的地的协助
• （上述「基本协助」须视乎个别情况而定）</td></tr>
<tr><td>展览场地租金
• 有关搭建和拆展期间的展览场地租金支持，获支持的展览场地不包括展览场地以外的仓存位置或起卸货物所需租用的空间，而获支持的总面积不得超过申报的展览场地总面积
• 租金金额的计价上限为每天每平方米澳门币 26 元</td><td>可获实际支付展览场地租金之 25% 支持</td><td>可获展览会举行期间实际支付展览场地租金的 40% 支持，以及搭建和拆展期间实际支付展览场地租金的 25% 支持</td></tr>
<tr><td>一般参与者住宿
• 必须符合以下所有条件：展览规模达每晚最少租用本地酒店房 100 间或以上，且最少连续住宿 2 晚
• 适用的住宿期限为展览会举行首日前两晚起至展览会结束日紧随两晚为止，而获支持的酒店住宿必须合理包括展览会的实际举行期间
• 获支持之酒店房价计价上限为每晚澳门币 1 300 元，当中包括服务费及税项</td><td colspan="2">可获最多 5 晚的本澳酒店住宿租金费用的 10% 支持</td></tr>
<tr><td>硬件设施
支持款项可包括租用影音设备、展位基本装设服务等费用</td><td>获支持金额上限按实际支付租用场地面积如下：
1 000—2 000 平方米：澳门币 100 000 元
2 001—3 500 平方米：澳门币 200 000 元
3 501 平方米或以上：澳门币 300 000 元</td><td>可获上限为澳门币 300 000 元的硬件设施的费用支持</td></tr>
<tr><td>开幕典礼
可获开幕典礼（包括：聘请开幕典礼主持人、基本舞台装设、背景板、剪彩用彩球及彩带、相关公关或同性质服务等）费用支持，上限澳门币 20 000 元</td><td colspan="2">上限澳门币 20 000 元</td></tr>
</table>

合资格买家	每间公司最多为 2 位买家申请，每位合资格买家之定额费用支持上限： • 广东省 / 香港：澳门币 1 200 元 • 中国内地（广东省以外）/ 亚洲地区：澳门币 4 000 元 • 亚洲以外地区：澳门币 7 000 元 必须符合以下条件： • 每一个标准展位 (9 平方米)，可获支持合资格买家名额最多一个（一般展览：上限 200 名、专业展览：上限 500 名） • 获支持名额将按标准展位之整数倍数（四舍五入）计算（例如：展位面积为 25 平方米，则可获 25/9 = 2.77，即 3 个名额计） • 申请者须提交合资格买家的身份证明文件、来程登机证（正本）、船票、车票及酒店发出的入住明细及收据证明，经澳门贸易投资促进局核实资料后，合资格买家补助金额将统一发放给申请者，再由申请者发放给相关买家	
展品及货运物流 获支持的展品及货运物流费用可包括申请者及参展商所涉的相关费用，而有关支持的申请由申请者统一提出	可获 50% 支持，上限澳门币 100 000 元	可获 50% 支持，上限为澳门币 150 000 元
宣传及推广 获支持的宣传及推广包括海内、外及互联网的宣传渠道，费用包括会议举行前 9 个月至会议举行后 1 个月内所产生的相关费用	可获 50% 支持，上限澳门币 200 000 元	
本地交通费用补助 接送团队与会者往澳门小区之本地交通费用支持（如：接送与会者到小区游览或进行活动，不包括属大会服务—往来会场及各出入境口岸之穿梭巴士或接驳巴士），上限澳门币 80 000.00 元。申请者必须透过本澳旅行社或目的地管理公司协助安排并以旅游巴士接载	上限澳门币 80 000.00 元	
会展绿色通道 本项目只适用于获国际展览协会 (UFI) 认可之活动，“会展绿色通道”出入境通道设于澳门五个口岸，分别为澳门国际机场、关闸口岸、莲花口岸、外港客运码头以及氹仔客运码头	只适用于获国际展览协会 (UFI) 认可的展览，本局协助向相关单位申请及提供财务支持，资助上限澳门币 10 000 元	
特色迎宾活动 特色迎宾活动（如：于本澳口岸设舞狮表演）用作迎接会议团队，以增添参会者对澳门的会展形象	只适用于规模达 2 000 人或以上的活动，本局协助向相关单位申请及提供财务支持，资助上限澳门币 10 000 元，由本局根据活动规模及性质提供有关安排	

8.3. 拟筹办具潜力的「会议」或「展览」

8.3.1. 定义

	具潜力的会议	具潜力的展览
定义	• 竞投的会议规模达 300 名或以上 • 竞投的会议须连续在澳门进行最少 3 天全天会议，或连续在澳门进行 2 天全天会议及在澳门进行半天活动，且期间连续住宿本澳酒店 2 晚 (3 日全天会议的实际举行时数合共不少于 12 小时；2 日全天会议的实际举行时数合共不少于 10 小时；半天活动不少于 3 小时) • 主要决策者须以合理之形式界定	• 展览会最少连续在澳门展出 3 日，每天实际开放时间不少于 6 小时 • 展览会实际支付租用的展览场地面积每日最少达 1 000 平方米或以上 • 主要决策者须以合理之形式界定

8.3.2. 财务支持

	具潜力的会议	具潜力的展览
场地考察	可获往返澳门交通费用支持 (每人上限澳门币 40 000 元)、本地交通费用支持 (每天上限澳门币 3 000 元) 及每位最多 3 晚之本地酒店住宿，以最多 4 位主要决策者为限，获支持之酒店房价计价上限为每晚澳门币 1 300 元，当中包括服务费及税项	
竞投辅助	可获往返澳门交通费用支持 (每人上限澳门币 40 000 元)、参加费，以及竞投顾问协助，以最多 4 位主要决策者为限，并须通过本局对活动之澳门实际接待情况及活动主权人或相关协会总会之要求的预审	
竞投支持 必须符合以下条件： • 加入区域 / 国际行业组织，目的为争取竞投区域 / 国际性活动落户澳门，受惠的本地申请者必须于 2 年内向有关区域 / 国际性组织提交竞投计划以争取有关活动落户澳门 • 区域 / 国际性组织必须为行业内具代表性或得到国际会展组织认可，每名申请者最多只可申请 3 次财务支持	协助本地社团 / 商协会加入成为区域性或国际性行业组织。申请者可获区域性或国际性组织会员费用的 50% 财务支持 (上限为澳门币 $20 000，最多 3 年)	

9．结算程序

- 申请获批后，申请者将由澳门贸易投资促进局书面通知。
- 申请者必须先行清付活动所涉及所有费用以及服务提供商的款项。活动后的 30 天内提交活动报告须向澳门贸易投资促进局提交活动后所需文件，并于 60 天内完整提交其他一切所需证明文件以审核有关项目。当所有文件及数据均符合澳门贸易投资促进局所订定的条款后，澳门贸易投资促进局将执行相关的结算支付程序。逾期提交活动后所需文件，将视为自动放弃有关申请。

10. 核查权利

- 澳门贸易投资促进局有权在活动进行期间，派员实地核查活动之资料及情况，并可根据实际情况，对给予之财务支持作调整或特别考虑。申请者有义务协调澳门贸易投资促进局人员完成相关核查工作。同时，申请者必须允许统计暨普查局人员在活动期间到场执行资料收集工作。
- 澳门贸易投资促进局人员有权透过不同的途径，对各主题演讲嘉宾、团长及合资格买家进行资格审查。

11. 取消批给

倘若申请者作出虚假声明、提供虚假数据或利用其他不法手段取得支持项目，澳门贸易投资促进局将取消有关批给。倘若出现下列任一情况，澳门贸易投资促进局可取消有关批给：

- 申请者未有根据其申报的期间举行相关活动；
- 申请者在活动结束后，未于指定期间内提交活动后所需文件。

12. 申请所需文件

申请者请按活动类型提交第一部份、第二部份之申请文件：

第一部份：申请者背景资料

- 申请者如属个人，须提交有效身份证明文件副本及澳门特别行政区政府财政局发出之开业申报文件 (M/1 副本)；
- 申请者如属企业，可提交有关商业登记文件 (如：当地政府机关签发之商业登记文件、本澳之商业登记证明 / 报告书、M/1 及营业税—征税凭单 M/8 副本等)；申请者如属非牟利团体，可提交有关团体之设立文件 (如：当地政府机关签发之登记文件、本澳之澳门特别行政区公报副本、身份证明局发出之登记证明书副本等)。

第二部份：活动资料

如属已确定的「会议」或「展览」，请提交以下申请文件：

- 填妥之申请表并由法定代表人签署；
- 须提交证明活动确定举行的文件副本 (如：书面协议及订金支付收据等)。
- 活动详细介绍，内容包括但不限于：
    - 预计之与会者数量 (外地及本地)；
    - 预计住宿之酒店数量及客房数量；
    - 预计在澳门雇用之服务提供商；
    - 会议 / 展览之筹办单位及其聘用之本地专业会议组织者 / 目的地管理公司的简介；
    - 活动属性及背景；
    - 活动日期及计划大纲；
    - 预计之会议 / 展览场地面积；
    - 预计之每位海外与会者之平均消费额；
    - 场地提供者之报价及合同；
    - 主题演讲嘉宾的名单及相关资料，相关数据报括每位主题演讲嘉宾的个人简介、详细 活动流程表及演讲题目；
    - 预计的参展商名单及其他数据 (包括名称、展位编号及大小、平面图等资料)；
    - 场地 / 服务提供商之订金收据；
    - 团长的名单及相关资料，相关数据报括代表团的划分基础及其成员；
    - 合资格买家之公司名片及其公司业务证明 (如：来源地商业登记)，以供本局人员审查。

如属拟筹办具潜力的「会议」或「展览」，请提交以下文件：

- 填妥之申请表并由法定代表人签署；
- 须提交竞投活动之资料 (如：竞投条件细则等)；
- 拟竞投活动详细介绍，内容包括但不限于：
    - 预计之与会者 / 参加者数量；
    - 会议 / 展览之筹办单位及其聘用之本地专业会议组织者 / 目的地管理公司的简介；
    - 活动属性及背景；
    - 活动日期及计划大纲；
    - 预计之会议 / 展览场地面积。

13. 活动后所需文件

如属已确定的「会议」或「展览」，请提交以下活动后所需文件：

- 于活动结束后 30 天内，须完成及递交由统计暨普查局所发出的问卷，并经该局确认。
- 于活动结束后 30 天内提交活动报告，并于 60 天内完整提交其他一切所需证明文件，尤其包括以下内容，完整提交活动报告，内容包括但不限于：
- 实际住宿之酒店数量及客房数量；
- 由酒店直接发出之每晚入住细明表，并附每晚房价资料；
- 于活动期间在澳门雇用之服务提供商发出之收据正本；
- 会议 / 展览之筹办单位及其聘用之本地专业会议组织者 / 目的地管理公司的简介；
- 确实之会议 / 展览场地租用面积，并附上场地平面图；
- 市场及营销工具及材料 (部份可以照片作证明)；
- 获支持项目之所有项目收据正本；

- 所有会议参与者之名片副本，或填妥由澳门贸易投资促进局提供之「与会者数据表」，数据表上需列明实际与会者 (按日期、国家及地区划分，另须清晰标示主题演讲嘉宾及 团长)；
- 有关团长之支持，必须提交 (a) 最终出席会议的代表团及标明团长的名单、(b) 由酒店发 出的入住明细表（须清晰标示团长的入住纪录）及收据，以及 (c) 每位团长的 (i) 来程登 机证、船票、车票 (正本或电子版本) 或 ii) 交通费用付款收据正本；
- 有关主题演讲嘉宾项目之支持，必须提交 (a) 最终出席会议的主题演讲嘉宾名单、(b) 由酒店发出的入住明细表（须清晰标示主题演讲嘉宾的入住纪录）及收据；以及 (c) 每位 主题演讲嘉宾的 (i) 来程登机证、船票、车票正本 (正本或电子版本) 或 (ii) 交通费用付款;
- 收据正本。此外，必须提交与主题演讲嘉宾有关之文件或刊物 (例如：主题演讲嘉宾的 个人简介及详细活动流程表，包括主题演讲嘉宾名单及演讲题目)；
- 有关合资格买家项目的支持，必须提交 (a) 最终出席展览会的合资格买家名单、(b) 由酒店发出的入住明细表及收据、(c) 每位买家的 (i) 来程登机证、船票、车票 (正本或电子版本) 或 (ii) 交通费用付款收据正本，经澳门贸易投资促进局核实资料后，合资格买家补 助金额将统一发放给申请者，再由申请者发放给相关买家；
- 其他所有申请项目之收据正本及相关证明文件。

如属拟筹办具潜力的「会议」或「展览」，请提交以下活动后所需文件：

- 于活动结束后 30 天内提交活动报告，并于 60 天内完整提交其他一切所需证明文件，尤其包 括以下内容，完整提交活动报告，内容包括但不限于：
  - 获支持项目之所有项目收据；
  - 活动照片及相关宣传资料；
  - 有关主要决策者之支持，必须提交 (a) 实际往竞投及来澳作场地考察之主要决策者名单； (b) 就其交通费用支持，(i) 付款收据及 (ii) 来程登机证 (正本或电子版本)、船票、车票作 证明；以及 (c) 由酒店直接发出之每晚入住明细表和房价。

澳门贸易投资促进局有权要求申请者提交其视为需要的其他文件、报告或数据。

澳门贸易投资促进局对《会议及展览资助计划》条款及细则保留最终解释权。

（文章来源：澳门贸易投资促进局网站，https://www.ipim.gov.mo/zh-hans/macao-exhibition-and-conference/the-incentive-measures/convention-and-exhibition-financial-support-programme-this-programme-will-be-effective-on-30-april-2018/）

关于促进北京市商业会展业高质量发展的若干措施（暂行）

为促进本市商业会展业高质量发展，着力提高会展业服务首都“四个中心”的能力，提升会展业品质，提高会展经济效益，推动本市商业会展业专业化、品牌化、国际化、信息化发展，制定如下措施。

一、提升会展品牌影响力

（一）鼓励展览与会议融合。对于展会期间举办国际性行业年会或行业发展论坛，组织推广行业新技术、新产品、发布行业发展报告等活动，活动规模达到 200 人以上的展会，给予主办方不超过 30 万元奖励。

（二）支持关联展会整合。对于在京连续举办两届以上且属于同一产业链的两个及以上的同质性展会，整合后展出面积和观众数量超过整合前最大规模展会 50% 的，给予整合主办方不超过 50 万元奖励。

（三）加强品牌展会国际宣传。鼓励品牌展会加强国际宣传推广，提升品牌价值和国际影响力，对在北京市连续举办五届以上（不含）的展会，组织国际路演、海外宣传推介或投放主流媒体广告等活动，给予主办方不超过 30 万元奖励。

二、推动品牌展会提质升级

（四）鼓励展会提升国际化水平。对国际参展商（含中国台湾、中国香港、中国澳门地区和外商投资及合资企业）租用展览面积达到总展览面积 30% 以上的展会，给予主办方不超过 50 万元奖励。

（五）鼓励展会做大做强。对参展商租用展览面积比上届增加的展会，每增加 5000 平方米展览面积，给予主办方不超过 30 万元奖励，最高不超过 100 万元。

三、促进会展创新发展

（六）鼓励创办引领产业发展的优质展会。对新举办的“高精尖”产业展会、北京服务业扩大开放重点领域展会或国家战略性新兴产业展会，展览面积达到 1 万平方米以上，国际参展商（含中国台湾、中国香港、中国澳门地区和外商投资及合资企业）租用展览面积占总展览面积的比例达到 10% 及以上的，给予主办方不超过 50 万元奖励，奖励不超过三届。

（七）引进境内外国际大型专业展会。鼓励引进具有国际影响力的大型国际专业展会，对新引进展览面积 2 万平方米以上，国际参展商（含中国台湾、中国香港、中国澳门地区和外商投资及合资企业）租用展览面积占总展览面积比例达到 20% 及以上的，给予主办方不超过 100 万元奖励，奖励不超过三届。

（八）提升便利化服务水平。对符合支持方向的展会，北京海关将制定相应便利化措施，在展品通关等环节给予政策支持。对重点展会，商务、海关等部门将采取一事一议的方式，提供个性化服务支持。

本措施适用于 2019 年 1 月起在北京市举办的展会，政策执行期三年，每年对上一年的政策执行效果进行评估，根据评估结果，对奖励政策进行动态调整。具体申报指南将另行发布。

本措施由市商务局、市财政局、北京海关负责解释。

（文章来源：北京市人民政府网站 . http://www.beijing.gov.cn/zhengce/zhengcefagui/201906/t20190606_87488.html）

北京市入境旅游奖励与扶持资金管理办法

第一章 总则

第一条 为促进入境旅游市场健康发展，增进国际交流，优化旅游消费结构，助力北京提升全国文化中心和国际交往中心地位，制定本办法。

第二条 奖励与扶持对象（以下简称“申报主体”）是在北京行政区域内注册的经营入境旅游业务的旅行社。

第三条 奖励年度以自然年度划分，实行事后奖励。

第四条 申报主体应自申报年度以来未受到文化和旅游行政管理部门罚款以上（不含）行政处罚、无重大安全责任事故等责任事故、无重大群体访事件和重大旅游投诉。

第二章 奖励与扶持资金项目内容与范围

第五条 旅行社入境外联人天项目

根据旅行社年度综合指标统计（以北京市统计局统计数据为基础）的相关数据，对符合申报主体资格、申报年度“入境外联人天”排名靠前（前二十名以内）的旅行社给予奖励与扶持，标准为：排名前三的旅行社可奖励 50 万元；第四至十名的旅行社可奖励 40 万元；第十一至十五名的旅行社可奖励 30 万元；第十六至二十名的旅行社可奖励 20 万元。

本项目与旅行社入境接待人天项目、入境接待人天增幅项目不重复奖励。

第六条 旅行社入境外联人天增幅项目

根据旅行社年度综合指标统计（以北京市统计局统计数据为基础）的相关数据，对符合申报主体资格、申报年度与上年度入境外联人天数相比增幅排名靠前（前十名以内）且申报年度“入境外联人天”数在 4000 人天（含）以上的旅行社给予奖励和扶持，标准为：增幅排名第一至三名的旅行社可奖励 30 万元；第四至十名的旅行社可奖励 20 万元。

本项目与旅行社入境接待人天项目、入境接待人天增幅项目不重复奖励。

第七条 旅行社入境接待人天项目

根据旅行社在电子行程单系统填报的有效数据（参照统计部门的年度统计数据），对符合申报主体资格、申报年度“入境接待人天”排名靠前（前十名以内）的旅行社给予奖励和扶持，标准为：排名第一至三名的旅行社可奖励 15 万元；第四至十名的旅行社可奖励 10 万元。

本项目与旅行社入境外联人天项目、入境外联人天增幅项目不重复奖励。

第八条 旅行社入境接待人天增幅项目

根据旅行社在电子行程单系统填报的有效数据（参照统计部门的年度统计数据），对符合申报主体资格、申报年度与上年度入境接待人天数相比增幅排名靠前（前十名以内）且申报年度“入境接待人天”数在 4000 人天（含）以上的旅行社给予奖励和扶持，标准为：增幅排名第一至三名的旅行社可奖励 10 万元；第四至十名的旅行社可奖励 5 万元。

本项目与旅行社入境外联人天项目、入境外联人天增幅项目不重复奖励。

第九条 旅行社入境包机项目

申报年度内，每次组织不少于 60 名境外旅游者乘非固定航线的包机入境抵京旅游，且旅游者在京过夜两晚（含）以上的旅行社，可奖励 2 万元（奖励名额按照项目预算安排和旅行社申报情况择优认定）。

第十条 入境旅游特别奖

对申报年度内为北京入境旅游市场的健康发展作出重要贡献的旅行社给予奖励，如：积极宣传北京旅游过境免签政策、在重点入境客源国积极宣传北京旅游资源、开发高品质、有特色的北京入境旅游产品（线路）效益显著等。

特别奖奖励金额为 10 万元，每年可奖励不超过 5 家旅行社。

第三章 奖励与扶持资金管理程序

第十一条 申请

申请奖励与扶持资金，需按规定时限向北京市文化和旅游局提交以下材料：

1. 书面申请（加盖单位公章）；
2. 旅行社年度财务报表；
3. 旅行社年度综合指标统计报表（应以北京市统计局的统

计数据为准）和填报电子行程单系统有关凭证材料。

4．申请入境包机奖需提供以下材料：

（1）需中方包机地接社提供填报电子行程单系统凭证、包机游客名单、航班到达时间、酒店入住确认单、财务结算单等。

（2）需境外包机组团社提供组团社与航空公司的包机协议或有效证明，包机人数、北京地接社名称等。

5．申请入境旅游特别奖，需提供为北京入境旅游市场健康发展作出重要贡献的书面申请和证明材料。

第十二条 审核和拨付

北京市文化和旅游局选定一家具备资质的会计师事务所对申请材料进行审核。审核工作完成后，提交项目专家评审组审议，然后按照相关财政资金管理程序及北京市文化和旅游局专项资金管理办法等有关规定申请资金，市财政根据财政资金管理办法进行资金审核批复。如审核批复同意，由北京市文化和旅游局按有关程序拨付资金。

第四章 监督检查

第十三条 为保证本办法的顺利实施，北京市文化和旅游局每年组织成立旅行社入境旅游奖励与扶持资金项目专家评审组对项目评审，并委托具备资质的会计师事务所对申报旅行社进行审核。发现以下情形，取消入境旅游奖励与扶持资金申报资格，已拨付的奖励与扶持资金交回北京市文化和旅游局，涉嫌犯罪的移送司法机关依法处理。

（一）以“零团费”“负团费”或“不正当低价”运作入境旅游业务，扰乱旅游市场正常秩序的；

（二）弄虚作假，虚报、瞒报入境旅游统计数据及相关财务数据的；

（三）严重违反北京市文化和旅游局行业管理有关规定的。

第十四条 北京市文化和旅游局负责对专项资金监督管理，并接受相关部门的监督。

第十五条 对监督检查及绩效评价中发现的问题，由责任单位按照有关规定和要求限期整改。

第五章 附则

第十六条 本办法由北京市文化和旅游局负责解释，自修订发布之日起实施。

附件：入境旅游有关统计概念的说明

1．外联入境游客人数：指报告期内旅行社自组外联的入境游客人数，反映旅行社对外招徕的能力。旅行社按以下要求统计外联人数：

（1）入境游客不论其停留时间多少、旅游线路长短，只统计一次；

（2）旅行社只统计本社自主外联团的实到人数。

2．外联入境人天数：指旅行社外联的每个入境游客在中国大陆（或本省市）实际停留的天数之和。

外联入境游客天数 =（离境日期 - 入境日期）+1= 过夜数 +1

外联入境人天数 = 外联入境游客天数 * 外联入境游客人数

3．接待入境游客人数：指由旅行社实际自组外联的入境游客及接收其他旅行社委托接待的入境游客的人次，包括接待的入境旅游者和入境一日游游客。

4．接待入境人天数：指由本旅行社实际接待每个入境游客在中国大陆（或本省市）实际停留的天数之和。包括外联的和接受其他旅行社委托接待的团队及零散的入境旅游者的实际停留的天数之和。

接待入境游客天数 =（接待离开日期 - 接待开始日期）+1= 过夜数 +1

接待入境人天数 = 接待入境游客天数 * 接待入境游客人数

（文章来源：北京市文化和旅游局网站．http://whlyj.beijing.gov.cn/zwgk/zcfg/zcwj/202006/t20200617_1927061.html）

北京西城区旅游产业专项引导资金管理办法

第一章 总则

第一条 为贯彻落实好《北京城市总体规划（2016-2035年）》、《北京市西城区促进旅游业发展的实施意见》、《北京市旅游产业发展专项资金管理办法》、《北京市西城区大额专项资金管理办法》等相关文件要求，加强“四个中心”功能建设，努力推进核心区旅游降密提质、转型升级，切实发挥财政资金宏观导向作用，规范和加强西城区旅游产业专项引导资金（以下简称“专项资金”）的使用和管理，提高财政资金的使用效益，结合西城区旅游产业实际情况制定本办法。

第二条 西城区旅游产业专项引导资金是经区政府批准设立，由区级财政性资金安排的专项资金，统筹用于符合西城区旅游产业发展方向和相关政策的旅游产业项目。专项资金按照“公开、公平、公正”的原则进行管理和使用，突出重点，专款专用，统筹兼顾，讲求实效。

第三条 西城区每年统筹安排 2000 万元专项资金用于支持西城区旅游产业发展，专项资金来源为区财政预算。

第四条 在西城区纳税、具有独立法人资格的企业和企业化管理事业单位所实施的旅游产业项目适用本办法，但不包括其他区属预算单位的旅游相关项目建设。

第五条 符合西城区旅游产业发展方向及本办法支持范围的旅游项目，可以申请本专项资金。

第六条 建立市、区产业政策贯通会商机制。对于符合西城区旅游产业发展方向，对旅游业转型提质发展引导示范作用突出，本办法尚未涵盖的产业项目，根据项目申报单位实际需求，可通过西城区文商旅产业融合发展联席会议平台，协助其申报“西城区政府投资引导基金”或商务、文创、科技等市、区产业政策资金支持。

第二章 专项资金分配方法、支持方向及支持方式

第七条 分配方法。专项资金采取项目法和竞争性分配等方式进行分配。

第八条 支持方向。专项资金用于支持符合西城区旅游产业发展方向，具有示范性和带动性，具有良好社会效益和经济效益，并在推动西城区旅游产业高质量发展中作用显著的旅游产业项目，包括住宿业提升、旅游公共服务设施建设、旅游与商业、文化、金融、科技、教育、体育等现代服务业融合发展、会奖旅游市场开发、特色旅游商品研发项目，以及其他需要支持的项目。

第九条 支持方式。专项资金支持方式主要采取项目补助、项目奖励、贷款贴息、政府购买服务等支持方式。项目补助、项目奖励原则上在项目实施完成后给予资金支持，贷款贴息为先付后贴，即项目单位已经向贷款银行支付利息后，贷款贴息资金再予以贴息支持，政府购买服务以政府购买第三方机构咨询服务、平台服务、劳务服务等方式支持。

第三章 专项资金支持范围及额度

第十条 支持符合西城区旅游产业发展方向的住宿业改造、提升项目，推动旅游住宿业向特色化、标准化、国际化、高端化方向发展。

（一）支持向文化主题旅游饭店、精品旅游饭店、高端民宿等高端、特色住宿业改造提升的项目；引导中低星级酒店、一般社会旅馆向精品化、主题化、设计化提升，补助资金额度不超过项目审定后总投资的 30%，单个项目补助资金额度不超过 300 万元；

（二）鼓励一般社会旅馆和中低星级酒店高品质标准化提升项目。对中低星级饭店通过改造后达到更高级别行业标准、一般社会旅馆通过改造达到三星级以上（含三星级）标准或文化主题旅游饭店、精品旅游饭店、“北京人家”等行业标准并通过评定的项目，择优给予 10 万元至 50 万元定额奖励。

（三）鼓励一般社会旅馆转变业态。对按照“西城区高精尖产业目录”方向实现业态转变的项目，且符合其他行业的政策扶持范围，可协助其申报相关政策支持。

第十一条 支持符合西城区旅游产业发展方向及相关条件的旅游公共服务设施项目。景区（点）的旅游公共服务设施项目，补助资金支持额度不超过审定后总投资的 40%，单个项目补助资金额度不超过 300 万元。

第十二条 鼓励旅游与商业、文化、金融、科技、教育、体育等现代服务业相融合的文化旅游产品、智慧旅游产品等项目，补助资金额度不超过项目审定后总投资的30%，单个项目补助资金额度不超过200万元。

第十三条 鼓励举办国际会议、会展、奖励旅游活动、国际商贸及文化交流活动，促进国际会奖旅游市场开发，增加西城区入境旅游消费。

（一）鼓励在区举办国际会议、会展，根据会展、会议的规模、重要性、实际效果以及对西城区会奖旅游业发展的作用和影响力等方面进行择优奖励，给予5万元至20万元定额奖励。

（二）鼓励旅行社积极开展入境奖励旅游团项目，根据入境旅游团队规模、在区内酒店入住天数及对西城旅游业发展的作用和影响力等方面进行择优奖励，给予5万元至15万元定额奖励。

第十四条 鼓励旅游商品研发设计生产经营单位，根据西城文化特色与元素，深入挖掘西城历史文化资源、传统工艺，推出品质优秀、适销对路的旅游商品。

（一）对于研发设计生产的西城区景区（点）特色的专属旅游商品项目或具有西城文化特色与元素的旅游商品，且取得良好市场效益的，给予资金支持，补助资金额度不超过审定总投资或转化产品销售额（应不低于50万元）的25%，单个项目补助资金不超过50万元；

（二）鼓励西城区旅游商品做大做强，对于年度销售额突破50万元的单项西城旅游商品，给予其销售总额10%且最高不超过50万元的扶持奖励。

第十五条 市、区政府批复的重大项目，补助资金额度按批复意见办理。

第十六条 若已获得国家、北京市政府相关旅游产业资金支持的项目，继续申报区级财政资金支持，仅给予相应配套资金支持，支持额度为批复内审定总投资的20%，原则上获得的总支持资金额度不超过批复内审定总投资额度。

第十七条 在西城区地域范围内从事旅游产业建设及相关活动的，项目单位从商业银行获得信贷资金后，可以申请对发生的利息进行全额或部分补贴，同一项目每年贴息额不超过100万元，支持年限原则上不超过2年，贴息资金实行比例核定和额度控制，企业收到贷款贴息后需单独核算。

第十八条 有下列情形之一的项目，专项资金不予资助：

（一）知识产权有争议的；

（二）已经获得区级财政其他专项资金支持；

（三）申请单位涉嫌违法，正在接受相关部门调查；

（四）申请单位因违法行为被执法部门依法处罚未满2年；

（五）在西城区企业监管信息共享平台上被列为失信被执行企业；

（六）影响该单位正常经营活动的其他事项；

（七）逾期未提交专项资金申请材料；

（八）项目未经有关部门批准，在项目贷款延长期间发生的贷款利息；已办理竣工决算或已交付使用但未按规定办理竣工决算的项目发生的借款利息；在贴息范围内，项目未按合同规定归还的逾期贷款利息、加息、罚息；

（九）不能按期偿还贷款本息，经银行确认项目有严重还款风险；

（十）贷款资金改变申报用途；

（十一）应由政府其他资金支持。

第十九条 同一项目不得重复申请区级财政资金，一经发现，取消其申报年度资金支持的资格，同时项目申报单位三年内不得申请本专项资金。同一项目同一建设内容只能申报一种支持方式。

第四章 管理机构和职责

第二十条 旅游产业专项引导资金纳入预算管理，按照区级项目支出预算管理的有关规定管理，由区财政局和区旅游委共同实施监管。

第二十一条 区财政局职责：

（一）负责统筹全区旅游产业专项引导资金需求，依据《北京市西城区促进旅游业发展的实施意见》与相关预算管理办法，审核批复区旅游产业专项引导资金预算，安排资金并批复预算；

（二）按照批复预算及资金年度使用计划拨付资金；

（三）不定期对专项资金使用情况进行监督检查，并对违反规定使用资金的行为进行处理；

（四）按照有关规定进行项目绩效考评；

（五）对专项资金的决算情况进行审核批复。

第二十二条 区旅游委职责：

（一）根据《北京市西城区促进旅游业发展的实施意见》、《西城区"十三五"时期旅游业发展规划》及区委区政府工作部署，确定年度重点工作，按照部门预算管理规定，编报本部门专项资金预算；

（二）负责组织、指导、监督专项资金项目申报、立项、委托第三方管理机构组织项目专家评审等工作，并对项目执行情况进行过程监管；

（三）建立和完善相应的资金监管制度。按照项目批复要求，认真履行资金监管职责，做好资金拨付、使用、项目实施监督检查等工作，保证专项资金使用规范、安全；

（四）按照实际执行情况，编制年度决算；

（五）负责组织对专项资金的使用情况进行跟踪管理。接受财政及审计部门监督，对违反规定使用资金的情况提出整改意见并监督落实；

（六）会同区财政局按照绩效考评要求，对项目进行绩效考评。

第二十三条 项目执行单位职责：

（一）根据项目征集公告要求申报，按照部门预算管理要求，编制项目申报文本，附相关申报材料依据；

（二）严格按照项目批复的内容，组织项目实施。专项资金预算一经批复，使用单位不得自行调整；落实项目实施条件和配套资金，保证项目实施效果；

（三）专项资金须用于旅游产业发展相关内容；

（四）应建立健全财务管理制度，对项目资金进行财务管理和独立核算；

（五）积极配合区旅游委进行项目总体验收，接受旅游、财政、审计等相关部门的监督和审查。

第五章 项目申报与审批

第二十四条 项目申报与审批流程：

（一）项目申报。区旅游委在相关媒体及网站发布专项资金项目征集公告，公告中明确本年度专项资金重点支持方向和领域、项目征集期限、评审认定期限等内容，并纳入西城区旅游产业项目库进行管理。申报项目单位应当按照本年度公告要求，向区旅游委报送项目中报资料。

（二）项目评审。区旅游委委托第三方管理机构组织相关领域专家对项目是否符合专项资金支持的范围及项目的可行性、绩效性、安全性及实施条件等内容进行评估、论证的资格评审，并出具项目评审报告；区财政局委托中介机构对项目进行资金评审，确定项目投资总额。区旅游委根据年度工作重点、项目评审报告及审定后投资总额提出年度专项资金支持方案，报区政府批准。

（三）项目批复。经区政府批准后，区旅游委编制年度项目预算报区财政局，区财政局根据预算管理要求，对专项资金预算进行审核，列入下一年度部门预算。

（四）资金拨付。区财政局批复预算后，按照国库管理制度有关规定拨付资金。

第二十五条 项目执行。专项资金使用单位应随年度决算，报送项目资金使用情况和项目执行情况的总结报告，区旅游委汇总分析后报送区财政局。

第六章 监督管理

第二十六条 监督检查。区财政局、区旅游委及项目单位应加强对专项资金的监督管理，对资金的拨付、使用情况进行监督检查，并自觉接受审计部门的审计。

第二十七条 绩效评估。建立科学合理的绩效评估制度。对项目进行追踪问效，绩效考评结果将作为下一年度项目经费安排的重要参考依据。按照“西城区产业政策制定与实施的管理办法”的相关规定，履行政策评估评价程序。

第二十八条 对于监督检查及绩效评价中发现问题的申报主体，由区旅游委责令其限期整改。整改不力的，由区旅游委会同区财政局给予暂停拨付或收回已拨付资金的处理。出现虚报、冒领、截留、挪用、挤占专项资金等违反财经法律法规的行为，按照相关法律法规追究责任。

第七章 附则

第二十九条 专项资金使用管理的有关细则由区财政局、区旅游委另行制定。

第三十条 本办法自 2019 年 1 月 1 日起施行。原《西城区旅游产业专项引导资金管理办法》（西财政法〔2015〕10 号）同时废止。

第三十一条 本办法由区财政局、区旅游委依照职责分工负责解释。

（文章来源：北京市西城区人民政府网站 . https://www.bjxch.gov.cn/xxgk/xxxq/pnidpv811386.html）

郴州市会展业发展与管理暂行办法

第一章 总 则

第一条 为了规范本市会展活动管理，优化会展环境，促进会展经济发展，根据《国务院关于进一步促进展览业改革发展的若干意见》（国发〔2015〕15 号）《湖南省人民政府办公厅关于促进会展业改革发展的实施意见》（湘政办发〔2016〕71 号）等文件精神，结合本市实际，制定本办法。

第二条 本市行政区域范围内举办的会展活动及相关管理经营行为，适用本办法。

第三条 本办法所称的会展活动，是指举办单位在特定场所和预定时期内举办的以展示、展销、洽谈为主要形式的商品交易、信息交流和经济技术洽谈等展览或会议。

本办法所称举办单位包括主办单位和承办单位。主办单位是指负责制定会展活动实施方案和计划，对会展活动进行统筹、组织和安排，并对会展活动承担主要责任的单位；承办单位是指根据与主办单位签订的合同，负责活动筹办、宣传推广、安全保卫、交通运输等具体会展事项的单位。

第四条 会展业发展遵循政府引导、市场运作、公平竞争、行业自律的原则。

第二章 服务与管理

第五条 建立由市政府分管副市长任组长，市政府协管副秘书长、市商务局局长任副组长，市委宣传部、市发改委、市工信局、市商务局、市公安局、市财政局、市审计局、市应急管理局、市城管和综合执法局、市统计局、市市场监管局、市文旅广体局、市科技局、郴州海关、市贸促会、市交通运输局、市农业农村局、市卫生健康委、市信访局、市会展局、市公安局交警支队、郴投集团、市消防救援支队、北湖区政府、苏仙区政府等单位负责人为成员的市会展业发展领导小组，领导小组办公室设在市商务局，日常工作由市会展局承担，办公室主任和副主任分别由市商务局分管副局长和市会展局局长兼任。

第六条 市会展业发展领导小组办公室履行下列职责：

（一）宣传和贯彻执行有关会展的法律法规、规章；

（二）组织编制全市会展业发展专项规划，报市人民政府批准后实施；

（三）对全市会展活动进行指导；

（四）发布全市会展项目指导目录和相关信息；

（五）培育本地会展品牌，引进国际国内知名会展品牌；

（六）其他促进会展业发展及会展活动的服务管理工作。

第七条 商业性会展活动举办单位应当在会展活动举办前将活动方案等有关资料及时报送至会展行业主管部门，具有行政许可职能的单位（部门）应当在会展活动取得相应行政许可证明后及时向会展行业主管部门通报相关情况，以便会展行业主管部门掌握情况，做好服务和监管工作。各相关部门在会展活动举办期间根据自身职责做好服务和监管工作。各县市区政府应当加强对会展工作的组织领导，配合做好全市性大型会展活动的组织实施、秩序维护等工作，促进本辖区内会展企业发展和会展品牌培育。

第八条 会展活动举办单位每年年底前向市会展业发展领导小组办公室提交下年度会展计划，市会展业发展领导小组办公室根据所报计划开展会展活动的协调、宣传、推介等相关服务；临时决定举办的，应当于活动举办 60 日前报市会展业发展领导小组办公室，由市会展业发展领导小组办公室向社会公布。

第九条 主办单位举办会展活动，应当具有独立法人资格，能够承担相应民事责任，并拥有与会展活动相适应的管理机构、资金、人员和制度。

两个以上单位联合主办会展活动的，至少应当有一个单位符合前款规定的要求。

第十条 举办会展活动，主办单位应当与承办单位签订书面合同，明确双方的权利与义务。

招展信息以主办单位名义发布；联合举办会展活动的，共同发布招展信息；未经主办单位授权，承办单位不得擅自发布招展信息。

招展信息应当真实、合法，会展活动及展出内容应当与发布的信息一致。会展活动名称、主办和承办单位名称、举办时间、地点、主题内容等应当与相关行政许可事项一致。

第十一条 有关单位或者人员可以向市会展业发展领导小组

办公室咨询下列信息：

（一）会展业相关法律法规、规章和政策；

（二）本市会展业发展状况和服务环境；

（三）重要会展活动介绍；

（四）会展项目动态；

（五）会展业从业单位信用信息；

（六）其他依法可以公开的会展业信息。

第十二条 举办单位发布招展信息应当客观、真实，不得进行虚假和引人误解的宣传。举办单位应当与参展商签订书面合同，明确双方的权利和义务，要求参展商提交以下材料并进行查验：

（一）法人机构代码证、营业执照或者其他相关证件；

（二）参展人员登记表、参展人员的身份证明和法定代表人授权委托书，特定行业从业人员的相应证件；

（三）展品登记表、展品质量合格证明资料。

招展信息发布后，无正当理由不得变更会展活动名称、主题、时间、地点和价格等内容；有正当理由确需变更的，应当以书面形式告知参展商和相关部门及人员。

第十三条 会展场馆应当符合卫生、消防和安全要求，在显著位置设有安全警示和引导标志。专业性场馆应当配置电视监控、防盗报警和出入安全检查系统。

举办单位、参展商需要搭设舞台、看台、灯光架、背景板等临时设施的，其设计、施工、监理应当符合有关法律法规和标准、技术规范，保证临时设施的安全。

场馆方应当定期维护场馆及设施，优化服务，合理收费，建立场馆安全防范制度，配备专职安保人员，指导举办单位和参展商做好安全、消防等工作。

第十四条 举办单位应当在会展活动举办前与场馆方签订租赁协议、安全责任书，明确双方的安全责任和义务。在签订场地租赁协议前，场馆方应当对举办单位的资格进行查验，在场馆租用协议中订立责任保证条款，对侵害参展商合法权益的赔偿责任进行约定。

第十五条 举办单位应当在开展前对参展项目、展品、展板、展台和相关宣传资料进行知识产权审查，参展商应当配合并提供相关权利证明。对未能提供权利证明的，不得允许其以相关知识产权名义进行展示和宣传。知识产权主管部门认定参展商侵犯知识产权成立的，应当依法予以处理。

第十六条 展台搭建和展品用具使用应当符合安全生产和消防安全要求，存在安全隐患的，举办单位、场馆方应当向参展商提出整改要求；参展商拒绝整改的，举办单位、场馆方应当及时向会展管理、应急管理、公安等部门报告。

第十七条 参展商必须具有合法的经营资格，按照国家有关法律、法规开展经营活动。参展商应当保证展品的质量和安全，展品造成消费者权益损害的，依法予以赔偿。

第十八条 举办单位应当在会展活动现场设立投诉处理点，并在醒目位置公布公安、市场监管、会展管理等部门的投诉举报电话，各职能部门应当根据自身职责为会展活动提供相应服务，维护会展活动秩序。

第十九条 市会展业发展领导小组成员单位应当按各自职能，在国家企业信用信息公示系统负责录入和推送企业信用信息。完善参展产品溯源制度，推动落实参展企业质量承诺制度，实现诚信办展办会。

第二十条 对国际性会展活动，市会展业发展领导小组办公室加强与海关等部门协调联动，落实会展活动通关便利化措施，优化展品出入境管理模式，提高通关便利化水平，规范未获得检验检疫准入展品的管理，积极争取重点展会的进口展品享受海关的税收减免政策。

第二十一条 会展活动结束后，举办单位应当及时清理现场，恢复正常的城市容貌秩序，并向市会展业发展领导小组办公室提供本次会展活动有关统计数据和活动总结等资料。

第三章 鼓励和扶持

第二十二条 市会展局会同市财政部门制定会展业发展专项资金使用实施细则，明确资金使用的范围、标准、程序和监督机制等内容。

会展业发展专项资金主要用于下列事项：

（一）规模会展活动奖励；

（二）引进国内外大型会展活动和知名会展机构；

（三）品牌会展项目培育；

（四）会展业的宣传推广、对外交流；

（五）会展业的调查研究、人才培训、行业评估等；

（六）会展企业和会展项目进行国际权威认证；

（七）其他促进会展业发展的事项。

第二十三条 市会展业发展领导小组根据《郴州市会展业专项资金使用实施细则（暂行）》（郴会发〔2019〕6 号）对符合条件的规模会展活动给予相应奖补。

第二十四条 各有关单位应当采取有效措施，推动会展业与装修装饰、信息咨询、广告策划、交通运输、餐饮酒店、旅游度假、通信网络等产业联动发展，完善会展配套服务，发展会展活动产业链，鼓励打造会展集聚区。

第二十五条 市委宣传部、市城管和综合执法局、市交通运输局、郴州电视台、郴州日报社、郴投集团等部门和单位应当对我市规模会展活动及有发展潜力的品牌会展活动广告宣传给予支持。

第二十六条 鼓励和引导企业在本市或跨区域参加或举办会展活动；鼓励会展企业与国际会展业组织、企业的交流和合作；鼓励会展项目和会展企业加入国际会展业组织，取得国际认证。

鼓励有国际竞争力的会展企业建立海外联络机构和营销网络参与国际竞争，鼓励境内外知名会展企业来郴设立总部或者办事机构。

第二十七条 鼓励国内外各类投资主体和机构通过收购、兼并、独资、合资、合作、参股等形式在本市设立会展企业。鼓励以市场为导向，逐步加大向社会购买服务的力度，加快建立政府办展退出机制。鼓励社会资本进入会展业，推动政府、社会和会展企业共同依法设立会展业投资基金，逐步建立政府、企业、社会多元投入机制。

第二十八条 坚持“扶优扶强”，培育会展龙头企业和拳头品牌，鼓励和支持其做优做活，包括加强展商和专业观众的服务、完善线上申报、优化诚信制度、强化统计工作、创新宣传模式、开展会展评估、完善知识产权保护、引入保险和法律服务等，培育其做大做强，发挥其引领带动作用。

第二十九条 鼓励专业展馆或会场创新管理体制和运营机制，提高展馆或会场利用率，增强运营效益和盈利能力。兼顾公益性和市场原则，与时俱进，加快现有会展场所提质改造升级，完善配套设施，优化会展场所定位和功能布局，提升会展场所的信息化水平和承载能力。

第三十条 鼓励和引导会展企业运用云计算、大数据、物联网、移动互联网等现代信息技术开展服务创新、管理创新、市场创新和商业模式创新，发展新兴会展业态。鼓励举办网上会展活动，推动形成“双线会展”新模式。

第三十一条 鼓励职业院校、高等院校培养适应会展业发展需要的技能型、应用型和复合型专业人才。鼓励会展中介机构、行业协会与有关院校和培训机构联合培养、培训会展业专门人才。

第三十二条 鼓励会展企业和会展项目以申请专利、商标注册等方式，对名称、标识、商誉等无形资产进行保护和开发利用。

第三十三条 鼓励绿色办展办会，按照国家新发展理念，提倡节俭高效，简约大方，严控办展办会过程中人力、物力、财力的合理支出。

第三十四条 鼓励成立会展行业协会，行业协会应当制定行业服务规范、建立会展评估体系、组织会展数据统计、发布会展资讯信息以及引导会员规范经营。

各类专业性行业组织应当在利用专业信息资源组织、举办专业性的会展活动中发挥自律作用。

第四章 附则

第三十五 政府类会展活动按照《湖南省党政机关境内举办展会活动管理实施细则》执行。

第三十六条 本办法所称的规模会展活动，是指在本市举办符合本市产业发展方向、具有发展潜力的规模大、影响广、辐射带动作用强、展览面积 6000 平方米以上或者标准展位 300 个以上的展览或参会人数 50 人以上的会议。

第三十七条 本办法自公布之日起施行。

（文章来源：郴州市人民政府官方网站 . http://www.czs.gov.cn/html/zwgk/fggw/govbanfile/czbf/content_3095513.html）

成都市会展业发展专项资金管理办法

第一章 总则

第一条 （目的依据）为促进成都市会展业高质量发展，加快建设具有全球影响力的国际会展之都，充分发挥财政资金的导向和激励作用，根据《国务院关于进一步促进展览业改革发展的若干意见》（国发〔2015〕15 号）、《四川省人民政府关于进一步促进展览业改革发展的实施意见》（川府〔2016〕2 号）、《成都市人民政府办公厅关于促进会展产业新经济形态发展的实施意见》（成办发〔2019〕40 号）、《成都市人民政府办公厅关于成都市培育展会新模式激发增长新动能的指导意见》（成办发〔2020〕51 号），按照《成都市人民政府关于印发市级财政专项资金审批管理办法》（成府函〔2017〕170 号）相关规定，进一步规范会展业发展专项资金的使用和管理，提高资金使用效益，结合我市会展业实际，制定本办法。

第二条 （资金含义）本办法所称成都市会晨业发展专项资金（以下简称“专项资金”），是指市级财政预算安排专项用于我市会展业发展的资金，主要为落实我市会展业发展确定哟目标任务和政策措施提供资金保障。

第二条（管理原则）专项资金管理遵循公平公正、科学规范、突出重点、注重绩效的原则。

第二章 职责分工

第四条 （市级财政部门职责）市财政局主要负责确定专项资金规模、预算管理；审核专项资金分配建议；下达资金预算；指导和开展财政重点绩效评价；监管专项资金使用情况。

第五条 （市级主管部门职责）市博览局（市贸促会）主要负责研究提出专项资金年度总体安排和分配建议方案，编制预算绩效目标，制定并发布项目申报指南，对申报项目进行审核并开展日常监管和评估，组织对重点任务完成情况进行抽查和实施绩效评价。

第六条 （县级财政部门职责）区（市）县财政部门主要负责区（市）县专项资金的审核拨付、使用监督以及绩效评价管理工作。

第七条 （县级主管部门职责）区（市）县会展主管部门主要负责区（市）县申报项目的审核、上报及项目管理，做好预算绩效管理具体工作。

第八条（资金使用单位职责）资金使用单位对项目真实性、科学性负责，加强专项资金绩效管理并接受相关部门的监督检查。

第三章 资金支持方向及分配方式

第九条 （支持对象）本办法所称展览会是指集展示产品和技术飞拓展销售渠道、传播品牌理念、投资洽谈交流为一体的符合我市产业经济发展方向的展览会不包括书画展、摄影展、图片展、成就展等。

本办法所称会议是指省市政府重点支持或对我市经济社会等领域具有重要促进作用的国家级、国际性的重要会议，不包括政府性的工作会议、一般性学术会议、一般性商业会议、联欢联谊会等。

第十条 （支持方向）专项资金重点支持以下方向：

（一）在我市主要专业展览场馆内举办的展览总面积在 1 万平方米（含）以上、展期 2 天（含）以上的线下展览会；

（二）在我市举办的线上线下一体的展览会；

（三）在特定条件下举办的线上展览会；

（四）在我市举办的会期 2 天（含）以上，且在我市住宿 1 天（含）以上的符合我市主导产业发展方向、对我市经济社会等领域具有重要促进作用的国家级、国际性会议；

（五）符合会展新经济发展新场景、新业态、新模式的我市注册会展企业、智慧场馆、产业园区；

（六）参加市博览局（市贸促会）组织开展的境内外推介会、洽谈会、展览会等会展经贸交流活动的我市企业及机构；

（七）国际会展组织认证、知名会展企业落户办晨、外来重点展览会定点举办、品牌展会等奖励；

（八）对符合我市产业经济发展方向，具有较强产业推动作用及其他促进我市会展业发展的重大事项。

第十一条 （分配方式）专项资金采用规划分配、据实据效等方法进行分配，具体执行标准通过申报指南进行规范。

第四章 项目申报与审核

第十二条 （申报审核流程）市博览局（市贸促会）征求市财政局意见后每年制定并发布申报指南。

符合本办法第十条（一）至（四）项的申报主体，应通过成都会展业公共服务平台进行申报。市博览局（市贸促会）根据《成都市会展业发展专项资金项目评审管理办法》委托第三方进行现场验收、专家评审，经审核确定公示后纳入“会展业发展专项资金项目库”。

符合本办法第十条（五）至（八）项的申报主体，应向市博览局（市贸促会）提交相关纸质材料进行申报。市博览局（市贸促会）根据《申报指南》进行审核，并将审核结果纳入“会展业发展专项资金项目库”。

第五章 预算管理

第十二条 （预算编制）市博览局（市贸促会）根据当年我市会展业支持发展重点，建立“会展业发展专项资金项目库”，结合会展业发展专项资金预算规模，编制次年专项资金支出预算建议，报市政府审批。

第十四条 （预算细化）年度预算草案经审批后执行，已细化到具体项目的，严格按照预算执行；未细化到具体项目的，应按照市级预算管理相关规定，在规定时间内将细化分配方案报市政府审批后执行。

第十五条 （预算调整）预算执行中，原则上不得变更项目支出预算；因政策要求或客观环境变化，确需变更支出预算的，应将具体变更方案报市政府审批后执行。

第六章 资金拨付与使用

第十六条 （预算执行）专项资金分配方案批准后，由市博览局（市贸促会）向市财政局分项目、按进度报送项目资金拨付申请，经市财政局审批后下达资金。

第十七条 （资金拨付）拨付相关区（市）县及市级相关单位的项目，由市财政局直接下达资金。相关单位应向市博览局（市贸促会）提供第三方绩效评价报告。

拨付举办单位的项目，市财政局下达资金到市博览局（市贸促会），由市博览局（市贸促会）拨付到举办单位。举办单位应向市博览局（市贸促会）提供与补贴金额对应的票据、第三方绩效评价报告及相关证明材料，由市博览局（市贸促会）办理资金拨付。

第十八条 （结余管理）各级政府财政部门会同同级会展主管部门应当加强结余结转资金的清理和执行，按照财政资金管理有关规定处理。

第七章 绩效管理

第十九条 （总体要求）专项资金应当实施全过程绩效管理，建立贯穿预算编制、执行、监督的预算绩效管理体系。

第二十条 （目标管理）市博览局（市贸促会）在编制专项资金预算时，应当编制专项资金整体绩效目标。区（市）县会展主管部门负责填报区域内项目绩效目标并报同级财政部门复审。

第二十一条 （执行监控）专项资金执行期间，各级会展主管部门、财政部门按照职能职责，应当对绩效目标实现程度和预算执行进度开展“双监控”。

第二十二条 （绩效评价）专项资金执行完成后，市博览局（市贸促会）组织实施绩效评价，并对绩效评价结果进行公开；资金使用单位应开展绩效自评，区（市）县会展主管部门应对项目的资金使用情况、目标实现程度、资金使用效益等进行绩效评价；市财政局视情况适时组织开展抽查、重点评价或再评价，并向市政府报告绩效评价结果。

第二十二条 （结果运用）专项资金绩效评价结果应当作为制定政策、改进预算管理、编制以后年度预算的重要依据。对绩效评价结果不佳的项目，市博览局（市贸促会）要在次年预算编制中调整项目实施方案或优化支出结构。不作调整的，财政部门按规定核减预算或予以取消。

第八章 监督检查

第二十四条 （监督检查）专项资金依法接受财政、审计、纪检监察等部门的监督检查。

第二十五条 （法律责任）对违反本办法规定骗取、挤占、贪污、挪用、截留专项资金等行为，按照《中华人民共和国预算法》《中华人民共和国会计法》《财政违法行为处罚处分条例》等法律法规规定追究相关责任单位和人员的责任。

第九章 附则

第二十六条 （解释部门）本办法由市财政局会同市博览局（市贸促会）负责解释。

第二十七条（实施日期）本办法自2021年1月1日起执行，有效期5年。2017年7月11日印发的《成都市会展业发展专项资金管理办法》（成财外〔2017〕74号）同时废止。

（文章来源：成都市人民政府网站 . http://gk.chengdu.gov.cn/govInfo/detail.action?id=124742&tn=6）

佛山市重点品牌展会认定扶持办法

第一章 总则

第一条 为培育佛山市品牌展会，规范品牌展会认定工作，引导佛山会展业向品牌化、专业化、市场化、国际化发展，提高会展产业的总体水平，结合我市实际情况，特制定本办法。

第二条 本办法所称的品牌展会，是指在我市定期举办，具有一定规模，符合国家、省产业发展鼓励方向，并与我市支柱产业、优势产业、特色产业、战略性新兴产业发展关系密切，能有效推动和引领我市产业和经济发展，具有较强影响力和代表我市会展业形象的展会，包括展览会、博览会、交易会、展销会等以展销为主的专业展会。

第三条 对经省委省政府批准的我市区级以上党政机关主办的展会自动认定为重点品牌展会。党政机关主办的展会不享受本办法规定的资金扶持。

第二章 认定条件

第四条 申报佛山市重点品牌展会应具备以下条件：

（一）在行业具有较高知名度、美誉度，经济效益和社会效益明显，并承诺经认定后连续三年仍在我市举办且展会规模不能小于认定前的展会；

（二）申报单位应为在佛山市辖区内登记注册的展会主（承）办单位（机构），有多个主（承）办单位（机构）共同举办的，由主要出资方或租赁场馆方提出申报，并附其他主（承）办单位（机构）的申报授权；

（三）单个展会展览场地规模应达到 1.5 万平方米以上（含 1.5 万平方米）且搭建展位面积相当于 600 个标准展位以上，参展商在 150 家以上（含 150 家），有境外企业（含境外品牌及合资品牌）或行业龙头企业 10 家以上（含 10 家）参展；

（四）邀请到会专业采购商 1000 人以上（含 1000 人）或组织专业观众 1 万人次以上（含 1 万人次），国际参展商或国际专业观众占 10% 以上；

（五）展会主（承）办单位（机构）及参展商积极配合维护知识产权，没有涉及侵犯知识产权行为；没有涉及重大安全责任事故及其他违法案件；没有重大责任纠纷；

（六）主（承）办单位（机构）没有行业不良诚信记录、没有列入行业黑名单；

（七）展会如有多个主题、涉及多个领域的，只对符合条件的主题内容进行认定；

（八）展会能够统计采购商或专业观众数量。

第五条 其他不适宜认定的情形。包括但不限于国家和省不再支持发展的行业展会、存在影响展会信用问题的事件或行为、存在安全隐患、存在治安或维稳隐患等情形。

第三章 申报程序

第六条 佛山市重点品牌展会每年认定一次。对于一年举办多届的展会可以合并单年度的申报资料，并注明每届的相关数据及内容。

第七条 凡符合认定条件的展会，由主（承）办单位（机构）向登记注册地的佛山市各区会展职能管理部门提交认定申报材料，经各区会展职能管理部门初审后，加具意见报市商务局。初审内容包括：材料是否齐备、办展程序是否依法合规、材料是否真实等。

申请材料包括：

（一）《佛山市重点品牌展会认定申请表》；

（二）上一年度的展会工作总结及现场图片 5 张以上（彩印）；

（三）申报单位的工商营业执照或相关登记注册文件复印件；

（四）其他主（承）办单位的申报授权；

（五）上一年度的参展商名录（包括企业名称、展览内容、展览面积、特装面积、所属地区、参展人员、参展时间等）、办展成本的专项审计报告和相关证明材料，如参展合同、参展图片、参展费用、第三方机构出具的证明等；

（六）上一年度的采购商、观众信息登记数据汇总结果（须提供相关证明材料，如第三方专业机构统计结果、采购商和观众报名登记情况、收费情况等）；

（七）上一年度该单个展会规模达 1.5 万平方米以上（含 1.5 万平方米）的证明材料和依据，如租赁合同、场地使用发票、支付凭证、房产权证、业主单位授权书、展会平面图（分布图）

等复印件；

（八）参展的境外企业（含境外品牌及合资品牌）或行业龙头企业 10 家名录及展位相片；

（九）上一年度的展会场地租赁费用及宣传费用明细表和发票复印件；

（十）主（承）办单位（机构）认为需要提供的其他文件，如展会或展会主（承）办单位获各项荣誉称号、相关媒体报道、配套专业会议等证明材料复印件；

（十一）由申报方提供《统计说明》，列明参会采购商或专业观众的数据来源及统计方式。

以上所附发票的单位名称均需与申报单位一致。

第四章 评审程序

第八条 佛山市重点品牌展会的认定，按照公开、公平、公正的原则，由市商务局牵头组织项目申报、审查和评审，并经过向社会公示、政府批准认定的程序进行。

第九条 重点品牌展会认定由市商务局委托第三方中介机构组织专家评审组，对参加认定的展会进行集中评审，市商务局根据评审结果择优初步确定佛山市重点品牌展会入选名单。

项目评审标准：满分 110 分，其中：展会规模 30 分，办展质量 30 分，展会影响力 10 分，产业关联度 10 分，专业化程度 10 分，宣传力度 10 分，获得相关荣誉和等级评定、国际认证等加分项 10 分等项组成。

第十条 经专家评审入选佛山市重点品牌展会的名单在市商务局网站进行公示，公示期为 7 个工作日。公示期间任何单位或个人有异议，可向市商务局提出。市商务局将对异议项重新审核，若异议成立，则取消重点品牌展会认定的资格。

第十一条 公示期满没收到异议或异议不成立的，由市商务局上报市政府审定，经市政府批准后认定为佛山市重点品牌展会，并向社会公布。重点品牌展会一经认定，有效期为三年。

第五章 扶持办法

第十二条 对经认定为佛山市重点品牌展会的，以“谁申办谁宣传”为主，并与佛山市各有关宣传推介环节中予以重点宣传相结合。

第十三条 对经认定为佛山市重点品牌展会的，市级财政每年安排专项资金对其上一年度举办展会的场地租金和宣传支出等费用按一定的比例进行扶持（具体以年度市级财政专项资金安排为准）。对已获得其他市级财政资金支持的重点展会原则上不再重复支持。

第十四条 经认定的佛山市重点品牌展会在对外宣传时可冠名使用佛山市重点品牌展会称号。

第十五条 经认定的佛山市重点品牌展会优先推荐申请国家级、省级财政资金扶持。

第六章 监督管理

第十六条 经认定的佛山市重点品牌展会应遵守行业自律规定，接受有关部门的指导、监督和检查，检查内容包括会展项目的实施情况、专项扶持资金专款专用和管理情况等，并将资金的使用情况作为下一周期重点品牌展会评审中的重要参考评审依据。

第十七条 市政府负责重点品牌展会的审核批准，市商务局负责委托第三方专业机构对品牌展会进行评审、认定，品牌展会认定后由市财政安排资金扶持。各区会展行业管理部门负责辖区重点展会的组织申报和初审推荐，各区财政局加强对获得重点展会扶持资金的发放及监督管理。品牌展会认定的申报、报送、评审、批准过程均需依法依规进行。

第十八条 经认定的佛山市重点品牌展会，若发生重大群体性事件或安全事故的，或有重大违法行为被有关部门查处的，认定单位取消其重点品牌展会资格，停止其享受相关优惠扶持政策，并按照有关规定由市财政局收回已拨付的扶持资金。

第十九条 经认定的重点品牌展会主（承）办单位（机构）须承诺该展会连续三年在佛山举办，如违反该承诺，认定单位将对该展会主（承）办单位（机构）和负责人进行通报，并录入诚信黑名单，追回已拨付的财政扶持资金，且展会主（承）办单位（机构）和负责人今后 3 年内不得申报市级财政支持。

第七章 附则（术语定义）

第二十条标准展位：是展会用来展出商品和图片等物品的单位空间，每个标准展位的面积一般为 3 米 ×3 米或 2 米 ×3 米，高度为 2.5 米。

第二十一条 专业观众：也称贸易观众，是指从事展会上所展出的商品或服务的设计、开发、生产、销售或者提供相关服务的参展专业人士或者参展采购商。

第二十二条 佛山市重点品牌展会的数量根据佛山会展业的发展情况确定。对于同质同类展会，按照“扶优扶强”原则，择优对得分较高的展会给予认定。

第二十三条 本办法由市商务局负责解释，自 2021 年 4 月 8 日起施行，有效期 3 年。期满后根据实施情况依法评估修订。

佛山中德工业服务区（三龙湾）管理委员会促进潭洲国际会展中心招展办会资金扶持办法

第一章 总则

第一条 为加快会展业发展成为我市现代服务业的先导性产业，推动全市经济高质量发展，根据《国务院关于进一步促进展览业改革发展的若干意见》（国发〔2015〕15号）精神，结合三龙湾高端创新集聚区的发展要求，特制定本办法。

第二条 充分发挥财政资金在促进会展业发展中的扶持和激励作用，坚持“公开公正、引导带动、重点突出、高质高效”的原则，支持在潭洲国际会展中心（以下简称“潭洲会展”）举办符合我市产业发展方向的展览项目和会议活动。

佛山中德工业服务区（三龙湾）管理委员会（以下简称“管委会”）负责专项资金年度预算、资金日常管理、资金审核拨付、项目绩效评价等工作。

第二章 扶持对象、范围、条件及标准

第三条 扶持招展。对承诺在潭洲会展连续举办不少于三届、每届展期不少于三天且符合展览主题的展位面积占总展位面积比例达80%以上的展览项目：单日展览面积达到1个馆以上且平均每个馆不少于350个标准展位同等展览面积的专业类展览项目，每届补助30万元；单日展览面积达到3个馆以上且平均每个馆不少于300个标准展位同等展览面积的其他类展览项目，每届补助30万元。室外展览面积达到1万平方米视同1个馆。上述展览项目符合以下条件之一的，当届可叠加申请补助，单届补助累计最多不超过500万元，补助总计不超过三届。

（一）专业类展览项目展览面积每增加1个馆且平均每个馆不少于350个标准展位同等展览面积的，增加补助30万元；其他类展览项目展览面积每增加1个馆且平均每个馆不少于300个标准展位同等展览面积的，增加补助10万元。

（二）展览主题符合佛山市工业产业发展规划中特色支柱或优势产业方向，单日展览面积达到3个馆以上，佛山市登记注册企业参展的展位面积占总展位面积达25%以上的专业类展览项目为产地展：展览面积为3至5个馆的，增加补助50万元；展览面积为6至8个馆的，增加补助100万元；展览面积为9个馆以上的，增加补助200万元。

（三）专业类展览项目专业观众日平均参观人数达到5000人以上的：按国内专业观众人数每人5元的标准给予补助，境外专业观众人数每人50元的标准给予补助。单届补助最多不超过30万元。

（四）专业类展览项目特装展位面积占总展位面积比例达60%以上的，补助10万元；达到80%以上的，补助30万元。

（五）专业类展览项目主办机构引进佛山市登记注册企业参展的，对符合展览主题的佛山企业参展展位按照每个标准展位500元的标准给予补助。单届补助金额最多不超过30万元。

（六）专业类展览项目主办机构引进世界500强企业、中国企业500强、中央企业等龙头企业参展，按企业参展符合展览主题的展位面积计算，每4个标准展位补助12000元（不足4个标准展位部分不纳入补助范围）；上市公司或广东省企业100强等知名企业，按企业参展符合展览主题的展位面积计算，每4个标准展位补助8000元（不足4个标准展位部分不纳入补助范围）。单届补助金额最多不超过200万元。

（七）专业类展览项目境外展商来自不少于三个国家或地区，且境外展商展位面积占总展位面积比例达10%以上的，补助50万元。

（八）展览项目列入机械工业信息研究院《进出口经理人》发布的世界商展100强，一次性补助100万元；取得国际展览业协会（UFI）认证的，一次性补助50万元；列入中国会展经济研究会《年度中国展览数据统计报告》中133个细分行业项目按展览面积排名前3位的，一次性补助30万元。

（九）展览项目的主办机构属世界 500 强企业、国际展览业协会（UFI）认证或国际展览与项目协会（IAEE）认证的企业，一次性补助 20 万元，同时在佛山市范围登记注册企业的，增加补助 90 万元；属国家级行业协会组织、中国企业 500 强、中央企业、上市公司、中国会展经济研究会《年度中国展览数据统计报告》发布办展规模前 50 位办展机构或广东省企业 100 强的，一次性补助 10 万元，同时在佛山市范围登记注册企业的，增加补助 60 万元。上述增加补助分三年平均支付，若登记注册企业被注销或主办机构未履行相关承诺，此项补助随即停发。

（十）潭洲会展自办或联合国内外办展机构举办，符合佛山产业发展规划方向的专业类展览项目：展览面积为 1 至 2 个馆的，一次性补助 50 万元；达到 2 个馆后每增加 1 个馆的，一次性增加补助 50 万元。单届补助最多不超过 200 万元。

第四条 支持有影响力的专业会议活动。在潭洲会展举办符合佛山产业发展规划方向的会议活动，按照如下标准给予补助：

（一）参会人数 300 人以上的，或参会人数 150 人以上、不少于三个国家或地区的境外参会代表人数占总参会人数达 10% 以上的会议：由国际性组织、世界 500 强企业、国家级行业协会组织、国家级科研学术机构、中国企业 500 强或中央企业主办的，按照实际投入费用（场租、住宿、搭建）的 80% 给予支持，每届补助不超过 50 万元；由上市企业、省级行业协会组织、省级科研学术机构或广东省企业 100 强主办的，按照实际投入费用（场租、住宿、搭建）的 50% 给予支持，每届补助不超过 30 万元。

（二）举办两天以上且参会人员达 800 人以上的会议：按实际投入费用（场租、住宿、搭建）的 50% 给予支持，每届补助不超过 20 万元。

第五条 展览项目或会议活动有下列情形之一的，不予扶持：

（一）由各级政府或其部门牵头主办的；

（二）当年已获得我市“一事一议”等专项财政资金支持的；

（三）没有履行相关承诺的；

（四）经法院裁判或行政管理部门认定为侵犯他人知识产权的；

（五）筹备、举办过程中违反与展览、会议活动相关的法律法规被执法部门查处的；

（六）组织秩序混乱，引发安全事故、群体性事件等重大事故的；

（七）主办机构近两年内因违法被执法部门查处或有其他违反国家法律法规行为的；

（八）其他不适宜扶持的项目。

第三章 资金申报、审核及审批程序

第六条 展览项目及会议活动补助资金申报程序

（一）网上注册登记。申请扶持的各类展览项目应当在举办前 90 天、会议活动应当在举办前 30 天向管委会会展局申报。因不可抗力原因不能按上述时间提前申报的，在办理申报时提供情况说明，可适度放宽。企业申报须登录佛山市政府扶持企业资金综合服务平台“佛山扶持通”（网址：https://fsfczj.foshan.gov.cn/）进行注册登记。

（二）初审。管委会会展局对展览项目及会议活动的申报材料进行在线初审。

（三）提交材料。初审通过后，企业登录佛山市政府扶持企业资金综合服务平台打印申报材料并按顺序装订成册，盖章签字后递交至管委会会展局。

（四）专家评审。管委会会展局组织专家评委会对申报项目进行评审。

（五）公示。根据评审结果，管委会会展局将获得补助的候选企业名单在管委会官网上公示 5 个工作日。

（六）拨付。公示期满无异议或异议不成立的，由管委会拨付扶持资金。

第七条 依据本办法申请补助的展览项目或会议活动的，主办方应当对其提供的材料真实性负责。

第八条 本办法中所涉及的资金扶持，由主办机构进行申报。如有多个主办机构的，须协商推选其中一个单位作为申请主体。

第四章 资金管理和监督

第九条 专项资金遵循“事前申请、事后奖补”的原则，实际扶持资金按申报情况和当年预算计划统筹安排，如超出预算计划滚动至下一年度拨付。

第十条 对没有履行相关承诺或存在弄虚作假、串通作弊、虚报冒领、向评审人员行贿等违法违规行为的申请主体，取消其申请资格，收回已发放的扶持资金，三年内不再受理其本办法项下所有项目的申请，并依法依规追究其有关责任。

因展（会）主办机构的原因，引发安全事故、群体性事件等重大事故，产生较大负面影响或严重后果的（包括罢展、闹展或其它重大事故），取消其当届申请资格，并依法依规追究其有关责任。

第十一条 管委会、相关第三方专业机构评审人员或工作人员在管理、评审和监督工作中存在贪污受贿、滥用职权、玩忽职守、徇私舞弊等违法违规行为的，依法依规追究有关责任。

第十二条 专项资金必须按照本办法规定的范围和用途进行拨付和使用，任何单位不得挤占、截流、挪用扶持资金。

第五章 附则

第十三条 本办法涉及的相关名词及术语解释如下：

（一）“馆”是指潭洲国际会展中心 1-10 号展馆，每馆展览面积约为 9000 平方米。

（二）“标准展位”是指面积为 9 平方米的展位。

（三）“特装展位”是指需要进行特别装修的展位，面积为 36 平方米以上。

（四）“专业类展览项目”是指以专门一种产品、一类技术或一类产业所支撑的一个主题展会，有专门的采购团队、专业观众组织，以企业与企业之间对接为主的展览项目。有别于以个体消费为主的消费类展销、展览，以及综合类、娱乐类等展览。

（五）“佛山市工业产业发展规划中特色支柱或优势产业方向”是指由市政府及有关政府部门发布的佛山市工业发展规划中列明的特色支柱或优势重点领域，产品主要生产地或行业知名企业聚集地在佛山的产业。

（六）“专业观众”是指从事展会上所展出的商品或服务相关的设计、开发、生产、销售工作或者提供相关服务的专业人士、买手或者用户。“境外专业观众”是指在展会开幕前 2 个月内入境的境外专业观众，含港澳台地区。

（七）“世界 500 强”为近两年曾入选《财富》排名“世界 500 强”企业。“中国企业 500 强”为近两年入选中国企业联合会、中国企业家协会按国际惯例组织评选、发布的中国企业排行榜。“广东省企业 100 强”为近两年入选广东省企业联合会、广东省企业家协会发布的广东企业榜单。“中央企业”为“中央管理企业”的简称，指由中央人民政府（国务院）或委托国有资产监督管理机构行使出资人职责的国有独资或国有控股企业。“上市公司”是指根据《中华人民共和国公司法》的相关规定，所公开发行的股票经过国务院或者国务院授权的证券管理部门批准在证券交易所上市交易的股份有限公司。本项中“近两年”从展览项目及会议活动举办之日起计算。

（八）第三条第（六）项中的“世界 500 强企业、中国企业 500 强、中央企业”等企业是指引进以该类企业总部名义直接参展，或该类企业总部授权的下属企业以其总部企业名称、商标或产品品牌参展。“上市公司、广东省企业 100 强”等企业是指引进以该类企业总部名义直接参展。

（九）“境外展商”是指在我国境内没有设立分支机构的参展企业。

（十）“主办机构”是指在整个展会活动中负责组织策划、招商招展、收支并与展馆运营方签订场地租赁合同的单位。

（十一）“会议活动”包括会议、培训、奖项、赛事、节事活动等。“境外参会代表”是指在会议举办前 2 个月内入境的境外参会人员，含港澳台地区。

（十二）本办法所称的“不少于”“以上”“不超过”，包括本数。

（十三）其他有关展览行业的专业术语均遵从《专业性展览会等级的划分及评定》中的行业标准解释。

第十四条 本办法自 2020 年 7 月 1 日起施行，有效期三年，由管委会负责解释。

佛山中德工业服务区（三龙湾）管理委员会促进潭洲国际会展中心招展办会资金扶持办法实施细则

为有效落实《佛山中德工业服务区（三龙湾）管理委员会促进潭洲国际会展中心招展办会资金扶持办法》（以下简称《办法》），进一步明确扶持资金的申报要求、规范申报程序，充分发挥政策的引导和激励作用。根据《办法》，制定本实施细则。

第一条 本细则所称业务部门，是指佛山中德工业服务区（三龙湾）管理委员会会展局（简称“管委会会展局”）。

第二条 《办法》中涉及展览主题、展览（位）面积、产地展及境外参展商等专业性强的评估内容均通过依法选定的第三方专业机构进行评定。

第三条 申请主体依据《办法》申请扶持资金的申请主体为在潭洲国际会展中心举办展览项目和会议活动的主办机构。

第四条 扶持标准依据《办法》的扶持标准执行。

第五条 申报流程

（一）网上注册登记。申请主体应当在展览项目举办前 90 天、会议活动举办前 30 天向管委会会展局申报。申报须登录佛山市政府扶持企业资金综合服务平台“佛山扶持通”（网址：https://fsfczj.foshan.gov.cn/）进行注册登记，提交申请表及相关材料。

（二）初审。申请主体应当在展览项目举办前 20 天、会议活动举办前 15 天登录佛山市政府扶持企业资金综合服务平台“佛山扶持通”，提交申报材料，管委会会展局对展览项目及会议活动申报材料的完整性和基本条件进行初审。初审通过后，申请主体应将纸质版申报材料盖章签字后递交至管委会会展局。

（三）现场核查。对已提前申报并通过初审的展览项目及会议活动，由管委会会展局根据举办时间（一般展览为开幕第二天，会议活动为当天）进行现场核查。主要核查展览项目及会议活动的规模、面积、主题、内容、人数等相关情况。

（四）专家评审。对于已申报的展览项目及会议活动的评审工作，管委会会展局每年组织两次集中评审，分别于每年的 10 月和次年 4 月组织专家评审，出具展览项目及会议活动的整体评审意见。10 月份组织评审当年从 3 月 1 日至 8 月底完成现场核查的项目，次年 4 月评审从当年 9 月 1 日至次年 2 月底完成现场核查的项目。申请主体应在展览项目及会议活动结束后 30 天内将申报的所有材料按要求装订成册交至管委会会展局。如因客观原因无法按期提交所有材料的，可向管委会会展局提交情况说明，经审核同意后可延期，纳入下一次集中评审。如下次集中评审前 30 天仍无法提交补充材料的项目，按现有材料进行审核。

（五）结果公示。经佛山中德工业服务区（三龙湾）管理委员会（以下简称“管委会”）审定专家评委会的评审意见后，将拟补助申请主体的名单和结果在管委会官网及佛山市政府扶持企业资金综合服务平台“佛山扶持通”公示，公示期为 5 个工作日。

（六）资金拨付。公示期满后无异议的，管委会按照财政资金支付的相关规定将补助资金一次性划拨至申请主体的银行帐户。

第六条 申请展览项目补助的，根据《办法》第三条 规定，应提供以下材料：

（一）潭洲国际会展中心展览项目补助注册 / 申请表；

（二）主办机构合法登记注册证照、法定代表人身份证明等相关证明材料及主办机构简介、展览项目简介；

（三）场地租用合同；

（四）与展馆运营方签署的三届或以上合作合同或类似协议；

（五）展览项目的总体方案、会刊及参展商名单汇总表、符合展览主题展位面积比例的证明材料等；

（六）经展馆运营方确认的当届展览展位图、达到标准展位数量的证明材料等；

（七）场地费用的支付凭证（如发票、银行单据）；

（八）展览现场照片；

（九）展后总结报告；

（十）其他说明材料。

第七条 申请展览项目补助根据《办法》第三条（一）至（十）项的要求，应在第六条所需提供的材料基础上，补充相应材料，具体如下：

（一）申请第三条（一）项的，需展览项目的场地租用合同、标准展位数证明材料；

（二）申请第三条（二）项的，需符合展览主题的本地参展商名单汇总表、场地租用合同、本地参展商展位面积占比证明、参展商合法登记注册证照、参展合同；

（三）申请第三条（三）项的，需专业观众参观人数证明、专业观众名单汇总表、境外专业观众的入境记录登记表等证明材料，包括第三方数据、门禁系统数据等；

（四）申请第三条（四）项的，需相应的特装展位名单汇总表、特装展位参展合同、特装展位面积占比证明、特装展位现场照片；

（五）申请第三条（五）项的，需符合展览主题的本地参展商名单汇总表、标准展位数量认定材料、参展商合法登记注册证照及参展证明（如合同、展览宣传材料、现场展位照片等）；

（六）申请第三条（六）项的，需龙头/知名企业参展商名单汇总表、符合展览主题展位面积认定材料、企业符合条件的认定材料、参展或授权参展的证明材料、参展商合法登记注册证照、参展合同、现场展位照片等；

（七）申请第三条（七）项的，需境外参展商名单汇总表、境外参展商参展合同、境外展商符合展位面积比例的证明材料、境外参展商证照、境外参展商未在我国境内设立分支机构的证明材料、入境记录证明、境外参展商的进口展品报关单、现场展位照片等；

（八）申请第三条（八）项的，需相关认证及榜单证明；

（九）申请第三条（九）项的，需相关认证及榜单证明、落户企业的注册登记证照；

（十）申请第三条（十）项的，需展馆运营方出具的自办或联办展览项目的相关证明材料（如策划方案、协议、发票、支付凭证等）；

（十一）其他需要补充的说明材料。

第八条 申请会议活动补助的，根据《办法》第四条规定，应提供以下材料：

（一）潭洲国际会展中心会议活动补助注册/申请表；

（二）主办机构合法登记注册证照、相关认证及榜单证明、法定代表人身份证明等相关证明材料及主办机构简介、会议活动项目简介；

（三）场地租用合同；

（四）会议活动投入费用（场租、会议活动前后两天住宿、搭建）的合同、支付凭证（如发票、银行单据、酒店盖章的住宿清单）、会议活动投入费用明细表（包含搭建的内容明细等）和相应内容的照片；

（五）会议活动材料，包括不限于会议策划方案、主题、议程、签到表等；

（六）参会人员名单。客观公正的参会人数证明材料，包括不限于第三方数据、门禁系统数据等；

（七）申请《办法》第四条（一）项的，需补充境外参会国家、参会人员名单及入境证明；

（八）会议活动现场照片及现场录像；

（九）会后总结报告；

（十）其他需要补充的说明材料。

第九条 依据《办法》申请展览项目或会议活动补助的，需提交《申请主体承诺函》。

第十条《办法》中所涉及的扶持资金，由主办机构进行申报。如有多个主办机构的，须协商推选其中一个主办机构作为申请主体，并提交《申请主体推选函》。

本细则中的“主办机构”，均指依据《办法》申请补助的主办机构。

第十一条 依据《办法》申请补助，申请主体同时符合《办法》同一条同款或同项中多个补助条件的，申请主体只能选择其中一个条件申报。

第十二条 本细则自发布之日起实施，有效期三年。《佛山中德工业服务区（三龙湾）管理委员会促进潭洲国际会展中心招展办会资金扶持办法》及相关法律依据变化或者有效期满，根据实施情况依法评估修订。

（文章来源：佛山中德工业服务区（三龙湾）管理委员会网站．http://sino-german.foshan.gov.cn/gkmlpt/content/4/4688/post_4688470.html#590）

顺德区会展业发展专项资金管理办法

第一章 总则

第一条 为促进顺德区会展业转型升级，加强对顺德区会展业发展专项资金（以下简称“专项资金”）的管理，提高财政专项资金使用效益，根据《国务院关于进一步促进展览业改革发展的若干意见》（国发〔2015〕15 号）、《顺德区促进会展业改革发展的若干意见》（顺府办发〔2016〕129 号）文件精神，结合我区实际，制定本办法。

第二条 本办法所称专项资金，是指由区财政预算安排专项用于扶持我区会展业发展的专项资金。专项资金用于对符合本办法条件的展览项目、会展企业、会展人才和知识产权进行补助。专项资金扶持对象是依法登记注册、具有独立法人资格、从事会展相关活动且符合本办法所规定之条件的企事业单位、行业协会、会展场馆、其它社会机构以及就职于上述单位的会展人才。

第三条 专项资金的管理和使用坚持“公开透明、择优支持、专款专用、加强监督”的原则，实行“企业申报、第三方评估、社会公示、政府决策、绩效评价”制度，严格管理、突出重点、精打细算、节俭使用。

第四条 本办法所称专业展馆，是指经业务主管部门认定，同时需具备下列条件的展馆：

（一）坐落于顺德区行政区域范围之内；

（二）室内净展览面积达到 4 万平方米以上（不含 4 万平方米）；

（三）展馆运营管理单位必须是依法成立的企业法人或事业法人单位；

（四）展馆运营管理单位必须依法取得展馆的使用权和运营管理权；

（五）展馆运营管理单位须有相关的场馆管理规章制度。

第五条 本办法所称新落户顺德区的展览项目，是指在本办法实施以前未在顺德区行政区域范围内举办过，而在本办法实施以后在顺德区举办的展览项目，包括新落户工业类及农业类展览项目。

本办法所称新落户顺德区的会展企业，是指本办法公布实施后在顺德区新登记注册或者由区外迁入顺德区注册、依法纳税，经营范围中有展览举办或者展览服务业务的会展企业，包括展览组展企业、展览服务企业和展馆运营管理企业。顺德区原有展览项目是指在本办法实施以前已在顺德区行政区域范围内举办过的展览项目。

第二章 管理职责及分工

第六条 区财税局负责审核专项资金年度预算，审定专项资金年度支出计划，审查专项资金年度决算；会同业务主管部门下达专项资金年度支出计划；参与制定有关实施细则和操作规程；监督检查专项资金的管理和使用情况，对专项资金进行重点绩效评价。

第七条 区经济和科技促进局是专项资金的业务主管部门，负责根据顺德区经济社会发展情况和会展业发展规划，向区财税局提出专项资金年度预算，负责专项资金的日常管理，编制年度专项资金决算；会同区财税局制定有关实施细则和操作规程；编制申报指南，受理会展企业的补助申请，对申请单位及其项目补助申请的审核；建立补助项目档案并进行管理；对补助项目进行绩效评价。

根据我区工作实际，区经济和科技促进局可将专项资金年度预算、资金日常管理、资金审核拨付、补助项目绩效评价等业务委托佛山中德工业服务区管理委员会具体操作实施。

第八条 资金使用单位应接受有关部门的指导、监督和检查，提供展会、企业相关情况的资料，对资料数据的真实性负责，报告资金使用情况。

第三章 扶持条件及标准

第九条 专项资金对符合下列条件的新落户工业类展览项目进行补助：

（一）对新落户顺德区并且承诺在我区至少连续举办五届的工业类展览项目，对其前三届展览分别按照其与场馆运营方签订的场馆租用合同约定场租金额的 50%、40%、30% 给予补助，但举办方实际展览面积小于合同约定租用面积 20% 以上的，按实际展览面积计算，且合同约定场租标准高于每平方米每天

15 元的按每平方米每天 15 元的标准计算。每场展览补助原则上不超过 150 万元。

（二）工业类展览项目必须是以工业产品、工业技术、工业装备、工业服务为主题的展览，对纯粹以个人日常消费品（包括但不限于服装、手机、汽车、电脑等）展销为主题的展览不予补助。

（三）展览主题符合本条 第（一）款规定且属于涂料、家电、燃气具、家具、电子信息、生物医药、汽配、照明、钢铁、塑料或者机械装备制造业范围的，其补助比例可以提高 10% 并且其每场展览最高补助限额可以提高 25 万元。

（四）符合本条 第（一）款规定的展览项目，其境外参展商比例达到 10% 以上，其补助比例可以相应提高 10% 且其每届展览最高补助限额可以提高 25 万元。

（五）同时符合本条 第（三）、（四）款补助条件的可以叠加补助。

第十条 专项资金对新落户农业类展览项目的补助，参照第九条 关于新落户工业类展览项目的补助规定执行。其中，农业类展览必须是以农业产品、农业技术、农业装备、农业服务、花卉为主题的展览，对纯粹以个人日常消费品（包括但不限于食品、烟酒、茶叶等）展销为主题的展览不予补助。

第十一条 专项资金对符合下列补助条件的顺德区原有展览项目增长部分进行补助：展览主办方承诺在领取补助当年起在顺德区至少连续举办五届的，前三届展览的场租补助按其与场馆运营方签订的场馆租用合同约定的场租面积比上届实际场租面积增长部分所对应场租金额的 50% 给予补助。举办方实际展览面积小于合同约定租用面积 20% 以上的，按实际展览面积计算，且合同约定场租标准高于每平方米每天 15 元的按每平方米每天 15 元的标准计算。但实际展览面积比上届面积增长比例小于 20% 或者增长面积少于 2000 平方米的展览不予补助，每场展览补助金额原则上最高不超过 150 万元。

第十二条 获得本办法第九条 、第十条 、第十一条 展览项目补助的展览举办方，应将补助资金专项用于支付其下一届展览应交纳的展览场地租金。

第十三条 本办法实施后，在顺德区至少已经举办过三届，且成功取得国际展览业协会 (UFI) 等国际性组织认证的展览项目，一次性补助 50 万元项目发展资金。

第十四条 专项资金对符合下列补助条件的新落户顺德区的会展企业进行补助：

（一）会展企业在补助年度至少在专业展馆举办过一场展览面积 10000 平方米（含）以上的展览会或者为至少两场顺德区内举办的展览会（展览面积分别达到 5000 平方米及以上）提供过展览服务，且取得展览举办和展览服务收入合计不少于 200 万元，纳税额不少于年营业额的 3%。

（二）补助标准根据会展企业补助年度取得展览收入（包括展览举办收入和展览服务收入）金额分档确定，具体标准为：200 万元（含）至 300 万元的补助 20 万元；300 万元（含）至 500 万元的补助 30 万元；500 万元（含）至 1000 万元的补助 45 万元；1000 万元（含）至 2000 万元的补助 60 万元；2000 万元（含）以上的补助 80 万元。以上收入需经会计师事务所审计认定。

（三）本办法实施后，境外企业在顺德区设立会展企业（境外企业股权占比 50% 以上），符合上述条件的，在上述补助标准的基础上再相应提高 25%。

（四）会展企业应从注册后的第一个完整会计年度开始申请补助，前三年连续补助三个年度，补助期中没有达到补助条件的企业该年度不予补助。

（五）被补助企业所取得的对会展企业的补助资金应专项用于相关展览业务成本支出（主要包括场地租金、宣传支出、招商招展支出、材料及设备购置、动力成本、水电等），不得用于发放人员工资、福利、分红、交际应酬等。

第十五条 新落户顺德区的会展企业，如成功取得国际展览业协会 (UFI) 等国际性组织认证，一次性补助 50 万元企业发展资金。

第十六条 就职于顺德行政区域内注册的会展企业、展馆运营管理企业、会展教育机构等的会展人才，通过以下职称考试的，给予一次性补贴：

（一）通过注册会展经理（CEM）考试，给予每人每证 6000 元的补贴；

（二）通过会展策划师一级考试，给予每人每证 3400 元的补贴；

（三）通过会展策划师二级考试，给予每人每证 2000 元的补贴；

（四）通过会展策划师三级考试，给予每人每证 1500 元的补贴；

（五）通过会展策划师四级考试，给予每人每证 1000 元的补贴。

第十七条 本办法实施后，在顺德区行政区域范围内举办三届及以上的展会项目或者专业展馆，成功取得展会项目或者展馆注册商标的，每件商标一次性给予 10 万元补助。

第十八条 每个展览项目应由举办方（包括主办方或承办方，下同）一个单位提出补助申请。同一展览项目由多个单位共同举办的，须协商推选一个单位提出申请，并提供推选证明材料。

第十九条 有下列情形之一的，专项资金不予扶持：

（一）经法院裁判或知识产权行政管理部门认定为侵犯他人知识产权的展览项目和会展企业；

（二）已获得我区专项经费或其他财政性专项资金补助的展览项目；

（三）由各级政府财政拨款举办的展览项目；

（四）筹备、举办展会过程中违反了与展会相关的法律法规被执法部门查处的展览项目；

（五）申请单位违反本办法规定，正在接受有关部门调查的；

（六）在专业展馆以外举办的展览项目（游艇、飞机、房车、大型机械设备等展览项目除外）；

（七）其他不适宜补助的项目。

第四章 申报、审批和拨付

第二十条 展览项目补助的申报、审批和拨付程序如下：

（一）符合本办法规定的补助范围的展览项目，在举办方与专业展馆运营管理方签订展览举办场地租用合同后、展览举办前 30 个工作日内向业务主管部门提交申请及证明材料。

（二）展览期间，业务主管部门会同依法选定的第三方专业机构对展览项目进行实地查勘，审查展览项目的实际展览面积和实际展览主题与申报情况是否一致，并由业务主管部门根据实地联合查勘结果最终审定补助金额。

（三）业务主管部门应于展会举办结束后 10 个工作日内出具审定结果并将拟补助的展览项目在政府信息公开网上公示，公示期为 5 个工作日。

（四）公示期满后无异议的，业务主管部门根据最终审定补助金额按照国库集中支付有关规定一次性划拨至展馆的运营管理方银行账户，用于支付展览举办方下一届展览应交纳的展览场地租金。

（五）符合本办法规定国际权威认证的展览项目，于成功取得国际展览业协会 (UFI) 等国际性组织认证后 30 日内由展览举办方向业务主管部门提出申请，业务主管部门在受理申请后 20 个工作日内审核完毕，并将拟补助展览项目在政府信息公开网上公示，公示期为 5 个工作日。公示期满后无异议的，业务主管部门按照国库集中支付有关规定将补助资金划拨至申请人银行账户。

第二十一条 会展企业补助的申报、审批和拨付的程序如下：

（一）符合本办法规定的补助范围的会展企业，在顺德区内登记注册并经历一个完整会计年度后 90 日内向业务主管部门提交申请。业务主管部门在受理申请后 20 个工作日内审核完毕，并将拟补助会展企业名单在政府信息公开网上公示，公示期为 5 个工作日。公示期满后无异议的，业务主管部门按照国库集中支付有关规定将补助资金划拨至申请人银行账户。

（二）符合本办法规定国际权威认证的会展企业，于成功取得国际展览业协会 (UFI) 等国际性组织认证后 30 日内由会展企业向业务主管部门提出申请，业务主管部门在受理申请后 20 个工作日内审核完毕，并将拟补助会展企业名单在政府信息公开网上公示，公示期为 5 个工作日。公示期满后无异议的，业务主管部门按照国库集中支付有关规定将补助资金划拨至申请人银行账户。

第二十二条 会展人才补助，由顺德区行政区域内注册的会展企业和会展教育机构等于每年第二季度内汇总前一年度本单位取得相关执业认证的人才相关资料后向业务主管部门提出申请，业务主管部门在第三季度内审核完毕，并将拟补贴会展人才名单在政府信息公开网上公示，公示期为 5 个工作日。公示期满后无异议的，业务主管部门按照国库集中支付有关规定将补贴资金划拨至被补贴人的银行账户。

第二十三条 会展知识产权补助，由申请人于展览项目或者展览场馆商标注册成功后 30 个工作日内，向业务主管部门提出申请，业务主管部门在受理申请后 20 个工作日内审核完毕，并将拟补助名单在政府信息公开网上公示，公示期为 5 个工作日。公示期满后无异议的，业务主管部门按照国库集中支付有关规定将补助资金划拨至申请人银行账户。

第二十四条 专项资金扶持项目实行滚动管理。经上述程序确定的扶持项目，如当年未能安排扶持资金的，在下一年度专项资金使用计划中优先安排。

第五章 监督检查和法律责任

第二十五条 业务主管部门应监督检查获得补助企业的扶持资金使用情况，并将扶持资金使用的合规性作为扶持资金申请人再次申请扶持的重要评审依据。

第二十六条 区财税局会同有关部门按相关规定，组织重点绩效评价。重点绩效评价结果将作为扶持资金申请人再次申请扶持的重要评审依据。

第二十七条 对存在弄虚作假、串通作弊、虚报冒领等违规行为的企事业单位、行业协会、会展场馆、其它社会机构以及就职于上述单位的会展人才，取消其申请补助及认证的资格，在三年内不再受理其所有经济科技资金项目的申报，并由业务主管部门追回已补助资金，依法追究相关法律责任。

第二十八条 对于没有履行展览项目补助承诺的展览举办方，取消其申请补助资格，在三年内不再受理其扶持申请，并由业务主管部门追回没有履行展览项目补助承诺所对应的已补助资金，依法追究其法律责任。

第二十九条 因举办单位原因，引发安全事故或群体性事件并产生较大负面影响或严重后果的（包括罢展、闹展或其它重大事故），终止其按本办法规定申请的所有扶持资金的拨付，并依法追究其相关责任。

第三十条 专项资金管理部门、相关第三方专业机构工作人员及评审专家在管理、评审和监督工作中有贪污受贿、滥用职权、玩忽职守、徇私舞弊或其他违反财经纪律行为的，依法给予行政处分；构成犯罪的，依法追究刑事责任。

第六章 附则

第三十一条 本办法由区经济和科技促进局会同区财税局负责解释。

第三十二条 本办法自公布之日起实施，有效期五年。有效期届满，根据实施情况依法评估修订。

（文章来源：佛山市顺德区人民政府网站 . http://www.shunde.gov.cn/sdqrmzf/zwgk/fggw/zfgb/content/post_2330025.html）

福州市展会发展专项资金管理办法

第一章 总则

第一条 为充分发挥财政资金的宏观导向和激励作用，推动我市会展行业发展，加快建设区域性会展中心城市，根据《福州市展会管理办法》等有关规定，制定本办法。

第二条 本办法适用于在本市五城区范围内举办的展会。

本办法所称展会发展专项资金（以下简称“展会专项资金”）是指市财政预算安排专项用于扶持展会发展的资金。

本办法所指的“展”即“展览”，是指主办单位通过招展方式引入参展商，在固定场所以及一定期限内，通过物品、技术或者服务的展示，进行产品、服务贸易和信息、技术交流的商业性活动。

本办法所指的“会”即“会议”，是指在固定场所以及一定的时间内召开以营利为目的的交易会、洽谈会，或者具有展销会性质的研讨会、订货会等活动。

第三条 专项资金的使用坚持“公开、公平、公正”原则，实行“企业申报、社会公示、政府决策、绩效评价”。

第四条 市商务局负责展会专项资金预算的编制，组织项目的申报和评审，负责专项资金的绩效跟踪和评价；市财政局负责展会专项资金的批复和拨付，对资金的使用及绩效情况进行监督。

第二章 展会专项资金使用范围

第五条 展会专项资金主要用途：

（一）展会举办资助

对在我市成功举办本办法规定条件的国际性、国家级或者区域性（含省级，下同）展会的主办方进行资助。

（二）展会招揽奖励

对在我市成功举办国际性、国家级展会的招揽单位或者个人进行奖励。

（三）本市有关行政管理部门开展展会宣传、项目申办等展会基础性、保障性公共支出。

1．展会宣传：用于我市展会活动的推广费用以及其它展会宣传费用；

2．项目申办：用于我市申办各类规模大、社会效益好或能长期在我市举办的专业会议和展览的各种直接费用；用于会展业的招商引资，招揽境外品牌展会来我市举办的前期必要费用；

3．其它展会基础保障：用于开展会展行业课题研究，组织福州会展行业培训、福州会展环境、项目宣传推介活动，搭建福州会展网站、微信公众号、微博等互联网信息平台，设计制作我市会展业宣传推介物料（包括影像资料），编印相关的出版物、专业刊物，委托专业部门对福州会展的专项统计、酒店级别评定及重点展览项目评定工作等保障活动。

（四）市政府确定的其他支出。

第六条 展会同时具备下列条件的，方可享受展会专项资金资助或奖励：

（一）列入本市年度展会计划；

（二）符合我市会展产业发展方向，规模大、有发展潜力和社会效益；

（三）符合国际性、国家级和区域性展会标准。

1．国际性展会：是指参加展会的境外法人、组织、个人或者受其委托并以其名义参加展会的境内法人、组织、个人的数量达到总数的20%以上。

2．国家级展会：是指以国家部委或国家级协会名义举办的，省外参加展会的企业和人员数量达到参展企业和人员总数的20%以上。

3．区域性展会：是指本市以外参加展会的企业和人员数量达到参展企业和人员总数的30%以上。

（四）因特殊情况临时举办未列入年度计划，但对拉动我市经济发展有特殊贡献的大型展会项目，经市政府批准后，可按规定予以资助或奖励。

第七条 展会专项资金资助、奖励还应当符合下列规定：

（一）一个展会若有多个主题，只对符合条件的主题进行奖励，按照该主题集中展示的展位数量、参会人数进行核算；

（二）同一个展会项目，既举办展览又召开展中论坛等会议的，可同时申请展览和会议的资助或者奖励；

第八条 有下列情形之一的，除按本办法规定予以资助、奖励外，经市政府批准，可“一事一议”享受资助和奖励：

（一）对拉动我市经济发展有特殊贡献的大型展会项目；

（二）因特殊情况临时举办未列入年度计划的展会项目，对促进我市经济发展有积极意义的。

第九条 有下列情形之一的展会，不享受本办法规定的资助或奖励：

（一）市本级财政已安排专项经费的商业性展会；

（二）发生侵犯知识产权等违法行为，被有关行政管理部门查处的；

（三）展会组织秩序混乱，发生“罢展”“闹展”，或因举办单位原因引发群体性事件，产生较大负面影响的。

第三章 展会资助与奖励的条件和标准

第十条 展览资助的条件：

在本市举办的展览，除符合第二章规定外，同时符合下列条件的，对展览的举办者予以资助。

（一）按照市场化运作，成功举办且具有一定规模，能推动我市相关产业发展，带动第三产业增长并具有发展前景；

（二）规模不小于 4000 平方米；

（三）展览天数应达 3 天以上（含 3 天）。

第十一条 展览资助的标准：

（一）每平方米资助 30 元，如举办国际性展览的，境外展位每平方米资助 75 元，中国香港、中国澳门、中国台湾地区的展位按境外展位标准资助；每届资助最高不超过 350 万元。

（二）展会举办单位每引进一家全球 500 强企业或中国驰名商标、中国名牌产品，每平方米额外资助 150 元参展费用。

第十二条 会议资助的条件：

在本市举办国际、国内或者特大型会议的，实际会期必须符合在五城区及长乐滨海新区住宿实际会期达 1 天及住宿 2 晚的要求，以三星或准三星酒店为基准，四星或准四星酒店按三星或准三星的资助标准 ×120% 资助，五星或准五星酒店按三星或准三星的资助标准 ×150% 资助，对会议的主办方予以资助。

第十三条 会议资助的标准：

（一）国际会议：境外参会人数达到 50 人的，按境外参会人数，每人每天资助 300 元，中国香港、中国澳门、中国台湾地区参会人员按境外参会人员的标准资助；

（二）国内会议：国内参会人数达到 160 人的，每人每天资助 100 元；

（三）特大型会议：除了享受上述资助外，给予额外资助，外来参会人数达 3000—6000 人（不含）的，额外给予 30 万元资助；外来参会人数达 6000 人及以上的，额外给予 50 万元资助。每场非特大型会议资助最高不超过 100 万元。

第十四条 本土展览项目资助：

对注册在福州的会展企业创办的本土展览项目，其第一届展览面积在 4000 平方米（含）以上的展览项目，按实际的展览面积每平方米给予 60 元资助，室外展览面积按实际面积 ×0.3 计算；第二、三、四届按实际的展览面积（不低于 4000 平方米）每平方米给予 60 元资助外，在上一届展览面积的基础上每增加 2000 平方米额外给予 20 万元资助；从第五届开始取消特殊资助，参照第十一条 展览资助标准进行资助。

第十五条 招揽国际性、国家级展会在我市成功举办的，对招揽的单位予以奖励，但行政事业单位及其在编人员、展馆除外。

第十六条 招揽展览奖励应当符合下列条件：

（一）招揽奖励项目已列入本年度展会计划；

（二）招揽国际性或者国家级展览的；

（三）展览面积至少达到 2 万平方米以上。

第十七条 招揽展览奖励标准：

（一）展览面积在 2 万平方米以上，给予 10 万元奖励；每增加 1 万平方米，增加奖励 10 万元。招揽展览奖励最高不超过 80 万元。

（二）室外展览面积按室外展位实际面积 ×0.3 计算。

第十八条 招揽会议奖励应当符合下列条件：

（一）招揽的会议项目已列入本年度展会计划；

（二）招揽国际性或者国家级会议的。

第十九条 招揽会议奖励标准：

（一）国际性会议：境外和中国香港、中国澳门、中国台湾地区参会人数达到 100 人的，按境外和中国香港、中国澳门、中国台湾地区参会人数，每人奖励 100 元；

（二）国家级会议：省外参会人数达到 500 人的，按省外的参会人数，每人奖励 50 元；

招揽会议奖励最高不超过 10 万元。

第二十条 对取得国际认证的会展企业给予资金奖励：

对加入国际展览业协会（UFI）的本市会展企业或通过 UFI 认证的本市展览品牌，给予一次性 50 万元奖励；对加入国际展览与项目协会（IAEE）、独立组展商协会（SISO）、亚洲展览会议联盟（AFECA）、国际大会与会议协会（ICAA）等其它国际知名会展业组织、行业协会的本市会展企业，给予一次性 10 万元奖励。

第二十一条 会展主办机构落地入驻奖励：

对知名会展主办机构（在国内外证券市场上市或者在至少 3 个城市组织举办 20 场及以上展会，拥有 2 个及以上展会项目或者国际展览业协会 UFI、国际大会及会议协会 ICCA 等国际会展业组织成员）来我市落地入驻，且落地年度内在我市组织举办 2 次 1 万平方米（含）以上展会的，给予落地机构 50 万元资助。

第四章 展会资金申请与拨付

第二十二条 计划申报：

申请资助的单位应于每年 11 月 1 日前向市商务局提交下一年度展会活动计划和展会专项资金申请项目；因特殊原因不能按时申报的，可于次年 5 月 1 日前补报展会活动计划和展会专项资金申请项目。

市商务局制定年度展会资金资助和奖励项目计划，没有列入计划的项目原则上不予资助和奖励。

第二十三条 申请资助的单位应当在展会举办前 30 日内向市商务局提出项目申请并提供相应的材料，逾期未提出申请的，视同自动放弃，不予资助。

第二十四条 申请招揽奖励的单位应于签订展会项目举办协议或主办机构具函确认举办展会项目后 30 日内，向市商务局提出申请并提供相应的材料，逾期未提出申请的，视同自动放弃，不予奖励。

第二十五条 同一家单位不得同时享受展会资助与招揽奖励。

第二十六条 申请展会资助应提交以下材料：

（一）展会资助申请报告（注明本届展会基本情况和历届规模、申请资助金额、资金总预算、自筹资金的安排）；

（二）展会项目基本情况、工作方案、宣传广告材料、会刊；

（三）主、承办单位协议；

（四）会议项目提供会议场所租赁、酒店餐饮、住宿等合同，以及拟参会境内外来宾名单；

（五）展览项目提供展会中心场地租赁合同、实际展位平面图；

（六）其它相关材料。

展会项目由多个单位共同承办的，需经各方协商确定一个单位提交申请材料。

第二十七条 申请展会招揽奖励应提交以下材料：

（一）招揽奖励申请报告（包括：本届展会基本情况、申请招揽奖励金额和招揽工作开展情况）；

（二）展会主办单位出具的招揽单位的证明材料；

（三）开展招揽工作的相关证明材料（包括开展招揽活动费用开支的发票）；

展会项目结束 30 日内，招揽奖励申请单位应向市商务局提交以上材料。

第二十八条 展会项目结束 10 日内，展会资助申请者应当向市商务局提交展会项目总结材料。展会项目结束 30 日内，申请者需提供资金结算报告及展会宣传、广告、客商邀请接待费用开支的合同、发票、刊物、照片等相关证明材料；会议项目需提供会场场租发票、参会人员签到表及酒店出具的住宿证明材料；展会项目境外及中国香港、中国澳门、中国台湾地区参展商、参会人员入境和展品通关的证明材料。

第二十九条 市商务局组织市直相关部门及有资质的第三方机构对申报材料进行审核，对审核无误符合资助条件的，由市商务局按照有关规定拟定资助和奖励方案，并在官方网站公示 7 日，经公示无异议的，市商务局提出用款计划，由市财政局按照审批程序报市政府审批后，予以下拨资助和奖励资金。

第五章 检查监督

第三十条 市商务局、市财政局应加强展会专项资金使用的检查监督，组织实施年度专项资金绩效评价工作。

第三十一条 各用款单位要自觉接受监察、审计等部门的监督检查，对虚报、冒领、截留、挪用、挤占展会专项资金的，依照《财政违法行为处罚处分条例》等规定处理，同时由市商务局取消其 3 年内的资助或奖励申请资格。构成犯罪的，依法追究刑事责任。

第三十二条 受委托的评审机构应认真做好展会项目现场评审工作，真实反映展会情况，按期向市商务局提交评审报告，自觉接受监察、审计等部门的监督检查，对弄虚作假的，由市商务局解除与其签订的委托协议，构成犯罪的，依法追究刑事责任。

第六章 附则

第三十三条 长乐滨海新区参照本办法执行，其它县（市）区可根据本地区的实际情况参照本办法，制定促进当地会展行业加快发展的扶持政策。

第三十四条 本办法自发布之日起施行。原《福州市人民政府办公厅关于印发福州市展会发展专项资金管理办法的通知》（榕政办〔2017〕56 号）同时废止。

（文章来源：福州市人民政府网站 . http://www.fuzhou.gov.cn/zfxxgkzl/szfbmjxsqxxgk/szfbmxxgk/fzsrmzf/zfxxgkml/xzfggzhgfxwj/201907/t20190719_2989510.htm）

广州市关于促进会展业高质量发展的若干措施（暂行）

为提高我市会展业品牌化、数字化、国际化水平，全面促进会展业高质量发展，增强会展业服务全市经济社会发展功能，巩固和提升国际会展之都竞争力和影响力，加快实现“四个出新出彩”，根据《国务院关于进一步促进展览业改革发展的若干意见》（国发〔2015〕15 号）、《广东省人民政府关于印发进一步促进展览业改革发展实施方案的通知》（粤府〔2016〕25 号）、《商务部办公厅关于创新展会服务模式培育展览业发展新动能有关工作的通知》精神，结合我市实际制定以下政策措施。

一、优化会展场馆功能和布局

（一）促进会展场馆建设。编制全市会展场馆布点规划，支持会展产业核心区域建设，鼓励社会资本参与新建、改建会展场馆和配套设施。符合规划要求的会展场馆和配套设施建设项目，在规划、基建、管理、会展活动项目引进等方面研究给予政策支持，并纳入全市会展业统一宣传、推介。

（二）促进会展场馆升级改造。鼓励现有会展场馆进行智能化改造。会展场馆智能化改造项目（不含场馆基础硬件标配设施设备，不包括办公条件、内部人员服务、娱乐设施等改造项目）完成后，按照不超过项目投入费用的 30% 给予一次性补助，补助金额最高不超过 100 万元。

二、集聚优质会展企业和项目

（三）促进会展企业落户。对新落户我市、具备独立法人资格的会展企业，其首个完整会计年度年营业收入超过 1000 万元的，按其首个完整会计年度年营业收入的 2% 给予最高不超过 200 万元的一次性奖励。已获得我市促进总部经济发展、促进企业加快落户等政策奖励补贴的会展企业原则上不适用此扶持措施。

（四）促进展览项目落户。对办展单位首次在我市举办、展览面积达到 6000 平方米（含）以上的展览，以三年作为培育期，连续三年每年给予奖励（每年在我市举办两届及以上的，当年只奖励一届，以办展单位自主申报为准）。其中，展览面积 3 万平方米以下的，奖励 30 万元；3 万（含）至 5 万平方米的，奖励 60 万元；5 万（含）至 10 万平方米的，奖励 100 万元；10 万（含）平方米以上的，奖励 150 万元。专业展览题材属于 IAB、NEM、数字经济等广州市政府明确重点发展产业领域的，奖励额度上浮 50%。

（五）支持大型展览稳定发展。在我市举办、展览面积达到 5 万平方米（含）以上，处于非培育期的展览，每届给予奖励。其中，面积 5 万（含）至 10 万平方米的，奖励 20 万元；面积 10 万（含）至 20 万平方米的，奖励 40 万元；面积 20 万（含）至 30 万平方米的，奖励 60 万元；面积 30 万（含）平方米以上的，奖励 80 万元。

（六）鼓励扩大展览规模。在我市举办的非培育期展览，展览面积达 6000 平方米（含）以上，对比上届在我市举办（在我市一年举办两届及以上的，与上年同季展比较；两年一届或每两年巡回到我市举办的，可隔年比较）面积增长达到一定比例的，按展览期不超过 5 天（以布展不超过 2 天加展览不超过 3 天计算）的新增面积场租的一定比例给予补助，具体为：展览面积 6000 平方米（含）至 5 万平方米，面积增长 20%（含）以上的，按新增面积租金的 50% 给予补助；展览面积 5 万平方米（含）至 10 万平方米的，按新增面积租金的 50% 给予补助；展览面积 10 万平方米（含）以上的，按新增面积租金的 80% 给予补助。单个项目补助最高不超过 200 万元。

（七）鼓励举办高端会议等活动。对在我市举办的符合条件的国际性会议、行业会议和活动等，按照活动场租的 80% 给予实际出资的主办或承办单位补助，每届活动的补助金额不超过 100 万元。其中，国际性会议指与会人员来自 5 个（含）以上国家或地区（不含中国香港、中国澳门、中国台湾地区）或国际性组织，会期 1 天（含）以上，与会人数 50 人（含）以上，外国与会人士占 20%（含）以上，以服务产业、技术研讨等经济、科技、文化交流为主要目的的会议。行业会议和活动指国家一级商协会和学会学术研究机构在我市主办或承办全国性年会、论坛、与展览相关赛事、会展讲座等活动，参会、参赛人员达到 200 人（含）以上的活动。会议项目被纳入国际大会及会议协会（ICCA）、国际协会联盟（UIA）等国际权威机构统计范围的，另行给予一次性奖励 15 万元。

三、支持会展品牌化数字化国际化发展

（八）引导展览品牌化发展。对被评定为我市重点品牌展会的，给予奖励 50 万元；被评定为优质品牌展会的，给予奖励 30 万元；被评定为成长型品牌展会的，给予奖励 20 万元。上述评定三年进行一次，具体评定办法另行制定。

（九）鼓励展览数字化发展。对办展单位在线下展览项目中实施的应用云计算、大数据、物联网、区块链、5G 等技术的创新项目，项目完成后，按照不超过项目投入费用的 45% 给予一次性补助，补助金额最高不超过 30 万元。

（十）鼓励进行国际认证。对获得国际展览业协会（UFI）等国际展览机构认证的我市会展场馆、会展行业组织、会展项目、会展配套服务企业等，给予一次性奖励 20 万元。

（十一）支持企业境外办展。对我市商协会、企业等机构在境外举办的展览，参展的广州地区企业在 20 家以上、展览面积在 2000 平方米（含）以上的，给予奖励。其中，展览面积 2000 平方米（含）至 5000 平方米的奖励 20 万元，面积 5000 平方米（含）以上的奖励 30 万元。

（十二）支持穗港澳合作办展。由我市与中国香港、中国澳门会展业促进主管部门双方或三方共同在我市主办的展览，分别对我市参展市场主体按展位费的 50%~80% 给予补助。

（十三）鼓励港澳机构在我市独立办展。港澳机构在我市独立办展，可享受与境内机构在我市办展同等待遇，由港澳办展单位出具委托函，委托境内相关单位申请和领取本政策措施规定的相关奖补资金。

四、引进和培育会展专业人才

（十四）鼓励引进和培育高端人才。引进优秀高端国际会展人才，按照我市有关人才安居政策给予落户。对申报国家、省、市人才计划成功的会展人才或团队，按照我市相关政策标准给予补助。

（十五）鼓励社会机构在我市开展会展专业人才培训。国家一级商协会和学会学术研究机构在我市举办会展职业技能培训，培训时间 3 天（含）以上，培训人员达 50 人（含）以上的，对我市承办单位实际支出给予专项补助，补助金额不超过 20 万元。已获得我市职业技能提升培训补贴等措施培训补贴的会展职业技能培训项目不适用此扶持措施。

五、优化会展公共服务

（十六）支持展会与商旅文融合。由市会展业主管部门联合相关部门，优化会展公共平台服务功能，推荐我市商务考察、旅游观光路线及餐饮、购物地点，支持重点展会强化投资、贸易和城市宣传推介功能，组织嘉宾和重点参展参会人员到我市相关产业园区、重要历史街区、商业功能区、餐饮集聚区及人文旅游资源景区参观考察，促进参展企业与我市相关行业企业合作交流，促进展会与商旅文融合发展。

（十七）服务保障重点展会举办。通过市会展业改革发展工作联席会议机制，对大型展会、国际性展会等在展会报批备案、展品通关、海关监管、交通疏导等方面予以重点服务保障。

六、其他

（十八）党政机关举办或获得其他专项财政资金支持的会展项目不适用于上述财政资金扶持措施。

（十九）同一届展览（主名称相同）分期举办的（分期间隔不超过 30 天），可以合并申请扶持资金。办展单位在同一时间举办两个以上题材展览的，须分开不同展览申报；以其中一个展览签订场地租赁合同的，以展位图确定各个题材展会规模。

（二十）对市政府明确需要重点支持的、落户我市的国内外知名会展企业、机构及具有重大行业影响力的创新技术类大会等品牌会议或展览项目，由市商务主管部门牵头研究提出支持政策，并按程序报市政府决策。

本措施自正式印发之日起施行，有效期 3 年。此前我市制定的《广州市商务发展专项资金会展事项实施细则》（穗商务会〔2017〕18 号）等会展业扶持政策文件，与本措施不一致的，以本措施为准。

（文章来源：广州市人民政府网站 . http://www.gz.gov.cn/xw/tzgg/content/mpost_7271305.html）

广州市海珠区会展业高质量发展扶持办法

为提高本区会展业国际化、品牌化、数字化水平，全面促进会展业高质量发展，增强会展业服务区域经济社会发展功能，根据《国务院关于进一步促进展览业改革发展的若干意见》（国发〔2015〕15 号）、《广东省人民政府关于印发进一步促进展览业改革发展实施方案的通知》（粤府〔2016〕25 号）、《广州市关于促进会展业高质量发展的若干措施（暂行）》（穗商务函〔2021〕37 号）等文件精神，结合本区实际，制定以下扶持办法。

第一条 支持会展企业集聚发展

（一）鼓励会展企业落户海珠。新落户本区的会展企业，在本区年度主营业务收入首次超过 500 万元的，一次性给予最高 20 万元奖励；首次超过 1000 万元的，一次性给予最高 30 万元奖励。奖励金额按该企业达到的最高奖励标准执行，不重复奖励，企业年度主营业务收入提高的，最高按标准差额补足奖励。

（二）促进存量会展企业发展。对于存量规模以上会展企业在本区的年度主营业务收入达行业平均增速以上的，按企业在本区年度主营业务收入增量的 1% 给予最高 50 万元奖励。

（三）引导会展企业、协会及展馆参与招企工作。对新引进规模以上会展企业的本区各类社会机构或企业给予最高 10 万元奖励；对新引进规模以上其他产业企业的本区各类会展企业、协会及展馆等给予最高 8 万元奖励。（引进前需报海珠区科技工业商务和信息化局）

第二条 支持展会项目做强做大

（一）增强展会培育力度。首届在本区举办且每届展览面积达到 0.6 万平方米以上的专业展会，或者从广州市以外移至本区举办且迁入后每届展览面积达到 1 万平方米以上的专业展会，对在本区举办的前 3 届展会分别按场租的 30%、20%、10%，给予展会经营方资金奖励，每届展会对应给予奖励最高 50 万元。

（二）鼓励展会国际化发展。在本区内举办展览面积 0.6 万平方米以上的展会，境外企业实际参展面积占 20%（含本数）至 50% 的，按展会场租的 20%，给予展会经营方一次性资金奖励，最高奖励 20 万元；境外企业实际参展面积占 50% 以上的，按展会场租的 30%，给予展会经营方一次性资金奖励，最高奖励 30 万元。同一企业每年获得本项奖励的总金额最高不超 30 万元。

（三）引导展会品牌化发展。展会获得广州市商务主管部门相应评定且展览面积达 2 万平方米以上的，经营方在本区年度主营业务收入达规模以上且高于行业平均增速的，并协助本区进行宣传推介工作的，对展会经营方给予一定奖励。其中，对被评定为重点品牌展会的，给予最高 30 万元奖励；被评定为优质品牌展会的，给予最高 20 万元奖励；被评定为成长型品牌展会的，给予最高 10 万元奖励。

（四）支持展会国际化发展。对首次获得国际展览业协会（UFI）认证的会展企业及项目，一次性给予最高 20 万元奖励。

（五）安保及交通保障。对企业在区内举办的展会活动给予最高 50 元每人每班次安保费用优惠，并在展会活动举办期间每天提供不超过 500 个免费小车停车位，由区公安分局负责实施。其中，展览面积 2 万平方米以下的提供不超过 100 个停车位，展览面积 2 万平方米以上且 5 万平方米以下的提供不超过 200 个停车位，展览面积 5 万平方米以上且 7 万平方米以下的提供不超过 300 个停车位，展览面积 7 万平方米以上且 10 万平方米以下的提供不超过 400 个停车位，展览面积 10 万平方米以上的提供不超过 500 个停车位。企业在区内举办展会活动期间遇到的货车停车问题，根据本区交通管理现状，提供协调货车轮候场地等专属解决方案，由区住建局负责实施。

第三条 打造会展产业园区

对总建筑面积 1 万平方米以上、实际入驻办公的本区会展企业达 10 家以上，且纳入统计范围的会展企业年主营业务收入总和首次达到 5 亿元的会展园区，认定为海珠区会展产业园，并一次性给予园区运营方最高 100 万元奖励。获得上述认定的园区，其入驻的本区规模以上会展企业年营业收入总和较上一年度同比增长 15% 以上且不低于行业增速的，给予园区运营方最高 50 万元的管理奖励。扶持对象获得奖励后需给予入驻园区的本区会展企业相应租金优惠及专项服务。

第四条 支持举办高端会议活动

（一）支持举办国际性会议。对首次在本区举办的、与会人员来自 5 个以上国家或地区（不含港、澳、台）或国际性组织、与会人数 200 人以上、外国与会人士占 20% 以上的国际会议，按场租的 100% 给予会议经营方补助，补助最高不超过 100 万元。

（二）支持举办权威行业会议。对首次在本区举办的、由国家级或国际性的行业协会或学会学术机构举办的行业会议，会期 1 天以上，与会人数 200 人以上的，按场租的 100% 给予会议经营方补助，补助最高不超过 100 万元。

如前款第（一）项和第（二）项涉及的会议活动被纳入国际大会及会议协会（ICCA）等国际权威机构统计范围的，额外给予一次性最高 10 万元奖励。

第五条 鼓励会展数智化发展

（一）鼓励会展场馆智能化改造。对实际投入费用超过 500 万元的会展场馆智能化改造项目（不含场馆基础硬件标配设施设备，不包括办公条件、内部人员服务、娱乐设施等改造项目），改造完成后，按照项目投入费用的 20% 给予一次性资金扶持，扶持金额最高不超过 50 万元。

（二）鼓励展览数字化发展。对建设会展数字化服务平台，研发经费投入超过 300 万元，使用该平台的组展企业超过 10 家以上的，按研发费用的 30% 给予扶持，扶持金额最高不超过 30 万元。

第六条 培育会展人才

支持培育会展人才，按照市、区引进人才的政策，给予会展人才落户、人事档案管理、人才公寓入驻、子女入学等方面的服务。

第七条 强化属地服务保障

联合区公安分局、区市场监管局、区住建局、区城管和执法局以及属地街道办事处等部门和机关，设立发展会展业工作领导小组，依法提供审批许可、知识产权保护、食品安全和交通管理等方面的支持，为注册在本区的会展企业提供属地服务。

第八条 资金管理

本区每年安排 2000 万元作为本办法专项扶持资金，对会展企业、展会活动及园区等进行扶持奖励。每年兑现金额控制在当年资金额度内，结余部分可滚动使用。同一企业获取本办法的扶持奖励总金额不超过 500 万元。第四条 总奖励金额不超过 700 万元。

第九条 附则

（一）本办法各项扶持措施适用于商事主体登记、税务登记和统计管理在本区范围的会展企业及园区运营方等；展会活动由多个公司联合举办的，自行协商由实际经营该展会活动的展览公司申请、享受本办法相关措施。

（二）首届或首次举办、专业展会、境外企业实际参展面积、会议等标准，经遴选专家评审予以确定后，再按相关标准给予扶持奖励; 本办法所称新落户是指在本区新设立或新迁入本区。

（三）根据本办法申请的展会活动原则上每届间隔不超过 2 年；同一展会活动同时符合本办法多项措施的，按照实际奖励金额较高的措施执行。

（四）行政机关举办或获得其他专项财政资金全额支持的会展项目原则上不适用于本办法。

（五）本办法中所称“以上”“不超过”包含本数，“以下”不包含本数。“规模以上会展企业”指年主营业务收入 1000 万元以上的会展企业。（以区统计局统计数据为准）

（六）本办法印发之日起，《海珠创新岛“1+6+1”产业政策体系文件》中相关会展业奖励措施凡与本办法不一致的，以本办法为准，已申报或已获得上述政策扶持的，仍按原政策执行。

（七）本办法自印发之日起实施，有效期 3 年，适用于 2021 年度至 2023 年度企业或社会机构；由海珠区科技工业商务和信息化局负责解释。

（文章来源：广州市海珠区科技工业商务和信息化局 . http://www.haizhu.gov.cn/gzhzkgsx/gkmlpt/content/7/7410/post_7410760.html#1956）

广州市商务发展专项资金会展事项实施细则

第一章　总则

第一条 [目的和依据] 为进一步推动我市会展业发展，规范和促进广州市商务发展专项资金会展事项管理，提高资金使用效益，根据《广州市市级财政专项资金管理办法》（穗府办函〔2014〕90 号）、《广州市商务发展专项资金管理办法》（穗商务规字〔2017〕6 号）等相关规定，制定本实施细则。

第二条 [定义] 广州市商务发展专项资金会展事项（简称“会展专项资金”）是市级财政在商务发展专项资金中安排，专项用于促进我市会展业发展的资金。

第三条 [绩效目标] 会展专项资金的绩效目标是：培育、引进优质会展项目，优化我市会展业发展环境，完善会展业产业链条，促进并提升我市会展业国际化、品牌化、专业化和信息化水平，做优做强我市会展业，高水平建设国际会展中心和国际会议目的地城市，全力打造全球会展枢纽。

第四条 [使用原则] 会展专项资金的使用遵循公开透明、突出重点、专款专用、注重实效、加强监督的原则以及市财政专项资金管理的有关规定，发挥财政资金的引导和激励作用。

第五条 [部门职责分工] 市商务委、市财政局和各区商务、财政部门按职责分工共同做好专项资金管理和监督工作。

市商务委负责资金设立和调整申请、预算申报、编制资金分配使用计划、牵头制定资金使用实施细则、组织项目申报和评审、开展项目绩效评价、信息公开和业务监督检查等。

市财政局负责审核资金设立和调整申请、组织资金预算编制和执行、审核资金安排计划的合规性、办理资金拨付、组织实施财政监督检查和总体绩效评价等。

各区商务主管部门和财政部门配合做好项目申报、审核、项目管理、资金拨付、监督及绩效评价等工作。

第二章　支持对象、方向和标准

第六条 [支持对象] 会展专项资金的支持对象应符合以下基本条件：

（一）申报单位为在广州市行政辖区内依法注册、具有独立法人资格的企事业单位、行业协会及其他相关单位；

（二）申报单位具有健全的财务管理机构、严格的财务管理制度和合格的财务管理人员，纳税和银行信用良好，近三年无违法违规行为；

（三）申报项目无被裁（认）定为侵犯他人知识产权、近三年无发生群体性事件、安全责任事故等；

（四）申报单位及项目应依照《中华人民共和国统计法》和广州市会展业统计报表制度，上报有关会展业统计报表；

（五）符合当年度会展扶持政策申报条件的其他要求。

第七条 [支持方向] 会展专项资金的支持方向如下：

（一）展览。本细则所称展览，是指在我市专业场馆举办的展览会、博览会、交易会等。

1. 对在我市新办的、符合条件的展览项目给予一次性奖励；

2. 对我市展览面积增长的展览项目给予奖励；

3. 对在我市开发运营应用的、功能完备的数字会展项目给予奖励。

（二）会议。本细则所称会议，是指在我市举办的国际会议和行业会议两大类。

1. 对符合条件的国际会议给予奖励；

2. 对符合条件的行业会议给予奖励。

（三）会展服务

1. 对我市专业展馆主要设施改造提升的项目给予贷款贴息；

2. 对我市符合条件的会展搭建服务企业给予奖励。

（四）展览业国际化

1. 对我市企业在境外举办的展览项目给予奖励；

2. 对有利于我市会展业发展的开拓国际市场展会项目给予展位费补助；

3. 对我市获得国际展览业协会（UFI）认证的展览机构和项目给予一次性奖励。

（五）其他

1. 市政府明确需要重点支持的、落户我市的国内外知名会展企业、机构及品牌项目等；

2. 有利于我市会展业发展的、对广州会展业进行宣传推广、人才培训、专题研究等项目。

第八条［支持标准］会展专项资金支持标准如下（支持金额不超过项目实际发生费用金额）：

（一）展览

1. 对展览面积在 6000 平方米（含）以上、属于我市鼓励发展产业并承诺在广州连续举办 3 年（含）以上的新办展，给予一次性奖励。标准为：展览面积在 6000（含）—20000 平方米的，奖励 20 万元；20000（含）—50000 平方米的，奖励 50 万元；50000（含）—100000 平方米的，奖励 80 万元；100000 平方米（含）以上的，奖励 100 万元。列入机械工业信息研究院《进出口经理人》发布的世界商展 100 强展览项目，奖励额度上浮 200%；列入中国会展经济研究会《年度中国展览数据统计报告》发布的国内展览面积 100 强展览项目，奖励额度上浮 100%。

2. 对比上年（届）面积增长 20%（含）以上、现有展览面积在 6000 平方米（含）以上的展览，按展览期不超过 5 天（以布展不超过 2 天加展览不超过 3 天计算）的新增面积场租的一定比例给予补助。标准为：展览面积在 6000（含）—50000 平方米的，按租金的 50%；50000（含）平方米以上的，按租金的 100%。每年（届）单个项目补助最高不超过 100 万元。

3. 对依托我市实体展会开发运营应用的、功能完备的数字会展项目给予奖励。标准为：每年 (届)20 万元，奖励年限不超过三年 (届)。

（二）会议

1. 对符合以下条件的国际会议，按场租的 80% 给予奖励，每年单个项目奖励最高不超过 80 万元。具体条件为: (1) 在经济、科技、文化、商贸等领域以服务产业、技术研讨等为主要目的，有利于提升我市城市形象、促进产业发展、创造城市竞争新优势等的国际会议；(2) 由 5 个（含）以上国家或地区（含港澳台）或国际性组织参加；(3) 会期 1 天（含）以上；(4) 与会人数 50 人以上，境外与会人士占 20% 以上。

2. 对符合以下条件的行业会议，按场租的 50% 给予奖励，每年单个项目奖励最高不超过 50 万元。具体条件为：(1) 属于我市鼓励发展产业的行业会议；(2) 由国家级或国际性各类行业协会、学会学术机构举办；(3) 会期 1 天（含）以上；(4) 参会人数达 200 人（含）以上。

（三）会展服务

1. 对我市专业展馆主要设施改造提升（不包括办公条件、内部人员服务、娱乐设施改造）的项目，按不超过贷款额利息的 50% 给予贴息。每年单个项目贴息最高不超过 300 万元，贴息年限不超过两年。

2. 对在我市专业展馆年服务特装展览面积 5000 平方米（含）以上、公司展览服务业务年营业收入 1500 万元（含）以上、符合当年度资金评审条件的会展搭建企业给予奖励。标准为：年营业收入在 1500（含）—3000 万元的，奖励 15 万元；3000 万元（含）以上的，奖励 30 万元。

（四）展览业国际化

1. 对我市企业在境外举办的属于我市鼓励发展产业的、参展的广州企业在 20 家以上、展览面积在 2000 平方米（含）以上的展览项目给予奖励。标准为：展览面积在 2000（含）—5000 平方米的，奖励 20 万元；5000 平方米（含）以上的，奖励 30 万元。

2. 对有利于我市会展业发展的开拓国际市场展会项目，按企业展位费的 50%~80% 给予补助。

3. 对获得国际展览业协会（UFI）认证的我市展览机构和项目，给予一次性奖励，标准为每家展览机构 20 万元，每个展览项目 15 万元。

（五）其他

对市政府明确需要重点支持的、落户我市的国内外知名会展企业、机构及品牌项目等，按市政府决定给予支持。

第三章 资金申报和材料要求

第九条［项目申报］每年资金项目申报前，市商务委会市财政局发布申报指南（或通知）。申报指南（或通知）明确资金的申报条件、时间和程序、申报资料要求、经办部门、经办人员和联系方式等内容。

申报单位应按资金相关规定和申报指南（或通知）要求进行申报，填报申报材料（同时提供电子数据和纸质资料）。申报单位应对申报材料的真实性、完整性负责，不得弄虚作假和套取、骗取财政资金。

申报本专项资金第七条［支持方向］第(四)项第2款、第(五)项的项目需在项目实施前向市商务委备案。每个项目只能由一个单位提出申报。同一个项目由多个单位共同组织的，需由主办方或由主办方委托的承办或协办单位提出申报。除对中央、省配套安排资金外，申报项目原则上不得与中央、省、市其他同类型资金重复申报。

第十条［材料要求］申报会展专项资金需提交下列纸质材料一式 4 份及电子版材料（提交复印件的同时提交原件查验）：

（一）基本材料

1. 资金申请报告和对申报材料真实性负责的承诺书；

2. 申报单位营业执照（“三证合一”复印件）；

3. 申报单位上年度经会计师事务所审计的财务报表；

4. 项目实施方案，包括项目的必要性、可行性、内容和规模、资金需求额、预期效果分析等；

5. 项目详细费用预算或结算，包括项目费用开支说明、相关合同、实际发生费用的合法凭证（复印件）等；

6. 项目总结报告。

（二）专项材料

1. 申报本专项资金第七条［支持方向］第（一）项“展览”

的项目需提交：

（1）按规定需要有关部门审批的会展项目批准文件、完税证明（复印件）；

（2）与展馆签订的场地租赁合同和租金支付凭证（复印件）；

（3）举办方上年度会展业统计年报表（复印件），即《会展业活动企业（单位）基本情况表》和《会展业活动企业（单位）财务情况表》。

2. 申报本专项资金第七条 [支持方向] 第（二）项“会议”的项目需提交：

（1）参会人员名单（含国别、工作单位、电话、邮箱等）和报名表（复印件）；

（2）与展馆或酒店签订的场地租赁合同和租金支付凭证（复印件）；

（3）10 张以上会议现场照片及相关音像视频资料。

3. 申报本专项资金第七条 [支持方向] 第（三）项“会展服务”的项目需提交：

（1）申报第 1 款的项目需提交展馆配套设施改造项目贷款合同和支付银行利息凭证（复印件）；

（2）申报第 2 款的项目需提交企业完税证明、ISO 认证证书、在广州专业展馆合计 5000 平方米（含）且二层特装不少于 3 份的特装展位服务合同及现场实景照片、客户验收单（复印件）。

4. 申报本专项资金第七条 [支持方向] 第（四）项“展览业国际化”的项目需提交：

（1）按规定需要有关部门审批的会展项目批准文件、完税证明（复印件）；

（2）与展馆签订的场地租赁合同和租金支付凭证（复印件）；

（3）举办方上年度会展业统计年报表（复印件），即《会展业活动企业（单位）基本情况表》和《会展业活动企业（单位）财务情况表》；

（4）参展的广州企业名单汇总表、营业执照、参展合同、参展费用支付凭证（复印件）；

（5）10 张以上展览现场照片及相关音像视频资料；

（6）申报第 3 款的项目需提交 UFI 认证证书（复印件）。

（三）当年度会展专项资金申报指南要求提交的其他资料。

第四章 资金项目管理

第十一条 [项目库管理] 会展专项资金原则上实行项目库管理，对已细化到具体项目并可编入部门预算的资金，市商务委将根据专项资金年度使用额度，按轻重缓急编列具体项目计划（细列至具体用款单位、项目、金额、年限），随每年部门预算一并报送市财政局，在市财政局批复部门预算后办理资金拨付手续。

对在部门预算中未能细化的资金，市商务委根据项目申报和评审结果编制具体项目计划，会市财政局报市政府审批后办理资金拨付手续。

专项资金扶持项目实行滚动管理。经上述程序确定的扶持项目，如当年未能安排专项资金，在下一年度专项资金使用计划中优先安排。

第十二条 [项目审核] 对申报项目按以下程序进行审核：

（一）项目初审。各区商务主管部门会财政部门对本辖区项目申报材料进行初审，并汇总上报市商务委。

（二）项目评审。市商务委采取委托中介机构、组织专家或内部评审等方式对项目申报材料进行评审，必要时延伸到现场核实。在项目审核过程中，应通过“广州市财政专项资金查重系统”等平台对申报主体资格和项目开展合规性审查。

第十三条 [项目公示] 除需要保密的事项外，市商务委将审核后拟安排的项目在市商务委门户网站上向社会公示 7 个工作日。对公示有异议的项目，由市商务委提出处理意见。

第十四条 [资金拨付] 市财政局对按规定批准使用的专项资金按照预算及国库管理规定办理预算下达和资金拨付手续。市商务委根据国库集中支付相关规定，及时将资金拨付到项目单位。

第五章 监督检查与绩效管理

第十五条 [信息公开] 市商务委根据《广州市市级财政专项资金管理办法》（穗府办函〔2014〕90 号）等规定，在广州市专项资金管理平台上公开资金管理实施细则、申报指南、项目申报情况、分配程序和分配方式、分配结果，绩效评价、监督检查和审计结果，接受和处理投诉情况等内容。同时，资金管理实施细则、申报指南、项目申报情况、分配结果等内容在市商务委官网上公布。

第十六条 [资金使用管理] 资金使用单位收到会展专项资金后，应按照《企业财务通则》及财务制度规定作相应的财务及会计处理，建立完善的项目和财务档案管理制度。

第十七条 [绩效评价] 市商务委按规定对资金使用情况进行绩效评价，资金使用单位应按要求开展绩效自评，并自觉接受市、区商务主管部门或由其委托第三方机构开展的第三方绩效评价工作。市、区财政部门按照规定履行绩效管理职责。

第十八条 [监督检查] 市商务委对资金使用情况实施监督检查，市财政、审计、监察部门根据需要开展定期或不定期的专项检查或审计。

第十九条 [责任追究] 申报单位和个人在会展专项资金申报和使用过程中，存在虚报、冒领等手段骗取财政资金，截留、挪用或擅自改变财政资金用途等违法行为的，按照《财政违法行为处罚处分条例》等法律法规处理，追回财政专项资金，5 年内停止申报专项资金资格，并向社会公开其不守信用信息，涉嫌犯罪的依法移交司法机关追究刑事责任。

第六章 附则

第二十条 本实施细则自 2017 年 1 月 1 日开始实施，有效期为 5 年。在实施过程中，如遇政策调整和实施条件发生重大变化，将根据实际情况对本细则进行修订。

（文章来源：广州服务贸易与服务外包公共服务平台 . http://www.gzoutsourcing.cn/Article/20170927/16653.html . 广州市商务局网站 . http://sw.gz.gov.cn/xxgk/tzgg/tz/content/post_2440842.html）

广州市市级财政专项资金管理办法

第一章 总则

第一条 为进一步规范市级财政专项资金管理，防范资金风险，提高资金使用效益，根据《中华人民共和国预算法》等法律法规规定和市委、市政府关于深化市级预算编制执行监督管理改革的部署要求，参照《广东省省级财政专项资金管理办法（试行）》，结合广州市实际，制定本办法。

第二条 本办法所称市级财政专项资金（以下简称“专项资金”），是指由市级财政安排，为支持我市经济和社会各项事业发展，具有专门用途和绩效目标，需进行二次分配的一般公共预算资金、政府性基金、国有资本经营预算资金。

第三条 专项资金管理遵循以下原则：

（一）规范设立，严控新增。专项资金严格按规定程序设立，一律不得自行设立。专项资金设立应符合公共财政收支范围，不得增设与现有专项资金使用方向或用途相同的专项资金。未按规定程序报批，不得在政策性文件、工作会议及领导讲话中，对专项资金新增设立、增加额度事项作出规定、要求或表述。

（二）提前谋划，储备项目。树立谋事为先的理念，科学合理谋划专项资金支持重点，做实项目前期研究论证，提前入库储备项目，确保资金安排与项目紧密衔接。

（三）绩效优先，目标明确。全面实施预算绩效管理，加强专项资金绩效目标申报、审核和监控，并将绩效管理结果与预算安排和政策调整挂钩。

（四）定期退出，滚动安排。每项专项资金支持的政策实施期限原则上不超过 3 年，最长不超过 5 年。属于跨年度支出的，分年度编制预算。

（五）依法公开，强化监督。健全监管机制，全面推进专项资金分配、执行情况和项目实施结果等信息公开，主动接受有关部门和社会各界监督，保障专项资金阳光透明运行。

第二章 专项资金设立和清理

第四条 设立条件。市业务主管部门要根据国家、省政策要求，按照市委、市政府决策部署，围绕全市经济发展规划和重大专项规划，对照分管行业领域事业发展的目标任务，研究确定专项资金重点支持方向。

第五条 绩效评估。市业务主管部门应对新增设立专项资金的必要性、科学性、合理性、可行性、绩效目标等进行研究论证，设置合适的绩效指标，确保可量化、可评估。属于国家、省政策要求和市委、市政府重大部署的，按照有关规定开展研究论证。

第六条 设立申请。市业务主管部门对符合专项资金设立条件，确需新设专项资金的，由市业务主管部门提出申请，并填报《市级财政专项资金新增设立申报表》，编制专项资金用途清单，制订专项资金绩效目标、编写可行性研究报告，一并报送市财政部门。

第七条 设立审批。经审核符合设立条件的，市业务主管部门会同财政部门依照下列权限报市政府审批：

（一）设立总金额在 5000 万元以下的专项资金，经分管业务主管部门的副市长加具意见后，报分管财政的副市长审核，报市长审定；

（二）设立总金额在 5000 万元以上（含本数，下同）的专项资金，提交市政府常务会议审议。

凡提交市政府常务会议审议的专项资金，按照“谁使用、谁负责”的原则，由申请设立专项资金的市业务主管部门在市政府常务会议上作主汇报并实施后续相关工作。

第八条 制定管理办法。经批准设立的专项资金，市业务主管部门应依据本办法及相关工作要求，在专项资金设立后第一次接受项目申请前应出台专项资金具体使用管理办法，明确专项资金的绩效目标、使用范围、管理职责、执行期限、分配办法、分配方式、审批程序和监督评价、责任追究等。已设立的专项资金调整绩效目标、用途范围等事项的，应及时修订具体使用管理办法。

第九条 清理机制。市业务主管部门应及时对专项资金进行清理，提出延续、调整或撤销的建议。

（一）延续。对于到期确需延续安排的专项资金，市业务主管部门要提前 1 年进行绩效评价和专项审计（分别按照预算绩效管理和审计相关规章 制度执行），并按新增设立专项资金办理。

（二）调整。专项资金支出结构不合理、管理不规范、使用规模太小且效益低下、使用性质类同、支持对象相近的，应整合归并或改变用途，并由市业务主管部门向市财政部门提出申请，填报《市级财政专项资金变更申报表》。市财政部门对专项资金变更申请进行审核后依照本办法第七条 规定报市政府审批。

（三）撤销。市业务主管部门会同市财政部门对存续期间的专项资金进行评估，有下列情形之一的，向市政府提出撤销的建议，并做好经批准撤销的专项资金的后续保障衔接工作：

1. 经济社会发展情况发生变化、专项资金原设立目标不符合现实需要，审批依据已作调整，需要完成的特定任务已经完成或不存在的。

2. 专项资金预算执行率低、连年结余，或使用绩效评价结果为差，财政监督和审计检查发现专项资金管理、使用存在违法违规违纪问题，情节严重或整改无效的。

第三章 预算管理

第十条 项目库管理。专项资金全面实施项目库管理，经批准设立的专项资金要按照项目库管理有关要求办理入库，政府投资项目和信息化项目专项资金另有规定的，从其规定。

第十一条 预算编制。专项资金预算按照“一年一定”的原则，对项目储备不足、绩效目标审核未通过或不具备支出条件的项目不予安排专项资金，市业务主管部门结合以往年度预算执行情况以及下一年度工作目标，在中期财政规划有关下一年度预算计划数的基础上，申报下一年度专项资金预算。市财政部门按预算管理有关规定审核下一年度专项资金预算。

第十二条 项目细化。专项资金根据项目库管理要求市业务主管部门在入库时细化方向，原则上要求在预算编制时细化至用款单位和明细内容。对于当年 6 月 30 日前仍未细化到用款单位和明细内容的部门预算资金，予以回收统筹。

市业务主管部门应提前做好专项资金具体项目的收集和审核工作，将具体项目细化编入预算，逐步减少年度预算执行过程中的再次分配。

第十三条 项目申报。市业务主管部门应严格审核申请使用专项资金的企业、单位和个人（以下简称“申请单位”）相关信息，特别对纳入“失信联合惩戒黑名单”申请单位从严把关，并在专项资金具体管理办法中明确：申请单位应按各专项资金具体使用管理办法进行申报。

（一）符合资金管理办法、申报指南规定的支持对象、用途范围、申报条件等，不得跨范围申报专项资金。

（二）计划任务、实施方案切实可行，绩效目标明确清晰、科学合理。

（三）一个项目原则上只能申请一项专项资金。申请单位不得以同一项目重复申报或多头申报专项资金，确因特殊情况需申报多项专项资金的，必须在申报材料中注明原因并说明已获得或正在申报的其他专项资金情况。

（四）申请单位应对申报材料的真实性负责，不得弄虚作假骗取财政专项资金。

（五）申请单位依据专项资金申报指南，填报专项资金使用申请资料（同时提供电子数据和纸质资料）。

（六）申请单位在专项资金申报、管理、使用过程中存在虚报、挤占、挪用等违法违规行为的，依法依规作出严肃处理，追回专项资金，将失信信息纳入社会信用体系实施联合惩戒，并向社会公开；情节严重的，原则上 5 年内停止其申报专项资金资格。

第十四条 预算监督。市业务主管部门、财政部门、推荐项目的行业主管部门和用款单位要建立健全内部预算管理监督制度，完善专项资金申报、审批操作规程，形成相互制约、监督的制衡机制。

（一）预算执行阶段，市业务主管部门要按照事前支持项目和事后支持项目的不同类型加强专项资金绩效目标监控，对监控中发现与既定绩效目标发生偏离的，及时责成项目单位采取措施予以纠正；情况严重的，调整、暂缓或者停止执行。专项资金的调剂、回收办理流程按照项目支出预算管理要求执行。市业务主管部门应建立完善档案管理制度，如实记录审批核心环节信息，实现全过程可查询、可追溯的痕迹管理。市财政部门组织对专项资金绩效目标实现情况与预算执行进度情况进行监控。

（二）预算年度终了，市业务主管部门和市财政部门按照《广州市预算绩效管理办法》中关于项目支出评价管理要求进行全面自评、部分复核和重点评价。

（三）市业务主管部门要加强对专项资金管理关键岗位和重点环节的廉政风险排查和防控，对专项资金预算执行、资金使用效益和财务管理进行跟踪监控。市财政、审计部门要按照预算法及相关规定进行监督。

第四章 平台管理

第十五条 建立平台。市政务服务数据管理局会同市财政部门建立市级财政专项资金信息统一管理平台（即政策兑现服务信息管理平台，以下简称“管理平台”）。

第十六条 申报受理。除涉及保密或重大敏感项目外，市业务主管部门通过管理平台受理申请单位资金使用申请（专项资金具体管理办法明确对申请程序另有规定的除外），对申请项目进行初审或审批；在管理平台公布专项资金申请受理情况，包括申请单位、申请项目、申请金额等，同时提供办理进度实时查询、结果公示、投诉、评价反馈等服务。对未通过初审、不予受理的项目，说明原因并予退回。市业务主管部门会同市财政部门做好申报项目查重工作，防止多头申报。

第十七条 信息公开。除涉及保密要求或重大敏感事项不予公开的专项资金信息外，市级财政专项资金的分配、执行情况和项目实施结果等全过程信息按照“谁制定、谁分配、谁使用、谁公开”的原则向社会公开，同时市业务主管部门必须按照要素标准化要求，在管理平台以及政府门户网站“营商广州”专栏向社会主动公开如下信息：

（一）专项资金用途清单。

（二）各项专项资金的具体管理办法。

（三）专项资金申报通知（申报指南），包括申报条件、扶持范围、扶持对象、审批部门、咨询电话等。

（四）项目计划情况，包括申报单位、申请金额、安排金额、绩效目标、项目立项储备等。

（五）资金的分配、执行情况和项目实施结果，包括资金分配明细项目、金额和分配对象等；完成约束性任务后剩余资金统筹使用情况。

（六）专项资金使用情况。

（七）专项资金绩效评价、监督检查和审计结果，包括项目财务决算报告、项目验收考评情况、绩效自评报告和财政部门反馈的重点评价报告、财政财务监督检查报告、审计结果等。其中，绩效评价公开事项可参考市政府门户网站上公开的绩效评价报告。

（八）公开接受和处理投诉情况，包括投诉事项和投诉处理情况以及其他按规定应公开的内容。

第五章 职责分工

第十八条 市财政部门负责牵头拟定市本级财政专项资金管理办法；按照预算管理的有关规定审核、报批和下达专项资金预算，组织绩效评价；监督管理平台的信息公开情况等；不直接参与具体项目审批。

第十九条 市业务主管部门全面负责本部门预算编制和执行，负责专项资金的设立、报批、清理，制定归口本部门管理的专项资金具体管理办法，对用款单位的专项资金执行情况承担指导和监管责任。包括：负责部门项目库管理；申报专项资金预算、用途清单、绩效目标，制订明细分配方案；负责专项资金项目初审或审批；制定下达任务清单，对分管专项资金预算执行情况进行跟踪监管，对分配下达区的专项资金进行清算；负责分管专项资金绩效管理、信息公开，确保公开的信息全面、真实、准确，主动接受有关部门和社会监督，保障专项资金阳光透明运行；对保留市级审批权限的专项资金，组织项目验收或考评。

第二十条 区承担市级下达专项资金的预算执行、绩效目标监控、任务清单实施的主体责任，确保完成市业务主管部门下达的任务清单和绩效目标。包括：将市下达的专项资金纳入区预算全流程规范管理，做好细化分配或转下达工作；负责区项目库管理；组织项目实施和监管，加强资金管理，做好信息公开、绩效自评、项目验收考评等工作；接受市级监督检查和绩效评价。

第二十一条 用款单位对项目实施和资金使用负责，严格执行专项资金预算，具体组织项目实施，加强财务管理，接受验收考评、监督检查和绩效评价。

第二十二条 市各级审计部门依法按照“谁主管、谁审批、谁使用、谁负责”原则，对专项资金的管理分配使用实施审计监督，向市政府提出审计结果报告；按规定将审计发现的违法违纪案件线索移交纪检监察机关。

第二十三条 市政务服务数据管理局负责建设与维护管理平台，保持与各相关部门沟通协作，协调与省级平台对接事宜，保障平台的正常运行与及时优化，保障专项资金接受社会监督、透明运作的技术需要。

第六章 附则

第二十四条 各区可参照本办法制定区级财政专项资金管理办法。

第二十五条 本办法自印发之日起实施。《广州市人民政府办公厅关于印发广州市市级财政专项资金管理办法的通知》（穗府办函〔2017〕306号）同时废止。

（文章来源：广州市人民政府网站 . http://www.gz.gov.cn/zwgk/fggw/sfbgtwj/content/mpost_5656356.html）

贵阳市支持会展业发展专项资金使用管理暂行办法

第一章 总则

第一条 为促进我市会展业长足发展，规范会展业发展专项资金的管理，充分发挥财政资金的宏观导向和激励作用，制定本办法。

第二条 贵阳市会展业发展专项资金（以下简称“本资金”）是指市财政每年预算安排的专项用于扶持会展业发展的资金。

第三条 本资金的管理和使用坚持“计划申报、绩效挂钩”、“公开公平公正、扶优扶强扶新”原则，重点支持符合我市会展产业导向的规模大、效益好、有发展潜力的会展、节庆赛事活动和我市会展、节庆赛事活动的总体形象宣传、以及会展业基础性、保障性支出。

第四条 市会展办和市财政局负责专项资金的申请受理、评估审核、资金拨付和监督管理及年度预决算、绩效评价等工作。

第二章 使用范围、奖励和资助方式、支出结构

第五条 本资金使用范围如下：

1. 对规模大、效益好、有发展潜力的本土品牌展会、节庆赛事或重点支持展会、节庆赛事的培育、资助或奖励；

2. 对符合我市产业特色、社会经济效益明显、影响力强的国内外大型展会、节庆赛事的引进、申办费用，以及对引进者的奖励；

3. 对全市会展业的宣传推广、招商推介、统计备案以及行业合作交流的费用；

4. 对会展业专业人才的培育或引进费用，推进会展业发展的其他基础性工作支出。

同期举办的同一个项目，包含会议、展览、节庆赛事活动两项或多项内容的，应当按照主要的活动申请资助或者奖励，不得同时申请会议、展览和节庆赛事的双重或多重资助或奖励。

市政府另行确定支持的会议、展览项目和节庆赛事活动的筹备经费不在此列。

已获得本市其他财政资金支持的项目不得申请本资金。

第六条 有下列情形之一的，本资金不予资助：

1. 知识产权有争议的项目；

2. 市政府已经安排专项经费或已经获得我市其他财政性专项资金补助的项目；

3. 已经获得市政府给予场租特别优惠的项目；

4. 申请单位近两年内因违法被执法部门查处的；

5. 申请单位违反本办法规定，正在接受有关部门调查的；

6. 以个体消费者为主要对象的专项商品展以及各类展销会、展示会、成就展不在奖励范围。

第七条 本资金主要采取项目补贴的资助方式，为体现重点扶持的原则，对在我市举办的重要会展项目资助要占对本市商业性会展项目资助资金总量的 60% 以上。

第八条 本资金中的 10% 用于对承办展会、节庆赛事活动作出重大贡献的政府职能部门、企业或个人在年终行业内评奖活动中予以奖励。本资金的 5%~10% 用于业界行业内交流和展示活动。

第三章 会议、展览、节庆、赛事奖励或资助项目及标准

第九条 会议奖励项目和标准。

（一）奖励项目

用于在我市成功举办的国内大型会议和国际性会议的奖励。

（二）奖励标准

1. 国内大型会议。指由各类部门、行业组织、企业主办的，实际会期达 2 天以上（含 2 天）的论坛、研讨会、洽谈会、订货会、年会等会议活动。

（1）会议安排住宿五星级宾馆：超过 100 人起补，标准为每人 200 元。

（2）会议安排住宿四星级宾馆：超过 200 人起补，标准

为每人 150 元。

（3）会议安排住宿三星级宾馆：超过 300 人起补，标准为每人 100 元。

入住绿色宾馆的人数可按以上标准的 1.2 系数折算予以补助（下同）。

2．国际性会议。指由各类部门、行业组织、企业主办的，有来自境外 5 个以上国家（地区）参会人员，实际会期达 2 天以上（含 2 天）的论坛、研讨会、洽谈会、年会等会议活动。

（1）境外参会人数达 50—100 人（不含 100 人），给予 5 万元奖励；

（2）境外参会人数达 100—200 人（不含 200 人），给予 10 万元奖励；

（3）境外参会人数达 200—300 人（不含 300 人），给予 15 万元奖励；

（4）境外参会人数达 300 人（含），给予 20 万元奖励。

第十条 展览奖励项目和标准。

（一）奖励项目

用于招揽全国性或国际性专业展览会在我市成功举办的单位的奖励或资助。

（二）奖励标准

1. 展览规模达 10000 平方米（500 个展位），给予 10 万元奖励；

2. 展览规模达 20000 平方米（1000 个展位），给予 15 万元奖励；

3. 展览规模达 30000 平方米（1500 个展位），给予 20 万亓奖励。

4. 引进对本市会展业发展有特殊或重要意义并能提高贵阳城市美誉度、知名度的展览、会议项目和节庆赛事活动，可申请特殊专项资助。具体资助标准报市政府研究后确定。

申请奖励的展览会举办天数应达 3 天以上（含 3 天）。

第十一条 展览资助项目和标准。

（一）资助项目

用于我市自行举办的全国性、区域性、对台或国际性的经贸专业展览会的资助。展览资助的条件和原则为：

1. 展览项目有我市相关机构作为展览会主办、承办单位，采取市场化运作，具有潜在发展前景；

2. 展览主题和内容符合我市及周边产业发展需求，能推动我市相关产业发展；

3. 展览会承办单位必须是在贵阳市工商行政管理局注册的独立法人单位，展览会所有财务收支都必须进入贵阳承办单位的帐户；

4. 一个展览会若有多个主题，只对符合条件的主题进行补助，并按照同一主题集中展示的展位数量进行核算；

5. 展览会主承办单位基本相同、主题和内容基本相似的展览会视为同一展览会，不得重复申请补助；

6. 相同题材的展览会，原则上应进行整合，如不能整合，将按照“做大做强，扶优扶强”的原则对其中规模大的展览会予以补助；

7. 以本地产品参展为主且以个体消费者为主要对象的专项商品展以及各类展销会、展示会、成就展、人才交流会不在补助范围。

（二）资助标准

1. 每个展览会资助年限不超过 6 届，按实际展位数量进行资助。1—3 届，按每个展位资助 500 元，4、5、6 届分别按每个展位资助400、300、200元。每届资助总额最高不超过50万元。

2. 每届展览会申请资助的展位规模需达 200、300、400、500、600、700 个展位，未达规模的不予资助。

3. 展览会举办天数应达 3 天以上（含 3 天）。

4. 办展资助主要用于补贴展览会的宣传推介、广告和专业客商邀请、接待的开支。

第十二条 节庆奖励项目和标准。

（一）奖励项目

用于在我市举办的全国性、区域性的重大节庆活动或对本市会展业发展有特殊或重要意义并能提高贵阳城市美誉度、知名度的节庆活动。

（二）奖励标准

1. 节庆活动举办奖励标准。举办节庆活动的主场地为 5000 平方米以上，且观众或游客人数超过 2 万人的，给予承办机构 5 万元补贴；主场地为 10000 平方米以上，且观众或游客人数超过 4 万人的，给予承办机构 10 万元补贴，以此类推，最高不超过 50 万元。

2. 节庆活动招徕奖励标准。对引进全国性或具备较大影响力的区域性节庆活动在我市举办，活动的主场地为 10000 平方米以上，且观众或游客人数超过 5 万人的，给予引进机构、单位或个人 5 万元奖励；主场地达到 20000 平方米以上，且观众或游客人数超过 10 万人的，给予引进机构、单位或个人 10 万元的奖励，以此类推，最高不超过 20 万元。

第十三条 赛事活动奖励项目和标准。

（一）奖励项目

用于在我市举办的全国性、区域性的重大赛事活动或对本市会展业发展有特殊或重要意义并能提高贵阳城市美誉度、知名度的赛事活动。

（二）奖励标准

赛事活动的举办、招徕奖励标准：根据赛事活动的规格、规模、参赛人数、比赛时间进行奖励。

对举办或引进对本市会展业发展有特殊或重要意义并能提高贵阳城市美誉度、知名度的文化、体育等赛事活动，可申请特殊专项补助。

第十四条 鼓励现有展会继续做大做强。对现有展会以上一年（届）展览总面积为基数，每增加 1000 平方米的补助 1 万元，最高不超过 20 万元。

第十五条 鼓励在旅游淡季（每年 10 月至次年 4 月）举办会展、节庆、赛事活动。在淡季举办且符合奖励、资助条件的会展、节庆、赛事活动，奖励或资助标准在原有基础上上浮 10%。

第四章 会展业发展保障类经费

第十六条 会展业宣传及项目申办经费。

（一）宣传经费

用于我市各型各类会议、展览、节庆赛事活动的宣传推介及光盘、刊物和其他会展业宣传用品的设计制作及其他宣传费用。

（二）申办经费

用于我市争（申）办全国性或国际性的各类规模大、社会效益好或能长期在我市举办的专业会议、展览和节庆赛事活动的各种直接费用，开展会展业的招商引资，引进或移植境外品牌展会来我市举办的前期必要费用等。

第十七条 用于会展业人才培育及其他基础性工作经费。

(一) 规划经费

用于全市会展业发展规划的制定。

(二) 调研经费

用于我市会展业的课题研究及专项调研。

(三) 统计经费

用于我市会展业专项统计工作。

(四) 培训经费

用于我市会展业相关培训活动。

(五) 评估经费

用于我市重点会展项目的评估。

(六) 评比表彰经费

用于年度评选先进会展、节庆赛事活动或会展、节庆赛事活动举办单位的表彰。

(七) 法律咨询经费

用于会展、节庆赛事活动纠纷处理，各项合同文本、法律规范性文件审定的法律咨询活动。

(八) 国际认证经费

支持我市相关机构或会展项目申请加入国际展览业协会 (UFI)、国际会议协会 (ICCA) 等国际性组织，取得国际认证。对取得 UFI、ICCA 认证的机构或项目，给予认证后 3 年会员费 50% 的奖励。

(九) 其他工作经费

用于其他能够促进我市会展业发展的基础性、保障性工作。

第五章 申报、审批和拨付

第十八条 计划申报。各项目申请单位应于每年 11 月底前向市会展办提交下年度会展、节庆赛事计划和本资金申请项目。每年 6 月底前可以补报下半年申请项目。市会展办制订年度本资金奖励和资助项目计划，没有列入计划的项目原则上不予奖励和资助。

项目申请单位指：

1. 会议、节庆赛事活动奖励项目：本市的主办、承办或招揽单位；

2. 展览奖励项目：本市的招揽单位；

3. 展览资助项目：本市的承办单位；

4. 其他项目：本市的承办单位。

每个项目只能由一个单位提出申请。同一项目由多个单位共同组织的，需协商推选一个单位提出申请。

同一项目包含会议和展览内容的，不得同时申请会议和展览的奖励或资助。

第十九条 项目申请。各项目申请单位应在项目举办前 1 个月向市会展办提出项目申请，提交相关材料。

1. 申请报告（注明本届基本情况、申请金额和历届规模、资助金额）；

2.《贵阳市支持会展业发展专项资金申请表》；

3. 项目批准文件（展览项目还需提供市工商行政管理部门的审批登记证）；

4. 项目基本情况、工作方案、宣传广告材料；

5. 主承办单位协议及招揽证明材料；

6. 会议项目提供会议场所租赁合同、酒店住宿及餐饮合同，展览项目提供会展中心场地租赁合同、实际展位平面图；

7. 会议项目提供拟参会境内外来宾名单，节庆项目提供拟参加境内外来宾或演职人员名单；

8. 项目由多个单位共同招揽或承办的，需提供各方协商一致共同推选申请单位的文件；

9. 活动行业主管部门的证明材料及其他相关材料。

逾期未提出项目申请的，视同自动放弃，不予奖励或补助。

第二十条 评估申请。市会展办受理项目申报后，各项目申请单位应在项目举办前 15 天向市会展业协会提出项目评估申请，递交评估申请材料。

1. 评估申请报告；

2. 项目批准文件（展览项目还需提供市工商行政管理部门的审批登记证）；

3. 项目基本情况、工作方案、宣传广告材料；

4. 主承办单位协议及招揽证明材料；

5. 会议项目提供会议场所租赁合同、酒店住宿及餐饮合同，展览项目提供会展中心场地租赁合同、实际展位平面图；

6. 会议项目提供拟到会境内外来宾名单，节庆项目提供拟参加境内外来宾或演职人员名单；

7. 活动行业主管部门的证明材料及其他相关材料。

第二十一条 项目核查和评估。市会展业协会组织对展览、节庆赛事项目进行现场评估，对会议项目进行现场评估、抽查和初审。市会展办、市财政局组织进行现场核查和事后抽查等核查工作。

第二十二条 项目总结。项目结束后 1 个月内，各项目申请单位须向市会展办上报项目总结报告。展览资助项目还需提供资助资金决算报告；会议项目需提供会场场租发票、参会人员报到表和住宿安排表及酒店出具的住宿证明材料；节庆活动需要提供境内外嘉宾报到表、住宿安排表及酒店出具的住宿证明材料；赛事活动需提供代表团或运动员报到表、住宿安排表及酒店出具的住宿证明材料。市会议展览业协会出具项目评估报告，评估结果未达到合格要求的项目不予奖励或资助。

第二十三条 审核拨付。符合奖励或资助条件的项目，经市会展办审批和市财政局核定后，在展会、节庆赛事活动结束后 3 个月内直接给予拨付。法律、法规另有规定的从其规定。

第二十四条 第十二条涉及的会展宣传及项目申办经费，第十三条涉及的规划、调研、统计、培训、评估、表彰、认证、咨询等基础性、保障性工作经费，由市会展办根据本资金使用计划提出详细的用款项目并列支预算，经市财政局审核后执行。市审计部门应当对上述资金的列支使用等情况加强审计监督。

第六章 监督管理

第二十五条 市会展办、市财政局要严格执行本资金使用计划，加强对本资金使用的审核、检查和监督，同时应定期地对有关单位本资金的使用情况及使用效益进行检查评估。市会展办要对年度资金使用情况、效果进行总结、评估，为制订下一年度资金预算提供依据。

第二十六条 各用款单位应严格执行本资金管理的有关规定，严格开支范围，不得挪用、截留，同时做好本资金使用材料的建档和保存，接受相关部门的检查和审计。

第二十七条 根据检查和审计结果，有下列情形之一的，由市会展办会同市财政局按情节严重程度分别采取停止奖励或资助等措施；由市财政局会同市会展办追回已拨付的本资金。构成违法或犯罪的，由相关部门依法处理或追究刑事责任。

1. 未按本办法规定将本资金用于专项使用项目的；

2. 展会、节庆、赛事活动组织秩序混乱或发生罢展（演、赛）、闹展（演、赛）、发生安全事故的；

3. 截留、挪用本资金的；

4. 提交虚假申请资料骗取本资金的；

5. 其他违反财政法律法规的；

6. 进行虚假宣传，恶意、无序竞争，参展内容与展会名称不符，产生不良、影响的；

7. 其他违反法律法规的。

第二十八条 市会展办和市财政局进行展会评估的人员要严格坚持公开、公平、公正的原则，对在评估过程中发生弄虚作假、营私舞弊等违规行为的，向其所在单位进行通报，并依法给予行政处分。同时，按照有关法律法规对相关责任人进行处罚；构成犯罪的，依法追究法律责任。

第七章 附则

第二十九条 本办法由市财政局和市会展办负责解释。

第三十条 本办法自发布之日起实施。

（文章来源：贵阳市人民政府网站 . http://www.guiyang.gov.cn/zwgk/zwgkzfgb/zwgkzfgb2010/201711/t20171121_11363535.html）

哈尔滨市支持第三产业（会展业）发展补贴资金管理暂行办法

第一章 总则

第一条 为进一步发挥财政资金的宏观导向和激励作用，提高第三产业（会展业）发展补贴资金使用管理效益，促进会展业快速发展，结合我市实际，制定本办法。

第二条 本办法所称补贴资金是指经市政府批准设立，由市财政在年度预算中安排，用于支持我市会展业发展的专项资金。

第三条 补贴资金由市贸促会和市财政局共同管理。市贸促会组织成立支持第三产业（会展业）发展补贴资金专家评审小组（以下简称“评审小组”），对申报补贴的展览和会议项目进行评审，对符合条件的单位给予补贴。

评审小组成员为 5 名或 7 名，由市贸促会有关人员及在哈院校、行业协会和有关部门专家组成。

第二章 补贴范围和补贴标准

第四条 申请补贴的项目为在哈尔滨市各专业场馆举办的国际性、国家级、区域性展览项目和在哈尔滨市辖区内举办的国际性、国家级专业会议项目。

第五条 补贴范围和标准

（一）国际性展览项目。对引进举办的国际性展览项目，且展览面积在 1 万平方米（含）以上、标准展位在 500 个（含）以上的，按照每个标准展位 2000 元的标准给予补贴，补贴额度最多不超过 600 万元。

（二）国家级展览项目。对引进举办的国家级展览项目，且展览面积在 1 万平方米（含）以上、标准展位在 500 个（含）以上的，按照每个标准展位 1500 元的标准给予补贴，补贴额度最多不超过 500 万元。

（三）区域性（含本地）展览项目。对展览面积在 1 万平方米（含）以上、标准展位在 500 个（含）以上的展览项目，按照每个标准展位 400 元的标准给予补贴，补贴额度最多不超过 100 万元。

（四）国际性、国家级专业会议项目。对国际机构、国家一级学会、国家级协会或研究会主办或在国际、国内行业中有较大影响力、专业性强、学术性高，会期 2 天以上、参会人数 400 人以上，且外来参会人数（含境外和省外）占总参会人数 60% 以上或国际性会议项目境外参会人员占参会总人数 20% 以上的，对会议承办方给予 10 万元补贴。参会人数每增加 400 人，相应增加补贴 10 万元，补贴额度最高不超过 50 万元。

对以上符合《哈尔滨市重点鼓励发展产业目录》（哈发改大项目〔2018〕234 号）的展览项目和在淡季（每年 3、4、5、10、11、12 月）举办的专业会议项目，补贴标准可上浮 10%。

市委、市政府安排的其他重点展览和会议项目，按审批的标准给予补贴。

第六条 对具有下列情形之一的，不纳入补贴范围：

（一）已获得市政府及其他财政资金补助或优惠政策；

（二）参展项目存在侵犯知识产权等违法违规行为；

（三）承办单位近 3 年内在经营活动中有违法记录或被有关部门查处；

（四）展会组织秩序混乱，发生安全事故和罢展、闹展等群体性事件，以及因参展产品质量等问题造成不良社会影响或严重后果；

（五）承办单位存在严重失信行为。

第七条 对同一承办单位同一年度内多次举办同一题材展览项目的，仅补贴一次。

第三章 申报主体的义务

第八条 申报单位要建立展览和会议项目负责人制度，全面负责项目实施，并积极配合做好项目申报、评审、绩效考核等工作。

第九条 申报单位在项目举办期间，应当积极配合评审小组进行现场评估。

第十条 申报单位对申报材料的真实性、合法性负责，并出具承诺书。

对骗取、冒领资金的承办单位，一经发现，追回资金，取消其 3 年内申报补贴资金资格，并依法追究责任。

第四章 资金拨付程序

第十一条 申报单位应于每年 9 月 30 日前，向市贸促会提报下一年度展览和会议项目资金补贴申请、工作方案等相关申请材料。

第十二条 市贸促会应于每年 10 月 15 日前，组织评审小组，对下一年度申请补贴的展览和会议项目计划进行审定，并将结果报市政府审批。

第十三条 市贸促会在申报下一年度资金预算时，须同时将展览和会议项目补贴资金计划一并报送市财政局。

第十四条 申报单位须于活动结束后 15 个工作日内，将总结报告、展览场馆（会议场地）租赁合同等申报材料提报市贸促会。

第十五条 市贸促会对申报项目提出初审意见后，组织评审小组进行集中评审，经评审小组评审并提出项目补贴资金评审意见，报市财政局审核。

第十六条 市财政局依据市政府审批意见，履行资金拨付程序。

第五章 附则

第十七条 市贸促会和市财政局负责补贴资金使用的绩效评价工作。

第十八条 本办法配套实施细则由市贸促会牵头制定。

第十九条 本办法自发布之日起施行，有效期 3 年，《哈尔滨市会展业发展资金使用管理办法》（哈贸财联发〔2017〕1 号）同时废止。

（文章来源：哈尔滨市人民政府网站 . http://www.harbin.gov.cn/art/2019/7/22/art_13791_16816.html）

哈尔滨市支持高端演出项目和高端时尚表演项目补贴资金管理暂行办法

第一章 总则

第一条 为切实加强对高端演出项目和高端时尚表演项目的资金支持，进一步推动文化时尚产业发展，提升城市文化素养，彰显城市时尚魅力，结合我市实际，制定本办法。

第二条 本办法所称高端演出项目，是指符合《营业性演出管理条例》规定并获得市文化旅游主管部门演出许可，由达到《高端演出机构及艺术家名录》标准、业界广泛认可的国内外知名演出团组举办的、具有世界水准的交响乐、室内乐、歌剧、音乐剧、舞剧、话剧、儿童剧等（包括个人独奏、独唱）。

本办法所称高端时尚表演项目，是指符合国家法律法规，由国际、国内时尚艺术机构举办的、在业界具有影响力和认可度的国际模特大赛和时装表演秀等时尚表演项目。

第三条 本办法所称补贴资金是指经市政府批准设立，由市财政在年度预算中安排，用于支持在哈举办的高端演出项目和高端时尚表演项目的专项资金。

第四条 补贴资金由市文广旅游局和市财政局共同管理。市文广旅游局组织业界专家成立支持高端演出项目和高端时尚表演补贴资金评审小组（以下简称“评审小组”），对申报补贴高端演出项目和高端时尚表演项目经费补贴申请进行评审，对符合条件的承办单位给予补贴。

评审小组成员为 5 名或 7 名，由市文广旅游局有关人员和行业专家组成。

第二章 补贴范围和补贴标准

第五条 申请资金补贴的单位必须是具有国际化演出运营资质（能力）的演出经营单位和演出（时尚表演）经纪机构。

第六条 补贴范围

（一）对演出人员在 60 人以上（含 60 人）的大型高端演出项目，每年补贴最多不超过 24 场。

（二）对演出人员在 60 人以下的中小型高端演出项目（含艺术家个人独立完成或以艺术家为主完成的），每年补贴最多不超过 36 场。

（三）对 30 名以上国际、国内获奖模特参加的国际模特大赛或时装表演秀，每年补贴最多不超过 20 场。

第七条 补贴标准

（一）对高端演出项目，补贴金额最高不得超过演出直接费用的 50%，且单场补贴最多不超过 60 万元。

按照“政府补助、降低票价”的原则，补贴资金应当全部用于观众购票。

对于市财政补贴的高端演出项目，其票价在 300 元以下的应占门票总数的 50% 以上。

（二）对高端时尚表演项目，补贴金额最高不得超过承办单位直接费用的 50%，且每个项目补贴最多不超过 200 万元。

第八条 高端演出和高端时尚表演直接费用包括合同价格、国际旅费、国内交通费、道具运输费、演职员食宿、保险等。对从国外引进在国内巡演的高端演出项目，涉及国际旅费等相关费用应由各演出地承办单位共同分摊，并依据其在哈演出实际分摊金额核定。

第九条 对具有下列情形之一的，不纳入补贴范围。

（一）以商业助演、礼仪庆典等形式引进的，受众为指定人群的；

（二）已获得市政府其他方式支持的。

第三章 承办单位的义务

第十条 高端演出和高端时尚表演项目承办单位应当提供优良的演出条件和欣赏环境，演出场所须满足高端演出和时尚表演需要。

第十一条 高端演出项目承办单位应当在门票显著位置标明“哈尔滨市支持高端演出补贴项目”，演出门票票价栏须注明原出票价格和实际出票价格。

高端时尚表演项目承办单位须举办时尚巡游等宣传城市、展示城市风采的活动，并须在广告宣传中注明“哈尔滨市支持高端时尚表演补贴项目”。

第十二条 承办单位要建立项目负责人制度，并建立健全内部监督约束机制。

第十三条 补贴经费应纳入承办单位财务统一管理，单独核算，专款专用，并接受审计等部门的监督检查。

第十四条 承办单位须于高端演出和高端时尚表演项目完成后 15 个工作日内，形成总结报告，提报市文广旅游局，详细说明项目完成情况、补贴经费执行情况、资金管理情况及使用效果等。

第十五条 申报单位对申报材料的真实性、合法性负责，并出具承诺书。

对以提供虚假材料等手段骗取、冒领补贴资金的承办单位，一经发现，追资金，永久取消其申请补贴资格，依法追究当事人的相关责任。

第四章 资金拨付程序

第十六条 承办单位应丁每年 9 月 30 日前向市文广旅游局提报下一年度申请高端演出和高端时尚表演项目经费补贴方案等申报材料。

第十七条 市文广旅游局应于每年 10 月 15 日前，组织评审小组，对下一年度高端演出和高端时尚表演项目补贴计划进行审定，并将结果报市政府审批。

第十八条 市文广旅游局在申报下一年度资金预算时，须同时将高端演出和高端时尚表演项目补贴经费计划和《高端演出机构及艺术家名录》一并报送市财政局。

第十九条 承办单位应于演出项目举办前 60 个工作日内，向市文广旅游局提交申请材料，包括高端演出、时尚表演项目政府补贴申请表、演出合同、票价方案等。

第二十条 市文广旅游局应在承办单位提交总结报告后 15 个工作日内，组织评审小组对项目执行情况进行评估，并提出补贴资金评审意见，报市财政局审核。

第二十一条 市财政局依据市政府审批意见，履行资金拨付程序。

第五章 管理和监督

第二十二条 市文广旅游局每年要组织业界专家研究确定《高端演出机构及艺术家名录》，并于次年 1 月向社会公布。

第二十三条 市文广旅游局应加强对项目售票等情况的监控，强化项目过程监管。

第二十四条 市文广旅游局应建立健全支持高端演出和高端时尚表演项目资金管理相关制度和操作细则，并加强日常跟踪监督检查。

第六章 附则

第二十五条 市文广旅游局和市财政局负责补贴资金使用的绩效评价工作。

第二十六条 本办法自发布之日起施行。

第二十七条 本办法配套实施细则由市文广旅游局牵头制定。

（文章来源：哈尔滨市人民政府网站．http://www.harbin.gov.cn/art/2019/7/22/art_13791_16816.html）

哈尔滨市支持重大体育赛事活动引导资金管理暂行办法

第一章 总则

第一条 为规范重大体育赛事活动引导资金管理工作，提高资金使用效益，根据《国家体育总局关于印发体育赛事管理办法的通知》（体竞字〔2015〕190 号）等有关规定，结合我市实际，制定本办法。

第二条 本办法所称重大体育赛事活动是指符合我市体育事业发展规划，经市政府同意举办的重大国际、国内体育赛事活动。

第三条 本办法所称引导资金是指经市政府批准设立，由市财政在年度预算中安排，用于支持重大体育赛事活动的专项资金。

第四条 引导资金由市体育局和市财政局共同管理。市体育局组织成立支持重大体育赛事活动引导资金评审小组（以下简称“评审小组”），对申报的赛事活动进行评审，对符合条件的给予引导资金。

第五条 引导资金的使用和管理应当坚持公开透明、撬动引导、突出重点、放大效应的原则。

第二章 资金使用范围及标准

第六条 对符合下列情形之一的体育赛事活动，可给予一定的引导资金：

（一）国际级赛事活动。对由洲际（含洲际）以上国际体育组织及各运动项目体育组织主办，各类社会组织等主体承办的国际赛事活动（含分站赛事活动），包括冰雪、足球、马拉松、赛艇、体育舞蹈、轮滑项目，可给予承办单位每次办赛总投入 50% 的引导资金，最高不超过 300 万元。

（二）国家级赛事活动。对由国家体育总局及其各运动项目中心、各运动项目协会主办，各类社会组织等主体承办的具有重大影响力和社会效益的国内赛事活动，包括冰雪、足球、马拉松、体育舞蹈项目，可给予承办单位每次办赛总投入 50% 的引导资金，最高不超过 200 万元。

（三）区域级（含本市）赛事活动。对由各类社会组织等主体承办的具有较大影响力和社会效益的赛事活动，包括冰雪、足球、马拉松、体育舞蹈项目，可给予承办单位办赛总投入 50% 的引导资金，最高不超过 100 万元。

（四）除冰雪、赛艇、足球、马拉松、体育舞蹈、轮滑以外的其他赛事活动，符合上述条件的，可按照上述对应标准的 50% 给予引导资金。

第七条 对有下列情形之一的，不给予引导资金：

（一）承办主体已获得市政府其他财政性专项资金资助，或应当由其他资金支持的赛事。

（二）承办主体因违法行为被相关执法部门依法处罚未满 3 年，或经核查存在严重失信行为的。

第八条 对同一承办主体在同一年度内多次举办同一题材赛事活动的，仅给予一次引导资金。

第三章 承办主体的义务

第九条 承办主体应当建立赛事活动负责人制度，全面负责赛事活动实施工作，并积极配合做好赛事引导资金的申报、评审、绩效评估等工作。

第十条 承办单位对申报材料的真实性、合法性负责，并出具承诺书。

对提供虚假材料骗取、冒领引导资金的承办单位，一经发现，将追回引导资金，并永久取消其申请引导资金资格；涉嫌违法的，依法追究当事人的相关责任。

第四章 资金审核及拨付程序

第十一条 承办主体应于每年 9 月 30 日前，向市体育局提交下一年度赛事活动引导资金申请、工作方案和保证赛事活动顺利举办承诺书等相关申请资料。

第十二条 市体育局应于每年 10 月 15 日前，组织评审小组，对下一年度赛事活动引导资金申请计划进行审定，并将结果报市政府审批。

第十三条 市体育局在申报下一年度资金预算时，须同时将下一年度赛事活动引导资金申请计划一并报送市财政局。

第十四条 承办主体应于赛事举办前 60 个工作日内，向市体育局提交引导资金申请材料。

第十五条 市体育局应当自接到承办主体的赛事引导资金申请材料之日起 15 个工作日之内，组织评审小组对赛事活动进行评估，并提出赛事引导资金评审意见，报市财政局审核。

第十六条 市财政局依据市政府审批意见，履行引导资金拨付程序。

第五章 附则

第十七条 市体育局负责做好引导资金使用的绩效评价工作，并负责对赛事活动运行全过程进行监督和管理，确保赛事活动达到评估标准。

第十八条 本办法自发布之日起施行。

第十九条 本办法配套实施细则由市体育局牵头制定。

（文章来源：哈尔滨市人民政府网站 . http://www.harbin.gov.cn/art/2019/7/22/art_13791_16816.html）

海口市扶持会展业发展若干规定

（2019年10月修订）

第一章 总则

第一条 为促进海口会展业发展壮大，充分发挥财政资金的导向和激励作用，根据《国务院关于进一步促进展览业改革发展的若干意见》（国发〔2015〕15号）和海南省、海口市关于会展业发展政策有关规定，结合我市会展业实际，制定本规定。

第二条 本市财政预算安排扶持会展业发展专项资金。

第三条 专项资金由市商务局、市财政局共同管理。市商务局负责年度专项资金使用计划和专项资金预决算编报工作，牵头组织项目实施和验收，负责专项资金申请受理和审核拨付工作，并做好资金的跟踪监管工作；市财政局负责专项资金预算管理，会同市商务局对资金的使用情况进行监督检查。

第四条 专项资金支持方式有两种：按规定标准予以补贴和按项目重点给予扶持。

第五条 同期举办含有会议、展览的同一个会展项目，可分别按会议、展览补贴相关条件申报。

第二章 专项资金使用范围第六条 专项资金主要支持

（一）规模大、社会效益好、有发展潜力需要重点支持的会展项目。

（二）符合本市产业特色、社会经济效益明显、影响力强的国际性、全国性专业会展项目的引进。

（三）全市会展业的宣传推广、招商推介、人才培育及引进、统计评估以及行业合作交流等扶持会展业发展的基础性公共支出。

（四）市政府另行确定支持的会展项目。

第七条 有下列情形之一的，专项资金不予支持：

（一）不符合国家政策和本市产业发展方向的会展项目。

（二）以个体消费者为主要对象的专项商品展以及各类展销会、展示会、成就展、文化节庆、科普、体育活动及有关赛事中带有展示展销、人才交流会等项目。

（三）已获得本市市级其他财政资金支持的项目不得重复享受会展专项资金。

（四）组织秩序混乱，引发严重的群体性事件或发生重大安全事故的会展项目。

（五）申请单位近三年内因违法被执法部门查处或有其他违反国家法律行为的。

第三章 专项资金申请条件与标准第八条 会议项目申请条件和补贴标准

（一）申请条件：在本市举办的会期达1天、住宿2夜以上的本市以外的参会嘉宾会议，包括论坛、研讨会、洽谈会、发布会或订货会、年会、培训等。

（二）补贴标准

1. 国内会议。参会人数在200人以上，会议安排住宿在三星级以上酒店（或相当于该档次），且总间夜数达到400间夜以上，按三、四、五星级酒店分别给予每间夜100、120、150元补贴。使用多星级酒店的，合并计算。

对于参会人数达1000人以上的国内大型会议，按照以下标准进行补贴：

（1）外来参会人数在1000人以上，给予100万元补贴。

（2）外来参会人数达3000人以上，给予120万元补贴。

（3）外来参会人数达5000人以上，给予150万元补贴。

（4）外来参会人数达7000人以上，给予200万元补贴。

2. 国际会议。参会人数超过200人以上，其中境外参会人员在50人以上，会议安排住宿在三星级以上酒店（或相当于该档次），且总间夜数达到400间夜以上，按三、四、五星级酒店分别给予每间夜150、200、250元补贴。使用多星级酒店的，合并计算。

对于参会人数达1000人以上的国际大型会议，按照以下标准进行补贴：

（1）外来参会人数在 1000 人以上，给予 120 万元补贴。

（2）外来参会人数达 3000 人以上，给予 150 万元补贴。

（3）外来参会人数达 5000 人以上，给予 200 万元补贴。

（4）外来参会人数达 7000 人以上，给予 300 万元补贴。

第九条 展览项目申请条件和补贴标准。

（一）申请条件

1. 由具有合法资格的机构和企业作为展览会主办单位或承办单位，且采取市场化运作。

2. 展览主题和内容符合本省产业发展方向，能推动相关产业发展。

3. 多个主题和内容的单一展览会，只对主题和内容符合条件的项目进行补贴，并按照集中展示的展位数量进行核算。

4. 对同期举办，主承办单位基本相同，主题和内容相似的展览会视为同一展览会，不得重复申请补贴。

5. 展览规模的核定标准均含下限，不含上限。

6. 申请补贴的展览期应不少于 2 天。

（二）补贴标准

1．新培育举办的展览项目

（1）按照展览实际销售的标准展位数量进行补贴。每届展览申请补贴的展位规模应不低于 150 个标准展位（标准展位 9 平方米 / 个，特装展位按标准展位折算，与展览区无关的开幕式场地、茶歇、洽谈区、活动区、媒体区、公共服务区不在标准展位计算范围），按实际销售的标准展位数量，前三届给予每个展位补贴 600 元，第四、五、六届分别按照每个展位补贴 500、400、300 元。

游艇、航空器、大型机械等不适合在室内展馆举办的展览，根据实际展览面积乘以 0.5 的系数折算成标准展位按上述补贴标准给予补贴。

（2）展位数量达到 300 个标准展位以上，省外参展商比例不低于 30% 的展览，对超出 300 个标准展位以上的展位，每个展位再增加 300 元的补贴。

（3）境外参展商展位按实际消费展位价格全额补贴（按当日汇率折算成人民币计价）。

（4）每届展览补贴总额最高可达 160 万元。补贴届数原则上不超过 6 届。

2．已举办超过 6 届的展览项目

（1）以前三届展览实际销售的标准展位数平均值为基数，对超出的增加展位进行补贴。对超出基数 100、200、300 个以上标准展位的，分别按每个标准展位 200、250、300 元的标准予以补贴。超出基数少于 100 个标准展位的不予补贴。

（2）对实际展位数达到 1000 个以上标准展位的展览，对超出 1000 个标准展位以上的增量进行补贴，每个标准展位补贴金额 300 元。

（3）每届展览补贴总额最高 60 万元。

3. 引进举办的展览项目

（1）展览面积超过 5000 平方米且折合标准展位数量不少于 300 个的，每届补贴金额为 30 万元，在此基础上，每增加 1 个标准展位给予 600 元的补贴；为鼓励展览项目在我市定期举办，以第一届的标准为基数，在其连续举办年份（届数）内，每届在原资金补贴基础上额外给予 20% 的补贴，最多补贴三届。

（2）对国内外知名会展机构举办的全国性流动大型展览项目，原则上按照 1.5 万平方米且折合标准展位数量不少于 900 个的条件予以补贴，补贴金额为 100 万元，每增加 1.5 万平方米补贴 100 万元，补贴金额最高可达 300 万元。

（三）对淡季展览的补贴标准。对每年 4 月至 8 月在本市展馆内举办的展览，按展期给予 6 元 / 平方米 / 天的场地租金补贴（最高不超过 5 天），每个展览的单届场地租金补贴金额最高可达 60 万元。

（四）线上展会补贴。在本市注册、纳税的机构或企业，依托自办的实体展会，建立相应的线上展会，产生实际效果的，每届给予 5 万元的补贴。

第十条 对重点会展项目的支持。对经市商务局组织评审列入当年重点培育和扶持的会展项目，按实际运营支出的场租费、宣传广告费及专业观众邀请费总额的 30% 予以补贴。

第十一条 符合以下情形之一的，按“一事一议”方式报市政府审批后予以支持。

（一）本市重点培育的专业会展项目，或本市重点引进的国际国内知名会展公司在本市定期定址举办的专业会展项目。

（二）由政府直接申办或举办的大型会展项目。

（三）在本市举办属于国际性、国家级、专业型，对拉动消费、促进产业、对外开放、城市营销作用明显的大型综合性活动。

第十二条 扶持会展业发展的基础工作经费。

（一）用于本市会展业宣传推介，会展行业网站建设、互联网营销推广及会展业宣传推介资料的设计制作。

（二）用于本市会展业外出考察，开展交流合作，申办、引进国内外品牌会展来本市举办所需的前期必要费用。

（三）用于本市会展机构加入全球展览业协会（UFI）、国际会议和大会协会（ICCA）、亚洲展览会议联盟（AFECA）等国际性或区域性会展组织，或会展项目取得上述组织认证，给予 3 年会员费、认证费各 50% 的奖励。

（四）用于国内外知名会展机构落户海口的奖励。其中：对已上市或者取得全球展览业协会（UFI）认证的国际或国内知名会展机构在我市设立独立法人机构开展会展业务的，从落地后成功开展业务的三年内每年给予 30 万元的奖励。

（五）用于本市会展业规划、调研、统计、培训、评估、评比表彰、法律咨询及参加全国性会展竞赛活动等经费。

（六）用于其他能够促进我市会展业发展的基础性工作。

第四章 申请与审批

第十三条 申请专项资金单位应为国内具有独立法人资格的企业、社团组织或事业单位，申请单位为项目的主办或承办单位。会展项目按如下规定申请专项资金：

（一）备案申报。项目申请单位应于活动举办前 20 日提交备案材料。为做好项目统筹管理，各项目申请单位应于每年 10 月底前向市商务局提交下年度会展项目备案材料，每年 6 月底前可以补报当年下半年会展项目材料。材料包括：

1. 申报项目备案表；

2. 政府部门（含行业协会）同意作为项目组织机构的批准文件；

3. 申报委托书（由多个单位共同举办的项目，委托其中一个单位负责申报，主办单位盖章）；

4. 申报单位营业执照副本（或三证合一）、法人代表身份证复印件；

5. 展览项目提供活动方案。

（二）项目评估。项目申请单位应于活动举办前 3 个工作日提交相关材料。市商务局或委托第三方对项目进行现场评估、核查。主要材料包括：

1. 评估申请；

2. 会展业发展专项资金申请表；

3. 未获得市财政其他资金支持的说明；

4. 会议项目提供会议通知及议程、会议活动方案、会议指南等；

5. 展览项目提供展位总平面图和各展馆展位平面图、参展企业名录；

6. 会展活动应急预案和公安部门关于大型群众性活动的批复文件。

（三）项目总结。项目申请单位应于活动结束后 20 个工作日内提交相关材料。主要包括：

1. 海口市会展业专项资金申请表；

2. 项目场地租赁租合同及发票；

3. 项目总结；

4. 会议项目提交酒店出具的住宿证明、酒店住宿水单等相关证明；如申请国际会议补贴还需提供全部境外参会名单表及不少于 50 人的境外参会人员护照复印件；

5. 项目现场彩色照片（会议项目 3 张；展会项目不少于 6 张，包括开幕式、特装展位、标准展位、配套活动等）；

6. 展览项目提供展会宣传和专业观众证明材料，包括：

（1）宣传广告费清单、宣传广告合同及发票复印件；

（2）专业观众邀请费（交通、住宿）清单、专业观众名单、专业观众邀请（交通、住宿）费用发票复印件。

（四）逾期未报材料视为自动放弃项目资金申请。

第十四条 其他项目的申请应自条件具备起 1 个月内，向市商务局提出书面申请，并提交相应的认证材料、合同、发票、银行转帐凭证复印件、活动现场相片等证明材料。

第十五条 专项资金审核拨付程序。由市商务局或委托第三方对会展项目进行现场评估、核查，出具项目评估报告，评估结果未达到合格要求的项目不予补贴或扶持；符合补贴或扶持条件的项目，市财政局将奖励资金安排至市商务局年度部门预算中予以保障，由市商务局负责审核后拨付。

第十六条 会展业宣传推广、人才培训、规划调研、统计评估、行业交流等保障性支出项目资金由市商务局审核后拨付。

第五章 监督管理

第十七条 市商务局、市财政局应严格执行专项资金使用计划，加强对专项资金使用的审核、检查和监督。市商务局应对年度资金使用情况、效果进行总结、评估，为制订下一年度资金预算提供依据。

第十八条 各用款单位应严格执行专项资金管理的有关规定，严格开支范围，不得挪用、截留，同时做好专项资金使用资料的建档和保存，按照有关财务会计制度进行核算、管理并接受财政部门、审计部门的审核和监督检查。

第十九条 提交虚假申请资料骗取专项资金的用款单位，由市商务局会同市财政局按情节严重程度分别采取停止补贴或扶持、取消会展业专项资金申请资格等措施；对已拨付的专项资金，由市商务局追回。构成违法或犯罪的，提请司法机关依法追究刑事责任。

第二十条 会展项目现场评估人员应严格坚持公开、公平、公正的原则，对在评估过程中发生弄虚作假、营私舞弊等违规行为的，一经查实，将按照有关法律、法规和规章 对相关责任人进行处理；构成犯罪的，移送司法机关依法追究刑事责任。

第六章 附则

第二十一条 本规定具体应用问题由市商务局会同市财政局负责解释。

第二十二条 本规定中“以上”“不低于”“不超过”“少于”“不少于”均含本数；“超过”“超出”不含本数。

第二十三条 本规定自 2019 年 11 月 18 日起施行，有效期五年。

（文章来源：海口市商务局网站 . http://hksw.haikou.gov.cn/a/xinxigongkai/zhengcewenjian/bumenwenjian/2019/1024/8140.html）

海南省支持会展业发展资金管理办法

第一章 总则

第一条 为规范我省支持会展业发展的资金（以下简称“省级会展资金”）管理，提高财政资金使用效率，制定本办法。

第二条 本办法所称省级会展资金是指从省重点产业发展专项资金或省级产业主管部门（含中国国际贸易促进委员会海南省委员会，下同）年度部门预算中安排的，用于支持会展业发展的资金。

第三条 省级会展资金重点支持引进国内外重大会展品牌，大力培育省内现有重点专业展览或会议，积极打造一批国内外知名会展品牌。

第四条 省级会展资金由省商务厅、省级产业主管部门、省财政厅共同管理。

省商务厅负责对全省会展行业进行宏观指导和行业统计分析，编制全省会展业发展规划，会同省级产业主管部门编报年度省级会展支持计划和预算；统筹汇总省级产业主管部门拟定的资金分配方案，开展年度会展资金绩效评价，会同省财政厅对资金使用进行考核监督。

省级产业主管部门负责引进重大会展品牌，组织会展项目申报工作；对列入年度省级会展支持计划的专业展览或会议组织资金申报和审核；设定资金使用的绩效目标，做好资金绩效执行跟踪监控与绩效自评工作。

省财政厅负责省级会展资金的预算管理，审核年度省级会展支持计划，并按照规定程序拨付资金。

第五条 利用海南自由贸易港政策，积极吸引国内外知名会展品牌来海南办会办展，引导推动我省会展业向特色化、品牌化、国际化、专业化、市场化和创新化发展，鼓励专业展览或会议主办机构将线下品牌展览或会议项目开通线上展览或会议，探索线上线下同步互动、有机融合的办展办会新模式，努力将海南打造成中国特色自由贸易港战略定位下开放层次最高的国内外会展目的地。

第六条 市县政府是推进会展业发展的主体，负责会展设施规划、建设、管理和市县会展业发展的资金支持等工作。

第二章 支持范围

第七条 省级会展资金主要用于以下范围：

（一）省政府主办或者参与主办的专业展览或会议。

（二）纳入省政府重点培育的现有品牌专业展览或会议（不含省政府主办或者参与主办的专业展览或会议）。

（三）引进在我省举办列全国同行业内规模排名前三名的专业展览。

（四）引进在我省举办的高端国际专业会议。

第八条 除第七条 支持范围之外的专业展览或会议以及市县政府主办或引进的专业展览或会议由市县财政资金支持。

第三章 支持方式与标准

第九条 符合第七条 第（一）项条件的专业展览或会议，列入承办的省级产业主管部门年度预算执行。鼓励市场化办展办会，对省政府主办的大型展览或会议的支持资金预算逐年减少。

第十条 符合第七条 第（二）（三）（四）项条件的专业展览或会议，以事后奖励方式，从省重点产业发展专项资金予以支持。

第十一条 符合第七条 第（二）项的专业展览或会议，每届给予组织单位最高不超过 500 万元奖励，奖励最多不超过三届。

（一）专业展览的奖励金额按“展览总面积 ×40 元 / 平方米·天 × 展期天数 ×70% ＋宣传费 ×30%”的公式计算。若展览中同时举办同一题材的专业会议，其会议部分的奖励金额按“会场总面积 ×90 元 / 平方米 × 天 × 会期天数 ×70%”的公式计算。

（二）专业会议的奖励金额按“会场总面积 ×90 元 / 平方米·天 × 会期天数 ×70% ＋宣传费 ×30%”的公式计算。若会议中同时举办同一题材的专业展览，其展览部分的奖励金额按“展览总面积 ×40 元 / 平方米·天 × 展期天数 ×70%”的公式计算。

第十二条 符合第七条 第（三）（四）项的专业展览或会议，在第十一条 奖励标准基础上，每届额外再给予组织单位 200 万元的引进费奖励。从首届算起，连续奖励不超过三届；不连续举办或举办超过三届的，不再享受引进费奖励。

第四章 申报程序

第十三条 符合第七条第（一）项条件的专业展览或会议，由承办的省级产业主管部门按照规定程序报省政府（专业展览还需报全国清理和规范庆典研讨会论坛活动工作领导小组）批准后，审批结果在展览或会议召开前 10 个工作日内抄送省商务厅备案。所需资金按照预算编制的时间和相关要求编入承办的省级产业主管部门预算。

第十四条 符合第七条第（二）（三）（四）项条件的专业展览或会议，按下列程序申报：

（一）会展申报。申报单位根据专业展览或会议主题所属行业性质向相应的省级产业主管部门申报（其中商贸行业的专业展览或会议向中国国际贸易促进委员会海南省委员会申报），并提交所申报的专业展览或会议活动方案、符合第十五条 要求的承诺书等材料。省级产业主管部门根据省级会展资金支持范围和产业发展需要，对申报的专业展览或会议组织内部评审或者聘请专家评审后，于每年 9 月底前向省商务厅提出本行业下一年度会展活动计划及资金预算。

（二）结果公示。省商务厅根据第七条和第十五条 的要求对省级产业主管部门推荐的专业展览或会议进行符合性审查，并将审查结果在省商务厅官方网站公示，公示期为 5 个工作日。

（三）上报审批。公示结果无异议的，省商务厅会同省财政厅编制年度会展支持计划上报省政府审定。

（四）计划下达。省政府批准后，省商务厅会同省财政厅将年度会展支持计划下达省级产业主管部门实施。

市县政府引进符合本办法第七条 第（三）（四）项条件的专业展览或会议，申请省级会展资金支持的，根据专业展览或会议主题所属行业性质，按照本条 第一款第（一）项的程序向相应的省级产业主管部门申报。

第十五条 符合性审查的内容：

（一）纳入第七条第（二）项范围的专业展览，在省政府同意支持的基础上，申报单位应书面承诺申报的展会展览面积不小于其上一届举办的展览面积。

（二）纳入第七条第（二）项范围的专业会议，在省政府同意支持的基础上，申报单位应书面承诺申报的专业会议有总人数不少于 8 人的境内外国家（地区）现任副部级以上政府官员、诺贝尔奖获得者、两院院士、长江学者、世界 500 强中国区副总裁及以上人员、全球排名前 50 的大学的教授（参考上海交通大学世界一流大学研究中心发布的世界大学学术排名，下同）等高端嘉宾参加。

（三）引进第七条第（三）项的专业展览，申报单位应书面承诺其申报的展览面积不小于上一年度全国同行业内展览面积排名第三名的专业展览；对于特殊的、不在商务部业务系统统一平台或《中国展览数据统计报告》细分行业类别范围之内的专业展览，由负责推荐的省级产业主管部门提供省政府同意支持的文件。

（四）引进第七条 第（四）项的高端国际专业会议，申报单位应书面承诺参加会议的高端嘉宾人数不少于本条 第（二）项的人数要求。

第十六条 申报单位在同一年度内多次在我省举办同一题材的专业展览或会议，只能申报一次省级会展资金奖励。

第五章 资金审核及拨付程序

第十七条 符合第七条第（一）项条件的专业展览或会议完成后，由承办的省级产业主管部门根据国库集中支付相关规定负责资金审核及拨付。

第十八条 符合第七条第（二）（三）（四）项条件的专业展览或会议举办期间，省级产业主管部门应组织工作人员或聘请第三方机构对展览总面积、会场总面积、会场上座率、参会高端嘉宾等情况进行现场核实，记录现场核实情况。专业展览或会议完成后，申报单位向省级产业主管部门分别提交下列申报材料的纸质版和电子版各一份。

（一）《海南省重点产业发展专项资金申报表》；

（二）市场监督管理部门颁发的《营业执照》或民政部门颁发的《社会团体法人登记证书》复印件；

（三）活动总结报告（含活动实施方案、组织单位简介、展览或会议规模、宣传及成果等内容）以及符合第十五条 要求的承诺书；

（四）体现活动现场全貌的视频与照片、会刊以及场地租赁合同（应包括场地使用面积等内容）与发票、宣传广告合同与发票、银行转账凭证等材料复印件；

（五）专业展览除提交本条第（一）（二）（三）（四）项材料外，还需提交现场展位布置图（含展览总面积、展位数量等内容）、参展商名录（含参展商名称、国别、联系人及联系电话、展位号等内容）、采购商名录（含采购商名称、国别、联系人及联系电话等内容）；

（六）专业会议除提交本条第（一）（二）（三）（四）项材料外，还需提交会场布置图（含会场总面积、座位数量等内容）、参会高端嘉宾现场参会照片及名录（含姓名、工作单位、职务、联系方式、国别、成就简介等内容）、参会代表名录（含姓名、工作单位、职务、联系方式、国别等内容）；

（七）专业展览或会议的组织单位超过一家的，还需提交其他共同主办或承办单位的授权文件。

第十九条 符合第七条 第（二）（三）（四）项条件的专业展览或会议完成后，承办的省级产业主管部门应对申报单位的资金申报情况进行审计，并对资金申报的真实性、完整性、合规性等负责，审计结果在官方网站公示。公示结果无异议后拟定资金拨付方案报省商务厅汇总。省商务厅根据年度会展计划安排，每年分三批次将会展资金分配方案报送省政府审定，省财政厅根据省政府的批准意见和国库集中支付相关规定拨付资金到省级产业主管部门，由省级产业主管部门将资金拨付到申报单位。

第二十条 符合第七条第（二）（三）（四）项条件的专业展览或会议完成后，经审计达不到其承诺目标的，省级会展资金不予支持。

第二十一条 申报单位存在下列情形之一的，省级会展资金不予支持。

（一）当年度申报的专业展览或会议已获得我省省级财政资金支持的（另有规定的除外）；

（二）申报的专业展览或会议在我省举办期间，发生群体性事件、安全生产事故、环境污染事件或者知识产权纠纷造成负面影响或严重后果的；

（三）被列入海南省发展和改革委员会的信用中国（海南）官方网站的“失信黑名单”或者在国家公共信用信息中心的信用中国官方网站有失信惩戒信息记录的。

第六章 效果评估及惩戒

第二十二条 专业展览或会议结束后，其组织单位应在15个工作日内将活动总结报告及时报省商务厅备案，并如实填报会展业统计信息。

第二十三条 省商务厅会同省级产业主管部门做好省级会展资金的绩效管理，对纳入省级会展支持计划的专业展览或会议开展效果评估，每年第一季度向省政府呈报上一年度省级会展资金绩效评估报告。

专业展览的效果评估指标为：展览总面积、参展商数量（包括境外参展商数量）、采购商数量（包括境外采购商数量）以及省级产业主管部门设定的行业绩效指标；专业会议的效果评估指标为：会场总面积、参会高端嘉宾人数、参会代表人数（包括境外参会代表人数）、会场上座率以及省级产业主管部门设定的行业绩效指标。

第二十四条 申报单位应如实提供申报材料。如发现有以虚假申报材料骗取省级会展资金的，按照海南省企业失信行为联合惩戒的规定，将其失信行为在海南省发展和改革委员会信用中国（海南）官方网站向社会公布，5年内不得申报省级会展资金支持。

对骗取、截留、挤占、挪用省级会展资金的单位和个人，依照《财政违法行为处罚处分条例》（国务院令第427号）予以处罚。涉嫌犯罪的，依法移送司法机关查处。

第三方机构应依法如实出具审计报告。如发现其与申报单位勾结提供虚假审计报告导致省级会展资金被骗取的，一经查实，按有关法律法规严肃处理。

第七章 附则

第二十五条 本办法有关术语解释如下：

（一）申报单位是指申报省级会展资金支持的展览或会议的组织单位。

（二）组织单位是指策划、运营专业展览或会议，设立专业展览或会议收支账户，拥有并对专业展览或会议活动承担主要责任的组织。既可以是主办单位，也可以是承办单位。

（三）本办法所称的高端国际专业会议是指参会代表超过3个国家或者地区（不含中国香港、中国澳门和中国台湾地区），且有总人数不少于8人的境内外国家（地区）现任副部级以上政府官员、诺贝尔奖获得者、两院院士、长江学者、世界500强中国区副总裁及以上人员、全球排名前50的大学的教授等高端嘉宾参加的专业会议（不含党政机关工作性会议、联欢联谊类会议以及节庆、赛事类活动等）。

（四）全国同行业内规模排名前三名的专业展览是指商务部业务系统统一平台的细分行业展览面积排名前三名，或者中国会展经济研究会发布的《中国展览数据统计报告》细分行业展览面积排名前三名的专业展览。

（五）会场总面积是指会议活动实际使用的室内会场面积，包括主会场、分会场、贵宾室、接待室及序厅等面积。

（六）展览总面积是指展览活动实际使用的所有场地面积，但不包括展览场馆附属的餐饮区域、办公区域和仓储区域面积。其中租用整个展厅的，按展厅设计使用面积计算；租用部分展厅或室外场所的，按该区域内的展台及舞台面积乘以系数2.2计算，若按此计算后的面积超过场地租赁合同面积的，以场地租赁合同面积计算；水上展览按水上泊位面积的50%折算。

（七）展期是指正式展览的天数，不包括布展和撤展的天数；会期是指正式会议的天数，不包括会前报到和离会的天数。会前报到与正式会议在同一天的，按会期计算。

（八）宣传费是指在广播、电视、报纸、户外广告、专业刊物等媒体平台以及新媒体上进行宣传广告投放，建设展览或会议专属网站、官方微信公众号、手机App等宣传平台，以及开展新闻发布会及宣传推介活动的费用开支。

新媒体是指利用数字技术，通过计算机网络、无线通信网、卫星等渠道，以及电脑、手机、数字电视机等终端，向用户提供信息和服务的传播形态。如：数字杂志、数字报纸、数字广播、手机终端、网络电视、视频直播、桌面视窗、数字电视、数字电影、触摸媒体等。

（九）会议上座率是指会场实际就座的参会代表人数与座位总数量的百分比。

第二十六条 本办法由省财政厅、省商务厅负责解释，自2020 年 9 月 1 日起施行，有效期为五年。《海南省会展业发展专项资金管理暂行办法（修订）》（琼商展〔2018〕311 号）废止。

（文章来源：海南省财政厅网站 . http://mof.hainan.gov.cn/sczt/zcfg/202008/de938202660d424898b59ac6cc2f7616.shtml）

济南市促进会展业发展专项资金使用办法

第一章 总则

第一条 为落实《济南市人民政府办公厅关于印发济南市促进会展业发展若干措施的通知》(济政办发〔2018〕9号)精神，更好发挥财政资金在促进会展业转型升级发展中的宏观导向和激励作用，有效加强会展业发展专项资金的规范管理，特制定本使用办法。

第二条 本使用办法所称会展业发展专项资金是指由市级预算安排的用于支持全市会展业发展的专项资金。.

第三条 会展业发展专项资金的使用和管理，应遵循公开、公平、公正、规范的原则。

第四条 会展业发展专项资金由市商务局、市财政局按照职责分工共同管理。

（一）市商务局负责编制会展业专项资金年度预算和年度使用计划，组织项目的申报、筛选、审核、评审及绩效评价工作，对项目实施情况进行调度、监管，拟定资金分配方案，公示相关信息。

（二）市财政局负责审核和批复会展业专项资金年度预算，会同市商务局制定资金分配方案，按程序拨付资金，并对资金使用情况进行监督检查和绩效评价。

第二章 支持范围

第五条 会展业专项资金的扶持范围：

（一）在济南市举办的，具备一定规模和影响力的专业类和综合类展会项目；市政府重点打造的自主品牌展会项目；

（二）引进全国性或国际性品牌展会项目；

（三）对首次取得国际认证的品牌展会和会展企业；

（四）会展业宣传推广、人才培训、规划调研、行业交流、统计监测、项目评审等支出；

（五）市政府批准的应给予支持的其他会展项目。

第六条 申请市会展发展专项资金补助的企业应具备下列基本条件：

（一）在国内注册具有独立法人资格；

（二）有健全的财务机构及财务管理制度；

（三）近三年内经营有序，无诚信不良记录。

第三章 补助标准

第七条 对济南市年度自主品牌会展项目给予资金补助。以本地产品参展为主且以个体消费者为主要对象的各类展销会、展示会、成就展、人才交流会不在补助范围。

1. 展会租赁面积8000平方米（含）以上，且展位数量300（含）个以上的新兴题材展会给予补贴10万元；展会租赁面积每增加5000平方米，增加补贴5万元，最高补贴50万元（注：展会租赁面积以展馆合同及财务发票为准，下同）。自第二年起，仅对增量补贴，即展会租赁面积每增加5000平方米(含)，给予补贴10万元，最高补贴50万元。

2. 展会租赁面积在10000平方米(含)以上，且展位500(含)个以上的专业性展会给予补贴10万元；展会规模每增加5000平方米，增加补贴5万元，展会最高补贴80万元。自第二年起，仅对增量补贴，即展会租赁面积每增加5000平方米(含)，给予补贴10万元，最高补贴50万元。

3. 展会租赁面积在20000平方米（含）以上，展位在1000（含）个以上的综合性展会项目给予补贴10万元；展会规模每增加10000平方米，增加补贴5万元，展会最高补贴50万元。自第二年起，仅对增量补贴，即展会租赁面积每增加10000平方米(含)，给予补贴10万元，最高补贴50万元。

4. 列入全市重点活动的各区县举办的特色展会及节庆活动，每届给予最高30万元补贴。对带动作用特别明显、影响力特别巨大的项目，经第三方评估审核认为确实需要加大扶持的，可以按适当比例增加资金补贴。

第八条 对引进的国际性、国家级会展项目和机构给予资金补助。

1. 对引进的，由国际权威机构组织承办、无财政支持的专业性展会，展会租赁面积在10000平方米(含)以上的，根据展会租赁面积等条件，每个展会给予补贴50—200万元。

2. 对引进的，由国家部委和国家级一类行业协会(学会)组织承办，且在国内成功举办的巡回展会，租赁面积在20000

平方米（含）以上的，根据展会租赁面积等条件，每个展会给予补贴 50—150 万元。

3. 对引进的，由国际国内知名会展机构（上市公司、外资展览机构、中外合资办展机构等）组织承办，符合我市重点产业规划，租赁面积在 20000 平方米以上的，每个展会给予补贴 30—80 万元。

4. 对引进的国际国内知名会展机构，在我市设立总部或分支机构，符合条件的可享受我市支持总部经济发展政策，其在我市举办品牌展会的，按照展会规模和规定标准给予补贴。

第九条 对取得国际性、国家级认证的会展项目、企业给予资金补助。

1. 对通过全球展览业协会 (UFI) 认证的展会，给予一次性补贴，最高补贴 50 万元；对通过国际大会及会议协会 (ICCA) 等国际展览业认证机构认证的展会，给予一次性补贴，最高补贴 10 万元。

2. 对获得商务部等国家部委授予的“绿色会展示范单位（项目）”的我市会展企业，给予 10 万元的一次性支持。

3. 全面提升会展业从业人员整体素质和水平。每年列支一定数额经费，专门用于支持对会展业从业人员的专业培训。对引进的国际国内会展业专业人才，符合条件的可享受我市人才引进政策。

第十条 引导各会展场馆完善基础设施，提升办展环境。对各展馆的提升改造项目给予一定比例的资金支持，总数额最高不超过 200 万元。

第十一条 对我市会展业公共服务信息平台、标准化推进、会展业统计系统和展会评估体系建设给予扶持。

第十二条 对我市产业调整或服务民生的重要展会项目，具有国际、国内重大影响力、且规模较大的会议项目和节庆活动，超出上述补贴规定的，报市政府审批，采取“一事一议”的办法给予补贴。

第十三条 对全市会展业宣传推广、规划调研、项目评审等工作给予扶持，按照不超过专项资金总额 3% 的比例支出。

第四章 申报审批

第十四条 会展发展专项资金对经区县上报的项目，每年按照申报要求集中申报，分批审核，集中拨付的原则实施；对按照“一事一议”原则申请的项目，根据领导要求及时审核、拨付。

第十五条 符合本办法规定的扶持范围和标准的展会项目或其他项目，有关单位可以按照以下程序申请办理专项资金扶持。未能按时申报的，视同自动放弃，不予受理。

（一）备案申报。

申报单位应当在展会项目举办前 2 个月，将申报材料发至市商务局邮箱（swjxdfwyc@163.com）。市商务局实时收集汇总，建立年度申报项目库。发送资料（扫描件）如下：

1. 展会项目备案表；

2. 企业法人营业执照复印件；

3. 展览项目总体方案；

4. 展览项目场地租赁合同（协议）；

5. 需要提交的其它文件材料。

（二）资金申请。

备案申报单位于展会结束后 1 个月内向区县商务主管部门递交扶持资金申请报告，区县商务主管部门会同财政部门 15 个工作日内联合行文，出具资金扶持意见，报送市商务局、财政局（非本地企业向所属项目实施地的区县商务主管部门递交扶持资金申请报告）。已备案申报的会展企业应提供以下材料（查看原件，上交复印件 4 份并盖章）：

1. 资金申请报告、资金申报表；

2. 主办单位的批文（回复函）或合同（协议）；

3. 场地租赁费用发票及相关明细复印件；

4. 展览项目总结报告；

5. 展会现场图片、展览项目会刊、印刷资料等证明资料。

（三）项目审核。市商务局委托第三方中介机构对项目组织评审，并由第三方中介机构出具项目评审报告。

（四）资金拨付。市商务局根据各区县商务主管部门、财政部门上报的扶持申请和第三方中介的项目评审报告，会同市财政局拟定资金分配方案，报请市政府批准后，按照国库集中支付制度规定程序拨付资金。

第十六条 “一事一议”项目申报流程：对按照“一事一议”原则申请的项目，由办展（会）单位向市商务局提出书面申请，市商务局会同办展（会）单位、第三方中介机构，对申请项目组织审核，提出项目可行性意见上报市政府。

市财政局根据市政府批准文件，会同市商务局提出资金支持方案报市政府批准后，按照国库集中支付制度规定及时拨付资金。

“一事一议”项目申报材料如下：

（一）书面申请报告；

（二）项目总体方案和预算报告；

（三）可行性分析报告；

（四）综合评审相关文件；

（五）其他相关资料。

第五章 监督管理

第十七条 获得资金扶持的单位要严格执行国家有关财政政策和财务制度等相关规定，自觉接受有关部门的监督检查。

第十八条 市商务局、市财政局按职责对扶持资金项目和资金使用情况实施监督，加强项目绩效管理，必要时可组织专家或委托第三方机构实施监督检查。

第十九条 申报扶持资金的项目单位要对所提交申报材料的真实性、完整性负责。对违反财经纪律，弄虚作假、骗取财政资金等行为的单位和个人，一经查实，将追回违规使用的会展发展扶持资金，三年内取消会展发展资金申报资格，构成犯罪的，依法移送司法机关追究刑事责任。

第二十条 本使用办法自 2018 年 9 月 30 日起施行，有效期至 2023 年 9 月 29 日。2018 年实施的会展业项目适用本办法。

（文章来源：济南市商务局网站 . http://jnbusiness.jinan.gov.cn/art/2018/10/11/art_8332_2612091.html）

江门市商务局支持会展业发展的若干措施

一、总则

第一条 为充分发挥政策措施的激励引导作用，促进会展业健康持续发展，根据《国务院关于进一步促进展览业改革发展的若干意见》（国发〔2015〕15 号）、《广东省人民政府关于印发进一步促进展览业改革发展实施方案的通知》（粤府〔2016〕25 号），结合我市实际，就支持会展业发展制订本办法。

第二条 本办法涉及的补贴对象需符合以下条件之一。

（一）在我市行政区域内进行商事登记的专业展览场馆经营者。

（二）在我市专业展览场馆举办展览活动的主办机构或承办机构。

二、补贴的范围

第三条 在我市专业场馆举办的大型展览项目。

（一）展览面积达到 10000 平方米，正式展期不少于 3 天的专业贸易类展览（以促进贸易成交、技术交流、经济合作、项目投资、服务推广等为主要目标、以专业观众为主要对象的展会），给予场地租金 50%的一次性补贴，单个展览补贴最高不超过 30 万元。

（二）展览面积达到 15000 平方米，正式展期不少于 3 天的消费类展览（面向社会大众、以产品现场促销、售卖为主的展览），给予场地租金 30%的一次性补贴，单个展览补贴最高不超过 20 万元。

第四条 在我市专业场馆举办的重点展览项目。

（一）补贴获得国际展览协会（UFI）、国际大会及会议协会（ICCA）、亚洲展览会议联盟（AFECA）等国际性或区域性会展组织认证的会展项目在我市举办，每个项目给予 30 万元的一次性补贴。

（二）补贴举办符合我市重点产业发展方向的专业贸易类展览，对展览面积超过 5000 平方米，正式展期不少于 3 天的展览，每个给予 10 万元的一次性补贴〔重点产业发展方向参照《江门市建设“中国制造 2025”试点示范城市实施方案》（江府办函〔2017〕279 号确定〕

（三）省级以上行业组织主办的，在行业内有较强影响力的展览，展览面积超过 10000 平方米，正式展期不少于 3 天的，每个给予 10 万元的一次性补贴。

第五条 外地机构组展参展的项目。

（一）对外地组展机构（展览主办机构或承办机构）在我市举办的，面积 10000 平方米以上，正式展期不少于 3 天的展览，给予每个项目 10 万元的一次性补贴。

（二）在我市举办展览总面积 10000 平方米以上，外地参展机构租用的展览面积不少于总面积 50%的展览，给予每个项目 10 万元的一次性补贴。

本条所称“外地组展机构”“外地参展机构”，指在江门市行政区域以外办理社会组织登记或商事登记的机构。

第六条 会展业宣传推广项目。

（一）对符合本办法第三条、第四条、第五条标准的展览，在江门市外有国家正式刊号的媒体，或第三方互联网平台上进行宣传推广的，给予宣传费用 15%的一次性补贴，每个项目补贴不超过 10 万元。

（二）经审核入库的专业场馆，在江门市外有国家正式刊号的媒体，或第三方互联网平台上对本场馆进行宣传推广的，给予宣传费用 10%的一次性补贴，每年单个场馆补贴不超过 20 万元。

第七条 对我市社会经济有重大影响的展览项目，需要超出上述扶持范围和标准的，由主办机构在活动举办前 3 个月，向市商务局提出书面申请，提交展会相关材料，市商务局提出审核意见，报市政府审定，采取“一事一议”的办法给予扶持。

第八条 第三、四、五、六条补贴措施可叠加享受，但每条只能选择其中一项内容申请补贴。

三、审核入库与核查

第九条 意向申报补贴的项目实行预先审核入库管理，其中展览项目需于活动举办前 60 日以上，宣传推广项目需于内容刊出前 30 天以上，向江门市商务局提出项目审核入库申请，并按规定提交相关资料。

审核入库申请表格和资料清单可在江门市商务局网站下载。

第十条 已办理审核入库的项目，项目实施时需由市商务局授权的第三方机构进行现场核查，核查机构核查后出具核查结果证明。

（一）展览项目需于活动举办前提前 10 个工作日，由主办机构或承办机构通知核查机构届时对活动进行现场核查，并提供现场核查的便利条件。

（二）宣传推广项目需于电子媒体宣传内容刊出前提前 3 个工作日，由主办机构或承办机构向核查机构提供刊载宣传内容的网页网址、电视频道、电台频率及播出时段等便于核查的资料。

四、申报流程

第十一条 每年开展一次项目补贴申报，市商务局负责制订申报指南，在指定的政府网站上公布，由项目所在场馆的市（区）商务主管部门接受申报。

第十二条 各市（区）商务主管部门接受申报后，对项目真实性进行审核和对申报资料进行形式初审，符合条件的，加具意见报送市商务局，市商务局组织专家团队进行项目评审，拟定补贴项目和补贴金额，上报市政府审定。

五、附则

第十三条 本办法所涉及的补贴资金，由市本级财政和展览场馆所在市（区）财政按 1：1 比例承担。

第十四条 本办法有效期自发布之日起至 2022 年 12 月 31 日

（文章来源：江门市商务局 . http://www.jiangmen.gov.cn/bmpd/jmsswj/zwgk/zcwj/content/post_2050082.html）

昆明市市本级重大节庆会展活动资金管理办法

第一条 为加强对我市市本级重大节庆会展活动的预算管理和财务管理，提高财政资金使用绩效，制定本办法（以下简称《办法》）。

第二条 省政府交由市政府承办 / 或协办，经市政府常务会确定，报经市政府主要领导批准同意，涉及我市的重大节庆会展活动的资金管理适用本《办法》。

第三条 政府重大节庆会展活动应按照“政府引导、社会参与、市场运作”的原则多渠道筹集经费。

第四条 政府重大节庆会展活动应遵循“公开透明、合理必要、专款专用、规范节约”的原则使用经费。

第五条 政府重大节庆会展活动经费实行预算管理，加强财政和审计监督，加强预算绩效管理。经费开支应强化预算控制，本着厉行节约的原则，防止铺张浪费和超预算支出的发生。

第六条 政府重大节庆会展活动的预算管理和财务监督工作由各活动指挥部或活动具体牵头部门（以下指挥部或牵头部门统一简称“活动牵头部门”）负责，会同活动涉及各相关单位负责具体实施。

第七条 资金来源

（一）上级部门补助的资金；

（二）本级财政预算安排的资金；

（三）采用市场化运作方式筹集的资金；

（四）其他资金。

第八条 政府重大节庆会展活动经费实行统一申报、统一审批。

在编制年度预算时，由相关单位根据批准同意的重大节庆会展活动工作方案和本部门承担的工作任务编制经费预算，报活动牵头部门汇总审核，在编制年度预算时提出年度预算计划，市财政根据当年财力情况、活动工作方案和厉行节约等有关规定进行审核，报市政府批准后纳入各部门预算。

在预算年度内临时追加的重大节庆会展活动，由相关单位根据批准同意的重大节庆会展活动工作方案和本部门承担的工作任务编制经费预算，报活动牵头部门汇总审核，市财政根据活动工作方案和厉行节约等有关规定进行审核，报市政府批准后执行。

第九条 政府重大节庆会展活动经费实行统一拨付。

政府重大节庆会展活动各项经费能明确到具体单位的，经费拨付到具体单位；不能明确到具体单位的，经费统一拨付到活动牵头部门。

第十条 政府重大节庆会展活动支出必须严格执行批准的预算，原则上不得突破预算，包括预算范围和预算金额。如有支出缺口原则上由活动牵头部门通过压缩活动其他经费支出、平衡预算来解决；如确属于不可预见因素而突破经费支出预算总额的，须根据规定的预算追加程序报批后执行。

第十一条 活动牵头部门和各相关单位应按照会计制度规定，进行会计核算，正确完整地反映各项活动的经费收支情况和预算执行情况；活动结束后及时编制决算。

第十二条 政府重大节庆会展活动各项经费支出必须符合国家财政财务管理制度规定，任何部门和单位不得隐瞒、截留和挪用。

第十三条 政府重大节庆会展活动各项经费实行统一监管。

（一）对政府重大节庆会展活动的资源采用市场化运作，以具体承办部门和活动牵头部门双方的名义与合作方签订合作协议，明确双方的权利和义务。市场化运作涉及经费筹集的，由活动牵头部门统一出具收款收据，资金全额划缴活动牵头部门指定账户。

（二）政府重大节庆会展活动不涉及市场化运作，又需对外签订货物、服务等项目合作协议的，由具体承办部门报活动牵头部门审核，并按相关报批程序办理后，由具体承办部门与合作方签订合作协议，明确双方的权利和义务。

（三）政府重大节庆会展活动经费支出应限定在经批准的支出预算额度内，涉及的经费支出由相关具体承办部门领导签字认可后，报活动牵头部门审批同意后方可支出。

（四）政府重大节庆会展活动涉及酒店住宿、嘉宾接待的，原则上参照相应标准执行。由活动牵头部门按相关规定拟定方案，报市政府批准后执行。超出经批准方案的费用由各承办部门自理。

（五）政府重大节庆会展活动原则上不另行购置固定资产。活动牵头部门应根据国有资产管理相关规定，按照先调剂、后租赁、再购置的原则严格审核报批。活动结束后，购置的固定资产由活动牵头部门统一登记造册管理。涉及资产处置的，按国有资产处置相关规定办理。

（六）政府重大节庆会展活动结束后，除固定资产外未使用的物资由活动牵头部门统一登记造册管理；调拨移交其他部门使用的，应按有关规定严格办理物资审批和交接手续。

（七）活动结束后，由活动牵头部门汇总活动经费开支、审批等情况，市审计局应对政府重大节庆会展活动经费使用情况进行专项审计。

第十四条 本《办法》规定的政府重大节庆会展活动涉及到政府采购的，应当按照政府采购法的相关规定执行。

第十五条 本《办法》自发布之日起执行。

（文章来源：昆明市财政局网站 . http://czj.km.gov.cn/c/2016-12-30/1724951.shtml）

昆明市会展业发展专项资金管理试行办法

第一条 为充分发挥财政资金的引导作用，加强和规范我市会展业发展专项资金的管理，提高资金使用效率，推动我市会展业的快速、健康发展。根据《中华人民共和国预算法》(2014修正)、《国务院关于进一步促进展览业改革发展的若干意见》(国发〔2015〕15 号)、《昆明市会展业促进条例》《昆明市市本级重大节庆会展活动资金管理办法》等相关规定，结合我市实际，制定本办法。

第二条 本办法所称会展业发展专项资金（以下简称“专项资金”)，是指由市本级财政预算安排的专项用于支持和促进我市会展业发展的资金。本市行政区域内会展业专项资金的安排、拨付、使用和管理，适用本办法。

以下情况不适用本办法：

（一）市政府已经安排专项经费或已从其他渠道获得其他财政资金支持的会展项目；

（二）属于《昆明市市本级重大节庆会展活动资金管理办法》规定范围内的会展项目；

（三）已定点在我市连续举办超过 5 届（不含第 5 届）的会展项目

（四）各类专项商品展销会、购物节、展示会、成就展订货会等会展项目。

第三条 专项资金的使用和管理遵循政府引导、突出重点；专款专用、节俭高效；公开透明、科学管理的原则，确保资金规范、安全和高效使用。

第四条 专项资金由市博览事务局和市财政局共同管理，市财政局负责专项资金的预算管理，根据市博览事务局提出的年度会展业支持项目和资金安排建议，编制市本级年度会展业发展专项资金预算，办理资金拨付；对资金使用情况进行监督和绩效评价。

市博览事务局负责根据我市会展业发展需要，拟定昆明会展业发展规划；组织项目申报和评审；提出年度会展业项目支持重点和资金安排建议；对项目实施情况进行监督。

第五条 本办法扶持的会展项目均须符合中央、省、市关于清理规范庆典、研讨会、论坛活动以及展览会、博览会、商务会议等的相关要求。具体扶持范围为：

（一）引进展会。是指外来展会主办机构在昆明合作举办的会展项目，包括各类规模大、社会效益好或能长期在我市举办的品牌展会的引进申办

（二）自办展会。是指本地展会主办机构在昆明自办的会展项目

（三）会展交流。是指我市会展业及会议、展览项目的宣传、营销、推广活动；我市会展相关企业参加昆明市博览事务局发起或组织的境内（省外）洽谈推介、展览展示、开拓新兴市场等会展交流活动。

（四）其他。包括会展组织培育，对我市优势产业、新兴产业和城市知名度有明显促进作用，符合城市发展定位的会展项目等。

第六条 专项资金采取事前补助和事后补助相结合的扶持方式

（一）市政府决定在本专项资金中给予支持的会展项目，按照市政府审批流程申请补助。

（二）其他会展项目采取事后补助的方式给予支持，按照本办法规定流程进行申请。

第七条 补助标准

（一）引进展会项目非定点在昆明举办的，展览面积达 1—3 万平方米（含 3 万平方米）的，一次性给予不超过 10 万元的资金补助；展览面积达 3—5 万平方米（含 5 万平方米）的，一次性给予不超过 30 万元的资金补助；展览面积达 5—10 万平方米的（含 10 万平方米)，一次性给予不超过 50 万元的资金补助；展览面积达 10 万平方米以上的，一次性给予不超过 80 万元的资金补助。

（二）引进展会项目定点在昆明举办的，以及本地会展主办机构在昆自办的会展项目，展览面积达 1—3 万平方米（含 3 万平方米）的，一次性给予不超过 30 万元的资金补助；展览面积达 3—5 万平方米（含 5 万平方米）的，一次性给予不超过 60 万

元的资金补助；展览面积达5—10万平方米（含10万平方米）的，一次性给予不超过90万元的资金补助；展览面积达10万平方米以上的，一次性给予不超过120万元的资金补助

（三）由国际性、国家级知名机构和企业在昆举办的，在国内外有较大影响力、对昆明特色产业具有明显拉动作用、对昆明会展业发展有较大促进作用、对提升城市知名度有积极推动作用的各类品牌展会项目，可参照本条 第（一）、（二）项，适当放宽补助条件，提高补助档次，采取一事一议的方式予以支持。

（四）组织相关企业参加昆明市博览事务局举办或参与的境内（省外）、境外洽谈推介、展览展示、开拓新兴市场等会展交流活动的补助。

1. 组织3家及以上企业参加境内（省外）、境外洽谈、推介、交流的组织单位，可申请补助。补助标准：人员费用（包括交通费、食宿费）按每个参加企业不超过2人，不超过60%进行补助。补助总费用不超过10万元

2. 组织3家及以上企业参加境内（省外）、境外展览展示，且参展总面积达27平方米(3个标准展位）以上的组织单位，可申请补助。补助标准：展位费用按每个参展企业1个展位，不超过70%进行补助；人员费用（包括交通费、食宿费）按每个参展企业不超过2人，不超过60%进行补助。补助总费用不超过30万元。

（五）其他。经市委市政府批准的会展项目，采取一事议的方式予以支持。

第八条 项目申请

（一）会展项目补助资金，由会展项目的发起单位、承办单位或执行单位进行申请，申请单位原则上不得超过一家。

（二）在昆举办展会及会议，申请单位必须于项目开始30日前向市博览事务局进行项目备案，未经备案的取消专项资金申请资格

（三）展会及会议项目申请单位需在项目结束后30日内，向市博览事务局提交申请材料（一式两份）。具体如下：

1. 申请报告及承诺书；

2. 项目工作方案；

3. 公安、工商等部门批准项目举办的文件原件及复印件；

4. 主、承办单位协议原件及复印件；

5. 会议项目提供会议场所租赁合同、酒店住宿合同原件及复印件、会议注册人员名单；展览项目提供展览场地租赁合同原件及复印件、实际展位平面图、展商列表（含展商名称、展商人数、展会号、展位数）；

6. 需要提交的其他相关材料以上材料均需加盖申请单位公章，原件审核后退还。逾期不予受理。

（四）组织相关企业参加昆明市博览事务局举办或参与的境内（省外）、境外洽谈推介、展览展示、开拓新兴市场等会展交流活动的组织单位，需在项目结束后30日内向市博览事务局提交以下申请材料（一式两份）：

1. 申请报告及承诺书；

2. 组展（或洽谈、推介、交流）工作方案；

3. 与展方签订展位（或洽谈、推介、交流）的合同原件及复印件；

4. 参展展位实际使用情况说明（包括参展企业名称、展位数量（面积）、参展商人数、联系人、联系电话等）；

5. 洽谈、推介、交流使用的相关宣传印刷品及视频资料；

6. 实际支出费用的明细清单及合法凭证原件及复印件（发票、会计凭证、付款凭证）；

7. 项目施行期间影像资料。

以上材料均需加盖申请单位公章，原件审核后退还。逾期不予受理。

第九条 项目评审

市博览事务局负责按照本办法相关规定组织专家或委托第三方中介机构对申请项目进行评审；同时，牵头组织对申请项目进行实地核查，包括安全责任事故、重大经济纠纷、违法违纪行为、严重负面舆情等问题。评审及核查结果在网上进行7个工作日的公示，经公示无异议，由市博览事务局会同市财政局提出拟扶持项目及扶持资金计划，报请市政府审批。

第十条 资金拨付

根据市政府审批意见，市财政局按照国库集中支付的有关程序办理资金拨付手续。

第十一条 项目调整或变更

经市政府批准的专项资金在使用过程中，原则上不得随意调整或变更项目。因特殊原因确需调整或变更的，按照有关规定程序报批后方能执行。

第十二条 项目绩效评价

纳入专项资金扶持的项目，根据《昆明市预算绩效管理暂行办法》的有关规定和项目预期绩效目标，由市财政局会同市博览事务局对项目绩效目标完成情况进行跟踪监督和综合绩效评价。

第十三条 凡纳入政府集中采购目录的，以及达到政府采购限额标准以上的货物、工程和服务，严格执行《政府采购法》。

第十四条 对监督检查及绩效考核发现的问题，由相关部门根据要求限期整改。因举办单位原因，引发群体性事件并产生较大负面影响或严重后果的（包括罢展、闹展或其它重大事故），取消扶持及补助；出现虚报、冒领、截留、挪用、挤占资金等违反财政法律法规行为的，收回补助资金，列入会展扶持及补助诚信黑名单，三年内不安排任何补助，并按照《财政违法行为处罚处分条例》等相关法律法规追究责任。

第十五条 专项资金的安排、拨付、使用和管理应自觉接受

各级审计机关和纪检机关的监督检查。

第十六条 本办法由市财政局、市博览事务局负责解释。

第十七条 本办法自印发之日起施行。

（文章来源：MICE.CN 网站 . http://www.mice.cn/news/4301 . 昆明市财政局 . http://czj.km.gov.cn/c/2016-01-22/1719512.shtml）

廊坊开发区展会补贴奖励实施细则（试行）

第一条 根据《廊坊市会展业发展专项资金管理办法》（廊财外〔2018〕6号），为贯彻落实《廊坊经济技术开发区管理委员会关于印发<廊坊经济技术开发区促进总部经济和现代服务业发展试行办法的通知>》（廊开管〔2016〕16号）文件精神，加快推进会展业发展，充分调动区内企业引进并举办高质量展会的积极性，根据近几年廊坊开发区举办各种展会的实际情况，特制定本细则。

规模（万平方米）档次	国际展会（万元）	全国性展会（万元）	区域性展会（万元）
3—4（不含）	10	10	5
4—5（不含）	20	20	10
5—10（不含）	25	25	20
10以上	30	30	25

第二条 《廊坊经济技术开发区促进总部经济和现代服务业发展试行办法》第二十六条 中规定：“对规模达到3万平方米以上的外来展会，根据活动规模、档次和效果，给予举办单位5万元至30万元的补贴。”根据展会的规模、档次和效果，制定补贴奖励相关标准如下：

第三条 所谓外来展会是指由非政府主办方或承办方从境外、省外引进，在廊坊开发区举办的展会，包括国际性展会、全国性展会和区域性展会。国际性展会是指国家商务部、中国贸促会（中国国际商会）等国家部委批准的国际性展览会或境外（包括港澳台地区）展商超过5个国家和地区的展览会，境外参展企业不低于20%；全国性展会是指参展商超过10个省（市、自治区）的展览会，外省参展企业不低于60%；区域性展会是指参展商超过3个省（市、自治区）的展览会，外省参展企业不低于30%。

第四条 展会规模的界定。参展面积包括室内、室外展区面积。室内特装展位结合特装搭建水平和展示效果，按1:1.3折合标准展位，室外展区必须有固定展位或特装展位，否则不计入参展面积。

第五条 展会效果的界定。达到下列标准之一且规模达到或超过3万平方米的外来展位可认定为优秀或良好：

1. 标准展位超过2500个的展会为优秀，标准展位在1600~2500个的为良好。

2. 国际展会参展商在10个以上国家和地区且境外参展企业不低于20%的为良好，超过20个国家和地区且境外参展企业不低于30%的为优秀。

3. 国内展会参展商在10个以上省（市、自治区）且外省参展企业不低于50%的为良好，超过20个省（市、自治区）且外省参展企业不低于60%的为优秀。

4. 区域性展会参展商达到3个省（市、自治区）且外省参展企业不低于30%的为良好，参展商超过5个省（市、自治区）且外省参展企业不低于30%的为优秀。

5. 参展人数超过2万人的为优秀，1.5万人以上的为良好。

达到优秀和良好标准的适当提高奖励标准，优秀档次的展会按1:1.2折合奖励标准；良好档次的展会按1:1.1折合奖励标准。

第六条 对于在廊坊开发区连续举办3年以上的外来展会，奖励年限不超过3年。第一年按上述标准奖励，第二年按上述标准的50%奖励，第三年按上述标准的30%奖励。

第七条 补贴奖励资金从“廊坊开发区总部经济和现代服务业发展专项资金”中列支。

第八条 支持对象为在廊坊开发区注册的具有独立法人资格的企事业单位和社会团体。

第九条 企业和机构举办展会应提前告知经济发展局，经济发展局在展会举办过程中派人员现场抽查和核查展会的规模、档次、展商身份，或在接到举办方提交的申请后审核资料、核实信息。

第十条 企业和机构在展会结束后向经济发展局提交申请。由多个单位共同组织或引进的，需提供各方协商一致共同推选申请单位的文件。申请材料必须写明举办展会的详细资料，包括展会名称、规模、产生的社会和经济效果等，同时提供展会的图片资料等相关证明。

第十一条 成立评审领导小组，组织相关部门评审，经济发展局在核实展会信息后，提出初步意，按程序提交工委、管委领导审定。

第十二条 本实施细则由经济发展局负责具体解释工作。

第十三条 本实施细与《廊坊经济技术开发区促进总部经济和现代服务业发展试行办法》同步执行。

（文章来源：廊坊经济技术开发区管理委员会 . http://www.lfkfqgwh.gov.cn/lf2/web/CN/dispaly.jsp?menu=&classesid=215&nid=3861）

临沂市会展业发展专项资金使用管理办法

第一章 总则

第一条 为进一步促进会展业发展，充分发挥财政资金的引导、激励作用，根据《中华人民共和国预算法》、《临沂市人民政府关于支持会展业创新发展的意见》（临政发〔2019〕1 号）、《临沂市人民政府办公室关于印发临沂市市级财政资金管理办法的通知》（临政办发〔2018〕22 号）、《临沂市人民政府办公室关于印发临沂市市级财政专项资金信息公开暂行办法的通知》（临政办发〔2015〕40 号）等有关规定，制定本办法。

第二条 本办法所称的会展业发展专项资金（以下简称“专项资金”），是指由市级财政预算安排，用于支持我市会展业发展的专项资金。

第三条 专项资金的安排使用按照“公开透明、绩效优先”的原则，充分发挥财政资金的引导作用和市场在资源配置中的决定性作用，确保资金使用规范、安全和高效。

第四条 专项资金管理建立部门会商、现场审核、专家评审、竞争择优、公开公示、追踪问效的全过程协作机制，加强绩效评价及结果运用。

第五条 专项资金由市财政局会同市商务局按照职责分工共同管理。

市财政局负责专项资金预算编制、支出政策审核，牵头制定专项资金管理办法，组织预算绩效管理和财政监督检查等工作，不参与项目的申报、审批、验收等具体事务。

市商务局负责本部门专项资金的具体管理工作，负责专项资金的申报和执行，制定资金分配使用方案，对资金支出进度、使用绩效以及安全性、规范性负责。

第二章 专项资金扶持方向、方式

第六条 专项资金的扶持方向：

（一）支持我市现有会展项目实施专业化、国际化、品牌化、信息化发展战略；

（二）引进国家级、省级有影响力的大型专业展会，培育壮大新产业、新题材会展项目，引进国际认证的品牌展会和会展企业，吸引国内外大型会展机构在临沂设立分支机构或办事处；

（三）加强全市会展业宣传推介、人才培训、项目评审等。

第七条 专项资金的扶持方式：专项资金综合运用以奖代补、事后奖补等扶持方式，支持我市会展业发展。对当年已获财政资金支持的同类项目，专项资金不再予以安排。

第三章 专项资金奖励条件及标准

第八条 对在本市专业展馆内举办，标准展位（9 平方米 / 个，特装展位按标准展位面积数折算，以下同）总数在 300 个（含）以上，展期 2 天（含）以上，市外参展企业超过 30%，且展示内容与展会主题符合程度达到 90%（含）的经济贸易类展览项目予以扶持和奖励。

（一）鼓励大、中型展会继续做大做强。对展会规模超过 600 个标准展位，且在本市连续举办的展览项目，按照每个标准展位 100 元的标准予以奖励。

（二）鼓励小型展会快速发展壮大。对规模在 300—600 个标准展位的展览项目，年度内（2019 年）首次举办的，按存量奖励，每个标准展位奖励 100 元；再次举办的，除每个标准展位奖励 100 元以外，加大对增量部分的奖励，以上一届展会展位数为基数，每增加一个标准展位奖励 300 元。对连续扶持五届，仍不超过 600 个标准展位的，不再予以扶持。

（三）对消费类展览项目，按上述奖励标准的 50% 执行（不包括房展、车展）。

第九条 鼓励大型专业展览项目实施品牌化发展战略

（一）对通过 UFI、ICCA 等国际认证的会展项目或机构给予一次性奖励 30 万元；对已获得上述认证的展览项目，符合第八条 规定的，奖励标准在原有基础上提高 30%。

（二）对获评省级品牌展会的项目给予一次性奖励 20 万元；对已获评省级品牌展会的项目，符合第八条规定的，奖励标准在原有基础上提高 20%。

第十条 鼓励国内外知名会展机构在临沂设立分支机构。分支机构在我市专业展馆连续举办三届经济贸易类展会，且展会规模不低于 600 个标准展位的，给予一次性奖励 20 万元。

第十一条 鼓励引进国家部委或国家级行业商协会组织承办

的专业论坛，参会人数 200 人以上、市外参会来宾超过 30% 的，给予一次性奖励 20 万元。

第十二条 鼓励引进国家级商协会组织承办的行业年会，对参会人数 300 人以上、市外参会来宾超过 80% 的，给予一次性奖励 30 万元。

第十三条 对我市产业调整或服务民生的重要会展项目，具有重大影响力且规模较大的会议展览项目，超出上述奖励规定的，采取“一事一议”的办法给予奖励。

第十四条 支持引进会展企业，对我市新引进的会展企业，从产生地方贡献的下一年度起三年内给予经营奖补，即第一、二、三年分别按照上年度实现地方贡献的 100%、50%、30% 给予奖补。

第十五条 用于支持会展业宣传推介、人才培训、项目评审等费用支出。

第十六条 有下列情形之一的，不享受会展专项资金奖励：

（一）已享受其他市级财政资金扶持的会展项目；

（二）各类文化科普展，公益性、政策性成就展，人才交流会等非经济贸易展览活动；

（三）未经会展主管部门备案，或盗用其它单位名义擅自举办的会展项目；

（四）展会举办过程中发生安全事故、罢展、闹展等群体性事件造成不良社会影响或严重后果的会展项目；

（五）逾期未提出奖励申请或提交资料不实的会展项目；

（六）其他违规举办的会展项目。

第四章 资金申请和拨付程序

第十七条 项目备案。各项目单位应当在展会举办 4 个月前向市商务局申请项目备案，未经备案的不具备奖励资金申请资格。

第十八条 项目申报。项目单位按照《临沂市会展业发展专项资金申报指南》要求，在规定时限内将相关材料报送市商务局。

第十九条 项目评审。由市商务局组织人员到展会现场进行评审，并出具现场评审意见。

第二十条 项目公示。市商务局每季度对申报项目进行集中审核，市财政局对审核结果进行复核。对符合奖励条件的会展项目通过临沂会展网向社会公示，公示期为 5 个工作日。公示期满后，由市商务局将扶持资金直接拨付至项目单位账户。

第五章 绩效评价

第二十一条 专项资金实行绩效考核评价制度，市商务局和项目实施单位是绩效评价的直接责任主体。

第二十二条 专项资金年度预算执行完毕或阶段性任务完成后，市商务局会同市财政局制定专项资金绩效评价方案，采取定期指导和进行不定期检查等方式掌握专项资金使用情况，并引入第三方机构对实施效果开展绩效评价，绩效评价结果将作为以后年度资金分配的重要因素。

第二十三条 市商务局组织项目申报单位编制报送项目绩效目标、项目实施进度及项目实施效果，并对绩效目标执行情况进行绩效运行监控。对于执行绩效与绩效目标发生偏离的，有责任督促项目主管部门采取矫正措施。

第六章 资金监督管理

第二十四条 建立专项资金信息公开机制，自觉接受社会监督。市商务局负责公开除涉密内容外的专项资金管理办法、申报指南、绩效评价和分配结果等。

第二十五条 市财政局会同市商务局加强对会展业专项资金的预算监管和监督检查，发现问题及时督促整改。

第二十六条 专项资金实行专款专用，不得擅自改变或扩大使用范围。

第二十七条 资金申请企业（单位）应对申报材料的真实性负责。获得资金支持的企业（单位）应按照国家财务、会计制度的有关规定进行账务处理，严格按照规定的用途、程序使用资金，并自觉接受监督检查，主动开展绩效评价工作。

第二十八条 项目单位有下列行为之一的，由市商务局、市财政局按照《财政违法行为处罚处分条例》（国务院令第 427 号）等国家有关法律法规的规定，责令其限期整改，核减、收回或停止拨付奖补资金，并视情节轻重提请或移交有关机关依法追究责任人的行政或法律责任：

（一）提供虚假情况，骗取财政奖补资金的；

（二）转移、侵占或者挪用财政奖补资金的；

（三）对拒不配合、接受相关检查和绩效评价的；

（四）其他违反国家法律法规和本办法规定的行为。

第七章 附则

第二十九条 本办法由市财政局、市商务局负责解释。

第三十条 本办法自 2019 年 3 月 15 日 起施行，有效期至 2022 年 3 月 15 日。

（文章来源：临沂市商务局网站 . http://swj.linyi.gov.cn/info/1011/8402.htm）

洛阳市会展业发展专项资金管理办法

第一章 总则

第一条 为加快推进洛阳副中心城市建设，致力打造会展经济增长极，充分发挥财政资金的引导和激励作用，全面做好洛阳市会展业发展专项资金管理工作，根据《国务院关于进一步促进展览业改革发展的若干意见》（国发〔2015〕15 号）、《河南省人民政府办公厅关于促进展览业改革发展的实施意见》（豫政办〔2017〕131 号）、《洛阳市人民政府关于促进会展业转型发展的实施意见》（洛政〔2018〕8 号）精神，制定本办法。

第二条 洛阳市会展业发展专项资金（以下简称“会展专项资金”）是市财政每年预算安排的、专项用于扶持我市会展业发展的资金，列入财政年度预算管理。

第三条 会展专项资金的使用本着“公开公平公正、扶优扶强扶新”的原则，重点支持影响力大、带动力强、符合我市“565”产业发展方向的会展项目。

第二章 资金使用范围与标准

第四条 会展专项资金使用范围

（一）重点会展项目补贴；

（二）市政府确定支持的其他会展项目；

（三）会展场馆补贴。

第五条 重点会展项目补贴的对象、标准和原则

（一）补贴对象

在城市区举办的、具有一定规模的展览时间 3 天（含）以上、能带动我市“565”重点产业发展的会展项目。重点产业包括：

1. 五大主导产业：先进装备制造业、新材料产业、高端石油化工产业、电子信息产业和旅游产业；

2. 六大新兴产业：机器人及智能制造业、新能源产业、生物医药产业、现代物流业、电子商务业、金融业；

3. 五大特色产业：文化产业、科技服务业、牡丹产业、健康养老产业、特色高效农业。

（二）补贴标准

室内展出面积达 5000—10000 平方米的，每平方米补助 40 元；室内展出面积达 10000 平方米（含）以上的，每平方米补助 50 元，每个展会最高补贴金额不超过 100 万元；室外展出面积按照室内补贴标准的 50% 给予补助。现有会展项目，以该展会历史最大规模为基数，每增加 1000 平方米奖励 3 万元，每届奖励总额不超过 50 万元；以该展会历史最高规格为基数，每提高一个规格奖励 10 万元。

1. 对举办成功的会展项目，按照以上标准全额补贴。

2. 对举办比较成功的会展项目，按照以上标准的 85% 补贴。

3. 对举办不成功的会展项目，不予补贴。

（三）补贴原则

1. 同一公司同年举办的同类重点会展项目只享受一次补贴，按照就高不就低原则执行。

2. 由多个单位承办的会展项目，应由牵头报备并支付场地费用的单位申请。

3. 对市政府已确定专项资金支持的会展项目或从其他渠道已获得财政资金支持的项目，不予补贴。

4. 相同题材的本地会展项目，原则上进行整合，如不能整合，仅对其中规模最大、展会效益最好的进行补贴。

第六条 市政府确定支持的其他会展项目

按照《洛阳市人民政府关于促进会展业转型发展的实施意见》（洛政〔2018〕8 号）要求，由市政府确定引进，或与专业会展机构共同策划举办的国际性、国家级、区域性专业展览、重要会议及节庆活动，以及开展的重要工作，由承办单位提出书面申请，经市节会服务中心审核后报市政府研究确定专项经费预算。

第七条 会展场馆补贴

对各城市区专业场馆每年举办 5000 平方米以上展会活动达 20 场，且其中新引进外地展会活动不少于 2 场的，给予 10 万元的补贴。

第三章 项目报备、审批和资金拨付程序

第八条 项目报备

凡需申请会展专项资金的会展项目，承办单位应于每年 7 月底前，向市节会服务中心提交下年度会展项目报备材料，由

市节会服务中心研究确定重点支持会展项目，并进行跟踪考评。为便于绩效评价工作的实施，对已确定重点支持的会展项目，承办单位须于展前 10 个工作日内提交展会组织实施方案。党政机关举办的展会活动，须先按照《河南省党政机关境内举办展会活动管理办法》进行报批。报备材料包括：

1. 会展信息登记表；

2. 承办单位简介、营业执照、法定代表人身份证等相关材料；

3. 展会策划方案，包括总体工作方案（时间、地点、主承办单位、规模、绩效目标等）、招商方案、宣传推介方案、紧急情况应对方案和知识产权保护方案等；

4. 场馆租赁协议或场馆预约相关手续；

5. 有关单位同意主办、承办、协办、赞助等相关文件资料，党政机关主承办的展会，还须提交审批机关的批准文件；

6. 非首届举办，须提供上届展会总结、会刊、展位图等资料。

第九条 项目资金申请

（一）申请单位及项目应具备以下条件：

1. 申请主体是依据国家法律、法规登记注册，具有独立法人资格的单位；

2. 申请单位近三年无违法违规及其他不良记录；

3. 活动经费由承办单位按照市场化运作方式筹集使用；

4. 展会活动期间无安全事故和投诉记录。

（二）重点会展项目补贴资金的申请

1. 申报时间：每年 7 月底前（申报上年度 7 月 1 日以后至当年 6 月 30 日以前举办的会展项目）。

2. 申报材料：

（1）《洛阳市会展业发展专项资金申请表》；

（2）组织实施方案；

（3）绩效目标完成情况自评报告（附实际参展企业名录、专业采购商名录、产业拉动及交易名录，签订的合同协议、现场交易额清单等相关证明材料）；

（4）项目收支决算报告（附场馆租赁协议及发票、安保协议及发票、展会宣传协议及发票、重要接待协议及发票、展位售出价格统计表等相关证明材料）；

（5）展会宣传相关材料、实际展位平面图、现场照片等相关证明材料。

3. 有关要求：申请单位要全面如实提交绩效目标完成情况自评报告所涉及内容和数据，不得缺项，未按规定要求提交自评报告和相关材料的单位，不予补贴。

（三）会展场馆补贴资金的申请

1. 申报时间：每年 7 月底前（上年度 7 月 1 日以后至当年 6 月 30 日以前为一个年度）。

2. 申报材料：

（1）补贴申请报告；

（2）年度展会统计表、场馆租赁协议及展会现场图片；

（3）引进展会相关证明材料；

（4）场馆年度工作总结。

第十条 资金审核拨付程序

会展项目补贴原则上每年研究一次。对拟补贴的会展项目，由市节会服务中心会同有关部门，根据承办单位资金申请材料和展会绩效评价报告，提出补贴方案，报市会展工作领导小组研究。市财政局根据市会展工作领导小组会议确定的项目和金额报市政府批准后给予拨付。

第四章 监督管理

第十一条 市商务局、财政局负责会展专项资金使用情况的监督管理；市审计局负责会展专项资金使用情况的审计监督；市节会服务中心负责会展专项资金的预算编制和申请受理，对会展项目实施情况进行绩效评价，对会展专项资金申请材料进行审核。

第十二条 各用款单位应严格执行会展专项资金管理的有关规定，并接受相关部门的检查和审计。对提交虚假申请材料骗取专项资金，或进行虚假宣传，恶意、无序竞争，产生不良影响的用款单位，由市节会服务中心会同市财政局按情节轻重，分别采取停止补贴、取消单位会展专项资金申请资格、追回已拨专项资金等措施；构成违法的，依法追究法律责任。

第十三条 绩效管理工作

（一）绩效评价工作由市节会服务中心负责组织实施，以展会组织实施方案为基本依据，在展出期间组织现场考核工作，根据第三方统计评估公司统计数据和现场考核情况，依据《洛阳市展会绩效评价实施细则》确定该展会项目成功、比较成功或不成功，并由统计评估公司负责形成正式的展会绩效评价报告。

（二）展会绩效评价结果是展会补贴奖励、改进预算管理、编制下年度预算的重要依据。统计评估公司要依据国家法律法规及相关规定，公平、公正地开展工作，如实准确地提供相关数据和报告，并独立承担相应的经济法律责任。

（三）会展专项资金实行全过程绩效管理，建立贯穿预算编制、执行、监督的预算绩效管理体系。会展专项资金年度拨付完成后，市节会服务中心应当对项目绩效目标、项目实施进度计划、项目资金支付情况等进行整体评价，并向市财政局提交项目支出绩效目标申报审核表；市财政局适时对资金绩效管理情况实施再评价。

第五章 附则

第十四条 在各县（市、区）举办的会展活动，由各县（市、区）政府明确行业主管部门，依据此办法制定本县（市、区）

会展业发展的扶持政策，并报市节会服务中心备案。

第十五条 本办法自公布之日起施行，有效期五年。《洛阳市会展业发展专项资金管理暂行办法》（洛政办〔2016〕54 号）同时废止，其他文件中规定与本办法不相符的，以本办法为准。

（文章来源：洛阳市人民政府网站 . http://www.ly.gov.cn/html/1/2/10/29/13/79/150/10927029.html）

南昌市市级财政专项资金管理办法（试行）

第一章 总则

第一条 为进一步加强市级财政专项资金管理，提高资金使用的规范性、安全性和有效性，根据《中华人民共和国预算法》《中华人民共和国预算法实施条例》《江西省省级财政专项资金管理办法》等法律法规和政策文件规定，结合工作实际，制定本办法。

第二条 本办法所称市级财政专项资金（以下简称“专项资金”），是指为支持我市各项经济社会事业发展，市财政通过一般公共预算、政府性基金预算、国有资本经营预算安排的，具有专门用途和绩效目标的财政资金。

上级转移支付资金、按照现行财政体制规定对下级政府的返还性支出和转移支付资金、预留的有关代编清算资金等，不纳入专项资金管理范围，按国家和省、市有关规定管理。

第三条 专项资金的设立、调整和撤销，以及预算编制、预算执行、绩效评价和监督检查等，适用本办法。

第四条 专项资金管理遵循以下原则：

（一）统筹安排，保障重点。加大不同体系预算资金、以前年度结余结转资金等的统筹力度，集中财力办大事。专项资金优先保障市委、市政府重大改革、重要政策、重点项目和基本民生支出需求。

（二）规范设立，严控新增。专项资金设立应符合公共财政支出范围，遵循财政事权和支出责任相匹配原则。未按规定程序报批，不得在政策性文件、工作会议及领导讲话中，对专项资金新增设立、增加额度事项作出规定、要求或表述。凡在现有专项资金中可统筹安排的同类支出，一律不新增设立。

（三）提前谋划，加强管理。树立谋事为先的理念，切实加强专项资金管理，科学谋划专项资金安排计划，做实项目前期研究论证，加强项目储备。建立健全专项资金项目库管理，实现资金安排与项目紧密衔接。

（四）注重绩效，强化监督。全面实施专项资金预算绩效管理，加强专项资金使用跟踪问效，将绩效评价结果作为预算安排和政策调整的重要依据。强化专项资金监管，积极推进信息公开，主动接受有关部门和社会各界监督。

第五条 深入推进“放管服”改革，实现“权力下放、资金下沉”，除市委、市政府明确要求的事项外，市财政局拨付专项资金原则上实行“两个一般不”，即一般不再直接向企业分配和拨付资金，一般不再直接审批和分配县（区）具体项目。

第二章 管理职责

第六条 市财政局是专项资金的牵头管理部门，市级主管部门和县（区）政府按照职责分工共同做好专项资金管理工作。

第七条 市财政局在专项资金管理中履行以下职责：

（一）负责专项资金设立、调整、撤销等事项的审核，组织实施专项资金预算编制、预算执行、绩效管理、存量资金收回、配合监督检查等工作；

（二）负责拟定专项资金的总体管理制度，开展政策研究，制定或会同市级主管部门制定具体专项资金的管理办法；

（三）对由财政部门管理的专项资金，负责受理项目申请，进行合规性审核；

（四）对市级主管部门提出的使用计划，包括项目安排和资金分配意见等，进行合规性审核；

（五）法律法规、政策文件规定的其他职责。

第八条 市级主管部门对归口本部门管理的专项资金履行以下职责：

（一）负责专项资金的设立、调整、撤销等事项的申请，会同市财政局制定具体专项资金的管理办法；

（二）制定具体专项资金的年度使用计划，包括项目安排和资金分配意见等，报市财政局进行合规性审核；

（三）负责组织和受理项目申报、评审和公示等；执行已经批复的专项资金支出预算，监督专项资金的使用；

（四）对部门本级及所属单位使用的专项资金进行财务管理和绩效管理，按规定向市财政局报送专项资金使用情况；

（五）法律法规、政策文件规定的其他职责。

第九条 县（区）对市级下达的专项转移支付资金的组织实施负主体责任，其有关部门根据需要制定实施细则，并做好组织实施工作。

第十条 项目实施单位应严格执行专项资金预算，对项目实施和资金使用负责，并按照有关规定加强财务管理。

第三章 设立、调整和撤销

第十一条 专项资金实行“目录清单”管理，设立专项资金应当同时符合以下条件：

（一）关键要素明晰。有明确的法律、行政法规，国务院、财政部规定或省、市政府规定等作为依据；有明确的绩效目标、资金需求、资金用途、主管部门和职责分工等。

（二）实施期限明确。有明确的实施期限，且一般不超过5年。根据法律、行政法规、中央和省、市相关规定，拟长期实施的专项资金除外。

（三）符合公共方向。不属于市场竞争机制能够有效调节的事项。

严格控制专项资金数量，不得重复设立绩效目标相近或资金用途类似的专项资金。

第十二条 设立专项资金，应当由市级主管部门提出申请并填报《南昌市市级财政专项资金设立申报表》，经市财政局审核后报市政府批准；或由市财政局直接提出申请，报市政府批准。

第十三条 专项资金到期后自动终止。确需延续的，按照本办法第十二条 规定的程序重新申请设立。

本办法出台前经清理整合后设立的专项资金，剩余执行期限不足5年的，按原期限执行；剩余执行期限超过5年或未设定执行期限的，按5年执行。

第十四条 专项资金管理办法由市级主管部门会同市财政局具体制定。未制定资金管理办法的，原则上不得分配资金，并限期制定。逾期未制定的，对应项目原则上予以取消。

一个专项资金原则上由一个部门归口管理。对确需涉及多个部门的专项资金，要明确牵头主管部门，负责做好专项资金管理的相关工作。

第十五条 专项资金管理办法要明确政策目标，部门职责分工，资金用途，补助对象，分配方法，资金申报条件，资金申报、审批和下达程序，实施期限，绩效管理，监督检查等内容；做到政策目标明确、分配主体统一、分配办法一致、审批程序唯一、资金投向协调。需要发布项目申报指南或者其他与资金申报有关文件的，应当在资金管理办法中予以明确。

专项资金补助对象应按照政策目标设定，并按政府机构、事业单位、个人、企业等进行分类，便于监督检查和绩效管理。

第十六条 建立健全专项资金定期评估和项目退出机制。每年编制预算前，市财政局会同市级主管部门对专项资金项目进行评估。根据专项资金评估结果，区分情形分别处理：

（一）不符合法律、行政法规，中央和省、市有关规定的，予以取消；

（二）因政策到期、政策调整、客观条件发生变化等已无必要继续实施的，予以取消；

（三）市场竞争机制能够有效调节的，予以取消；可由市场机制逐步调节的，规定一定实施期限实行退坡政策，到期予以取消；

（四）绩效目标已经实现、绩效低下、绩效目标发生变动或者实际绩效与目标差距较大的，予以取消或者调整；

（五）属于县（区）事权的专项资金，可以列入转移支付由县（区）统筹安排的，适时调整列入市级对县（区）转移支付。

（六）政策目标接近、资金投入方向类同、资金管理方式相近的项目，予以整合。

第十七条 确需调整专项资金使用范围和用途的，由市级主管部门提出申请并填报《南昌市市级财政专项资金变更申报表》，参照设立程序报批。

第四章 预算编制

第十八条 市财政局牵头组织编制年度专项资金预算草案的具体工作，规定具体要求和报送时限等。各专项资金主管部门要严格按照规定做好有关工作。

第十九条 编制年度预算前，市级主管部门应及时会同市财政局制定专项资金使用计划。专项资金使用计划应落实到具体的支出项目和金额，实行项目库管理。对确实因客观原因无法落实的，要详细说明原因，并明确专项资金的支持重点和支出方向等。

专项资金使用计划应按照“三重一大”决策要求，集体研究，严格按程序和权限审批。

第二十条 专项资金预算草案应围绕市委、市政府决策部署，在财力可能的前提下，根据年度专项资金使用计划，综合考虑审计报告情况、绩效评价结果、预算执行情况等因素确定。完善“零基预算”管理，预算编制不得同财政收支规模、增幅或生产总值等挂钩，不受以往年度基数限制。

第二十一条 市财政局原则上应在每年11月30日前，将下一年度市对县（区）转移支付预计数提前下达县（区）财政部门。县（区）财政部门应将市财政局提前下达的转移支付预计数编入本级政府预算。

第五章 预算执行

第二十二条 市人民代表大会批准预算后20日内，由市财政局将专项资金预算安排情况批复至相关市级主管部门。市级主管部门要积极组织项目实施，加快项目推进，在确保资金安全和绩效的前提下，切实加快资金执行进度。

第二十三条 专项资金严格按经批准的预算执行，不得截留、挤占、挪用或擅自调整。因政策变动等客观因素确需调整的，应由主管部门会同市财政局，在专项资金预算安排额度内，制定调整后的使用计划。年度预算执行中原则上不新设专项或增加额度。年中经批准出台新增政策的，原则上通过调剂当年预算或列入以后年度预算安排。

第二十四条 对有条件的专项资金，可采取“先预拨、后清算”的方式，根据项目进展情况预拨部分资金，待项目完成并验收合格后再拨付剩余资金。因政策调整等客观因素导致预拨资金超出项目所需资金总额的，应及时清算扣回。

第二十五条 各专项资金主管部门要根据专项资金管理办法的有关规定，在确保资金使用安全和绩效的前提下，切实加快专项资金使用进度。对因情况发生变化导致短期内无法继续实施的项目，应当及时向市财政局报告，由市财政局按规定调剂安排使用，避免“资金等项目”的情况。

第二十六条 市财政局要按照有关规定，加强对结余结转资金的清理盘活力度。对结余资金和一年以上结转资金，按规定收回统筹使用。

第二十七条 专项资金项目依法应当实行政府采购的，原则上由项目实施单位组织采购。确因法律法规有明确规定或情况特殊需要上级主管部门集中采购的，应当按照有关规定履行报批手续。

第二十八条 专项资金使用后按规定形成国有资产的，应当进行验收、登记，并及时进行账务处理。

第六章 绩效管理

第二十九条 各专项资金主管部门应当加强专项资金预算绩效管理，建立健全全过程预算绩效管理机制，提高财政资金使用效益。

第三十条 有关部门、单位申请使用专项资金时，应当按要求提交明确、具体、一定时期可实现的绩效目标，并以细化、量化的绩效指标予以描述。

市财政局会同专项资金主管部门加强对绩效目标的审核，将其作为预算编制和资金分配的重要依据，并将审核确认后的绩效目标予以下达。

第三十一条 市财政局应当加强专项资金预算执行中的绩效监控，重点监控是否符合既定的绩效目标。预算支出绩效运行与既定绩效目标发生偏离的，应当及时采取措施予以纠正；情况严重的，调整、暂缓或者停止该项目的执行。

第三十二条 各专项资金主管部门应当按照要求组织开展单位自评工作，认真做好部门评价工作，积极推进中期绩效评价，必要时可委托第三方机构开展部门评价，同时，要加强对第三方机构工作质量的监督及部门评价结果的应用。

第三十三条 市财政局应当加强对专项资金绩效评价结果的运用。及时将绩效评价结果反馈给专项资金主管部门，督促其及时进行整改；将绩效评价结果作为完善财政政策、预算安排和分配的重要依据；推进财政评价和部门评价结果信息公开，逐步建立绩效问责机制。

第七章 监督检查

第三十四条 按照职责明晰、权责匹配的原则，各专项资金主管部门会同纪检监察机关、审计、财政等有关部门，加强对专项资金的监督检查，切实担负起主体责任及监督责任，做到“资金跟着项目走、监督跟着资金走”。

第三十五条 市财政局负责对专项资金预算编制、预算执行、绩效管理等进行全程监督，保障专项资金安全规范有效使用。

各专项资金主管部门负责对项目实施和资金使用活动的过程监督，督促项目实施单位加强财务管理，并按规定向市财政局报送项目实施及资金使用情况。

纪检监察机关、审计机关依法对市级专项资金的收支管理活动进行监督。分配管理专项资金的部门以及使用专项资金的部门、单位及个人，应当依法接受纪检监察和审计监督，对发现的问题，应当及时制定整改措施并落实；涉及违法违纪的，依法依规严肃处理。

第三十六条 市财政局和专项资金主管部门应当稳步推进专项资金信息公开工作，主动接受社会公众监督。经市政府批准后，适时由市财政局公开市级财政专项资金目录，各专项资金主管部门根据目录公开专项资金管理办法的具体内容，以及资金申报、分配、使用、绩效等具体情况。

第八章 附则

第三十七条 本办法由市财政局负责解释。未尽事宜，由市财政局提出意见建议，报市政府审定。

第三十八条 本办法自印发之日起实施，有效期为两年。以前市级专项资金管理规定与本办法不一致的，按照本办法执行。

（文章来源：南昌市人民政府网站 . http://xxgk.nc.gov.cn/qtygwj/202010/3d43cc8fdeed4061b0b116ab4de744fc.shtml）

南京市进一步加快会展业高质量发展的若干政策措施

第一条 扶持会展企业在宁发展

1. 在我市新设立从事会展业务且依法纳税的独立法人企业，从产生地方财力贡献的下一年度起三年内给予经营补助，补助额度不高于其上一年度地方财力贡献的 50%，每年补助金额最高不超过 100 万元。

2. 知名展览机构、国际性组织、国家级行业协会（学会）在我市新设立法人企业且当年度在我市举办会展项目、年会展营业额达到 1000 万元以上的，给予一次性补助 100 万元。

第二条 引导会展企业做大做强

3. 在我市纳税且纳入统计的主营业务为会展策划、设计等企业，年度主营业务收入较上年增加 500—1000 万元的，一次性补助 10 万元；增加 1000 万元以上的，一次性补助 20 万元。

4. 在创业板、中小板成功上市或获得高新技术企业认定的会展企业，按照我市相关政策标准给予补助。

第三条 提升展馆竞争力

5. 以我市展馆当年度考核举办 3 万平方米以上和 10 万平方米以上展览项目个数为基数，按照增量给予补助，每增加 1 个 3 万平方米以上展览项目，补助 10 万元；每增加 1 个 10 万平方米以上展览项目，补助 30 万元，每年补助金额最高不超过 100 万元。

6. 加快展馆提升改造，推动展馆绿色化、智慧化建设，经第三方评估和运行达标后，按项目投入费用一定比例给予补助。推进南京空港会展小镇建设，按照目标完成，在其实现第一年度展览项目后，三年内每年给予经营补助，补助额度不高于其上一年度对地方财力贡献的 50%，补助金额最高不超过 50 万元；其年会展营业额达到 1000 万元以上，再给予一次性补助 100 万元。

第四条 打造高品质展览项目

7. 由本市市场主体在我市专业展馆举办的或引进符合“4+4+1”主导产业且与展馆签订落地三年协议的，展期不少于 3 天的贸易类展览项目，项目展览面积在 1—2 万平方米（含），给予不超过 20 万元补助，资金补助补满三届；项目展览面积在 2—3 万平方米（含），每届给予不超过 40 万元补助；项目展览面积在 3—4 万平方米（含），每届给予不超过 80 万元补助；此后项目展览面积每增加 1 万平方米，补助金额相应增加 10 万元。以上均按项目展览面积在相应档级的实际比例计算补助金额。项目展览面积在 10 万平方米以上，每届补助金额最高不超过 150 万元。

8. 展览面积达到 3 万平方米以上的专业消费类展会，以其历史上规模最大的展览面积和补助 10 万元为基数，按其展览面积实际增量给予补助，每增加 2000 平方米，补助相应增加 1 万元。

9. 引进获得国际展览业协会（UFI）等国际权威认证展览项目或其他 3 万平方米以上贸易类展览项目来宁举办，给予一次性 30 万元补助。书面协议在宁连续举办三届后，给予每届举办后增加 20% 补助。对展览项目主办方参照第 7 点规定标准给予相应补助。

10. 境外展商来自不少于 5 个国家或地区、参展面积不低于展览总面积 30% 的项目，对展览项目主办方参照第 7 点规定标准增加 20% 给予相应补助。

11. 鼓励会展搭建、展示和平台交易运用新一代信息技术，以人工智能、大数据、云计算、物联网、区块链、5G 等技术在展览布展、展览模式创新，经第三方评估和运行达标的创新展览项目，给予一次性 10 万元补助。通过创新展览项目，推动主导产业体系与会展业融合发展，有效提升我市会展发展能级的公共服务平台，经第三方对服务成效和品牌影响力评估达标，按平台前期研发费用的 50% 给予一次性资金补助，补助金额不超过 50 万元。

第五条 鼓励举办国际会议

12. 国家级、全国性学会、协会等以上标杆性专业社会组织、中央直属企业、世界 500 强企业、民营经济百强企业、高等院校等具有国际影响力的国内机构或企业主办，符合我市主导产业重点方向、外来参会人数 1000 人以上、实际会期 3 天以上且住宿 2 晚以上的会议项目，给予会议项目主办方在我市租用正规经营性会议场地实付租金 60% 的补助。

13. 国外权威机构或知名企业主办，参会人数 200 人以上、境外参会代表不少于 3 个国家或地区且不少于参会人数 10% 的国际会议项目，给予会议项目主办方在我市租用正规经营性会议场地实付租金 80% 的补助。

14. 在我市举办纳入国际大会及会议协会（ICCA）、国际协会联盟（UIA）等国际权威机构统计范围的会议项目，给予一次性 20 万元补助。书面协议在宁连续举办三届后，给予每届举办后增加 20% 补助。

第六条 提高综合服务保障水平

15. 支持和推动会展全产业链和各运行端点提升服务品质，鼓励应用信息技术发挥信息化、智能化服务优势。完善线上线下同步运转综合保障机制，创建并开通网上重点展会绿色服务保障通道，实现宣传推广、治安交管、消防应急、资金补助、市场监管、城市管理、交通运输、展品通关、卫生防疫、知识产权、现场服务等各相关部门与会展展馆、企业、院校之间互联互通互动，资源信息合作共享。加快推进实施线上不见面项目申报、备案、审核、统计、评价，优化服务窗口保障模式协同创新。

第七条 支持申请国际权威标准认证

16. 我市展馆取得 UFI 认证或成为 ICCA 会员，分别给予一次性 20 万元、15 万元补助。

17. 定期、固定在我市专业展览场馆举办的展览项目首次获得 UFI 等认证当年起，连续三届每届给予项目举办主体 20 万元补助（三届期间须保持有效认证）；三届后持续在我市举办的展览项目，有效认证期内每届给予项目举办主体 10 万元补助。

第八条 引进和培养会展专业人才

18. 引进优秀高端国际会展人才，按照我市有关人才安居政策给予落户。对申报国家、省、市人才计划成功的会展人才或团队，按照我市相关政策标准给予补助。

19. 我市会展从业人员参加国家部委、省级以上人社部门举办的会展专业人才培训，获得初级、中级资格认证，分别按照个人培训费 50%、70% 的标准给予补助。

20. 对在我市从事会展工作三年以上高级管理人员，获得中国贸促会（国际商会）注册会展经理（CEM）资格证书、长三角（上海）高级会展师资格证书等行业认可的会展高级资格认证，按照个人培训费 90% 的标准给予补助。

第九条 聚焦主导产业高质量发展

21. 对我市创新名城建设、主导产业发展和地标产业打造具有积极推动作用的大型展览和会议活动，超出上述补助规定的，采取“一事一议”办法予以补助。

22. 每 3 年开展一次创优创新评选，对贡献率高、带动性强、成长性好的我市高品质展览项目予以奖励，奖励总额不超过 200 万元。

本政策措施自 2019 年 1 月 1 日起施行，具体执行操作详见《2019 南京市进一步加快会展业高质量发展补助资金申报指南》。

（文章来源：中国国际贸易促进委员会南京市分会网站 . http://ccpit.nanjing.gov.cn/ztzl/hzjj/201906/t20190614_1566528.html . 南京市人民政府网站 . http://www.nanjing.gov.cn/njxx/201906/t20190619_1569858.html）

宁波市服务业发展专项资金使用管理办法

第一章 总则

第一条 为贯彻落实国家推进新时代服务业高质量发展的相关精神和市委、市政府“六争攻坚、三年攀高”决策部署，抢抓新一轮科技革命和产业变革的机遇，聚焦重点领域，加大工作力度，着力构建以“3433”为重点的现代服务经济体系，实现服务业提质增效、倍增发展，同时切实加强专项资金使用管理，提高资金使用效益，根据宁波市《实施“3433”服务业倍增发展行动方案》（甬党发〔2020〕14 号）等相关文件精神，制定本办法。

第二条 本办法所称服务业发展专项资金（以下简称“专项资金”）是指市财政一般公共预算安排的纳入市服务业局部门预算管理，用于推进服务业高质量发展的专项资金。

年度安排的专项资金可以在支持领域内统筹调剂使用。

第三条 专项资金使用实行自愿申报、绩效管理、专项审计制度，遵循公开、公平、公正原则，确保专项资金规范、安全和高效使用，有效发挥财政资金引导带动作用。

第四条 市服务业局负责拟定专项资金使用方向和资金分配计划。组织开展全市项目申报和管理，牵头开展项目核查。负责建立健全预算绩效管理制度，提出资金使用绩效目标，每年对专项资金安排的项目组织绩效自评并将自评结果报送市财政局，评价结果作为以后年度预算安排的重要参考。

市财政局负责审核资金分配建议方案并下达专项资金，组织开展预算绩效管理和预算监管。

第二章 支持方向和范围

第五条 专项资金主要用于支持以“3433”为重点的宁波市现代服务业，聚焦于物流业、会展业、服务业新业态新模式、服务业集聚发展和服务业上规模发展以及法律、会计、咨询、检验检测生产性服务业等重点领域。

第六条 本办法所称物流业是将运输、储存、装卸、搬运、包装、流通加工、配送、信息处理等基本功能根据实际需要实施有机结合的活动的集合，包括依托大数据、云计算、物联网等先进信息技术的“互联网+”物流平台企业。

本办法所称会展业主要包括从事会展业务的企业和社会组织等市场主体、市场化会展项目、会展“一事一议”项目、会展公共服务和其它促进会展业发展的项目。

本办法所称服务业新业态新模式包括在线经济、共享经济、平台经济、数字经济、总部经济、产业融合发展等领域（不包括金融，房地产开发）。

本办法所称服务业集聚发展领域指入选省、市级现代服务业集聚示范区的集聚区和入选浙江省服务业强县（市、区）培育提升行动计划的区县（市）以及楼宇经济提质发展等。

本办法所称服务业上规模发展指个体工商户转型小微企业和规模以下服务业小微企业转型升级为规模以上企业。小型、微型企业的划分标准，按照《工业和信息化部、国家统计局、国家发展与改革委员会、财政部关于执行中小企业划型标准规定的通知》（工信部联企业〔2011〕300 号）执行。规模以上企业的划分标准（不包括金融、房地产开发，包括律师事务所等合伙企业和物业服务等），按照批发业，交通运输、仓储和邮政业，信息传输、软件和信息技术服务，水利、环境和公共设施管理业，卫生等行业为全年营业收入 2000 万元及以上，租赁和商务服务业，科学研究和技术服务业，教育，物业管理等行业为全年营业收入 1000 万元及以上，零售业，居民服务、修理和其他服务业，文化、体育和娱乐业，社会工作等行业为全年营业收入 500 万元及以上，住宿、餐饮业等行业为全年主营业务收入 200 万元及以上（根据国民经济行业分类变动及时调整）执行。

第三章 支持方式和标准

第七条 促进物流业提质发展

1. 引进高端港航物流机构。对年度引进的实缴资本不低于 5000 万元主要从事航运金融、航运保险、航运交易、国际物流等业务的独立法人企业，实缴资本不低于 2000 万元的船舶登记、船舶管理、船舶供应、船舶代理、船舶维修独立法人企业，以及实缴资本不低于 1000 万元的航运经纪、航运信息、航运咨询、航运人才、航运教育培训独立法人企业和机构，在引进后下一年度起连续 2 年内，按企业的综合贡献，给予不超过 15% 的奖励，奖励金额最高不超过 2000 万元。

2. 支持重点物流企业（认定办法另行制定）做大做强。鼓励重点物流企业增资扩产，在现有政策享受基础上，对重点物流企业申请之日上一年度用于开展主营业务（用于生产经营、建设与改造物流设施、购置物流设备）而向银行贷款（贷款利率水平不得明显超过同类企业贷款利率）所产生的利息进行贴息资助，贴息金额为该年度内企业实际支付银行利息的 50%，每年最高不超过 200 万元。

3. 鼓励企业评级。对在申报年度被评为国家 3A、4A、5A 级（中国物流与采购联合会根据相关标准评估发布）的物流企业，分别给予 20 万元、50 万元、100 万元一次性奖励。

4. 培育高成长企业。对年主营业务收入在 3000 万元（含）以上、实际上缴税收 200 万元（仅指增值税和企业所得税）及以上，且上述两项指标较上年度均增长 10%（含）以上的物流企业，纳入高成长培育计划，下一年度两项指标增长均达到 12% 以上的，按企业每年综合贡献，给予不超过 15% 的奖励，奖励金额最高不超过 300 万元，可连续奖励 2 年。

5. 支持示范物流园区建设。物流园区通过省级和国家级示范物流园区认定的，奖励政策参照省级现代服务业集聚示范区标准执行，奖励资金由园区统筹用于园区公共基础设施建设及园区进驻企业扶持等方面投入。

6. 扶持“互联网＋”物流平台。经审核认定后，对投资（设备、外购技术及软件）达到 100 万元的项目，按照实际投资额 30% 给予补助，单个项目最高补助不超过 200 万元。

7. 支持物流智能化改造升级。对物流企业更新应用自动化仓储、分拣、搬运（不含运输车辆）、装卸等装备投入达到 500 万元的，按照实际投资额 20% 给予补助，单个项目最高补助不超过 1000 万元。

8. 支持冷链物流发展。对投资（冷链运输车辆、冷链物流装备、全程温度监控设备、信息平台）达到 300 万元的冷链物流项目，按照实际投资额 20% 给予补助，最高补助不超过 300 万元。

第八条 加快会展业提升发展

1. 对在宁波国际会展中心新办展期不少于 3 天且未获取市本级其它相关财政资金的市场化展会补助标准：贸易类展会以展览面积 8000 平方米补助 32 万元为起点，每增加 2000 平方米增加补助 8 万元，最高不超过 200 万元。消费类展会以展览面积 12000 平方米补助 23 万元为起点，每增加 2000 平方米增加补助 3 万元，最高不超过 80 万元。其中，前 4 年（届）按核定补助金额全额补助，后 3 年（届）分别按核定补助金额 80%、60%、40% 递减补助。对在七、八月份举办的展会，按当年（届）展会的展览面积核定补助金额上浮 10%。对之前按雨展办发〔2017〕1 号文件补助期未满的原有展会和本办法发文之前已向宁波国际会展中心确认办展档期、交付定金的首届将新办展会，可参照雨展办发〔2017〕1 号文件给予过渡性补助一年（届），以后按本办法标准接续补助至期满。同一市场主体举办同一题材的展会一年补助一届次。

2. 鼓励在宁波国际会展中心举办的市本级政府性展会转向市场化运作，从转向市场化举办之年起前三年（届）参照本条款第 1 项按展览面积核定的补助标准每年（届）分别给予 2 倍、1.8 倍、1.5 倍过渡性递减补助，以后视作并参照新办的市场化展会补助标准继续给予补助。

3. 对国家级、全国性的学会、协会等社会组织，中央直属企业、世界 500 强企业，以及注册地不在宁波大市范围内的国内知名民营企业、上市公司等企业在宁波行政区域内举办的经贸类、学术类及专业性等市场化会议，且未获取本市各级其它相关财政资金的，以住宿四星级标准及以上饭店 300 间夜数补助 6 万元为起点，每增加 100 间夜数增加补助 3 万元；住宿达到 500 间夜数及以上的，按上述标准给予两倍补助，最高不超过 100 万元。与展会配套举办的会议不予补助。

4. 对在宁波市行政区域内注册、以会展为主营业务、年营收已达到 2000 万元及以上的企业，年营收比上年每增长 20% 一次性补助 20 万元，最高不超过 60 万元。

5. 对在宁波国际会展中心举办的补助期已满且展览面积达到 30000 平方米及以上的规模性展会，贸易类和消费类展会分别按当年（届）展览面积核定补助金额的 50%、25% 给予奖励。同一市场主体举办同一题材的展会一年奖励一届次。其中，贸易类展会展览面积未达到 30000 平方米，以历届补助最大展览面积为基准，每增加 2000 平方米给予 20 万元展览面积增量补助，每年（届）最高不超过 80 万元。

6. 对注册落户宁波市行政区域内市场主体在宁波国际会展中心举办的展会取得全球展览业协会（UFI）认证的，一次性给予 30 万元奖励。新引进市外已获得 UFI 认证的展会来宁波国际会展中心举办的，在补助期内按届另给予 20 万元奖励。对符合补助条件并纳入国际大会及会议协会（ICCA）统计范围的会议项目，每次另给予 15 万元奖励。

7. 对国内外知名会展企业总部来甬落户或设立分支机构、培育引进重大会展项目、设立“会展基地”、与对口地区会展业合作、举办全国性或区域性会展行业会议等相关活动，推动智慧会展发展、生态绿色搭建等促进会展业发展的其它重要事项，可申报“一事一议”资金补助，并经市政府同意后实施。其中，享受“一事一议”政策期间的会展项目，除合约要求之外，不再同时享受第 1、2、3、5、6 项相关政策。

8. 对宁波国际会展中心服务工作实施年度目标考核，根据考核结果，每年度给予不超过 200 万元的资金补助。

9. 保障支持会展项目事务管理，每年安排一定经费加强和保障会展业发展招展引会及营销推介相关工作。

第九条 激励服务业新业态新模式创新发展

1. 对在宁波大市范围内工商登记注册，且具有独立法人资格的住宿餐饮、批发零售、交通物流、文化创意、旅游休闲、科技及软件信息、商务服务、会议展览、教育培训、健康养老、运动健身、家庭服务、房地产租赁和物业服务等领域中小微企业以及律师事务所等合伙企业，实施新业态新模式（包括新开发 App 或利用互联网实现线上线下融合）发展业务、且实际投入 100 万元及以上（包括外购设备、技术、软件投入）的，经评审，择优选择项目，按照不超过实际投入的 20% 给予补助，每家最高不超过 500 万元。

2. 对新引进福布斯最新发布的世界 500 强，中国企业联合会和中国企业家协会最新发布的中国企业、中国制造业、中国服务业企业 500 强企业总部、销售公司、地区总部或研发中 J 心、采购中心、销售中心、结算中心等分支机构，扶持政策按《宁波市重大招商引资项目管理实施办法》执行。

3. 对在线经济、共享经济、平台经济、数字经济、总部经济、产业融合等领域的准独角兽企业，采取“一事一议”的方式报市政府同意后给予补助。

第十条 加快服务业集聚发展

1. 对入选省级现代服务业集聚示范区的集聚区和入选浙江省服务业强县（市、区）培育提升行动计划的区县（市），根据省考核结果，对照省标准给予资金奖励。

2. 鼓励楼宇经济提升发展，2020 年至 2022 年期间，对各区县（市）服务业主管部门，根据辖区内新增单栋商务楼宇年度综合贡献首次突破 1 亿元的楼宇数量，每增加 1 栋给予一次性 200 万元资金奖励，统筹用十楼宇基础设施建设、企业招引及进驻企业扶持等方面奖励。

第十一条 推动服务业上规模发展

1. 对服务业个体工商户转型小微企业，每家奖励 2 万元；对新上规模的批发、零售、住宿、餐饮企业每家奖励 2 万元，限上服务业企业（浙江省 MEI 考核口径）每家奖励 5 万元。

2. 对服务业“小升规”企业，3 年内按企业综合贡献每年增加部分，第一年给予 20% 奖励，第二年给予 15% 的奖励，第三年给予 10% 的奖励。年度综合贡献出现负增长的，本项奖励中止。

3. 对首次进入中国服务业企业 500 强榜单（中国企业联合会、中国企业家协会发布）的企业，给予每家 200 万元的奖励。

第四章 申报要求和程序

第十二条 支持对象

支持对象为在我市依法登记注册，主要从事服务业并符合本办法第六条 的企业、事业单位、社会团体及其实施的项目。

第十三条 申报程序。由市服务业局根据年度工作实际，明确具体申报要求，以书面形式下发申报通知至各区县（市），按照申报单位属地化原则，由申报单位在规定时间内向当地服务业主管部门、财政局提出申请。各地服务业发展主管部门进行初审，并经当地财政部门审核同意后，将符合条件的申报材料，报市服务业局。

第十四条 审查和公示。由市服务业局组织开展对相关申报材料审评工作，必要时可以委托第三方机构进行财务审计、实地考察。根据评审结果，市服务业局提出支持对象及资金分配方案，报经市财政局审核确认后，在宁波市政府信息公开网向社会公示 5 个工作日。

第十五条 资金下达。经公示无异议后，由市财政局会同市服务业局下达资金拨付文件。根据资金拨付程序规定将资金下达至申报单位所在区县（市）或由市服务业局按程序直接拨付。

第五章 绩效监管

第十六条 各级服务业和财政主管部门要加强对申报单位及申报项目的核查和管理，确保专项资金使用依法合规。资金下达后，各地要迅速将专项资金分配到具体项目和单位。

第十七条 各级财政部门会同服务业主管部门按要求实施预算绩效监控，市服务业局是实施预算绩效监控主体，重点监控服务业发展专项资金使用是否符合预期绩效目标，发现绩效运行与预期目标发生偏离时，应当及时采取措施予以纠正。

第十八条 市财政局会同市服务业局统一组织实施专项资金绩效评价。在年度预算执行结束后，各区（县）市服务业主管部门会同同级财政部门将专项资金使用情况对照确定的绩效目标开展绩效自评，并将本地区绩效自评表和绩效自评报告报送市服务业局，市服务业局审核汇总后结合市级项目绩效情况形成绩效报告报送市财政局。

第十九条 申报单位对申报材料的真实性承担法律责任，自觉接受监督和检查。对于采用虚假信息、骗取财政资金的行为，一经查实，追回已安排的扶持资金，并按照《财政违法行为处罚处分条例》等有关法规进行查处，构成违法或犯罪的，移送相关部门依法处理。

第六章 附则

第二十条 本办法由市服务业局会同市财政局负责解释。第二十一条 本办法自 2021 年 1 月 1 日起施行，施行期限暂定三年。原港航物流、会展等资金管理办法与本办法规定不一致的，按本办法规定执行。

（文章来源：宁波市人民政府网站 . http://www.ningbo.gov.cn/art/2021/1/6/art_1229095998_1629587.html）

宁夏回族自治区会展业发展专项资金管理办法

第一章 总则

第一条 为提高会展专项资金使用效益，促进宁夏会展业发展提质增效，根据《中华人民共和国预算法》和《自治区人民政府办公厅关于加快发展会展业的实施意见》（宁政办发〔2015〕157 号）等有关规定，结合我区会展业发展实际，制定本办法。

第二条 本办法所称会展业发展专项资金是指自治区财政预算安排用于促进宁夏会展业发展的资金。

第三条 会展业发展专项资金遵循专款专用、择优公开、节俭高效原则，资金分配和使用情况向社会公开，接受有关部门和社会监督。

第四条 自治区财政安排的会展业发展专项资金由自治区财政厅会同自治区博览局管理。

（一）自治区财政厅负责在年度预算中安排资金；审核自治区博览局提出的预算初步建议，支持重点、范围、绩效目标和分配方案；下达预算及拨付资金；对部门绩效评价工作进行指导、监督和检查，对其报送的绩效自评结果进行审核，必要时实施再评价。

（二）自治区博览局负责资金的项目管理，提出预算初步建议，支持重点、范围和资金分配方案，对会展业发展专项资金使用情况开展绩效评价，督促项目具体实施单位开展绩效自评。

第二章 资金支持范围及条件

第五条 会展业发展专项资金支持范围：

（一）举办重大会展活动；

（二）引进国内外大型会展活动；

（三）培育重大会展项目；

（四）会展项目进行国际权威认证；

（五）引进知名会展机构；

（六）会展业宣传推介、行业培训、项目评估等；

（七）自治区政府批准应给予支持的其他会展项目和工作事宜。

第六条 会展业发展专项资金支持条件

（一）每个项目只能由一个举办单位（主办方或承办方）提出申请。同一项目有多个单位的，须协商推选一个单位提出申请，并提供推选证明材料。

（二）主（承）办单位相同、主题和内容基本相似的会展项目视为同一项目，不得重复申请；相同题材的会展项目，原则上应进行整合。如不能整合，将按照“扶优扶强”的原则，对其中规模大、影响好、带动作用强的项目予以支持。

（三）覆盖多个主题的会展项目，只对符合条件的主题进行支持。

（四）对以展带会和以会带展的重点会展项目，展览和会议按照标准分别给予支持。

第七条 有下列情形之一的会展项目或单位，不予支持

（一）已获得政府单独安排资金支持以及其他财政资金支持（包括政策性补贴、场租以及服务费用）的项目。

（二）以现场销售为主的各类商品展销会、展示会和成就展、文化科普展览、人才交流会、一般学术会议、研讨会、联谊会、企业年会等会展项目。

（三）在专业展馆和会议场所以外举办的会展项目（不包括游艇、飞机、房车、大型机械设备等展览项目），特殊情况（如疫情、自然灾害等）除外。

（四）经法院、知识产权管理部门裁（认）定为侵犯他人知识产权的项目。

（五）申请单位或申请项目因违法违规行为被执法部门查处（税务、工商、质检、社保等）或正在接受调查的项目。

（六）会展项目举办期间发生群体性事件、安全生产事故或者发生知识产权纠纷造成负面影响或严重后果的。

第三章 资金支持标准

第八条 补助标准

（一）展览展示项目。

在我区专业场馆举办，展期在 3 天以上（含 3 天）的全国性或国际性专业展览会，且区外（含境外）参展商的标准展位

数（标准展位为 9 平方米 / 个，特装展位按标准展位折算，下同）比例不低于 50%（其中，境外参展商展位数比例不低于 10%）的展览，实际展位数达到 500 个标准展位的，省外展位按每个标准展位 400 元给予补助，区内展位按每个标准展位 200 元给予补助。连续举办 3 届以上的展览，从第 4 届起，只对实际展位数达到 1000 个标准展位以上的增量部分按每个标准展位 100 元给予补助。单个项目补助额度最高不超过 200 万元。

特装展位按标准展位折算，配套专业展馆的室外展位数按照 0.5 的系数折算成标准展位数计算。

（二）会议论坛项目。

在我区专业会场举办，会期 2 天以上（含 2 天），会议规模（单次）在 400 人以上的全国性会议（区外参会嘉宾比例不低于 70%）给予 20 万元资金补助；在我区专业会场举办，会期 2 天以上（含 2 天），会议规模（单次）在 200 人以上的专业性国际会议（境外参会嘉宾比例不低于 20%），给予 20 万元资金补助。以上情况参会人数每增加 100 人，补助金额增加 5 万元。单个项目补助额度最高不超过 100 万元。

（三）配套线上活动的会展项目，给予适当补助。

（四）除银川市外，其他四市申请扶持的条件将根据各市经济发展情况及会展业发展水平适当放宽。

（五）培育的重大会展项目的专项扶持一般不超过 5 届，并遵循财政扶持资金退坡原则。从第 4 届起，每届专项扶持标准递减 20%。

（六）获得会展行业国际认证奖励。对加入国际展览业协会（UFI）的会展企业或通过 UFI 认证的宁夏会展品牌，给予一次性 10 万元奖励；对加入国际展览与项目协会（IAEE）、独立组展商协会（SISO）、亚洲展览会议联盟（AFECA）、国际大会与会议协会（ICAA）等其它国际知名会展业组织、宁夏会展企业，给予一次性 10 万元奖励。

（七）对知名会展主办机构（在国内外证券市场上市或者在至少 3 个城市组织举办 20 场及以上展会，拥有 2 个及以上展会项目或者国际展览业协会 UFI、国际大会及会议协会 ICCA 等国际会展业组织成员）来我区落地入驻，且落地年度内在我区组织举办 2 次 1 万平方米（含）以上展览的，给予落地机构 30 万元资助。

（八）项目引进补助标准。

1. 引进（申办）2000 人以上的会议、论坛或 1000 个标准展位以上的展览发生的申办费，根据主办方申请，由自治区博览局会同财政厅提出意见。最高补助金额原则上不超过 10 万元。

2. 对在宁夏境内举办的，由国内外知名展览机构、国际性组织、国家级行业协会（学会）举办的国际性、国家级、专业类展览项目，可在资金补助标准基础上上浮 30%，上浮金额最高不超过 50 万元。

（九）自治区政府另行确定支持的重点会展项目的补助金额，采取一事一定办法，报自治区政府批准审定。

第四章 资金申报流程

第九条 会展专项资金按照以下程序进行管理：

（一）公开申报。自治区博览局和自治区财政厅每年 1 月下发申报通知，各市商务（贸促）主管部门和财政部门按照自愿申报原则组织辖区企业开展申报工作。

（二）项目初审。各市商务（贸促）主管部门和财政部门于每年 3 月底以前将上年度申请专项资金的项目报自治区博览局和自治区财政厅。

（三）独立评估。自治区博览局将初审后的申报项目汇总整理后交由公开招标确定的第三方评估机构进行评估。

（四）结果公示。自治区博览局根据第三方评估机构的评估结果，提出专项资金奖励补贴方案，经自治区财政厅审核后，在博览局官方网站予以公示，公示期为 5 个工作日。

（五）资金下达。自治区博览局会同自治区财政厅联合下达项目资金计划，自治区财政厅按照国库管理相关要求拨付资金。

（六）绩效评价。自治区博览局组织对项目资金管理使用情况、目标实现程度、资金使用效益等进行绩效评价。

第十条 申报材料

（一）项目备案材料。项目实施前，提交以下项目备案材料（一式两份）：1. 申请报告。2. 项目单位营业执照、法人身份证明、最近三个月员工社保缴费证明复印件。3. 项目策划书或总体方案。以上材料均加盖企业鲜章 。

（二）资金申报材料。项目结束后，提交以下专项资金申报材料：1. 举办会展项目的批准文件（当地公安、消防部门许可文件等）原件（用于核验）和复印件。2. 主（承）办单位协议原件及复印件。3. 会场租赁合同、酒店住宿合同原件及复印件。4. 项目总结报告。5. 展览展示项目须提供参展商名录、实际展位图、宣传广告材料、展览场租发票原件及复印件、活动现场影像视频资料等相关材料。6. 会议论坛项目须提供会场场租、酒店住宿发票原件及复印件、参会人员名单（含工作单位、电话、邮箱等）、签到表及酒店出具的房间安排明细证明材料等相关材料。7. 国际认证项目须提供认证材料、费用付款凭证及发票复印件。8. 对申请材料真实性负责的声明。9. 其他必要的相关材料。

第五章 预算管理

第十一条 自治区博览局会同自治区财政厅按照预算管理程序，于每年自治区预算批准后 90 日内将会展业发展专项资金项目计划和资金全部下达市、县（区）。

第十二条 市、县（区）财政部门收到会展业发展专项资金后，应当在 30 日内全部下达到项目实施企业或单位。

第十三条 市、县（区）财政部门要加强自治区会展业发展专项资金与本地财政资金的统筹使用，对自治区财政其他资金已经支持的项目，除自治区党委、政府另有规定之外，会展业发展专项资金不再支持。

第十四条 市、县（区）商务（贸促）主管部门会同同级财政部门按照资金管理有关规定及有关业务指导文件，加强对项目建设的监督检查和绩效评价，并于每年 3 月底前向自治区博览局和自治区财政厅报送上一年度会展业发展专项资金项目实施及绩效评价情况总结。

第六章 资金绩效管理和监督检查

第十五条 自治区博览局应加强会展业发展专项资金绩效管理，建立全程预算绩效管理机制，组织编报绩效目标，定期进行绩效监控，组织开展项目实施效果绩效评价工作。建立中长期绩效考核及评价体系，促进会展业可持续发展，带动地方经济增长实效。

第十六条 自治区财政厅对会展业发展专项资金绩效管理工作进行指导、监督和检查，对自治区博览局报送的绩效自评结果进行审核，必要时实施再评价，并组织开展专项资金绩效管理应用，并将绩效评价结果作为以后年度资金分配的重要依据。

第十七条 获得支持的企业、单位收到资金后，应当按照国家财务、会计制度有关规定进行账务处理，严格按照规定使用资金，并自觉接受审计、监察等部门监督检查。

第十八条 各相关部门、单位及其工作人员在会展业发展专项资金项目审核、资金分配、使用等工作中，存在滥用职权、玩忽职守、徇私舞弊等违法违纪行为的，按照《预算法》《公务员法》《行政监察法》《财政违法行为处罚处分条例》等国家有关规定追究相应责任；涉嫌犯罪的，移送有关机关处理。

第七章 附则

第十九条 本办法由自治区财政厅、自治区博览局负责解释。

第二十条 本办法自 2020 年 9 月 1 日印发之日起实施，有效期至 2023 年 12 月 31 日。《自治区财政厅博览局关于印发〈宁夏回族自治区会展业发展专项资金管理办法（暂行）〉的通知》（宁财企发〔2016〕739 号）同时废止。

（文章来源：宁夏回族自治区财政厅网站 . http://czt.nx.gov.cn/zwgk/zfxxgkml/gfxwj/202008/t20200827_2209838.html）

厦门市关于进一步促进会议展览业发展的扶持意见

第一条 为提升我市会展业国际化、品牌化、专业化、市场化水平？打造“国际会展名城”和“中国会展典范城市”，促进会展业高质量发展，结合本市实际制定本意见。

第二条 展览项目奖补

对在我市举办、符合条件的经贸类专业展览会进行展位奖补、规模补助和场租补助。

（一）自办展项目奖补

1. 展位奖补

展览项目自首次申请补助起连续 6 届依次须达 200、300、400、500、500、500 个标准展位，未达规模的不予补助。补助届数不超过六届，当届未申请补助或未达规模的，列入累计补助届数。

(1) 境内展位补助

对第 1—3 届项目每个标准展位补助 600 元，第 4—6 届项目每个标准展位补助 400、300、200 元。

单个项目境内展位补助总额不超过 200 万元。

(2) 境外展位补助

对符合奖补条件的项目有境外（含台港澳地区）企业参展的，每个标准展位补助 1800 元。

单个项目境外补助总额不超过 100 万元。

(3) 展位增量奖励

展位补助期满后，对项目规模超过存量展位数的增量部分给予奖励，每增加 50 个标准展位且不少于 1 千平方米，奖励金额相应增加 2 万元。

单个项目增量奖励总额不封顶。

2. 场租补助

对规模 500 个以上标准展位且达 1 万平方米以上的项目，首届给予实际场地租金 50% 的补助；第 2—6 届的存量展览面积给予实际场地租金 30% 的补助；第 7—10 届的存量展览面积给予实际场地租金 20% 的补助；10 届以上的存量展览面积给予实际场地租金 10% 的补助。对项目增量展览面积（增量展览面积是指与展览会历史最大规模相比增加的当届展览面积）给予实际场地租金 50% 的补助，补助金额在 1 万元以下的不予拨付。

补助租赁天数不超过 6 天，单个项目场地租金补助总额不超过 150 万元。

（二）引进展项目奖补

1. 规模补助

对规模 500 个以上标准展位且达 1 万平方米以上的项目，给予 20 万元补助；每增加 50 个标准展位且不少于 1 千平方米，补助金额相应增加 1 万元。单个项目规模补助总额不超过 200 万元。

对在我市落地连续举办的引进展，第二届后展览面积不低于历史最大规模的，补助标准在上述补助标准基础上上浮

2. 场租补助

对规模 1500 个以上标准展位且达 3 万平方米以上的项目，给予实际展览场地租金 50% 的补助。

补助租赁天数不超过 6 天，单个项目场地租金补助总额不超过 150 万元。

第三条 会议项目补助

（一）境内会议补助

对参会人数达 200—4999 人的各类境内会议，按以下标准给予补助：

1. 住宿四星级饭店（或相当于该档次）达 500—999 间夜数，给予 5 万元补助；

2. 住宿四星级饭店（或相当于该档次）达 1000—1499 间夜数，给予 8 万元补助；

3. 住宿四星级饭店（或相当于该档次）达 1500—1999 间夜数，给予 15 万元补助；

4. 住宿四星级饭店（或相当于该档次）达 2000—2999 间夜数，给予 20 万元补助；

5. 住宿四星级饭店（或相当于该档次）达 3000—3999 间

夜数，给予 25 万元补助；

6. 住宿四星级饭店（或相当于该档次）达 4000—4999 间夜数，给予 30 万元补助；

7. 住宿四星级饭店（或相当于该档次）达 5000 间夜数以上，给予 35 万元补助。

以四星级饭店（或相当于该档次）为基准，五星级饭店（或相当于该档次）按 1.2 的系数折算，其他饭店按 0.8 的系数折算。

（二）境外会议补助

对参会人员来自 3 个及以上国家或地区（含港澳台）的境外会议，按照以下标准给予补助：

1. 境外参会人数达 50—99 人，给予 8 万元补助；

2. 境外参会人数达 100—199 人，给予 15 万元补助；

3. 境外参会人数达 200—299 人，给予 30 万元补助；

4. 境外参会人数达 300—499 人，给予 50 万元补助；

5. 境外参会人数达 500—999 人，给予 70 万元补助；

6. 境外参会人数超过 1000 人，给予 100 万元补助；

7. 境外参会人数超过 2000 人，给予 200 万元补助。

（三）特大型会议补助

对参会人数达 5000 人及以上的特大型会议，按照以下标准给予补助：

1. 参会人数达 5000 — 7999 人，给予 60 万元补助；

2. 参会人数达 8000 人及以上，给予 80 万元补助。

（四）以会带展项目补助

参会人数达 2000 人且住宿 3000 间夜以上的会议项目（特大型会议除外），同期配套举办经贸类专业展览活动（100 个以上标准展位且 2000 平方米以上），按常规会议项目进行补助后，再补助每个标准展位 600 元，单个项目展位补助总额不超过 200 万元。

第四条 重大展览和会议项目奖补

对由知名会展机构、国际性组织或国家级行业协会（学会）主办，且符合高端嘉宾出席及我市产业经济发展方向相关条件的国际性、国家级、专业类高端会展项目（具体条件要求于申报指南中明确），经市政府批准后，予以资金支持并协调相关活动礼遇。

（一）重大展览项目奖补

对在我市举办的重大展览项目，奖励标准按自办展奖补标准给予最高上浮 50%，不受自办展项目奖补总额限制，单个项目总额不超过 800 万元。补助六届期满后，参照自办展第七届起的标准继续进行奖补。

（二）重大会议项目奖补

1. 重大会议项目奖补

对于重大会议项目给予最高 80% 的会议场地租金补助后，并给予最高一次性奖励 50 万元，奖补总额不超过 300 万元。

2. 以会带展项目补助

对参会人数达 2000 人且住宿 3000 间夜以上的会议项目，同期配套举办经贸类专业展览活动（100 个以上标准展位且达 2000 平方米以上），享受重大会议项目补贴后，再补助每个标准展位 600 元，单个项目展位补助总额不超过 200 万元。

重大会议、展览项目不重复享受奖补。

（三）重大展览和重大会议项目活动礼遇

重大展览和重大会议项目根据实际情况需要可申请相关活动礼遇。

1. 协调相关产业部门、市人民政府或市领导向重要嘉宾签发邀请函。

2. 协调协助相关申办流程、举办场地、举办时间等方面存在的困难和问题。

3. 协调申请市领导或行业主管部门领导出席重要活动（会见交流、餐叙、致辞、出席等）。

4. 协调申请供餐监管、医疗卫生保障、公共交通调度、通讯保障、公安消防等提供便利。

5. 协调安排项目重要嘉宾考察鼓浪屿等国有景点单位。

6. 协助参会代表赴金门观光游览。

7. 根据项目主题，协调参会嘉宾与主管部门进行交流，对接相关产业，参访企业或园区等。

8. 根据重大会展项目的规格、规模，协调在机场到达厅为重要嘉宾设立“绿色通道”。

9. 协助境外嘉宾充分使用外国人 144 小时过境免签政策。

（四）对市政府另行批准扶持的展览或会议项目，按批准内容进行扶持。

第五条 会展机构奖补

（一）承办机构奖励

对单个自然年度内招揽引进 8 个及以上会议项目的承办机构给予全年奖励总额 20% 的超额奖励。

（二）知名会展组织和机构落户补助

对知名会展组织和机构落户厦门后，单个年度内运营符合奖补条件的展览总面积达 5 万平方米或会议达 3 场，给予落户奖励。未达标的年度列入累计补助年度，补助总次数不超过五次，本条 内所列奖励类型不重复享受。

1. 全球性、区域性国际会展组织来厦设立总部、大中华地区办事处或分支机构。

全球性国际会展组织来厦设立总部单次给予 70 万元奖励；设立大中华地区办事处单次给予 50 万元奖励；设立分支机构单次给予 30 万元奖励。

区域性国际会展组织来厦设立总部单次给予 40 万元奖励；设立大中华地区办事处单次给予 30 万元奖励；设立分支机构单次给予 20 万奖励。

2. 大型会展企业来厦设立总部和分支机构。

注册资本达 5000 万元以上的从事会展活动的策划组织、

设计和搭建、会务承接等业务的企业，年营业额不低于 2000 万元的大型会展企业总部搬迁至厦门，单次给予 60 万元奖励；在厦门设立亚太区域或大中华区总部，单次给予 40 万元奖励。

（三）奖励国际会议项目竞标牵头机构

对竞标国际会议项目的牵头机构，项目在我市成功落地后，给予奖励 20 万元。

第六条 国际认证奖励

对我市会展机构加入权威国际会议组织、展览行业组织或取得其认证给予奖励。

（一）对加入全球展览业协会（UFI）、国际大会及会议协会（ICCA）、国际展览与项目协会（IAEE）等权威国际会议或展览行业组织的我市会展机构，一次性奖励 10 万元，并自申请年度起连续三年给予当年度会员费 50% 的补助。

（二）对取得全球展览业协会（UFI）认证的展览项目一次性奖励 20 万元。

第七条 会展活动保障与促进

（一）建立重点产业和会展平台联动发展机制建立由各重点产业主管部门和会展主管部门共同参与的联席会议制度，加强品牌展会活动培育与引进。

（二）建立会展综合保障联动机制

联合综合保障部门，建立会展综合保障联动机制，为在厦举办的会展活动提供高效的综合保障服务。

（三）设立产业投资基金

支持社会资本在厦设立面向会展领域的产业投资基金，对重点投向本地会展企业的股权投资基金，可在政府引导基金出资规定比例内按流程申请予以支持。

（四）支持会展人才建设

对新设会展类专业的厦门高等院校、中等职业学校等给予一次性奖励 20 万元。

（五）做好会展基础保障性工作

对会展业课题研究及专项调研、专项统计、重点会展项目评估等活动给予经费保障。对会展营销推广平台建设和维护、专业买家对接洽谈等给予经费保障。支持举办会展业的专业培训工作。

（六）开展会展业宣传推广工作

对提升我市会展业整体形象和影响力进行的对外宣传推广、信息化建设、宣传品设计制作及境内外宣传推介活动给予经费保障。

第八条 本意见由市会议展览局会同市财政局负责解释。各项奖励和补助资金申报实施细则由市会议展览局会同市财政局另行制定。

第九条 本意见有效期 2020 年 1 月 1 日至 2022 年 12 月 31 日。

（文章来源：厦门市商务局网站 . http://xxgk.xm.gov.cn/swj/zcfg/gfxwj/201912/t20191216_2408351.htm）

厦门市会展业发展专项资金申报实施细则

第一章　总则

第一条 为进一步促进会展业高质量发展，加快会展产业转型创新和升级发展，提升我市会展业国际化、品牌化、专业化、市场化水平，根据《厦门市关于进一步促进会议展览业发展的扶持意见》（厦会展〔2019〕58 号），特制定本细则。

第二条 市会展业发展专项资金（以下称“会展专项资金”）是指市本级财政预算安排的，用于支持全市会展业发展的专项资金，主要用于对符合条件的会展项目奖补，以及其他促进我市会展业发展活动的支出。

第三条 会展专项资金由市会议展览局、市财政局共同监督管理，市会议展览促进中心协助。

（一）市会议展览局负责会展专项资金的管理，编制会展专项资金年度预决算和年度使用计划，统筹会展专项资金的实施，会同市财政局制定修订会展专项资金申报实施细则，拨付会展专项资金，开展会展专项资金绩效管理。市会议展览局委托市会议展览促进中心开展相关具体工作。

（二）市财政局负责审核会展专项资金年度预算，下达预算批复，会同市会议展览局制定修订会展专项资金申报实施细则，配合项目申报工作，按程序拨付资金，并对会展专项资金的使用及绩效情况进行监督检查。

第二章 申报条件和要求

第四条 申报要求

申请会展专项资金的单位应具有国内独立法人资格，其中自办展项目奖补申报单位为项目主承办单位，引进会展项目奖补和会议项目奖补申报单位为项目主承办或引进单位。

单个项目只能由一家项目主体提出申请，同一项目有多个符合条件的项目主体须协商推选一家提出申请，并提供推选证明材料；同一项目中同时包含会议和展览内容的，只能申请其中一种奖补（“以会带展项目”除外）。

申报材料均须加盖申报单位公章，原件审核后退还。如需补件，申报单位须在收到补件通知后 10 个工作日内补齐所须材料。逾期视同主动放弃奖补。

第五条 展览项目奖补条件及要求

（一）新办项目须提前三个月向市会议展览促进中心报备确认；

（二）展览项目实际展期不少于 3 天；

（三）展览项目如有多个主题，仅对该项目所属产业链相关的主题展位进行奖补；

（四）主承办单位基本相同、主题和内容基本相近、举办时间相同的展览项目视为同一项目；

（五）举办时间间隔 60 天以内、主题和内容相近的展览项目，按照“扶优扶强”的原则，对我市重点支持或规模最大的展览项目予以奖补。

（六）标准展位为 9 平方米，室内特装、室外展位及水上展区按展品面积折算成标准展位计算；由主承办方自行设置的其他功能区域（包括茶歇区、公共服务区等）不列入奖补范围。

（七）展览场地租金计算方式及场租单价标准如下：

场地租金的计算方式为每平方米租赁单价乘以租赁面积再乘以租赁天数。

1. 室内展览面积 3 万平方米（含）以下，每平方米单价若超过 9 元，以 9 元计算补助；

2. 室内展览面积 3 万平方米以上 5 万平方米（含）以下，每平方米单价若超过 8 元，以 8 元计算补助；

3. 室内展览面积 5 万平方米以上 8 万平方米（含）以下，每平方米单价若超过 7 元，以 7 元计算补助；

4. 室内展览面积 8 万平方米（含）以上，每平方米单价若超过 6 元，以 6 元计算补助；

5. 室外展览场地，每平方米单价若超过 6 元，以 6 元计算补助。

第六条 会议项目补助条件及要求

（一）对在我市举办的会期 1 天及以上的境内外经贸类、学术类会议（不含党政类、节庆、赛事、同学会、老乡会、战友会、夏令营、冬令营等类型），按类别给予补助。同一项目可就提高申请，但不得重复申请（以会带展项目除外）。

（二）饭店档次参考旅游主管部门及其他相关机构公布的

饭店等级标准。

第七条 重大展览和会议项目奖补条件及要求

（一）项目主体

项目主承办单位须满足以下条件之一：

1. 知名会展机构：包括但不限于全球展览业协会（UFI）、国际大会及会议协会（ICCA）、国际展览与项目协会（IAEE）、国际奖励旅游精英协会（SITE）等国际会展组织认证的会员机构；或年度运营展览面积达 30 万平方米以上的机构；或曾引进至少三场以上（含）ICCA 数据库中国际会议的专业会议主办方；

2. 国际性组织：包括但不限于世界贸易组织（WTO）、联合国贸发会议（UNCTAD）、世界投资促进机构协会（WAIPA）、国际航空运输协会（IATA）、世界新闻学会（IPI）、国际通信卫星（INTELSAT）机构、国际广播电视组织（IRTO）等国际经济及学术组织（纳入《国际组织年鉴》中的国际性政府间组织和非政府组织）；

3. 国家级行业协会 / 学会：在国务院民政管理部门登记备案，并接受年度检查的社会法人团体。

（二）高端嘉宾

高端嘉宾须满足以下条件之一：

1. 项目实际出席嘉宾有境内外国家（地区）副部级以上现任政府官员；诺贝尔奖获得者、两院院士、长江学者；世界 500 强全球副总裁及以上人员；以上人员总人数须三位及以上；

2. 项目实际出席嘉宾有世界 500 强中国区（外省市、境外）副总裁及以上人员；世界大学排名前 50 大学（上一年度 QS、TIMES 排行榜）的教授（排名参考国际公认的三大世界大学最新排名：上海交通大学世界一流大学研究中心研究发布的世界大学学术排名 ARWU、国际高等教育研究机构 Quacquarelli Symonds 发布的的 QS 世界大学排名和泰晤士高等教育 Times Higher Education 发布的 THE 世界大学排名）；以上人员总人数须八位及以上。

第八条 会展机构奖补条件及要求

（一）承办机构奖励要求

申请超额奖励的申报单位须在每年 6 月 30 日前提交申报材料，列出单个自然年度内所引进的会议项目。

（二）补助知名会展机构落户条件及要求

对会展组织、会展机构新落户厦门后有固定办公场所和工作人员，开展常态性工作和实际业务，承诺在厦期限不少于 10 年，且在厦自然年度内运营符合奖补条件的展览总面积达 5 万平方米或会议达 3 场，给予补助。

（三）奖励国际会议竞标牵头机构要求

竞标的国际会议项目需满足 ICCA 数据库中的国际会议标准并成功落地。

第九条 国际认证奖励要求

申报单位应自入会或取得认证之日起一年内，提交申请材料，外币汇率按汇款当天人民银行公布的中间价折算成人民币。

第三章 项目受理、申报与核拨

第十条 受理与申报

（一）市会议展览局发布申报受理通知，明确申报条件及申报材料。

（二）申报单位登陆“i 厦门”统一政务服务平台（http://www.ixm.gov.cn/）进行法人认证注册。

（三）申报单位在“i 厦门”注册成功后，至少在项目举办前 5 个工作日登陆“厦门产业扶持资金综合管理系统”（http://202.109.244.108:8888/login.jsp）或“厦门市会展业公共信息服务平台”（http://www.xmce.org/）进行在线填报并提供项目相关书面材料，受理成功后系统发送短信通知。逾期未提出申报的，视同自动放弃。

（四）申报单位应确保网上已填报信息的准确性、真实性，须与书面材料主要内容保持一致，如因信息有误影响后期项目审核的，由申报单位自行承担责任。

第十一条 现场核查

（一）完成网上申报后，申报单位须在项目举办前 3 个工作日与市会议展览促进中心商定现场核查时间；

（二）市会议展览促进中心组织人员于项目举办期间进行现场核查。

第十二条 提交总结材料

申报单位须于会展项目结束后 20 个工作日内提供会议或展览项目总结材料。

第十三条 项目初审、审核与拨付

市会议展览促进中心对申报材料进行初审后，提出具体的扶持金额建议报市会议展览局审核，由市会议展览局按照预算管理规定和程序拨付资金。

第四章 监督和检查

第十四条 有下列情形之一的，不予奖补：

（一）已获得我市其他市级财政资金支持的会展项目（另有规定的除外）；

（二）知识产权有争议的项目；

（三）主承办单位因违法违规行为被执法部门查处或正在接受调查，以及有其他失信行为的；

（四）会展项目发生群体性事件、安全生产事故造成负面影响或严重后果的（包括罢展、闹展或其它重大事故）；

（五）其他违反财政法律法规的情形。

第十五条 获得专项资金补助的项目单位应如实提供相关申报材料，对所提供的材料的真实性、合法性承担法律责任，并严格执行国家和省市有关政策规定，自觉接受有关部门的监督检查。

第十六条 市会议展览局、市财政局要加强对专项资金的追踪问效和监督，必要时委托第三方中介机构进行专项检查。采用虚报、冒领等手段骗取本办法规定的各项财政资助、补贴、补助、奖励资金的，由市会议展览局追回相应款项，按照《财政违法行为处罚处分条例》等相关法律法规进行处理，记入信用档案，并依据联合惩戒有关规定限制申请政府补贴资金。

第十七条 市会议展览局按规定编报绩效目标，并开展绩效目标执行监控和绩效评价，必要时可委托第三方中介机构进行绩效评价。市财政局可根据实际需要，对专项资金绩效实施再评价。绩效评价结果作为改进预算管理、编制以后年度部门预算、调整支出政策的重要依据。

第十八条 有关部门及其工作人员在资金审核过程中，存在违反规定向不符合条件的单位发放补助资金、擅自超出规定范围或标准发放补助资金，以及其他滥用职权、玩忽职守、徇私舞弊等违法违纪行为的，按照《预算法》《公务员法》《监察法》《财政违法行为处罚处分条例》等国家有关规定追究相应责任；涉嫌犯罪的，移送司法机关处理。

第五章 附则

第十九条 相关名词解释

经贸类专业展览会：集展示产品和技术、拓展销售渠道、传播品牌理念、投资洽谈交流为一体的展览会，不包括书画摄影展、成就成果展、订货会、展销会等。

标准展位：国际通行规格，长 3.0 米 × 宽 3.0 米 × 高 2.5 米。

自办展：每年固定在我市举办的展览会以及每隔固定时间在我市举办的展览会。

存量展位数：展览会历史最大规模的展位个数。

存量展览面积：展览会历史最大规模的展览面积。

增量展览面积：与展览会历史最大规模相比增加的展览面积。

展览场地租金：经贸专业展租赁展览馆场地的费用，不包括电费、空调费、搭建费、地毯费、运输费、会议室租赁费、特装管理费、仓储费、停车费等其他费用。

国际会议：参考 ICCA 数据库中的国际会议标准①至少有 50 个参加者；②定期组织举行会议（不包括一次性会议）；③必须在至少 3 个及以上国家轮流举行；以上三个条件需同时满足。

大型会展企业：注册资本达 5000 万元以上的从事会展活动的策划组织、设计和搭建、会务承接等业务的企业，年营业额不低于 2000 万元。

第二十条 本细则由市会议展览局会同市财政局负责解释，有效期为 2020 年 1 月 1 日至 2022 年 12 月 31 日。项目发生时间在有效期内的可适用厦会展〔2019〕58 号及本细则有关规定。

第二十一条 此前发布的市会展业有关办法、规定与本细则规定不一致的，按本细则规定执行。

（文章来源：厦门市商务局 . http://xxgk.xm.gov.cn/swj/zcfg/gfxwj/201912/t20191220_2410065.htm)

厦门市同安区旅游发展专项资金使用暂行管理办法

第一章 总则

第一条 为了规范我区旅游发展专项资金的使用和管理，提高资金的使用效益，充分发挥旅游发展专项资金的宏观导向和激励作用，促进我区旅游业快发展，结合我区实际，制定本办法。

第二条 区旅游发展专项资金（以下简称“专项资金”）由区财政预算安排，纳入区文化和旅游局部门预算，专项用于我区旅游产业培育、旅游市场营销、旅游公共服务等。

第三条 专项资金的使用与管理，应当符合财政管理的有关规定，坚持“择优引导、注重绩效、公开透明、严格监管”的原则，确保资金使用的高效、安全和规范。

第四条 区文化旅游工作领导小组是专项资金管理的领导机构；区文化旅游工作领导小组办公室负责监督落实；区文化和旅游局是专项资金管理的职能部门，负责专项资金的预算编制、项目申报、项目审核、项目公示、提出资金分配方案、实施绩效评价和管理监督；区财政局负责将专项资金纳入预算安排，指导和督促有关部门加强资金监管。

第二章 适用范围

第五条 专项资金扶持对象应符合以下条件之一：

（一）在同安区依法登记注册、具有独立法人资格、财务管理制度健全，在同安区纳税，无违法违规经营，无不良信用记录的旅游企业。

（二）在同安区提供旅游相关服务的单位或机构。

（三）对同安旅游产品项目建设、客源市场拓展、公共服务等做出积极贡献的区外企业单位或机构。

（四）台湾特色旅游优秀人才。台湾特色旅游优秀人才应符合以下条件之一：

1. 在本地旅游行业企业担任中高层职务，且年薪不低于 15 万元（以税务部门确认的个人申报收入为准），并与企业签订 3 年以上劳动合同。

2. 领办创办企业在同安年缴纳区级税收 15 万元以上。

第六条 专项资金的使用范围：

（一）旅游产业培育类。主要用于旅游产品建设，旅游新兴业态培育，中小旅游企业扶持，旅游品牌提升与维护，乡村旅游扶持以及对重点旅游项目和旅游基础设施建设项目实施补助等。

（二）旅游市场营销类。主要用于旅游形象推广，旅游产品推介，举办旅游节庆活动，媒体广告宣传，旅行社组团奖励，参加国内外旅游展会等。

（三）旅游公共服务类。主要用于旅游综合服务系统建设，旅游交通体系建设，旅游信息化建设，旅游信用体系建设、旅游厕所、旅游标识标牌等公共配套设施建设，旅游人才引进、培训等。

（四）区文化旅游工作领导小组办公室确定的其他需要支持的旅游产业发展项目。

第三章 扶持方式与标准

第七条 专项资金主要采取财政补助、以奖代补等方式，对符合资金使用范围的项目予以补助和支持。

第八条 扶持标准：

（一）旅游产业培育类。

1. 旅游项目建设。鼓励社会资本投资改建、扩建旅游项目（含设施设备改造等固定资产投入）。项目投资额不低于 100 万元，按实际投资额的 10% 给予奖励，每家企业补助最高不超过 200 万

2. 旅游品牌奖励。

(1) 鼓励创建国家 A 级的旅游景区。对新获评国家 5A、4A、3A 级的旅游景区，分别给予一次性奖励 100 万元、50 万元、30 万元；在本文件实施期限内升级的，补给级差部分金额。

(2) 鼓励创建国家星级饭店。对新获评国家五星级、四星级、三星级的饭店，分别给予一次性奖励 50 万元、30 万元、20 万元；在本文件实施期限内升级的，补给级差部分金额。对新获评“绿色旅游饭店”的“金叶级”给予一次性奖励 10 万元。

(3) 鼓励发展工业旅游。对新评为省级观光工厂的企业，给予一次性 10 万元奖励。

(4) 鼓励旅游厕所建设。在我区旅游景区景点、旅游交通

线路、休闲集镇和特色村（包括乡村旅游点）、旅游集散中心、旅游餐馆、旅游娱乐场所、旅游步行街区内单独建设的，主要为旅游者提供服务的旅游厕所，且列入市、区文化和旅游局年度旅游厕所建设计划的，均纳入奖励范围。对新建达到 3A、2A、1A 级标准的旅游厕所，每座分别给予 12 万元、8 万元、5 万元奖励；对非 A 级旅游厕所改建达到 3A、2A、1A 级标准的旅游厕所，每座分别给予 8 万元、5 万元、3 万元奖励。对升级达到 3A、2A 标准的旅游厕所，每座分别给予 4 万元、3 万元奖励。

(5) 鼓励发展限额以上住宿业。

①对于年度（核算 1—12 月份）营业收入达 2000 万元（含）以上 6000 万元以下的重点限上住宿业企业，比上一年度增幅 20%（含）以上的，按增加额的 10%。给予奖励，单家企业年度奖励金额不超过 30 万元；

②对于年度（核算 1—12 月份）营业收入达 6000 万元（含）以上亿元以下的重点限上住宿业企业，比上一年度增幅 20%（含）以上的，按增加额的 15%。给予奖励，单家企业年度奖励金额不超过 60 万元；

③对于年度（核算 1—12 月份）营业收入达 1 亿元（含）以上的重点限上住宿业企业，比上一年度增幅 20%（含）以上的，按增加额的 20%。给予奖励，单家企业年度奖励金额不超过 80 万元。

(6) 对新获旅游品牌，被国家、省文化和旅游行政主管部门认定的国家级、省级旅游品牌的镇（街），分别给予 30 万元、20 万元的奖励；被国家、省文化和旅游行政主管部门认定的国家级、省级旅游品牌的村，分别给予 20 万元、10 万元的奖励。

3. 旅行社创建。对新注册成立的旅行社或迁入我区的旅行社，如当年或第二年主营收入超过 2000 万元，给予开办费和办公场所租金等相关费用一次性补贴 30 万元（不超过旅行社场地租金、装修费用、办公设备及家具的实际投入）。享受该补助的旅行社需承诺 3 年内注册地和税收不迁出我区，否则我区有权追回已发放的所有资金。对区内旅行社在区外开设分社（营业网点），每开设 1 家分社（营业网点），经营时间在一年以上且年营业收入达到 100 万元以上的，予以一次性奖励 2 万元。

4. 旅游品牌提升与维护。对获得国家 A 级景区、星级饭店，乡村旅游品牌、以及达到 A 级标准的旅游厕所，每年根据各级文化和旅游行政主管部门的复核情况，对于复核通过的，给予提升与维护资金奖励。

(1) 国家 5A、4A、3A 级旅游景区，分别给予 20 万元、15 万元、10 万元奖励；

(2) 国家五星级、四星级、三星级饭店，分别给予 15 万元、12 万元、10 万元奖励；

(3) 达到 3A、2A、1A 级标准的旅游厕所，分别给予 3 万元、2 万元、1 万元奖励；

(4) 达到省级休闲集镇的给予给予 7 万元奖励；

(5) 达到省级乡村旅游一类村、二类村、三类村，分别给予 4 万元、3 万元、2 万元奖励；

(6) 达到省四星级、三星级乡村旅游接待单位，分别给予 7 万元、4 万元奖励；

(7) 全国休闲农业与乡村旅游示范点、省级观光工厂等相应等级的品牌给予 4 万元奖励。

以上复核的乡村旅游品牌含名称变更获得的相对应等级品牌。

(8) 对于出现旅游品牌被取消或被降级情况的单位，取消当年奖励，次年按照实际品牌标准进行复核；对于出现因服务质量问题造成不良影响、未正常运营等情况的单位，取消当年奖励，情节严重的追回全部奖励。

5. 乡村民宿。对手续完备，通过批准、依法纳税并规范经营的民宿，年经营收入在 10 万元以上、且无被处罚记录的 3 按年度给予 1 万元奖励。

（二）旅游市场营销类。

1. 旅行社组团奖励。旅行社组织游客入同安开展旅游活动，需同时具备以下条件方可申报奖励：

(1) 以旅行社组团的形式，每季度组织 150（含）人次以上游客来同安开展二日游（含）以上旅游活动。

(2) 单个旅游团队须 10 人以上。

(3) 旅游团队在同安区辖区范围内的限额以上宾馆酒店驻留 1 个晚上（含）以上。

(4) 旅游团队每日行程均需体现同安景区景点。其中，一日游行程需至少游览 1 个收费景区景点或省级观光工厂；三日游行程需至少游览 2 个收费景区景点或省级观光工厂，以此类推。（收费景区景点和省级观光工厂名单详见附表）。对满足以上条件的旅行社，按照每人每晚 30 元标准进行奖励。每家旅行社当年最高奖励不超过 30 万元。

2. 文旅节会活动奖励。鼓励区文化和旅游企业为扩大经营规模、提升知名度举办有影响力的文化和旅游节会活动，对于承办由市文化和旅游行政主管部门举办的旅游节会活动，一次性补助 3 万元。每家企业年度累计奖励总额最高不超过 20 万元。

3. 企业自主营销活动奖励。鼓励旅游企业在厦门市以外地区自发组织以同安旅游资源或产品、线路为内容的宣传、推介、营销活动，按照场地费用 50% 的比例给予奖励；鼓励旅游企业参加国家级或具有重要影响力的本省、本市文旅主管部门主办的旅游展会，自行购买展位的企业，按照展台费用 20% 的比例给予奖励。每家企业年度累计奖励总额最高不超过 30 万元。

4. 台湾青少年研学活动奖励。根据《中共厦门市委办公厅厦门市人民政府办公厅印发〈关于进一步深化厦台经济社会文化交流合作的若干措施〉的通知》（厦委办发〔2018〕18 号），鼓励台湾青少年来同安开展研学旅行，参加各类夏令营及青少年交流活动，对主办单位按照实际发生费用 20% 的比例给予奖励，每家企业年度累计奖励总额最高不超过 20 万元。

5. 台湾旅游人才引进奖励。根据《中共厦门市委办公厅厦门市人民政府办公厅印发〈关于进一步深化厦台经济社会文化交流合作的若干措施〉的通知》（厦委办发〔2018〕18 号），鼓励旅游企业优先聘用台湾特色旅游人才。企业每新招用一名台湾特色旅游优秀人才，并工作满 1 年以上的，给予企业一次性奖励 3 万元，其中人才入选市级及以上高层次人才计划的，给予企业补足 10 万元奖励。

（三）会议业活动奖励。

鼓励来我区举办会议活动。凡是同一会议活动在我区举办、会期 1 天以上（不含 1 天）、参会人数 150 人（含）以上且住宿同安辖区内限额以上宾馆酒店超过 100（含）间夜的，给予会议主办单位（或承办单位）如下奖励：

(1) 实际住宿客房 100—299 间夜，给予 4 万元奖励；

(2) 实际住宿客房 300—499 间夜，给予 6 万元奖励；

(3) 实际住宿客房 500—999 间夜，给予 10 万元奖励；

(4) 实际住宿客房 1000 间夜以上的，给予 18 万元奖励。

(5) 特别奖励：对单个自然年度内招揽引进 5 个及以上会议项目的主办单位（或承办单位），给予全年奖励总额的 30% 的特别奖励。

（四）其他情况

1. 上级明确要求区级财政配套资金的旅游项目，按照有关规定予以配套支持；

2. 对由同安区范围以外引进至同安落户的大型旅游企业申报的重大项目，以及对同安区具有重大发展潜力的旅游产业项目、赛事或者活动，施行“一项一策”或“一企一策度由区文化旅游工作领导小组力、公室审定。

第四章 申报及审批程序

第九条 专项资金的申报与审批程序如下：

（一）旅行社组团奖励申报办理。

1. 申报及审核：

(1) 申报奖励的旅行社须在团队到达 1 日前向同安区旅游咨询服务工作站申报，并提供全国旅游团队服务管理系统电子行程单（联系电话：0592-7210000）。

(2) 旅行社于次月 18 日前凭申报材料在同安旅游奖励系统（网址：http://tongan.jingdian.com）完成上月团队的网上申报。逾期不予审核。

实行签单月结方式结算的旅行社，在网上申报时要附当月团队明细清单（包括：每个团队的日期、行程、游客人数、结算金额，并加盖旅行社公章 、住宿酒店公章 ），上述发票必须为税务机打发票，否则不予确认。

(3) 区文化和旅游局负责对旅行社申报材料的真实性进行初审，于次月 28 日前完成上月的初审工作。

2. 申报材料：

(1) 全国旅游团队服务管理系统电子行程单；

(2) 与旅游者或组团社签订的旅游合同或委托合作确认件；

(3) 住宿单位税务机打发票；

(4) 收费景区景点结算的发票；

(5) 承诺书；

(6) 其它佐证材料。如住宿留宿人员登记系统登记情况、住宿单位入住情况证明、团队游客联系方式等。

（二）旅游项目建设补助申报办理。

1. 备案申报：申报补助的事项需在实施前 15 日内向区文化和旅游局备案（备案材料包括：①同安区促进旅游产业加快发展奖励扶持备案登记表（项目类）；②项目设计图纸、工程计算底稿、工程量清单、工程概算、询价清单；③所在镇、街出具的同意建设意见或相关部门出具的项目立项批复、核准意见的正式文件或备案确认书等。上述材料需提供纸质材料、刻录光盘电子材料各 2 份）；

2. 申报时间：建设项目竣工当年 9 月 30 日前提出书面申请；

3. 申报材料：

(1) 同安区促进旅游产业发展奖励扶持申请表（项目类）；

(2) 营业执照复印件；

(3) 工程竣工报告（项目基本情况、投入金额等需要说明的事项）；

(4) 项目施工协议或合同；

(5) 项目费用支出发票或相关费用支出凭证(须加盖公章)；

(6) 施工进程图片及影像资料（建设前、中、后，刻录光盘电子材料 2 份）·

(7) 其它证明材料。

（三）会议业活动奖励申报办理。

1. 申报流程

主办单位（或承办单位）在引进会议开始前的 5—10 个工作日填写申报材料，向厦门市会展协会申报（注：既符合申报市级奖励又符合区级奖励扶持的可同时报送相关材料），经厦门市会展协会组织评审并出具评估审核表后，再由区文化和旅游局审批、核拨奖励资金（企业须出具收款票据）

2. 会议奖励申报所需提交的材料

(1) 会议开始五个工作日前主办单位（或承办单位）需报送的材料：

①申请报告（内容包括：会议名称、举办时间、地点、会议的基本内容、申请政府奖励的档次）（一份）；

②会议专项资金申请表及核查表（一式二份）；

③主、承办单位协议或委托函件（复印件一份）；

④会议日程安排（一份）；

⑤会议场租、酒店住宿合同复印件（一份）。

(2) 会后十五个工作日内，必须报送的材料：

①总结报告（参照申请报告，一份）；

②会议场租发票复印件（一份）；

③酒店出具的住宿证明材料及人员名单（各一份）；

④会议现场照片 3 张（主席台和会场前后全景各 1 张）；

⑤会议签到表。

区文化和旅游局将开展现场核查，若发现现场未达到 150 人，取消申请资格，且三年内不得再申请奖励。

（四）其它扶持奖励申报办理

适用于旅游组团奖励、旅游项目补助及会议业活动以外的奖励事项申报办理。

1. 备案申报：申报奖励的事项需在实施前向区文化和旅游局备案，备案材料包括如实施计划或方案、预期效果等（需备案事项包括旅游品牌、旅行社创建、旅游节事活动、企业自主营销活动、台湾青少年研学活动奖励、台湾旅游人才引进等）。

2. 申报时间：在 9 月 30 日之前达到奖励条件的，于当年 10 月 30 日前提出书面申请（附申报材料）；在 10 月 1 日之后达到奖励条件的，于次年 6 月 30 日前提出书面申请（附申报材料）；

3. 申报材料：

(1) 同安区促进旅游产业加快发展奖励扶持备案及申请表（其他类）；

(2) 营业执照复印件、开户许可证；

(3) 相关协议或合同；

(4) 费用支出发票及明细；

(5) 其他证明材料（佐证图片、通知文件、宣传报道等）。

第十条 专项资金的审核兑现

（一）旅行社组团奖励审核兑现。

区文化和旅游局每季度对上季度旅行社申报人数进行汇总审核，确定获奖励旅行社及奖励金额，并通过“同安区政府”网站公示 7 日，公示期满无异议后，发放奖励资金。

（二）其他奖励审核兑现。

根据申请，区文化和旅游局组织进行材料或实地审核（旅游项目需由第三方机构审核），审核结果在“同安区政府”网站公示 7 日，公示期满无异议后，发放奖励资金。

第五章 资金拨付与监管

第十一条 预决算管理

区文化和旅游局应根据部门预算管理的有关规定和要求，及时编报专项资金年度预算，严格按照区财政局批复的预算执行，并按有关规定向区财政局报送预算执行情况。年度预算执行过程中，专项资金使用超过预算核定数时，由区文化和旅游局提出追加预算申请，报区文化旅游工作领导小组办公室审核后，按规定上报区委、区政府研究。

专项资金年度决算由区文化和旅游局负责编制，并随部门决算，再由区财政局审批。区财政局市核同意后附区文化和旅游局部门决算一同批复。专项资金年终结余经区财政局批准后可结转下一年度使用。

第十二条 区文化和旅游局和区财政局对扶持项目实施跟踪检查，对重点补助项目进行事前、事中、事后的预算绩效评价，绩效评价结果作为申请补助和项目验收的重要评审依据。

第十三条 专项资金必须按照专项资金管理办法申报、管理和使用。资金使用单位应遵守国家财政、财务规章 制度和财政纪律，加强专项资金的管理和核算。项目单位应切实加强资金管理和核算，专款专用，及时向区文化和旅游局和区财政局报送资金使用情况。

第十四条 受补助对象存在下列行为的，由区文化和旅游局追回已拨付全部资金 3 年内不再受理其申报专项资金：

（一）虚假申报或多头申报、恶意骗取专项资金；

（二）冒领、截留、挪用、挤占专项资金；

（三）擅自变更补助资金使用范围；

（四）不设专账管理或账目混淆不清；

（五）不配合检查和验收，或在检查和验收过程中造假；

（六）在首次验收不合格半年内仍不具备条件验收，或二次验收依然不合格；

（七）其他违反法律法规的行为。

第十五条 专项资金使用情况同时接受监察和审计部门依法开展的行政监察和审计监督。专项资金实行问责制对存在项目完成不理想、绩效评价差、审计问题多及其它骗取专项资金等情况的受补助对象，对相关责任人进行问责；构成犯罪的，依法移送司法机关处理。

第六章 附则

第十六条 除特别注明情况以外，《奖励扶持意见》）已经明确的奖励，均按照《奖励扶持意见》相关条款执行。

第十七条 属于财政投融资的项目，不列入本办法奖励扶持范围。同一申报项目同时符合本办法多个支持条件的，原则上就高不重复执行。本办法如与其他扶持政策相重复时，不重复计奖，但可按照就高不就低的原则执行。扶持资金不得用于发放个人奖金。

第十八条 本办法适用时间为 2021 年 1 月 1 日至 2022 年 12 月 31 日。

第十九条 本办法由区文化和旅游局负责解释，自发布之日实施。

（文章来源：厦门市同安区人民政府网站.http://www.xmta.gov.cn/zc/zfxxgkzl/bmzfxxgk/wgj/zfxxgk/zfxxgkml/qtyzdgk/202103/t20210303_771690.htm)

山西省级会展业发展专项奖补资金管理办法

第一章 总则

第一条 为促进山西省会展业发展，规范会展业专项资金管理，提高资金使用效益，确保资金专款专用，根据《山西省人民政府关于促进会展经济发展的若干意见》（晋政发〔2016〕59 号）、《山西省财政厅关于印发<省级财政专项资金管理办法>的通知》（晋财省直预〔2019〕23 号）和《山西省财政厅关于印发财政专项资金分配职责规定的通知》（晋财办〔2015〕24 号），结合我省目前会展业发展实际，制定本办法。

第二条 会展业发展专项奖补资金是省级财政设立，用于促进全省会展业发展的专项奖补资金（以下简称“奖补资金”）。

第三条 奖补资金按照“政府引导、市场运作”的原则，突出重点，注重绩效，促进全省会展业协调发展。

第四条 本办法中的会展是指有一定区域或行业影响力的高峰论坛、重要会议、博览会、展览会等活动。

第五条 办展（会）单位是指在整个展会活动中负责组织策划、招商招展、经费收支，并与展会场馆签订场地租赁合同的单位。

第二章 职责分工

第六条 奖补资金由省财政厅和省商务厅共同管理，分别履行下列管理职责：

省财政厅：负责审核省商务厅报送的奖补资金分配计划；下达奖补资金预算并拨付资金；审核奖补资金绩效评价目标和报告，审核自评价结果，根据需要组织再评价；监督检查奖补资金分配、管理和使用等情况。

省商务厅：负责发布上年度我省重点支持的会展目录；制定奖补资金项目申报指南；组织项目申报、审核；报送奖补资金预算分配计划，确定奖补资金绩效目标、提供绩效评价报告；建立奖补资金项目库；对重点展馆办展数量、规模进行考核；会同省财政厅对奖补资金的管理、使用等情况进行监督检查。

第三章 奖补资金支持范围、方式和额度

第七条 奖补资金用于服务会展的相关支出。支持已列入省商务厅发布的上年度我省重点支持的展会目录，并于上年度在本省举办的会展项目。奖补资金支持范围是：

（一）引进社会效益明显、影响力强的国际性、全国性、行业性会展项目；

（二）对我省产业经济有积极促进作用的自办展览活动；

（三）鼓励我省企业积极创新网上办展，开展线上线下办展的融合发展新模式；

（四）申报获得国际展览协会（UFI）和国际会议协会（ICCA）等国际性组织认证的项目；

（五）省内重点展馆考核奖励。

（六）省政府确定支持的其他会展项目。

第八条 有下列情形之一的，奖补资金不予支持：

（一）中央和省财政专项资金已支持的会展项目；

（二）各类文化科普展，公益性、政策性成就展，人才交流会等非商贸展览活动，以及各类促销会等项目；

（三）组织秩序混乱，引发严重的群体性事件或发生重大事故的会展项目；

（四）办展单位近两年内因违法行为被执法部门查处或有其他违反国家法律法规行为的。

第九条 奖补资金采取以奖代补的方式予以支持。

第十条 引进国际品牌展会每个给予不超过 100 万元奖励；引进国内品牌展会每个给予不超过 80 万元奖励；引进行业品牌展会每个给予不超过 50 万元奖励；引进大型国际性会议（论坛）给予单个不超过 50 万元奖励；引进全国大型会议（论坛）给予单个不超过 30 万元奖励；对重点扶持的我省自办展会每个给予不超过 30 万元奖励；对连续在我省举办同一主题展览活动超过十年并且规模持续扩大的项目给予单个不超过 50 万元的一次性奖励。

第十一条 经考核，重点展馆完成目标的给予奖励，未完成目标的不予奖励。

第十二条 因不可抗力因素造成对整体会展业的重大影响，可适当浮动奖补资金项目的上限金额。

第四章 奖补资金的申报、审核和拨付

第十三条 办展（会）单位申请奖补资金应当符合以下条件：

（一）申请奖补资金的单位应为山西省内具有独立法人资格的企业、社团或事业单位（含联合主办或联合承办）；

（二）符合会展业扶持政策申报条件的其他要求；

（三）按照有关规定已取得开展相关业务的资格。

第十四条 奖补资金的申报按照属地划分原则，由符合奖补资金申请条件的单位将申请资料向设区的市商务主管部门报送；对于省民政厅批准设立、并由省级行业主管部门进行业务指导的省级社团组织可将申请资料直接报省商务厅；财政体制管理型试点县比照市级报送程序执行。

第十五条 申报材料的主要内容：

（一）各市、财政体制管理型试点县商务主管部门的正式申请文件；

（二）申报单位的申请报告；

（三）申报项目的主要资料：单位营业执照（法人登记证等相关文件）复印件；主承办单位协议；相关合同、协议和发票复印件；绩效目标表以及其他需要提供的相关材料等。

第十六条 各设区的市、财政体制管理型试点县商务主管部门负责组织本辖区内的项目申报，督促申报单位认真准备申报材料；负责审核申报单位的资格、项目材料的真实性和完整性，初审绩效目标及展会自评价结果，以正式文件上报省商务厅；资金拨付后，要对年度资金使用情况、绩效进行总结、评估，为编制下一年度资金预算提供依据。

第十七条 申报单位对所申报材料的真实性负责，严格执行本规定，严格开支范围，设立绩效目标及完成情况报告，做好完整的项目资金相关材料的建档和保存工作，接受相关部门的检查和审计。

第十八条 省商务厅组织第三方机构对项目申报材料和实际费用支出相关合法凭证进行审查后，在择优排序的基础上研究确定具体支持项目，提出奖补资金分配方案，同时出具绩效评价报告。

第十九条 省商务厅将奖补资金分配计划、绩效目标、绩效报告以正式文件一次性报省财政厅审核。

第二十条 省财政厅按照预算管理程序和国库支付管理规定下达并拨付资金。

第五章 奖补资金的监督管理

第二十一条 奖补资金实行按规定用途使用，严禁截留、挤占、挪用奖补资金。

第二十二条 绩效评价结果作为以后年度安排奖补资金的重要参考因素。

第二十三条 奖补资金的使用应接受财政、商务、审计等部门的监督和检查。省商务厅、省财政厅根据实际情况，可采取定期检查、不定期抽查或委托设区的市商务和财政部门（或评审机构）等方式，对奖补资金的使用情况进行监督检查。

第二十四条 凡违反国家及本办法有关规定和要求，截留、挪用、骗取奖补资金行为的，依照《财政违法行为处罚处分条例》（国务院令第 427 号）等相关法律法规规章进行处理。

第六章 信息公开

第二十五条 省商务厅在门户网站或通过其他媒体渠道向社会公开奖补资金管理办法、项目申报指南、上年度我省重点支持的展会目录、奖补资金分配方案等信息。其中，奖补资金分配方案公示时间不少于 5 个工作日。

第七章 附则

第二十六条 本办法自印发之日起施行。2017 年 4 月 27 日《山西省财政厅山西省商务厅关于印发 < 省级会展业发展专项奖补资金管理办法 > 的通知》（晋财建二〔2017〕78 号）同时废止。

（文章来源：山西省商务厅网站 . https://swt.shanxi.gov.cn/infolist/cmsContent.action?articleId=33bb2acd-de5d-442a-859f-2e9d95f73504&openId=&matterId=&serviceId=)

深圳市宝安区会展业资金扶持实施细则

为加快建设湾区核心、智创高地、共享家园，培育设施完善、配套齐全、布局合理、富有宝安特色的会展产业，根据《宝安区促进会展业发展的若干意见》，结合宝安区实际，特制定本实施细则。

第一条 引进大型展览。对在宝安区举办、单日展览面积10万平方米以上的展览活动，对超出10万平方米的展览面积，按每平方米5元的标准给予综合补贴，单届补贴金额不超过200万元，补贴总计不超过3届。

第二条 支持专业展览。对在宝安区举办、日均参观人数在1万人以上的各行业专业展览，按总参观人数每人5元的标准给予综合补贴，单届补贴金额不超过50万元，补贴总计不超过3届。本项补贴与第一条可同时申请。

第三条 促进企业成长。对新落户宝安区、具备独立法人资格、年营业收入超过1000万元的会展类企业，按其落户首年年度会展营业收入的2%给予最高不超过200万元的一次性奖励；会展类企业年营业收入较上一年度同比增长15%以上，按会展营业收入的1%给予最高不超过100万元的一次性奖励。

第四条 鼓励品牌认证。自本细则颁布实施后，在宝安举办、并首次获得深圳市会展主管部门认定的品牌展会，给予承办执行方50万元的一次性配套奖励。对注册在宝安的会展类企业，自本细则颁布实施后，首次获得国际展览业协会（UFI）或国际大会与会议协会（ICCA）认证的，给予50万元的一次性奖励。

第五条 引导产业集聚。对总建筑面积1万平方米以上、入驻会展类企业10家以上，且入驻会展类企业年营业收入总和达到1亿元的会展园区，给予园区运营方100万元的一次性奖励。符合上述条件的园区第二年入驻会展类企业年营业收入总和较上一年度同比增长15%以上，给予园区运营方50万元的管理奖励。

第六条 完善交通配套。对经区科技与产业发展专项资金领导小组同意，在重点展会期间提供交通专线、微循环交通服务的企业，按其实际投入费用的50%，给予最高100万元的交通补贴。

第七条 保障重大活动。经区产业发展工作领导小组同意支持的峰会、论坛、学术会议等重大活动，以及宝安产业发展博览会（宝博会）、深圳国际智能装备产业博览会（智博会）等区政府主办（承办）的展览，按照《宝安区科技与产业发展专项资金管理办法》及其配套文件给予奖励，资助资金在区科技与产业发展专项资金年度预算中安排。

第八条 建立备案制度。本细则规定的资金扶持均为事后补贴或奖励，申请扶持的各类展览、会议活动均应于举办前180天向区会展主管部门申请备案。客观原因无法提前180天备案的，在办理备案时提供情况说明。本细则第三条、第五条不受本条款要求限制。

第九条 附则。本细则不受申请主体纳税限制，实际资助资金按备案情况和当年预算计划统筹安排，如超出预算计划滚动下一年拨付。

本细则自发布之日起实施，有效期三年，由深圳市宝安区商务局负责解释。申请本细则资金扶持的相关操作规程由深圳市宝安区商务局依据本细则另行制定。

（文章来源：广东省人民政府网站. http://www.gd.gov.cn/zwgk/wjk/zcfgk/content/post_2939612.html）

沈阳市会展业发展专项资金扶持政策

第一章 总则

第一条 为进一步促进我市会展业的发展，努力打造“东北亚会展中心城市”，带动全市经济社会发展，根据《国务院关于进一步促进展览业改革发展的若干意见》（国发〔2015〕15 号）、《辽宁省人民政府关于加快展览业改革发展的实施意见》（辽政发〔2017〕5 号）、《沈阳市人民政府办公厅关于印发沈阳市促进会展业发展实施方案的通知》（沈政办发〔2015〕50 号）、《沈阳市人民政府关于印发 < 沈阳市市级财政专项资金管理办法 > 的通知》（沈政发〔2018〕8 号），结合我市实际制定本政策。

第二条 沈阳市会展业发展专项资金（以下简称“专项资金”）是为促进全市会展业发展而设立的专项资金，每年由市财政安排预算，由市商务局实施项目管理。采取项目补助、奖励的方式，重点用于引导、支持我市展览展示、会议（论坛）等项目做优做强做大、做出品牌。

第三条 专项资金根据国家、省、市产业政策和财政资金管理有关规定，遵循“积极引导、突出重点、公开透明、注重实效、专款专用、科学监管”原则和“谁使用、谁负责”原则管理使用专项资金。

第四条 市商务局根据国家、省和市会展业发展相关政策、发展规划及实际工作需求，负责编制专项资金预算，组织项目申报、评审，确定专项资金使用计划。负责专项资金使用的监督管理与绩效评价。

市财政局负责专项资金预算管理，按照市政府批准的专项资金使用计划拨付资金。

第二章 支持重点和标准

第五条 展览会补助。对在我市举办的 3 天及以上的经贸类展览会，自申请专项资金年度起，前三届规模依次达到 200、250、300 个标准展位的，每个标准展位补助 600 元；从第四届开始，规模不低于 300 个标准展位的，每个标准展位补助 400 元；每届补助总额最高不超过 150 万元。当届未达到规模的不予补助。当年展览项目未申请补助或规模未达标准的，列入累计补助届数。对展览会举办场所未纳入或未申请纳入全国展览业管理信息系统的，补助金额最高不超过 30 万元。

第六条 重点产业展览会补助。对符合《沈阳振兴发展战略规划》，有助于推动产业发展与转型、城市发展与转型、社会发展与转型的，打造重点产业集群有重要推动作用的汽车及汽车零部件、机械装备、现代建筑、农产品深加工、电力装备、机器人及智能装备、航空产业、新一代信息技术、生物制药及高性能医疗器械、金融服务、现代物流、旅游会展等重点展览会，在第五条补助标准上提高 20%，每届补助总额最高不超过 180 万元。

第七条 吸纳小微企业参加展览会补助。对符合第五条或第六条补助条件的展览会项目，且小微企业参展的标准展位数达到总标准展位数 60% 以上（含 60%）的，对展会全部标准展位，每个标准展位增加补助 50 元，每届补助总额最高不超过 20 万元。

第八条 支持本地行业龙头企业参加展览会。对符合第五条或第六条补助条件，且对租用单块展览面积超过 300 平方米的单个龙头企业实行免场租的展览会项目，按每平方米 50 元给予补助，补助总额最高不超过 20 万元。

第九条 会议论坛补助。对在我市举办的参会人数 200 人以上（含 200 人）、会期达 1 天及以上的各类会议论坛，住宿 500—999 间夜的，给予 5 万元补助；住宿 1000—1999 间夜的，给予 10 万元补助；住宿 2000—2999 间夜的，给予 20 万元补助；住宿 3000—3999 间夜的，给予 30 万元补助；住宿 4000—4999 间夜的，给予 40 万元补助；住宿 5000 间夜以上的，给予 50 万元补助。对四星级、五星级宾馆的住宿间夜数量分别按照 1.2 和 1.4 的系数折算。

第十条 引进展览项目补助。对招揽引进在我市举办的，展览会规模在 500 个标准展位以上（含 500 个）的展览项目，首年补助资金增加 20%；鼓励连续在我市举办的展览会项目，在连续举办的第三年，补助资金增加 60%。补助资金最高不超过 300 万元。

第十一条 鼓励办展企业做大做强。对在我市注册的展览企业，每年度获得会展业发展专项资金的展览会项目达到 3 个以上（含 3 个），且展览会类别（主题）均不相同，累计标准展位达到 3000 个以上（含 3000 个），展位数量合计较上年增长 200 个以上（含 200 个），可申请 30 万元一次性奖励。

第十二条 对在我市注册的展览企业取得国际展览协会（UFI）认证的展览项目，一次性奖励 20 万元；加入国际展览协会（UFI）和国际会议协会（ICCA）等其他国际组织的会展机构，一次性奖励 10 万元。同时，自申请年度起连续三年缴纳的会员费给予 50% 补助，每年最高不超过 10 万元。

第十三条 以市政府名义组织企业参加外埠展览会、洽谈会及会展业行业宣传、效果评价、数据统计分析、项目评审等所需经费，纳入部门预算管理。

第十四条 对市政府确定的，对我市经济发展有重大推动作用的重点会展项目，可采取一事一议的方式，报经市政府批准后，予以支持。

第十五条 对于同一项目，专项资金在同一年度内按照“不重复、不兼得”的原则给予支持。

第三章 申报条件、程序和材料

第十六条 申报条件：

1. 经贸类专业展览会是指办展天数在 3 天及以上，集展示产品和技术、拓展销售渠道、传播品牌理念、投资洽谈交流为一体的展览会，不包括书画摄影艺术展等。

2. 每个项目只能有一个单位提出申请。同一项目有多个主（承）办单位的，须推选一个单位提出申请，并提供推选证明材料。

3. 同一项目包含会议和展览内容的，只能申请其中一种（会议或展览）补助。

4. 标准展位为 9 平方米，室内特装展位按实际面积折算成标准展位计算，与展览展示无关的其他功能区域（如休息区、餐饮区等）不列入标准展位的计算范围。

5. 一个展览会如有多个主题，只对符合条件的主题进行补助。主、承办单位基本相同、主题和内容基本相似的展览会，同一个年度不得重复申请补助。

第十七条 申报程序：

1. 申请单位应在年底前向单位注册地商务主管部门提报下一年度的项目计划。招揽引进的项目应在合作协议（或场馆租赁协议）签订后一个月内，将项目计划报市商务局汇总。

2. 申请单位应于项目开始前 1 个月提报项目活动方案，内容应包括项目时间、地点、规模、主（承）办单位等。

3. 申请单位应于项目开始前 1 周提报其它必要材料。包括项目安保方案（包括人身安全、消防安全、食品安全，以及应急预案）；项目涉台（涉外）情况报告；如涉及党政机关主（承）办或参与，应提报相关批复；展览项目要提报展位图。

4. 项目结束后，按要求及时提报补助资金申请报告。

第十八条 申报材料：

1. 资金申请报告。包括申请单位基本情况、项目活动方案、安保方案、项目涉台（涉外）的情况报告、两张以上展会现场照片、展位搭建图、展商名录（含展商名称、展位号、展位数）、总结报告、会刊、相关统计资料等。

2. 项目批准的相关文件。如项目涉及党政机关举办或参与，须提供相关批复。

3. 申请单位营业执照、组织机构代码证及法人身份证复印件。

4. 项目场地租用合同、费用明细和发票及付款记账凭证复印件。

5. 会议论坛项目须提报酒店住宿合同复印件、住宿清单。

6. 国际认证项目须提供证明材料、会费缴纳凭证等。

7. 其它要求提报的材料。

以上材料需加盖申请单位公章 。逾期未完整提交材料的，视同主动放弃，不予补助。

第十九条 申请单位应当如实提供材料，不得弄虚作假，补助资金应按照财务会计制度进行核算、管理，并自觉接受财政、审计等部门的监督与检查。

第四章 专项资金执行

第二十条 市商务局应依据第三方机构出具的项目评审结果，审核确定专项资金使用计划，并经公示无异议后，会同市财政局报市政府审定。

第二十一条 市财政局根据市政府决策将专项资金拨付至市商务局，由市商务局拨付至项目单位。

第五章 监督管理

第二十二条 项目单位应自觉遵守相关的法律法规、规章制度和行规行约，主动做好公安、消防、食品安全等方面的安保预案和预防工作，主动履行社会公共义务、参与社会公益活动。不得以虚报、冒领等手段套取、骗取会展专项资金。主动配合接受各级税务、财政、纪检监察等部门的监督检查。对违反相关规定的，造成社会不良影响的，暂停专项资金申报。

第二十三条 第三方机构应严格按照国家法律、法规规范执业，客观、公正、独立地出具评审结果，不得弄虚造假。对违反相关规定的，列入诚信平台黑名单，不再使用。

第二十四条 对虚报、冒领、截留、挪用、挤占等违纪行为，除追缴专项资金外，取消该单位申请专项资金的资格，并按照《财政违法行为处罚处分条例》等国家有关法律法规追究相应责任。

第六章 附则

第二十五条 本政策由市商务局负责解释。

第二十六条 本政策自 2019 年 1 月起执行。《沈阳市促进会展业发展的扶持意见》（沈服联发〔2017〕18 号）和《沈阳市会展业发展专项资金管理办法》（沈服联发〔2017〕19 号）同步废止。

（文章来源：沈阳市商务局网站 . http://swj.shenyang.gov.cn/html/SYSWJ/155486202841990/155486202841990/155486202841990/0284199069260569.html）

苏州工业园区会展业引导资金实施细则

根据《苏州工业园区关于促进服务业高质量跨越发展的若干意见》，围绕建设世界一流高科技园区目标，促进园区会展业快速发展，提升服务业发展的质量和效益，促进创新型和服务型经济深度融合，特制定本实施细则。

第一章 申请条件

第一条 凡申报发展资金的单位和项目，必须同时符合以下基本条件：

（一）项目申报单位必须是依法登记注册的企业或社会组织，要求财务管理制度健全，会计核算规范，合法合规经营。

（二）项目申报单位须为会展主办单位或者承办单位其中一方，不得多方共同申报。

（三）项目申报及实施单位近两年内无严重失信行为。

第二条 享受本细则租金补贴的企业，在五年内不得转租。

第二章 认定条件及奖励办法

第三条 对在园区按市场化运作方式举办的符合条件的会议给予奖励。

（一）规模型会议。对在园区专业会议载体、四星级（含）以上酒店或经园区会展主管部门认可的同等级品牌酒店中举办，会期 2 天及以上的规模型会议，参会人数 2000—5999 人的，给予 15 万元补贴；参会人数达 6000 人以上的，给予 20 万元补贴。

（二）精英型会议。对世界 500 强、中国 500 强、民政部登记且上年年检合格的全国性社会团体，以及国际大会及会议协会（ICCA）认证会议，在园区专业会议载体、四星级（含）以上酒店或经园区会展主管部门认可的同等级品牌酒店中举办，会期 2 天及以上，经认定，参会人数 1000—1999 人给予 10 万元补贴；参会人数 2000—2999 人给予 15 万元补贴；参会达 3000 人以上给予 30 万元补贴。

（三）产业促进会议。对符合园区产业转型升级要求，在园区专业会议载体、四星级（含）以上酒店或经园区会展主管部门认可的同等级品牌酒店中举办，会期 2 天及以上的产业论坛、会议，经认定，参会人数 200—499 人给予 5 万元补贴；参会达 500 人以上给予 10 万元补贴。

（四）在园区连续举办三届及以上的规模型及精英型会议，自第三届起，按在原有补贴额的基础上最高上浮 30% 兑现；在园区连续举办三届及以上的产业导向会议，自第三届起，按在原有补贴额的基础上最高上浮 20% 兑现。

（五）鼓励酒店举办大型会议，对全年举办超过 20 场 500 人以上会议的酒店，经备案，给予 0.5 至 1 万元招商奖励，奖励资金须由酒店奖励给销售人员。

第四条 对在园区按市场化运作方式举办的符合条件的展览给予奖励。

（一）自办展（由在园区注册的企业、单位主办的展览）。

1. 品牌展。符合园区产业发展方向的专业类展会，展览面积达到或超过 6000 平方米的自办展，按其实际租用场馆场租费用（原则上不得超过当年度同类展会的市场价，下同）给予不超过 20% 的补贴。

2. 规模展。展览面积达到或超过 20000 平方米的专业类展会，按其实际租用场馆场租费用给予不超过 20% 的补贴。展览面积达到或超过 50000 平方米的自办展，按其实际租用场馆场租费用给予不超过 25% 的补贴。

（二）外来展（由非园区注册的企业、单位主办的展览）。

1. 品牌展。获得国际展览联盟 (UFI)、国际展览与项目协会（IAEE）、国际独立组展商协会（SISO）认证；或者具有国际性（参展单位来自 5 个以上不同国家或地区）、全国性影响力（民政部登记且上一年度年检合格的全国性社会团体、机构主承办或省外参展企业数量占比达到 20% 以上）的知名品牌展览，按其实际租用场馆场租费用给予不超过 20% 的补贴；在园区连续举办三届及以上的，自第三届起，按其实际租用场馆场租费用给予不超过 30% 的补贴。

2. 规模展。展览面积达到或超过 20000 平方米的专业类展会，按其实际租用场馆场租费用给予不超过 20% 的补贴。展览面积达到或超过 50000 平方米的自办展，按其实际租用场馆场租费用给予不超过 25% 的补贴。

（三）园区展览淡季为 1—2 月及 7—8 月。在淡季举办的展览符合以上扶持条件的，在原有补贴额的基础上最高上浮 30% 兑现。

第五条 鼓励引进专业会展机构。新设专业会议组织者和目的地管理公司等专业机构在园区注册且 12 个月内在园区举办展览、会议或提供展览、会议相关服务的，按其所租赁办公面积给予两年租金补贴，补贴比例为每平方米不超过 30 元 / 月，补贴总额不超过 15 万元 / 年。经认定，对专业会展机构引进重要产业会展项目给予招商支持，每个项目最高不超过 20 万元。

第六条 支持会展宣传推广。

（一）支持会展业重要活动的开展。对由上级或园区会展主管部门或行业协会牵头参加的国际性、全国性会展行业专业展览和会议等活动给予支持；对在园区举办的专业买家对接等会展行业活动，经认定，给予不超过活动支出总额的 30% 的补贴，补贴总额不超过 10 万元。

（二）支持宣传推介活动。对赴境内外重点地区举办或参加的招商引资活动，以及提升园区会展形象，推介园区会展资源的发布会、说明会、宣传推广及交流活动，经认定，给予不超过活动支出总额的 50% 的补贴，补贴总额不超过 10 万元。

第三章 申报程序

第七条 服务业发展引导资金除新设项目的落户奖励外，按次年兑现上年原则，在相关政务网站发布项目申报通知，明确申报范围、项目要求、准入条件、考核指标、申报材料、执行期限等内容。

第八条 申请单位须对照申报指南进行申报，并签订统一的信用承诺，保证申报材料的真实性、合法性及未重复申报等；签订统一的权责制协议，明确受助项目的责任和义务。

第九条 根据项目情况，由经发委组织专家或专业机构开展项目评审。按项目审核结果并结合年度预算，确定拟补助项目并制定资金分配方案，提出年度资助计划报服务业领导小组审定。

第十条 初审合格的项目，由经发委会同相关部门，或委托第三方专业机构查询受助企业的存续现状、跨部门申报等情况，对已不符合拨付条件、已搬离园区的或已注销的企业，不进行补助；对同一企业的同一项目按从高不重复原则办理。

第十一条 服务业发展引导资金项目（涉密项目除外）由经发委进行公示，公示期不短于 7 天。公示无异议的，由经发委会同财政部门办理资金拨付。

第四章 绩效管理

第十二条 服务业发展引导资金按照《苏州工业园区财政专项资金管理办法》（苏园管规字〔2017〕7 号）进行绩效管理。

第十三条 经发委会同财政局建立服务业发展引导资金监督检查制度，对专项资金开展全过程的监督管理。经发委负责制定服务业发展引导资金年度绩效目标，开展绩效跟踪，对服务业发展引导资金绩效实施自评价，并报财政局备案及审核。

第十四条 对于获得本细则扶持的重点项目：

（一）经发委和财政局将定期对项目实施单位共同进行监督检查，了解服务业发展引导资金使用情况和项目实施后的示范效果；

（二）项目单位应按有关财务规定，妥善保存有关原始票据及凭证备查，对经发委和财政局等部门的专项检查，应主动配合做好相关工作，并提供相应的文件、资料。

第五章 罚则

第十五条 申报主体有严重失信行为或被列入失信被执行人名单的，取消其申请资格；已获扶持项目出现严重失信行为或被列入失信被执行人名单的，停止补助。

第十六条 任何以虚报、冒领、伪造等手段骗取服务业发展引导资金或未按批准的用途使用服务业发展引导资金的单位，将根据《苏州工业园区财政专项资金管理办法》（苏园管规字〔2017〕7 号）责令改正，追回相关财政资金，并视情节严重程度，在一至三年内禁止申报服务业发展引导资金。

第六章 附则

第十七条 本细则由园区管委会授权经发委负责解释。

第十八条 本细则自发文之日起实施，有效期三年。

（文章来源：苏州工业园区网站 . [2019-11-19]. http://sme.sipac.gov.cn:9006/epservice/techsub/Apps/sme/index.php?s=/PolicySearch/policydetail/id/110296/query_value1/%E6%94%BF%E7%AD%96%E6%A3%80%E7%B4%A2）

天津津南区人民政府办公室关于促进会展产业发展实施意见（试行）

一、支持做大会展经济源头

（一）支持国家会展中心（天津）有限责任公司做大做强。鼓励国家会展中心（天津）有限责任公司加大自办展会力度，打造自办展品牌；广泛利用行业资源，积极引展引会。每年给予最高 1000 万元，分两次支付，用于自办展、相关客展及论坛的服务保障性支出（如安保、知识产权保护、突出贡献会展活动等）。

（二）支持会展主承办方落户。鼓励国内外知名品牌会展主承办方注册在本区，年组织举办会展营业收入超过 1000 万元、3000 万元、5000 万元的会展主承办方在我区注册设立子公司或合资公司的，分别给予 10 万元、20 万元、30 万元的一次性奖励。

（三）支持展览举办。对在我区举办 3 天以上（含 3 天），展览规模在 5 万平方米、10 万平方米、20 万平方米的展会分别给予展会主承办方 20 万元、40 万元、80 万元奖励。展览项目由注册本区的企业主办或承办的，可在奖励标准基础上上浮 50%。对在本区举办 3 天以上（含 3 天），展览规模在 2 万平方米以上的首次展会，给予主承办方 10 万元一次性奖励。

培育专业性会展，对在本区举办 2 次以上、处于培育阶段但产业特色明显，符合本区产业导向，展览面积在 1 － 5 万平方米的特色展会，经认定后给予主承办方最高不超过 30 万元的一次性奖励。

支持国际性品牌展会。对在本区举办 2 次以上、具有国际影响力和规模的大型品牌展会，经认定后给予主承办方 20 万元的一次性奖励。

（四）支持会议举办。在国家会展中心（天津）举办的参会人数 200 人、500 人、1000 人以上的会议，给予会议举办单位会议实付场地租金 30% 的扶持，单次会议支持最高金额分别不超过 10 万元、30 万元、50 万元。

（五）鼓励酒店承接国家会展中心（天津）展览期间的相关会议。对在本区设立并纳统的酒店，承担参会人数单日在 200 人以上的（含 200 人）的国内会议和参会人数单日在 50 人以上的（含 50 人）的国际性会议，给予 5 万元的一次性奖励；承担参会人数单日在 300 人以上的（含 300 人）的国内会议和参会人数单日在 100 人以上的（含 100 人）的国际性会议，给予 10 万元的一次性奖励；承担参会人数单日在 500 人以上的（含 500 人）的国内会议和参会人数单日在 150 人以上的（含 150 人）的国际性会议，给予 20 万元的一次性奖励。

二、支持会展及配套企业集聚

（六）支持会展产业链上下游企业落户。鼓励国际著名展览公司独资子公司、全国性会展行业协会在本区新落户。对新注册并落户本区的企业、协会，经认定后给予前 2 年实际发生办公用房租金 50% 的补贴，每家企业、协会原则上每年租金补贴不超过 30 万元。

对新注册并落户本区的会展配套服务企业，经认定后给予前 2 年实际发生办公用房租金 50% 的补贴，每家企业原则上每年租金补贴不超过 10 万元。

（七）鼓励会展企业聚集。吸引专业化会展公司、会展配套服务公司、会展工程企业落户的园区或基地，园区或基地内落户会展业企业 20 家及以上，且与会展相关年主营业务收入超过 500 万元的企业数量达到 5 家及以上，给予园区或基地运营方奖励每年 20 万元；落户会展业企业 50 家以上，且与会展相关年主营业务收入超过 500 万元的企业数量达到 10 家及以上，给予园区或基地运营方奖励每年 40 万元；落户会展业企业 80 家以上，且与会展相关年主营业务收入超过 500 万元的企业数量达到 20 家及以上，给予园区或基地运营方奖励每年 100 万元。

三、优化会展发展环境

（八）加强制度创新。设立会展审批“绿色通道”，实现政务服务一站式审批，提高审批和备案效率，提升市场主体的满意度。

（九）降低办展交通保障成本。鼓励出租车公司、租车企业、网约车企业为展会主承办机构提供交通保障服务。会展主承办机构可根据合同费用的 50% 向津南区交通运输管理局申请补贴，每届补贴总额不超过 10 万元。

（十）完善产业生态。推动设立津南区会展产业发展基金，全力构建会展产业生态体系。利用资本力量推动会议展览、餐饮住宿、文化旅游等优质项目落地发展，形成绿色高质量发展的产业生态良性循环。鼓励在我区注册的有一定规模的会展企业通过收购、兼并、参股等形式组建会展集团，打造具有较强竞争力、有品牌优势的会展领军企业。

（十一）强化展会知识产权保护。在展会期间，由区相关部门、国家会展中心（天津）有限责任公司、相关法律服务机构共同组织设立展会知识产权保护和投诉受理中心，为参展企业提供现场知识产权保护服务。

（十二）支持品牌建设。对在我区举办并获国际展览业协会（UFI）、国际会议协会（ICCA）等国际性组织认证的机构或项目，认证后 2 年发生的会员费给予 50% 补贴，单个项目最高补贴不超过 15 万。

四、部门职责分工

（十三）会展经济区管委会负责组织实施。区财政局负责安排会展发展专项资金不少于 3000 万元，用于会展资金补贴及奖励，并及时将资金拨付到业务主管部门。各街镇、政府派出机构及国家农业科技园区管委会负责组织属地企业申报；未在本区注册的企业享受本意见涉及政策，由国家会展中心（天津）有限责任公司负责组织申报。

（十四）成立会展业发展专项资金评审小组，召开评审会议对企业申请项目进行评审。评审小组常设成员单位为：会展经济区管委会、区商务局、区发展改革委、区文化和旅游局、区科技局、区统计局、区市场监管局、区税务局等部门，必要时评审小组可以邀请其他有关部门、单位或行业专家参加评审。评审小组下设办公室，办公室设在会展经济区管委会。

五、监督管理

（十五）会展经济区管委会负责国家会展中心（天津）有限责任公司 1000 万元扶持资金的统一监管工作，其他资金由享受政策企业所在地街镇、区政府派出机构及国家农业科技园区管委会负责监管。

（十六）对弄虚作假、以不正当手段骗取本意见相关优惠政策和奖励资金的企业，责任部门应停止给予相关优惠政策，追缴奖励资金，并向社会公告。

（十七）承担本意见相关工作的单位和个人，要严守工作纪律，依法保守企业的商业秘密，公正廉洁，严格按照有关规定、程序开展工作。对在开展工作过程中滥用职权、玩忽职守、徇私舞弊、造成不良影响的单位或个人，取消其参与相关工作的资格，并提请其主管部门或所在工作单位依法、依规予以处理；涉嫌犯罪的，依法移交司法机关处理。

六、操作流程

（十八）下发通知及准备资料。会展经济区管委会向各街镇、区政府派出机构及国家农业科技园区管委会下发通知，各项目单位准备资料，资料含申请表、营业执照复印件、相关资质认证或评定证书复印件以及主管部门要求提供的其他资料，以上申报资料一式三份，所在街镇、区政府派出机构、国家农业科技园区管委会，会展经济区管委会，区商务局各留一份。

（十九）申请及评定。企业根据要求填写《津南区加快发展会展产业政策扶持申请表》（以下简称《申请表》），经所在街镇、政府派出机构及国家农业科技园区管委会初审同意后，连同其它相关资料递交评审小组，评审小组对申报资料初审后召开评审会议，对项目进行联合评审，通过评审的项目报津南区会展产业工作领导小组审批后由区财政局按规定拨付资金。

七、其他事项

（二十）本意见自公布之日实施，试行期两年，如遇国家、市、区政策调整，则做相应调整。

（二十一）项目评审及检查验收等费用在专项资金总额中根据实际发生额进行安排。

（二十二）企业享受本实施意见相关扶持政策时，若同时可享受国家、市以及其他区级政策的，则在享受国家、市以及其他区级政策之后，按“差额补足不重复”的原则执行本意见。

（二十三）本意见由区商务局、区会展经济区管委会负责解释。

（文章来源：天津市津南区人民政府办公室网站 . http://www.tjjn.gov.cn/zwgk/zcwj/qjwj/qzfbgs100/202012/t20201224_5165559.html）

威海市鼓励会展业发展奖励办法

为促进我市会展业高质量发展，支持国际性、全国性、区域性会展活动举办，加快推动威海由开放城市向国际化城市迈进，结合实际，制定本办法。

一、奖励对象

在威海市范围内举办各类会展活动的专业会展机构、企事业单位、社会团体、行业协会和民间组织等单位。

二、奖励标准

（一）展览。

展览天数在 3 天以上的，展览主题和内容符合我市产业发展方向，我市重点支持的或者规模较大的国际性、全国性展览项目，按以下标准给予资金奖励：

1．国际性展览。展览规模达到 200 个国际标准展位，境外参展展位不低于总展位数的 20%，给予 10 万元奖励；在此基础上，每增加 100 个标准展位且境外展位比例达 20%，奖励金额相应增加 5 万元，奖励总额最高不超过 100 万元。

2．全国性展览。展览规模达到 300 个国际标准展位，威海市外参展展位不低于总展位数的 30%，给予 8 万元奖励；在此基础上，每增加 100 个标准展位且市外展位比例达 30%，奖励金额相应增加 3 万元，奖励总额最高不超过 60 万元。

（二）专业性会议。

会期达 2 天以上的国际性、全国性重点会议项目，按照会议性质给予资金奖励：

1．国际性会议。按照境外参会人数达到的规模给予奖励：

50—100 人，一次性奖励 5 万元；

101—300 人，一次性奖励 10 万元；

301—500 人，一次性奖励 15 万元；

501 人以上，一次性奖励 20 万元；

2．全国性会议。按照威海市以外参会人数达到的规模给予奖励：

100—200 人，一次性奖励 4 万元；

201—400 人，一次性奖励 8 万元；

401—600 人，一次性奖励 12 万元；

601 人以上，一次性奖励 16 万元；

（三）节事类活动。

结合我市产业特色创办，并列为我市年度重点培育的活动，由市贸促会根据活动档次、规模和影响力提出奖励意见，报市政府批准。

（四）其他奖励。

1．会展机构落地入驻奖励。支持知名会展企业落户我市，对已上市或取得（UFI）等国际认证的企业，落地之日起一年内在我市举办一次以上会展活动（展览会国际标准展位不低于 500 个，专业性会议市外参会人数不少于 300 人），除会展活动奖励外，额外给予落地机构 6 万元奖励；对在我市新注册法人公司的会展机构，且落地之日起一年内在我市举办一次以上会展活动（展览会国际标准展位不低 300 个，专业性会议市外参会人数不少于 200 人），除会展活动奖励外，额外给予落地机构 4 万元奖励。

2．国际认证奖励。对我市相关机构或会展项目申请加入全球展览业协会（UFI）、国际会议协会（ICCA）等国际性组织并取得国际认证。根据认证实际发生费用的 40% 给予一次性奖励，最高不超过 10 万元。

3．一事一议奖励。组织、引进国际 500 强企业在我市举办会展活动及市政府主办或者重点引进的重大会展项目，其支持资金采取一事一议的办法，报市政府批准后另行安排。

三、奖励条件

（一）会展活动由两个以上部门或单位共同完成的，奖励只能由一个部门或单位提出申请，需提供各方协商一致共同确认的申请文件。只挂名不具体参与实际操作的单位不得作为奖励的申请人。

（二）专业性会议是指由省级以上部门或行业组织、协会或学会、学术机构、高校、行业主流媒体等主办的会议、论坛、峰会等高层次会议。参会人员安排住宿在三星级以上宾馆（酒店）。

（三）同一会展活动若符合多项奖励标准，按单项最高金额给予奖励。

（四）展览会的室内特装展位按展览面积折算标准展位，室外展览面积按 50% 折算标准展位。

（五）由主办方组织的同期多个会议，作为一个系列会议，按照住宿的总参会人数测算奖励。

（六）同一会展活动奖励不超过 6 届。当年因故未举办、未申请或未达到奖励标准的，列入累计奖励届数。

（七）以下情况不在奖励之列：

1．已列入各级财政资金支持的会展活动；

2．未按相关规定履行审批、登记、备案手续的会展活动；

3．以本地产品参展为主，且以个体消费者为主要参会对象的各类展销会、展示会、文化科普展览、人才交流会、公益性或政策性的成就展等非经贸类交流活动；

4．党政机关系统内业务工作会议或企业内部会议；

5．逾期未提出奖励申请以及提交资料不实的会展活动；

6．政府机关和财政全额拨款事业单位不在奖励范围内。

四、奖励申请、审批和拨付程序

（一）项目信息登记。各项目申请单位应当在会展活动举办前 45 天向市贸促会进行项目信息登记，未经信息登记的不具备奖励资金申请资格。

（二）项目审核。由市贸促会进行方案审查和现场核查等工作。确认申报项目是否发生安全责任事故、重大经济纠纷、扰乱市场秩序行为、严重负面舆情等问题，所有申报项目均以核实数据为准。

（三）项目申报。奖励资金申报期内，各项目申请单位应当在规定期限内按要求向市贸促会申报并提供相关申报材料。包括：会展活动方案、会展场馆租赁合同、宾馆（酒店）住宿及餐饮合同、实际展位平面图、会议通知、参展商（与会代表）名录、会展活动各项费用结算单据以及主办、承办、协办单位协议等材料。

（四）项目公示。市贸促会于每年年初对上年度符合奖励条件的申请项目进行集中审核后提出奖励意见，按照“三重一大”决策要求，集体研究后，通过网站向社会公示，公示期不少于 7 天。公示期满无异议或者异议不成立的，报分管市长批准，市财政局负责落实奖励资金；异议成立的，取消项目相应奖励资格。

五、监督管理和绩效评价

（一）市贸促会要发挥绩效管理的主体责任，负责编报专项奖励资金绩效目标，并实施绩效跟踪和绩效评价，市财政局根据情况对专项资金管理使用情况实施重点评价。

市贸促会负责专项资金的日常管理和监督，及时发现和处理存在的问题，市财政局根据职能进行监督。

（二）有下列情形之一的，视情节严重程度分别采取停止奖励、取消 5 年内会展奖励资金申请资格、追回已拨付的奖励资金等措施。构成违法的，由相关部门依法处理。

1．提供虚假、伪造申报材料的；

2．进行虚假宣传，恶意、无序竞争，参展内容与展会名称不符，产生不良影响的；

3．经知识产权管理部门裁（认）定为侵犯他人知识产权的活动；

4．发生群体性事件、安全生产事故，造成负面影响、严重后果或者其他违规行为的会展活动。

六、其他说明事项

（一）本办法由威海市贸促会负责解释。

（二）本办法自发布之日起施行，有效期至 2022 年 4 月 30 日。

（三）2010 年 8 月 23 日发布的《威海市鼓励会展业发展奖励办法》于本办法施行之日废止。

（文章来源：威海市财政局网站 . http://czj.weihai.gov.cn/art/2019/5/10/art_19762_1672506.html）

无锡市会展促进办法

第一章 总则

第一条 为了促进会展业发展，规范会展活动，进一步优化营商环境，根据有关法律法规，结合本市实际，制定本办法。

第二条 本市行政区域内会展业的促进、服务和规范适用本办法。

第三条 本办法所称会展业，是指通过举办会展活动，促进贸易、科技、旅游、文化、体育、教育等领域发展的综合性产业。

本办法所称会展活动，是指举办单位通过招展方式，在特定场所和一定期限内，进行物品、技术、服务等展示，或者以举办与展示主题相关的会议形式，为参与者提供推介、洽谈、交流等服务的商务性活动。

第四条 会展业发展遵循市场运作、政府引导、公平竞争、行业自律的原则加强产业联动提升城市能级促进经济高质量发展。

第五条 市人民政府建立会展业发展联席会议协调机制，统筹推进会展业重大政策制定，协调解决会展业发展中的重大事项。无锡市会展业发展办公室（以下简称“会展办”）承担联席会议的日常工作，与中国国际贸易促进委员会无锡市委员会（以下简称“贸促会”）合署办公。

各市（县）、区人民政府应当根据本行政区域经济社会发展实际，采取措施，支持和引导会展业发展。

第六条 市贸促会（会展办）受市人民政府委托，与各部门建立业务联系，承担会展城市推广工作，促进会展经济发展，负责会展业综合协调、引导规范和服务保障等工作。

市委宣传部，市发展改革委、科技局、工业和信息化局、公安局、财政局、人力资源和社会保障局、城管局、交通运输局、商务局、文广旅游局、卫生健康委、外办、市场监管局、体育局、无锡海关、税务局、太湖国际会展中心等部门和单位按照各自职责，做好促进会展业发展与规范的相关工作。

第七条 与会展业相关的行业组织应当加强行业自律，制定行业规范，开展市场研究、标准制定、业务培训和相关评价评估，促进行业信息交流与合作，引导会员规范经营，推动行业公平竞争和有序发展。

第二章 促进与发展

第八条 市贸促会（会展办）应当会同市有关部门编制本市会展业发展规划，报市人民政府批准后，向社会公布并组织实施。

第九条 各市（县）、区人民政府应当充分利用现有会展场馆，根据需要加强会展场馆建设。

新建会展场馆应当满足布局合理、功能优化、交通便利的要求，完善周边餐饮、住宿、通讯等配套设施建设。

第十条 市贸促会（会展办）应当会同市财政部门制定促进会展业品牌培育、人才培训、宣传推广以及会展业与相关产业联动等扶持政策，不断加大财政支持力度。

鼓励各市（县）、区人民政府根据实际安排会展业发展资金，对会展业发展给予引导和支持促进会展业高质量发展。

第十一条 鼓励社会资本通过设立会展业投资基金等方式，为会展产业集聚和相关服务业发展提供资金支持。

第十二条 鼓励境内外举办单位、场馆单位和会展服务单位在本市设立区域总部或公司。

支持企业通过收购、兼并、联营等市场化方式，打造具有市场竞争力的大型会展业市场主体。

第十三条 市贸促会（会展办）和有关部门应当制定政策措施，搭建资源共享平台，推动会展业与制造、商贸、旅游、文化、体育等产业联动发展，扩大会展业带动效应。

第十四条 市贸促会（会展办）、市相关职能部门以及会展行业组织应当加强国内外交流合作，积极引进国内外知名会展行业组织和知名会展活动。

第十五条 鼓励本市会展活动举办单位创办、培育品牌会展，支持与国际性、全国性或区域性大型特色品牌会展进行合作。

第十六条 鼓励本市高等院校、职业培训机构和会展企业建立会展业教学和培训基地，重点培养专业化、实用型会展人才。鼓励会展从业人员参加国际性会展专业培训。

鼓励举办单位、场馆单位和会展服务单位引进高层次、紧缺会展人才。

第十七条 鼓励举办单位、场馆单位和会展服务单位运用现代信息技术，开展服务与管理创新，促进网上会展等新兴业态发展，形成线上线下会展活动的有机融合。

支持会展场馆单位推进智慧场馆建设，通过信息化手段整合各类安全防范措施和会展服务资源，提高会展活动技术水平和服务功能。

第十八条 积极发展绿色会展制定、完善绿色会展相关标准，推广应用各种节能降耗器材设备，鼓励举办单位、场馆单位、会展服务单位和参展单位（以下统称“会展活动各方主体”）采用绿色原材料、应用低碳环保技术。

第三章 服务与保障

第十九条 发布招展信息前，举办单位应当将会展活动名称、举办时间、举办地点等信息，依法依规向市贸促会（会展办）备案登记。经备案登记的会展活动，举办单位可以按照相关政策申请资金扶持。

会展活动涉及大型群众性活动、消防、户外广告等行政许可的，举办单位应当在备案登记前依法办理相关行政许可。

第二十条 市贸促会（会展办）应当加强与公安、应急、消防、市场监管、城管、卫生健康等部门之间工作协商，对会展活动现场实施联合检查，维护会展活动正常秩序。

第二十一条 举办单位应当按照有关规定，设立会展活动知识产权投诉机构。会展活动知识产权投诉机构由举办单位人员、相关领域专业技术人员和法律专业人员等组成。必要时，知识产权相关管理部门可以应举办单位邀请派员指导。

举办单位或者其设立的会展活动知识产权投诉机构初步判断参展产品涉嫌侵权的，应当按照合同约定采取遮盖、下架展品或者取消参展资格等措施，并按照有关规定移交知识产权相关管理部门依法处理。

第二十二条 市贸促会（会展办）应当会闯市发展改革委、统计局、文广旅游局等部门建立会展业统计制度，完善统计指标体系，优化调查方法，建立会展业统计数据库，开展大数据分析，对会展业发展情况进行监测和评估。

第四章 规范与管理

第二十三条 场馆单位、举办单位等应当依法保障会展活动各方主体开展公平竞争，不得滥用市场支配地位附加不合理交易条件。

第二十四条 会展活动的名称、标识、主题等应当符合国家与省、市有关规定，不得损害国家利益、社会公共利益，不得违背公序良俗或者产生其他不良影响不得侵犯公民、法人和其他组织合法权益。

鼓励举办单位通过注册商标等方式保护会展活动名称等无形资产。

第二十五条 举办单位应当以自己的名义发布招展信息，并与会展活动备案登记信息相符，不得发布虚假或者引人误解的信自会展活动的名称、场所、时间等发生变更的，举办单位应当重新办理备案登记手续，通知相关单位并向社会公告。

第二十六条 场馆单位应当建立场馆安全管理制度，依法配备安保人员，在场馆内设置监控、消防、防疫、急救等设施设备和安全标识，指导举办单位、参展单位、会展服务单位等做好安全管理相关工作。

第二十七条 举办单位应当做好会展活动安全事前风险评估，按照相关标准，采取相应的人防、物防、技防等措施，依法承担会展活动的安全主体责任。

举办单位应当与场馆单位、参展单位、会展服务单位等签订安全协议和安全责任书，明确各自安全责任和义务，制定安保措施和应急预案。

会展活动搭建临时设施，应当遵守相关安全管理规定和技术规范标准，并委托具有相应资质的单位进行设计、施工。会展活动期间出现安全风险或者发生突发事件的，举办单位应当采取应急措施并立即向公安等相关职能部门报告。会展活动各方主体应当配合做好应急处置工作。

第二十八条 举办单位、场馆单位和会展服务单位收集参展单位和观众信息的，应当明示收集和使用信息的目的、方式和范围，并征得被收集者同意。

信息收集方应当采取有效措施防止信息泄露不得超出被收集者同意的范围使用相关信息。

第二十九条 鼓励律师事务所、仲裁机构、调解组织、公证机构等法律服务机构为会展活动纠纷处理提供高效、专业服务。

举办单位应当在活动手册和会展活动现场醒目位置公布市贸促会（会展办）、公安、市场监管等部门的投诉举报电话，在会展活动现场设立纠纷处理机构或者委托法律服务机构进驻军见场处理纠纷。

第二十条 市贸促会（会展办）应当加强会展业信用建设，并与市公共信用信息平台建立网络链接，推动与有关部门监管信息的共享。

第五章 附则

第二十一条 本办法下列用语的含义：

（一）举办单位，是指负责制定和实施会展活动计划方案，对会展活动进行统筹、组织和安排的单位；

（二）场馆单位是指为会展活动提供场地和相关服务的单位；

（三）会展服务单位，是指在会展活动中主要为举办单位、场馆单位、参展单位、观众等各方提供搭建、物流、餐饮等专业服务的单位；

（四）参展单位，是指将物品、技术、服务等在会展活动中展示交流的单位。

第三十二条 法律、法规对会展活动的规范和管理另有规定的，从其规定。

第三十三条 本办法自2021年1月18日起施行。《市政府办公室转发市会展办无锡市会展业管理暂行办法的通知》（锡政办发〔2011〕184号）同时废止。

（文章来源：无锡市会展业发展办公室网站 . http://www.th-expo.com/hz/hz_2020/hz-i201210.htm . 无锡市人民政府网站 . http://www.wuxi.gov.cn/doc/2021/05/27/3305079.shtml）

武汉市会展业发展专项资金管理办法

第一章 总则

第一条 为进一步规范本市会展业发展专项资金管理，促进会展业发展，将会展业培育成为我市现代服务业的先导产业和新的增长极，特制定本办法。

第二条 市会展业发展专项资金（以下简称“会展专项资金”）是经市人民政府批准设立的，市财政年度预算安排的专项用于鼓励、扶持我市会展业发展的资金。

第三条 会展专项资金适用于对在我市举办会展的各类专业会展公司、社会团体、行业协会和民间组织等单位的奖励和补助，以及对引进展览的单位和个人的奖励等促进我市会展业发展的经费支出。

第四条 会展专项资金的使用遵循公开、公平、公正，专款专用，科学管理，加强监督的原则。重点扶持符合我市产业发展方向的传统优势产业、高新技术产业、现代服务业和现代农业等重要会展项目以及对经济社会发展有促进作用的论坛、会议。

第二章 管理部门和职责分工

第五条 会展专项资金的管理由市商务局（市会展办）、市财政局共同负责。

市商务局（市会展办）负责会展专项资金的使用管理，具体包括：结合我市会展业发展规划编报会展专项资金预决算和年度会展专项资金使用计划；负责审核会展项目资金申请、会展专项资金分配和奖励、补助项目公示；开展会展总体形象宣传以及申报使用会展业的基础性、保障性公共支出费用。

市财政局负责会展专项资金预算的编审、批复和资金调度、拨付与统筹安排使用等管理工作，具体包括：安排年度资金使用预算；审核年度资金使用计划；督促项目实施并拨付项目资金；对资金使用情况进行监督、检查等。

第三章 支持范围

第六条 会展专项资金支持范围：

（一）在本市举办的规模大、效益好、有发展潜力、辐射带动作用强的展会的支持和奖励；

（二）对展览引进单位和个人的奖励；

（三）会展项目品质提升和会展企业发展的支持和奖励。

第七条 以市人民政府名义申办以及市人民政府另行确定支持的会展项目，其支持资金采取一事一议的办法，报市人民政府批准后另行安排。

第八条 已从其他渠道获得本市、区财政资金支持的项目，不在会展专项资金支持范围。

第九条 以个体消费者为主要对象的专项商品展、展销会，各类成就展、文化科普展览以及人才交流会等非经贸类交流活动，不在会展专项资金支持范围。

第十条 所有展览应当在专业展馆举办；在其他非专业展馆举办的各类展会，均不在专项资金支持范围。

第四章 奖励类别和标准

第十一条 展览举办奖励

（一）奖励原则。

在同一展馆、举办时间间隔 3 个月以内、举办主题和内容基本相似的展览项目，按照“扶优扶强”的原则，对我市重点支持的或者规模较大的展览项目予以奖励。

（二）奖励条件。

对在我市举办的展览项目在天数（不含布撤展时间）3 天以上（以上均含本数，下同），且符合上述原则的进行奖励。

（三）奖励标准。

对举办规模在 250 个标准展位以上（标准展位为 9 平方米 / 个）的展览，给予每个标准展位 200 元的奖励。

第十二条 展览引进奖励

（一）奖励原则。

1. 对引进展览的引进单位和个人均可给予奖励；

2. 政府机关和财政全额拨款事业单位及其公职人员不在奖励范围之内；

3. 享受展览引进奖励的单位和个人，在展览引进过程中发生的所有费用由其自行承担，不再因此享受其他奖励和补助。

（二）奖励条件。

1. 引进展览规模在 500 个标准展位以上，且其主办、承办单位的注册地不在本市。

2. 引进国际性、全国性会展活动，必须是行业内国际排名前十、国内排名前三，获得国际展览业协会（UFI）等国际性组织认证，或者境外展商展出展位数比例超过总展位数 20% 的会展活动，以及市人民政府重点支持的会展活动。

（三）奖励标准。

以引进 500 个标准展位奖励 5 万元为标准，每增加 500 个标准展位，奖励金额增加 3 万元，最高奖励不超过 40 万元。

第十三条 会议举办奖励

（一）奖励原则。

1. 会议举办主题和内容基本相似的，按照“扶优扶大”的原则，对其中规模大的会议进行奖励。

2. 由主办方组织的同期多个会议，作为一个系列会议，按照住宿的总参会人数给予奖励。

3 在展览举办期间由主办方组织的同期会议，原则上不再给予会议举办奖励，但可按照本办法第十四条 第（三）款的规定申报额外奖励。

（二）奖励条件。

会议举办天数在 2 天以上且参会人员住宿 2 晚以上。

（三）奖励标准。

1, 对境内参会人员入住我市三星级及以上酒店、单日 300 人以上的国内会议，按每人 150 元的标准给予奖励；对境外参会人员入住我市三星级及以上酒店、单日 50 人以上的国际性会议，按每人 600 元的标准给予奖励，会议其他境内参会人员参照国内会议标准给予奖励；

2. 会议奖励最高不超过 50 万元。

第十四条 额外奖励

（一）对世界和全国 500 强企业、国内行业领军企业展出展位数占总展位数的比例在 20% 以上的展览，给予 10 万元的额外奖励；该比例每增加 10%，额外奖励金额增加 5 万元。

（二）对世界和全国 500 强企业、国内行业领军企业副总裁以上人员或者知名专家学者参会比例在 50% 以上的会议，给予 10 万元的额外奖励；上述人员参会比例每增加 10%，额外奖励金额增加 2 万元。

（三）在展览举办期间，由主办方组织的同期会议，参会人数达到 600 人的，且满足下列条件之一的，给予会议场地场租 30% 的额外奖励：

1. 邀请行业领军人物或者知名专家学者作为主讲嘉宾的；

2. 参会世界和全国 500 强企业、国内行业领军企业副总裁及以上人员或者知名专家学者总参会比例超过 20%。

（四）对特装率在 80% 以上的展览，给予 5 万元的额外奖励；特装比例每增加 5%，额外奖励金额增加 5 万元。

（五）对国际性、全国性会展活动连续多届在我市举办的，从第 2 届起，按照当届展会所获得的举办奖励的 5% 给予额外奖励；每增加一届，当届额外奖励的比例再增加 5%，期间有中断的，额外奖励的比例重新计算。展览连续举办的额外奖励最长不超过 5 届。

（六）支持我市相关机构或者会展项目申请加入国际展览业协会（UFI）、国际会议协会（ICCA）等国际性组织，取得国际认证。对加入 UFI、ICCA 等国际会展机构或者取得 UFI、ICCA 等国际会展认证的项目，给予一次性奖励 10 万元。

（七）支持在我市注册的会展企业上市，对在主板上市的会展企业给予一次性奖励 30 万元，对在中小板、创业板上市的会展企业给予一次性奖励 20 万元，对在新三板上市的会展企业给予一次性奖励 10 万元。

第五章 申报、审批和拨付

第十五条 会展专项资金申请程序：

（一）项目信息登记。各项目申请单位和个人应当在展会举办前 45 天向市商务局（市会展办）进行项目信息登记，未经信息登记的不具备会展专项资金申请资格。

（二）项目评估审核。由市商务局（市会展办）组织开展进场评估工作，未进行项目评估审核的，不具备会展专项资金申请资格。

（三）项目中报。专项资金申报期内，各项目申请单位和个人应当在规定期限内按要求向市财政局、市商务局（市会展办）申报并提供相关申报材料。

第十六条 市商务局（市会展办）对符合补助或者奖励条件的申请项目进行集中审核后，通过武汉市商务局网站向社会公示，公示期不少于 7 天。公示期满无异议或者异议不成立的，由市商务局（市会展办）函请市财政局按照规定拨付资金；异议成立的，取消项目相应奖励或者补助资格。

第六章 监督管理及绩效评价

第十七条 市商务局（市会展办）要严格执行会展专项资金使用计划，加强对会展专项资金使用的审核、检查和监督，同时定期对有关单位会展专项资金的使用情况及使用效益进行监督检查和绩效评价。

第十八条 各用款单位应当严格执行会展专项资金管理的有关规定，严格开支范围，不得截留、挪用会展专项资金，同时做好专项资金使用材料的建档和保存，接受相关部门的检查和审计。

第十九条 有下列情形之一的，视情节严重程度分别采取停止奖励和补助、取消会展专项资金申请资格、追回已拨付的会展专项资金等措施。构成违法的，由相关部门依法处理。

（一）未按照本办法规定使用专项资金，截留、挪用会展专项资金；

（二）提供虚假、伪造申报材料；

（三）进行虚假宣传，恶意、无序竞争，参展内容与展会名称不符，产生不良影响；

（四）拒不接受或者不配合相关部门的检查和审计；

（五）展会主办、承办单位企业信用评级较差；

（六）展会存在安全问题或者其他违规行为。

提交虚假申请资料骗取会展专项资金的单位和个人，一经发现，除追回已拨付专项资金外，取消其今后申请会展专项资金资格。

第七章 附则

第二十条 本办法所称国内会议指由各类部门、行业组织、企业主办的专业系列会议活动；国际性会议指由各类部门、行业组织、企业主办的，有来自境外 5 个以上国家或者地区参会人员的专业系列会议。

第二十一条 本办法所称特装是指面积在 4 个标准展位以上，除正常照明外主办方不提供任何配置，非使用八棱柱、行架等成品展具搭建而由参展商自行设计搭建的展出空间。

第二十二条 本办法由市商务局（市会展办）和市财政局根据各自职责负责解释。

第二十三条 本办法自 2018 年 2 月 1 日起施行，有效期为 5 年。

（文章来源：武汉市商务局（招商局）. http://sw.wuhan.gov.cn/zfxxgk/fdzdgknr/czgk/zxzjgl/202001/t20200106_570757.shtm）

西安市会展业发展专项资金管理办法

第一章 总则

第一条 根据《国务院关于进一步促进展览业改革发展的实施意见》（国发〔2015〕15 号）、《陕西省人民政府关于进一步促进展览业改革发展的实施意见》（陕政发〔2015〕51 号）、《西安市人民政府关于进一步加快发展服务业的若干意见》（市政发〔2018〕19 号）精神，为进一步提高会展业发展专项资金使用效益，规范专项资金的使用和管理，结合我市会展业实际，制定本办法。

第二条 西安市会展业发展专项资金（以下简称“会展专项资金”）是指市财政预算每年安排的专项用于扶持我市会展业发展的资金。

第三条 会展专项资金的使用本着公开公平公正、扶优扶强扶新的原则，突出重点、科学管理、注重绩效，充分发挥财政资金对会展业的引导和激励作用。

第四条 市财政局会同市会展业主管部门制定会展专项资金管理办法；市会展业主管部门会同市财政局制定专项资金申报指南，根据指南要求受理项目申报、进行项目审核、开展专家评审等工作。

会展专项资金管理以市财政局为主，项目管理以市会展业主管部门为主。市财政局负责对资金使用情况进行监督检查和绩效管理，市会展业主管部门负责对项目实施情况进行绩效评价。

第二章 资金使用范围

第五条 会展专项资金主要用于：

（一）支持在西安举办的重要展览、会议活动；

（二）支持市会展业主管部门或其他市级相关部门组织本市辖区内相关企业参加的、在境内举办的招商会、洽谈推介会、展览展示会等会展交流活动；

（三）支持会展业国际化、品牌化、信息化发展；

（四）支持会展人才队伍建设；

（五）市委、市政府确定支持的其他会展项目。

第六条 市政府已确定专项支持的会展项目或从其他渠道已获得市财政资金支持的项目，不得重复申请会展专项资金支持。

第三章 扶持补贴条件和标准

第七条 扶持补贴的条件。

（一）项目需符合中央、省、市关于举办展览、会议活动的相关要求。

（二）每个项目只能由一家单位申请，且申请单位必须是主办、承办单位协商一致推选的其中一方。

（三）展览的举办天数应在 3 天以上（含），会议的举办天数应在 2 天以上（含）。

（四）同一项目同时包含展览、会议内容的，只能以其中一项作为申请项目，不得同时申请展览和会议两项扶持补贴。

（五）会展项目享受扶持补贴已达到 3 届的，从第 4 届起展览面积（或参会人数）较上届有 20%（含）以上增长的，可按原标准的 70% 予以扶持补贴，涨幅小于 20% 的将不再扶持补贴。每项会展项目享受扶持补贴的累计届数原则上不超过 6 届（含），已超过 6 届的从本办法发布之日起不再享受财政扶持资金。

第八条 扶持补贴的标准。

（一）展览

对在我市举办的，展览面积在 6000 平方米（含）至 3 万平方米的展览项目，给予 10 万元的扶持补贴。超过 3 万平方米（含）的，展览面积每增加 1 万平方米，扶持补贴金额上限增加 10 万元，最高不超过 150 万元。展览面积增加不足 5000 平方米的，不增加奖励金额。

（二）会议

1．国际会议。国际会议指各类部门、行业组织、企业举办的，有来自 3 个或 3 个以上国家和地区 (不含港、澳、台地区) 的代表参加，实际会期达到 2 天以上（含 2 天）论坛、研讨会、洽谈会、订货会、年会等会议活动。其中参会代表中 30% 以上应为境外参会代表且外省市（含境外）代表比例占参会总人数的 50% 以上。对在我市举办的，人数规模达到 300 人（含）至

600 人的国际会议项目，给予 20 万元的扶持补贴，从 600 人（含）起，会议人数规模同比例每增加 100 人，扶持补贴金额上限增加 10 万元，最高不超过 100 万元。会议人数增加不足 50 人的，不增加奖励金额。

2．国内会议。国内会议指由各类部门、行业组织、企业举办的，实际会期达到 2 天以上（含）的论坛、研讨会、洽谈会、订货会、年会等会议活动。其中外省市代表比例占参会总人数的 50% 以上。对在我市举办的，人数规模达到 500 人（含）至 1000 人的会议项目，给予 10 万元的扶持补贴，从 1000 人（含）起，会议人数规模同比例每增加 300 人，扶持补贴金额上限增加 10 万元，最高不超过 80 万元。会议人数增加不足 150 人的，不增加奖励金额。

（三）支持会展企业国际化发展。鼓励我市会展企业加入国际会展组织，推动会展企业高端化、国际化发展。对新获得国际展览业协会（UFI）或国际大会及会议协会（ICCA）认证的我市会展企业给予一次性奖励 20 万元。

（四）支持会展项目国际化、品牌化发展。鼓励我市展览项目申报国际展览业协会（UFI）认证，鼓励我市会议项目申报国际大会及会议协会（ICCA）认证。对取得认证的展览项目和会议项目分别给予一次性奖励 10 万元。

（五）支持会展人才建设。对西安高等院校新设会展类专业的给予一次性奖励 20 万元。

（六）对我市经济社会发展有突出影响和重大贡献的会展活动，实行“一事一议”方式扶持。

第四章 申报、审批和拨付

第九条 项目单位必须按照年度《西安市会展业发展专项资金项目申报指南》要求，在规定时限内报送相关材料。

第十条 市会展业主管部门对单位申报的项目进行审核，市财政局对审核结果进行复核。市会展业主管部门将符合补贴或奖励条件的项目通过西安会展网向社会公示，公示期为 5 个工作日。

第十一条 市会展业主管部门下达扶持项目计划，市财政局将扶持资金直接拨付至项目单位账户。

第五章 监督管理及绩效评价

第十二条 市财政局、市会展业主管部门要加强对会展专项资金使用的检查监督和绩效评价。

第十三条 市会展业主管部门应做好审核资料的建档和保存，各用款单位应做好专项资金使用资料的建档和保存，接受相关部门的检查和审计。

第十四条 专项资金必须专款专用，任何单位和个人不得以任何理由、形式截留或挪用。对违反规定骗取、使用专项资金的行为，市会展业主管部门将会同市财政局收回违规资金，并按照《财政违法行为处罚处分条例》和《西安市会展业促进条例》等规定进行处理。

第六章 附则

第十五条 本办法自发布之日起实施，有效期五年，原《西安市会展业发展专项资金管理办法》（市财发〔2013〕322 号）同时废止。

（文章来源：西安市财政局官方网站 . http://xaczj.xa.gov.cn/zxzjgl/zdwj/5db8f9dafd850863a9e447d7.html）

义乌市会展业发展专项资金使用管理办法

第一章 总则

第一条 为加强会展业发展专项资金使用管理，提高财政资金使用效益，加快推进会展业发展，积极打造重要的国家级会展平台，根据《关于进一步促进会展业改革发展的实施意见》，特制定本办法。

第二条 本办法所称会展业发展专项资金（以下简称“会展专项资金”）是指由市财政预算安排，专项用于扶持会展业发展的资金。

第三条 市市场发展委员会（以下简称“市场发展委”）负责会展专项资金的申请受理、审核及管理。财政局负责会展专项资金的预算安排及审核拨付。

第四条 专项资金的管理和使用坚持“公开、公平、公正”的原则，实行“企业申报、部门审核、社会公示、资金拨付”的制度。

第五条 原创展览项目是指由我市登记注册的会展企业或商（协）会等相关机构、首届即在我市专业展馆举办的、展期不少于三天的经贸性展览活动。

第六条 国际性、全国性展览项目和会议（论坛）是指国际性、全国性商（协）会、学会或国内外知名展览机构参与主办的经贸类展览项目和高端商务、学术会议（论坛）。

第二章 资金使用范围

第七条 会展专项资金适用于：

（一）会展项目培育、引进；

（二）会展机构培育、引进；

（三）组团参加市外国内重要展览项目；

（四）经市政府批准的其它支出。

第八条 有下列情形之一的，不予奖励：

（一）在非专业展馆举办的展览项目；

（二）已获其它财政补助、奖励或另行安排专项经费；

（三）原创展览项目广告费少于项目总收入 10%；

（四）引发群体性事件或安全生产事故并造成较大负面影响或严重后果；

（五）汽车、房地产等以零售为主的消费类展览项目；

（六）其他有关部门认定为不适宜奖励的项目；

第三章 资金使用条件和标准

第九条 对在本市原创的展览项目按展位数、参展企业品牌、举办单位层次等进行奖励。单个专业展览项目奖励期不超过 9 届，其中常规奖励其为前 5 届。对已过常规奖励期的展览项目，超过往届最高展位数 50 个以上的项目，以第五届奖励金额为基数，按每届递减 20% 进行奖励。

（一）按实际核准的展位数进行奖励的，展位数为 300—399 个的，奖励 500 元 / 展位；展位数为 400—799 个的，奖励 600 元 / 展位；展位数为 800—1199 个的，奖励 700 元 / 展位；展位数达到 1200 个及以上的，奖励 800 元 / 展位。

（二）题材相同的展览项目，原则上应进行整合。未能整合的，按照“扶优扶强”的原则，只对规模最大的展览项目的承办单位进行奖励。对整合资源联合办展且展位数达到 500 个以上的展览项目，按原创展览项目奖励标准提高 10% 予以奖励。

（三）鼓励创办新兴产业专业性展览项目。对时尚、装备、信息、健康等战略新兴产业有关题材的展览项目，按原创展览项目奖励标准提高 10% 予以奖励。

（四）鼓励引进知名品牌和国内外知名企业参展。展会承办单位每引进一家全球 500 强企业、或中国驰名商标、中国名牌产品、中华老字号企业等参展，奖励 1000 元；每引进一家省著名商标、省名牌产品、省知名商号企业等参展，奖励 300 元。特装展位占 50% 以上的展览项目，按展位数奖励标准提高 5% 予以奖励。

（五）对国家部委司局或国家级行业协会参与主办或承办，且以下文招展招商等形式参与展会组织或提供实质性支持的展览项目，给予承办单位 10 万元奖励。

第十条 对引进展览项目的奖励条件和标准：

对引进的、在市外已成功举办 3 届以上的国际性或全国性的展览项目，奖励期不超过 9 届。首届展位数达到 400 个以上，给予承办单位 50 万元的奖励，展位数每增加 100 个再给予 5

万元的奖励。连续在我市举办第二、三届的，展位数不少于首届的，每届增加 5 万元奖励；从第四届开始，参照第九条 按原创展览项目同届的条件及标准予以奖励。

第十一条 对会议论坛项目的奖励条件和标准：

经市场发展委备案，由省级以上各类行业组织主办的商务类会议和未获得财政资助的国家级团体学术性会议，会议安排在市内专业场所，且三星级以上宾馆住宿人数达到 50 人（含）以上的，奖励 150 元 / 间·晚，奖励不超过 2 晚。

第十二条 对组团参加重要展览项目的奖励条件和标准：

经市场发展委备案，由市相关部门、行业商（协）会、展览机构组织我市企业参加市外国内重要展览项目，组团企业在 5 家以上，展位数 10 个以上，且统一体现义乌品牌形象的，按实际交纳展位费的 80% 予以奖励。同一企业参加同一届展览项目奖励金额最高不超过 6 万元。

第十三条 对会展机构的奖励条件和标准：

（一）对知名展览机构和会务机构在义乌组建的合资公司或设立具有独立法人资格的分支机构，在义乌营业 2 年以上、办展或办会 2 场以上、年均营业收入 1000 万元以上并依法纳税，一次性给予 50 万元的奖励；

（二）市内展览、会议项目通过国际展览业协会 (UFI)、国际大会和会议协会 (ICCA) 认证的，一次性给予 20 万元奖励。

第十四条 对单个展览项目的奖励，每届总额不超过 150 万元。对单个会议论坛项目的奖励，每次总额不超过 60 万元。

第十五条 对本市会展业发展有特殊或重要意义的展览或会议项目，奖励标准报市委市政府研究确定。

第四章 资金申请、拨付及监督管理

第十六条 符合奖励条件的项目或企业，由项目承办单位在项目开始前 5 个工作日前向市场发展委提出奖励申请，并按要求提供相关材料，市场发展委在收到会展专项资金使用申请后进行初步审核公示，每半年向市财政报送，市财政局按规定拨付资金。

第十七条 财政局、审计局要加强对会展专项资金使用情况的审核、检查和监督。对违反《义乌市展览活动管理办法》规定的，取消申请资格，对弄虚作假，骗取会展专项资金的单位和个人，依法处理。

第五章 附则

第十八条 本办法由市场发展委负责解释。

第十九条 本办法自 2017 年 1 月 1 日起施行。原义政办发〔2011〕86 号文件同时废止。

（文章来源：义乌市人民政府网站 . http://www.yw.gov.cn/art/2018/6/1/art_1229136085_51395841.html）

余姚市《关于加快现代服务业和开放型经济发展的若干政策意见》会展业发展政策实施细则

第一条 对下列符合政策的会展项目，依据余党发〔2019〕26 号文件精神分别给予补助。

（一）对在市会展中心按市场化运作方式举办且展览面积在 4000 平方米以上的区域性品牌专业展览项目进行补助。具体补助标准及要求：

1. 国际标准展位数在 200（含）—599 只、600（含）—799 只、800 只（含）及以上的，每只展位分别资助 600 元、800 元、1000 元。每届补助最高不超过 150 万元同一展览项目补助最长不超过 5 年，每年不超过 2 届。

2. 展览效果评估以有效客商人数为主，有效客商人数要求本次展会每个标准展位平均数（即总参观人次除以总展位数）与上一届进行比较实现正增长，同时结合展会的统计意向成交数量、参展商满意度等指标，综合效果实现有效提升（首次举办的展会除外）。

（二）对在市会展中心按市场化运作方式新举办的展览面积在 4000 平方米以上的进口商品、智能产品、文化艺术、休闲旅游、养老服务等消费类展览项目进行补助。具体补助标准及要求：

1. 国际标准展位数在 200（含）—399 只的每只展位补助 200 元，在 400（含）及以上的每只展位补助 300 元。

其中，对参展对象中本市企业占比 60% 以上的展览项目补助标准上浮 10%。每届补助最高不超过 30 万元，同一展览项目补助最长不超过 3 屆。

2. 要求补助的上述展览项目应列入市会展办年度支持计划。

（三）对当年在我市按市场化运作方式举办的未获得各级财政资助的国际性或全国性高端会议（论坛）进行补助。具体补助标准及要求：

1. 参会人数在 100 人以上（国际性会议参会外宾人数在 30 人以上）且会议天数在 2 天（含）以上的，按会议期间产生的会务费用（包括餐饮费、住宿费、场地费）的 30% 给予补助，每届补助最高不超过 20 万元，同一会议（论坛）项目补助最长不超过 3 届。

2. 给予补助的餐饮费、住宿费和场地费均指在会议期间并根据会务安排在相应地点发生的费用。

（四）鼓励举办我市地方产业的专业展会。对在市域内市会展中心外举办的按市场化方式运作的国际性或全国性高端专业展览，在举办场地符合治安、消防、综合执法等相关部门要求的条件下，由主管部门或举办地乡镇（街道）申请，经市政府发文同意举办，参照本细则第一条（一）条款补助标准执行。

（五）鼓励高端展会引入。引入高端展会对特别重要的区域性高端专业会展项目，经市政府同意给予“一事一议”扶持政策。

第二条 展览、会议（论坛）补助资金的申报程序：

（一）补助资金申请。凡符合条件申请补助资金的办展（会）单位，在展览或会议（论坛）举办前 30 日内向市会展办提出书面申请，并办理相关登记手续。展览、会议开始前 3 个工作日内应填写《余姚市申报财政补助展览项目情况调查申请表》或《余姚市申报财政补助会议（论坛）情况调查申请表》。

（二）情况核实。展览、会议（论坛）举办期间，市会展办、市财政局共同派员对申请财政资金补助的项目进行现场情况实地核实，确认其展会规模、内容等相关情况。

（三）补助资金申报。展览、会议（论坛）结束后 15 个工作日内申请单位应根据相关项目情况填写相应申报表（《余姚市展览项目政策补助资金申报表》或《余姚市会议（论坛）补助资金申报表训，并提交相关资料。

第三条 展览、会议（论坛）补助资金的申报需提供的资料：

（一）申报展览项目补助需提供的材料：1. 举办单位（承办或执行承办单位）的有效证件（营业执照、负责人身份证件）复印件（首次申请的展览项目需提供）；2. 办展批文或相关证明材料；3. 展会总体方案、布展平面图（注明每家企业参展面积及在平面图中所处位置）、参展企业名单及参展面积汇总表；4. 证明参展企业展览面积的相关材料（包括参展企业的场地租赁合同或其他等同效力的文件资料）；5. 展会场地租赁合同及发票复印件；6. 提供有效或较为翔实的观众人数报告或相关展会评估报告；7. 展会书面总结、现场图片或影像资料及其他需要提供的材料。

（二）申报会议（论坛）项目补助需提供的材料：1. 举办单位（承办或执行承办单位）的有效证件（营业执照、负责人身份证件）复印件（首次申请的会议（论坛）项目需提供）；2. 举办会议（论坛）批文或相关证明材料；3. 会议（论坛）总体方案、会议（论坛）议程安排、参会单位和参会人员情况（签到册）；4. 会议（论坛）书面总结及现场图片或影像资料；5. 工会议（论坛）指定酒店的参会人员入住住宿明细及相关发票复印件；6. 其他需要提供的材料。

第四条 补助资金拨付兑现。市财政每年安排会展业发展专项资金 500 万。市会展办负责专项资金的申请受理，会同市财政局审核、拨付资金和监督管理。市会展办在次年一月底前汇总申报资料，会同市财政局对提出申报的并符合条件的展会项目、单位进行审核把关，通过公示无异议后再经分管市领导签字认定后拨付兑现。

政策兑现以明确的当年度各条块的资金安排额度为限，若超额度则按标准比例下调兑现标准。同一企业的同一项目市级各项优惠政策就不重复享受。

第五条 关于区域性品牌以上专业会展项目、国际性或全国性高端会展项目、国际标准展位、市场化运作方式等概念的界定。

（一）区域性品牌以上专业会展项目是指在宁波市及以上行政区域范围和专业领域内有着较强影响力和较大知名度，由相关会展企业或行业协会组织举办的具有产业带动性的产品展示、贸易洽谈、信息交流等为主的专业性展会。

（二）国际性或全国性高端会展项目指由国际性、国家级相关部门或社会团体参与组织筹办且由相关企业（中介机构）承办或执行承办，在国际、国内相应行业或专业内有一定影响力的会展项目。

（三）国际标准展位是指采用国际通用标准而设计制作的展位，规格为 3 米 ×3 米 ×2.5 米。国际标准展位的个数由展示面积（产品展示、主题展区）除以 9 平方米或展览面积（与展会配套的洽谈区、服务登记区等）除以 20 平方米计算得出。展览配套的休闲（餐饮）区、纸箱区等展馆功能性使用面积按展览面积计算方式折算但不超过总展位数 4%，配套的会议场地不作为折算面积。

（四）市场化运作方式是指该会展项目在实施当年未接受过任何形式的政府财政奖励、补助或赞助，会展项目由举办单位按市场需求和运作程序进行操作。

第六条 本办法由市会展办、市财政局负责解释，自 2019 年 1 月 1 日起实施原相关文件同时废止。执行过程中如遇上级或本市政策调整，本办法也作相应调整。

（文章来源：宁波会展网 . http://www.nb-expo.org/cat/cat17/con_17_998.html）

郑州市会展业发展专项资金管理办法

第一章 总则

第一条 为促进我市会展业转型升级，加快国家区域性会展中心城市建设，进一步规范会展业发展专项资金（以下简称“专项资金”）的管理，更好地发挥财政资金在促进会展业发展中的宏观导向和激励作用，根据《国务院关于进一步促进展览业改革发展的若干意见》（国发〔2015〕15号）、《河南省促进会展业发展暂行办法》（豫商服贸〔2014〕8号）、《郑州市人民政府关于加快国家区域性会展中心城市建设的意见》（郑政〔2016〕27号），制定本办法。

第二条 专项资金管理按照公平公正、公开透明的原则，重点支持影响力、带动力强，符合我市产业发展方向的展会项目。

第三条 郑州市会展工作管理办公室（以下简称“市会展办”）负责专项资金年度预、决算编报，受理专项资金申请，组织对申请项目的核查，提出会展业重要活动、宣传推介及基础性工作经费等安排计划，会同市财政局对专项资金的使用情况进行监督检查、绩效评价等工作。

第四条 市财政局负责专项资金预、决算管理，对市会展办审核合格的展会项目进行核准上报，办理资金拨付，会同市会展办对专项资金的使用情况进行监督检查、绩效评价等工作。

第五条 本办法中的展会包括展览、专业会议、节庆活动等；其中展览是指博览会、展览会、交易会、洽谈会等活动。办展（会）单位是指在整个展会活动中负责组织策划、招商招展、经费收支，并与展会场馆签订场地租赁合同的单位。

第二章 使用范围

第六条 专项资金主要支持：

（一）产业特色明显，规模大、效益好、有发展潜力的本地展会项目；

（二）引进的社会效益明显、影响力强的国际性、全国性专业展会项目；

（三）管理规范、服务到位，积极采用新技术的我市会展企业；

（四）会展业宣传推广、人才培育、规划调研、统计评估、行业交流等基础性、保障性公共支出；

（五）市政府另行确定支持的展会项目。

第七条 有下列情形之一的，专项资金不予支持：

（一）市政府已拨付经费的展会项目；

（二）在非专业展馆举办的展览项目；

（三）以个体消费者为主要对象的专项商品展和各类展销会、展示会、成就展、人才交流会等项目；

（四）不符合国家产业政策和郑州市产业发展方向的展会项目；

（五）组织秩序混乱，引发严重的群体性事件或发生重大事故的展会项目；

（六）申请单位近两年内因违法被执法部门查处或有其他违反国家法律法规行为的。

第三章 申请条件与支持标准

第八条 专项资金申请条件。

（一）申请主体是依据国家法律、法规登记注册，具有法人资格的办展（会）单位；本地展览项目的申请主体应是本市辖区范围内登记注册的办展单位。

（二）展览举办的天数应在3天以上（含本数，下同），农业类展览的举办天数应在2天以上；会议或节庆活动举办的天数应在2天以上。

（三）承接展会项目的专业展馆和会议型酒店须在市会展办进行年度登记备案。

（四）国际展览应有境外3个以上国家或地区的参展商参展，境外参展商达到总参展商数量的20%以上；国际会议或节庆活动应有境外3个以上国家或地区的人员参会，境外参会人数占总参会人数的20%以上。

（五）由同一办展单位同期举办的多个展览项目，如主办、承办单位基本相同，主题和内容相似的展览视为同一项目，不得重复申请奖励。

（六）相同题材的本地展览原则上应进行整合，如不能整合，仅对其中规模较大、实力较强、有发展前景的展览进行奖励。

第九条 一般展会项目的奖励标准。

（一）本地展览。

1. 新创办的本地展览项目，第 1、2、3 届（届数自展览进入专业展馆的时间开始起算，下同）展览面积达 5000 平方米以上的，按每百平方米 2500 元的标准进行奖励；第 4、5、6 届展览面积达 10000 平方米以上的，按每百平方米 1500 元的标准进行奖励，未达到相应规模不予奖励。每届奖励总额不超过 80 万元。

2. 现有展览 7 届以上、规模达到 1.5 万平方米以上的本地展览，以该展会历史最大规模为基数，每增长 2000 平方米奖励 3 万元，每届奖励总额不超过 50 万元。

3. 为引导本地题材相同的中、小专业展览项目走联合办展、共创品牌的路子，由两个以上办展单位分别举办 3 届以上的展览项目进行资源整合，整合后规模达到 2 万平方米以上的展览，视作新创办展览进行奖励。

（二）引进展览。

对引进在我市举办的，规模达到 1 万平方米以上的全国性专业展览项目，第一年（届）按每百平方米 1500 元的标准予以奖励；自第二年（届）开始，以第一年（届）的标准为基数，在其连续举办年份（届数）内，奖励标准每年（届）每百平方米增加 100 元。奖励次数最高不超过六届。

（三）商业性会议。

由国家级行业组织或机构主办或承办、参会人数达 500 人以上，对我市经济社会发展具有重要促进作用的论坛、研讨会、年会等全国商业性会议，按实际会议场地租赁费用的 50% 进行奖励；每个会议奖励金额最高不超过 20 万元。

（四）商业性节庆活动。

对扩大消费、促进产业作用明显的特色品牌节庆活动，按活动实际发生的宣传、活动场地租赁费用的 30% 进行奖励；每个活动奖励金额最高不超过 20 万元。

第十条 国际展会项目的奖励标准。对在我市举办的国际展览、会议和节庆活动，按本办法第九条 奖励标准和奖励总额的 150% 执行。

第十一条 特殊展会项目的支持标准。对我市会展业和相关产业发展有重要意义的国际性、全国性的重大展会活动，采取“一事一议”的办法确定申办费、筹办费或服务费用予以支持。

第十二条 企业奖励标准。

（一）国际认证奖励。

对取得国际展览业协会 (UFI)、国际会议协会 (ICCA)、亚洲会展联盟等国际性组织认证的我市会展机构或项目，给予 10 万元的一次性奖励。

（二）服务平台建设奖励

对积极采用数字化技术进行网上登记注册、信息查询、展商与观众互动、数据管理的我市会展企业，给予信息平台建设费用 50%，最高不超过 5 万元的奖励。

对依托自办实体展会创办的网络虚拟展会，实际投资额在 100 万元以上的我市会展企业，给予 20 万元的一次性奖励。

（三）绿色展览奖励。

对取得商务部等国家部委授予“绿色会展示范单位（项目）”的我市会展企业，给予 10 万元的一次性奖励。国内外知名会展企业落户郑州奖励对已上市或者取得国际展览业协会 (UFI) 认证的国际知名会展企业在我市设立独立法人企业开展会展业务的，落地后三年内每年给予 20 万元的奖励。对已上市或者取得国际展览业协会 (UFI) 认证的国内知名会展企业，在我市设立独立法人企业开展会展业务的，落地后三年内每年给予 10 万元的奖励。

第十三条 人才培训奖励标准。

（一）对参加国家部委、国家级行业协会举办的会展业培训并取得培训证书的郑州市会展企业人员，可按培训费 60% 的标准进行奖励。每个企业每年奖励人数不超过 2 人。

（二）对参加全国性会展院校比赛的驻郑高等院校会展专业师生，可按照参赛报名费或注册费 100% 的标准进行奖励。每个院校每次参赛奖励人数不超过 5 人，每年奖励次数不超过 2 次。

第四章 申请与审批

第十四条 展会项目按以下规定申请奖励资金。

（一）备案申报。

办展（会）单位应于每年 12 月底前向市会展办提交下一年度展会项目备案材料，每年 6 月底前可以补报当年下半年展会项目材料。备案材料包括：

1. 展会项目备案表；

2. 办展（会）单位合法登记注册证照、法定代表人身份证等相关证明材料及办展（会）单位简介；

3. 项目的总体方案，已举办的项目首次备案还需提供往届展会的工作总结、会刊、展位图等资料。

（二）资金申请。

办展（会）单位应在项目举办前 5 日向市会展办提交资金申请材料，未按时申请的，视同自动放弃，不予奖励。申请材料包括：

1. 资金申请报告；

2. 资金申请表；

3. 相关部门的项目批准文件；

4. 有关部门同意主办、承办、支持的函件或证明；

5. 场地租赁合同、项目基本情况、实施方案等；

6. 展览项目提交展位图、参展企业名录，会议项目提交参会人员信息表等。

（三）项目总结。

办展（会）单位应在项目结束后 15 天内向市会展办提交下列材料：

1. 项目总结报告；

2. 场地租赁发票复印件、现场照片等证明材料；

3. 展览项目提交实际参展企业名录和场地出租方确认的实际展位平面图；会议项目提交实际参会人员信息表和场地出租方确认的实际座位图；节庆活动提交宣传合同及发票复印件等材料；

4. 国际展览还需提交境外展商参展合同及发票；国际会议和节庆活动还需提交境外参会人员的证照复印件等材料；

5. 其它相关证明材料。

第十五条 申请企业、人才培训奖励的，申请单位应自条件具备起的半年内，向市会展办提出书面申请，并提交相应的认证材料、证书、合同、发票、银行转账凭证复印件等证明材料。

第十六条 奖励项目资金审核拨付程序。

（一）项目核查和评估：由市会展办组织对项目进行现场核查、抽查和初审，出具项目评估意见。

（二）资金拨付：符合支持条件的展会项目，经市财政局报市政府批准后给予拨付。法律法规另有规定的，从其规定。

第十七条 其他项目资金审核拨付程序。

（一）对按照“一事一议”原则申请申办费、筹办费及展会服务费的特殊会展活动，由办展（会）单位提出书面申请，经市会展办综合评估后，报市政府批准后给予拨付。

（二）会展业宣传推广、人才培育、规划调研、统计评估、行业交流等基础性、保障性公共支出，由市会展办提出意见，经市财政局审核后拨付。

第五章 监督管理

第十八条 市会展办、市财政局要严格执行专项资金使用计划，加强对专项资金使用的审核、检查和监督，同时应定期、不定期地对有关单位专项资金的使用情况及使用效益进行检查评估。市审计局应当对专项资金的列支使用情况加强审计监督。

第十九条 各用款单位应严格执行专项资金管理的有关规定，将资金用于会展项目发展方面，专款专用，并做好专项资金相关资料的建档和保存，接受相关部门的检查和审计。

第二十条 对提交虚假申请材料骗取专项资金的用款单位，由市会展办会同市财政局按情节轻重，分别采取停止奖励、取消会展专项资金申请资格等措施；已拨付会展专项资金的，由市财政局会同市会展办追回；构成违法或犯罪的，依法处理或追究刑事责任。

第二十一条 展会评估人员要按照公开、公平、公正的原则开展工作。对在评估过程中有弄虚作假、营私舞弊等违规行为的，一经查实，将按照有关法律法规对相关责任人进行处理；构成犯罪的，依法追究法律责任。

第六章 附则

第二十二条 本办法自 2016 年 9 月 1 日起施行。2011 年 4 月 28 日发布的《郑州市人民政府办公厅关于印发郑州市会展业发展专项资金使用管理办法的通知》（郑政办〔2011〕28 号）同时废止。

（文章来源：郑州市政务公开网站 . http://public.zhengzhou.gov.cn/D0102X/161801.jhtml）

中山市商务发展专项资金（促进会展业发展项目）实施细则

第一章 总则

第一条 为促进我市会展业发展，提高会展业专业化、国际化、品牌化水平；鼓励企业参加境内展览、开拓市场，市商务局在中山市商务发展专项资金（以下简称“专项资金”）中设立促进会展业发展项目。根据《中山市人民政府办公室关于中山市促进会展业发展的实施意见》（中府办〔2020〕33 号）、《中山市市级财政专项资金管理办法》（中府〔2020〕14 号）、《中山市商务发展专项资金管理办法》（中商务财字〔2020〕17 号）等相关规定，制定本实施细则。

第二条 市商务局是专项资金促进会展业发展项目（以下简称“项目”）的业务主管部门，负责项目资金的具体管理工作，包括设置项目资金绩效目标、组织资金申报和评审、制定资金分配方案、办理资金拨付手续、开展资金使用绩效评价和监督检查工作，对资金预算执行进度、绩效、安全性和规范性负责。

市财政局负责审核安排专项资金年度预算，监控预算执行情况，组织实施专项资金绩效管理，监督检查专项资金管理相关工作。

第二章 扶持对象、内容和标准

第三条 扶持对象为在中山市行政区域内依法设立的企业或行业商协会。

第四条 扶持内容和标准如下：

（一）举办展览项目。

对在中山市内展馆举办、展览净面积不小于 5000 平方米、展期不少于 3 天且未使用财政资金的贸易类展览（即展览面向专业观众，不包括以个体消费为主的展览）的举办单位予以扶持。

1. 场馆租赁费用扶持

按实付场馆租金的 30% 给予举办单位扶持，扶持金额不超过 10 万元。

2. 按参展商类别扶持

（1）展览净面积和参展商数量不低于上届展览规模且市外参展企业数量占参展企业总数的比例不低于 20% 的，给予举办单位 10 万元的扶持。

（2）参与制定、修订国家标准或行业标准的企业参展的，按参展企业数量给予举办单位扶持，扶持标准为每家参展企业 2 万元。

（3）境外企业参展的，按参展企业数量给予举办单位扶持，扶持标准为每家参展企业 2 万元。

3. 扶持上限

每个展览项目举办一届，举办单位可获扶持金额不超过 50 万元；同一展览项目举办多届，举办单位可获年度累计扶持金额不超 80 过万元；每个举办单位举办多个展览项目的，年度累计可获扶持金额不超过 80 万元。

（二）引进展览项目。

举办单位引进拥有获全球展览业协会（UFI）认证展览项目的展览机构在本市举办展览，展览净面积不小于 15000 平方米、特装展位面积不低于展览净面积的 30% 且中山市外参展企业数量不低于参展企业总数量的 50%，该类展览项目除按照第四条第（一）款“举办展览项目”规定给予举办单位扶持外，另一次性给予举办单位 50 万元的扶持。

（三）举办会议。

由国家或省级行业协会、学术机构、世界 500 强或中国 500 强企业牵头，在我市举办的会期不少于 1 天、参会人数不少于 200 人（其中市外参会人数不少于参会总人数的 50%）且未使用财政资金的会议，给予会议举办单位实付会场租金 50% 的扶持；参会人员在中山住宿房间数量达每晚 100 间或以上的，按每晚每间 100 元标准给予会议举办单位扶持。

每个会议的举办单位可获扶持金额不超过 20 万元，同一举办单位可获年度扶持金额不超过 50 万元。展览期间举办的会议活动适用该项扶持，举办单位同时申报展览项目及会议活动的，合计扶持金额不超过本文第四条 第（一）款第 3 项所述扶持上限。

（四）会展认证。

对获得全球展览业协会（UFI）认证的本市展览项目的举办单位，给予一次性扶持30万元；对纳入国际大会会议协会（ICCA）统计的本市会议项目的举办单位给予一次性扶持 30 万元。

对获得全球展览业协会（UFI）和国际大会及会议协会（ICCA）会员资格的会展机构，给予实际缴纳入会费及年费 80% 的扶持。

（五）会展培训。

对与全球展览业协会（UFI）、国际大会及会议协会（ICCA）等国际会展组织或与获上述组织认证的机构合作在我市举办未使用财政资金的会展人才培训，按实付培训场地租赁费用和讲师的交通费、住宿费的 80% 予以扶持，每个培训项目的举办单位可获扶持金额不超过 5 万元。

（六）参加境内展览。

对参加由市商务局或本市行业商协会组织的市外境内展览（广交会除外）的参展企业予以扶持。其中，由本市行业商协会组织展览的中山参展企业数量须不少于 15 家，企业展位须有统一的中山区域宣传标识。

1. 展位费扶持。按实际支付展位费的 30% 给予参展企业扶持。每家参展企业每个展览可获扶持金额不超过 3 万元，每家参展企业年度可获扶持的展览数量不超过 2 个。同一展览支持年度内举办多届的，只支持其中一届。

2. 特装费扶持（仅适用参加由市商务局组织展览的参展企业）。按参展企业实际支付特装布展费用的 80% 予以扶持，扶持标准不高于 1500 元 / 平方米，每家参展企业每个展览可获扶持金额不超过 10 万元。

第三章 资金申报、审核及拨付

第五条 展览、会议、会展培训以及境内参展项目需在活动开展前至少 10 天向市商务局报备相关情况，未经报备的项目不纳入扶持范围。

第六条 市商务局通过市政府门户网站等途径向社会公开发布资金申报通知，明确申报流程和申报材料。申报单位按照申报通知要求提交申报材料，逾期提交的，不予受理。

第七条 镇街商务部门对项目申报主体资格及申报材料进行初审；市商务局组织相关部门、专家或第三方评审机构等对项目进行评审，并对评审结果进行审核。

第八条 市商务局根据评审结果提出扶持资金分配计划，在市政府门户网站等平台进行公示，公示期 7 天。有异议的申请单位应在公示期内向市商务局提出复核申请，逾期提出的，不予受理。公示期间有异议的，经调查属实并需调整的，由市商务局重新审核。

第九条 扶持资金分配计划经公示无异议后上报市政府，经市政府批复同意后，由市商务局按照有关规定办理资金拨付手续。

第十条 申请单位有下列任一情形的，不予扶持：

（一）在申报过程中提供虚假资料；

（二）违反专项资金管理规定被取消申请资格；

（三）被纳入中山市产业扶持专项资金管理系统黑名单；

（四）活动出现重大事故或违反国家、省或市对展览、会议等活动的管理规定；

（五）同一项目重复申报或多头申报市级专项资金。

第四章 绩效管理和监督检查

第十一条 资金使用单位应严格按照财务管理规定使用资金，自觉接受财政、审计的监督检查。

第十二条 市商务局等部门按照有关规定，开展资金绩效评价、监督检查工作。

第十三条 凡经审计和监督部门认定，资金申报和使用单位以虚报、冒领、伪造等手段骗取专项资金的，责令其退还有关财政资金及违法所得；情节严重的，可在 3—5 年内限制其专项资金申报资格。

第十四条 资金管理实行责任追究机制，资金管理过程中存在违法违规行为的，按规定移交相关部门处理。

第五章 附则

第十五条 本实施细则由市商务局负责解释。

第十六条 本实施细则自 2021 年 3 月 1 日起实施，有效期 3 年，《中山市商务发展专项资金（促进展览业发展项目）实施细则》（中商务交字〔2019〕9 号）同时废止。本实施细则实施前发生的项目，按照《中山市商务发展专项资金（促进展览业发展项目）实施细则》（中商务交字〔2019〕9 号）执行。

（文章来源：中山市商务局网站 . http://www.zs.gov.cn/zsswj/gkmlpt/content/1/1893/post_1893393.html#1146）

重庆市商务发展专项资金管理办法

第一章 总则

第一条 为规范商务发展专项资金的管理和使用，提高财政资金使用效益，根据《中华人民共和国预算法》、《财政部关于印发〈服务业发展专项资金管理办法〉的通知》（财建〔2019〕50 号）、《重庆市人民政府办公厅关于印发重庆市市级预算管理办法和重庆市市级重点专项资金管理办法的通知》（渝府办发〔2018〕151 号）等有关规定，结合工作实际，制定本办法。

第二条 本办法所称商务发展专项资金（以下简称“专项资金”）是指市级财政一般公共预算安排，纳入市商务委部门预算管理，专项用于促进全市商务事业发展的资金。

中央财政切块下达我市统筹用于商务发展的专项转移支付，除财政部、商务部另有规定外，参照本办法执行。

第三条 专项资金的管理和使用遵循依法依规、公平公正、公开透明、统筹规范、突出重点、加强监管、讲求绩效的原则，由市商务委、市财政局按照职责分工共同管理。

第二章 职责分工

第四条 市商务委负责专项资金的设立、调整、撤销和年度预算的编制、申报和执行，参加预算公开评审，牵头制定专项资金管理办法、具体实施细则和申报指南，负责确定专项资金支持方向、绩效目标、补助标准、补助金额，组织项目申报、评审、批准、验收等工作，负责建立和管理专项资金项目库，组织开展项目绩效管理、信息公示和执行过程的跟踪监管等。

第五条 市财政局负责组织开展专项资金预算和绩效目标的公开评审，按程序批复和下达预算、拨付专项资金，配合制定专项资金管理办法和具体实施细则，组织开展专项资金绩效管理和财政监督检查，以及专项资金到期或撤销后的清算、资金收回等工作。

第六条 各区县（自治县）商务主管部门根据市商务委工作安排，负责开展当地项目申报、初审、上报工作，审查项目申报企业的信用信息，负责组织辖区项目评审、实施、验收、监督和绩效自评等。各区县（自治县）财政局根据项目批准和资金文件，负责及时拨付专项资金，开展辖区内项目资金的财政监督工作。

第三章 支持范围和补助对象

第七条 专项资金支持范围主要包括：

（一）促进外贸发展和结构调整，培育以品牌、质量、技术和服务等为核心的竞争新优势，发展贸易新业态；

（二）支持服务贸易加快发展，加强服务外包示范城市和服务贸易试点建设，打造国际服务贸易新优势；

（三）支持对外投资合作，促进国际竞争与合作能力提升；

（四）支持招商引资，推动经济增长和发展；

（五）支持国际市场开拓和产业梯度转移；

（六）市场保供应急、重要物资储备和应急投放，推进重要产品追溯体系建设；

（七）商贸服务业和批发、零售创新转型升级，消费促进、消费新模式、新业态培育和品牌建设、企业培育，商业特色街区（夜市经济）创建，发展会展经济；

（八）支持电子商务发展，促进跨境电商发展；

（九）支持商贸物流和城乡商贸流通体系建设，进口商品分销体系建设和茧丝绸产业结构优化以及商务扶贫；

（十）自由贸易试验区建设；

（十一）服务体系完善，营商环境优化，商务领域安全监管、统计监测、标准、人才队伍建设和诚信评价等体系建设；

（十二）市委、市政府确定的其他重点项目。

第八条 专项资金优先用于公益性、基础性和民生类项目，侧重有实绩评估、有资质评定、有吸纳就业、有税收贡献的项目，资助对象应符合区域、资质、项目和信用管理等要求，具体在申报指南中明确。

重点支持方向根据中央政策规定和市委、市政府的决策部署，结合商务改革发展实际需要进行优化调整。

第四章 资金分配和管理

第九条 市商务委建立专项资金部门项目库，按照轻重缓急原则加强项目储备，负责拟支持项目的申报审核、择优排序、保证重点、及时入库、定时清理，加强滚动管理。

第十条 市商务委根据预算公开评审通过的专项资金总预算，原则上应于每年年初向社会公开发布当年度专项资金申报指南，明确支持方向、重点领域、申报条件、支持标准及方式、审核流程和绩效目标要求等内容。各区县（自治县）商务主管部门按照属地原则组织开展项目申报、核查等工作。市级项目可直接向市商务委申报。

第十一条 按照《预算法》和我市预算公开评审结果，市财政局将一定额度的专项资金预计数提前下达至各区县(自治县)。市人代会批准财政预算草案后，市财政局按程序先批复部门专项资金预算和绩效目标，市商务委根据当年项目申报和审核结果，下达项目批准计划，提出专项资金具体安排建议，市财政局再下达专项资金预算文件,并按国库集中支付程序拨付资金。涉及政府采购和政府购买服务的，按有关规定执行。

第十二条 专项资金的分配可采用项目法和因素法。项目法分配采用事后补助、以奖代补、贷款贴息、保险保费补助、政府购买服务等方式。因素法分配按照工作实绩考核、专项资金绩效管理等因素综合考虑。支持对象须细化到具体区县、项目和实施单位。

第十三条 市商务委负责制定本部门专项资金项目申报和评审办法,明确申报、受理主体和审核权限、流程,优化评审专家库，明确项目评审内容、规则、流程和纪律要求，规范申报和评审行为，强化项目审查和择优比选。市财政局可委托第三方中介机构对项目评审结果开展复审。

第十四条 按照“择优不重复”原则，同一企业的同一项目原则上采用一种方式给予支持。近三年被列入我市严重违法失信企业名单、受到财政违法行为处罚处分未整改的企业和单位，不纳入支持范围。

第十五条 项目单位收到专项资金后，应严格按照国家财务会计制度的规定，做好专项资金会计核算工作，按照项目计划或实施方案组织实施，严格专款专用，未经批准，不得变更项目内容或调整预算，项目因故终止、撤销或确需变更的，项目单位应按程序报市商务委同意，市与区县财政部门按规定收回或调整资金预算。

第五章 绩效管理和监督检查

第十六条 根据商务经济特点和工作实际需要，市商务委会同市财政局对项目实施和资金使用进行监督，建立专项资金动态清理机制，对用途相近、政策交叉、范围重叠、绩效低下等已无必要继续实施的资金进行整合归并或取消。

第十七条 市商务委按照《政府信息公开条例》等有关规定，除涉密项目等不宜公示外，应将拟支持的项目单位、名称等内容通过部门网站向社会公示，经公示无异议的项目列入当年专项资金支持范围。

第十八条 按照全面实施预算绩效管理有关要求，市商务委负责制定本部门绩效评价实施细则，建立绩效评价指标体系，细化专项资金绩效目标，对照绩效目标开展项目绩效自评和部分重点项目绩效评价，自评结果按要求进行公开并报送市财政局。市财政局可委托第三方机构对专项资金或部分重点项目开展绩效评价，评价结果作为政策调整和预算安排的重要依据。

第十九条 专项资金接受人大、监察、审计、财政等部门的监督检查。项目单位和区县（自治县）有关部门、企业应建立项目管理责任制，按规定妥善保管项目申报及批复文件、财务核算等相关资料，自觉接受相关部门的监督检查。

第二十条 各区县（自治县）商务主管部门、市属企业分别负责本区县(自治县)、下属企业或单位申报材料的真实性审查，督促项目单位按计划实施，掌握重点项目的进展情况，及时协调处理项目实施中的有关问题。

本着“谁使用、谁负责”的原则，项目单位对自身信用状况、项目及材料真实性、违约责任作出书面承诺，对项目真实性、项目实施、资金使用绩效负责。项目单位不得将同一项目多头重复申报。

第二十一条 任何企业、单位和个人不得骗取、虚报冒领、挤占、截留和挪用专项资金，如有违背，一经查实，将按照《财政违法行为处罚处分条例》（国务院令第 427 号）规定处理；构成犯罪的，移送司法机关处理；对骗取、套取专项资金的项目单位，由市商务委纳入“信用重庆”严重失信主体黑名单。

第二十二条 对负责专项资金管理的部门、单位及其负责人、经办人员，中介机构、评审专家等有关组织和个人，在专项资金分配、审批、拨付、管理中存在以权谋私、滥用职权、玩忽职守、徇私舞弊等违法违纪行为的，按照《预算法》、《公务员法》等规定追究相应责任；涉嫌犯罪的，移送司法机关处理。

第六章 附则

第二十三条 本办法由市商务委、市财政局负责解释。

第二十四条 本办法自印发之日起施行，执行期限暂定至 2022 年 12 月 31 日。市财政局、市商务委印发的原《重庆市商务发展专项资金管理办法》（渝财规〔2018〕1 号）同时废止。

（文章来源：重庆市商务委员会官方网站 . http://sww.cq.gov.cn/zwgk_247/zfxxgkml/lzyj/xzgfxwj/202003/t20200326_6197372.html）

珠海市内外经贸发展专项资金（会展事项）实施细则

第一章 总则

第一条 为充分发挥财政扶持资金的引导和激励作用，进一步提升我市会展业市场化、专业化、国际化、品牌化、信息化水平，大力发展会展经济，推动我市构建现代市场体系和打造开放型经济，根据《珠海市人民政府关于促进会展业发展的若干意见》（珠府函〔2014〕143 号）、《珠海市内外经贸发展专项资金管理办法（修订稿）》（珠商〔2019〕368 号）制定本办法。

第二条 珠海市内外经贸发展专项资金（会展事项）（以下简称“会展资金”）是指由市级财政预算安排、专门用于支持会展业发展的资金，重点用于扶持符合城市特色、产业优势、招商引资需求的展览和会议项目，大型专业展览场馆，珠海会展业整体宣传推广，会展业公共服务体系建设，会展国际认证补助等。

第三条 会展资金的管理和使用应遵循国家有关法律、行政法规和相关规章 制度，坚持“公开透明、择优扶持、专款专用、加强监督”的原则。

第四条 会展资金由市商务局（市会议展览局）负责管理和编制年度项目资金预算，并按照“谁主管、谁分配，谁使用、谁负责”的要求组织实施。

第五条 会展资金采取事后补助方式给予扶持。

第二章 使用范围和标准

第六条 会展资金使用范围

（一）经贸类展览项目补助：

1. 初创展览项目补助；
2. 港澳展览项目补助；
3. 引进品牌展览项目补助；
4. 成长型展览项目补助；
5. 重点展览项目补助；
6. 国际品牌展览项目补助。

（二）会议项目补助：

1. 国际会议项目补助；
2. 国内会议项目补助；
3. 超大型会议项目补助；
4. 以会带展项目补助。

（三）大型专业展览场馆承办展览活动运营补助。

（四）通过国际会展组织认证的机构或项目补助。

（五）会展产业孵化基地企业办公场所租赁补助。

（六）国际知名展会企业、组织机构总部落户珠海补助。

（七）支持会展人才培训等公共服务体系建设项目。

（八）支持开展会展城市和会展产业宣传推广营销活动。

（九）会展项目申报、评审、备案、现场核查、绩效评价和项目事后审计等工作经费在会展资金中列支。

第七条 会展资金使用具体内容和标准

（一）经贸类展览项目补助

1. 初创展览项目补助

对于在我市新创办（无同题材）的，与我市优势产业、城市特色和招商引资需求结合度高的，展览总面积达 4500 平方米及以上的，展位规模不低于 200 个标准展位的经贸类展览，每届给予展期综合场租的 20%（不超过 20 万元）的补助；宣传推广费用的 20%（不超过 10 万元）的补助；按照实际展位数量给予每个标准展位 400 元（不超过 30 万元）的补助，每届总补助金额不超过 60 万元，且补助不超过二届。

2. 港澳展览项目补助

推动珠港澳会展合作，吸引更多港澳展会主办机构带项目落户珠海举办。对新创办的由港、澳展会主办机构单独举办或由珠、港、澳三地以及珠港、珠澳、港澳双方合作共同在珠海举办的，展览总面积达 4500 平方米及以上的，展位规模不低于 200 个标准展位的经贸类展览，每届给予展期综合场租的 25%（不超过 30 万元）的补助；宣传推广费用的 25%（不超过 15 万元）的补助；按照实际展位数量给予每个标准展位 420

元（不超过 35 万元）的补助，每届总补助金额不超过 80 万元，且补助不超过二届。

3．引进品牌展览项目

对获得引进品牌展览认定的，引进与我市产业和市场发展需求结合度高，在其他城市成功举办三届以上的具有一定规模（30000 平方米以上），能代表相关行业发展动态和发展趋势，对相关行业有指导意义并具有较强影响力的，展览总面积达 9000 平方米及以上，展位规模不低于 400 个标准展位的经贸类展览，每届给予展期综合场租 30%（不超过 50 万元）的补助；宣传推广费用的 25%（不超过 40 万元）的补助；按照实际展位数量给予每个标准展位 420 元（不超过 50 万元）的补助，每届总补助金额不超过 140 万元，且补助不超过二届。

4．成长型展览项目补助

对获得成长型展览认定的，在珠海举办过一届及以上的，展览总面积达 9000 平方米及以上，展位规模不低于 400 个标准展位的经贸类展览，每届给予实际展期综合场租的 25%（不超过 40 万元）的补助；宣传推广费用的 25%（不超过 30 万元）的补助；按照实际展位数量给予每个标准展位 450 元（不超过 60 万元）的补助，每届总补助金额不超过 130 万元，且补助不超过三届。

5．重点展览项目补助

对获得重点展览认定的，展览总面积达 14500 平方米及以上，展位规模不低于 600 个标准展位的经贸类展览，每届给予展期综合场租 30%（不超过 45 万元）的补助；宣传推广费用的 30%（不超过 35 万元）；按照实际展位数量给予每个标准展位 500 元（不超过 80 万元）的补助，每届总补助金额不超过 160 万元，且不超过三届。

6．国际品牌展览项目补助

对获得国际品牌展览认定的，展览总面积达 20000 平方米及以上，展位规模不低于 900 个标准展位的经贸类展览，每届给予展期综合场租 30%（不超过 55 万元）的补助；宣传推广费用的 30%（不超过 45 万元）；按照实际展位数量给予每个标准展位 500 元（不超过 80 万元）的补助，每届总补助金额不超过 180 万元，且补助届数不超过三届。

对补助届满后仍在珠海举办的国际品牌展览项目，对该展览项目每届增量的展览面积（指与该展览项目历史最大规模相比增加的当届展览面积）给予综合场租 30% 且不超过 50 万元的补助；增量的展览面积折算标准展位数量给予每个展位 550 元的补助，补助金额不超过 50 万元。

同一展览项目不可重复申报以上支持，同一主办、承办单位在同一年度内多次举办相同或类同的展览项目，只扶持申报规模最大的一次。展览项目中的“以展带会”项目，符合会议扶持条件的，可单独申报相关会议项目支持。

（二）会议项目补助

支持会议项目落地我市举办，对举办会期达 1 天、住宿 1 晚及以上的国际会议、国内会议、超大型会议以及以会带展项目按以下标准给予资金支持。

1．国际会议

参会代表来自 5 个及以上国家或地区（含港澳台）或国际性组织，境外参会人数 50 人及以上的国际会议，按以下标准给予支持。

（1）境外参会人数达 50—200 人（不含），给予不超过 10 万元补助；

（2）境外参会人数达 200—500 人（不含），给予不超过 30 万元补助；

（3）境外参会人数达 500—1000 人（不含），给予不超过 60 万元补助；

（4）境外参会人数达 1000 及以上的，给予不超过 100 万元补助。

2．国内会议

对参会人数达 200 人及以上，酒店住宿达 300 及以上间夜数的港澳会议、行业会议和商务会议，按照每间夜 60 元的标准给予支持，单个会议项目补助总额不超过 50 万元。

3．超大型会议

对于参会人数达 5000 人及以上，其中市外参会人员达 80% 以上的超大型会议，按照参会人数 50 元 / 人的标准给予支持，单个会议项目补助总额不超过 80 万元。

4．以会带展项目

对参会人数达 3000 人且住宿 3000 间夜以上的会议项目，同期配套举办专业展览活动，展览总面积达 4500 平方米及以上，展位规模不低于 250 个标准展位的，除享受会议项目补贴外，按照实际展位数量给予每个标准展位 280 元的补助，单个项目展位补助总额不超过 35 万元。

同一会议项目不可重复申报以上支持。对在我市海岛举办、符合本条所述支持的会议项目，其补助标准在原有补助标准基础上上浮 10%。长期（连续 3 届及以上）落户珠海举办、符合本条所述支持的会议项目，其补助标准在原有补助标准基础上上浮 10%。

（三）对大型专业展览场馆举办经贸类展览活动给予运营补助

大型专业展览场馆是指以举办展览活动为主要功能、可供出租的实际室内展厅面积达 5000 平方米及以上的永久性场馆。鼓励大型专业展览场馆充分发挥自身优势，招引更多符合我市产业优势、城市特色和招商引资需求的经贸类展会项目落户珠海举办，对大型专业展览场馆承接经贸类展览活动给予运营补助。以场馆每年承接经贸类展会的展期实际面积（不以展厅出租累计总面积计算）核算，给予 3 元每平方米的场馆运营补助。每年度对大型专业展馆举办经贸类展览活动给予运营补助金额不超过 100 万元。

（四）对获得全球展览业协会（UFI）、国际大会及会议协会 (ICCA) 等权威国际会议或展览行业组织认证的我市会展机构和展会项目，自申请年度起连续三年给予当年年度会员费用 60% 的补助。

（五）对于被认定进驻珠海会展产业孵化基地的会展相关企业，在进驻前三年内，分别给予每年办公场所租赁费用的 40%、30%、20% 的补助，每家企业每年办公场所租赁费用的补助金额分别不超过 30 万元、20 万元、10 万元。

（六）国际知名展会企业、组织机构总部落户珠海补助

对国际知名会展企业、组织机构在珠海设立区域总部、华南地区办事处或分支机构，并从事会展业务，举办具体展会项目 (单个年度内运营展览总面积达 20000 平方米或会议达 2 场)，年营业额不低于 500 万元，在珠工作人员 10 人（含）以上，经认定后连续三年每年给予 30 万元落户补助。

（七）支持会展人才培训等公共服务体系建设项目

1. 支持经市商务局（市会议展览局）批准同意的，由我市相关行业协会、专业培训机构或高校面向全市会展行业、企业举办的业务技能培训、服务能力提升培训等公益性人才培训项目，参考《市直党政机关和事业单位培训费管理办法》的三类培训综合定额标准 210 元 / 人 / 天予以补助。

2. 支持经市商务局 (市会议展览局) 批准同意的，由珠、港、澳相关行业组织、专业培训机构联合全球展览业协会（UFI）、国际大会及会议协会 (ICCA)、国际展览与项目协会（IAEE）等权威国际会展组织在珠海举办的高端会展人才培训项目，对实际发生的场地租赁费用、讲师授课费、讲师交通住宿费及伙食费 (参照广东省财政厅和珠海市财政局关于差旅费标准执行)、培训宣传和资料印刷费、培训项目授权费等，按实际发生费用给予最高 80% 的资金支持，每场活动不超过 25 万元。

（八）支持开展会展城市和会展产业宣传推广营销活动

对经市商务局（市会议展览局）批准同意的，由我市相关行业协会或重点会展企业在境内外开展的会展业宣传推广、招商推介和市场开拓活动，给予如下资金支持：

对展品运输费、特装费、公共摊位费、广告宣传及资料设计制作费、场地租金及仪器设备租赁费等，按实际发生费用给予最高 50% 的资金支持，每场活动不超过 20 万元。

（九）会展项目申报、评审、专家聘请及第三方专业机构进行项目备案、现场核查、绩效评价和项目事后审计等工作费用在扶持资金中列支

第八条 对珠海市城市发展和产业有重要影响的会议或展览项目，可按照“一事一议、特事特办”的原则，在征求相关部门意见基础上，报市政府批准后给予支持。

第九条 会展资金具体扶持金额以当年度财政预算安排数为准，整体扶持金额不超过当年财政预算安排资金。

第三章 申报条件和程序

第十条 申报条件

（一）原则上为在珠海行政区域内依法登记注册、已办理税务登记的企事业单位、社会团体；

（二）申报单位及项目应依照《中华人民共和国统计法》、商务部的展览业统计监测报表制度和珠海市会展业统计报表制度，上报有关会展业统计报表；

（三）申报的会议、展览项目应按要求进行自愿备案；

（四）符合当年申报指南规定的其他条件和要求。

第十一条 有下列情形之一的，本扶持资金不予以支持：

（一）已经列入其他同类性质市级财政资金资助的项目；

（二）申报年度及上一年度被列入“信用中国”失信黑名单；

（三）申报年度及上一年度在经营活动中因违反有关安全生产、市场监管、生态环境、消防安全、税务等方面法律、法规、规章 而受到行政处罚，且行政处罚事项属《广东省行政处罚听证程序实施办法》规定中纳入听证适用范围；

（四）上届展会曾发生群体性事件或发生知识产权纠纷较多造成负面影响或严重后果；

（五）对纳入统计范围但未依照《中华人民共和国统计法》、商务部的展览业统计监测报表制度和珠海市会展业统计报表制度，上报有关会展业统计报表。

第十二条 申报程序

（一）申报单位在展览、会议项目举办前 1 个月到市商务局（市会议展览局）进行自愿备案。在项目举办前至少 6 天，持项目备案表，向市商务局（市会议展览局）提出项目现场审核申请。项目现场核查期间，由核查人员和申请单位代表在核查报告（一式两份）现场签字确认。

（二）市商务局（市会议展览局）每年发布当年扶持资金申报指南，根据工作实际组织企业通过珠海市财政专项资金申报和管理平台，开展会展资金申报、受理和审核等工作。

（三）申报单位在珠海市财政专项资金申报和管理平台提交会展资金申报资料，由市商务局 (市会议展览局) 受理并初审。主要包括：

1. 项目申请书；

2. 项目备案表；

3. 须经批准的会展项目应当提交审批机关的批准文件复印件；

4. 申报单位的统一社会信用代码证复印件；

5. 主办或承办单位委托申报单位申请会展资金的函；

6. 展览（会议）项目需提供展后总结报告、场地租赁合同

复印件及支出凭证、展馆确认的实际展位平面图、宣传广告合同复印件及支出凭证、展商列表、会刊等材料；

7．会议项目需提供会后总结报告、场地租赁合同复印件及支出凭证、参会人员名单（含姓名、职务、单位、国别、城市等）等材料，国际会议还需提供境外及港澳参会人员证明材料（含护照个人页复印件或相关单位出具的证明材料）等材料，国内会议还需提供住宿证明（住宿酒店出具的住宿证明、分房表）等材料；

8．培训项目需提供：场地租赁合同复印件及支出凭证、培训通知、培训现场照片、讲师授课费、交通住宿费的支出凭证、讲师身份证复印件等证明材料；

9．会展业宣传推广、招商推介、市场开拓项目需提供相关展品运输、特装、公共摊位、宣传广告、场地租赁、仪器设备租赁等费用的合同和支出凭证等。

10．展位销售合同、经场馆核实的观众数量证明、专业论坛活动资料、近三年展览所获得国家及省市荣誉称号或良好信用信息证明等引进品牌展览、成长型展览、重点展览、国际品牌展览认定所需的证明材料。

11．其他相关证明材料。

（四）申报项目通过初审后，按要求下载珠海市财政专项资金申报和管理平台相关会展资金申报资料，并打印装订成册提交至市商务局（市会议展览局）。市商务局（市会议展览局）按照有关规定和程序，通过抽取评审专家，组成第三方专家工作组对申报项目和资料进行认定和评审。申报项目评审结果经市商务局党组会议或局长办公会议集体审议后，将项目名称、用款单位和拟分配金额在珠海市商务局网站“结果公开”栏目和珠海市财政专项资金申报及管理平台公示，公示期不少于 5 个工作日。

（五）公示无异议后，市商务局（市会议展览局）上报市政府审批。

（六）根据市政府批复意见，市商务局（市会议展览局）下达资金使用计划。

第四章 监督管理

第十三条 市商务局（市会议展览局）根据实际情况，可采取定期检查、不定期抽查或委托评审机构等方式，对会展资金的使用和项目实施情况督促检查。被检查的单位应主动配合检查人员做好相关工作，提交相应的文件材料。

第十四条 有下列情形之一的，由市商务局（市会议展览局）会同市财政局按情节轻重采取停止奖励或补助等措施，追回已拨付的会展扶持资金，并在珠海市信用信息管理系统将相关单位和个人列入黑名单。项目单位在 5 年内不得申报财政资金支持。构成违法或犯罪的，由相关部门依法处理或追究刑事责任：

（一）提交虚假申请资料骗取扶持资金；

（二）展会组织秩序混乱，发生罢展、闹展或重大事故；

（三）违反其他法律法规。

第五章 附则

第十五条 本实施细则由市商务局（市会议展览局）负责解释。

第十六条 本实施细则有效期从 2020 年 11 月 14 日至 2022 年 12 月 31 日止。政策有效期内，遇国家、省、市政策重大调整或另有规定的，予以相应调整。

（文章来源：珠海市商务局 / 珠海市口岸局网站 . http://swj.zhuhai.gov.cn/zwgk/zcfgjjd/content/post_2652733.html）

淄博市会展业项目实施细则（试行）

第一章 总则

第 1 条 为进一步促进我市会展业的发展，推动城市产业升级，提升城市知名度和美誉度，助推全市新旧动能转换和经济高质量发展，根据《淄博市人民政府关于加快会展经济创新发展的实施意见》（淄政发〔2020〕2 号），结合我市实际制定本细则。

第 2 条 淄博市会展业项目，每年由市财政安排预算，由市发展改革委会同市商务局实施项目管理，重点支持《淄博市人民政府关于加快会展经济创新发展的实施意见》（淄政发〔2020〕2 号）所列的新材料、智能装备、新能源汽车、新医药、陶瓷琉璃等专业展览会和齐商大会、齐文化论坛及各类与我市重点产业密切相关的高层会议论坛，采取奖励补贴的方式进行项目认定扶持，引导、支持我市展览展示、会议（论坛）等项目在网站建设、工程设计、宣传推介、招商招展、展位搭建、服务接待等环节，特别是专业采购商邀请等方面向规模化、专业化和国际化方向发展，促进我市会展业做优做强做大、做出品牌。

第 3 条 市发展改革委会同市商务局根据国家、省和市会展业发展相关政策、发展规划及实际工作需求，会商确定会展项目的申报，制定会展项目支持细则。

第二章 会展项目支持重点和标准

第 4 条 展览会奖励补贴。以项目的规模化、专业化、国际化为引导，以展位数量和进场观众数量两项指标为补贴依据，获得奖励补贴的单位须将奖励补贴资金专业用于后续展览会项目的对外宣传、招商招展、会务保障、会刊印制、证件制作、工程设计、展位搭建，特别是重要外商、大公司人员的接待等项支出。对已经列入年度展览会目录的项目，以展览会举办时间界定项目所在年度，分 A（突破提升类）、B（培育发展类）、C（试办考察类）三类予以区分，重点扶持 A 类项目。A、B、C 三类展览会扶持展览会标准和条件是：

1.A 类项目为突破提升类展览会：已在我市举办届数在 3 届及以上，展位数量在 1000 个（含）以上的展览会。A 类专业展览会展位数量须达到 800 个（含）以上。

2.B 类项目为培育发展类展览会：在我市非首届举办，展位数量在 500 个（含）以上的展览会。

3.C 类项目为试办观察类展览会：在我市首届举办的展览会，展位数量在 300 个（含）以上的展览会。

本细则所指展览会是指办展天数在 3 天（含）以上，集展示产品和技术、拓展销售渠道、传播品牌理念、投资洽谈交流为一体的展览会活动，不包括书画摄影艺术展、车展、房展等。其中，专业展览会是指由一个行业或相邻行业领域内各工艺、制成品、原材料、新技术、零配件及辅助生产、维护、流通企业参加的，以专业生产商、供应服务商、采购商为主体，不以现场交易为主的展览会。本细则所指展位是指面积为 3×3 平方米的标准展位。

第 5 条 展览会项目奖励贴标准：

对达到以下标准的展览会项目，给予一定奖励补贴：

1.A 类展览会展位数量达 1000（含）个，或专业展览会展位数量达到 800 个（含）以上，给予奖励补贴 60 万元，展位数量每增加 100 个，扶持资金增加 5 万元，单个展览会最高不超过 80 万元；

2.B 类展览会展位数量达 500（含）个，给予奖励补贴 25 万元，展位数量每增加 100 个，扶持资金增加 3 万元，单个展览会最高不超过 40 万元；

3.C 类展览会展位数量达 300（含）个，给予奖励补贴 12 万元，展位数量每增加 100 个，扶持资金增加 2 万元，单个展览会最高不超过 20 万元。

第 6 条 对在我市实施的会议（论坛）项目，按照参会人数 300 人（含）以上、500 人（含）以上、700 人（含）以上三个层次，会期 1 天以上，参会人员市外人数达到参会总人数的 50%（含）以上的各类会议（论坛），分别给予论坛组织者大型会议厅租赁使用费 3000 元、5000 元和 7000 元的补贴。对满足参会人数上述三个层次标准的会议（论坛），按照参会人员在本市辖区内限额以上住餐法人企业住宿 2 晚（含）以上的人数，对会议（论坛）承办单位按照每人 300 元的标准给予一次性奖励补贴，参会人员在 1000 人以上的大型会议额外奖励 20 万元，最高不超过 50 万元。与展览会同时举办的会议（论坛）不得占用展会场地。

在我市举办的会议（论坛）项目是指由省级以上各类行业协会或学会、学术机构、高校、行业主流媒体等机构主办的会议、论坛活动。会议（论坛）举办主题和内容基本相似的，按照“扶优扶大”的原则，对其中规模大的会议（论坛）的具体承办单位给予奖励。

第 7 条 鼓励办展企业做大做强。对在我市注册的展览企业，在淄博本地年度举办展览会项目达到 3 个以上（含 3 个），且展览会类别(主题)均不相同,累计标准展位达到2000个以上(含2000个)，可给予30万元一次性奖励。连续举办展览会3年以上，且展位数量连续两年比上一年度增长 200 个以上（含 200 个），可给予 60 万元一次性奖励。

第 8 条 对在我市注册的展览企业取得国际展览协会（UFI）认证的展览项目，一次性奖励 50 万元；加入国际展览协会（UFI）和国际会议协会（ICCA）等其他国际组织的会展机构，一次性奖励 20 万元。同时，自申请年度起连续三年缴纳的会员费给予 50% 奖励补贴，每年最高不超过 10 万元。对获评山东省品牌展览会的展览项目给予一次性奖励 20 万元。

第 9 条 以市政府名义组织企业参加外埠展览会、洽谈会及会展业行业宣传、效果评价、数据统计分析、项目评审等所需经费，纳入部门预算管理。

第 10 条 对市政府确定的，对我市经济发展有重大推动作用的重点会展项目、论坛、经贸类活动等，可采取“一事一议”的方式，报经市政府批准后，予以支持。

第 11 条 对于同一会展项目在同一年度内按照“不重复、不兼得”的原则给予支持。

第三章 申报条件、程序和材料

第 12 条 申报条件：

1. 参与申报的会展业支持项目，须由符合上述三类展览会标准、具有独立办展资质的承办单位进行申报。展览会项目必须列入年度政府展览会名录并备案，由市政府指定的第三方机构对展览会项目进行全程跟踪，确保申报事项真实可靠。年度政府展览会名录于每年初发布，年中根据展览会招揽引进情况调整一次。本细则所指第三方机构是指具有法定资质的专业机构，参与工作的人员对展览会运作具有专业咨询、评审和绩效评估等方面的专业能力。

2. 每个项目只能有一个单位提出申请。同一项目有多个主(承)办单位的，须推选一个单位提出申请，并提供推选证明材料。

3. 室内特装展位按实际面积折算成标准展位计算，与展览展示无关的其他功能区域（如开幕式场地、会议区、洽谈区、公共服务区、娱乐区、休息区、餐饮区等）不列入标准展位的计算范围。

4. 一个展览会如有多个主题，只对符合条件的主题进行奖励补贴。主办、承办单位基本相同、主题和内容基本相似的展览会，同一个年度不得重复申请奖励补贴。

5. 对申报项目的约束性标准，可根据年度申报项目的实际情况按照最低不低于 10% 的幅度灵活掌握。

第 13 条 申报程序：

1. 申请单位应在展览会开展前 6 个月内向单位注册地区（县）发改、商务部门提报项目活动方案，内容应包括项目时间、地点、规模、主（承）办单位等，并及时报市发改和商务部门备案。招揽引进的项目应在合作协议（或场馆租赁协议）签订后一个月内，将项目计划报区（县）发改、商务部门汇总，并及时报市发改委和商务部门备案。

2. 申请单位应于项目开始前全面提报相关必要材料。包括项目安保方案（包括人身安全、消防安全、食品安全、公共卫生、知识产权保护，以及应急预案等）；项目涉台（涉外）情况报告；如涉及党政机关主 (承) 办或参与，应提报相关批复；申请单位承诺书；展览项目要提报展位图、展会会刊（含展商名称、展位号、展示内容、企业地址、标准展位数、特装展位面积、特装折合标准展位数）。

3. 项目开展过程中，市政府指定的第三方机构到现场进行评审。项目结束后，由第三方机构依据项目现场情况，对申请单位提报的材料进行审核并出具评审报告，由区（县）发改部门会同商务部门组织符合申报条件的展览会主办单位，按要求及时提报奖励扶持资金申请报告。

第 14 条 申报材料：

1. 支持项目申请报告。包括申请单位基本情况、项目活动方案、安保方案、项目涉台（涉外）的情况报告、两张以上展览会现场照片、展位搭建图、展商名录（含展商名称、展位号、展示内容、企业地址、标准展位数、特装展位面积、特装折合标准展位数)、展览场地租赁合同、展览场地租赁发票、总结报告、会刊、相关统计资料等。

2. 项目批准的相关文件。如项目涉及党政机关举办或参与，须提供相关批复。

3. 申请单位营业执照、经办人身份证复印件。

4. 会议(论坛)项目申请单位基本情况、活动方案、安保方案、场地租用合同、费用明细和发票及付款记账凭证复印件、两张以上的现场照片、总结报告、参会人员名单（包括姓名、工作单位、联系方式、城市）、参会人员签到表、住宿酒店提供的酒店盖章的住宿流水(含房间号、姓名、入住时间、离店时间等)。会议（论坛）的申报条件、申报程序参照展览会要求执行。

5. 国际认证项目须提供证明材料、会费缴纳凭证，申报项目为山东省品牌展览会，需提供认定文件。

6. 第三方机构出具的评审报告。

7. 其他要求提报的材料。

以上材料需加盖申请单位公章 。逾期未完整提交材料的，视同主动放弃申报。

第 15 条 申请单位应当如实提供材料，不得弄虚作假，奖励补贴资金应按照财务会计制度进行核算、管理，并自觉接受财政、审计等部门的监督与检查。

第四章 会展项目支持程序

第 16 条 市发展改革委会同市商务局依据第三方机构出具的项目评审结果，审核确定支持项目，并经公示无异议后，报市政府审定。

第 17 条 当年申报的会展业支持项目列入次年财政预算。市财政局根据市政府决策和财政预算，于次年拨付至相关区（县）财政，由区（县）财政拨付至相关项目单位。

第五章 监督管理

第 18 条 项目单位应自觉遵守相关的法律法规、规章 制度和行规行约，主动做好公安、消防、食品安全、知识产权保护等方面的安保预案和预防工作，主动履行社会公共义务、参与社会公益活动。不得以虚报、冒领等手段套取、骗取会展支持项目资金。主动配合接受各级税务、财政、纪检监察等部门的监督检查。对违反相关规定的，造成社会不良影响的，暂停专项资金申报。

第 19 条 参与评审的第三方机构应严格按照国家法律、法规规范执业，客观、公正、独立地出具评审结果，不得弄虚造假。对违反相关规定的，列入诚信平台黑名单，不再使用。

第 20 条 对虚报、冒领等违纪行为，除取消该单位申请资格外，追回项目支持资金，并按照《财政违法行为处罚处分条例》等国家有关法律法规追究相应责任。

第六章 附则

第 21 条 本细则由市发展改革委会同市商务局负责解释。

第 22 条 本政策自 2020 年 6 月 1 日起执行（试行三个年度，每年视情修订）。

（文章来源：淄博市商务局网站 . http://boftec.zibo.gov.cn/art/2020/9/1/art_381_2008298.html）

区域发展篇 ▶

北 京

北京市会展业“十三五”发展概况

一、综合概述

北京市会展业包括中央在京单位和北京市属单位所组织的各种会展活动。北京市会展活动形式多样，产业链构成完整，会展业在全国具有重要地位。

（一）2017 年 12 月，北京市商务委等九部门共同发布了《关于进一步促进展览业创新发展的实施意见》，提出了到 2020 年的发展目标，相当于北京市会业的“十三五”规划。北京市统计局在“十三五”期间也一如既往地每年公布上一年度会展业的统计数据。据此，北京市贸促会每年都编写年度《北京会展业发展报告》。

（二）“十三五”时期，习近平主席多次在北京举办的会展活动上发表讲话或发来贺信。其中就包括：

（1）2016 年 7 月 23 日习近平主席为中国地质博物馆建馆 100 周年发来贺信；7 月 28 日向首届亚非青年联欢节开幕致贺信；9 月 9 日向第 39 届国际标准化组织大会开幕致贺信；9 月 19 日向第 19 届国际麻风大会开幕致贺信。

（2）2017 年 5 月 14 日习近平主席在“首届‘一带一路’国际合作高峰论坛”上发表主旨演讲和主持元首会议；6 月 6 日向“全球航天探索大会”开幕致贺信；9 月 25 日在北京展览馆参观“砥砺奋进的五年”大型成就展并发表讲话；9 月 26 日在“国际刑警组织第 86 届全体大会”上发表重要讲话；11 月 6 日向“国际竹藤组织成立 20 周年志庆暨竹藤绿色发展与南南合作部长级高峰论坛”致贺信；11 月 27 日向“2013—2022 年亚太残疾人十年中期审查高级别政府间会议”致贺信；12 月 1 日在“中国共产党与世界政党高层对话会”上发表主旨讲话。

（3）2018 年 9 月 3 日习近平主席出席“2018 年中非合作论坛北京峰会”并作主旨演；。9 月 17 日向“世界公众科学素质促进大会”开幕致贺信；10 月 25 日向“第八届北京香山论坛”开幕致贺信。11 月 1 日向“改革开放与中国扶贫国际论坛”开幕致贺信；11 月 4 日向“‘一带一路’国际科学组织联盟”成立大会暨“第二届‘一带一路’科技创新国际研讨会”开幕致贺信；11 月 13 日参观“伟大的变革——庆祝改革开放 40 周年大型展览”并发表讲话。12 月 16 日向“第三届‘读懂中国’国际会议”开幕致贺信。

（4）2019 年 4 月 26 日习近平主席在“第二届‘一带一路’国际合作高峰论坛”上发表主旨演讲并主持元首会议；4 月 28 日在“2019 年中国北京世界园艺博览会”开幕式上发表讲话；5 月 15 日出席“亚洲文明对话大会”开幕式并发表主旨演讲；当晚，出席“亚洲文化嘉年华活动”并致辞；5 月 28 日向“2019 年中国国际服务贸易交易会”开幕致贺信；7 月 24 日向“中国志愿服务联合会第二届会员代表大会”开幕致贺信；8 月 30 日国家主席出席“2019 年国际篮联篮球世界杯”开幕式；9 月 23 日参观“庆祝中华人民共和国成立 70 周年大型成就展”并发表讲话；10 月 17 日向“2019 中关村论坛”致贺信；10 月 16 日向“首届世界科技与发展论坛”开幕致贺信；10 月 17 日向“2019 中关村论坛”开幕致贺信；10 月 21 日向“第九届北京香山论坛”致贺信；10 月 24 日向“首届可持续发展论坛”致贺信。

（5）2020 年 9 月 4 日，习近平主席在“2020 中国国际服务贸易交易会全球服务贸易峰会”上发表视频致辞；12 月 3 日通过视频方式向“清华大学经济管理学院顾问委员会 2020 年会议”表示祝贺；12 月 14 日向“人类减贫经验国际论坛”开幕致贺信。

（三）根据 2017 年 9 月经中央批准的《北京城市总体规划（2016 年—2035 年）》的规定，北京城市战略定位是全国政治中心、文化中心、国际交往中心、科技创新中心。由此，北京市会展业发展必须围绕“四个中心”提供优质服务。

2020 年 12 月 29 日，中共北京市委十二届十六次全会指出，要吸引更多高水平国际节、赛、展、会在京举办，将中国国际服务贸易交易会、中关村论坛、金融街论坛打造成为国家开放发展的三块金字招牌。

（四）由于新冠疫情的原因，在“十三五”收官之年 2020 年的全国展览活动都大受影响。根据中国会展经济研究会的数据，2020 年全国展览项目和展览面积都大约减少一半左右，为此，本文估算北京会展业在 2020 年的损失也应在在这一水平。

北京市会展业“十三五”时期的有关数据可见下表。其中，2016—2019 年的数据为北京市统计局提供的数据。

"十三五"时期北京市会览业数据表 *

名 称	2016年	2017年	2018年	2019年	2020年
会展收入（亿元）	232.6	245.4	285.2	345.4	~170
会议收入（亿元）	109.6	118.7	146.2	165.7	
国际会议（亿元）	7.4	8.5	10.4	14.2	
展览收入（亿元）	116.5	123.8	136.7	174.9	
国际展览（亿元）	41.4	42.7	41.6	51.4	
接待会议（万个）	21.0	21.5	23.8	23.6	
国际会议（万个）	0.5	0.4	0.3	0.3	
与会人员（万人次）	1 605.7	1 723.8	2 047.4	2 093.6	
国际会议（万人次）	65.5	55.3	59.7	56.1	
会议室数量（个）	5 000	4 858	5 155	5 265	
会议室可用面积（万平方米）	74.0	72.1	78.4	82.2	
会议室可容纳人数（万人）	45.6	44.9	49.4	52.0	
举办展览（个）	867	790	808	865	
国际展览（个）	159	130	148	265	
展览面积（万平方米）	673.8	609.5	673.8	1083.6	
国际展览（万平方米）	361.0	318.5	368.8	349.1	
展览观众（万人次）	924.0	1029.0	807.4	1633.1	
国际展观众（万人次）	167.8	107.8	198.0	828.0	
会展业平均从业人数（万人）	14.2	13.7	13.1	14.7	

* 注：北京市统计局说明，北京市会展业统计范围包括会展场馆、限额以上住宿业法人单位、会展举办单位以及规模以上会议及展览服务业法人单位和旅行社等。由于统计范围内的单位名录每年均有变化，为保证数据的可比性，需要调整上一年度同期数据以计算可比增速。

** 注：2020 年数据为估算。

（五）在北京举办的展会项目进入《2019 年世界百强商展》的有 3 个：北京国际汽车展览会（排第 43，下同）、北京国际印刷技术展览会（78）、中国（北京）国际工程机械建材机械及矿山机械展览及技术交流会（84）。

（六）截至到 2019 年 12 月，在北京举办且获得国际展览业协会（UFI）认证的国际展会项目有 10 个：中国（北京）国际工程机械、建材机械及矿山机械展览与技术交流会，中国国际服装服饰博览会，中国国际科学仪器及实验室装备展览会，中国国际医疗仪器设备展览会，北京国际印刷技术展览会，中国汽车用品暨改装汽车展览会，中国国际机床工具展览会，中国石油石化装备展，中国国际安全生产及职业健康展览会，中国国际信息通信展览会。

（七）截至到 2019 年 12 月，注册地在北京的会企业、单位成为 UFI 会员的有 30 家，分别是：北京亚洲机械国际会议展览公司、北京博乾国际会砸服务有限公司、北京朗普展览有限公司、北京北辰有限公司 / 国家会议中心、振威展览有限公司、北京筑医台科技发展有限公司、北京国际会议展览业协会、北京国际展览中心、中国展览馆协会、中国贸促会建材分会、中国贸促会化工行业分会、中国家用电器协会、中外会展杂志社、商务部投资促进事务局、中国藏毯协会、中国国际贸易中心有限公司、中国国际展览中心（集团）有限公司、美国克劳斯公司——北京、中国轻工业展览中心、Hyve 集团（原艾特怡国际会展服务北京有限公司）、科隆国际展览有限公司（北京）、励展博览集团大中国区总部、励展博览集团 ISG 中国、励展华百展览（北京）有限公司、励展华群展览有限公司、国药励展有限公司、高美爱博展览集团（中食展主办方）、博闻中国（北京）公司、雅森国际展览有限公司、中糖新世纪国际会展（北京）有限公司。

（八）"十三五"时期，北京市举办的国际会议数量在国际大会与会议协会（ICCA）的城市排名中一直居于亚州前列，在中国的城市排名中始终位居首位。

（九）根据《2019 年度中国展览数据统计报告》，注册地为北京的会展上市公司共有 9 家，均在新三板上市。分别是：名洋会展（组织会议）；黑油展览（展览展示工程）；昆仑股份（会展科技开发）；蓝色方略（组织会议）；芯联创展（组织会议）：中青博联（组织会议）；东恒会展（组织会议）；佰鋭博雅（组织展览）。

二、会展政策

根据 2019 年 5 月 7 日北京市商务局、北京市财政局、北京海发布的《关于促进我市商业会展业高质量发展的若干措施（暂行）》（京商贸发字〔2019〕12 号），其相关政策如下。

（一）鼓励展览与会议融合。对于展会期间举办国际性行业年会或行业发展论坛，组织推广行业新技术、新产品、发布行业发展报告等活动，活动规模达到 200 人以上的展会，给予主办方不超过 30 万元奖励。

（二）支持关联展会整合。对于在京连续举办两届以上且属于同一产业链的两个及以上的同质性展会，整合后展出面积和观众数量超过整合前最大规模展会 50% 的，给予整合主办方不超过 50 万元奖励。

（三）加强品牌展会国际宣传。鼓励品牌展会加强国际宣传推广，提升品牌价值和国际影响力，对在北京市连续举办五届以上（不含）的展会，组织国际路演、海外宣传推介或投放主流媒体广告等活动，给予主办方不超过 30 万元奖励。

（四）鼓励展会提升国际化水平。对国际参展商 (含中国台湾、中国香港、中国澳门地区和外商投资及合资企业) 租用展览面积达到总展览面积 30% 以上的展会，给予主办方不超过 50 万元奖励。

（五）鼓励展会做大做强。对参展商租用展览面积比上届增加的展会，每增加 5000 平方米展览面积，给予主办方不超过 30 万元奖励，最高不超过 100 万元。

（六）鼓励创办引领产业发展的优质展会。对新举办的“高精尖”产业展会、北京服务业扩大开放重点领域展会或国家战略性新兴产业展会，展览面积达到 1 万平方米以上，国际参展商 (含中国台湾、中国香港、中国澳门地区和外商投资及合资企业) 租用展览面积占总展览面积的比例达到 10% 及以上的，给予主办方不超过 50 万元奖励，奖励不超过三届。

（七）引进境内外国际大型专业展会。鼓励引进具有国际影响力的大型国际专业展会，对新引进展览面积 2 万平方米以上，国际参展商（含中国台湾、中国香港、中国澳门地区和外商投资及合资企业）租用展览面积占总展览面积比例达到 20% 及以上的，给予主办方不超过 100 万元奖励，奖励不超过三届。

（八）提升便利化服务水平。对符合支持方向的展会，北京海关将制定相应便利化措施，在展品通关等环节给予政策支持。对重点展会，商务、海关等部门将采取一事一议的方式，提供个性化服务支持。

三、会展设施

中国国际展览中心：北京市朝阳区北三环 6 号 /webmaster@ciec.com.cn/0086-10-64600000

北京国家会议中心：北京市朝阳区天辰东路 7 号 /exhibition@cncchina.com/0086-10-64991899

北京展览馆：北京市西城区西直门外大街 135 号 /0086-010-57960055

北京农业展览馆（中国农业博物馆）：北京市朝阳区东三环北路 16 号 /master@ciae.com.cn/0086-10-65096688

北京亦创国际会展中心：北京亦庄经济开发区荣昌东街 6 号 /xubowen8277@dingtalk.com/0086-010-67802681

北京国际会议中心：北京市朝阳区北辰东路 8 号院 3 号楼 /0086-10-87056669

四、星级酒店（五星）

1. 中国大饭店
2 北京国宾酒店
3 王府半岛饭店
4 首都大酒店
5 北京饭店
6 北京新世纪饭店
7 北京国际饭店
8 北京金融街洲际酒店
9 北京香格里拉饭店
10 西国贸大酒店
11 北京京都信苑饭店
12 北京千禧大酒店
13 北京华侨大厦
14 国际艺苑皇冠假日饭店
15 北京天伦王朝饭店
16 北京市长城饭店
17 北京希尔顿酒店
18 北京金隅喜来登酒店
19 北京嘉里大酒店
20 北京瑞吉酒店
21 北京长富宫饭店
22 北京凯宾斯基饭店
23 昆仑饭店
24 兆龙饭店
25 西苑饭店
26 瑞海姆田园度假村
27 北京世纪金源大饭店
28 北京长安大饭店
29 北京龙城丽宫国际宾馆
30 北京贵宾楼饭店
31 北京东方君悦大酒店
32 北京世纪金源香山商旅酒店
33 北京五洲皇冠国际酒店
34 北京昆泰嘉华酒店
35 北京友谊宾馆贵宾楼
36 北京九华国际会展中心大酒店
37 北京金融街丽思卡尔顿酒店
38 北京金融街威斯汀大酒店
39 中国妇女活动中心好苑建国酒店
40 北京丽晶酒店
41 北京名人国际大酒店
42 北京万达索菲特大饭店
43 北京中奥马哥孛罗大酒店
44 京中航泊悦酒店
45 北京汉华国际饭店
46 北京伯豪瑞廷酒店
47 新云南皇冠假日酒店
48 北大博雅国际酒店
49 北京万豪酒店

50 北京励骏酒店
51 北京丽景湾国际酒店
52 北京金茂威斯汀大饭店
53 北京中关村皇冠假日酒店
54 北京北辰洲际酒店
55 北京国贸大酒店
56 人卫酒店
57 北京丰大国际大酒店
58 北京富力万丽酒店
59 鹏润国际大酒店
60 北京瑞麟湾温泉度假酒店

五、会展企业（节选）

（一）中国国际展览中心集团公司。

1986 年成立，简称“中展集团”，隶属于中国国际贸易促进委员会暨中国国际商会。是中国展览馆协会的、国际展览业协会（UFI）成员和国际展览会管理协会（IAEM）成员。理事长单位中国国际展览中心建立于 1985 年，经过 20 多年的发展历程，现已发展成为集展馆经营、国内组展、海外出展、展览工程于一身，业务范围成龙配套的集团企业。

（二）北京北辰会展集团。

2015 年成立，简称“北辰会展”，是北辰集团的重要子品牌，旗下的北京国际会议中心于 1990 年开业，是中国第一个专业的国际会议中心，20 年后（即 2009 年）开业的国家会议中心亦是良好的大型场馆样本。

20 余年来，北辰会展圆满完成了万余个会议和千余个展览的接待服务，包括第十一届亚运会、第四次世界妇女大会、2008 北京奥运会、服贸会（京交会）、世界高铁大会、APEC 领导人会议周、“一带一路”国际会展高峰论坛等重要会议论坛活动。

（三）中国机械国际合作有限公司。

2018 年成立，简称“中机国际”，是大型中央企业集团、世界 500 强企业——中国机械工业集团有限公司的控股子公司。中机国际拥有 20 多个全资或控股子公司。其中包括西麦克国际展览有限公司。商业会展是中机国际的核心主业，公司拥有二十多年的办展经验和专业的办展团队。经过多年努力，中机国际已形成国内外自主办展、代理出国展览、展览工程服务等完整的展览业务体系，在国内 30 多个大中城市举办了众多国际性和地域性相结合的汽车展览，每年参与主承办的展览面积超过 200 万平方米。特别是参与主（承）办的“北京国际汽车展览会”和“上海国际汽车零配件、维修检测诊断设备及服务用品展览会”双双跻身世界商展百强排行榜。

（四）北京振威展览有限公司。

2000 年成立，简称“北京振威”，是振威展览集团公司的子公司；旗下的主要项目有：中国国际石油石化技术装备展览会 cippe、中国国际石油天然气管道与储运技术装备展览会 CIPE、中国国际海洋石油天然气展览会 ciooe、中国页岩气技术与装备展览会、北京国际生活品牌（奢侈品）博览会、北京海外置业及投资移民展览会、北京国际进口食品博览会、北京国际进口孕婴用品展、北京国际自行车暨零部件展览会、北京国际电动车暨零部件展览会。

（五）北京雅森国际展览有限公司。

2002 年成立，简称“北京亚森”，专注于中国展览业务。是国际、国内汽车后市场展览业务的策划、组织及实施的专业机构。主办中国国际汽车用品展览会（CIAACE）、中国国际改装汽车展览会（ALL IN TUNING) 等多项展览项目。是中国国际食品安全检测设备展览会（FIE）主办方。2011 年，雅森国际展览公司及其展会 CIAACE 分别被世界展览联盟（UFI）认证。此外，雅森国际还分别于德国莱比锡集团和杜塞尔多夫展览集团缔结合作盟约，在国际合作办展上不断尝试与突破。

（六）北京博乾国际会展服务有限公司。

成立于 2000 年，简称“北京博乾”，是以会议接待、展示展览、商务考察、商贸、会展策划为主，以完全市场化理念为核心的专业公司。现公司主办的展会有 CHINTERGEO 中国测绘地理信息技术装备展览，同期举办的 CHINTERGEO 中国国际测绘地理信息技术装备高峰论坛等。公司服务的大型会议有中华医学会疼痛学分会会议项目等。

六、会奖资源

（一）国家博物馆
（二）故宫博物院
（三）首都博物馆
（四）天安门广场
（五）八达岭长城、慕田峪长城
（六）颐和园
（七）十三陵
（八）天坛
（九）圆明园
（十）古北水镇

福州

“十三五”时期及2020年度福州市会议展览业的发展状况

“十三五”期间福州依托福建自贸试验区福州片区、福州新区、福州“海丝”核心区、国家生态文明实验区、国家自主创新示范区等“五区叠加”形成政策环境的优势，以“海峡”特色的东南会展名城为定位，推动会展业与全市定位协调、与城市品牌互动、与产业特色融合，发挥福州作为21世纪海上丝绸之路经济带上重要节点城市，会展业持续健康快速发展。

一、基本情况

（一）场馆

1. 福州海峡国际会展中心。

福州海峡国际会展中心位于福州东部新城的会展岛上，是国内目前唯一坐落在自贸区内的大型会展中心，总建筑面积45万平方米，净展厅面积12万平方米，共有一层展厅10个，可设近6000个国际标准展位。会议中心建筑面积8.6万平方米，拥有开幕式大厅、大会堂、多功能厅及国际会议厅等各种功能会议室42间。福州海峡国际会展中心先后获得“中国十大新锐会展中心”“中国十佳展览场馆”“十大会展场馆管理奖”“最具影响力会展综合体”等荣誉。

2. 福州数字中国会展中心。

福州数字中国会展中心位于国家级新区——福州新区滨海新城美丽的东湖畔，于2019年4月落成，是“数字中国”建设峰会永久会址以及“一带一路”等国际峰会、会展项目的举办场馆，总建筑面积11.6万平米，场馆整体分为地上三层和地下一层，由会议中心、展览中心及配套功能设施所组成。会议中心有2个多功能厅和各种功能会议室25间。展览中心由风正馆、潮平馆两大展厅组成，展厅总面积14100平方米，

（二）会展

2016—2020年我市在福州海峡国际会展中心分别举办各类展会85场、103场、73场、40场、29场，展览面积达到112.8万平方米、103.6万平方米、99.47万平方米、136万平方米、62.2万平方米。除了常年举办“5.18”、“6.18”、“五一”车展、“十一”车展、美容展、口腔展、旅游生活展、渔博会、菌博会等本土品牌展会外，还成功举办了数字中国建设峰会、糖酒会、体博会、药机展、教育装备展、农交会、植保展、粮交会、中国博物馆及相关产品相关技术博览会、华为中国生态伙伴大会、中国航天大会等多场国家级大型会展。

（三）服务配套

福州海峡国际会展中心距机场、高铁站、公交总站、中心城区形成半小时交通圈，目前有7条公交线路，在大型展会期间，为方便客商出行可开设公交专线接驳，直通市区的地铁4号线，连接长乐国际机场的地铁6号线等已在建设中；福州数字中国会展中心到福州火车南站行车50分钟；福州火车北站行车48分钟；到长乐区主城区行车20分钟；到长乐国际机场行车10分钟。福州共有登记注册的接待单位近千家，可供接待的床位数约10万张，能够为参展宾客提供全方位的优质住宿服务。

二、政策措施

2014年我市编制了《福州市会展业发展规划（2014—2025）》，本规划为福州市2014年至2025年会展业发展专项规划，旨在促进福州市会展业的快速增长和未来的可持续健康发展。2018年为了评估福州市展会业发展情况，编制了《福州市会展业发展评估及政策建议》，对标国内会展业发展先进城市，高站位、高起点、高标准、高层次开展评估分析，通过研究分析我市会展业优劣势，发掘我市会展业的区位辐射力、城市承载力、产业驱动力，并提出工作措施及政策建议。在此基础上我市于2019年对原《福州市展会发展专项资金管理办法》（2017年制订）进行修改，新的资金管理办法加大扶持力度，降低门槛，提高资助标准，增加国际认证、知名会展机构落地扶持政策。《福州市展会发展专项资金管理办法》（2019年修订）有如下几方面：

1. 降低了展览的资助门槛 。展览资助面积最低由原来的6000平方米降低至4000平方米。

2. 取消部分对展览的限定。取消资助不超过五届、年度内同题材展会仅资助规模最大的展会、宣传推介费应大于资助总

额 15% 以及自筹资金大于办展总支出 60% 等条件限定。

3. 增设对特大型会议的资助。增加特大型会议，外来参会人数达 3000~6000 人的，额外给予 30 万元奖励；外来参会人数达 6000 人及以上的，额外给予 50 万元奖励。

4. 加大对本土展会的培育力度。对注册在福州的会展企业创办的本土展览项目，其第一届展览面积在 4000 平方米（含）以上的展览项目，按实际的展览面积每平方米给予 60 元资助，室外展览面积按实际面积 ×0.3 计算；第二、三、四届按实际的展览面积（不低于 4000 平方米）每平方米给予 60 元资助外，在上一届展览面积的基础上每增加 2000 平方米额外给予 20 万元资助。第五届开始按统一政策给予资助。

5. 吸引知名会展机构入驻福州。对知名会展主办机构（在国内外证券市场上市或者在至少 3 个城市组织举办 20 场及以上展会，拥有 2 个及以上展会项目或者国际展览业协会 UFI、国际大会及会议协会 ICCA 等国际会展业组织成员）来我市落地入驻，且落地年度内在我市组织举办 2 次 1 万平方米（含）以上展会的，给予落地机构 50 万元资助。

6. 鼓励会展申请国际认证。对加入国际展览业协会（UFI）的本市会展企业或通过 UFI 认证的本市展览品牌，给予一次性 50 万元奖励；对加入国际展览与项目协会（IAEE）、独立组展商协会（SISO）、亚洲展览会议联盟（AFECA）、国际大会与会议协会（ICAA）等其它国际知名会展业组织、行业协会的本市会展企业，给予一次性 10 万元奖励。

2020 年为帮助企业复展招展，推动我市展会的顺利举办，制定了《福州市会展行业新冠肺炎疫情防控指南》，这是福建省首部专业的疫情下举办展会的防控工作指南，其全面性在全国也是位列领先。同时，制定了《福州市关于疫情期间举办会展的若干措施》，在不追加财政预算的前提下，盘活年度专项资金，加大展会补助力度，提高展会招揽资助标准，给予场馆场租和政务勤务保障资助。政策的优惠在全国处于领先水平。2020 年 5 月初提交《会展业线上线下融合发展的工作方案》。为了创建会展营销服务新业态，新模式，确立“后疫情”时代会展行业新的发展方向，初步制定了会展业线上线下融合发展的工作方案，在全省首次提出线上线下融合发展的新会展概念，有力地促进福州经济复苏。

三、组织领导

为加强我市会展业的管理和服务，促进会展业健康快速发展，2011 年我市成立了福州市会展业发展领导小组，由分管副市长担任组长，市商务局、福州海关、福州出入境检验检疫局、市委宣传部、市发展改革委等 16 个市直部门作为成员单位，下设办公室，由市商务局行使职责。领导小组设立以来，切实履行申会办展、协调服务、行业管理与规划等各项职能，发挥市领导直管的优势，调动各方资源为会展服务，使会展营商环境进一步优化，会展业的综合实力显著增强，市场化、品牌化、专业化程度进一步提升。

福州先后举办过糖酒会、体博会、药机展等多场 10 万平方米以上的特大型国家级展会，以及 2 万多人参加的华为中国生态伙伴大会的大型会议，积累了丰富的经验，建立了市政府领导、市商务局牵头，多部门联动的政务服务保障机制，为展会提供交通、消防、安保、卫生、通讯、电力、供水、宣传、通关以及市容治理、户外广告、市场监管、食品安全、知识产权等全方位的政务服务，为各种大型会展的成功举办提供了有力保障，倍受好评。

长 沙

长沙市会展工作管理办公室

长沙市会展工作管理办公室成立于 2003 年 7 月，为参照公务员管理的正县级市政府直属事业单位，核定编制 18 名。主要职能为统筹规划全市会展产业发展，研究制订发展全市会展业的有关政策、法规和规章制度及文件；负责全市会展业发展专项资金的预算编制和规范使用，充分发挥财政资金的引导作用；指导、管理、协调、服务全市性重大会展活动；牵头、配合承办政府主导的大型会展项目；负责推进全市会展活动公共服务保障体系建设，组织实施重大会展活动公共服务保障工作，统筹推进会展活动公共服务保障制度化、标准化；积极培育符合全市产业发展导向、与全市支柱产业、特色产业、优势产业、战略性新兴产业紧密相关的会展项目；组织全市会展行业整体形象宣传推广，负责与国内外有关方面开展交流合作，积极引进能促进我市经济社会发展的国内外优质会展项目和机构；负责对全市各类会展单位进行业务指导和行业管理，对长沙国际会展中心进行绩效考核；支持、引导会展行业市场主体发展壮大；指导、推动全市会展行业人才队伍建设及管理培训；完成市委、市政府交办的其它工作任务。

长沙市会议展览业发展分析及发展简述

长沙是湖南省的省会，是全国历史文化名城，是“一带一路”重要节点城市和长江经济带中心城市。近年来，长沙会展牢牢把握“打造中部会展高地、建设国家会展名城”的总体目标，积极培育重点展会，主动对外交流合作，积极构建政策体系，长沙会展经济稳中有进、持续发展。从 2015 年开始，中国会展经济研究会发布的全国城市会展综合竞争力指数排名，长沙连续六年主要经济指标连续保持中部第一、省会城市第一（不含副省级省会城市）、全国城市前十位，先后获得“中国会展魅力之城”“最具影响力会展目的地”“中国最佳会议目的地城市”“中国最具竞争力会展城市”等荣誉称号，全面实现“中部会展高地”的发展目标，“国家会展名城”初具雏形，被全国会展业界誉为“中国会展业一道靓丽的风景”。

1. 场馆功能显著提升。形成“一核两翼多点”会展场馆格局。一核即由长沙国际会展中心，长沙国际会议中心组成的会展新城。两翼即北辰国际会议中心、梅溪湖国际艺术中心。多点即湖南国际会展中心、红星国际会展中心、湖南省展览馆、湖南美术馆等大型场馆和会议型酒店。其中，长沙国际会展中心室内外总展览面积 26.25 万平方米，是我市展览面积最大、设施功能最全、服务保障最优的会展场馆，也是中部地区场馆利用率最高的场馆。长沙国际会议中心总建筑面积约 17 万平方米，是目前中部地区面积最大的会议中心，以“会议 +”全业态经营模式，同时可满足万人会议和餐饮需求。长沙梅溪湖国际文化艺术中心总建筑面积 12 万平方米，是湖南省规模最大、功能最全、全国领先、国际一流的国际文化艺术中心。长沙北辰国际会议中心总建筑面积 14 万平方米，是长沙都市圈中心区域的全新会展综合体，也是长沙城市中心以会议为核心功能的“城市会客厅”。

2. 会展规模快速扩大。近五年来，我市展览总数量达 1140 个，年均增长率约为 11%，展览总面积达到 1292.95 万平方米，年均增长率约为 16%。1 万平方米以上的展览数量由 78 个增长到 107 个，5 万平方米以上的展览数量由 5 个增长到近 30 个。全市会展项目、展览面积、成交金额逐年上升，特别是成交金额保持高速增长，会展行业实现千亿产业的发展目标。2021 年，受疫情影响，全市会展场馆 7 月中旬至 8 月底、

10月下旬至11月底近4个月的展会项目全部取消或延期，预计2021年举办展会151个，展览面积200万平方米，专业观众260万人次，成交金额2400亿元（含中非经贸博览会1461亿人民币）。数据显示，尽管受疫情影响，市委、市政府坚持办大展办大会的理念，在展览个数下降的情况下，成交金额有望实现翻一番，充分体现出会展项目高质量、高效益、高价值的跨越发展态势，展现出长沙会展强大生命力、价值辐射力和城市影响力。

3．会展品牌持续打造。近五年来，培育壮大了一批具有品牌影响力的会展项目。有代表性的展览项目主要包括中非经贸博览会、长沙国际工程机械展览会、中国国际食品餐饮博览会、中国国际轨道交通和装备制造产业博览会、中部（湖南）农业博览会、中国（长沙）国际装配式建筑与工程技术博览会、长沙精品烟花产业博览会、湖南（国际）通用航空产业博览会、中部（长沙）建材新产品招商暨全屋定制博览会、一乡一品国际商品博览会、中国（长沙）国际汽车博览会、长沙乡村产业博览会、湖南长沙国际车展等。有影响力的会议项目主要有博鳌亚洲论坛全球经济发展与安全论坛、北斗规模应用国际峰会、世界计算大会、中国网络诚信大会、互联网岳麓峰会、中国产业区块链峰会、中国成长型医药企业发展论坛、国际稻作发展论坛、中国城市夜间经济发展峰会、中国航空航天航海论坛等国际性高端会议项目。疫情爆发之后长沙打响全国会展第一枪，给全国会展业持续发展打了一剂强心针，引起国际会展业的广泛关注。2021年，长沙国际工程机械展览会展览面积达30万平方米，参展企业1450家，32家全球工程机械50强企业参展参会，近30万人次专业观众观展参会，现场成交额突破400亿元，主要指标比肩或超过世界三大工程机械展。第二届中非经贸博览会主展馆总展览面积约6.4万平方米，分展馆高桥大市场展位面积约3万平方米，来自中国和40多个非洲国家的近900家企业、上万名嘉宾以线下和线上方式参展参会，举办各类活动23场，签约项目135个，累计金额229亿美元。

4．市场主体发展迅速。近五年来，长沙会展快速发展，市场主体进入了高速发展的黄金期。据初步统计，全市经营范围包括会展、展览、会议、活动的市场主体近6万家，一批龙头企业加速发展。其中，年营业收入5000万元以上的会展企业达到13家，年营业收入过亿元的会展企业有5家，通过国际展览联盟（UFI）认证的企业和项目4家：长沙国际会展中心、湖南红星国际会展中心、湖南中南国际会展有限公司、湖南亚洲湘会展有限公司，通过国际会议联盟（ICCA）认证的企业4家：湖南省会议接待中心、湖南锐智国际会议展览服务有限公司、湖南帝爵会议展览服务有限公司、湖南阳光会议展览服务有限公司。国际会展联盟认证的展览和会议企业总数位居中西部省会城市第一名。

5．会展带动效应凸显。近五年来，全市参展商总数达26613家，其中省外参展商达8662家，境外参展商达2073家，涵盖境外140多个国家和地区。观展总人数达2745万人次，成交金额突破4821.9亿元，带动市内及周边消费达83.26亿元，推动长沙开放型经济发展。我市举办的全国性和国际性会展项目逐年增多，会展业对相关产业的带动效应明显增强，2019年长沙市星级酒店因会展业带动的住宿餐饮业务比例高达43%。我市产业会展的快速发展，带动了工程机械、装配式建筑、建材、农业等行业的高质量发展，各项经济指标持续保持高速增长，质量效益不断扩大。

中国—非洲经贸博览会

中国—非洲经贸博览会是由中华人民共和国商务部和湖南省人民政府共同主办的博览会，长期落户湖南，每两年举办一届。该博览会是落实中非合作“八大行动”的措施之一，旨在搭建地方对非经贸合作的新窗口。

2014年以来，湖南与非洲贸易、投资快速增长，贸易连续四年保持50%以上增速，2018年达到28亿美元；湖南在非洲投资的企业超过120家，合同投资总额近10亿美元。2015年以来，湖南连续四年举办第四届对非投资论坛、非洲国家驻华使节湖南行等大型对非经贸活动。同时，还采取建设经贸合作园区、在非洲有关国家设立商务代表处等方式，构建了多层次立体化的对非经贸合作平台。

2019年6月27日至29日，第一届中国—非洲经贸博览会在湖南国际会展中心举办。博览会主题为“合作共赢，务实推进中非经贸关系”，包括会议论坛和展览展示两大块。除重大经贸合作项目签约仪式，还举办了农业、贸易、园区、基础设施及融资合作等专题研讨会，包括“中国—非洲基础设施与融资合作对话会”“中国—非洲基础设施与融资合作对话会”“中非双边贸易促进研讨会”“中非经贸合作磋商会”“非洲国家投资合作推介会”“非洲四国（埃塞俄比亚、肯尼亚、赞比亚、莫桑比克）投资对话会”等一系列活动。博览会设立了非洲国家展区、中非经贸合作成果展区、合作案例方案展区、中国省区市展区、中国企业展区、网上博览会等八大展览展示区，规划展览面积48000平方米。博览会期间，中非共签署了84项合作文件，涵盖贸易、投资、基础设施、农业、制造业、航空、旅游等多个领域，涉及金额208亿美元。

2021年9月26日下午，第二届中国—非洲经贸博览会在长沙国际会展中心成功举办。博览会以“新起点、新机遇、新作为”为主题，首设非洲品牌商品展区“云交易”平台便利贸易往来。本届博览会项目数量超过2019年举办的首届博览会，共有40多个非洲国家、近900家中非企业参展参会。

在中非合作论坛机制框架下，设立中国—非洲经贸博览会，是为了打造对非经贸合作新机制、中非合作论坛经贸举措落实新平台和地方对非经贸合作新窗口，进一步加强新时代中非经贸合作，推动中非经贸合作向更高水平、更高质量发展。

长沙国际工程机械展览会

在持续八年四届的工程机械配套件博览会成功举办的基础上，长沙国际工程机械展览会以全新的理念应运而生，展会由工业和信息化部、湖南省人民政府指导，中国机械工业联合会、中国工程机械学会、湖南省工业和信息化厅、湖南省商务厅、湖南省贸促会、长沙市人民政府等单位联合主办。采取两年一届的办展模式，突出“全球化、国际化、专业化”的办展理念，突出智能制造、“互联网+”在工程机械领域的应用与发展，推进工程机械行业技术创新，旨在搭建国际工程机械行业新技术、新产品最权威、最具影响力的发布、推广、交易、交流平台，助推中国企业延伸国际市场和产销对接，促进国际工程机械行业繁荣与发展，共创共建共享智能化新一代工程机械。

2019首届长沙工程机械展览会展会已于2019年5月15—18日在长沙国际会展中心成功举办，展会总面积21.3万平方米，1150家全球知名工程机械企业参展、近万种展品展出，超18万人次观展，现场订单和采购金额超200亿元，首展盛况空前，各项数据喜人，赢得了全球业界一致好评。

2021长沙国际工程机械展览会继续以“智能化新一代工程机械”为主题，展览面积30万平方米，共设立混凝土机械、起重机械、建筑机械、土方机械、铲运机械、路面机械、海洋机械、工程专用车辆、隧道工程机械、桩工机械、物流机械、高空作业车、矿用机械、地下工程装备、市政工程装备、工程机械配套件、金融服务、农用机械等19个展区。1450家中外企业参展，吸引约30万人次的专业观众参加，线上观展人数突破300万人次，现场成交突破400亿元。同期举办长沙国际工程机械产业链大会、长沙国际工程机械首席技术官（CTO）峰会、“一带一路”国际基础设施建设高峰论坛、中国机主节、中国工程机械后市场千人峰会、中国工程机械租赁企业大会等30场主题论坛及近100场商务对接活动。是全球2021最大的工程机械展览会，也是全球第5个达到30万平方米的工程机械展览会。

中国国际食品餐饮博览会

中国国际食品餐饮博览会（China International Food & Catering Expo）由商务部、湖南省人民政府主办，商务部流通产业促进中心、湖南省商务厅、湖南省工业和信息化厅、湖南省粮食和物资储备局、长沙市人民政府承办，自2016年以来每年一届，已经在长沙成功举办六届。历届展会以“供给侧结构改革”“促进消费、创新发展”等主题，围绕“互联网+”“乡村振兴”“厉行节约”“绿色、环保、安全”等策展理念，旨在集中展示国内外食品餐饮行业发展成果，推动新技术、新产品、新模式的交流与合作，探索食品餐饮产业转型升级、创新发展的新路径，培育具有商务特色、文化底蕴、国际标准、创新发展的国家级国际性食品餐饮行业一流展会。

六届食餐会期间，展会展览面积累计达到 44.2 万平方米，参展企业数量总计达到 8800 余家，共有 40 余个省（市、自治区）市，50 余个国家和地区的企业组团参展，参观总人次累计突破 95 万人次。据不完全统计，食餐会期间实现现场交易额及意向订单共计约 200 亿元。

2022（第七届）食餐会规划展览面积 10 万平方米，设国际标准展位约 4500 个，共 7 个展馆及 1 个连接厅，包括餐饮、食材、预制菜、餐饮连锁与特许加盟、粮油、包装机械等专业板块，以及全国综合、湖南综合、扶贫展区、电商展区等综合展区，预计总参观人次达到 22 万人次。

食餐会已经进入稳定成长期，未来，食餐会将聚焦“创新、提质、国际”三个方面，按照打造国家级食品餐饮产业盛会的长远发展目标，进一步贯彻落实“五个平台”要求，积极开展 2022-2025 年食餐会的申办工作，逐步扩大展会面积至 15 万平米，开设 8 个馆 + 中心广场 + 多个分会场，引入并举办多个国际化论坛、赛事活动，进一步提高展会外向度、展会形象、品牌和效益，不断推动展会专业化、市场化、国际化、品牌化和信息化程度，打造一个展览展示创新、国内国际一体、线上线下互动、生产流通对接的展览展销平台。

中国（长沙）国际装配式建筑与工程技术博览会

中国（长沙）国际装配式建筑与工程技术博览会（以下简称“筑博会”）由住房和城乡建设部、湖南省人民政府支持，湖南省住房和城乡建设厅、长沙市人民政府和湖南省贸促会联合主办，长沙市住建局、长沙市会展办等单位承办，长沙市瑞利网轩文化传播有限公司执行承办。作为 2016 年长沙国际会展中心首展至今已成功举办五届，累计展览总面积超过 26 万平方米，参展单位超过 2100 家，吸引了来自全球 63 个国家和地区、国内 31 个省市自治区代表团近 31 万人次参观参会，成效显著，已成为湖南住建行业成果展示的重要窗口、产品发布的重点平台、技术交流的重要载体。筑博会的知名度、美誉度、影响力不断提升，在全国筑牢了“筑博会”的品牌影响，已成为全国建筑行业企业的盛会、科技的盛宴、合作的盛典，多次荣膺“中国十佳品牌展会项目”“中国品牌展览会金奖”等全国性会展荣誉。

2021 筑博会以“践行三高四新，绿色建造未来”为主题，展览面积达 6 万平方米，境内外 465 家单位参展，集中展示了住房城乡建设发展成就和“精美长沙”城市建设的卓越成效，以及住建领域新理念、新技术、新产品。在疫情防控常态化背景下，本届筑博会采取线上 + 线下相结合形式举办，线下参观参会人数达 32572 人次，线上视频直播观看人数达 2436682 人次，图片直播观看人数达 117323 人次，90 多家新闻媒体和行业媒体全程报道人会盛况。

展望未来，将紧扣湖南装配式建筑、绿色建造与建筑业发展优势，汇聚各方智慧和力量，创新升级办展模式，进一步提升展会核心竞争力和国际影响力，共同将筑博会打造成为世界级、标志性品牌展会，为实现“建设具有全球影响力的国家会展名城”目标，推动住房和城乡建设高质量发展，奋力建设现代化新湖南贡献力量。

中国国际轨道交通和装备制造产业博览会

中国国际轨道交通产业博览会是我国乃至亚洲规格最高、规模最大、影响最广的轨道交通行业品牌盛会。自 2016 年举办以来（首届名为“2016 中国（长沙）国际轨道交通博览会暨高铁经济论坛”），已在长沙国际会展中心成功举办了 4 届。三届展会累计展览面积 16.5 万余平方米，400 多家国内外轨道交通行业企业参展，50 多个“一带一路”沿线及相关国家的政要使节、商协会和企业负责人参加，吸引国内外轨道交通行业人士参观参会 10.4 万余人次，累计达成各类意向合作金额近

100 多亿元，成为中国规模最大、品类最全、影响最广的国际性轨道交通行业盛会之一，受到了国内外的广泛关注。中央电视台、人民日报、新华网等 50 余家国内主流对博览会进行了不同角度的报道。

为以习近平新时代中国特色社会主义思想为指导，聚焦“一带一路”建设，坚持市场化、专业化、国际化办展方向，集中展示全球轨道交通装备制造产业发展的新技术、新成果，搭建行业企业广泛交流、高效对接、深度合作的平台，打造国内领先、国际一流的技术交流、项目合作、产品贸易的行业盛会，更好服务全球轨道交通装备制造企业国际交流与产能合作，2019 年，经党中央、国务院批准，展会升格为国家级展会并更名为“中国国际轨道交道和装备制造产业博览会”。

中国中部（湖南）农业博览会

中国中部（湖南）农业博览会由农业农村部、湖南省人民政府主办，湖南省农业农村厅、长沙市人民政府、中国农产品市场协会、省贸促会承办，已经连续举办了 22 届，是农业部的重点会展项目。第二十二届中国中部（湖南）农业博览会于 2020 年 10 月 30 日至 11 月 3 日在长沙国际会展中心举行，本届以“办好中部农博会，助力脱贫奔小康”为主题，全面聚焦农业品牌推广、消费扶贫模式的总结和创新，设计了 3 大主体活动和 6 大特色活动，共设立 8 个主题展馆，展览面积约 11 万平米。为充分发挥农博会产销对接平台作用，实现参展企业与采购商供需精准匹配，组委会成立了采购商邀请组，面向农业领域及行业商协会、国内重点龙头企业等专业采购商展开定向邀约，展会期间还围绕果蔬、粮油、中药材、农机、消费扶贫等举办 5 场专场采购订货会，切实做好产销信息和资源的互联互通、共创共享，提升展会实效。同时，博览会创新办展模式，全新推出线上农博会，开创一站式网上办展新模式，将网上展示、宣传推介、产销对接等融为一体，实现线上线下展览展示深度融合和全方位互动，为展会各大群体提供全新的参展参会体验，打造永不落幕的“中部农博会”开放共享平台。

博览会着力构建“政策解读、引领展示、信息发布、产销对接、产业融合、品牌孵化、对外合作”七大平台，打造“特色鲜明、影响深远、全国一流、国际知名”的永不落幕的大型农业盛会，助推农业产业优化升级和乡村振兴战略深入实施。

中国（长沙）国际汽车博览会

中国（长沙）国际汽车博览会（以下简称“长沙国际车展”）由长沙市人民政府、中国汽车工业协会主办，中南出版传媒集团主办，长沙市会展行业协会、中南国际会展有限公司承办，是湖南首个 UFI（全球展览业协会）认证展会，以打造“中部第一个 A 级车展”为目标，在展会规模、展品品质、首发车、概念车、社会关注度等方面居中部第一，已成为湖南汽车产业最全面、最重要的展示窗口，是湖南会展业标志性展会。被业界誉为“中国车市年度收官之作”“中国销车王”。

2021 第十七届长沙国际车展于 12 月 8—13 日在长沙国际会展中心举行，6 天展出时间，共计展出 81 个品牌 1026 台展车，累计售出车辆 3.06 万台，创造了近 73 亿元的销售额，为拉动区域消费和经济双循环做出了积极贡献，继续引领中部车市。

长沙建博会

中部（长沙）建材新产品暨全屋定制博览会（简称长沙建博会）是由长沙支点展览策划有限公司策划举办的，已经举办13届，是长沙专业化、市场化运作的大型展会之一。

疫情期间，吹响全面复工复产的“集结号”。2020年疫情期间，经济活动趋于停摆，企业复工复产压力巨大，企业急需通过建博会的平台获取订单，恢复生产，解决现金流的难题。在长沙市委市政府的支持下，在做好疫情防控的前提下，于5月15日—17日在全国率先成功举办长沙建博会，是在全球疫情期间全国乃至全球首个大型专业会展活动，展览面积83000平方米，参展企业2200多家，参展品牌3000多个，来自全国20多个省/市的专业观众20万人次参加，交易额超100亿元，对于提振社会信心，促进复工复产、复商复市具有风向标的意义。2020年5月15日开幕式当天被全国会展同行在微信朋友圈称为全国会展人的“狂欢节”。

2021年实现规模、观众持续增长。2021年长沙建博会于3月26日—28日举办，展览面积达到10万平方米（7.5个馆），参展企业2400多家，参展品牌3300多个，来自全国20多个省/市的专业观众22万多人次，交易额超100亿元，实现了规模、和观众持续上涨的逆势增长。

长沙智能制造装备博览会

长沙智能制造装备博览会(以下简称“长沙智博会”)，创办于2000年，经过22年的精心培育，已成为湖南及中部极具影响力的机械工业展览会。长沙智博会致力于服务中国中部的工业制造行业，是智能制造装备及工业制造设备进行行业交流、推广品牌、拓展业务、销售产品的理想贸易平台。为中国中部生产和经营企业搭建了与全球知名企业商务合作的平台，为中国乃至世界制造业高质量发展起到了积极的推动作用。

2021年长沙智博会以“智能制造赋能，引领产业升级”为主题，于2021年5月7—9日在长沙国际会展中心举办。吸引了来自北京、广东、上海、江苏、浙江、湖南等23个省市以及美国、日本、德国等国外知名品牌参展，展览面积30000平方米；吸引了来自工程机械、汽车及零部件制造、轨道交通、航天军工、新材料、新能源等先进制造业核心用户现身展会现场，进行业务咨询和商业采购，专业观众达49860人次。

展览范围贯穿先进制造业全产业链：（1）数控机床及金属加工；（2）工业自动化与机器人；（3）焊接装备与五金机电；（4）智能工厂与仓储物流；（5）表面处理及电镀涂装；（6）工业清洁与节能环保；（7）铸造模具与热处理；（8）塑胶机械及3D打印。

一乡一品国际商品博览会

一乡一品国际商品博览会是经商务部批准，中国民族贸易促进会与长沙市人民政府共同主办，开展全面战略合作的重要工作内容，长期落户长沙，每年举办一届。博览会作为中国一乡一品产业促进计划落地实施的重要抓手，秉持“政府指导、社会参与、市场运作、模式创新”的原则，以“一带一路一世界、一乡一品一梦想”为主题，旨在打造具有国际特色、国际水平、国际品牌且辐射全国的高水准、高要求的专业展览会，推进长沙发展更高层次的开放型经济。

2019 年博览会于同年 11 月 15—17 日成功举办，全国政协副主席、民革中央常务副主席郑建邦，时任中共湖南省委副书记、省长许达哲，以及多国海外政要和使节出席。大会以展会为载体，通过展览展示、高峰论坛、专题推介、产业对接、项目洽谈等活动，打造各方交流展示和融合发展的开放平台。博览会展览面积达 10 万余平方米，吸引了来自 38 个国家和地区，全国 31 个省、市、自治区和港澳台地区，131 个各级政府代表团、4500 家企业、境内外采购商逾 10 万人次参展参会。开幕式上项目投资成功签约总金额达 405.3 亿元。参展企业意向签约客户 2000 余家，意向签约金额 6500 万元，展会现场成交额达 470 余万元。会议期间，召开 10 余场国际合作论坛，与会各方还共同发表了一乡一品国际合作长沙宣言，旨在推动各国发掘本国特色产业，加强国际合作，开拓更广阔的世界市场，搭建一乡一品共商、共建、共享的开放平台。

2020 年博览会于同年 12 月 11—13 日举办，十三届全国政协副主席、民革中央常务副主席郑建邦发来祝贺视频，湖南省人民政府副省长何报翔宣布开幕，大会共有 18 个国家和地区参会，全国 26 个省、市、自治区近 80 个政府代表团参展，海内外 1300 余家企业超过 4000 种产品亮相。大会共签约合作项目 25 个、海外战略项目 6 个，现场成交金额超过 1100 万元，总签约金额超过 12 亿元人民币。会议期间，召开多场论坛活动，并建立一乡一品产业联盟，为推动一乡一品产业发展，助力长沙乃至湖南经济社会发展注入了新动力。

一乡一品国际商品博览会是深入贯彻落实国家“一带一路”规划的重大举措，是长沙开展国际贸易合作的重要载体，是推动长沙成为内陆改革开放高地的重要平台和抓手。

中部（长沙）糖酒会

仁创糖酒会—中部（长沙）糖酒会，是连线酒类食品行业厂家、经销商、团购商、批发商、配送商、名烟名酒店、酒庄酒窖、食品商超、酒类爱好者等资源。致力于全渠道营销、服务、为酒类食品厂商、代理商、经销商搭建招商寻品服务高速公路及行业交流学习平台。

至今已成功举办 35 届，展出面积累计超过 67.35 万平方，累计参展商 21019 家，累积专业观众达到 914700 人次。累计派出接待专业观众大巴车 476 辆次，专业观众接待区域遍布湖南、湖北、江西、江苏、广东、广西、安徽、河南等省市。专业买家数据 321477 个。

湖南茶博会

湖南茶博会，自 2009 年成功在长沙举办首届以来，迄今已成功在湖南、江苏、湖北举办十二届，是仁创会展集团重点运作的专业品牌展会，同时也是中西部地区茶业行业连续举办超久、一线茶企参展率超高、现场布局规格超高、地县市经销、代理商到场参观率高的品牌专业招商盛会，十二年来，湖南茶博会年年升级，通过不断引进行业一线品牌参展和邀请行业名人、名家举办现场高品论坛、峰会更好满足行业转型需求和参展商、经销商的参展、参会需求，为茶行业产业链上的各厂商提供更加高品质的服务、创造更高的价值。

2021 年湖南茶博会将继续秉承“专业、创新、责任、用心”的原则。全面整合行业优质经销商资源，积极举办和协同参展客商、行业协会（商会）组织行业名人、名家举办符合行业发展趋势、符合参展商推广需求、经销商参观需求的论坛与产品推介品鉴等配套活动提升展会亮点、看点。采取线上加线下无缝结合的宣传方式，通过为客商提供个性化、人性化的 VIP 贴心服务、专业服务等邀请专业观众到会参观；继续打造好湖南茶博会作为区域“专业化、品牌化”的契合湖南市场的区域品牌盛会，缔造区域茶行业航母级品牌盛会。

湖南（长沙）电池产业博览会

湖南（长沙）电池产业博览会（以下简称“电博会”）由湖南省工业和信息化厅、湖南省商务厅、长沙市人民政府等主办，采取一年一届，突出“新储能、新动力、新发展”的办展理念，突出智能制造、上下游协同发展的产业生态，旨在搭建先进储能材料及其应用产业链新技术、新产品最权威、最具影响力的发布、推广、交易、交流平台，助推中国和长沙先进储能材料产业集群的发展。

2019 首届湖南（长沙）电池产业博览会于 2019 年 10 月 25—28 日在湖南国际会展中心（芒果馆）成功举办，展会总面积 4 万平方米，300 家国内行业企业参展、一大批新技术新产品展出。借助同期举办的中国电化学大会的召开，超 10 万人次观展，现场订单和采购金额超 60 亿元，发布重大技术需求 60 多项。

2021 湖南（长沙）电池产业博览会继续在湖南国际会展中心举办，采用“展 + 会”相结合的形式，以“新储能、新动力、新发展”为主题，展览面积 4 万平方米，分为四大展区：储能及动力电池展区、电池材料及废旧电池循环利用展区、储能设备及系统集成展区、其它配套展区，聚焦产业前沿产品、技术、服务，汇集了 300 多家电池新能源产业链优质展商。国内外院士、专家等重量级大佬的重磅出席，国内外驻华机构、科研单位、电网企业、发电企业、系统集成商、金融机构、锂电产业、头部企业及高端管理人等不同领域的 613 家产业链企业积极参会，吸引约 12 万人次的专业观众参加。博览会集中展示一批基础性、战略性、前沿性的科研成果，发布锂电重要行业发展信息，共同研究探讨先进储能材料领域的新技术、新理念、新思路，充分展现了办展模式的创新，肯定了湖南（长沙）创新创业的集聚氛围和广泛的对外开放合作成果，营造先进储能材料产业高质量协同发展的双碳生态，是贯彻落实习近平总书记强调着力打造的“三个高地”“四新目标”的集中体现。同期举办首届中国国际新型储能技术及工程应用大会、“钠离子电池技术”、“新型储能前沿技术”、“双碳目标下新型储能技术发展路径”、优秀青年创新论坛与新型电化学储能技术、储能安全与运维技术、储能系统集成、储能材料与装备等专题研讨会等 13 场主题论坛。电博会已成为中部地区影响最大的行业盛会。

世界计算大会

世界计算机大会由湖南省人民政府、工业和信息化部联合主办，大会以“计算万物、湘约未来”为主题，秉承“合作共赢、创新发展”理念，促进国际交流与合作，建立计算应用产业生态体系。

2019 世界计算机邀请了业内国内外知名专家学者、企业家，深入研判计算技术和计算机产业发展趋势，在会上展示了 70 余项计算机及应用领域的创新技术与应用成果。大会期间举办了一场主论坛和九个专题论坛，以及创新技术和产品应用成果展，凸显“专业、高端、开放、特色”。大会同期还举办创新技术与产品应用成果展，面向全球计算机以及计算应用领域的企业征集技术、产品、应用等方面优秀成果，在大会现场展示。通过对计算核心技术成果和先进经验的评鉴和推广，推动计算应用基础研究、学科交叉、技术研发、产品研制，促进产业和资本融合，促进国际交流与合作，建立计算应用产业生态体系。

2020 世界计算机大会广泛邀请国内外院士专家、企业高管，围绕创新创造生态构建、计算芯片与平台、网络安全、工业互联网与制造生态、5G+ 超高清与应用生态等主题，分享最新的行业创新成果与产业前沿洞察。本届大会举办 1 场开幕式暨主论坛、5 个专题论坛，2 场专题活动以及创新技术和产品应用成果展，从计算技术、芯片、应用、未来发展趋势等维度展开深入研讨，是国内乃至全球难得的计算机产业盛会。大会邀请了 17 位海内外院士、1 位图灵奖获得者在大会上带来计算机领域最前沿的洞见，院士专家围绕各自领域的最新研究进行主旨报告，带来知识的传播和思想的碰撞。包括华为、中国电子、戴尔、阿里巴巴、腾讯等 40 多家企业代表出席。这些企业也在大会中分享自己发展的经验给行业注入更多智慧思考，为商业合作提供更多可能性。

2021 年大会正式更名为“世界计算大会”，设置开幕式暨开幕论坛、6 场主题峰会、4 个专场活动、2 个特色活动、多场专题活动及 1 场“计算创新与数字赋能”专题展，通过“计算万物”“创新创造”“高地建设”三个篇章递进展开。

亚太绿色低碳发展高峰论坛

2015 年 9 月，亚洲开发银行与湖南省签署《关于共同促进低碳技术开发与推广谅解备忘录》，描绘了双方低碳发展领域多元务实的合作蓝图，并达成约定：从 2016 年起，在长沙联合主办国际低碳技术论坛，后更名为亚太绿色低碳发展高峰论坛。自此，这一论坛逐步成为亚太地区绿色发展和应对气候变化领域的旗帜性国际会议。

2021 年亚太绿色低碳发展高峰论坛于 10 月 20 日至 22 日在长沙市北辰国际会议中心开幕，国家生态环境部副部长翟青通过视频发表致辞。论坛以“建碳中和愿景，写新增长未来”为主题，主要活动包括两天会议及一天展览和参观活动。会议包括开幕式、闭幕式、两场主旨论坛和六场平行分论坛。

主旨论坛将分别围绕“后疫情时代的绿色复苏与碳中和”和“绿色发展与双碳要求：地方政府和企业面临的挑战与出路”的主题展开，探讨不同领域推进绿色发展的机遇与举措。

平行分论坛将分别围绕“低碳技术的创新与发展”“碳达峰行动与减污降碳协同增效”“建筑领域碳排放达峰路径”“低碳能源助力乡村振兴”等主题，探讨新兴技术的创新和发展，探析统筹和加强应对气候变化与生态环境保护的应对路径，分享未来促进节能减排建筑技术的应用，探索农村能源低碳转型推动乡村振兴的着力点和支撑点。

“一带一路”青年创意与遗产论坛

“一带一路”青年创意与遗产论坛由国务院新闻办公室指导，中共湖南省委宣传部支持，联合国教科文组织、中国联合国教科文组织全国委员会、联合国教科文组织协会世界联合会、长沙市人民政府等单位共同主办，旨在为海内外青年提供展示才华与创意、接触传统文化的平台，鼓励青年积极投身文化遗产保护和创新创意事业，现已成为促进“一带一路”沿线国家青年人文交流、民心相通的重要桥梁，推动不同文明之间交流互鉴、友好合作的闪耀标杆，对外文化传播的重要平台，凝聚构建人类命运共同体的新生力量。

从 2017 年首届论坛的 65 个国家 83 位青年，到 2019 年第三届论坛 85 个国家 124 位青年相约长沙，论坛不断汇聚全球青年智慧和力量，影响力逐年提升。2018 年 8 月 28 日，习近平主席给参加“一带一路”青年创意与遗产论坛的青年代表回信，强调青年是国家的未来，勉励他们为构建人类命运共同体作出自己的努力。2019 年 4 月 26 日，习近平主席在第二届“一带一路”国际合作高峰论坛开幕式主旨演讲中指出，中国将持续实施“丝绸之路”中国政府奖学金项目，举办“一带一路”青年创意与遗产论坛等活动。在 2019 年第三届论坛活动举办期间，各国青年讨论形成并通过的《长沙倡议》，经联合国教科文组织通过并被教科文组织数字图书馆收录，成为联合国教科文组织的永久性文件，为推动建设人类命运共同体贡献了长沙智慧和力量。此后，该倡议被写入第二届“一带一路”国际合作高峰论坛成果清单，并由外交部于 2019 年 4 月 27 日公布，成为高峰论坛的重要成果之一。2020 年 5 月 20 日，2020“一带一路”青年创意与遗产论坛特别对话活动以视频会议形式举办，以“全球新冠疫情背景下的青年担当”为主题，展现了新冠疫情背景下青年的勇气、责任与担当。2021 年 12 月 17 日，2021“一带一路”青年创意与遗产论坛特别对话活动再次邀约各国青年云上相聚，围绕“在创新创意、遗产保护和韧性发展中提升青年领导力”主题，碰撞智慧、激荡思想、传递感情、凝聚共识。

“一带一路”青年创意与遗产论坛是长沙与“一带一路”沿线国家开展文化交流的重要平台，呼应了国家“一带一路”战略部署，促进了中外文化交流，为中华文化“走出去”、各国青年“走进来”打开了一扇窗口，搭建了一座桥梁。

国际稻作发展论坛

国际稻作发展论坛（以下简称“论坛”）是由湖南省会议接待服务中心、国家杂交水稻工程技术研究中心、湖南省袁隆平农业科技奖励基金会、湖南省作物学会共同发起联合长沙市人民政府等单位主办的目前长沙市唯一拥有自有 IP 的国际论坛。论坛由杂交水稻之父袁隆平院士担任主席，通过学术交流、成果展示、科普体验、实地考察、传媒推介等方式，围绕世界稻作发展与产业振兴开展深入交流、研讨，旨在推动杂交水稻的科研进步和加快产业化进程，让杂交水稻更好地造福全人类，并确保中国杂交水稻技术在世界粮食领域的绝对话语权。

为全方面展示论坛成果，论坛专门打造了 200 亩的稻作综合种养试验基地，试验基地分稻品试验区、生态种养试验区等，涵盖综合种养全产业链，集科研、观光、研学功能于一体。

为确保论坛的长效运行，论坛还专门成立了国际稻作发展论坛理事会（以下简称“理事会”），理事会由中国工程院院士、“杂交水稻之父”袁隆平担任主席，中国科学院院士谢华安、中国工程院院士万建民、中国工程院院士罗锡文、中国工程院院士张洪程、中国工程院院士官春云、中国工程院院士朱有勇、中国工程院院士陈温福、世界粮食奖基金会理事长 Kenneth Quinn、日本大学生物资源科学部教授池桥宏、India Ish Kumar、US Rice Tec Chu Qiren、IRRI Jauhar Ali 等国内外知名专家学者担任副主席，理事会每年不定期举办交流活动，积极推进论坛各项工作进展。

论坛由湖南省会议接待服务中心全权运作，自 2018 年以来已成功连续举办三届，受到了国内外的广泛关注和高度赞誉，长沙“国际稻都”名片效应不断扩大，凸显了我国在杂交水稻研究方面的世界领先地位。

互联网岳麓峰会

互联网岳麓峰会由湖南省互联网信息办公室、湖南省工业和信息化厅、湖南湘江新区管理委员会、中国网络社会组织联合会主办，长沙高新区承办，开福区、湖湘汇、新湘会、长沙市移动互联网及应用软件产业链办公室协办，每年一届，已经成功举办 8 届。随着品牌、主题、内容、规模、嘉宾和开放程度的不断升级，“东有乌镇，春有岳麓”这一佳话在全国互联网业界迅速流传，从湘籍互联网企业家的小聚会萌芽，到来自全国乃至全球的移动互联网大咖纷纷加盟，岳麓峰会规模越来越大，开放程度越来越高。

2021 年峰会处在“两个大局”交织、“两个百年”交汇、“两个五年”交接的历史节点，恰逢全省深入贯彻习近平总书记考察湖南重要讲话精神，大力实施“三高四新”战略的重要时刻，大会紧扣时代脉动，设置了开幕式和 10 大论坛，开办了主旨演讲、成果发布、圆桌论坛、情景体验等精彩活动，覆盖了 O2O、AR、移动生活、共享经济、数字经济、人工智能等当下最热话题开展一系列活动，聚集了百度、阿里巴巴、腾讯、华为等互联网巨头，业界大咖在星城论道“数字经济”，展望“云上未来”将岳麓峰会的影响力扩大到全世界。

出席本次峰会的业内大佬有 190 余人，其中华为集团 5 位副总裁，60 多人的团队参加峰会，腾讯公司 4 名副总裁，20 多人的团队参加，中国移动、百度、阿里巴巴、京东、金山、字节跳动等都是副总裁以上参加，共襄盛会。省内外超 7000 人报名参加。社会广泛参与，网民热情互动，自媒体平台积极助力，燃爆舆论场。

长沙智能制造大会

长沙智能制造大会从 2016 年以来已连续举办五次，大会作为践行“打造三个高地”重要指示精神、落实建设制造强国和网络强国发展战略部署的重要抓手，已经成为长沙推动制造业高质量发展的务实之举，也是长沙与国际国内合作交流的重要平台，以实际行动擦亮长沙先进制造业“名片”。

2020 长沙网络安全·智能制造大会于 2020 年 11 月 28—30 日在长沙召开，工业和信息化部、中国工程院、中国科协、中国电子、湖南省政府及省直部门、长沙市政府等国家部委、地方政府和央企领导，31 位国内外院士和专家、146 位国内外知名企业家、相关国际机构和新闻媒体代表等 600 多人参加开幕峰会。大会共有 4 个展馆 5.4 万平米，八大主题展区，即网络安全、智能网联汽车、5G+、工业互联网、智能制造解决方案、高端装备、信创产业和新基建展区。这场网络安全、智能制造江湖一年一度的华山论剑，共吸引了 410 家企业参展，其中央企 19 家，湖南省外企业 193 家。一大批国内外网络安全、智能制造的最新技术、顶尖产品、创新方案争先亮相，竞“湘”媲美，为企业带来了发展的春风，也为湖南经济高质量发展引入了源头活水。大会共有四场高峰论坛、十场主题论坛、两场专项活动。9 位院士，众多专家学者、企业家代表近 3000 多人齐聚星城，共同探讨网络安全、智能制造领域前沿话题，深刻阐释行业新发展、新趋势，不仅让数千名现场观众大饱耳福，也通过网络传递给了数以亿计的网民。

参与 2020 长沙网络安全·智能制造大会报道的媒体有央媒、省市媒体及行业媒体近百家。线下参会观展超 4 万人次，线上 8000 万人次观看大会网红直播。

航天航空航海产业发展论坛

为积极贯彻习近平总书记指示，准确把握军民两用技术发展战略任务，航空航天航海产业发展论坛（以下简称“三航论坛”）围绕海洋、太空等新兴领域，在以科技创新为引领，推进军民两用技术融合发展的背景下创办，是国内融合航天、航空、航海前沿学术及成果的高端专业论坛。三航论坛在中国航天科技集团有限公司、中国航空工业集团有限公司、中国船舶集团有限公司指导下，由湖南省国资委、湖南省商务厅、湖南省工业和信息化厅、长沙市人民政府、中国船舶信息中心、中国空间技术研究院、中国航空研究院共同主办。

三航论坛每年在长沙举办一届，目前已经举办至第四届。自举办以来，邀请央军委装备发展部、工信部、国防科工局、财政部、商务部、湖南省人民政府、长沙市人民政府以及有关军工集团重要领导出席主论坛；戚发轫等数十位院士参加过历届论坛并做相关报告；前四届总参会人数突破 3000 人，省外参会代表占比达 60%。

第五届三航论坛将于 2022 年 4 月 13—15 日在长沙北辰国荟酒店举行，论坛将邀请政府领导、院士、专家学者、企业高管等 800 余位嘉宾参会，共设置开幕式、主论坛以及 8 个分论坛，为吸引优质科研项目落地湖南，促进产业对接，同期将举办“2022 三航优质项目对接交流会”。

未来，三航论坛将紧密贴合湖南省三高四新战略，进一步扩大论坛的规模及三航领域相关的合作机构，设计更加专业、更加多元、更加符合受众需求和关注的分论坛主题，同时继续探索“论坛 + 展览”的新模式，逐步开拓以三航论坛为基础，集专业展览、科普教育（嘉年华）、产业对接等多方位展示的“三航经济”体系。

中国城市夜间经济发展峰会

“夜经济”是“日经济”在时间、空间和消费领域的自然延伸。夜经济消费模式已经升级延伸到实体零售的各个链条，作为城市竞争的新赛道，通过产业融合营造多元消费新场景，成为新一轮商业模式竞争的突破口。在防控疫情常态化的今天，“夜经济”在推进扩大内需战略实施，促进消费升级中发挥着重要作用。中国城市夜间经济发展峰会是由中国商业联合会、湖南省商务厅和长沙市人民政府共同主办的年度峰会。

2020 年 10 月 28 日，由中国商业联合会、湖南省商务厅、长沙市人民政府主办，中国商业联合会商业创新分会、长沙市商务局、长沙市文旅广电局、长沙市会展工作管理办公室联合承办，湖南锐智国际会展有限公司执行的 2020 中国城市夜间经济发展峰会在长沙君悦酒店成功举办。

这是湖南首次举办夜间经济全国性大型会议，是在各级政府单位和领导的支持下，充分结合长沙特有的城市烟火气和夜间消费经济所原生策划及首创的围绕“夜经济”和“新消费”为主题的会展原生品牌。论坛秉承“开放交流、合作共赢”的宗旨，恪守共谋行业发展，加强理论与实际相结合，借鉴优秀城市和优秀品牌发展经验，围绕政策引导、城市规划、投融资、新消费、品牌经营等内容搭建政策理论研究平台、新消费模式与品牌创新经营的交流平台、品牌价值展示平台和夜间经济发展促进服务平台。

2020 年峰会围绕“新消费”“数字经济”“经济双循环”“智慧街区助力夜经济发展”“品牌营销升级”等热点议题展开，旨在提升夜间消费载体、丰富夜间消费业态，扩大消费、繁荣市场，促进夜间经济创新、绿色、快速发展。共有来自石家庄、南京、杭州、福州、武汉、广州、重庆、成都、西安等 20 个兄弟城市代表团，以及来自零售行业、餐饮行业、电商行业、旅游行业、美容行业等 18 个行业协会、本地生活类平台公司、企业代表和知名专家学者等共 1067 人与会。作为新的消费增长极，夜间经济对城市和商业的拉动作用不言而喻，在“双循环”背景下，中国城市夜间经济发展峰会的举办正当其时，对于发展夜间经济、带动消费增长、促进经济发展具有重要意义。中国商务部原副部长张志刚和中国商业联合会姜明、中商商业经济研究中心主任姚力鸣、中国步行商业街工作委员会主任韩健徽以及长沙、武汉、成都、杭州、美团、阿里巴巴、文和友、茶颜悦色、喜茶、元气森林、盒马鲜生、苏宁易购、陈列共和、The Box 品牌事务所、二咖传媒、微播易等专家学者和企业代表就“夜间经济如何与城市历史文化深度融合”、“如何挖掘城市特色，实现城市夜间经济差异化、多元化、高品质发展”、“夜间经济发展中如何优化夜间消费服务，进行城市规范化管理”“新消费品牌发展趋势、流量与增长逻辑、内容营销、品牌建设”等方面进行了深度探讨，为夜间经济高质量发展建言献策，赋能新消费行业生态发展。

以夜为媒，迸发城市商业新活力，2020 中国城市夜间经济发展峰会让全国城市重新认识“夜间经济”的价值，让湖南长沙再一次聚焦全国目光。湖南以省会长沙为代表的区域“夜间经济”发展基础好，一直走在全国前列。峰会的成功举办提升了长沙夜间经济首位度，打响了长沙夜间经济新名片，打造了一个全国夜间经济交流互鉴、促进夜经济高质量发展的重要平台。2020 年，长沙成为夜经济影响力排名全国第三的网红城市，2021 年 3 月，中国政府网发布国务院《优化营商环境条例》实施情况第三方评估发展的部分创新举措，通报了全国 7 座城市 15 项创新举措具体做法，长沙市以主动服务促进夜间经济发展的创新举措，成为湖南省以及中部地区唯一入选的城市。

2021 年 9 月 15—16 日，2021 中国城市夜间经济发展峰会于 9 月 15-16 日在长沙北辰国际会议中心圆满举办。峰会共设置 1 场开幕式暨全体大会和 5 场分论坛活动，包括新消费创造者论坛、城市文化与新消费热土融合发展论坛、夜间文旅、餐饮、娱乐产业论坛、24 小时便民服务产业论坛、《城市夜间经济发展评价指南》团体标准工作研讨会等内容，吸引来自北京、上海、天津、广州、深圳、重庆、西安、成都、武汉等 30 余个城市的政府代表团、专家学者以及零售、商超、餐饮、住宿、电商、旅游、投融资机构等行业的 1025 人参会。在第一届峰会的基础上，2021 年峰会从更高站位、更深层次来策划内容，主动践行“三高四新”和长株潭一体化发展战略，贯彻落实“十四五”相关规划，发起成立长株潭夜间经济联盟，助推长株潭商贸一体化协同发展。邀请了近 200 位外省嘉宾和企业家，通过实地调研和考察，感受长沙的消费氛围和消费文化，推动发展品牌首店和连锁便利店，促进升级消费载体。启动《城市夜间经济发展评价指南》团体标准工作，推动全国夜间经济高质量发展。联动各城市商务局和行业协会组织推选各城市代表场景与品牌，经过网络投票和专家评审，在 10 个城市报名的 51 个单位中选出 7 个代表城市的夜莺奖和 5 个代表城市的金猫奖。深化线上线下融合，引导新消费发展，培育壮大自有商贸品牌。峰会再次在长沙举办，提升了长沙夜间经济在全国的影响力，将长沙打造为夜间经济的标志城市，让峰会成为夜间经济的标志品牌。

中国新媒体大会

中国新媒体大会是由中宣部批准的最具权威性、标志性、专业性的中国新媒体行业盛会，每年一届。大会旨在打造内容精品的创作盛典，创建队伍建设的交流窗口，开拓融合发展的合作渠道，搭建行业引领权威平台，让正能量更强劲、主旋律更高昂，进一步促进新媒体行业健康有序发展，进一步推进新媒体在国家治理现代化中发挥更大作用。

“2019 中国新媒体大会”于 2019 年 11 月 28 日—11 月 30 日在长沙举办，其中“看见马栏山”分享盛典由中央网信办、国家广电总局、湖南省人民政府指导，长沙市人民政府主办，马栏山视频文创园具体承办，围绕了“有容乃大，深融致远”的大会总主题，以创新发展的理念举办了此次活动。活动邀请了全国新媒体企业代表 299 人，其中包含腾讯、爱奇艺、快手、华为、华策影视、哔哩哔哩、喜马拉雅等头部企业负责人。盛典上，腾讯、华为、爱奇艺、快手、北京文化、国家超算长沙中心、梨视频 7 家企业和单位与马栏山（长沙）视频文创园管委会现场签约，实现企业和项目从“看见马栏山”到“留在马栏山”的质变。

“2020 中国新媒体大会”于 2020 年 11 月 18 日—20 日长沙举行，其子活动“走进马栏山”主题展示由中国记者协会、湖南省委宣传部、长沙市人民政府指导，长沙市委宣传部主办，马栏山视频文创园具体承办，主题展持续 7 天（11 月 15 日—11 月 21 日），通过走总书记走过的路，以总书记殷切嘱托为指导，充分融入湖南元素，围绕 5G 高新视频技术发展和全媒体深度融合趋势，打造了一场音视频技术、数字经济和文化创意融合的分享盛典。活动精心策划了“牢记总书记嘱托 加快建好马栏山”“技术服务内容 内容服务人民”“守正创新 讲好中国故事”三大展示部分和主题展示区域，组织了华为、阿里、中兴、百度、5G 高新视频多场景应用实验室、马栏山头部研发企业以及湖南广电、长沙广电、浏阳融媒体中心等 35 家企业和单位参展。累计接待 44 批次，6000 余人次现场参观，其中有中央主流媒体、国内头部企业、优秀媒体人、专家学者等共同见证了马栏山视频文创园的产品技术创新和数字创意生态。

马栏山版权保护与创新论坛

马栏山版权保护与创新论坛由中宣部版权管理局指导，中国版权协会、中共湖南省委宣传部（湖南省版权局）、长沙市人民政府主办，首届论坛于 2021 年 4 月 7 日至 9 日在长沙马栏山视频文创园成功举办，来自省内外的 500 余名代表参加活动。此次论坛是贯彻落实习近平总书记重要指示的具体行动，也是推动湖南文化发展开创新局的重要举措。论坛的成功举办，对于加快马栏山建设有重要意义，为湖南文创产业发展起到了助推作用，成功展示了湖南版权产业成果，促进了优秀作品的价值实现，宣传了近年来湖南以版权保护促文创发展的系列工作举措，扩大了湖南版权工作的社会影响力。

论坛有效助推文创产业发展。中国社科院、中国版权协会、北京互联网法院等单位的 13 位大咖，发表主旨演讲，分享前沿观点、创新经验，探讨版权行业趋势。突出版权示范引领，继续巩固马栏山园区全国版权示范园区创建成果，召开长沙市创建全国版权示范城市推进会，全面深化省、市、园区版权工作部署，优化产业发展环境。

论坛交易签约成果喜人。线上线下同步举办马栏山版权产业展、版权作品云展，展览流量超 40 万次；集中举办版权展演，全国各地 30 余家企业、个人达成合作协议，现场签约总金额达 1.44 亿元，有力地推动共建“马栏山版权节目交易高地”平台。

论坛品牌建设成效初显。新华社、人民日报、中国日报等 20 家中央和省市媒体进行了报道，刊发原创稿件近 70 篇，学习强国、新湖南、红网等 150 余家网站、平台转载转发。全网信息量 4 万余条，流量超亿次。

论坛的举办，得到中宣部版权管理局、省委宣传部领导的充分肯定，赢得了参会嘉宾和产业企业的普遍好评，网友持续热议、点赞不断。

长沙国际会展中心

长沙国际会展中心总占地面积约 800 亩，包含 6 组 12 个单层无柱展馆，两个登录厅、内廊及室外展场，分两期建设。一期工程已于 2016 年 11 月建成并投入运营，主要包括北登录厅、中心广场、西广场、内廊及北面四组八个展厅，其中单馆室内展览面积 1.35 万平方米，室内总展览面积约 11.4 万平方米，可提供室内标准展位约 6000 个，室外展示面积约 10 万平方米。硬件设施设备可承接国内外各类大型专业巡回展。二期全面建成后，室内展示面积将达到 17.75 万平方米，是中国中部面积最大、功能最全的综合性会展中心之一。

长沙国际会展中心位于长沙市东南部，地处高铁会展新城片区，紧临京珠、沪昆、长株、岳汝、绕城等高速公路，与京港、沪昆高铁交汇的长沙高铁南站隔岸相望，距离不到 2 公里；3 小时通勤圈轻松抵达珠三角、长三角、成渝经济圈内的重要城市；通过机场高速以及磁悬浮列车与长沙黄花机场相连，距离仅 15 公里，“高铁 + 空港 + 高速公路”的交通优势不可复制。

长沙国际会展中心始终秉承“探究需求、注重细节、精准高效”的服务理念，致力于为客户提供一站式服务。自 2016 年 11 月 8 日开馆至今，已成功举办长沙国际工程机械展览会、全国制药机械博览会、全国秋季糖酒会、农交农博会暨全球农业南南高层合作论坛、中国国际广告节、中国国际粮油展、湖南装配式建筑与建筑工程技术博览会、华为中国生态伙伴大会等全国知名专业展和太阳马戏 KOOZA 秀、草莓音乐节等非展特色项目，较好地展现了场馆的办展、办会能力和服务保障水平。

长沙国际会展中心管理有限责任公司为湖南长沙会展中心投资有限责任公司全资子公司，负责长沙国际会展中心的运营管理。按照市委、市政府“打造中部会展高地，建设国家会展名城”的战略部署，长沙国际会展中心狠抓运营管理，用长效发展、战略的眼光，提升工作和管理水平，加强服务意识和责任意识，树立行业标杆。同时高度重视软实力的打造，以国际化视野与德国 EAC 咨询合作确定战略规划，与上海新国际博览中心开展运营咨询，全面打造现场运营服务体系和跟岗实操，培养出一支高素质的专业运营队伍。

芒果馆·湖南国际会展中心

湖南国际会展中心（芒果馆）位于长沙市文化高地，马栏山文化创意集聚区金鹰影视文化城内，由湖南省人民政府、湖南广播电视台、湖南广播影视集团有限公司投资兴建，湖南卫视全程运营管理。成立十多年来，已成为全国知名的精品专业展馆。拥有正统芒果基因，是湖南广播电视台、湖南广播影视集团有限公司大型演艺活动、文化项目的专属场地。

北有中关村，南有马栏山。以湖南广播电视台为核心，以政府引导、市场运营、芒果操盘、复合运作为模式，打造国内一流、国际知名的“马栏山创意集聚区（即马栏山视频文创产业园）”，旨在提升长沙“世界媒体之都”品牌影响力吗，建设湖南文化强省新地标。力争到 2020 年，集聚区创意产值超过 1000 亿元。

芒果馆。自运营以来，已成为全国知名的精品专业展馆，也是湖南广播电视台大型演艺活动、文化项目的专属场地。场馆凭借政策、宣传、管理、硬件搭建高效链接的综合展示平台，多个文化体育、传媒和互联网以及时尚新锐行业均在“芒果馆”开展过展演活动，有芒果品牌背书的品牌区隔正在展会市场中形成芒果馆的竞争优势。场馆下设三大整合业务运营平台，分别是场馆运营中心、自办展运营中心、轻资产独立运营子公司。为展会、活动提供展览展务、活动实施保障、项目策划、招商招展、展位设计搭建等全方位、一站式服务。

四大自信。基于出自“芒果”家族的品牌自信；居于“马栏山”文化高地的市场发展前景自信；大芒果庞大的粉丝经济群体和文化产业发展空间给予的市场自信；深耕会展市场十多年积累的专业自信。

五业并举。芒果馆有效整合芒果媒体资源及场馆聚集的会展行业资源，积极促成“展演、展赛”的深度融合，构筑“媒体 + 会展”芒果会展模式，加速升级新的市场格局，已成为节、会、展、赛、演五业并举的多功能综合平台。

场馆基本情况。芒果馆为两层单体馆，总建筑面积 110000 平方米，室内展览面积 40000 平方米，一层 22000 平方米，二层 18000 平方米。

长沙国际会议中心

长沙国际会议中心由被誉为“中国馆之父”的中国工程院院士、广州华南理工大学建筑设计院何镜堂先生主持设计。位于长沙高铁新城核心位置。东临规划商办用地，西临磨盘沙生态公园，南临长沙国际会展中心，北临五星级酒店群，与长沙火车南站隔河相望，交通便利。

长沙国际会议中心于 2020 年 11 月建成并投入使用。会议中心单体项目投资 30 亿元，规划总用地面积 21.2 万平方米，净用地面积 18.5 万平方米，总建筑面积约 17 万平方米，其中地上约为 12.8 万平方米，地下约为 4.29 万平方米。地上三层（另外有 3 个夹层），地下一层。地上车位 330 个，地下车位 622 个。园林面积约 14 万平方米。

会议中心主要包括一个 7800 平方米主会场、3400 平方米宴会厅、5100 平方米的会展厅、1800 平方米圆桌会议厅、总面积 7000 平方米的户外屋顶花园，及入口门厅、礼仪大厅、多功能厅、贵宾室及其他功能工作间共计 60 余个厅室。可满足万余人的同时会议需求，为现今中部地区面积最大的会议中心。长沙国际会议中心与长沙国际会展中心形成联动，推动会展、会务双引擎，形成湖南自贸试验区长沙会展片区高端服务业集聚格局，对长沙市打造成为具有较高知名度的国际型城市具有重要的意义。未来长沙国际会议中心将成为长沙举办各类国际中高端会议的承办地，具备举办中非合作论坛、“一带一路”高峰论坛、博鳌亚洲论坛全球经济发展与安全论坛等国际高端会议能力，将成为向世界展示长沙的新舞台、新名片。

湖南力量之都国际展览有限公司

湖南力量之都国际展览有限公司（以下简称“PCIE”）由长沙经济技术开发投资控股有限公司、湖南联众文化传媒有限公司、湖南尚雅国际会展有限公司、长沙市铁马会展有限公司四家公司发起组成，注册资本金 1000 万元，目前在职人数 40 余人，是湖南长沙最大的国有控股会展公司之一。公司通过整合各方力量，拥有较强的展会策划、设计、搭建团队，每年在办的知名展会：长沙国际工程机械展览会、长沙新材料产业发展大会暨新材料博览会、中国（长沙）智能制造大会、海峡两岸（长沙）电子信息博览会、中国（长沙）国际轨道交通博览会、第 99 届全国糖酒交易会、第十七届国产影片推荐会等。

公司的经营宗旨为：立足会展、服务行业、共创辉煌。企业奋斗目标：立足湖南，放眼国际，打造世界一流的知名展览业，并致力成为湖南会展行业的龙头企业。

湖南省商务展览中心有限责任公司

湖南省商务展览中心有限责任公司，前身是成立于 2000 年的湖南省商务厅商务展览中心。公司现设有外展部、项目部、市场部、展会运营部、策划部、办公室、财务部等部门，团队多为精通展览专业知识，拥有丰富展会经验，熟悉国内外展会市场，有较强的项目策划与执行能力的专业人才。

公司旨在为参展企业和观众提供专业的商务对接平台、实现理想的参展和参观效益。业务包括服务湖南商务会展、组织企业参加境内外展览、自主承办专业展会项目等。

扎根于湖南会展行业 20 年，公司认真贯彻落实省委、省政府部署，推进“湘品出湘”，积极组织湖南企业参加省级和国家级重点展会项目，如中国进出口商品交易会（广交会）、中国国际进口博览会（进博会）、华东进出口商品交易会（华交会）、中国中部投资贸易博览会（中博会）、中国—东盟博览会等。

为积极配合实施国家“一带一路”发展的重大战略，助推“湘品出海”，公司大力开辟境外展览业务，如纽伦堡玩具展、科隆五金工具展、法兰克福春季消费品展、香港礼品及赠品展、南非贸易博览会、日本国际食品与饮料展等。

近年来，团队凭借丰富的办展经验和不断创新的办展理念，成功自主承办了一系列具有一定规模和影响力的专业展会及品牌活动，如中国国际食品餐饮博览会、中国—非洲经贸博览会、湖南名优特新粮油产品展示展销会、中国（长沙）国际食品展、湖南商业航空航天航海装备论坛、英国品牌购物节、意大利购物节、韩国缤纷商品展等。

公司通过不断开拓业务渠道，提高服务质量，已经逐步实现了专业化、规模化、市场化、全面化，并全力打造优质、高效、高层次的商务会展平台，为湖南会展业蓬勃发展助一臂之力。

湖南中南国际会展公司

湖南中南国际会展公司成立于 2009 年 10 月，主营业务涵盖大型展会、演艺活动、设计陈展等，形成汽车、教育、健康、体育、文化、IP 运营等产品线布局。公司拥有多项展陈设计专业资质，业务项目遍及全国，并拓展至亚、北美、欧洲等国家；是 UFI（全球展览业协会）在湖南首家会员单位、亚洲展览会议联盟（AFECA）会员单位，连续多年入选湖南十佳会展企业和十佳会展项目，在湖南的组展企业中稳居第一阵营。

公司策划运营并成功举办了中国（长沙）国际汽车博览会、湖南教育博览会、湖南生物医药与健康产业博览会、草莓音乐节等大型展览活动项目，其中长沙国际车展为湖南首个 UFI（全球展览业协会）认证展会，是湖南汽车产业最全面、最重要的展示窗口，也是湖南会展业的标志性展会之一；湖南教博会坚持公益初心，服务教育事业，迄今已成功举办十一届，是湖湘招考的第一平台；湖南生物医药与健康产业博览会项目受到政府主管部门和行业的广泛支持与高度关注，是加速推进我省物医药产业高质量发展的重要平台；公司连续多年举办的长沙草莓音乐节，是本土最具规模和影响力的户外音乐节品牌，已连续举办 6 届，每届均有上万名观众参与，并吸引众多外地青年来长沙消费游玩。

长沙支点展览策划有限公司

公司成立于 2005 年 10 月，专业主办、承办各类展会、博览会、论坛和年会活动。具有丰富工作经验的专业团队 70 人，设立了外联部、战略部、调研部、策划部、招商部、宣传部、客服部、工程部，与政府相关机构、行业商 / 协会等保持着良好的协作和合作关系。

加入了中国中小企业国际合作协会、湖南省中小企业协会、湖南省室内装饰协会、湖南省家具行业协会、湖南省商标品牌协会、湖南省会议展览业协会、湖南省旅游商品协会、湖南省旅游学会、湖南省服务贸易业协会、湖南省应急救援协会、湖南省循环经济研究会、长沙市会展行业协会等众多团体机构。

举办过长沙建博会、邵东五金展、长沙全屋定制展、房车露营展、礼品展、旅游展、视频文创展、APEC 中小企业工商论坛、中泰（长沙）国际合作论坛等会展及论坛活动。累计参展参会企业 20 多万多家，参观观众累计近百万人次，累计成交额超 300 亿元。为促进相关行业的招商引资、产业发展、企业品牌建设、协助企业建立和完善销售渠道做出了积极贡献，产生了良好的社会效益和经济效益。2017 年被商务部服务贸易司列入《商务部第一批展览业重点联系企业名单》、2018 年被湖南省经济和信息化委员会审定为“湖南省中小微企业核心服务机构”、2018 年“中国十佳会展项目机构”、2020 年被评为“中国品牌会展主办机构”、2020 年被评为“AAA 级会展项目机构”、2020 年被审定为“国家企业信用评价 AAA 级信用企业”等荣誉。

公司充分发挥会展平台的资源优势，拓展了多领域的综合性发展方向。涉及领域有广告传媒、展馆 / 展厅木工制作厂和设计美工制作工厂（设计、制作、工程施工一体化）、国际贸易公司、文旅品牌运营公司等相关产业链，进驻湖南自由贸易试验区、中非经贸合作创新示范园运营湖南出口产品集聚区 5000 平方米的建材、家具、五金产品展示中心，统一经营数百家企业产品出口，拓展国际市场。

在泰国运营管理泰中东盟产业经贸园，园区面积 890 亩，已经入驻以湖南省为主的建材、家具、酒店用品企业 200 多家，统一经营数百家企业的业务开拓和产品销售，抱团开拓国际市场的新模式，为企业抱团对接“一带一路”搭建了走出去的国际合作平台。

湖南红星国际展览有限公司

湖南红星国际展览有限公司成立于 2003 年，是农业产业化国家重点龙头企业——红星实业集团有限公司全资子公司，拥有展览面积达 5 万平方米的长沙红星国际会展中心，是一个集组展、办展、会务及展馆服务于一体的综合性会展服务型企业。自办会中国中部（湖南）农业博览会是全球展览业协会（UFI）认证的会展项目，公司同时是国家科技部核批的《高新技术企业》会展企业，也是中国展览馆协会核发的《展览工程一级资质》会展企业。

公司成立至今，通过不断提升管理、优化服务，始终坚持“大道至简、合作共赢”的发展理念，在展馆管理与展会运营的双轮驱动下，以品牌建设为核心，走“市场化、专业化、品牌化、国际化”会展发展之路，致力于更好的服务广大客户和培育更多的品牌博览会。

2019 年，红星会展全年自办、接办、承办了各类会议、展览（展览服务）共 60 场，其中包括国际性展会 5 场、国家级展会 3 场、省级展会 16 场，总展览面积达 82.5 万平方米，参展观展人数累计 240 万余人次。其中，公司深度参与承办了首届中国—非洲经贸博览会的展览展示、活动执行、信息化建设相关工作，全程策划筹办了湖南装备与制造走进东盟投资博览会，全面统筹承办的中国中部（湖南）农业博览会、中国（长沙）果品产业博览会、长沙空间信息产业国际博览会、湖南省农业机械、矿山机械、电子陶瓷产品博览会、武陵山（怀化）国际健康产业博览会、湖南贫困地区优质农产品（深圳）产销对接活动、东盟·湖南名优产品交易会等 10 余个大型综合性展会更是影响深远、广受赞誉。尤其是中国中部（湖南）农业博览会自 1999 年创办以来已连续举办二十一届，累计展品 20 万余种，成交额 2400 多亿元，观展人次逾 2100 万人次，已成为展示中部地区乃至国内外农业新技术、新产品、新成果的重要窗口，是全国为数不多的通过全球展览业协会（UFI）认证的大型农业综合类博览会。

湖南亚洲湘会展有限公司

湖南亚洲湘会展有限公司成立于 2009 年，注册资金 1000 万元，中国 AAA 级信用企业，国际展览业协会（UFI）成员，“G100 会展项目组织”发起单位，湖南省会议展览业协会会长单位，长沙市会展行业协会副会长单位及首批授予的一级资质展览工程企业，中国医药物资协会会议展览工作委员会副会长单位，商务部第二批展览业重点联系企业。

公司拥有一支具备整体策划、拓展招商、市场开发等能力的高学历、高素质会展队伍，团队成员从事会展实践工作多年，大多具有会展职业经理人、会展策划师等相关从业资格；可主办、承办、协办各种国内外展览会、博览会、展销会及论会议坛等会展活动；具备实施会展策划、招商引资、展会宣传、展项设计、特展装饰、布展管理、广告制作、展会展出的全程递进式服务的能力，并具有极强的行业商业优势资源。

公司自成立以来，秉承“合纵连横，互惠共赢”的现代企业精神和专业的办展经验，举办全国性、区域性各类型会展活动数十个，涉及轨道交通、节能环保、房产家居、农业食品、科技医疗等十余个产业，办展数量和展会规模均居湖南省前列。公司先后被行业授予中国会展业“金海豚”2015—2016 年度、2016—2017 年度中国会展名优服务商，“金五星”2017 年度、2018 年度全国优秀组展单位，2018 年度中国会展智慧服务企业大奖，建国 70 周年·70 家品牌会展主办机构金手指奖，2019—2020 年度中国品牌会展主办机构，2020 年度中国城市会展会议展览业协会“优秀会展企业奖”，和泛珠三角城市会展联盟授予的“名星会展企业”、“诚信企业标兵”，以及 2017 年度、2018 年度、2019 年度、2020 年度湖南省“优秀会展企业”等全国性和区域性奖项及荣誉称号。湖南亚洲湘会展公司将秉承“合纵联横，互惠共赢”的现代合作精神和精致细节，做好每一个展会项目，诚挚邀请和欢迎国内外行业各级机构组织及相关企业积极参与，合作交流，共襄盛举。

仁创会展集团

仁创会展集团作为国内最早一批专业策划、组织、市场化运营会展的专业机构之一，创始团队于 1998 年在全国各地策划运营各类会展活动，长沙总部成立于 2006 年。经过十多年发展拥有长沙仁创、武汉仁创、南昌仁创、南昌仁启、长沙梅剑文化等 5 家下属公司，目前公司拥有专业的会展策划、运营团队近 200 人，同时积累了丰富的活动、办展经验与海量的行业资源，并建立覆盖面广的逾百万量级行业买家数据库。

公司旗下品牌展会：湖南茶博会、湖南湖北糖酒会、江西糖酒会、湖南餐饮食材展、湖南湖北加盟展、湖南渔博会、中部定制家居展等跨越十个领域，旗下多个展会项目被业内誉为标杆展会，多个项目被省市确定为重点品牌项目，2017 年长沙仁创会展服务有限公司荣获国家商务部首批全国 182 家“重点联系企业”之一，目前仁创会展年办展规模超过 50 万平方米，每年线下服务的厂商逾万家，每年接待的专业经销商逾 30 万人次。

长沙好博塔苏斯展览有限公司

好博塔苏斯展览有限公司系中英合资企业，2008 年 6 月正式成立。合资公司中方为湖北好博展览公司，合资公司英方为英国塔苏斯集团公司。湖北好博展览公司 (Hope) 创立于 1996 年，是中国成立较早的民营专业展览公司。在长沙、武汉、郑州、合肥、成都、上海等地共拥有 6 个独立公司，年均举办专业展览会约 20 多个，展览面积超过 50 万平方米，国内特别是中西部具有一定经营规模和影响力的民营展览公司。长沙好博塔苏斯展览有限公司系好博塔苏斯展览有限公司子公司，长沙市会展行业协会副会长单位，主要经营长沙智能制造装备博览会、湖南医疗器械展览会，均已成功举办超过 20 届，为湖南省制造业和医疗行业搭建交流、推广品牌、拓展业务、销售产品的理想贸易平台。

长沙市瑞利网轩文化传播有限公司

长沙市瑞利网轩文化传播有限公司（以下简称“瑞利网轩”）成立于 2006 年，经过 10 多年的市场锤炼和运营发展，已成为长沙乃至中部地区颇具实力的大型专业会展机构。公司是商务部展览业重点联系企业、湖南省会议展览业协会常务理事单位、湖南省会展策划与运营专业委员会主任单位、长沙市会展行业协会副会长单位、长沙市展览展示服务行业协会理事单位。先后荣获中国十佳品牌组展商、中国会展行业领军企业、高新技术企业、诚信企业标兵、全国会展业金五星奖“优秀组展单位”、湖南省优秀会展企业、长沙市会展行业“十佳企业”等殊荣。

公司现有会展事业部、会议活动部、展览工程部三大核心业务部门。拥有多年举办大型国际国内会展项目成功案例，具备全程策划、市场运作、运营管理、会务服务的专业团队和实操经验。近年来，成功策划和执行承办了中国（长沙）装配式建筑与工程技术博览会（筑博会）、节能减排财政政策综合示范论坛暨中国国际节能减排产业博览会、中国（湖南）住宅产业化与绿色建筑发展论坛暨新技术产品博览会、全国装配式建筑交流大会、中国建造 4.0 国际创新论坛、亚洲城市 2050 国际学术会议、世界能源与环境大会、可持续城市与建筑发展国际学术研讨会、全国建筑防水涂料高峰论坛、首届全国装配式建筑职业技能竞赛湖南预赛、湖南省节能宣传周启动仪式等大型展览和会议活动500余场。成功承接湖南省住建厅、长沙市政府、长沙高新区、金霞经开区、湖南大学、中建五局、湖南建工集团、中国建材集团等政府部门、高校、园区以及大型企业的展览工程搭建工作。

公司秉承“高远·合作·专业·精细”的核心价值观，拥有成熟的产品体系架构、雄厚的技术支撑力量、深度的行业把握能力、丰富的行业信息资源和专业的核心运营团队，具有强烈国际视野和技术支撑特色，坚持“创新发展模式、整合优势资源、实现多元发展”的经营理念，为政府部门、行业机构、国内外企业及各界人士提供全方位、多元化的优质高效服务，致力于成为文创产业资源整合者和行业引领者。我们愿与各界朋友真诚合作、共同发展、共创未来！

湖南帝爵国际会展服务有限公司

湖南帝爵国际会展服务有限公司于 2018 年 2 月成立，为湖南省会议展览业协会常务副会长单位，国际大会及会议协会（ICCA）成员单位，是一家致力于一站式会议服务和活动策划执行的专业化公司。凭借着最前沿的服务理念、精益求精的敬业精神、专业高效的服务技能、各类会务的丰富经验，帝爵会展一举跻身于湖南最具竞争力的会展服务公司前列，并成为多家主办单位的指定服务商。

公司名称中的“帝”，古意“蒂”，象形文字是含苞未放花蕾的意思；“爵”，是一种封号，意指成名成就基业。从花蕾到成熟表示事物发展的路径，同时也表示在成功的路上所经历的过程。万物初生必有其成长规律，湖南帝爵会展将秉承“真诚、专业、创新、敬业”的精神帮助客户实现价值获得成功，陪伴企业和项目一起发展壮大，见证成功的历程，赢得客户的心是我们坚持不懈的理念！同时，公司倡导社会责任，做一个有爱心有担当的企业，疫情期间在保障员工收入及福利的情况下还为慈善机构进行捐赠，同时团队前往湘西古丈县为当地留守儿童送去口罩和文具用品。

公司成立以来，陆续荣获“2018 中国最具竞争力会议服务公司”、“2018 年度城市最佳会奖 DMC”、泛珠三角城市会展联盟“明星会展企业”、2019 年中国会展业年度“中国十佳会展服务商”大奖、2019 年度中国城市“优秀会议项目奖”、“2019 年度湖南省优秀会展企业”奖等。总经理谭谈女士担任湖南省会议展览业协会会议产业专业委员会主任，2017—至今年连续荣获湖南省会议展览业“十佳会展领军人物”等。公司致力于不断培养和引进专业人才，目前团队拥有 40 名专业人才，其中，具有高级会展职业经理人职称的有 20 余人。

湖南帝爵会展拥有多次承办大型国内国际会议经验，涉及政府会议、医药、金融等百强企业以及各行业协会等多个领域，突出项目如第二十次全国电化学大会、2019CICEE 长沙国际工程机械展览会、首届湖南（岳阳）口岸经贸博览会、第十五届中国成长型医药企业发展论坛、第三届中国产业区块链峰会、2018（长沙）中部进口博览会、湖南重点高速公路项目开工 / 通车活动、2018 中国（湖南）国际轨道交通产业博览会、2019 湖南肿瘤学大会暨首届潇湘国际肿瘤论坛、中国第五届国际物流发展大会等大型展览会议等。

湖南锐智国际会展有限公司

2004 年，我们成立了湖南省首个为企业提供会务服务的专业机构，深耕会展行业 17 年，集聚和培养了一大批专业的会奖人才。2017 年，我们整合资源、升级服务，成立了湖南锐智国际会展有限公司。在 4 年的时间内，服务会展项目两千余个，现有团队 70 余人，60% 在相关行业工作多年，多人通过国际展览与项目协会认可的注册会展经理（CEM）。业务版块从小型医药公司区域会议到大型会议、展览、活动、品牌传播的策划与执行；从单体运营到集团化发展，先后设立了株洲锐智会议展览有限公司、湖南工致文化创意有限公司等多个分支机构。拥有一大批认可、支持锐智发展和相伴成长的客户朋友，企业具有良好的发展前景。

锐智会展作为湖南会展行业领军企业，受中国国际贸易促进委员会商业行业分会邀请，协助其起草了《会议服务机构经营服务规范》行业标准。2018 年 5 月加入 ICCA（国际大会及会议协会），成为 ICCA 中国第 54 家，湖南首家会员。锐智会展规范、专业、标准化的服务得到国内外机构与行业协会的高度认可。

我们不仅拥有经验丰富的团队，同时结合国家相关标准建立了公司全流程工作标准、岗位工作标准、服务规范、物料制作等标准体系，为会议展览等相关活动提供高效的服务解决方案。

锐智人始终坚持“锐意进取、智圆行方”的理念，坚持“为托付努力、为结果负责”的锐智精神，不断提升产品与服务，与员工共同奋斗，与客户共同成长。

公司 LOGO：取“锐意进取，智圆行方”之“锐智”，意思是意志坚决的追去上进，下定决心有所作为；知识要广博而周备，行事要方正不苟。

湖南省会议接待服务中心

湖南省会议接待服务中心成立于 1994 年，是湖南省最早成立的会议会展服务公司之一，并于 2018 年成功加入国际大会及会议协会（ICCA）。主要业务为承接政府、行业协会 / 学会、企事业单位举办的各类展会、论坛、研讨会、学术年会、启动会、峰会、培训等会展会议活动，为各类会展会议活动提供一站式的专业会务服务解决方案。

我们的服务项目主要包括：会务策划与会务组织、会务酒店代订、场景布置与展台设计、会议照片 / 视频直播、线上会议、会议设备租赁、会务租车、笔译及同声传译、会议签到系统、会务票务等。能实现从项目的创意到完成的全程无缝对接，着意在策划、筹备、执行等方面向客户提供切实可行的套餐式服务。

公司坚持“专业会务、全心服务”的服务理念，每年承接上百场各类大、中、小型会议活动，在会议接待与组织方面积累了丰富经验，凭借良好的协调能力、专业的行业操作规范，精心为客户提供优质的解决方案和专业的会议服务。赢得了广大客户的信任与认可，是省内主要三甲医院学术会议服务定点供应商。

近年来公司坚持创新发展，借助科技手段，结合实践经验自主开发了会议项目管理系统，实现会议项目智能化管理，积极树立行业发展标杆。

项目管理系统覆盖了从商机跟踪，预算报价，项目跟踪，任务分派，人员安排，多样化物质采购，成本管控，盈利分析

等会议服务的全流程管理。针对会议项目的特性基于不同的时间节点不同的工作内容制定的管理流程，贯穿会前、会中、会后全程管理。项目管理系统可以实现分工清晰，及时反馈与监督工作完成情况，推进项目顺畅的进行。做到线上随时随地沟通、管理、监督，大大提高会议服务管理效率。同时支持项目复盘分析，项目之间横纵向财务数据对比，为未来业务决策提供依据，提高接待服务水平。

近年来公司整合优势资源，积极策划拥有自主 IP 的会议活动。其中包括目前长沙市唯一拥有自有 IP 的国际论坛——“国际稻作发展论坛”，论坛联合长沙市人民政府、国家杂交水稻工程技术中心等单位共同发起，由杂交水稻之父袁隆平院士担任大会主席，并专门建造了稻作基地，以论坛为平台推动产业发展。论坛至今已连续成功举办三届，受到了国内外的广泛关注和高度赞誉，凸显了长沙的科技实力和“国际稻都”的名片效应。

湖南省阳光会议展览服务有限公司

湖南省阳光会议展览服务有限公司成立于 2009 年，系湖南海外旅游有限公司旗下子公司。是中国 500 强新华联集团成员企业，2011 年跻身全国会奖 17 强，2015 年、2016 年连续两年荣获“湖南省十佳会展企业”以及“中国最具创新力会议服务公司”，2017 年荣获“中国最佳服务会议公司”，2018 年荣获“最佳专业 MICE 服务奖”，2019 年荣获“中国十佳会议服务公司”，2020 年成为国际大会与会议协会 ICCA 的会员单位。

公司目前拥有专业、完整的策划及执行团队，三分之一名员工有超过 10 年以上的会务、活动及 MICE 服务经验。曾经四度服务联合国在湖南省的国际会议项目，数十次服务国家级项目，每年会议、会展、活动项目超 500 个。

我们的定位是“会议活动公关整合营销传播”，以创意打动市场，整合媒体资源，成为一家不止于执行的 MICE 公司，在湖南“做会议中有创意、活动中最稳健”的公司。

阳光使命：您身边的 M.I.C.E 专家。阳光愿景：立足会议会展，扎根公共传播。价值观：尊重客户、诚信、坚韧、极致创新。

阳光部分员工团队风貌：阳光会展是由一群 70、80、90 后组成，是一个充满激情、愿意奋斗、崇尚平等的年轻团队。这里有霸气侧漏的行业大牛、有求知若渴的可爱萌新，有吃苦耐劳、勇于挑战的萝莉辣妈，也有能学能忍能熬夜想成功的小鲜肉。

知名展览搭建及相关会展服务企业

1. 湖南尚雅国际会展有限公司作为专业的展览公司，至 2000 年创立以来，秉承踏实，稳健的营销策略，凭借人才战略优势，坚持“追求卓越品质”的经营理念，赢利国内外众多知名品牌和国家部委、各级政府机构的合作信任，被许多大型展览会指定为主场承建商，在展会的主场建造和特装设计、制作方面具有国际先进水准，创造了艺术精品和优质工程。“为您的展览提供最优质的服务！”尚雅以合理的价格、独特的设计、优质的施工、周到的服务赢得了国内外客户的一致好评。

2. 湖南老丁会展工程有限公司以道具研制、大型会务舞美、展览、展示、展厅的设计制作搭建执行为主的综合会展企业。业务范围包括：大型会务场景的舞美、录播直播节目的场景设计制作与执行，大型巡演道具的研制，展览、展示、展厅及商务空间等特装的 3D 设计制作。

3. 湖南瑞展工程有限公司是以文化创意为核心，运用 3D、全息等多媒体技术，为展览会、博物馆、科技馆、数字展厅等提供一站式综合展示解决方案的专业公司。

4. 湖南杰克展览装饰工程有限公司拥有 7000 平方米的展览工厂，打造一流的团队，一流的品质，一流的服务，40 余位稳定的经验丰富的木工，完善的配套设施，不仅有效控制成本，更能把握好制作及施工细节，为客户呈现更优的展台。

5. 湖南鲁班展览服务有限公司成立于 2014 年，是一家致力于展会、展厅设计与施工，会议活动、舞台舞美设计等为一体的展览展示服务机构，拥有占地面积达 4500 平方米的制作工厂。

6. 湖南橙色联盟展览展示工程有限公司注册资本 1000 万元。建有 3000 平方米高标准厂房，1200 平方米喷印厂房，公司拥有多名高素质、高水平专业的管理人员及 50 多名固定各技术种熟练工人，以上工人长期从事展览、展厅布展工程、美陈制作工程等项目具备 8 年以上经验。

7. 湖南艺高展览展示有限公司拥有 4000 平方米的展览工厂，专业从事展会、展厅、舞台制作、工程装修等专业制作。

湖南宾馆

湖南宾馆隶属于湖南省政府办公厅，始建于 1959 年，2009 年正式挂牌四星级，2012 年荣获“金叶级绿色旅游饭店”称号。自建馆以来，宾馆以一流的设备、一流的管理、一流的服务成功接待过党和国家领导人及西哈努克亲王、尼泊尔首相等外国元首和政府首脑。

湖南宾馆紧邻风景秀美的烈士公园，院内环境优雅，拥有 50% 的绿化面积，庭院宽敞大气，距高铁南站 16 公里、距火车站约 1.6 公里、距黄花机场 26 公里，距地铁 6 号线 0.4 公里、2 号线 1.5 公里，宾馆拥有经验丰富的高素质团队、一流的服务水准、齐全的高科技会务设施，院内拥有近 400 个车位（其中大型车位 24 个）。高雅华丽的大型主会场达到 1500 平方米、层高 9 米无柱设计，30 个不同规格的分会场，会议室集中且有便利的进出通道。宾馆位于市中心，会议室接待人数与客房、餐饮接待人数配比合适，可同时接待规模不一的各类会议，提供专业的各类宴会、酒会、茶歇及会务服务，客房宽敞、干净、温馨舒适、价格优惠，提供专职的会议管家服务。

主楼一号楼为苏联式建筑，被长沙市政府列为“近现代保护建筑”。2019 年我馆对部分营业场所进行升级改造，焕然一新的大型多功能厅和自助餐厅正式投入使用，赢得各方宾客好评。

湖南枫林宾馆

湖南枫林宾馆是一家集住宿、餐饮、会展、康娱为一体的商务、旅游和会展的四星级园林式酒店，坐落于长沙市枫林一路 43 号。背依岳麓山风景名胜区，面对繁华的岳麓文化广场，东临湘江橘子洲头，西近长沙高新技术开发区，南毗湖南省大学城，交通便利，布局精致，依山傍水的优越地理位置，在长沙市酒店中独树一帜。宾馆内山林葱郁，枫叶沙飒，青草绿地，流水潺潺，空气清新，风景秀丽，是举办会议、展览、旅游及休闲的理想场所。

可以容纳 500 人及以上的大会议厅 1 个和 20 个（含）以上的中、小会议室的。

湖南枫林宾馆有限公司共有客房 331 间，分套房、单间和标间三种，装修高端典雅舒适，配套功能齐全，设施齐全，可满足不同层次的住宿需求；100G 宽带免费上网，为客人提供了高效便利的会议、办公条件。

可以容纳 500 人（含）以上的宴会厅和 4 个（含）以上中、小餐厅，包厢 20 个。

湖南华天酒店

华天实业控股集团有限公司是一家以酒店旅游业为引领，产业覆盖旅行社及景区、旅游（商业）地产、装饰物业、健康养老、文化影视、电子商务等领域的综合性现代服务企业集团，湖南省属旅游龙头骨干企业。公司为国有独资集团企业，直属湖南省国资委管理，下辖二三级子公司 34 家。集团拥有员工 10000 余人，资产总额逾 110 亿元，托管总资产近百亿。湖南华天酒店是湖南省首家超豪华五星级酒店，位于长沙市解放东路 300 号，距机场仅 30 分钟车程，距火车站 5 分钟车程。酒店先后加入“国际金钥匙组织”“中国名酒店组织”获得“中国饭店业集团 20 强”“全球饭店业 300 强”“中国饭店名族品牌先锋”. 服务领域国际最高荣誉“五星钻石奖”。酒店奢华典雅，造型奇特，楼体成胜利的“V”字型向天空伸展，像一张迎风的帆，象征华天人乘风破浪的气势；从空中俯视如一大写的“水”，意喻扎根三湘四水之中，尽显时尚尊容与湘楚风情。酒店拥有

600 余套温馨舒适的客房，追求完美的国际金钥匙与专职管家为您提供 24 小时尊贵服务；酒店各类会议宴会服务设施功能完备、设备先进，成功举办了“第二届世界华文传媒论坛”“第五届两岸经贸文化论坛”“中国杂交水稻技术对外合作部长级论坛”“全国未成年人思想道德建设经验交流会”等影响深远的重要会议；经典荟萃的华天餐饮传承湖湘美食精华，以传神美食、顶级服务成为我国酒店餐饮的奇葩，享有“吃在华天”之盛誉；崇尚健康与品位的华天娱乐，以一流的设备和场馆，放牧着都市人的悠闲自在心情。

秉承“勤奋敬业，业精技高，追求完美，严字当头，永争第一”的华天精神，华天人以服务为事业，持之以恒地为顾客创造满意加惊喜的精致服务。华天人专业贴心、浓情细意的优质服务创造了无数感人至深的故事与传奇，华天成为尊贵宾客、高端会务、精英商务的首选。

“百年华天，华开天下”。华天人正致力于打造国际一流的百年名店，致力于将华天酒店连锁开遍神州大地，让华天——这个中国的民族酒店品牌走向国际、誉满天下！

湖南佳兴世尊酒店

湖南佳兴世尊酒店位于长沙市大河西区 CBD 中心，交通便捷，毗邻国家级高新技术开发区、岳麓山大学科技园及中央政务区，时尚的双子塔造型是区域地标性建筑。独具风格的湖南佳兴世尊酒店是商务及休闲旅游客人的理想选择。酒店拥有 308 间（套）装修豪华舒适的客房，各具特色的中西餐厅让您畅享环球美食及地道的中式佳肴。水疗中心、恒温泳池、大堂酒吧、楼顶花园、商务会所为您在这个繁华的城市提供一片宁静的绿洲，11 间多功能会议室和 1300 平方米的无柱大宴会厅是会议、婚礼以及宴会庆典的完美之选。

雍容华美，至尊享受，尽在湖南佳兴世尊酒店。

酒店拥有 308 间精心设计的豪华客房，充满浓郁现代艺术气息，配备超大浴缸，热带雨林花洒及接驳国内外数字信号的液晶电视，高速的宽带上网服务，并有无线网络全面覆盖。国际直拨电话，电子保险箱等设备，使客人尽享舒适和便利。

酒店拥有业界高水准配置的 1300 平方米的无柱宴会厅，将是会议、婚礼以及宴会庆典的完美之选。另设 11 个功能齐备，不同规模的多功能厅和会议室，分别分布在 2、3、4、5 楼。配备了无线宽带上网，视频和电话会议等先进的会务设施，满足各类商务活动的需求。

湖南圣爵菲斯大酒店

湖南圣爵菲斯投资有限公司（以下简称“圣爵菲斯大酒店”）是湖南广电旗下集住宿、餐饮、娱乐为一体的五星级酒店。酒店位于长沙市开福区金鹰影视文化城，东临世界之窗，西接湖南广播电视台，南接长永高速，北靠风景秀丽的洪山桥旅游区，距黄花机场 22 公里，距火车站 7 公里，武广高铁站 16 公里，地理位置优越，交通十分便利。

酒店于 1996 年 7 月 15 日在国家工商行政管理部门注册登记，2020 年 3 月 26 日试营业，2001 年 5 月 18 日正式开业，总投资 8 亿元人民币，注册资金 6 亿元，占地面积 320 亩，建筑面积 10 万平方米，绿化率达 72%。“地中海岸的 SAINT—TROPEZ”，是一家集会议展览、旅游度假、商贸服务、文化交流和影视拍摄为一体的五星级酒店。

酒店主要功能项目有客房、餐饮、会议接待和各项配套服务功能。酒店拥有包括 4 栋总统套房在内的豪华别墅 42 栋，357 间（套）各类型客房，能同时入住 600 余名客人。

餐饮总营业面积近 7000 平方米，餐位 2360 个，6 个风格各异的中、西、日本餐厅及餐饮包厢 29 个。会议功能区有湖南最具规模的会议与宴会设施，金碧辉煌、气势磅礴的无柱式多功能宴会厅乃湖南之最，面积多达 2700 平方米，可同时容纳 2000 余人，同时拥有不同类型和规模的会议室 8 个，能满足各类会议需求。

酒店康体娱乐营业面积 2 万平方米，具备健康理疗、美容美发、康体健身、游泳、室外网球、瑜伽、棋牌等各种服务项目。

酒店自开业以来，坚持“自然、友好、规范、超前”的服务理念，尽善尽美做好每项服务。已成功接待了历届中国金鹰电视艺术节的各路嘉宾，还成功接待海峡两岸经贸文化论坛、第一届及第七届中国中部博览会、第一届中国—非洲经贸博览会、中国航天会议、新媒体大会、国际中文教育大会，高质量地完成了多位影视艺术界明星和国内外重要嘉宾的接待任务。近三年酒店荣获“携程网年度最佳度假酒店”“携程网最佳亲子酒店”“携程口碑榜最受欢迎酒店”“十佳星级旅游饭店”“湖南省宾客最满意酒店”“最佳会展宴会品牌酒店”“中国会议酒店百强酒店”“中国优秀品质饭店”“第一届中非经贸博览会先进单位”“湖南名牌”产品称号等荣誉。

酒店拥有 42 栋别墅，357 套各种类型客房，风格迥异的王朝食府、中餐厅（湖畔食府）、西餐厅、美食街、松临铁板烧和茶艺馆，健身房、棋牌室、健康中心和游泳馆、瑜伽厢、美发SPA、“你好漂亮”美容等服务设施一应俱全。

1. 水上阳台：璇宫的水上观景阳台，面积 230 平方米，可做户外婚礼、聚会等活动场地。

2. 湖中喷泉：喷涌高达 28 米的水柱，彩灯配合十分壮观。

3. 观景水池：面积 200 平米，小木桥下有多种名贵观赏鱼。

4. 璇宫大堂：地面和石柱，澳大利亚进口的砂岩石，花纹是自然形成，而且是通过哑光技术处理，防滑、消除疲劳，为湖南酒店业独有。

5. 干树标本：经过脱水处理，成为一种四季常青的干树，为湖南酒店业独有。

6. 大堂金顶：24K 金箔纸贴项，充满古印度风格。

7. 吊灯：大堂周围，用天然云石切割而成。

8. 花草树木：道路两旁有千余热带植物华盛顿椰子树、非洲黑枣、金叶女贞、钻石玫瑰、紫罗兰；欢城前后有 500 年的多头铁树、狗骨、罗汉森等名贵树木；中心花坛有金盏菊、三色景、金鱼草；别墅花园有产自台湾的多头铁树、四季海棠、一串红、矮海棠。

长沙融程花园酒店

融程花园酒店地处长沙 CPD 和 CBD 黄金地段，省政府，雨花区，天心区政府近在咫尺，与红星会展中心毗邻而居，地理位置优越、交通便利，是长沙、株洲、湘潭的核心区域。从酒店出发至黄花机场只需半小时，往市中心 20 分钟即可到达，至武广高铁，京珠高速仅 10 分钟。酒店援引正统高贵的建筑设计理念，汲取世界装修艺术精髓，融品味、奢华于一身。447 间功能齐全、环境优雅的客房、套房，让客人有如置身温馨的家。酒店的九大餐厅和酒吧，包罗各地不同风情的精美佳肴；享受花园酒店中的轻尝浅酌，于华南地区首屈一指的餐饮厢房举行宴请活动，尽显尊贵气派。总面积超过 4000 平方米的会议和宴会场地，拥有 2 间豪华宴会厅，9 间多功能会议室，1 间 VIP 接待室，其中 920 平方米的无柱式融程宴会厅，可分隔成 3 个独立空间，满足几十至上千人不同规模的会议接待，更重要的是为您提供了无限的想象空间。

除此之外，高速的宽带网络和先进的影音器材一应俱全，极富经验的宴会团队全程为您奉献优越、奢华的会务和宴会体验。完善的康乐美体设施，4 万平方米户外喷泉花园广场，草木掩映，绿茵缤纷，环境舒适，是商务会议的不二选择。

融程花园酒店接轨国际潮流，与城市新贵的品味完美对接，以温馨雅致的服务，成为商务休闲顾客在湖南的优选之地。

为顾客呈现国际级花园待客之道！

长沙神农大酒店

长沙神农大酒店是湖南省第二家五星级酒店，开业以来荣获了中国饭店金马奖、中国最佳商务酒店、湖南省最佳星级饭店等荣誉称号。酒店坐落于市中心双地铁（1 号线、4 号线）黄土岭站交汇处，交通十分便利、四通八达，地铁可直达长沙火车站、汽车站、高铁站、机场，距离机场约 30 分钟车程、高铁站约 25 分钟车程、火车站约 20 分钟车程；酒店拥有 343 间客（套）房，荟萃粤、潮、湘、川菜系列美食的中、西餐厅，及铁板料理的日式餐厅，13 个不同规格的宴会厅，可容纳大中小型不等规格会议及宴席；还有装修一新的游泳池、健身房、美容美发等场地，是顾客城市商旅体验的理想选择。

长沙世纪金源大饭店

长沙世纪金源大饭店位于湖南省长沙市开福区金泰路 199 号，湘江与浏阳河交汇处，与长沙网红打卡点“三馆一厅”仅一江之隔。饭店毗邻世纪金源购物中心，拥有沿江风光带 2 公里，占据湘江大道与芙蓉北路两条链接主城区的主干道。

长沙世纪金源大饭店于 2010 年 9 月 5 日正式对外营业，总建筑面积 7.6 万平方米，地面 39 层，地下 1 层，拥有客房 523 间（套），400 个地面停车位。房间配套设施齐全，坐拥 180 度全江景视野，拥有热带雨林式喷淋的独立淋浴间与全景下沉式浴缸，全自动恒温中央空调，开阔的江景客房，可俯瞰湘江、浏阳河。

饭店拥有以海鲜为主的自助餐厅，位于饭店一层，共拥有 220 个餐位，供应中、西、日餐点。餐厅布局风格独特，颇具异国情调与神秘浪漫之感，是理想的商务休闲用餐场所。饭店二楼是中餐厅，主要经营湘菜、粤菜等菜品，拥有 19 间豪华江景包厢。

饭店拥有层高 10 米，面积 1800 平方米的无柱独立式千人多功能宴会厅，及各种规模不一的会议厅 11 个，并配有先进的会务设施，可承接各类国际国内会议、社交宴会、主题宴会等。

长沙世纪金源大饭店是集办公、商住、旅游、会议、休闲、健身、美食、娱乐等于一体的现代饭店，拥有世纪金源标志性的豪华景观大堂和全新的江景客房，为宾客提供极富滨水人文气息的现代商住体验。

长沙明城国际大酒店

长沙明城国际大酒店位于长沙经济技术开发区，毗邻世界之窗、松雅湖国家湿地公园。距黄花机场、高铁南站仅 20 分钟车程，交通便利、环境优雅。酒店占地 28000 平方米，建筑总面积 70000 平方米，楼高 99.9 米，总投资 10 亿元。拥有各类典雅舒适客房 410 间，各类标准会议室 15 个（可容纳 20—800 人不等），餐厅设有宴会大厅、中餐厅、西餐厅、美食街和各类豪华包厢 20 个，共有餐位 2000 个。配套有游泳、健身、美容美发、足浴、KTV、棋牌、私人影院等设施设备齐全的康体娱乐项目。酒店一直以“顾客就是上帝”为准则，努力为客户提供优质的服务，客户满意度高达 98%。酒店荣获携程旅行口碑榜“最佳服务创新奖和最佳奢华酒店奖”，获得携程客户 98% 的推荐率。同时酒店更是荣获湖南省湖南名牌产品、中国会议酒店百强榜等一系列荣誉称号。明城国际大酒店是举行高端会议、宴会接待的理想场所。

【酒店位置】长沙经开区星沙漓湘西路 19 号。酒店至黄花机场 19 公里，25 分钟车程，的士 45 元；至长沙高铁南站 8.7 公里，15 分钟车程，的士是 25 元；至长沙国际会展中心 13 公里，20 分钟车程，的士 25 元；至湖南国际会展中心 3.3 公里，

10 分钟车程，的士 12 元。

【客房数量】：410 间（260 双 110 单 40 套）。

【会议室】：共计 15 间会议室，其中 600—800 平方米以上的会议室有 3 个。

【餐厅】：自助餐厅、包厢、唐人食街、大堂吧、会所等共计 2000 个餐位。

【娱乐场所】：健身房、美发中心、KTV、足浴、棋牌、私人影院等。

【周边商圈景区】：综合商业体中茂城距离 200 米，万象汇商业广场 4.5 公里，吾悦商业广场 5 公里，松雅湖国家湿地公园 5 公里，世界之窗 3 公里。

2020 年长沙市会展大事记

1. 1 月 16 日，长沙市会展工作管理办公室发出关于做好疫情防控工作的通知，要求各场馆、各会展单位全力做好新型冠状病毒感染的肺炎疫情预防控制，最大限度地保障人民群众身体健康和生命安全。

2. 2 月 4 日，长沙市会展工作管理办公室向全市会展行业发布工作提示，要求全办工作人员和全市会展行业加强防疫宣传，增强防护意识，减少外出活动，搞好个人卫生，保持家庭清洁，不聚会、不信谣、不传谣，坚定打赢防疫阻击战的信心和决心。

3. 2 月 6 日，首次以网络直播的形式组织“中国好会展—组展战疫直播厅”，邀请中国会展经济研究会潘建军副会长等 7 名行业权威网上直播授课 7 期，聚焦会展如何应对疫情的主题，分享经验、探索路径。

4. 2 月 17 日下午，省委常委、市委书记胡衡华主持召开专题会议，研究全市会展产业发展工作。

5. 2 月 24 日，市会展办党组书记、主任陈树中《关于新冠肺炎疫情对会展业的影响与对策思考》在人民网、求是网、新湖南等媒体发表，国内外多家媒体转发。

6. 3 月 2 日，市会展办、长沙县政府等在长沙国际会展中心召开工作协商会，协商疫情防控期间长沙国际会展中心举办展会期间疫情防控工作相关事宜，有序推动会展行业复工复产。

7. 3 月 31 日，长沙重点会展项目新闻发布会在长沙市新闻中心召开，发布首批 2020 年度长沙市举办的十大大型展览项目（5 万平方米以上），在全国会展业界率先打响信心恢复的第一枪。新华网、人民网、中新社、湖南日报、湖南卫视等中央、省（市）媒体，及时刊发了长沙恢复会展业的新闻。

8. 4 月 9 日，省委常委、市委书记胡衡华听取市会展办湖南车展筹备情况汇报。

9. 4 月 10 日—28 日，市领导召开湖南车展工作调度会并现场督查各项疫情安全防控措施，布置湖南车展促进汽车消费相关工作。

10. 4 月 30 日，湖南车展开幕，这是疫情防控常态化期间全国乃至全世界首场大型展会活动。5 月 1 日，省委常委、市委书记胡衡华视察湖南车展。

11. 5 月 1 日，致敬达芬奇全球光影艺术展在长沙 IFS 盛大开幕。

12. 5 月 9 日，湖南车展的案例被国际展览联盟（UFI）官方杂志，英国知名的《展览世界》（Exhibition World）作为头条新闻刊登。

13. 5 月 15 日，疫情防控常态化期间全国乃至全世界首场专业展会，也是规模最大的展会——中部建博会在长沙国际会展中心开幕。同日，长沙首届婚博会在湖南国际会展中心开幕。注：在长沙市举办的湖南车展、中部建博会、婚博会是疫情防控常态化下全国头三场展会活动。

14. 5 月 29 日—31 日，由长沙市人民政府、中国会展经济研究会主办，长沙市会展工作管理办公室、长沙县人民政府承办的“疫情防控常态化下会展业复苏重启研讨会”在长沙成功举办。《展览活动与展览场所新冠病毒肺炎疫情防控指南》和《会议活动与会议场所新冠病毒肺炎疫情防控指南》经全国会展行业专家、学者充分讨论，征求意见，达成全面共识。

15. 6 月 4 日，工程机械后市场交易会在长沙国际会展中心举行，长沙市会展行业全部恢复正常运营。

16. 6 月 10 日，长沙市会展工作管理办公室发布《关于做好我市疫情防控常态化下会展业复苏与发展工作的通知》，公布《展览活动与展览场所新冠病毒肺炎疫情防控指南》和《会议活动与会议场所新冠病毒肺炎疫情防控指南》，要求各会展单位抓紧抓实抓好常态化下疫情防控工作，积极筹备举办好各类会展活动，在保障人民群众生命安全和身体健康的前提下，为推动经济社会发展作出贡献。

17. 9 月 4—6 日，第 18 届中国畜牧业博览会暨 2020 中国国际畜牧业博览会在在长沙国际会展中心举行。本届展会不仅保持了畜博会以往的规模，还在此基础上有所突破，展位数量超过上届近 8%，达到了近 6500 个展位，展览面积近 14 万平方米，参展企业 1200 多家，特装率达 91% 以上，并有美国、法国、荷兰、丹麦等国家展团及众多外企的国内代表参展。

18．9 月 7 日—9 月 9 日，以“数字新经济，云开看未来”为主题的 2020 互联网岳麓峰会在长沙成功举办。

19．9 月 18 日—20 日，2020 年中国国际食品餐饮博览会在长沙国际会展中心举行。本届博览会展览总面积 10 万平方米，设展位约 4200 个，共吸引了全国 31 个省区市以及 16 个国家和地区的 2000 余家企业参展、近万家企业采购。

20．10 月 16 日—18 日 2020（长沙）国际稻作发展论坛在长沙国际会展中心顺利举办。

21．10 月 23 日—25 日，2020 长沙未来城市品质家居博览会在长沙国际会展中心举行。本次博览会以“精美建设、品质长沙”为主题，主打城乡建设、产业集群展示和全产业链采购，展览面积 4.5 万平方米，参展企业 500 家，观展专业观众 10 万人次，

22．10 月 30 日—11 月 3 日，第二十二届中国中部（湖南）农业博览会在长沙国际会展中心举行。本届博览会展览总面积 11 万多平方米，到会采购商和专业观众 5.8 万余人次，其中全国重点采购商 5800 余家；共实现意向协议 120.56 亿元，8 个展馆现场零售额超 7.21 亿元（含农机 4.6 亿元）；除去农机部分，农产品现场销售增长 16.5%，硕果累累，取得了务实成效，再次彰显出“中部农博”的独特魅力。

23．11 月 3 日—4 日 2020 世界计算机大会在长沙市举行。

24．11 月 8 日—10 日，第 55 届中国高等教育博览会（2020）在长沙国际会展中心举行。本届博览会展览总面积 7.4 万多平方米，10 万人次观众参观，线上参观人数 200 余万人次。

25．11 月 14—16 日，长沙国际会议中心正式开馆运营，并举办了首次大会——第十五届中国成长型医药企业发展论坛（同期举办三个国际论坛），十二届全国政协副主席、原民建中央第一副主席马培华出席相关活动。会议中心的投用运营填补长沙承办中高端会议硬件设施场地的空白，提升长沙乃至中部地区会议产业发展水平。

26．11 月 28—30 日，2020 长沙网络安全·智能制造大会在长沙国际会展中心举行。

27．12 月 9 日—12 月 14 日，第十六届中国（长沙）国际汽车博览会在长沙国际会展中心举行。本届车展展出面积 9.25 万平方米，参展品牌 78 个，参展车辆 1069 台，观展人次 50.26 万人次，成交金额 617554 万元。

展览活动与展览场所
新冠病毒肺炎疫情防控指南

为贯彻落实《国务院应对新型冠状病毒感染肺炎疫情联防联控机制关于做好新冠肺炎疫情常态化防控工作的指导意见》（国发明电〔2020〕14 号）要求，规范展览活动新冠病毒肺炎疫情防控工作，结合展览活动的特点和展览场所的运营要求，特制定《展览活动与展览场所新冠病毒肺炎疫情防控指南》（以下简称《指南》）。

总 则

一、总体要求

依据《中华人民共和国传染病防治法》、《突发公共卫生事件应急条例》等法律法规，严格按照国务院联防联控机制印发的《关于科学防治精准施策分区分级做好新冠肺炎疫情防控工作的指导意见的要求》，结合国家卫生健康委印发的《新型冠状病毒肺炎防控方案》，依法科学开展新冠病毒肺炎疫情防控工作。为增强会展行业疫情防控和应对能力，预防因展览活动带来的疫情扩散，有效减少疫情对会展产业、会展市场和会展企业带来的影响，保质保量办好新冠病毒肺炎疫情防控常态化下举办的各项展览活动，推动会展经济持续向好发展。

二、编制原则

1．专业防控的原则。严格遵守卫健委和疾控部门的专业防控意见，遵循勤通风、戴口罩、少聚集、科学消毒的防控总要求，做好应急处置，确保信息可追溯。

2. 全景防控的原则。从展览活动的筹备、进场布展、现场开展、撤展、展后跟踪等全过程进行防控，关注展览活动的每一个环节、参与活动的每一个人，避免防控漏洞。

3. 合作防控的原则。参与展览活动的展览场所单位、主（承）办机构、服务商、参展商、观众、筹备和现场工作人员，以及 当地卫健委、公安、疾控等部门和人员都需要联动，进行合作 防控。

4. 分类防控的原则。根据参与展览活动的人员构成，区分市内、省内、跨省和境外人员，以及区分低风险、中风险和高风险地区，实行分类防控、重点防控。

5. 一展一策的原则。根据展览活动的实际情况，按照当时疫情形势，因地制宜，制定展览活动防控方案。

三、“六必”要求

展览活动期间，疫情防控应遵循“六必”要求：

1. 信息必验：从布展阶段开始，到开展、撤展全过程，所有参加展会的人员，包括施工人员、工作人员、参展商、志愿者和观展人员等，只要和展览活动工作相关，都应严格核实身份和健康状况，方可发放布展证、工作证、参展证、志愿者证、出入证，在源头上确保展览环境的安全。同时，在防疫健康信息码、通信大数据行程卡等大数据支持下，对所有参与人员严格查验健康码和行程卡，对健康码异常或来自中高风险地区人员，则需按照当地疫情防控指挥部要求进行隔离或查验核酸、抗体检测结果。

2. 身份必录：所有参与展览活动的人员都必须登记身份信息，工作人员、志愿者、参展商需要在进馆前实名办理相关手续，参观人员也必须在购票、入场环节完成实名制登记，持赠票人员进场前也需要完成实名登记方可入场。

3. 体温必测：所有进馆人员都需要进行体温测量，只有体温正常方可入馆；对体温有异常怀疑时，必须进行二次测量，确保体温在正常范围内方可入馆。

4. 口罩必戴：所有进入会场人员必须佩戴口罩，展览活动所有工作人员、参展商、服务商、观众都需按要求全程佩戴口罩。个别未佩戴口罩的人员，现场应立即提供口罩并督促佩戴。

5. 消毒必做：对场馆室内的公共卫生间、展厅过道和走廊、电梯、扶梯、就餐区等公共区域，安排专人负责，严格执行每天至少 1 次消毒，其中卫生间门把手、扶梯、电梯按钮等高频接触物品应安排专人随时消毒；展台由参展商安排防疫专干，每天对展位和展品进行及时消毒。所有现场工作人员自觉做好自身防护和手卫生。

6. 突发必处：场馆的出入口需设置临时隔离区和医疗服务点，若现场发现发热、咳嗽或其它呼吸道症状人员，应按专业部门要求及时予以现场处置。

四、适用范围

《指南》适用于各大展览场所以及各类展览活动的疫情防控工作。

《指南》仅给举办展览活动时的疫情防控工作提供参考，各地区的展览活动和展览场所的疫情防控可参考执行。

防控操作指南

一、展览场所防控操作

1. 根据展览活动规模情况，场所应分为停车落客区、排队登录区、展览展示区三大区域，实现人员汇集、信息录入、体温测量、排队入场、展区参观等环节，并有效拉开人员活动间距。

2. 展览场所单位应按照有关规定要求，在展会举办前做好集中空调通风系统的开启前的检查和准备，对开放式冷却塔、空气处理机组等进行清洗、消毒，有条件时对风管进行清洗、消毒。在展会举办期间使用中央空调的，应加大新风量，加强通风换气。室内空调通风系统为全空气系统时，应关闭回风阀，采用全新风方式运行；空调通风系统为风机盘管加新风系统时，应当确保新风直接取自室外，同时保证排风系统正常运行。如空调系统有加湿功能，建议关闭。使用空调区域待运营结束后，应确保新风与排风系统继续运行 1 小时，进行全面通风换气。

3. 应建立员工健康档案，实行员工每日健康登记制度，利用各种智慧化手段强化员工健康监测。员工入场必须佩带口罩，进行体温检测，并做好记录。员工办公距离应保持 1 米以上，减少人员聚集，减少日常会议频次，控制会议规模，提倡使用电话或线上会议等形式。如有出现发热、咳嗽等不适症状的，应立即督促其及时就医，并向其所在社区及相关部门报告有关情况。

4. 应成立专门的消毒工作小组和督查小组，负责场所内各区域的消毒和检查落实工作。展览场所单位在展会举办前，应对展览场所进行严格的全面检查和清洁洗消，确保无卫生死角。在展会举办期间，应加强对公共区域、高频接触点位、展会用品的清洁消毒，并在相关区域每日更新公示消毒情况。

5. 展览活动所有相关工作人员，包括展览活动组委会人员、参展人员、施工人员、物流运输人员、活动执行人员、志愿者等， 除办理正常进场工作手续外，还必须实行每日健康登记制度，在入场前一日起由组委会牵头汇集并每日报展览场所单位。入 场应全程佩带口罩，进行体温检测，并做好记录。如有出现发热、咳嗽等不适症状的，应启动应急处理程序。

6. 主出入口附近应设置临时隔离区和医务工作室，邀请医务人员和急救车辆在布展之日起实行现场值班、随时待命，并配备适量应急消毒防疫物资。同时开辟医疗服务应急通道，一旦发现发热或咳嗽等疑似新冠病毒肺炎症状人员，应走应急通道至医疗服务点进行处置，启动应急处理程序。

7. 展览场所的展览展示区域应设置主通道和辅通道，主通道的宽度建议不低于 9 米，辅通道宽度建议不低于 6 米。

8. 主（承）办机构应根据场地规模控制入馆人员数量，展会门票实行限额实名预售，每张门票限定观展人员和观展日期。展馆应设置入口人流量统计和出口人流量统计装置，即时计算并发布展览场所内的瞬时人流量，并在醒目位置发布展览场所内瞬时人流量。实行观众错时、分批入馆等限流措施，力保参展观展人员间距达 1 米以上。

9. 通过广播、短信、滚动屏、宣传视频等形式，营造文明参展参观良好氛围。倡导观众文明分散参观，减少聚集，注意个人防护。安排足够的巡查人员，实行展览场所开放时间不间断巡查，对发现的不文明行为要予以制止和劝导。

10. 展览场所内的广播、音视频播放和促销活动的声音不应太大，不能影响到展览场所内的人与人之间正常语言交流，否则会导致听不清楚、拉近说话人的距离而增加防控风险。

11. 积极配合展览活动所在地疫情防控工作，切实做好日常防控。展览场所内若发现疑似感染者或接到防疫部门信息有确诊病患、疑似患者来过展览活动现场，应立即启动应急处理程序，做好防控应急处置。

二、环境管理防控操作

1. 由展览场所单位和展览活动组委会负责实施室内公共区域、展厅公共通道、停车落客区、排队登录区等区域的通风消毒工作，由参展商落实各自展台内的通风消毒工作，由配套商铺落实各自商铺内的通风消毒工作。空旷环境以卫生清扫为主。

2. 加强通风。原则要求在布展、开展和撤展期间，展厅各大门、会议室门保持常开状态保持通风，如果发现有通风措施达不到要求的，必须增加机械通风。一般不使用空调系统，如需使用空调的应按照防疫要求、《公共场所集中空调通风系统清洗消毒规范》等进行消毒处理。

3. 定时消毒。在布展、开展和撤展期间，对公共区域及展厅公共通道、服务中心、卫生间、供餐区、小卖部、商铺等场所实施消毒喷洒，每天至少消毒 1 次。对人员接触较多的电梯轿厢和扶手、门把手、闸机表面、服务台面、卫生间设备进行消毒液擦拭，安排专人随时消毒。在消毒之后，可放置“本处已消毒”的告示。

4. 若出现人员呕吐时，应立即用一次性吸水材料加足量含氯消毒剂（“84”消毒剂）对呕吐物进行覆盖消毒，清除呕吐 物后，再使用含氯消毒剂进行物体表面的消毒处理。

5. 配备清洁用品。展览场所的各个卫生间应配置洗手液，提供给参展、观展人员免费使用，同时需要确保水龙头持续供水。

6. 加强宣传。由主（承）办单位落实，在停车落客区、排队登录区、主要入口、展厅内部等区域，采取多种方式加强新冠病毒肺炎发病特征、防疫措施、应急程序、入馆程序等内容的宣传，切实提高人员防疫意识。

三、垃圾处置防控操作

1. 垃圾站：加强垃圾密闭化、分类化管理，及时收集并清 运，做到日产日清。除常规消毒外，场馆垃圾站采取分时段开 放的半封闭式管理。大型施工建筑垃圾，带污染性的油漆桶、胶渍桶等由施工单位及时运离场馆。其他垃圾按场馆垃圾站开放时间丢入垃圾站内，由场馆物业部门及时安排清理，并进行防疫消毒后封闭。

2. 垃圾桶分类摆放：展览场所内应设置“废弃口罩垃圾桶”“餐余垃圾桶”“一般垃圾桶”三类垃圾桶并作好标识，根据实际需求可适当增加摆放数量。垃圾桶内外保持清洁，定期进行消毒处理。保洁人员须及时关注垃圾桶使用情况，及时消毒、打包清理、更换洁净垃圾袋、进行垃圾桶喷洒消毒后投入使用。加强对其它垃圾盛装容器清洁，做到“时产时清”。

3. 防疫垃圾处理：应特别关注口罩、手套等防疫废弃物品回收，避免二次感染，“废弃口罩垃圾桶”需定期用含有效氯 500 毫克 / 斤的消毒剂（“84”消毒剂）对桶内口罩及手套进行喷雾消毒，喷洒至充分湿润，消毒作用时间不少于 30 分钟。每日安排专人定期收集并集中消毒，消毒完成后，将废弃口罩、手套等防疫垃圾进行密闭打包，按医疗废弃物进行处置。

4. 餐余垃圾：就餐后的餐余垃圾与餐盒分别丢入“餐余垃圾桶”和“一般垃圾桶”，进行垃圾分类管理。餐余垃圾由供餐单位带回处理，餐盒垃圾由展览场所保洁人员及时消毒、打包清理、对垃圾桶进行消毒。加强就餐区卫生防疫管理，就餐前、后保洁员做好餐区地面及桌椅卫生清洁并进行防疫消毒。

5. 消毒人员与疑似病例口罩等防疫垃圾处理人员要求：

① 健康监测：实行日健康报告制度，凡进必测温；做好外请及展览场所现场操作人员健康登记、并建档记录至项目结束 14 日。

② 着装要求：进入工作现场需穿防护服（工装）、戴一次性工作帽、防护眼镜、医用口罩、长袖橡胶手套、长筒胶靴。

③ 在操作过程中须做好自身防护，工作任务完成后及时进行个人清洁及消毒，防护用具如有污损须及时更换。指定专人对责任区域的清扫和消毒工作进行检查和记录。

四、展览前防控操作

1. 参与人员统计与分类管理

① 参与人员统计。展览活动参与人员包括工作人员和观众。工作人员一般包括：主（承）办机构和展览场所单位的工作人 员、展台搭建商的施工人员、展览活动其它服务商的工作人员、 临时用工人员、参展商的工作人员等。针对工作人员，需在入 场前一天将个人身份信息和健康状况信息进行收集，办理相应 的入场手续。而针对观众，需要提前通过各种途径宣传并告知 参加展览活动的健康状况要求和入场相关要求。

② 进行人员分类管理。以防疫健康信息码（必须关联地方健康码）区分绿码、红码、黄码，以通信大数据行程卡区分近 14 天是否有中高风险地区旅居史或是否为入境人员。确定人员类型后再按照有关规定对人员进行分类管理。

防疫健康信息码为绿码，且近 14 天内无中高风险地区旅居史人员和非入境人员，可以按照正常入馆程序进入展览场所。防疫健康信息码为黄码或红码，或近 14 天内有中高风险 地区旅居史人员，或近期入境人员，则需按照当地疫情防控指挥部的要求决定是否可以进入展览场所。

2. 人员健康摸排

① 所有人员来展览活动所在城市前，需至少连续 14 天在当地做好个人健康申报，并生成健康码，并获取 14 天内的行程卡，同时确保无发热、咳嗽、乏力、腹泻等症状方可前往所在城市。

② 收集和审核展览活动所有工作人员健康申报和健康码信息，并对健康申报信息进行分类，健康码为绿码的人员方可参与展览活动相关工作。健康码和行程卡非绿码的人员应遵循当

地疫情防控指挥部的要求进行处理，并对分类筛查情况进行登记记录。

3．人员信息备案

① 展览活动所有工作人员和观展人员，都要进行信息备案。

② 搭建商工作人员、参展商工作人员、物流人员及相关工作人员须提供身份证信息、工种、电话号码，并进行健康信息申报。

③ 所有搭建商、参展商参加由展览场所单位组织的培训，要求所有参展工作人员提前做好至少连续 14 天的健康申报、申领健康码，并进行自我健康状况监测。

④ 展览活动参与单位需收集本单位所有参与人员健康申报和健康监测信息，负责对健康码进行审核。有发热、咳嗽等呼吸道症状者或健康码为红码或黄码者或近 14 天有中高风险地区旅居史的人员进行健康告知，安排不参加展会。每天向主（承）办机构做每日健康申报，并在展会期间，应每日向主（承）办 机构报告自身健康状况。主（承）办机构则将健康状况信息汇 总后交给展览场所单位。

⑤ 观展人员通过票务系统购票的，需用身份证实名认证，并在后台生成购票者详细信息；通过展览主（承）办机构获取实体赠票的，将在入场前通过绑定身份证进行实名认证，在后台生成详细信息。展览场所单位确保对所有观展人员做到人人可以追踪溯源。

⑥ 所有展览活动参与人员的健康管理记录、购票记录、监控记录、打卡记录等资料由展览主（承）办机构和展览场所单位保存至少两个月。

4．防疫物资配备

① 主（承）办机构和展览场所单位应备好充分、足量的消毒药械和用具，以用于场地消毒作业所需，具体包括：常量喷雾器、量杯、小喷壶、抹布、带盖的桶、消毒紫处线灯、医疗床、含氯消毒剂（“84”消毒液）等。

② 主（承）办机构和展览场所单位为场地消毒操作人员备好充分、足量的个人防护用品：工作服、一次性帽子、医用防护口罩、护目镜、长筒乳胶手套、长筒胶靴等。

5．通道设置与标识系统

① 采取“人车分流”和“人员分类”通行的管控措施。专设施工人员通道、工作人员通道、参 / 观展人员通道、物流货运通道，优化人员进出、货运车辆进出的安全防控。

② 按工作职能设置专业岗点，完善安全检查、防疫检查措施。设置铁马隔离区域，预设“健康检查岗”，负责进场前观众健康情况初审、红外无感体温筛查、控制人员流量。在各主要通道预设“安全检查岗”，负责人员、物品安全检查、地垫消毒及测温；预设“门禁验证岗”，负责人员身份、票证实名查验、数据绑定。

③ 完善标识系统。在停车落客区、排队登录区、人员通道、货运通道、安全检查等关键岗点，设置若干醒目标识及操作流程，完善进馆流程提示及防疫宣传提示。

6．设施设备准备

① 门禁、安检设备。展览场所的门禁验证系统应可实现证票核验、身份识别、流量预警等功能；安检系统应可实现物品安全监测、体温检测等功能。设置在施工期、开展期的各个出入口，保障展会安全有序实施和疫情防控需要。

② 人员通道的安全、防疫措施。在人员进出通道、货运通道、安全检查等关键岗点，建议设置红外热成像测温仪、安检设备、门禁闸机、手持体温检测仪、消毒地垫、消毒酒精等防疫物资、设备。

③ 设置临时隔离区和医疗服务点。建议在主出入口设置不少于 18 平方米的临时隔离区。展会期间，发现进出人员体温异常、咳嗽等症状，应禁止入场，并按专业部门的要求予以现场处理，就近临时隔离，启动应急处置程序。

五、展览中防控操作

1．工作人员、参展商进馆流程

设置专门的工作人员、参展商出入口，并配备进馆流程需要的设施设备。

① 施工人员进馆流程：健康检查（安全帽、口罩、身份证、施工证、健康码、行程卡、人员分类管理要求）→安全检查（物品安检、测温，正常方可进入门禁验证流程）→门禁验证（人证核验、局部消毒）→核验通过，建议由展览场所单位核发施工帽贴（一日一贴一色），进入展览场所。如有发热、咳嗽等疑似症状，现场临时隔离，并启动应急处理程序。

② 其他工作人员进馆流程：“健康检查岗”（口罩、身份证、 工作证、健康码、行程卡、人员分类管理要求）→“安全检查 岗”（物品安全检查、测温）→“门禁验证岗”（证件核验、身份识别、局部消毒）→核验通过，进入展览场所。如有发热、咳嗽等疑似症状，现场临时隔离，并启动应急处理程序。

③ 参展商进馆流程：“健康检查岗”（口罩、身份证、参展证、 健康码、行程卡、人员分类管理要求。若未带身份证，则需要 办理临时身份证明；若未带口罩，由展览主（承）办机构现场 提供口罩）→“安全检查岗”（物品安全检查、测温）→“门 禁验证岗”（证件核验、身份识别、局部消毒）→核验通过， 进入展览场所。如有发热、咳嗽等疑似症状，现场临时隔离， 并启动应急处理程序。

2．观展人员管理

① 观展人员入口：建议在排队登录区设置铁马隔离区域，入馆通道不低于 1.5 米。

② 保持安全距离：沿观众入馆通道和馆内参观通道设置地贴标识（标识内容：请保持安全距离），划定安全距离（1 米）地标线，提示观众保持安全距离，不拥挤，不聚集，场馆方通过广播循环进行语音提示，展览主（承）办机构现场工作人员及时进行排队引导、入馆程序提醒。

③ 观展人员入馆流程："健康检查岗"（口罩、身份证、门票、健康码、行程卡、人员分类管理要求。若未带身份证，则需要办理临时身份证明；若未带口罩，由展览主（承）办机 构现场提供口罩）→"安全检查岗"（随身物品安全检查，体 温测量）→"门禁验证岗"（证件核验、身份识别、局部消毒）→核验通过，进入展览场所。如有发热、咳嗽等疑似症状，现 场临时隔离，并启动应急处理程序。

④ 控制人流：利用门禁验证系统和人员巡查随时监控展览场所内人流情况。建议同一时间点在馆人数严格控制在展览、展示区内有效空置面积以下，建议在馆人数≤（展厅面积—展品和展具等所占面积）/1.5 平方米。当馆内人员数量达到限值，暂停参展观展人员进入，并通过摆放提醒告示、广播呼吁的形式提醒和告知馆外等候人员，等待下批入场。

3．展位疫情防控

① 展位防疫物资配备：参展商必须配备一次性手套、含醇快速手消毒剂、备用口罩等物品。

② 确保通风：参展商工作人员应严格落实展位通风措施，不能设计密闭交谈空间。

③ 进馆后个人防护：所有参展工作人员进入展览场所需全程正确佩戴口罩。进食或饮水需到餐饮专区，自觉保持人与人之间 1 米间距，不扎堆，不聚集。

④ 每个展位安排一位防疫专干，负责对本展位工作人员、观展人员佩戴口罩情况、人员聚集情况进行巡查和引导，发现口罩脱摘和人员聚集及时进行提醒和引导。

⑤ 消毒：参展商严格落实本展位、展品预防性消毒和日常消杀工作并做好消毒工作记录。配合展览主（承）办机构、展览场所单位做好公共区域预防性消毒及日常消杀工作。

⑥ 洽谈区：参展商应确保洽谈区通风、宽敞，客户与参展人员需正确佩戴口罩。合理规划座位设置，洽谈主宾双方应保持安全距离，每个洽谈单元最高不超过 1 桌 4 椅，各洽谈单元之间间隔不低于 1 米，行列间距不少于 1 米。

⑦ 建议对参展商在展位上的工作人员数量有所限制，鼓励调整展台设计，以避免拥挤的区域和与参观者近距离接触，同时可进行产品展示。参展商原则上不能开展人群聚集性的表演活动和促销活动，但若为必须，则应确保展位上人与人之间保持 1 米的距离，现场拉好引导线，同时音视频的音量调整到合适大小，不能影响人与人在社交距离内的交流。

⑧ 展后工作：展会结束后参展商需对展览期间工作人员的健康状况随访 14 天，并将随访情况汇总后报展览主（承）办机构。若参展工作人员出现发热、干咳入院诊断为新型冠状病毒肺炎疑似、确诊以及无症状感染者病例，需及时告知展览主（承）办机构，以便展览主（承）办机构尽快配合疾控中心早期排查相关接触人员。

4．餐饮管理

① 展览主（承）办机构和展览场所单位均须对餐饮服务商资质证明文件核查备份，服务商团队须具备法定上岗从业资格，做好服务人员的卫生防护（体温检测、口罩、手套、餐帽等），严格遵守国家食品安全相关法律、法规的规定开展工作。未经展览主（承）办机构、展览场所单位许可，且未办理相关进场 手续的供餐机构不得进场经营。

② 建议所有参与展览活动的工作人员按展览主（承）办机构 统一要求，在经考核后认定的餐饮机构订餐，并在指定区域错 时就餐，严禁私自订餐，随意就餐。

③ 专设进 / 取餐通道。未经许可，各出入通道禁止餐食进入展览场所。所有工作人员就餐应服从展览主（承）办机构和展览场所现场管理，从指定通道运输、领取餐食。

④ 所有展位不能提供餐食和饮品（除非是跟餐食和饮品题材有关的展览活动，但建议不要提供即卖即食和试吃等服务）。所有人员根据展览主（承）办机构的安排分批分时段在经过消毒后的指定进餐区域就餐，按照指定的就餐座位（提前标识）单人、单座、单向就餐，用餐人员之间的距离保持在 1.5 米以上，用餐 期间避免交谈。餐食由专人分发，分餐人员需完善自身防护措 施（口罩、护目镜、手套等），快餐进场前外包装须进行酒精 喷洒消毒。

5．巡查管理

① 展览主（承）办机构和展览场所单位应成立巡查小组，并根据展览规模配备合适的人员，在布展和开展期间实行不间断现场安全巡查，提高联防联控的巡查敏感度，发现防控风险及时提醒和制止。

② 布展和开展期间，采用现场广播、流动宣传、安全提示牌等形式，多种渠道进行安全提醒及防疫相关知识宣传。

6．应急处理程序

一旦发现体温异常或咳嗽等疑似新冠病毒肺炎症状的人员，应立即启动应急处理程序。

① 若该人员未佩戴医用外科口罩或者医用防护口罩，则需要立即发放医用外科口罩或者医用防护口罩，安保人员督促其正确佩戴，并带领其经专用通道前往临时隔离区或医疗服务点；

② 检查人员立即向现场负责人报告，并通知现场医务人员；

③ 关闭此入馆通道，让排队人员到其他通道继续排队等候；

④ 组织询问、登记并劝返与疑似人员密切接触的人员，配合卫健部门对所有接触人员进行调查；

⑤ 对疑似人员经过或逗留区域进行及时彻底消毒；

⑥ 对展览场所进行全面喷洒消毒；

⑦ 医务人员使用急救车辆将疑似人员转移至指定隔离医院。

六、展览后防控操作

1. 根据展览活动开展实际情况，完成相关工作总结报告，指出不足之处，不断完善展览活动与展览场所的疫情防控工作。

2. 展览活动结束后，主（承）办机构应对展览期间所有人员的健康登记信息进行分类整理，并注意信息保密。

3. 展览活动结束后的第 1 日和第 14 日，建议主（承）办机 构给所有进馆人员发送信息要求进行健康异常告知：“离馆人员若出现发热、干咳等入院诊断为新型冠状病毒肺炎疑似、确 诊以及无症状感染者病例，请及时告知主（承）办机构，以便 尽快配合卫健部门早期排查相关接触人员”。

4. 对参与展览活动的所有工作人员在闭馆后需进行自我健康监测 14 天，并将监测情况统一上报给主（承）办机构，同时提交给展览场所单位进行归档。

防控管理指南

一、组织领导

根据习近平总书记提出的坚定信心、同舟共济、科学防治、精准施策的疫情防控工作总要求，坚持展览活动疫情防控“群防共治，各负其责”的原则，每个展览活动都应设立疫情防控工作领导小组，建立“展览主（承）办机构”+“展览场所单位”+“参展商、服务商”的疫情联防联控机制，强化项目疫情防控保障能力。建议实行展览活动主（承）办机构负责人和展览场所单位负责人担任组长的双组长制，负责组织制定并提供展览活动实施期间疫情防控工作方案并监督实施。

在疫情防控过程中，展览主（承）办机构为展览活动疫情防控责任主体单位；展览场所单位为展览活动疫情防控属地管理责任主体单位；参展商和服务商履行展览活动相应的联防联控职责。具体如下：

1. 展览主（承）办机构承担疫情防控主体责任：

① 承担疫情防控主体责任，组织制定并提供展览活动期间疫情防控工作方案，并指定专人组织实施本次活动的各项疫情防控工作；负责协调疫情防控职能部门，做好疫情监管、检测和后续处置工作。

② 取得展览活动实施行政许可，严格落实疫情防控相关许可的要求。

③ 按防控防疫要求合理规划展位布局、功能区设置，合理制定人员动线及流量进出管控方案。

④ 预算疫情防控专用资金，确保各项防控措施及时到位，同时准备充足的备用口罩、一次性手套、消毒用品等疫情防控物资，做好防控保障和物资发放工作。

⑤ 制定工作人员健康摸排方案，向展览场所单位、展览活 动服务商、参展商等发布工作人员 / 参展人员健康摸排方案，对告知活动所有参与人员的健康要求。

⑥ 收集、审核所有参展商和服务商工作人员的健康码信息 和行程卡信息，健康码为绿码且近 14 天内无在中高风险地区 旅居经历的人员，方可参与展览活动相关工作，但若健康码为 非绿码或近 14 天内有在中高风险地区旅居经历的，虽没有新冠病毒肺炎疑似症状的人员，应按照疫情防控指挥部的要求进 行处理。

⑦ 展览期间落实主（承）办机构与服务商、参展商的疫情联防联控职责，每日收集主（承）办机构工作人员、参展商工作人员、服务商工作人员的健康申报信息，实现健康监测，并将申报信息提交给展览场所单位，做好所有工作人员的疫情防控宣传工作。

⑧ 组织并培训相关工作人员实施体温检测、实名验证、门 禁管理、安全检查、秩序维护、巡视、督查等疫情防控工作，组织实施疫情防控应急处置工作。

⑨ 协助展览场所单位在展览活动期间的场地消毒工作。

2. 展览场所单位承担疫情防控属地管理主体责任：

① 组织落实并监督展览活动实施期间疫情防控工作方案的 各项措施。

② 根据项目疫情防控需要，优化设置人员和物流通道，

实 施“人车分流”和“人员分类”通行管控措施，并完善相应的 标识系统。

③ 根据相关合同约定，提供体温检测、实名制验证和安检测温设备保障和技术保障，并指导监督实施。

④ 落实展览场所公共区域日常消毒工作，建立工作台账，加强疫情防控工作管理。

⑤ 协助主（承）办机构做好展览活动参与人员的健康信息收集和归档工作。

⑥ 协助主（承）办机构组织并培训体温检测、实名验证、门禁管理、安全检查、秩序维护、巡视等疫情防控工作。

⑦ 协助组织实施疫情防控应急处置工作。

3. 服务商、参展商承担联防联控职责：

① 收集审核本单位工作人员的健康申报信息、健康码和行程卡，并按要求向主（承）办机构如实申报。做好本单位工作人员配合疫情防控的宣传工作。

② 做好本单位负责区域的日常消毒和人员防护工作。

③ 配合展览场所单位对公共区域的日常消杀工作。

④ 展览活动结束后需对本单位工作人员的健康状况随访 14 天，并将随访情况汇总后报主（承）办机构。若工作人员出现发热、干咳入院诊断为新型冠状病毒肺炎疑似、确诊以及无症状感染者病例，请及时告知主（承）办机构，以便尽快配合卫健部门早期排查相关接触人员。

二、职责分工

在疫情防控工作领导小组的指挥下，可设信息组、健康筛查组、巡查组、宣传组、消杀组、后勤保障组、应急处置组等工作组，各组的工作职责拟如下：

1. 信息组工作职责

负责落实所有布展 / 参展 / 观展人员的实名认证；负责收集所有参展工作人员、施工人员和现场工作人员的基本信息、健康申报信息和每日健康监测信息；负责落实疫情防控日报告和零报告；负责与疫情防控指挥部、疾控中心对接防控工作要求。

2. 健康筛查组工作职责

负责所有进入展览场所人员的体温检测；负责所有进入展览场所人员健康码、行程卡的审核，入场秩序维护等防控相关工作。

3. 巡查组工作职责

负责布展、开展和撤展期间所有疫情防控工作落实情况检查和督促，发现未按要求落实的及时采取措施督促整改；负责对进入场馆所有人员佩戴口罩情况、保持人际间距情况进行督导检查，发现防控风险及时督促改正或发放口罩；负责建立主（承）办机构、展览场所单位和服务商、参展商工作人员落实防控措施的奖惩机制。

4. 宣传组工作职责

负责新冠肺炎疫情防控知识宣传；负责对展览活动所有参与人员的疫情防控培训工作；负责实名制购票、观展须知和注意事项等内容的宣传。

5. 消杀组工作职责

负责展览场所、会议场所和展位通风措施的具体落实；负责制订消毒工作计划，并具体落实。

6. 后勤保障组工作职责

负责疫情防控所需物资的准备，负责餐区的准备、管理；负责疫情防控设备维护，保持设备运转正常。

7. 应急处置组工作职责

一旦发现体温异常、咳嗽、呕吐等症状者，负责按照应急处理程序的内容及时进行处置。

三、防疫培训

1. 主（承）办机构、展览场所单位、参展商、服务商等都需要安排防疫专干，由防疫专干参加所有的防疫知识和操作培训，并建立相应的奖惩措施，确保各相关主体的防疫工作落实到位。

2. 提前多途径公告展览活动开放具体时间、购票方式、展览活动计划、观展须知、疫情防控注意事项等内容，在展览活动筹备过程中，及时把活动的疫情防控信息向参展参会人员进行告知，并纳入相关宣传资料，确保所有进馆人员配合疫情防控工作。

3. 展览场所现场设置防疫警示标识，明确参观须知、疫情 防控要求、临时隔离区和医疗服务点的位置及联系方式，做好 现场的疫情防控宣传。展览场所入口、过道、洗手间、餐饮区、 展台、洽谈区、主要通道、馆外醒目位置张贴提示牌、地贴等 进行引导提示。活动期间，通过循环广播和现场工作人员引导 等方式进行防疫宣传和提醒。倡导观众分散参观，减少聚集， 注意个人防护，对不文明行为予以制止和劝导。在展览活动期间， 对当日信息情况进行公开通报，在醒目位置发布展览场所的瞬 时客流情况。

4. 主（承）办机构、展览场所单位、参展商、服务商应根据实际情况，对工作人员开展系统的防疫知识培训，内容包括健康申报和健康监测、展馆出入通道、进馆流程、用餐安排、消毒用品使用、公共场所清洁、垃圾处理、紧急情况处置和闭馆后的工作安排等，做到每一位工作人员都是合格的疫情防控人员，并具有及时应对疫情突发事件的能力。

四、应急演练

1．为全面检验疫情联防联控处理能力，以保障展览活动顺利开展，在每个展览活动正式开始前，建议开展疫情防控联合应急演练。参与人员包括：展览主管部门、疾控中心、公安局、交警队、展览主（承）办机构、展览场所单位、服务商、志愿者等。应急演练全程模拟真实开展状态，模拟各类人员的进馆流程；同时模拟出现体温异常、呕吐污染源、使用非智能手机、忘带身份证、观展过程中出现发热、咳嗽等突发情况进行应急处置，做到对疫情防控及安全保障工作全面、细致的检验。

2．如遇疑似新冠病毒肺炎症状的情形：

① 体温超过 37.3°C或有咳嗽等呼吸道症状者，拒绝进入场馆，由专人将其送至临时隔离区，并立即启动应急处理程序；

② 建议配备移动测温设备，一旦发现场馆内有发热人员，应立即走隔离通道至临时隔离区或医疗服务点进行处置，并立即启动应急处理程序；

③ 在专业部门的指导下，迅速开展展览场所的消毒、人员隔离等相关防控措施。

会议活动与会议场所
新冠病毒肺炎疫情防控指南

为贯彻落实《国务院应对新型冠状病毒感染肺炎疫情联防联控机制关于做好新冠肺炎疫情常态化防控工作的指导意见》（国发明电〔2020〕14 号）要求，规范会议活动新冠病毒肺炎疫情防控 工作，结合会议活动的特点和会议场所的运营要求，特制定《会 议活动与会议场所新冠病毒肺炎疫情防控指南》（以下简称《指 南》）。

总 则

一、总体要求

依据《中华人民共和国传染病防治法》《突发公共卫生事件应急条例》等法律法规，严格按照国务院联防联控机制印发的《关于科学防治精准施策分区分级做好新冠肺炎疫情防控工作的指导意见的要求》，结合国家卫生健康委印发的《新型冠状病毒肺炎防控方案》，依法科学开展新冠病毒肺炎疫情防控工作。为增强会展行业疫情防控和应对能力，预防因会议活动带来的疫情扩散，有效减少疫情对会展产业、会展市场和会展企业带来的影响，保质保量办好新冠病毒肺炎疫情防控常态化下举办的各项会议活动，推动会展经济持续向好发展。

二、编制原则

1．专业防控的原则。严格遵守卫健委和疾控部门的专业防控意见，遵循勤通风、戴口罩、少聚集、科学消毒的防控总要求，做好应急处置，确保信息可追溯。

2．全景防控的原则。从会议活动的筹备、会场布置、接待安排、会议服务、会后跟踪等全过程进行防控，关注会议活动的每一个环节、参与会议的每一个人，避免防控漏洞。

3．合作防控的原则。参与会议活动的场所单位、主（承）办机构、会议服务机构、参会人员、筹备及现场工作人员，以及当地卫健委、公安、疾控等部门和人员都需要联动，进行合作防控。

4．分类防控的原则。根据参与会议活动的人员构成，区分市内、省内、跨省和境外人员，以及区分低风险、中风险和高风险地区，实行分类防控、重点防控。

5．“一会一策”的原则。根据会议的实际情况，按照当时疫情形势，因地制宜，制定会议活动防控方案。

三、“六必”要求

会议活动期间，疫情防控应遵循“六必”要求：1．信息必验：从会议筹备开始，到会议结束全过程，所有参加会议的人员，包括嘉宾、参会人员、筹备和现场工作人员 等，只要和会议活动相关的，都应严格核实身份和健康状况， 方可发放嘉宾证、参会证、工作证、志愿者证、施工出入证等， 从源头开始确保会议环境的安全。同时，在防疫健康信息码、 通信大数据行程卡等大数据支持下，对所有参与人员严格查验 健康码和行程卡，对健康码异常或来近 14 天有中高风险地区 旅居史的人员，按照当地疫情防控指挥部要求进行隔离或查验 核酸、抗体检测结果。

2．身份必录：所有参与会议活动的人员都必须登记身份信息，嘉宾、参会人员、筹备和现场工作人员等都需完成实名制登记。

3．体温必测：所有进入会场的人员都需要进行体温测量，只有体温正常方可进入；对体温有异常怀疑时，必须进行二次测量，确保体温在正常范围内方可参会。

4．口罩必戴：所有会议参会人员、现场工作人员等都需按要求全程佩戴口罩。个别未佩戴口罩的人员，现场应立即提供口罩并督促佩戴。

5．消毒必做：对会议场所的公共卫生间、过道、走廊、就餐区等公共区域，安排专人负责，严格执行每场会议在会前和会后两次消毒。所有现场工作人员自觉做好自身防护和相应的消毒措施。

6. 突发必处：会场出入口附近需设置临时隔离区或医疗服务点，若现场发现发热人员以及其他突发情况，应按专业部门要求及时予以现场处理。

四、适用范围

《指南》适用于各大会议场所以及各类会议活动的疫情防控工作。

《指南》仅给举办会议活动时的疫情防控工作提供参考，各地区的会议活动和会议场所的疫情防控可参考执行。

防控操作指南

一、会议场所防控操作

1. 根据会议活动规模情况，场所应分为停车区、报到区、会议区三大区域，实现人员汇集、信息录入、体温测量、排队入场等环节，拉开人员活动间距。

2. 会议场所单位应当按照有关规定要求，在会议开始前做 好集中空调通风系统的开启前的检查和准备，对开放式冷却塔、 空气处理机组等进行清洗、消毒，有条件时对风管进行清洗、 消毒。在会议举办期间使用中央空调的，应加大新风量，加强 通风换气。室内空调通风系统为全空气系统时，应关闭回风阀， 采用全新风方式运行；空调通风系统为风机盘管加新风系统时， 应当确保新风直接取自室外，同时保证排风系统正常运行。使 用空调区域待运营结束后，应确保新风与排风系统继续运行 1 小时，进行全面通风换气。

3. 建立员工健康档案，实行员工每日健康登记制度，利用各种智慧化手段强化员工健康监测。员工入场必须佩带口罩，进行体温检测，并做好记录。员工办公距离应保持 1 米以上，减少人员聚集，减少日常会议频次，控制会议规模，提倡使用电话或线上会议等形式。如有出现发热、咳嗽等不适症状的，应立即暂停工作，及时就医，并向其所在社区及相关部门报告有关情况。

4. 成立专门的消毒工作小组和督查小组，负责会场内各区域的消毒和检查落实工作。会议场所单位在会议举办前，应对会议场所进行严格的全面检查和清洁洗消，确保无卫生死角。在会议举办期间，应加强对走道、卫生间、电梯等公共区域、高频接触点位、会议用品的清洁消毒，并在相关区域每日更新公示消毒情况。

5. 会议活动所有工作人员，包括会议主（承）办机构工作人员、组委会工作人员、会议服务机构工作人员、现场工作人员等，除办理工作手续外，还必须实行每日健康登记制度，在会议召开前一日由会议主（承）办机构牵头汇集并报会议场所单位。入场必须全程佩戴口罩，进行体温检测，并做好记录。如有出现发热、咳嗽等不适症状的，应启动应急处理程序。

6. 在会场入口处附近应设置临时隔离区，若会议规模超过 2000 人的，还建议设置临时医疗服务点，并邀请医务人员和急 救车辆在会议期间实行现场值班、随时待命，并配备适量应急 消毒防疫物资。同时设置应急通道，一旦发现发热或咳嗽等疑 似新冠病毒肺炎症状人员，应走应急通道至临时隔离区或医疗 服务点进行处置，启动应急处理程序。

7. 会议场所单位通过滚动屏、短信、宣传视频、现场平面宣传等形式，在停车区、报到区等场所宣传发病特征、防疫措施、应急程序、入场程序等，营造文明良好氛围，提高人员防疫，意识倡导参会人员减少聚集，注意个人防护。安排专门的巡查人员，对发现的不文明行为要予以制止和劝导。

8. 参会各方都要积极配合会议活动所在地的疫情防控工作，切实做好日常防控。会议场所内若发现疑似感染者或接到防疫部门信息有确诊病患、疑似患者来过会议活动现场，应立即启动应急处理程序，做好防控应急处置。

二、环境管理防控操作

1. 由会议场所单位负责场所的通风消毒工作，严格落实会议场所常态化防疫消毒工作，对会议场所进行全面防疫消毒。范围包括：停车区、报到区、会议区、通道、餐厅、洗手间、垃圾站、客房、电梯、消防设备、电力设施、空调设备、通风设备等。建立工作记录台账和检查机制，记录消毒时间、责任人等信息。

2. 加强通风。会场要保持通风状态，在条件允许情况下首选自然通风，如需使用空调的应按照防疫要求、《公共场所集中空调通风系统清洗消毒规范》等进行消毒处理。

3. 定时消毒。每场会议（半天为一场）需要消毒两次，分 别在人员入场之前、人员散场之后，对公共区域及会议厅公共 通道、卫生间、停车区、报到区等场所实施消毒喷洒，对人员 接触较多的会议设施、桌椅、电梯轿厢和扶手、门把手、闸

机 表面、服务台面、卫生间设备进行消毒液擦拭，在消毒之后，建议放置“本处已消毒”的告示。

4. 若出现人员呕吐时，应立即用一次性吸水材料加足量含氯消毒剂（“84”消毒剂）对呕吐物进行覆盖消毒，清除呕吐物后，再使用含氯消毒剂进行物体表面的消毒处理。

5. 配备清洁用品。会议场所的各个卫生间应配置洗手液，提供给参会人员免费使用，同时确保水龙头持续供水。

三、垃圾处置防控操作

1. 垃圾桶分类摆放：在报到区和会议区需设置“废弃口罩垃圾桶”、“一般垃圾桶”，并作好标识，根据参会人数规模适当调整摆放数量。垃圾桶内外保持日常清洁，定期进行消毒处理。保洁人员须及时关注垃圾桶使用情况，及时消毒、打包清理、更换洁净垃圾袋、进行垃圾桶喷洒消毒后投入使用。加强对其它垃圾盛装容器清洁，做到“时产时清”。 2. 防疫垃圾处理：应特别关注口罩、手套等防疫废弃物品回收，避免二次感染，“废弃口罩垃圾桶”需定期用含有效氯 500mg/L 的消毒剂（“84”消毒剂）对桶内口罩及手套进行喷 雾消毒，喷洒至充分湿润。消毒作用时间不少于 30 分钟。每 日安排专人定期收集并集中消毒，消毒完成后，将废弃口罩、 手套等防疫垃圾进行密闭打包，按医疗废弃物进行处置。

3. 消毒人员与疑似病例口罩等防疫垃圾处理人员要求：

① 健康监测：实行日健康报告制度，凡进必测温；做好外请及会议场所现场操作人员健康登记、并建档记录至会议结束 14 日。

② 着装要求：进入工作现场需穿防护服（工装）、戴一次性工作帽、防护眼镜、医用口罩、长袖橡胶手套、长筒胶靴。

③ 在操作过程中须做好自身防护，工作任务完成后及时进行个人清洁及消毒，防护用具如有污损须及时更换。指定专人对责任区域的清扫和消毒工作进行检查和记录。

四、会议前防控操作

1. 参会人员统计与分类管理

① 参与人员统计。会议活动的工作人员一般包括：主（承）办机构和会议场所单位的工作人员、会议服务机构工作人员、搭建商工作人员、临时用工人员等。需要在工作人员入场前一天收集个人身份信息和健康状况信息，办理相应的手续。而针对会议参会人员，需利用线上线下渠道告知会议防控方案，开展实名注册、参会报名，及时收集参会人员信息，保障每一位参会人员信息真实准确、身体健康、可追溯，未提前进行注册报名的，则需现场实名注册，信息审核通过才能获取参会证。

② 进行人员分类管理。 以防疫健康信息码（必须关联地方健康码）区分绿码或红码 / 黄码，以通信大数据行程卡区分近 14 天是否有中高风险地 区旅居史或是否为入境人员。确定人员类型后再按照有关规定 对人员进行分类管理。

防疫健康信息码为绿码，且近 14 天内无中高风险地区旅居史人员和非入境人员，可以按照正常入馆程序进入会议场所。防疫健康信息码为黄码或红码，或近 14 天内有中高风险 地区旅居史人员，或入境人员，则需按照当地疫情防控指挥部的要求决定是否可以进入会议场所。

2. 人员健康摸排

① 所有人员来会议活动所在城市前，需至少连续 14 天在当地做好个人健康申报，并生成健康码，并获取 14 天内的行程卡，同时确保无发热、咳嗽、乏力等症状方可前往所在城市。

② 收集和审核会议活动所有工作人员健康申报和健康码信息，并对健康申报信息进行分类，健康码为绿码的人员方可参与会议活动相关工作。健康码和行程卡非绿码的人员应遵循当地疫情防控指挥部的要求进行处理，并对分类筛查情况进行登记记录。

3. 人员信息备案

① 会议活动所有工作人员和参会人员，都要进行信息备案。

② 所有工作人员须提供身份证信息、工种、电话号码，并进行健康信息申报。

③ 所有工作人员需提前做好至少连续 14 天的健康申报、申领健康码，并进行自我健康状况监测。

④ 会议活动参与人员的健康管理记录、监控记录等资料由会议主（承）办机构、会议服务机构和会议场所单位保存至少两个月。

4. 防疫物资配备

① 会议服务机构和会议场所单位应备好充分、足量的消毒药械和用具，以用于场地消毒作业所需。具体包括：常量喷雾 器、量杯、小喷壶、抹布、带盖的桶、消毒紫处线灯、医疗床、 含氯消毒剂（“84”消毒液）等。

② 会议服务机构和会议场所单位为场地消毒操作人员备好充分、足量的个人防护用品：工作服、一次性帽子、医用防护口罩、护目镜、长筒乳胶手套、长筒胶靴等。

5. 通道设置与标识系统

① 根据会议活动疫情防控需要，优化设置参会人员通道，实施“人员分类”通行管控措施，对工作人员和参会人员进行分流，并完善相应的标识系统。

② 按工作职能设置专业岗点，完善安全检查、防疫检查措施。若会议规模较大，可设置铁马隔离区域，建议预设“健康检查岗”，负责进场前人员健康情况初审、红外无感体温筛查、控制人员流量。在会场入口通道设置“安全检查岗”，负责人员、物品安全检查、地垫消毒及测温；建议设置“门禁验证岗”，负责人员身份、票证实名查验、数据绑定。

③ 完善标识系统。在报到区、人员通道、安全检查等关键岗点，设置若干醒目的参会流程、防疫知识的标识和宣传板。

6．设施设备准备

① 门禁、安检设备。会议场所的门禁验证系统建议使用可实现证票核验、身份识别、流量预警等功能的设备；安检系统建议使用可实现物品安全监测、体温检测等功能的设备，保障会议安全有序实施和疫情防控需要。

② 人员通道的安全、防疫措施。在人员进出通道、安全检查等关键岗点设置红外热成像测温仪、安检设备、门禁闸机、手持体温检测仪、消毒地垫、消毒酒精等防疫物资、设备。

③ 设置临时隔离区或医疗服务点。在报到区附近应设置不低于 18 ㎡的临时隔离区。会议期间，发现入场人员体温超过 37.3℃、具有咳嗽等症状，应禁止入场，并按专业部门的要求予以现场处理，就近临时隔离，启动应急处理程序。

会场布置

① 会场座位应单人座椅，前后左右间隔不低于 1 米；若是间距不超过 1 米的固定座位，则需隔位安排座位。

② 尽可能不要安排岛屿式座位，若是必须要安排，那么每个岛屿的座位间距也不应低于 1 米。

③ 会场通道不应低于 2 米，座椅与四周墙壁之间的距离不应低于 1 米。

五、会议中防控操作

1．会议现场

① 现场所有工作人员之间的距离不要低于 1 米。

② 嘉宾的话筒尽量实现一人一筒，如果话筒数量有限，在一个嘉宾使用过话筒之后，建议立即使用 75% 的酒精对话筒进行擦拭消毒后，再交给下一位嘉宾使用。

③ 会议资料装袋后，对袋子进行喷洒消毒之后才能摆放使用。

④ 舞台表演、上台领奖等人员之间的距离要保持不低于 1 米。

2．贵宾室

① 建议张贴明显的提醒，“保持距离，不要握手”。

② 贵宾室的座椅应保持 1 米以上的距离。

③ 摆放的茶点水果，应分盘摆放，不要使用大盘共用的方式。

3．接送站

① 安排专人专车接站，减少路途中乘坐公共交通工具的接触风险。

② 对接站人员、接站车辆做好登记，确保车辆定期消毒、记录接站时间、接站人员健康状况、车辆消毒时间等。

③ 根据接站人数，合理安排车辆，车辆搭乘人数建议不超过最大限载人数的 50%，车内尽量保持开窗通风。

④ 车上司机、接站人员、乘客应全程佩戴好口罩，减少交谈。

⑤ 在接站车辆上备足防疫物资，接到嘉宾后需要进行体温测量，局部消毒，并做好健康情况登记，若出现体温异常、咳嗽等现象，及时联系防疫部门配合处理。若在车上发生呕吐，应立即对呕吐物进行覆盖消毒，清除呕吐物后，再使用含氯消毒剂进行物体表面的消毒处理。

4．住宿安排

尽可能将参会人员统一安排在指定酒店，方便集中管理。尽可能采取非接触式办理住宿手续。 入住前和入住后必须严格进行客房消毒。

5．参会签到

① 保持安全距离：报到区标识安全距离（1 米）地标线，提示参会人员保持安全距离，不拥挤，不聚集，现场工作人员及时进行排队引导、参会流程提醒。

② 参会流程：在会议区入口需设置“健康检查岗”（口罩、健康码、行程卡、人员分类管理要求）→“报名注册岗”（门票、 证件核验，身份识别；若未带身份证同时又无法确认身份时， 则需要办理临时身份证明；若未带口罩，由会议服务机构现场 提供）→核验通过，发放参会证→“安全检查岗”（随身物品 安全检查，体温测量，局部消毒）→进入会议场所。如有发热、 咳嗽等疑似症状人员，现场及时隔离，并启动应急处理程序。

6．茶歇

① 茶歇区应确保洽谈区的通风、宽敞。

② 茶歇区服务人员必须正确佩戴口罩。

③ 为防止茶歇区人员集聚，茶点区应安排好取拿线路，设置排队区，标识排队 1 米线。

交谈人员之间应保持安全距离。

7．餐饮管理

① 原则上不安排大型的围席式宴会，尽可能安排自助餐。

② 开餐前半小时完成就餐区域桌椅、地面消毒，并通风换气。

③ 根据参会人员数量，建议采取分配式分批用餐的方式，单人单向单座就餐。用餐人员之间距离保持 1.5 米以上，取餐排。

队时与他人保持 1 米距离，应遵循分时、错峰、单向就餐的原则，避免扎堆就餐、面对面就餐，避免交谈。

④ 餐厅人员需完善自身防护措施（口罩、护目镜、手套等）。做好食品留样，专人管理，严格执行消毒时间、程序，制定就餐、消毒等管理台账。

⑤ 加强餐（饮）具的清洁消毒，重复使用的餐（饮）具应当“一人一用一消毒”。

⑥ 做好餐余垃圾管理，加强就餐区卫生防疫管理，就餐前后，保洁员做好餐区地面及桌椅卫生清洁并进行防疫消毒。

8．巡查管理

① 会议主（承）办机构和会议场所单位应安排专人巡查，在会议期间实行不间断现场安全巡查，提高联防联控的巡查敏感度，发现防控风险及时提醒和制止。

② 会议期间，采用平面、视频、安全提示牌等形式，多种渠道进行安全提醒及防疫相关知识宣传。

③ 一旦发现参会人员存在有聚集情况，或者两人之间距离低于 1 米的情况，立即进行提醒。

9．应急处理程序

一旦发现体温异常或咳嗽等疑似新冠病毒肺炎症状的人员，应立即启动如下应急处理程序。

① 若该人员未佩戴医用外科口罩或者医用防护口罩，则需要立即发放医用外科口罩或者医用防护口罩，安保人员督促其正确佩戴，并带领其经专用通道前往临时隔离区或医疗服务点；

② 检查人员立即向现场负责人报告，并通知现场或社区医务人员；

③ 组织询问、登记并劝返与疑似人员密切接触的人员，配合卫健部门对所有接触人员进行调查；

④ 疑似人员经过或逗留区域进行及时彻底消毒；

⑤ 对会议场所进行全面喷洒消毒；

⑥ 医务人员安排急救车辆将疑似人员转移至指定隔离医院。

六、会议后防控操作

1．根据会议活动开展实际情况，建议编写疫情防控工作总结报告，指出不足之处，不断完善会议活动与会议场所的疫情防控工作。

2．会议活动结束后，会议主（承）办机构应对会议期间所有人员的健康登记信息进行分类存档不低于两个月，并注意信息 保密。

3．会议活动结束后的第 1 日和第 14 日，建议会议主（承）办机构给所有参会人员发送信息要求进行健康异常告知：“参会人员若出现发热、干咳等入院诊断为新型冠状病毒肺炎疑似、确诊以及无症状感染者病例，请及时告知会议主（承）办机构，以便尽快配合卫健部门早期排查相关接触人员”。

4．对参与会议活动的所有工作人员（包括会议组委会工作人员、会议服务机构工作人员、会议场所单位工作人员、搭建商工作人员等）在会议结束后需开展自我健康监测 14 天，并 将监测情况统一上报给会议服务机构，由会议服务机构提交给 会议主（承）办单位、会议场所单位进行归档，保留时间不低 于两个月。

防控管理指南

一、组织领导

根据习近平总书记提出的坚定信心、同舟共济、科学防治、精准施策的疫情防控工作总要求，坚持会议活动疫情防控“群防共治，各负其责”的原则，每个会议活动都应设立疫情防控工作领导小组，建立“会议主（承）办机构”+“会议场所单位”+“会议服务机构、搭建商”的疫情联防联控机制，强化项目疫情防控保障能力。建议实行会议活动主（承）办机构负责人和会议场所单位负责人担任组长的双组长制，负责组织制定并提供会议活动实施期间疫情防控工作方案并监督实施。

在疫情防控过程中，会议主（承）办机构为会议活动疫情防控责任主体单位；会议场所单位为会议活动疫情防控属地管理责任主体单位；会议服务机构和搭建商等履行会议活动相应的联防联控职责。具体如下：

1．会议主（承）办机构承担疫情防控主体责任：

① 承担疫情防控主体责任，组织制定并提供会议活动期间疫情防控工作方案，并指定专人组织实施会议活动的各项疫情防控工作；负责协调疫情防控职能部门，做好疫情监管、检测和后续处置工作。

② 取得会议活动实施行政许可，严格落实疫情防控相关许 可的要求。

③ 按疫情防控要求合理规划功能区设置，合理制定人员动 线及流量进出管控方案。

④ 预算疫情防控专用资金，确保各项防控措施及时到位，同时准备充足的备用口罩、一次性手套、消毒用品等疫情防控

物资，做好防控保障和物资发放工作。

⑤ 制定工作人员健康摸排方案，向会议场所单位、会议服务机构、搭建商等发布工作人员健康摸排方案，对告知会议活动所有参与人员的健康要求。

⑥ 收集、审核所有工作人员和参会人员的健康码信息和行程卡信息，健康码为绿码且近 14 天内无在中高风险地区旅居经历的人员，方可参与会议活动相关工作，但若健康码为非绿码或近 14 天内有在中高风险地区旅居经历的，虽没有新冠 病毒肺炎疑似症状的人员，应按照疫情防控指挥部的要求进 行处理。

⑦ 会议期间落实主（承）办机构与会议服务机构、搭建商的疫情联防联控职责，每日收集主（承）办机构、组委会、会议服务机构、搭建商工作人员的健康申报信息，实现健康监测，并将申报信息提交给会议场所单位，做好所有工作人员的疫情防 控宣传工作。

⑧ 组织并培训工作人员实施体温检测、实名验证、门禁管理、安全检查、秩序维护、巡视、督查等疫情防控工作，组织实施疫情防控应急处置工作。

⑨ 协助会议场所单位在会议活动期间的场地消毒工作。

2．会议场所单位承担疫情防控属地管理主体责任：

① 组织落实并监督会议活动期间疫情防控工作方案的各项措施。

② 根据疫情防控需要，优化设置参会人员和工作人员通道，实施“人员分类”通行管控措施，并完善相应的标识系统。

③ 根据相关合同约定，提供体温检测、实名制验证和安检测温设备保障和技术保障，并指导监督实施。

④ 落实会议场所公共区域日常消毒工作，建立工作台账，加强疫情防控工作管理。

⑤ 协助会议主（承）办机构做好会议活动参与人员的健康信息收集和归档工作。

⑥ 协助会议服务机构组织并培训体温检测、实名验证、门禁管理、安全检查、秩序维护、巡查等疫情防控工作。

⑦ 协助组织实施疫情防控应急处置工作。

3．会议服务机构与搭建商承担联防联控职责：

① 收集审核本单位工作人员（含临时用工人员）健康信息和健康码，并按要求向会议主（承）办机构和会议场所单位如实申报。做好本单位人员配合疫情防控的宣传工作。

② 做好本单位工作人员（含临时用工人员）的个人防护工作。

③ 会议结束后各单位需对本单位工作人员（含临时用工人员）的健康状况随访 14 天，并将随访情况汇总后报会议主（承）办机构和会议场所单位。若工作人员出现发热、干咳入院诊断为新型冠状病毒肺炎疑似、确诊以及无症状感染者病例，需及时告知会议主（承）办机构，以便尽快配合卫健部门早期排查相关接触人员。

二、职责分工

在疫情防控工作领导小组的指挥下，会议活动疫情防控建议设置信息组、健康筛查组、巡查组、宣传组、消杀组、后勤保障组、应急处置组等工作组，各组的工作职责拟如下：

1．信息组工作职责

负责落实所有工作人员、参会人员的实名认证；负责收集所有工作人员、参会人员的基本信息、健康申报信息和每日健康监测信息；负责落实疫情防控日报告和零报告；负责与疫情防控指挥部、疾控机构对接防控工作要求。

2．健康筛查组工作职责

负责所有进入会议场所人员的体温检测；负责对所有进入会场人员健康码、行程卡进行审核，入场秩序维护等防控相关工作。

3．巡查组工作职责

负责会议布置和开会期间所有疫情防控工作落实情况检查和督促，发现未按要求落实的及时采取措施督促整改；负责对会场所有人员佩戴口罩情况、保持人际间距情况进行督导检查，发现防控风险及时督促改正；负责建立会议场所单位、会议服务机构和参会人员落实防控措施的奖惩机制。

4．宣传组工作职责

负责新冠肺炎疫情防控知识宣传；负责对所有工作人员、参会人员等的疫情防控培训工作；负责实名注册报名、参会须知和注意事项等内容的宣传。

5．消杀组工作职责

负责监督和协助会议场所通风措施的具体落实；负责制订消毒工作计划，并监督落实。

6．后勤保障组工作职责

负责疫情防控所需物资的准备，负责疫情防控设备维护，保持设备运转正常。

7．应急处置组工作职责

一旦发现体温异常、咳嗽、呕吐等症状者，负责按照应急处理程序的内容及时进行处置。

三、防疫培训

1．提前多途径公告会议具体安排、观会须知、疫情防控注意事项等内容，在会议活动筹备过程中，及时把活动的疫情防控信息向参会人员进行告知，并纳入相关宣传资料，确保所有参会人员配合疫情防控工作。

2．会议场所的现场需设置防疫警示标识，明确参会须知、疫情防控要求、临时隔离区或医疗服务点位置及联系方式，做好现场的疫情防控宣传。在停车区、报到区、过道、洗手间、茶歇区 / 洽谈区、会场外醒目位置张贴提示牌、地贴等进行引导提示。

3．会议主（承）办机构、会议场所单位、会议服务机构和搭建商等应根据实际情况，对工作人员开展系统的防疫知识培训，内容包括健康申报和健康监测、会议出入通道及流程、会议议程、用餐安排、消毒用品使用、公共场所清洁、垃圾处理、应急处置等，做到每一位工作人员都是合格的疫情防控人员，并具有及时应对疫情突发事件的能力。

四、应急演练

1．为全面检验疫情联防联控处理能力，以保障会议活动顺利开展，建议大型会议活动在开始前进行疫情防控联合应急演练。参与单位包括：会展主管部门、疾控中心、公安局会议主（承）办机构、会议场所单位和会议服务机构等。应急演练全程模拟 真实开会状态，模拟参会人员报到、签到；模拟出现体温异常、 呕吐污染源、使用非智能手机、忘带身份证、会议过程中出现 发热、咳嗽者等突发情况进行应急处置，做到对疫情防控及安 全保障工作全面、细致的检验。

2．如遇疑似新冠病毒肺炎症状的情形：

体温超过 37.3°C或有咳嗽、呕吐等症状者，应拒绝进入会场， 由专人将其送至临时隔离区或医疗服务点，并立即启动应急处 理程序；

建议配备移动测温设备，一旦发现会议场所内有发热人员，应立即由专人带领其走应急通道送至临时隔离区或医疗服务点进行处置，并立即启动应急处理程序；

在防疫部门的指导下，迅速开展会议场所的消毒、人员隔离等相关防控措施。

贵 阳

2020 年贵阳会展大事记

2016 年

2016 中国·贵州国际茶文化节暨茶产业博览会在遵义市湄潭县开幕

2016 年 4 月 20 日，主题为“醉美茶香、养生天堂”的 2016 中国·贵州国际茶文化节暨茶产业博览会在遵义市湄潭县开幕。本届“一节一会”由贵州省人民政府、中国国际茶文化研究会、中国茶叶流通协会主办。大会向陈宗懋、叶辛、鞠萍、内森·韦克福德等 10 位中外名人颁发贵州茶文化大使聘书；授予沿河土家族自治县“中国古茶树之乡”称号。

2016 第六届贵阳国际汽车展览会举行

2016 年 5 月 5—9 日，贵阳市人民政府主办，贵阳尚格会展服务有限公司承办的 2016 第六届贵阳国际汽车展览会在贵阳国际会议展览中心举行。82 个品牌参展，玛莎拉蒂首款 SUV—Levante、法拉利 488 GTB & California T、赛麟野马、捷豹首款 SUV—F—PACE 首秀贵阳。展出面积 67994 平方米，售车 8507 台。

李克强出席在贵阳举行的 2016 中国大数据产业峰会暨中国电子商务创新发展峰会

2016 年 5 月 25—29 日，2016 中国大数据产业峰会暨中国电子商务创新发展峰会在贵阳国际会议展览中心和贵阳国际生态会议中心举行。25 日，中共中央政治局常委、国务院总理李克强出席峰会开幕式并发表主旨演讲。华为等超 1000 家企业和单位参展。300 家大数据企业带来 1000 余项全球最新的产品、技术和解决方案。展出面积 68002 平方米。“数博会”由国家发展和改革委员会、贵州省人民政府主办。

俞正声出席生态文明贵阳国际论坛 2016 年年会

2016 年 7 月 9 日，生态文明贵阳国际论坛 2016 年年会在贵阳国际生态会议中心开幕。中共中央政治局常委、全国政协主席俞正声出席开幕式并致辞。联合国秘书长潘基文发来视频贺信，瑞士、爱尔兰、肯尼亚等各国政要及相关国际组织、学术机构、企业界、媒体界等 3000 多位嘉宾与会。

李克强等致贺信，刘延东出席。第九届中国—东盟教育交流周暨第二届中国—东盟教育部长圆桌会议在贵阳开幕

2016 年 8 月 1 日，第九届中国—东盟教育交流周暨第二届中国—东盟教育部长圆桌会议在贵阳国际生态会议中心开幕。中共中央政治局常委、国务院总理李克强，东盟轮值主席国老挝总理通伦分别致信祝贺。中共中央政治局委员、国务院副总理刘延东出席开幕式并发表主旨演讲。贵州省委书记、省人大常委会主任陈敏尔致欢迎辞；柬埔寨副首相索安，泰国副总理巴津等致辞。交流周以“教育优先、共圆梦想”为主题，旨在进一步推动中国与东盟各国之间的交流与合作，促进教育、科技和文化事业的发展，真正惠及各国人民、服务国家外交战略。

《贵阳市会展业“十三·五”发展规划（2016—2020）》印发

2016 年 8 月 10 日，《贵阳市会展业“十三·五”发展规划（2016—2020）》印发。提出在巩固“夏季会展名城”的基础上，把贵阳市建成“国际会议目的地城市”。

中国·遵义首届国际辣椒博览会举行

2016 年 8 月 18—20 日，遵义市人民政府、贵州省农业委员会、中国蔬菜流通协会主办，以“生态黔椒、骄红天下”为主题的中国·遵义首届国际辣椒博览会在遵义（新浦）国际会展中心和绥阳县举行。

顾秀莲出席在贵阳举行的 2016 贵州绿色博览会·大健康医药产业博览会

2016 年 7 月 8—10 日，以“多彩贵州、贵在健康”为主题的 2016 贵州绿色博览会·大健康医药产业博览会在贵阳国际会议展览中心举行。第 51 届全国新特药品交易会、第 17 届全国医疗器械区域展览会、2016 中国康复展览会、2016 中国药店采购供应博览会、2016 中国家庭医疗用品展览会同期举行。第十届全国人大常委会副委员长顾秀莲出席开幕式。“博览会”

由贵州省人民政府、中国医药集团总公司指导，贵州省发展和改革委员会、贵阳市人民政府、国药励展展览有限公司主办。展出面积 62174 平方米。

2016 中国·贵阳国际特色农产品交易会举行

2016 年 8 月 26—28 日，2016 中国·贵阳国际特色农产品交易会在贵阳国际会议展览中心举行。展出面积约 3 万平方米，参展企业（合作社）超过 600 家，专业采购商超过 300 家。观展 16.6 万人次，销售额 1.32 亿元，采购商与生产商共签下 4.4 亿元订单。

罗富和出席在贵阳举行的第六届中国（贵州）国际酒类博览会

2016 年 9 月 9—12 日，第六届中国（贵州）国际酒类博览会在贵阳国际会议展览中心举行。第十二届全国政协副主席罗富和宣布开幕。“酒博会”上，签署境内贸易类项目 2259 个、合同金额 1044.45 亿元，酒类进出口合同 178 个，金额 7.12 亿美元。其中，酒类贸易合同 1339 个、金额 547.87 亿元，其他贸易合同 920 个、金额 496.57 亿元。

贵州省第三届粮油精品展示交易会在黔东南州凯里市举行

2016 年 9 月 23—24 日，主题为“多彩贵州、生态粮油”的贵州省第三届粮油精品展示交易会在黔东南州凯里市民族风情园会展中心举行。

中国（贵州）第一届国际民族民间工艺品文化产品博览会在贵安新区举行

2016 年 9 月 24—28 日，中国（贵州）第一届国际民族民间工艺品文化产品博览会在贵安新区举行。“民博会”由贵州省人民政府主办。400 余家国内外客商、130 多名国内民族民间工艺大师、近百名来自 30 多个国家和地区的手工艺人亮相。

2016 遵义国际汽车展览会举行

2016 年 9 月 30 日—10 月 3 日，2016 遵义国际汽车展览会在遵义（新浦）国际会展中心举行。

2016 年全国卫生与健康大会在贵阳举行

2016 年 11 月 13—14 日，由国家卫计委举办的全国卫生与健康大会在贵阳贵州饭店国际会议中心举行。

齐续春出席 2016 首届贵州（铜仁）国际天然饮用水博览会

2016 年 11 月 19—21 日，主题为“贵水迎天下、同仁话未来”的 2016 首届贵州（铜仁）国际天然饮用水博览会在铜仁市碧江区民族风情园举行。全国政协副主席齐续春出席并宣布开幕。270 余家企业参展，达成意向项目 47 个，总投资 117.8 亿元；签约贸易类项目 231 个，签约资金 31.7 亿元。

2017 年

中国（贵州）国际酒类博览会通过 UFI 认证

2017 年 2 月，中国（贵州）国际酒类博览会通过 UFI（国际展览业协会）认证。成为贵州省首个通过 UFI 认证的国际性展会，也是中国迄今为止唯一通过 UFI 认证的酒类博览会。

《中共贵阳市委、贵阳市人民政府关于进一步促进会展业改革发展的实施意见》印发

2017 年 3 月 29 日，《中共贵阳市委、贵阳市人民政府关于进一步促进会展业改革发展的实施意见》印发，并配套出台《贵阳市会展业管理办法》和《贵阳市支持会展业发展专项资金使用管理办法》。

2017 第七届贵阳国际汽车展览会汽车展举行

2017 年 4 月 13—17 日，2017 第七届贵阳国际汽车展览会在贵阳国际会议展览中心举行。“汽车展”由贵阳市人民政府主办，贵阳尚格会展服务有限公司承办。展出面积 83948 平方米。

2017 中国·贵州国际茶文化节暨茶产业博览会在遵义市湄潭县开幕

2017 年 4 月 28 日，2017 中国·贵州国际茶文化节暨茶产业博览会在湄潭县茶博会展中心开幕。来自国内外茶业界的专家、学者、企业代表以及美国、英国、法国、新加坡等国的知名茶企代表及涉茶外宾 2500 人参会。“一节一会”在湄潭、凤冈、余庆三地同步举行，会期 3 天。设茶博会展中心和中国茶城两个主展区，参展茶企 581 家。

李克强致贺信，马凯出席。2017 中国国际大数据产业博览会在贵阳举行

2017 年 5 月 25—28 日，2017 中国国际大数据产业博览会

在贵阳国际生态会议中心和贵阳国际会议展览中心举行。中共中央政治局常委、国务院总理李克强发来贺信。中共中央政治局委员、国务院副总理马凯出席并讲话。本届“数博会”以“数字经济引领新增长”为主题，达成签约意向项目 235 个，意向金额 256.1 亿元；签约项目 119 个，签约金额 167.33 亿元。展出面积 88102 平方米。

刘延东出席在贵阳举行的第十届中国—东盟教育交流周

2017 年 7 月 28 日，第十届中国一东盟教育交流周开幕式在贵阳举行。中共中央政治局委员、国务院副总理刘延东出席并发表主旨演讲。

刘延东表示，今年是东盟成立 50 周年。中国始终将东盟作为周边外交的优先方向，双方关系发展取得长足进步，成为东盟诸多伙伴关系中最富内涵、最具活力的关系之一。

2017 中国·遵义第二届国际辣椒博览会开幕

2017 年 8 月 5 日，2017 中国·遵义第二届国际辣椒博览会在遵义（新浦）国际会展中心开幕。15 个国家、台湾地区，32 个科研院校、27 家行业组织出席；展销现场观众 10 万人次。中国蔬菜流通协会向遵义市授牌“中国辣椒之都”，中国检验检疫科学研究院与贵州省共建并授牌“中国辣椒产品质量检测中心”。

中华医学会神经外科学分会第十六次学术会议在贵阳举行

2017 年 8 月 10—12 日，由中华医学会及中华医学会神经外科学分会主办，贵州省医学会和贵州医科大学附属医院承办的中华医学会神经外科学分会第十六次学术会议在贵阳国际生态会议中心召开。国内外神经外科领域专家学者分享神经外科在临床、基础等诸多领域取得的进展和成就。

第三届贵州（安顺）国际石材博览会举行

2017 年 8 月 26—29 日，2017 第三届贵州（安顺）国际石材博览会暨第三届全国石雕石刻设计大赛在安顺市中国石材城举行，参展企业 400 余家、展馆搭建面积 22490 平方米。

2017 第二届遵义国际汽车展览会举行

2017 年 9 月 7—10 日，2017 第二届遵义国际汽车展览会在遵义（新浦）国际会展中心举行。近 50 个汽车品牌参展，展出面积 2.5 万平方米。

第七届中国（贵州）国际酒类博览会在贵阳举行

2017 年 9 月 9—12 日，第七届中国（贵州）国际酒类博览会在贵阳国际会议展览中心举行。“酒博会”由商务部、贵州省人民政府主办，中国食品土畜进出口商会、商务部外贸发展局、贵州省贸促会（省博览事务局）、省商务厅、省投资促进局、贵阳市人民政府、遵义市人民政府承办。共签约经贸合作项目 45 个；贸易类项目 1611 个，总贸易金额 547.9 亿元；投资类项目 13 个，总投资金额 29.38 亿元。

国际会展经济发展峰会在贵阳创办

2017 年 9 月 10—11 日，由贵州省人民政府主办，中国国际贸易促进委员会、中国会展经济研究会支持，贵阳市人民政府、贵州省贸促会（省博览事务局）承办，贵阳市投资促进局（市会展经济促进办公室）、泛珠三角城市会展联盟、中国城市会议展览协会联盟、贵阳市会展行业协会协办的国际会展经济发展峰会在贵阳创办。400 余名国外专业人士参会。商务部原副部长张志刚等出席并致辞。

2017 中国 • 贵阳国际特色农产品交易会举行

2017 年 9 月 16—18 日，2017 中国 • 贵阳国际特色农产品交易会在贵阳国际会议展览中心举行。展出面积 32640 平方米。销售额 5.72 亿元 , 农业企业签约 16.25 亿。

第二届贵州（铜仁）国际天然饮用水博览会举行

2017 年 9 月 20—22 日，以“贵水迎天下·守护生命源”为主题的第二届贵州（铜仁）国际饮用水博会在铜仁市举行。“多彩贵州水”品牌发布。

《贵阳市关于进一步加强市级会展活动管理意见》印发

2017 年 10 月 31 日，《贵阳市关于进一步促进会展业改革发展的实施意见》印发。提出加强会展活动审批管理，从严控制会展活动规模和数量；加强会展活动预算管理，建立健全支出管理体系；加强会展活动决算管理，实现全程监督问效。

贵阳国际会议展览中心加入 UFI 和 IAEE

当地时间 2017 年 11 月 1 日，在约翰内斯堡举行的第 84 届 UFI 全球大会上，贵阳国际会议展览中心成为 UFI（国际展览业协会）正式会员。于 12 月 8 日，加入 IAEE（国际展览和项目管理协会）。

贵州省第四届粮油精品展示交易会在黔南州都匀市举行

2017年11月8—10日，贵州省第四届粮油精品展示交易会在黔南州都匀市灵智广场举行。142家粮油企业及26家粮机企业参展，参展产品453个品类。

2017第七届贵阳汽车文化节举行

2017年11月9—12日，2017第七届贵阳汽车文化节在贵阳国际会议展览中心举行。由贵阳尚格会展服务有限公司主办，展出面积75257平方米。

2017中国（贵州）国际民族民间文化旅游产品博览会在贵安新区举行

2017年11月10—12日，2017中国（贵州）国际民族民间文化旅游产品博览会在贵安新区东盟国际会议中心举行。39个国家和地区的专家学者、工艺美术大师、企业家1500余人参会。

2018年

2018第八届贵阳国际汽车展览会暨新能源·智能汽车展举行

2018年4月19—23日，2018第八届贵阳国际汽车展览会暨新能源·智能汽车展在贵阳国际会议展览中心举行。展出新能源汽车、智能汽车、移动互联、无人驾驶等前沿车型与技术，展出面积81845平方米。

2018中国·贵州国际茶文化节暨茶产业博览会在遵义市湄潭县举行

2018年5月5日，中国·贵州国际茶文化节暨茶产业博览会在遵义市湄潭县举行。国内外知名茶企负责人及涉茶外宾等共2000余人参会。其间，举办了茶产业高端论坛暨立顿牌“遵义红”新产品发布会、中日韩茶叶企业家交流活动、万人品茗暨贵州绿茶第二届全民冲泡大赛、参观考察贵州茶企等活动。

习近平向2018中国国际大数据产业博览会致贺信

2018年5月26—29日，2018中国国际大数据产业博览会在贵阳国际生态会议中心和贵阳国际会议展览中心举行。中共中央总书记、国家主席习近平致贺信。中共中央政治局委员、全国人大常委会副委员长王晨出席。“数博会”由国家发展和改革委员会、工业和信息化部、国家互联网信息办公室、贵州省人民政府主办。其间，发布了2018城市数据安全指数；15个国家和地区的1000余支团队参加了人工智能全球大赛。展出面积68002平方米。

2018中国医师协会呼吸医师分会年会暨第十七届中国呼吸医师论坛在贵阳举行

2018年6月21—24日，2018中国医师协会呼吸医师分会年会暨第十七届中国呼吸医师论坛在贵阳国际生态会议中心召开。

生态文明贵阳国际论坛2018年年会举行

2018年7月7—8日，生态文明贵阳国际论坛2018年年会在贵阳国际生态会议中心举行。本届年会以“走向生态文明新时代：生态优先、绿色发展”为主题。联合国秘书长安东尼奥·古特雷斯发来祝贺视频，冰岛前总统奥拉维尔·格里姆松、比利时前首相伊夫·莱特姆、日本前首相鸠山由纪夫等出席并发表演讲。

2018中国·贵州·遵义第三届国际辣椒博览会举行

2018年7日18—20日，主题为“生态黔椒、香辣天下”的2018中国·贵州·遵义第三届国际辣椒博览会在遵义（新浦）国际会展中心开幕举行。韩国、瑞士等国，中国香港及湖南、重庆等省市的200多家企业、科研院所参展。“遵义辣椒指数”启动，“遵义辣椒院士工作站”揭牌。

第十一届中国—东盟教育交流周在贵安新区开幕

2018年7月26日，以“教育合作新起点、人文交流新未来”为主题的第十一届中国—东盟教育交流周在位于贵安新区的中国—东盟教育交流周永久会址开幕。“交流周”由外交部、教育部、贵州省人民政府主办。来自中国、东盟国家以及特邀伙伴国瑞士、俄罗斯、哈萨克斯坦等的数千名嘉宾代表出席开幕期活动。

《贵阳会展》创刊

2018年7月，《贵阳会展》创刊。杂志由贵阳市会展经济促进办公室作为指导单位，贵阳市会展行业协会负责编辑。

2018年中国城市规划信息化年会在贵阳举行

2018年8月11—12日，2018年中国城市规划信息化年会在贵阳国际生态会议中心举行。来自全国各地的行业专家学者们交流城市规划行业信息，分享城市规划中的新技术、新理念。

第四届贵州（安顺）国际石材博览会举行

2018 年 8 月 26—29 日，2018 第四届贵州（安顺）国际石材博览会暨第四届全国石雕石刻设计大赛在安顺市镇宁县中国（安顺）石材城举行。展出面积 10 万平方米，国内外知名设计师、装修企业和采购商参展。

2018 第三届遵义国际汽车展览会举行

2018 年 9 月 6—9 日，2018 第三届遵义国际汽车展览会在遵义（新浦）国际会展中心于举行。参展品牌近 55 个，展出面积 3 万平方米。

第八届中国（贵州）国际酒类博览会暨 2018 贵州内陆开放型经济试验区投资贸易洽谈会在贵阳举行

2018 年 9 月 9—12 日，第八届中国（贵州）国际酒类博览会暨 2018 贵州内陆开放型经济试验区投资贸易洽谈会在贵阳国际会议展览中心举行。“酒博会”共达成签约项目 293 个，项目总额 1494.71 亿元，参展商 2000 余家、采购商 2 万余人，展出面积 95174 平方米。“贵洽会”是贵州省获国务院批复设立内陆开放型经济试验区后，首个以投资贸易洽谈为主的对外开放活动平台。

会展经济发展论坛在贵阳举行

2018 年 9 月 10—11 日，由贵州省人民政府、中国国际商会主办的国际会展经济发展峰会在贵阳国际会议展览中心举行。中国国际贸易促进委员会（中国国际商会）原会长俞晓松，印度驻华大使班浩然，阿根廷驻华大使盖铁戈，全国政协常委、民建中央副主席、上海市政协副主席周汉民，中国会展经济研究会会长袁再青，ICCA 亚太分会主席努尔 · 哈米德等出席并致辞，400 余名国内外专业人士参会。

张汉林任中国国际贸易促进委员会贵州省委员会会长

2018 年 10 月，张汉林任中国国际贸易促进委员会贵州省委员会会长。2016 年 8 月起，其任中国国际贸易促进委员会贵州省委员会（贵州省博览事务局）常务副会长（局长）。

2018 第八届贵阳汽车文化节举行

2018 年 10 月 25—28 日，2018 第八届贵阳汽车文化节在贵阳国际会议展览中心举行。展出面积 71819 平方米。

2018 年中国（贵州）国际民族民间工艺品·文化产品博览会在贵阳举行

2018 年 11 月 23—25 日，2018 年中国（贵州）国际民族民间工艺品·文化产品博览会在贵阳国际会议展览中心举行。300 余家企业参展、1500 余人参会。展出面积 25022 平方米。

贵州第五届粮油精品展示交易会在黔西南州兴义市举行

2018 年 11 月 3—4 日，贵州第五届粮油精品展示交易会在黔西南州兴义市举办。150 家企业参展，展品涵盖 500 多个品类。

2019 年

2019 第九届贵阳国际汽车展览会暨新能源·智能汽车展举行

2019 年 4 月 18—22 日，2019 第九届贵阳国际汽车展览会暨新能源·智能汽车展在贵阳国际会议展览中心举办，“汽车展”由贵阳尚格会展服务有限公司承办，展出面积 61702 平方米。

第 11 届中国·贵州国际茶文化节暨茶产业博览会在遵义市湄潭县开幕

2019 年 4 月 19 日，第 11 届中国·贵州国际茶文化节暨茶产业博览会在遵义湄潭开幕。河南大学教授王立群作“茶文化核心价值”主题演讲，外交部原部长、十一届全国人大外事委员会主任委员李肇星作“‘一带一路’与贵州茶”主题演讲。

华为全场景智慧生活渠道峰会在贵阳举行

2019 年 5 月 8 日，华为全场景智慧生活渠道峰会在贵阳国际生态会议中心举行。旨在推动全场景智慧生活解决方案全面落地。

习近平向 2019 中国国际大数据产业博览会致贺信

2019 年 5 月 26—29 日，2019 中国国际大数据产业博览会在贵阳国际生态会议中心、贵阳国际会议展览中心召开。中共中央总书记、国家主席习近平致贺信。中共中央政治局委员、全国人大常委会副委员长王晨宣读习近平主席贺信并讲话。贵州省委书记、省人大常委会主任孙志刚致欢迎辞，贵州省委副书记、省长谌贻琴主持开幕式。展出面积 88002 平方米，观众约 25 万人次。

2019 中国——东盟教育交流周在贵安新区开幕

2019 年 7 月 22 日，2019 中国——东盟教育交流周在贵州省贵安新区的中国—东盟教育交流周永久会址开幕。

2019 贵阳工业产品博览会举行

2019 年 7 月 26—28 日，2019 贵阳工业产品博览会在贵阳国际会议展览中心举行。旨在全面展示改革开放，尤其是实行工业强省战略以来取得的成果成就，向祖国七十华诞献礼。参展企业近 600 家，展出面积 44612 平方米。

2019 第五届贵州（安顺）国际石材博览会开幕

8 月 26 日，2019 第五届贵州 (安顺) 国际石材博览会暨第五届全国石雕石刻设计大赛在中国（安顺）石材城开幕。本届“石博会”以“与‘石’俱进新时代、绿水青山共此‘石’”为主题，国内外 300 多家石材企业参展，展出面积 10 万平方米，设荒料、石材、矿山机械、石雕石刻、创意奇石等展区。

2019 年中国—东盟（贵阳）“一带一路”文化旅游交流周举行

2019 年 8 月 29 日，以“融合发展、开放合作”为主题的 2019 年中国—东盟（贵阳）“一带一路”文化旅游交流周开幕式在贵阳国际生态会议中心举行。活动由中国—东盟中心、贵阳市人民政府、贵州省文化和旅游厅主办。

第九届中国（贵州）国际酒类博览会 2019 贵州内陆开放型经济试验区投资贸易洽谈会在贵阳举行

2019 年 9 月 9—12 日，第九届中国（贵州）国际酒类博览会 2019 贵州内陆开放型经济试验区投资贸易洽谈会在贵阳国际会议展览中心举行。展出面积 9.2 万平方米，2000 余家展商参展、21000 余名专业采购商参会，展品 2.1 万余种，现场交易 34.32 亿元。

会展经济发展论坛在贵阳举行

2019 年 9 月 10—11 日，由贵州省人民政府、中国国际商会主办的国际会展经济发展论坛在贵阳国际会议展览中心举行。意大利前总理马西莫·达莱马出席并致辞。国内外 400 名业界人士参会。

2019 中国·贵阳国际特色农产品交易会举行

2019 年 9 月 25—29 日，2019 中国·贵阳国际特色农产品交易会在贵阳国际会议展览中心举行。

第十四届贵州旅游产业发展大会在毕节市织金县召开

2019 年 9 月 28—29 日，以“促文旅农商融合、走旅游扶贫新路”为主题的第十四届贵州旅游产业发展大会在毕节市织金县召开。配套活动之一——贵州省文旅农商产品展销会 28—30 日举行，分文旅产品展、农特商品展和小吃展 3 类，230 余家参参展。

2019 第九届贵阳汽车文化节举行

2019 年 11 月 7—10 日，2019 第九届贵阳汽车文化节在贵阳国际会议展览中心举行。展出面积 62840 平方米。

2020 年

皮启荣任贵阳市投资促进局（市会展经济促进办公室）局长（主任）

2020 年 1 月，皮启荣任贵阳市投资促进局（市会展经济促进办公室）局长（主任）。该机构是贵阳市会展业的政府主管部门。

贵阳市暂停举办会展活动

2020 年 1 月 30 日，贵阳市会展经济促进办公室发布《关于全市暂停举办会展活动的通知》。通知提出，为进一步做好新型冠状病毒疫情防控工作，即日起，全市各会展场馆停止承接、举办各类会展活动，各会展公司停止举办各类会议、展览活动，全力做好新型冠状病毒疫情防控工作。

针对新冠疫情贵阳市会展行业协会发出倡议书

2020 年 1 月 31 日，因新冠疫情形势严峻，贵州省启动重大突发公共卫生事件一级响应。为做好疫情防控，防止因人员聚集传播扩散，减少公众交叉感染和降低传播风险。贵阳市会展行业协会向各会员单位发出倡议：在特殊时期，提高站位，统一思想，深刻认识做好疫情防控重要性和紧迫性。根据省、市政府要求，暂停会展活动的举办。发挥自身优势，积极参与到抗击疫情的工作中来，打赢疫情防控狙击战。

贵阳市会展行业协会开展新冠疫情对会展业影响调查，提交《建议》

2020 年 2 月 10 日，为了解新冠疫情对贵阳市会展企业的影响，市会展行业协会向会员单位及会展数据采集重点企业开展疫情对会展业影响的调查。2 月 20 日向市人民政府、市会展经济促进办公室递交《新冠肺炎疫情对贵阳市会展业的影响与建议》，从尽快兑现政策、设立专项资金等十个方面提出建议。

贵阳市召开会展业复工复产及服务创新发展会议

2020 年 4 月 23 日，由贵州省贸促会（省博览事务局）组织的会展业复工复产及服务创新发展会议召开。贵阳市投资促进局（市会展经济促进办公室）、市贸促会、观山湖区政府、市会展行业协会和 15 家会展企业参会。会议对全市会展业复工复产及做好疫情防控进行部署。

贵州省服务业创新发展十大工程行动方案出台，会展业纳入其中

2020 年 6 月 11 日，《省人民政府关于印发贵州省服务业创新发展十大工程行动方案的通知（黔府发〔2020〕7 号）》，其中第十条涉及会展服务创新发展工程。提出全省会展业坚持国际化、专业化、市场化、集聚化、产业化导向，以生态文明贵阳国际论坛等知名品牌为基础，以贵阳市申办世界园艺博览会为契机，引进一批国际性知名展览项目、一批国际性知名会议（论坛），打造多层次、多样化会展品牌。加快新建一批会展场馆、星级酒店，培植一批优质市场主体，不断提升会展服务能力。到 2022 年，全省会展业实现直接经济效益 85 亿元，综合经济效益760亿元，企业达到2万户，就业人数达到22万人，全省会展业市场化率达 90%，专业化率达 70%。

贵阳市会展项目审批开设“一网通办”窗口

2020 年 6 月 11 日，为优化会展项目备案审批工作流程、提升审批效率，贵阳市政务大厅开设“会展项目‘集成套餐’服务”窗口。

新冠疫情后贵阳市首展举行

受新冠疫情影响停歇近半年的贵阳会展业复产。2020 年 6 月 20—21 日，疫情之后首展——安团家博会第一季举行。

《贵州省会展服务创新发展工程专项行动方案》印发

2020 年 6 月 29 日，为促进贵州省会展业转型升级、加快发展，全面提升会展经济发展质量和效益，贵州省服务业创新发展十大工程领导小组印发《贵州省会展服务创新发展工程专项行动方案》。提出坚持国际化、专业化、市场化、集聚化、产业化导向，构建延伸会展产业链条，优化会展服务发展质态，提升会展经济发展水平，促进会展业三年内直接、综合经济效益增速均高于我省 GDP、西部和全国服务业增速。发挥会展服务促进特色产业发展的高效生产性、生活性服务作用，力争把我省建设成为重要的国际性夏季会展中心和结构优化、功能完善、特色鲜明、布局合理、发展均衡的四季会展大省。

贵阳市《关于新冠肺炎疫情常态化防控期间促进会展业健康发展若干措施的通知》印发

2020 年 7 月 9 日，贵阳市人民政府办公厅印发《关于新冠肺炎疫情常态化防控期间促进会展业健康发展若干措施的通知》。从强化会展疫情防控管理、会展市场主体培育、加大展会项目支持力度、展会项目奖补力度、贵阳会展宣传推介、会展行业交流、会展人才培训，会展企业服务八方面对会展业进行扶持。

2020 第十届贵阳国际汽车展览会暨新能源·智能汽车展举行

2020 年 7 月 9—13 日，2020 第十届贵阳国际汽车展览会暨新能源·智能汽车展在贵阳国际会议展览中心举行，展出面积 57514 平方米。

2020 全国工商联主席高端峰会暨全国优强民营企业助推贵州发展大会（2020 贵商大会）在贵阳举行

2020 年 7 月 28 日，2020 全国工商联主席高端峰会暨全国优强民营企业助推贵州发展大会（2020 贵商大会）举行。大会设北京、贵阳两个主会场，通过线上线下结合的方式举行。贵阳国际生态会议中心是贵阳的主会场。

2020 全国电力机器人技术应用与创新发展论坛等在贵阳举行

2020 年 8 月 25—29 日，全国电力机器人技术应用与创新发展研究院主办的全国电力机器人技术应用与创新发展论坛暨第四届电力机器人专家工作委员会年会在贵阳贵州饭店国际会议中心举行。

第十届中国（贵州）国际酒类博览会线上活动、贵州酒类博览会在贵阳举行

2020 年 9 月 9—12 日，第十届中国（贵州）国际酒类博览会线上活动、贵州酒类博览会在贵阳国际会议展览中心举行。贵州酒类博览会以“荟萃美酒佳酿、促进投资贸易”为主题，设酱香核心产区馆、中国名酒馆、酒类产业链馆、嘉年华及美酒美食综合展示区 5 个展区，展出面积 5 万平方米。展示酒类

产品、涉酒全产业链相关材料、技术、设备、酒类衍生品、文化产品等。9 月 9 日，以“荟萃美酒佳酿、促进合作交流”为主题的第十届（贵州）国际酒类博览会线上活动启动仪式举行。

会展经济发展论坛在贵阳举行

2020 年 9 月 10 日，贵州省贸促会（贵州省博览事务局）主办、中国会展经济研究会支持的会展经济发展论坛在贵阳国际会议展览中心举行。200 多名业界人士参会。

2020 中国——东盟教育交流周全年期线上活动召开

2020 年 9 月 22 日，2020 中国—东盟教育交流周全年期线上活动——新冠疫情期间国际学生管理服务云端研讨会在贵州大学召开。来自马来西亚、泰国、老挝、日本、美国等 7 所国外高校进行视频连线，贵州大学等贵州省内高校参加。

中国干细胞第十届年会在贵阳举行

2020 年 10 月 11 日，中国干细胞第十届年会在贵阳国际生态会议中心开幕。年会由中国细胞生物学学会干细胞生物学分会主办，遵义医科大学和贵州医科大学承办。

第四届中国绿化博览会在黔南州都匀市举行

2020 年 10 月 18 日—11 月 18 日，第四届中国绿化博览会在贵州省黔南布依族苗族自治州都匀市举行。绿博园占地 396 公顷，总体定位为“绿水青山新画卷，生态文明新标杆”，设展园 56 个。园区以“绿圆中国梦、携手进小康”主题，以“贵山贵水、绿博黔南”为形象口号，打造了一个新时代背景下的生态文明建设与绿化成就展示的示范地。

2020 第三届梵净山国际天然饮用水博览会在铜仁市江口县举行

2020 年 10 月 30 日—11 月 1 日，以“多彩贵州水、同仁话未来”为主题的 2020 第三届梵净山国际天然饮用水博览会在铜仁市梵净山下的江口县举行。

2021 年

贵阳宝能国际会展城的会展中心开工

2021 年 3 月 20 日，落址贵州双龙临空经济区的贵阳宝能国际会展城的国际会展中心开工。该项目 2017 年开始策划，2020 年初完成规划设计，进入方案设计，经过三年反复研究，正式开工。该会展中心规划面积约 35 万平方米。以会展中心为核心，与科创金融、商务商业、高端住宅等板块相衔接，营造出世界级的城市空间，打造贵阳新地标。

2021 中国（贵州）国际煤炭暨高端能源化工产业展览会在贵阳举行

2021 年 3 月 26—28 日，2021 中国（贵州）国际煤炭暨高端能源化工产业展览会在贵阳国际会展中心举行。

2021 第十一届贵阳国际汽车展览会暨新能源·智能汽车展举行

2020 年 4 月 15—19 日，2021 第十一届贵阳国际汽车展览会暨新能源·智能汽车展在贵阳国际会议展览中心举行。

苗宏任中国国际贸易促进委员会贵州省委员会（贵州省博览事务局）会长（局长）

2021 年 4 月，苗宏任中国国际贸易促进委员会贵州省委员会（贵州省博览事务局）会长（局长）。

贵阳市会展行业协会第三届会员大会召开

2021 年 6 月 11 日，贵阳市会展行业协会第三届会员大会及第三届理事会第一次会议在贵阳召开。选举徐成里为会长，安琦、吴健、李杨、粟城、朱宇、刘宝军、纪良兵、陈功、陈建宏为副会长。

刘鹤以视频方式出席 2021 中国国际大数据产业博览会

2021 年 5 月 26—28 日，2021 中国国际大数据产业博览会在贵阳国际生态会议中心和贵阳国际会议展览中心举行。中共中央政治局委员、国务院副总理刘鹤以视频方式出席开幕式并讲话。本届“数博会”在“数据创造价值创新驱动未来”的大会主题下，以“数智变、物致新”为年度主题，采取线上线下相融合的办会模式，通过“线上 + 线下”办会新模式，实现全球范围的“云会议”“云展览”“云洽谈”。

2021 中国（贵阳）食用菌全产业链创新发展大会举行

2021 年 6 月 23—25 日，中国（贵州）食用菌全产业链创新发展大会”在贵阳国际生态会议中心举行。5000 余名食用菌产业相关政府负责人、企业代表、专家学者及广大菇农参会。

栗战书出席 2021 年生态文明贵阳国际论坛

2021 年 7 月 11—13 日，以“低碳转型 绿色发展——共同构建人与自然生命共同体”为主题的 2021 年生态文明贵阳国际论坛在贵阳国际生态会议中心召开。中共中央政治局常委、全国人大常委会委员长栗战书出席 7 月 12 日开幕式并发表主旨演讲。贵州省委书记、省人大常委会主任谌贻琴，福建省委副书记、省长王宁等出席并致辞。12—16 日，与论坛配套举办的 2021 年生态文明贵阳国际论坛绿色产品展在贵阳国际会议展览中心举行。贵州省委副书记、省长李炳军等观展。

佛 山

三龙湾科技城会展业发展概况
——工业会展服务产业高质量发展的佛山实践

佛山是国家历史文化名城，是粤剧、武术之乡和世界美食之都，也是全国唯一的国家制造业转型升级综合改革试点城市，已成为GDP超万亿的新一线城市、总人口达950万的特大城市。佛山坚持制造业立市、兴市，工业占GDP比重超53%，31个制造业门类中，佛山有30个，是全国乃至全球重要的制造业基地。近年来，佛山大力加快第三产业发展步伐，推动现代服务业与先进制造业深度融合，形成“两条腿走路”的产业发展格局。佛山市委市政府高度重视会展业发展，将会展业作为佛山现代服务业的先导性产业，尤其新冠肺炎疫情发生以来，全市各级党委政府统筹疫情防控和经济发展，担当作为，佛山会展业取得跨越式发展。在2021年发布的《2020年度中国展览统计报告》及《2020年城市会展业竞争力指数报告》中，佛山位列地级市会展业发展第一梯队。

三龙湾科技城位于广佛接壤区域，是佛山融入粤港澳大湾区建设的重大平台和战略抓手。作为佛山最重要的高端创新资源集聚平台，三龙湾科技城正加快优化产业发展布局，推动产业创新升级。佛山市第十三次党代会提出要大力发展现代服务业，依托潭洲国际会展中心，整合全市会展资源，打造全国工业会展第一品牌。三龙湾科技城以会展业为重要抓手，全力打造潭洲国际会展中心平台，推动三龙湾科技城会展业向专业化、标准化、品牌化发展，为全国提供会展服务业促实体经济高质量发展的佛山案本。2021年3月，三龙湾荣获“2020年度中国十佳会展名区”称号，佛山会展业发展获国内认可。

一、特色化差异化定位工业会展

根植于佛山万亿级工业产业基础，背靠大湾区，瞄准工业，三龙湾科技城努力打造工业会展第一品牌，“以展促产、以展兴城”，特色化、差异化以“工业会展第一馆”为目标，构建“会展+”生态圈，将潭洲国际会展中心打造成为全国最重要、最具影响力的工业会展中心，创造了中国工业会展独特的“潭洲模式”。

二、专业展会进入发展快车道

潭洲国际会展中心自2016年9月投入使用以来，已举办展览及会议活动近260场，展览规模近350万平方米，接待观众近420万人次。尤其是在疫情常态化下，全球会展业萎缩超过68%，潭洲会展逆势突围，疫后已安全举办展览及会议活动近130场，其中包括疫后广东省、粤港澳大湾区线下第一展，为疫后展会举办提供佛山经验。

潭洲会展聚焦工业会展，集中力量打造有行业影响力的产地展、品牌展，工业类展览占比达83%，工业类细分市场展览覆盖率达85%。先后打造了亚洲最大、世界第二大的佛山潭洲陶瓷展、华南地区最大的中国（佛山）智能机器人博览会、力促制造业数字化智能化转型的中国（广东）国际“互联网+”博览会及广东（佛山）工博会等品牌展会，此外，还有全国博士后创新创业大赛、全国发明展、中国（广东）国际家用电器博览会、珠江西岸先进装备制造业投资贸易洽谈会、中国（佛山）童装产业博览会等知名专业展会，形成了以展促产的展会品牌格局。

三、坚定不移打造一流会展营商环境

三龙湾科技城严格贯彻落实佛山市委市政府把打造一流营商环境作为“一号改革工程”的要求，努力打造会展营商环境高地。**在政策支持方面，**出台促进潭洲国际会展中心招展办会的专项资金扶持办法，单届展览支持最高500万元、单场会议支持最高50万元，自2020年7月施行以来，已对24个展览及会议活动项目发放会展扶持资金约2047万元；**在会展设施方面，**潭洲国际会展中心设施条件优质，其设计及建造标准国际一流，展馆承重、层高、荷载、新风送风量等多个硬件指标全国第一；**在城市配套方面，**潭洲国际会展中心周边有近百家酒店，近万间客房，还有国际体育文化演艺中心、三龙湾游船等城市配套，十分钟车程可享受优质商业服务、文化休闲和娱乐购物；**在轨道交通方面，**三龙湾科技城将拥有8条地铁、3条城际轨道、1条有轨电车，可8分钟抵达广州南站，20分钟

抵达广州市区，半小时抵达广州白云机场，50 分钟抵达香港，60 分钟抵达澳门，快速通达全球；**在会展服务方面**，潭洲会展提供包含行政审批、标摊搭建、物流快递及防疫安检在内的一站式全链条服务和金融、保险、法律、知识产权保护、外贸、线上直播、培训等全方位服务选择，多维度实现主办拎包办展，形成佛山潭洲特色服务洼地。（本篇文章涉及数据截至 2021 年 11 月 26 日）

佛山潭洲国际会展中心（广东潭洲国际会展有限责任公司）大事记

2015 年

2015 年 11 月 12 日，佛山潭洲国际会展中心举行奠基仪式，佛山市领导、佛山市顺德区领导和 20 家央企、44 家会展、华南美国商会、阿根廷驻总领事等各界代表出席了奠基仪式，桩基开始施工。

2016 年

2016 年 4 月 26 日，德国汉诺威展览公司与广东潭洲国际会展有限责任公司正式签订合作协议。德国汉诺威展览公司为会展中心的运营管理提供运营咨询服务。

2016 年 5 月 19 日，广东潭洲国际会展有限责任公司在佛山新城管委会举行挂牌仪式，拉开了全面运营潭洲国际会展中心的序幕。

2016 年 9 月 12 日，佛山潭洲国际会展中心启用仪式在会展中心 1 号馆举行。

2016 年 9 月 29 日，佛山潭洲国际会展中心承接正式启用以来的首场展会——第二届珠江西岸先进装备制造业投资贸易洽谈会。

2016 年 11 月 11 日，广东潭洲国际会展中心在第 83 届国际展览业协会（UFI）全球年会上正式成为 UFI 的会员。

2016 年 12 月 8 日，广东潭洲国际会展有限责任公司的负责人与汉诺威机器人学院院长在德国签订合作协议，双方将在佛山潭洲国际会展中心共同建设佛山机器人学院。

2016 年 12 月 8 日至 10 日，中国会展经济研究会在年会上举办的 2016 中国会展业十佳品牌颁奖典礼中，佛山潭洲国际会展中心荣获“中国会展十佳品牌会展中心”。

2016 年 12 月 12 日至 13 日，佛山潭洲国际会展中心在上海举办的第二届中国会展产业交易会上，荣获“2016 年度中国会展产业金手指奖・影响力会展中心”称号。

2017 年

2017 年 1 月 19 日，潭洲国际会展中心二期及配套项目正式动工。

2017 年 4 月 25 日，佛山机器人学院在广东潭洲国际会展中心和汉诺威展览中心 36 号馆同步揭牌。

2017 年 9 月 11 日，中国驻德国大使史明德一行考察了佛山潭洲国际会展中心。

2017 年 10 月 12 日，佛山机器人学院正式对外开放，其建设的首条全面展示工业 4.0 生产技术的示范线正式对外展示。

2018 年

2018 年 5 月 31 日，佛山机器人学院与德国弗劳恩霍夫协会战略合作正式启动。

2018 年 11 月 29 日，粤港澳（佛山）国际会展产业高峰论坛暨潭洲国际会展中心两周年推广活动在潭洲国际会展中心举行，中国会展经济研究会工业会展研究中心在潭洲国际会展中心成立。

2018 年 12 月 6 日，德国总统弗兰克—瓦尔特・施泰因迈尔参观佛山机器人学院并出席数字化与经济圆桌会议。

2019 年

2019 年 2 月 22 日，“新时代城市会展创新发展论坛暨粤港澳大湾区合作论坛系列活动”在广州举办，潭洲国际会展中心与广州会展业行业协会共同签署了《合作场馆战略框架协议》。

2019 年 5 月 20 日上午，佛山机器人学院及 TUV 莱茵学院战略合作签订仪式暨 TUV 莱茵—佛山机器人学院培训中心挂牌仪式，在佛山机器人学院成功举行。

2019 年 8 月 22 日，潭洲国际会展中心二期 I 包工程项目全面通过验收。

2019 年 10 月 16 日，第五届中国（广东）国际“互联网 +”博览会在潭洲国际会展中心潭洲国际会展中心举行，展会首次启用潭洲国际会展中心新馆 6 号展馆。

2020 年

2020 年 5 月 9 日，由广州广交会展览工程有限公司携手广东潭洲国际会展有限责任公司下属佛山中德机器人学院共同举办“玩转”线上广交会公益培训。

2020 年 5 月 28 日，潭洲国际会展中心开展“新冠肺炎疫情防控应急处置演练”，演练特别邀请市疫情防控指挥部及市区相关单位领导出席，潭洲国际会展中心以高标准的实战演练向与会来宾表达了“全面抗疫，安全办展”的信心和决心。

2020 年 5 月 30 日，佛山中德工业服务区（三龙湾）管委会正式印发《佛山中德工业服务区（三龙湾）管理委员会促进潭洲国际会展中心招展办会资金扶持办法》，并于 7 月 1 日起正式施行。三龙湾管委会制定针对潭洲国际会展中心招展办会提供全国力度最大的专项资金扶持，对工业类以及高质量品牌展会进行多维度、全方位、叠加式精准补贴，考量指标涵括展览面积、产地展、专业观众、本地企业参展等，单场会议支持最高 50 万元，单届展览支持最高 500 万元。扶持办法的出台得到国内外知名会展主办机构的关注，并表达落户意向。

2020 年 6 月 5 日，2020 佛山汽车工业博览会在潭洲国际会展中心正式揭幕，是新冠肺炎疫情以来的广东线下首场展会。得益于过硬的营商环境、展馆硬件设施、主办方办展实力、展馆方防疫措施以及本地市场消费能力，在市、区、镇各级领导和有关单位的鼎力支持和悉心指导下，6 月 5 至 8 日，佛山潭洲会展成功举办“2020 佛山汽车展”，成为疫后广东省、粤港澳大湾区线下第一个展会，拉开佛山潭洲会展逆市上扬序幕，为疫后展会举办提供了佛山经验。

2020 年 6 月 9 日，“新时代、新平台、新机制、新使命——佛山三龙湾一周年重大项目签约活动”在潭洲国际会展中心举行，一批广佛合作项目、产业项目以及公共服务、综合开发项目现场签约，正式落地三龙湾。此外，多名专家学者也获聘成为三龙湾首批城市发展顾问。

2020 年 7 月 9 日，中国建筑金属结构协会公布第十四届第一批“中国钢结构金奖”获奖名单，潭洲国际会展中心 B 区 6—10 号馆及配套项目 I 包上榜，获得“中国钢结构金奖”，这是中国建筑钢结构行业工程质量最高荣誉奖。

2020 年 7 月 20 日至 23 日，2020 年度全球规模最大的陶瓷展盛大举办。佛山潭洲陶瓷展对标意大利博洛尼亚展，十馆全开，参展观众超 11 万人次，参展商达 400 多家。佛山潭洲陶瓷展打响了 2020 年世界陶瓷展的第一枪，提升了陶瓷行业发展自信，也让企业找到更广阔的大家居市场。

2020 年 7 月 22 日至 23 日，潭洲会展品牌战略发布会在潭洲国际会展中心成功举办。开创性策划潭洲会展品牌战略发布，提出“中国工业会展第一馆”的战略定位，成为业内第一个进行品牌战略发布的专业展馆，也是国内第一个明确聚焦工业会展的会展平台。工业会展全链条主体七大界别的龙头企业及行业专家近 190 家机构、超 300 人参会，共话工业会展助推实体经济高质量发展。同时，潭洲会展联合各工业会展相关主体，发起组建中国工业会展联盟。

2020 年 12 月 3 日至 6 日，2020 佛山国际智能机器人博览会举办，同期引入全球智能机器人产业峰会和纳入教育部白名单的世界机器人大赛。通过“展、会、赛”全方位展示各类别机器人的前沿产品、新技术、行业应用解决方案，为机器人产业发展提供平台服务。博览会已成为华南地区规模最大、规格最高、行业影响最大的机器人产业盛会。

2020 年 12 月 9 日，2021 年中国会展业年会落户佛山潭洲会展，将更好促进佛山会展业发展。

2020 年 12 月 30 日，佛山潭洲国际会展中心被纳入佛山首批“知识产权保护工作站”并被授予牌匾，成为全国为数不多的设立知识产权保护工作站的展馆之一。

2021 年

2021 年 3 月，佛山潭洲国际会展中心被选入广东省会展企业百强，同时，荣获 2020 年度中国十佳品牌会展中心称号。

2021 年 3 月，中德工业服务区（三龙湾）荣获“2020 年度中国十佳会展名区”称号。

2021 年 3 月 10 日，佛山潭洲国际会展中心迎来 2021 年春节后首展，2021 佛山（顺德）家电博览会、2021 广东烘焙食品工业技术设备博览会以及 2021 广东佛山国际塑料产业展览会三展齐开，潭洲会展以专业化、标准化服务获得主办方一致认可。

2021 年 4 月 9 日，佛山机器人学院推出的首届“探秘潭洲会展，玩转机器人嘉年华 —— 佛山机器人学院‘研学赛’春游项目”在佛山潭洲国际会展中心成功举办。

2021 年 6 月 4 日，佛山潭洲国际会展中心作为核酸采集点，服务佛山疫情防控工作。

2021 年 6 月，《2020 年度中国展览统计报告》发布，以潭洲会展为龙头的佛山会展业跃居全国地级市第 3 名。

2021 年 7 月 20 日至 24 日，2021 佛山潭洲陶瓷展成功举办，展览面积 12 万平方米，参展企业超过 400 家，进场观众超 15 万人次，国内外主要陶瓷产区的企业及行业代表悉数参加，举办形式多样的配套活动 20 余场。佛山潭洲陶瓷展已成为最具行业影响力的优势产业品牌展，成为 2021 年度亚洲规模最大、世界第二大的专业陶瓷展、岩板第一展、新型陶瓷材料第一展，是世界建陶产业一年一度的行业盛典，极具行业号召力。

2021 年 7 月 21 日，广东潭洲振威会展有限公司签约成立，佛山潭洲会展全面开启联合办展时代。

2021 年 9 月 23 日至 26 日，广东“互联网 +”博览会及广东（佛山）工博会成功举办。顺应制造业数字化智能化转型的新需求，广东“互联网 +”博览会与广东（佛山）工博会双展联办，形成“互联网 + 工业”的会展平台。2021 年展会规模已达 10 万平方米，促成意向交易达 5.3 亿元，为推进数字产业化和产业数字化，提供了佛山的会展服务实践。“互联网 + 工业”博览会由地方国资与国内头部会展企业联合打造，当中的工博会已于 2021 年 11 月获 UFI（全球展览业协会）认证。

2021 年 10 月 1 日，2021 十一潭洲亲子嘉年华是广东潭洲国际会展有限责任公司自办的首个项目。

2021 年 10 月 15 日至 17 日，2021GT show 佛山展盛装开启。GT show 是中国首个由汽车改装媒体主办的汽车改装专业博览会，被誉为“中国潮流改装发源地”。2021GT show 佛山展展示规模达 90000 平方米，三天总观众近 80000 人次，是华南地区有史以来展出规模最大、国际品牌集中亮相最多的改装展会。

2021 年 10 月 21 日，《2020 年度中国城市会展业竞争力指数报告》发布，在 111 个样本地级市中，佛山市排名第四，跃居中国城市会展业竞争力第一梯队。

2021 年 12 月，第一届全国博士后创新创业大赛总决赛成功举办。本次大赛是我国博士后制度实施以来举办的规模最大、覆盖面最广的全国性博士后创新创业赛事。来自全国各地数千名博士博士后人才云集佛山，进行创新成果的精彩比拼。全国发明展、佛山国际智能机器人博览会等品牌展会也于 12 月在佛山潭洲国际会展中心成功举办。

专述篇 ▶

在中国特色大国外交背景下场馆服务保障主场外交活动的探索与实践

文 / 伊蕾

党的十八大以来，在习近平总书记外交思想的指引下，中国外交锐意进取，砥砺前行，谱写了外交工作新篇章。党的十九大报告这样描述过去 5 年外交政策取得的成果：“全方位外交布局深入展开。全面推进中国特色大国外交，形成全方位、多层次、立体化的外交布局，为我国发展营造了良好外部条件。实施共建“一带一路”倡议，发起创办亚洲基础设施投资银行，设立丝路基金，举办首届“一带一路”国际合作高峰论坛、亚太经合组织领导人非正式会议、二十国集团领导人杭州峰会、金砖国家领导人厦门会晤、亚信峰会。倡导构建人类命运共同体，促进全球治理体系变革。我国国际影响力、感召力、塑造力进一步提高，为世界和平与发展做出新的重大贡献。”

随着中国进入新发展阶段，中国特色大国外交踏上新征程。本文基于国家会议中心服务接待亚太经合组织领导人非正式会议、“一带一路”国际合作高峰论坛等 20 余场京内、京外、境外高端国事政务活动实践经验，探讨与研究重大活动场馆运营管理机制，为服务中国特色大国外交贡献力量。

一、机遇与挑战

（一）主场外交活动带来的发展机遇

“主场外交”这一概念最早出现于 2013 年年底我国政府对外交工作的总结表述中，是指东道国在一定国际机制条件下在本国承办国际多边会议或重大国际活动，从而维护国家主权与安全、维护世界和平、促进共同发展的行为。目前，在国内举办的重大国际多边会议、国际高峰论坛、博览会、重大国际赛事等称为主场外交活动。

主场外交的性质决定其最大的特征是万众瞩目，将一个国家的外交行为与活动举办地紧密联系起来，反映了世界——国家——城市之前的关联。在主场外交活动中，东道主通过场地提供，发挥主场的整体优势，统筹安排各类资源，完成外交任务。从主场外交效果来看，诞生了许多峰会城市，展示了中国形象，促进了城市功能提升。主场外交也需要城市功能的承载，并通过一个个创新的城市形象，生动的展示国家形象。2018 年 6 月 10 日，上海合作组织青岛峰会成功举行。习近平总书记强调举办上合峰会为青岛、山东的发展带来了新机遇，希望认真总结“办好一次会，搞活一座城”的有益经验，推广好的做法，弘扬好的作风，放大办会效应，开拓创新、苦干实干，推动各项工作再上新台阶。

（二）主场外交活动带来的全新挑战

与一般的会展活动相比，主场外交活动因历时长、规格高、规模大、活动多、影响力强、参与部门多等特点，对服务保障的场馆方提出了较高的要求。以二十国集团领导人杭州峰会为例，此次峰会是中国在 2016 年以前主办的级别最高、规模最大、接待元首最多、影响最深远的大型国事活动。习近平总书记和其他国家元首、世界组织负责人在杭州停留时间近 1 周，在场馆停留 2 天。以国家会议中心为主力的北辰团队为本次大会提供元首级服务 64 次；部长级服务 81 次；会议服务 101 场，其中元首主会场 4 场、双边会 65 场、新闻发布会 16 场；餐饮服务 146 场，其中元首午宴 1 场、元首主会场咖啡服务 3 场、元首主会场茶歇服务 4 场、在新闻中心运行的 6 天内为媒体提供用餐 71 场（24 小时不间断）。数字背后是团队坚守初心、不懈奋斗，攻破一个又一个难题的结果：组团队、建制度、抓培训、塑品牌、拓市场、改场馆、备物资、写脚本、组演练、保峰会等等，在 408 天时间内，创造性地实现了场馆运营和峰会筹备同步推进落实。

二、经验与创新

自 2009 年 11 月正式开业以来，国家会议中心成功服务保障了一系列主场外交活动。从亚太经合组织第二十二次领导人非正式会议，国家会议中心正式作为重大活动服务保障场所，到二十国集团领导人杭州峰会，首次走出京外参与服务保障；从 21 天连续保障第二届“一带一路”国际合作高峰论坛、2019 中国北京世界园艺博览会、亚洲文明对话大会三场重大活动，到逐步健全重大国事活动常态化机制。国家会议中心跟随大国外交的步伐，积累了丰富的主场外交活动场馆管理运营经验。

（一）组织保障：建立高效顺畅的“战时”服务保障组织架构，有效推动各项工作顺利开展

组织结构是组织资源整合的有机体，通常由任务、工作流、责任关系和链接组织各部门的沟通渠道构成。在日常经营中，国家会议中心采用的组织结构（如图 1 所示），是以市场和顾客为导向，既可以及时了解和满足客户对产品和服务的需求，又能促进企业灵活高效运转，提升企业竞争力。

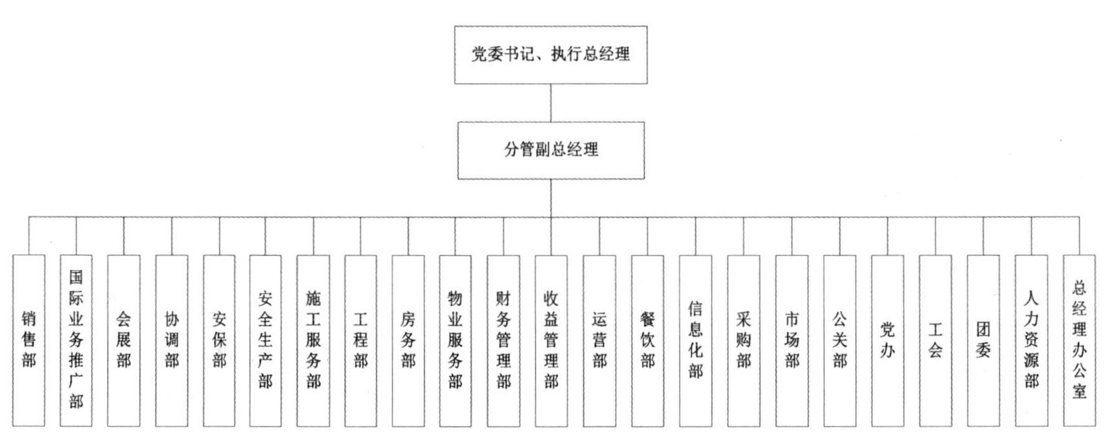

图 1 国家会议中心日常经营组织结构图

重大活动较商务展会、协会会议等工作机制更为庞大、复杂。经过多年的实践，国家会议中心在日常工作机制上，围绕重大活动的服务要求，秉持“科学规划、资源统筹、分级管理、精准服务”的方针，形成了较为完善的重大活动服务保障架构。

多层次性是重大活动保障的典型特点，这一特点首先在会议上游的主、承办方充分体现。以 2021 年中国国际服务贸易交易会为例，在国家层面上成立了组委会，研究协调筹办工作中的重大事项；北京市层面上成立了执委会，在组委会的领导下负责具体落实工作；在执委会“一办十三组”和北辰集团的领导下，国家会议中心组建“一办四组”的“战时”组织结构，负责全球服务贸易峰会开幕式、领导人巡馆、论坛和会议（高峰论坛、行业会议）、综合展、推介洽谈、新闻中心以及餐饮、住宿等保障工作。这类“战时”组织结构将职能型与业务型合二为一，在管理和执行中实现“并行联动”（如图 2 所示）。并通过分层级细化工作内容，实现定人定岗定责制，保证各专项工作小组之间的快速横向联动、协调配合，及时落实执委会的各项任务。

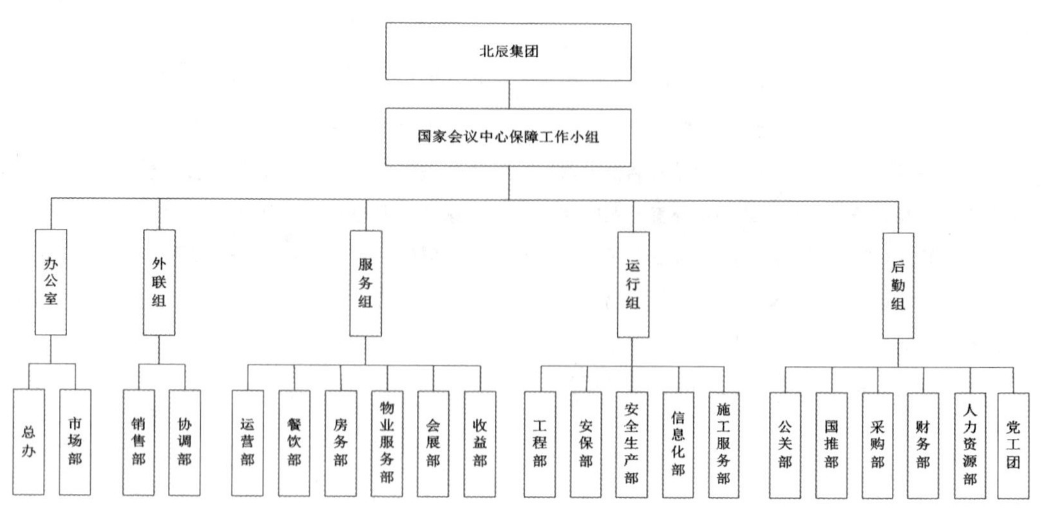

图 2 “战时”服务保障组织结构图

（二）机制保障：建立健全协调运转机制，有效推进各项筹备工作顺利开展

为确保各项服务保障工作顺利推进，国家会议中心建立健全高效扁平化的指挥调度体系和运行保障机制。在活动筹备期，通过“双系统”对接机制，对上建立与组委会或执委会日常对接机制，及时了解、主动承接主办方的工作需求；对内建立专班例会、协调督办、信息简报等制度机制，强化沟通协调、重点督办，保障指挥体系的上下贯通、内外衔接、精准落地。在活动运行期，通过现场调度、信息报送制度和应急机制实现现场的指挥调度，并根据总体工作进度，统筹规划、整体推进，制定切实可行的服务保障工作时间表和任务清单，确保各项工作按照时间节点如期完成。

通过建立区域、人员、岗位和事项相对应的日常联络机制，准确识别风险的风险控制机制，以及及时全面反应工作动态的信息报送机制，掌握内部工作组进展情况，加强与外部各单位的协调，精准推进工作进度，控制运行风险。例如，国家会议中心服务保障重大活动，实施“两案、两图、两表”运行机制：

两案：完善接待方案、应急预案，确保活动执行有方案、应急处理有预案。

两图：绘制联络图，建立联络人机制，保证信息沟通顺畅。利用点位图，保证职责到人，落实运行与服务。

两表：根据任务目标制定倒排计划表、执行表，保证各项任务按期完成。

（三）安全保障：人防、物防、技防相结合，筑牢场馆安全壁垒，确保安全运行万无一失

无论是何种类型活动，安全是前提。对于重大活动，安全则须做到滴水不漏，只有在这一基础上，服务品质、创新水平才能进一步彰显。人身、设备、食品、治安等，每一项都决定着活动的成败，要确保绝对安全。国家会议中心以“人防”为中心，“物防”为保障，“技防”为手段，秉持“安全运行万无一失”的工作原则和目标，确保活动安全、平稳运行。

从人防来说，国家会议中心按照全员审查的原则，配合相关部门对所有员工、外包单位人员进行严格政审，并与所有人员及单位逐人签订责任书，确保安全；按照“同步施工、同步监管、同步安检”的原则，组织安全团队全程落实施工安全监管措施，及时消除安全隐患；组织专业人员加强现场、住地及行车路线沿线涉及水、电、气、热等重点部位的检修、看护。

从物防来说，国家会议中心坚守安全底线，在设备设施运行全过程中进行及时、滚动的检查、检测，把发现问题、解决问题贯穿始终，深入挖掘影响安全运行的每一个隐患。按专业对各设备设施进行分类，关键设备如电梯，压力容器等特种设备由专业人员与维保人员共同按照大型重要活动标准进行全面检查，并按照检查的结果落实备品备件及现场热备份，确保设备设施在最佳状态下安全运行。此外，重大活动期间还需要加强网络安全管理，如内部系统进行互联网物理隔离，官方网站采取断网断电方式进行隔离，确保网络安全。

从技防来说，在疫情期间，国家会议中心引入第三方专业检测机构进行环境核酸常态化检测，每周动态更新检测点，为会展客户构建安全防护墙；将传统安防系统更换为现代化数字监控系统，从来宾入场开始准确进行人员轨迹追踪、人脸识别和区域大人流监测。此外，借助技术手段把好从采购到厨余的每一道关，为客户提供优质放心的餐饮服务。严格管控冷链食品等重点监管对象，开展原材料农残检测，确保食材类物资安全、

可追溯；检查食品原材料分类清洗、分类加工、分类存放情况，对作业人员手部进行微生物检测，保障餐饮加工安全；对会场的餐具等进行 ATP 快速检测，推进分隔式就餐，保障用餐安全；利用油脂分离器分离油脂等厨余垃圾，进行绿色回收处理，全方位保障食品安全。

（四）服务保障：以标准化服务为基础，提供创新服务，为客户创造惊喜

第一，博采众长，制定周密工作方案。在首次承办重大活动——亚太经合组织第二十二次领导人非正式会议时，选派专人到上海、青岛、印度巴厘岛等地学习 APEC 系列会议的接待经验，总结各地接待服务经验，完善企业接待方案。为全力保障 APEC 各项服务的顺利开展做好充分准备，也为后续重大活动服务接待积累了宝贵经验。首创脚本式服务方案，应用于二十国集团领导人杭州峰会会前全要素、全流程、全实景演练中，实现了“安全运行万无一失，接待服务滴水不漏”的保障目标。金砖国家领导人厦门会晤期间，根据不同服务场景、服务对象打磨细化接待方案，以国家会议中心为主力的北辰团队指导、组织编写的接待服务方案、工程联合保障方案等近 40 万字。国家会议中心将服务标准、模式复制到合作场馆，使标志性场馆、举办城市在世界舞台惊艳亮相。

第二，标准护航，注重细节追求卓越。“三流企业做产品，二流企业做品牌，一流企业做标准。”相对于产品标准、工业标准而言，服务标准化是一项更为艰巨的工作，因为服务是无形的，服务又是无止境的。国家会议中心在十余年的发展过程中，建立起涵盖环境与能源、安全及应急、信息、财务、会议服务、展览服务、餐饮服务等 20 个管理和服务模块，416 项企业标准文件。通过规范化的管理运营制度、统一的技术标准、服务目标的规划设计，向客户提供统一的、可追溯、可检验的标准化服务。

第三，优质创新，向世界展现中国魅力。国家会议中心在标准化服务基础上，针对重大活动参会代表的特点和风俗习惯，精心设计特色服务内容，为与会代表提供兼具国际水平和中国特色的服务。在二十国集团领导人杭州峰会期间，国家会议中心团队以高超的专业水准和敬业精神，向世界展现了“中国服务”的魅力。从为峰会定制服务类物资，如圆桌峰会家具、文案等，为元首午宴定制瓷器、布草等，到精心布置大气雅致的国际化新闻中心，以及屋顶花园“杭州印象”主题茶歇等，无不体现大国风范、江南特色、杭州元素。将峰会咖啡服务时间精确到秒，为元首工作午宴提供整齐划一、有序勿扰的国宾级服务。国家会议中心已不仅是一个会展场馆，更是传递知识与文明、展示北京乃至国家形象的重要窗口。

三、建议与启示

（一）树立全局意识，新建场馆应充分考虑后续运营

对于新建场馆，要充分考虑后续运营，既要体现中国气派和国际水准，助力大国外交，也要秉持节俭之风，避免铺张浪费，减少不必要的开支。承接主场外交活动，为所在城市会展业的发展带来了机遇也带来了挑战。以场馆带动城市、区域发展的思路需要具备全局意识，应充分认识到会展业是一个“牵一发而动全身”的产业，产业链建设需要同步发展。

（二）坚持以人为本，为员工提供完备后勤保障

重大活动因安保级别高、接待任务繁重，很难在会期根据实际情况机动从外协单位调派人员，这就要求服务保障人员绝对稳定，不能出现人员流失或临时增补的情况。国家会议中心坚持以人为本的理念，通过开展各类培训教育、召开誓师大会，从国家、社会效益的高度进行深入动员，统一全员思想，增强员工“躬逢盛世、参与大事”的荣誉感；在服务过程中，开展慰问激励、主题党团日活动、集体生日会，配发生活物资，提供丰富多样的餐饮及便利交通等方式，为员工提供全方位、人性化服务保障，增强责任感、荣誉感和归属感，持续保持服务热情。

（三）遵循国际规范，注意涉外礼仪和保密纪律

在正式的国际交往活动中，应该遵循国际规范。在“外事无小事”的要求下，国际交往礼仪不仅体现国人综合素质，同时兼具一定政治性。在接待重大活动前，应充分了解外方文化中的特殊礼俗、禁忌，如与我国风俗礼仪存在差异，则应遵循国际通用规则，灵活运用服务接待技巧，既要尊重对方，也要展示出我国的待客礼仪之道。此外，场馆所有工作人员应注意保密纪律，严禁私自披露活动各类信息，不得通过微信、微博等社交软件传递涉密信息。

（四）讲好中国故事，服务接待中应“善待媒体”

国家会议中心在重大活动接待中，按照“善待媒体”的原则，精心安排媒体工作者住宿、餐饮、网络等方面需求，竭尽全力为媒体提供优质、便利服务。充分发挥媒体在社会宣传方面的作用，讲好中国故事、传递中国声音。如根据记者工作性质提供服务，特色餐饮区提供中西自助餐、简餐和不间断茶歇，还提供外带餐包、小份点心和饮品等便捷性餐饮形式，提升用

餐体验。在亚太经合组织第二十二次领导人非正式会议期间，新闻中心的服务受到了世界各地媒体记者的认可：曾多次参与APEC 会议采访报道的秘鲁《商报》记者马里奥·卡斯特洛表示，国家会议中心新闻中心面积大，提供服务多，各种采访安排都最大限度地从方便记者的角度出发，服务非常细致周到。

四、结语

当前，中国无限走近世界舞台中央。在中国共产党百年华诞的历史节点，中国外交也将开启新征程。千秋伟业，百年只是序章，未来必将可期。中国会展业也将迎来更好的机遇，届时场馆将承载更多中国外交走向世界舞台的任务。场馆需要提前布局，夯实服务保障基础，强化基础设施建设，驱动智慧化、国际化发展，不断提高服务水平，讲好中国故事、传递中国声音、提供中国方案。（作者系国家会议中心党委书记、执行总经理）

新经济时代下会展业亟须强化价值创造

文 / 陈树中

随着数字经济的快速发展，进入万物互联网模式的当下，人类社会的生产方式、消费方式都在发生深刻的变革，大数据时代更使得这种变革以加速度方式推进，新商业模式不断出现，以实现交易和促成交易为功能属性的会展活动，其自身价值面临前所未有的挑战。

从会展业自身看，呈现四个发展趋势：一是从市场主体看，越来越多的新经济平台类实体，如大型电商、新媒体、拥有大数据运用能力的专业贸易公司等，携其丰沛的资源优势，以降维打击态势加入会展产业，给传统会展企业带来挑战。二是从会展人才看，长期以来，从会展公司到从业人员，熟悉会展运营但疏于产业深耕现象广泛存在于业界，缺少同时具备会展专业、产业深入、新技术应用于一体的复合型人才成为业界之痛。面对大变革时代的到来，传统会展企业彷徨乏力。三是从市场需求看，毋庸置疑，传统会展运营模式，越来越多地受到不断创新的商业模式的挑战，会展老三件套：场馆——组展组会——参展邀观，每一件都存在基于新技术的某些替代，网上展会、视频会议就是典型代表，并且可以预期，随着技术进步和运营模式不断完善，其替代传统会展的冲动与能力只会日益强化。四是从产业资本看，传统会展企业多是轻资产企业，资本积累薄弱，融资能力有限，众多企业项目对政府补助依赖性较强，无力进行需要较大投入的平台开发，资本不足同时也制约了会展企业的人才吸纳和跨界资源整合能力。

2021 年以来，一场突如其来的新冠肺炎疫情更是加速上述四大趋势。这样一来，会展业何去何从，如何应对新挑战。疫情发生后，从线上线下融合办展，到会展设施特别是场馆建设投入可行性及必要性；从政府扶持会展业发展的投入方向、投入重点，到高校会展人才的培育方式等成为热门话题。会展业面临前所未有的困惑，迫切需要深入探讨并积极实践和探索。

笔者认为，经济活动的根本在于产品供给和需求，无论是展览还是会议，本质上是提供产品。产品的价值和使用价值决定产品的存在价值和其价格。会展经济产业链核心是会展项目，长期以来，会展经济活动形式，就是以专业场馆为阵地，通过整合会展活动各参与方资源，搭建平台，推动交易实现，从而实现展会的价值，让会展公司获得回报。由于会展活动为举办城市带来的溢出效应和其本身赢利不足特点，使得会展活动获得政府补贴。因此，作为会展经济产业链的每一个企业，关注发展趋势，更要落实到如何强化企业产品的价值创造力的提升才是根本。

藉此，笔者就新趋势下的会展价值再造提出一些个人意见，与会展业界共同探讨。

首先，新经济时代会展数据化再造。近代以来，会展经济的发展无不是伴随着每一次工业革命的实现从量到质的飞跃。第四次工业革命的主要标志之一就是基于新一代信息技术演化生成大数据时代来临。会展活动从某种意义上来说，其具有与生俱来的数据收集运用基因，传统展会历来注重会展各参与方的数据积累，并且在精准性上具有一定的优势。会展企业可主动出击，协同有关方针对企业拥有的品牌项目，主导建立起“四位一体”的展会大数据平台，建立合作关系。“四位一体”是指主办方、场馆方、技术支撑方、信息传播方。与其被动接受对方的整合，不如主动的拥抱其技术为我所用。

其次，城市营销的会展名片效应再造。发展会展经济之所以会得到各个城市的高度重视和大力推动，是其为城市带来的拉动效应。除直接带动餐饮、住宿、交通、广告业外，更重要的聚合产业要素、促进产业积聚、强化城市产业话语权，特别是打造城市名片，提升城市软实力。因此，对于会展业来说，面临新趋势，线上线下融合发展已成共识，但笔者想强调的是，只有加强线下才会有更好的线上融合、不可偏废，展会运营中尤其要注重在彰显城市个性、城市文化上下功夫，一个成为城市名片的展会，其生命力是毋庸置疑的。由此笔者认为，部分流动性展会也将逐步走向与某些所匹配的特定城市，根植融合，这或许也成为一种趋势。

再次，会展促成交易功能上的能力再造。无论时代如何发展，表现形式如何演化，会展的交易和促成交易本质属性不变。笔者认为，无接触经济时代的到来，和人与人之间需要更多的直接接触，其两面性并行不悖，必将同时发展，这是人的社会性必然。会展表现形式上要更加注重新颖性、体验感、活泼度，比如展、会、节、赛、演更多的融合，通过构建长效的服务展商观众公共平台，延伸增值服务品类，增强展商与观众对于展会的情感依赖和商业行为依存度。

最后，会展企业自身竞争力再造。新经济时代变革呼唤会展企业管理的创新。一是以永不停息的学习跟上时代步伐。会展经济是“人才经济 + 知识经济”，对新事物、新知识的学习接受能力直接关系到企业的生存发展。二是要注重复合型人才队伍建设，在存量上强化会展人向产业人的转化，在增量上完成专业人向会展人的转化。三是努力从更多的向政府要政策转向向市场要效益，创造条件走向资本市场。四是以开放的心态寻求合作，会展业的特点有利于采用灵活多样的合作方式，只有共赢发展才能拥有新经济下的新未来。（作者系长沙市会展工作管理办公室二级巡视员）

疫情防控常态化下会展活动实践与会展属性

文 / 陈树中

新冠肺炎疫情发生后，全球会展业全面停摆。随着国内疫情防控阶段性全面胜利，会展业界对产业复苏抱着热切的希望。4 月 30 日至 5 月 5 日，2020 湖南汽车展览会暨长沙市首届汽车消费节的举办，打响了会展业复苏的第一枪并取得成功，展览面积达到 6 万平方米，进一步鼓励了从政府到业界对恢复会展经济活动的信心。

五一假期后，国务院要求各地抓紧评估“五一”期间人员较大规模流动和一定范围聚集情况下防控举措效果，总结旅游景区、餐馆、住宿、商场等场所既有利于防控、又有利于复市的有效做法。国务院联防联控机制要指导地方发布相关指南，运用好的做法进一步提高常态化防控的精准性，在此基础上推动更多生活服务设施恢复经营，带动居民消费回升，更有效推动经济社会发展全面步入正常轨道。紧接着国务院国发明电〔2020〕14 号中关于重点场所防控意见明确指出：按照相关技术指南，在落实防控措施前提下，全面开放商场、超市、宾馆、餐馆等生活场所；采取预约、限流等方式，开放公园、旅游景点、运动场所，图书馆、博物馆、美术馆等室内场馆，以及影剧院、游艺厅等密闭式娱乐休闲场所，可举办各类必要的会议、会展活动等。自此，全国各地都对恢复会展活动，纷纷拿出了具体的部署。

2020 湖南汽车展复展的实践，据多方信息反馈，湖南车展是新冠疫情发生以来，全球首个在专业场馆内举办的大型展览活动。作为此次展览活动组织的总牵头人，本人亲历了展会从政府决策、筹备过程、活动举办全过程，活动的成功举办，为接下来的会展活动全面启动积累了宝贵的实践经验。从该展会发布举办消息的那一天开始，我们深切的感受到来自各界的高度关注，也承受着巨大的压力，但是我们始终有着坚定的信心。

一、信心来自对行业的深入研究

早在新冠肺炎疫情爆发之初，长沙市会展办就组织了关于疫情对会展业影响的全方位的深入调查研究。对疫情给行业带来的损失做了具体的分析。在居家隔离期间，我们组织网络直播，邀请全国行业专家开讲，笔者也做了《关于新冠肺炎疫情对会展业的影响与对策思考》的直播演讲，并将其整理成文，通过湖南日报内参，报送省市主要领导参考。在具体措施方面，提出可从近期（疫情防控期，大约在 4 月份以前）、中期（疫后延续期 4—9 月份）、后期（疫后恢复期 9 月份—明年上半年）三个阶段来部署，分阶段推出政策重点和推动行业复苏。第一阶段即近期。重点是：加快兑付扶持奖励资金，在稳岗就业、税费政策、房租减免、融资渠道、提供培训等方面做文章。目的在缓解企业资金压力，解决生存问题。第二阶段即中期。重点是：提供高效公共服务，力促生产自救。在简化审批、整合资源、科学调度上做文章、通过投入公共资源加大力度，帮助组展公司做好展会项目推广、在邀观招展上给予行政赋能，以提振行业信心。第三阶段即后期。重点是：加大会展城市营销，恢复提升会展发展生态环境，在长效机制、品牌培育、市场驱动、科技进步上做文章，通过聚合政企力量，打造几个足以影响会展大局、一洗疫情阴影的标志性会展活动，站上会展经济新的发展台阶。截至目前，长沙会展业应对疫情基本上都是按照这个步骤有序推进。

二、信心来自对经济形势和防控形势的精准判断

危和机总是同生并存的，疫情之下，长沙会展业将如何迎难而上化“危”为“机”，又将如何抢占先机？长沙市委、市政府高度关注疫情防控中的会展项目和会展发展。2 月 17 日，湖南省委常委、市委书记胡衡华主持召开全市会展产业发展专题会议，分析研究会展行业应对疫情的相关工作举措。随着疫情防控形势的好转，长沙的抗疫取得了阶段性重要成果。3 月 8 日 24 时，长沙所有县（市）区的疫情均降为低风险等级。疫情防控进入常态化后，长沙经过深入调研和慎重研究，决定重启会展活动！根据市委、市政府的指示精神，3 月 31 日，长沙重点会展项目新闻发布会召开，长沙市会展办集合了近期举办的重点会展项目和 10 个今年内将要举办的重点会展项目一并通过媒体发布。其中，2020 湖南车展成为长沙首个恢复举办的大型会展项目。此前，受新冠肺炎疫情影响，日内瓦国际车展与

纽约国际车展相继宣告推迟，汽车行业受疫情影响，市场销售惨淡，众多厂家新产品没有发布平台，全国其他城市的大型展会也纷纷取消或者延迟举行。长沙成为率先全国恢复会展行业的省会城市。敢为人先的长沙人，打响了今年全国会展业界信心恢复的第一枪，迈开了会展项目成功举办的第一步。4 月 30 日，经过精心筹备后，在长沙市会展办的指导下，2020 湖南车展在湖南国际会展中心如期开幕了。长沙市委副书记、代市长、湖南湘江新区党工委书记郑建新在车展开幕式上肯定，2020 湖南车展展现了湖南人和长沙人“敢为人先”的责任与担当，必将发挥首发效应，起到示范和带动作用。

三、信心来自精心细致的准备和复展与防控的科学统筹

湖南车展从开始筹备到正式开展，有效工作日只有 26 天。更加值得肯定的是，长沙会展人开创了一条疫情防控常态化下的办展新路。办一个区域性车展，在全国会展界中，原本并不是一件被广泛关注的活动。但今年的湖南车展，引来了万众瞩目。究其原因，会展人都明白，那就是如何破解展会中遇到的防控难题。在会展中进行精准防控，将各项防控举措落实到每一道程序、每一个环节中，办一个安全参展、安心观展的展会，成了本届湖南车展的第一追求和第一目标。为此，长沙市公安局、市卫健委、市疾控中心、市会展办、市商务局、湖南国际会展中心等部门和单位，组成了为车展保驾护航的后援团队，市委、市政府先后召开了 8 次工作调度会，一项项研究解决会展中的防控难题。

一个个首创之举密集出台并付诸实施：第一次在湖南用实名制办展，第一次用健康码和行程码管理参展和观展人员，第一次采用智能防疫机器人 360 度无死角消毒；

第一次引入红外温度探测系统；第一次完成了会展配套的防疫操作手册。这本长达 18 页的手册，从展台消毒到展车管理，从进场布展到观众进场，从餐饮配套到垃圾清运，从馆内新风到车内空间……每一个细节都有精准的防控操作规程。卫健部门还在展会期间派出专业人员和团队，驻会服务指导，确保了湖南车展组委会提出的“身份必问”“信息必录”“体温必测”“口罩必戴”“消毒必做”“突发必处”的“六必”办法落到实处。最严的防控举措，为展会构筑起最专业的“防火墙”和“安全网”。

5 月 1 日，“五一”假期首日，湖南省委常委胡衡华在 2020 湖南车展现场察看细节，对在展会组织、现场管理、过程监控等方面采取的诸多创新之举给予肯定，鼓励在实践中探索一条疫情防控常态化下创新展会模式和形式的新路子。六天展期，共有 6.238 万人次入馆。5 月 5 日，随着展会的平安落幕，长沙首展实现成功，为疫情防控常态化条件下实现会展业复苏创造了可资借鉴的宝贵的实践经验。

四、信心来自对市场需求的把握和强有力的配套政策支持

2020 湖南车展成功举办的背后是清晰的“路线图”、实惠的“政策包”、精准的“服务链”。恰逢“五一”小长假，湖南车展又有了另一重任务：受疫情影响，消费市场一度十分低迷。释放被抑制、被冻结、被延后的消费需求，引爆“五一”假期的消费热潮，湖南车展有了另一重任。

湖南车展既是汽车商家推出新品的展示会，也是广大市民翘首以待的汽车消费节。巧用汽车消费的杠杆作用，撬动整个社会消费，是一步大棋。长沙是全国重要的汽车生产基地之一，也是中部地区汽车消费大市。4 月 26 日，长沙市政府针对 2020 湖南车展出台了配套奖励和促销办法，明确投入 3000 万元用于购车补贴。这在湖南车展历史上也是第一次！湖南车展没有辜负特殊时期赋予的特殊使命。在不到一个月的时间内，便完成了 100 多个品牌、近 600 台展车在 6 万平方米展馆内的集结。这是全国主流汽车品牌今年的首次大集合。压抑已久的市场和热情似火的市民，给了这次大集合丰厚的回报。

5 月 5 日，2020 湖南车展圆满落幕。作为疫情有效防控下全国首个恢复的大型室内车展，2020 湖南车展成为多项纪录的“开创者”。据不完全统计，车展 6 天时间，销售车辆 2.391 万辆，销售金额 52.68 亿元。平均每三个观众就有一辆新车订单，成交比率达到 38%，创下历届最高。联合办展新模式成为本届车展一大亮点。车展期间，在长沙市内六区、长沙县、浏阳市、宁乡市以及高新区范围内汽车销售企业联动发力，给广大消费者带来真金白银的实惠。车展期间，销售超千辆的品牌及经销商集团超过 7 家。永通集团负责人介绍，车展期间销售新车 1867 台，销售金额达到 3.89 亿元。展会期间，共有来自广州、深圳、成都等地的 50 多家会展团队前来现场观摩交流。

对会展业重启复苏的思考。湖南车展代表中国在疫情防控当中会展业复苏在国际上首创先例。有了中国在先，紧接着国外有德国，澳大利亚等国家，也纷纷对开展会在活动持开放态度，国际知名的会展专业杂志《展览世界》全方位报道了湖南车展盛况，全面介绍了展会防控措施及操作流程，国际展览业界高度关注湖南车展的成功做法，为了能给展览活动重启创造条件，一些州政府甚至将会展活动从大型聚集性活动类中排除出来，以便能放开会展活动恢复正常。

作为疫情防控常态化的“全球第一展”的组织策划牵头人，本人有太多的感慨，看到历经疫情摧残的会展业重现复苏迹象，所有的付出都感觉值得。长沙也将再接再厉，各类展会将陆续展开。作为业界人士，面对国内外会展业界对开放会展活动奔走相告，一片叫好的局面。有几点个人的思考和建议，在此提出来，希望能与国内外同行交流：

1. 从全球来看，新冠疫情远未结束。随时随地都有可能发

生聚集性复发，众多防控专家的观点比较一致的是，存在爆发的可能性。我们必须面对的现实是，未来可能较长时间内，会展活动是在防控常态化的前提下进行，这一点会展业界必须保持清醒的认识。

2. 勿需回避，一般而言，所有的会展活动其属性必然是大型聚集性活动。由于近日德国一些州政府为了给恢复会展活动排除障碍，将会展从大型聚集性活动中移出，但我认为并不等于改变其属于大型聚集性活动的属性。昨天拜读广东组展企业协会会长、广州大学刘松萍教授大作《展览活动属性重新界定的思考》，刘教授认为将展览会属性界定为专业商务活动，而不是大型集聚性活动，将有利于会展行业的规范、健康、繁荣发展。作为资深会展专家，刘松萍教授为会展业发展殚精竭虑，我所敬仰。但这一观点值得商榷。

3. 笔者认为，会展活动应该定性为风险相对可控性大型聚集性活动。刘教授提出的商务活动与聚集性活动是两个不同的概念。前者是就活动内容而言，后者是就活动形式而言。会展的聚集性是其主要特质，“会展等商务活动是高度有序组织的，每位参观者、参会者和演讲人、展商都是可追踪、可监测的”。这些特点并不能改变其大型聚集性活动性质，而是说明其和别的大型活动比较而言，更具有风险相对可控性。

4. 之所以想强调这点，一方面，是因为一旦忘记或者不将会展作为大型聚集性活动，意味着容易误导从政府到市场主体对风险管控标准放宽，特别是在疫情防控常态化条件下，一旦任何地区、任何城市在会展活动中出现聚集性传染，对全行业的负面影响都是无法估量。另一方面，笔者之所以建议将会展活动定性为风险相对可控的大型聚集性活动，既可以有利于会展活动的开放，也有利于防控与展会统筹。至于一直以来由于会展定性为大型聚集性活动，种种因素而导致会展企业在项目运营中过多的负担，解决之道还在于优化发展环境，那是另外一个题目。

5. 会展业得到重启，更多的是全面复工复产的题中之义。笔者曾经反复阐述过几个观点，在疫情防控常态化条件下，一是不搞一刀切，长期将会展活动停摆；二是不一哄而起，不分条件是否具备，盲目蛮干；三是坚持因地制宜、因会制宜、因企制宜、因时制宜。四是积极探索不同类型会展活动可资借鉴操作的防控标准流程，加强行业交流。五是防控常态化条件下，更多要转为防控上依靠专业力量和科技手段。在尽最大努力做好展会与防控统筹的同时，作为大型聚集性活动，会展有风险应成为各级政府的共识，让政府和企业共同担责，而不是将压力都放在主办方或者场馆。（作者系长沙市会展工作管理办公室二级巡视员）

探索会议中心空间运营新模式

文 / 范松鹤

随着会展市场的发展迭代，其需求在广度和深度上均呈现延伸趋势。新一代会展场馆建设如火如荼，经营管理理念也在不断进步。以往的会展场馆运营，只是简单定位为“场地出租”，根据客户需求提供基础会议服务。如今，需求的多样化促使“空间运营”的概念逐步盛行：如何优化空间布局，拓展场馆功能，增加服务内涵，提升场馆利用率，已成为场馆运营探索的新方向。

一、差异定位，为场地贴上独特的标签

当客户第一次接触场馆的时候，会议室作为一个展示空间并没太多的辨识度和记忆点。尤其是面对会议中心数量众多、类型相似的会议室，除非经验丰富的活动组织者，否则客户难以自发地将相似的会议室与其相匹配的活动联系起来。从空间运营的角度出发，客户的关注点除了场地硬件外，更关心适合承载的内容。因而，为每个空间营造合适的场景，让看似千篇一律的场地通过差异化定位脱颖而出，才能为客户留下深刻的印象。

广州越秀国际会议中心是广州城区全新的会展场馆，其中会议空间 17,000 平方米，从规模上并不占优。然而，场馆以空间差异化定位为切入点，按会议、展览、活动、宴会等需求，赋予数十个会场不同的功能定位，使他们各具特色。譬如，将一楼会展厅打造成多元展示空间、二楼报告厅突出科技元素、三楼宴会厅主打餐饮宴会……通过对每一个场地的精准定位，会议中心赋予物理属性的建筑空间明确的“功能标签”，让客户可以根据自身的业务需求，活动要求选择合适的场地。

二、空间重构，赋予场地创新的功能

会议中心在设计之初需要进行充分的市场研究，全面考虑会场的空间布局和设施设备是否符合主流活动的需求。主动发掘客户需求，对空间进行合理的设计重构，会迸发出更多灵感和创意。

广州越秀国际会议中心的会展厅，原设计为 2,400 平方米的会议厅。后经重新设计改良，充分利用前厅空间，拓宽为 3,024 平方米的多功能会展厅。新增加的前厅利用可移动隔板，既可以和主厅完全连通，也可单独间隔为独立的活动前区，成为一个功能多样的活动空间。同时，作为场馆的主力产品，会展厅在设计之时就考虑对会议和展览的兼容性。简约的装修风格、足够的层高、矩阵式的吊点、充足的电力供应、地面给排水系统、无障碍货运通道等，使大厅成为“动”“静”皆宜的百变空间。无论是需要大型搭建的新车发布会，或是千人大会，还是精品展览，在会展厅都能极大地提高利用率，达到很好的呈现效果。

三、空间联动，让场地安排更加合理

空间运营不止局限于单一空间之内，还可以表现为不同场地间的相互联动。大型会议活动在日程安排上，经常涉及主会场和多个分论坛搭配使用的情况。不同规模会议室的合理分配，动线安排，就餐区设置，都将极大影响与会代表们的体验。

以广州越秀国际会议中心为例，场馆的每个楼层都设置了不同规模的会议空间，会议室普遍采取可以灵活间隔、组合的设计方式，并配备了投影设备、音响、吊点等基础设施。这样一来，会议组织者无论是使用单个楼层或是整栋会议中心，都可以灵活地搭配场地和设计动线。如世界超高清视频（4K/8K）产业发展大会，一楼会展厅作为交易成果展场地、三楼宴会厅作为开幕式和主会场，五楼会议厅和会议室作为分会场，六楼则作为用餐区。三天数十场大小会议和展览均安排在会议中心内，为与会代表提供了极大的便利和舒适的体验。

四、空间延伸，让活动展示更加立体

运营的概念不止存在于室内空间，宽敞的室外空间和公共区域同样可以开拓运营思路。如会议中心的户外广场、中空大堂、公共区域，这些会议室以外的空间，实际上也蕴含了巨大的潜能。迎宾签到、茶歇交流、品牌宣传、产品展示，甚至是小型聚会，赋予了这些空间更大的价值。会议中心把更多的空间留给客户去发挥，让活动有更宽阔的展示舞台。诸如抖音、快手等活动，均对公共区域进行了精心布置，营造出独特的打卡点，为与会者带来了更多的惊喜。

从空间的差异定位、设计重构、互相联动到功能开发，会

议中心独特的空间价值在运营中得到进一步表现。新一代会展场馆所彰显的科技元素，不只是在科技设备的应用方面，更体现在智能化管理系统的应用方面，楼宇管理系统、客流检测系统、场地预订系统等软件的引入，都将极大提升空间的有效利用率。作为场馆经营者，需要结合会议活动的规模、场地需求、动线规划、撤换展安排、场地特性等，对空间进行科学、合理的安排，在充分利用场地、节省时间成本的前提下，为客户提供更加优化的解决方案。

未来的会展市场，将更加注重会议场馆的空间实用性和灵活性，这对场馆的运营管理提出了更高层次的要求。场馆运营者需要不断学习创新，突破思维界限，从市场需求出发，挖掘更大的商业价值。（作者系范松鹤，广州城投智奥发展有限公司总经理 / 广州越秀国际会议中心总经理）

线上线下双轮驱动带来会议产业创新共融时代

文 / 杨薇

线上会议与线下会议一直在行业中各自发展，但受疫情影响及会展业政策的不稳定变化以来，国外甚至国内参会嘉宾地域限制问题，线上会议已然成为会议活动的刚性需求。会奖旅游从业者中不乏出现一种声音，“线上会议是否会取代线下会议”的说法。但人的群居性和会展的聚集性决定了线下活动不会消失，会展活动所产生的参与感、仪式感和信任感能通过面对面的连接产生和感受，线上会展活动能充分发挥技术优势和创新能力，为买卖双方创造新的价值，同时，为展会主办方创造新的商业模式和新的数字化收入。放眼来看整个行业，线上线下紧密连接的“双线会展”将成为会展企业创新发展的共融模式，实现“线上线下双轮驱动”。

看见需求：线上会议对线下会议的有效延展。线上交流成本低、效率高，使用场景广泛。受疫情常态化影响，当前很多人已经逐渐习惯了线上的“屏对屏”会议模式。不管疫情何时结束，线上会议的使用都是不会消失的。对于会奖旅游从业者而言，线上不仅可以运用到会务组在组织会议的时候使用在线工具，更是在会议期间，能够产生更大的传播效果，通过线上直播的问答、抽奖、弹幕聊天等方式来丰富参会者的互动；会后，还能有效利用数据进行会议复盘。在线直播是线上会议的呈现方式之一，它不仅补充了在线观众的观看需求，并达到不同机位视角的在线观看情况与线下会议实现实时数据分享，对线下会议达到了有效的延展。

看见体验：一方面，线上会议倒逼线下会议的品质提升，线上会议拥有无限的发展可能。另一方面，线上会议也倒逼着线下会议更加注重体验感和仪式感，线下会议提供的基本社交需求，重要的不是简单的信息传递，而是会议过程中的思想碰撞、商业合作、商务社交、群体激励等。除此之外，会议营造的场景沉浸体验，以及线下会议附属带来的文化与服务体验都是线上会议所不能替代的。在设置红外线测温机器人、智能导航等智慧系统的基础上，悦来国际会议中心接待员在既保证会场防疫安全的同时，佩戴口罩及面纱，给参会嘉宾提供专业服务和视觉美观感受。同时，创立餐饮 IP，加大菜品研发力度，提炼悦来餐饮文化，打造的巴渝风情特色茶歇，充分展现了山水之都美丽重庆的独特魅力。

看见价值：线上会议整合线下会议的共融发展。将线下会议搬到线上，实现了线下面对面，线上屏对屏，线上线下相互融合，在线分享，实现线上的观看嘉宾低成本和云参会；身临其境，满足现场的参会嘉宾社交需求和服务体验。凭借良好的契机，悦来国际会议中心在去年 6 月底举办的自办会——“食”尚归来厨艺大赛，首次尝试了“线上 + 线下”双线会议的模式，邀请业内星级大厨同台竞技，300 人的线下会议规模通过在线的直播，吸引了超过 352 万在线观看量，强力提振了重庆市会展行业信心，并获得业内一致好评。得以创新实践后，悦来国际设计论坛等自办会 IP 活动也延续了双线办会模式，累计吸引了线上约 1652 万人次观看量，有效推进了会展行业新一轮创新共融发展机遇。

“在后疫情时代中国会展业要抢抓新的发展机遇，开拓新的发展局面……要在线上、线下相互融合的发展中进一步做大做强。”中国会展经济研究会会长袁再青说，不管从线上到线下，还是从虚拟世界到触感人生，从未停止的只有砥砺前行的步伐和汇集梦想的信念。立足自身优势，结合市场需求，积极调整销售策略，每一位会议的组织者、参会者，都在积极引进各种新技术、新手段应对行业的发展新趋势，迎接会议的创新共融时代！（作者系杨薇，重庆悦来两江国际酒店会议管理有限公司董事长、总经理）

塑造发展新形态 打造工业会展第一品牌

文 / 张云

会展是生产性服务业的重要组成部分。中国会展业经过近几十年的蓬勃发展，已经取得了举世瞩目的成就，面对突如其来的新冠疫情以及经济新业态、新模式的不断涌现，传统会展业也面临发展的十字路口。如何在新形势下高质量发展，是我国会展业的重要课题。潭洲国际会展中心位于佛山最重要的科技、产业创新平台——三龙湾科技城。近年来，抢抓粤港澳大湾区战略新机遇，努力塑造发展新形态，打造工业会展第一品牌，带动引领佛山会展业跨越式发展，为全国会展业高质量发展提供佛山实践。在《2020 年度中国展览统计报告》、《2020 年城市会展业竞争力指数报告》中，佛山已跃居地级市会展业竞争力第一梯队。

一、定位：特色化、差异化聚焦工业会展

佛山工商业发端早、名气大，曾被誉为“四大名镇”“天下四大聚”之一，发展至今已成为全国乃至全球重要的制造业基地。佛山制造业门类齐全，规模以上工业总产值超 2.3 万亿元，工业占 GDP 比重超 53%。培育了成百上千家行业龙头和隐形冠军，形成了机械装备、家居电器、陶瓷建材、金属材料制造、纺织服装、电子信息等支柱产业，新能源、新材料、机器人等战略性新兴产业的蓬勃发展。

作为佛山最重要的高端创新资源集聚平台，三龙湾科技城正加快优化产业发展布局，推动产业创新升级。潭洲国际会展中心定位明确，目标清晰，根植于佛山万亿级工业产业基础，设计、建设之初就对标国际一流工业展馆，10 吨 / 平方米的展厅地面承重、2 吨 / 个的吊点荷载、8.2 米 ×10 米的电动物流大门、52 万立方米 / 小时的新风换气效率等工业级硬核指标全国仅有，是国内第一个因工业而生、瞄准工业而建的专业展馆。

2020 年 7 月，开创性策划了潭洲会展品牌战略发布，提出了“中国工业会展第一馆”的战略定位，成为业内第一个进行品牌战略发布的专业展馆，也是国内第一个明确聚焦工业会展的会展平台。目前，潭洲国际会展中心举办的工业类展览占比已达 83%，工业类细分市场展览覆盖率达 85%。

在佛山市“十四五”规划纲要以及第十三次党代会报告中，提出加大生产性服务业发展力度，赋予了潭洲国际会展中心龙头引领、打造全国工业会展第一品牌的目标要求。

二、使命：以展促产、以展兴城

会展是承载城市文化、城市形象的重要窗口，它的活跃程度也成为衡量城市开放度、城市活力和发展潜力的重要标志。习近平总书记指出“办好一次会，搞活一座城”。

潭洲国际会展中心投入使用五年来，已举办展览及会议活动近 260 场，展览规模近 350 万平方米，接待观众近 420 万人次，展会题材涵括机械装备、智能机器人、精密仪器设备、家居建材、家用电器、汽车产业、数字经济等，先后打造了佛山潭洲陶瓷展、中国（佛山）智能机器人博览会、中国（广东）国际“互联网 +”博览会、广东（佛山）工博会、中国（广东）国际家用电器博览会、中国（佛山）童装产业博览会等具有行业影响力的产业展，落户了珠江西岸先进装备制造业投资贸易洽谈会、全国发明展、全国博士后创新创业大赛总决赛等区域性及全国性的品牌展会活动。

其中，依托千亿级的陶瓷产业，打造了规模亚洲第一、世界第二的佛山潭洲陶瓷展。2021 年展览面积达 12 万平方米，专业观众超 15 万人次，吸引超过 400 家建材、生活陶瓷和陶瓷装备企业参展，国内外主要陶瓷产区的企业及行业代表悉数参加，极具行业影响力。

为了推动机器人产业集群纵深发展，举办中国（佛山）智能机器人博览会，并引入全球智能机器人产业峰会和世界机器人大赛，通过“展、会、赛”全方位展示各类别机器人的前沿产品、新技术、行业应用解决方案，为机器人产业发展提供平台服务。博览会已成为华南地区规模最大、规格最高、行业影响最大的机器人产业盛会。

为顺应制造业数字化智能化转型的新需求，推动广东“互联网 +”博览会与广东（佛山）工博会双展联办，形成“互联网 + 工业”的会展平台。2021 年展会规模已达 10 万平方米，促成意向交易达 5.3 亿元，为推进数字产业化和产业数字化，提供了佛山的会展服务实践。

三、路径：打造一流会展营商环境，塑造“会展 +”发展新形态

（一）担当有为，统筹疫情防控与经济发展

在各级党委政府的大力支持下，潭洲国际会展中心一手抓疫情防控，一手抓会展发展，疫后已安全举办展览及会议活动近 130 场，其中有 2020 年疫后广东省、粤港澳大湾区线下第一展，为全国疫情常态化下展会的举办提供了佛山经验。

（二）政府支持、市场主办，激发市场活力

一方面，出台扶持政策，其中，针对潭洲国际会展中心招展办会提供专项资金扶持，对工业类以及高质量品牌展会进行多维度精准补贴，单场会议支持最高为 50 万元，单届展览支持最高为 500 万元；出台佛山市重点品牌展会认定扶持办法，对重点品牌展会提供资金支持；出台三龙湾促进总部经济发展实施办法，推动产业集聚。另一方面，尊重市场规律，采取政府支持、资本运营、联合举办等手段，吸引国内外会展头部企业来潭洲办展、到三龙湾落户，推动会展做大做强。比如“互联网 + 工业”博览会即由地方国资与国内头部会展企业联合打造，当中的工博会已于近日获 UFI（全球展览业协会）认证。

（三）“会展 +”，构建产业新形态

一方面，以展馆为洼地，打造会展产业区，吸引了会展主办企业以及广告设计、商业服务、展台搭建等产业链市场主体落户馆内及周边。目前，已入驻数十家展会主办机构及配套服务商。另一方面，发挥会展服务产业作用，打造“会展 +”产业生态。其中，“会展 + 先进制造”已凸显磁极效应，世界五百强企业总部、先进制造全球创新中心聚集周边，以机器人为代表的多家战略性新兴产业巨头也落户扎根。另外，通过会展 + 奖赛、会展 + 职教、会展 + 文旅，形成丰富的“会展 +”业态。

（四）标准化、专业化，努力实现“拎包办展”

围绕办展办会全生命周期，制定会展服务标准，提供包含疫情防控在内的一站式、全链条服务，以此为基础推动会展服务地方标准制定。同时，创新提供“会展 +”服务赋能，推出金融、保险、法律、知识产权保护、外贸以及线上直播、培训于一体的全方位服务选择。比如，2020 年疫情后，在业内率先推出线上直播和培训，为广交会 2.5 万家参展商提供服务，成为全国首家具备线上直播、线上培训和线下展会联动的专业展馆。

（五）优质配套，产城融合

依托三龙湾科技城开发建设，布局数百亿基础设施配套投入，推动产城融合。轻轨及地铁双 TOD、轨道及高速公路直达、出入口站点均以展馆命名，全国仅有；轻轨、地铁、高速公路、高铁站、机场环绕，形成 1 小时抵达粤港澳大湾区各城市以及快速通达全国各地的交通网络。潭洲会展亲水而建，坐拥水轴和绿芯，国内独特的“水上会客厅”岭南水乡文化游船穿行而过，“最工业”与“最岭南”的“力与美”在此汇聚。近百家酒店、超万间客房遍布周边，十分钟车程，就可尽享优质商业服务、文化休闲和娱乐购物。一座交通便捷、业态丰富、商业活力、生态优美的岭南会展新城闪耀呈现。

（六）国际化朋友圈，面向全球的工业会展

三龙湾科技城依托中德工业服务区构建了已有中德两国 47 座工业城市加入的中德工业城市联盟，围绕中德之间工业制造的战略对接，推动和服务中德工业城市间经贸往来、技术交流和产业合作，目前已组织 50 多批、将近 1000 名的中外企业家及客商开展双向交流。城市联盟赋能，形成了“从这里走进佛山、从这里走向世界”的独特国际化会展平台。（作者系佛山中德工业服务区（三龙湾）管委会副主任）

企业品牌篇 ▶

国家会议中心：沟通世界的桥梁

2008 年，国家会议中心作为 2008 年北京奥运会的国际广播中心和主新闻中心所在地，吸引了大众的目光。2009 年 11 月，经过一年多改造的国家会议中心正式运营，开创大型场馆开业首年盈利先河，迅速成长为行业翘楚。

十余年来，国家会议中心以创新引领高质量发展，深耕标准化建设，不断丰富品牌内涵。紧紧围绕“四个中心”建设，国家会议中心不断释放国际交往平台效应，为中国会展业高速发展贡献力量。

一、奥运场馆，不断从优秀走向卓越

国家会议中心由北京北辰实业股份有限公司投资建设，位于北京奥林匹克公园中心区，毗邻国家体育场（鸟巢）、国家游泳中心（水立方），是唯一一家位于 5A 级景区内的专业会展场馆。其外形优美，立面设计取自中国古代建筑屋檐的曲线概念，传统的建筑形式赋予了现代的演绎。同时又象征一座桥梁，与奥林匹克公园的其他建筑遥相呼应，体现人文、信息的沟通和交流，跨向未来。

国家会议中心于 2008 年 7 月建成，总用地面积约 12.22 公顷，总建筑面积约 53 万平方米。其中，会议中心主体建筑面积约 27 万平方米，是整个奥运建筑项目中面积最大的单体建筑；配套设施建筑面积约 26 万平方米，包括 2 座酒店、2 栋写字楼和商业等建筑。

国家会议中心开业十余年来，取得了骄人的成绩：在开业第一年即开创了大型会展中心盈利的先河；餐饮创造了可以媲美五星酒店的餐饮品质和五星酒店难以企及的万人餐饮接待能力；圆满接待了 2014 年 APEC 领导人会议周，两届“一带一路”国际合作高峰论坛，亚洲文明对话大会等二十个高端国事政务活动及万余场会展活动。京外，国家会议中心为 2016 年杭州 G20 峰会、2017 厦门金砖国家领导人会晤、2018 年上海合作组织青岛峰会等重大国事政务接待活动提供服务保障，被媒体誉为国事政务活动服务保障“国家队”；凭借优秀的服务、良好的口碑，夺得首都旅游紫禁杯、北京影响力“最具影响力十大企业”、第二届北京市人民政府质量管理奖提名奖、首都文明单位、全国文明单位等奖项。

后奥运时代，国家会议中心保持稳定运营和持续繁荣，场馆出租率多年位居行业前列，为破解特大型奥运场馆赛后运营的世界性难题提供了宝贵的中国经验。

如今，北京 2022 年冬奥会已经临近，国家会议中心作为双奥场馆也发生了一次新的蜕变。

二、夯实运营，不断提升国际交往平台效应

国家会议中心秉承“服务首都经济”的理念，完美服务首都经济，大力促进国际会议和展览落户北京，拉动客人在北京旅游、交通、餐饮等方面的消费。按照国际公认的会展业 1:9 的拉动系数计算，国家会议中心累计为北京市带来的拉动收入超 500 亿元，同时创造了大量的就业机会和税收，获得经济效益和社会效益双丰收。作为国内最繁忙的会展场馆之一，国家会议中心的出租率长期位居前列。据权威统计数据显示，国家会议中心展览出租率持续多年突破 80%，场馆接待总人数超过 4000 万，成为传递知识与文明、展示北京乃至国家形象的重要窗口。

长期以来，国家会议中心凭借着优越的硬件设施和过硬的软实力赢得客户的一致赞誉，凭借卓越的服务、良好的口碑，获得政府及行业荣誉 200 余项。2017 年 9 月，第二届北京市人民政府质量管理奖评选结果正式出炉，国家会议中心从 300 多家申报企业中脱颖而出，荣获北京市人民政府质量管理奖提名奖，一举成为首家夺得该奖项的首都会展服务企业。

国家会议中心屡膺重任，以国企的担当与责任圆满完成一场场重大的国事政务活动。2012 年，首届京交会在国家会议中心举行，国家会议中心与盛会同亮相，吸引了全国乃至全世界的目光。2014 年 APEC 领导人会议周是国家会议中心继成功服务于 2008 年奥运会后第一次服务于重大国事活动，成为国家会议中心从国家级会展平台向世界级会展平台转换的起点。京交会上的“北京速度”，APEC 上的“中国服务”，国家会议中心稳定、高效的标准化服务极大地满足了客人本质需求的同时，也为国家会议中心赢得了良好口碑。2019 年，国家会议中心开创性地 21 天内为第二届“一带一路”国际合作高峰论坛、亚洲文明对话大会、2019 年中国北京世界园艺博览会三场重大活动提供服务保障，这在国内场馆中前所未有……

国际会议作为城市国际交往中心职能的重要渠道和高级形

式，是国家会议中心的经营重点，企业科学布局、合理排期，有效挖掘远期客户资源，引进诸多大型活动落户。根据 ICCA 统计，2017 年北京举办的 81 个符合 ICCA 标准的国际会议中，有 16 个是在国家会议中心举办，数量居全国首位，占北京全部国际会议的 19.76%，创造历史新高。2017 年 8 月 21 至 9 月 5 日，第 26 届国际高压科学与技术大会、第十二届国际生态学大会、2017 国际设施园艺大会、2017 世界核妇女大会、21 届粒子与核国际大会共五个符合 ICCA 标准的国际学术盛会连续“落户”国家会议中心。前三个大会于 8 月 21—23 日同时间举办，这是国家会议中心自开业以来首次同档期接待三个符合 ICCA 标准的国际会议，创造了国家会议中心接待 ICCA 大型国际会议同期并行数量的最高纪录，再次彰显其独一无二的服务接待能力，实力领跑国内会展场馆。

三、标准引领，呈现服务的最高品质

从 2009 年 11 月至今，累计接待会议、展览、活动万余个，为北京带来拉动收入超 450 亿元。国家会议中心以标准化为支撑，为顾客提供以会展服务为核心，集吃、住、行、游、购、娱为一体的“一站式服务”。国家会议中心自成立之初便着力标准化建设，已形成一套完善的体系，有效地提升了企业的服务能力和综合竞争力。通过不断的梳理、打磨，国家会议中心形成 416 项企业服务标准，涵盖安全与应急、信息、会议服务、展览服务、餐饮服务等方方面面，成为国内首个出台服务标准的会展场馆。

2014 年 8 月，由国家会议中心独家研制的《会议分类和术语》国家标准正式实施，这是国内会议业的第一个国家标准。不仅如此，国家会议中心参与起草了《会议中心服务运营规范》、《展览场馆服务运营规范》、《展览服务（布展工程）单位经营服务规范》、《专业性展览会登记的划分及评定》4 项部颁标准，为行业数据统计和分析提供了重要依据。

近年来，国家会议中心不断发挥场馆服务首都“四个中心”功能，持续提升在促进国际交往中心建设的平台效应。通过圆满承接一系列重大国事政务活动，国家会议中心也成为名副其实的“中国服务”的代表，向世界展现大国风范、中国文化，取得良好的经济效益和社会效益的同时，也充分发挥了行业垂范作用。于 2019 年全新亮相的“国宾服务队”在重点服务保障环节，再次向中外来宾展现了国家会议中心的高标准。2020 年，国家会议中心顺利通过国家级服务业标准化示范项目考核评估，成为国内首个通过国家级服务业标准化示范项目评估的会展企业。

不仅如此，国家会议中心充分发挥业界品牌优势，将标准推广到国内其他场馆。2013 年起，国家会议中心先后向珠海国际会展中心、北京雁栖湖国际会展中心、宁夏国际会堂、南昌绿地国际博览中心、杭州国际博览中心、连云港大陆桥会展中心、泰州国际博览中心、青岛国际会议中心、德清国际会议中心、石家庄国际会展中心、南通国际会展中心、福州数字中国会展中心等 20 家会展场馆输出管理，托管面积达 387 万平方米，打造北辰会展管理品牌。

四、创新服务，让每一位客户拥抱惊喜

国家会议中心在企业开业十周年之际，全面升级了企业品牌，提出全新品牌使命：“从中国，看世界”，并推出了国家会议中心吉祥物——竹福。竹福主体形象为竹精灵，设计灵感来源于代表着中国精神的“竹子”和北京文化代表“京剧”脸谱融合而成，整体形象活泼中爱，形象生动，一经推出就广受喜欢。

经过一年多的酝酿，国家会议中心文创产品于 2020 年年底上线，这是场馆创新的一大举措。场馆首批文创产品推出“精、馔、美、誉”四个系列：“精”致服务——体现国家会议中心精致服务的衍牛品；美“馔”佳肴——可外带的国家会议中心创意美食及食具；“美”轮美奂——展现国家会议中心建筑之美的衍生品；交口赞“誉”——独具特色的国家会议中心纪念日衍生品。“精、馔、美、誉”既是国家会议中心对服务精髓的解读与提炼，更包含了深厚的文化内涵和品牌策略，折射出国家会议中心优秀的创新能力和坚定的文化自信。

随着新经济的快速发展，“新场景、新模式、新服务”成为会展业创新转型的方向和路径。近年来，国家会议中心在会展创新上不断尝试，努力为行业发展提供可借鉴的模式。

以创新性的会展一站式服务解决方案为切入点，国家会议中心积极布局新业务，为主办方提供上下游全覆盖服务，并不断加深与北京钓鱼台会展有限公司等企业在会展数字服务领域的合作，为客户提供了专业的会展解决方案，收获了客户的一致好评。

在 2020 年中国国际服务贸易交易会期间，国家会议中心通过“云展示”“云论坛”“云洽谈”全方位深度体验平台模块功能，以线下录制、线上直播的形式举办了“双线会展服务创新论坛”；首次推出“国会带你看展会”直播，打造双线会展新模式，延伸会展服务产业链。

面对新冠疫情给会展行业带来挑战，企业紧密跟踪客户需求，完善服务方案，尽最大努力减少取消项目带来的冲击。国家会议中心积极探索高科技赋能场馆建设，实现 5G 信号全覆盖，并开发电子报馆、BIM 系统、VR 在线看馆、在线摆台与酒店对接直客通（线上商城）等项目，升级场馆智能化水平，为客户提供更便捷、安全、高效的服务。引进的智能送物机器人，试运行期间功能发挥良好，周送物次数超 200 次，客人满意率 100%。2021 春季中国（北京）婚博会，国家会议中心与主办方倾力打造以“灿烂之夜”为主题“会展夜经济”婚博会夜场活动。开展时间延长至晚上 21:30 的婚博会，两天总计接待观

众近 5 万人次，较往年增长近 25%。国家会议中心为观展情侣加开了深夜食堂及特色餐饮，总计销售 5000 余份，展会“夜经济”创收效应显现。在第二届北京宠物用品展览会，国家会议中心同样增开展览晚场，构建展会夜间消费文化新场景，为会展夜经济发展提供了新思路。

国家会议中心以创新铸就卓越品质，彰显国企责任，为中国会展业的发展贡献力量。国家会议中心将迎接全新挑战，踏上高质量与国际化发展的新征程。“从中国，看世界”！国家会议中心将始终致力于搭建沟通世界的桥梁，助力国际交往平台建设，把“北辰标准”“北京服务”推向世界。（供稿：国家会议中心）

国家会议中心：让“中国服务”在世界舞台绽放

国家会议中心被媒体誉为高端国事政务活动服务保障的“国家队”代表，已为2014年APEC领导人会议周、两届“一带一路”国际合作高峰论坛、亚洲文明对话大会、国际刑警组织大会、中国国际服务贸易交易会等20余个高端国事政务活动提供服务保障，让“中国服务”在世界舞台精彩绽放。

一、服务保障2014年APEC领导人会议周

2014年11月12日，为期7天的2014年APEC领导人会议周落下帷幕，国家会议中心作为主力场馆圆满完成了6天的会议服务工作，为210场规模不等的会议和活动、165场餐饮和约9.1万人次提供了专业、细致、高效的服务。

（一）全天候保障新闻中心运行

国家会议中心作为APEC新闻中心，从10月14日正式进场搭建，到11月12日全部撤出，是启动最早、运行时间最长的APCE保障场馆。为媒体记者提供正餐两次，设置茶歇等餐饮服务，并在环境卫生、电源使用及空温控制等方面提供全天候的保障。

餐饮是媒体保障的重头戏，国家会议中心根据记者来源地的不同，共设计了16套正餐餐单，并在正餐甜品的选择和茶歇提供方面，结合媒体工作量大、时间紧、效率高的特点，设计的菜品健康且热量相对较高，提供的糕点美味且易于拿取。

此外，国家会议中心的卓越服务更体现在服务细节上。如用巧克力、糖浆、糖和食用金粉做成“照相机”装饰就餐区域，营造氛围；提供环保餐盘、防烫纸杯等。

（二）提前规划、科学组织、高效实施

11月9日，APEC工商领导人峰会举行。国家会议中心也迎来了APEC会议周接待任务最艰巨一天。这一天是国家会议中心开业5年来单日接待正餐用餐人数最多的一天。粗略统计，9日当天国家会议中心厨房烘焙面包1万多个，制作包括茶歇在内的所需糕点5万多块。此外，国家会议中心的工作除了提供常规的会场服务外，还需要在4小时内在展厅(1.1万平方米)完成从宴会式午宴到自助式晚宴的翻台及摆台。

如此艰巨的工作之所以能在4小时内高效、顺利地完成，离不开前期科学的规划。为了能够顺利完成翻台，国家会议中心提前制定了严密的撤场和进场计划，细致到午餐桌椅撤出的顺序、晚宴家具的运进顺序、服务人员如何配合等，科学的规划保证了翻台现场忙而不乱、迅速高效。

在APEC会议周“七分之六”的工作中，国家会议中心始终保持着高度的责任感，提炼数千场活动接待经验的精华服务APEC，向世界展示了中国作为礼仪之邦的高质量服务，证明了作为世界级会展平台的雄厚实力。

二、服务保障2018年中非合作论坛北京峰会

2018年9月3日，中非合作论坛北京峰会首场活动——中非领导人与工商界代表高层对话会暨第六届中非企业家大会在国家会议中心举行。作为峰会重要配套活动和开场活动，国家会议中心以高规格、高品质、高标准的服务赢得来宾的赞许，彰显卓越场馆魅力。

国家会议中心为大会提供开幕式等会务服务及为参会代表提供茶歇、午宴，同时为大会保障的工作人员、后期保障人员提供会务服务及餐饮住宿等服务。为更好地服务峰会，国家会议中心将原有的标准进行再升级，以“标准+”为宾客提供更加专业化的服务。

（一）做专家、持匠心

国家会议中心结合中非论坛主题元素，用面塑、糖艺、果蔬雕等工艺设计了多组特色摆台，既演绎了博大精深的中华文明、中国特色，也展现了非洲国家风土人情、文化内涵。糖艺作品“雀羽金花”，约3000片孔雀羽毛都是手工制作，每片羽毛的大小与形状皆不相同；午宴现场摆放着“祥云瑞彩庆中非”为主题的大型糖面装饰，配合旋转台平稳匀速旋转，论坛LOGO在五彩祥云的衬托下，寓意祝福论坛圆满、顺利；巧克力制品“万水千山”“节节高”，寓意伟大的中非友谊永存，合作共赢。在国家会议中心四层大会堂迎宾区，用各国国花摆放出握手造型的花篮，象征中非友谊心手相牵，祝愿中非互利共赢、共同发展。

（二）勇创新、展服务

从国家会议中心大会堂开幕式结束到大宴会厅的转场仅 15 分钟，转场过程再次彰显出“北京速度”。大宴会厅 1200 人集中用餐现场，12 条餐饮分流线路，指引客人多点用餐，现场井然有序。

国家会议中心坚持节俭、绿色办会的原则，为此次会务工作人员提供小瓶可签名的瓶装水；带有非洲动物元素的餐纸盒，由最普通的餐纸盒变身而来，既节俭又有新意；服务保障人员数量按照职责清晰、岗位明确、一人多岗、减少重复进行配备。

三、服务保障第二届“一带一路”国际合作高峰论坛

2019 年 4 月 25 日—27 日，第二届“一带一路”国际合作高峰论坛在北京举行。国家会议中心作为主力场馆，为高峰论坛开幕式、企业家大会、12 场分论坛、高级别会议提供服务保障。国家会议中心服务保障团队，践行“工匠精神”，以最高标准的“北京服务”绘制精谨细腻的“工笔画”。

（一）用心走心，有温度的“北京服务”

为营造干净舒适的会场环境，国家会议中心及国家会议中心大酒店进行了内外部清洁，共计 9 万平方米，清洗扶梯 56 部。工作人员下榻的国家会议中心大酒店，新亮相的智能超市让客人感受新科技带来的便捷。拿出手机扫二维码便能进入超市尽情选购心仪商品，自助收银结账。此外，国家会议中心简餐供应处设置了笑脸图案指示；为避免客人对食物过敏，食品标签名称中英文对应，并标记配料和辅料……这些小细节都让客人感受有温度的“北京服务”，暖心恰到好处。

（二）工笔画技法，精雕细琢

为保证服务细节的丝毫不差，工作人员除了提前 4 小时上岗之外，针对高峰论坛还制定了会场双重检查制度。服务人员和主管均需对会场进行检查和把控，检查会场的频次由平时的二次增加到三至五次，保证会议的顺利进行。服务人员经过反复训练可以做到与服务标准分毫不差，如一个简单的倒茶水的服务就可分解为 25 个步骤。一杯茶水从调制、斟茶都有严格的标准，需事先了解客人的喝茶习惯，如茶叶品种、所需温度，不同的茶叶在冲泡的水量上也有严格的规定。

（三）打攻坚战，啃“硬骨头”

针对服务的重点难点，国家会议中心充分发挥党建引领作用，组建了多支党团员突击队。包括 60 人的会议、餐饮服务突击队；30 人的第一党支部转场、引领突击队；10 人的大师工作室党员突击队；70 人的新闻中心用餐保障突击队。突击队全力以赴，攻坚克难，以咬紧牙关“钉钉子”的韧劲，做好服务保障，再立标杆。

（四）匠心匠韵，大国传承

量身打造、造型新颖的 60 余组近 1000 件创意摆台刷爆朋友圈，“楼兰绿洲梦”“方圆天地”“共建双赢阁”“情长万里”等餐饮摆台，兼具观赏性和环保性，既大气磅礴又精雕细琢。大会堂外的 3D 打印摆台“丝路光影”，突破传统摆台制作模式，既大气磅礴又构思巧妙，高科技的创意装饰既体现丝路文化又具有中国传统文化元素。

四、服务保障亚洲文明对话大会

2019 年 5 月 15 日，首届亚洲文明对话大会盛大开幕，亚洲 47 个国家和五大洲 2000 余名嘉宾，2900 余位中外记者相聚国家会议中心。国家会议中心为与会代表、媒体记者、工作人员、保障人员提供会议服务、餐饮服务、住宿服务等。国家会议中心全体员工按照“安全运行万无一失，接待服务滴水不漏，力争增光添彩”的标准，充分发挥出“专家型”“工匠型”团队的先锋引领作用，圆满完成大会的接待服务和运行保驾工作。

（一）“精精益求精”，呈现北京服务

大会期间，国家会议中心秉承一贯的北辰标准，各会议室布置整齐划一，房间温度和湿度均按国际标准调试，无论美观度还是舒适感都达到最佳。从一束花的点缀、咖啡机的摆放，到桌椅的搭配、茶几上的物品摆放等均严格按标准执行，严谨细致。大会践行节俭办会理念，小到一块台布、大到各种设施设备，大会所有物资“能借的不租，能租的不买”。场馆外围的绿化区域继续沿用第二届“一带一路”国际合作高峰论坛花坛，严格按照鲜花保养的标准，延长观赏期。

（二）“万万无一失”，构建安全屏障

为确保亚洲文明对话大会实现“万万无一失”，国家会议中心成立专项保障组，从设备设施检查到大会期间的运行值守，环环紧扣，一丝不苟。同时，安保部、安全生产部、工程部、施工服务部成立联合检查组，对场馆重点部位、办公区域、厨房、库房、电梯等进行多次检查，确保了设备稳定运行的万无一失。

（三）创意餐饮，凸显“工匠精神”

厨师团队深耕细作，设立了早餐早点、会间茶歇、自助餐、简餐包四维一体的餐饮服务体系，全方位保障参会代表的用餐需求。新闻中心全天不间断提供茶歇服务，并在新闻中心序厅设置了休息区，为记者提供了良好的用餐环境。“八方迎宾彩雀舞”“花开亚洲”等造型新颖的餐饮摆台营造出优美的餐饮环境，3D 打印作品“京华绕梦”展现了文明的交流与碰撞的和谐景象。

（四）出征客场，“北京服务”精彩绽放

国家会议中心服务团队还参与了 5 月 15 日晚间在国家体育场鸟巢举办的“亚洲文化嘉年华”活动服务保障工作，承担了中外方贵宾室、主席台及贵宾专梯等服务保障任务，北京服务在客场演绎着别样精彩。在亚洲文明对话大会的亚洲美食节上，国家会议中心餐饮团队精彩亮相，为来宾奉上味蕾和视觉的双重享受，推进中外文明交流互鉴。

五、服务保障 2020 年中国国际服务贸易交易会

在 2020 年中国国际服务贸易交易会的服务保障中，国家会议中心不仅承担了主会场开幕峰会、巡展、论坛、配套展览、酒店等服务保障任务，还在执委会的指导下，首次承担了 30 个室外展厅的总保障任务。此次服贸会规模大、保障难度高，挑战都达到了前所未有的新高度。

（一）展览面积 11 万平方米，创服务保障历史之最

本次服贸会使用国家会议中心室内展馆面积 3.3 万平方米和位于奥林匹克公园的 7 万平方米室外棚房，展览总面积达 11 万平方米。

30 个室外展馆、446 个展位平稳运行的背后是国家会议中心团队不懈的努力为它保驾护航。临时场馆设施的特殊性给安全运行保障带来新挑战，比如，国家会议中心工作人员需要协助主场单位划线，按照不同点位的用电需求，按规定安放匹配的配电箱，并在整个施工搭建过程中对施工搭建安全、用电安全进行监管并做好记录。由于室外棚房用电量大，仅铺线槽就近 5000 米，电箱多达 750 个。

（二）坚持首善标准，提供有温度的服务

据统计，国家会议中心为服贸会提供了 130 余场线下会议活动的服务保障。期间，服务人员共翻台 422 次，单天最高 108 次。在会场内，横平竖直的桌椅摆台均按防疫要求摆放，保证会前、会中、会后通风 30 分钟。国家会议中心大酒店门厅设置快递临时存取处；客房四个小时消毒一次，保持良好的通风。

依托国家会议中心“陈宝明创新工作室”，团队为大会精心设计了锦上添花、竹石、屏风九叠、夏天的韵律、方胜祥云结、如意和善图等餐饮摆台。

此外，户外大棚 7 个综合服务点，国家会议中心首次组织带领社会招募的志愿者，为观众提供展区公共区域指引、疏解、咨询等综合服务。

（三）绿色场馆，助力可持续发展

国家会议中心各餐饮区设置了 462 个分类垃圾桶，并在每处设置详细指示牌，方便客人分类投放。200 多名保洁员、相关主管及经理均做兼职垃圾分类引导员，随时指引客人正确投放垃圾。展会期间，室外展厅区域的保洁工作与主场馆内相同标准。

国家会议中心将节约理念贯穿到经营、管理各个环节，通过减少原材料采购、提高食材利用率减少厨余垃圾。餐厅显著位置，随处可见的防疫小贴士、倡导光盘行动的提示牌，营造文明用餐的氛围，引导员工和客人节约用餐，按量取食，并大力推行公勺公筷、分餐制。

（四）创新引领，实施智能化为安全护航

国家会议中心针对 ISP、电力、物理线路、网络设备、流量异常等六项故障问题制定相关方案及预案。针对服贸会室外大棚服务保障难点，仅用 43 天，保障团队完成了 150 个 AP 点位、30 台交换机、近 15000 米光纤、110 条网络线路和 4500 兆网络带宽的网络环境的搭建。与此同时，场馆进行跨界合作，布局双线会展，通过“云展示”“云论坛”“云洽谈”积极探索双线会展新模式。

2020 年服贸会的成功举办为全球处于停摆状态的会展重启积累宝贵经验，国家会议中心作为高端国事政务活动“国家队”代表，以最佳状态、最高标准为服贸会提供了首善一流的“中国服务”，成功打造了全国展会疫情防控的“样板”。

六、服务升级，国家会议中心全方位护航 2021 年中国国际服务贸易交易会

9 月 2—7 日，2021 年中国国际服务贸易交易会（以下简称“服贸会”）在国家会议中心和首钢园区圆满举办。国家会议中心承担了全球服务贸易峰会、论坛及洽谈活动、综合展、新闻中心等重要活动的服务，以及为参会宾客、媒体记者、工作人员等提供餐饮、住宿等保障任务。国家会议中心以最高标准保障了 107 场会议，接待参会参展人员约 13 万人次，餐饮接待达 27441 人次，翻台总计 990 次，单日最高 115 次……

（一）严防严控，打造高规格安全场馆

疫情防控是 2021 年服贸会重中之重的工作。国家会议中心始终将“严、细、实、慎”贯穿安全工作全程，强化责任落实，全面构建安全网络。场馆严格落实“四方责任”，构建三位一体安全保障体系，为参会、参展客人筑牢安全“防护墙”。

国家会议中心坚持人、物、环境同防，通过流行病学史筛查、健康台账、全员健康监测信息日报告制度和疫情监控每日通报制度、定期核酸检测、疫苗接种等进行人员防控。针对展馆、会场、门把手、水龙头、电梯、卫生间等重点部位开展高频次环境核酸检测。同时，每两小时对场馆进行常规清洁消毒，每天闭馆后进行彻底清洁消毒，累计消毒面积达 150 万平方米。

（二）创新服务，提供高标准“中国服务”

9 月 2 日全球服务贸易峰会现场，500 余个座椅错落摆放，既节省空间又满足人与人间隔 1 米以上的防疫要求。大会堂 B 厅，橙色、黄色、蓝色桌布拼接而成的服贸环，糖艺制作的“百花齐放”等特色装饰独具匠心。国家会议中心全面贯彻落实新发展理念，将“节俭办公、绿色办会”的原则融入 2021 年服贸会服务保障全过程。在会场服务方面，突出绿色低碳理念，展台搭建使用低碳化、可重复使用的新型材料。在餐饮服务方面，实现“采购——加工——出品——用餐”全环节绿色服务……

此外，国家会议中心通过互联网云技术、人工智能、大数据与物联网技术等科技赋能场馆服务，打造全新服务体验。如推出在线看馆、电子报馆、在线摆台、VR 全景功能等应用项目；开设 24 小时 For U 智慧体验店；推出机器人送物服务。

（三）全新使命，提升专业化运营水平

本届服贸会建立“事业单位 + 企业集团”日常筹办模式，提升专业化运营水平。国家会议中心作为首都会展（集团）有限公司的重要组成部分，抽调百余名骨干，加入会展集团服贸会工作专班团队，参与服贸会会议论坛组织、数字专区招展、整体形象布置、宣传片制作、首钢新馆建设与运行顾问咨询、观展团组贵宾接待等有关任务。

国家会议中始终保持“空杯”心态积极备战，围绕防疫和服务两条主线，精准制定展会专属疫情防控方案和接待服务方案。作为“中国服务”的典型代表，国家会议中心积极参与服贸会各类活动。9 月 6 日上午，国家会议中心以活动参与者的身份参加服贸会成果发布会，发布了主题为“国家会议中心：文创赋能打造优质 IP”成果；9 月 6 日下午，国家会议中心又以活动主 (承) 办的身份举办第三届 UBBS 商务服务品牌节会展分论坛。

场馆为 2021 年服贸会打造新场景、新服务、新体验，进一步丰富了疫情防控常态化下大型会展活动服务保障经验，以“中国服务”助力服贸会打造“全球最有影响力的服务贸易一流展会”。（供稿：国家会议中心）

广州越秀国际会议中心

广州越秀国际会议中心是国际大会及会议协会 (ICCA) 的成员单位，于 2020 年正式开业，是一座充分利用最新科技、按国际标准建造，集会议、展览、餐饮、商务等多功能于一体的现代化智能会议展览综合体。

会议中心地处广州市中心传统核心商圈，紧邻广交会旧址——流花展贸中心，周边三大生态公园环绕，商业配套齐全，地铁 2 号线直达，交通便利。项目设计充分体现出“融合创新”的理念，把“秀”山、“流”水、商“都”元素融入现代简约的建筑风格，通过科学合理的空间布局，打造灵活多变的会、展场地，实现以“会”带“展”促“贸”的功能，为传统城区带来新的活力。

会议中心共建有 6 层，整体建筑面积为 53000 平方米，会议面积为 17000 平方米，所有会场同时使用可容纳超过 13000 人；设有 1 间 3024 平方米的国际会展厅、1 间 500 座阶梯式报告厅、1 间 2400 平方米的国际会议厅、4 间 705/799 平方米的国际会议厅，48 间多功能会议室和 10 间贵宾室。会议中心设有 4000 平方米的综合厨房区域，并拥有一支专业餐饮团队——由来自高端国际品牌酒店的厨师组成，能提供高质量的中、西式菜式。会议中心还配备了高速宽带，并实现 5G 网络全馆覆盖，能充分满足“线下 + 线上”的会议活动需求。

广州越秀国际会议中心由广州城投集团和法国智奥会展集团合作运营管理。广州城投集团成立于 2008 年，目前拥有 28 家直属企业，是专业从事城市基础设施投融资、建设、运营管理的国有大型企业集团，是国内领先的具有投融建管一体化运作能力的“智慧城市综合服务运营商”。法国智奥会展集团创立于 1978 年，总部位于法国里昂，是全球独树一帜的“城市综合会展运营商”，提供会展活动相关的全套解决方案，专注于以下 3 大领域：各种政治、经贸学术 / 技术会议；文化、体育、政治活动；各种行业 B2B 贸易展览、B2C 大众消费展览。集团业务分为三个主要部门。GL Events Live（活动与体育赛事运营）为公司、机构和体育赛事提供全方位的服务，并提供从咨询、设计到活动本身的统包解决方案。GL Events Exhibitions（展会主办）管理和统筹集团的 300 多个自主品牌贸易展览会，涵盖食品工业、文化、纺织 / 时装、制造业等。GL Events Venues（场馆管理）管理由 50 座场馆（会议和展览中心、音乐厅和多功能设施）组成的网络，遍及法国及全球。集团业务遍布五大洲，20 多个国家 / 地区，拥有 4,600 名员工。集团在巴黎泛欧交易所（Euronext Paris）的 B 区（中型股）上市。两大集团强强联合，优势互补，树立一流的运营管理理念、提供高水平的会议服务保障、引入高端的国际会议展览，全力将广州越秀国际会议中心运营成粤港澳大湾区城市会客厅，助力广州打造更具影响力的高端国际会议目的地。

会议中心自开业以来，已成功举办了包括：“读懂中国”国际会议（广州）、全球市长论坛、广东 21 世纪海上丝绸之路国际博览会主题论坛、跨国公司投资广东年会、中国广州国际投资年会、世界超高清视频（4K/8K）产业发展大会、广州文化产业交易会、精准医学大会、中国广州国际投资年会、中国餐饮品牌力峰会、中国新媒体千人峰会、中国家居产业数字营销峰会等多场大型高端行业会议。此外，会议中心还承接了梅赛德斯·迈巴赫之夜、富士 X100 系列十周年影像庆典全国巡展广州站、抖音电商生态大会、快手光合创作者大会等知名企业的大型会议活动，与周边产业圈建立了良性的商业互动，全力促进区域产业集聚和转型升级，并带动了片区文、商、旅、娱的消费增长，推动商圈经济的发展。广州越秀国际会议中心已成为广州的城市新名片，为广州会展业的发展带来了全新的活力。

未来，会议中心将与花果山特色小镇及流花展贸中心等周边资源形成有机联动，极大促进广州西部中心城区会议产业集聚发展，与广州东部中心城区的广州塔、琶洲展馆片区互构成“东西部双引擎，多点联合支撑”的广州中心城区会展发展空间新格局，引领广州会展产业发展，为广州汇聚更多高端资源要素，服务广州产业发展和招商引资，推进地区产业转型升级，助力广州建设国际交往中心，让广州“融”入世界，把世界“拉”近广州。（供稿：广州越秀国际会议中心）

杭州国际博览中心：杭博所向 “五”与伦比

繁荣的会展经济将为城市的产业结构调整和发展带来助力，也将帮助城市提升品牌形象和影响力。而专业的会展场馆就是城市会展经济重要的组成要素，也可以是“城市运营官”的最佳选择——坐落在钱塘江南岸钱江世纪城的杭州国际博览中心（以下简称“杭博”）就是代表之一。

2016 年 9 月，杭州国际博览中心作为二十国集团领导会议（G20）的主会场迎接国际国内宾朋，兼具江南意蕴与现代简约的场馆特点让许多嘉宾印象深刻。自此，五年时间里的杭博通过 6800 余场次会议和 210 余场专业展览活动，完成了从自力更生到自主创新的蜕变，让人们再次刷新对杭州这座城市活力的认知的同时，也成就了专业场馆承载城市会展经济发展的一段佳话。

一、五年：运营·沉淀·创新

G20 是中国机遇，也是杭州机遇。自从这场盛会在杭州举办之后，杭州国际博览中心、G20 峰会体验馆就成为这场高规格国际会议活动留给这座城市的重要财富。2016 年 9 月，杭博正式营业，强力出击之外，彻底激活了杭州这座城市的“会展潜能”，随之而来的是令业内侧目的“杭博”现象，开业首年即盈利，全年营业收入位列国内场馆前；开业至今，杭州国博共接待会议超过 6800 场，展览超过 210 场，展览面积总计超过 2600 万平方米；开馆至今，共计接待 46 个国家及地区人员到访，作为其特色旅游板块——G20 峰会体验馆，共接待参观 190 万人次，观众来源已覆盖 34 个省份、192 个城市……

一串串令人心动的数字体现出杭州国博发展的脉络，通过自力更生，集会议、展览、餐饮、旅游、酒店、商业、写字楼、主（承）办等多元业态于一体的杭博，逐步开发形成了完整的产品体系，形成新的产品手册，涵盖 8 大项 64 类产品，涉及空间场地、餐饮、特色服务、服务输出、物资租赁、旅游、推广宣传和智慧产品，甚至根据客户的需求定制方案。

二、上善若水：专业·品牌·服务

专业场馆始终是城市会展会议活动的有效载体，基本可以确定的是城市拥有专业场馆的属性和品质直接决定了承接会展会议活动的规模和影响力。杭博通过提升专业能力和素质，再通过一场一场活动的运营而不断改良、更新，使其成为独树一帜的“第六代会展场馆”代表。2017 年伊始，杭博正式提出“第六代会展场馆”的运营理念，突出专业管理，为实现引领行业发展的长远战略目标，成立研发小组，积极引进外脑，最大限度为杭博弥补经营和管理中的短板。同时，通过连续五年开展第三方满意度调查工作，全面立体化评价杭博服务，助推品质提升；对内部，杭博坚持制度标准常态化、内部管理系统化、服务质量专业化，梳理系统思维、全局思维和协同思维，精细管理，全力打造企业经营管理高地，夯实发展基础，提升内在动力。

品牌是杭博运营工作的重点工作之一，自运营开始，杭博就不断刷新公众的视野，在会展业界主动发声；凭借专业硬件条件和不俗的软实力，杭博陆续加入 ICCA、UIA、IAEE、UFI、AIPC 等重量级国际协会和组织，并逐步取得质量管理（ISO9001）、食品安全管理（ISO22000）、危害分析与关键控制点管理体系（HACCP）、环境管理系列（ISO14000）和职业健康安全管理体系（OHSMS18000）五大国际体系标准认证，并成为国内唯一一个通过五大认证的专业场馆。

同时，杭博积极探索、追求标准化服务。2021 年 5 月，杭博相继成为浙江省首个会展业标准化示范基地，以及被国家标准化委员会确定为 2021 年度国际级服务业标准化试点单位，其标准化专业化的服务能力再次得到了肯定。

此外，杭博始终坚持践行社会责任，在会展行业内坚持策划举办中国会展院校大学生辩论赛、“杭博杯”中国大学生会议活动策划大赛等，为会展专业的学生提供展示机会和平台；而社会公益方面，杭博积极开展爱心助学活动，建设“悦读益站”并投入使用，为防台防汛提供安全安置点，参与 UFI 环保项目等，杭博一直在行动，其勇于承担社会责任的行为得到了社会、行业各界的广泛认可和赞许。

三、营造生态："互联网+"·"会展+"·"生态+"

生态系统化发展，已经是会展行业不争的趋势之一。任何一家企业无法独当一面，而更需要协作共生。作为"第六代会展场馆"的代表，杭博自诞生开始就融入互联网基因，主推智慧化场馆建设，依托会展活动融合上下游产业，建设完整的产业生态，实现可持续发展。

浙江首家无人便利店于 2017 年 8 月在杭博营投入使用，同年扫码点餐系统、杭博小程序相继上线，智慧客房强势登场；2018 年全面推进会展业与智慧化深度融合，智慧安防、智慧运营、和智慧体验全面投入使用；以创新发展为主旋律，杭博聚焦研发，大力建设场馆自有生态，打造数据驱动全体流程体系，在无人便利店、停车缴费系统、App、蓝豆云等一系列信息化手段基础上，数据中心、云上看馆、智慧导览、智慧迎宾签到系统等多项智能辅助系统相继投入使用，让客户的智慧场馆体验方面大幅提升，智慧载体逐渐完善，数据赋能经营的效果凸显。

作为"城市会客厅"的代表，杭博集会议、展览、餐饮、旅游、酒店、商业、写字楼、主（承）办等多元业态于一体，经过五年的发展，杭博成长为发展城市经济最重要的载体，承担着"合作共赢"的平台使命。在会展产业链中，杭博聚焦会展产业链上游，2017 年 10 月成立的会展策划公司整合优质资源，积极开发新会展 IP，在会议、展览承办和服务业务上实现转型和突破；2019 年月，杭州钱江世纪会展产业园正式在杭博 B 座挂牌成立，标志着浙江省唯　　个会展产业园区建立；而在生态融合方面，聚焦产业联动，2020 年 10 月 22 日，以杭博 A 座为核心区域的中国数字音乐谷正式开园，以"一中心四基地"为发展思路，打造多业态城市会客中心。

为了迎合大众市场的消费需求，杭博特别推出自创甜品品牌"麦可爱"，并取得不俗效果。以此为基础，杭博逐渐开拓出餐饮外卖的品牌建设新路径。今年 11 月，杭博正式对外发布文创品牌——"杭博·希客"，该品牌下设杭小博、商务馈赠、G20 杭州峰会三大系列 50 余项产品。这也是杭博以文化 IP 赋能场馆经济的一大尝试，探索场馆商业模式，将场馆打造成为更加开放的消费平台。

四、人才战役：培养·磨砺·树人

无论外因如何强大，推动事物发展的根本动力是内因。教育、培训，这是杭博不断强大的内在因素，加强校企深度合作，打造员工培训体系，开辟线上培训平台及课程，全时段全领域覆盖，让更多员工具备专业能力和专业知识，也为杭博打造过硬的素质人才队伍打下基础。

"杭博学院"打造产学示范平台。早在 2017 年，杭州国际博览中心携手杭州科技职业技术学院，成立"杭州国际博览学院"，开启校企合作新模式。利用该平台，杭州国博深化校企合作，为会展场馆接待服务从业人员提供专业的实践教学基地，也为打造企业所需的高素质会展接待服务人员打下坚实基础。

内部培训与外部培训体系成型。杭博为打造学习型组织，不仅制定培训工作三年规划，逐渐形成线上线下、内训外训、中层基层相结合的系统化、立体化培训体系。据统计，2017 年至 2019 年，杭州国博培训超过 30000 人次，培训课时超过 11000 课时，并且在 2018 年完成首个培训输出项目。除此之外，杭博注重内部员工学习力提升，五年来，已有 42 名员工从校企合作的专科班、本科班毕业，目前有 17 名员工在读本科。

线上线下培训提升效率，培养专业人才。无论是主打知识共享的"杭博大讲堂"，还是重在分享专业知识的《杭博小讲堂》线上平台，其目的都是为培养专业会展人才服务。同时从 2019 年至 2020 年开展二期领杭者项目，为杭博培训大量关键性人才，保证人才队伍的专业性。为强化学习氛围，杭博引入"mini MBA 课程"，借助"创合汇云大学"线上培训平台，不仅将优质 MBA 管理课程提供给管理人员进行学习，同时也首次启动了培训社群的运营，建立起互动的平台，通过主题化的分享、讨论，形成杭博学习社群。

五、结尾

五年，是我国国民经济和社会发展的一个长期规划时间段，在这段时间内，要为国民经济设定发展目标和方向。而回顾五年的发展历史，不仅能描绘经济和社会发展的大体脉络，也能从中探索到中国经济发展的规律，通过对比与检视过去，可以从历史的发展中获得宝贵的经验，从而指导未来的经济发展。对于杭博亦是如此，五年是一个时期的结束，也是另一个时代的开启，多元化发展，顺势而为，沉淀服务能力与价值。

不断完善的硬件条件继续为杭博创造着无尽可能，杭博二期已经开始建设，将打造集会议会务、产业办公、高星级酒店和大型展会等功能于一体的都市型会展产业综合体。建成后，杭博一期、二期总建筑面积超 130 万平方米，场馆规模将跻身全国大型会展综合体前列，为杭州打造国际会展之都注入强劲动力。作为杭州国际博览中心的掌舵人，总经理唐雪带领团队时刻与市场保持紧密联系，顺应发展趋势，扩大杭博本身具备的"互联网基因效应"，引领中国"第六代场馆"的发展与运营，不断开发场馆价值，形成可持续发展的"会展+"生态圈，带动区域会展业和区块经济升级、创新。

2021 年，杭博面临着“后峰会、前亚运”的历史机遇及“长三角一体化”“大湾区建设”“拥江发展”的战略机遇。杭州国际博览中心，是一座城市的标志性建筑，在五年时间里，其发展的轨迹成就了“办好一场会，搞活一座城”的佳话，也成为中国会展业发展精华的代表之一，在未来，杭州国际博览中心将成为经久不衰的“会展 IP”，成为具有中国范儿的国际会展场馆品牌，创造新未来。（供稿：杭州国际博览中心）

重庆悦来两江国际酒店会议管理有限公司

重庆悦来两江国际酒店会议管理有限公司（以下简称“酒店会议公司”）成立于2012年3月9日，主要承担重庆悦来国际会议中心和重庆悦来温德姆酒店的运营管理，坐落于重庆两江新区悦来国际会展城核心位置。会议中心交通便利通达，地铁国博线、10号线可直达，距江北国际机场8公里、重庆北站10公里、寸滩码头11公里、国际商务区16公里，成为重庆市重要的城市新地标。

2013年，重庆悦来国际会议中心成功申请加入国际大会及会议协会（ICCA），国际奖励旅游精英协会（Site）。2019年，酒店会议公司成功获得ISO22000、ISO9001双体系认证，成为同行业食品安全管理标准化建设标杆单位。

公司定位为“中国最具竞争力的会议综合运营商”。重点以“会议＋酒店”为核心，延展会议、酒店服务产业链，打造集会议场馆租赁、运营、服务，酒店运营管理服务，会议目的地管理服务，城市配套商业运营管理服务等全产业综合服务体系和生态圈层，搭建“会议＋产业”“酒店＋商业”服务平台。充分利用会议、酒店、商业集群的优势资源，打造“会议＋酒店”联盟圈层，激发城市商业等会议配套产业的创新发展机会，扩大基于主营业务外“酒店＋商业”的经济新增长点，在扩大公司经营规模的同时，逐步向管理型企业转型。

公司在“十四五”期间提出“1+3+N”的发展思路。

“1”：即1个发展愿景。以“会议＋酒店”为抓手，以多元发展为导向，全力打造“成为中国最具竞争力的会议综合运营商”。

“3”：即3个发展目标。一是企业发展取得新成效：经营规模明显壮大，发展质效大幅提升。经济总量明显壮大，行业话语权和影响力不断增强，对关联产业的辐射带动作用大幅提升。到2025年，公司资产总额达到6亿元，累计实现收入达到12亿元，会议活动达到2700场。

二是品牌形象取得新突破：悦来品牌得到彰显，国际风范充分展示。品牌体系进一步优化，城市名片充分展现，服务品质不断提升，“国际范、重庆味、悦来韵”的品牌内涵不断彰显。到2025年，在全国的品牌受众度达到80%，宾客满意度达到99%，ICCA排名第7位。

三是管理水平得到新提高：管理效率显著增强，服务水平明显提升。安全格局进一步巩固，质量体系进一步优化，内部管理进一步完善，服务特色进一步彰显。到2025年，标准体系数量达到3个（目前2个），专业技术人才占比达到10%（目前5.9%）。

“N”：即N条发展路径。一是要整合优化重庆会议服务供应链，打造集会议场馆租赁、运营，会议组织策划、执行，会议服务等全产业综合服务体系。二是要持续加强与ICCA、行业协会、PCO机构等的交流合作，拓宽国际国内会议引进渠道，助力重庆中西部国际交往中心建设。三是要立足成渝地区双城经济圈建设及优势产业，联合政府机构，策划举办有重大影响力的品牌会议。四是要做大做强会议酒店联盟，扩大悦来会议酒店联盟的成员数量，推动产业集群发展。五是要全力拓展产业链条，向上延展会议策划、会议招商板块，向下延展会议执行、会议搭建、酒店、餐饮、商业等板块，探索发展会议酒店关联产业，推动企业形成“N个”新的创收增长点。

悦来国际会议中心拥有5200平方米超大无柱宴会厅1个，1000平方米会议室6个，共有可灵活组合会议室51个，总会议面积1.3万平方米，能同时容纳3万人参会。

会议中心拥有先进的设施设备，内设高速宽带、WIFI全面覆盖，国际顶级的会议音视频系统、同声传译设备，能满足各类会议需求。借助大数据物联网、云计算等技术，利用手机、电视、平板电脑等智能终端形成包括VR系统、云上会议、室内导航、智慧语音等在内的智能化系统集群，致力于成为国内智能会议中心的标杆。

悦来温德姆酒店作为悦来国际会展城重要配套设施，是一家集会议、餐饮、住宿于一体的五星级酒店。拥有390间豪华客房和套房，均配备独立阳台，可将隽秀的嘉陵江景及层叠的山峦美景尽收眼底。

开业至今，累计举办了会议活动1704场，国际会议51场，累计接待126万人次参会，共获得64项行业大奖。由于悦来国际会议中心多场国际性会议的成功举办，重庆的国际会议在

ICCA 排名由七年前的五十名开外提升至目前的十一名。

举办包括：中国国际智能产业博览会、中国西部国际投资贸易洽谈会、亚欧互联互通产业对话会、世界旅游城市联合会重庆香山旅游峰会、第 25 届国际猪病大会、中新（重庆）战略性互联互通示范项目金融峰会。其中，智博会、西洽会、中新金融峰会永久落户悦来。（供稿：重庆悦来两江国际酒店会议管理有限公司）

佛山潭洲国际会展中心：聚焦工业会展 打造工业会展第一品牌

佛山潭洲国际会展中心（以下简称“潭洲会展”）位于粤港澳大湾区广佛极点核心区域以及佛山最重要的科技、产业创新平台——三龙湾科技城的核心地带。粤港澳大湾区是中国开放程度最高、经济活力最强的区域之一，在国家发展战略大局中具有重要地位。依托大湾区十万亿级、佛山万亿级雄厚的产业基础，精准定位“中国工业会展第一馆”，聚焦工业会展，为工业升级及实体经济高质量发展贡献力量，作为佛山会展业龙头和三龙湾科技城最重要的产业服务平台之一，潭洲会展已跃身为佛山城市新名片之一。

在《2020年度中国展览统计报告》、《2020年城市会展业竞争力指数报告》中，以潭洲会展为龙头的佛山会展业已跃居地级市会展业竞争力第一梯队，发展势头强劲。

一、交通篇

潭洲会展配套交通便利，轨道交通、高速公路辐射，可快速通达粤港澳大湾区周边城市。已开通的广佛江珠高速，直达广州白云机场仅需1小时，潭洲会展站出入口与展馆紧邻，至广州南站车程仅20分钟；佛山地铁3号线潭洲会展站直达展馆；广佛环线城际北滘西站10分钟可到达广州南站、30分钟可直达白云机场、1小时可到达香港西九龙，对于前来参展、办展、参会、办会的客商来说极为便利。

二、配套篇

潭洲会展周边基础设施正稳步提升，10公里内近百家酒店、超万间客房。只需要十分钟车程，就可以尽享优质商业服务、文化休闲和娱乐购物。未来，步行十分钟，1200间星级酒店客房、超1万平方米的会议场所，超2万平方米的世界美食空间，为会展中心提供充足的配套支撑，一座交通便捷、产业丰富、商业活力、生态优美的会展新城将闪耀呈现。

潭洲会展亲水而建，坐拥水轴和绿芯，还有“水上会客厅”的配套——“三龙湾游船”，已成为佛山著名的网红打卡地点，来这里的会展客商既可以赏岭南水乡韵味、品凤城国际美食，又能够感受工业会展“力与美”与岭南水乡完美融合的新体验。

三、硬件篇

潭洲会展是一个集展览、会议、商业配套等多功能为一体的会展综合体，总建筑面积48.5万平方米，总投资约46亿元，拥有10个1万平方米的无柱室内展厅、2万平方米的室外展场和4000平方米会议室，以及容纳4500个停车位的独立停车楼。潭洲会展的设计、建造、运营对标国际一流的工业展馆，多个硬件指标全国仅有。展馆室内10万平方米、室外2万平方米，地面承重达10吨每平方米；馆内单个吊点最大荷载两吨且布点近1200个；层高达23米；电动货门8.2米×10米；135条水、电、气、网一体化综合管沟无缝布展；双回路主线的300A工业用电，配置达300瓦每平方米；空调通风循环采用全自动变频调节Ba系统，配置新风送风量最高为52万立方米/小时，单馆可同时轻松容纳万人以上，在疫情防控常态化下足以应对各类展会。工业全门类产品，比如说压铸机、磁悬浮列车机头、盾构机、各种工业机床，均可在此展示，如此工业级别的硬件全国唯一。

四、服务篇

潭洲会展改革多项会展服务模式，推出集金融、保险、法律、知识产权保护、外贸服务以及线上直播、培训于一体的标准化、规范化、国际化的全链条服务，形成独特的潭洲服务品牌；同时以模块化、流程化、清单化、标准化工作和一站式展会服务，多维度帮助主办方拎包办展，打造一流的会展营商环境。此外，潭洲会展还依托产业优势打造综合性服务平台，旗下全资子公司佛山机器人学院是佛山市政府打造的智能制造与机器人全产业生态圈的战略性平台，也是德国汉诺威机器人学院品牌唯一的海外授权使用机构，以中德智能制造合作为基础，专业从事对德合作会议活动策划、先进制造技术推广以及机器人产业人才培育，服务本地产业发展。

五、业务篇

佛山潭洲会展找准自身定位，依托湾区十万亿级、佛山万亿级工业产业基础，坚定特色化和差异化的“工业会展、产地办展为主，其他展览兼具”展会方向，明确以“中国工业会展第一馆”为品牌定位，坚定围绕佛山产业特点产地办展。通过政企合力打造陶瓷、家电、家具等若干个具有行业号召力的产地展，提升会展业发展质量，将会展业打造成为佛山现代服务业的先导性产业。构建“会展 + 产业”生态圈，加快推动制造业高质量发展，落实举办一个展会、引进一批项目、带动一个产业。

2016 年展馆开馆至 2021 年 11 月底，佛山潭洲会展已举办展览及活动近 260 场，展览规模近 350 万平方米，接待观众近 420 万人次。其中包括亚洲最大、世界第二大的佛山潭洲陶瓷展，华南地区规模最大的智能机器人博览会，扎实服务工业数字化升级的“互联网 +”博览会、广东工博会，由珠江西岸八市联手打造的珠江西岸先进装备制造业投资贸易洽谈会等众多品牌工业展会，以及佛山机床展、GTshow 佛山展、全国博士后创新创业大赛总决赛、全国发明展、童装产业博览会等人气展会。

疫情发生以来，潭洲会展深入产业、融入产业，着力引进与佛山产业发展密切相关的工业品牌展会，招展办会业绩突出。2020 年，在全球会展业萎缩超过 68% 的情况下，佛山潭洲会展共举办展览活动 47 场，展览规模达 53 万平方米，接待观众超 40 万人次。2021 年，潭洲会展举办展会活动超 100 场，展览规模超 90 万平方米。2020 年至 2021 年 11 月底，已签约引进全新展会 33 场，实现逆市突围。

六、政策篇

在佛山市委市政府的部署下，中德工业服务区（三龙湾）管委会专项制定《招展办会资金扶持办法》，于 2020 年 7 月正式实施。单场会议支持高达 50 万元，单场展览支持高达 500 万元。重点针对工业展、产地展，进行多维度、全方位、“1+10”的叠加式精准补贴，考量的十个指标涵括了展览面积、产地展、专业观众、特装展位、本地企业参展、境内外参展、主办机构、展会品牌及自联办展等。

七、荣誉篇

潭洲会展致力打造专业品牌展会，先后加入了国际展览联盟（UFI）、国际大会与会议协会（ICCA）、国际展览与项目协会（IAEE）、中国香港展览会议业协会、中国会展经济研究会、中国展览馆协会、广东省会展组展企业协会、广州市会展业行业协会、佛山市会议展览业协会等多个国际国内知名的行业组织，不断加深会展行业交流，促成会展资源共享及合作。目前潭洲会展的战略合作伙伴遍布全球，凭着良好的口碑，荣获多项企业荣誉，包括中国十佳品牌会展中心、金五星优秀会展场馆、中国智慧场馆 20 强、中国会展中心 25 强、壮丽 70 年 • 中国会展标志性场馆、优秀会展场馆等。

未来，在佛山市委市政府的高度重视和支持下，根植于佛山市作为全球先进制造业基地，背靠佛山三龙湾科技城的发展格局及强大推力，依托粤港澳大湾区发展机遇，佛山潭洲国际会展中心坚定“中国工业会展第一馆”品牌定位，构建“会展 +”生态圈，打造一流会展营商环境，助力实体经济高质量发展。有理由相信，佛山潭洲国际会展中心必将成为佛山链接世界的一道重要桥梁！

鸣谢

袁再青　任兴洲　陈先进
仲　刚　储祥银　陈文敬
陈泽炎　刘大可　潘建军
伊　蕾　王青道　唐　雪
范松鹤　赵朋辉　杨　薇

摄影

国家会议中心
佛山潭洲国际会展中心

袁再青

中国会展经济研究会会长，

1968—1988 任中国人民解放军战士、班长、排长、政治处书记、宣传科科长；

1988—1995 任外经贸部机关党委组织部部长；

1995—2001 任外经贸部机关党委副书记、常务副书记；

2001—2005 任驻纳米比亚经商参赞；

2006—2011 任商务部研究院党委书记兼副院长；

2011 年至今 任中国会展经济研究会会长。

任兴洲

国务院发展研究中心市场经济研究所原所长、研究员，博士生导师。

长期从事经济政策研究，重点从事市场体系建设与市场规则建立、现代流通体系、现代服务业、现代物流业、房地产市场、住房保障制度、消费政策、期货市场与大宗商品交易市场、社会信用体系、价格理论与政策等方面的研究。

先后发表论文若干篇，撰写和主编著作多部，主持过几十个重点课题。主要包括：《价格改革在改革开放中的突出地位和改革历程研究》、《中国服务业发展的体制与制度环境研究》、《中国农产品流通体系优化研究》、《房地产市场长期健康发展的长效机制研究》、《中国保障性住房建设的政策研究》、《扩大消费需求的体制与政策研究》、《加快建立中国社会信用体系的政策研究》、《中国市场体系建设 30 年》、《中国会展经济发展研究》、《新时期中国消费新增长点研究》、《中国统一市场研究》、《中国商品批发交易市场形成与发展 40 年》、《创新期货市场机制，促进实体经济发展研究》。

先后主持并参与了国家“十二五”“十三五”内贸流通规划的研究和编制。

曾获得“中国发展研究奖”特等奖、一等奖；多次获得单位优秀研究报告奖。享受国务院特殊津贴专家。

陈先进

工商管理硕士，高级国际商务师。第十届、十一届、十二届上海市政协委员。上海市会展行业协会党委书记、全国会展业标准化技术委员会主任委员、国际展览业协会名誉主席。

曾任中国贸促会上海市分会副秘书长、副会长，上海市国际展览中心总经理，上海市国际展览有限公司董事长、总裁。

2002 年 4 月先后担任上海世博会申办工作领导小组办公室副主任、上海世博（集团）有限公司总裁、上海世博局副局长、上海市商务委副主任。2014 年 4 月至 2018 年 10 月担任上海市会展行业协会会长。2006 年至 2010 年，出任 UFI 亚太区主席，并于 2012 年底正式当选为 2013 年度 UFI 全球主席，是协会第一位来自中国的全球主席。

仲刚

上海万耀企龙展览有限公司创始人 & 总裁、Exhibitions Asia UFI 全球副主席，董事会成员及亚太区主席、独立组展商协会（SISO）董事会成员。

仲刚先生自 1991 年起从事展览主办工作，1993 年创办上海企龙展览服务有限公司并担 任总经理，2001 年与荷兰皇家展览集团合资成立上海万耀企龙展览有限公司，并任公司总裁至今。

2017 年 11 月，在国际展览业协会 (UFI) 第 84 届全球大会上，仲刚先生正式就任 UFI 亚 太区主席。随后创办 UFI China Club，确立了圆桌会议、高端交流、地方会展设施体验、UFI 会员与当地企业对接等活动形式，得到政府、企业和专业人士的热烈响应和广泛支持。

从业 20 余年来，仲刚先生带领团队创立了众多具有国际影响力的品牌展览项目，如亚 洲宠物展、上海世界旅游博览会、亚洲国际建筑工业化展以及亚洲园艺博览会等。同时还为积极推动国际品牌展览项目的进入中国市场，引进了如中国国际地面材料及铺装技术展览会、亚洲门窗遮阳展、亚洲 3D 打印、增材制造展览会、米兰国际家具（上海）展览会、中国国际集约化畜牧展等一系列国际品牌展会，并使之在中国不断发展，得到了包括德国汉诺威展览公司、德国斯图加特展览公司、意大利展览集团、Federlegno Arredo Eventi 等国际知名展览机构在内的行业合作者的广泛赞誉。

仲刚先生开拓性地创立了万耀企龙独有的两大经营特色“本土国际化”和“国际本土化”，并使其成为拥有自主品牌展最多以及引进国际品牌展最多的中国会展企业，领跑中国展览 业。

储祥银

中国会展经济研究会常务副会长、中国服务贸易协会副会长、对外经济贸易大学中国国际品牌战略研究中心主任、教授、博士生导师，北京市人民政府专家咨询委员会委员、中国国际贸易促进委员会专家委员。

2014年至今，中国会展经济研究会常务副会长，对外经济贸易大学中国国际品牌战略研究中心主任、教授、博导；多年从事国际贸易和国际投资方面的教学与研究，先后发表各类学术论文数百篇，撰写、编著和翻译出版各类专著、教材、辞书和译著数十本，在国际经济合作、跨国公司理论研究方面具有较深的造诣，在国际贸易和国际投资学术界享有较高的声誉。

1998年以后开始进入国际会展领域，从事国际会议和展览的策划、组织与理论研究工作，为历届中国北京国际科技产业博览会和中国北京国际文化创意产业博览会各项活动的主要策划者和协调人之一，著《北京会展发展研究》、编《北京会展业发展报告》、《北京现代服务业发展报告》等书籍，发表有关会展问题研究文章数十篇，创新提出产业会展理念，从2013年开始负责撰写编制中国展览行业年度发展报告，牵头、参与国家、众多省市、区域会展产业发展规划研制和审定，是国内会展业界较为活跃的会展理论研究领军人物和大型会展活动策划组织者，同时也是商务部服务贸易专家库成员，重庆、黑龙江、青岛、昆明等省、市会展专家顾问。

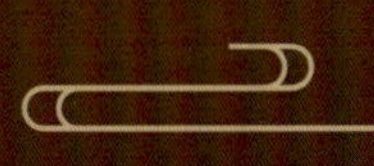

陈文敬

陈文敬，现任中国会展经济研究会副会长兼秘书长，商务部国际贸易经济合作研究院原副院长、经济学博士、研究员，博士生导师，享受国务院特殊津贴专家。

自 1980 年以来，一直从事应用性经济和贸易政策研究工作，具有深厚的理论功底和丰富的实践经验，承担了若干国家、部委、地方政府和企业的重大课题研究，著述颇丰，并多次获奖。其主要研究领域涉及世界经济、多边贸易体系（如 WTO）、区域和次区域经贸合作（包括多双边 RTA、FTA、边境国际经济合作区和 FTZ）、中国涉外经贸政策与实践。在国际上，多次被联合国有关机构、亚太经合组织（APEC）、太平洋经济合作理事会（PECC）等国际组织聘为专家，撰写研究报告；并经常出席国内外大型国际研讨会、演讲和发表论文。还是 APEC 聘请的审议各成员“单边行动计划”的惟一中国专家。

陈泽炎

中国会展经济研究会学术指导委员会常务副主任，教授级高级工程师，中国机械工程学会高级会员。1981 年开始接触展览业务。1988 年后负责机械行业展览管理工作；起草制订了《机械行业来华国际展览会、出国展览会和国内展览展销会管理办法》；策划和组织了“北京国际工程机械展览与技术交流会（BICES）”（2000 年加入 UFI）；“中国国际工程机械、建材机械、工程车辆及设备博览会（Bauma China）”（与德国慕尼黑展览公司在上海合作，目前全国规模第一，世界第四）等。近年来，在《中国贸易报》“会展”专刊、《中国会展》杂志等报刊上多次发表论文；并作为“2003 中国国际会展论坛”和“2004 中国会展年会”演讲嘉宾和 2005 至 2009 各年“中国会展经济国际合作论坛（CEFCO）”的组委会成员、分论坛演讲嘉宾和大会演讲嘉宾；编写大专、高职会展教材；被会展媒体评为 2004 年度“中国会展业十大新闻人物”和 2005、2007、2008 年度“中国会展业十大理论人物”等。

刘大可

刘大可，生于山东高密，南开大学经济学博士，北京大学博士后，教授。现任北京第二外国语学院经济学院院长、校学术委员会委员，新世纪百千万人才工程北京市级人选；同时兼任中国会展经济研究会副会长、中国会展专家委员会委员等社会职务，是我国会展教育与研究的早期开拓者之一。

主要研究领域为会展经济与管理。曾主持由商务部服贸司、农业农村部市场与信息化司、中国国际贸易促进委员会、北京市哲学社会科学规划办公室等机构委托的会展研究课题 50 余项，公开出版《活动研究理论与政策》《中国展览业发展态势分析》《会展项目管理》《会展营销教程》等专著、译著和教材 15 部；在《经济科学》《南开学报》《旅游学刊》等学术期刊上发表论文 50 余篇，其中不少被《新华文摘》《中国社会科学文摘》等有重要影响的学术期刊转载。

近年来，曾多次应邀赴美国、英国、德国、澳大利亚、新西兰、芬兰、俄罗斯、葡萄牙、韩国等国家及我国港澳台地区进行学术交流与合作。

潘建军

潘建军，1970年7月出生，上海复旦大学工商管理专业硕士，高级会展管理师。1998前政府公务人员。1998年起任阿联酋中国商品交易中心驻华首席代表。2002年起任上海国际广告展览有限公司总经理。2011年起任米奥兰特国际会展董事长，同时担任以下社会工作：杭州市钱塘区第一届政协委员、中国会展经济研究会副会长兼中国会展经济研究会统计工作委员会主任、中国贸促会商业行业委员会外贸新业态新模式标委会副主任、上海进出口商会副会长、杭州新丝路数字外贸研究院理事长、上海国际服务贸易协会理事，上海市会展行业协会理事，北京国际会议展览业协会理事、南开大学会展管理系客座教授，上海金融学院兼职教授，广州市会展行业专家智库、成都市会展行业专家智库，海口市会展行业专家智库，顺德会展业专家智库，昆明市会展经济发展顾问等职位。2011年至2020年，连续十年主编《年度中国展览业数据统计报告》（业内俗称“紫皮书”）。其所在的浙江米奥兰特商务会展股份有限公司成立于2010年，是商务部首批展览业重点联系企业，浙江省重点流通企业，全球展览业协会（UFI）成员，旗下拥有10个UFI认证项目。2019年10月22日，公司正式在深市A股创业板挂牌上市，股票名称“米奥会展”，股票代码：300795。2020年2月7日，公司全球首推纯在线数字展览—网展贸MAX。同时公司也是《浙江省在线展览行业标准》的起草者，以及《线上展会服务规范》全国团体服务标准的核心制定者。

伊　蕾

伊蕾，女，现任国家会议中心党委书记、执行总经理。

国家会议中心作为北京市“国际交往中心”战略定位的重要落地平台，从 2008 年北京奥运会、2014 年亚太经合组织领导人非正式会议、2016 年二十国集团领导人杭州峰会、2017 年金砖国家领导人厦门会晤、2018 年上海合作组织青岛峰会，到两届“一带一路”国际合作高峰论坛、2018 年中非合作论坛、2019 年中国北京世界园艺博览会、亚洲文明对话大会……大国外交赢得世界瞩目。在掌声背后有一支来自国家会议中心的服务保障团队在夜以继日地默默付出。国家会议中心一流的统筹组织能力和服务保障水平受到各界的高度赞誉，其中彰显的敬业精神、专业素养和业务能力，代表了北京乃至中国的形象，也成为“北京服务”、“中国服务”最夺目、最耀眼、最有影响力的名片。伊蕾作为这支团队的核心力量之一，以严谨务实、高效创新的作风，在每个急难险重的任务中，带领团队圆满完成各项任务，以“工匠精神”服务大国外交，多次受到外交部、商务部等国家部委及北京市委市政府领导赞许。

在伊蕾的带领下，国家会议中心取得了丰硕的成果。2018 年 11 月国家会议中心顺利通过大型活动可持续性体系认证审核，成为国内首家完成该项认证的会展场馆；国家会议中心的服务案例被编入 2019 年度中国国际服务贸易交易会中国服务实践服务示范案例进行推广；2020 年 11 月 20 日国家会议中心荣膺全国文明单位称号，通过国家级服务业标准化示范项目的终审，成为国内唯一通过试点、示范认证的会展企业……伊蕾和她的团队发挥“工匠精神”，践行国企责任，以创新引领企业高质量发展，向着全球一流场馆目标迈进，把“北辰标准”、“中国服务”推向世界。

王青道

中国会展经济研究会副会长，《会议》杂志总编辑，中国会议产业大会秘书长。在学校、机关、媒体工作多年后，于2006年进入会议领域，2007年创办中国第一本会议专业期刊《会议》杂志（Meetings China Magazine），2008年创办中国会议产业第一盛会“中国会议产业大会”（CMIC），致力于中国国际国内会议产业、会议市场、会议中心的研究、咨询、推动等工作。

曾发表有关会议产业、会议市场、会议中心（酒店）、会议公司、会议策划等方面的文章、译文数百篇，论文连续多届获中国会展经济优秀论文一、二等奖。专著：《会奖业思考》，于2018年在中国旅游出版社出版。

唐　雪

杭州国际博览中心总经理、中国会展经济研究会副会长、浙商总会会展业委员会主任。

唐雪女士具有 36 年高星级酒店和大型会展中心的管理运营经验，曾在国家会议中心及珠海国际会展中心的开业筹备、运营管理等多领域发挥重要作用，是会展场馆管理模式的创新者和输出管理的倡导者。

2015 年，唐雪女士被任命为北辰时代会展有限公司总经理，专注会展场馆委托管理和顾问咨询，目前旗下输出管理会展场馆达 20 家，总面积已达 387 万平方米，带领团队开创了会展场馆管理新模式。

2016 年，唐雪女士被任命为杭州国际博览中心总经理，以前瞻的运营理念、丰富的运营经验创造了首个完整经营年便实现盈利的行业奇迹，并融合管理理念、服务体验、商业模式、功能价值、角色定位力创第六代会展场馆新典范。

范松鹤

广州越秀国际会议中心总经理，广州城投智奥发展有限公司总经理。

范松鹤先生深耕会展行业 20 年，曾任塔苏斯展览（上海）有限公司 CEO、纽伦堡展览服务（上海）有限公司董事总经理等高管职务，在展会主办、场馆管理、商业演出和体育比赛组织等多个领域有着丰富的运营管理经验和成功案例，在电子、激光加工、实验室设备、有机食品、汽车制造等多个领域开发出全国领先的展览项目。自 2018 年 9 月起受法国智奥会展集团的推荐担任广州越秀国际会议中心总经理，负责广州越秀国际会议中心的开业筹备及开业后的运营管理工作。

广州越秀国际会议中心由广州城投集团和法国智奥会展集团合作运营管理。作为新一代会议中心的掌舵人，范松鹤先生充分发挥智奥会展在场馆运营、展会主办、活动与体育赛事运营方面的丰富经验和资源优势，把国际化、专业化、标准化、系统化的会展运营理念应用到全新的会议中心项目，成功建立了一支高效的会展管理团队，结合项目的硬件设施、市场环境、产业特点、合作资源等，从客户需求出发，致力打造“令客户感动的会议服务体系”。会议中心自 2020 年 10 月开业以来，成功承接了多场高端国际会议、专业学术论坛、商业推广活动、公众展览比赛等，为传统商区带来了全新活力，带动了相关产业的发展，成为广州市中心的会展新地标，对广州建设高端国际会议目的地起到积极的推动作用。

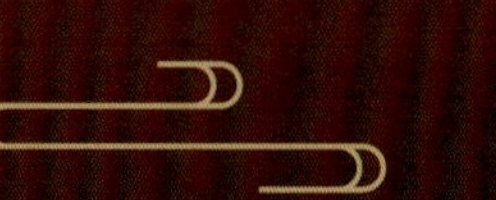

赵朋辉

硕士研究生学历，高级工程师，国家注册一级建造师、注册安全工程师。现任广东潭洲国际会展有限责任公司执行董事、总经理，中国会展经济研究会副会长，广东会展组展企业协会副会长，荣获2019—2020年度“中国会展行业杰出人物”、2021年度“优秀会展人物”。近年来，佛山潭洲国际会展中心着力组织打造了“互联网+”博览会、珠治会、国际智能机器人博览会、潭洲陶瓷展、广东（佛山）工博会等多个品牌展会，在业内拥有较高知名度和影响力。

杨 薇

重庆悦来两江国际酒店会议管理有限公司董事长、总经理，拥有 20 余年会展、酒店行业工作经验，担任重庆市星评员，获得“全国金五星优秀会展人物奖”“中国会展之星·领军人物”等荣誉，带领重庆悦来国际会议中心、重庆悦来温德姆酒店团队获得“中国最具创新力国际会议中心”“中国最具竞争力会议中心”“中国最佳城市地标会议中心”“十大影响力会议中心”“中国会议业金海鸥大奖”等 64 项行业大奖，在国内会展、酒店行业极具知名度和影响力。

• 国家会议中心 •

2020 年 7 月 22 日至 23 日，潭洲会展品牌战略发布会在佛山潭洲国际会展中心成功举办，提出“中国工业会展第一馆”的全新品牌定位。

2020 年 12 月 3 日，佛山国际智能机器人博览会在佛山潭洲国际会展中心开幕，数十位智能机器人领域专家学者、知名企业家以及相关政府机构领导出席产业峰会，共同探讨人工智能技术升级以及机器人产业发展趋势。

南京市建邺区作为现代化国际性城市中心、国家东部地区的金融服务中心、华东地区商务商贸中心，连续多年被评为“中国十大最具竞争力会奖强区”。长期以来，建邺区高度重视会奖旅游产业发展，打造知名会奖旅游目的地，这里会奖旅游客源充足，发展会奖旅游条件得天独厚。

2017 年 8 月由南京市建邺区文化和旅游局牵头成立的建邺会奖旅游联盟，成员单位已由最初的 20 多家发展到 61 家，拥有 20 多万平方米的室内展场面积及 8000 多个国际标准展位，场馆密度为全国最高，展览场馆面积位居全国前三。建邺区共计 141 家酒店，其中 10 家高档豪华酒店，会议酒店超过 15 家，共计拥有客房 12,000 余间，可同期接待嘉宾 15,000 余人，区内拥有 1500 平米以上会议厅、宴会厅 6 个，800~1200 平米中型会议厅超过 20 个，完全满足各类大中型会议宴会要求。

成都世纪城
新国际会展中心

ufi

展馆参数

室内展览总面积	110,000㎡
室外广场面积	20,000㎡
主馆单馆面积	11,500㎡
连接馆单馆面积	1,000㎡
可搭建国际标准展位	5,500个

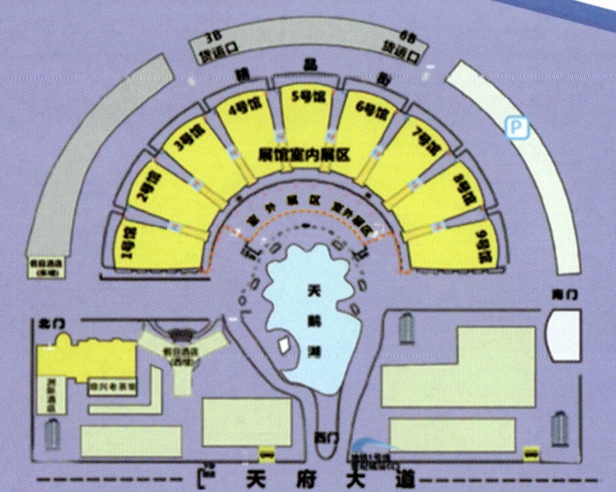

成都世纪城
新国际会展中心

Chengdu Century City
New International Convention & Exhitibion Center

官方微信平台

官方视频号

官方抖音平台

ADD:成都世纪城路198号
TEL:028-85381971/85380321

附录 ▶

中国会展业十大新闻（2016—2020年）

2016年

2016无疑是中国的“会展年”，在杭州国际博览中心举办的G20杭州峰会举世瞩目；国际展览业协会（UFI）第83届年会在上海举办期间宣布，在上海设立首个单个国家常驻分支机构。同时，中国的会展管理制度也相继公布，表明中国会展业在国际化、专业化、规范化方面均取得可喜业绩。

随着跨界愈演愈烈，各类资本纷纷涌入会展业，在激发了市场化进程的同时，也掀起新一轮对品牌价值的重新思考。此外，不断成熟的中国会展业开始积极争取参与国际标准的制定，在国际会展业的发展史上留下中国印记。

一、G20杭州峰会提升中国会展业服务水准

9月4日至5日，二十国集团（G20）领导人第十一次峰会在杭州召开。这不仅是我国今年最关键的主场外交活动，也是建国以来中国最重要的主场外交。

本次承接G20杭州峰会的杭州奥体博览中心投资方，选择了中国顶级的会展服务商——北辰实业为其指定服务商。

关注理由：G20杭州峰会的举办让杭州接待能力达到一定水准，也将是浙江会议业实现腾飞的契机。仅G20杭州峰会期间，新闻中心共接待来自近70个国家的中外媒体记者共1.8万人次，并举办了12场新闻发布会。

在G20杭州峰会之后，国际社会对中国的服务水平会更有信心，中国会议产业发展的步伐会更加坚实。

二、中国成2017年阿斯塔纳世博会首个接收展馆的参展国

10月31日，2017年阿斯塔纳世博会举办展馆交付仪式，中国成为首个接收展馆的参展国。哈萨克斯坦阿斯塔纳世博会将于2017年6月10日至9月10日举办，主题为“未来的能源”。这也是首次由中亚国家举办的世博会，目前已有105个国家和10个国际组织参展，预计将有500多万人次参观。其中，中国展区占地1000平方米，为最大展区。展区主题为“未来能源，绿色丝路”，设有中国能源走廊、中国智慧能源实践、能源梦剧场、全球使命与伙伴等五大子展区，共有24个省区市及20余家大型能源领军企业参展。

关注理由：中国将以阿斯塔纳世博会为平台向世界充分展现中国在能源利用和可持续发展方面的先进技术和战略，展示和宣传中国在能源领域的成就和贡献，与哈萨克斯坦及其他参展国分享经验，开展交流合作，彰显中国作为负责任大国的形象。

中国参展有四个亮点：一是理念清晰，首次在世博会舞台上全面介绍中国能源发展主张和成果；二是主题鲜明，紧扣能源主题和国家战略发展主张；三是技术领先，邀请国内大型能源领军企业参与核心展示活动，展示能源领域先进技术成果；四是活动丰富，届时将举办一系列经贸、文化、旅游活动。本次世博会将是中国参加在海外举办的世博会上参展大型企业和省区市最多的一次。

三、国际展览业协会（UFI）在上海设立其首个单个国家常驻分支机构

11月9日至12日，国际展览业协会（UFI）第83届年会在上海举办。此次，国际展览业协会已选择上海设立面向中国的常驻机构。这是国际展览业协会首次在单个国家设立常驻分支机构。

按照与上海市政府主管部门的协议，国际展览业协会设在上海的常驻机构选址浦东，计划明年上半年正式运转，今后中国展览行业与国际同行的交流合作将更加紧密和便捷。

关注理由：目前，在国际展览业协会近700家企业会员中，来自中国的会员超过130家，凭借近年来的迅速发展，中国已成为最大的会员国。

在目前全球排名20强的展览公司中，其每年营业额和利润的相当部分来自中国市场，而展览的背后是产业与宏观经济。国际展览业协会首次在单个国家设立常驻分支机构就选择中国，

说明国际展览行业看好中国市场，看好中国经济发展前景。

四、中央和国家机关7月起迎更严会议费新规

7月13日，财政部、国家机关事务管理局、中共中央直属机关事务管理局对外发布重新修订的《中央和国家机关会议费管理办法》（以下简称《办法》），更严格的新规从7月1日起施行，多处修改释放坚定贯彻落实中央八项规定、倡导厉行节约、反对浪费的重要信号。

关注理由：上一次《办法》实施出台是2014年，时隔两年，此新《办法》除了重申一系列“禁”字头条款外，还包括提高会议住宿费标准上限等多处变化，并强调各单位应当将非涉密会议的名称、主要内容、参会人数、经费开支等情况在单位内部公示或提供查询，具备条件的应当向社会公开。

五、商务部印发《展览业统计监测报表制度》

12月初，经国家统计局批准，商务部印发了《展览业统计监测报表制度》，此项制度旨在建立以展馆经营者、展览组织者和展览服务商为主要调查对象的展览业统计监测体系，科学、有效地开展展览业统计工作，进一步增加市场透明度，优化市场结构，规范、引导和推动行业有序健康发展。

关注理由：《展览业统计监测报表制度》确定了15个大类，60余项统计指标，涵盖了展览面积、参展商、观众和展会收支等核心指标，观众和参展商结构性细化指标，以及营业收支、外汇收支、从业人员等经济类指标，将有助于展览业统计工作更全面、准确，及时反映我国展览业发展状况，为各级政府部门制定展览业发展政策和发展规划，加强宏观管理提供决策参考。

六、阿里巴巴B2B联手亚洲博闻研发O2O2O商贸平台

9月19日，阿里巴巴B2B事业群联手亚洲博闻（UBM）研发O2O2O商贸平台。

O2O2O商贸平台旨在打通线上精准匹配线下见面洽谈、线上达成交易的展会行业新模式，这是双方自2015年12月签订战略合作协议以来的重要合作成果。

关注理由：目前，UBM在亚洲范围内覆盖了20多种类型的150场展会。

根据阿里巴巴的战略，将利用平台数据打通展会资源，为参展商、采购商双方从“被动等待”变为“主动出击”提供可能。而O2O2O商贸平台想要打造的是一个“线上线下线上”的交易闭环，将线上和线下的结合部分做得更好一些。

七、“会展人，点亮中国”线上引219个城市参与

4月10日，由中国会展经济研究会指导，会展中国和联展会展人共同发起的“会展人，点亮中国”暨中国会展城市活力风云榜在珠海举办的2016年中国会展经济研究会年会期间揭晓，排名前10位的分别为成都、常州、长沙、珠海、太原、上海、北京、广州、义乌和杭州。

此次活动以“活力创新未来”为主题，吸引了全国219个城市参与，点击量突破23.5万人次。

关注理由：“会展人，点亮中国”是会展业首次面向全国的线上和线下互动的大型传播活动，旨在扩大会展主管部分和行业机构的影响力和凝聚力，突出行业品牌企业的领军示范作用，了解各城市会展从业人员分布和微信活跃情况，传播会展文化，让更多参与者理解、支持会展业。

八、顺网科技11亿元收购上海汉威51%股份

2016年6月，顺网科技宣布收购上海汉威信恒51%的控股权。上海汉威是中国国际数码互动娱乐展览会（ChinaJoy）的主办方，其展会规模已位居亚太第一位、全球第二位。

顺网科技声称，收购上海汉威是为了互联网泛娱乐战略布局。希望通过汉威，可以完成从B端到C端的延展，从端游、页游到手游、VR以及海外的延展，泛娱乐生态的延展。

关注理由：上海汉威举办了多个行业内的展会，顺网认为其拥有产业链上的众多合作方，在手游、智能硬件等方向，给主要厂商提供了产品展示、技术交流、理念创新以及商务洽谈的超级平台，并受海外厂商的欢迎。因此是顺网拓展新业务，以及拓展泛娱乐业务的最佳合作伙伴。这次收购，定义为“实施泛娱乐平台战略目标的关键性举措”。

九、深圳国际会展中心开工2018年建成投入使用

9月28日，深圳国际会展中心暨市政配套工程开工仪式在宝安区空港新城深圳国际会展中心项目所在地举行。

深圳国际会展中心位于粤港澳大湾区湾顶，是深圳市政府布局深圳空港新城“两中心一馆”的三大主体建筑之一，深圳国际会议中心和新科技馆也将在此片区建设。

深圳国际会展中心项目用地面积148万平方米，一期及周边配套设施总投资达867亿元。按计划，深圳国际会展中心项目一期将于两年内建成，预计将于2018年9月投入使用。

关注理由：目前国内最大的展馆为上海国家会展中心，拥有40万平方米室内展厅；而国际上最大的展馆为德国汉诺威展览中心，拥有49.6万平方米室内展厅。

按照规划，深圳国际会展中心一期建成之后，将与上海国家会展中心并列为国内最大会展中心；而深圳国际会展中心全部建成后，室内展厅面积可达 50 万平方米，将超过全球现有展馆，成为“全球最大”的展馆。

十、中国在第 39 届国际标准化组织大会上提交成立会展活动技术委员会申请

9 月 12 日至 14 日，第 39 届国际标准化组织（ISO）大会在北京国家会议中心举行。本次大会共有来自国际标准化组织的 163 个国家（地区）成员、10 多个区域标准化组织及 14 个国际组织的近 700 名代表出席。中国是国际标准化大家庭的一员。是 ISO 创始国，也是 ISO 常任理事国。

关注理由：在第 39 届国际标准化组织大会举办期间，中国提交了成立会展活动技术委员会（TC）申请，若申请成功，该委员会将成为 ISO 首个与会展活动直接相关的标准化技术机构。

2017 年

回望 2017，进入新时代的中国会展业涌现出很多可圈可点的震撼与惊喜，从首次倡导的“一带一路”国际合作高峰论坛到金砖国家领导人第九次会晤首次提出“金砖 +”概念，中国的大国姿态赢得世界尊重。中国描绘共建“一带一路”新蓝图，得到了沿线友邦以及世界范围内的响应；阐述金砖合作启示，奏响金砖合作第二个“金色十年”的乐章，并扩大了金砖“朋友圈”。这两大事件在世界经贸发展史上烙下了中国印记。

而走进新时代的中国会展业，也开启了全新的篇章。在政策的支持下，会展产业链正在释放出联动效应的红利。各地政府在观望的同时，纷纷抢先布局会展产业集聚区的新一轮发展规划，构建经济增长极。

尽管全球会展业进入调整期，向亚太区转移的趋势不可逆转，但矛盾与挑战也极为明显。中国，正在不断为会展业界存在的难题贡献中国智慧和中国方案。

一、“一带一路”国际合作高峰论坛促“一带一路”建设进入新阶段

5 月 14 日至 15 日，“一带一路”国际合作高峰论坛在北京举办。29 位外国元首、政府首脑及联合国秘书长、红十字国际委员会主席等 3 位重要国际组织负责人出席，来自 140 多个国家和 80 多个国际组织的 1600 多位贵宾作为正式代表与会。此次“一带一路”高峰论坛还吸引了来自全球的 4000 余名记者注册报道。

“一带一路”的理念是共同发展，目标是合作共赢。加强“一带一路”倡议和各种发展战略的国际合作，建立更紧密合作伙伴关系，推动南北合作、南南合作和三方合作。

关注理由：“一带一路”国际合作高峰论坛成为“一带一路”建设进入新阶段的标志性事件。“一带一路”高峰论坛是由中国首倡、中国主办的层级最高、规模最大的多边外交活动，是 2017 年最重要的主场外交。

本次论坛是在世界经济发展、中国自身发展和“一带一路”建设都处于关键阶段的背景下举行的，对外发出了各方合力推动“一带一路”国际合作、携手构建人类命运共同体的积极信号，对世界、对中国都有着十分重要的意义。

二、中国宣布 2018 年举办中国国际进口博览会

5 月，“一带一路”国际合作高峰论坛在北京举办期间，中国国家主席习近平对外宣布，中国将从 2018 年起举办中国国际进口博览会。首届进口博览会将于明年 11 月 5 日至 10 日在国家会展中心（上海）举办。展会规模超过 24 万平方米，包括国家贸易投资综合展和企业商业展。博览会期间，还将举办虹桥国际贸易论坛，聚焦全球贸易与投资发展新趋势。

中国将积极同“一带一路”建设参与国发展互利共赢的经贸伙伴关系，促进同各相关国家贸易和投资便利化，建设“一带一路”自由贸易网络，助力地区和世界经济增长。

关注理由：进口博览会是中国主动对世界开放市场的重大举措，也是中国推动全球包容互惠发展的公共产品。该博览会由中国携手全球各国共同参与，是一个“买全球、卖全球”的开放性平台，既为世界各国扩大对华出口提供了新的机遇，也为各国彼此之间开展国际贸易、分享合作商机搭建了平台。

进口博览会不仅提供货物和服务交易，而且承载了国家形象展示、全球性重大问题探讨等多重功能，是一个国际合作的综合性公共平台。

三、金砖国家领导人第九次会晤开启第二个“金色十年”

9 月 3 日至 5 日，金砖国家领导人第九次会晤在厦门举行。

中国国家主席习近平主持会晤，南非总统祖马、巴西总统特梅尔、俄罗斯总统普京、印度总理莫迪出席。五国领导人围绕“深化金砖伙伴关系，开辟更加光明未来”的主题，就当前国际形势、全球经济治理、金砖合作、国际和地区热点问题等深入交换看法，回顾金砖合作10年历程，重申开放包容、合作共赢的金砖精神，达成一系列共识，为金砖合作未来发展规划了蓝图、指明了方向。

关注理由：金砖厦门会晤推动金砖合作从厦门再次扬帆远航，开启第二个“金色十年”，使金砖合作造福五国人民，惠及各国人民。

金砖机制的建立与联合国南南合作的初衷异曲同工，都是基于发展中国家共同发展的愿望，是互利共赢的合作方式，而扩大这一合作基础，把更多发展中国家囊括其中的“金砖 +”概念，更有利于金砖机制实现带动世界发展的目标。

“金砖 +”这一理念意味着有更多国家加入金砖机制中，发挥其包容性及经济效益，以支持更多项目的开发和更多国家的发展，使更多的人摆脱贫困，并且使环境有所改善。

四、国家发改委发布《服务业创新发展大纲（2017—2025 年）》

6 月 21 日，国家发展改革委发布关于印发《服务业创新发展大纲（2017—2025 年）》的通知。

《大纲》指出，到 2025 年，服务业市场化、社会化、国际化水平明显提高，发展方式转变取得重大进展，支撑经济发展、民生改善、社会进步、竞争力提升的功能显著增强，人民满意度明显提高，由服务业大国向服务业强国迈进的基础更加坚实。服务业体系更加完备、产品更加丰富，供需协调性显著增强，服务业增加值占 GDP 比重提高到 60%，就业人口占全社会就业人口比重提高到 55%。

关注理由：加快发展服务业是产业结构优化升级的主攻方向。各地区、各部门要加快转变观念，充分认识推动服务业发展的重大意义，着力营造服务业发展的良好环境。加强组织领导，健全工作机制，强化部门协同和上下联动，形成工作合力。各地区要因地制宜、大胆创新，积极探索服务业发展的新思路、新举措，及时总结推广经验。各部门要按照分工研究制定具体实施方案，细化政策措施，切实履行好政府职责。充分发挥服务业发展部际联席会议制度作用，加强战略谋划，强化统筹协调和督促落实。加强宣传解读，积极营造全社会合力推进服务业创新发展的良好氛围。

五、办好重点会展活动被列入《国家“十三五”时期文化发展改革规划纲要》

5月，中共中央办公厅、国务院办公厅印发了《国家“十三五”时期文化发展改革规划纲要》，《纲要》指出，文化是民族的血脉，是人民的精神家园，是国家强盛的重要支撑。

《纲要》明确了加快现代公共文化服务体系建设、完善现代文化市场体系和现代文化产业体系、传承弘扬中华优秀传统文化、提高文化开放水平、推进文化体制改革创新、加强文化人才队伍建设、完善和落实文化经济政策等 11 项目标和任务。

关注理由：《纲要》指出，文化市场建设要办好中国（深圳）国际文化产业博览交易会、中国国际动漫节、北京国际广播电影电视设备展览会、北京国际图书博览会、上海国际电影电视节、上海国际艺术节等重点会展；办好重点文化产权交易所，开展电视剧等进场交易试点。

《纲要》提出，加快发展网络视听、移动多媒体、数字出版、动漫游戏、创意设计、3D 和巨幕电影等新兴产业，推动出版发行、影视制作、工艺美术、印刷复制、广告服务、文化娱乐等传统产业转型升级，鼓励演出、娱乐、艺术品展览等传统业态实现线上线下融合。

六、成都市绘就“十三五”会展业千亿产业版图

2 月 20 日，成都市政府正式批复《成都市会展业发展“十三五”规划》。

根据《规划》，到 2020 年，成都会展业总收入达到 1040 亿元，形成新的千亿产业（其中会展业直接收入达到 110 亿元，间接收入达到 930 亿元，年均增速 8%），实现成都会展业增加值占成都市服务业增加值比重 6.5%。

关注理由：目前，成都千亿会展产业的版图已经绘就。今后，成都会展业将按照成都市委“157”总体发展思路，以创新创业为主题，以市场化为导向，以品牌化、专业化、国际化为方向，以信息化为支撑，推进会展业转型升级和提质增效，加快打造国际会展名城，助推国家中心城市建设。

七、新生代会展人当选 UFI 亚太区主席

7 月，国际展览业协会（UFI）公布了 2017—2020 年任期换届选举结果，来自中国上海万耀企龙展览有限公司（VNU Exhibitions Asia）总裁仲刚当选亚太区主席。至此，中国新生代会展人跻身国际会展舞台。

关注理由：作为中国会展新生代的代表，仲刚创办的 VNU Exhibitions Asia 为“合资 + 民营”发展模式，在过去的 20 多年里，VNU Exhibitions Asia 形成了“国际本土化”和“本土国际化”的发展模式，成为创办自主品牌展会最多、引进国际品牌展最多的知名会展企业。

中国会展人在 UFI 地位和话语权的提升，将有助于推动中国成为亚太区乃至全球的会展强国。仲刚表示，将致力于建设健康和谐的亚太会展生态圈。

八、中东欧贸易便利化国检试验区（宁波国际会展中心）揭牌

12月22日，中国首个以贸易便利化为主题的国检试验区——中国—中东欧国家贸易便利化国检试验区五大核心区块之一的宁波国际会展中心在浙江宁波揭牌。

自2014年创办的中国—中东欧国家投资贸易博览会今后将永久在宁波国际会展中心举办，把宁波国际会展中心打造成中东欧优质商品进口首选地、国际贸易总部企业集聚区以及宁波城市国际化引领区。

关注理由：10月18日，中国—中东欧国家贸易便利化国检试验区在宁波启动建设。该试验区重点围绕宁波保税区、宁波国际会展中心、宁波经济技术开发区现代国际物流园区、梅山保税港区、中东欧（宁波）工业园“五大核心区块”开展规划和建设，积极扩大中东欧商品进口种类和规模。

作为五大核心区块之一的宁波国际会展中心是宁波最大的以国际贸易和会展为主体的综合性平台。

九、“会展产业集聚区”成城市发展重要抓手

12月11日，“会展产业集聚区”发布会在长沙举办的2017中国会展业年会上举行。这是会展业首次提出“会展产业集聚区”概念，按照会展产业链的服务功能分为五类：即围绕会展策划与运营服务、场馆租赁服务、商贸服务、商务服务和公共服务。

关注理由：会展产业集聚区已经成为地方政府在大型会展设施周边统一规划建设，形成产业链、企业相对集中、会展资源集约利用、会展服务功能齐全、城市服务功能完备、功能效率效益提升的会展产业发展区。

近期以来，会展产业集聚区被看作是会展发展理念的创新、会展服务企业的聚集、会展服务功能的集合、会展集约发展的抓手、功能效率提升的新发展形态。

十、世界旅游联盟总部落户杭州萧山

12月17日，世界旅游联盟（WTA）和浙江省政府签署战略合作文件，世界旅游联盟总部正式落户杭州市萧山湘湖国家旅游度假区。此前在马来西亚召开的联合国世界旅游组织吉隆坡年会上，杭州受邀作为亚太地区唯一“最佳实践样本”代表，介绍“杭州样本”。

世界旅游联盟以“旅游让世界和生活更美好”为宗旨，以旅游促进和平、旅游促进发展、旅游促进减贫为使命，以互信互尊、互利共赢为原则，与联合国世界旅游组织相得益彰、双轮驱动，在非政府和政府层面联合推动全球旅游界的交流与合作。

关注理由：世界旅游联盟于今年9月12日在中国成立，是由中国发起成立的第一个全球性、综合性、非政府、非营利世界旅游组织。世界旅游联盟将在浙江举办世界旅游产业博览会、世界旅游联盟年会、世界旅游学术论坛等重大国际旅游活动，该联盟的落户对于杭州“世界城市”的打造、萧山“华东会客厅”的打造注入了强心剂。

2018年

站在2018年岁末，盘点过去一年的会展业大事件，不仅令人心潮澎湃，更令会展业界无比振奋：既有令全球瞩目的首个以进口为主的中国国际进口博览会，也有外国领导人出席最多的主场外交活动——中非合作论坛北京峰会，还有堪称年度重大国际事件之一的上海合作组织青岛峰会，以及博鳌亚洲论坛2018年年会。每一场国家的主场外交活动，都体现了大国胸怀和责任担当。

适逢改革开放40周年，当人们置身于《伟大的变革——庆祝改革开放40周年大型展览》现场，穿梭于历史镜头前，重温这段波澜壮阔的光辉岁月，感悟穿越时空的情感共鸣。

让会展人欣慰并伴有危机感的则是，国际行业组织更加青睐中国，国际资本也以更大的手笔布局中国的区域市场，竞争已经无处不在，而跨界而来的分羹者，或将以不合规则的“玩法”强行介入。未来已来，机遇更多，挑战更大，但会展业却前景无限。

一、首届中国国际进口博览会成功举办

11月5日至10日，首届中国国际进口博览会在国家会展中心（上海）举办。国家主席习近平出席开幕式并发表题为《共建创新包容的开放型世界经济》的主旨演讲，强调回顾历史，开放合作是增强国际经贸活力的重要动力；立足当今，开放合作是推动世界经济稳定复苏的现实要求；放眼未来，开放合作是促进人类社会不断进步的时代要求。各国都应该积极推动开放合作，实现共同发展，开创人类更加美好的未来。中国推动更高水平开放的脚步不会停滞，推动建设开放型世界经济的脚

步不会停滞，推动构建人类命运共同体的脚步不会停滞。本届进博会以“新时代，共享未来”为主题，吸引了 172 个国家、地区和国际组织参会，3600 多家企业参展，超过 40 万名境内外采购商到会洽谈采购，展览规模达 30 万平方米。

二、2018 年中非合作论坛北京峰会召开，宣布在华设立中国—非洲经贸博览会

9 月 3 日至 4 日，以“合作共赢，携手构建更加紧密的中非命运共同体”为主题的 2018 年中非合作论坛北京峰会在北京召开，国家主席习近平出席开幕式并发表题为《携手共命运 同心促发展》的主旨讲话，提出“五不原则”，进一步明确了中国对非关系的理念，并宣布了包括 600 亿美元金融支持在内的多项具体举措，用于促进中非进一步的合作升级。

峰会当天，习近平主席在国家会议中心出席中非领导人与工商界代表高层对话会暨第六届中非企业家大会开幕式并发表题为《共同迈向富裕之路》的主旨演讲，强调中国支持非洲国家参与共建“一带一路”，愿同非洲加强全方位对接，打造符合国情、包容普惠、互利共赢的高质量发展之路，共同走上让人民生活更加美好的幸福之路。

峰会期间，习近平主席向全世界郑重宣布：中国决定在华设立中国—非洲经贸博览会。

关注理由：习近平主席在中非合作论坛北京峰会开幕式上发表的主旨讲话，再次传递出中国政府高度重视中非友谊和中非合作发展的政治态度，以及中国与非洲各国打造新时代更加紧密的中非命运共同体的深刻涵义和具体举措。

这是中非合作论坛继 2006 年北京峰会和 2015 年约翰内斯堡峰会之后，中非友好大家庭的又一次大团圆，也是中国今年举办的规模最大、外国领导人出席最多的主场外交活动。中非博览会是第一项“产业促进行动”，也是中非合作论坛机制下唯一的经贸活动平台。

三、上海合作组织青岛峰会成功召开

6 月 9 日至 10 日，上海合作组织成员国元首理事会第十八次会议在山东青岛举办，堪称年度重大国际事件之一。

来自 12 个国家的国家元首或政府首脑、10 个国际组织或机构负责人出席峰会，成员国领导人签署、见证了 23 份合作文件，达成了一系列重要共识，是上合组织成立以来规模最大、级别最高、成果最多的一次峰会。

上海合作组织是 2001 年 6 月 15 日在中国上海宣布成立的永久性政府间国际组织。2017 年 6 月扩容后，共有 8 个成员国：中国、俄罗斯、哈萨克斯坦、吉尔吉斯斯坦、塔吉克斯坦、乌兹别克斯坦、巴基斯坦、印度。上合组织还有 4 个观察员国（阿富汗、白俄罗斯、伊朗和蒙古国）和 6 个对话伙伴国（阿塞拜疆、亚美尼亚、柬埔寨、尼泊尔、土耳其和斯里兰卡）。

关注理由：上海合作组织青岛峰会是上合组织扩员后首次召开的峰会，是中国 2018 年第二场重大主场外交活动。据悉，上合峰会已举办 17 次，其中首次和第 6 次在上海举办，第 12 次在北京举办，其他峰会基本都在上合组织成员国的首都举行。

习近平主席对上合组织青岛峰会成功举办作出重要指示并强调，举办上合峰会为青岛、为山东的发展带来了新的机遇，希望认真总结“办好一次会，搞活一座城”的有益经验，推广好的做法，弘扬好的作风，放大办会效应，开拓创新、苦干实干，推动各项工作再上新台阶。

四、伟大的变革——改革开放四十年展览在京举办

此次展览以“坚持和发展中国特色社会主义”为主题，紧扣改革开放 40 年历程，紧扣改革开放的历史纵深感、群众获得感、发展成就感，设计了 6 个主题内容展区，多角度、全景式集中展示改革开放光辉历程、伟大成就、宝贵经验。

截至 12 月 25 日，《伟大的变革——庆祝改革开放 40 周年大型展览》进入对公众开放的第 40 天，现场参观人数突破 200 万，观众留言将近 210 万字。与此同时，网上展馆全面上线第 25 天，点击浏览量突破 2 亿。

关注理由：此次展览以坚持和发展中国特色社会主义为主题，紧扣改革开放 40 年历程，紧扣改革开放的历史纵深感、群众获得感、发展成就感，设计了 6 个主题内容展区，多角度、全景式集中展示改革开放光辉历程、伟大成就、宝贵经验。截至 12 月 25 日，《伟大的变革——庆祝改革开放 40 周年大型展览》进入对公众开放的第 40 天，现场参观人数突破 200 万，观众留言将近 210 万字。与此同时，网上展馆全面上线第 25 天，点击浏览量突破 2 亿。

五、首届世博发展国际合作论坛在上海举办

12 月 13 日至 14 日，以“创新 合作 发展——迈向未来的世博会”为主题的首届世博发展国际合作论坛在上海举办。本次论坛由中国贸促会、上海市人民政府、国际展览局主办，中国国际商会、世博会博物馆承办。

长期以来，世博会在开展公共外交、构建人类命运共同体、推动城市发展、科技创新、创意设计、国家发展、促进文化交流、民心相通等方面发挥了重要作用，要充分利用世博会平台继续推动开放合作、引领创新发展、促进贸易投资、推动文化互鉴，不断开创人类合作共赢的美好新未来。

据中国贸促会方面透露，中国将以超大自建馆方式参加 2020 年迪拜世界博览会，已选定面积为 4636 平方米，位于“机

遇”副主题区域。

关注理由：近年来，随着新技术革命和产业革命深入发展，世博会影响力和吸引力与日俱增，2017 年哈萨克斯坦阿斯塔纳世博会成功举办之后，2025 年世博会举办权经过数轮竞争又花落日本大阪，世博事业进入蓬勃发展的新时期。

首届世博发展国际合作论坛深入探讨了世博会发展趋势，分析世博会平台的公共外交和贸易投资促进作用，为中国借助世博会全面加强国际合作、积极推动构建全面开放新格局提供新主张、新建议。

六、中欧联合发布《中欧会展业合作成都倡议》

9 月 19 日，以“合作共赢、共创共享，抢抓经济全球化时代的中国会展业合作新机遇”为主题的首届中欧国际会展业合作圆桌会在成都举办。中欧双方表示，将致力于通过实施优惠政策，国际会展功能区加快建设，场馆管理运营互学互鉴，中欧双方相互提供便利，支持推动国际合作伙伴对接、机构设立和项目落地，促进相关产业发展和会展服务业生态圈优化提升。

此次圆桌会期间，双方就加强中欧会展业战略合作、共建、共享中欧会展合作新平台、优化促进中欧会展合作发展环境、信息透明互通、中欧会展业联动工作机制、会展业联合推广机制、会展人才培养和交流机制等八个方面达成共识，并发布了《中欧会展业合作成都倡议》。

关注理由：首届中欧国际会展业合作圆桌会期间，中国贸促会成都分会（成都市博览局）与波兰罗兹省促进与国际合作部签署合作备忘录，探索新的合作领域和合作机制，促进双方企业开展商业交流与合作。

与会双方表示，成都具备“一带一路”建设重要节点优势及其对欧合作的良好基础条件，将成都作为欧洲会展企业、机构拓展中国西部会展市场的首要登陆城市，共建、共享中欧合作国际门户枢纽城市和国际会展之都。

七、UFI CHINA CLUB 在上海成立

6 月 20 日，UFI China Club 在上海宣布成立，并举办 UFI China Club 首届年度大会暨 UFI 认证专题圆桌会议。今后，UFI China Club 将秉承为会员服务、支持主办机构的需求，还将本着高效原则，与已有的行业活动同期举办。UFI 执行总经理凯汉德多夫表示，希望帮助中国会展业加快发展。目前，中国通过国际展览业协会认证的会员已达 120 家，为该协会会员最多的国家。

关注理由：10 月 31 日至 11 月 3 日，在俄罗斯举行的第 85 届国际展览业协会（UFI）全球大会上，UFI China Club 为中国代表特别提供了中英同传服务，并在会议期间举行了 UFI China Club 圣彼得堡圆桌会议。

八、绿地巴塞罗那会展公司正式揭牌

12 月 17 日，绿地控股与巴塞罗那展览中心合资公司——绿地巴塞罗那会展公司正式揭牌，标志着双方合作快速落地，绿地会展将步入快速发展的轨道。据悉，新成立的绿地巴塞罗那会展公司将参与上海、南昌、苏州等多地绿地会展场馆的前期设计和建设。同时，绿地将与更多全球会展巨头展开更为广泛的全面合作，实现绿地会展产业高质量发展，助推中国会展国际化，不断提升城市能级。截至目前，绿地在全国多地投资建成、在建和规划建设的会展场馆项目已累计达到 12 个，建筑面积超过 470 万平方米，展览面积超过 250 万平方米。

关注理由：绿地与世界知名的专业会展组织和场馆运营商——巴塞罗那国际展览中心的战略合作，意在打造一个具有国际竞争力的新兴会展企业，为绿地在会展行业的发展奠定基础。合作后，绿地将充分利用双方在品牌价值、管理经验、场馆资源和多元产业方面的优势，对标国际、精益求精，以打造具有全球知名的国际会展公司为目标，培育专业化、国际化、品牌化的会展活动，打造一支具有国际竞争力的中国会展业生力军。

九、南京空港会展小镇开工建设

1 月，位于南京空港新城区块内的南京空港会展小镇主体工程全面开工建设。根据规划，南京空港会展小镇规划总用地 3.49 平方公里，其核心区面积为 2.5 平方公里，将建成会议中心和展览场馆总面积达 20 万平方米的滨水生态会展综合体，总投资约 80 亿元。目前，正在实施的一期工程包括智能化展馆、会议中心、五星级酒店、生态公园及配套商业等。

南京空港会展小镇交通区位优势明显，具备井字城际高速路网，轻轨 S7 线从南京南站经由禄口机场直达南京空港会展小镇。

关注理由：南京空港会展小镇是首个提出“会展 +”发展理念的会展小镇，将致力于打造“会展 +”特色小镇，形成集会展、酒店、商业、办公、文旅、文创、居住配套于一体的产业生态环境，打造城市微度假目的地和城市多元文化生活新高地。

按照发展规划，南京空港会展小镇发挥会展引擎作用，带动本地新能源汽车、智能制造、临空、文化艺术等产业的联动发展，构建“一业突出、多业共兴“的现代服务业集聚区。

十、浙商总会会展业委员会成立

12 月 1 日，全球浙商总会 2018 年度会议在杭州国际博览中心举行。此次会议除了发布全球浙商总会发展报告外，还举行了浙商总会会展业委员会团体会员授牌仪式。在浙江省省长

袁家军及省委常委、统战部部长熊建平的见证下，浙商总会会长马云、执行会长沈国军为浙商总会会展产业委员会授牌，杭州国际博览中心总经理唐雪任浙商总会会展业委员会主任，浙旅文展董事长王炳文任浙商总会会展业委员会执行主任。

关注理由：全球浙商总会在会展业的战略机遇期、市场井喷期和政策利好期成立会展业委员会，将成为浙江区域创新的新抓手、新样本、新路径，有效对接全球浙商总会的优质资源，构建多元化、宽领域、高层次的协同发展新格局。这一举动，已引发会展业内的关注。

2019 年

一、中国首支会展产业基金在上海成立

6 月 19 日，上海会展产业股权投资基金在上海启动，基金总规模 30 亿元人民币，首期规模 10 亿，投资领域涵盖会议展览、活动赛事、商贸旅游、文化创意、体育健康、科技应用等会展产业集群和相关现代服务业。

上海会展产业股权投资基金是由上海东浩兰生（集团）有限公司、上海瑞力投资基金管理有限公司作为基石发起人，联合上海黄浦区政府投资基金、华麟资本，共同设立的国内首支聚焦会展产业领域的投资基金。

关注理由：有研究报告预计，中国会展行业未来 5 年年均复合增长率 10% 以上，2022 年国内会展业直接经济产值将突破 1 万亿元。在投资策略上，基金将重点关注会展行业细分领域的高成长型企业、新技术与会展行业结合应用的成熟型企业、成熟阶段的国内外会展项目以及国际大型并购项目等。

二、商务部不再实施四种境内举办涉外经济技术展览会办展项目审批

4 月 2 日，国家商务部、海关总署发布国务院印发的《国务院关于取消和下放一批行政许可事项的决定》（国发〔2019〕6 号）（以下简称《决定》），根据公告称，为贯彻落实《国务院关于进一步促进展览业改革发展的若干意见》（国发〔2015〕15 号）和《决定》要求，其中涉及商务部不再实施四种境内举办涉外经济技术展览会办展项目审批，保留两种境内举办涉外经济技术展览会办展项目审批。

关注理由：《决定》公布表明，相关主管部门采取措施优化审批服务，强化引导规范，有效防范风险；开展“双随机公开”监管，维护市场秩序。加快构建展览业信用体系，强化信用监管，及时向社会公开展览会及其相关企业机构信用信息。很大程度上，深化了展览业放管服改革。

三、上海首次成为全球举办大型国际商展最多的城市

6 月 18 日，由上海市会展业促进中心、上海市会展业协会和上海市商务发展研究中心首次联合编写的《2018 上海会展业白皮书》（以下简称《白皮书》）正式发布。《白皮书》显示，截至 2018 年，上海各类专业展览馆可供展览面积已超过 100 万平方米，位列全球主要会展城市第一。展览数量快速增长，2018 年共举办各类展会 1032 个，较“十二五”时期提高了 21.34%，居全球主要会展城市之首。目前，上海已成为全球品牌商业展会登陆中国市场的首选城市。2018 年，上海共举办国际展 300 个，占上海展会总数的 29.1%。

关注理由：2019 年是上海建设国际会展之都的关键之年。2018 年，首届中国国际进口博览会在国家会展中心（上海）举办。由于进博会和国家会展中心（上海）的特殊地位，上海青浦区成为唯一把会展业作为区级经济支柱产业的行政区。

四、浙江米奥兰特 A 股上市成会展组展第一股

10 月 22 日，浙江米奥兰特商务会展股份有限公司（300795.SZ）在深圳证券交易所创业板挂牌上市。米奥兰特本次新股发行价 14.27 元 / 股，开盘价为 17.12 元 / 股，较发行价上涨 19.97%，总发行量不超过 2504.10 万股。

米奥兰特主营境外会展策划、组织、推广及运营服务，聚焦中国走出去企业，打造“自主产权、自主品牌、独立运营”且布局全球的会展服务平台，为中国制造量身打造拓展全球市场特别是“一带一路”市场的会展营销解决方案。目前已分别在土耳其、波兰、埃及、南非等 12 个区域市场的集散国家每年举办展会。该公司是中国首个获得国际展览业协会（UFI）认证的境外办展企业。

关注理由：浙江米奥兰特商务会展股份有限公司在深交所上市，标志着米奥兰特开启了资本之路，进入跨越式发展的新征程。同时也拉开了中国会展业进入 A 股资本市场的帷幕，结束了数十年来国际会展资本一统中国会展资本市场的局面，中国本土会展资本开始崛起。米奥兰特也是目前唯一一家在中国资本市场上市的展览主承办主体公司，开创了中国会展业资本运营的先河。

五、首个数字经济博览会永久落户石家庄

10 月 11 日至 13 日，以“数字经济引领高质量发展”为主题的 2019 中国国际数字经济博览会在石家庄国际会展中心举办。作为国内首个数字经济博览会，该展会聚焦数字经济发展前沿，突出“国际化、专业化、高端化、产业化”，是全国数字经济最新成果展示的国家级平台和全球数字经济交流合作的世界级平台。数字经济是世界经济的发展趋势，正在步入快速发展、变革创新、融合渗透的快车道。

关注理由：这是目前国内唯一以“数字经济”冠名的国家级展会。今年 5 月，经国务院批准，由工业和信息化部、河北省政府主办，每年举办一届。

申请举办中国国际数字经济博览会，是河北省委、省政府加快数字经济发展，深化供给侧结构性改革的重要举措，是主动适应新时代对外开放新要求，搭建国家级、国际化、高规格的经济交流合作平台，实现创新驱动和高质量发展的重要内容。

六、首届长沙国际工程机械展为抢占全球产业链搭建平台

5 月 15 日至 18 日，以“智能化新一代工程机械”为主题，2019 长沙国际工程机械展览会在长沙国际会展中举办。原国务院副总理马凯参观展览时肯定长沙国际工程机械展“起点高、影响大、有特色”，为工程机械行业搭建了一个对接合作的平台。此次展会集国际论坛、国际赛事、行业前沿技术交流、企业风采展示与合作于一体，规模达 21.3 万平方米，18 万人次观展，现场订单和采购金额逾 200 亿元。展会同期举办了全球高端制造业大会、“一带一路”基础设施与工程装备商务峰会、工程机械产业链发展大会等 30 多项配套活动，100 多名全球知名企业 CEO 及 20 多位两院院士、行业专家、技术权威人士出席，把脉高端制造业，探讨全球化发展。

关注理由：首届长沙国际工程机械展对于有“工程机械之都”之称的长沙来说，如同一场高规格的“主场外交”。目前，湖南已成为我国最大的工程机械制造基地，主营业务收入占全国工程机械总量的 26%，居全国工程机械产业集群首位。长沙的目标是打造世界级工程机械产业集群，抢占全球产业链、价值链的制高点。

七、杭州国博借力新经济构建会展产业新生态

8 月 31 日，杭州钱江世纪会展产业园挂牌成立，这是浙江省首个会展产业园。作为杭州建设国际会展之都的主承载，该会展产业园以“重点类会展集聚区+培育类双创集聚区”为目标，打造集商贸、旅游、演艺、赛事等功能的会展产业园，激发出新经济时代城市发展的新活力。位于杭州国际博览中心 B 座的钱江世纪会展产业园，总建筑面积 28280 平方米，来自会展行业的 23 家企业已抢先入驻，希望借助杭州国博的带动和聚集效应提升自身竞争力。据了解，会展产业园 ZIP 空间的会展新技术展示中心准备就绪，将于近期推出。

关注理由：随着杭州钱江世纪会展产业园的成立，借力杭州国博品牌溢出效应，将按照规划形成产业特色清晰、具备综合竞争力、新科技及孵化培育功能强大、经济效益和社会效益良好的示范聚集区。由此加速区域会展产业能级进一步跃升，跨入会展新时代。

八、上海合作组织地方经贸合作青岛论坛永久落户胶州

5 月 24 日至 26 日，上海合作组织地方经贸合作青岛论坛暨上海合作组织国际投资贸易博览会在青岛举办。该论坛缘起上合组织青岛峰会，2018 年 6 月 10 日，习近平主席在上海合作组织青岛峰会上宣布：中国政府支持在青岛建设中国—上海合作组织地方经贸合作示范区。立足国家层面，重新定义青岛未来的发展坐标，打造新时代“一带一路”开放合作新高地。

为加快上合示范区建设，青岛市政府自今年起，每年举办上海合作组织地方经贸合作青岛论坛，同期举办上海合作组织国际投资贸易博览会。胶州作为上合示范区建设的主阵地，已成为该论坛和博览会的永久举办地。

关注理由：此次论坛期间，共签订了 7 个项目合作备忘录。目前，上合示范区已吸引境内外 40 个重点合作项目签约落户，京东、传化物流、中集冷链、阿法拉伐等一大批知名企业来上合示范区投资兴业，形成了高端装备制造、人工智能、生物医药等产业集聚效应。上海合作组织地方经贸合作青岛论坛暨上海合作组织国际投资贸易博览会的举办，为上合示范区的高标准建设和高水平发展起到重要的推动作用。

九、全球首个 ICCA 国际会议研究及培训中心选址成都

12 月 17 日，由成都市贸促会、成都市博览局联合国际大会及会议协会（ICCA）、成都大学、《会议》杂志社共同成立的 ICCA 国际会议研究及培训中心在四川成都正式成立。这是全球首个，也是唯一一个 ICCA 国际会议研究及培训中心。

ICCA 国际会议研究及培训中心计划于 2020 年组织全球会议行业大咖召开国际会议业 CEO 成都峰会，并发布“全球城市会展业竞争力指数”。这是继成都博览局参与《中国城市会展业竞争力指数报告》之后，再次将视角放到了全球会展城市的竞争力上。

关注理由：ICCA 国际会议研究及培训中心将围绕 ICCA 研究项目的定向培训、国际会议人才（中）高级研修班等拟定培

训项目，聘请国内外会议行业专家、研究机构与高校专家进行课程体系构建、培训标准制定、精品教材编写。

ICCA 国际会议研究及培训中心设在成都大学，将开展国际会议大数据收集与研究、国际会议信息交流平台搭建、国际会议经济理论研究与国际标准、管理制度建设以及国际会议行业人才培训等。

十、全球首个农业全产业链国际品牌展入驻中国

9 月 19 日，首届亚洲农业与食品产业博览会（青岛）在青岛西海岸世界博览城开幕。该展会实现了“种植 + 养殖 + 农产品商品化加工储运技术”全产业链上下游互动模式。这是亚洲农博会国际承办单位 VNU 荷兰皇家展览集团首次将国际专业农博会模式引入中国。

首届亚洲农博会规模达 8 万平方米，吸引来自海内外的 1000 多家知名企业参展，汇集 20000 多个海内外农业品牌。展会同期举办了世界农场动物福利大会、中国猪业科技大会、2019 国际泥炭学术研讨会等 30 场专业会议活动。

关注理由：亚洲农博会聚焦“食品安全”，以农业主要板块和产业链上下游进行展览的规划，突出原料、科技、设备、种类、品牌和服务等专业内容，展会将通过打造市场化、专业化、国际化的亚洲农业会展平台，力争用 3 至 5 年时间打造亚洲最具影响力的、聚焦“食品安全”、覆盖农业、食品全产业链的交流和商贸互动平台。

2020 年

一、中央政治局常委会提出“创新展会服务模式”要求

3 月 18 日，中共中央政治局常务委员会召开会议。会议强调，要兼顾疫情防控和对外经贸合作，在落实防疫措施前提下为商务人员往来提供便利，保持国际供应链畅通，创新招商引资、展会服务模式，保障各类经贸活动正常开展。

入选理由：中央政治局常委会对于创新展会模式的问题提出了新的要求，是对会展业在打好疫情攻坚战和开展经贸合作作用进一步和明确和肯定，是对会展行业的巨大的鼓舞和鞭策，也是行业创新发展最大的动力。

二、商务部、公安部、卫生健康委联合发布展览活动防疫指导意见

7 月 6 日，商务部、公安部、卫生健康委发布《关于展览活动新冠肺炎疫情常态化防控工作的指导意见》。包括：严格落实展览活动举办地防控责任、压实压紧展览活动举办单位、场所单位等疫情防控责任等内容。

入选理由：三部委《指导意见》肯定了展览业在扩大开放、增加就业、稳住外贸外资基本盘、拉动消费等方面的重要作用，增强展览业防控和应变能力，确保疫情防控常态化条件下各项展览活动科学稳妥、安全有序开展，推动经济社会持续向好发展。

三、商务部发布《关于创新展会服务模式培育展览业发展新动能有关工作的通知》

4 月 13 日，商务部办公厅发布《关于创新展会服务模式 培育展览业发展新动能有关工作的通知》，要求推进展会服务创新、管理创新、业态模式创新，加快培育行业发展新动能，发挥展览业在扩大对外开放、增加社会就业、拉动消费增长等方面的重要作用。《通知》包括统筹做好疫情常态化防控和展览业复工复产工作；加快推进展览业转型升级和创新发展；积极利用展会平台开拓国际市场；多措并举做好政策支持和保障四部分内容。

入选理由：创新展会服务模式是党中央、国务院的重大部署，《通知》是在新冠肺炎疫情防控常态化条件下推动行业加快恢复和发展的重要举措。推进展会服务创新、管理创新、业态模式创新，加快培育行业发展新动能，发挥展览业在扩大对外开放、增加社会就业、拉动消费增长等方面的重要作用，助力稳住外贸外资基本盘。

四、进博会已成为四大平台和全球共享的国际公共产品

新冠肺炎疫情给世界经济带来严重冲击，多数大型国际展会取消或延期，跨国企业经营活动受到严重影响。11 月 4 日，在抗疫取得阶段性成果下，第三届中国国际进口博览会在上海举办。经过 3 年的发展，进博会已成为国际采购、投资促进、人文交流、开放合作的四大平台，成为全球共享的国际公共产品，是世界共享的全球贸易盛会，为包括中国在内的各国企业提供了共享机遇、共谋发展的大舞台。

入选理由：第三届进博会是在全球新冠肺炎疫情持续蔓延、世界经济前景不明的背景下举办的。会展区面积和前两届进博会相比，增加近 3 万平方米，展品规模持续扩大。充分体现了中国同世界分享市场机遇、推动世界经济复苏的真诚愿望。

五、武汉用会展中心建方舱医院，国家三部门要求提高公共设施相关建设标准

2 月 3 日晚，武汉建设三家“方舱医院”，分别是洪山体育馆、武汉客厅、武汉国际会展中心。次日，武汉市在光谷科技会展中心、武汉体育中心、武汉国际博览中心等地再建“方舱医院”。

国家发改委、国家卫健委、国家中医药局于 5 月 9 日印发了《公共卫生防控救治能力建设方案》提出，推进公共设施平战两用改造。借鉴方舱医院和人防工程改造经验，提高大型体育场馆、展览馆（会展中心）等公共设施建设标准，在相关设施新建或改建过程中充分考虑应急需求。9 月 25 日，北京市第十五届人民代表大会常务委员会第二十四次会议通过的《北京市突发公共卫生事件应急条例》中提出，突发公共卫生事件发生时，可通过与民办医疗卫生机构或者宾馆、展览馆、体育场馆等签订协议等方式确定集中医学观察、急救转运和洗消等备用场所。

入选理由：疫情就是命令，防控就是责任。武汉市用会展中心等地建设为“方舱医院”，为全国乃至全球会展场馆作为公共设施在“平战两用”建设和改造中提供了范例。国家相关部门和北京市对展览馆在公共卫生防控中的作用发文确定，得到会展业的重点关注和积极响应。

六、广交会 63 年首次在线上举办，2020 年两届均为“云展”

6 月 15—24 日，第 127 届中国进出口商品交易会（简称“广交会”）在网上举办。腾讯成为“云上广交会”的技术服务商。63 年来首次在网上举办广交会是积极应对新冠肺炎疫情影响，第 128 届广交会于 10 月 15—24 日继续采取“云”上形式举办，按 16 大类商品设置 50 个展区，展位总数约 6 万个，境内外参展企业近 2.6 万家，规模与第 127 届基本持平。

入选理由：贯彻中央“创新展会服务模式”精神，广交会 63 年来首次整体搬上“云端”，是努力稳住外贸外资基本盘的创新举措，有利于帮助外贸企业拿订单、保市场，更好地发挥广交会全方位对外开放平台的作用。

七、中国贸促会退出主办 44 个境内展会

中国国际贸易促进委员会于 7 月 21 日发布了《中国国际贸易促进委员会关于退出主办 44 个境内展会的通告》，通告提出：为贯彻落实国务院《关于进一步促进展览业改革发展的若干意见》精神，根据《关于省部级党政机关、人民团体举办展会清理规范的通知》（国清组函〔2014〕123 号）的要求，中国国际贸易促进委员会（简称“中国贸促会”）自 2020 年起退出主办海峡两岸电机电器博览会等 44 个境内展会，不再担任这些展会的主办单位。

入选理由：贯彻《关于进一步促进展览业改革发展的若干意见》精神，执行“严格规范各级政府办展行为，建立政府办展退出机制。”中国贸促会这次宣布退出主办 44 个境内展会的同时，还强调任何单位、个人均不得将中国贸促会列为这些展会的主办单位、协办单位、支持单位、指导单位、承办单位，不得以中国贸促会名义进行上述展会参展企业招募、配套活动举办及其他筹办活动。可见退出力度之大，被行业特别关注。

八、“服贸会”成为 2020 年我国举办的第一场重大国际经贸活动

2020 年，中国国际服务贸易交易会简称由“京交会”更名为“服贸会”，于 9 月 4—9 日在北京举办。成为疫情发生以来，我国举办的第一场重大国际经贸活动。本届服贸会共有来自 148 个国家和地区的 2.2 万家企业和机构线上线下参展参会。服贸会是全球首个服务贸易领域综合型展会和中国服务贸易领域的龙头展会，同中国国际进口博览会、中国进出口商品交易会一起成为中国对外开放的三大展会平台。

入选理由：面临疫情防控的挑战，实现了疫情防控与便利办展、务实办展、高效办展的结合，为在疫情防控常态化条件下办好各类大型展会活动积累了宝贵经验。对冲疫情影响，有效实现了线上线下的“走出去”和“引进来”，在创新展会服务模式上迈出了一大步，也充分展现了经济数字化、网络化、智能化发展的巨大潜力。

九、成都率先印发《统筹疫情防控会展活动管理规范》

3 月 27 日，成都市博览局以全国第一的速度印发了《统筹疫情防控会展活动管理规范》，明确提出展会场馆方除做好门禁管理、公共区域管理、员工管理、安全生产等方面的措施外，还要做好餐饮服务和酒店服务的防控措施，以保障大型展会的举办。按照“谁举办、谁负责，谁组织、谁负责”和“一会（展）一方案”的原则，严格落实国家、四川省和成都市实时应急响应机制，精准防控，制定工作方案，根据疫情形势变化，及时调整防控措施。

入选理由：依据当地政府“全面恢复会展等服务业正常经营活动”相关精神，迅速反应，为加快构建同疫情防控相适应的会展业运行秩序，确保在成都举办的各项会展活动有序开展，推出《统筹疫情防控会展活动管理规范》。为当时在疫情防控情况下，政府会展业主管部门制定相关政策和管理方案提供了中国方案、成都样本。

十、湖南车展严密防控，率先在室内场馆安全举办

4月30日至5月5日，2020湖南汽车展览会暨长沙市首届汽车消费节（以下简称“2020湖南车展”）在湖南国际会展中心举办，面积6万平方米，是新冠肺炎疫情为会展业按下暂停键后，全国在室内场馆举办的首个大型展会，可谓“2020中国车市第一展”。

入选理由：为在疫情防控下安全举办室内展会“探路破局”。湖南车展成为全国、全球会展业关注的最早安全复展案例。为确保湖南车展在举办期间的疫情防控和安全举办，长沙市会展工作管理办公室出台了《新冠病毒肺炎疫情防控会展活动指南》，也成为国家会展主管部门、各省市制定“复展指南”的重要参考指南。

（来源：中国经济网—会展中国频道）

国际大会与会议协会（ICCA）中国区会员列表

序号	单位名称
1	北京国际会议中心
2	北京市文化和旅游局
3	北京北辰会展投资有限公司
4	北京雁栖湖国际会展中心
5	中青博联整合营销顾问股份有限公司
6	成都励翔文化创意股份有限公司
7	成都市博览局
8	成都新东方展览有限公司
9	成都西岭公共关系顾问有限公司
10	成都汀兰会议有限公司
11	成都大学
12	成都亚昂学术会议有限公司
13	中国国际贸易促进委员会青岛分会
14	中国江苏白马农业国际博览中心
15	国家会议中心
16	欣欣翼翔国际会议与奖励旅游公司
17	重庆悦来国际会议中心
18	中旅国际会议展览有限公司
19	陕西省文化和旅游厅
20	都江堰市人民政府
21	北京昆仑亿发科技股份有限公司
22	广东公信智能会议股份有限公司

序号	单位名称
23	广东潭州国际会展中心
24	广州白云国际会议中心
25	贵州智海王潮会议展览有限公司
26	海南红帆会展服务有限公司
27	海南瑞来森会议展览服务有限公司
28	杭州国际博览中心
29	杭州市文化广电旅游局
30	杭州市萧山投资促进局
31	智海王潮传播集团
32	湖南省会议接待服务中心
33	湖南帝爵国际会展服务有限公司
34	湖南锐智国际会议展览服务有限公司
35	湖南星光会议会展有限公司
36	湖南阳光会展服务有限公司
37	博悦咨询（北京）有限公司
38	成都世纪城天堂洲际大饭店
39	辽宁众亿会议会展有限公司
40	《会议》杂志
41	佛山南海国际会展中心
42	南京市人民政府会展业办公室
43	南京国际博览会议中心
44	南京市文化和旅游局

序号	单位名称
45	南京青奥城建设发展有限公司国际青年会议酒店
46	宁波旅游形象推广中心
47	宁夏高瓴文化科技有限公司
48	海花岛
49	保利世贸博览馆
50	青岛国际会展中心
51	瑞美展览股份有限公司
52	陕西美顿会展管理有限公司
53	山东智海王潮会展 & 传播机构
54	上海巴彦图信息科技 (31 会议)
55	上海中旅国际有限公司
56	上海跨国采购会展中心
57	上海靖达国际商务会展旅行有限公司
58	上海汇展信息科技有限公司
59	上海国际会议中心有限公司
60	上海市文化和旅游局
61	上海新国际博览中心
62	深圳会展中心管理有限责任公司
63	深圳市朗迪展览有限公司
64	深圳市商务局
65	深圳世界会展中心
66	四川智海王潮文化创意有限公司

序号	单位名称
67	四川天府国际会展有限公司
68	苏州金鸡湖国际会议中心
69	深圳市台电实业有限公司
70	重庆市人民政府会展办公室
71	浙江旅游职业学院
72	武汉锐特展览文化股份有限公司
73	武汉食和岛网络科技有限公司
74	武汉维阿麦斯会议会展有限公司
75	武汉医博界会展服务有限公司
76	西安曲江国际会议中心有限公司
77	厦门建发旅游集团股份有限公司
78	厦门国际商会
79	厦门文广体育有限公司
80	厦门国际会议中心
81	厦门国贸控股集团有限公司
82	厦门市会议展览促进中心
83	西安浐灞国际会议展览有限公司
84	扬子江国际会议中心
85	云南优景智海文化传播有限公司
86	郑州国际会展中心
87	珠海国际会展中心

（来源：ZCCA 官方网站）

2020 年 UFI 中国会员名录

省份	城市	企业或机构名称
安徽	合肥	安徽国际会展中心
安徽	合肥	安徽中贸展览有限公司
安徽	合肥	合肥滨湖国际会展中心
北京	北京	北京博乾国际会展服务有限公司
北京	北京	北京朗普展览有限公司
北京	北京	北京北辰有限公司中国国家会议中心
北京	北京	北京振威展览有限公司
北京	北京	北京筑医台科技有限公司
北京	北京	北京国际会议展览业协会
北京	北京	北京国际展览中心
北京	北京	中国展览馆协会（CAEC）
北京	北京	中国贸促会建材分会
北京	北京	中国贸促会化工行业分会
北京	北京	中国家用电器协会
北京	北京	中国国际会展杂志
北京	北京	中国商务部投资促进局
北京	北京	中联橡胶股份有限公司
北京	北京	北京国贸国际会展有限公司
北京	北京	美国克劳斯公司—北京
北京	北京	中国轻工业展览中心
北京	北京	艾特怡国际会展服务 (北京) 有限公司
北京	北京	英富曼中国
北京	北京	科隆国际展览有限公司（北京）
北京	北京	励展博览集团大中国区总部
北京	北京	励展博览集团 ISG 中国
北京	北京	励展华博展览（北京）有限公司
北京	北京	励展华群展览有限公司
北京	北京	国药励展展览有限公司
北京	北京	国际食品和饮料展览会
北京	北京	北京雅森国际展览有限公司
北京	北京	中糖新世纪国际会展 (北京) 有限公司
福建	厦门	厦门国际会议展览中心（XICEC）
福建	厦门	厦门市凤凰创意会展服务有限公司
广东	珠海	珠海国际会展中心
广东	中山	古镇灯都博览有限公司
广东	深圳	寰域展览 (深圳) 有限公司
广东	深圳	励展（中国）展览深圳有限公司
广东	深圳	励展华博展览深圳有限公司
广东	深圳	深圳市会议展览业协会 (SZCEA)
广东	深圳	深圳会展中心管理有限公司
广东	深圳	深圳市德赛展览有限公司
广东	深圳	深圳华巨臣展览有限公司
广东	深圳	深圳市环悦会展有限公司
广东	深圳	深圳市工业设计专业协会
广东	深圳	深圳贺戎博闻展览有限公司
广东	深圳	深圳国际文化产业博览会有限公司（文博会）

省份	城市	企业或机构名称
广东	深圳	深圳市泰德胜物流有限公司
广东	深圳	深圳钟表协会（SZWA）
广东	深圳	深圳国际会展中心
广东	广州	中国国际中小企业博览会局
广东	广州	中国对外贸易总公司（广州）展览会
广东	广州	广东潮域展览有限公司
广东	广州	广东会展组展企业协会
广东	广州	鸿威国际会展集团
广东	广州	广东国际科技展览有限公司
广东	广州	广州奥驰展览有限公司
广东	广州	广州巴斯特展览有限公司
广东	广州	广州环球搏毅展览有限公司
广东	广州	广州光亚法兰克福展览有限公司
广东	广州	广州九洲塔苏斯展览有限公司
广东	广州	广州保利锦汉展览有限公司
广东	广州	广州益武国际展览有限公司
广东	广州	广州正和会展服务有限公司
广东	广州	汉诺威米兰佰特展览（广州）有限公司
广东	广州	英富曼信托有限公司
广东	广州	保利世贸博览馆（pwtc）
广东	广州	智展（广东）有限公司
广东	广饶	广饶县人民政府
广东	佛山	佛山市华夏家纺发展有限公司
广东	佛山	潭州国际会展有限公司
广东	东莞	广东现代国际展览中心
贵州	贵阳	贵阳国际会展中心
贵州	贵阳	贵阳尚格会展有限公司
贵州	贵阳	贵州国际酒类博览会股份有限公司
海南	三亚	海南八方会议会展有限公司
河南	郑州	励展宏达展览（河南）有限公司
河南	郑州	郑州海名汇博会展策划有限公司

省份	城市	企业或机构名称
河南	郑州	郑州国际会议展览中心（会展中心）
黑龙江	哈尔滨	哈尔滨国际会展体育中心
黑龙江	哈尔滨	哈尔滨名海展览服务有限公司
黑龙江	哈尔滨	黑龙江省会展事务局
湖北	武汉	中国光谷会展中心
湖北	武汉	尚格会展股份有限公司
湖北	武汉	武汉英奇会展有限公司
湖北	武汉	武汉国际博览中心
湖北	武汉	武汉食和岛网络科技有限公司
湖南	长沙	长沙国际会展中心
湖南	长沙	湖南亚洲湘会展有限公司
湖南	长沙	湖南中南国际会展有限公司
湖南	长沙	湖南红星国际展览有限公司
吉林	长春	长春现代农业博览中心
吉林	长春	中国国际贸易促进委员会吉林省委员会
江苏	苏州	花桥国际展览有限公司
江苏	苏州	苏州国际博览中心管理有限公司
江苏	南京	江苏贸促会国际会展有限公司
江苏	南京	南京标雄展览展示有限公司
江苏	南京	南京国际展览中心
江苏	南京	南京国际博览中心
江苏	南京	南京斯图加特联合展览有限公司
江苏	南京	南京尚格会展有限公司
江苏	南京	山东中贸江苏国际会展有限公司
辽宁	沈阳	辽宁北方工博会有限公司
辽宁	沈阳	沈阳新世博（管理）有限公司
青海	西宁	中国藏毯协会（CTCA）
山东	潍坊	潍坊山东省鲁台会展中心

省份	城市	企业或机构名称
山东	潍坊	中国（寿光）国际蔬菜科技博览会组委会办公室
山东	青岛	青岛海名国际会展有限公司
山东	青岛	青岛国际会展中心
山东	青岛	青岛金诺国际会展有限公司
山东	青岛	山东美博国际文化传播有限公司
山东	临沂	山东格瑞特国际会展有限公司
山东	临沂	山东货满堂国际展览有限公司
山东	济南	济南富山会展服务有限公司
山东	济南	济南金诺会展有限公司
山东	济南	山东美博国际文化传播有限公司
山东	济南	济南世博展览有限公司
山东	济南	济南信展展览有限公司
山东	济南	山东新丞华展览有限公司
山东	济南	山东齐鲁晚报天一国际会展有限公司
山东	济南	山东雅昌会展服务有限公司
山东	济南	山东中贸百货销售有限公司
山东	东营	东营市人民政府
陕西	西安	杨凌农业高新技术产业示范区
上海	上海	号角展会（上海）
上海	上海	高美艾博（上海）有限公司
上海	上海	上海贸促展览展示有限公司
上海	上海	汉诺威米兰展览有限公司 - 上海
上海	上海	英富曼上海
上海	上海	英富曼（中国）上海总部
上海	上海	十媒（上海）会展有限公司
上海	上海	杜塞尔多夫展览中国有限公司
上海	上海	法兰克福展览上海有限公司
上海	上海	慕尼黑（上海）有限公司
上海	上海	纽伦堡会展（上海）有限公司
上海	上海	励展博览集团（中国）有限公司上海分公司

省份	城市	企业或机构名称
上海	上海	励进展览（上海）有限公司
上海	上海	励展博览集团扩展（上海）有限公司
上海	上海	上海跨国际采购会展中心
上海	上海	上海会展行业协会（sceia）
上海	上海	上海德纳展览有限公司
上海	上海	上海展览中心
上海	上海	上海正信方晟资信评估有限公司
上海	上海	上海华品展览服务有限公司
上海	上海	上海工业商务展览有限公司
上海	上海	上海展星博闻展览有限公司
上海	上海	上海国际展览有限公司（SIEC）
上海	上海	上海现代国际展览有限公司
上海	上海	华汉国际会议展览（上海）有限公司 (CIE)
上海	上海	上海世博会展中心
上海	上海	上海新国际博览中心有限公司
上海	上海	上海万耀企龙展览有限公司
四川	成都	湖北塔苏斯展览有限公司成都分公司
四川	成都	成都世纪城会展集团有限公司
四川	成都	成都市康博会展服务有限公司
四川	成都	成都海民展览有限公司
四川	成都	成都新东方展览有限公司
四川	成都	英富曼天一展览有限公司
四川	成都	英富曼维纳展览（成都）有限公司
四川	成都	四川德纳展览有限公司
四川	成都	四川省博览经济发展有限公司
四川	成都	万耀企龙天一展览有限公司
四川	成都	中国西部国际博览城（西博城）
西川	成都	成都北辰中金展览有限公司
新疆	乌鲁木齐	新疆国际会展中心
云南	昆明	东方环球（昆明）国际会展运营管理有限公司

省份	城市	企业或机构名称
浙江	宁波	余姚市中科会展有限公司
浙江	金华	义乌中国小商品城展览有限公司
浙江	温州	温州德纳展览有限公司
浙江	台州	台州国际博览中心有限公司
浙江	宁波	宁波篙晟智能科技有限公司
浙江	宁波	宁波华博会议展览有限公司
浙江	宁波	宁波金诺国际展览有限公司
浙江	宁波	宁波龙品锡国际展览有限公司
浙江	杭州	米奥会展
浙江	杭州	中国机械国际会展（浙江）有限公司
浙江	杭州	杭州华巨辰西博文化创意有限公司
浙江	杭州	杭州国际博览中心
浙江	杭州	英富曼中国(杭州)
浙江	杭州	浙江远大国际会展有限公司
重庆	重庆	重庆国际博览中心
重庆	重庆	重庆立嘉会议展览有限公司

（来源：《2020 年度中国展览数据统计报告》）

2020 年 IAEE 中国企业会员名录

省份	城市	企业或机构名称
北京	北京	北京联合大学
北京	北京	北京中关村海外科技园有限责任公司
北京	北京	科伦管理咨询（北京）有限公司
北京	北京	设施设备厂商协会
北京	北京	克劳斯会展（北京）有限公司
北京	北京	励展博览集团
福建	厦门	厦门国际会展集团有限公司
福建	厦门	厦门市会议展览局
福建	厦门	厦门市会展行业协会
福建	厦门	厦门艾博展览有限公司
福建	厦门	厦门文化传媒体育有限公司
广东	深圳	深圳国际会展中心
广东	深圳	创意会展（深圳）有限公司
广东	深圳	深圳兆华科技有限公司
广东	广州	广州保利国贸投资有限公司
广东	佛山	广东潭州国际会展中心
广东	佛山	广东顺德星光展览服务有限公司
贵州	贵阳	贵阳国际会展中心
海南	三亚	海南玉华国际展览有限公司
海南	三亚	三亚中旅国际旅行社有限公司
海南	三亚	海南华人时视会议展览有限公司
海南	三亚	海南快思图商务会展公司
海南	三亚	海南朗达文化传媒有限公司
海南	三亚	三亚汇通文化传播有限公司
海南	三亚	三亚卓悦会议服务有限公司
海南	三亚	三亚龙之源文化传媒有限公司
海南	三亚	三亚市商务局
海南	三亚	三亚笔刻展览展示科技有限公司
海南	三亚	三亚盛普天创文化发展有限公司
海南	三亚	三亚世达展览服务有限公司
海南	三亚	三亚小螺丝文化产业发展有限公司
海南	三亚	三亚万兴会展服务有限公司
海南	三亚	三亚新城展览服务有限公司
海南	三亚	三亚志诚传媒有限公司
海南	海口	海南省会展业协会
海南	海口	海南九目会展服务有限公司
海南	海口	海南同鑫展览服务有限公司
海南	海口	海南逸展宏图文化传媒有限公司
海南	海口	鑫之源海南文化传媒有限公司
河北	廊坊	廊坊国际展览集团有限公司
河北	沧州	沧州渤海国际会展中心有限公司
江苏	苏州	苏州国际博览中心管理有限公司
江苏	苏州	江苏花桥国际商务城博览中心有限公司
宁夏	银川	宁夏高瓴文化科技有限公司
山东	青岛	中国国际贸易促进委员会青岛分会
陕西	西安	西部国际会展有限公司
陕西	西安	西安曲江国际会展集团

省份	城市	企业或机构名称
上海	上海	上海万耀企龙展览有限公司
上海	上海	上海新国际博览中心
上海	上海	上海汇展信息科技有限公司
上海	上海	腾讯会议
上海	上海	上海跨国采购会展中心
上海	上海	新加坡万捷通运
上海	上海	贝斯特中国会议展览（上海）有限公司
上海	上海	澳龙信息科技（上海）有限公司
上海	上海	励展博览集团
上海	上海	上海工商外国语学院
四川	成都	成都市天府新区管委会文化创意会展局
四川	成都	四川天府国际会展有限公司
四川	成都	四川聚益会展有限公司
四川	成都	成都市博览事务局 / 中国贸促会成都分会
四川	成都	成都励翔文化创意股份有限公司
四川	成都	成都一带一路会展服务有限公司
四川	成都	欧盟项目创新中心（成都）
天津	天津	天津国际会展中心有限公司
浙江	杭州	杭州国际博览中心
浙江	杭州	米奥会展
重庆	重庆	重庆国际博览中心有限公司

（来源：《2020 年度中国展览数据统计报告》）

全国主要城市会展 / 会议中心名单

省（区、市）	城市	展览场馆名称
北京市	北京市	中国国际展览中心新馆
北京市	北京市	中国国际展览中心老馆
北京市	北京市	北京世园会展馆（中国馆、国际馆）
北京市	北京市	国家会议中心
北京市	北京市	北京亦创国际会展中心
北京市	北京市	北京全国农业展览馆
北京市	北京市	中国国贸国际会展中心
北京市	北京市	北京国际会议中心
北京市	北京市	北京雁栖湖国际会展中心
天津市	天津市	天津梅江会展中心
天津市	天津市	天津滨海国际会展中心
天津市	天津市	天津国际展览中心
天津市	天津市	龙顺农业博览馆
天津市	天津市	天津滨海国际会展中心
天津市	天津市	天津梅江会展中心
河北省	沧州市	沧州国际会展中心
河北省	邯郸市	邯郸国际会展中心
河北省	衡水市	安平县会展中心
河北省	廊坊市	廊坊国际会展中心
河北省	廊坊市	华日国际展览中心
河北省	廊坊市	香河第一城国际会议中心
河北省	秦皇岛市	秦皇岛国际展览中心

省（区、市）	城市	展览场馆名称
河北省	石家庄	石家庄国际会展中心
河北省	石家庄	河北汇春国际博览中心
河北省	石家庄	石家庄解放广场会展中心
河北省	唐山市	唐山东方国际会展中心
河北省	唐山市	南湖国际会展中心
河北省	邢台市	平乡北方国际会展中心
河北省	邢台市	沙河国际会展中心
河北省	邢台市	南和国际会展中心
河北省	张家口	察哈尔国际会展中心
山西省	大同市	大同展览馆
山西省	太原市	中国（太原）煤炭交易中心
山西省	太原市	山西省展览馆
山西省	运城市	运城市农业会展中心
内蒙古自治区	赤峰市	赤峰市国际会展中心
内蒙古自治区	鄂尔多斯市	鄂尔多斯（康巴什）会展中心
内蒙古自治区	呼和浩特市	包头国际会展中心
内蒙古自治区	呼和浩特市	内蒙古国际会展中心
内蒙古自治区	满洲里市	满洲里国际会展中心
辽宁省	本溪市	本溪药都会展中心
辽宁省	大连市	大连世博广场展览馆
辽宁省	大连市	大连星海会展中心
辽宁省	大连市	大连国际会议中心
辽宁省	大连市	大连国际会议中心
辽宁省	大连市	大连星海会展中心
辽宁省	阜新市	辽西会展中心
辽宁省	锦州市	锦州国际会展中心
辽宁省	盘锦市	盘锦国际会展中心
辽宁省	沈阳市	沈阳国际展览中心
辽宁省	沈阳市	沈阳新世界博览馆
辽宁省	铁岭市	铁岭东北物流会展中心
吉林省	长春市	东北亚艺术中心

省（区、市）	城市	展览场馆名称
吉林省	长春市	长春国际会展中心
吉林省	长春市	长春农业博览园
吉林省	长春市	中吉物流展览中心
吉林省	延吉市	延边宏伟汽贸城
吉林省	延吉市	延吉延边国际会展艺术中心
黑龙江省	哈尔滨市	哈尔滨国际会展中心
黑龙江省	牡丹江市	牡丹江市国际会展中心
黑龙江省	齐齐哈尔市	齐齐哈尔国际会展中心
黑龙江省	绥芬河市	绥芬河世茂国际商展中心
黑龙江省	伊春市	伊春汇源国际会展中心
上海市	上海市	上海国家会展中心
上海市	上海市	上海新国际博览中心
上海市	上海市	上海世贸商城展览馆
上海市	上海市	上海世博展览馆
上海市	上海市	上海光大会展中心
上海市	上海市	上海展览中心
上海市	上海市	上海跨国采购会展中心
上海市	上海市	上海汽车会展中心
上海市	上海市	上海国际展览中心
上海市	上海市	上海国际会议中心
上海市	上海市	上海世博中心
上海市	上海市	上海新国际博览中心
上海市	上海市	国家会展中心（上海）
上海市	上海市	国家会议中心（上海）
江苏省	常熟市	常熟国际展览中心
江苏省	常州市	常州西太湖国际博览中心
江苏省	常州市	常州国际会展中心
江苏省	常州市	常州国际展览中心
江苏省	淮安市	淮安国际展览中心
江苏省	昆山市	昆山国际会展中心
江苏省	连云港市	连云港工业展览中心

省（区、市）	城市	展览场馆名称
江苏省	连云港市	连云港国际展览中心
江苏省	南京市	南京国际博览中心
江苏省	南京市	南京国际展览中心
江苏省	南京市	南京国际博览中心（原金陵会议中心）
江苏省	南通市	南通会展中心
江苏省	苏州市	苏州国际博览中心
江苏省	苏州市	昆山花桥国际展览中心
江苏省	苏州市	昆山昆开国际会展中心
江苏省	苏州市	苏州国际会议展览中心
江苏省	苏州市	昆山市科技文化博览中心
江苏省	苏州市	盛泽国际会展中心
江苏省	苏州市	苏州金鸡湖国际会议中心
江苏省	苏州市	苏州太湖国际会议中心
江苏省	泰州市	中国医药城会展交易中心
江苏省	泰州市	泰州国际博览中心
江苏省	无锡市	无锡太湖国际博览中心
江苏省	无锡市	江阴国际会展中心
江苏省	无锡市	无锡市会展中心
江苏省	无锡市	无锡太湖国际博览中心
江苏省	宿迁市	宿迁国际会展中心
江苏省	徐州市	徐州国际会展中心
江苏省	盐城市	盐城国际会议展览中心
江苏省	扬州市	扬州国际展览中心
江苏省	镇江市	镇江会展中心
浙江省	慈溪市	慈溪国际会展中心
浙江省	德清市	德清国际展览馆
浙江省	海宁市	海宁会展中心
浙江省	杭州市	杭州国际博览中心
浙江省	杭州市	杭州白马湖国际会展中心
浙江省	杭州市	杭州市国际会议展览中心
浙江省	杭州市	杭州和平国际会展中心

省（区、市）	城市	展览场馆名称
浙江省	杭州市	新农都会展中心
浙江省	杭州市	杭州海外海国际会议展览中心
浙江省	杭州市	浙江世贸国际展览中心
浙江省	杭州市	杭州国际博览中心
浙江省	嘉兴市	嘉兴国际会展中心
浙江省	宁波市	宁波国际会议展览中心
浙江省	宁波市	宁波国际会展中心
浙江省	绍兴市	柯桥轻纺城国际会展中心
浙江省	台州市	台州市国际会展中心
浙江省	桐乡市	桐乡科技会展中心
浙江省	温岭市	温岭会展中心
浙江省	温州市	温州国际会议展览中心
浙江省	义乌市	义乌国际博览中心
浙江省	永康市	永康国际会展中心
浙江省	余姚市	余姚中塑国际会展中心
安徽省	蚌埠市	蚌埠国际会展中心
安徽省	池州市	池州（九华山）国际会展中心
安徽省	阜阳市	阜阳国际会展中心
安徽省	合肥市	合肥滨湖国际会展中心
安徽省	合肥市	安徽国际会展中心
安徽省	芜湖市	芜湖国际会展中心
福建省	福州市	福州海峡国际会展中心
福建省	宁德市	宁德会展中心
福建省	平潭市	平潭澳前台湾小镇会展中心
福建省	莆田市	莆田市会展中心
福建省	厦门市	厦门国际会议展览中心
福建省	厦门市	厦门国际会议中心
福建省	石狮市	石狮服装城艺术展览中心
福建省	漳州市	晋江 SM 新国际展览中心
福建省	漳州市	福建成功国际会展中心
江西省	赣州市	毅德城赣州国际会展中心

省（区、市）	城市	展览场馆名称
江西省	南昌市	南昌绿地国际博览中心
江西省	南昌市	江西省展览中心
山东省	滨州市	中国厨都国际会展中心
山东省	滨州市	博兴澳博会展中心
山东省	滨州市	滨州国际会展中心
山东省	昌邑市	绿博园会展中心
山东省	东营市	广饶国际博览中心
山东省	东营市	东营黄河国际会展中心
山东省	东营市	垦利文化大厦会展中心
山东省	菏泽市	菏泽国际会展中心
山东省	济南市	济南西部国际会展中心
山东省	济南市	济南国际会展中心
山东省	济南市	济南舜耕国际会展中心
山东省	济南市	济南园博园会展中心
山东省	济宁市	梁山国际会展中心
山东省	莱芜市	莱芜国际会展中心
山东省	莱芜市	雪野航空展览馆
山东省	聊城市	聊城国际会展中心
山东省	临沂市	临沂国际会展中心
山东省	临沂市	临沂商城国际会展中心
山东省	临沂市	临沂国际博览中心
山东省	临沂市	平邑石材展览中心
山东省	临沂市	临沂农展馆
山东省	青岛市	红岛国际会展中心
山东省	青岛市	青岛新南国际博览中心
山东省	青岛市	青岛世界博览城
山东省	青岛市	青岛国际会展中心
山东省	青岛市	青岛国际会展中心
山东省	青岛市	青岛国际会议中心
山东省	曲阜市	曲阜孔子文化会展中心
山东省	日照市	日照会展中心

省（区、市）	城市	展览场馆名称
山东省	泰安市	泰山国际会展中心
山东省	泰安市	东平县会展中心
山东省	泰安市	肥城会展中心
山东省	威海市	文登国际会展中心
山东省	威海市	威海国际展览中心
山东省	威海市	荣成市文博中心
山东省	潍坊市	寿光国际会展中心
山东省	潍坊市	潍坊鲁台会展中心
山东省	潍坊市	潍坊富华国际展览中心
山东省	潍坊市	潍坊金宝国际会展中心
山东省	潍坊市	诸城会展中心
山东省	烟台市	烟台国际博览中心
山东省	烟台市	莱州国际会展中心
山东省	淄博市	淄博国际会展中心
河南省	安阳市	安阳国际会展中心
河南省	安阳市	安阳国际会展中心
河南省	鹤壁市	鹤壁市会展中心
河南省	洛阳市	洛阳国际会展中心
河南省	洛阳市	洛阳中原物流国际会展中心
河南省	漯河市	漯河国际会展中心
河南省	民权县	民权梦蝶会展中心
河南省	平顶山市	平顶山农业会展中心
河南省	濮阳市	清丰县家居会展中心
河南省	濮阳市	华龙展览中心
河南省	三门峡市	三门峡国际文博城会展中心
河南省	商丘市	永城国际会展中心
河南省	商丘市	商丘国际会展中心
河南省	新乡市	长垣国际会展中心
河南省	信阳市	信阳百花会展中心
河南省	郑州市	郑州国际会展中心
河南省	郑州市	中原国际博览中心

省（区、市）	城市	展览场馆名称
河南省	驻马店市	驻马店会展中心
湖北省	武汉市	武汉国际博览中心
湖北省	武汉市	中国（武汉）文化博览中心
湖北省	武汉市	武汉国际会展中心
湖北省	武汉市	中国光谷科技会展中心
湖北省	武汉市	武汉国际博览中心
湖北省	襄阳市	襄阳汉江流域国际会展中心
湖南省	郴州市	郴州国际会展中心
湖南省	长沙市	湖南国际会展中心
湖南省	长沙市	长沙红星国际会展中心
湖南省	长沙市	长沙国际会展中心
湖南省	长沙市	湖南省展览馆
广东省	东莞市	广东现代国际展览中心
广东省	东莞市	东莞国际会展中心
广东省	佛山市	广东（潭洲）国际会展中心
广东省	佛山市	佛山国际会议展览中心
广东省	佛山市	顺联国际机械城博览城
广东省	佛山市	顺德国际展览中心
广东省	佛山市	陈村花卉世界展览中心
广东省	佛山市	佛山市顺德区龙江镇前进会展中心
广东省	广州市	中国进出口商品交易会展馆
广东省	广州市	广州国际采购中心展馆
广东省	广州市	广州市保利世贸博览馆
广东省	广州市	南丰国际会展中心
广东省	广州市	广东东宝国际展览中心
广东省	广州市	广州越秀国际会议中心
广东省	广州市	广州白云国际会议中心
广东省	惠州市	广东惠州会展中心
广东省	江门市	广东珠西国际会展中心
广东省	汕头市	潮州粤东博览中心
广东省	深圳市	深圳国际会展中心

省（区、市）	城市	展览场馆名称
广东省	深圳市	深圳会展中心
广东省	深圳市	深圳国际会展中心
广东省	深圳市	深圳国际展览中心
广东省	云浮市	云浮国际石材博览中心
广东省	湛江市	湛江国际会展中心
广东省	中山市	火炬国际会展中心
广东省	中山市	灯都古镇会展中心
广东省	中山市	小榄展览中心
广东省	中山市	中山博览中心
广东省	中山市	中山市黄圃国际会展中心
广东省	珠海市	珠海国际航展中心
广东省	珠海市	珠海国际会展中心一期
广西省	桂林市	桂林国际会展中心
广西省	柳州市	柳州国际会展中心
广西省	南宁市	南宁国际会展中心
海南省	海口市	海南国际会展中心
海南省	琼海市	博鳌国际会议中心
重庆市	重庆市	重庆国际博览中心
重庆市	重庆市	重庆展览中心（陈家坪）
重庆市	重庆市	重庆国际会议展览中心
四川省	成都市	成都世纪城新国际会展中心
四川省	成都市	成都非遗博览园展馆
四川省	成都市	中国西部国际博览城国际展览中心
四川省	成都市	成都国际会议展览中心
四川省	成都市	成都娇子国际展览中心
四川省	广元市	广元国际会展中心
四川省	乐山市	四川国际旅游交易博览中心
四川省	泸州市	泸州国际会展中心
四川省	绵阳市	绵阳会展中心
四川省	宜宾市	宜宾市临港·会展中心
贵州省	贵阳市	贵阳国际会议展览中心

省（区、市）	城市	展览场馆名称
云南省	昆明市	昆明滇池国际会展中心
云南省	昆明市	昆明凯旋利车博汇
云南省	昆明市	车行天下国际汽车城
云南省	昆明市	昆明国际会展中心
云南省	昆明市	昆明国际会展中心
西藏自治区	拉萨市	西藏展览中心
西藏自治区	拉萨市	拉萨展览馆
陕西省	西安市	西安丝路国际会展中心
陕西省	西安市	西安曲江国际会展中心
陕西省	西安市	曲江国际会议中心
陕西省	西安市	西安绿地笔克国际会展中心
陕西省	西安市	西安曲江国际会展中心
陕西省	西安市	索菲特国际会展中心
甘肃省	兰州市	甘肃国际会展中心
甘肃省	临夏回族自治州	河洲商务会展中心
甘肃省	张掖市	张掖国际展览中心
青海省	西宁市	青海国际会展中心
青海省	玉树市	玉树州会展中心
宁夏回族自治区	银川市	银川国际会展中心
新疆维吾尔自治区	乌鲁木齐市	新疆国际会展中心

（来源：中国会议产业大会组委会）